lonely planet

Vietnam

ÉDITION ÉCRITE ET ACTUALISÉE PAR

Iain Stewart, Damian Harper, Bradley Mayhew, Nick Ray

PRÉPARER SON VOYAGE

THÉATRE DE MARIONNETTES SUR L'EAU P. 363, HCMV

PONT THANH TOAN P. 205, ENVIRONS DE HUÉ

SUR LA ROUTE

Sommaire

AVERTISSEMENT

Au moment où nous terminions l'édition de ce guide, la pandémie de Covid-19 impactait fortement le monde du voyage. Les informations que vous trouverez dans cet ouvrage sont donc susceptibles de changements.

Renseignez-vous bien avant votre départ car la situation aura probablement évolué quand vous préparerez votre voyage.

COUPS DE PROJECTEUR

Bienvenue au Vietnam

Exotique et fascinant, le Vietnam allie une beauté naturelle renversante et une grande complexité culturelle, entre métropoles dynamiques et villages d'ethnies montagnardes.

Histoire et culture

Complexe et diverse, la culture du pays est une leçon d'histoire à elle seule. Dans toutes les villes, les quartiers commerçants, souvent labyrinthiques, sont riches en artisanat local et témoignent d'influences séculaires. Des temples vénérables affichent des origines chinoises dans le Nord et hindoues dans le Sud. Les larges boulevards jalonnés d'arbres et les majestueux édifices de la capitale et de Hô Chi Minh-Ville notamment datent de la période coloniale française. Enfin, les lignes d'horizon des grandes villes, avec leurs tours de verre et d'acier et leurs hôtels de luxe, témoignent de la prospérité du Vietnam aujourd'hui.

Des paysages grandioses

Des panoramas à couper le souffle vous attendent aux quatre coins du Vietnam. Par la fenêtre d'un train, regardez défiler une mosaïque infinie de rizières d'un vert incroyable. Dans la baie d'Along, admirez le spectacle éthéré offert par l'horizon hérissé d'îles aux formations calcaires acérées. À Mui Ne, dans le sud du pays, émerveillez-vous devant des paysages de dunes sculptées par le vent depuis la nacelle d'une montgolfière. Enfin, dans l'extrême Nord, partez à la découverte de montagnes karstiques extraordinaires.

Un voyage gastronomique

Tout en saveurs subtiles et d'une étonnante diversité, la cuisine vietnamienne compte au nombre des découvertes chères aux voyageurs. La géographie joue un rôle crucial. Dans le Nord, les soupes trahissent une influence chinoise ; dans le Sud, les épices sont à l'honneur ; sur le littoral central, herbes et techniques élaborées valent à la région d'être considérée comme le cœur gastronomique du Vietnam. Partout dans le pays, on peut se mêler aux villageois, goûter les plats locaux et siroter de l'alcool de riz dans les incontournables marchés régionaux. Vous voulez apprendre à cuisiner vietnamien ? Inscrivez-vous dans l'une des écoles de cuisine, très appréciées.

De l'adrénaline

Si vous aimez les sensations fortes, le Vietnam saura vous satisfaire. Si certaines activités, comme l'exploration des grottes du parc national de Phong Nha-Ke Bang, demandent des efforts physiques modérés, d'autres, comme le kitesurf sur le littoral sud ou la randonnée dans les montagnes autour de Bac Ha ou de Sapa, sont plus exigeantes. Il ne vous restera plus qu'à vous faire dorloter ; le Vietnam n'est pas en reste en la matière, qu'il s'agisse de spas sélects ou de simples salons de massage familiaux.

Pourquoi j'aime le Vietnam

Par Iain Stewart, auteur

J'ai visité le Vietnam pour la première fois en 1991, lorsque Hanoi était une ville de vélos, de bâtiments coloniaux délabrés et de silence quasi complet à la nuit tombée. Les temps ont changé. Aujourd'hui, la capitale vietnamienne se développe comme peu d'autres endroits sur la planète ; un réseau de métro se développe sous terre et des monuments de verre et d'acier percent le ciel nocturne. L'énergie brute du pays est addictive et je reviens chaque année pour admirer la soif de vivre des Vietnamiens, me régaler de produits de la mer et trouver la crique de sable parfaite.

Pour en savoir plus sur nos auteurs, voir p. 560

Ci-dessus : rizières dans la province de Hoa Binh, nord du Vietnam

Vietnam

0
200 km
CHINE
Nánning
Píngxiáng
Dōngxīng
Zhànjiāng
Île de Hainan
(CHINE)
Îles
Paracels
Golfe
du Tonkin
Baie de Bai
Tu Long
Baie d'Along
Île
de Cat
Ba
20° N
18° N
LAOS
MYANMAR
(BIRMANIE)
VIENTIANE
Mékong
Phonsavan
Lai Chau
(Tam Duong)
Lao
Cai
Hekou
Bac Ha
Ha Giang
Cao Bang
Fansipan
(3 143 m)
Sapa
Parc national
de Hoang Lien
Monts
Hoang Lien
Parc
national
de Ba Be
Lacs
de Ba Be
Muong Lay
Tuan
Giao
Diên Biên
Phu
Tay Trang
Son La
Yen
Bai
Tuyen
Quang
Thai
Nguyen
Lang Son
Mong Cai
Viet
Tri
Bac
Ninh
Hai
Duong
Along
(ville)
Parc national
de Ba Vi
HANOI
Haiphong
Hoa Binh
Mai Chau
Parc national
de Cuc Phuong
Thai
Binh
Ninh
Binh
Tam Coc
Nam Soi
Na Meo
Thanh Hoa
Nong Haet
Nam Can
Vinh
Cau Treo
Nam Phao
Ha Tinh
Parc national
de Phong Nha-
Ke Banga
Cha Lo
Na Phao
Tha
Khaek
Dong Hoi
Huang Hoa
(Khe San)
Lao Bao
Dong Ha
Bac Ha
Randonnées
dans les villages
ethniques (p. 152)
Parc national de Ba Be
Sommets boisés et belles
randonnées (p. 129)
Hanoi
La capitale vietnamienne,
captivante et chargée
d'histoire (p. 60)
Parc national
de Phong Nha-Ke Bang
Grottes, rivières et remarquables
paysages montagneux (p. 171)
Extrême Nord
Ethnies montagnardes
et paysages spectaculaires
(p. 154)
Baie d'Along
La nature sous un jour
des plus imposants (p. 114)
Hué
La majestueuse ancienne
capitale impériale (p. 188)

Hoi An
Un port de commerce historique (p. 219)
Temples d'Angkor
Des temples captivants émergeant d'une forêt pluviale (p. 451)
Bai Xep
Petite crique de rêve et ambiance décontractée (p. 260)
Dalat
Une charmante ancienne station climatique française (p. 302)
Parc national de Cat Tien
Observation d'animaux, randonnée et vélo (p. 300)
Mui Ne
Une station balnéaire cosmopolite, propice aux sports nautiques (p. 284)
Hô Chi Minh-Ville
Un concentré énergique et animé du Vietnam (p. 325)
Île de Phu Quoc
Sublimes plages de sable blanc et couchers de soleil tropicaux (p. 400)
Îles Con Dao
Perles de l'Extrême-Orient (p. 431)
ALTITUDE
1250 m
1000 m
750 m
500 m
250 m
0
THAÏLANDE
CAMBODGE
MER DE CHINE MÉRIDIONALE
Golfe de Thaïlande
BANGKOK
PHNOM PENH
Danang
Îles Cham
Hoi An
My Son
Tam Ky
Quang Ngai
Parc national de Bach Ma
Pakse
Attapeu
Bo-Y
Kon Tum
Pleiku
Hauts plateaux du Centre
Qui Nhon
Bai Xep
Tuy Hoa
Parc national de Yok Don
Buon Ma Thuot
Nha Trang
Dalat
Parc national de Cat Tien
Phan Rang – Thap Cham
Phan Thiet
Mui Ne
Argkor Vat
Siem Reap
Battambang
Tonlé Sap
Tay Ninh
Cu Chi
Bien Hoa
Hô Chi Minh-Ville
Long Hai
Vung Tau
Kaam Samnor
Takeo
Kampot
Vinh Xuong
Chau Doc
Cao Lanh
My Tho
Ben Tre
Vinh Long
Long Xuyen
Tinh Bien
Ha Tien
Île de Phu Quoc
Duong Dong
Rach Gia
Can Tho
Tra Vinh
Soc Trang
Bac Lieu
Ca Mau
Parc national de Con Dao
Îles Con Dao
16° N
14° N
12° N
10° N
100° E
102° E
104° E
106° E
108° E
110° E
112° E

21 façons de voir le Vietnam

1

La cuisine

1 La cuisine vietnamienne (p. 45), sommet de tout séjour dans le pays, est un équilibre subtil entre aigre et doux, croustillant et moelleux, friture et vapeur, soupe et salade. Tout est dans la fraîcheur des ingrédients (les chefs s'approvisionnent au marché deux fois par jour en herbes tout juste cueillies). Partout, vous trouverez d'exquises spécialités locales : les "roses blanches" de Hoi An, le *banh xeo* (crêpe salée fourrée) du Sud et du Centre, ou le traditionnel *pho* du Nord. Se restaurer ici, vous l'aurez compris, est un régal pour les yeux et les papilles.

Hoi An

2 Ravissante cité portuaire ancienne où se retrouvaient des marchands du monde entier, Hoi An (p. 219) est toujours l'une des villes les plus cosmopolites et raffinées du Vietnam. Elle compte une multitude de restaurants gastronomiques, de bars et de cafés branchés, de boutiques insolites et de tailleurs experts. Voyagez dans le temps en parcourant le dédale de ruelles de la vieille ville, visitez ses temples et ses pagodes, puis dînez comme un empereur avec un budget de manant. Le lendemain, flânez sur les berges du fleuve, rejoignez la plage d'An Bang et parcourez les petites routes de campagne à vélo.

Maison commune de la congrégation chinoise de Chaozhou (p. 224)

DMYTRO GILITUKHA/SHUTTERSTOCK ©

2

MIKECPHOTO/SHUTTERSTOCK ©

3

4

Le parc national de Phong Nha-Ke Bang

3 Classé au Patrimoine mondial, Phong Nha-Ke Bang (p. 171), perle des parcs nationaux du pays, se doit de figurer au programme de tout séjour au Vietnam. L'exploration souterraine du site ne fait que le confirmer : les visiteurs peuvent découvrir les salles aux allures de cathédrale de Hang Son Doong, la plus grande grotte du monde, parcourir en tyrolienne ou en kayak Hang Toi ("Grotte sombre"), plus accessible, et admirer la bien nommée grotte du Paradis. Grotte Hang En (p. 173)

La baie d'Along

4 La stupéfiante combinaison de reliefs karstiques et de scintillantes eaux protégées fait de la baie d'Along (p. 114) l'un des sites touristiques les plus visités du Vietnam. Avec plus de 2 000 îlots, on ne se lasse pas du paysage. Embarquer pour une croisière permet d'y passer la nuit et d'en profiter pleinement. Vous vous réveillerez au petit matin au milieu d'une brume féerique et irez explorer des grottes et des criques. Des formations karstiques, moins touristiques mais tout aussi spectaculaires, parsèment la baie de Lan Ha (p. 116).

Hô Chi Minh-Ville

5 HCMV (p. 325) s'internationalise de plus en plus, mais reste farouchement vietnamienne, et son énergie viscérale ravira les amoureux des grandes villes. L'ancienne Saigon ne laisse pas indifférent : vous serez aspiré dans son tourbillon, hypnotisé par le perpétuel bourdonnement des motos, à tel point que l'expérience peut se révéler trop intense. Laissez-vous porter et vous serez récompensé par sa richesse historique, sa délicieuse cuisine et sa vie nocturne animée qui donne le ton au Vietnam.

Café

6 La culture du café (p. 54) est profondément enracinée au Vietnam. Pratiquement tous les quartiers de chaque ville ont leur petit café où les habitants vont pour oublier le stress du bureau, les tracas familiaux ou simplement la circulation (la plupart sont installés dans des petites rues tranquilles et verdoyantes). Le café vietnamien est servi chaud ou glacé (une merveille en été), très épais ou avec du lait (généralement concentré et sucré) pour un double effet caféine-sucre. Pour une expérience originale, commandez-en à la noix de coco, au yaourt, ou encore à l'œuf.

Hué

7 Longtemps capitale du pays, **Hué** (p. 188) est peut-être la ville vietnamienne la plus agréable où séjourner. Sa situation sur la rivière des Parfums est admirable, sa cuisine délicate est célébrée à juste titre, et la circulation dans ses rues s'avère relativement faible. L'ancienne cité impériale s'enorgueillit d'une majestueuse citadelle (p. 189), de résidences royales, de temples élégants, le tout protégé par une enceinte et de superbes portes. Aux abords de la ville se trouvent d'impressionnants tombeaux royaux et pagodes, souvent dans un cadre naturel magnifique.

Hanoi

8 Aussi ancienne que dynamique, la capitale vietnamienne (p. 60) s'est lancée à corps perdu dans la modernité, et enivre les visiteurs d'histoire, d'ambitions nouvelles et de circulation chaotique. Baladez-vous dans les rues de la vieille ville, sirotez une tasse de café filtre, dégustez un bol de bun rieu cua (soupe de nouilles au crabe) et achetez des souvenirs pour trois fois rien. Après avoir admiré la beauté fanée du quartier français, flânez sur les rives du lac Hoan Kiem (photo ci-dessous ; p. 66) et trouvez un lieu où dîner et prendre un verre près de la cathédrale Saint-Joseph.

7

8

CAO TRAN THO/SHUTTERSTOCK ©

MRSIXINTHEMIX/GETTY IMAGES ©

La boucle de Ha Giang

9 L'extrême nord du Vietnam est propice à l'aventure. La province de Ha Giang (p. 154) offre aux voyageurs téméraires une ascension jusqu'au col de Quan Ba (la porte du Paradis), d'imposants affleurements karstiques et granitiques, et de spectaculaires panoramas. Avec des routes en constante amélioration, de nouveaux sentiers de randonnée, une myriade de marchés ethniques et un choix élargi de pensions, le dernier bastion sauvage du Vietnam – désormais reconnu Géoparc mondial de l'Unesco – s'ouvre à vous.

Les îles Con Dao

10 Autrefois l'enfer sur terre pour une génération de prisonniers politiques, Con Dao (p. 431) est désormais une destination paradisiaque appréciée pour ses plages isolées, l'eau claire de ses spots de plongée et la riche faune de ses forêts humides. Con Son, la principale localité, compte parmi les villes les plus charmantes du Vietnam. Elle propose un choix toujours plus riche de cafés et de restaurants étonnamment cosmopolites. Le tourisme a longtemps pâti des vols coûteux depuis le continent, mais des bateaux abordables et rapides desservent aujourd'hui l'archipel.

Bière à la pression

11 Le Vietnam possédant une culture du houblon profondément enracinée, la dégustation d'une bonne bière fait partie des petits plaisirs du voyage. Si les grandes marques (comme la 333 et la Hanoi) sont largement répandues, ne manquez pas la *bia hoi* – bière fraîche à la pression (p. 54) –, brassée chaque jour pour être bue dans les heures qui suivent, aux terrasses des cafés et moyennant un prix modique. À noter aussi, les dynamiques brasseries artisanales des grandes villes, où l'on sert de délicieuses IPA, brunes, stouts, bières de froment et Pils produites localement.

Bai Xep

12 Nichée à quelques kilomètres au sud de la jolie ville côtière de Quy Nhon, la plage de Bai Xep (p. 260) est l'endroit idéal où s'accorder une pause bien méritée après les rigueurs de la route. Forte d'un littoral de sable fin, d'eaux azur et d'une ambiance décontractée, cette toute petite crique abritée n'a cessé de gagner en popularité auprès des voyageurs ces dernières années. On y trouve un bon choix d'hébergements de qualité, allant des pensions et auberges de jeunesse originales aux complexes hôteliers haut de gamme.

Mui Ne

13 La prospère station balnéaire de Mui Ne (p. 284) est la capitale du kitesurf, associant alizés de classe mondiale et excellentes écoles de formation professionnelle. La voile, le golf et la montgolfière y sont également très prisés. La station affiche plus de 20 km de plages bordées de palmiers, qui s'étirent le long de la mer de Chine méridionale. Des pensions aux luxueux complexes hôteliers, des bars branchés aux spas abordables, Mui Ne ne manque pas d'atouts et se trouve à distance raisonnable de Hô Chi Minh-Ville.

GALYNA ANDRUSHKO/SHUTTERSTOCK ©

NELLA/SHUTTERSTOCK ©

Les marchés

14 Que ce soit en plein delta du Mékong (photo ci-dessus ; p. 387), dans les rues débordant de souvenirs de Hoi An, dans la citadine Hô Chi Minh-Ville ou lors des assemblées tribales en montagne, les marchés vietnamiens offrent un festival de couleurs et de négoce. Pour les photographes, ces endroits sont l'occasion d'immortaliser les villageois avec leurs pyramides de fruits tropicaux minutieusement érigées et leurs scintillants étalages de poissons. Dans le Nord, ne manquez pas les monts Hoang Lien, particulièrement riches en marchés.

Le parc national de Ba Be

15 En dehors du circuit classique, le parc de Ba Be (p. 129), avec ses imposantes montagnes calcaires, ses vallées plongeantes et ses forêts verdoyantes, est une destination de choix pour les voyageurs intrépides. Cascades, grottes et lacs se mêlent à un paysage abritant plus de 550 plantes différentes et des centaines d'espèces animales. Découvrez ce spectacle naturel en bateau, lors d'une randonnée ou à VTT, avant de vous détendre chez l'habitant ou dans une pension des villages de l'ethnie locale, les Tay.

Le parc national de Cat Tien

16 Entre Hô Chi Minh-Ville et Dalat, le parc national de Cat Tien (p. 300) est l'une des zones protégées les plus accessibles et néanmoins sauvages du Vietnam. Il est situé au bord du fleuve Dong Nai, qui vous évoquera peut-être le décor d'*Apocalypse Now*. Trekking, vélo et observation de la faune sont les activités phares ici. Il y a notamment un centre de réhabilitation des grands singes à Dao Tien, et le “Wild Gibbon Trek” constitue un moment fort au cœur de la nature vietnamienne.

L'île de Phu Quoc

17 Toute odyssée en Asie du Sud-Est requiert un moment de repos, un cocktail à la main sur le sable blanc d'une plage tropicale pour reprendre son souffle. **Phu Quoc** (p. 400), située dans le golfe de Thaïlande, à l'extrême sud du Vietnam, est l'endroit rêvé pour cela. Si vous souhaitez faire un peu d'exercice, partez vadrouiller à vélo sur les pistes de terre rouge : l'île est relativement petite.

Dalat

18 **Dalat** (p. 302) plaît autant aux touristes étrangers de nos jours qu'aux colons français qui autrefois fuyaient la chaleur des plaines dans cette ville des montagnes du Sud-Ouest. L'endroit séduit les amateurs de sports extrêmes – descente en rappel, canyoning, VTT, randonnée, rafting et kayak –, rendus possibles par le climat tempéré. Dalat est aussi la capitale romantique du pays, avec ses belles villas coloniales installées au cœur de pinèdes et de jardins fleuris, et un lac ravissant autour duquel elle se déploie.

17

18

DAPHNUSIA/SHUTTERSTOCK ©

NOKURO/SHUTTERSTOCK ©

Randonnée dans le Nord

19 Les rizières en terrasses, les montagnes et les villages traditionnels du nord du Vietnam offrent les meilleures occasions de sortir ses chaussures de randonnée. La tranquille Bac Ha (p. 152), où l'on peut passer la nuit dans des familles tay, hmong fleurs et dzao, est notre lieu de prédilection. Sapa, dans les spectaculaires monts Hoang Lien, est bien plus touristique ; pour éviter les nombreux groupes de touristes et marchands d'artisanat tenaces, il vous faudra choisir votre itinéraire avec soin. Dong Van, au nord-ouest du pays, est moins connue. Femme hmong

Les sites de guerre

20 Au cœur du pays, la zone démilitarisée (DMZ ; p. 183) compte la plus forte concentration de lieux de bataille de la guerre du Vietnam – plusieurs excellents prestataires permettent d'en faire le tour. Tout au sud, les tunnels de Cu Chi (photo ci-dessus ; p. 368) font l'objet d'une excursion à la journée très prisée depuis Hô Chi Minh-Ville ; il y a aussi de nombreux sites de guerre aux environs de Vung Tau. À l'extrême nord-ouest, à Diên Biên Phu, un bon musée permet de comprendre l'importance de la bataille de 1954 qui précipita le retrait de la France d'Indochine.

Angkor

21 De l'autre côté de la frontière avec le Cambodge, les temples d'Angkor (p. 451) constituent l'un des plus beaux sites au monde. Préférerez-vous Angkor Vat, le plus grand édifice religieux du monde, l'énigmatique Bayon (photo ci-dessus ; p. 453) et ses énormes visages de pierre, ou bien le Ta Prohm, où la jungle a repris ses droits ? La ville animée de Siem Reap (p. 441) est un bon point de départ pour découvrir le site. Outre la visite des temples, la région recèle bien d'autres activités passionnantes, comme la tyrolienne et l'observation des oiseaux.

L'essentiel

Pour plus d'informations, voir le *Carnet pratique* (p. 512)

Devise

Le dong (d) ; mais le dollar US est utilisé en de nombreux endroits

Langue

Le vietnamien

Visas

Un visa est nécessaire. La durée de séjour standard est de 30 jours avec un visa touristique. Les Français en sont exemptés pour des séjours de 15 jours maximum.

Argent

Vous trouverez des DAB dans tout le pays. Les espèces vous seront très utiles, mais de nombreux hôtels acceptent les cartes bancaires.

Téléphones portables

L'achat d'une carte SIM locale vous permettra de passer des appels locaux et internationaux.

Heure locale

GMT + 7 heures

Quand partir

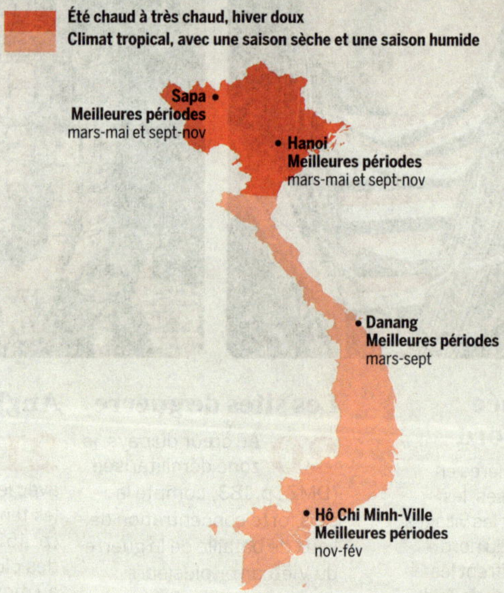

Haute saison

(juil-août)

- Les prix augmentent jusqu'à 50% sur la côte ; réservez votre hébergement bien à l'avance.
- Il fait chaud et humide dans tout le Vietnam, sauf dans l'extrême Nord, et la mousson d'été apporte ses averses.

Saison intermédiaire

(déc-mars)

- Pendant la fête du Têt (fin janvier ou début février), les Vietnamiens se déplacent et les prix grimpent.
- Il peut faire frais au nord de Nha Trang et froid dans l'extrême Nord.
- Au sud, ciel dégagé et soleil prédominent.

Basse saison

(avr-juin, sept-nov)

- Peut-être la meilleure période pour visiter tout le pays.
- Jusqu'en novembre, les typhons peuvent frapper les régions littorales du Nord et du Centre.

Sites Web

360° Vietnam (blog.amica-travel.com). Un blog fourmillant d'informations, de conseils et d'actualités.

Cap Vietnam (www.cap-vietnam.com). Le Vietnam par et pour les internautes. De très nombreux sujets y sont traités.

Vietnam + (fr.vietnamplus.vn). Le site de l'Agence vietnamienne d'information (AVI), en français.

Rusty Compass (www.rustycompass.com). Pour les anglophones, un précieux guide de voyage en ligne, avec des itinéraires et des vidéos.

Lonely Planet (lonelyplanet.fr). Informations, réservations d'hôtels, forum des voyageurs, etc.

Numéros utiles

Pour appeler le Vietnam depuis un autre pays, composez le numéro de votre correspondant sans le 0 initial.

Indicatif du pays	84
Code d'accès international	00
Annuaire téléphonique	116
Police	113
Renseignements	1080

Taux de change

Canada	1 $C	17 491 d
Zone euro	1 €	27 500 d
Suisse	1 FS	25 531 d
États-Unis	1 $US	23 175 d

Pour connaître les derniers taux de change, consultez le site www.xe.com.

Budget quotidien

Moins de 40 $US

- Un verre de *bia hoi* (bière pression) : à partir de 0,30 $US
- Trajet de 1 heure en bus local : de 1 à 1,50 $US
- Un hôtel bon marché : de 9 à 18 $US la nuit, moins en dortoir
- Un plat de nouilles basique : de 1,50 à 2,50 $US

De 40 $US à 100 $US

- Une chambre double confortable : de 25 à 50 $US
- Un repas au restaurant : à partir de 7 $US
- Une heure de massage : de 7 à 20 $US
- Une course en taxi de 10 minutes : de 2,50 à 5 $US

Plus de 100 $US

- Une nuit dans un hôtel de luxe : à partir de 80 $US
- Un repas dans un restaurant gastronomique : à partir de 20 $US
- Vols intérieurs : de 35 à 100 $US

Heures d'ouverture

Les horaires varient très peu au cours de l'année.

Administrations et musées 7h/7h30-17h/18h. Les musées ferment en général le lundi ; la plupart ferment le midi (11h-13h30 environ).

Banques 8h-15h lun-ven, 8h-11h30 sam. Certaines ferment à l'heure du déjeuner.

Commerces 8h-18h

Restaurants 11h-21h

Temples et pagodes 5h-21h

Arriver au Vietnam

Aéroport international de Tan Son Nhat (HCMV). Taxi jusqu'aux quartiers du centre : 150 000-200 000 d, autour de 30 minutes. Taxi Grab : 100 000 d environ. Bus n°152 (6 000 d), n°109 (20 000 d ; bus jaunes) et n°49 (40 000 d) très fréquents ; tous ont la clim.

Aéroport Noi Bai (Hanoi). Taxi jusqu'au centre : 450 000 d, environ 50 minutes. Minibus Vietnam Airlines et navettes VietJet Air (40 000 d chacun) toutes les heures environ. Bus n°17 à destination de la gare routière de Long Bien (9 000 d).

Comment circuler

Si le bus constitue le principal moyen de locomotion des Vietnamiens, les voyageurs préfèrent souvent l'avion, le train et la voiture.

Train Prix et confort corrects à bord des wagons climatisés et des voitures-couchettes. Notez toutefois l'absence de véritables trains express.

Avion Vols bon marché en réservant tôt et réseau assez étendu ; annulations possibles dans certains cas.

Voiture Très pratique pour voyager à son rythme ou visiter des régions mal desservies par les transports en commun. Les voitures de location sont toujours avec chauffeur.

Taxi Relativement bon marché et très pratique dans les villes.

Bus Le service le long des principales routes nationales est assez bon, mais circuler en bus n'a rien de reposant. Dans les zones reculées, les choses se gâtent rapidement. Les bus "open tour" sont peu coûteux et méritent d'être envisagés.

Pour en savoir plus sur **comment circuler**, reportez-vous p. 528

Premier séjour au Vietnam

Pour plus d'informations, voir le *Carnet pratique* (p. 512)

Avant de partir

- Faites votre demande de visa assez tôt (p. 515).
- Assurez-vous d'avoir un passeport valable au moins 6 mois après la date d'expiration du visa.
- Vérifiez que vos vaccins sont à jour.
- Contractez une assurance voyage *ad hoc*.
- Réservez vols intérieurs et trajets en train.
- Informez votre banque du voyage pour éviter le blocage de votre carte bancaire.

À emporter

- Bonnes chaussures – la voierie au Vietnam est souvent en mauvais état.
- Photocopies du passeport et détails sur le visa.
- Antimoustique au DEET.
- Vêtement de pluie.
- Adaptateur électrique.
- Câble de chargeur de téléphone supplémentaire.
- Lampe torche.
- Tongs ou sandales.
- Polaire ou pull si vous visitez le Nord.

À savoir

- Attendez-vous à une circulation délirante ; dans les grandes villes, le flot de deux-roues atteint des proportions dantesques. Pour traverser une rue animée en ville, maintenez un pas tranquille mais assuré.
- Essayez de garder votre calme ; hurlements et autres comportement agressifs desservent les deux parties.
- Plus vous mangerez à la manière des vietnamiens, plus la cuisine sera authentique.
- Les arnaques sont répandues au Vietnam, la plupart concernant les prix. D'autres dangers, heureusement très rares, existent aussi (comme les munitions non désamorcées, en dehors des sentiers).
- Dans des villes comme Hué et Sapa, ainsi que dans les stations balnéaires, les vendeurs de rue peuvent harceler les touristes.
- Attendez-vous à devoir marchander.
- Peu d'habitants parlent français ou anglais en dehors des lieux touristiques ; essayez d'apprendre quelques mots de vietnamien.

Garde-robe

Il existe peu de contraintes culturelles en matière d'habillement. Dans les lieux de culte et les administrations, ou pour un dîner formel, couvrez vos jambes et évitez les débardeurs. Bien que le Vietnam se situe sous les tropiques, il peut faire frais partout au nord de Hoi An entre octobre et mars. Prévoyez en conséquence un ou deux vêtements chauds (polaires, par exemple). Le reste de l'année, et dans le Sud, tongs ou sandales, T-shirt et short constituent la tenue standard. Vous trouverez facilement à en acheter sur place.

Us et coutumes

Pieds Évitez de pointer vos pieds vers des personnes ou des objets sacrés tels que des représentations du Bouddha.

Tête Abstenez-vous de toucher ou de tapoter la tête de quiconque.

Maisons Il faut se déchausser avant d'entrer dans une habitation.

Repas Quand on dîne avec des Vietnamiens, la coutume veut que le plus âgé paye ; la courtoisie n'en veut pas moins que l'on propose de régler.

Hébergement

L'hébergement est d'un excellent rapport qualité/prix. Mieux vaut réserver (il est généralement possible de le faire en ligne) un ou deux jours à l'avance, voire plusieurs semaines en haute saison (congés du Têt entre fin janvier et début février, juillet-août et période de Noël).

Camping Le nombre d'options reste très limité, mais des campings ouvrent ces temps-ci dans le sud du Vietnam.

Pensions Habituellement tenues par des familles et plus décontractées que les hôtels.

Auberges de jeunesse Courantes dans les principaux centres touristiques, plus rares ailleurs.

Hôtels La gamme va des petits établissements simples et fonctionnels aux luxueux complexes hôteliers.

Restauration

Il est rare de devoir réserver une table au Vietnam, sauf dans les restaurants des parcs nationaux, ou dans les établissements chics de Hanoi, Hoi An et Hô Chi Minh-Ville (HCMV).

Cafés On y trouve parfois des en-cas, mais peu de vrais repas.

Tables internationales Les destinations touristiques comptent nombre d'adresses mêlant plats occidentaux et asiatiques.

Restaurants vietnamiens Les établissements locaux, surtout les plus fréquentés, préparent une cuisine fraîche et délicieuse.

Cuisine de rue Des stands proposent des spécialités du cru bon marché, souvent fort savoureuses.

MATT MUNRO/LONELY PLANET ©

Porte de la citadelle impériale (p. 189), Hué

Marchandage

Le marchandage est très présent au Vietnam, mais pas systématique. Il se pratique toujours dans un bon esprit – évitez de crier ou de vous énerver. Les réductions peuvent dépasser les 60% dans certains endroits, et se limiter à 10% dans d'autres – il arrive aussi que les prix soient fixes. Marchandez âprement sur les marchés et dans la plupart des boutiques de souvenirs, ainsi qu'avec les conducteurs de cyclo-pousse et de *xe om* (motos-taxis). Beaucoup d'hôtels accordent des réductions ; en revanche, les prix restent fixes dans les restaurants.

Pourboires

Bars Jamais attendu.

Guides Quelques dollars pour une journée d'excursion, davantage pour un circuit plus long si vous êtes content du service.

Hôtels Petite obole facultative pour le personnel de ménage.

Restaurants 5 à 10% de la note dans les restaurants chics ou si vous êtes très satisfait. Les Vietnamiens, eux, ne donnent rien.

Taxis Petit pourboire apprécié, surtout de nuit.

Langue

La maîtrise de l'anglais n'est pas très répandue au Vietnam et le français n'est plus guère parlé, sinon par les anciens. Connaître quelques phrases clés en vietnamien vous sera donc utile. Voir le chapitre *Langue* (p. 543).

Quoi de neuf ?

Le Vietnam, dont la croissance économique a été l'une des plus rapides du monde ces dernières années, s'est transformé à un rythme vertigineux. De vastes portions du littoral accueillent aujourd'hui de grands complexes hôteliers, et Hanoi et Hô Chi Minh-Ville (HCMV) sont devenues des villes très cosmopolites. Toutefois la nation reste un État à parti unique, et il devient urgent de s'attaquer aux problèmes environnementaux.

Boucle de Ha Giang

Cet itinéraire de montagne reculé s'impose aujourd'hui comme l'excursion à faire dans le Nord, attirant un nombre croissant de Vietnamiens. Une grande partie de l'année, il est impossible d'obtenir une chambre dans le village isolé de Dong Van le samedi soir sans réservation. On peut désormais louer des motos fiables auprès des experts locaux de QT Motorbikes & Tours, et des détours hors des sentiers battus, par Du Gia notamment, deviennent populaires.

Île des Pirates

Ouverte aux voyageurs de façon erratique durant de nombreuses années, l'île de Hai Tac (p. 417), repaire de pirates au cours des siècles passés, accueille aujourd'hui un mince flux de visiteurs. Au large de Ha Tien, elle est aussi proche du Cambodge que du Vietnam.

La viande de chien interdite

Procédant à la fermeture de certains restaurants, les autorités de Hanoi visent à débarrasser la ville du commerce de la viande canine d'ici à 2021, afin d'éradiquer la rage et promouvoir une image plus moderne de la capitale vietnamienne, en accord avec les normes internationales.

Pont doré

De loin, cette longue passerelle parmi les nuages dans la station climatique de Ba Na semble soutenue par deux immenses mains en pierre (elles sont en réalité faites de fibre de verre et de grillage). Par temps couvert, le pont doré (p. 215) est certes décevant, mais si le soleil vietnamien est de sortie, le panorama est éblouissant (pour en profiter, vous devrez jouer des coudes avec les Instagrammeurs).

Quartier chic

Longtemps la chasse gardée des nantis locaux et des expatriés, le verdoyant district 2 de HCMV attire de plus en plus de voyageurs grâce à une nouvelle liaison par bateau-taxi avec le centre. Ce coin de la ville bien moins chaotique, pollué et encombré offre un fabuleux choix de restaurants, de cafés et de bars.

Café nouvelle vague

La culture du café au Vietnam est séculaire, et on peut goûter de bons crus traditionnels un peu partout, mais de nouveaux cafés révolutionnent le domaine avec leur matériel high-tech et leurs baristas experts.

➡ Bosgaurus Coffee (p. 361). La référence à HCMV.

➡ La Viet Coffee (p. 312). Café, plantation et usine à Dalat.

➡ Sound of Silence (p. 243). Vue sur l'océan et café parfait, à Hoi An

➡ Chat Coffee Roasters (p. 361). Discret café branché de HCMV.

➡ Espresso Station (p. 235). Dirigé ar le meilleur barista de Hoi An.

➡ Little Plan Cafe (p. 94). Café bobo de Hanoi ; goûtez le café glacé au coco.

Essor de Can Tho

Longtemps capitale officieuse du delta du Mékong en raison de ses hôtels et restaurants raffinés, et des marchés flottants environnants, Can Tho a renforcé sa position touristique grâce au réseau de vols intérieurs qui la relient aux plages paradisiaques de Phu Quoc et de Con Dao, ainsi qu'à Dalat, Danang, Haiphong et Hanoi. Des compagnies aériennes internationales à bas coût assurent aussi des liaisons directes avec Bangkok et Kuala Lumpur.

Vue panoramique sur An Thoi

Le téléphérique de Hon Thom (p. 405), qui survole les îles An Thoi au départ de la pointe sud de Phu Quoc, est le plus long de la planète au-dessus de la mer. La vue qu'il offre sur la flotte de pêche et les baies cachées des îles en contrebas est fantastique. Un nouveau grand parc aquatique, Aquapolis, est en cours de construction sur Hon Thom.

Limitation du nombre de visiteurs sur les îles Cham

Afin de préserver le fragile écosystème des îles Cham et de soulager la pression sur les ressources en eau, une limite de 3 000 visiteurs par jour a été imposée. Avec cette mesure, conjuguée à la hausse du prix d'entrée, les autorités espèrent enrayer le surtourisme et les dommages environnementaux collatéraux.

À ÉCOUTER, À REGARDER, À SUIVRE

Trouvez inspiration et informations à jour sur le site lonelyplanet.fr/destinations/asie/vietnam

360° Vietnam (blog.amica-travel.com ; en français). Un blog fourmilant d'informations, de conseils et d'actualités.

Cap Vietnam (www.cap-vietnam.com ; en français). Le Vietnam par et pour les internautes. De très nombreux sujets y sont traités

Vietnam + (https://fr.vietnamplus.vn/ ; en français). Le site de l'Agence vietnamienne d'information (AVI).

Vietcetera (vietcetera.com/en ; en anglais). Excellents contenus culturels, touristiques et culinaires. Basé à HCMV mais couvre tout le pays.

The Bureau (thebureauasia.com ; en anglais). Recommandations de bars et de restaurants, et bon podcast.

EN BREF

Groupes ethniques En plus de la majorité viêt, 53 minorités sont reconnues, dont beaucoup ont leur propre langue

Nombre d'utilisateurs Facebook 59 millions environ

Population 97,4 millions d'habitants

POPULATION (AU KM²)

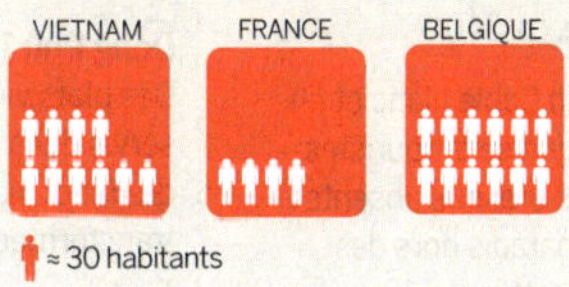

Envie de...

Plages de rêve

Île de Phu Quoc D'idylliques croissants de sable blanc et des baies sablonneuses à l'abri de promontoires rocheux. (p. 400)

Îles Con Dao Une escapade d'au moins trois nuits est recommandée. (p. 431)

Phu Thuan Gagnez cette plage spectaculaire à proximité de Hué, juste pour la journée ou en passant une nuit sur place. (p. 206)

Mui Ne Des kilomètres de plage et d'imposantes dunes rougeoyantes. (p. 284)

An Bang De Hoi An, enfourchez un vélo et rejoignez cette plage pour un cocktail de soleil, de fruits de mer et de farniente. (p. 240)

Hong Van Sable blanc et fin, eaux turquoise et touristes étrangers presque absents : un petit paradis hors des sentiers battus. (p. 126)

Édifices marquants

Tours chams de Po Klong Garai Ces splendides monuments valent une halte sur le circuit qui va du nord au sud du Vietnam. (p. 281)

Vieille ville de Hoi An Découvrez les maisons communes des congrégations chinoises et un pont couvert japonais du XVIe siècle. (p. 227)

Citadelle impériale de Thang Long Explorez les majestueux vestiges de l'ancien palais impérial de Hanoi. (p. 73)

Siège du Comité du peuple Un édifice colonial intemporel au cœur de Hô Chi Minh-Ville. (p. 331)

Cuisine exquise

Hoi An Régalez-vous de spécialités régionales uniques dans un cadre historique. (p. 232)

Quince Un restaurant branché de HCMV, qui réussit un sans-faute. (p. 354)

Dong Phu 1932 Des plats vietnamiens, servis dans une maison de Hanoi magnifiquement transformée. (p. 88)

Hué Réputée pour sa cuisine impériale sophistiquée. (p. 199)

Ganh Hao Dînez au bord de l'eau dans cet exceptionnel restaurant de poisson de Vung Tau. (p. 297)

Marchés

Bac Ha Découvrez l'un des marchés les plus colorés d'Asie du Sud-Est. (p. 152)

Marchés flottants du delta du Mékong Faites la tournée des marchés fluviaux où se côtoient toutes sortes de denrées alimentaires. (p. 387)

Marché Binh Tay Influences vietnamiennes et chinoises, dans le district de Cholon, à Hô Chi Minh-Ville. (p. 336)

Marché de nuit de Phu Quoc Produits de la mer ultra frais dans les restaurants authentiques du marché de Duong Dong. (p. 410)

Trésors cachés

Île de Hon Son Près de Rach Gia, une île aux belles formations rocheuses qui commence juste à s'ouvrir aux visiteurs. (p. 397)

Ha Giang Une province montagneuse de l'extrême Nord, aux paysages à couper le souffle. (p. 155)

Île de Tam Hai Une île minuscule avec un cimetière de baleines, des ruines chams, et de rares touristes. (p. 254)

Environs de Kon Tum Jarai et Bahnar, des villages isolés dans les hauts plateaux du Sud-ouest. (p. 320)

Circuits dans HCMV Pour découvrir la cuisine de rue et trouver des trésors méconnus. (p. 343)

En haut : tours chams de Po Shanu (p. 284), Mui Ne

En bas : pagode Thien Hau (p. 338), Hô Chi Minh-Ville

Road Trips

Col de Mai Pi Leng
Cette route de montagne entre Dong Van et Meo Vac emprunte un col étroit. (p. 160)

RN 6 Une route de campagne qui traverse les collines et rizières entre Mai Chau et Son La. (p. 136)

Zone démilitarisée (DMZ)
Reliez Dong Ha et Phong Nha via la DMZ et la spectaculaire route nationale Hô Chi Minh. (p. 183)

De Hué à Hoi An Une route qui vous conduira au col de Hai Van et à la plage de Danang. (p. 211)

La route nationale Hô Chi Minh
Peu de circulation et de beaux paysages, l'idéal pour les cyclistes. (p. 311)

Temples et tombeaux

Hué L'ancienne cité impériale et les tombeaux grandioses des souverains du Vietnam. (p. 190)

My Son Au sommet d'une colline, le site cham le plus impressionnant. (p. 247)

Temple de la Littérature
Ce temple de Hanoi a presque 1 000 ans. (p. 71)

Grand Temple caodaïste Près de Hô Chi Minh-Ville, un édifice évoquant tout à la fois un temple chinois, une mosquée et une cathédrale. (p. 372)

Cholon Le patrimoine chinois de HCMV, entre temples rehaussés d'ors et effluves d'encens. (p. 336)

Cimetière de Hang Duong
Dans ce cimetière évocateur de Con Son repose la plus célèbre héroïne du Vietnam, Võ Thi Sáu . (p. 434)

Pagode de Bich Dong
Charmants temples trogodytiques, souvent enveloppés d'un nuage d'encens. (p. 167)

Mois par mois

LE TOP 5

Têt (Têt Nguyên Dat) janvier-février

Festival de Hué avril

Naissance, éveil et mort du Bouddha mai

Concours international de feux d'artifice de Danang avril

Fête des Âmes errantes août

Janvier

Il peut faire très froid dans l'extrême Nord, avec parfois de la neige. Le temps s'adoucit en allant vers le sud. La fête du Têt se déroule à la fin du mois, ou début février.

Floralies de Dalat

Lors de cette superbe manifestation, qui a lieu au début du mois, d'énormes arrangements floraux sont exposés. De plus en plus international, ce festival s'accompagne de musique, de défilés de mode et d'une fête du vin.

Février

Au nord de Danang, les "vents de Chine" glacés sont synonymes de ciel gris et couvert. À l'inverse, au sud, les journées sont en général chaudes et ensoleillées.

Fête de Dong Da

Compétitions de lutte, danses du lion et parties d'échecs humains se déroulent le 5e jour du premier mois lunaire à Hanoi, sur la butte de Dong Da, site de la révolte menée par l'empereur Quang Trung (Nguyên Huê) contre les Chinois en 1788.

Têt (Têt Nguyên Dan)

La fête la plus importante ! Entre fin janvier et début février, le Nouvel An lunaire vietnamien réunit à la fois Noël, le Nouvel An et les anniversaires. Voyager devient difficile, les transports sont bondés et de nombreux commerces ferment. (p. 486)

Mars

Ciel gris et températures froides, qui remontent cependant vers la fin du mois, peuvent régner au nord de Hoi An. Dans le Sud, la saison sèche se termine.

Festival du café de Buon Ma Thuot

En mars, les amateurs de café se rendent sur les hauts plateaux pour ce festival annuel. Producteurs, torréfacteurs et amateurs se retrouvent dans le parc principal de la ville.

Avril

Une bonne période pour parcourir le pays : les pluies de la mousson d'hiver se sont normalement arrêtées et d'excellents festivals sont programmés. Les prix des vols sont généralement raisonnables (sauf à Pâques).

Fête des Morts (Thanh Minh)

Les trois premiers jours de la 3e lune, c'est le moment d'honorer les ancêtres en se rendant au cimetière. Après les avoir nettoyées, on dépose sur les tombes des parents des offrandes de fleurs, de nourriture et des papiers votifs.

Festival de Hué

Le plus important événement culturel du Vietnam a lieu tous les deux ans (prochaines

En haut : danses de la fête du Têt (p. 78), Hanoi

En bas : concours international de feux d'artifice de Danang (p. 211)

THI/SHUTTERSTOCK ©

éditions en 2022 et 2024). La plupart des spectacles (art, théâtre, musique, cirque et danse) se déroulent dans la citadelle.

Mai

Une bonne période pour visiter le Centre et le Nord : le ciel est souvent dégagé et les journées sont chaudes. Les températures maritimes se réchauffent et le tourisme est assez calme.

Naissance, éveil et mort du Bouddha (Phong Sinh)

Le 15e jour de la 4e lune, des processions animent les rues, et les lanternes décorent les pagodes. Chua Bai Dinh (p. 167), près de Ninh Binh, et la pagode de l'Empereur de Jade (p. 335), à HCMV, accueillent de somptueuses célébrations.

Fête du temple de Ba Chua Xu

À Chau Doc, dans le delta du Mékong, cette fête est rythmée par des spectacles de théâtre classique et d'élégantes cérémonies.

Juin

Très bonne période pour parcourir le pays, juste avant la haute saison. L'humidité peut être éprouvante, prévoyez quelques jours sur la côte.

Fête de la Mer à Nha Trang

Ce rendez-vous festif, qui a lieu début juin tous les deux ans (prochaines éditions en 2021 et 2023), comprend un festival de rue, des expositions de photos, des manifestations sportives, des présentations de broderie et des compétitions de cerf-volant.

Concours international de feux d'artifice de Danang

Les rives de Danang s'illuminent de mille feux à l'occasion de ce concours, où des équipes de pyrotechniciens venues du monde entier rivalisent de talent durant cinq week-ends de juin à début juillet, le tout en musique. (p. 211)

Solstice d'été (Têt Doan Ngo)

Le 5e jour de la 5e lune, les offrandes aux esprits, aux fantômes et au dieu de la Mort permettent d'éloigner les épidémies.

Août

Le tourisme bat son plein. Réservez vos vols et hébergements le plus tôt possible. Les prix grimpent et les plages sont prises d'assaut. Question climat, il fait très, très chaud.

Fête de la Mi-Automne (Hoi An et Hanoi)

Lors de cet important événement, les habitants célèbrent la pleine lune, mangent des gâteaux de lune au son des tambours et assistent aux danses du lion, de la licorne et du dragon. C'est aussi devenu la fête des enfants, très impliqués dans la manifestation.

Fête des Âmes errantes (Trung Nguyên)

La fête traditionnelle la plus importante après le Têt. On dépose des festins de nourriture en offrande aux esprits errants qui reviennent sur terre le 15e jour de la 7e lune.

Septembre

Une période idéale pour visiter le pays tout entier : les stations balnéaires sont moins bondées, il y a moins de gens sur les routes et les températures comme le taux d'humidité sont plus agréables.

Fête nationale du Vietnam

Célébrations et rassemblements populaires ont lieu à travers tout le pays. À Hanoi, défilés, réjouissances et feux d'artifice sont organisés sur l'immense place Ba Dinh (devant le mausolée de Hô Chi Minh), et il y a des courses de bateaux sur le lac Hoan Kiem.

Hanoi Pride

La Gay Pride locale, qui se tient fin septembre, mêle projections de films, expositions, débats et ateliers.

Octobre

Ciel dégagé et températures clémentes : c'est le bon moment pour visiter l'extrême Nord. La pluie et les vents d'hiver commencent à s'abattre

Célébrations de la naissance, de l'éveil et de la mort du Bouddha

sur le Centre, tandis que le Sud reste souvent sec.

Nouvel An cham

Célébrée dans les -tours chams de Po Klong Garai à Thap Cham -le 7e mois du calendrier cham, le *kate* commémore les ancêtres, les héros nationaux et les divinités. (p. 280)

Fête khmère d'Oc Bom Boc

Cette fête de l'Eau, organisée par la communauté khmère du delta du Mékong, le 15e jour de la 10e lune (fin octobre ou novembre), comprend de pittoresques courses de bateaux au large de la plage de Ba Dong, dans la province de Tra Vinh, et sur la rivière Soc Trang.

Fête de la Mi-Automne (Têt Trung Thu)

Dans tout le pays, durant le 15e jour de la 8e lune (en septembre ou en octobre), on déguste des gâteaux de lune, faits de riz gluant et fourrés de graines de lotus et de pastèque, de cacahuètes, de jaunes d'œuf de cane, de raisins secs et autres douceurs. Aussi connue sous le nom de fête de la Pleine lune.

Novembre

Une bonne période pour visiter HCMV, Mui Ne, le delta du Mékong et les îles comme Phu Quoc, avec un ciel généralement ensoleillé. Toutefois, le temps peut s'avérer frais et pluvieux dans le centre et le nord du pays.

Décembre

à partir de mi-décembre, les complexes touristiques sont pris d'assaut. Il faut donc réserver son hôtel assez tôt pour les vacances de Noël. Le Sud est humide et il peut faire froid dans le Nord.

Noël (Giang Sinh)

Ce n'est pas un jour férié, mais il est fêté dans tout le pays, par les catholiques notamment. à Phat Diem ou à HCMV, des milliers de fidèles assistent à la messe de minuit.

Préparer son voyage

Itinéraires

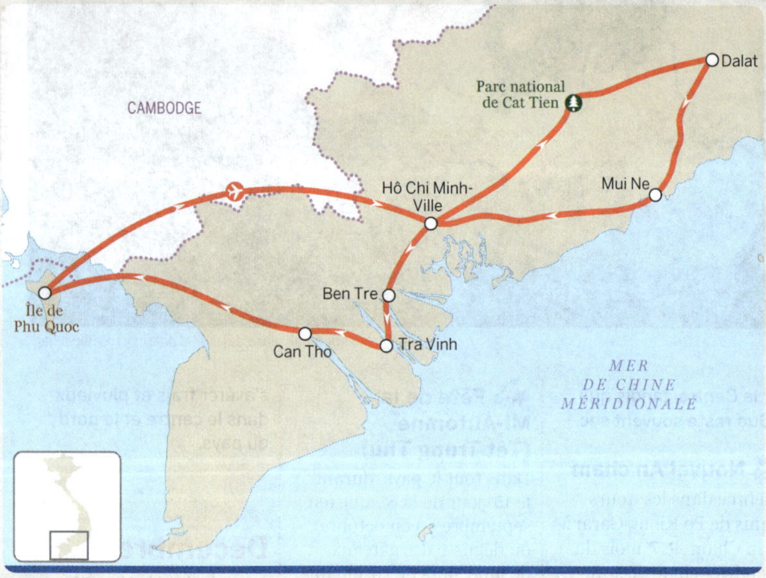

2 SEMAINES Le Sud

Cet itinéraire comprend une île charmante aux superbes criques sablonneuses, le haut lieu des sports d'eau vive du pays et un incroyable monde aquatique de villages flottants. Pour profiter de couchers de soleil tropicaux et de plages de sable blanc, mieux vaut ne pas prévoir ce voyage pendant la saison des pluies du Sud (de mai à octobre, environ). Presque tous les grands sites touristiques sont régulièrement desservis par les transports publics.

Après avoir profité quelques jours des plaisirs urbains et de l'énergie de **Hô Chi Minh-Ville** (HCMV), rejoignez le delta du Mékong, en vous arrêtant à **Ben Tre** pour explorer les allées au bord des canaux à vélo et les îles en bateau. Embarquez ensuite à bord d'un bateau pour un lent voyage pittoresque jusqu'à **Tra Vinh** et ses pagodes colorées. Un court trajet conduit à **Can Tho,** où vous pourrez passer quelques jours à visiter les marchés flottants animés, le musée municipal et des temples. Ensuite, rendez-vous sur l'**île de Phu Quoc** pour trois jours de détente bien méritée sur des plages de sable fin parmi

Marché flottant de Cai Rang, Can Tho (p. 387)

les plus agréables du Vietnam, et des festins de fruits de mer en soirée.

De Phu Quoc, retournez à HCMV en avion ou en bus, puis gagnez, au nord, les hauts plateaux du Sud-Ouest, après une nuit dans le **parc national de Cat Tien**, qui abrite gibbons, crocodiles et nombre d'oiseaux. Plus haut, séjournez dans la station climatique de **Dalat**, empreinte de romantisme ; vous aurez l'occasion de pratiquer des sports d'aventure comme le canyoning, le VTT ou le kayak.

Le trajet de Dalat à **Mui Ne**, l'un des plus mémorables du pays, traverse des crêtes montagneuses, des vallées profondes et des forêts de pins et se parcourt idéalement à moto (envisagez un circuit avec un Easy Rider). Vous pourrez ensuite, deux-trois jours durant, vous reposer sur la plage de Mui Ne, une beauté tropicale aux grandes dunes de sable et à l'ambiance décontractée – où les plus endurants prendront une leçon de kitesurf ou de voile.

Terminez le parcours en beauté par une nuit à **HCMV**, en profitant par exemple d'un dîner au Hum Lounge, et d'une bière artisanale chez BiaCraft.

2 SEMAINES Du Sud au Nord

Cet itinéraire couvre les grands sites culturels du pays. Il débute et se termine par l'une des deux grandes villes du Vietnam, mais cela ne vous empêchera pas de profiter des plages. Pensez à prendre des vols intérieurs (ou des trains de nuit) pour gagner du temps.

Pour vous, l'aventure commencera à **Hô Chi Minh-Ville**, cœur de la vie commerçante du pays. Passez-y deux-trois jours, à parcourir les marchés, visiter les musées et déguster l'une des meilleures cuisines d'Asie.

Prenez l'avion ou le train jusqu'à **Danang** pour rallier **Hoi An**, une charmante cité de culture et de gastronomie qui mérite trois-quatre jours de halte. Visitez ses temples et sa vieille ville, puis gagnez la plage voisine d'An Bang. Allez ensuite passer deux ou trois nuits à **Hué**, l'ancienne capitale impériale, afin d'en explorer la citadelle, les pagodes et les tombeaux (et les plages voisines aux beaux jours).

Il sera temps alors de faire le long trajet (par la route ou en train) jusqu'à **Hanoi** pour découvrir sa vieille ville évocatrice, savourer sa cuisine de rue, admirer son architecture raffinée et profiter de ses sites culturels. De Hanoi, réservez un circuit jusqu'à l'incomparable **baie d'Along**, émaillée de quelque 2 000 îlots karstiques, avant de regagner la capitale.

JUNJUNALEX/SHUTTERSTOCK ©

En haut : rues de Hoi An (p. 219)
En bas à gauche : vers la pagode des Parfums (p. 105)
En bas : tombeau de Khai Dinh, Hué (p. 204)

JOHN BILL/SHUTTERSTOCK ©

DMHAI/SHUTTERSTOCK ©

CHINE
MYANMAR
(BIRMANIE)
HANOI
Baie d'Along
LAOS
MER
DE CHINE
MÉRIDIONALE
Hué
Danang
Hoi An
THAÏLANDE
CAMBODGE
Hô Chi Minh-Ville

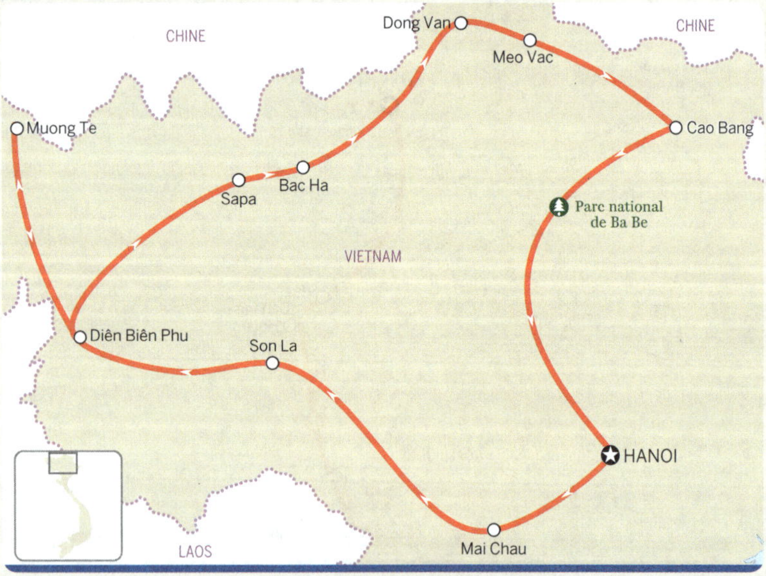
CHINE
Dong Van
Meo Vac
CHINE
Muong Te
Cao Bang
Sapa
Bac Ha
Parc national de Ba Be
VIETNAM
Diên Biên Phu
Son La
HANOI
Mai Chau
LAOS

3 SEMAINES Les montagnes du Nord

Région de hauts sommets, le Nord est le fief des ethnies montagnardes. Ce territoire se prête idéalement à un périple à moto (peu de circulation sur les routes), mais il peut aussi être exploré en transports publics, à condition d'être patient.

Quittez **Hanoi** et mettez le cap à l'ouest jusqu'à **Mai Chau**, domaine des Thaï blancs, où vous passerez vos deux premières nuits : une parfaite introduction à la vie des différentes communautés ethniques. Au nord-ouest, **Son La**, ville nonchalante située au pied des "Alpes tonkinoises", est une étape logique pour passer la nuit, avec un bon choix de restaurants de spécialités des ethnies montagnardes.

Direction **Diên Biên Phu** (pour deux nuits), un nom chargé d'histoire. Visitez les sites militaires et l'impressionnant musée, puis continuez au nord à travers des paysages spectaculaires, jusqu'au col de Tram Ton. Pour sortir des sentiers battus, envisagez un détour de un ou deux jours par le district de **Muong Te**, une enclave majoritairement peuplée de Thaï blancs, à l'extrême nord-ouest du pays.

Première destination touristique du Nord-Ouest, **Sapa** est connue pour ses ethnies montagnardes et ses panoramas incroyables. Consacrez trois jours à la découverte de la région, à pied ou à moto, puis passez quatre nuits à **Bac Ha** où se tient le meilleur marché de la région, fréquenté par les Hmong fleurs.

Virez vers l'est et la province de Ha Giang, en traversant des paysages somptueux et quelques petites localités comme Yen Minh, Dong Van et Meo Vac. Visitez des sites reculés, par exemple la tour du drapeau de Lung Cu et le palais de Vuong en partant de **Dong Van**. Les transports publics en direction du vertigineux col de Mai Pi Leng et de **Meo Vac** étant inexistants, vous devrez prendre un *xe om* (moto-taxi) ou une voiture. La route décrit ensuite une boucle jusqu'à la bourgade-carrefour de Bao Lac.

Des bus locaux partent de Bao Lac pour **Cao Bang** et continuent jusqu'au **parc national de Ba Be**. Passez environ trois nuits autour de Ba Be ; logez chez l'habitant, dans des familles de l'ethnie tay, et explorez le parc à pied ou en kayak. De Ba Be, des bus repartent au sud pour Hanoi.

PETER STUCKINGS/SHUTTERSTOCK ©

AKARAT PHASURA/SHUTTERSTOCK ©

En haut : chutes de Ban Gioc (p. 135), Cao Bang
En bas : bunker sur la colline A1 (p. 140), Diên Biên Phu

Le Vietnam hors des sentiers battus

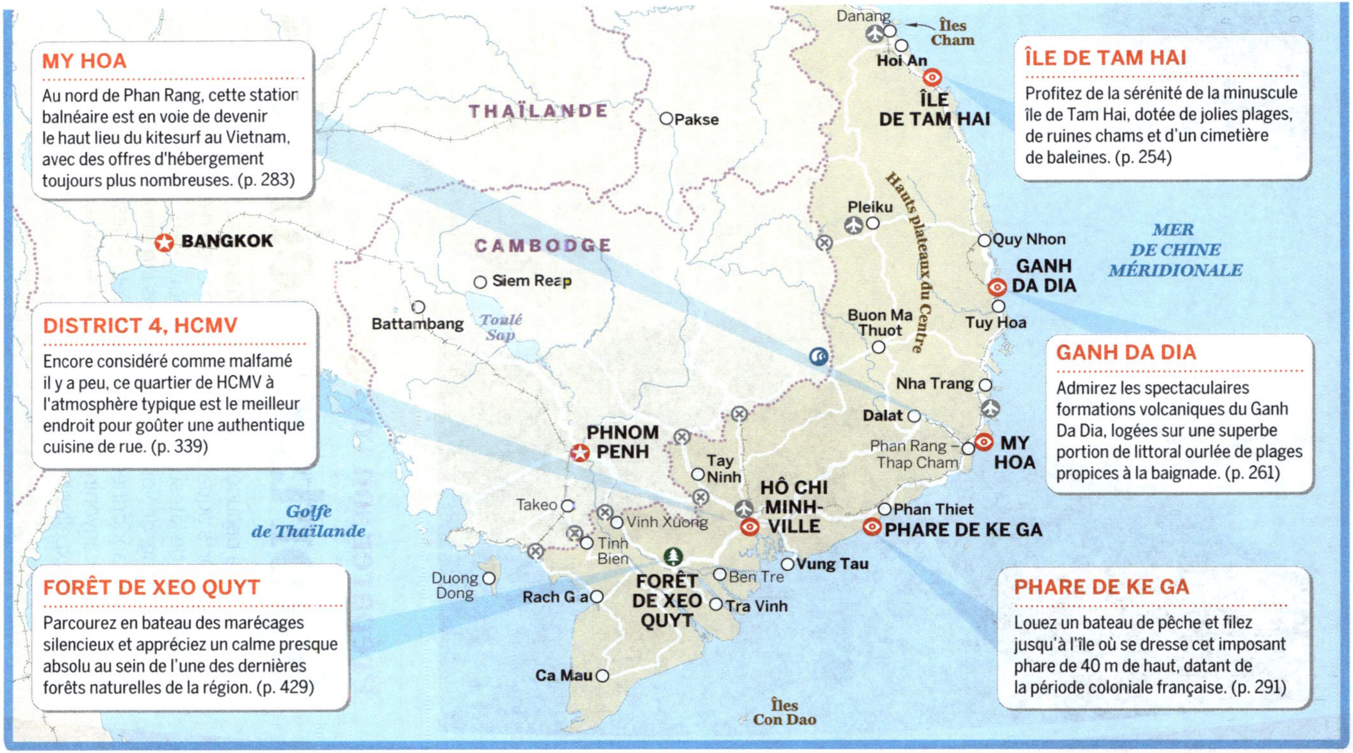

MY HOA

Au nord de Phan Rang, cette station balnéaire est en voie de devenir le haut lieu du kitesurf au Vietnam, avec des offres d'hébergement toujours plus nombreuses. (p. 283)

DISTRICT 4, HCMV

Encore considéré comme malfamé il y a peu, ce quartier de HCMV à l'atmosphère typique est le meilleur endroit pour goûter une authentique cuisine de rue. (p. 339)

FORÊT DE XEO QUYT

Parcourez en bateau des marécages silencieux et appréciez un calme presque absolu au sein de l'une des dernières forêts naturelles de la région. (p. 429)

ÎLE DE TAM HAI

Profitez de la sérénité de la minuscule île de Tam Hai, dotée de jolies plages, de ruines chams et d'un cimetière de baleines. (p. 254)

GANH DA DIA

Admirez les spectaculaires formations volcaniques du Ganh Da Dia, logées sur une superbe portion de littoral ourlée de plages propices à la baignade. (p. 261)

PHARE DE KE GA

Louez un bateau de pêche et filez jusqu'à l'île où se dresse cet imposant phare de 40 m de haut, datant de la période coloniale française. (p. 291)

Canyoning aux chutes de Datanla, près de Dalat (p. 306)

Préparer son voyage

Sports et activités

Le Vietnam a beaucoup à offrir en matière d'activités de plein air. Côté sports aquatiques, le pays possède d'excellents spots de kayak et de kitesurf, ainsi que de nombreux spots de plongée, de snorkeling, de voile et de surf. Dans l'intérieur des terres, à vous les randonnées – à pied ou à vélo –, les circuits à moto, les sorties canyoning et les vols en montgolfière. Vous trouverez partout d'excellents prestataires.

Les meilleures activités de plein air

Plongée et snorkeling

Îles Con Dao Les plus beaux spots.

Phu Quoc Beaux jardins de corail.

Nha Trang Sites nombreux et clubs de plongée, très professionnels.

Randonnées

Bac Ha D'impressionnants parcours dans les montagnes, avec séjours dans les villages.

Dong Van Spectaculaire paysage de montagne.

Mai Chau Paysages sublimes et villages d'ethnies montagnardes.

Kon Tum Treks jusqu'aux villages des ethnies sedang et jarai.

Cyclotourisme

Dalat Plusieurs itinéraires dans les montagnes.

Delta du Mékong Les petites routes longent des cours d'eau à l'ombre des cocotiers.

Hoi An Terrain plat idéal pour explorer les villages d'artisans et couper à travers les rizières.

Kayak

Île de Cat Ba Balade entre de spectaculaires affleurements calcaires.

Parc national de Ba Be Sublimes lacs.

Hoi An Paysages splendides le long des berges.

Parc national de Phong Nha-Ke Bang Superbes balades sur les rivières du parc.

Planifier son séjour

Le climat vietnamien étant extrêmement changeant et lié à la mousson, il est primordial de planifier votre séjour. La période idéale pour le surf et le kitesurf est l'hiver (novembre-avril). Les plongeurs préféreront juin, juillet et août, quand la visibilité sous l'eau est optimale. Il serait inconscient d'entreprendre l'ascension du Fansipan en pleine saison des pluies (de mai à septembre). Le snorkeling et la plongée manquent d'attrait entre novembre et avril, car la visibilité sous l'eau est faible.

Randonnée

Que ce soit à l'occasion de treks ambitieux ou de marches faciles, vous découvrirez au Vietnam des paysages souvent exceptionnels : profondes vallées, rizières en terrasses et hautes montagnes de calcaire. Tout est possible, de la randonnée d'une demi-journée à l'ascension du Fansipan. Le nord du pays, avec ses spectaculaires sentiers de montagne et l'étonnante culture de ses ethnies, se prête particulièrement à la randonnée. Ailleurs, les parcs nationaux et réserves naturelles sont parcourus de sentiers balisés (et vous trouverez généralement des guides pour vous accompagner).

Nord du Vietnam

Au nord de Hanoi, la région est réellement spectaculaire. Sapa (p. 143) est le haut lieu de la randonnée au Vietnam. Là, les agences spécialisées comme les magasins de location (où vous pourrez vous procurer tout l'équipement nécessaire) sont légion. Vous y trouverez aussi des cartes détaillant les sentiers, et des guides pour vous accompagner. À vous le grand air, les paysages sublimes et les fascinants villages d'ethnies montagnardes. Les principaux sentiers sont très fréquentés. Pour sortir des sentiers battus, il faudra recourir aux services d'un guide local.

À une altitude un peu plus basse, et dans une zone moins pluvieuse, Bac Ha (p. 152) est entouré de sentiers moins fréquentés et souvent moins boueux. Les paysages sont très pittoresques, sans être aussi spectaculaires que ceux de Sapa. Ils réservent de magnifiques randonnées jusqu'à des villages hmong fleurs et nung.

L'altitude remonte à l'extrême Nord, dans la province de Ha Giang (p. 155). Les marcheurs pourront trouver un guide dans la ville de Ha Giang, ou se rendre à Dong Van, pour de superbes randonnées. Autour des villes de Dong Van et Meo Vac, il existe des parcours à la journée très faciles à faire sans guide.

Mai Chau (p. 136) offre des balades assez faciles dans une vallée idyllique.

Le parc national de Ba Be (p. 129) compte pour sa part un réseau de sentiers accidentés desservant des villages d'ethnies montagnardes cachés dans un spectaculaire paysage karstique, tandis que Cat Ba

(p. 105) est réputée pour sa randonnée de 18 km (ou des options plus courtes comme celle de la vallée des Papillons).

Centre du Vietnam

Des treks exceptionnels et de nombreux nouveaux parcours sont organisés au cœur des plateaux karstiques du parc national de Phong Nha-Ke Bang (p. 171) par des prestataires. Beaucoup d'itinéraires associent trekking et spéléologie ou tubing. La plus célèbre randonnée passe par Hang Son Doong, la plus grande grotte du monde, mais le nombre de visiteurs est limité et le coût élevé (3 000 $US environ).

Dans le parc national de Cuc Phuong (p. 169), d'excellents sentiers traversent une forêt jusqu'à un village muong.

Près de Danang, le parc national de Bach Ma (p. 206) permet de bonnes randonnées, tandis que la station climatique de Ba Na (p. 215) offre des itinéraires courts et une vue extraordinaire. À Hoi An, des agences proposent également d'intéressants treks vers les villages des ethnies de la région, à l'ouest de la ville.

Sud du Vietnam

Vous apercevrez peut-être l'un des nombreux mammifères présents dans le parc national de Yok Don (p. 317), près de Buon Ma Thuot. Un guide est nécessaire pour profiter pleinement du parc national de Cat Tien (p. 300). Vous pourrez y voir des crocodiles et faire des randonnées nocturnes. Le Wild Gibbon Trek est très apprécié. Plus haut, à Dalat, plusieurs agences comme Phat Tire Ventures (p. 307) et Pine Track Adventures (p. 307) proposent des randonnées, notamment dans le parc national de Bidoup Nui Ba (p. 306).

Si l'extrême Sud se prête peu à la randonnée, l'île de Con Son (p. 433), rafraîchie par les brises marines, est une exception. Au programme : parcours à travers la forêt tropicale et les mangroves.

Cyclotourisme

Populaire au Vietnam, le vélo est un excellent moyen de découvrir le pays. On trouve de simples bicyclettes à louer pour 1 à 3 $US la journée, et des VTT de bonne qualité pour 7 à 18 $US. Certains magasins louent aussi des vélos électriques (à partir de 10 $US).

Les plaines du delta du Mékong sont idéales pour les longues balades sur les voies secondaires. Nous recommandons notamment les routes de campagne aux abords de Chau Doc, et la route paisible qui longe la frontière cambodgienne entre Chau Doc et Ha Tien (avec un détour éventuel jusqu'à Ba Chuc). À noter aussi les belles promenades à faire sur les îles au large de Vinh Long.

Évitez la RN 1, dangereuse et difficile d'accès en raison d'une circulation délirante. Préférez plutôt la route nationale Hô Chi Minh (RN 14, 15 et 8) : paysages fabuleux et circulation réduite. Hoi An, qui recèle des prestataires réputés pour leurs circuits à vélo, est une excellente base pour partir à la découverte des villages d'artisans et des petites routes de campagne. Hué est aussi un lieu formidable pour pédaler vers des temples et des pagodes, ou encore le long de la rivière des Parfums.

Dans les hauts plateaux du Centre, Dalat est un bon terrain de jeu, avec de nombreux chemins de terre, et la ville sert de camp de base pour une impressionnante descente de 2 jours jusqu'à Mui Ne.

Plus au nord, la région très pittoresque qui borde le parc national de Phong Nha-Ke Bang commence à s'ouvrir au

CONTOURNER LA RN 1

À moto ou à vélo, mieux vaut éviter la RN 1, qui longe une bonne partie du littoral : la circulation incessante et les nombreux camions deviennent vite un cauchemar. En vous organisant bien, vous pourrez contourner la RN 1 à intervalles réguliers et emprunter les petites routes côtières. Quelques exemples :

- à l'est de Hué, entre Thuan An et Vin Hien ;
- entre Chi Thanh et la péninsule de Hon Gom ;
- au sud de Nha Trang jusqu'à l'aéroport de Cam Ranh ;
- entre Phan Thiet et Vung Tau ;
- entre Phan Thiet, Mui Ne et Tuy Phong.

Rizières en terrasses autour de Sapa (p. 143)

cyclotourisme. Enfin, tout au nord, les petites routes de montagne situées autour du parc national de Ba Be et de Bac Ha recèlent de beaux parcours à vélo.

Moto

Parcourir le Vietnam à moto est une expérience mémorable. C'est le moyen de transport de la plupart des Vietnamiens. Et, surtout, vous pourrez aller où bon vous semble dans la campagne, au cœur de paysages splendides, et serez plus proche des gens. Cependant, il n'est pas évident de se procurer un permis de conduire (p. 534) et une assurance. Beaucoup de voyageurs décident de s'en passer, mais, en cas d'accident, vous risquez de ne pas être couvert. Certains préfèrent s'offrir les services d'un conducteur, ce qui est comparativement plutôt bon marché (à partir de 30 $US/jour). Vous pouvez notamment vous adresser aux Easy Riders.

Évitez de passer trop de temps sur la RN 1. À l'intérieur des terres, la route nationale Hô Chi Minh, qui court le long de l'épine dorsale du pays du nord au sud, est une bonne solution alternative. Le tronçon entre Duc Tho et Phong Nha, où des pics karstiques émergent de la jungle, est très spectaculaire, et on circule sur une bonne route goudronnée peu fréquentée.

Parmi les plus beaux itinéraires dans la moitié sud du pays, citons le passage du col de Hai Van, qui conjugue virages en épingle à cheveux et vue sur l'océan, et le spectaculaire tronçon entre Nha Trang et Dalat, qui coupe à travers des forêts et franchit un col culminant à 1 700 m.

Des beaux parcours traversent aussi les spectaculaires collines calcaires qui caractérisent le parc national de Phong Nha-Ke Bang et la région de Ninh Binh. Dans ces deux secteurs, plusieurs prestataires proposent des excursions guidées à moto.

Plus au nord, autour de Sapa et de Diên Biên Phu, on découvre de sublimes paysages de montagne, des vallées fluviales et des villages d'ethnies montagnardes. L'itinéraire traversant la province de Ha Giang, qui passe par Ha Giang, Dong Van et Bao Lac, est tout aussi magnifique, avec des panoramas inouïs et des routes de montagne sans pareil.

Surf

Le surf se pratique presque toute l'année, mais la meilleure période se situe entre novembre et avril, quand les vents de la mousson d'hiver soufflent en provenance du nord. Plusieurs typhons se forment dans la mer de Chine méridionale chaque année, produisant d'énormes houles.

À proximité de Hoi An, "China Beach" est une superbe étendue de sable de 30 km, sur laquelle peuvent déferler des vagues de plus de 2 m de hauteur ; attention toutefois à la pollution.

Au nord de Quy Nhon, la portion de côte qui remonte vers Quang Ngai offre aussi un beau potentiel, malgré le manque ou l'absence d'infrastructures. Contactez Haven (p. 260) pour plus de renseignements sur cette zone.

En haute saison, gagnez la plage de Bai Dai, à 27 km au sud de Nha Trang, où vous trouverez un bon *break* gauche. On peut louer des planches chez Coco's Surf Kitchen Lounge (p. 278).

Les débutants peuvent se rendre à Mui Ne, où les vagues déferlent autour de la baie, notamment de courts *breaks* droite et gauche. Plus au sud, Vung Tau, aux conditions changeantes, bénéficie de certaines des plus belles vagues du Vietnam quand la météo s'y prête. On y trouve un club de sports nautiques (p. 294).

Soyez extrêmement prudent si vous êtes à la recherche de vagues dans des lieux reculés : il y a toujours quantité de munitions non explosées dans la campagne. Autres nuisances : les déchets, les eaux de ruissellement et la pollution industrielle.

LE TOP DES PLAGES

Établir une liste des plus belles plages du Vietnam est une mission impossible (à elle seule, Phu Quoc compte une douzaine de criques paradisiaques). En voici néanmoins une petite sélection :

Nord et Centre Plages de Minh Chau, d'An Bang et de Thuan An

Sud Plage de Doc Let, Bai Mon, Quy Nhon, Mui Ne, Bai Xep

Îles Plage de Sao, Phu Quoc et Bai Dat Doc, îles Con Dao

Kitesurf, planche à voile et voile

La planche à voile et le kitesurf sont en plein essor. Avec ses compétitions et sa réputation croissante, la plage de Mui Ne est l'un des points de ralliement des amateurs en Asie. Pour le kitesurf, la plage de My Hoa (p. 283), au nord de Ninh Chu, fait de plus en plus parler d'elle et possède désormais deux écoles. Nha Trang et Vung Tau sont d'autres options.

Les cours de 2 heures pour débutants coûtent un minimum de 100 $US ; il faut compter sur plusieurs séances avant d'en assimiler tous les rudiments.

À Mui Ne et My Hoa, les conditions sont idéales de novembre à avril. Les débutants en profiteront le matin, car l'après-midi les vents soufflent jusqu'à 35 nœuds.

À Mui Ne, le Manta Sail Training Centre (p. 285), un centre nautique sérieux géré par une Anglaise, propose cours de voile et location de bateaux. À Phu Quoc, Viet Sail (p. 406) propose cours de voile et sorties en catamaran.

Plongée et snorkeling

Le lieu le plus réputé pour la plongée et le snorkeling est situé près de Nha Trang (p. 265), où vous trouverez plusieurs spécialistes. Les écoles de plongée de Hoi An vous emmènent découvrir la vie sous-marine vers les jolies îles Cham (p. 243). L'île de Phu Quoc (p. 400) est aussi une destination de choix. Comptez de 65 à 80 $US pour deux plongées loisirs ; pour une sortie snorkeling d'une journée, vous débourserez entre 25 et 40 $US. Les formations PADI ou SSI Open Water coûtent de 300 à 475 $US.

Les îles Con Dao arrivent en tête du classement des spots de plongée et de snorkeling au Vietnam, combinant une vie sous-marine variée, de beaux récifs et même une épave. Les tarifs sont élevés (environ 150 $US pour 2 plongées loisirs).

Il existe beaucoup d'écoles de plongée douteuses au Vietnam, à Nha Trang en particulier : certaines utilisent de fausses licences PADI. Adressez-vous à des établissements réputés, respectant les règles de sécurité.

En haut : grotte de Hang Son Doong (p. 176)

À droite : snorkeling, île de Phu Quoc (p. 400)

MELIS/SHUTTERSTOCK ©

LE TOP DES ACTIVITÉS DE PLEIN AIR

Randonnée vers la plus grande grotte au monde (p. 176). Hang Son Doong, un site unique.

Dong Van à moto (p. 155). La destination ultime pour les amateurs de deux-roues et de paysages de montagne.

Survol du "Sahara" vietnamien (p. 285). Une balade en montgolfière au-dessus de Mui Ne.

Kitesurf de haut vol (p. 285). Des conditions idéales et des compétitions de niveau mondial à Mui Ne et My Hoa.

Faune sauvage (p. 300). Crocodiles, gibbons et autres animaux, dans le parc national de Can Tien.

Le delta du Mékong à vélo (p. 365) Les petites routes de la région réservent de magnifiques balades.

Kayak et paddle

Le kayak est de plus en plus pratiqué dans la baie d'Along. La plupart des circuits comprennent désormais une sortie en kayak ou en paddle au milieu des pics karstiques. Des agences spécialisées proposent même des excursions autour des majestueux pinacles de calcaire, suivies d'une nuit dans la baie.

Parmi les autres destinations phares, citons l'île de Cat Ba, le parc national de Ba Be, les îles Con Dao, Phong Nha, Dalat, le parc national de Cat Tien et les rivières de la région de Hoi An. On peut louer des kayaks de mer ou des planches de paddle sur de nombreuses plages, comme celle de Nha Trang, Tam Hai, Mui Ne ou Bai Xep.

Cat Ba Ventures (p. 117), SUP Monkey (p. 230), Hoi An Kayak Tours (p. 230) et Phat Tire Ventures (p. 307) comptent parmi les prestataires spécialisés.

Rafting

L'activité n'en est qu'à ses débuts au Vietnam. Des circuits en eaux vives sont proposés par plusieurs prestataires de Dalat, comme Phat Tire Ventures (p. 307), qui organise une descente de la rivière Da Don, avec des rapides de classe II et III, selon la saison (à partir de 69 $US). Les excursions combinant vélo et rafting entre Dalat et Nha Trang sont aussi recommandées. Shamrock Adventures (p. 270) propose des descentes en rafting au départ de Nha Trang.

Spéléologie

Des excursions de spéléologie sont envisageables dans le parc national de Phong Nha-Ke Bang (p. 171). La plupart du temps, vous serez amené à marcher, à nager (il y a beaucoup de rivières souterraines) et à faire un peu d'escalade.

Oxalis Adventure Tours (p. 175), spécialiste en la matière, est le seul prestataire habilité à vous faire découvrir les splendeurs de Hang Son Doong, la plus grande grotte du monde. Si votre budget ne vous le permet pas, consolez-vous en passant une journée mémorable à Hang Toi ("grotte obscure"), qui peut se visiter de manière indépendante. Phong Nha Farmstay (p. 175) organise des excursions dans les grottes du parc national de Phong Nha-Ke Bang.

Vous pouvez aussi faire une marche de 7 km dans la remarquable grotte du Paradis, et nager dans le superbe réseau souterrain de Tu Lan.

Escalade et canyoning

À Cat Ba, capitale de l'escalade au Vietnam, Langur's Adventures (p. 119) propose des ascensions des reliefs karstiques, de l'escalade en psicobloc (*deep-water soloing*) et des excursions combinant kayak et escalade. À Hoi An, Phat Tire Ventures (p. 307) organise des sorties d'escalade et des descentes en rappel sur une falaise de marbre.

La pratique du canyoning est très populaire à Dalat. Ne mégotez pas sur la sécurité ; adressez-vous uniquement à des agences réputées et bien établies. Malheureusement, des accidents mortels de canyoning sont survenus près de Dalat.

Étal de marché, Hoi An (p. 219)

Préparer son voyage

À table !

Partout au Vietnam, des échoppes de rue aux tables raffinées dans des édifices coloniaux restaurés, vous pourrez faire bonne chère en vous régalant de plats aux saveurs fraîches et parfumées. Cours de cuisine, visites de marchés et circuits organisés à pied vous aideront à découvrir l'héritage culinaire du pays.

Le calendrier culinaire

Les fêtes et les fruits frais de saison sont les points forts du Vietnam.

Du 19 janvier au 20 février

Lors du Têt (Nouvel An vietnamien), on festoie entre amis et en famille pendant une semaine. Parmi les plats traditionnels, on trouve le *banh tet* (riz gluant avec du porc et de l'œuf) et le *mut* (fruits séchés et sucrés).

De mars à juin

Les mangues de Cao Lanh, dans le delta du Mékong, sont succulentes.

De mi-juin à début juillet

Des litchis frais sont vendus partout dans le nord du Vietnam.

De juin à juillet

C'est la saison des odorants durians (et d'autres fruits) sur les berges du Mékong.

De mai à octobre

Les ramboutans (sortes de litchis) frais sont en vogue durant la saison des pluies.

D'août à novembre

Les pomelos remplissent les marchés du centre du pays.

Du 8 septembre au 7 octobre

On apprécie les traditionnels gâteaux de lune durant le Têt Trung Thu, fête annuelle de la pleine lune.

Expériences culinaires

Planifiez votre voyage en fonction de ces conseils gourmands et vous comprendrez l'essence de la cuisine vietnamienne.

Introduction à la cuisine vietnamienne

Pour votre première soirée au Vietnam, voici des adresses pour vous familiariser avec la gastronomie nationale.

Quan Bui (p. 352). Des saveurs vietnamiennes à apprécier pleinement à Hô Chi Minh-Ville (HCMV).

Chim Sao (p. 90). Excellentes salades vietnamiennes et spécialités du Nord à Hanoi.

Circuits à la découverte de la cuisine de rue

Installez-vous sur un tabouret en plastique et découvrez la cuisine de rue du Vietnam.

Saigon Street Eats (p. 343), HCMV

Funtastic Danang Food Tour (p. 211), Danang

Eat Hoi An (p. 234), Hoi An

Hue Flavor (p. 197), Hué

Hanoi Street Food Tours (p. 78), Hanoi

Dalat Happy Tours (p. 307), Dalat

Les meilleures tables de cuisine fusion

Découvrez le mariage entre saveurs occidentales et cuisine vietnamienne dans ces élégants restaurants.

Nu Eatery (p. 234). Saveurs du Vietnam et du monde mariées avec aplomb à Hoi An.

La Badiane (p. 91). Un mélange de saveurs françaises et vietnamiennes dans une villa coloniale à la cour verdoyante, à Hanoi.

Blanc Restaurant (p. 355). Restaurant chic de HCMV qui réinterprète avec brio des classiques.

Mango Mango (p. 235). Le restaurant au bord de l'eau du célèbre chef Duc Tran, à Hoi An.

Saigonese (p. 410). Des plats sublimant les saveurs du Vietnam sur l'île de Phu Quoc.

Xu (p. 353). À HCMV, un restaurant raffiné qui sert des plats fusion inventifs, d'inspiration vietnamienne.

Cuisine végétarienne

On trouve des restaurants *com chay* (végétariens) un peu partout au Vietnam. Ce sont souvent des tables locales très simples, fréquentées par des bouddhistes. Entre le premier et le quinzième jour du mois lunaire, selon les préceptes bouddhistes, certains vendeurs de rue remplacent la viande par du tofu.

Hum Vegetarian Cafe & Restaurant (p. 355). Cuisine végétarienne gastronomique à HCMV.

Vegan Zone (p. 232). La Mecque de la cuisine végane à Hoi An.

V's Home (p. 90). Cet excellent restaurant de Hanoi emploie des personnes sourdes.

Stand de cuisine de rue

Au Lac (p. 275). Humble adresse de Nha Trang qui mitonne d'excellents plats du jour.

Lien Hoa (p. 199). Des mets pleins de saveurs, à base d'aubergines et de fruits du jaquier, à Hué.

Chay Garden (p. 355). Pour un repas végétarien mémorable dans un beau jardin, à HCMV.

Viet Chay Sala (p. 253). Très bon choix de bouchées à tremper, à Quang Ngai.

Communautés ethniques

Les curieux pourront découvrir la cuisine des ethnies du Vietnam, aux mets parfois déroutants, mais toujours intéressants.

Hill Station Signature Restaurant (p. 146). Cuisine hmong dans un décor moderne, à Sapa.

Chim Sao (p. 90). Adresse prisée de Hanoi pour sa superbe cuisine des ethnies montagnardes.

Pleiku (p. 319). Le *pho kho* (nouilles avec accompagnement) et le *thit bo nuong ong* (bœuf cuit dans une tige de bambou) sont populaires dans les échoppes de rue locales.

Quan Kien (p. 91). Plats inspirés de la cuisine hmong, thaïlandaise et muong à Hanoi.

Café à la vietnamienne

Les établissements suivants servent un très bon café.

Cafe Duy Tri (p. 92). Un lieu chargé d'histoire, presque inchangé depuis plus de 75 ans, à Hanoi.

Cafe Pho Co (p. 92). Le balcon dissimulé au dernier étage surplombe le lac Hoan Kiem, à Hanoi.

K'Ho Coffee (p. 306). Dégustez différents cafés et achetez vos grains fraîchement torréfiés dans cette plantation des montagnes proche de Dalat.

Sound of Silence (p. 243). Savourez un café à la noix de coco en contemplant un horizon constellé d'îles.

THÉS ET TISANES

Si dans le Nord on aime le thé vert chaud, dans le Sud on le sert souvent avec de gros morceaux de glace. Les infusions de chrysanthème et de jasmin sont appréciées. L'infusion à base de graines de lotus est délicieuse. Dans les villes, le *bubble tea* (thé aux perles de tapioca) est prisé des jeunes.

Marché de Gia Ngu (p. 74), Hanoi

Saveurs vietnamiennes

Les goûts diffèrent entre le nord et le sud du pays ; mais, où qu'ils vivent, les Vietnamiens savent, pour chaque plat, trouver le juste équilibre entre les saveurs épicées, aigres, salées et sucrées.

Salé

Le goût salé est bien sûr apporté par le sel, mais aussi par les sauces à base de produits de la mer fermentés qui agrémentent tout garde-manger vietnamien. La plus courante est le nuoc-mâm, fait à partir de petits poissons (le plus souvent des anchois) disposés en couches avec du sel dans de grands récipients, lestés pour les maintenir immergés dans leur saumure et conservés dans un endroit chaud jusqu'à un an. En fermentant, les poissons libèrent un liquide odorant. La première extraction, appelée *nuoc-mâm cot*, est brun foncé et riche en goût ; une sauce de poisson "extra vierge" pour ainsi dire, réservée à la table. La seconde extraction, obtenue en ajoutant de l'eau salée au poisson déjà fermenté, est utilisée pour la cuisson. L'île de Phu Quoc est réputée pour son nuoc-mâm, mais certains préfèrent la version plus douce fabriquée dans la région côtière de Phan Thiet.

Sucré

La place centrale du sucre est parfaitement illustrée par l'indémodable *kho*, plat sucré-salé de poisson ou de viande mijoté dans une marmite d'argile avec de la sauce de poisson et un autre condiment souvent utilisé : la sauce caramel amère, faite à partir de sucre de canne. Le sucre s'utilise également pour adoucir les sauces, les desserts et, bien sûr, le café.

Acidité

La douceur du sucre est contrebalancée par l'acidité des fruits, en particulier le citron vert (que l'on presse dans les soupes de nouilles et dans les sauces) et les *kalamansi* (petit agrume à la peau verte et à la chair orange), dont le jus, mélangé à du sel et à du poivre, sert de sauce, dans laquelle sont trempés fruits de mer, viandes et omelettes. Dans le Sud, le tamarin ajoute une touche

École de cuisine (p. 234), Hoi An

acide au *canh chua*, une soupe de légumes et de poisson, et à un mets succulent de crevettes recouvertes d'une sauce collante aigre-douce, appelé *tom rang me*. Dans le Nord, l'acidité est plutôt obtenue avec du vinaigre. D'ailleurs, du vinaigre clair, légèrement jaune, mélangé à du gingembre haché, est souvent servi avec les plats d'escargots, comme le *bun oc* (soupe de vermicelles aux escargots).

Fines herbes

La cuisine vietnamienne tire sa fraîcheur et sa légèreté des succulentes fines herbes qui accompagnent les repas. Coriandre, menthe et basilic thaï au goût d'anis s'utilisent en abondance. Goûtez également la *perilla* (*la tia tô*), aux petites feuilles pointues, vert et grenat, la *rau ram* ("herbe-menthe"), au goût agréablement poivré et astringent, et le *rau om* (ambulie aromatique), herbe aux saveurs délicates de citron et de cumin qui agrémente invariablement les bols de *canh chua*. Les échalotes, finement coupées et caramélisées dans l'huile, ajoutent un peu de douceur lorsqu'elles parsèment salades et plats de nouilles.

Piments et poivres

Moins utilisés au Vietnam qu'en Thaïlande, les piments occupent néanmoins une place clé dans la cuisine du Centre. Il en existe plusieurs sortes, qui vont du long piment rouge, doux et charnu, utilisé dans de nombreux plats du Sud (il accompagne, haché, les nouilles), au petit piment vert-jaune, fort (méfiez-vous !), servi comme condiment dans les restaurants spécialisés dans la cuisine de Hué. Le piment moulu et les sauces au piment épicé sont proposés comme condiments dans de nombreux restaurants du Centre.

Le Vietnam est un grand exportateur de poivre en grains, et les poivres noirs et blancs moulus relèvent tous les plats, du *chao* (gruau de riz) au ragoût de bœuf. Le poivre noir local, en grains, merveilleusement piquant, n'a rien à voir avec ce que vendent nos supermarchés ; achetez-en un sachet pour le rapporter.

Produits à base de poisson et de fruits de mer

Le nuoc-mâm n'est qu'un des innombrables produits faits à base de poissons ou de fruits de mer fermentés. Le *mam tom* est une pâte violette de crevettes salées et fermentées. Les Vietnamiens en assaisonnent leurs soupes de nouilles, en recouvrent les feuilles de riz, et trempent même dedans les fruits aigres, comme la mangue verte. Il donne aussi un fort arrière-goût salé à des spécialités comme le *bun mam*, soupe de vermicelles aux poissons et aux légumes du sud du pays. Le *mam tom* a de nombreuses versions, notamment à base de crabes, de crevettes de toutes tailles et de diverses espèces de poissons. Ne soyez pas rebuté par l'odeur : le goût qu'il donne aux plats est plus subtil que son fumet !

BANH MI

Héritage des Français, le *banh mi* est une baguette de pain à base de farine de blé et de riz vendue partout. On la mange nature ou trempée dans un ragoût de bœuf ou des soupes. On en fait aussi des sandwichs garnis de viande, de légumes et de pickles. C'est un incontournable du pays.

Ci-dessus : banh xeo (p. 54)

À gauche : ingrédients vietnamiens

RIZ

Le riz (*com*) est la base de la cuisine vietnamienne. Dans la Hué impériale, les mandarins royaux servaient du riz avec du sel aux hôtes de marque. Aujourd'hui, les habitants prennent chaque jour au moins un repas à base de riz, et en offrent un bol aux défunts.

Lorsqu'un Vietnamien dit "*An com*" (littéralement, "Mangeons du riz"), il invite son interlocuteur à déjeuner ou à dîner. Les *quan com binh dan* sont des restaurants spécialisés simples où vous mangerez votre content de riz accompagné de viandes, de poissons ou de légumes sautés.

Le riz est appelé *chao* quand il est cuisiné en soupe avec du poulet, du poisson, de l'anguille ou du canard, *com rang* s'il est frit dans un wok avec des œufs, des légumes et d'autres ingrédients, et *com tam* lorsqu'il est "cassé" en petits grains, cuit à la vapeur et garni de porc grillé, d'un œuf et de concombre en tranches, et accompagné de *nuoc cham* (sauce de poisson sucrée). De minuscules palourdes (*hen*) sautées avec de la coriandre vietnamienne au goût poivré sont ajoutées à du riz pour donner le *com hen*.

Le riz gluant (blanc, rouge et noir) est mélangé à des légumes secs, ou à des céréales réhydratées, des cacahuètes et des graines de sésame pour constituer un copieux petit-déjeuner appelé *xoi* (*ngo* dans le Centre). Mixé avec du sucre et du lait de coco, il est consommé comme friandise. Il est accompagné de porc et cuit à la vapeur dans des feuilles de bambou, ou de bananier, pour concocter une spécialité du Têt appelée *banh chung*.

Mis à tremper et réduit en farine, le riz devient la base de nombreux aliments, des nouilles aux desserts, et sert à confectionner des feuilles translucides que les Vietnamiens humidifient avant d'en faire, notamment, des rouleaux.

Les saveurs marines viennent aussi des fruits de mer séchés. Les Vietnamiens choisissent leurs crevettes séchées avec soin, et les étals des marchés en proposent jusqu'à 15 sortes différentes. Vous trouverez aussi toutes sortes de poissons séchés, entiers ou en filets, ainsi que des encornets séchés, souvent cuits au gril et vendus sur des étals itinérants.

Sauces, épices et curries

Les Vietnamiens utilisent également diverses sauces – soja, huîtres, haricots fermentés –, réminiscences culinaires de l'occupation du nord du pays par la Chine durant près d'un millénaire. Des épices comme l'anis étoilé et la cannelle sont indispensables pour concocter un bon *pho*.

Les curries ont été introduits au Vietnam par les commerçants indiens. Aujourd'hui, ils sont préparés avec du curry en poudre ou de la pâte de curry conservée dans l'huile, produits localement. Les curries vietnamiens, comme le *ca ri ga* (poulet au curry, au lait de coco et à la citronnelle) et le *lau de* (fondue d'agneau ou de chèvre au curry), sont généralement plus aromatisés que corsés.

Spécialités régionales

Aller du Nord au Sud est un voyage géographique et culinaire qui commence en Chine et se termine en Asie du Sud-Est. Les différences historiques, culturelles et géographiques se mêlent pour offrir des méthodes, des produits et des mets d'une grande diversité, mais qui ont en commun le goût des Vietnamiens pour les saveurs intenses, les herbes fraîches, les nouilles et les produits de la mer.

Nord du Vietnam

La cuisine nord-vietnamienne porte la marque de siècles d'occupation chinoise. Plats de nouilles réconfortants, douces saveurs et élégance rustique sont les bases de la cuisine. On utilise beaucoup le soja pour assaisonner le poisson et le vinaigre plutôt que le citron ou le tamarin pour l'acidité. Les piments laissent place au poivre noir et les longs temps de cuisson permettent d'obtenir, à partir d'ingrédients sans prétention, un maximum de saveur.

Banh cuon Ces crêpes sont faites de pâte de farine de riz que l'on verse sur une mousseline tendue sur un cuit-vapeur ; une fois prise, on dispose sur la crêpe porc haché, champignons et crevettes

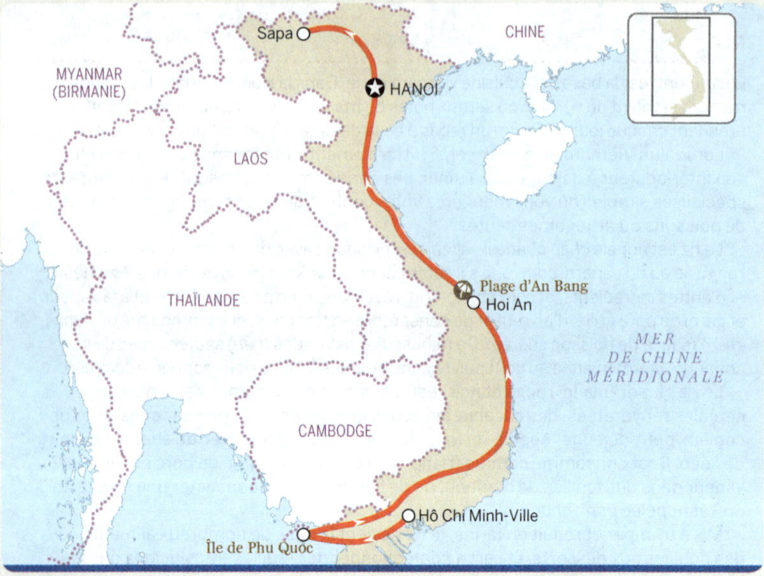

2 SEMAINES

Circuit culinaire à travers le Vietnam

Partez de **Hô Chi Minh-Ville**, centre dynamique du sud du Vietnam, pour explorer sa cuisine de rue avec Saigon Street Eats (p. 343) ou Vespa Adventures (p. 343). Passez à BiaCraft (p. 361) pour ses bières artisanales.

Envisagez une étape sur l'**île de Phu Quoc** pour vous régaler de produits de la mer grillés sur le marché de nuit (p. 410), avant de remonter vers le nord jusqu'à **Hoi An**. Autrefois l'un des ports les plus cosmopolites d'Asie, Hoi An attire aujourd'hui les visiteurs internationaux dans ses nombreuses écoles de cuisine. Apprenez les secrets de la cuisine locale à la Red Bridge Cooking School (p. 234) et participez au circuit culinaire Eat Hoi An (p. 234) pour découvrir la cuisine de rue.

Faites un détour par la **plage d'An Bang** pour déguster d'excellents fruits de mer sur le sable, puis goûtez la spécialité de Hoi An, le *cao lau* (nouilles de style japonais aux herbes, aux légumes-feuilles, aux pousses de haricots et au porc rôti), au Streets (p. 233). Continuez vers le nord jusqu'à **Hanoi** pour explorer le labyrinthe animé de la vieille ville avec Hanoi Street Food Tours (p. 78). Parmi les plats emblématiques de Hanoi à essayer figurent le *cha ca* (poisson grillé au curcuma et à l'aneth) du Cha Ca Thang Long (p. 88), le *pho bo* (soupe de nouilles au bœuf) et les fondues ; pour ces dernières, rejoignez Pho Truc Bach (p. 89).

Découvrez la cuisine du Nord au Hanoi Cooking Centre (p. 78), goûtez aux plats inspirés par les minorités ethniques à Quan Kien (p. 91) ou Chim Sao (p. 90), avant de gagner plus au nord **Sapa**, cœur géographique des minorités, parmi lesquelles les Hmong et les Dzao rouges. Savourez des plats d'inspiration hmong au Hill Station Signature Restaurant (p. 146), inscrivez-vous à son cours de cuisine et terminez votre aventure culinaire par une dégustation de *ruou* (vin de riz).

Pour plus d'itinéraires, voir le chapitre *Itinéraires* p. 30.

Caphe sua da (p. 54)

séchées, on la roule, on la saupoudre d'échalotes croustillantes puis on la sert accompagnée de germes de soja, de lamelles de concombre et de fines herbes hachées, avec une coupelle de *nuoc cham* (sauce) pour arroser le tout. Dans l'extrême Nord, on trempe ce plat dans un bol de bouillon assaisonné que l'on sert avec.

Bun cha Ce classique des cuisines de rue est constitué de porc grillé, en lamelles ou haché, servi avec de fins vermicelles de riz, des herbes, des légumes verts, et un bol de nuoc-mâm légèrement sucré, ainsi que des tranches de légumes en saumure. À Hanoi, on mélange tranches de poitrine de porc et épaule de porc hachée.

Pho bo Cette soupe de nouilles au bœuf est une vedette de la cuisine du Nord. Un bon *pho* se rapproche d'un bouillon, fait d'os de bœuf qui cuisent des heures avec de l'échalote, du gingembre, de la sauce de poisson, de la cardamome brune, de l'anis étoilé et de la casse (cannelle de Chine). Les vrais amateurs de *pho* froncent les sourcils quand on ajoute citron, basilic et pousses de soja dans leur bol.

Banh da cua Ce mélange de nouilles de riz noir copieuses dans un bouillon clair, de boulettes de porc, de crevettes et de liserons d'eau est la base d'un petit-déjeuner typique à Haiphong.

Centre du Vietnam

Entre les deux extrêmes culinaires, la cuisine du centre du Vietnam combine modération et équilibre – sauf quand il s'agit de piments ! On cuisine ce qui pousse sur place, et des produits modestes se transforment en plats dignes d'un empereur. Tout semble plus petit : baguettes ou herbes sont des versions miniatures de leurs équivalents du Sud, tandis que la cuisine impériale de Hué met en valeur des mets subtils. On trouvera facilement dans les rues un legs de la cour royale : les *banh beo*, des galettes de farine de riz cuites à la vapeur. Ici, les habitants aiment les parfums forts et épicés, comme la sauce aux crevettes en saumure et la piquante citronnelle.

Banh khoai Ces crêpes consistantes sont faites de pâte de riz et cuites à l'huile dans des poêles spéciales à long manche. Elles sont garnies de crevettes, de porc, d'œuf et de pousses de soja. On les enveloppe de laitue avec des fines herbes et on les trempe dans une sauce à base de soja fermenté.

Bun bo Hue Cette soupe de nouilles de riz au bœuf ou au porc pleine d'énergie est un bon exemple du penchant des Vietnamiens du Centre pour la cuisine épicée. Teinté de jaune orangé par les piments et le roucou, ce bouillon rehaussé de nettes touches de citronnelle a pour base un *mam tom* (savoureuse sauce aux crevettes).

Com hen Du riz servi avec de petits clams et leur bouillon de cuisson, avec une garniture de biscuits de riz, couenne de porc croustillante, arachides, graines de sésame, fines herbes et légumes.

Sud du Vietnam

La cuisine du Sud met en valeur l'abondance locale et tend à être plutôt sucrée. Les vendeurs des marchés de la région proposent des herbes à grandes feuilles, luxuriantes, des fruits pleins de couleur, et du poisson des plus frais. La noix de coco parfume les curries plutôt doux et donne de la richesse aux desserts. Le goût des fines herbes, des fruits et des légumes est ici mis en avant avec de rafraîchissantes *goi* (salades) de papaye verte, d'agrumes comme le pomelo, ou de pousses de lotus.

Canh chua ca Véritable condensé de ce qu'est le delta du Mékong, cette soupe contient poisson à tête de serpent ou poisson-chat, fruits (par exemple, tomate et ananas) et légumes tels que pousses de soja, gombos et *bac ha* (tiges de taro), le tout immergé dans un bouillon rendu aigre par le tamarin et salé par le nuoc-mâm.

CAFÉ À LA VIETNAMIENNE

La tradition du café vietnamien ne souffre pas la précipitation. Tandis que vous êtes assis sur un tabouret en plastique bas, on vous apporte un verre surmonté d'un filtre en aluminium. Lentement, celui-ci laisse passer goutte après goutte le café, qui dissout la couche de lait concentré au fond du récipient. Les minutes passent et un liquide plus foncé, dense en caféine, se forme au-dessus du lait. Mélangez l'ensemble, en le versant éventuellement dans un verre à part rempli de glaçons, et vous pourrez enfin savourer le produit de ce véritable rituel. Voici les différentes formes de *caphe* servies au Vietnam :

Caphe sua da Café frappé au lait concentré

Caphe da Café frappé sans lait

Caphe den Café noir

Caphe sua chua Café frappé au yaourt

Caphe trung da Café garni d'un jaune d'œuf battu

Banh mi Ce sandwich est un héritage des colonialismes français et chinois mais demeure 100% vietnamien. C'est une baguette garnie de pâté ou de quelques tranches de mortadelle vietnamienne. La mayonnaise humecte la mie, et la sauce soja lui communique un délicieux goût *umami*.

Banh xeo Cette crêpe de riz géante, croustillante et moelleuse est garnie de porc, de crevettes, de haricot mungo et de pousses de soja. Prenez-en une portion, enveloppez-la de laitue ou de feuille de moutarde, ajoutez des fines herbes puis trempez-la dans le *nuoc cham*.

Boissons

Vous ne mourrez pas de soif au Vietnam, où l'on trouve aussi bien cafés spécialisés et brasseries artisanales que Starbucks et bars panoramiques.

Spiritueux

Le Vietnam produit ses propres spiritueux. Le *ruou*, vin de riz gluant distillé, est souvent aromatisé avec des herbes, des épices, des fruits, voire des lézards et autres animaux. Dans les montagnes du Nord, on vous offrira peut-être du *ruou can*, alcool de riz léger à boire dans un récipient commun avec une longue paille en bambou.

Bière

La bière est omniprésente. Tôt ou tard, on succombe à la *bia hoi* (bière "fraîche" ou pression). Les échoppes de rue spécialisées servent des marques locales directement depuis le fût pour une somme dérisoire (à partir de 5 000 d). En payant un peu plus, vous pourrez goûter des Saigon et des Huda, correctes, ou des La Rue, plutôt bonnes, brassées sur la côte centrale. Attendez-vous à payer entre 20 000 et 25 000 d pour une bière dans un bar ordinaire, et peut-être le double dans un lounge.

Si la bière artisanale a conquis tout le pays, elle est le mieux établie à HCMV et à Hanoi, dont les nombreux bars spécialisés sont les lieux parfaits où déguster une IPA, une bière brune ou une bière blanche (à partir de 50 000 d environ le verre).

Café et thé

Le Vietnam est le deuxième producteur mondial de café. Discuter le matin ou l'après-midi autour d'un verre de café frappé, avec ou sans lait (*caphe sua da* ou *caphe da*), tient du rituel pour la gent masculine locale. Des expressos sont aussi disponibles dans toutes les villes et les destinations touristiques.

La préparation, le service et la dégustation du thé (appelé *tra* dans le Sud et *che* dans le Nord) ont un rôle social. Servir le thé à la maison ou au bureau est plus qu'une politesse, c'est un rituel.

Jus

Jus de fruits et autres boissons sucrées sont proposés un peu partout. Citons le *mia da*, jus de canne à sucre fraîchement pressé, très rafraîchissant lorsqu'il est servi sur de la glace avec un trait de *kalamansi*, et le *sinh to*, smoothie de fruits frais mixés.

CHRIS SINGSHINSUK/SHUTTERSTOCK ©

Ci-dessus : marchandes de rue

Ci-contre : plat vietnamien

JAMES PHAM/LONELY PLANET ©

Les régions en un clin d'œil

Le Vietnam offre une incroyable diversité tant géographique, climatique que culturelle. Des pics montagneux dentelés caractérisent les provinces du Nord tandis qu'une plaine deltaïque accueille des rizières à perte de vue dans l'extrême Sud ; des collines calcaires percées de grottes dominent la région du Centre et une dense forêt tropicale borde l'ouest du pays.

Le nord du pays connaît un hiver beaucoup plus froid, ce que reflètent la cuisine, le mode de vie et le caractère de ses habitants. Plus au sud règne une ambiance plus tropicale : les cocotiers sont plus nombreux que les bambous et la sauce de poisson remplace la sauce soja. Dans les provinces du Sud, le climat est toujours humide, chaud et lourd, et la cuisine, complexe, mêle le sucré, les épices et une multitude d'herbes aromatiques.

SIHASAKPRACHUM/GETTY IMAGES ©

FOTYIKA/SHUTTERSTOCK ©

XUANHUONGHO/SHUTTERSTOCK ©

En haut : Ta Prohm (p. 456), temples d'Angkor
Au centre : plage de Nha Trang (p. 266)
En bas : heure de pointe, Hô Chi Minh-Ville (p. 325)

Hanoi

Cuisine
Temples
Couleur café

Cuisine de rue
Dînez dans une villa coloniale ou dégustez un classique de la cuisine de rue : *pho bo* (soupe de nouilles au bœuf) ou *bun cha* (porc grillé et vermicelles de riz).

Héritage religieux
L'héritage religieux et spirituel d'une histoire millénaire, marquée par les occupations chinoise et française, saute aux yeux dans les nombreux temples et églises de Hanoi.

D'un café à l'autre
Il en existe de toutes sortes, du café familial ouvert depuis plusieurs générations au café de charme installé dans un édifice historique. Ne quittez pas la ville sans avoir goûté un café à l'œuf !

p. 60

Nord du Vietnam

Paysages
Culture
Aventure

Pics calcaires
Les îles de la baie d'Along dévoilent toute leur splendeur éthérée, nimbées d'une brume matinale. Plus au nord, les sublimes paysages de montagne de la province de Ha Giang sont encore plus spectaculaires.

Rencontre avec les ethnies
Autour de Sapa et de Bac Ha, les rizières en terrasses offrent un cadre fantastique pour randonner et séjourner chez l'habitant au sein des ethnies locales.

Sports d'aventure
Les voyageurs avides d'aventure pourront escalader les parois de l'île de Cat Ba ou dénicher des criques et des plages de sable en kayak, dans la baie de Lan Ha.

p. 108

Centre du Vietnam

Cuisine
Histoire
Paysages

Saveurs locales
Guidé par des gourmets locaux, découvrez une savoureuse cuisine de rue propre à Hoi An et Hué, avant de goûter une cuisine fusion inventive dans le restaurant raffiné d'un grand chef.

Joyaux historiques
Parmi les perles historiques de cette région captivante et variée figurent la majestueuse citadelle impériale de Hué, les sites de guerre de la DMZ et les anciens temples chams de My Son.

Paysages spectaculaires
La région de Ninh Binh se distingue par ses montagnes calcaires féeriques. Plus au sud, le parc national de Phong Nha-Ke Bang offre un impressionnant réseau de grottes.

p. 162

Littoral du Sud-Est

Plages
Temples
Sports nautiques

Beautés du littoral
Mui Ne et Nha Trang sont les stations balnéaires les plus prisées, mais vous pourrez découvrir des plages moins connues, telles Bai Xep ou les criques secrètes des îles Con Dao.

Temples anciens
Une grande partie de la région était autrefois dominée par le royaume du Champa, qui a laissé de nombreux temples, comme les tours de Po Nagar à Nha Trang et celles de Po Klong Garai à Thap Cham.

Jouer avec les vagues
Mui Ne et My Hoa sont des paradis du kitesurf, et Con Dao et Nha Trang de bons sites de plongée. Il y a aussi des spots de surf.

p. 250

Hauts plateaux du Sud-Ouest

Nature
Aventure
Culture

Parcs nationaux

Explorez certains des plus beaux parcs nationaux du pays. Cat Tien est réputé pour ses populations de primates. Yok Don est le territoire privilégié des éléphants.

Sensations fortes

À Dalat, laissez-vous tenter par une sortie canyoning, VTT, rafting ou randonnée. Cap sur le parc national Cat Tien pour une marche dans la jungle.

Rencontre avec les habitants

Découvrez la vie des ethnies montagnardes en séjournant chez l'habitant, dans les villages traditionnels autour de Kon Tum.

p. 298

Hô Chi Minh-Ville

Restaurants et bars
Histoire
Circuits organisés

Gastronomie et cocktails

HCMV abrite les meilleurs restaurants internationaux, les bars à cocktails les plus élégants et les brasseries artisanales les plus animées du pays.

Histoire militaire

La chute de Saigon fut un moment fort de l'histoire du XXe siècle. Explorez les sites liés à la guerre du Vietnam, des tunnels de Cu Chi au musée des Souvenirs de guerre en passant par le palais de la Réunification.

Circuits urbains

Du périple gastronomique à deux-roues à la visite à pied au fil du *street art* et des cafés branchés, de nombreux circuits révèlent la ville sous son meilleur jour.

p. 325

Delta du Mékong

Plages
Sorties en bateau
Réserves naturelles

Plages de rêve

La superbe plage de Sao, et la non moins splendide Long Beach, sur Phu Quoc, sont les grands atouts de la région, à des années-lumière des rives boueuses du delta du Mékong.

Au fil du fleuve

Une excursion en bateau permet de comprendre qu'ici, on vit sur et dans l'eau : les enfants passent leurs journées à nager et, par endroits, le fleuve est tellement large que l'on perd de vue l'autre rive.

Havres naturels

Seul le son des pagaies dans l'eau interrompt le chant des oiseaux quand on traverse les splendides zones humides de la réserve ornithologique de Tra Su, à Chau Doc.

p. 374

Siem Reap et les temples d'Angkor

Temples
Cuisine
Activités

Royaumes khmers

Angkor Vat est un ensemble architectural fascinant. Mais ne manquez pas l'énigmatique Bayon, le Ta Prohm envahi par la jungle et les sculptures de Banteay Srei.

Paradis des gourmets

Cuisine khmère contemporaine, nourriture épicée servie dans la rue, sans oublier la légendaire Pub Street : Siem Reap ravira les gourmets.

Découverte

Survolez Angkor en montgolfière, traversez la jungle en tyrolienne, ou sillonnez rizières et villages. Pour une activité plus paisible, profitez d'un cours de cuisine ou d'un massage détente.

p. 440

Sur la route

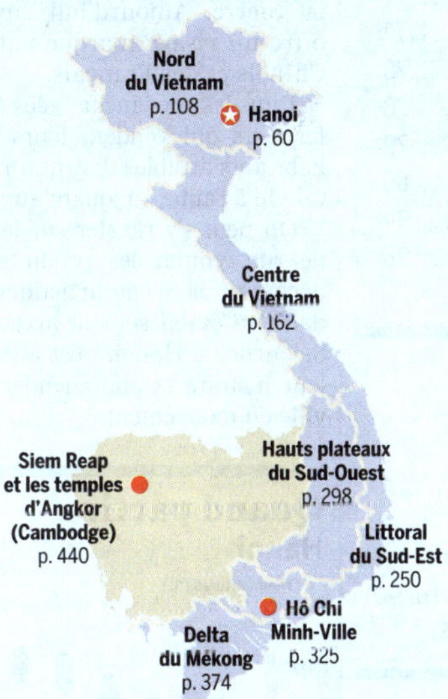
Nord
du Vietnam
p. 108
Hanoi
p. 60
Centre
du Vietnam
p. 162
Hauts plateaux
du Sud-Ouest
p. 298
Siem Reap
et les temples
d'Angkor
(Cambodge)
p. 440
Littoral
du Sud-Est
p. 250
Hô Chi
Minh-Ville
p. 325
Delta
du Mékong
p. 374

Hanoi

024 / 8 MILLIONS D'HABITANTS

Dans ce chapitre ➡

Le top des restaurants

- Chim Sao (p. 90)
- Grandma's Restaurant (p. 88)
- Poke Hanoi (p. 89)
- Hanoi Social Club (p. 90)
- Bun Cha 34 (p. 85)

Le top des hébergements

- La Siesta Classic Lo Su Hotel (p. 83)
- Conifer Boutique Hotel (p. 84)
- Somerset Grand Hanoi (p. 83)
- Tomodachi House (p. 79)
- Sofitel Legend Metropole Hotel (p. 84)

Pourquoi y aller

Après être restée à l'écart du reste du monde jusque dans les années 1990, la capitale du Vietnam fait tout pour rattraper le temps perdu et effacer les traces de la guerre. Aujourd'hui envahie par les scooters, elle offre un visage marqué par l'occupation successive des Chinois et des Français.

Dans les rues inchangées de la vieille ville, on croise des fermiers qui vendent leurs marchandises au milieu des habitants attablés devant un plat de nouilles, pratiquant le tai-chi à l'aube ou jouant aux échecs.

On peut s'y régaler sur le pouce à n'importe quel coin de rue, goûter les produits aux étalages des marchés, découvrir la scène artistique émergente, puis s'endormir dans un établissement luxueux pour un budget modique. Séjourner à Hanoi, c'est aller à la rencontre des gens, de leur histoire et appréhender toute l'énergie d'une grande ville en mouvement.

Quand partir

Hanoi

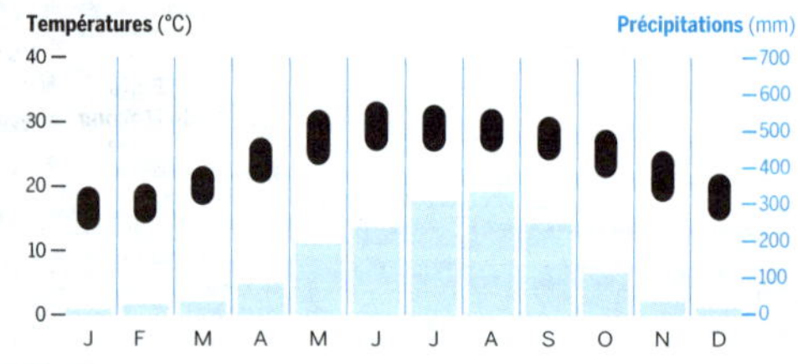

Jan-avr Quelques journées fraîches, mais il y a la magnifique fête du Têt, le Nouvel An vietnamien.

Juin-août Chaleur pesante et humidité. C'est la saison basse à Hanoi : hôtels à prix très attractifs.

Oct-déc Temps clair et ensoleillé, peu d'humidité : le meilleur moment pour visiter Hanoi.

À ne pas manquer

1 Les rues de la **vieille ville** (p. 64), pour prendre le pouls de la métropole bouillonnante.

2 Le **musée des Femmes vietnamiennes** (p. 68), en hommage à leur héroïsme.

3 La découverte de la mosaïque ethnique du pays au **musée d'Ethnographie du Vietnam** (p. 78).

4 Le **temple de la Littérature** (p. 71), un havre de paix confucianiste empreint d'histoire.

5 La saveur authentique de la ville, à découvrir au gré de sa **cuisine de rue** (p. 89).

6 Une promenade au bord du **lac de l'Ouest** (p. 76), loin du tumulte de la ville.

7 Un réveil en douceur en compagnie des adeptes de tai-chi, sur les rives du **lac Hoan Kiem** (p. 66).

8 Le panorama depuis le **pont Long Bien** (p. 65), symbole de la ténacité des Vietnamiens face à la guerre.

Agglomération de Hanoi

Histoire

Le site de Hanoi fut habité dès le néolithique. L'empereur Ly Thai Tô y transféra sa capitale en 1010, la rebaptisant Thang Long ("le dragon prenant son envol"). Le millième anniversaire de la ville a d'ailleurs été célébré en grande pompe en 2010.

Lorsque l'empereur Gia Long (1762-1820), fondateur, en 1802, de la dynastie des Nguyên, décida d'établir sa capitale à Hué, Hanoi se retrouva reléguée au rang de métropole régionale pendant un siècle. Le nom de Hanoi a été choisi par l'empereur Tu Duc en 1831, d'après les mots "hâ" ("cours d'eau") et "nôi" ("entre") en référence à sa situation sur le fleuve Rouge (Song Hong), d'où cette traduction poétique de "ville dans la courbe du fleuve".

De 1902 à 1953, Hanoi fut la capitale de l'Indochine française. Après la révolution d'Août, en 1945 (voir p. 469), Hô Chi Minh la proclama capitale de la République démocratique du Vietnam. La guerre d'Indochine éclata avec le retour au pouvoir des Français, et perdura jusqu'en 1954. Cette année-là, les accords de Genève permettaient au Viêt-minh de revenir à Hanoi après le départ de l'occupant.

Agglomération de Hanoi

Les incontournables

1 Musée d'Ethnographie du Vietnam....A2

À voir

2 Cho Am Thuc Ngoc Lam....F2
3 Route céramique de Hanoi....E2
4 Pont Long Bien....E2
5 Tour Lotte....B3
6 P Truc Bach....D2
7 Pagode Tay Ho....C1

Activités

8 Cycling Vietnam....A4
9 Dao's Care....B2
10 Hidden Hanoi....D1
11 NGO Resource Centre....D5
Yakushi Center....(voir 14)

Où se loger

Lotte Hotel....(voir 5)

Où se restaurer

12 Bun Cha 34....E2
13 Maison de Tet Decor....C1
14 Oasis....D1
15 Quan Kien....D1
Tim Ho Wan....(voir 5)

Où prendre un verre et faire la fête

16 Cafe Duy Tri....D1

Renseignements

17 Ambassade d'Australie....B3
18 Hanoi Family Medical Practice....B3
19 Ambassade du Japon....B3
20 Hôpital Français de Hanoi....D5
21 Marco Polo Travel....F5
22 Centre d'information et d'aide aux touristes....E2
23 Ambassade des États-Unis....C4

Pendant la guerre du Vietnam, les bombardements américains détruisirent une partie de la ville et tuèrent des centaines de civils. L'une des cibles fut le pont Long Bien, sur le fleuve Rouge, un ouvrage long de 1 682 m construit par les Français au tournant du XXe siècle. Il fut régulièrement bombardé par l'aviation américaine et réparé avec des travées de fortune après chaque attaque. Les bombardements auraient cessé lorsque les Vietnamiens employèrent des prisonniers de guerre américains pour sa réfection. Quoi qu'il en soit, ce pont est devenu le symbole de la ténacité de la population de la ville.

Difficile de concevoir Hanoi sans les milliers de cyclomoteurs qui y circulent aujourd'hui ; et pourtant, jusque dans les années 1990, la population circulait en grande partie à vélo ou dans d'occasionnels bus de l'ère soviétique.

Aujourd'hui, les défenseurs du patrimoine se battent pour sauver les bâtiments historiques, tandis que la municipalité s'efforce de faire face à une population en plein essor, à des niveaux de pollution élevés et à un système de transports en commun qui reste inefficace malgré la mise en service imminente du métro.

Si la modernisation de la ville a eu raison d'une partie des influences vietnamienne, française, russe et américaine qui faisaient le charme de la ville, Hanoi jouit encore d'une riche architecture coloniale. Les étendues de bâtiments modernes laissent souvent place à de petits îlots d'histoire, dédales de ruelles attirantes ponctuées de temples cachés.

À voir

Vieille ville

Cœur historique de Hanoi, la vieille ville représente plus de 1 000 ans d'échanges commerciaux et d'activités en tous genres, sans le moindre signe de ralentissement. Même si son nom évoque des rues éclairées à l'ancienne, des devantures d'artisans et de marchands traditionnels, la vieille ville est, en réalité, plus brute que romantique. Ouvrez grand vos yeux pour pouvoir apprécier les temples, parfois ornés de *chu nho* (caractères chinois), qui jalonnent les petites rues. La vieille ville de Hanoi est son essence, et son plus grand attrait, c'est de nous plonger au cœur d'une communauté en plein essor et en constant mouvement.

Ce quartier historique s'est développé entre le Song Hong (fleuve Rouge) et la rivière To Lich, qui ont tissé au centre de la ville un réseau complexe de canaux et de cours d'eau. Comme le niveau des eaux pouvait monter de 8 m pendant la mousson, des digues de protection, encore visibles le long de Tran Quang Khai, ont été élevées. Au XIIIe siècle, les 36 corporations de la ville s'établirent chacune dans une rue différente – d'où l'appellation vietnamienne "36 Pho Phuong" ("36 rues et corporations"), bien qu'on en dénombre de nos jours plus du double dans le quartier. Le terme vietnamien *pho hang* signifie "rue des marchandises", et il est suivi du nom du produit qui y était traditionnellement vendu : ainsi, Pho Hang Gai signifie "rue de la Soie". Parmi les rues spécialisées, citons **Pho Hang Quat**, où l'on vend des cierges rouges, des urnes funéraires, des drapeaux et d'autres articles religieux, et **Pho Hang Gai**, plus élégante, avec ses soieries, broderies, laques, peintures et marionnettes. Aujourd'hui, les noms des rues ne reflètent pas nécessairement le type de commerce qu'elles abritent. Leur signification est davantage historique.

Partir à la découverte de ce dédale de rues est une expérience mémorable. Certaines s'élargissent, alors que d'autres se rétrécissent en un labyrinthe de ruelles minuscules. Les célèbres "maisons-tunnels" de la vieille ville dissimulent, derrière une façade étroite, de très longues pièces : cette astuce permettait aux propriétaires de réduire les taxes foncières, calculées sur la largeur de la façade. La loi féodale exigeait également que les maisons se limitent à deux étages et, par respect pour le souverain, ne dépassent pas en hauteur le palais royal. Désormais, avec la flambée des prix de l'immobilier dans la vieille ville, ce sont d'étroits bâtiments de six à dix étages, construits à la va-vite, qui se succèdent dans la plupart des rues.

Une balade dans la vieille ville peut prendre d'une heure à une journée, selon votre allure et vos intérêts, les occasions ne manquant pas de dépenser vos dongs (la devise vietnamienne). Le circuit que nous vous proposons (voir *Promenade à pied*, p. 74) vous donnera un bon aperçu de la longue histoire et de la culture vietnamiennes, quels que soient les détours que vous faites.

Temple Bach Ma TEMPLE BOUDDHIQUE
(Den Bach Ma ; carte p. 80 ; angle P Hang Buom et P Hang Giay ; 8h-11h et 14h-17h mar-dim). GRATUIT Caché au cœur de la vieille ville, le petit temple Bach Ma (Cheval Blanc) serait le plus ancien de Hanoi. Cependant, une grande partie de la structure actuelle ne date que du XVIIIe siècle, et le temple dédié à Confucius a été ajouté en 1839. Édifié par l'empereur Ly Thai Tô au XIe siècle, le temple Bach Ma abrite un magnifique palanquin funéraire rouge laqué, ainsi qu'une statue du cheval blanc légendaire qui aurait guidé l'empereur jusqu'au site propice à la construction des remparts de la ville. Passez les magnifiques portes anciennes en bois pour les admirer.

Le temple était fermé pour restauration lors de la rédaction de ce guide.

Maison du Patrimoine ÉDIFICE HISTORIQUE
(Ngoi Nha Di San ; carte p.80 ; 87 P Ma May ; 10 000 d ; 9h-12h et 13h-18h). Ne manquez pas cette maison, l'une des plus joliment restaurées de la vieille ville, notamment grâce à un programme de coopération avec les municipalités de Toulouse et de Bruxelles. Habitation traditionnelle de marchands, elle est décorée sobrement et avec goût. Les pièces, organisées autour de deux cours, renferment de beaux meubles. Remarquez les hautes marches entre les

À LA DÉCOUVERTE DE LA VIEILLE VILLE

Au départ, l'exploration des rues étroites de la vieille ville peut intimider le visiteur, pris entre le flot de motos au coude à coude avec les voitures, et celui de piétons se frayant un passage dans un dédale d'hôtels bas de gamme, de magasins d'articles de contrefaçon et de vendeurs à la criée – le tout avec l'assourdissant fond sonore de klaxons en continu, et l'entêtante odeur des gaz d'échappement mêlée aux effluves de cuisine de rue et de sueur.

Pensez stratégie et détermination quand vous devez traverser, mais n'oubliez pas de lever les yeux dès que vous pouvez : les façades modernes laissent parfois entrevoir le passé, proche ou lointain. Vous vous habituerez assez vite et vous aurez alors tout le loisir de déambuler, les sens en éveil, à la découverte des parfums uniques provenant des cuisines en bord de rue.

Emporter la carte avec le numéro de téléphone de l'hôtel vous permettra, si vous vous perdez, un retour à peu de frais en taxi ou en moto-taxi.

pièces, traditionnellement utilisées pour couper le flux de mauvaise énergie entrant dans la maison. La boutique vend toutes sortes d'objets artisanaux (bijoux en argent, vannerie, services à thé). Un calligraphe (ou un autre artisan) fait régulièrement des démonstrations.

Pont Long Bien OUVRAGE D'ART HISTORIQUE
(Cau Long Bien ; carte p. 62). Dragon d'acier enjambant le fleuve Rouge, le pont Long Bien (ancien pont Paul-Doumer) fut construit entre 1899 et 1902 par la société française Daydé & Pillé. Bombardé à maintes reprises pendant la guerre du Vietnam et chaque fois rapidement remis en état, ce pont est devenu le symbole de la ténacité et de la résilience de la population de Hanoi. Emprunté par les trains, les motos et les piétons, il est joliment illuminé la nuit. Il est depuis longtemps question de le rénover, les habitants étant très attachés à sa valeur historique et esthétique.

Marché Dong Xuan MARCHÉ
(Cho Dong Xuan ; carte page ci-contre ; angle de P Hang Khoai et P Dong Xuan ; ⌚6h-18h). Le plus grand marché couvert de Hanoi, construit en 1889 par les Français, fut presque entièrement détruit par un incendie en 1994. On y trouve presque de tout : produits frais (et vivants !), vêtements bon marché, souvenirs, biens de consommation et articles d'artisanat traditionnel. Les vendredis, samedis et dimanches soir, les étals continuent de servir à l'extérieur.

Route céramique de Hanoi FRESQUE
(Con Duong Gom Su ; carte p. 62 ; ⌚24h/24). GRATUIT Longeant la digue du fleuve Rouge sur près de 4 km, à partir de son extrémité à la hauteur du pont Long Bien, cette fresque murale colorée détient le record de la plus grande mosaïque au monde. L'ouvrage, dont la matière première a été produite à Bat Trang, près de Hanoi, illustre diverses périodes de l'histoire du Vietnam et borde des routes animées. Réalisé par des artistes vietnamiens et étrangers, le projet a débuté en 2007 pour s'achever en 2010, lors des célébrations du 1000e anniversaire de Hanoi. De nouvelles sections ont été ajoutées récemment et la fresque continue ainsi de s'étendre.

Ancienne porte Est MONUMENT
(Cua O Quan Chuong ; carte p. 80). Cette porte de briques et de pierres est, des 16 portes médiévales de la ville, la seule à avoir résisté à l'épreuve du temps. Elle sert d'ailleurs encore au passage des scooters. Sur sa face nord, on peut voir les inscriptions *chu nho* 東河門 ("porte est de la rivière").

Environs du lac Hoan Kiem

Situé juste au sud de la vieille ville, le lac Hoan Kiem est le plus photogénique de Hanoi. Il constitue un point de repère précieux pour se situer par rapport au reste la ville. Si les abords du lac sont accessibles à tout moment, les romantiques et les photographes apprécieront surtout ses charmes au coucher du soleil. Les deux clochers de la cathédrale Saint-Joseph, l'une des plus grandes églises historiques et l'un des sites les plus visités de Hanoi, se dressent au-dessus de l'eau sur son côté ouest. Admirez le spectacle en dégustant un cappuccino à la terrasse d'un café. Aventurez-vous ensuite dans les rues animées qui entourent l'église à

Environs du lac Hoan Kiem

la recherche du meilleur restaurant. Au sud-ouest du lac se trouve l'un des monuments historiques majeurs de Hanoi : le musée de la prison de Hoa Lo – affublée du surnom sarcastique de "Hilton de Hanoi" lorsqu'elle était occupée par les prisonniers de guerre américains.

Lac Hoan Kiem LAC

(carte ci-dessus). Selon la légende, le Ciel, au milieu du XVe siècle, aurait donné à l'empereur Ly Thai Tô une épée magique qu'il aurait utilisée pour bouter les Chinois hors du Vietnam. Alors qu'il se promenait sur le lac, une fois la paix revenue, une tortue d'or géante sortit de l'eau, s'empara de l'arme et disparut dans les profondeurs. L'animal ayant rendu l'épée à ses propriétaires divins, le lac fut baptisé Hô Hoan Kiem (lac de l'Épée restituée). Venez plutôt le vendredi, le samedi ou le dimanche entre 19h et minuit : le secteur est fermé à la circulation, et une ambiance de fête foraine y règne alors.

Chaque matin, vers 6h, les habitants du quartier pratiquent le tai-chi sur les berges. Le lac est aussi particulièrement joli au coucher du soleil.

Le lac compte deux sites célèbres : le temple Ngoc Son (p. 68), élevé sur une

petite île au nord, et la Thap Rua (tour de la Tortue), sur un îlot au sud, qui sert souvent d'emblème à Hanoi. Les bords du lac sont ponctués de portes de pierre semblables à des pagodes et ornées de *chu nho* (caractères chinois), dont la pagode Hoa Phong (Thap Hoa Phong), au sud-est du lac.

Vous rencontrerez certainement des groupes de lycéens et d'étudiants interrogeant les visiteurs étrangers afin de pratiquer leur anglais (les Vietnamiens sont très attachés à parler anglais). Il est souvent très intéressant de discuter avec ces jeunes, toujours très polis.

♥ Musée de la Prison de Hoa Lo — ÉDIFICE HISTORIQUE

(carte ci-contre ; ☎ 024-3934 2253 ; angle P Hoa Lo et P Hai Ba Trung ; tarif plein/réduit 30 000 d/gratuit ; ⌚ 8h-17h). Ce musée très particulier est tout ce qui subsiste de l'ancienne prison de Hoa Lo, que les prisonniers de guerre américains avaient surnommée par dérision le "Hanoi Hilton" pendant la guerre du Vietnam. La plupart des objets exposés ont trait à l'activité de la prison jusqu'au milieu des années 1950, en particulier jusqu'à la guerre d'Indochine. Vous verrez notamment la guillotine qui servait à décapiter les "révolutionnaires" vietnamiens pendant la période coloniale. Des vitrines sont aussi consacrées aux pilotes américains incarcérés à Hoa Lo lors de la guerre du Vietnam, parmi lesquels Pete Peterson (devenu en 1995 le premier ambassadeur des États-Unis dans le Vietnam unifié) et le sénateur John McCain (candidat républicain à l'élection présidentielle américaine de 2008). La tenue d'aviateur de ce dernier est exposée ici, ainsi qu'une photo de 1967 montrant des habitants de Hanoi le sortant du lac Truc Bach après que son avion eut été abattu.

Cette vaste "maison centrale" (on peut encore lire cette inscription au-dessus de l'entrée) fut construite par les Français en 1896. Prévue à l'origine pour 450 prisonniers, elle en comptait, selon les registres, près de 2 000 dans les années 1930. Hoa Lo n'était pas la plus sûre des prisons, loin s'en faut : des centaines de détenus s'en évadèrent, notamment par les plaques d'égout.

Les anglophones noteront que les panneaux en français sont plus édulcorés que ceux en anglais.

"Hoa Lo" signifie "four". Une majeure partie de la prison a été détruite dans les années 1990. À la place, on a construit des gratte-ciel (dont le Somerset Grand Hanoi, p. 83) et de nombreux autres aménagements, mais on a conservé la petite partie qui abrite aujourd'hui le musée.

♥ Musée national d'Histoire vietnamienne — MUSÉE

(Bao Tang Lich Su Quoc Gia ; carte ci-contre ; ☎ 024-3825 2853 ; www.baotanglichsu.vn ; 1 P Trang Tien ; tarif plein/réduit 40 000/10 000 d, app photo 15 000 d ; ⌚ 8h-12h et 13h30-17h, fermé 1er lun du mois). Ce musée est situé dans un édifice qui abritait autrefois l'École française d'Extrême-Orient. Le bâtiment de couleur ocre, impressionnant, fut construit

Environs du lac Hoan Kiem

entre 1925 et 1932 par l'architecte français Ernest Hébrard, l'un des premiers à introduire au Vietnam un style d'architecture alliant éléments chinois et français. Parmi les pièces les plus remarquables de la collection figurent des bronzes de la culture Dông Son (IIIe siècle av. J.-C.-IIIe s.), d'étonnantes statues hindouistes des royaumes khmer et du Champa, ainsi que des bijoux datant du Vietnam impérial. L'histoire récente englobe une évocation de la guerre contre la France, ainsi que l'histoire du Parti communiste. Un audioguide gratuit est compris dans la visite.

♥ Musée des Femmes vietnamiennes — MUSÉE

(Bao Tang Phu Nu Viet Nam ; carte p. 66 ; ☎024 3825 9936 ; www.baotangphunu.org.vn ; 36 P Ly Thuong Kiet ; tarif plein/réduit 30 000/15 000 d ; 8h-17h). Ce musée met en avant le rôle des femmes dans la société et la culture du pays de façon remarquable. Tout y est, des coutumes de mariage à l'accouchement, mais l'hommage le plus poignant reste celui rendu aux actes héroïques accomplis par les Vietnamiennes en temps de guerre. Les explications figurent en français. Si les informations, abondantes finissent par s'avérer répétitives, on admirera la belle collection d'affiches de propagande, ainsi que des costumes, des articles de vannerie et des tissus imprimés provenant de différentes ethnies du pays. Consultez le site Internet pour connaître les expositions temporaires.

Temple Ngoc Son — TEMPLE BOUDDHIQUE

(Den Ngoc Son ; carte p. 66 ; lac Hoan Kiem ; tarif plein/réduit 30 000/15 000 d, -15 ans gratuit ; 8h-18h). Le "temple de la Montagne de jade", édifié au XVIIIe siècle sur une petite île dans la partie nord du lac Hoan Kiem, est le plus visité de la ville. On y accède par un joli pont en bois laqué rouge, dans le style classique vietnamien. Ce petit temple est dédié à l'érudit Van Xuong, au général Tran Hung Dao (vainqueur des

HANOI EN...

Un jour

Levez-vous tôt pour une balade matinale autour du lac Hoan Kiem (p. 66) encore brumeux. Prenez ensuite le chemin du Loading T Cafe (p. 93) pour savourer un café à l'œuf, classique du petit-déjeuner de Hanoi. Puis, passage obligé au mausolée de Hô Chi Minh (p. 72) et au musée Hô Chi Minh (p. 73), sur le même site. Explorez les vestiges de la citadelle impériale de Thang Long (p. 73) avant de prendre un taxi direction le Cong Caphe (p. 93) pour commander un café vietnamien bien corsé, devant la cathédrale Saint-Joseph (ci-dessous). Rendez-vous au Hanoi Social Club (p. 90) tout proche pour déjeuner, et partez à la découverte du joyeux chaos des ruelles de la vieille ville, ou du musée des Femmes vietnamiennes (page ci-contre). Faites une halte rafraîchissante autour d'une *bia hoi* (bière pression) et assistez à un spectacle de marionnettes sur l'eau (p. 95) ou promenez-vous autour du lac à la tombée du jour. Terminez cette journée avec un dîner au Grandma's Restaurant (p. 88).

Deux jours

Gagnez l'excellent musée d'Ethnographie du Vietnam (p. 75), situé en périphérie. De retour en ville, déjeunez chez Koto (p. 90), puis visitez le paisible temple de la Littérature (p. 71) avant d'apprécier les œuvres du musée des Beaux-Arts du Vietnam (p. 71) ou la collection du musée de l'Histoire militaire du Vietnam (ci-dessous). Allez dîner au Cha Ca Thang Long (p. 88) ou au Old Hanoi (p. 90), tous deux délicieux. Enfin, dirigez-vous vers le Nola (p. 92) pour boire un dernier verre.

Mongols au XIIIe siècle) et à La To, saint patron des physiciens.

Cathédrale Saint-Joseph ÉGLISE

(Nha To Lon Ha Noi ; carte p. 66 ; P Nha Tho ; ⌚8h-12h et 14h-18h). GRATUIT La cathédrale Saint-Joseph de Hanoi, de style néogothique, a été inaugurée en 1886. Sa haute façade domine une petite place qui incite généralement les gens à sortir leur appareil ou leur téléphone pour une photo souvenir. L'église se distingue aussi par ses tours jumelles carrées, son autel très travaillé et de beaux vitraux. L'entrée principale est ouverte pendant les offices religieux (affichés sur les portes à gauche de l'édifice).

Le reste du temps, les visiteurs doivent passer par les bâtiments de l'évêché, une rue plus loin, au 40 Pho Nha Chung. Une fois passé le portail, dirigez-vous tout droit, puis tournez à droite ; à la porte latérale de la cathédrale, appuyez sur la sonnette, placée très haut sur votre droite, pour que quelqu'un vous ouvre.

Il y a là de nombreux cafés et restaurants donnant sur la cathédrale, dont le bien nommé La Place (p. 89), l'Eden Cafe (p. 93) et le Cong Caphe (p. 93).

Monument aux Martyrs MONUMENT

(Tuong Dai Quyet Tu Cho To Quoc Quyet Sinh ; carte p. 66 ; P Dinh Tien Hoang). Ce monument à l'allure théâtrale représente une femme avec une épée, un homme avec un fusil, et un autre avec une torche. Il s'agit d'un mémorial en hommage à ceux qui ont péri dans la lutte pour l'indépendance du Vietnam.

Musée de l'Histoire militaire du Vietnam MUSÉE

(Bao Tang Lich Su Quand Su Viet Nam ; carte p. 70 ; ☎024-6253 1367 ; www.btlsqsvn.org.vn ; 28a P Diên Biên Phu ; 40 000 d, app photo 20 000 d ; ⌚8h-11h30 tlj et 13h-16h30 mar-jeu, sam-dim). Facile à repérer grâce à l'importante collection d'armes exposée à l'extérieur, ce musée donne à voir du matériel militaire russe et chinois, ainsi que des armes françaises et américaines saisies pendant les guerres. Un Mig-21 soviétique côtoie des carcasses d'avions français abattus à Diên Biên Phu et celle d'un F-111 américain. Juste à côté, la **tour du Drapeau** (carte p. 70 ; ⌚9h-17h), hexagonale, est l'un des monuments symboles de la ville. L'entrée à la tour seule est gratuite par le café Highlands adjacent.

Ouest de la vieille ville

L'ouest de la vieille ville englobe les districts de Ba Dinh et de Dong Da, et renferme une bonne partie des monuments majeurs de l'époque impériale, mais aussi

Ouest de la vieille ville

quelques sites liés à l'histoire politique plus récente de la ville. Derrière l'imposante porte, découvrez les ruines de la citadelle impériale de Thang Long et le majestueux temple de la Littérature, éminent centre d'apprentissage du confucianisme. Au nord-ouest se trouve la place Ba Dinh et d'autres monuments liés à Hô Chi Minh, dont le musée et le mausolée de Hô Chi Minh, de même que quelques jolis exemples de l'architecture coloniale française, tels le grand Palais présidentiel. À l'ouest de la vieille ville, du nord au sud, passe aussi la voie ferrée que les locaux ont récemment

Ouest de la vieille ville

Les incontournables
1 Citadelle impériale de Thang Long C4
2 Temple de la Littérature B6

À voir
3 Pagode des Ambassadeurs D6
4 Đuong Thuy Khue B2
5 Musée des Beaux-Arts du Vietnam B5
6 Tour du Drapeau C4
7 Site du mausolée de Hô Chi Minh A3
8 Musée Hô Chi Minh A4
9 Mausolée de Hô Chi Minh B3
10 Maison sur pilotis de Hô Chi Minh A3
11 Manzi — Espace d'art et residence d'artistes D2
12 Ngo Cam Chi D5
13 Pagode au Pilier unique B4
14 Pho Ly Van Phuc A5
15 Palais présidentiel B2
16 Temple Quan Thanh B2
17 Pagode Tran Quoc B1
18 Lac Truc Bach C2
19 Musée de l'Histoire militaire du Vietnam C5
20 Lac de l'Ouest A2

Activités
21 Hanoi Cooking Centre C1
22 Huong Sen D1
23 Omamori Spa D2

Où se loger
24 Somerset Grand Hanoi D6
25 Tomodachi House D5

Où se restaurer
26 Grandma's Restaurant D4
27 Hanoi Social Club D5
28 Hung Lau D5
29 Koto B6
30 La Badiane D6
31 Old Hanoi D5

Où prendre un verre et faire la fête
32 Bluebird's Nest C2
33 Manzi Art Space D2
34 The Railway Hanoi D5
35 The Railway Hanoi 2 .... D5
36 The Rooftop D6

Achats
Bookworm .... (voir 21)
37 Craft Link B5
38 Mai Gallery D5
39 Pheva Chocolate D6

Renseignements
40 Ambassade du Canada B4
41 Ambassade de Chine C5
42 Ambassade d'Allemagne C5
43 Ambassade de Singapour C5
44 Ambassade de Thaïlande C5

surnommée la “rue du train”, en raison des innombrables cafés qui ont ouvert tout le long. Toutefois, les établissements avaient été fermés par les autorités de la ville lors de la rédaction de ce guide. C'est aussi dans cette zone de Hanoi que vous trouverez le musée des Beaux-Arts du Vietnam et la pagode au Pilier unique... Comptez donc au moins deux jours pour tout voir.

Temple de la Littérature TEMPLE CONFUCÉEN

(Van Mieu ; carte page ci-contre ; ☎024-3845 2917 ; P Quoc Tu Giam ; tarif plein/réduit 30 000/15 000 d ; ⏰8h-18h). Rare exemple d'architecture vietnamienne bien préservée, le temple de la Littérature honore les plus grands érudits du pays. Fondé en 1070 par l'empereur Ly Thanh Tong, ce vaste ensemble formé de jardins, de cinq cours intérieures successives et de pavillons est dédié au philosophe Confucius (Khong Tu), originaire de Qufu, en Chine. Le site a autrefois accueilli la première université du Vietnam, Quoc Tu Giam (1076).

D'abord réservée aux seuls nobles, l'université de Hanoi devint plus égalitaire à partir de 1442. Dès lors, les esprits méritants vinrent de tout le pays pour y étudier le confucianisme, la littérature et la poésie. En 1484, l'empereur Lê Thanh Tông (1442-1497) ordonna l'édification de stèles portant les noms, lieux de naissance et hauts faits d'étudiants émérites : 82 des 116 stèles originelles sont parvenues jusqu'à nous, la plupart se dressant sur la carapace d'une tortue de pierre.

De nos jours, les étudiants prient devant les autels pour obtenir de bonnes notes, tandis que les pagodes, les bassins et les jardins des cinq cours offrent un cadre charmant pour les photos de diplômes. Le temple figure sur le billet de 100 000 dongs.

Depuis l'imposante entrée, dans Pho Quoc Tu Giam, des allées mènent à travers de beaux jardins jusqu'au Khue Van Cac (pavillon de la Constellation de la Littérature), construit en 1802.

Musée des Beaux-Arts du Vietnam MUSÉE

(Bao Tang My Thuat Viet Nam ; carte page ci-contre ; ☎024-3733 2131 ; www.vnfam.vn ; 66 P Nguyen Thai Hoc ; tarif plein/réduit

40 000/20 000 d ; 8h30-17h). Ces deux bâtiments, où était autrefois installé l'internat Jeanne-d'Arc, lycée de jeunes filles à l'époque coloniale, abritent l'excellent musée des Beaux-Arts de Hanoi, créé en 1966. Parmi ses nombreux trésors figurent des sculptures de l'ancien royaume du Champa, et d'étonnantes représentations de Quan Âm, la déesse de la Compassion (aux mille yeux et aux mille bras). Vous verrez aussi des statues en bois laqué de la dynastie Tây Son, figurant des moines bouddhistes, ainsi qu'une vaste collection d'art contemporain et des peintures rurales naïves. Même si la plupart des pièces exposées sont présentées par des notices en anglais, la visite guidée (150 000 d) vaut la peine d'être suivie (il n'y a pas de visite entre 11h30 et 13h30).

Site du mausolée de Hô Chi Minh — SITE HISTORIQUE

(carte p. 70 ; 024 3845 5128 ; entrée angle P Ngoc Ha et P Doi Can). Le site du mausolée de Hô Chi Minh comprend des jardins botaniques, des bâtiments historiques, des monuments et des pagodes. Important lieu de pèlerinage pour nombre de Vietnamiens, il est généralement fréquenté par de nombreux groupes venus de tout le pays pour se recueillir auprès de "Oncle Hô". Outre le mausolée, le complexe englobe la maison sur pilotis de Hô Chi Minh, le palais présidentiel, le musée Hô Chi Minh et la pagode au Pilier unique.

➡ Mausolée de Hô Chi Minh — MAUSOLÉE

(Lang Chu Tich Ho Chi Minh ; place Ba Dinh ; 7h30-10h30 mar-jeu, 7h30-11h sam-dim avr-oct, 8h-11h mar-jeu, 8h-11h30 sam-dim nov-mars). GRATUIT Tout comme pour Lénine et Staline avant lui, et plus tard Mao, le mausolée de Hô Chi Minh est un immense monument en marbre. Contrairement au souhait du chef d'État vietnamien d'être incinéré, ce mausolée lui fut érigé, entre 1973 et 1975, avec des matériaux provenant de différentes régions du Vietnam. C'est dans cet austère bâtiment que repose toujours la frêle dépouille de Hô Chi Minh, exposée dans un sarcophage de verre. Le monument est habituellement fermé au public de septembre à novembre, mois pendant lesquels le corps embaumé est envoyé en Russie pour y subir des soins conservatoires.

Habillez-vous décemment : les personnes en short, débardeur ou autre vêtement du genre se voient refuser l'entrée. Vous devrez laisser vos affaires (y compris sac, appareil photo et téléphone mobile) à l'entrée. Enfin, il est strictement interdit de parler, mettre les mains dans ses poches et prendre des photos à l'intérieur. La file d'attente serpente sur plusieurs centaines de mètres

LA RUE DU TRAIN DE HANOI À L'ARRÊT

Début 2018, une ribambelle de cafés se sont installés le long d'une voie ferrée de Hanoi parmi tant d'autres. En un an, le lieu a connu un tel engouement auprès des touristes qu'il a été surnommé la "rue du train" et est devenu une escale incontournable des Instagrammeurs.

Le premier café, dont les débuts en 2017 ont été timides, était celui de Thao Quach : The Railway Hanoi (p. 92). Les caféinomanes s'y installaient en fin de journée en regardant passer les trains. Petit à petit, les voyageurs ont commencé à en faire de même et d'autres cafés du même genre ont ouvert, avec le même succès. Les autorités ont rapidement imposé des restrictions, puis les ont levées après que le café The Railway Hanoi a gagné le soutien des locaux grâce à des projets autour de la voie ferrée et de sa communauté, tels que des cours d'anglais gratuits pour les enfants. Les habitants ont alors commencé à s'investir dans la vie de la rue du train, et des particuliers ont converti leurs salons en cafés.

Comme le rapporte la globe-trotteuse gastronome et blogueuse Fabienne Fong Yan (www.a-fab-journey.com), la rue du train a connu un succès fulgurant sur les réseaux sociaux à partir de Noël 2018, et ce fut le début de la fin. Sous prétexte que la voie ferrée était dangereuse pour qui s'en approchait, les autorités ont fermé la rue sans crier gare en octobre 2019. Lors de la rédaction de ce guide, la rue était toujours fermée aux piétons. L'avenir du lieu est encore incertain, mais il reste possible de faire halte chez Thao et sa joyeuse équipe du The Railway Hanoi 2 (p. 91) tout proche.

jusqu'à l'entrée du mausolée, puis passe lentement devant le corps de Hô Chi Minh. Avec un peu de chance, vous assisterez devant le mausolée à la relève de la garde, dont le cérémonial n'a rien à envier à celui de Buckingham Palace.

N'hésitez pas à télécharger l'application Into Thin Air 2 (www.facebook.com/intothinairhanoi) pour découvrir l'œuvre sonore associée au mausolée.

➡ Maison sur pilotis de Hô Chi Minh SITE HISTORIQUE

(Nha San Bac Ho et Phu Chu Tich Tai ; So 1 Ngo Bach Thao ; 25 000 d ; 8h-11h30 tlj et 14h-16h mar-jeu et sam-dim). L'humble maison traditionnelle sur pilotis où Hô Chi Minh vécut par intermittence entre 1958 et 1969 est située dans un beau jardin et jouxte un étang rempli de carpes. Conservée en l'état et utilisée aujourd'hui pour des réceptions officielles, elle est fermée au public. Mais on peut voir depuis l'extérieur le bureau et la chambre où vivait modestement Hô Chi Minh. Il est émouvant de découvrir ainsi les objets de son quotidien : machine à écrire, livres, poste de radio, lit au matelas de paille... On peut aussi flâner dans les jardins, à condition de ne pas quitter les allées.

➡ Musée Hô Chi Minh MUSÉE

(Bao Tang Hô Chi Minh ; 024-3846 3757 ; www.baotanghochiminh.vn ; 19 P Ngoc Ha ; 40 000 d ; 8h-12h tlj et 14h-16h30 mar-jeu, sam-dim). Installé dans un gigantesque bâtiment en béton de style soviétique, ce musée est consacré à la vie du fondateur du Vietnam moderne. Hétéroclite et parfois déroutante, la collection présente des objets personnels du grand homme, des photos et des documents officiels relatifs à la libération du joug colonial français et aux débuts du communisme. Les photographies sont interdites, et l'on peut vous demander de montrer votre sac à l'entrée.

N'hésitez pas à faire appel à un guide francophone (il y en a généralement un), moyennant quelque 100 000 d, pour profiter pleinement de cet étonnant musée.

➡ Palais présidentiel ÉDIFICE HISTORIQUE

(2 Đ Hung Vuong). Ce somptueux palais colonial fut construit en 1906 pour le gouverneur général d'Indochine. Aujourd'hui réservé aux réceptions officielles, cet édifice jaune (l'une des couleurs emblématiques du communisme), de style néoclassique, n'est pas ouvert au public.

➡ Pagode au Pilier unique TEMPLE BOUDDHIQUE

(Chua Mot Cot ; P Ong Ich Kiem ; 8h30-11h30 tlj et 14h-16h mar-jeu et sam-dim). GRATUIT Cette célèbre pagode, qui se dresse entre le mausolée et le musée, fut originellement édifiée par l'empereur Ly Thai Tông, deuxième représentant de la dynastie Ly, qui régna de 1028 à 1054. Selon les annales, l'empereur, affligé de ne pas avoir de descendance, rêva que Quan Thê Âm Bô Tat, déesse de la Miséricorde, lui tendait un enfant mâle. Peu après, il épousa une jeune paysanne qui lui donna un héritier. En témoignage de sa gratitude, il fit ériger cette pagode en 1049.

♥ Citadelle impériale de Thang Long SITE HISTORIQUE

(Hoang Thanh Thang Long ; carte p. 70 ; www.hoangthanhthanglong.vn ; 19c P Hoang Dieu, tarif plein/réduit 30 000 d/gratuit ; 8h-17h mar-dim). Classée au patrimoine mondial de l'Unesco en 2010, la citadelle impériale fut le siège du pouvoir militaire vietnamien pendant plus d'un millénaire. Il y a encore des fouilles archéologiques sur place. Celles-ci ne cessent de mettrent au jour les vestiges d'anciens palais, de pavillons grandioses et de portes impériales. La porte principale (Doan Mon) tient son nom d'une des portes de la Cité interdite de Beijing (Pékin). Non loin se trouve l'imposante caserne française à colonnades de la Compagnie d'ouvriers. Derrière, la pagode de la Princesse (Hau Lau) est supposée avoir hébergé les concubines des rois.

On peut également voir ici de fascinants bunkers construits lors de la guerre du Vietnam, utilisés par le célèbre général vietnamien Vo Nguyên Giap. Ceux-ci renferment des cartes et du matériel de communication des années 1960. Calme et verdoyant, le parc alentour permet d'échapper au tumulte urbain. Les visites guidées coûtent 150 000 d. Vous pouvez aussi télécharger l'application mobile Hoang Thanh Thang Long.

Pagode des Ambassadeurs TEMPLE BOUDDHIQUE

(Chua Quan Su ; carte p. 70 ; 73 P Quan Su ; 8h-11h et 13h-16h). GRATUIT Siège officiel du bouddhisme à Hanoi, la pagode des Ambassadeurs, paisible et très bien entretenue, attire une foule nombreuse lors des fêtes religieuses. Au XVIIe siècle, un bâtiment adjacent servait à héberger les ambassadeurs des pays bouddhistes. Une douzaine de bonzes et de religieuses y résident encore.

Promenade à pied dans la vieille ville

DÉPART : TEMPLE NGOC SON
ARRIVÉE : PHO NHA THO
DISTANCE ET DURÉE : 3,5 KM ; 2 HEURES MINIMUM

Débutez au 1 **temple Ngoc Son** (p. 68), sur un îlot du lac Hoan Kiem, puis franchissez le 2 **pont The Huc** pour rejoindre le 3 **monument aux Martyrs** (p. 69). Suivez Pho Dinh Tien Hoang et gagnez le 4 **Théâtre municipal des Marionnettes sur l'eau** (p. 95). Continuez au nord dans Pho Hang Dau, bordée de 5 **magasins de chaussures**. Traversez Pho Cau Go pour rallier Pho Hang Be et le 6 **marché** de Pho Gia Ngu.

De retour dans Pho Hang Be, direction le nord jusqu'à Pho Hang Bac, où des artisans sculptent des 7 **pierres tombales**. Ensuite, rejoignez la 8 **maison du Patrimoine** (p. 64) dans Pho Ma May, artère incontournable de l'animation nocturne.

Retournez dans Pho Hang Bac, passez devant les 9 **bijouteries** jusqu'à la 10 **maison 102**, qui abrite un temple. Revenez sur vos pas pour prendre l'étroite 11 **Pho Ta Hien**. Tournez à gauche dans Pho Hang Buom jusqu'au 12 **temple Bach Ma** (p. 64), puis continuez jusqu'à 13 **Cua O Quan Chuong**, l'ancienne porte Est de la ville. Poursuivez au nord dans Pho Thanh Ha, où se tient un 14 **marché de rue**, et tournez à droite en direction du 15 **marché Dong Xuan** (p. 65).

Repartez vers le sud dans Nguyen Thien Thuat et prenez à droite Pho Hang Chieu, jalonnée de 16 **boutiques** de nattes en paille. Vous déboucherez plus loin dans 17 **Pho Hang Ma**, où l'on vend les faux billets brûlés lors des cérémonies bouddhiques. Repérez les 18 **forgerons**, proches de l'angle de Pho Lo Ren et de Pho Thuoc Bac, puis longez Lan Ong et ses 19 **herboristeries**.

De retour dans Pho Thuoc Bac, dirigez-vous vers le sud en passant devant les 20 **ferblantiers** et les 21 **miroiteries**. Tournez à gauche dans Pho Hang Quat, bordée d'échoppes dédiées aux 22 **autels et statues bouddhiques**. Empruntez Pho Luong Van Can, la rue des 23 **boutiques de jouets**, puis Pho Hang Gai et ses 24 **magasins de soieries**. Prenez vers le sud Pho Ly Quoc Su vers la 25 **cathédrale Saint-Joseph** (p. 69).

Temple Quan Thanh TEMPLE BOUDDHIQUE
(Tran Vu Quan ; carte p. 70 ; P Quan Thanh ; 10 000 d ; ⏲7h-17h). Ombragé d'arbres immenses, ce temple fut fondé sous la dynastie Ly (1010-1225) en l'honneur de Tran Vo (le dieu du Nord), dont les insignes de pouvoir sont la tortue et le serpent. Il abrite une statue et une cloche de bronze de 1677, ainsi qu'une fascinante reproduction d'une vieille carte de Hanoi en *chu nho* (caractères chinois) et *chu nôm* (texte vietnamien) dans le hall principal. Le temple se situe sur les rives du lac Truc Bach, non loin du lac de l'Ouest.

Quartier français

Le quartier français n'a plus l'élégance d'autrefois. Depuis leur annexion au Parti communiste pour en faire des bureaux et assurer l'hébergement du rapatriement, ses villas, autrefois somptueuses, ont perdu leur éclat et auraient besoin d'être restaurées. Bâties dans une zone en plein développement, beaucoup ont déjà disparu au profit de constructions plus hautes et voyantes. Les édifices les mieux conservés abritent les ambassades et consulats étrangers. Voilà, pour ainsi dire, la boucle bouclée : car, en créant de toutes pièces une entité parisienne pour servir leur nouvelle zone d'influence, les colons français avaient eux-mêmes récupéré et rasé nombre de bâtiments et monuments traditionnels.

Occupant une zone s'étirant du lac Hoan Kiem au nord jusqu'au parc Thong Nhat (parc de la Réunification, ou parc Lénine) au sud, et de la gare ferroviaire à l'ouest jusqu'à l'opéra à l'est, ce quartier paisible aux trottoirs peu fréquentés invite à une belle promenade. Flânez parmi les ambassades et les villas délabrées, en vous efforçant d'imaginer leur splendeur d'antan.

♥ Temple Hai Ba Trung TEMPLE BOUDDHIQUE
(carte p. 84 ; P Tho Lao ; ⏲6h-18h lun-sam). Situé à environ 2 km au sud du lac Hoan Kiem, ce temple a été fondé en 1142. Une statue représente les deux sœurs Trung (héroïnes nationales du Ier siècle) à genoux, les bras levés. On dit que la sculpture montre les deux sœurs (qui avaient été proclamées reines du Vietnam) après leur défaite, prêtes à se jeter dans le fleuve. Selon la légende, en effet, plutôt que de se rendre aux Chinois, elles se noyèrent volontairement.

Opéra de Hanoi ÉDIFICE HISTORIQUE
(Nha Hat Lon Ha Noi ; carte p. 66 ; ☎024-3993 0113, visites 093 815 0111 ; hanoioperahouse.org.vn ; 1 P Trang Tien). Inspiré de l'opéra Garnier, ce joyau néoclassique du quartier français, premier opéra à l'européenne bâti en Asie, fut construit par l'administration coloniale en 1911. Le 16 août 1945, c'est depuis l'un de ses balcons que le Comité populaire, sous l'égide du Viêt-minh, annonça avoir repris la ville. Si vous avez soif de dramaturgie, réservez un billet de spectacle ou suivez une visite guidée de 50 minutes (à 14h30, 15h30 ou 16h30). Le week-end, les jeunes mariés se font volontiers photographier devant son élégante façade.

Agglomération de Hanoi

La ville de Hanoi s'étend bien au-delà de son hypercentre. Pour accéder aux quartiers périphériques, le taxi est certainement le moyen de transport le plus pratique (sauf si vous avez loué un scooter). Malgré la distance, vous découvrirez dans ces quartiers plusieurs sites d'intérêt majeurs, dont le musée d'Ethnographie du Vietnam, maintes fois récompensé, une collection de pagodes bouddhiques historiques, un centre d'art invitant à la réflexion, quelques lacs tranquilles propices aux balades à vélo, sans oublier une incroyable vue sur la ville depuis la terrasse panoramique de la tour Lotte.

♥ Musée d'Ethnographie du Vietnam MUSÉE
(carte p. 62 ; ☎024-3756 2193 ; www.vme.org.vn ; Đ Nguyen Van Huyen ; tarif plein/réduit 40 000/15 000 d, guide 100 000 d ; ⏲8h30-17h30 mar-dim). Ce remarquable musée consacré à l'étude des 54 ethnies du Vietnam est l'un des plus intéressants du pays. Dans un bâtiment moderne, il met en valeur une collection impressionnante d'art tribal, d'objets anciens et de la vie quotidienne provenant de toutes les régions du Vietnam. Les explications sont très bien rédigées, notamment en français.

Dans les vastes jardins, on peut aussi voir des maisons traditionnelles, notamment la maison sur pilotis des Tay, celle des Yao et l'imposante maison communale des Bahnar. Ne manquez pas le tombeau jarai surmonté d'un haut toit de chaume et orné de statues en bois plutôt osées.

Il y a également une boutique d'artisanat de commerce équitable, qui vend des livres, de superbes cartes postales, ainsi que des objets fabriqués par les différentes communautés ethniques.

Pour vous rendre au musée, prenez une moto-taxi Grab. Il se trouve à 7 km du centre-ville - comptez environ 40 000 d aller en taxi. Le bus n°14 (4 000 d), depuis Pho Dinh Tien Hoang sur la rive est du lac Hoan Kiem, passe à 600 m du musée. Descendez à l'arrêt Nghia Tan et suivez Nguyen Van Huyen.

Lac de l'Ouest — LAC

(Ho Tay ; carte p. 70). Plus grand lac de la ville, le lac de l'Ouest couvre 500 ha, pour une circonférence de quelque 14 km. Il est bordé de quartiers huppés, en particulier le district de Tay Ho, apprécié des expatriés. Sur la rive sud, le long de Đuong Thuy Khue, s'étend un chapelet de restaurants de poisson très fréquentés, et, à l'est, Xuan Dieu est bordée de restaurants, de cafés, de boutiques, et de certains des plus luxueux hôtels de Hanoi. L'ambiance paisible offre ici un agréable contraste avec le chaos de la vieille ville, et le sentier qui fait le tour du lac permet une belle balade à pied ou à vélo.

Deux légendes expliquent les origines du Ho Tay, connu aussi sous les noms de lac des Brumes, ou Grand Lac. Selon la première, il fut créé lorsque le roi-dragon étouffa un méchant renard à neuf queues dans sa tanière, au cœur d'une forêt. Selon la seconde, un bonze vietnamien, nommé Khong Lo, rendit un grand service à l'empereur de Chine au XIe siècle, et reçut en retour une grande quantité de bronze qu'il utilisa pour fondre une énorme cloche : son tintement s'entendait jusqu'en Chine, si loin qu'un jour le Bufflon d'or, qui crut entendre l'appel de sa mère, courut vers le sud et piétina le site, le transformant en lac.

L'explication géologique, elle, veut que le lac soit né d'une crue du Song Hong (fleuve Rouge). De telles inondations ont été en partie maîtrisées grâce à la construction de digues, comme celle sur laquelle passe la nationale longeant la rive est du Tay Ho.

Pagode Tay Ho — TEMPLE BOUDDHIQUE

(Phu Tay Ho ; carte p. 62 ; Đ Thai Mai ; 8h-20h). GRATUIT Située sur la rive orientale du lac de l'Ouest, cette belle pagode est l'un des lieux de culte les plus fréquentés de Hanoi. Elle reçoit, les 1er et 15e jours du mois lunaire, de très nombreux fidèles qui espèrent recevoir la bonne fortune de la déesse-mère à laquelle le temple est dédié.

Tour Lotte — TERRASSE PANORAMIQUE

(carte p. 62 ; 024-3333 6016 ; www.lotte-center.com.vn ; 54 P Lieu Giai, Ba Dinh ; tarif plein/étudiant jour 230 000/170 000 d, soirée 130 000/110 000 d ; 9h-22h). C'est à l'ouest du quartier de Ba Dinh, depuis la terrasse panoramique située au 65e étage du célèbre Lotte Center, que vous pourrez profiter de la plus jolie vue sur Hanoi. Bien au-dessus de la cohue de la ville, vous prendrez la mesure de la taille de la vieille ville, engloutie par la métropole tentaculaire. Des passerelles en verre vous guident au-dessus du vide. Il y a aussi un bar à ce même étage.

La tour abrite également un hôtel, divers restaurants, un bar sur le toit et un grand magasin sur les premiers niveaux. À 20 minutes de taxi environ depuis la vieille ville.

Manzi — Espace d'art et résidence d'artistes — CENTRE ARTISTIQUE

(carte p. 70 ; 024-3716 3397 ; www.facebook.com/manzihanoi ; 2 Ngo Hang Bun ; 9h-19h). À deux pas du café du même nom (p. 92), qui fait aussi galerie d'art et boutique, cet espace artistique propose des expositions et abrite des ateliers ouverts occupés par des artistes locaux et internationaux. Ce centre entend favoriser les interactions artistiques avec le reste du monde et promouvoir le débat intellectuel et artistique à Hanoi.

Pagode Tran Quoc — TEMPLE BOUDDHIQUE

(Chua Tran Quoc ; carte p. 70 ; Đ Thanh Nien). Cette pagode, l'une des plus anciennes du pays, semble presque neuve avec ses briques orange impeccables. Elle doit son petit supplément de photogénie à la rive orientale du lac de l'Ouest, en arrière-plan. Le temple est situé non loin de la pagode Tay Ho, en retrait de Đuong Thanh Nien, l'artère qui sépare le lac de l'Ouest du lac Truc Bach. Une stèle datant de 1639 relate l'histoire du site. La pagode fut reconstruite au XVe siècle, puis à nouveau en 1842.

Lac Truc Bach — LAC

(Ho Truc Bach ; carte p. 70). Ce lac est séparé de son voisin, Ho Tay, par Đuong Thanh Nien, une route bordée de flamboyants. Au XVIIIe siècle, les seigneurs Trinh édifièrent un palais au bord de l'eau. Plus tard, le palais devint une "maison de correction" pour les concubines impériales ayant trahi leur maître, condamnées à tisser une soie blanche très fine. La demeure n'a rien d'exceptionnel, mais offre l'occasion d'une promenade agréable.

Activités

Sports

Hash House Harriers COURSE EN ÉQUIPE
(carte p. 66 ; www.hanoih3.com ; 21 P Hai Ba Trung, American Club ; parcours par adulte/enfant 150 000/50 000 d ; à partir de 13h30 sam). Pour les non-initiés, il s'agit d'un jeu d'équipe associant course à pied, humour britannique et alcool. Pour accéder à ces parcours de marche/course touristiques à la sortie de la ville, prenez le bus (inclus dans le tarif) qui part de l'American Club, au sud du lac Hoan Kiem. Voir le site Internet pour les détails. Les courses sont suivies d'un dîner en ville.

Spa et massages

Les invitations au massage ne manquent pas au cœur de la vieille ville. Si vous recherchez une expérience unique et de qualité, essayez donc notre sélection des meilleurs centres de massage de Hanoi.

Omamori Spa MASSAGES
(carte p. 70 ; 024-3773 9919 ; www.omamorispa.com ; 52a P Hang Bun, Ba Đinh ; massage 1 heure à partir de 300 000 d). Ce petit spa est géré par un organisme à but non lucratif offrant des formations et des emplois aux non-voyants. Les masseuses parlent très bien anglais et se distinguent par une sensibilité et un toucher différent des praticiens voyants. Les pourboires ne sont pas acceptés ; tarifs et service de premier ordre. L'enseigne compte trois établissements en ville, dont celui-ci.

Dao's Care MASSAGES
(carte p. 62 ; 024-3722 8316 ; www.daoscare.com ; 351 Đ Hoang Hoa Tham ; bain aux herbes à partir de 150 000 d ; 9h-21h). Ce chaleureux spa est une véritable expérience thérapeutique. Les employés, déficients visuels, sont très bien formés. On aime l'ambiance familiale et les différents soins proposés, tels les bains aux herbes, les massages dao et suédois, et les massages des pieds, pour n'en citer que quelques-uns. Le spa soutient les membres de la minorité des Dao rouges de Sapa. Les pourboires ne sont pas acceptés.

Yakushi Center MASSAGES
(carte p. 62 ; 024-3719 1971 ; www.yakushicenter.com ; 20 P Xuan Dieu, Quang An, Tay Ho ; soins à partir de 250 000 d ; 8h30-20h). Dans le quartier tendance de Tay Ho, prisé des expatriés, ce centre de soins fabuleux vous attend avec sa gamme de cures vietnamiennes et chinoises traditionnelles, ainsi que ses massages thérapeutiques et relaxants, dont des massages suédois. Réservation indispensable. Le praticien s'entretiendra brièvement avec vous en anglais avant de commencer le soin.

Huong Sen MASSAGES
(carte p. 70 ; 024-3927 1330 ; www.huongsenhealthcare.com ; 78 Đ Yen Phu ; massage à partir de 250 000 d ; 9h-22h30). Un vaste choix de soins de beauté et de services (Jacuzzi, hammam) est proposé dans cet établissement doté de bons équipements. Le personnel parle anglais. L'ensemble des prestations est disponible sur le site Internet. L'enseigne compte trois autres instituts à Hanoi.

Cours

Zo Project ART
(carte p. 66 ; 0366 602 928, 0168 432 9379 ; www.zopaper.com ; 26 Tho Xuong ; ateliers à partir de 700 000 d ; boutique 9h-19h). Les amateurs de papier vietnamien traditionnel adoreront cet atelier-magasin où l'on trouve des tableaux, des cartes postales et même des abat-jour artistiquement décorés. Différents ateliers sont proposés : fabrication de papier, calligraphie, reliure, aquarelle et fabrication de bijoux, de même que des visites guidées autour de la fabrication du papier à Hoa Binh. La boutique se trouve le long de la voie ferrée en direction de Sapa, dans un cadre singulier. Les bénéfices sont utilisés pour soutenir les artisans des minorités ethniques du nord du pays.

Cours de cuisine du Blue Butterfly CUISINE
(carte p. 80 ; 0944 852 009 ; www.bluebutterflyrestaurant.com ; 69 P Ma May ; à partir de 55 $US ; 8h30 et 14h30). Dans ce cours de 4 heures très apprécié, on rencontre le chef en cuisine avant de se rendre en groupe au marché Dong Xuan, puis de préparer trois plats sous ses instructions. Une fois le cours terminé, on déguste au restaurant le fruit de son dur labeur.

Hidden Hanoi CUISINE, LANGUE
(carte p. 62 ; 0987 240 480 ; www.hiddenhanoi.com.vn ; 147 P Nghi Tam, Tay Ho ; cours de cuisine à partir de 25 $US/pers ; cours 9h-17h). Cours donnés dans la cuisine créée à cet effet, près de la rive orientale du lac de l'Ouest. Préparation de fruits de mer et de mets traditionnels. Circuits à pied (25 $US/pers) consacrés à la cuisine de rue. Hidden Hanoi

propose aussi un programme d'apprentissage des langues (à partir de 200 $US/pers), qui inclut 18 heures de cours et 2 voyages d'études. Simple cours de vietnamien de 2 heures (20 $US) également possible.

Hanoi Cooking Centre CUISINE
(carte p. 70 ; ☎024-3715 0088 ; www.hanoicookingcentre.com ; 44 P Chau Long ; à partir de 1 380 000 d/pers). D'excellents cours interactifs, comprenant une visite du marché, qui se terminent par un déjeuner dans l'élégant restaurant du centre. Il existe des sessions spéciales enfants, qui intéresseront les chefs en herbe. Le Hanoi Cooking Centre propose également un circuit de découverte de la cuisine de rue.

Circuits organisés

♥ Hanoi Free Tour Guides CIRCUITS À PIED
(☎0988 979 174 ; www.hanoifreetourguides.com). Voici le meilleur moyen de découvrir le vrai Hanoi : cette association à but non lucratif, qui regroupe bénévoles, étudiants ou ex-étudiants, propose tout un choix de visites guidées dans de nombreuses langues ; possibilité d'élaborer votre propre itinéraire avec votre guide. Ce service est gratuit, mais vous devrez tout de même vous acquitter des frais minimes de transport du guide, des entrées aux sites et des repas. Réservation en ligne.

♥ Gay Hanoi Tours CIRCUITS À PIED OU À SCOOTER
(☎0947 600 602 ; www.facebook.com/gayhanoitour ; circuit à partir de 65 $US). Le sémillant Tuan propose des circuits individuels ou en petits groupes pour découvrir (à pied ou à scooter) des recoins méconnus de la cité. Les visites sur le thème de la gastronomie, de l'architecture, du design, des grands monuments, et les visites de nuit sont les plus populaires. Tuan partagera avec vous sa vision unique de sa ville adorée et de la cuisine vietnamienne qu'on y déguste.

♥ Hanoi Street Food Tours CIRCUITS À PIED
(☎0904 517 074 ; www.streetfoodtourshanoi.blogspot.com.au ; visites à partir de 75 $US). Une autre entreprise organise des circuits sous le même nom, mais, malgré un prix plus élevé, nous gardons une préférence pour Van Cong Tu et Mark Lowerson, couple de gourmets passionnés par la cuisine locale. Pour vous mettre en appétit, consultez leurs photos sur les réseaux sociaux. Les visites sont personnalisables.

Vietnam in Focus CIRCUITS PHOTO
(☎0795 150 522 ; www.vietnaminfocus.com ; à partir de 70/100 $US par pers avec/sans appareil individuel). Les journalistes Colm Pierce et Alex Sheal guident des visites photo à la découverte de la vieille ville, de la vie nocturne, des voies ferrées, du village d'artisans de Tho Ha, et d'autres sites plus éloignés tels que Ninh Binh, Danang, le col de Hai Van, Hô Chi Minh-Ville et le réseau de chemins de fer. Pour les photographes de tous les niveaux, y compris les débutants.

Friends of Vietnam Heritage CIRCUITS À PIED
(FVH ; www.fhvheritage.org ; à partir de 70 000 d). Avec ses bénévoles dont beaucoup sont des expatriés, cette association à but non lucratif propose des publications, prépare des manifestations et organise de sympathiques circuits à pied dans un souci de préservation du patrimoine culturel de la ville.

Vietnam Awesome Travel CIRCUITS À PIED
(carte p. 80 ; ☎0904 123 217 ; www.vietnamawesometravel.com ; 64 P Nguyen Huu Huan ; visite à partir de 18 $US). Choix de visites guidées à prix raisonnables, dont le circuit très prisé *Food on Foot* (25 $US) qui vous emmène dans la vieille ville à la découverte de la cuisine de rue. Renseignements détaillés sur le site Internet.

Hanoi Kids CIRCUITS À PIED
(☎0976 217 886 ; www.hanoikids.org ; don apprécié ; 👪). Cet organisme bénévole met en contact des touristes avec des adolescents et de jeunes adultes vietnamiens désireux de perfectionner leur anglais. Les formules s'adaptent aux besoins des visiteurs et peuvent inclure des sites comme le temple de la Littérature et le musée de la Prison de Hoa Lo, ou bien la découverte de la cuisine de rue et des marchés. Mieux vaut tout organiser en ligne au moins deux semaines avant.

Fêtes et festivals

Têt CULTURE
(Têt Nguyên Dan, Nouvel An lunaire vietnamien ; ⏲fin jan ou début fév). Le Nouvel An lunaire est la fête familiale par excellence au Vietnam, et l'occasion de rendre hommage aux défunts. Les célébrations durent une semaine. La plupart des magasins sont fermés et les locaux se déplacent énormément. Pensez donc à réserver vos transports suffisamment tôt. Il reste toutefois possible de trouver un hébergement à Hanoi.

Durant cette période, prévoyez un programme tranquille : balades autour des lacs, feux d'artifice et festins. Pour être au plus près de l'action, mêlez-vous à la foule dans la pagode des Parfums (p. 105). Un marché aux fleurs s'installe dans Pho Hang Luoc la semaine précédant le Têt. Une foire-exposition florale de deux semaines se déroule aussi dans le parc Thong Nhat, non loin du lac Bay Mau. Elle commence le premier jour du Nouvel An et il y a différents concours.

Têt est la version courte de "Têt Nguyên Dan". Le mot "têt" signifie simplement "fête".

Fête de Dong Da CULTURE
(fév ou mars). Les festivités, qui ont lieu le 5e jour du premier mois lunaire, prennent la forme de jeux d'échecs humains, de compétitions de lutte et de danses du lion. Elles se déroulent sur la butte de Dong Da, site du soulèvement mené en 1788 par l'empereur Quang Trung (Nguyên Huê) contre les Chinois.

Hanoi Pride LGBT
(www.fb.me/VietPride.vn ; pendant 1 semaine en juil-sept). La Gay Pride de Hanoi est un rendez-vous haut en couleur qui mêle fêtes, projections de films, conférences et rallye vélo. Elle se déroule pendant une semaine, entre juillet et septembre – consultez le site pour plus de détails. L'événement a pris de l'ampleur depuis sa première édition, qui fut en 2012 la toute première Gay Pride du Vietnam.

Fête nationale du Vietnam FÊTE NATIONALE
(2 sept). Elle est célébrée sur la place Ba Dinh, l'immense esplanade devant le mausolée de Hô Chi Minh, par un grand rassemblement populaire et un feu d'artifice. Des courses de bateaux ont lieu sur le lac Hoan Kiem.

Fête de la pleine lune CULTURE
(Têt Trung Thu ; mi-sept ou début oct). Cette fête, aussi appelée "fête de la mi-automne" (*têt trung thu*), débute le 15e jour du huitième mois du calendrier lunaire – en général à la mi-septembre ou début octobre. Chants, danses de dragons, échange d'étrennes et de gâteaux de lune... autant de raisons qui expliquent le succès de cette fête auprès des enfants, très impliqués dans la manifestation.

Où se loger

En matière d'hébergement, 10 à 20 $US supplémentaires peuvent faire ici toute la différence : c'est souvent ce qu'il faut pour passer d'une chambre sans fenêtre à une autre plus grande avec vue. Comptez 20-30 $US pour une petite chambre économique. Moyennant 30-50 $US, vous aurez plus d'espace, une TV à écran plat et un minibar. Pour 75-100 $US, vous devriez pouvoir louer une "junior suite" dans un hôtel moderne avec équipements élégants, baignoire et balcon. Une chambre d'hôtel international 4-5 étoiles vaut au moins 100 $US.

Vérifiez toujours que votre hôtel dispose d'une sortie de secours. En effet, en raison de la vitesse à laquelle certains bâtiments ont été reconvertis en hôtel, ces derniers n'ont pas toujours prévu le nécessaire en cas d'incendie.

Vieille ville

Si vous optez pour la vieille ville – le secteur le plus prisé –, vous bénéficierez d'un très grand choix d'hébergements et de la proximité des lieux touristiques. En revanche, le quartier est bondé et bruyant. Certains préféreront payer un peu plus pour séjourner dans le quartier français, plus paisible.

Ne vous laissez pas berner par les halls d'hôtel. De nombreux établissements de la vieille ville attirent les clients avec une réception clinquante, tandis que leurs chambres sont petites et peu accueillantes.

Les hébergements pour routards ne manquent pas à Hanoi, avec notamment une nouvelle offre d'auberges de jeunesse stylées qui apporteraient presque une touche de luxe à la vieille ville. Moyennant 8 à 10 $US, vous aurez droit à un lit propre et moelleux en dortoir, et à une salle de bains commune moderne. La plupart proposent aussi quelques chambres privées.

Tomodachi House AUBERGE DE JEUNESSE $
(carte p. 70 ; 024-3266 9493 ; 5a Tong Duy Tan ; dort/d à partir de 9/27 $US ;). Une paisible auberge de jeunesse de style japonais, dans la partie la plus chic de la vieille ville, à l'ouest, près des restaurants et des lieux de sortie branchés. Les dortoirs offrent des lits confortables avec chargeur USB, étagère, rideau d'intimité et vaste casier. Le petit-déjeuner (inclus) est très bon. Le personnel est chaleureux et à l'écoute.

Vieille ville

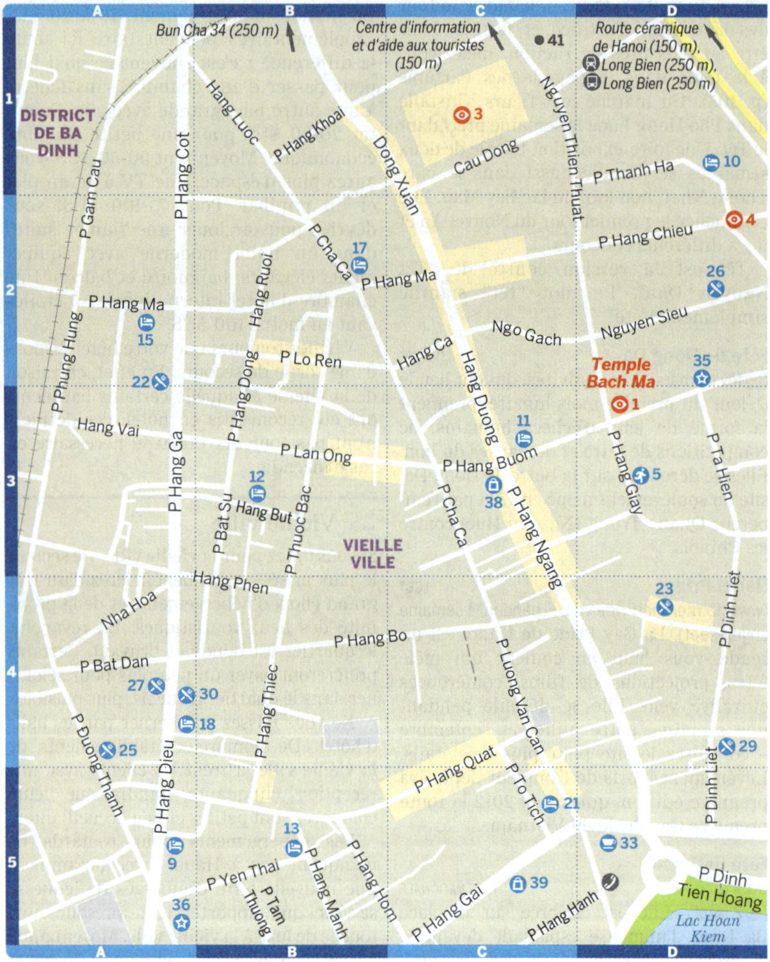

Nexy Hostel AUBERGE DE JEUNESSE $
(carte ci-dessus ; 024-7300 6399 ; www.nexyhostels.com ; 12 P To Tich ; dort/lits jum/tr à partir de 7/35/40 $US ;). Le Nexy a tout de pimpant : des dortoirs et des salles de bains propres et modernes, des lits moelleux avec rideau d'intimité, des draps de qualité et de grands casiers. Il compte aussi un bar tranquille, une salle de jeu, un petit salon et des toits-terrasses. Le personnel parle anglais et partage volontiers des conseils de voyage. Une auberge de jeunesse haut de gamme, qui jouit par ailleurs d'un emplacement privilégié à proximité du lac Hoan Kiem.

Cocoon Inn AUBERGE DE JEUNESSE $
(carte ci-dessus ; 024-3885 3333 ; www.cocooninn.com ; 116-118 P Hang Buom ; dort 8-10 $US, lits jum 38-45 $US ;). Agréable auberge de jeunesse aux dortoirs corrects. Les lits, propres et confortables, sont tous dotés d'un rideau propice à l'intimité, d'une lampe, d'un ventilateur et d'une source d'alimentation. Il y a aussi un bar à cocktails et un sympathique toit-terrasse au 7e étage. Les aimables membres de l'équipe peuvent vous aider à organiser vos visites, vos transferts vers l'aéroport et à demander une prolongation de visa. L'auberge de

jeunesse est située dans une rue animée, avec restaurants et bars.

Hanoi Hostel AUBERGE DE JEUNESSE $
(carte ci-dessus ; ☎0462 700 006 ; www.vietnam-hostel.com ; 91c P Hang Ma ; dort/d 5,50/25 $US, chez l'habitant 30 $US ; ❄📶). Tranquille petit établissement privé, propre et bien tenu, qui bénéficie d'une agréable situation loin du regroupement d'auberges de jeunesse de la ville. Circuits organisés et nombreux renseignements sur une poursuite du voyage en Chine ou au Laos. Possibilité d'hébergement dans une maison familiale de la vieille ville.

Central Backpackers Hanoi AUBERGE DE JEUNESSE $
(carte ci-contre ; ☎024-3928 2899 ; www.centralbackpackershostel.com ; 16 P Thanh Ha ; dort à partir de 6 $US, s/d/lits jum 20/25/25 $US ; @📶). Située au cœur de la vieille ville, une auberge de jeunesse correcte, avec des chambres privées et des dortoirs. C'est un endroit animé et convivial, propice aux rencontres, et il y a chaque jour un happy hour avec bière gratuite de 19h à 20h au bar ; donc pas le genre d'hébergement pour les voyageurs en quête de tranquillité. Le personnel organise aussi des circuits touristiques à pied.

♥ **La Beauté de Hanoi** HÔTEL $$
(carte ci-contre ; ☎024-3935 1626 ; www.la-beautehanoihotel.com ; 15 Ngo Trung Yen ; d/ste à partir de 60/96 $US ; ❄📶). Cet élégant boutique-hôtel de 35 chambres a été rénové en 2019 dans des tons blancs, beiges et rouges. Les suites et les chambres familiales ont un balcon privatif. Situation épatante, dans une petite rue au calme, à deux pas de l'animation de Pho Ma May.

♥ **Golden Art Hotel** HÔTEL $$
(carte ci-contre ; ☎024-3923 4294 ; www.goldenarthotel.com ; 6a P Hang But ; d et lits jum 45 $US, s 75 $US ; 🚭❄@📶). Emplacement tranquille pour cet hôtel, à la lisière ouest de la vieille ville. Les chambres, plutôt spacieuses, sont élégantes et bien équipées (y compris avec un bureau). Le petit-déjeuner (inclus) comprend du pain tout chaud, des œufs, du *pho* (soupe de nouilles) et des fruits frais. Le personnel est très serviable. À la basse saison, une chambre ne coûte que 30 $US.

♥ **Hanoi House Hostel** HÔTEL $$
(carte ci-contre ; ☎024-3935 2571 ; www.hanoiguesthouse.com ; 85 P Ma May ; dort/s/d/tr à partir de 5/24/26/50 $US, ste 40 $US ; ❄@📶). Situé dans Pho Ma May, une rue centrale animée à proximité des bars, restaurants, agences de voyages et boutiques, cet hôtel dispose de chambres très confortables et de dortoirs de 6 lits. Autres points positifs : l'excellente équipe qui le gère, et le bon petit-déjeuner (inclus dans le prix des chambres, mais pas celui des dortoirs).

Art Boutique Hotel HÔTEL $$
(carte ci-contre ; ☎024-3923 3868 ; 63 P Hang Dieu ; ch à partir de 50 $US ; ❄@📶). Grâce à son équipe jeune et serviable, cet établissement bien placé sort nettement du lot. Chambres de grande taille avec parquet et salles de

Vieille ville

Les incontournables
1 Temple Bach Ma ... D3
2 Maison du Patrimoine ... E4

À voir
3 Marché Dong Xuan ... C1
4 Ancienne porte Est ... D2

Activités
Cours de cuisine du Blue Butterfly ... (voir 24)
5 Ethnic Travel ... D3
6 Handspan Travel Indochina ... E4
Ocean Tours ... (voir 28)
7 Unicharm ... E4
8 Vietnam Awesome Travel ... F4

Où se loger
9 Art Boutique Hotel ... A5
10 Central Backpackers Hanoi ... D1
11 Cocoon Inn ... C3
12 Golden Art Hotel ... B3
13 Golden Moon Suite Hotel ... B5
14 Hanoi Elite ... E3
15 Hanoi Hostel ... A2
16 Hanoi House Hostel ... E3
17 Hanoi Little Town Hotel ... B2
18 Hanoi Rendezvous Hotel ... A4
19 La Beauté de Hanoi ... E4
20 La Siesta Classic Ma May Hotel ... E4
21 Nexy Hostel ... C5

Où se restaurer
22 Banh Cuon ... A2
23 Banh Mi Hoi An ... D4
24 Blue Butterfly ... E3
25 Cha Ca Thang Long ... A4
26 Com Pho Co ... D2
27 Dong Phu 1932 ... A4
28 New Day ... E3
29 Quan Bia Minh ... D4
30 Zaika ... A4

Où prendre un verre et faire la fête
31 Cafe Giang ... F4
32 Cafe Lam ... F4
33 Cafe Pho Co ... D5
Nola ... (voir 24)

Où sortir
34 Music Cafe ... F5
35 Théâtre Thang Long Ca Tru ... D2
36 Vietnam National Tuong Theatre ... A5

Achats
Marché Dong Xuan ... (voir 3)
37 Mekong+ ... E4
38 Marché de nuit ... C3
39 Tan My Design ... C5

Renseignements
40 Mr Linh's Adventure Tours ... E3
Vega Travel ... (voir 7)

Transports
41 Point de depart du bus électrique au marché Dong Xuan ... C1
42 Point de depart principal du bus électrique ... E5
43 Offroad Vietnam ... F3

bains immaculées. Le tout à deux pas des meilleurs restaurants de rue de la ville.

Hanoi Little Town Hotel HÔTEL HISTORIQUE $$
(carte p. 80 ; ☎ 024-3828 3525 ; www.hanoilittletown.com ; 77 P Hang Luoc ; d et lits jum 35 $US, tr/f 65/85 $US ; ❄ @ 📶). Le Little Town a conservé un style à l'ancienne : le mobilier sombre et travaillé, les chambres imposantes, les draps de coton blanc, les hauts plafonds et les salles de bains spacieuses semblent sortis d'une autre époque. Le personnel, qui parle anglais, offre un service à la fois très classique et enthousiaste. Petit-déjeuner excellent. Les chambres de l'avant sont dotées d'un balcon ; celles de l'arrière, plus calmes, donnent sur le marché Dong Xuan voisin. Grande chambre familiale au dernier étage.

Golden Moon Suite Hotel HÔTEL $$
(carte p. 80 ; ☎ 0982 971 918 ; www.goldenmoonsuitehotel.com ; 12a P Hang Manh ; d 35-60 $US ; 🚭 ❄ 📶). Les balcons de ce mini-hôtel de 18 chambres offrent une vue captivante sur la vie quotidienne de l'étroite Pho Yen Thai, ponctuée de marchands de fruits et légumes, de bouchers et de drapeaux colorés. Les nuits sont calmes, mais mieux vaut demander une chambre sur l'arrière si le brouhaha matinal vous dérange. Outre ses chambres très confortables, l'établissement compte un autre atout : on y prend le petit-déjeuner sur le toit, en regardant Hanoi s'éveiller.

Hanoi Elite HÔTEL $$
(carte p. 80 ; ☎ 024-3828 1711 ; www.hanoielitehotel.com ; 10/50 Dao Duy Tu ; ch à partir de 50 $US ; ❄ @ 📶). Les ruelles étroites de la vieille ville dissimulent des trésors inattendus. Il en est ainsi de l'hôtel Hanoi Elite, qui arbore une décoration à la fois chic et décontractée, et dont les chambres sont bien aménagées. Le tout à l'écart du tumulte des rues environnantes. Délicieux petit-déjeuner préparé à

la demande, par un personnel très efficace. En basse saison, vous pouvez réserver une chambre pour 40 $US.

Hanoi Rendezvous Hotel HÔTEL $$
(carte p. 80 ; ☎ 024-3828 5777 ; www.hanoirendezvoushotel.com ; 31 P Hang Dieu ; d/lits jum/tr 37/37/50 $US ; ❄ 📶). Une kyrielle de stands de cuisine de rue de qualité vous attendent à proximité du Hanoi Rendezvous, hôtel très correct, apprécié pour ses grandes chambres, son personnel accueillant et son bon petit-déjeuner. Bonus : l'équipe organise aussi des circuits dans la baie d'Along, sur l'île de Cat Ba et à Sapa. Promotions régulières.

♥ **La Siesta Hotel & Spa** BOUTIQUE-HÔTEL $$$
(carte p. 80 ; ☎ 024-3926 3641 ; www.lasiestahotels.vn/mamay ; 94 P Ma May ; d et lits jum 135 $US, tr 195 $US, ste à partir de 235 $US ; ❄ 📶). La Siesta est un très bon choix, avec d'élégantes chambres de toutes tailles, dont des suites chics en duplex. Le service y est irréprochable. Quant à sa situation dans Pho Ma May, elle signifie que vous ne serez jamais loin d'un restaurant, d'un bar et d'activités diverses. Et, si le besoin se fait sentir d'échapper à cette frénésie, direction le spa.

Environs du lac Hoan Kiem

Bien que le terme de "vieille ville" désigne spécifiquement la zone au nord du lac Hoan Kiem, le quartier à l'ouest du lac dispose d'une grande concentration d'hôtels et fait partie, dans l'esprit de tous, de la vieille ville. On trouve ici Pho Ngo Huyen, avec ses innombrables dortoirs bon marché et, tout près de là, les rues plus calmes et pittoresques autour de la cathédrale Saint-Joseph. Ceux qui ont le sommeil léger n'apprécieront toutefois guère le son des cloches, qui tintent tous les quarts d'heure à partir de 5h du matin. Les touristes restent peu dormir dans cette zone, d'autant que les meilleurs hébergements sont assez basiques. Le bon côté, c'est que vous êtes au centre et que vous pouvez donc vous déplacer facilement ou prendre une moto-taxi Grab pour aller un peu plus loin.

♥ **Golden Lotus Luxury Hotel** HÔTEL $$
(carte p. 66 ; ☎ 024-3828 5888 ; www.goldenlotushotel.com.vn ; 53-55 P Hang Trong ; d/ste à partir de 55/100 $US ; ❄ @ 📶 🏊). Dans cet hôtel de bonne facture, les chambres sont décorées de bois, de soie et d'œuvres d'art locales – équipements high-tech en prime. Les chambres premier prix n'ont pas de lumière extérieure, mais les grandes suites ont toutes une terrasse spacieuse. Piscine sur le toit. L'établissement apparenté, le **Golden Lotus Hotel** (carte p. 66 ; ☎ 024-3938 0901 ; 39 P Hang Trong ; d/ste à partir de 45/89 $US ; ❄ 📶 🏊), s'il est un peu plus ancien, est un peu moins cher et donne aussi accès à la piscine.

Madame Moon Hotel PENSION $$
(carte p. 66 ; ☎ 024-3938 1255 ; www.madammoonguesthouse.com ; 17 P Hang Hanh ; d ou lits jum à partir de 30 $US ; ❄ 📶). À un pâté de maisons du lac Hoan Kiem, Madame Moon propose des chambres plutôt chics dans une rue pleine de cafés et de bars relativement épargnée par la circulation. Madame Moon possède trois hôtels : notre visite s'est faite dans la propriété de Pho Hang Hanh.

La Siesta Classic Lo Su Hotel HÔTEL $$$
(carte p. 66 ; ☎ 024-3935 1632 ; 32 P Lo Su ; ch à partir de 105 $US). Voici un hôtel aussi élégant que confortable. Vous apprécierez notamment son spa, et son bar sur le toit-terrasse, idéal pour siroter un cocktail à la tombée du jour – vue magnifique sur le lac Hoan Kiem. L'établissement est bien situé. Attention toutefois, les chambres les moins chères n'ont pas de fenêtre. Si vous le pouvez, prenez une chambre Deluxe avec vue.

Quartier français

Le quartier français, à l'ouest du fleuve Rouge, est la zone juste au sud du lac Hoan Kiem, autour de la gare ferroviaire de Hanoi, et qui va jusqu'au parc Thong Nhat. Les établissements bon marché sont plus rares dans cette zone chic. On y trouve surtout des boutiques-hôtels et des hôtels historiques. En logeant dans ce quartier, vous ne serez pas au cœur de l'action, mais vous n'aurez aucun mal à trouver un taxi ou un bon restaurant.

♥ **Somerset Grand Hanoi** APPART-HÔTEL $$
(carte p. 70 ; ☎ 024-3934 2342 ; www.somerset.com ; 49 P Hai Ba Trung ; app à partir de 130 $US ; ❄ 📶 🏊). Les tarifs sont extrêmement variables selon le type et la situation de l'hébergement dans cette haute tour, mais des prix très avantageux sont possibles en réservant. Pour l'emplacement comme les prestations, ces logements (du studio à l'appartement de 3 chambres), avec tous les

Quartier français

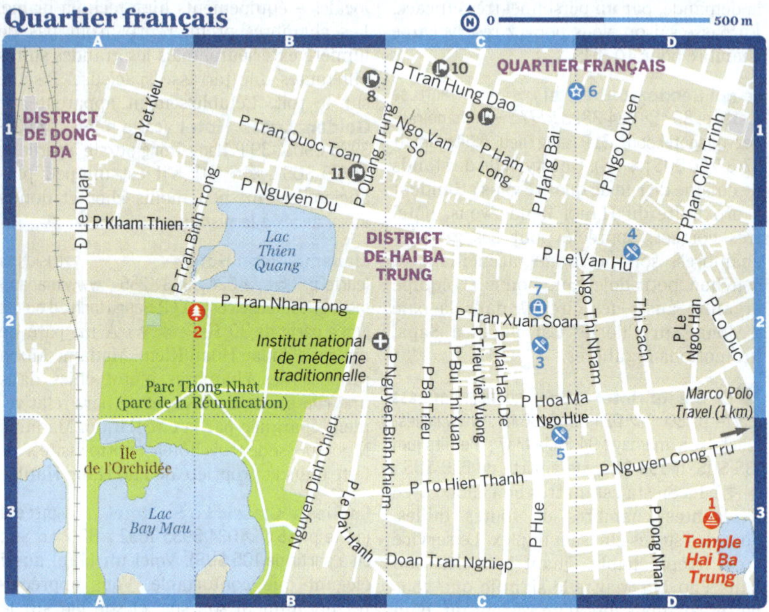

Quartier français

Les incontournables
1 Temple Hai Ba Trung D3

À voir
2 Parc Thong Nhat B2

Où se restaurer
3 Banh Mi Pho Hue C2
4 Bun Cha Huong Lien D2
5 Chim Sao C3

Où sortir
6 August Cinema D1

Achats
7 Marché Hom C2

Renseignements
8 Ambassade du Cambodge B1
9 Ambassade de France C1
10 Ambassade d'Inde C1
11 Ambassade du Laos B1

équipements de cuisine et de laverie, sont imbattables. Hors saison, les prix baissent et on peut obtenir un appartement de 64 m² avec un lit pour 100 $US environ.

Sofitel Legend Metropole Hotel
HÔTEL **$$$**

(carte p. 66 ; ✆ 024-3826 6919 ; www.sofitel-legend-metropole-hanoi.com ; 15 P Ngo Quyen ; ch à partir de 220 $US ; ❄@🛜≋). Splendeur coloniale et élégance intemporelle pour cet hôtel historique (1901) emblématique de la ville. Façade blanche classique, réception aux lambris d'acajou et restaurants réputés. Les chambres de l'aile "patrimoniale" (Heritage Wing) offrent un charme rétro incomparable. Charlie Chaplin et Graham Greene y ont séjourné – ce dernier y a même écrit *Un Américain bien tranquille*. Les options de l'aile moderne, l'Opera Wing, brillent par leur confort fastueux mais n'affichent pas le même cachet.

Même si vous ne logez pas ici, venez prendre un verre au bord de la piscine du Bamboo Bar, aux tarifs étonnamment raisonnables.

Conifer Boutique Hotel
HÔTEL **$$$**

(carte p. 66 ; ✆ 024-3266 9999 ; www.coniferhotel.com.vn ; 9 P Ly Dao Thanh ; d/ste à partir de 95/140 $US ; ❄🛜). Voici un hôtel épatant, en retrait dans une agréable rue secondaire du quartier français, en face d'une demeure coloniale au charme décrépit. Les chambres, plutôt petites, sont toutefois très fonctionnelles et bien conçues. N'hésitez pas à payer le supplément pour une chambre sur rue avec loggia, parfaite pour contempler les orages d'après-midi, ou pour une suite.

Hotel de l'Opéra BOUTIQUE-HÔTEL **$$$**
(carte p. 66 ; 024-6282 5555 ; www.hoteldelopera.com ; 29 P Trang Tien ; ch à partir de 145 $US ;). Cet établissement de la chaîne Sofitel associe un style colonial à un design des plus sophistiqués. Les chambres sont du même acabit, agrémentées de soie et de textiles asiatiques, et les équipements sont exceptionnels. Les clients pourront profiter d'un spa, d'une piscine au 3e niveau et de La Fée Verte, le bar jazz de l'hôtel, dont le nom fait référence à l'absinthe.

Agglomération de Hanoi

Fraser Suites Hanoi APPARTEMENTS **$$$**
(024-3719 8877 ; hanoi.frasershospitality.com ; 51 Xuan Dieu, Tay Ho ; app à partir de 187 $US ;). Ces magnifiques appartements tout équipés, dans un secteur très animé au bord du lac de l'Ouest (Tay Ho), constituent un excellent choix pour tout voyageur séjournant à Hanoi quelques jours au moins. À noter : la salle de sport, les aires de jeux pour les enfants, et la plus belle piscine extérieure de la ville, dans un cadre arboré.

Lotte Hotel HÔTEL **$$$**
(carte p. 62 ; 024-3333 1000 ; www.lottehotel.com ; 54 Lieu Giai, Ba Dinh, Lotte Center ; d/ste à partir de 150/197 $US ;). À 20 minutes de route de la vieille ville, l'hôtel le plus haut perché de Hanoi occupe les étages supérieurs du Lotte Center, tour de 65 étages. Il est fréquenté par une jeunesse dorée qui apprécie le design et la grandeur de ses chambres sophistiquées. Au Lotte, les clients peuvent également profiter de deux piscines, d'une salle de sport, d'un spa, de quatre restaurants, de deux bars – et d'une jolie vue de toutes parts.

Où se restaurer

L'offre culinaire de Hanoi, ville très cosmopolite, est fort alléchante, et chacun pourra se régaler, quels que soient ses envies et son budget.

Si vous venez juste d'arriver, vous aurez plaisir à découvrir la cuisine locale, aussi pimentée que parfumée – goûtez à la cuisine de rue, une expérience incontournable. En revanche, après un séjour dans les montagnes où vous aurez subsisté grâce aux nouilles et au riz, les adresses étrangères sont très tentantes.

Vieille ville

Bun Cha 34 VIETNAMIEN **$**
(carte p. 62 ; 0948 361 971 ; 34 P Hang Than ; repas 35 000 d ; 8h30-17h ;). Beaucoup s'accordent à dire que c'est ici que l'on mange le meilleur *bun cha* (porc grillé et vermicelles de riz) du Vietnam ! Les tables en plastique n'ont rien d'élégant, mais on déguste ici un porc grillé à la perfection, avec des fines herbes acides, et un bouillon délicieux pour y tremper le tout. Les nems sont tout aussi bons. Venez de préférence vers midi pour goûter une viande à peine sortie du feu de bois.

New Day VIETNAMIEN **$**
(carte p. 80 ; 024-3828 0315 ; 72 P Ma May ; menus 50 000-100 000 d ; 9h30-23h). La carte variée attire aussi bien les habitués du quartier que les expatriés et les voyageurs. Le personnel, très enthousiaste, vous trouvera toujours de la place : préparez-vous à partager une table avec d'autres amateurs de cuisine vietnamienne. Le soir, possibilité de se faire composer une assiette mixte (100 000 d environ) en pointant les ingrédients du doigt.

Com Pho Co VIETNAMIEN **$**
(carte p. 80 ; 024-2216 4028 ; 16 Nguyen Sieu ; repas 60 000-140 000 d ; 10h-21h30). Ce grand restaurant animé accueille une clientèle variée qui apprécie sa longue carte de plats vietnamiens, tels le *ga nuong xa* (poulet à la citronnelle) et le *pho cuon* de Hanoi (rouleaux de nouilles de riz cuit à la vapeur et fourrés à la mangue, aux légumes et aux crevettes). Les menus de 4 plats (à partir de 6 $US) sont d'un bon rapport qualité/prix et peuvent comprendre une savoureuse crème caramel. Pour être au calme, installez-vous dans la cour intérieure arborée.

Banh Mi Hoi An SANDWICHS **$**
(carte p. 80 ; 0981 043 144 ; 98 P Hang Bac ; banh mi 15 000-25 000 d ; 6h30-22h30). Des sandwichs au pain dense et toasté, avec pâté et garnitures comme le *ga nuong xa*, voilà ce qui occupe cette minuscule échoppe de *banh mi* (baguettes garnies) jusque tard le soir. Il y a souvent rupture de stock avant l'heure de fermeture.

Petit lexique de la cuisine de rue

Goûter à la cuisine de rue à Hanoi est une expérience incontournable et réjouissante pour les papilles. Voilà un aperçu des mets auxquels il faut vous attendre.

1. Bun cha

Porc grillé servi avec des vermicelles de riz. Il est impensable de visiter Hanoi sans y goûter. Rendez-vous au Bun Cha 34 (p. 85).

2. Pho

Le plat vietnamien par excellence. N'hésitez pas à abuser de cette soupe de nouilles au bœuf. Pourquoi pas au Pho Thin (p. 88) ?

3. Banh cuon

Fines crêpes de riz vapeur garnies de porc émincé, de champignons et de crevettes. À tester au bien nommé Banh Cuon (p. 88).

4. Banh mi

Un fameux sandwich-baguette complet, à manger sur place ou à emporter. On en trouve partout, mais ceux du Banh Mi Pho Hue (p. 88) sont particulièrement bons.

5. Banh goi

Savoureuses boulettes de pâte frite garnies de porc, de vermicelles et de champignons.

6. Bun bo nam bo

Nouilles de riz au bœuf, avec germes de soja, ail, citronnelle, et mangue verte.

7. Banh tom

Crevettes croustillantes et beignets de patates douces.

8. Bun rieu cua

Bouillon de crabe épicé et ses nouilles au bœuf, un plat aussi consistant que délicieux, à savourer au Bun Rieu Cua (p. 89), à l'est du lac Hoan Kiem.

9. Caphe trung

Le café à l'œuf est la boisson typique de la ville. On en sert dans tous les cafés, mais c'est au Cafe Giang (p. 92) que vous dégusterez le meilleur.

1

3

4

7

JOSHUA RESNICK/SHUTTERSTOCK ©

JOEL WHALTON/SHUTTERSTOCK ©

GREG ELMS/LONELY PLANET ©

SFE-CO2/GETTY IMAGES ©

WAJANA WAJANAWANLOP/SHUTTERSTOCK ©

Banh Mi Pho Hue SANDWICHS $
(carte p. 84 ; 118 P Hue ; banh mi 25 000-55 000 d ; 6h30-19h). Les vendeurs de *banh mi* sont légion à Hanoi, même si le phénomène est moins marqué qu'à Hô Chi Minh-Ville. Les locaux sont fidèles à celui-ci depuis 1978... c'est dire si c'est bon !

Banh Cuon VIETNAMIEN $
(carte p. 80 ; 14 P Hang Ga ; repas à partir de 35 000 d ; 8h-15h). Ici, on ne commande pas ! Trouvez une place et on vous amènera une assiette de *banh cuon* (crêpes vietnamiennes cuites à la vapeur).

Hung Lau VIETNAMIEN $
(carte p. 70 ; 024-3828 8700 ; 6 Ngo Tram ; repas 50 000 d ; 8h30-15h30). Ce petit local dispose de tables en métal pour apprécier de délicieux *bun cha* bon marché. Les rouleaux de printemps sont tout aussi bons.

Blue Butterfly VIETNAMIEN $$
(carte p. 80 ; 0944 852 009, 024-3926 3845 ; www.bluebutterflyrestaurant.com ; 69 P Ma May ; repas 195 000-400 000 d ; 9h30-23h). Le Blue Butterfly est une véritable surprise, combinant l'élégance d'une maison historique, avec lumière tamisée et bois sombre, et une carte de spécialités vietnamiennes (des *bun cha* au canard sauce tamarin) d'un bon rapport qualité/prix. Le personnel vous fera des suggestions éclairées et vous montrera comment déguster des mets comme les *nem lui*, des brochettes de porc grillé avec des tiges de citronnelle, enveloppées dans des feuilles de riz et trempées dans une sauce arachide.

Cha Ca Thang Long VIETNAMIEN $$
(carte p. 80 ; 024-3824 5115 ; www.chacathanglong.com ; 19-31 P Duong Thanh ; cha ca 180 000 d ; 10h-15h et 17h-22h). Avec l'aide du personnel, faites griller vous-même votre succulent poisson à la poêle, avec un soupçon de pâte de crevette et une flopée de légumes, d'herbes et de cacahuètes. Le *cha ca* est une plat typique de Hanoi, riche en aneth et curcuma. S'il y a beaucoup de monde, vous mangerez peut-être dans la salle située de l'autre côté de la rue.

Grandma's Restaurant VIETNAMIEN $$
(carte p. 70 ; 024-3537 8666 ; www.grandmarestaurant.com ; 6a P Duong Thanh ; repas 300 000 d ; 11h-14h et 17h-22h ;). Mobilier en bois sombre, murs de béton et éclairage aux lanternes : voici le décor dans lequel vous pourrez déguster une sélection restreinte de plats soigneusement présentés et servis par un personnel tout de blanc vêtu. Le bœuf, le poulet, le canard et les plats de poisson sont divins. Le bar sauce au poivre est moins épicé qu'on peut l'imaginer. Terminez votre repas en beauté avec une glace maison à la noix de coco. Carte des vins correcte. Pensez à réserver.

Dong Phu 1932 VIETNAMIEN $$
(carte p. 80 ; 024-6270 9709 ; 12 P Hang Dieu ; repas à partir de 125 000 d ; 10h-14h et 17h-21h30 ;). Le Dong Phu occupe une vieille maison vietnamienne restaurée qui ressemble désormais à une galerie d'art. Les plats sont issus de la cuisine traditionnelle, telle la salade de mangue verte aux crevettes grillées, délice pour les yeux autant que pour les papilles, et qui est plus douce qu'épicée. Goûtez ensuite la fondue de crabe et émincé de bœuf, ou le mijoté d'aubergine et tofu. En dessert, demandez la mousse de pandan. Accompagnez votre repas d'une tasse de thé vert.

Zaika INDIEN $$
(carte p. 80 ; 0913 221 971, 0913 221 972 ; 13 P Hang Dieu ; repas 180 000-250 000 d ; 11h-22h ;). Ce restaurant animé, tout en tons rouges, est connu pour son service chaleureux. La carte du nord de l'Inde, aussi ambitieuse qu'appétissante, inclut le *palak paneer* (épinards au fromage frais), les crevettes tandoori au barbecue, le vindaloo de poulet (corsé) et les douces lentilles noires en cuisson lente. Tout est très savoureux et les végétariens ne manqueront pas de choix.

Environs du lac Hoan Kiem

Kem Trang Tien GLACES $
(carte p. 66 ; 35 P Trang Tien ; glace à partir de 8 000 d ; 8h-22h). Lors des chaudes soirées d'été, les ados et les familles du coin prennent d'assaut le stand de ce glacier. Les prix sont si bas que l'on goûte généralement plusieurs parfums, parmi lesquels lait de coco, chocolat, haricot vert ou taro. Tout le monde apprécie également les cornets servis à l'intérieur, dans le hall principal.

Pho Thin NOUILLES $
(carte p. 66 ; 61 Dinh Tien Hoang ; repas 50 000 d ; 6h-13h et 17h-22h30 ;). Cet établissement aussi discret que bondé se trouve juste à côté du lac Hoan Kiem. L'endroit est exigu, les tables et les tabourets sont étroits, mais l'ambiance n'en est que plus conviviale.

QUELQUES SPÉCIALITÉS CULINAIRES PAR QUARTIERS

Pour associer le plaisir gustatif à celui de l'exploration de la ville, rendez-vous dans les quartiers suivants, réputés pour leurs restaurants et leurs stands de restauration.

Ngo Cam Chi (carte p. 70). Cette étroite ruelle est bondée d'échoppes servant une délicieuse cuisine bon marché. Ngo Cam Chi signifie "interdiction de montrer du doigt" : ce nom aurait été donné à la rue, il y a plusieurs siècles, pour rappeler à ses habitants qu'ils ne devaient pas pointer d'un doigt curieux le roi et sa cour quand ils se déplaçaient dans le quartier. Ngo Cam Chi est à environ 500 m au nord-est de la gare ferroviaire de Hanoi. À côté, Tong Duy Tan compte aussi de nombreuses bonnes adresses.

Đuong Thuy Khue (carte p. 70). Sur la rive sud du lac de l'Ouest (Ho Tay), Đuong Thuy Khue regroupe quantité de restaurants de poissons et de fruits de mer. La concurrence y est féroce si l'on en juge par les rabatteurs qui cherchent à guider les clients jusqu'à leurs tables. On s'y régale pour environ 150 000 d par personne.

Pho Ly Van Phuc (carte p. 70). Plus connue sous le nom de "rue du poulet", Pho Ly Van Phuc est le paradis du poulet rôti, grillé et au barbecue. Ici, les pièces de viande sont généralement laquées au miel et servies avec du pain, des pommes de terre, des légumes croquants, de la sauce chili et de la bière fraîche.

Pho Truc Bach (carte p. 62). La rive nord-est du lac Truc Bach, plus calme, est ponctuée de restaurants de *lau* (fondue) sur plusieurs centaines de mètres. Attablez-vous avec des amis et préparez vous-même votre poisson, votre poulet ou votre bœuf. Il n'y a pas mieux pour faire un excellent repas en début de soirée.

Cho Am Thuc Ngoc Lam (carte p. 62). De l'autre côté du Song Hong (fleuve Rouge), à Long Bien, cette rue jalonnée de restaurants de fruits de mer, face au fleuve, est prisée des habitants. Très belles vues sur le pont Chuong Duong et le pont Long Bien. Sachez qu'il y a un regroupement de restaurants de viande de chien (*thit cho*) au début de la rue (la ville de Hanoi visant néanmoins à bannir la consommation de viande de chien d'ici 2021, ces derniers devraient disparaître).

Depuis 1955, on sert ici des bols fumants de *pho* (soupe de nouilles au bœuf) en trois tailles (petit, grand et géant). Supplément de bœuf à partir de 30 000 d et œuf poché pour 5 000 d (on peut demander un *pho* à l'œuf uniquement). Si vous aimez manger épicé, ajoutez un piment !

Jalus Vegan Kitchen VÉGAN $

(carte p. 66 ; ☎ 024 3266 9730 ; 2e ét, 46 Hang Trong ; repas 30 000-60 000 d ; ⏲10h-22h mar-dim ; 📶✎). Installez-vous à l'une des tables en pin de ce restaurant moderne "écolo chic" et savourez un délicieux smoothie aux myrtilles ou, s'il est l'heure de manger, un burger végétarien, la soupe végane du jour, un curry de pommes de terre au riz rouge, des pâtes aux épinards et bien d'autres merveilles. À noter les touches clairement locales (citronnelle, épices), et les menus 100% vietnamiens à l'occasion.

Bun Rieu Cua VIETNAMIEN $

(carte p. 66 ; 40 P Hang Tre ; bun rieu 25 000 d ; ⏲7h-9h30). Pour manger dans cette échoppe si populaire qui ne sert que quelques heures à partir de 7h, vous devrez vous lever tôt et goûter au plat unique : le *bun rieu cua* (nouilles au bœuf dans leur bouillon au crabe épicé). Un classique à Hanoi.

La Place CAFÉ $

(carte p. 66 ; ☎ 024-3928 5859 ; 4 P Au Trieu ; repas à partir de 70 000 d ; ⏲7h30-22h30 ; 📶). Ce café-restaurant très couru, aux murs couverts d'affiches de propagande, donne, depuis son mini-balcon, sur la cathédrale Saint-Joseph. La carte mêle des spécialités d'Orient et d'Occident et il y a un grand choix de vins au verre. Café corsé. Réservez pour avoir une table sur le balcon (vous devrez vous asseoir côte à côte). Les petits-déjeuners sont également très bons.

♥ **Poke Hanoi** HAWAÏEN $$

(carte p. 66 ; ☎ 0903 483 218 ; 11b P Hang Khay ; repas 180 000 d ; ⏲11h-21h lun-sam ; 📶). Ce restaurant impeccable, doté d'une terrasse avec des tables en bois et des parasols, est l'endroit idéal pour une cure détox. Choisissez une base de riz, un poisson (saumon, thon épicé, poulpe, etc.) ou du tofu, la sauce et la garniture, que l'on vous sert dans un grand bol prêt à déguster. Vous devrez vous installer au coin de la terrasse pour avoir vue sur le lac.

Hanoi Social Club CAFÉ $$
(carte p. 70 ; ☎ 024-3938 2117 ; www.facebook.com/TheHanoiSocialClub ; 6 Hoi Vu ; repas 95 000-175 000 d ; 8h-23h ;). S'étageant sur 3 niveaux décorés de mobilier cool et rétro, ce lieu est à la fois l'un des cafés les plus cosmopolites de la ville et un repaire d'artistes. Côté cuisine, vous pourrez commander des beignets de pommes de terre au chorizo pour le petit-déjeuner, des pâtes, des burgers et des wraps au déjeuner ou au dîner, et aussi des plats végétariens, dont un savoureux curry de mangue. Le cadre tranquille de la petite rue est idéal pour siroter un café à l'œuf (60 000 d), une bière ou un verre de vin. Le Hanoi Social Club accueille régulièrement des concerts et autres événements ; consultez sa page Facebook pour connaître le programme.

V's Home VÉGÉTARIEN $$
(carte p. 66 ; ☎ 0888 011 074 ; P Duong Thanh ; repas 125 000 d ; 10h-22h ;). Ouvrez grand vos mirettes pour ne pas manquer la petite ruelle qui mène à cet excellent restaurant (à l'étage), dont le service du soir est assuré par des membres sourds et malentendants de l'équipe. La salle est charmante, avec de superbes carreaux au sol, d'élégantes arches et un grand nombre de plantes. Les plats, composés avec des ingrédients bio, sont délicieux. Il y a plusieurs options véganes. Certains plats vietnamiens sont servis uniquement le jeudi. C'est le cas du *bun cha gio* (vermicelles et rouleaux de printemps) et du *banh mi xiu mai dau ga* (pain vietnamien et boulettes de viande et pois chiche vapeur en sauce tomate).

Il y a aussi en vente divers produits, dont du savon, de l'huile d'arachide, et d'autres article faits main, le tout à base d'ingrédients respectueux de l'environnement. Tous les bénéfices contribuent à soutenir des initiatives locales. Le V's Home, c'est aussi une boutique (ou plutôt un bazar) au 8 Nguyen Che Nghia, au sud du lac Hoan Kiem.

Ouest de la vieille ville

Old Hanoi VIETNAMIEN $$
(carte p. 70 ; ☎ 024-3747 8337 ; www.oldhanoi.com ; 18 Ton That Thiep ; repas 90 000-179 000 d ; 10h-14h et 17h-22h). Ce restaurant sophistiqué, tenu par un chef, M. Rice, dont la réputation n'est plus à faire à Hanoi, occupe une villa coloniale restaurée. Le cadre est superbe, avec des salles dans les tons rouge et des nappes blanches amidonnées à l'intérieur, et une agréable cour à l'extérieur. Cuisine traditionnelle de Hanoi et spécialités vietnamiennes y sont servies avec style. Venir à plusieurs est une bonne idée pour apprécier le choix de mets.

Koto CAFÉ $$
(Nha Hang Koto Van Mieu ; carte p. 70 ; ☎ 024-3747 0338 ; www.koto.com.au ; 59 P Van Mieu ; repas 160 000 d ; 7h30-22h, fermé lun soir ;). Sur quatre niveaux, dans un cadre soigné, ce café-bar-restaurant d'un style nouveau, avec terrasse, donne sur le temple de la Littérature. Le personnel est très attentionné. Plats du jour (à l'ardoise) et carte succincte hétéroclite, avec d'excellents plats vietnamiens, y compris la citrouille braisée et sa sauce aux champignons, de délicieux wraps de pita, et des *fish and chips* à la bière.

Le Koto a été créé par le Vietnamo-australien Jimmy Pham sous la forme d'un projet à but non lucratif visant à fournir une aide à l'orientation professionnelle aux enfants et aux adolescents défavorisés.

Quartier français

Chim Sao VIETNAMIEN $
(carte p. 84 ; ☎ 024-3976 0633 ; www.chimsao.com ; 63-65 Ngo Hue ; repas 45 000-120 000 d ; 9h30-23h ;). Attablez-vous en bas ou asseyez-vous sur des coussins à l'étage, plus traditionnel, pour déguster une délicieuse cuisine vietnamienne, dont certains plats typiques des ethnies du Nord. Les saucisses, les salades fraîches et goûteuses, et le canard à la carambole méritent une mention spéciale. Même les plats tout simples sont remarquables. Venez à plusieurs pour pouvoir goûter à tout.

Bun Cha Huong Lien VIETNAMIEN $
(carte p. 84 ; ☎ 0966 962 683 ; 24 P Le Van Hu ; repas à partir de 40 000 d ; 10h-20h). Cet établissement sur quatre niveaux est soudain devenu célèbre en mai 2016, quand Barack Obama y a partagé un repas avec le fameux chef Anthony Bourdain. On y déguste un savoureux porc grillé-nouilles, pendant que le personnel interpelle les passants à coups de "Obama *bun cha* !".

La "formule Obama" (90 000 d) ? Un bol de *bun cha*, un rouleau de fruits de mer frit, et une bière de Hanoi.

La Badiane INTERNATIONAL $$$
(carte p. 70 ; ☎024-3942 4509 ; www.labadiane-hanoi.com ; 10 Nam Ngu ; repas à partir de 280 000 d ; ⏲11h30-14h et 18h-22h lun-sam). Un bistrot élégant, installé dans une demeure coloniale restaurée qui entoure une jolie cour centrale. À la carte : des plats français aussi bien que des spécialités asiatiques et méditerranéennes. Entre autres plats phares, citons les tagliatelles au bar et au paprika fumé, ou la bisque de crevettes accompagnée de bruschetta tomate-wasabi. À la carte également : un menu à deux ou trois plats pour le déjeuner (395 000/485 000 d) et un menu dégustation pour le dîner (1 890 000 d).

Agglomération de Hanoi

Oasis ÉPICERIE, TRAITEUR $
(carte p. 62 ; ☎024-3719 1196 ; 24 P Xuan Dieu ; part de pizza 25 000 d ; ⏲7h-20h). Ce traiteur d'origine italienne vend du pain, du fromage et du salami de qualité, mais aussi des pâtes et des sauces maison, entre autres. Au nord de la ville, dans Pho Xuan Dieu, rue jalonnée de restaurants dans le quartier du Tay Ho. Possibilité de livraison (20 000 d entre 8h et 19h).

Maison de Tet Decor CAFÉ $$
(carte p. 62 ; ☎0966 611 383 ; www.tet-lifestyle-collection.com ; 156 Tua Hoa, Nghi Tam, Tay Ho ; repas à partir de 120 000 d ; ⏲7h-22h). Délicieuse, saine et bio (chaque fois que c'est possible), la cuisine à base d'aliments non transformés est servie avec assurance dans cette belle villa aérée surplombant le lac de l'Ouest. L'une des plus charmantes adresses de Hanoi.

Tim Ho Wan DIM SUM $$
(carte p. 62 ; ☎024-3333 1725 ; 36e ét, Lotte Center, 54 P Lieu Giai, Ba Dinh ; dim sum 69 000-95 000 d ; ⏲11h30-22h). Faites-vous plaisir en réservant une table côté fenêtre dans l'enseigne locale de la légendaire chaîne de dim sums de Hong Kong, au 36e étage du Lotte Center. À deux ou en groupe, vous ne le regretterez pas.

Quan Kien VIETNAMIEN $$
(carte p. 62 ; ☎024-6297 2021 ; 143 P Nhgi Tam ; repas 80 000-130 000 d ; ⏲9h-23h). Le Quan Kien vous emmène à la découverte de la cuisine des Hmong, des Muong et des minorités ethniques thaï. Laissez-vous tenter par le poulet grillé au poivre sauvage, accompagné du traditionnel *ruou* (vin) à la pomme et à l'abricot, et d'autres en-cas plus atypiques tels les œufs de fourmi et les grillons grillés. Si les insectes ne vous ouvrent pas l'appétit, vous apprécierez tout de même de passer la soirée à déguster de succulents plats vietnamiens autour d'une table basse.

Où prendre un verre et faire la fête

L'éclectique scène nocturne locale mêle les bars louches, les pubs à l'occidentale, un bar gay, les lounges chics, les cafés et les établissements à *bia hoi*. Pho Ta Hien, une rue de la vieille ville jalonnée de petits bars sympathiques, fait la joie des voyageurs, tout comme Ngo Bao Khan près de la rive nord-ouest du lac Hoan Kiem. Sinon, les expatriés apprécient beaucoup Pho Xuan Dieu, dans le quartier du lac de l'Ouest.

Hanoi regorge de petits cafés. Hormis ceux cités ci-dessous, vous en trouverez une liste exhaustive sur le site de Hanoi Hideaway (www.hanoihideaway.com).

The Railway Hanoi 2 CAFÉ
(carte p. 70 ; www.therailwayhanoi.com ; 65 P Ton That Thiep ; ⏲9h-21h). Tchou-tchou ! Laissez-vous happer par l'appel de Thao et de sa truculente équipe, qui vous invitent à

COUVRE-FEU

Hanoi n'a clairement rien d'un paradis pour clubbers : l'application fréquente du couvre-feu limite les pistes de danse aux bars-clubs de la vieille ville et alentour. Peu accommodants, les agents de police veillent à un strict respect des horaires et surgissent fréquemment pour imposer la fermeture des bars et des clubs. Cela explique l'animation limitée après minuit en semaine. Le week-end, l'activité est plus dense maintenant que les lieux de la vieille ville ont l'autorisation d'ouvrir jusqu'à 2h les vendredis, samedis et dimanches. Cela dit, certains endroits continuent la fête en toute discrétion malgré la loi : renseignez-vous dans les auberges de jeunesse pour savoir quels bars restent ouverts après l'heure fatidique.

LA CULTURE DES CAFÉS À HANOI

Les cafés à l'occidentale ne sont pas rares dans les villes vietnamiennes, mais leur intérêt est moindre face aux cafés familiaux traditionnels qui jalonnent le centre-ville. Voici quelques adresses très couleur locale, pour la plupart ouvertes de 7h environ à 19h. À la lisière est de la vieille ville, Pho Nguyen Huu Huan est jalonnée d'établissements intéressants, offrant pour la plupart du Wi-Fi gratuit.

Cafe Duy Tri (carte p. 62 ; ☎ 024-3829 1386 ; 43a P Yen Phu ; ⏲ 8h-18h). Un classique de la ville en matière de café, depuis 1936. Négociez votre passage par l'étroit escalier très raide pour atteindre le balcon du 3e étage. Le *caphe sua cha* (café glacé au yaourt) vous fera fondre. à deux ou trois pâtés de maisons à l'est du lac Truc Bach.

Cafe Pho Co (carte p. 80 ; ☎ 024-3928 8153 ; 4e ét, 11 P Hang Gai ; ⏲ 8h-23h). Ce café, l'un des mieux cachés de Hanoi, offre une vue sublime sur le lac Hoan Kiem. Entrez par la boutique de soieries, passez par la cour au charme ancien et montez au dernier étage pour jouir de la vue. Commandez café et en-cas avant d'attaquer le dernier escalier en colimaçon. Laissez-vous tenter par le *caphe trung da* (café nappé d'un blanc d'œuf battu très onctueux).

Cafe Lam (carte p. 80 ; ☎ 024-3824 5940 ; www.cafelam.com ; 60 P Nguyen Huu Huan ; ⏲ 6h30-19h30). Voilà une autre maison établie depuis des lustres – assez longtemps pour se constituer une petite galerie de peintures laissées par des clients talentueux qui n'avaient pas de quoi payer la note pendant la guerre du Vietnam. Aujourd'hui, vous y côtoierez plutôt une jeunesse branchée venant faire le plein de *caphe den* (café noir) très fort.

Cafe Giang (carte p. 80 ; 39 P Nguyen Huu Huan ; ⏲ 7h-22h). C'est ici qu'est né le café à l'œuf. Le Cafe Giang est une institution familiale patinée par le temps, où l'on sert, depuis 1946, la meilleure version de cette boisson typique de Hanoi, à un prix *œuforisant* ! Prenez place à l'étage et commandez un café à l'œuf standard (25 000 d), ou une variante au chocolat, à la cannelle, au soda, au rhum ou à la bière. Cafés et thés sans œuf sont aussi servis. On vous attribuera un numéro et vous paierez au rez-de-chaussée.

passer un moment dans cet autre café du propriétaire du Railway Hanoi (ci-dessous). On y sert un excellent café à l'œuf, de la bière artisanale et de quoi manger. L'établissement propose aussi des cours d'anglais aux petits Vietnamiens (auxquels vous pouvez assister) et des circuits gastronomiques.

En projet : des cours de vietnamien.

The Railway Hanoi CAFÉ

(carte p. 70 ; www.therailwayhanoi.com ; 26/10 Đ Dien Bien Phu ; ⏲ 9h-21h). Ce café, le premier ouvert et le meilleur du lot de la fameuse “rue du train” de Hanoi, avait été contraint de fermer lors de la rédaction de ce guide, comme tous les autres établissements situés le long de la voie ferrée (p. 72). Si celui-ci n'a pas rouvert au moment de votre voyage, arrêtez-vous à la place à l'excellent Railway Hanoi 2.

♥ **Tadioto** BAR

(carte p. 66 ; ☎ 024-6680 9124 ; www.facebook.com/tadiotohanoi ; 24b P Tong Dan ; ⏲ 9h-23h45 dim-jeu, 8h-23h45 ven-sam ; 📶). Propriété de Nguyen Qui Duc, connu dans le monde littéraire et journalistique, le Tadioto est le club informel de l'art et de la littérature à Hanoi. Il attire une clientèle chic et arty. Bar sombre et excentrique, dans une jolie maison coloniale du quartier français, touches de couleur rouge obligatoires (sièges, grille en fer forgé sur les portes), et, en déco, du mobilier Art déco rénové et des objets en fer recyclé. Le mojito, entre autres cocktails, est divin.

♥ **Nola** BAR

(carte p. 80 ; 89 P Ma May ; ⏲ 10h-23h30 lun-sam, 10h-23h dim). À l'abri de l'animation touristique de Ma May, un café labyrinthique mêlant mobilier rétro et œuvres d'art. Dans la journée, passez prendre un petit noir et un cake à la banane en toute quiétude, ou revenez le soir pour profiter de l'un des meilleurs bars de Hanoi.

Manzi Art Space BAR

(carte p. 70 ; ☎ 024-3716 3397 ; www.facebook.com/manzihanoi ; 14 Phan Huy Ich ; ⏲ 8h-22h30).

Assortie d'une galerie d'art branchée, cette adresse chic justifie le détour au nord de la vieille ville. La villa française rénovée accueille des expositions de peinture, de sculpture et de photographie. La cour est idéale pour prendre le thé ou boire un verre de vin. Sur place, une boutique propose des œuvres d'artistes vietnamiens contemporains.

À quelques pas se trouve le second site du Manzi Art Space, qui sert exclusivement de centre d'exposition.

Loading T Cafe CAFÉ

(carte p. 66 ; ☎ 0903 342 000 ; 2e ét, 8 Chan Cam ; ⏲ 8h-22h ; 📶). Les amateurs d'architecture aimeront ce charmant café, installé dans une pièce à l'étage d'une maison coloniale française vieillissante, où résonne de la musique populaire hexagonale. Mosaïque au sol, ventilateurs vintage, grande baie vitrée, mobilier d'époque dépareillé et autres pépites de design rappellent une époque étincelante de Hanoi. Au menu : gâteaux maison, jus de fruits frais, et café à la noix de coco ou au yaourt. Le café à l'œuf est un délice. Mezzanine à l'étage.

Pasteur Street Brewing Company BAR

(carte p. 66 ; ☎ 024-6294 9462 ; www.pasteurstreet.com ; 1 P Au Trieu ; ⏲ 11h-minuit ; 📶). Le charme n'est pas la qualité majeure de ce bar à deux niveaux, bien que la terrasse soit agréable. Les bières à la carte sont onéreuses, mais l'excellente sélection d'IPA, de bières fruitées, de mousses belges et de stouts saura vous combler si vous commencez à vous lasser des bières de Hanoi. Essayer la double IPA, une bière enthousiasmante à 8,7 % vol.

Bluebird's Nest CAFÉ

(vers Chim Xanh ; carte p. 70 ; 19 P Dang Dung ; ⏲ 8h-22h30 ; 📶). Petit écrin sur deux étages, cet adorable café empli de bouquins est aussi calme qu'une bibliothèque. Venez lire un livre, consulter vos réseaux sociaux ou tuer le temps à l'écart du bruit, dans une impasse donnant dans Pho Dang Dung.

Eden Cafe CAFÉ

(carte p. 66 ; 2 P Nha Tho ; ⏲ 8h-22h ; 📶). L'étage de l'Eden Cafe offre une vue splendide sur la cathédrale Saint-Joseph. Avec ses fauteuils et sofas aussi colorés que les murs, l'endroit est confortable. Détendez-vous en sirotant un smoothie, un jus de fruits, un chocolat chaud, un café ou, le soir, une bière ou un cocktail.

Cong Caphe CAFÉ

(carte p. 66 ; www.congcaphe.com ; 27 P Nha Tho ; ⏲ 7h-23h). Installez-vous au Cong Caphe, bar tendance décoré d'objets

BIA HOI

"*Tram phan tram !*" C'est à ce cri ("*Cent pour cent !*", que l'on pourrait traduire par "cul sec !") que des milliers de verres de *bia hoi* (bière pression) sont vidés chaque jour au Vietnam.

Produite de manière on ne peut plus artisanale, la *bia hoi* est une bière légère et rafraîchissante, de type Pilsner, introduite au Vietnam par les Tchèques, et devenue depuis une particularité locale bien ancrée, servie partout. Destinée à être bue immédiatement, cette bière brassée sans aucun conservateur fait le bonheur des consommateurs, pour seulement 5 000 d le verre.

Hanoi étant la capitale de la *bia hoi*, vous trouverez des microbrasseries à presque tous les coins de rue. Surnommé le "carrefour à *bia hoi*" ou le "coin à bière", l'angle de Pho Ta Hien et de Pho Luong Ngoc Quyen, au cœur de la vieille ville, jouit d'une grande popularité, mais l'endroit, désormais pris d'assaut par les visiteurs, a perdu une bonne partie de son authenticité. A-t-on vraiment envie de venir jusqu'ici pour boire une Heineken et se retrouver à côté d'un touriste saoûl ?

Un autre "carrefour" à *bia hoi*, plus couleur locale, se trouve à l'angle de Pho Nha Hoa et de Pho Duong Thanh, à la lisière ouest de la vieille ville. Si vous voulez grignoter quelque chose pour accompagner votre bière, le **Nha Hang Lan Chin** (carte p. 66 ; ☎ 024-3824 1138 ; angle P Hang Tre et P Hang Thung ; ⏲ 9h30-22h) est réputé pour son *vit quay* (canard laqué), tandis que le **Quan Bia Minh** (carte p. 80 ; 7a P Dinh Liet ; repas 90 000-130 000 d ; ⏲ 7h30-tard) est incontournable pour sa très bonne cuisine vietnamienne bon marché et la qualité de son service, chapeauté par Mme Minh.

communistes kitsch, avec un *caphe sua da* (café glacé avec lait concentré), un *caphe nong* (café chaud avec lait concentré), un café *latte*, un cappuccino ou un *tra* (thé), et profitez de la vue sur la cathédrale Saint-Joseph, de l'autre côté de la rue. Le personnel est très aimable. L'enseigne a plusieurs adresses à Hanoi. Consultez le site Internet.

GC Bar GAY-LESBIEN
(carte p. 66 ; ☎ 024-3825 0499 ; 7 P Ngo Bao Khanh ; ⏲17h-minuit dim-jeu, 12h-2h ven-sam ; 📶). Ce bar, en activité depuis plus de 25 ans, est le seul bar ouvertement gay de la ville, et de fait le QG de la communauté LGBT de Hanoi. L'endroit est plutôt conventionnel en semaine, mais il s'enflamme le week-end. Le prix des boissons est raisonnable. L'endroit étant très décontracté, il n'est pas rare d'y voir des personnes en short ou fumant à l'intérieur.

Little Plan Cafe CAFÉ
(carte p. 66 ; www.facebook.com/thelittleplan.cafe ; 11 P Phu Doan ; ⏲8h-22h). Caché dans une petite ruelle en retrait de Phu Doan, le Little Plan tient sa charmante ambiance vieillotte de sa décoration, composée notamment d'un ventilateur de plafond, de photos d'époque, de meubles patinés et de vieux appareils photo et téléviseurs. Le chat profite, lui aussi, de la musique douce, du balcon et de la mezzanine.

The Rooftop BAR
(carte p. 70 ; ☎ 0913 706 966 ; www.therooftop.vn ; 19e ét, Pacific Place, 83B P Ly Thuong Kiet ; ⏲12h-minuit). La bière et les cocktails ne sont pas donnés, mais on vient avant tout pour la vue sur la ville. La jeunesse aisée de Hanoi apprécie cette adresse, notamment tard le soir, lorsque les DJ réchauffent l'ambiance.

☆ Où sortir

Sans surprise, il y a à Hanoi un grand nombre de spectacles de théâtre traditionnel destinés aux touristes. Si vous n'aimez pas les marionnettes et les costumes extravagants, vous trouverez de petits cafés organisant des concerts, y compris de jazz.

Cinémas

August Cinema CINÉMA
(carte p. 84 ; 45 P Hang Bai ; ⏲ 024-3825 3911). Ce cinéma, l'un des plus vieux de la ville, arbore une façade moderniste. Des films en anglais sont parfois à l'affiche.

Centre culturel français de Hanoi CINÉMA
(carte p. 66 ; www.institutfrancais-vietnam.com ; 24 P Trang Tien). Installé dans le magnifique bâtiment L'Espace, près de l'Opéra. On y projette régulièrement des films français. Des concerts et des cours de français y sont également organisés ; renseignements sur le site Internet.

HANOI GAY ET LESBIEN

Il existe très peu d'établissements spécifiquement dédiés aux homosexuels à Hanoi, mais de nombreux lieux sont gay-friendly. Le comportement des organes officiels a évolué ces dernières années, notamment grâce à l'ancien ambassadeur des États-Unis au Vietnam, Ted Osius, ouvertement gay, dont les fonctions ont pris fin en 2017.

La communauté gay reste toutefois discrète, sauf durant la Hanoi Pride (p. 79), lors de laquelle des fêtes, des projections, des conférences et un rassemblement de vélos haut en couleur sont organisés. Les festivités durent une semaine, entre juillet et septembre.

Pour découvrir la mouvance gay de Hanoi, suivez l'une des visites guidées de Gay Hanoi Tours (p. 78) : Tuan répondra volontiers à toutes vos questions.

Le GC Bar (p. 94) est le seul bar ouvertement gay de Hanoi. C'est le lieu idéal pour se tenir informé des dernières tendances de sortie en ville. Pour se loger, optez pour l'Art Boutique Hotel (p. 81) ou le Golden Art Hotel (p. 81), deux établissements gay-friendly où l'art est à l'honneur !

Originaire de la capitale, Truong Tan est considéré comme le premier artiste vietnamien à évoquer l'homosexualité dans son œuvre ; il expose parfois à Hanoi.

Le site Internet www.utopia-asia.com (en anglais) donne les dernières informations sur la vie gay de Hanoi.

À NE PAS MANQUER

LE THÉÂTRE DE MARIONNETTES SUR L'EAU

L'art millénaire des marionnettes sur l'eau (*roi nuoc*), qui demeura confiné au nord du Vietnam jusque dans les années 1960, était à l'origine un passe-temps des paysans qui travaillaient toute la journée dans les rizières du delta du fleuve Rouge. Les versions divergent quant à la naissance de ces "spectacles" : ces paysans auraient considéré la surface de l'eau comme une scène toute trouvée, ou bien ils auraient décidé, après une inondation du delta, d'adapter l'art des marionnettes traditionnelles. Quoi qu'il en soit, aujourd'hui, vous pourrez voir des représentations au **Théâtre municipal des marionnettes sur l'eau** (p. 96) de Hanoi.

Les paysans sculptaient les marionnettes dans le bois de figuier (*sung*), matériau imputrescible, en s'inspirant des habitants de leur village, des animaux qui les entouraient ou des créatures mythiques (dragon, phénix ou licorne) et donnaient leurs représentations dans des bassins, des lacs ou des rizières. De nos jours, c'est un réservoir d'eau jusqu'à la taille qui sert de "scène". Les marionnettes, peintes de couleurs vives, mesurent jusqu'à 50 cm et pèsent près de 15 kg. Certaines marionnettes sont simplement fixées à de longues tiges de bambou ; d'autres sont placées sur une base flottante, elle-même fixée à une tige. Elles ont pour la plupart une tête et des membres articulés et, parfois, un gouvernail pour les diriger. Depuis l'auditorium plongé dans l'obscurité, on a l'impression qu'elles marchent littéralement sur l'eau. Leur vie n'excédant pas trois à quatre mois quand elles servent en continu, leur fabrication occupe à plein temps plusieurs villages des environs de Hanoi.

Chaque représentation nécessite onze marionnettistes, qui ont tous suivi une formation d'au moins 3 ans. Leurs techniques complexes de manipulation des marionnettes étaient à l'origine transmises de père en fils uniquement, de peur que les filles ne se marient en dehors du village et n'emportent avec elles leurs secrets.

La musique traditionnelle jouée lors de la représentation a autant d'importance que l'action elle-même. L'orchestre comprend des flûtes en bois (*sao*), des gongs (*cong*), des tambours (*trong com*), des xylophones en bambou et l'étonnante cithare monocorde (*dan bau*). Chaque spectacle, mémorable, consiste en une succession de tableaux représentant des scènes pastorales et des légendes. Une scène illustre la lutte entre un pêcheur et sa proie ; elle est si réaliste que le poisson semble vivant. D'autres tableaux figurent des dragons crachant du feu (réalisé avec des techniques d'artificier) ou un jeune garçon jouant de la flûte, assis sur le dos d'un buffle.

Les marionnettes sur l'eau sont aussi divertissantes que gracieuses, apparaissant et disparaissant comme par magie. Les spectateurs des premiers rangs peuvent s'attendre à quelques éclaboussures !

Musique live

Le temple de la Littérature (p. 71) accueille chaque jour des concerts de musique traditionnelle.

♥ **Binh Minh Jazz Club** JAZZ

(carte p. 66 ; ☎ 024-3933 6555 ; www.minhjazzvietnam.com ; 1a P Trang Tien ; ⏲ concerts 21h-minuit). Ce lieu évocateur, niché derrière l'Opéra, est l'adresse incontournable de Hanoi pour écouter du jazz. Le propriétaire, Minh, professeur de saxophone, fait ici des bœufs en compagnie de musiciens talentueux (dont son fils Dac) et de jazzmen de réputation internationale. Bar bien fourni et restauration sur place. L'entrée est gratuite et la salle est petite... arrivez tôt si vous voulez avoir une chance de rentrer.

♥ **Théâtre Thang Long Ca trù** MUSIQUE TRADITIONNELLE

(carte p. 80 ; ☎ 0122 326 6897 ; www.catruthanglong.com ; 28 P Hang Buom ; ⏲ 20h jeu et sam). Des concerts de *Ca trù* sont donnés dans le cadre intimiste d'une maison restaurée de la vieille ville. Cette forme de poésie chantée typique du nord du Vietnam, qui compte une centaine de mélodies, a été classée en 2009 par l'Unesco sur la Liste du patrimoine immatériel nécessitant une sauvegarde urgente. Les groupes de *Ca trù* sont composés de trois personnes : une chanteuse, qui utilise des techniques respiratoires et le vibrato pour produire des ornementations sonores uniques, ainsi que deux instrumentistes qui l'accompagnent de la sonorité profonde d'un luth à trois cordes et du rythme énergique d'un tambour d'éloge.

Opéra de Hanoi OPÉRA

(carte p. 66 ; ☎ 0913 489 858, 024-3993 0113 ; www.ticketvn.com ; 1 P Trang Tien). Inspiré de l'architecture du Palais Garnier, le grand Opéra de Hanoi est un bâtiment emblématique de la ville. Des concerts de musique classique, des opéras et des ballets y sont régulièrement donnés en soirée, et l'ambiance est fabuleuse. Programmation et détails sur le site Internet.

Nhac Cafe MUSIQUE LIVE

(carte p. 80 ; ☎ 024-3935 2580 ; www.fb.me/nhaccafehn ; 7 Hang Thung ; ⏱ 7h-23h, spectacles 20h30 jeu-dim). Ce café-bar intimiste affirme son style avec ses accessoires musicaux rétro. Le soir, un cocktail à la main, vous écouterez les crooners chanter leurs amours perdues en vietnamien, accompagnés d'une guitare acoustique ou d'un violon. Consultez le site Internet pour la programmation. Café de qualité et restauration sur place.

Théâtre

Théâtre municipal des marionnettes sur l'eau THÉÂTRE

(carte p. 66 ; ☎ 024-3824 9494 ; www.thanglongwaterpuppet.org ; 57b P Dinh Tien Hoang ; billets 100 000-200 000 d). Les spectacles de marionnettes sur l'eau émerveillent les enfants. Des programmes multilingues permettent de lire les paroles au fur et à mesure du spectacle. Il y a 5 représentations chaque après-midi (la première commence à 15h, la dernière à 20h), mais pensez tout de même à réserver, surtout entre octobre et avril.

Vietnam National Tuong Theatre THÉÂTRE

(carte p. 80 ; ☎ 024-837 0046 ; www.vietnamtuongtheatre.com ; 51 P Duong Thanh ; billets 150 000 d ; ⏱ 18h lun et jeu). Le *hat tuong* est une adaptation vietnamienne de l'opéra chinois, qui a connu son âge d'or sous le règne de la dynastie des Nguyên au XIXe siècle. Autrefois ouvertes sur invitation, ces représentations sont désormais accessibles au grand public, et sont une bonne alternative aux spectacles de marionnettes sur l'eau qui attirent les foules à Hanoi.

Achats

Hanoi est une ville où vous aurez mille occasions de vous faire plaisir. Dans la vieille ville, l'offre est à peu près infinie, entre vêtements, cosmétiques, lunettes de soleil, logiciels et DVD piratés, T-shirts, instruments de musique, herbes médicinales, bijoux, offrandes religieuses, épices, café et tant d'autres choses. Partez du principe que pratiquement tous les produits de marque que vous voyez ici sont des contrefaçons. En matière d'artisanat vietnamien, dont des textiles et des objets en laque, allez fouiner dans les boutiques de Pho Hang Gai, Pho To Tich, Pho Hang Khai et Pho Cau Go. Pho Hang Gai et son prolongement, Pho Hang Bong, sont les rues où trouver du linge de table brodé, des T-shirts et des tentures murales. Pho Hang Gai est aussi l'endroit idéal pour acheter de la soie et se faire confectionner des vêtements sur mesure.

♥ **Craft Link** ARTISANAT

(carte p. 70 ; ☎ 024-3733 6101 ; www.craftlink.com.vn ; 43-51 P Van Mieu ; ⏱ 9h-18h). À deux pas du temple de la Littérature, cette organisation à but non lucratif propose de beaux objets d'artisanat, des textiles et des tissages fabriqués par diverses ethnies, le tout à des prix équitables. Les sacs sont aussi jolis que colorés. Un second magasin se trouve un peu plus loin dans la même rue.

Tan My Design VÊTEMENTS

(carte p. 80 ; ☎ 024-3938 1154 ; www.tanmydesign.com ; 61 P Hang Gai ; ⏱ 8h-20h). Vous y découvrirez une belle variété de vêtements, bijoux et accessoires raffinés, et pourrez faire une pause dans le café design. Jetez aussi un coup d'œil aux draps et aux autres articles pour la maison.

Indigenous ARTISANAT

(carte p. 66 ; ☎ 024-3938 1263 ; 36 P Au Trieu ; ⏱ 7h30-19h30). Un trésor de boutique pour trouver des cadeaux ethniques et originaux, ainsi qu'un excellent café équitable, à goûter dans la partie café avant d'en acheter.

Three Trees MODE ET ACCESSOIRES

(carte p. 66 ; ☎ 024-3928 8725 ; threetrees.com.vn ; 15 P Nha Tho ; ⏱ 9h-19h). Des bijoux de créateurs sortant de l'ordinaire, dont de délicats colliers et broches d'argent et d'opale qui feront de très jolis cadeaux.

Cerender Ceramic Shop CÉRAMIQUE

(carte p. 66 ; ☎ 0938 632 481 ; 11a P Trang Thi ; ⏱ 9h-21h). Les créations artisanales exposées ici sont de véritables pépites. Elles feront le bonheur des amateurs de céramique.

L'ART À HANOI

Les traditions artistiques sont bien ancrées au Vietnam depuis des siècles, mais il n'en demeure pas moins que la censure exercée par le gouvernement depuis l'avènement du Parti communiste a longtemps muselé les artistes vietnamiens, le peu de liberté d'expression les obligeant à travailler clandestinement. Cette tendance semble s'atténuer ces dernières années avec l'arrivée de touristes occidentaux, ouvrant la scène artistique de Hanoi aux yeux du monde extérieur. Lentement mais sûrement, les artistes du Vietnam commencent à élargir leurs horizons. À noter que les artistes vietnamiens modernes possèdent une extraordinaire technique – ils peuvent souvent faire un portrait d'une grande précision en peu de temps à partir d'une simple photo.

Pour les visiteurs férus d'art, cette scène artistique en plein essor ne demande qu'à être reconnue. Vous pourrez souvent dénicher des œuvres originales signées d'artistes locaux pour quelque 40 $US dans des galeries privées de la vieille ville – la Mai Gallery est un bon endroit. Rendez-vous aussi au Tadioto (p. 92) et au Manzi Art Space (p. 92), et faites des rencontres avec d'autres passionnés d'art. Mieux encore, suivez une visite guidée de Sophie's Art Tour (p. 343). Into Thin Air 2 (www.facebook.com/intothinairhanoi) est une exposition en réalité augmentée sur l'histoire de Hanoi, accompagnée de compositions sonores et de performances. Les œuvres sont disséminées dans toute la ville. Vous les trouverez sur une application à télécharger.

Bookworm LIVRES

(carte p. 70 ; ☎ 024-3715 3711 ; www.bookwormhanoi.com ; 44 Chau Long ; ⌚ 9h-19h). Cette librairie propose plus de 20 000 titres en anglais, neufs ou d'occasion, dont des romans, de la littérature jeunesse et des ouvrages spécialisés sur l'Asie du Sud. Vous pouvez vous installer sur les canapés à l'étage pour parcourir vos trouvailles.

Pheva Chocolate CHOCOLAT

(carte p. 70 ; ☎ 024-3266 8579 ; www.phevaworld.com ; 8b P Phan Boi Chau ; ⌚ 8h-19h). Vous fondrez à coup sûr pour les chocolats de Pheva. Blancs ou noirs, ils sont fabriqués à partir de cacao bio issu du commerce equitable, et joliment emballés. Les saveurs sont alléchantes : gingembre, poivre blanc, sésame et arachide, cannelle, zeste d'orange, poivre noir, pistache et raisin, entre autres.

Chan Con Cong VINTAGE

(carte p. 66 ; www.facebook.com/chan.con.cong ; 8 Chan Cam ; ⌚ 8h-20h). Charmante petite boutique vintage logée sous le Loading T Cafe, où dénicher de jolies robes longues et vêtements pour tous les jours. Un second magasin, plus grand, se trouve au 14 Đ Thanh.

Mekong Plus ARTISANAT

(carte p. 80 ; ☎ 024-3926 4831; mekong-plus.com ; 13 P Hang Bac ; ⌚ 8h-20h). Jolis dessus-de-lit faits à la main par des femmes de zones rurales dans le cadre d'un programme de développement communautaire. Également du beau linge de maison et des objets du quotidien design et étonnants, tels ces vélos en bambou.

Mai Gallery ART

(carte p. 70 ; ☎ 0936 368 367, 024-3938 0568 ; www.maigallery-vietnam.com ; 113 P Hang Bong ; ⌚ 9h-19h). Tenue par l'artiste Mai, qui habite sur place, cette galerie présente des œuvres raffinées qui donnent à réfléchir. Une bonne adresse pour en apprendre davantage sur l'art vietnamien avant de faire une acquisition.

Thang Long LIVRES

(Hieu Sach Thang Long ; carte p. 66 ; ☎ 024-825 7043 ; 53-55 P Trang Tien ; ⌚ 9h-18h). C'est l'une des plus grandes librairies de la ville. En rayon : quelques titres en français et en anglais, des journaux et magazines internationaux, une vaste sélection d'ouvrages sur l'histoire de Hanoi et un grand choix de titres en vietnamien.

Marchés

Marché Dong Xuan MARCHÉ

(carte p. 80 ; Dong Xuan ; ⌚ 6h-19h). Les touristes ne visitent guère ce vaste marché de la vieille ville, à 900 m au nord du lac Hoan Kiem. Ses centaines de stands, où l'on trouve en majorité des articles pour la maison et de la camelote, sont pourtant fascinants à explorer, tant ils offrent un aperçu de la vie locale. Le quartier alentour regorge également de boutiques animées, et des stands de toutes sortes apparaissent à la nuit tombée.

Marché Hom MARCHÉ
(carte p. 84 ; angle P Hue et P Tran Xuan Soan ; ⏲6h-17h). À l'angle nord-est de Pho Hué et de Pho Tran Xuan Soan, un grand marché où l'on trouve de tout. Si vous avez l'intention de vous faire confectionner des vêtements, c'est l'endroit idéal pour l'achat de vos tissus.

Marché de nuit MARCHÉ
(carte p. 80 ; P Hang Ngang ; ⏲19h-minuit ven-dim). Ce marché s'étend du nord au sud de la vieille ville, le long de Pho Hang Giay (puis Pho Hang Dao, près du lac Hoan Kiem). Ce n'est guère plus qu'une extension des boutiques qui émaillent la vieille ville, avec des vêtements bon marché, des souvenirs, de la restauration de rue et des babioles. Mais les rues fermées à la circulation rendent la balade agréable, et les prix s'avèrent intéressants après marchandage. Attention aux pickpockets.

Renseignements

ACCÈS INTERNET

➡ Les cafés et bars de la ville proposent presque tous un accès Wi-Fi, de même que la quasi-totalité des hôtels bas et milieu de gamme.

➡ Si votre séjour dure plus d'une semaine, il peut être intéressant d'acheter une carte SIM prépayée pour pouvoir utiliser votre téléphone plus facilement (s'il est débloqué). Ces cartes sont très bon marché au Vietnam. Vous pouvez en acheter une auprès de votre hôtel (elle sera alors un peu plus chère). Autrement, vous pouvez acheter et faire installer une carte SIM prépayée chez **Viettel** (carte p. 80 ; international.viettel.vn ; 51 Luong Van Can ; ⏲8h-20h) pour 7 à 10 $US (les dernières cartes incluent généralement 2 Go/jour). Ces cartes sont rechargeables. Enfin, vous pouvez également acheter une carte SIM au Bureau de poste international (on vous demandera peut-être votre passeport comme justificatif d'identité).

ARGENT

Les distributeurs automatiques de billets (DAB) ne manquent pas à Hanoi. Sur les principales artères autour du lac Hoan Kiem, vous trouverez des banques internationales, où changer vos billets et retirer de l'argent.

DÉSAGRÉMENTS ET DANGERS

Hanoi est globalement une ville sûre et les délits graves commis contre des touristes sont rarissimes. Cela ne doit toutefois pas empêcher une certaine prudence : s'il est généralement sans risque de marcher dans les rues de la vieille ville le soir, il vaut mieux éviter les ruelles sombres après 22h si l'on n'est pas en groupe et, pour les femmes, prendre un taxi avec compteur d'une compagnie réputée, ou une moto-taxi, pour traverser la ville de nuit. Méfiez-vous aussi des pickpockets qui opèrent aux alentours des marchés, et des personnes qui s'offrent pour "surveiller" vos bagages dans les terminaux bondés, surtout sur les quais de gare au départ des trains de nuit.

Circulation et pollution

La circulation et la pollution sont des sources de contrariétés à Hanoi. Le trafic est incessant et si dense que le simple fait de traverser la rue ou de se frayer un chemin à travers le déferlement de deux-roues (on en dénombre environ 5 millions) peut être un véritable casse-tête. Nous conseillons de marcher lentement et à allure constante, afin que les motocyclistes aient le temps d'apprécier votre trajectoire pour vous éviter. N'essayez pas de vous déplacer rapidement, vous ne feriez que perturber cette appréciation. Restez alerte lorsque vous vous promenez dans la vieille ville, car les deux-roues surgissent de toutes parts, et les trottoirs sont occupés par les stands de nourriture et les motos stationnées (même si la police essaie de les dégager). La qualité de l'air est mauvaise en toutes circonstances et la pollution peut atteindre des niveaux très dérangeants.

Escroqueries fréquentes

Ne soyez pas paranoïaque, mais sachez qu'à Hanoi de nombreuses escroqueries fonctionnent en réseau. Les problèmes les plus fréquents concernent les hôtels et les agences de voyages bon marché. Bien que les choses dégénèrent rarement, nous avons eu écho d'agressions verbales, ou physiques, à l'endroit de touristes refusant une chambre d'hôtel ou un circuit. Mieux vaut, le cas échéant, garder son calme et s'éloigner lentement pour éviter que la situation ne se complique.

Les fausses enseignes hôtelières au même nom que les vraies sont légion. Les escrocs louent une bâtisse, s'approprient le nom de l'hôtel puis travaillent avec des rabatteurs (parfois des chauffeurs de taxi) chargés d'y amener les touristes. Ceux qui s'étonnent que l'adresse ne corresponde pas se voient répondre que l'hôtel a déménagé et ne réalisent que le lendemain qu'ils se sont fait avoir. Ces hôtels surfacturent tout ce qu'ils peuvent ; les tarifs indiqués à l'arrivée grimpent. La meilleure manière d'éviter ce problème consiste à réserver par téléphone ou par mail ; vous serez ainsi certain que l'hôtel est ouvert, n'a pas déménagé, et n'est pas complet.

La mafia des taxis et minibus sévit à l'aéroport en déposant les touristes dans le mauvais hôtel. Même procédé : cet hôtel porte

DANS LE DÉDALE DES AGENCES DE VOYAGES DE HANOI

Il y a à Hanoi des centaines d'agences de voyages, dont beaucoup de piètre qualité, et certaines à éviter à tout prix. La plupart des prestataires douteux sont de mèche avec le personnel insistant d'hôtels bon marché de la vieille ville. Assurez-vous toujours, lors de la réservation, qu'il n'est pas obligatoire de réserver des circuits auprès de l'hôtel.

Les agences que nous recommandons ci-dessous disposent d'un personnel professionnel et expérimenté qui organise des circuits très bien notés par les participants ; ils se font la plupart du temps en petits groupes, avec les véhicules et les guides de l'entreprise, et pour des destinations hors des sentiers battus.

Si vous préférez opter pour une autre agence, attention aux "clones" : il n'est pas rare que des filous s'installent à proximité d'une agence réputée et tentent de récupérer une partie de leur clientèle. Avant tout achat, vérifiez bien les adresses et les sites Internet. Voir aussi les agences de voyages p. 526.

Vega Travel (carte p. 80 ; ☎024-3926 2092 ; www.vegatravel.vn ; angle P Ma May et 24a P Hang Bac ; ⏲8h-20h). Agence familiale proposant des circuits dans le nord du Vietnam et à travers tout le pays.

Asiatica Travel (☎024-6266 2816 ; www.asiatica-travel.fr ; suite A1203, immeuble M3-M4, 91 Nguyen Chi Thanh, Dong Da, Hanoi). Agence francophone au personnel très professionnel, toujours recommandée par nos lecteurs. Aussi présente à Hué et à HCMV.

GP Travel (☎024 3926 3043 ; www.gptravelvietnam.com ; 3 allée 50, P Dao Duy Tu, Hoan Kiem, Hanoi). Agence francophone organisant des voyages sur mesure, individuels ou en groupe, des visites à la journée, des croisières, des randonnées et des treks.

Handspan Travel Indochina (carte p. 80 ; ☎024-3926 2828 ; www.handspan.com ; 78 P Ma May ; ⏲9h-20h). Excellents programmes de tourisme communautaire dans le nord du Vietnam. Autres antennes à Sapa et HCMV.

Ethnic Travel (carte p. 80 ; ☎024-3926 1951 ; www.ethnictravel.com.vn ; 35 P Hang Giay ; ⏲7h-20h lun-sam, 7h-19h dim). Circuits en petits groupes hors des sentiers battus du nord du pays, dont certains à thème (randonnée, vélo ou gastronomie).

Marco Polo Travel (carte p. 62 ; ☎0913 571 687 ; www.marcopoloasia.com ; salle 107B, N14-49 Nguyen Khoai, Hanoi ; ⏲9h-17h). Organise des circuits en kayak dans la baie d'Along et sur les lacs du parc national de Ba Be, des excursions à VTT et des randonnées dans le Nord.

Mr Linh's Adventure Tours (carte p. 80 ; ☎024-3642 5420 ; www.mrlinhadventure.com ; 83 P Ma May). Prestataire professionnel, dédié aux circuits aventure dans l'extrême Nord.

Cuong's Motorbike Adventure (☎0918 763 515, 024 3632 0692 ; www.cuongs-motorbike-adventure.com ; 46 P Gia Ngu ; ⏲8h-18h) Agence spécialisée très réputée pour ses circuits à moto dans tout le Nord.

Vietnam Découverte (☎024-3698 3617 ; www.vietnamdecouverte.com ; salle 402, bâtiment Savina, 1 rue Dinh Le, district de Hoan Kiem). Cette agence francophone organise des circuits sur mesure. Elle est toujours très chaudement recommandée par nos lecteurs.

Ocean Tours (carte p. 80 ; ☎0983 234 628 ; www.oceantours.com.vn ; 82 P Ma May ; ⏲7h-21h). Un tour-opérateur basé à Hanoi, proposant des circuits dans le parc national de Ba Be, autour de la baie d'Along et dans le nord-est du pays.

Electric Smiles (p. 105). Location de vélos électriques et circuits à vélo électrique dans Hanoi et ses environs.

le nom d'un établissement réputé et tentera de vous extorquer le plus d'argent possible. Les arnaques au taxi sont de plus en plus répandues. Essayez d'éviter les véhicules qui rôdent autour des gares routières de Hanoi ; beaucoup disposent d'un compteur prompt à défiler. De même, soyez vigilant à l'aéroport ; tenez-vous en aux compagnies recommandées (p. 104).

De jeunes cireurs de chaussures et des conducteurs de cyclo-pousse ont tendance à ajouter un zéro ou deux au prix convenu ; soyez ferme, ne payez que la somme négociée au départ. Des marchands ambulants vous mettront peut-être aussi de la nourriture entre les mains afin que vous vous sentiez obligé de l'acheter : contentez-vous de la rendre.

Autour du lac Hoan Kiem, il n'est pas rare qu'une femme soit abordée par un aimable inconnu (ne les confondez pas avec les gentils étudiants qui ne veulent que pratiquer leur anglais !). Méfiez-vous s'il vous propose un verre ou un repas. Les hommes gays sont également approchés de cette façon. Ce soi-disant nouvel ami vous proposera ensuite de vous rendre dans un bar-karaoké, un restaurant de serpents ou tout autre lieu, puis vous présentera une facture de plusieurs dizaines de dollars avant même que vous n'ayez eu le temps de dire "ouf". Ces escrocs sont sympathiques de prime abord... soyez prudent et faites confiance à votre instinct.

Gardez les idées claires et essayez de rester en groupe si vous rentrez tard à votre logement.

ENFANTS

Hanoi est une ville pleine de surprises pour les enfants. Si la barrière de la langue, le chaos organisé de la vieille ville et les saveurs brutes de sa cuisine de rue peuvent les décontenancer, il reste que la gentillesse des Vietnamiens aide souvent à dissiper le stress de bien des situations. Lors d'une balade dans la vieille ville, ils trouveront en chemin assez de distractions – ainsi que des vendeurs de glaces et de fruits exotiques – pour persévérer. Ils apprécieront également la session spéciale enfants du Hanoi Cooking Centre (p. 78) – pensez à réserver. Faire une visite de la ville en famille avec Hanoi Kids (p. 78) est aussi l'occasion de rencontrer de jeunes Vietnamiens.

Ne manquez pas non plus la terrasse panoramique de la tour Lotte (p. 76). Pour une activité amusante en famille, optez pour une balade au fil de l'eau, en bateau sur le lac de l'Ouest (p. 76) ou en pédalo dans le **parc Thong Nhat** (parc de la Réunification ; carte p. 84 ; P Tran Nhan Tong). Prévoyez une soirée pour assister à l'incontournable spectacle de marionnettes sur l'eau (p. 95), qui ravira petits et grands. La "rue du train" de Hanoi (p. 72) était fermée lors de la rédaction de ce guide, mais une réouverture n'était pas exclue. Si elle est toujours fermée lors de votre voyage, les enfants (et grands enfants) devraient aimer The Railway Hanoi 2 (p. 91). Pour manger une glace, amenez vos petits bouts chez Kem Trang Tien (p. 88).

Si vous passez quelques jours en famille à Hanoi, les appartements du Somerset Grand Hanoi (p. 83) sont imbattables pour les tarifs, l'emplacement et le rapport qualité/prix.

INFORMATIONS TOURISTIQUES

Centre d'information et d'aide aux touristes (carte p. 62 ; ☎ligne directe 24h/24 en anglais 0941 336 677, en vietnamien 0911 081 968 ; 28 P Hang Dau ; ⏲8h-17h mer-dim). Hanoi dispose enfin d'un guichet d'information touristique officiel, même si son emplacement, près du pont Long Bien, découragera peut-être les visiteurs qui séjournent au Sud dans les environs du lac Hoan Kiem. Il propose des circuits à pied gratuits, autour des thèmes de l'architecture, de l'histoire, du lac Hoan Kiem et des artisans de Hanoi.

Centre d'information touristique (carte p. 80 ; ☎024-3926 3366 ; P Dinh Tien Hoang ; ⏲9h-19h). Cet organisme privé fournit des plans de la ville et des dépliants, mais cherche surtout à vendre ses circuits. Dans les cafés et bars de la vieille ville, guettez l'excellent magazine local *The Word* (en anglais).

American Club (carte p. 66 ; ☎024-3824 1850 ; www.facebook.com/AmClubHanoi ; 19-21 P Hai Ba Trung ; ⏲8h-23h). Permet de nouer des contacts avec la communauté d'expatriés américains. Comporte un bon restaurant et un bar, ainsi qu'une aire de jeux pour les enfants.

POSTE

Poste nationale (Buu Dien Trung Vong ; carte p. 66 ; ☎024-3825 7036 ; 75 P Dinh Tien Hoang ; ⏲7h-21h). Uniquement pour l'envoi et la réception de courrier sur le territoire. Vente de timbres de collection.

Poste internationale (carte p. 66 ; ☎024-3825 2030 ; angle P Dinh Tien Hoang et P Dinh Le ; ⏲7h-20h). Possède sa propre entrée, à droite de la poste nationale.

URGENCES

Si vous appelez l'un de ces numéros, votre appel devrait pouvoir être transféré à un anglophone.

Ambulance	115
Police	113
Pompiers	114

ℹ Depuis/vers Hanoi

Hanoi est l'un des principaux points d'accès au Vietnam, avec quantité de vols directs depuis/vers l'étranger. Des trains relient la capitale au sud de la Chine et à diverses villes jalonnant tout le Vietnam jusqu'à Hô Chi Minh-Ville (HCMV) ; le bus est une autre bonne option pour rejoindre Nanning en Chine. De nombreux bus sans réservation circulent depuis/vers Hanoi, ce qui permet de s'arrêter dans des villes en chemin.

AVION

Les vols internationaux directs sont moins nombreux à Hanoi qu'à Hô Chi Minh-Ville (HCMV). Cependant, les excellentes liaisons avec Singapour, Bangkok et Hong Kong rendent presque toutes les destinations accessibles facilement. Pour plus de renseignements sur les vols internationaux, voir p. 522.

Vietnam Airlines (carte p. 66 ; ☎1900 545 486 ; www.vietnamairlines.com ; 25 P Trang Thi ; ⏰8h-17h lun-ven). La compagnie nationale relie Hanoi aux autres villes du Vietnam ; les vols quotidiens les plus fréquentés desservent Dalat, Danang, Diên Biên Phu, HCMV, Hué, Nha Trang et l'île de Phu Quoc. Vietnam Airlines assure également des vols directs pour l'Europe, la Chine, le Japon, la Corée du Sud, le Laos, Singapour et Taïwan.

Jetstar Airways (www.jetstar.com). Vols low cost à destination de Danang, HCMV, Dalat et Hong Kong.

VietJet Air (www.vietjetair.com). Lancée en 2012, cette compagnie à bas prix dessert Phu Quoc, Danang, Dong Hoi, Bangkok, Séoul, Taipei et Tokyo.

BUS ET MINIBUS

Il existe à Hanoi trois grandes gares routières longue distance pratiques pour les voyageurs : Giap Bat, Gia Lam et My Dinh. Elles sont assez bien organisées (bien que bondées), avec des guichets, des tarifs fixes et des horaires affichés. Pour être assuré d'avoir un siège sur un trajet longue distance, mieux vaut réserver. Passer par une agence de voyages pour réserver facilite les choses, mais il vous faut bien entendu payer une commission.

Des minibus de tourisme peuvent être réservés auprès de la plupart des hôtels et des agences de voyages. Parmi les destinations les plus courues figurent la baie d'Along et Sapa. Leur prix est de 30 à 40% plus cher que le bus ordinaire, mais ils viennent vous chercher à l'hôtel.

BUS AU DÉPART DE HANOI

Gare routière de Giap Bat

DESTINATION	PRIX (D)	DURÉE	FRÉQUENCE
Danang	350 000	13-14 heures	16 h et 17h
Dong Ha	300 000	9 heures	16 h et 17h
Dong Hoi	250 000	8 heures	16 h et 17h
HCMV	920 000	36-38 heures	13h30, 15h, 18h et 18h30
Hué	350 000	12 heures	16 h et 17h
Nha Trang	700 000	24-28 heures	16 h et 18h
Ninh Binh	70 000	2 heures	toutes les 10 minutes 6h-18h

Gare routière de Gia Lam

DESTINATION	PRIX (D)	DURÉE	FRÉQUENCE
Ville d'Along (Bai Chay)	110 000-130 000	4 heures-4 heures 30	toutes les 20 minutes 6h-18h
Haiphong	100 000	1 heure 30	toutes les 40 minutes 6h-19h
Lang Son	100 000	4 heures	toutes les 40 minutes 8h-20h30
Lao Cai	250 000	4 5 heures	6/jour, 8h-19h
Mong Cai	200 000	7 heures	irrégulier, pas d'horaires fixes
Sapa	250 000	6 heures	10h et 21h

Gare routière de My Dinh

DESTINATION	PRIX (D)	DURÉE	FRÉQUENCE
Cao Bang	180 000-200 000	7-8 heures	toutes les heures jusqu'à 13h, couchettes 21h
Diên Biên Phu	320 000-415 000	9 heures-9 heures 30	7h, 7h30, 13h30, 16h et 17h45
Ha Giang	200 000	7 heures 30	toutes les heures 5h30-21h
Hoa Binh	47 000-90 000	2 heures	toutes les heures 4h-18h
Lang Son	100 000	4 heures	toutes les 15 minutes, jusqu'à 18h
Son La	220 000-270 000	5 heures 30	10h45 et 16h45

PROJET DE MÉTRO

La capitale vietnamienne a désespérément besoin de nouveaux moyens de transport pour limiter les embouteillages. Un projet de métro de 9 lignes a été lancé, mais les travaux avancent très lentement. La première ligne, la ligne 2A, est censée entrer en service bientôt, mais sa construction avait pris du retard lors de la rédaction de ce guide. Cette ligne est aérienne et reliera Cat Linh à Ha Dong.

La ligne 2 est majoritairement souterraine, et plutôt destinée aux visiteurs. Elle part de l'aéroport international de Noi Bai et s'arrête dans le quartier des expatriés de Tay Ho (lac de l'Ouest), au lac Hoan Kiem et dans le district de Hai Ba Trung, mais il faudra attendre plusieurs années avant qu'elle soit fonctionnelle.

De nombreux trajets d'*open tours* à travers le Vietnam commencent ou s'achèvent à Hanoi.

Gare routière de Giap Bat (☎024-3864 1467 ; Đ Giai Phong). À 7 km au sud de la gare ferroviaire, elle dessert des destinations au sud de Hanoi à bord de bus-couchettes confortables. Chaque mois, deux ou trois liaisons sont assurées pour Dalat (470 000 d, 35 heures). Pour vous rendre à Danang, vous pouvez prendre le bus (350 000 d) pour HCMV (départs à 13h30, 15h, 18h et 18h30 dîner inclus) et descendre à Danang. Ce même bus dessert Dong Hoi (250 000 d), Dong Ha (300 000 d), Hué (350 000 d) et Nha Trang (700 000 d).

Gare routière de Gia Lam (☎024-3827 1569 ; 132 P Ngo Gia Kham). À 3 km au nord-est du centre-ville, de l'autre côté du fleuve Rouge. Bus pour les régions au nord et au nord-est de Hanoi.

Gare routière de My Dinh (☎024-3768 5549 ; Đ Pham Hung). De cette gare, à 7 km à l'ouest de la ville, des services sont assurés pour diverses destinations à l'ouest et au nord. Il y a notamment des bus de nuit pour le Laos via Diên Biên Phu, ainsi que des bus pour Ha Giang, Mai Chau et Lang Son. Pour rejoindre Song La, prenez le bus pour Diên Biên Phu et descendez à Son La.

MOTO

Offroad Vietnam (carte p. 80 ; ☎0913-047 509, 024-3926 3433 ; www.offroadvietnam.com ; 36 P Nguyen Huu Huan ; ⏲8h-18h lun-sam). Location de Honda tout-terrain (150cc à partir de 20 $US/jour, 250cc à partir de 40 $US/jour) et routières (150cc, 15 $US/jour) fiables. Il est recommandé de réserver. Cette agence organise également d'excellents circuits auxquels participent surtout des voyageurs anglo-saxons. Il s'agit soit de formules semi-guidées sans repas ni hébergement, soit de circuits guidés tout compris.

TRAIN

Il y a quatre grandes gares à Hanoi, où acheter vos billets de train. Nous vous conseillons d'acheter vos billets au moins quelques jours avant le départ pour être certain d'avoir une place assise ou une place en couchette ; le site www.baolau.vn (en français) est un précieux outil de réservation, mais les billets sont moins chers à la gare. Pour connaître les horaires de départ et les tarifs au guichet, consultez le site Internet de Vietnam Railway Corporation (vietnamrailwaycorp.com).

La plupart des agences de voyages vendent aussi des billets de train (vous préférerez peut-être payer leur commission pour éviter toute incompréhension en achetant un billet directement à la gare, bien que cette dernière comprenne un guichet anglophone). Les agences de voyages ont par ailleurs souvent des tarifs préférentiels pour les destinations les plus populaires telles que Hué, HCMV et Lao Cai (destination Sapa).

Vers le sud : Danang, Hué et Nha Trang

Les trains à destination du Sud partent de la **gare principale de Hanoi** ("gare A" ; ☎024-3825 3949 ; 120 Đ Le Duan ; ⏲guichets 7h30-12h30 et 13h30-19h30), à l'extrémité ouest de Pho Tran Hung Dao. À gauche de l'entrée principale, la billetterie jouxte les panneaux indiquant les horaires et les tarifs. Prenez un ticket et guettez le numéro de guichet correspondant sur les écrans d'affichage. Mieux vaut écrire en vietnamien le numéro du train, l'heure de départ et la classe souhaitée. Les trains pour le Sud quittent la gare à 6h15, 9h, 13h15, 19h et 23h.

Voici approximativement, ci-dessous, les temps de trajet en train depuis Hanoi. Vérifiez-les toutefois en réservant, car certains trains sont plus rapides que d'autres : il faut environ 11 heures pour Hué, 13 heures 30 pour Danang, 24 heures 30 pour Nha Trang et 31 heures pour Hô Chi Minh-Ville. Sachez que les classes disponibles et la tarification varient selon les départs ; consultez la page vietnamrailwaycorp.com ou www.baolau.vn.

Vers le nord : Lao Cai (pour Sapa), la Chine et Hong Kong

Des trains pour Lao Cai partent de la gare principale de Hanoi ("gare A") et de la **gare de Tran Quy Cap** ("gare B" ; ☎024-3825 2628 ; P Tran Quy Cap ; ⏲guichets 4h-6h et 16h-22h), qui se trouve juste derrière la première.
Des trains-couchettes pour Nanning, Guilin (destination Yangshuo) et Beijing (Pékin),

TRAINS AU DÉPART DE HANOI

Trains vers le sud

DESTINATION	SIÈGE DUR (D)	SIÈGE MOU (D)	COUCHETTE DURE (D)	COUCHETTE MOLLE (D)
Danang	À partir de 412 000	À partir de 554 000	À partir de 751 000	À partir de 804 000
HCMV	À partir de 695 000	À partir de 1 049 000	À partir de 1 410 000	À partir de 1 580 000
Hué	À partir de 358 000	À partir de 438 000	À partir de 707 000	À partir de 799 000
Nha Trang	À partir de 607 000	À partir de 905 000	À partir de 1 209 000	À partir de 1 305 000

Trains vers le nord et l'est

DESTINATION	GARE	DURÉE	SIÈGE DUR/ COUCHETTE DURE (D)	SIÈGE MOU/ COUCHETTE MOLLE (D)	FRÉQUENCE
Beijing (Pékin, Chine)	Gia Lam	18 heures	-	6 400 000	21h20 mar et ven
Haiphong	Gia Lam	2 heures	65 000	70 000	6h16, 9h48, 15h45 et 18h46
Haiphong	Long Bien	3 heures	60 000	70 000	9h20, 15h30 et 18h26
Nanning (Chine)	Gia Lam	12 heures	-	752 000	21h20

en Chine, partent de la **gare de Gia Lam** (Ga Gia Lam). Pour vous rendre à Hong Kong, changez à Nanning pour prendre un train à grande vitesse à destination Guangzhou, puis le train à grande vitesse qui dessert le Sud de Hong Kong.

Vers l'est : Haiphong

Les trains à destination de l'est du pays (Haiphong) partent de la gare de Gia Lam, sur la rive est du fleuve Rouge, ou de la gare de Long Bien, sur la rive ouest (côté ville) de ce dernier. Vérifiez bien votre gare de départ.

VOITURE

La meilleure solution pour louer une voiture est de s'adresser à une agence de voyages ou à un hôtel. Le tarif comprend la plupart du temps un chauffeur, les agences de location ne louant généralement pas de véhicule aux étrangers, même s'ils possèdent un permis de conduire international. L'application Grab (www.grab.com) propose des voitures avec chauffeur à des tarifs raisonnables.

Les tarifs commencent en moyenne à 110 $US par jour, tarif comprenant les services du chauffeur et le carburant. Assurez-vous que les dépenses du chauffeur sont bien incluses dans le prix indiqué.

Comment circuler

DEPUIS/VERS L'AÉROPORT INTERNATIONAL DE NOI BAI

L'**aéroport international de Noi Bai** (HAN ; 024-3827 1513 ; www.hanoiairportonline.com) est situé à environ 35 km au nord de Hanoi, soit un trajet d'environ 45 minutes pour rejoindre le centre-ville, en empruntant une route nationale. Si vous avez l'intention d'utiliser les transports publics ou une navette pour vous rendre à l'aéroport, assurez-vous de prévoir vraiment très large avant votre vol... De nombreux hôtels et hébergements proposent le ramassage à des tarifs intéressants.

Bus

Le bus public n°17 (9 000 d, 5h30-22h30, 1 heure 15-1 heure 30) relie le hall des arrivées (vols intérieurs uniquement) à la **gare routière de Long Bien** (carte p. 62 ; 5h-21h), à la lisière nord de la vieille ville. Les bagages ne nécessitent pas de supplément, sauf s'ils ne rentrent pas dans les espaces de rangement.

Le bus express n°86 (35 000 d, 1 heure, toutes les 20-30 min, 5h05-21h40 depuis la gare ferroviaire de Hanoi ; 6h18-22h58 depuis l'aéroport) offre une liaison confortable au départ de la gare principale de Hanoi, et de la rive nord du lac Hoan Kiem, devant le centre d'information touristique (les bus ne font pas halte ici du vendredi au dimanche après 17h, mais vont jusqu'au 6c Phan Chu Trinh, en face de l'Opéra), jusqu'à l'aéroport international, puis l'aéroport des vols intérieurs, via la **gare routière de Long Bien**. Depuis le terminal 1 de l'aéroport des vols intérieurs, suivez les panneaux orange du bus n°86. Depuis le terminal 2 de l'aéroport international, prenez le bus n°86 depuis l'espace 02 en face.

Minibus et bus-navette

Minibus de Vietnam Airlines (carte p. 66 ; 1 P Quang Trung ; 40 000 d). Liaisons entre Hanoi (depuis l'antenne de Quang Trung, au sud du lac Hoan Kiem, au centre-ville) et l'aéroport international de Noi Bai (1 heure). Le prix du trajet est affiché sur le côté du véhicule. Programmée toutes les 45 minutes environ entre 5h et 19h, cette navette n'est pas très fiable car le départ se fait uniquement à plein.

Bus-navette de Vietjet Air (www.hanoiairportshuttle.com/transportation/vietjet-air-shuttle-bus-hanoi ; 40 000 d ; ⏲4h-21h). Ce bus-navette ("shuttle-bus") rouge vif assure des liaisons toutes les 1 à 2 heures, entre 4h et 21h depuis/vers l'aéroport. À Hanoi, le dernier arrêt est celui de Pho Tran Nhan Tong, dans le quartier français, à environ 1,5 km au sud du lac Hoan Kiem. Si vous séjournez dans la vieille ville, demandez à descendre à l'arrêt Pho Nguyen Thai Hoc ou Quang Trung, puis prenez un taxi Grab si nécessaire.

Taxi

La compagnie **Airport Taxi** (☎ 024-3873 3333) facture 20 $US la course, depuis/vers l'aéroport international de Noi Bai. Ses chauffeurs ne vous demanderont pas de régler le péage du pont traversé en route, ce qui n'est pas le cas de certains autres taxis – renseignez-vous avant de monter dans la voiture. Les compagnies **Mai Linh Taxis** (☎ 04-3822 2666) et **Vina Taxis** (☎ 04-3811 1111) sont fiables également. L'aéroport est le théâtre de nombreuses escroqueries de la part de chauffeurs de taxi et d'hôtels peu scrupuleux. Ne recourez pas aux services de chauffeurs indépendants qui abordent les touristes, les risques d'escroquerie sont élevés. Si vous avez déjà réservé un hôtel, mieux vaut passer par lui pour réserver un taxi afin d'éviter les complications inutiles. L'application Grab (www.grab.com) permet de réserver un taxi.

BUS

Le réseau de bus publics est dense à Hanoi, mais peu de voyageurs profitent de ses faibles tarifs (7 000 d). Si vous décidez de tenter le coup, procurez-vous le *Xe Buyt Ha Noi* (plan des bus de Hanoi ; 5 000 d) à la librairie Thang Long.

BUS ÉLECTRIQUE

S'il ressemble davantage à une voiturette de golf, le **bus électrique** (Dong Xuan ; voiture de 6 passagers 300 000 d/heure ; ⏲8h30-22h) et écologique permet de se déplacer agréablement dans la ville. Il dessert 14 arrêts dans la vieille ville et autour du lac Hoan Kiem. Même si rien ne vaut une exploration à pied des recoins de la vieille ville, ce moyen de transport est une option à considérer si vous êtes un peu fatigué. Le principal **point de départ** (carte p. 80) se trouve dans Pho Dinh Tien Hoang, à l'extrémité nord du lac Hoan Kiem, et il en existe un autre à l'extérieur du **marché Dong Xuan** (carte p. 80). Un trajet complet dans la vieille ville prend environ 1 heure (audioguide en anglais).

CYCLO-POUSSE

On trouve encore quelques cyclo-pousse dans la vieille ville, mais beaucoup sont désormais réservés aux groupes de touristes. Malgré les gaz d'échappement, c'est un bon moyen de parcourir la ville sur de courtes distances. Mettez-vous bien d'accord avec le conducteur sur le tarif avant de partir, car il arrive qu'il réclame plus à l'arrivée.

Une course rapide dans le centre-ville tourne autour de 50 000 d par personne ; les trajets plus longs, ou de nuit, sont plus chers. Peu de conducteurs parlent français ou anglais, aussi munissez-vous d'un plan de ville, ainsi que de la carte de votre hôtel pour lui indiquer votre destination.

PRENDRE LE BUS POUR LA CHINE

Chaque jour, trois bus (7h30, 9h30 et 11h30) se rendent à Nanning ("Nam Ninh" en vietnamien ; 480 000 d, 9 heures), en Chine, dans la province du Guangxi. Ils partent du 206 Đ Tran Quang Khai. Les billets doivent être achetés à l'avance dans une agence de voyages reconnue. Assurez-vous d'avoir en poche votre visa chinois.

Le bus franchit la frontière à Dong Dang, où vous devez vous présenter à l'immigration chinoise, puis un bus chinois vous emmènera jusqu'à la gare routière de Lang Dong, à Nanning. D'après les voyageurs qui ont fait ce trajet, voyager en bus serait moins compliqué et plus rapide qu'avec le train-couchette (13 heures) qui part de la gare ferroviaire de Gia Lam (p. 103), située à 8 minutes de marche au nord de la gare routière de Gia Lam (p. 102).

RALLIER L'ÎLE DE CAT BA DEPUIS HANOI

Depuis Hanoi, des bus directs (14 $US) rallient la ville de Cat Ba, sur l'île de Cat Ba. Ils peuvent généralement vous récupérer à l'hôtel. Ces bus passent par l'île de Cat Hai, laquelle est reliée à Haiphong par un pont. Les passagers doivent ensuite prendre un ferry (trajet court) pour l'île de Cat Ba et terminer en minibus jusqu'à la ville de Cat Ba. Ces bus sont gérés par les entreprises Good Morning Cat Ba (goodmorningcatba.com), Daiichi Travel (daiichitravel.net), Cat Ba Express (www.catbaexpress.com) et Cat Ba Discovery (www.catbadiscovery.com), entre autres. **Unicharm** (carte p. 80 ; ☎ 024-3823 8476 ; www.unicharmcruise.com ; 4e ét, 24a P Hang Bac ; à partir de 138 $US/pers) propose des transports et des visites sur l'île de Cat Ba, depuis/vers son bateau de croisière accosté dans la paisible baie de Lan Ha. **Hoang Long Express** (carte p. 66 ; ☎ 022-5392 0920 ; www.hoanglongasia.com ; 5 P Pham Ngu Lao) propose des billets combinés avec bus et bateau à grande vitesse (aller/aller-retour 13/24 $US, 4 heures 30) direction Cat Ba. Ces bus partent de la **gare routière de Nuoc Ngam** (1 Ngoc Hoi) ou du 34 Tran Nhat Duat, non loin de la gare de Long Bien, souvent plus pratique pour les voyageurs.

MOTO-TAXI

Les *xe om* (motos-taxis) ne manquent pas à Hanoi, même si le marché a été largement envahi par les chauffeurs en costume vert de Grab. Téléchargez l'application Grab (www.grab.com) et commencez à appeler la moto la plus proche (possibilité de paiement en espèces). L'avantage : le tarif est fixe et honnête, vous n'avez pas à négocier.

Un trajet en *xe om* à Hanoi coûte 15 000 d à 20 000 d en moyenne. Un trajet plus long, jusqu'au mausolée de Hô Chi Minh, coûte entre 35 000 et 40 000 d. À partir de 2 personnes, il est plus rentable et plus commode de prendre un taxi Grab ou un taxi avec compteur plutôt qu'un *xe om*.

TAXI

L'application Grab (www.grab.com/vn/en/transport/taxi) permet de réserver une voiture avec chauffeur, y compris à l'aéroport. C'est un service fiable dont les tarifs sont raisonnables. Uber a cédé ses services à Grab en 2018. L'enseigne n'est donc plus présente au Vietnam, mais Grab fonctionne sur le même principe, et il est possible de payer en espèces.

Il existe aussi des compagnies de taxi avec compteur fiables, dont **Mai Linh** (☎ 024-3822 2666). Le tarif de base, 20 000 d environ, vous permet de parcourir 1 à 2 kilomètres, au-delà desquels tout kilomètre supplémentaire est facturé 15 000 d en moyenne. Des taxis peu scrupuleux utilisent des compteurs frauduleux, tenez-vous-en donc à Grab ou Mai Linh autant que possible.

VÉLO

Dans la vieille ville, il n'est pas rare que les auberges de jeunesse et les cafés proposent des vélos à la location, pour 3 $US par jour environ. Si vous décidez de louer un vélo, bonne chance sur la route ! Soyez prudent… L'agence **Electric Smiles** (www.electric-smiles.com ; 33 Nhat Chieu Tay Ho ; 2 heures à partir de 10 $US ; ⏲8h-17h dim-ven, 8h-19h sam) loue des vélos électriques, y compris à la semaine (200 $US). Cycling Vietnam (p. 106) loue également des vélos.

ENVIRONS DE HANOI

Il y a dans les environs de Hanoi une kyrielle de coins à explorer, qui sont autant d'occasions d'escapade loin de la pollution urbaine. Le parc national de Tam Dao est propice aux randonnées. Vous apprécierez de respirer l'air pur de la montagne, de découvrir des plantes rares et une faune passionnante à observer. La station climatique de Tam Dao jouit de températures rafraîchissantes tout au long de l'année. Plusieurs pagodes bouddhiques majeures se trouvent également à proximité de Hanoi, dont la pagode des Parfums, qui peut faire l'objet d'une agréable excursion à la journée.

Pagode des Parfums TEMPLES BOUDDHIQUES

(Chua Huong ; Huong Son, My Duc ; 100 000 d avec l'aller-retour en bateau). La pagode des Parfums est un ensemble de temples et de sanctuaires bouddhiques, niché dans les falaises calcaires du mont Huong Tich (montagne de l'Empreinte parfumée). Les principaux sites en sont Chua Thien Chu (pagode qui mène au Ciel), Chua Giai Oan Chu (pagode du Purgatoire) – où les divinités purifient les âmes, apaisent les souffrances et accordent une descendance aux couples sans enfant – et Huong Tich Chu (pagode de l'Empreinte parfumée). Très fréquenté par les touristes vietnamiens entre février et avril, l'endroit est un havre de paix le reste de l'année.

La pagode des Parfums se situe à quelque 60 km au sud-ouest de Hanoi. Il faut pour y arriver effectuer un trajet par la route, puis par voie fluviale et enfin à pied ou en téléphérique. Le trajet est agréable, mais ne vous y aventurez pas sans guide : la plupart des prestataires proposent des circuits à la journée pour un tarif de 30-50 $US.

Le trajet en voiture entre Hanoi et My Duc prend 2 heures, puis c'est à bord de barques à rames, maniées par des femmes des villages alentour, que vous atteindrez enfin le pied de la montagne en 1 heure. Très agréable, cette promenade en bateau traverse de superbes paysages entre des falaises calcaires. Comptez 2 heures de plus pour grimper au sommet et redescendre. Le chemin qui y conduit est par endroits escarpé, et très glissant en cas de pluie. Il existe aussi un téléphérique qui vous mène au sommet (aller simple/aller-retour 100 000/160 000 d). Une bonne formule consiste à monter en téléphérique et à redescendre à pied.

Citadelle de Co Loa SITE HISTORIQUE

(Co Loa Thanh ; par pers/voiture 10 000/20 000 d ; ⏲8h-17h). Première citadelle fortifiée de l'histoire du Vietnam, la citadelle de Co Loa remonte au IIIe siècle av. J.-C. Elle devint capitale nationale sous le règne de Ngô Quyên (939-944). Des anciens remparts, qui entouraient un terrain d'environ 5 km², il ne subsiste aujourd'hui que des vestiges.

Au centre de la citadelle se dressent des temples dédiés au roi An Duong Vuong (257-208 av. J.-C.), fondateur de la dynastie légendaire des Thuc, et à sa fille My Nuong (Mi Chau). Selon la légende, après que My Nuong eut montré à son mari, fils d'un général chinois, l'arbalète magique qui rendait son père invincible, ledit mari la vola pour la remettre à son père – grâce à quoi les Chinois purent vaincre An Duong Vuong et occuper le Vietnam pendant 1 000 ans.

Co Loa est à quelque 16 km au nord du centre de Hanoi, dans le district de Dong Anh. Toutes les 15 minutes, le bus n°46 (7 000 d, 45 min) dessert la citadelle depuis la gare routière de My Dinh, à Hanoi. Comptez environ 120 000 d en taxi, et 50 000 d en *xe om*. Une fois arrivé à Co Loa, franchissez le pont, tournez à gauche et parcourez environ 500 m.

Musée de la piste Hô Chi Minh MUSÉE

(Bao Tan Duong Ho Chi Minh ; ☎034-382 0889 ; RN 6, en direction de Hoa Binh ; 20 000 d ; ⏲7h30-11h et 13h30-16h30 lun-sam). À environ 13 km au sud-ouest du centre de Hanoi, ce musée très graphique, au réalisme cru, replonge le visiteur dans les années 1960-1970, en retraçant la fameuse route de l'approvisionnement entre le Nord communiste et le Sud occupé. L'exposition comprend quantité de munitions et armes américaines, ainsi que des photos poignantes qui montrent sans détour les horreurs de la guerre, d'un point de vue strictement vietnamien. Un film explicatif est projeté, avec des sous-titres en anglais. Les tunnels reconstitués valent le coup d'œil.

Si la guerre du Vietnam vous intéresse, il vaut mieux louer les services d'un guide d'une agence réputée (visite sur une demi-journée). Le bus n°02 rallie le site depuis le temple de la Littérature.

Cycling Vietnam CIRCUITS À VÉLO

(carte p. 66 ; www.vietnamcycling.com ; 4e ét, 2/62 Nguyen Chi Thanh, Hanoi). Cycling Vietnam est spécialisé dans les circuits à vélo autour de Hanoi, certains rejoignant les pagodes Thay et Tay Phuong, deux jolis temples bouddhiques (voir page ci-contre), ainsi que les villages d'artisans des environs. L'agence organise des circuits plus longs, notamment dans le centre et au nord du pays.

Se joindre à ces circuits organisés évite d'avoir à traverser Hanoi au milieu des flots de motos, car un minibus vous transporte à votre point de rendez-vous.

Cycling Vietnam loue également des vélos.

ℹ Depuis/vers les environs de Hanoi

Hanoi est la plaque tournante de la région. La ville bénéficie de liaisons aériennes avec de nombreuses villes étrangères. Les circuits organisés, de même que les véhicules de location avec chauffeur ou guide, sont un bon moyen de se rendre sur les sites situés hors de la ville à un prix raisonnable.

Station climatique de Tam Dao

☎0211 / ALTITUDE 930 M

Blottie au pied d'immenses pics couverts de forêts, la station climatique de Tam Dao, fondée en 1907 par les Français, est située dans un cadre spectaculaire, à 85 km au nord-ouest de Hanoi. Devenue une populaire station estivale, elle a la faveur des habitants de Hanoi qui viennent, le temps d'un week-end, s'y rafraîchir et faire la fête dans ses nombreux restaurants et bars. La plupart de ses villas coloniales ont été détruites durant la guerre d'Indochine, et ont fait place à des cubes de béton inspirés du style brutaliste

VAUT LE DÉTOUR

LES PAGODES THAY ET TAY PHUONG

Ces deux pagodes sont situées à quelque 30 km à l'ouest de Hanoi, dans la province de Ha Tay, et à seulement 20 minutes de route l'une de l'autre. Les agences de voyages de Hanoi proposent des circuits à la journée pour visiter les deux sites. Comptez entre 48 et 72 $US par personne si vous êtes deux.

Également appelée pagode Sung Phuc, la **pagode Tay Phuong** (pagode de l'Ouest ; Thach Xa, district de Thach That ; 10 000 d) se compose de trois bâtiments de plain-pied édifiés en ordre décroissant au sommet d'une butte qui aurait la forme d'un buffle. Les sculptures représentant les "conditions humaines", centre d'intérêt de la pagode, ont été réalisées dans du bois de jaquier ; la plupart datent du XVIIIe siècle. La plus ancienne construction du site date du VIIIe siècle.

Gravissez l'escalier (raide) qui monte jusqu'à l'édifice principal, et descendez le sentier à l'arrière qui passe par les deux autres pagodes, puis traverse le village voisin à flanc de colline.

Quant à la **pagode Thay** (Chua Thay ; pagode du Maître ; Sai Son, district de Quoc Oai ; 10 000 d), également appelée Thien Phuc (pagode de la Bénédiction céleste), elle est dédiée au Bouddha Thich Ca (Shakyamuni, le Bouddha historique). À gauche se trouve une statue du "Maître" à qui est consacrée la pagode : Tu Dao Hanh, bonze du XIIe siècle. Sur la droite, la statue représente le roi Ly Nhan Tong, qui aurait été une réincarnation de Tu Dao Hanh.

Devant la pagode, un étang avec une petite estrade sur pilotis en son centre sert de cadre à des spectacles de marionnettes sur l'eau pendant les fêtes. Suivez le sentier escarpé qui longe la pagode principale et grimpez (10 minutes environ) pour atteindre le magnifique temple perché sur un rocher. Le site est gigantesque, et seuls les habitués semblent s'y retrouver. Nous vous conseillons de prendre un guide.

La **fête annuelle de la Pagode** a lieu du 5e au 7e jour du 3e mois lunaire (approximativement en mars). Les visiteurs peuvent alors voir un spectacle de marionnettes sur l'eau, se promener sur le site et explorer les grottes alentour.

des années 1950. Suite d'hôtels sans grand attrait, Tam Dao n'en constitue pas moins une bonne base pour la randonnée.

Ne vous laissez pas surprendre par le froid à Tam Dao, où l'hiver est rude. La meilleure période pour visiter le parc national s'étend de fin avril à mi-octobre, époque où la brume se lève parfois, laissant place au soleil. Venez de préférence en semaine pour éviter la foule.

Parc national de Tam Dao RÉSERVE NATURELLE
(25 000 d). Créé en 1996, le parc national de Tam Dao recouvre une grande partie de la région. En chinois ancien, Tam Dao signifie "trois îles" : les trois sommets du mont Tam Dao, tous culminant à environ 1 400 m, sont parfois visibles au nord-est de la station climatique, semblables à des îles flottant dans la brume. Le parc abrite 64 espèces de mammifères, dont le langur (ou entelle des Indes), et 239 espèces d'oiseaux, mais il vous faudra engager un bon guide et vous attendre à pas mal marcher pour avoir des chances d'en apercevoir. Le braconnage reste préoccupant dans le parc.

La durée des randonnées est très variable : elles vont d'une demi-heure, pour un aller-retour à une **cascade**, à une journée de trekking dans la forêt de bambous et la forêt tropicale primaire. Pour les longues marches, un guide (à partir de 400 000 d) vous sera indispensable ; adressez-vous au Mela Hotel (☎ 0211-382 4321).

Huong Lien Hotel HÔTEL $
(☎ 0211-382 4282 ; ch semaine/week-end 250 000/350 000 d ; 📶). Profitez de la vue sur les montagnes dans cet hôtel aux chambres possédant presque toutes un balcon. Bon rapport qualité/prix. Petit restaurant (plats 135 000-200 000 d).

ℹ Depuis/vers Tam Dao

Située à 85 km au nord-ouest de Hanoi, Tam Dao est dans la province de Vinh Phuc. De la gare routière de Gia Lam, à Hanoi, des bus desservent la ville de Vinh Yen (55 000 d, fréquents 6h-16h), d'où vous devrez prendre un *xe om* (environ 80 000 d aller simple) ou un taxi (160 000 d) pour parcourir les 24 km jusqu'à Tam Dao. Si vous vous y rendez à moto depuis Hanoi, comptez 3 heures de trajet ; la dernière partie de la route via le parc national est magnifique. Depuis Hanoi, l'aller en taxi coûte environ 750 000 d.

Nord du Vietnam

Dans ce chapitre ➡

Le top des restaurants

- Hill Station Signature Restaurant (p. 146)
- Co Yen (p. 113)
- Ba Ha (p. 160)
- Nam Giao (p. 113)
- Casa Bonita (p. 122)

Le top des hébergements

- Pan Hou Village (p. 155)
- Auberge de Meo Vac (p. 161)
- Ruby Hotel (p. 141)
- Huy Trung Homestay (p. 153)
- Little Mai Chau Homestay (p. 137)

Pourquoi y aller

Le nord du Vietnam est la région des grands espaces : montagnes, rizières en terrasses et étonnantes formations karstiques font sa renommée. Tout le monde vient voir les pics calcaires qui surgissent de la baie d'Along, mais on retrouve des paysages karstiques sur le continent, des lacs de Ba Be jusqu'aux gorges et sommets de Ha Giang, en passant par les vallées reculées de Cao Bang, avant de céder la place aux monts verdoyants des hautes terres du Nord-Ouest. Quant au kaléidoscope culturel du nord du Vietnam, il est aussi varié que ses paysages. Autour de Sapa, fief des ethnies montagnardes, les villages se nichent entre les patchworks de rizières, et les foulards écarlates des Dzao et des Hmong noirs parent les marchés des hautes terres d'étourdissantes couleurs. Les routes qui serpentent vers le nord depuis Hanoi dévoilent un monde à mille lieues de la frénésie des grandes villes vietnamiennes. Si vous aimez partir à l'aventure dans un décor rural, cette région est faite pour vous.

Quand partir

Ville d'Along

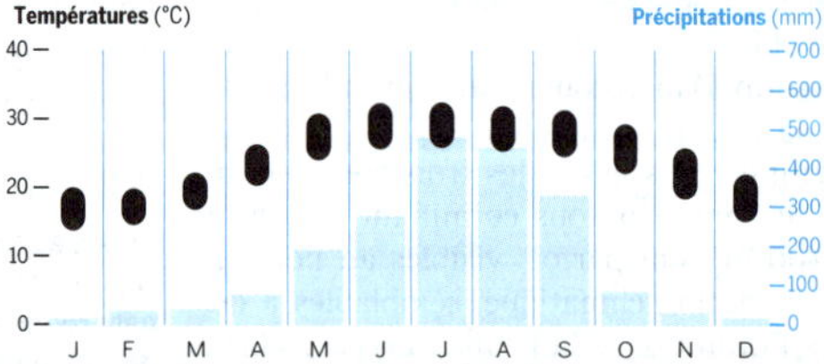

Mai Le mois qui précède la haute saison compte déjà beaucoup de jours ensoleillés et encore peu de touristes.

Fin août-sept Explorez Sapa et Bac Ha durant la saison de moisson du riz.

Nov Ciel bleu, mer calme : la période idéale pour la baie d'Along.

NORD-EST DU VIETNAM

La région du Nord-Est comprend la baie d'Along, l'un des sites les plus célèbres du Vietnam. Mais on trouve aussi de nombreuses autres raisons de s'y attarder : la baie de Bai Tu Long, moins connue mais tout aussi sublime avec ses plages désertes, le site touristique de Cat Ba, où l'on peut faire du kayak et de l'escalade, et l'atmosphère tranquille de la ville de Haiphong.

Histoire

Baignée par le fleuve Rouge (Song Hong) et le golfe du Tonkin, la fertile région du Nord-Est est le berceau de la civilisation vietnamienne. Elle fut aussi le théâtre de l'ancestrale rivalité avec la Chine voisine, qui envahit le pays au IIe siècle av. J.-C. et n'en fut repoussée qu'au Xe siècle.

Les tentatives d'ingérence chinoise ont toujours débuté par une intrusion au Nord-Est. La dernière en date remonte à la guerre sino-vietnamienne de 1979, qui dura un mois. Dans les années 1970 et 1980, des milliers de membres d'ethnies chinoises ont fui la région.

Aujourd'hui, le commerce frontalier explose et les touristes chinois affluent dans la région en été.

Haiphong

☎0225 / 769 740 HABITANTS

La ville la plus facile à aborder du nord-est du Vietnam jouit d'une atmosphère décontractée qui lui est propre, avec des boulevards arborés que bordent d'élégants bâtiments de l'ère coloniale et des cafés branchés pourvus d'agréables terrasses. Port maritime et centre industriel important, Haiphong n'attire cependant pas les foules.

Après la signature du second traité de Saigon en 1874, les Français prirent possession de Haiphong et en firent rapidement un port important. L'industrie lourde prit son essor grâce à la proximité de mines de charbon.

En 1946, le terrible bombardement de la ville par les Français, qui fit des milliers de victimes civiles, sonna le glas de la détente avec le Viêt-minh et fut l'un des éléments déclencheurs de la guerre d'Indochine. Entre 1965 et 1972, Haiphong subit les attaques aériennes et navales des Américains, et le port de la ville fut miné en 1972, pour interrompre le ravitaillement du Nord-Vietnam par les Soviétiques. À la fin des années 1970 et dans les années 1980, la ville connut un exode important. La communauté chinoise notamment prit la route de l'exil, et avec elle une grande partie de la flotte de pêche.

Hormis fréquenter les cafés, il y a peu de choses à faire pour les touristes ; la plupart n'y font qu'un saut sur la route entre Hanoi et la baie d'Along. Si vous choisissez de vous y attarder, vous découvrirez une cité agréable, quasiment dépourvue des tracas des grands centres touristiques du Vietnam.

À voir

Pagode Du Hang TEMPLE BOUDDHIQUE

(Chua Phuc Lam ; 121 P Chua Hang ; 5h-11h30 et 13h30-21h30). GRATUIT Édifiée il y a plus de trois siècles et maintes fois restaurée, cette pagode aux bouddhas dorés, dragons de jade et gracieux bonsaïs, est un bel exemple d'architecture et de sculpture vietnamiennes traditionnelles. Elle est située dans une rue agréablement animée, à 1,5 km au sud-ouest de Pho Diên Biên Phu, l'artère principale de Haiphong ; le trajet en *xe om* (moto-taxi) coûte 30 000 d.

Musée de Haiphong MUSÉE

(66 P Diên Biên Phu ; 5 000 d ; 8h-10h30 mar-dim et 14h-16h30 mar-ven). Situé dans un édifice colonial à la façade ocre rouge, ce petit musée a pour thème l'histoire de la ville et de la région (certaines notices sont traduites en anglais). La collection de taxidermies de la première salle ne vous retiendra pas, contrairement aux salles consacrées aux découvertes archéologiques des tombeaux de Tràng Kênh et de Viêt Khê, de la culture de Dông Son (âge du bronze), et à de belles pièces de céramique. Le jardin abrite une collection variée de reliques de guerre.

Cathédrale du Rosaire ÉGLISE

(P Hoang Van Thu ; lever-coucher du soleil). Édifiée au XIXe siècle, cette élégante église a été entièrement restaurée en 2010. Son grand clocher carré gris est l'un des symboles de la ville.

Opéra ÉDIFICE HISTORIQUE

(P Quang Trung). GRATUIT Cet édifice néoclassique, dont la façade est ornée de colonnes blanches, date de 1904. L'intérieur est généralement fermé à la visite ;

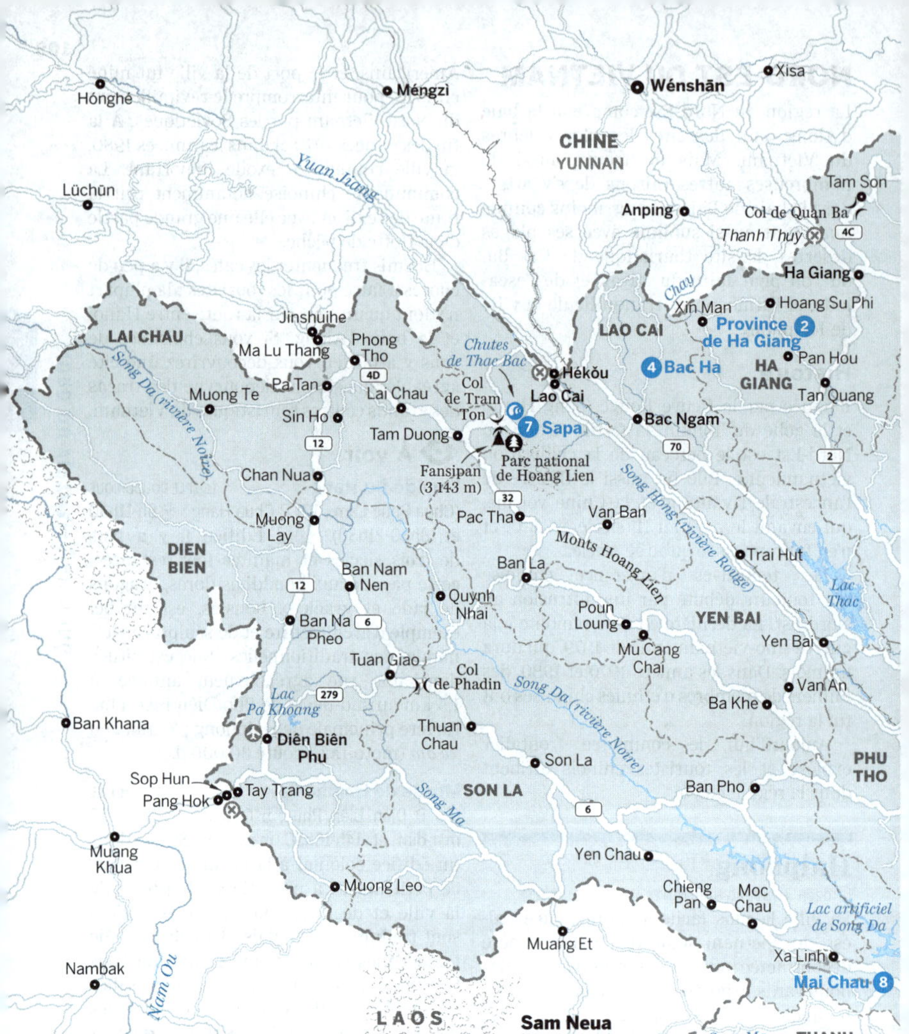

À ne pas manquer

1 Une balade en kayak dans la **baie d'Along** (p. 114) au fil des formations karstiques, des criques et des grottes secrètes.

2 Les spectaculaires cols de montagne de la plus belle route du Nord, dans la province de **Ha Giang** (p. 154).

3 L'**île de Cat Ba** (p. 116), haut lieu des sports de plein air (randonnée, vélo et escalade) dans le nord-est du Vietnam .

4 Les paysages ponctués de villages montagnards autour de **Bac Ha** (p. 152), une partie moins connue du Nord.

5 Une visite sur l'**île de Co To** (p. 126), dont vous partagerez

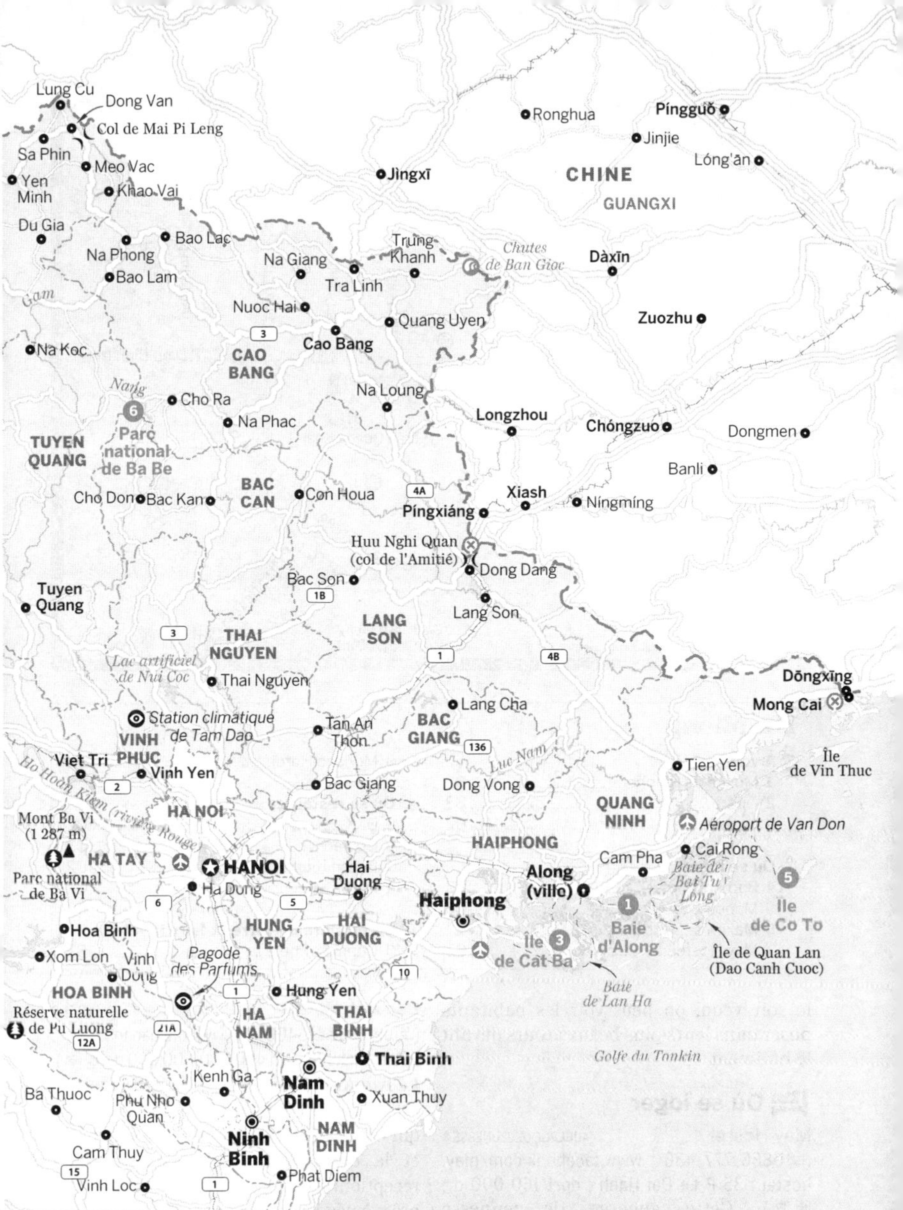

les plages de sable blanc avec les vacanciers vietnamiens.

6 La traversée des paisibles lacs du **parc national de Ba Be** (p. 129) et la sérénité des paysages, entre villages lacustres et pics embrumés.

7 Une randonnée à travers les sublimes paysages de la région de **Sapa** (p. 143), à la rencontre des ethnies montagnardes.

8 Après la frénésie de Hanoi, une escapade régénératrice à **Mai Chau** (p. 136), propice aux balades parmi les vertes rizières.

Haiphong

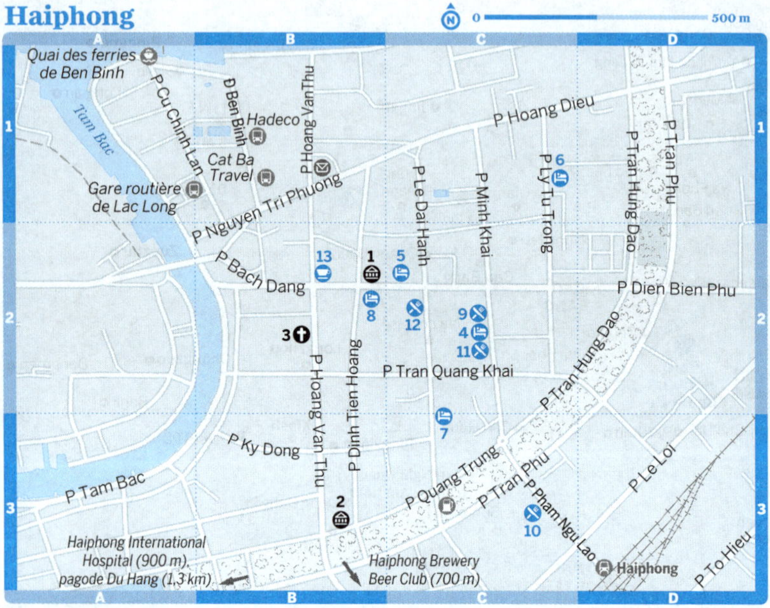

Haiphong

À voir
1 Musée de Haiphong ... B2
2 Opéra ... B3
3 Cathédrale du Rosaire ... B2

Où se loger
4 Bao Anh Hotel ... C2
5 Manoir Des Arts Hotel ... C2
6 Maxim's ... C1
7 May Hostel ... C3
8 Monaco Hotel ... B2

Où se restaurer
9 BKK ... C2
10 Co Yen ... C3
11 Indian Kitchen ... C2
12 Nam Giao ... C2

Où prendre un verre et faire la fête
13 Cong Ca Phe ... B2

le soir venu, on peut voir les habitants poser dans leurs plus beaux atours devant le bâtiment.

Où se loger

May Hostel AUBERGE DE JEUNESSE **$**

(0866 777 436 ; www.facebook.com/may.hostel ; 35 P Le Dai Hanh ; dort 160 000 d ;). Cette auberge de jeunesse moderne cumule les atouts : centrale, elle possède un agréable bar sur le toit, un parking sécurisé pour les cyclomoteurs, et chaque chambre est équipée de la clim et d'une salle de bains, avec prises électriques et une lumière pour chaque lit. Selon le jour de la semaine, les tarifs peuvent fluctuer d'environ 40 000 d, le plus cher étant le samedi.

Bao Anh Hotel HÔTEL **$**

(0225-382 3406 ; www.hotelbaoanh.com ; 20b P Minh Khai ; ch 400 000-600 000 d ;). Le Bao Anh est très bien situé dans une rue arborée et bordée de bons restaurants, ce qui compense l'exiguïté des salles de bains et la déco vieillotte. Les sympathiques réceptionnistes, qui parlent anglais, sont prêts à négocier.

Maxim's HÔTEL **$$**

(0225-374 6540 ; maximshotelhp@gmail.com ; 3k P Ly Tu Trong ; d 500 000-700 000 d, ste 900 000 d ;). Situé dans une petite rue calme, le Maxim's, qui existe depuis des années, est un hôtel moyen de gamme d'un bon rapport qualité/prix. Les chambres les moins chères sont sans fenêtre, mais toutes sont propres et confortables. Les suites sont spacieuses, avec kitchenette et micro-ondes. Le café-restaurant du rez-de-chaussée est pratique, mais on trouve aussi non loin des restaurants.

Monaco Hotel HÔTEL $$
(0225-374 6468 ; www.haiphongmonacohotel.com ; 103 P Diên Biên Phu ; ch avec petit-déj 30-57 $US ;). Moderne et central, cet hôtel au hall imposant dispose d'un personnel serviable qui parle un peu l'anglais. Chambres banales, mais impeccables et confortables, avec de bonnes salles de bains.

Manoir Des Arts Hotel HÔTEL HISTORIQUE $$$
(0225-883 1522 ; manoirdesartshotel.com ; 64 P Diên Biên Phu ; d 2 500 000 d ;). Logé dans un bâtiment datant de 1943, cet établissement de style colonial se révèle particulièrement raffiné : avec ses colonnes, ses sols carrelés en noir et blanc et sa végétation luxuriante. La piscine est minuscule, mais la terrasse qui l'entoure est parfaite pour se détendre, en particulier les sièges côté jardin.

Le restaurant est chic, mais ses tarifs restent raisonnables. C'est un excellent choix pour le dîner, même pour les clients non-résidents. En ligne, les réductions de l'ordre de 25% sur les chambres sont courantes.

Où se restaurer

Co Yen VIETNAMIEN $
(P Pham Ngu Lao ; repas à partir de 20 000 d ; 6h-10h). Ce stand de rue vend exclusivement du *banh da cua*, l'une des spécialités de Haiphong – larges nouilles de riz noir dans un bouillon clair, avec boulettes de porc, crevettes et liserons d'eau. Faute d'enseigne, cherchez le vendeur à l'entrée de la minuscule ruelle en retrait de Pho Pham Ngu Lao.

Nam Giao VIETNAMIEN $$
(22 P Le Dai Hanh ; repas à partir de 180 000 d ; 8h-23h). Dans ce bâtiment colonial se cache le restaurant le plus charmant de Haiphong. Le décor des salles mêle avec goût art asiatique et meubles anciens. À côté de l'agréable espace bar, le restaurant propose un choix de plats restreint mais tous bien exécutés, avec notamment un bar accompagné d'une sauce acidulée aux fruits de la passion et une succulente poitrine de porc caramélisée.

Indian Kitchen INDIEN $$
(0225-384 2558 ; www.facebook.com/Indiankitchen22D ; 22d P Minh Khai ; repas 100 000-160 000 d ; 9h30-23h ;). Ce restaurant réputé, tenu par des Indiens du Kerala, sert une cuisine indienne authentique accompagnée d'un verre de chai ou de lassi, avec en fond sonore la musique de Bollywood. Tout est bon, du curry de poisson au lait de coco au poulet *mughlai*, et il y a un grand choix de plats végétariens.

BKK THAÏLANDAIS $$
(0225-382 1018 ; 22 P Minh Khai ; repas à partir de 180 000 d ; 11h30-22h ;). Une ancienne demeure restaurée où l'on savoure d'authentiques spécialités thaïlandaises remarquablement préparées, dont le *lab moo* (salade de porc) et les calamars au poivre. Choix de bons plats végétariens. On peut s'asseoir sur la terrasse en teck où à l'intérieur dans un décor chic.

Où prendre un verre et faire la fête

Haiphong Brewery Beer Club BAR À BIÈRES
(16 Đ Lach Tray ; 10h-22h). Voici un lieu pour passer une soirée amusante – imaginez l'ambiance festive et plutôt bruyante d'un *biergarten* allemand. Accompagnez les excellentes bières à la pression (7000-25 000 d ; goûtez à l'Amber Ale) d'en-cas vietnamiens. Et souvenez-vous que *tuoi* signifie "pression" en vietnamien...

Le bar se situe au sud-est du centre-ville (15 minutes à pied), à côté de l'hôtel Mercure.

Cong Ca Phe CAFÉ
(84 P Diên Biên Phu ; 7h-23h ;). Cette chaîne très appréciée de cafés au look rétro a son enseigne à Haiphong. Venez-y pour un délicieux café vietnamien, ou un jus de fruits frais (à partir de 30 000 d).

Renseignements

Haiphong International Hospital (0225-395 5888 ; hih.vn ; 124 Nguyen Duc Canh). Moderne, il compte quelques médecins anglophones.

Poste principale (3 P Nguyen Tri Phuong ; 8h-18h lun-ven). Grande et vénérable maison jaune à l'angle de Pho Hoang Van Thu et de Pho Nguyen Tri Phuong.

Depuis/vers Haiphong

AVION

L'aéroport international de Cat Bi (☎0225-397 6408 ; www.haiphongairport.com ; Đ Le Hong Phong) se trouve à 6 km au sud-est du centre de Haiphong. Comptez environ 80 000 d pour le trajet en taxi jusqu'au centre-ville. Les liaisons vers la plupart des villes du centre et du sud du Vietnam sont assurées par Jetstar, Vietnam Airlines et Vietjet, le principal transporteur à Cat Bi. Bangkok, Kunming, Séoul et Shenzhen comptent parmi les destinations internationales.

BATEAU

Le nouveau pont qui relie le continent à l'île de Cat Hai, voisine de l'île de Cat Ba, a entraîné une réduction du nombre de bateaux au départ de Haiphong et la plupart des voyageurs leur préfèrent maintenant les bus, plus fréquents et moins chers.

Les bateaux pour Cat Ba (180 000 d, 1 heure) partent du quai de **Ben Binh** (Đ Ben Binh) à Haiphong, à 9h et 13h. La fréquence des traversées augmente de mai à août.

BUS

Haiphong compte trois gares routières longue distance, mais la **gare routière de Lac Long** (P Cu Chinh Lan), la plus proche du centre, dessert la plupart des destinations. La seule exception sont les bus pour Cat Ba (100 000 d, 2 heures), qui partent au niveau de Đ Ben Binh : **Cat Ba Travel** (☎0769 206 069 ; Đ Ben Binh) et **Hadeco** (☎0912 810 555 ; https://www.facebook.com/hadecospeedboat/ ; Đ Ben Binh) organisent une demi-douzaine de départs entre 6h et 16h.

Pour vous rendre à Cai Rong (île de Van Don), prenez un des fréquents bus en provenance de Lac Long et à destination de Cua Ong (120 000 d, 2 heures), puis prenez un minibus à destination de Cai Rong (10 000 d, 15 minutes), et enfin un *xe om* (moto-taxi) jusqu'au quai.

Pour la ville d'Along (Bai Chay ; 100 000 d, 1 heure), prenez un des minibus pour Mong Cai (200 000 d, 4 heures) qui partent toutes les 15 minutes.

Les bus pour la gare Giap Bat de Hanoi (100 000 d, 2 heures) sont fréquents.

TRAIN

Une ligne secondaire assure la liaison trois fois par jour entre la gare ferroviaire d'Haiphong et la gare de Long Bien à Hanoi (75 000-85 000 d, 2 heures 30 à 3 heures 30, 9h05, 15h et 18h40). Certains trains continuent jusqu'à la gare centrale de Hanoi. Si les horaires vous conviennent, c'est un bon moyen de transport.

Baie d'Along

De hautes colonnes calcaires et de minuscules îlots couverts d'arbres surgissent des eaux émeraude du golfe du Tonkin. Avec leurs grottes sculptées par le vent et les vagues, les quelque 2 000 îles qui parsèment la baie d'Along, classées au Patrimoine mondial en 1994, offrent une vision d'une beauté surnaturelle et sont, sans surprise, le premier site touristique du nord du Vietnam.

La plupart des touristes choisissent une visite en bateau de la baie comprenant un hébergement à bord, mais ils sont de plus en plus nombreux à laisser la baie de côté pour aller directement à l'île de Cat Ba, d'où ils peuvent facilement se rendre dans la baie de Lan Ha, moins fréquentée et tout aussi plaisante.

Along signifie "le lieu où le dragon descend dans la mer". La légende dit que ce paysage mystique fut créé par un grand dragon des montagnes fonçant vers la mer. Les battements de sa queue creusèrent vallées et crevasses. Lorsqu'il plongea dans l'océan, la région s'emplit d'eau, ne laissant que les sommets visibles. L'explication géologique de l'érosion karstique, plus prosaïque, n'affadit pas la poésie de ce paysage marin.

Quand partir

- La baie d'Along attire des visiteurs toute l'année, avec une haute saison pour les touristes vietnamiens entre fin mai et début août.
- De janvier à mars, le temps est souvent frais et pluvieux, et la brume qui en résulte peut diminuer la visibilité, même si elle y ajoute une bonne dose d'étrangeté.
- De mai à septembre, les orages tropicaux sont fréquents. Toute l'année, les conditions météo obligent parfois les bateaux à modifier leur itinéraire.
- Octobre et novembre sont les meilleurs mois : le ciel est bleu, les touristes moins nombreux et les hôtels meilleur marché.

À voir

La plupart des croisières et des excursions d'une journée en bateau comprennent au moins deux grottes, un arrêt sur une île et une visite de l'un des **villages flottants** de la baie d'Along.

Parmi les grottes les plus visitées, citons Hang Trong (grotte du Tambour), Hang

Baie d'Along et baie de Bai Tu Long

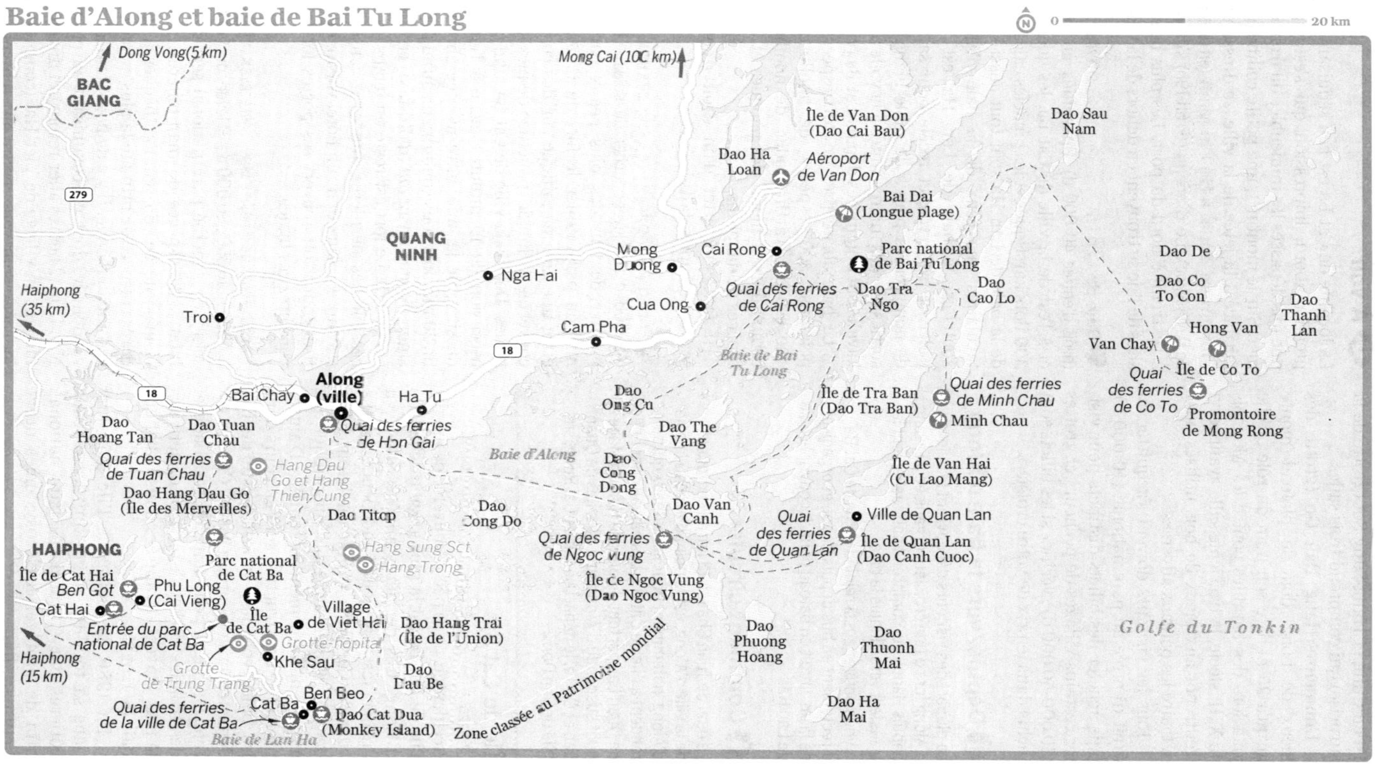

Thien Cung et Hang Sung Sot (grotte de la Surprise) qui comprend trois salles.

L'immense Hang Dau Go (grotte des Pieux de bois), dont le plafond monte jusqu'à 25 m, tire son nom du rôle qu'elle joua lors des batailles contre les Mongols au XIIIe siècle, la troisième salle ayant servi d'entrepôt aux pieux de bois utilisés pour détruire les bateaux adverses.

Tous les visiteurs doivent s'acquitter du droit d'entrée au parc national (40 000 d), puis acheter des billets distincts pour visiter certains villages de pêcheurs et grottes (30 000-50 000 d) : vérifiez si les billets sont inclus dans le prix de votre croisière.

Depuis/vers la baie d'Along

La plupart des visiteurs découvrent la baie d'Along lors d'une croisière organisée à l'avance depuis Hanoi, qui comprend habituellement le transfert vers/depuis la baie.

Vous pouvez aussi rejoindre l'île de Cat Ba directement en bus depuis Hanoi, et organiser de là un circuit en bateau pour découvrir la baie de Lan Ha.

Comment circuler

Le quai de Tuan Chau, à 13 km au sud-ouest de la ville d'Along, est le point d'accès à la baie d'Along, notamment pour les bateaux qui se rendent à l'île de Cat Ba. Les bateaux pour l'île de Quan Lan partent du quai de Hon Gai, face au pont suspendu d'Along ; pour les îles de Quan Lan et Co To, le départ se fait de Cai Rong, sur l'île de Van Don.

Île de Cat Ba

☎0225 / 13 500 HABITANTS

Accidentée, escarpée et couverte de jungle, l'île de Cat Ba est la plus grande de la baie d'Along. Ces dernières années, elle a vu affluer les voyageurs indépendants. La ville de Cat Ba a connu un boom hôtelier, et la baie autrefois magnifique est à présent largement bétonnée. D'autres projets de construction sont en cours dans les baies voisines, mais le reste de l'île demeure largement préservé. Cat Ba est l'endroit idéal pour faire de l'escalade et des balades en kayak ou à pied, activités le plus souvent organisées dans l'idyllique baie de Lan Ha.

En 1986, la moitié de l'île (354 km² dans sa totalité) et 90 km² de ses eaux côtières ont été déclarés parc national, afin de protéger les écosystèmes de ce petit paradis.

À voir

La localité de Cat Ba est peu séduisante au premier abord, impression qui s'estompe une fois dépassés les immeubles du front de mer. Sur le mont n°1, une petite colline qui fait face à la jetée de la ville, se dresse un **monument dédié à Hô Chi Minh** (en retrait de Đ Nui Ngoc). Le **marché** (⏲6h-19h) s'étend à l'extrémité nord du port. Les plus beaux sites de l'île se trouvent en dehors de la ville.

♥ Baie de Lan Ha SITE NATUREL

(droit d'entrée 40 000 d). Éparpillés au sud et à l'est de la ville de Cat Ba, les quelque 300 îlots karstiques et les pinacles calcaires de la baie de Lan Ha sont tout aussi spectaculaires que ceux de la baie d'Along. Toutefois, la baie de Lan Ha est plus isolée et préservée, et recèle pour sa part de nombreuses plages de sable blanc. Les sorties les plus intéressantes à la voile ou en kayak sont organisées depuis Cat Ba (ville).

La baie abrite près de 200 espèces de poissons, 500 espèces de mollusques, 400 espèces d'arthropodes, de nombreux coraux durs et mous, des phoques et trois espèces de dauphins.

Il faut s'acquitter d'un droit d'entrée, souvent compris dans les circuits.

♥ Fort du Canon SITE HISTORIQUE

(40 000 d ; ⏲lever-coucher du soleil). Pour profiter de l'un des plus beaux panoramas du pays, ralliez le fort du Canon. Il offre une vue magnifique sur des collines couvertes de jungle, ponctuée de pics karstiques. Depuis la ville de Cat Ba, une raide ascension de 10 minutes mène à l'entrée du site ; de là, une autre montée abrupte de 20 minutes vous conduira jusqu'au fort ; sinon, prenez un *xe om* (moto-taxi) en ville (15 000 d). Le fort est resté un temps inaccessible ces dernières années à cause de travaux en cours dans un hôtel voisin, mais il devrait avoir rouvert ses portes lorsque vous lirez ces lignes.

Parc national de Cat Ba RÉSERVE NATURELLE

(☎0225-216 350 ; 80 000 d ; ⏲lever-coucher du soleil). Ce superbe parc national sert d'habitat à 32 espèces de mammifères, dont la majorité des 65 semnopithèques à tête dorée (l'espèce de primate la plus menacée) restant au monde. Il y a de bons sentiers de randonnée, dont un conduisant au pic de Ngu Lam (2 heures aller-retour), et un autre menant au village de Viet Hai (comptez la journée). Pour vous rendre aux bureaux du

À NE PAS MANQUER

CHOISIR SA CROISIÈRE DANS LA BAIE D'ALONG

Le moyen le plus répandu pour explorer le paysage karstique de la baie d'Along est le bateau. Absolument tout le monde à Hanoi voudra vous vendre une croisière pour visiter la baie, mais les mauvaises agences sont légion. Chaque année, des voyageurs se plaignent auprès de nous d'un service décevant, d'une mauvaise nourriture, voire de rats qui se baladent sur les bateaux des croisières les moins chères, ou encore de circuits plus onéreux ne respectant pas les itinéraires prévus.

Les circuits organisés à Hanoi vont de 60 $US par personne minimum pour une croisière peu recommandable à la journée, à 220 $US pour deux jours. Pour 110-130 $US environ, vous devriez avoir une croisière décente avec une nuit à bord. Au départ de Cat Ba, une croisière à la journée coûte à partir de 25 $US.

À l'autre bout de l'échelle, difficile de faire mieux qu'une croisière à bord d'une jonque chinoise luxueuse. Mais sachez que payer très cher ne signifie pas nécessairement un circuit à l'écart des foules.

Si vous voulez découvrir les formations karstiques sans trop de monde, envisagez une croisière dans la baie de Lan Ha (p. 116), à proximité de l'île de Cat Ba. Plusieurs croisières y sont organisées combinant balades en kayak, escalade et baignade.

La plupart des circuits organisés comprennent l'aller-retour depuis Hanoi, l'entrée au parc de la baie d'Along et les repas. Un circuit correct avec une nuit à bord comprend en général une balade en kayak. Les boissons (y compris l'eau) sont en supplément et payables en espèces uniquement.

Il est très recommandé de s'y prendre à l'avance. Voici quelques suggestions afin que la baie d'Along demeure mémorable pour de bonnes raisons plutôt que de mauvaises :

- Choisir un circuit trop bon marché est une fausse économie. Dépensez un peu plus, vous en profiterez.
- Vérifiez le niveau de sécurité à bord. Les gilets de sauvetage devraient être fournis. Si un circuit en kayak est inclus, assurez-vous qu'un guide vous accompagne.
- Acceptez le fait que la plupart des croisières dans la baie d'Along suivent un itinéraire strict, avec des arrêts dans des grottes qui se font souvent en même temps que d'autres bateaux. Lors d'une croisière avec une seule nuit à bord, le temps manque pour s'éloigner de la ville d'Along.
- Pour éviter les déceptions, assurez-vous de savoir ce pour quoi vous payez. Beaucoup de croisières présentées comme des formules "deux jours" comprennent en réalité moins de 24h à bord.
- Vérifiez au préalable les conditions de remboursement de votre tour-opérateur en cas d'annulation de la croisière due au mauvais temps.

Parmi les agences à envisager :

Cat Ba Ventures (p. 119). Croisières avec nuit à bord qui partent de l'île de Cat Ba et vous font visiter la baie de Lan Ha.

Handspan Travel Indochina (p. 99). L'opérateur du seul vrai voilier de la baie.

Indochina Sails (☎ 0982 042 426 ; www.indochinasails.com). Découvrez la baie d'Along depuis les superbes ponts d'une jonque traditionnelle, avec des cabines équipées comme un trois-étoiles.

Unicharm (p. 105). Croisières tranquilles, vers des recoins isolés de la baie de Lan Ha. Au programme, snorkeling, kayak et cours de cuisine.

Vega Travel (p. 99). Visites de la baie d'Along avec nuit à bord dans des cabines confortables, d'un bon rapport qualité/prix. Avec deux nuits à bord, vous découvrirez aussi la baie de Lan Ha et l'île de Cat Ba ; kayak, vélo et randonnée compris.

parc situés à Trung Trang depuis la ville de Cat Ba, prenez un bus Song Tung, un *xe om* (environ 80 000 d l'aller) ou un taxi (30 $US aller-retour).

Il est fortement recommandé de recourir à un guide pour vraiment profiter du parc. Beaucoup de touristes s'y rendent dans le cadre d'un circuit organisé au départ de la ville de Cat Ba, mais on peut aussi réserver une visite guidée aux bureaux du parc.

La randonnée jusqu'au pic de Ngu Lam (guide 200 000 d) est courte mais intense, et offre une belle vue sur la jungle environnante. Le sentier de 9 km jusqu'au village de Viet Hai est difficile (départ au nord de l'entrée du parc). Mieux vaut être accompagné d'un guide (500 000-700 000 d). On peut se restaurer et se loger à Viet Hai. Depuis le village, 5 km restent à parcourir à pied, à vélo (location 75 000 d) ou en véhicule électrique jusqu'au quai, d'où partent des bateaux-taxis pour le port de Ben Beo (300 000-500 000 d/bateau) près de la ville de Cat Ba (départs jusqu'à 16h). Un ferry (50 000 d/pers, 1 heure) part habituellement de Ben Beo à 11h et 16h, et de Viet Hai à 7h et 13h, mais mieux vaut vérifier les horaires, variables.

Pour la randonnée jusqu'à Viet Hai, qui est difficile, partez avec de bonnes chaussures de marche, suffisamment d'eau et un vêtement de pluie. Évitez de vous y rendre à la saison des pluies ou après des intempéries car le sol devient glissant.

Parmi les mammifères du parc, les plus faciles à voir sont les macaques, les chevreuils, les civettes et plusieurs espèces d'écureuils, dont l'écureuil géant oriental. On a repéré ici 70 espèces d'oiseaux, dont des faucons, des calaos et des coucous.

Grotte de Trung Trang SITE NATUREL

(Hang Trung Trang ; accès au parc national 80 000 d ; 7h30-17h). La grotte est située dans le parc national de Cat Ba, mais on y accède par une autre entrée, située en bord de route à 2 km au nord de la grotte-hôpital. Dotée de multiples salles, Trung Trang vaut le détour. Le ticket d'accès au parc couvre l'accès à la grotte.

Grotte-hôpital SITE HISTORIQUE

(40 000 d ; 8h-17h). À environ 10 km au nord de Cat Ba, sur la route qui mène à l'entrée du parc national, cette grotte est un lieu historique : protégée des bombes, elle a servi d'hôpital clandestin pendant la guerre du Vietnam, mais aussi d'abri aux dirigeants viêt-cong. Aménagée entre 1963 et 1965 avec l'aide de la Chine, sur trois niveaux, elle fut utilisée jusqu'en 1975. Elle compte 17 salles, dont l'ancien bloc opératoire (avec mannequins) et la gigantesque caverne naturelle qui faisait office de cinéma (et comprenait même une petite piscine).

Anse de Cat Co PLAGE

À 10 minutes de marche au sud-est de la ville de Cat Ba, les trois plages de l'anse de Cat Co sont les plus proches pour se baigner, mais on y construit de plus en plus d'hôtels. **Cat Co 3**, la plus proche des trois, est petite mais populaire. De là, un sentier taillé dans la falaise offrant une vue splendide sur la mer serpente jusqu'à **Cat Co 1**, dominée par un nouveau complexe hôtelier, puis continue jusqu'à la jolie bande de sable blanc de **Cat Co 2**.

Vous pouvez aussi monter tout droit sur la colline pour aller à Cat Co 1 et 2, ou prendre le "train" touristique (en fait une grosse voiturette de golf, 10 000 d) qui sillonne la colline en haute saison.

Kayaks et Jet-Skis sont disponibles à la location à Cat Co 1. Sachez que les plages sont bondées les week-ends d'été.

Activités

Kayak

L'exploration en kayak des formations karstiques est une des activités phares de la baie de Lan Ha. La plupart des croisières comprennent 1 heure de balade en kayak vers une grotte ou un village sur pilotis dans la baie.

En raison des courants, forts et variables, mieux vaut s'y aventurer avec un guide, surtout si vous n'êtes pas expérimenté.

Il n'est désormais plus possible de partir en kayak du port de Ben Beo : une navette en bateau est généralement comprise dans le prix des locations ou des circuits organisés.

Vélo

Quelques hôtels louent des vélos (environ 6 $US/jour). Blue Swimmer loue des VTT de meilleure qualité pour 15 $US par jour.

Un itinéraire (pour vélos ou motos) traverse le cœur de l'île, en passant devant la grotte-hôpital et l'entrée du parc national de Cat Ba, puis redescend vers les mangroves et les élevages de crabes de la côte ouest. On rejoint ensuite la ville de Cat Ba en effectuant une boucle par la route longeant la côte, où alternent vasières et plages désertes. Prévoyez une demi-journée pour effectuer les 32 km du circuit, avec quelques arrêts.

À NE PAS MANQUER

ESCALADE DES RELIEFS KARSTIQUES

Si l'escalade vous tente, l'île de Cat Ba, avec ses falaises karstiques, est l'endroit idéal. La plupart de ceux qui viennent y grimper sont novices, mais l'encadrement étant excellent, beaucoup repartent mordus d'escalade.

La roche calcaire n'est ici pas trop raide et exigeante pour les doigts. Les parois étant par ailleurs souvent protégées des intempéries par des avancées rocheuses, l'escalade est presque toujours possible, même par temps pluvieux.

Les sites d'escalade se trouvent à l'intérieur des terres, ou dans la magnifique baie de Lan Ha. Vous trouverez plusieurs agences de confiance dans la ville de Cat Ba, dont Langur's Adventures. Vous serez équipé d'un harnais et de chaussures d'escalade, on vous expliquera les bases de l'escalade en moulinette (ou *top-rope*) et des techniques d'assurage, puis on vous fera une démonstration. Ce sera ensuite à votre tour de grimper, guidé à chaque étape et assuré par votre guide d'escalade. La plupart des gens parviennent à réaliser des escalades à Hai Pai et Moody Beach, deux sites parfaits pour les débutants.

Les parois verticales de la baie d'Along et de celle de Lan Ha sont aussi idéales pour le psicobloc (*deep-water soloing*), qui revient à escalader seul, sans cordages ou harnais, en utilisant l'océan comme seul filet de sécurité en cas de chute. C'est une technique réservée aux grimpeurs expérimentés, accompagnés d'une équipe professionnelle sérieuse, qui connaîtra la profondeur de l'eau et les courants marins. L'escalade en psicobloc se termine habituellement par un saut dans la mer, avant de regagner le bord de l'eau ou le bateau à la nage.

Les grimpeurs expérimentés gagneront à consulter le guide de Luca Di Giorgi, *Ha Long Bay Climbing*, conçu sur place.

Circuits organisés

Presque tous les hôtels de l'île de Cat Ba proposent des excursions en bateau dans la baie de Lan Ha. Les prix démarrent généralement à 25/80 $US pour un circuit d'une journée/de deux jours, nuit comprise, avec au programme baignade, kayak et visite de Monkey Island. Un circuit de deux jours vous permettra de découvrir des îles et des plages plus reculées et moins fréquentées.

Cat Ba Ventures BATEAU, KAYAK, RANDONNÉE
(☎0912 467 016, 0225-388 8755 ; www.catbaventures.com ; 223 Đ 1-4, ville de Cat Ba ; excursion en bateau avec nuit à bord à partir de 136 $US/pers ; ⏰7h30-20h). Agence locale proposant des sorties en bateau dans la baie de Lan Ha et dans la baie d'Along, ainsi que des circuits en kayak à la journée (29 $US) et des randonnées guidées dans le parc national (18-29 $US). De nombreux lecteurs nous ont dit le plus grand bien des services de M. Tung.

Langur's Adventures SPORTS D'AVENTURE
(☎0225-388 7789 ; www.langursadventures.com ; Đ 1-4 ; ⏰8h-21h). Une bonne agence centrée sur le kayak, l'escalade et la randonnée. Elle propose notamment une initiation d'une demi-journée à l'escalade en moulinette (39 $US), un circuit en kayak d'une journée avec navette en bateau (29 $US), une formule escalade psicobloc (escalade sans autre sécurité que l'eau en dessous)/kayak d'une journée, et des circuits de deux jours multiactivités (110-167 $US/pers).

Cat Ba Kayak Adventures CIRCUITS EN KAYAK
(☎0976 713 082 ; www.catbakayakadventures.com ; Cai Beo ; location de kayak simple/double 35/45 $US). Les locations de kayaks comprennent la navette en bateau. L'agence propose aussi des circuits à la journée avec guide et déjeuner compris pour 45 $ par personne. Les excursions de deux jours (160 $US/pers) dans les parties plus isolées de la baie de Lan Ha sont particulièrement intéressantes (nuit comprise dans une jonque ou un bungalow sur une île).

Blue Swimmer CIRCUITS AVENTURE
(☎0225-368 8237, 0915 063 737 ; www.blueswimmersailing.com ; port de Ben Beo ; excursion à la voile avec nuit à bord à partir de 190 $US/pers ; ⏰8h-20h). C'est Vinh, un des fondateurs du tour-opérateur reconnu Handspan Travel Indochina (p. 146), qui a ouvert cette agence écoresponsable. Elle propose de très belles excursions à la voile ou en kayak, des

randonnées à pied ou à VTT (certaines avec nuit chez l'habitant). Renseignez-vous au bureau situé au port de Ben Beo.

Où se loger

Les tarifs des chambres varient fortement sur l'île de Cat Ba et peuvent doubler de juin à juillet ; à cette période, mieux vaut réserver bien à l'avance. Les tarifs peuvent être aussi plus élevés le week-end dans certains hôtels.

VILLE DE CAT BA

La plupart des hôtels bon marché sont regroupés sur le front de mer de la ville de Cat Ba ou légèrement en retrait. Đuong Nui Ngoc n'offre pas la même vue mais la rue est plus calme, et les logements y sont d'un bon rapport qualité/prix.

Central Backpackers Hostel AUBERGE DE JEUNESSE $
(☎0225-627 4888 ; www.centralbackpackershostel.com ; Dap Nuoc ; dort 117 500 d, ch 423 000 d ; ❄ 📶 🏊). Cette auberge de jeunesse moderne et d'une propreté impeccable est située à l'extrémité ouest de la ville. Elle possède des dortoirs mais aussi quelques chambres privatives confortables. Le jardin avec sa petite piscine est agréable

Ville de Cat Ba

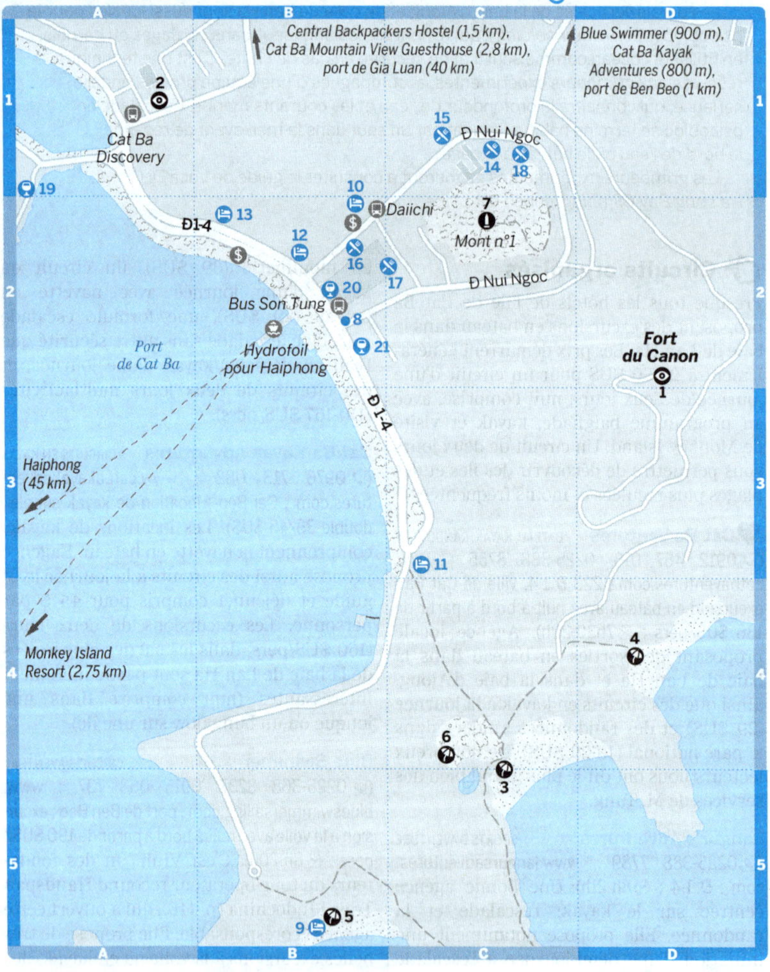

pour passer la soirée, mais on peut aussi choisir de prendre la navette de l'hôtel pour rejoindre le centre-ville (retour à 1h).

Les tarifs comprennent le petit-déjeuner et une bière en soirée. L'auberge propose des motos en location et des circuits organisés.

Cat Ba Tropicana Homestay PENSION $
(☎0938 934 338 ; 21 allée 1, Đ Nui Ngoc ; ch 13 $US ;). Les chambres sont propres et confortables dans cette pension centrale mais calme, un peu à l'écart de l'agitation du front de mer. Le propriétaire, Tien, est aux petits soins. Vous pourrez y réserver à peu près tout, tickets de bus, location de motos ou croisières.

Tant que des travaux sont en cours dans le bâtiment voisin, vous serez peut-être logés à l'hôtel Hai Binh, tout aussi agréable et à deux minutes à pied.

Thu Ha HÔTEL $
(☎0225-388 8343 ; www.thuhahotel.com ; 205 Đ 1-4 ; s/d 250 000/300 000 d ;). Petit établissement bon marché tenu en famille, aux chambres proprettes, à l'ameublement spartiate, dont certaines comptent 4 lits (600 000 d). Négociez pour en obtenir une à l'avant, face à la mer ; sinon, montez au 11e étage profiter du balcon.

Sea Pearl Hotel HÔTEL $$
(☎0225-368 8567 ; www.seapearlcatbahotel.com.vn ; 219 Đ 1-4 ; ch avec petit déj 600 000-1 000 000 d ;). Le Sea Pearl, bien qu'un peu vieillot, reste un bon choix. Les chambres de qualité supérieure sont confortables et spacieuses, avec une jolie vue sur la baie (les chambres standards sont plus petites et sans vue). Le personnel est sérieux et serviable. Magnifique panorama du Sky Bar et sa piscine, au 13e étage.

Hung Long Harbour Hotel HÔTEL $$
(☎0225-626 9269 ; www.hunglonghotel.vn ; 268 Đ 1-4 ; ch 900 000-1 500 000 d ;). À l'extrémité sud-est de la ville de Cat Ba, plus calme, cet imposant hôtel 3 étoiles dispose de chambres très spacieuses, dont beaucoup jouissent d'une vue superbe sur le port. Pas la peine de prendre une chambre plus chère : les "standards" sont celles qui ont des balcons.

ÎLE DE CAT BA ET ÎLES ALENTOUR

On trouve de bons hébergements dans différentes parties de l'île de Cat Ba, ainsi que dans d'autres îles plus reculées de la baie de Lan Ha.

Woodstock Beach Camp HÔTEL $
(☎0225-388 599 ; www.facebook.com/woodstockbeachcamp ; Phu Cuong ; dort 80 000-150 000 d, tr/qua 350 000/400 000 ;). Service et équipements n'atteignent pas des sommets, mais il n'y a pas mieux dans le genre bastion de routards à l'ancienne. Si le couchage est souvent sommaire (du simple matelas sur un balcon à celui dans une tente sur la plage), le bâtiment principal n'en compte pas moins quelques chambres avec clim. Sur la route principale, à 9 km à l'ouest de la ville de Cat Ba. Navette quotidienne gratuite pour le centre-ville.

Whisper of Nature HÔTEL $$
(☎0987 989 094 ; whisper-nature-bungalow.business.site ; village de Viet Hai ; bungalow avec petit-déj 32-38 $US ;). Cet endroit simple est fait pour les amoureux de la nature

Ville de Cat Ba

Les incontournables
1 Fort du Cannon D2

À voir
2 Marché de Cat Ba A1
3 Cat Co 1 .... C5
4 Cat Co 2 .... D4
5 Cat Co 3 .... B5
6 Cat Co Cove C4
7 Monument à Hô Chi Minh C2

Activités
8 Cat Ba Ventures B2
Langur's Adventures .... (voir 8)

Où se loger
9 Cat Ba Sunrise B5
10 Cat Ba Tropicana Homestay B2
11 Hung Long Harbour Hotel C3
12 Sea Pearl Hotel B2
13 Thu Ha B2

Où se restaurer
14 Casa Bonita C1
15 Little Leaf C1
16 Vien Duong B2
17 Yummy C2
18 Yummy 2 .... C1

Où prendre un verre et faire la fête
19 Stands de Bia Hoi A1
20 Bigman B2
21 Oasis Bar B2

souhaitant se détendre, ou s'adonner à la randonnée et à la baignade. De petits bungalows en béton et chaume sont installés en lisière de forêt, au centre de l'île de Cat Ba. S'y rendre est déjà une petite aventure en soi : traversée en bateau depuis Ben Beo, puis 4 km à vélo.

Cat Ba Mountain View Guesthouse BUNGALOWS **$$**
(0225-368 8641 ; catbamountainview.business.site ; 452 Đ Ha Sen, village d'Ang Soi ; dort 150 000 d, cabane 350 000 d, bungalow 500 000-1 000 000 d ;). Un peu à l'écart du tumulte de la ville, cet ensemble de bungalows et de cabanes en palettes offre un confort très simple, mais la petite piscine perchée sur la colline fait profiter d'un panorama superbe sur deux baies. On peut y faire laver son linge et louer des vélos. Sur la route principale, à 3 km de la ville de Cat Ba (50 000 d en taxi).

Cat Ba Eco Lodge COMPLEXE HÔTELIER **$$**
(0973 238 686 ; www.catbaecolodge.com ; village de Xuan Dam ; ch avec petit-déj 950 000-1 500 000 d ; @). Ce complexe hôtelier bénéficie d'un cadre champêtre, à 12 km de la ville de Cat Ba et 2 km de la route principale. Des maisons en bois sur pilotis, spacieuses mais plutôt banales et chères, sont éparpillées autour d'un bar et d'un restaurant en plein air. Les bungalows, moins grands mais plus jolis avec leurs balcons, sont entourés par une forêt de pins. La piscine est agréable, et on peut aussi se rendre à la plage à vélo (2 km) ou emprunter l'un des sentiers de randonnée.

Assure 2 navettes quotidiennes depuis/vers la ville de Cat Ba. Si vous arrivez en bus depuis Hanoi, téléphonez pour qu'on vienne vous chercher sur la route principale.

Cat Ba Sunrise COMPLEXE HÔTELIER **$$$**
(0225-388 7360 ; https://www.facebook.com/pages/Cat-Ba-Sunrise-Resort/25405721796 1159 ; Cat Co 3 ; ch 95-108 $US, ste 265-365 $US ; @). Face à la mer, un complexe hôtelier conçu avec goût, doté de constructions basses au toit de tuiles, au pied de falaises verdoyantes. Les chambres sont assez spacieuses et élégantes, avec balcons donnant sur la mer pour les plus chères. Toutefois, les principaux atouts en sont les équipements, notamment la piscine et le bar sur la plage. Une nouvelle annexe devrait avoir ouvert lorsque vous lirez ces lignes, avec piscines et accès privatif à la plage.

Monkey Island Resort COMPLEXE HÔTELIER **$$$**
(0981 222 028, 0439 260 572 ; www.monkeyislandresort.com ; île de Cat Dua ; ch et bungalow avec petit-déj 70-160 $US ;). Si les bungalows standards en bois et chaume sont vraiment petits pour le prix et gagneraient à être plus soignés, le site et la plage sont vraiment jolis. L'atmosphère est conviviale, avec un buffet de produits de la mer le soir et différentes activités (randonnée, kayak) proposées. La navette en bateau depuis le port de Ben Beo (10 minutes) est offerte.

En dehors de la période allant de mai à août, les tarifs peuvent baisser de 60%.

Où se restaurer

Casa Bonita INTERNATIONAL **$**
(www.facebook.com/casabonita.vn ; 82 Đ Nui Ngoc ; repas à partir de 85 000 d ; 7h-23h ;). C'est l'une de nos adresses favorites à Cat Ba, grâce à la qualité de son service et à ses plats savoureux comme le curry de fruits de mer ou de poisson, cuit en cocotte d'argile ou les plus légers comme la salade de poulet, avocat et mangue, ainsi que ses options végétariennes et véganes. Charmante terrasse verdoyante. On peut aussi y prendre le petit-déjeuner avec un smoothie et un bol de granola maison.

Little Leaf INTERNATIONAL **$**
(91 Đ Nui Ngoc ; repas 70 000-120 000 d ; 7h-23h ;). Le service est attentionné dans ce restaurant joliment décoré. On y sert notamment des plats d'influence chinoise (goûtez aux champignons et poivrons braisés), du poisson grillé à la mode vietnamienne, avec piment et citronnelle, de croustillants *banh mi* au déjeuner et des crêpes à la mangue pour le dessert.

Yummy 2 INTERNATIONAL **$**
(7 Đ Nui Ngoc ; repas 40 000-80 000 d ; 8h-22h ;). Ce restaurant familial apprécié des routards propose un vaste choix de plats asiatiques – currys indiens, pad thaï et plats vietnamiens. Pas exceptionnel, mais correct et pratique. On trouve une autre **branche** (www.facebook.com/yummycatba ; 8h-22h) en moins bon état, un pâté de maisons plus loin en allant vers la mer, où l'on sert un menu identique.

Vien Duong PRODUITS DE LA MER **$$**
(12 Đ Nui Ngoc ; repas à partir de 150 000-200 000 d ; 11h-23h). Ce restaurant de fruits de mer, parmi les plus populaires de Đuong Nui Ngoc, est souvent rempli de

touristes vietnamiens qui se régalent de crabe, de calamar et de fondue de fruits de mer locaux. Ambiance garantie, mais à éviter si vous cherchez un endroit calme.

Où prendre un verre et faire la fête

Stands de Bia Hoi BARS À BIÈRES
(Đ 1-4 ; 16h-22h). Pour une soirée bon marché et joyeuse, assortie d'une jolie vue sur le port de Cat Ba, gagnez cette allée de stands de *bia hoi* (bière pression) à ciel ouvert. On peut s'y restaurer, mais il faut pouvoir déchiffrer le menu vietnamien.

Bigman BAR
(www.facebook.com/thebigmanbar ; Noble House, Đ 1-4 ; 12h-tard ;). Ce bar très populaire à Cat Ba ne manque pas d'ambiance, jusque tard dans la nuit. Tables de billard et vue sur le port.

Oasis Bar BAR
(Đ 1-4 ; 12h-1h ;). Le billard gratuit, le personnel souriant et l'emplacement au milieu du front de mer concourent à faire de l'Oasis un endroit idéal pour savourer une bière, en particulier au moment de l'happy hour (17h30-21h30).

Renseignements

Vous trouverez des renseignements touristiques utiles chez Cat Ba Ventures (p. 119). La plupart des hôtels et agences de voyages vendent des tickets de bus pour Hanoi.

Agribank (Đ Nui Ngoc ; 8h-15h lun-ven, 8h-11h30 sam)

Agribank (DAB) (Đ 1-4 ; 24h/24)

Poste principale (Đ 1-4 ; 7h-12h et 13h30-18h30 lun-ven)

Depuis/vers l'île de Cat Ba

Les bus au départ de Hanoi et de Haiphong empruntent le pont routier menant au quai de Ben Got sur l'île de Cat Hai. De là, les passagers sont transportés en bateau rapide (15 minutes) jusqu'au quai de Phu Long (Cai Vieng) sur l'île de Cat Ba, puis ils prennent un minibus. Certains bus font la traversée à bord d'un plus grand car-ferry (motos acceptées).

DEPUIS/VERS HAIPHONG

Le moyen le plus rapide de se rendre à Haiphong est l'**hydrofoil** qui relie deux fois par jour le quai de Cat Ba à celui de Ben Binh (180 000 d, 1 heure, départ 10h et 14h).

Les bus sont plus fréquents, avec un départ presque toutes les heures pour Haiphong depuis la place située le long du quai de Cat Ba (100 000 d, 2 heures).

Vérifiez bien que votre bus ou votre bateau vous emmène à Ben Binh, et non au port de Dinh Vu, beaucoup moins central.

DEPUIS/VERS LA VILLE D'ALONG

Des car-ferries relient toute l'année le quai de Tuan Chau dans la ville d'Along (départ à 8h, 11h30 et 15h ; 80 000/20 000 d par pers/moto, 1 heure 30) à l'île de Cat Ba (arrivée au port de Gia Luan, au nord de l'île, à 40 km de la ville de Cat Ba).

De Gia Luan, le ferry part pour Tuan Chau à 9h, 13h et 16h. **Les bus Son Tung** (0353 422 342 ; Đ 1-4) relient Gia Luan à la ville de Cat Ba (30 000 d, 40 minutes). Depuis la ville de Cat Ba, prenez le bus de 7h45, 9h15, 11h ou 15h devant Cat Ba Ventures pour avoir la correspondance avec le ferry. Il y a deux ferries supplémentaires à 11h30 et 15h de fin mai à début août.

DEPUIS/VERS HANOI

Des compagnies telles que **Daiichi Travel** (www.daiichitravel.com ; 19 Đ Nui Ngoc), **Cat Ba Discovery** (0988 558 392 ; www.catbadiscovery.com ; 5 Tung Dinh), Good Morning Cat Ba (goodmorningcatba.com) et Cat Ba Express (www.catbaexpress.com) proposent chacune 4 ou 5 trajets quotidiens entre la vieille ville de Hanoi et Cat Ba (4 heures, départ entre 7h30 et 16h). C'est le moyen de transport le plus pratique pour se rendre à Cat Ba ; on peut prendre les bus n'importe où dans la vieille ville de Hanoi. Les tarifs varient (200 000-270 000 d) selon la saison. Votre hôtel à Cat Ba pourra se charger de la réservation.

DEPUIS/VERS D'AUTRES DESTINATIONS

Des bus Daiichi et Cat Ba Discovery partent pour d'autres destinations, dont Ninh Binh à 8h, 9h, 12h30 et 16h (250 000 d, 5 heures), Sapa à 8h et 16h (450 000 d, 11 heures), Ha Giang à 16h (400 000 d, 12 heures) et Hué à 16h (450 000 d, 16 heures).

Comment circuler

Le bus Son Tung (p. 123) relie la ville de Cat Ba au port de Gia Luan (30 000 d) au nord de l'île, en passant par la grotte-hôpital, la grotte Trung Trang et les bureaux du parc national. Le départ se fait devant Cat Ba Ventures (p. 119) à 7h45, 9h15, 11h et 15h (le bus repart de Gia Luan environ 45 minutes plus tard, une fois le ferry arrivé). Pendant la haute saison, de juin à juillet, il y a des liaisons supplémentaires.

La plupart des hôtels de Cat Ba louent des vélos et des motos (environ 150 000 d/jour).

Si vous choisissez d'aller à la plage ou dans le parc national, garez-vous sur le parking payant (5 000 d), c'est plus sûr.

Along

☎0203 / 221 580 HABITANTS

Le développement d'Along (le côté Bai Chay, plus consacré au tourisme) n'a pas été très heureux. Malgré son emplacement incroyable au bord de la baie, c'est une ville disgracieuse, avec quelques regroupements d'hôtels façon gratte-ciel le long du rivage.

La plupart des voyageurs choisissent délibérément de ne pas rester en ville, préférant passer une nuit dans la baie d'Along. En raison de la concurrence et d'une clientèle en baisse, les tarifs pratiqués par les hôtels d'Along figurent désormais parmi les plus bas du Vietnam, surtout en dehors des mois de juin et juillet. Les visiteurs chinois et coréens y sont plus nombreux, ravis de profiter des casinos et des karaokés sur la terre ferme après avoir exploré la baie pendant la journée.

À voir et à faire

La vaste plage n°1, derrière le Sunworld, est idéale pour se reposer en matinée ou en fin d'après-midi.

Sunworld TÉLÉPHÉRIQUE

(☎0203-223 8888 ; www.halongcomplex.sunworld.vn ; Đ Halong ; téléphérique adulte/enfant 350 000/250 000 d ; ⏲14h-22h lun-ven, 9h-22h sam-dim). Les touristes affluent vers ce téléphérique qui passe au-dessus du bras de mer de Cua Luc, offrant un panorama saisissant sur la baie d'Along. La vue est particulièrement belle au crépuscule, mais les cabines peuvent être bondées aux heures de pointe. Le prix du billet inclut un tour de grande roue au sommet de la colline de Ba Deo, et une foule d'autres attractions moins intéressantes sont aussi proposées.

Les familles pourront être intéressées par les montagnes russes de Dragon

Along (Bai Chay)

À voir

1 Plage n°2 .... B2
2 Sunworld B2

Où se loger

3 Fancy Hostel B2
4 Light Hotel B1
5 Novotel A3

Où se restaurer

6 Linh Dan Restaurant B2
7 Tuan Huong B2

Along (Bai Chay)

Park et le Typhoon Water Park (ouverture saisonnière) côté Bai Chay. Vérifiez quelles attractions sont ouvertes avant d'acheter vos billets. Les tarifs fluctuent en fonction des saisons.

Où se loger

Light Hotel HÔTEL $
(0203-384 8518 ; www.facebook.com/thelight.108 ; 108a Đ Vuon Dao ; ch avec petit-déj 220 000-400 000 d ;). Les chambres modernes, vastes et très propres sont d'un excellent rapport qualité/prix, en particulier les chambres triples qui comprennent un lit double et un lit simple. Ajoutez-y le fait que le personnel, serviable, parle anglais et vous obtiendrez peut-être le meilleur hôtel pour voyageurs à petit budget d'Along. Service de blanchisserie et location de motos.

Fancy Hostel AUBERGE DE JEUNESSE $
(0868 150 290 ; 27, allée 1, Đ Vuon Dao ; dort 70 000-115 000 d, ch 280 000 d ;). Cette auberge de jeunesse récente, très bien située dans le centre, se compose de vastes dortoirs et chambres très propres. On vous offre en prime une bouteille de bière, et on peut y faire laver son linge pour pas cher. Dans une allée donnant sur Đuong Vuon Dao.

Novotel HÔTEL $$$
(0203-384 8108 ; www.novotelhalongbay.com ; 160 Đ Halong ; ch 74-120 $US ;). Ce Novotel associe des influences asiatiques à des touches contemporaines. Les chambres sont superbes : sol en teck, salles de bains en marbre et cloisons coulissantes séparant les différents espaces de vie. Parmi les installations figurent une piscine à débordement et un excellent restaurant. C'est le lieu idéal pour débuter ou clôturer en beauté une croisière dans le nord du pays.

Où se restaurer

Linh Dan Restaurant PRODUITS DE LA MER $
(0914 634 598 ; 104 Đ Bai Chay ; repas à partir de 70 000 d, produits de la mer 150 000-200 000 d ; 11h-21h ;). Spacieux et aéré, le Linh Dan propose d'excellents plats de produits de la mer, à l'écart des restaurants touristiques du front de mer. Le poisson cuit en cocotte d'argile à la citronnelle et au gingembre est particulièrement bon, mais il y a quantité d'autres possibilités.

Tuan Huong PRODUITS DE LA MER $
(0203-384 4651 ; 1 Đ Vuon Dao ; repas à partir de 100 000 d, nouilles 35 000 d ; 10h-22h). Établissement simple, spécialisé dans les produits de la mer frais, avec carte en anglais. Vous pouvez choisir votre poisson ou votre crabe dans les aquariums à l'extérieur, mais vérifiez-en le prix (au poids) auparavant.

Depuis/vers Along

BATEAU

Depuis le **quai de Hon Gai** (Đ Le Thanh Tong), à côté du marché et à l'est du pont suspendu d'Along, un bateau rapide dessert l'île de Quan Lan à 13h30 (200 000 d, 1 heure 30). Comptez 80 000/35 000 d pour un taxi/*xe om* depuis Along.

Depuis le **quai de Tuan Chau** (île de Tuan Chau), situé à 13 km au sud-ouest du centre d'Along, trois car-ferries desservent le port de Gia Luan, sur l'île de Cat Ba, à 8h, 11h30 et 15h (80 000/20 000 d par pers/moto, 1 heure) toute l'année, avec deux traversées supplémentaires entre fin mai et début septembre. Comptez 160 000 d pour un taxi ou une voiture Grab depuis le centre. Tuan Chau est un des points de départ importants pour les croisières dans la baie d'Along.

BUS

Tous les bus partent de la **gare routière de Bai Chay** (à la sortie de la RN 18), à 6 km à l'ouest du centre d'Along. Les hôtels peuvent aussi

BUS AU DÉPART DE LA VILLE D'ALONG

DESTINATION	PRIX (D)	DURÉE	FRÉQUENCE
Cai Rong (île de Van Don)	27 000	1 heure 30	départs fréquents 5h30-18h
Haiphong	70 000-100 000	1 heure	départs fréquents 6h30-21h
Hanoi	120 000	3 heures	départs fréquents 5h30-19h
Lang Son	110 000	5 heures	toutes les 30 minutes 5h30-12h
Mong Cai	100 000	4 heures	toutes les 40 minutes 5h30-12h
Ninh Binh	120 000	4 heures	départs fréquents 5h30-16h30
Sapa	370 000	10 heures	6h45, 11h15, 14h45 et 20h45

réserver des bus, plus chers, qui viendront vous chercher à votre hôtel.

Pour vous rendre à Cai Rong, sur l'île de Van Don (où des ferries partent pour les îles de la baie de Bai Tu Long) prenez le minibus n°1. Pour le bus de nuit à destination de Sapa, rendez-vous au guichet Phuc Xuyen derrière la gare routière.

Attention, beaucoup de bus à destination d'Along indiquent "Bai Chay".

Baie de Bai Tu Long

☎ 0203

Le plateau calcaire immergé qui a donné naissance aux îles de la baie d'Along s'étend vers le nord-est, sur près de 100 km jusqu'à la frontière chinoise. La région contiguë à la baie d'Along par le Nord-Est se trouve incluse dans le **parc national de Bai Tu Long**.

La baie de Bai Tu Long est tout aussi belle que sa célèbre voisine, voire davantage car elle commence seulement à s'ouvrir aux visiteurs. Si l'amélioration des liaisons par bateau favorise le développement du tourisme national, et par conséquent l'apparition de complexes hôteliers un peu partout, les îles de la baie sont encore préservées et relativement peu exploitées. Ceux qui viennent en dehors de la haute saison locale (fin avril à août) pourront profiter de plages quasi désertes.

Les tarifs des hébergements sur les îles de Co To et Quan Lanh sont très variables selon la saison, avec un pic entre mai et août et une légère augmentation, les autres mois de l'année, les vendredis et samedis soir.

Île de Co To

Bien que Co To soit l'île habitée la plus éloignée du continent, elle connaît un fort essor depuis quelques années, au point de devenir une destination touristique prisée des Vietnamiens de mai à août. Rien de surprenant, puisqu'on y trouve quelques-unes des plus belles plages de la baie de Bai Tu Long, ainsi que le plus vaste choix d'hébergements et de restaurants de la région. Pour autant, les visiteurs étrangers restent très rares à Co To.

À voir

♥ Plage de Hong Van PLAGE

Pas étonnant que la plupart des visiteurs vietnamiens filent directement à la plage de Hong Van. Ces 3 kilomètres de sable blanc et fin, léchés par une eau bleue, sont ponctués de restaurants saisonniers en arrière-plan, avec suffisamment d'espace pour ne jamais se sentir à l'étroit.

Plage de Van Chay PLAGE

La vaste plage de Van Chay est située à l'angle nord-ouest de l'île de Co To. L'été, on y trouve de nombreux kiosques où se restaurer, et des kayaks à louer.

Promontoire de Mong Rong POINT DE VUE

(Griffe du Dragon). À 3 km au sud de la ville, en tournant à gauche après le pont, le promontoire rocheux de Mong Rong et ses sentiers offrent un spectaculaire point de vue sur la côte rocheuse en contrebas.

Où se loger

L'île de Co To abrite le plus large choix d'hébergements de la baie de Bai Tu Long. La plupart sont situés dans la ville de Co To, non loin à pied de l'embarcadère, mais on trouve aussi un grand nombre de petits hôtels de bord de plage dans d'autres secteurs de l'île.

Coto Hotel Group HÔTEL $

(☎ 0981 336 337, 0203-388 9678 ; cotohotelgroup@gmail.com ; P Chang Son, ville de Co To ; ch 400 000 d ; ❄ 📶). Cet hôtel situé dans un haut bâtiment sur le front de mer est assez inégal dans son offre : on trouve à chaque étage deux chambres avec une magnifique vue sur la mer, et deux autres sans fenêtre. On n'y parle pas anglais, ce qui rend parfois la communication difficile.

Coto Center Homestay PENSION $

(☎ 0962 616 898 ; village de Hai Tien, n°66 ; ch 400 000 d ; ❄ 📶). Cette pension agréable propose 6 chambres confortables et modernes. Située au milieu de l'île, à 4 km du ferry et 2 km de la plage de Van Chay, vous aurez peut-être besoin de louer le scooter de la pension pour vous déplacer. Contactez la propriétaire, Mme Hue, pour que l'on vienne vous chercher à la sortie du ferry, et profitez-en pour commander un délicieux dîner de produits de la mer (150 000 d).

♥ Starlight Boutique Hotel HÔTEL $$

(☎ 0964 085 500, 0203-350 0501 ; www.starlightcoto.com ; quai de Co To ; ch 25-55 $US ; ❄ 📶). Les chambres spacieuses et impeccables et le personnel aux petits soins font de cet hôtel notre préféré sur l'île. Son emplacement à côté du quai est pratique pour prendre le ferry tôt le matin. Les chambres du dernier étage, avec leurs grandes terrasses carrelées, sont plutôt luxueuses. D'octobre à mars, les tarifs des chambres peuvent baisser jusqu'à 500 000 d, voire moins.

Coto Life COMPLEXE HÔTELIER $$
(☎0988 722 688 ; www.facebook.com/cotoresorts ; plage de Hong Van ; bungalows 800 000-1 200 000 d ; ❄📶). Ce complexe hôtelier situé à 300 m au nord de la plage de Hong Van, avec ses bungalows en bois et bambou alignés sur le sable, est sans doute la meilleure adresse du site, mais les tarifs sont un peu excessifs. Les bungalows les plus chers sont dotés d'une spacieuse salle de bains à ciel ouvert et d'une terrasse.

Où se restaurer

Quan Ngon 98 VIETNAMIEN $
(P Ngyuen Cong Tru, ville de Co To ; repas 50 000 d ; ⏲10h-13h et 17h-22h). À l'extrémité sud de la rue principale de Co To, cette échoppe simple sert de délicieux plats, qu'on choisit en les pointant du doigt, accompagnés de riz. Le fils du propriétaire parle anglais.

Sen Viet Restaurant PRODUITS DE LA MER $$
(P Chang Son, ville de Co To ; repas à partir de 150 000 d ; ⏲8h-22h). Dans ce populaire restaurant, les aquariums en devanture sont remplis de crevettes, crabes, coquillages et poissons (mais on y sert aussi du cochon grillé). Il est situé dans l'enfilade de restaurants sur le front de mer de Co To, avec d'agréables tables en terrasse donnant sur la mer.

Renseignements

Agribank (DAB) (angle P Hoang Hoa et P Hai Ba Trung ; ⏲24h/24)

Comment s'y rendre et circuler

Le **quai de Cai Rong**, sur l'île de Van Don, est la porte d'accès à l'île de Co To par la mer (250 000 d, 1 heure 30). Les bateaux quittent Cai Rong à 7h, 9h, 11h30 et 13h30. Il faut présenter son passeport pour prendre un billet. Dans le sens inverse, les bateaux quittent le **quai de Co To** à 8h30, 9h, 11h et 13h. Des trajets supplémentaires sont assurés pendant la haute saison.

Des voitures électriques, proposées par les divers complexes hôteliers, transportent les visiteurs d'un site à l'autre. À la location, elles reviennent à environ 400 000 d par jour. Sinon, la majorité des hôtels disposent de motos à louer pour quelque 150 000 d par jour.

Île de Quan Lan

Si vous voulez quitter les sentiers battus du tourisme, l'île de Quan Lan (Dao Canh Cuoc) est faite pour vous. Son unique centre est le petit village tranquille de **Quan Lan**, à 3 km du quai, qui ne compte que trois rues, le tout séparé de la mer par un ourlet de mangroves. Une poignée d'hôtels et de restaurants tout simples bordent l'artère principale.

Le véritable charme de Quan Lan (si c'est ce que vous recherchez), c'est qu'il n'y a pas grand-chose à y faire à part la parcourir à vélo ou à moto, et se détendre sur le sable de la plage.

À voir

Plage de Minh Chau PLAGE
À 12 km au nord-est de Quan Lan, la magnifique plage de Minh Chau, croissant de 1 km, constitue le principal atout de cette île. De mai à août, on y trouve des bars et gargotes où savourer bière et fruits de mer et on peut y louer des kayaks. Les autres mois de l'année, en particulier en semaine, la plage sera toute à vous.

Plusieurs autres plages idylliques se trouvent sur la côte est.

Pagode de Quan Lan TEMPLE BOUDHIQUE
(Linh Quang Tu ; ⏲lever-coucher du soleil). Le seul monument du village de Quan Lan est cette jolie pagode, vieille de plus de 200 ans, flanquée d'un temple et de la maison communale, tous trois ouverts au public.

En face, de 4h à 7h le matin, se tient le principal **marché aux poissons** du village.

Où se loger et se restaurer

Nam Phong Hotel PENSION $
(☎0988 961 358 ; s/d 200 000/300 000 d ; ❄📶). Située non loin du quai de Quan Lan (2 km), et du centre du village (1 km), cette pension familiale accueillante propose des chambres spacieuses, propres et d'un excellent rapport qualité/prix (les meilleures chambres, avec balcon, sont à l'arrière). On peut aussi y louer une moto.

Phuong, le propriétaire anglophone, tient un délicieux **restaurant de produits de la mer** (repas 100 000-200 000 d), situé sur un joli bout de plage à 10 minutes à pied.

Ann Hotel HÔTEL $$
(☎0203-387 7889 ; www.annhotel.com.vn ; village de Quan Lan ; ch avec petit-déj 650 000 d ; ❄📶).

Au centre du village, cet hôtel bien géré possède des chambres spacieuses, avec salles de bains rutilantes. Les meilleures, à l'arrière, ont des balcons avec vue mer.

Tuan Thuy Restaurant VIETNAMIEN **$**
(village de Quan Lan ; repas 50 000-100 000 d ; ⏲8h-21h). Ce modeste établissement familial propose un bon choix de plats de riz et de nouilles classiques. Un des rares restaurants ouverts le soir (avec une carte en anglais), dans la rue principale de Quan Lan.

L'établissement dispose aussi de chambres spacieuses et confortables (d 200 000 d) et loue des scooters.

Depuis/vers la baie de Bai Tu Long

DEPUIS/VERS CAI RONG

Les bateaux au départ de Cai Rong (île de Van Don) accostent à deux endroits : au quai de Quan Lan, à 3 km de la localité principale, à la pointe sud de l'île, et près de la plage de Minh Chau, à l'extrémité nord-est de l'île.

Les bateaux rapides à destination du **quai de Minh Chau** partent à 7h30 et 13h30 (140 000 d, 1 heure). Dans l'autre sens, les départs pour Cai Rong ont lieu à 7h et 13h30.

Les bateaux rapides vers le **quai de Quan Lan** quittent Cai Rong à 7h30 et 13h30 (150 000-200 000 d, 1 heure). Dans le sens inverse, les bateaux quittent le quai de Quan Lan à 7h et 13h.

DEPUIS/VERS LA VILLE D'ALONG

Vous pouvez rejoindre le quai de Quan Lan depuis le terminal de Hon Gai, en face du pont suspendu d'Along. Un bateau rapide part chaque jour de Hong Gai à 13h30 (200 000 d, 1 heure 30), et passe par l'île Ngoc Vung ; retour à 7h.

Comment circuler

Quan Lan est une île étonnamment grande, et si vous séjournez au village de Quan Lan, vous aurez besoin d'un moyen de transport pour vous rendre à la plage. On trouve facilement vélos (4 $US/jour) et motos (150 000 d/jour) à louer au village de Quan Lan.

Des voitures électriques et des *xe lam* (minicamionnette à trois roues) font la navette entre le quai et le village de Quan Lan (20 000 d) ; on peut aussi les engager pour visiter l'île.

Île de Van Don

Avec quelque 30 km², Van Don (Dao Cai Bau) est l'île la plus grande, mais aussi la plus peuplée et la plus développée de l'archipel de Bai Tu Long. Désormais reliée au continent par une série de ponts, elle sert surtout de point de départ vers les îles de Co To et Quan Lan.

Cai Rong, la principale localité de l'île, est à environ 8 km au nord du pont menant au continent. Le quai de Cai Rong se situe à 2 km en sortant de la route principale. Si vous devez passer la nuit sur place avant de prendre le ferry du matin, hébergements et restaurants ne manquent pas. À quelques encablures de la côte apparaissent de spectaculaires formations calcaires.

Où se loger

Luc Xoan Hotel HÔTEL **$**
(☎0964 314 358 ; quai de Cai Rong ; d 400 000 d ; ❄📶). Un hôtel vert vif, flambant neuf et à deux pas de l'embarcadère de Cai Rong. Le chaleureux propriétaire (anglophone) accorde une grande importance à la propreté de son établissement. Le restaurant de fruits de mer du rez-de-chaussée est pratique.

Depuis/vers l'île de Van Don

AVION

L'**aéroport de Van Don** (☎0203-390 1111 ; www.vdia.com.vn ; île de Van Don) a ouvert en 2019. VietJet, Bamboo Air et Vietnam Airlines proposent des vols quotidiens pour Hô Chi Minh. Une nouvelle voie rapide conduit à la ville d'Along, à 50 km.

BUS

Depuis l'embarcadère de Cai Rong, prenez un *xe om* (20 000 d) pendant 2,5 km vers le nord-ouest jusqu'à la gare routière – au sud du bureau de poste – d'où partent les minibus pour la ville d'Along (Bai Chay ; 27 000d, 1 heure 45, départs fréquents entre 5h et 18h). Les bus pour Hanoi (130 000d, 5 heures, 5h30, 6h et 9h) partent de la gare routière et parfois directement de l'embarcadère.

Pour vous rendre au nord de Cai Rong, prenez le bus pour la ville d'Along pendant 8 km jusqu'à l'embranchement de Cua Ong (10 000 d) ; là, des bus pour Mong Cai et Lang Son prennent des passagers.

BATEAU

De l'embarcadère de Cai Rong, des bateaux desservent l'île de Quan Lan – aussi bien le quai de la ville de Quan Lan (150 000 d, 1 heure, 7h30 et 13h30) que le quai de Minh Chau (140 000 d, 1 heure, 7h30 et 13h30) – et l'île de Co To (250 000d, 1 heure 30, 7h, 9h, 11h30 et 13h30). Pour vous rendre à Co To, il faudra présenter votre passeport à la police des frontières, à côté de la billetterie.

Le nord du Vietnam et la frontière chinoise

Dans cette région proche de la frontière chinoise, les voyageurs viennent admirer les lacs et grottes du parc national de Ba Be, les spectaculaires formations karstiques de Cao Bang et les sublimes chutes de Ban Gioc. On peut aussi s'aventurer sur des chemins de randonnée qui mènent à la province chinoise du Guangxi. En 2018, l'Unesco a inscrit sur sa Liste des géoparcs mondiaux le parc géologique de Cao Bang (Nuac Nom Coa Bang).

Parc national de Ba Be

☎0209

Souvent désigné sous le nom de "lacs Ba Be", le **parc national de Ba Be** (☎0281-389 4721 ; 46 000 d ; ⌚5h-21h) fut créé en 1992. Ici, le paysage plonge des sommets calcaires culminant à 1 554 m jusque dans de profondes vallées tapissées de forêts de persistants, émaillées de chutes d'eau et de grottes, avec des lacs qui constituent le cœur du parc.

Le parc est une zone de forêt tropicale qui abrite plus de 550 espèces de plantes. Parmi les centaines d'animaux sauvages qui vivent ici, on compte 65 espèces de mammifères, 353 espèces de papillons, 106 espèces de poissons et 4 espèces de tortues, sans oublier la salamandre du Vietnam, très menacée. Les oiseaux ne sont pas en reste, avec 233 espèces d'oiseaux recensées, dont le serpentaire bacha et la bondrée orientale. La chasse est interdite, mais les villageois ont le droit de pêcher. Des subventions leur sont en outre accordées afin qu'ils n'abattent pas les arbres.

La région de Ba Be compte 13 villages de groupes ethniques, la plupart étant habités par des Tay, ainsi que par des Dzao (Dao) et des Hmong.

À voir et à faire

Les propriétaires des hébergements vous aideront à organiser vos activités. Les sorties en bateau (jusqu'à 12 passagers) sont les plus prisées – comptez 550 000 d pour une demi-journée à destination des chutes de Dau Dang (Thac Dau Dang), ou 600 000 d jusqu'à Hang Puong. **M. Sinh** (☎0653 224 214), sympathique conducteur de bateau, parle anglais. On peut aussi faire du kayak, du vélo et de la randonnée.

Les treks peuvent vous mener jusqu'aux villages hmong, tay ou dzao disséminés dans le parc. Leur tarif dépend du nombre de participants : à partir de 30 $US par personne par jour pour un voyageur indépendant, moins pour un groupe.

Lac de Ba Be SITE NATUREL

(Parc national de Ba Be). Entouré de sommets calcaires qui descendent jusqu'à la rive, Ba Be (c'est-à-dire Trois Baies) est en fait constitué de trois lacs reliés entre eux, d'une longueur totale de 8 km sur environ 400 m de large.

La plupart des excursions en bateau sur le lac passent par la **pagode An Ma**, sur un

ALLER EN CHINE : DE MONG CAI À DONGXING

Aller à la frontière Peu de voyageurs passent par le **poste-frontière de Mong Cai-Dongxing**, situé à environ 2 km de la gare routière de Mong Cai. Il y a des bus fréquents pour Mong Cai au départ de Hanoi (7 heures), de la ville d'Along (5 heures) et de Lang Son (5 heures). De la gare routière de Mong Cai, comptez 20 000/40 000 d en *xe om*/taxi jusqu'à la frontière.

Passer la nuit à Mong Cai Si votre budget vous le permet, choisissez le luxueux **Mong Cai Grand Hotel** (☎0203-377 6555 ; www.grandmongcaihotel.vn ; 23 P Hung Vuong ; ch avec petit-déj 28-44 $US ; ❄📶), à 2 km de la frontière ; autrement, l'économique **Hoang Hiep** (☎0203-388 7999 ; 12 Đ Hoang Quoc Viet ; ch 350 000-400 000 d ; @📶) est à 1 minute à pied de la frontière chinoise.

À la frontière La frontière est ouverte tous les jours de 7h à 20h (heure du Vietnam). Attention, la Chine avance d'une heure par rapport au Vietnam. Vous devez disposer d'un visa valide pour la Chine.

Au-delà De l'autre côté de la frontière, à Dongxing, des bus fréquents vous emmèneront à Nanning, dans la région chinoise du Guangxi.

KEVIN MILLER/GETTY IMAGES ©

1. Maison traditionnelle *rong*, Kon Tum (p. 320) **2.** La rivière Ngo Dong à Tam Coc (p. 167) **3.** Grotte du Paradis (p. 173), parc national de Phong Nga-Ke Bang **4.** Rizières en terrasses au Fansipan (p. 146)

EFIRED/SHUTTERSTOCK ©

Grottes et montagnes

On trouve au Vietnam quelques-uns des plus impressionnants réseaux de grottes au monde. Les montagnes au nord et à l'ouest, couronnées de nuages changeants et de brumes fantomatiques, sont le domaine des communautés ethniques minoritaires du pays.

1. Culture des montagnes

Disséminés autour de Kon Tum (p. 320), la grande ville des hauts plateaux du Centre, les villages bahnar sont l'endroit parfait pour découvrir les cultures des minorités. Admirez les *rong* (maisons communes au toit de chaume) tout en hauteur, allez pêcher avec les habitants et regardez les enfants qui aident le bétail à traverser les rivières à la nage.

2. Montagnes karstiques

Les montagnes du Vietnam se caractérisent par de spectaculaires affleurements calcaires appelés formations karstiques. Ces sommets remarquables marquent le paysage depuis l'extrême nord-est des provinces de Ha Giang (p. 154) et Cao Bang (p. 134) jusqu'à la frontière avec le Laos.

3. Parc national de Phong Nha-Ke Bang

La partie ouest de ce parc national (p. 171) est une jungle montagneuse qui abrite la plus forte concentration de tigres du Vietnam. Mais Phong Nha est plus connu pour son extraordinaire ensemble de grottes, dont celle de Hang Son Doong, la plus grande du monde.

4. Alpes tonkinoises

Les Alpes tonkinoises, spectaculaires, s'élancent aux frontières du pays, rudes et tourmentées, à l'image du Fansipan (p. 146), le plus haut sommet du Vietnam. Depuis les crêtes sinueuses et déchiquetées, les rizières s'étagent jusqu'au fond des vallées fluviales où vivent les communautés ethniques hmong, dzao rouges et giay.

îlot au milieu du lac, et par **Hang Puong**, une grotte en forme de tunnel de 300 m de long, pleine de stalactites et de stalagmites, domaine de quelque 7 000 chauves-souris de 18 espèces différentes.

Certaines comprennent aussi le joli village tay de **Cam Ha** et l'étonnant "lagon" circulaire, entouré de jungle, d'**Ao Tien** (lac des Fées). Deux des lacs sont séparés par une étendue d'eau large de 100 m, appelée Be Kam et encadrée par deux hautes parois de roche crayeuse.

Grotte de Hua Ma SITE NATUREL
(22 000 d ; 7h-17h). Cet ensemble de grottes de 800 m de long, avec un sentier qui descend jusqu'à une immense caverne (haute de 50 m) pleine de stalactites et de stalagmites, est l'un des sites les plus populaires de Ba Be en dehors des lacs. À 6 km au sud-est de Pac Ngoi, on y accède facilement à moto.

Circuits organisés

Ba Be Tourism Centre CIRCUITS AVENTURE
(0209-389 4721 ; www.babenationalpark.com.vn ; village de Bo Lu). Liée à Mr Linh's Homestay, cette agence anglophone, très utile pour explorer Ba Be, propose des excursions en kayak, bateau, vélo ou à pied (ou un combiné des 4) pour environ 45 $US la journée. Elle est spécialisée dans les treks de plusieurs jours (à partir de 83 $US les 2 jours) et l'exploration de la grotte de Lo Mo.

Où se loger et se restaurer

Le village lacustre de Pac Ngoi, avec ses maisons sur pilotis traditionnelles, est situé à 2 km de l'embarcadère du ferry. Il comprend une vingtaine d'hébergements chez l'habitant (ch 100 000-180 000 d) qui tous proposent des chambres au confort simple, avec salles de bains partagées (eau chaude). On peut y prendre ses repas (100 000 d). On trouve aussi quelques hébergements dans les villages de Bo Lu et Coc Toc, plus près du ferry et plus calmes.

Hai Dang Lodge PENSION $
(0977 568 434 ; www.babelakeview.com ; Bo Lu ; ch 150 000-600 000 d ;). La pension Hai Dang est située dans le village de Bo Lu, en surplomb de la route principale, et offre une magnifique vue depuis sa terrasse sur le lac Ba Be. Les chambres sont confortables, certaines dotées de leur propre salle de bains et de la clim, et la nourriture est excellente.

Mr Linh's Homestay PENSION $$
(0209-389 4894, 0989 587 400 ; www.mrlinhhomestay.com ; village de Coc Toc ; dort 8 $US, ch avec sdb commune 25-30 $US, ch avec sdb privative 30-40 $US ;). Un cran au-dessus des autres pensions de Ba Be, cet hébergement de Coc Toc, en bordure du lac, comprend de jolis espaces communs et des chambres lambrissées de bois et de bambou, les plus récentes étant dotées d'une salle de bains avec baignoire en béton. Le personnel, qui parle anglais, bichonne les visiteurs.

Tous les tarifs des chambres comprennent le petit-déjeuner.

Renseignements

Il n'y a ni banque ni distributeur de billets (DAB) dans le parc national de Ba Be. Apportez tout l'argent liquide dont vous aurez besoin.

Depuis/vers le parc national de Ba Be

Le parc national est à 240 km de Hanoi, à 61 km de Bac Kan et à 18 km de Cho Ra.

La plupart des visiteurs découvrent le parc dans le cadre d'une excursion à moto ou d'un circuit organisé de trois ou quatre jours depuis Hanoi.

L'entrée du parc est à régler à un poste de contrôle situé sur la route du parc, environ 15 km avant les bureaux du parc, juste après la localité de Cho Ra.

BUS

Depuis Hanoi, la route la plus directe vers les villages de Pac Ngoi, Bo Lu et Coc Toc, sur les rives du lac Ba Be, est celle du bus local vers Cho Don, via Thai Nguyen, de la compagnie Thuong Nga. Il quitte la gare routière de My Dinh à 10h (130 000 d, 4 heures). À Cho Don, sautez dans le minibus (de la même compagnie) qui assure la correspondance pour Pac Ngoi, Bo Lu et Coc Toc (40 000 d).

Il est aussi possible d'accéder au parc via Cho Ra. Des bus quittent quotidiennement la gare routière de My Dinh à Hanoi (6h et 14h) pour Cho Ra (180 000d, 6 heures). Un bus direct (90 000 d, 5 heures) relie aussi Cao Bang à Cho Ra ; départ à 7h. Il y a aussi des liaisons régulières entre Thai Nguyen ou Cho Don et Cho Ra. Une fois à Cho Ra, vous pouvez prendre un *xe om* (moto-taxi ;

150 000 d environ) pour parcourir les 18 km restants jusqu'au parc, ou prendre le bus en provenance de Phu Thong.

Les bus déposent généralement les passagers à l'embarcadère du **ferry** (adulte/moto 10 000/20 000 d) côté nord du lac ; les hébergements se trouvent tous au sud.

Des minibus quittent les villages du bord du lac de Ba Be pour Cho Don à 6h et 13h30. Pour vous rendre au nord-est de Ba Be, vous pouvez prendre le bus à destination de Phu Thong ou Thai Nguyen et descendre à l'embranchement pour Na Phac (50 000 d, 1 heure), où il y a de fréquentes correspondances pour Cao Bang (100 000 d, 2 heures).

Mr Linh's Adventure Tours (p. 99) et **QBus** (www.qbustravel.jimdofree.com) étaient en train de mettre en place une liaison quotidienne entre Hanoi et Ba Be (13-20 $US) lors de notre dernière visite : contactez-les pour savoir si le bus circule.

Lang Son

☎0205 / 148 000 HABITANTS

Entourée de monts karstiques verdoyants, Lang Son est une ville en pleine expansion située au bord du paisible lac de Phai Loan. La plupart des visiteurs s'y arrête en venant de Chine ou en y allant (la frontière est à 18 km au nord, juste après Dong Dang). Si vous décidez d'y passer la nuit, il y a quelques sites à visiter.

Lang Son a été partiellement détruite par les troupes chinoises lors de l'invasion de février 1979. La frontière reste très protégée, mais les deux localités de Lang Son et Dong Dang ont été reconstruites et le commerce entre les deux pays semble de nouveau florissant.

À voir

Grotte de Nhi Thanh SITE NATUREL
(adulte/enfant 20 000/10 000 d ; ⏲6h-18h). La rivière Ngoc Tuyen s'écoule à travers cette magnifique grotte, dont la paroi à l'entrée est ornée de poèmes gravés en caractères chinois. Celui qui la découvrit au XVIIIe siècle, le soldat Ngo Thi San, en est l'auteur. Une étonnante stèle commémorative représente aussi l'un des premiers résidents français de Lang Son. La grotte de Tam Thanh se trouve au nord à cinq minutes en voiture.

Grotte de Tam Thanh SITE NATUREL
(en retrait de P Tam Thanh ; adulte/enfant 20 000/10 000 d ; ⏲6h-18h). Cette grotte renferme une piscine naturelle et comporte une ouverture panoramique sur les rizières environnantes.

On trouve à quelques centaines de mètres au-dessus de la sortie de la grotte les vestiges de la citadelle de la dynastie Mac : ce lieu désert, d'accès difficile et envahi par la végétation, offre une vue splendide sur la campagne.

Où se loger et se restaurer

♥ **Song Long Hotel** HÔTEL D'AFFAIRES $
(☎0205-389 5588 ; 122 Ly Thuong Kiet ; ch 350 000-600 000 d ; ❄📶). Situé à l'est du centre-ville, cet hôtel d'un excellent rapport qualité/prix (en particulier les spacieuses

ALLER EN CHINE : DE LANG SON À NANNING

Aller à la frontière Huu Nghi Quan (le "col de l'Amitié"), sur le **poste-frontière Dong Dang-Pingxiang**, est le passage vers la Chine le plus populaire du Nord. Il se trouve à 3 km au nord de la ville de Dong Dang. De Lang Son, un train quotidien en provenance de Hanoi part pour Dong Dang à 11h25 (15 000 d, 20 minutes). Sinon, prenez le bus à destination de That Khe (50 000 d, toutes les 45 minutes) et descendez à Dong Dang. Plus simple encore, comptez 70 000/160 000 d en *xe om*/taxi jusqu'à la frontière.

Des bus (p. 101) et des trains (p. 103) internationaux assurent aussi une liaison directe entre Hanoi et Nanning.

À la frontière La frontière est ouverte tous les jours de 7h à 20h (heure du Vietnam). Attention, la Chine avance d'une heure par rapport au Vietnam. Pour parcourir les 500 m qui vous sépareront encore du côté chinois, vous devrez emprunter une des voitures électriques (12 000 d). Vous devez aussi disposer d'un visa valide pour la Chine.

Au-delà Côté chinois, le trajet jusqu'à Pingxiang en bus ou en taxi collectif dure 20 minutes. Pingxiang est reliée à Nanning par train et par bus (3 heures).

chambres doubles) propose des chambres impeccables à des prix raisonnables. Il est possible de louer une moto si vous avez un permis, mais il faut laisser son passeport à l'accueil en guise de garantie.

Van Xuan Hotel HÔTEL $

(☎ 0205-371 0440 ; lsvanxuanhotel@yahoo.com.vn ; 147 Đ Tran Dang Ninh ; ch 360 000-550 000 d ; ❄ @ 📶). Cet hôtel simple et central au personnel attentionné propose des chambres un peu vieillottes mais soignées qui donnent sur un balcon commun dominant la rive est du lac de Phai Loan. Les chambres les moins chères sont dotées de fenêtres donnant sur le couloir.

Quan Nga Tue VIETNAMIEN $

(P Minh Khai ; repas à partir de 40 000 d ; ⏲ 10h-22h ; 🖉). Pho Minh Khai, à quelques pâtés de maisons au nord du marché local, recèle plusieurs restaurants de *com binh dan* – plats servis sur du riz, que l'on choisit en les pointant du doigt. Le Quan Nga Tue est typique du genre. Options sans viande disponibles.

Depuis/vers Lang Son

BUS

Les bus partent de la **gare routière nord**, à environ 2 km au nord du lac de Phai Loan. Liaisons à destination de Hanoi (100 000 d, 3 heures, départs fréquents jusqu'à 17h), Mong Cai (95 000-120 000 d, 5 heures 30, 9 départs entre 5h15 et 16h30), Cao Bang (100 000 d, 4 heures, 8 départs de 5h15 à 13h45) et Ha Giang (bus-couchettes 240 000-280 000 d, 10 heures, 7h30 et 18h).

TRAIN

Le train DD5 pour Lang Son part chaque jour de Hanoi à 7h (78 000-89 000 d selon le confort des sièges, 4 heures), et poursuit sa route jusqu'à la ville frontalière de Dong Dang. Au retour, le train pour Hanoi quitte Lang Son à 15h30.

Cao Bang

☎ 0206 / 51 386 HABITANTS

La province rurale de Cao Bang est l'une des plus belles régions du Vietnam. Sa capitale éponyme n'est pas déplaisante – climat plutôt doux, bel emplacement sur les berges de la Bang Giang et excellent marché central – mais elle constitue surtout un bon camp de base pour explorer la province.

À voir

Mémorial de guerre MONUMENT

(en retrait de Đ Pac Bo). Il n'y a pas énormément de choses à faire à Cao Bang, mais on a une belle vue panoramique depuis le mémorial de guerre, en haut de la colline. Prenez la deuxième artère partant de Đuong Pac Bo, passez sous le porche d'une école primaire et vous verrez l'escalier menant au sommet de la colline.

Où se loger

♥ Thanh Loan Hotel HÔTEL $

(☎ 0948 173 336, 0206-385 7026 ; www.thanhloanhotel.com ; 131 P Vuon Cam ; d avec petit-déj 400 000-450 000 d ; ❄ 📶). Cet hôtel soigné où le personnel parle l'anglais possède de grandes chambres hautes de plafond, certaines avec balcon. Il est bien situé à proximité du marché central et de plusieurs restaurants.

Duc Trung Hotel HÔTEL $

(☎ 0206-385 3424 ; ductrunghotel.com.vn ; 85 P Be Van Dan ; ch 400 000-500 000 d ; ❄ 📶). Un hôtel d'affaires très correct, dans une rue calme à quelques pas de la grande rue de Cao Bang. Les chambres sont spacieuses, certaines dotées de grandes baies vitrées.

Où se restaurer

Le matin, vous trouverez des stands vendant des *banh cuon* (crêpes vietnamiennes) – farcies, cuites à la vapeur et servies avec un bol de bouillon chaud.

Cao Bang

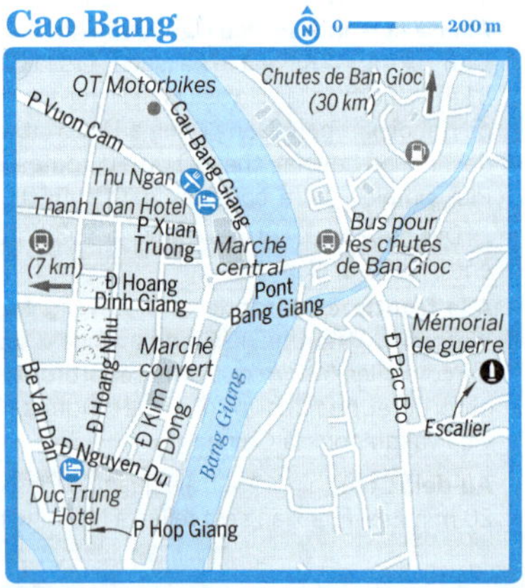

BUS AU DÉPART DE CAO BANG

DESTINATION	PRIX (D)	DURÉE	FRÉQUENCE
Chutes de Ban Gioc	70 000	2 heures	toutes les 30 minutes 5h30-18h
Bao Lac	120 000	4 heures	6 départs 6h-17h
Cho Ra (parc national de Ba Be)	100 000	5 heures	7h, 9h et 12h
Hanoi	200 000	7 heures	toutes les heures 6h30-13h ; couchettes 16h et 19h30
Lang Son	100 000	3 heures	7 départs 6h-12h

Thu Ngan VIETNAMIEN $

(21 P Vuon Cam ; repas 40 000-60 000 d ; 8h-21h ;). Ce restaurant de *com binh dan* – plats servis sur du riz, que l'on choisit en les pointant du doigt – est parmi nos préférés dans le Nord. Vous y trouverez un choix de plats appétissants, dont quelques-uns sans viande, et des bières bien fraîches.

Depuis/vers Cao Bang

La nouvelle **gare routière** principale de Cao Bang (RN QL3) est assez excentrée, à 7 km au nord-ouest du centre-ville. Comptez 100 000 d pour vous y rendre en taxi.

Plus pratiques et rapides, les minibus "limousine" pour Hanoi (300 000 d) peuvent venir vous chercher directement à votre hôtel.

Si vous voulez vous rendre dans la région de Ha Giang, sachez qu'il n'y a pas de transports publics entre Bao Lac et Meo Vac. Vous devrez trouver un chauffeur qui vous y emmène depuis Bao Lac.

Comment circuler

QT Motorbikes & Tours (0975 278 711 ; www.qtmotorbikesandtours.com.vn ; 54 Cau Bang Giang, P Hop Giang), une branche de l'excellente enseigne de Ha Giang, est le meilleur endroit où louer un scooter (150 000-200 000 d/jour) ou une moto (380 000-650 000 d), avec en option accessoires de protection et assurance. Moyennant un supplément, il est possible de rendre le véhicule à Ha Giang.

Environs de Cao Bang

Chutes de Ban Gioc SITE NATUREL

(40 000 d, plus 5 000 d d'assurance ; 7h30-17h). Alimentées par la Quai Son, rivière qui marque la frontière avec la Chine, les chutes de Ban Gioc sont parmi les plus impressionnantes et les plus connues du Vietnam. À l'heure du déjeuner, le réservoir supérieur est ouvert et le débit est à son maximum.

Des bateliers vous emmèneront en radeau en bambou (50 000 d) suffisamment près des chutes pour en sentir les embruns. Côté vietnamien, les radeaux sont bleus, et côté chinois, verts.

Pour un beau point de vue sur les chutes et l'ensemble de la vallée karstique, reprenez en direction de Cao Bang sur 1 km, puis grimpez sur votre gauche jusqu'à la **pagode Phat Tich Truc Lam Ban Gioc** (aube-crépuscule).

De Cao Bang, de fréquentes liaisons en bus permettent de rallier le site en 2 heures (70 000 d, 2 heures, toutes les heures entre 5h30 et 18h) ; l'arrêt se trouve à l'est du pont Bang Giang de Cao Bang.

Les agents du poste de police proche des chutes demandent parfois aux visiteurs étrangers d'acheter un permis d'accès (200 000 d, jusqu'à 10 personnes), mais rien ne nous a été demandé lors de notre dernière visite ; emmenez votre passeport au cas où.

Grotte de Nguom Ngao SITE NATUREL

(45 000 d ; 7h-17h30). À 4 km des chutes de Ban Gioc, en remontant la vallée voisine sur 2 km, la grotte Nguom Ngao est l'une des plus spectaculaires du Vietnam, avec plusieurs kilomètres de galeries creusées par une rivière souterraine. Les villageois s'y réfugièrent pendant la guerre contre la Chine en 1979. L'accès aux visiteurs est autorisé dans une partie des galeries, où un chemin bétonné (long de 1 km) et des éclairages ont été aménagés.

Les bus reliant Cao Bang et Ban Gioc peuvent vous déposer à la bifurcation menant à la grotte, où vous pourrez prendre un *xe om* (moto-taxi) pour les 2 km restants.

Si vous souhaitez passer la nuit sur place, le charmant village de Khoi Ky, 1,5 km avant la grotte, comprend **huit pensions rustiques** (à partir de 100 000 d/pers, dîner 100 000 d/pers).

NORD-OUEST DU VIETNAM

Le nord-ouest du Vietnam, avec ses montagnes rocheuses coniques, ses vallées encaissées et ses panoramas grandioses, offre des paysages parmi les plus extrêmes du pays – voire de l'Asie du Sud-Est.

Les habitants et leur culture sont les autres atouts du Nord-Ouest. Ses montagnes abritent plusieurs communautés ethniques, qui vivent dans des villages pittoresques aux marchés colorés.

L'exploration des secteurs les plus reculés demande un peu de temps et de détermination. C'est sans doute pour cette raison que la moto est particulièrement prisée pour visiter la région. Ha Giang, avec ses sublimes paysages karstiques, séduit de plus en plus de visiteurs, mais il y a quantité d'autres lieux à découvrir, en particulier la région de Hoang Su Phi, entre Ha Giang et Bac Ha.

Histoire

L'histoire du Nord-Ouest diffère de celle des plaines. Les Vietnamiens restaient traditionnellement à l'écart de ces montagnes, qu'ils jugeaient impropres à la culture extensive du riz. Pendant des siècles, plusieurs communautés ethniques peuplait la région, avant d'être rejointes au XIXe siècle par des migrants venus du Yunnan chinois et du Tibet. Le Nord-Ouest a longtemps été considéré comme une région "hors la loi ", une zone tampon entre la Chine et le Vietnam, peuplée de bandits et productrice d'opium. Lorsque Hô Chi Minh dirigea le Nord-Vietnam, les Vietnamiens octroyèrent une autonomie limitée à des "zones spéciales", abolies après la réunification.

Depuis/vers le Nord-Ouest

L'aéroport principal de la région est à Diên Biên Phu, mais la plupart des voyageurs prennent le train de Hanoi à Lao Cai, porte d'accès à Sapa. Sur ces routes de montagne, où la conduite n'est pas toujours évidente, envisagez de louer une voiture avec chauffeur, ou une moto.

Pour se lancer sur la "boucle du Nord-Ouest", beaucoup de visiteurs se dirigent vers Mai Chau, puis Diên Biên Phu via Son La, poursuivant au nord vers Sapa avant de regagner Hanoi. Prévoyez une semaine pour ce voyage, et plus si vous empruntez les bus locaux.

Au lieu de se rendre à Sapa, de nombreux voyageurs préfèrent maintenant prendre à Hanoi un bus-couchettes direct pour Ha Giang, point de départ d'un spectaculaire circuit à moto de quatre jours.

Les voyageurs peuvent passer du Vietnam au Laos via le poste-frontière de Tay Tran-Sop Hun, à 34 km de Diên Biên Phu, ou du Vietnam à la Chine via Lao Cai, près de Sapa.

Mai Chau

☎0218 / 12 000 HABITANTS

Dans une vallée idyllique, entourée de montagnes embrumées, la région de Mai Chau est à mille lieues de l'agitation de Hanoi. La petite localité de Mai Chau présente moins d'intérêt que ses environs : un patchwork de rizières émaillé de petits villages thaï où les visiteurs viennent passer une nuit dans des maisons traditionnelles sur pilotis et s'éveillent aux sons de la campagne, gargouillis des ruisseaux d'irrigation et chants d'oiseaux.

Les villageois sont ici essentiellement des Thaï blancs, lointains cousins d'ethnies thaïlandaises, laotiennes et chinoises. Bien que la plupart des habitants ne les portent plus, les femmes thaï, expertes en tissage, confectionnent toujours des étoffes de style traditionnel. Les villageois n'insistent pas lourdement pour vendre leurs produits : un marchandage poli reste de rigueur.

Si vous recherchez la vraie aventure, l'endroit n'est pas parfait, mais on peut facilement se détendre et faire du vélo et de la randonnée en particulier en semaine, plus calme que le week-end.

À voir et à faire

La plupart des visiteurs viennent ici simplement pour séjourner dans une maison sur pilotis et parcourir (à pied ou à vélo) les sentiers entre les rizières jusqu'aux villages des ethnies de la région. La plupart des propriétaires de ces hébergements vous loueront des vélos pour explorer la vallée à votre rythme.

Beaucoup d'hôtels proposent des excursions avec guide, vous conduisant à moto au marché de Pa Co, ou vers le sud-est jusqu'à la réserve naturelle de Pu Luong, pour une demi-journée de randonnée à travers les sentiers menant à des villages reculés.

L'hôtel Mai Chau Lodge (p. 137) propose aussi des circuits en kayak sur le lac artificiel de Song Da, des cours de cuisine (23 $US/pers) et des excursions à VTT.

À Hanoi, de nombreuses agences de voyages proposent des excursions à Mai Chau à des prix raisonnables.

Marché de Pa Co MARCHÉ
(⏲6h-10h dim). Ce marché hebdomadaire, à 30 km au nord-ouest de Mai Chau, vaut bien une excursion. Il y a à l'arrière une petite section où l'on trouve de beaux exemples de batiks et broderies de l'ethnie locale des Hmong noirs. Le marché est à Xi Linh, à 500 m au sud de la route nationale Hoa Binh–Son La ; tournez face à la station-service.

Au retour, vous pourrez aussi faire une halte au **marché du dimanche** de Mai Chau (⏲6h-15h).

Où se loger et se restaurer

Mai Chau est une destination très prisée des habitants de Hanoi, qui viennent y passer le week-end, et des groupes d'écoliers. Les hébergements sur pilotis du minuscule village de Lac/Pom Coong sont souvent bondés ; venez si possible en milieu de semaine.

La plupart des voyageurs prennent leurs repas à l'endroit où ils logent. Négociez le tarif au préalable, car jusqu'à 200 000 d sont parfois demandés par repas.

Little Mai Chau Homestay PENSION $
(☎0973 849 006 ; littlemaichauhomestay@gmail.com ; village de Na Phon ; dort 100 000 d, ch 300 000-500 000 d ; ❄📶). À 2 km à l'ouest de Mai Chau, difficile de faire mieux que cet ensemble de bungalows en bambou et toit de chaume adossés aux rochers, avec balcons donnant sur les rizières. Le bungalow familial, un peu à l'écart, est parfait pour les couples. On peut emprunter gratuitement des vélos, louer une moto (150 000 d/jour) et partager un repas dans une ambiance conviviale (80 000 d). Heung, le propriétaire, parle anglais et pourra vous aider à organiser à peu près tout.

Ban Van Guest House PENSION $
(☎0218-386 7182 ; village de Ban Van ; ch 300 000-400 000 d ; ❄📶). Le village de Ban Van n'est qu'à 800 m à l'est de Mai Chau, mais les aménagements touristiques sont beaucoup moins présents. Trois ou quatre pensions sur pilotis parsèment le village, mais celle-ci sort du lot. Elle offre des chambres modernes et confortables, dont certaines avec balcon donnant sur les rizières. On trouve en face un agréable café où se détendre.

VAUT LE DÉTOUR

MUSÉE DE LA CULTURE MUONG

Sur le trajet entre Hanoi et Mai Chau, ce **centre culturel** (Khong Gian Van Hoa Muong ; ☎0218-389 3688, 0913 553 937 ; muong.vn ; 202 Tay Tien ; 50 000 d ; ⏲7h30-17h30 mar-dim) constitue une étape intéressante. Fondé par Vu Duc Hieu, un artiste de Hanoi, il présente la culture de la communauté muong locale, ainsi que les peintures et sculptures pleines d'originalité de son propriétaire. Outre la collection d'objets muong, l'endroit vaut pour le complexe de 5 ha, qui abrite des maisons traditionnelles et des œuvres d'art en plein air.

Le musée se situe à 8 km au sud-ouest de Hoa Binh ; comptez 50 000/80 000 d pour le trajet en *xe om*/taxi.

Le lieu abrite aussi un **hébergement au confort simple** (☎0913 553 937 ; www.muong.vn ; 202 Đ Tay Tien ; dort 100 000 d, ch 300 000-500 000 d ; 📶).

Hôtel Mai Chau Valley View HÔTEL $$
(☎0218-386 7080 ; maichauvalleyview.com ; RN 15 ; ch 700 000-800 000 d ; ❄📶). Ce petit hôtel de 6 chambres est situé en ville, mais il bénéficie d'une jolie vue sur les rizières depuis les balcons des chambres, modernes et élégantes. On y trouve en prime un café-restaurant au rez-de-chaussée. Personnel attentionné.

Mai Chau Eco Lodge COMPLEXE HÔTELIER $$$
(☎0218-381 9888 ; www.maichau.ecolodge.asia ; village de Na Thia ; bungalows avec petit-déj 2 900 000-3 430 000 d ; ❄📶🏊). Ce complexe aux allures de village occupe une petite colline dominant les rizières alentour. Les bungalows aux toits de chaume sont à la fois modernes et rustiques, avec de beaux sols carrelés, des touches de design locales et des installations pour recycler l'eau et utiliser l'énergie solaire. De loin l'adresse la plus raffinée du secteur, alors mieux vaut réserver.

Mai Chau Lodge HÔTEL $$$
(☎0218-386 8959 ; www.maichaulodge.com ; RN 15 ; ch 1 900 000-2 140 000 d, ste 2 590 000 d ; ❄@📶🏊). Cette étape privilégiée des circuits de groupe se situe

à quelques pas des rizières, à la sortie du village de Lac. En plus des jolies chambres parées de tissus locaux, l'hôtel comprend une petite piscine rafraîchissante et un agréable bar donnant sur l'étang local. Une réduction de 40% est habituellement appliquée en semaine.

Three Sisters Restaurant VIETNAMIEN $
(repas 50 000-120 000 d ; 6h-22h ;). Tenu par trois sœurs, ce restaurant à l'ambiance sympathique a un petit quelque chose de plus que les autres. Parmi les spécialités, goûtez à la soupe à la citrouille accompagnée de riz, à la salade aux fleurs de bananier ou au vin de riz local servi avec du miel Nombreux smoothies et jus de fruits. Il se situe dans une petite rue 300 m à l'ouest de la grande rue de Mai Chau, près du marché.

Depuis/vers Mai Chau

Des bus directs quittent la **gare routière de My Dinh** (p. 102), à Hanoi, pour Mai Chau (90 000 d, 3 heures 45) à 6h, 8h30 et 11h. Si vous souhaitez vous arrêter au village de Lac, prévenez le chauffeur : il vous déposera au carrefour, non loin du village.

Les bus pour Hanoi et Hoa Binh (50 000 d, 2 heures), partent de la gare routière de Mai Chau (RN 15), à 2km au sud de la ville, toutes les heures environ jusqu'à 17h. Un minibus pour la vieille ville de Hanoi (12 $US) part à 15h30. **Thai's Travel Bus** (0972 058 696 ; thaitravelbus.com) propose un bus touristique quotidien pour Ninh Binh/Tam Coc (285 000 d, 3 heures 30, départ à 8h30). Les propriétaires de votre hébergement peuvent vous réserver une place dans ces bus et leur demander de venir vous chercher.

Pour vous rendre à Son La ou Diên Biên Phu, il vous faudra prendre un *xe om* jusqu'à la route principale, à 5 km au nord, puis héler le bus qui s'arrêtera pour vous prendre.

Plusieurs pensions prêtent gratuitement des vélos ; d'autres les louent pour 40 000 d par jour.

Son La

0212 / 66 500 HABITANTS

Son La doit sa prospérité à sa situation entre Hanoi et Diên Biên Phu. La visite de la ville n'est pas incontournable, mais elle compte quelques sites d'intérêt. La région se distingue par la diversité de ses habitants, avec plus de 30 ethnies, dont des Thaï noirs, des Meo, des Muong et des Thaï blancs.

À voir

Ancienne prison française MUSÉE
(Nha Tu Son La ; 0212-385 0221 ; Khau Ca ; 30 000 d ; 7h30-11h30 et 13h30-17h30). Cette ancienne prison française était autrefois une colonie pénitentiaire où étaient incarcérés les indépendantistes. Détruite par des "délestages" de munitions non utilisées lors du retour des bombardiers américains vers leurs bases, elle a été partiellement restaurée. Des tourelles surplombent les ruines des anciennes cellules souterraines et un célèbre pêcher planté par Tô Hiêu, qui y fut prisonnier dans les années 1940.

Tour d'observation POINT DE VUE
(en retrait de la RN 106 ; en journée). GRATUIT Pour un beau panorama sur Son La, empruntez l'escalier en pierre sur la gauche du Trade Union (Cong Doan) Hotel au nord de la ville, puis grimpez jusqu'à la tour, à environ 20 minutes de marche.

Marché de Son La MARCHÉ
(Đ Chu Van Thinh ; 6h-14h). Dans ce marché du nord de Son La, vous trouverez des sacs tressés, des foulards, des colliers en argent et autres objets artisanaux.

Marché d'artisanat de Thuan Chau MARCHÉ
(Thuan Chau ; 7h-13h). Thuan Chau est à environ 35 km au nord-ouest de Son La. Prenez un bus ou un *xe om* tôt le matin, quand ce marché quotidien se remplit de montagnardes aux tenues colorées.

Où se loger

Cosy Hotel HÔTEL $
(0334-911 919, 0212-366 6789 ; www.cosyhotel-sonla.com.vn ; n°2, 4 KDT Lam Son, Dau Cau Nam La ; ch 300 000-600 000 d ;). Cet hôtel flambant neuf au nord de Son La est ce qu'il y a de mieux en ville, quel que soit votre budget. Les chambres à 300 000 d sont un peu exiguës et n'ont pas de fenêtre, mais toutes les autres sont spacieuses et joliment décorées, avec une literie confortable et des douches modernes. Café au rez-de-chaussée, bar sur le toit et terrasse commune avec belle vue sur les reliefs karstiques.

Où prendre un verre et faire la fête

Trung Nguyen Cafe CAFÉ
(P Ba Thang Hai ; 8h-22h ;). Cet élégant café-bar dispose d'un jardin ombragé en façade, et fait l'un des meilleurs cafés de Son La.

Depuis/vers Son La

Son La est à 340 km de Hanoi et à 140 km de Diên Biên Phu.

De la **gare routière** (AH 13), à 5 km au sud-ouest de la ville, il y a des bus fréquents (surtout des bus-couchettes) pour Hanoi entre 5h et 23h (165 000-220 000 d, 8 heures) ; 8 bus pour Diên Biên Phu entre 5h et 16h45 (110 000d, 4 heures) ; et 2 bus pour Ninh Binh à 5h10 et 20h15 (185 000-250 000 d, 9 heures).

Pour vous rendre à Mai Chau, prenez le bus "limousine" à destination de Hanoi et descendez au carrefour situé à 5 km avant Mai Chau. Prenez un *xe om* (ou un autre bus) pour parcourir les kilomètres restants ; vous devrez probablement vous acquitter du transport jusqu'à Hanoi.

Pour vous rendre à la gare routière depuis le centre-ville de Son La, prenez le minibus n°3 rouge et blanc qui emprunte la grande rue en direction du sud (10 000 d), ou prenez un taxi (50 000 d).

Diên Biên Phu

0215 / 46 362 HABITANTS

Diên Biên Phu joue un rôle phare dans l'histoire moderne du Vietnam. C'est dans la campagne environnante que, le 7 mai 1954, les forces coloniales françaises furent défaites par le Viêt-minh, lors d'une bataille décisive qui sonna le glas de l'Indochine française. Le cessez-le-feu proclamé ce jour-là accéléra les négociations engagées entre les deux parties. La guerre d'Indochine s'acheva le 21 juillet 1954, avec la signature des accords de Genève, marquant la fin de la présence française au Vietnam, au Laos et au Cambodge.

Située dans la vallée de Muong Thanh, en forme de cœur, Diên Biên Phu est encadrée par des montagnes escarpées densément boisées, offrant un paysage magnifique le long de ses routes d'accès. Des Tay, des Hmong et des Si La vivent dans les montagnes voisines, mais la ville et la vallée sont peuplées de Viêts (ou Kinh), l'ethnie majoritaire au Vietnam.

Autrefois bourgade peu importante, Diên Biên Phu a acquis le statut de capitale provinciale en 2004. C'est une étape intéressante pour les amateurs d'histoire militaire, ou pour ceux qui souhaitent gagner le nord du Laos.

Diên Biên Phu

Les incontournables
1 Colline A1 .... B3
2 Musée de Diên Biên Phu A3

À voir
3 Bunker du colonel de Castries A3
4 Cimetière de Diên Biên Phu B3
5 Mémorial aux soldats français A3
6 Marché A2
7 Monument de la victoire B2

Où se loger
8 Muong Thanh Holiday Hotel B1
9 Nam Ron Hotel A2
10 Phadin Hotel A2
11 Ruby Hotel A2

Où se restaurer
12 Bars à Bia Hoi B3
13 Yen Ninh Vegetarian Restaurant B1

Où prendre un verre et faire la fête
14 Moc Quan A2

À voir

Musée de Diên Biên Phu MUSÉE
(279 Đ 7-5 ; 15 000 d ; 7h-11h et 13h30-18h). Ce musée bien agencé, installé dans un nouveau bâtiment futuriste, commémore la bataille décisive de 1954 au gré d'une collection éclectique. Aux côtés d'armes et d'engins de guerre, on découvre une baignoire ayant appartenu au colonel français De Castries, un vélo capable de

Diên Biên Phu

LA BATAILLE DE DIÊN BIÊN PHU

En novembre 1953, alors que la France est engagée dans le conflit indochinois depuis mars 1946, le général Henri Navarre, commandant en chef des forces françaises en Indochine, envoie 12 bataillons dans la cuvette de Diên Biên Phu dans le cadre de l'opération Castor. Le but est d'empêcher le Viêt-minh de s'emparer de Luang Prabang, alors capitale du Laos. L'armée française, composée pour un tiers de minorités ethniques vietnamiennes, prend position sur cinq points d'appui (baptisés Claudine, Huguette, Anne-Marie, Dominique, et Éliane) et des positions avancées (Gabrielle, Béatrice et Isabelle). Elle est peu à peu encerclée par le Viêt-minh, commandé par le général Vo Nguyên Giap, dont les troupes sont cinq fois plus nombreuses. Surtout, le Viêt-minh accomplit un véritable exploit logistique, transportant à dos d'homme, à travers la jungle et les cours d'eau, des pièces d'artillerie et des mitrailleuses antiaériennes, soigneusement disposées ensuite dans des caches creusées dans la montagne surplombant les positions françaises.

Le 13 mars 1954, alors que les Français attendent des fantassins, les obus de canons et de mortiers lourds se mettent à pleuvoir. Le colonel Charles Piroth, qui commandait l'artillerie du camp, se suicide dans son abri. Il avait affirmé que le Viêt-minh ne parviendrait pas à transporter de l'artillerie lourde jusque-là. Un premier assaut viêt-minh échoue, mais il est suivi par des semaines de bombardements intensifs. La situation empirant, Bigeard et ses parachutistes sont appelés en renfort, mais le mauvais temps et la DCA viêt-minh rendent bientôt les parachutages (en hommes, mais aussi en vivres et en munitions) problématiques. Un système sophistiqué de tranchées et de tunnels permet au Viêt-minh d'atteindre les positions françaises en restant à couvert. La France refuse de recourir aux bombardiers américains ou d'utiliser la force nucléaire, comme le suggérait le Pentagone, et ses positions tombent alors une à une.

Le 7 mai 1954, les troupes du général Navarre se rendent au Viêt-minh, au terme de 57 jours de siège. Elles dénombrent 5 000 tués et 10 000 prisonniers, tandis que les pertes côté viêt-minh sont estimées à 25 000 hommes. Le moral des Français en est fortement ébranlé, et le gouvernement renonce à l'Indochine.

transporter 330 kg ainsi que les témoignages de Vietnamiens ayant vécu les événements.

♥ Colline A1 MONUMENT

(Đ 7-5 ; 15 000 d ; 7h-11h et 13h30-17h30). Des tanks et un monument aux morts du Viêt-minh jalonnent l'ancienne position française – appelée Éliane par les Français et colline A1 par les Vietnamiens –, théâtre des combats les plus violents. Le complexe système de tranchées de la défense française a également été reconstitué. Le site fournit peu d'informations sur le contexte.

Marché MARCHÉ

(P Be Van Dan ; 6h-17h). Ce marché de produits alimentaires est le lieu le plus animé de Diên Biên Phu. Il se situe sur la rive est de la Ron, à la sortie du vieux pont Muong Thanh.

Village de Men VILLAGE

(Ban Men ; 24h/24). GRATUIT Diên Biên Phu est entourée de villages tay, et celui-ci, à 5 km au nord de la ville, a été classé "village culturel et touristique", en raison de ses maisons traditionnelles en bois sur pilotis et de son artisanat textile. On peut s'y promener tranquillement (il n'y a pas grand-chose d'autre à faire), les lieux n'étant pas envahis par les groupes de touristes, et admirer l'architecture, ce qui donne un aperçu intéressant de la culture tay. Prenez un taxi ou *xe om* depuis la gare routière.

Cimetière de Diên Biên Phu CIMETIÈRE

(Đ 7-5 ; 24h/24). GRATUIT Dans ce cimetière parfaitement entretenu, chaque pierre tombale porte l'étoile dorée du drapeau national et un bouquet de bâtons d'encens en hommage aux victimes vietnamiennes de la bataille de Diên Biên Phu.

Bunker du colonel de Castries MONUMENT

(en retrait de P Nguyen Huu Tho ; 15 000 d ; 7h-11h et 13h30-18h). À l'ouest de la rivière Ron, le bunker où le colonel Christian de Castries avait établi son commandement a été reconstitué, mais il n'y a en réalité pas grand-chose à voir. Un vieux char et quelques mortiers parsèment les environs.

Vous verrez certainement des Vietnamiens agiter leur drapeau sur le bunker, imitant ainsi une célèbre photo prise à la fin des combats.

Mémorial aux soldats français MÉMORIAL

(En retrait de P Nguyen Huu Tho ; ⌚en journée). GRATUIT Le mémorial aux 3 000 soldats français enterrés dans les rizières a été érigé ici en 1984, pour le 30e anniversaire de la bataille.

Monument à la victoire MONUMENT

(Đ 1-4 ; 15 000 d ; ⌚7h-11h et 13h30-18h). Cet imposant monument, qui commémore les combats de 1954, domine la route principale de Diên Biên Phu. On y accède par la route, à l'arrière de la colline, ou par l'escalier d'où l'on peut admirer la vue.

Où se loger

Nam Ron Hotel HÔTEL $

(☎0946 251 967 ; Đ Trang Dang Ninh ; ch 250 000-400 000 d, ch VIP 500 000 d ; ❄📶). Un établissement sans cachet mais soigné, au bord de la Ron. Exiguës selon les critères vietnamiens, les chambres standards sont néanmoins fonctionnelles et confortables. Les chambres VIP sont spacieuses et dotées de sofas rétro. Location de motos.

Phadin Hotel HÔTEL $

(Quan Kha 2 ; ☎0215 655 8888 ; www.facebook.com/phadinhoteldienbien ; 63 Đ Trang Dang Ninh ; d/tr 400 000/550 000 d, ch VIP 800 000 d ; ❄📶). Ce grand complexe hôtelier 3 étoiles proche de la gare routière renferme des chambres assez banales mais claires, toutes dotées d'un balcon. Les chambres VIP sont immenses et lumineuses. Le café de l'hôtel est excellent. Grand supermarché attenant. Le petit-déjeuner est compris dans le tarif des chambres.

♥ **Ruby Hotel** HÔTEL $$

(☎0913 655 793 ; www.rubyhoteldienbien.com ; en retrait de P Nguyen Chi Thanh ; ch avec petit-déj 560 000-900 000 d ; ❄📶). Cet hôtel accueillant, dans une petite allée près de la rivière, est la meilleure affaire de Diên Biên Phu. Les 31 chambres sont équipées de bons lits, de TV et de salles de bains avec douche à effet de pluie. Les simples sont plutôt petites. L'hôtel propose en ligne des remises exceptionnelles allant jusqu'à -50%. Service de blanchisserie et location de scooter (100 000 d/demi-journée).

Muong Thanh Holiday Hotel HÔTEL $$$

(Muong Thanh Grand ; ☎0215-381 0043 ; www.muongthanh.com ; 514 Đ Vo Nguyen Giap ; ch avec petit-déj 1 600 000-1 800 000, ste avec petit-déj 2 000 000-3 100 000 d ; ❄📶🏊). Les 148 chambres de cet hôtel privilégié des circuits de groupe ne sont pas aussi élégantes que le hall d'entrée le suggère, mais elles sont confortables. La piscine extérieure est rafraîchissante après une journée de visite. Une remise de 50% est généralement appliquée sur le tarif des chambres.

Où se restaurer et prendre un verre

Les restaurants sont relativement peu nombreux à Diên Biên Phu. Toutefois, Pho Nguyen Chi Tranh compte une série de restaurants très simples d'un bon rapport qualité/prix, avec des comptoirs où vous pourrez choisir vos plats (40 000 d) – il y a un peu de tout, du poulet aux sauterelles frites.

ALLER AU LAOS : DE DIÊN BIÊN PHU À MUANG KHUA

Aller à la frontière Un bus quotidien pour Muang Khua quitte Diên Biên Phu à 5h30 (115 000 d, 5 heures). Mieux vaut réserver son billet la veille du départ. Le bus passe par le **poste-frontière de Tay Trang-Sop Hun**. Depuis Diên Biên Phu, on peut aussi rejoindre les villes laotiennes de Bo Keo (560 000 d, 6h15), Luang Prabang (495 000 d, 6h45 et 7h30), Luang Nam Tha (350 000 d, 6h30 et 7h), Phongsali (345 000 d, 7h15) et Udomxai (230 000 d, 6h).

À la frontière Le poste-frontière de Tay Trang-Sop Hun, à 34 km de Diên Biên Phu, est ouvert tous les jours de 7h à 16h30. Pour entrer au Laos, les ressortissants de la plupart des pays peuvent obtenir un visa valable 30 jours à leur arrivée (30-42 $US, selon votre nationalité). Veillez à avoir deux photos d'identité et des espèces en supplément pour couvrir d'éventuels frais administratifs sur place.

Au-delà De Muang Khua, des bus vous conduisent à Udomxai.

BUS AU DÉPART DE DIÊN BIÊN PHU

DESTINATION	PRIX (D)	DURÉE	FRÉQUENCE
Hanoi	255 000-345 000, VIP (21h30) 570 000	11 heures 30	7h ; bus-couchettes fréquents 16h30-21h30
Lai Chau	145 000	8 heures	toutes les heures 5h-16h
Muong Lay	70 000	3 heures	14h30, 16h
Muong Te	150 000	6 heures	7h, 8h15
Sapa	230 000	8 heures	6h30, 9h, 11h30 ; couchettes 17h, 17h30, 18h30
Sin Ho	120 000	5 heures	6h30
Son La	110 000-120 000	4 heures	9 départs 4h30-14h

Yen Ninh Vegetarian Restaurant VÉGÉTARIEN $
(☎0989 887 513 ; www.dbpcity.wixsite.com/yenninh ; 257 Group 9, Ton Thanh ward ; repas 35 000-50 000 d ; ⏲8h-22h ;). Ce restaurant est plutôt inattendu dans cette allée résidentielle du nord-ouest de la ville. Dans cette maison familiale, doublée d'une librairie, on sert une cuisine végane, saine et fraîche, à un flot continu de routards ravis qui savourent leurs rouleaux de printemps et smoothies tandis que la famille vaque à ses occupations quotidiennes.

Yen, affable et anglophone, loue aussi des motos (80 000 d/demi-journée).

Bars à bia hoi BARS À BIÈRES $
(Đ Hoang Van Thai ; repas à partir de 30 000 d ; ⏲12h-22h). Venez rencontrer les habitants dans les bars à *bia hoi* (bières pression) le long de Đ Hoang Van Thai. Vous pourrez y manger des grillades correctes et bon marché.

Moc Quan CAFÉ
(P Tran Can ; ⏲10h-22h ;). Parmi la rangée de cafés modernes de la rue, celui-ci nous a plu par son personnel souriant et sa déco. On y sert du café vietnamien et de bons jus de fruits, ainsi que des glaces.

Renseignements

Agribank (Đ 7-5 ; ⏲8h-15h lun-ven, 8h-11h30 sam, DAB 24h/24)
Poste principale (Đ 7-5 ; ⏲8h-18h lun-ven)

Depuis/vers Diên Biên Phu

AVION

L'aéroport de Diên Biên Phu est à 1,5 km au nord du centre-ville, au bord de la route qui mène à Muong Lay ; comptez 50 000 d pour le trajet en taxi. Vasco Airlines (filiale de Vietnam Airlines) assure 2 vols quotidiens depuis/vers Hanoi (à partir de 1 600 000 d, 1 heure).

BUS

La **gare routière de Diên Biên Phu** est à l'angle de Đuong Tran Dang Ninh et de la RN 12.

Comment circuler

Louer un scooter ou embaucher un conducteur de *xe om* pour une demi-journée est l'idéal pour visiter la ville et ses monuments, assez éparpillés.

Sin Ho

☎0213 / 4 000 HABITANTS

Sin Ho est un charmant village de montagne, peuplé de nombreuses ethnies, où peu de voyageurs s'aventurent. Pourtant, la présence d'un hôtel très correct et d'un accès par la route justifie le détour pour qui souhaite découvrir un marché local authentique, bien différent de ceux de Sapa et Bac Ha, étapes obligées des voyages organisés.

À voir

Marché de Sin Ho MARCHÉ
(Đ 128 ; ⏲6h-14h). Le marché a lieu le samedi et le dimanche, ce dernier étant le plus impressionnant et le plus coloré. On y vend plus de bétail que d'artisanat, mais le lieu a du charme.

Où se loger et se restaurer

Thanh Binh Hotel HÔTEL $
(☎0213-387 0366 ; Đ 128 ; ch 250 000-450 000 d ;). Cet hôtel au nord de la ville géré par l'État compte 17 chambres vieillottes mais correctes. Les chambres à l'étage sont un peu plus confortables que les autres. Restaurant sur place, où il faut réserver.

Jumong Quan VIETNAMIEN $
(Đ 128 ; repas à partir de 50 000 d ; ⏲8h-22h). À l'extrémité sud de Sin Ho, au bord du lac, ce vaste et chaleureux restaurant de

com binh dan (assortiment de plats avec du riz) est l'un des rares à être ouverts à l'heure du dîner.

Depuis/vers Sin Ho

Pour les voyageurs venant du sud, la bifurcation qui monte vers Sin Ho se trouve à 1 km au nord de Chan Nua sur la route principale, entre Muong Lay et Lai Chau. Avant de partir, renseignez-vous impérativement sur l'état de la route au sud et au nord de Lai Chau, car l'axe est sujet aux glissements de terrain.

De Sin Ho, au moins un bus part quotidiennement pour Diên Biên Phu à 8h (120 000 d, 5 heures), et 5 bus partent pour Lai Chau entre 6h30 et 16h (60 000 d, 1 heure 30). Pour vous rendre à Sapa, changez à Lai Chau.

Pour rallier Lai Chau depuis Sin Ho en *xe om/taxi*, comptez 300 000/800 000 d (tarif négociable)

Il n'y a pas de véritable gare routière à Sin Ho ; passez par votre hébergement pour réserver vos places.

Sapa

0214 / 9 000 HABITANTS / ALTITUDE 1 650 M

Station climatique fondée par les Français en 1922, Sapa est aujourd'hui le centre touristique du nord-ouest du Vietnam. Toutefois, si vous espériez voir une cité de montagne pittoresque, vous risquez d'être déçu. Les infrastructures touristiques modernes poussent de manière anarchique, et le centre-ville semble en perpétuelle reconstruction.

La ville n'invite pas à la flânerie, mais ce n'est pas pour cela qu'on y vient : Sapa est la plus importante base de trekking du nord du Vietnam, d'où partir en randonnée dans la campagne environnante, au gré des rizières en terrasses, vers les petits villages des ethnies montagnardes. Les mauvaises routes, la laideur des immeubles et la présence excessive des touristes ont terni la beauté de nombreux lieux autour de Sapa, mais, en cherchant un peu, on trouve encore quelques villages traditionnels préservés et des paysages sublimes.

Mars et avril sont les mois les plus agréables pour visiter Sapa, mais les autres saisons ont aussi leur charme. De juin à septembre, le ciel se reflète à la surface des rizières en terrasses inondées. En août, les champs se couvrent d'un jaune éclatant, tandis que le débit des chutes d'eau est à son maximum, mais le temps est très chaud et pluvieux.

Les touristes étrangers viennent le plus souvent de septembre à janvier, mais les nuages et le brouillard sont fréquents en octobre et novembre.

À voir

Musée de Sapa MUSÉE

(103 P Cau May ; 7h30-11h30 et 13h30-17h). GRATUIT Une excellente présentation de l'histoire (dont une partie consacrée à l'époque coloniale) et de l'ethnologie de la région, qui mérite un passage en arrivant à Sapa. Si le musée est un peu poussiéreux, il donne un bon aperçu des divers groupes ethniques locaux et de leur riche savoir-faire artisanal. Logé au-dessus d'une boutique d'artisanat, derrière le centre d'information touristique (p. 150).

Téléphérique du Fansipan TÉLÉPHÉRIQUE

(0214-381 8888 ; www.fansipanlegend.sunworld.vn ; aller-retour adulte/enfant 700 000/500 000 d ; 7h-16h30, dernier retour depuis le sommet 18h). Autour de Sapa s'élèvent les monts Hoang Lien (surnommés “Alpes tonkinoises” par les Français), à présent parc national. Ils comprennent le Fansipan (3 143 m), point culminant du Vietnam souvent nommé “toit de l'Indochine” et visible depuis Sapa lorsqu'il n'est pas caché par les nuages. La tranquillité et la beauté sauvage du Fansipan ont été mises à mal par l'ouverture de ce téléphérique de 6 292 m qui, en 15 minutes, transporte les visiteurs de l'autre côté de la vallée de Muong Hoa, presque jusqu'au sommet du Fansipan.

La **billetterie** (Đ Phan Xi Pang, Sun Plaza) se trouve sur la place principale de Sapa, d'où un funiculaire (50 000 d aller-retour) transporte les passagers jusqu'à la station du téléphérique. Après la montée du téléphérique, il vous faudra grimper encore 600 marches jusqu'au sommet, ou prendre un autre funiculaire à Do Quyen (70 000 d aller), longeant pagodes et bouddhas. Selon le temps, attendez-vous à affronter les foules ou les nuages.

Marché de Sapa MARCHÉ

(Đ Ngu Chi Son ; 6h-14h). Délogé du centre-ville et désormais situé dans un bâtiment moderne proche de la gare routière, le marché de Sapa reste un lieu à voir. Les populations montagnardes des villages alentour viennent presque tous les jours y vendre des objets d'artisanat. Pic d'activité le samedi.

HORS DES SENTIERS BATTUS

MUONG TE ET NA HU

Muong Te, modeste capitale de district, doit son charme à son emplacement isolé, à son cadre splendide et à sa population thaï. C'est l'endroit idéal pour faire une escapade hors des sentiers battus, à l'écart de la route entre Diên Biên Phu et Sapa.

Pour découvrir la culture locale des Thaï blancs, vous pourrez vous rendre au village de Na Hu, situé à 9 km à l'est de Muong Te. Les habitants vivent dans des maisons en bois sur pilotis, dans un cadre bucolique au bord de la rivière Boum.

Ceux qui passent la nuit à Muong Te pourront se rendre au **Dung Phu Hotel** (☎0213-388 2555, 0977 026 217 ; Đ 127 ; ch 200 000-350 000 d) à l'extrémité ouest de la ville, qui propose des chambres spacieuses aux matelas très fermes.

Pour le dîner, goûtez aux *bun dau mam tom* (bouchées frites, nouilles et herbes, à tremper dans une pâte de crevettes) du **Toi Ben** (Đ 127; repas à partir de 50 000 d ; ⌚10h-22h), à quelques rues au sud de la gare routière.

De Muong Te, des bus quotidiens partent pour Diên Biên Phu (150 000 d, 6 heures, 3 départs/jour), pour Hanoi (400 000 d, 12 heures, couchettes, 2 départs l'après-midi), et pour Lai Chau (100 000 d, 4 heures, toutes les heures).

Col de Tram Ton POINT DE VUE

La route entre Sapa et Lai Chau franchit le col de Tram Ton sur le versant nord du Fansipan, à 15 km de Sapa. Culminant à 1 900 m d'altitude, ce col est le plus haut du Vietnam et constitue une barrière climatique. La vue est magnifique par temps clair.

Sur le versant de Sapa, le temps est souvent froid et brumeux, mais quelques centaines de mètres plus bas, sur le versant de Lai Chau, il peut être ensoleillé et faire chaud. Sapa est l'endroit le plus froid du Vietnam et, curieusement, Lai Chau est parfois l'un des plus chauds.

La plupart des visiteurs se rendent aussi à **Thac Bac** (les chutes d'Argent, 20 000 d), hautes de 100 m, à 12 km de Sapa. Pour le trajet en *xe om*, comptez 80 000/150 000 d l'aller/l'aller-retour.

Église de Sapa ÉGLISE

(Đ Ham Rong ; ⌚messe 6h dim). Construite par les Français, la petite église en pierre de Sapa reste un point de repère dans le centre-ville. Elle n'ouvre ses portes que pour la messe du dimanche et quelques soirs pour les prières.

Activités

Randonnée

En sortant de votre hôtel à Sapa, vous n'irez pas très loin sans vous faire accoster par quelqu'un qui se propose de vous guider dans vos randonnées.

Pour effectuer une longue randonnée en passant la nuit dans un village, mieux vaut partir avec une personne qui connaît bien le terrain, la culture et la langue. Choisissez de préférence des guides appartenant aux minorités ethniques de la région, qui trouvent là une source de revenus, et passez par une agence bien établie.

Un droit d'entrée s'applique à présent dans tous les villages autour de Sapa. Certains, reliés à Sapa par des routes poussiéreuses, ont été très transformés par le tourisme, et comptent des dizaines de pensions, restaurants et boutiques de souvenirs – loin de ce dont on peut rêver pour un trek. Si vous vous rendez dans l'un de ces villages, tels que Lao Chai et Ta Van, en descendant la vallée, assurez-vous que votre guide vous emmène à l'écart de l'agitation des routes (bétonnées), dans la campagne.

La plupart des randonnées empruntent un terrain extrêmement boueux et glissant, surtout après les averses. Les bottes de caoutchouc sont donc conseillées – les guides pourront vous indiquer où en acheter pour 2 à 4 $US.

Sa Seng et Hang Da RANDONNÉE

(75 000 d). Un bel itinéraire d'une demi-journée longe une haute crête, à l'est de Sapa, passe par les villages hmong noirs de Sa Seng et de Hang Da et offre, par temps clair, une vue splendide sur la vallée. Il descend ensuite vers la rivière Ta Van, où des transports rejoignent Sapa (comptez environ 200 000 d en taxi, 80 000 d en *xe om*).

Ta Phin RANDONNÉE

(75 000 d). Une marche très appréciée d'une journée depuis Sapa conduit au village de Ta Phin, habité par des Dzao rouges, à quelque 10 km au nord de la ville. La plupart des visiteurs prennent un taxi (200 000 d

Sapa

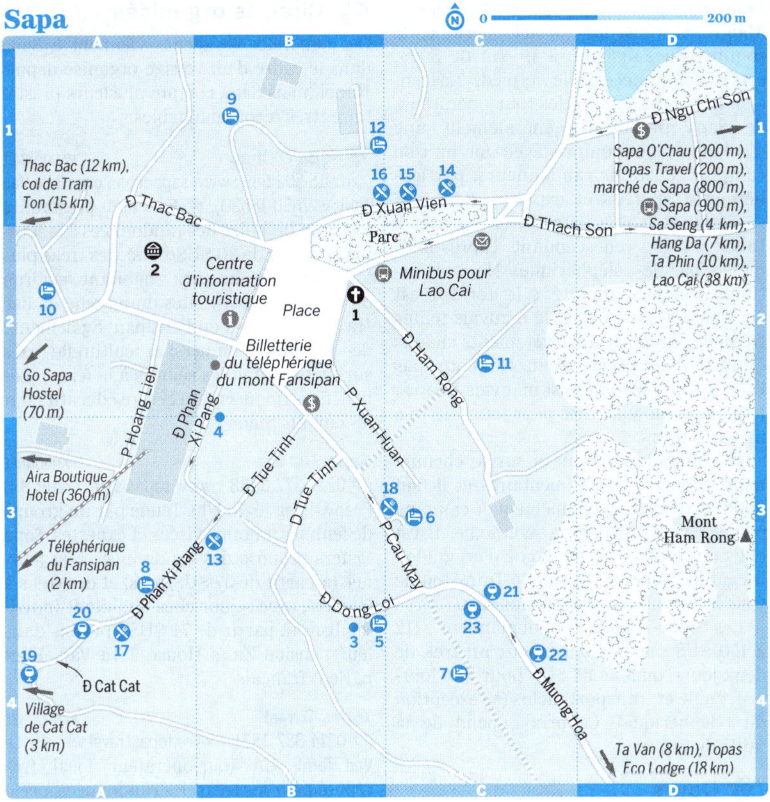

Sapa

À voir

1 Église de Sapa ... B2
2 Musée de Sapa ... A2

Activités

3 Handspan Travel Indochina ... B4
Hill Station Signature Restaurant ... (voir 13)
Indigo Cat ... (voir 8)
4 Sapa Sisters ... B3

Où se loger

5 Amazing Hotel ... B4
6 Auberge Hotel ... C3
7 Botanic Sapa ... C4
8 Cat Cat View Hotel ... A3
9 Elegance Hotel ... B1
10 Sapa Dragon Hotel ... A2
11 Thai Binh Hotel ... C2
12 Victoria Sapa Resort ... B1

Où se restaurer

13 Hill Station Signature Restaurant ... B3
14 Hotpot & Roast Piglet Restaurants ... C1
15 Le Gecko ... C1
16 Le Petit Gecko ... B1
17 Nature View ... A4
18 Viet Emotion ... C3

Où prendre un verre et faire la fête

19 Cafe in the Clouds ... A4
20 Color Bar ... A4
21 Hill Station Deli ... C3
22 Hmong Sisters ... C4
23 Mountain Bar & Pub ... C4

Achats

Indigo Cat ... (voir 8)

environ) jusqu'au point de départ, à 8 km de Sapa, puis effectuent une boucle de 14 km dans le secteur en passant par des villages hmong noirs et dzao rouges.

Mont Fansipan RANDONNÉE EN MONTAGNE

Malgré la présence du téléphérique, le sommet du Fansipan, à 19 km de Sapa, est toujours accessible à pied. L'ascension n'est pas facile, et les tour-opérateurs de Sapa proposent généralement une randonnée tout compris avec une nuit de camping. Certains randonneurs, particulièrement sportifs et expérimentés, font l'ascension en une journée, en partant à l'aube et en redescendant l'après-midi même par le téléphérique. Ne sous-estimez pas la difficulté : le terrain est accidenté et glissant, et le mauvais temps fréquent. Emportez des vêtements chauds et une bonne réserve d'eau. Ne tentez pas l'ascension si le temps est mauvais à Sapa ; le manque de visibilité peut jouer de très mauvais tours.

Il y a quelques refuges sur le chemin, mais ils sont très rudimentaires et il faut donc partir avec un équipement de camping complet pour dormir en montagne. Il est obligatoire d'être accompagné d'un guide : les gardes à l'entrée du col de Tram Ton ne vous laisseront pas passer sans cela.

Les tour-opérateurs demandent 112 à 150 $US par personne pour un trek de deux jours, ou 55 à 65 $US pour une journée, guide et transport inclus (à l'exception du téléphérique). Le prix dépend de la taille du groupe.

Cours

Hill Station Signature Restaurant CUISINE

(☎ 0214-388 7111 ; 37 Đ Phan Xi Pang ; 29 $US/pers, minimum 2 pers ; ⏲ 9h-12h). Le chef hmong et anglophone de ce restaurant propose de très bons cours de 3 heures. Au programme : visite au marché, puis préparation de 5 plats locaux comprenant tofu maison, buffle fumé et salade de fleurs de bananier, le tout agrémenté de vin de riz local. Inscrivez-vous la veille au soir.

Indigo Cat ARTISANAT

(☎ 0982 403 647 ; www.indigocat.shop ; 46 Đ Phan Xi Pang ; cours 400 000 d ; ⏲ 10h). Cette boutique d'artisanat organise, le matin, des ateliers d'une demi-journée où apprendre la technique traditionnelle du batik hmong (teinture à la cire). Les ateliers se déroulent dans le village de Ta Van, à 8 km de là ; comptez 500 000 d pour le trajet en taxi, et 75 000 d par personne pour l'accès au village. Adressez-vous à la boutique de Sapa (p. 150) pour en savoir plus.

Circuits organisés

De nombreux voyageurs viennent à Sapa dans le cadre d'un voyage organisé depuis Hanoi, mais Sapa compte plusieurs prestataires très recommandables.

♥ **Sapa O'Chau** RANDONNÉE

(☎ 0915 502 589 ; www.sapaochau.org ; 3 Le Van Tam ; ⏲ 7h30-18h30). Excellent prestataire local qui organise des randonnées à la journée (à partir de 30 $US/pers), des treks plus longs avec séjour chez l'habitant (environ 38 $US/jour), des visites du marché de Bac Ha ou l'ascension du Fansipan. Également : des circuits d'immersion culturelle axés sur l'artisanat et les séjours à la ferme. Les bénéfices financent un centre éducatif pour les enfants hmong.

Sapa Sisters RANDONNÉE

(☎ 0214-377 3388 ; www.sapasisters.com ; 9 Đ Phan Xi Pang ; ⏲ 7h-17h). Tenue par un groupe de femmes hmong avisées et expertes, Sapa Sisters propose des randonnées à la journée (à partir de 37 $US/pers) et des treks à la carte, avec séjour chez l'habitant individualisés (à partir de 74 $US), parfois dans leur pension Zao's House à Ta Van. Elles parlent français.

Topas Travel RANDONNÉE

(☎ 0214-387 1331 ; www.topastravel.vn ; 15 Le Van Tam). Un tour-opérateur local très réputé pour les treks, les randonnées à vélo et la découverte des villages, avec séjour au Topas Ecolodge (p. 148) ou à la **Topas Riverside House** (☎ 0214-3715 1005 ; www.topasriversidelodge.com ; village de Nam Cang ; d en demi-pension avec sdb commune 87 $US). Il faut réserver.

Handspan Travel Indochina SPORTS D'AVENTURE

(☎ 0214-387 2110 ; www.handspan.com ; Chau Long Hotel, 24 Đ Dong Loi ; ⏲ 8h-20h). Cette agence présente dans tout le pays propose des randonnées à pied ou à VTT à destination des villages et marchés de la région.

Où se loger

Beaucoup d'hôtels augmentent leurs tarifs le vendredi et le samedi, en raison de l'afflux de touristes vietnamiens le week-end.

Sapa peut être très fréquentée : si vous souhaitez séjourner dans un endroit particulier, réservez directement auprès de l'hôtel, pour obtenir un meilleur tarif.

Sapa

Avec les chantiers de construction, la présence des rabatteurs et les foules du week-end, séjourner à Sapa même n'est pas toujours des plus reposant. La ville compte néanmoins des hébergements d'un excellent rapport qualité/prix.

Sapa O'Chau HÔTEL $
(0214-387 1890 ; www.sapaochau.org ; 3 Le Van Tam ; dort 6 $US, ch 20-30 $US ;). Cet hôtel rattaché à l'excellent tour-opérateur du même nom est utilisé pour former le personnel local à l'hôtellerie ; faites preuve d'un peu de patience. Les meilleures chambres ont vue sur le lac depuis un petit balcon, et même les dortoirs de 6 chambres possèdent leur propre salle de bains. Les tarifs comprennent le petit-déjeuner sur le toit-terrasse. Location de motos. En réservant une randonnée, vous bénéficierez d'une réduction sur le prix de la chambre.

Auberge Hotel HÔTEL $
(0214-387 1243 ; www.aubergedangtrunghotel.com ; 31 P Cau May ; ch avec petit-déj 15-35 $US ;). Une villa jaune entourée de portiques et dotée d'une terrasse et d'un restaurant avec jardin, et une ambiance vaguement coloniale. Les chambres sont confortables, mais mieux vaut réserver celles des étages supérieurs, car les autres peuvent être humides. L'hôtel est situé non loin de la rue principale, mais suffisamment en retrait pour être calme. Le propriétaire, M. Manh, qui parle français, tient une agence de voyages qui pourra vous aider à organiser toutes vos activités, y compris un trek ou la location d'une moto.

Thai Binh Hotel HÔTEL $
(0214-387 1212 ; www.thaibinhhotel.com ; 45 Đ Ham Rong ; ch avec petit-déj 500 000 d ;). Dès l'entrée de cet hôtel, où le chat de la maison somnole au coin de la cheminée, on se sent un peu chez soi. Les chambres sont propres et spacieuses, en particulier celles à l'avant avec balcon. Emplacement calme, non loin de l'église de Sapa. Les sympathiques propriétaires parlent anglais.

Go Sapa Hostel AUBERGE DE JEUNESSE $
(0214-871 198 ; www.gosapahostel.com ; 25 Đ Thac Bac ; dort 110 000-130 000 d, ch 300 000-360 000 d ;). Sur les hauteurs, dominant le centre de Sapa, cette auberge de jeunesse bien tenue compte de nombreux dortoirs pour 6 à 8 personnes (avec casiers), disposés autour d'une cour et d'agréables espaces communs. Les 2 chambres privatives, d'un très bon rapport qualité/prix, ont leur propre terrasse. On peut louer une moto, acheter des tickets de bus et y faire laver son linge.

Elegance Hotel HÔTEL $$
(0214-389 8868 ; www.sapaelegancehotel.com ; 3 Hoang Dieu ; ch avec petit-déj 500 000-800 000 d ;). Les chambres Deluxe, spacieuses, joliment meublées et avec balcon, battent toute concurrence du point de vue du rapport qualité/prix, avec en prime un emplacement central. Le personnel est serviable, et pourra vous aider à prendre vos tickets de bus ou à louer une moto. Le petit-déjeuner inclus comprend de croustillantes baguettes. Les chambres les moins chères, situées dans une villa séparée, au fond du jardin, ne jouissent pas de la même vue mais restent agréables.

Sapa Dragon Hotel HÔTEL $$
(0214-871 363 ; www.sapadragonhotel.com ; 1a Đ Thac Bac ; ch avec petit-déj 55-60 $US ;). Situé dans un quartier calme, cet hôtel aménagé avec goût comprend 20 belles chambres spacieuses avec balcon. La vue sur les montagnes est limitée, mais le service agréable. Les tarifs plus avantageux pratiqués sur Internet en font un très bon choix.

Botanic Sapa HÔTEL $$
(0214-873 879 ; 8a Cau May Alley ; ch 25-35 $US ;). Le douillet Botanic se démarque par ses hôtes merveilleux, Minh et son épouse Van. Il n'y a que 4 chambres, décorées de tissus locaux et dotées de salles de bains modernes, le tout d'une propreté irréprochable. Son emplacement, en bas d'un escalier raide en retrait de Pho Cau May, ne conviendra pas à tous.

Cat Cat View Hotel HÔTEL $$
(0214-387 1946 ; www.catcathotel.com ; 46 Đ Phan Xi Pang ; ch avec petit-déj 500 000-1 000 000 d, app 2 000 000-3 600 000 d ;). Vaste établissement familial, très attrayant, comptant une quarantaine de chambres réparties sur 2 ailes et 9 niveaux. Toutes sont douillettes et lambrissées de pin. Les étages supérieurs donnent sur des terrasses communes et un restaurant. Les appartements, spacieux,

UN AVENIR MEILLEUR POUR LES HMONG

La prospérité croissante de Sapa entraîne certains changements positifs pour les ethnies montagnardes. Les Hmong travaillent depuis longtemps pour les agences de voyages et autres prestataires, les restaurants et les hôtels vietnamiens de Sapa, et beaucoup d'enfants hmong manquent l'école pour vendre des objets artisanaux ou pour servir de guides de montagne, parcourant souvent jusqu'à 10 km par jour depuis leur village pour gagner de l'argent. Mais une nouvelle génération de Hmong s'emploie aujourd'hui à jeter les bases d'un avenir meilleur, avec des conditions de revenus plus indépendantes.

Sapa O'Chau, qui signifie "merci Sapa" en hmong, vise à donner aux jeunes Hmong une formation et de meilleures opportunités de travail. L'organisation est gérée par Shu Tan, ancien marchand ambulant qui a créé le centre éducatif de Sapa O'Chau, où jusqu'à 20 enfants hmong peuvent apprendre le vietnamien et l'anglais.

L'organisation est en partie financée par les excellents circuits de visites et randonnées qu'elle propose dans les environs de Sapa, ainsi que par son nouvel hôtel, qui permet aussi de former des adolescents aux métiers de l'hôtellerie.

sont une bonne solution pour les familles ou les groupes d'amis.

Aira Boutique Hotel HÔTEL **$$$**
(0214-377 2268 ; www.airaboutiquesapa.com ; 30 P Hoang Lien ; ch avec petit-déj 75-95 $US ;). Cet hôtel de style moderne est logé au bord d'une falaise, offrant une vue fabuleuse sur la vallée en contrebas. Les chambres avec vue à l'avant sont les plus chères, mais toutes sont richement décorées dans les tons chocolat et sont dotées de jolies salles de bains. Les chambres meilleur marché ne bénéficient pas de balcon. Le thé avec en-cas de l'après-midi est inclus dans le prix des chambres.

Amazing Hotel HÔTEL **$$$**
(0214-386 5888 ; amazinghotel.com.vn ; Đ Dong Loi ; ch 2 930 000-4 800 000 d ;). Sans être "extraordinaire", ce bel hôtel moderne 4 étoiles offre des chambres confortables avec pour certaines une vue impressionnante. Salle de sport et piscine sur le toit. Veillez à demander une chambre à bonne distance du sous-sol où se trouve la discothèque. Remise de 30% en réservant sur Internet.

Victoria Sapa Resort COMPLEXE HÔTELIER **$$$**
(0214-387 1522 ; www.victoriahotels.asia ; P Hoang Dieu ; ch avec petit-déj 130-150 $US ;). Cet hôtel aux airs de chalet de montagne séduit par son personnel attentionné, son charmant jardin, sa terrasse et son restaurant décoré d'étoffes localement tissées. Les chambres Deluxe bénéficient de la plus belle vue, mais toutes disposent de balcons privatifs. Agréable spa (ouvert au public).

Environs de Sapa

En s'éloignant de quelques kilomètres du centre-ville, la campagne des environs de Sapa se révèle magnifique. C'est aussi là que l'on trouve les meilleurs hébergements de la région.

Sapa Clay House HÔTEL **$$$**
(0965 288 160 ; www.sapaclayhouse.com ; RN 152, Y Linh Ho ; ch/bungalow avec petit-déj 105/125 $US, ste 155-170 $US ;). Délicieusement rustique, cet ensemble de chambres et de bungalows en pisé est perché sur une colline à 3 km au sud-est de Sapa, avec vue sur les rizières en terrasses. Les bungalows offrent un peu plus d'intimité que les chambres et disposent de grandes salles de bains à ciel ouvert. La nouvelle piscine à débordement et le spa ajoutent une touche luxueuse. Comptez 80 000 d pour le trajet en taxi.

Topas Ecolodge COMPLEXE HÔTELIER **$$$**
(0214-387 2404 ; www.topasecolodge.com ; bungalow avec petit-déj 235 $US ;). Surplombant une vallée, à 18 km de Sapa, ce complexe avec piscine comprend des bungalows de pierre au toit de chaume, dotés de balcons pour profiter au maximum de la vue, splendide (pas de TV). Sublime piscine à débordement. Organisation de randonnées à pied ou à vélo et de visites de marchés.

Où se restaurer

Sapa possède le plus grand choix de restaurants du nord du Vietnam. Beaucoup se trouvent dans Pho Cau May.

Cherchez ceux qui proposent la cuisine locale des ethnies montagnardes, avec des champignons sauvages, des herbes et des poissons de la région.

Restaurants de fondue et rôtisseries VIETNAMIEN $

(Đ Xuan Vien ; repas à partir de 60 000 d ; ⏲11h-23h). Dans cette série d'établissements similaires, on sert de la fondue vietnamienne (*lau* ; viande cuite dans un bouillon avec des légumes, du chou et des champignons locaux) et du cochon de lait entier rôti, la spécialité de Sapa (repérez les broches des rôtisseries).

♥ Hill Station Signature Restaurant VIETNAMIEN $$

(☎0214-388 7111 ; www.thehillstation.com ; 37 Đ Phan Xi Pang ; repas à partir de 120 000 d ; ⏲11h-22h ; ❄📶✍). Un restaurant spécialisé dans la cuisine hmong, au décor zen agréable et avec une vue superbe. Vous pourrez y déguster du porc sauté au citron vert, de la truite cuite sous la cendre dans des feuilles de bananier et un boudin noir dans la pure tradition hmong. Les gourmets goûteront différentes sortes de riz local et d'alcool de riz. Ne manquez pas les délicats rouleaux de truite arc-en-ciel, sortes de sushis de Sapa.

Le Gecko INTERNATIONAL $$

(☎0214-377 1504 ; Đ Xuan Vien ; repas 90 000-170 000 d, steaks 220 000 d ; ⏲7h-23h ; 📶). Dans ce restaurant, propriété de Français, le service est élégant et la cuisine savoureuse. On y déguste de la tartiflette, des fricassées de champignons sauvages des environs et de bons steaks, le tout arrosé de vin français servi au verre. Gardez de la place pour la délicieuse mousse au chocolat.

Le Petit Gecko INTERNATIONAL $$

(15 Đ Xuan Vien ; repas 90 000-150 000 d ; ⏲7h-22h). Une version plus petite et intimiste du Gecko, quelques numéros plus loin, dans une sorte de cabanon. Les tarifs sont légèrement moins élevés, pour un menu quasi identique, avec davantage de plats hmong, comme le cochon sauvage grillé à la cardamome, et le buffle fumé, le tout couronné par de délicieux desserts.

Nature View VIETNAMIEN $$

(61 Đ Phan Xi Pang ; repas 100 000-125 000 d ; ⏲7h-22h ; 📶✍). Ce restaurant récemment agrandi se distingue par la qualité de son service et une splendide vue sur la vallée. On y sert de bonnes spécialités vietnamiennes et européennes, des menus d'un bon rapport qualité/prix et peut-être les meilleurs smoothies de Sapa. Les réfractaires au tofu devraient essayer celui à la citronnelle, grillé, qui a de grandes chances de les convertir.

Viet Emotion INTERNATIONAL $$

(www.facebook.com/Vietemotionsaparestauran-coffee ; 27 P Cau May ; en-cas/repas à partir de 80 000/190 000 d ; ⏲7h-23h ; 📶). Ce bistrot intimiste se reconnaît à ses lanternes colorées extérieures. La carte va des pizzas et des plats de pâtes à la cuisine vietnamienne, avec quelques spécialités de Sapa, comme la fondue aux herbes médicinales (à la citronnelle et aux champignons de montagne). Autre branche au 17 Đ Xuan Vien.

Où prendre un verre et faire la fête

Hill Station Deli BIÈRE ARTISANALE

(www.thehillstation.com ; 7 Đ Muong Hoa ; ⏲7h-22h30 ; 📶). Le lieu le plus raffiné du coin pour boire un verre : on peut y déguster une demi-douzaine de bières artisanales à la pression (105 000 d), et des assiettes de fromage et de charcuterie et de la truite fumée de la région. Optez pour une formule dégustation de 4 bières pour 195 000 d, ou laissez-vous tenter par notre préférée, l'IPA infusée au jasmin. Les bières ne sont pas données, mais durant l'happy hour, entre 14h et 18h, on vous en servira deux pour le prix d'une.

Cafe in the Clouds BAR-TERRASSE

(☎0214-377 1011 ; 60 Đ Phan Xi Pang ; ⏲6h-23h ; 📶). La grande terrasse panoramique de ce bar est un lieu privilégié pour faire une pause en contemplant la vallée, ou la brume qui flotte à hauteur de regard. Le prix des boissons est très raisonnable.

Color Bar BAR

(56 Đ Phan Xi Pang ; ⏲16h-1h30 ; 📶). Propriété d'un artiste de Hanoi, ce bar évocateur a tout pour plaire : reggae en musique de fond, baby-foot, narguilés et Biao Lao Cai bien fraîche. Une excellente adresse pour recharger vos batteries après la rude montée depuis le village de Cat Cat.

Mountain Bar & Pub BAR

(2 Đ Muong Hoa ; ⏲12h-23h ; 📶). Cocktails corsés, bière fraîche (30 000 d) et doux rythmes de reggae font de cet accueillant bar à l'ancienne l'endroit parfait pour

passer une bonne soirée. Délicieux vin chaud à la pomme.

Hmong Sisters BAR
(☎0915 042 366 ; 31 Đ Muong Hoa ; ⏲16h-1h ; 📶). Dans ce bar spacieux, on sert de l'alcool à la bouteille, et des shots au mètre. On vient y boire en quantité tard dans la soirée. Plus tôt, l'ambiance est plus calme autour des tables de billard et de la cheminée. Bonne musique.

Achats

Beaucoup de femmes et de jeunes filles des ethnies montagnardes se sont lancées dans la vente de souvenirs, et nombreuses sont celles qui proposent désormais de l'artisanat dans les rues de Sapa. Les plus âgées sont réputées pour leurs talents de vendeuses. Négociez fermement les prix en évitant toute agressivité.

Sachez que certaines étoffes traditionnelles bon marché sont teintes avec des produits naturels, sans fixateur, et peuvent déteindre (y compris sur votre peau). Lavez-les séparément dans de l'eau froide salée ou vinaigrée pour fixer les teintures. Enveloppez-les dans des sacs en plastique avant de les ranger dans vos bagages.

Si vous n'êtes pas assez équipé en vêtements chauds, vous trouverez dans les magasins le long de Pho Cau May des vestes polaires, parkas et chaussures de randonnée "de marque", parfois authentiques (mais ne comptez pas trop dessus) ; marchandez en conséquence.

Indigo Cat ARTISANAT
(www.indigocat.shop ; 34 Đ Phan Xi Pang ; ⏲9h-21h). Cette boutique d'artisanat gérée par une famille hmong propose une magnifique sélection d'objets de fabrication locale : sacs, vêtements, housses de coussin ou bijoux, dont un ingénieux kit de fabrication de bracelet brodé pour enfant. Beaucoup ont des touches de design élégantes propres au magasin, et les prix fixes vous épargneront de marchander.

Renseignements

Beaucoup d'hôtels et de commerces peuvent changer les euros et les dollars.

Agribank (P Cau May ; ⏲8h-15h lun-ven, DAB 24h/24)

BIDV Bank (Đ Ngu Chi Son ; ⏲8h-15h lun-ven, 8h-11h sam, DAB 24h/24)

Poste principale (Đ Thach Son ; ⏲8h-18h lun-ven)

Centre d'information touristique (☎0214-387 3239 ; www.sapa-tourism.com ; 103 Đ Xuan Vien ; ⏲7h30-11h30 et 13h30-17h30) Le personnel, serviable et anglophone, vous renseignera sur les transports et les treks. Le site Internet de l'agence est une mine d'informations.

Depuis/vers Sapa

On accède à Sapa depuis la ville de Lao Cai, à 38 km au nord, à la frontière de la Chine, via une route nationale bien entretenue.

BUS ET MINIBUS

La **gare routière de Sapa** (Đ Luong Dinh Cua) est au nord-est du centre-ville, derrière le marché, mais les principales compagnies de bus possèdent leurs guichets en ville. Votre hôtel pourra se charger de faire les réservations. Des bus-couchettes fréquents partent pour Hanoi entre 7h et 22h30 (250 000 d, 6 heures), ainsi que des minibus "limousine", plus rapides (415 000 d).

Les **minibus n°1** jaune et rouge (Đ Ham Rong) pour la gare ferroviaire de Lao Cai (30 000 d, 45 minutes) partent toutes les demi-heures entre 6h et 18h, depuis un arrêt jouxtant l'église de Sapa.

Pour vous rendre à Bac Ha, le plus pratique est de prendre le minibus jusqu'à la gare ferroviaire de Lao Cai ; changez ici ou à la **gare routière inter-provinciale de Lao Cai** (Pha Dinh Phung) située non loin. Un bus direct (150 000 d) est

LAI CHAU

En empruntant les bus entre Sapa, Sin Ho, Diên Biên Phu ou Muong Te, il est possible que vous preniez une correspondance à Lai Chau, vaste capitale provinciale.

De la gare routière de Lai Chau, des minibus partent pour Sin Ho à 5h, 6h, 7h, 9h et 13h (60 000 d, 2 heures), pour Diên Biên Phu toutes les heures jusqu'à 12h45 puis à 17h (130 000 d, 6 heures) et pour Lao Cai toutes les heures (120 000 d, 3 heures) via Sapa.

Si vous décidez de passer la nuit à Lai Chau, vous trouverez une demi-douzaine d'hôtels corrects à proximité de la gare routière ; sinon, un cran au-dessus, essayez l'hôtel **Minh Son** (☎0213-387 8431 ; angle P Nguyen Thi Minh Khai et P Ton Phong ; ch 250 000-400 000 d ; ❄📶), à 2 km au nord-ouest. Il propose des chambres spacieuses et modernes, avec une belle vue de celles des étages supérieurs.

censé partir de la gare routière de Sapa à 13h, mais le service semble très aléatoire.

Pour aller à Diên Biên Phu (300 000 d, 8h) ou Lai Chau (100 000 d, toutes les heures jusqu'à 11h), il faut vous rendre au croisement des routes de Xuan Vien et Diên Biên Phu, vers le nord-est du lac de Sapa ; là, hélez le bus en provenance de Lao Cai.

TRAIN

Aucun train direct ne dessert Sapa, mais il existe des liaisons régulières entre Hanoi et Lao Cai, à 45 minutes de Sapa. La plupart des hôtels et agences de voyages pourront réserver vos billets, mais on peut aussi les réserver sur Internet.

Comment circuler

La marche constitue le meilleur moyen de découvrir Sapa et ses environs.

Pour des excursions, vous pouvez louer une moto moyennant 150 000 d par jour environ. Si vous n'avez jamais conduit de moto, ce n'est pas l'endroit où apprendre. Le temps reste imprévisible toute l'année, la pluie fréquente, et les routes escarpées sont souvent encombrées par de gros camions de chantier. Dans le centre-ville, prenez garde à la circulation à sens unique.

Sinon, louez un *xe om*. Les chauffeurs vous attendent à l'angle de Pho May Cai et Đ Phan Xi Pang, où les prix sont affichés.

Lao Cai

0214 / 98 360 HABITANTS

Lao Cai est collée à la frontière sino-vietnamienne. Fermée lors de l'invasion chinoise de 1979, durant laquelle la ville subit d'importants dégâts, elle n'a rouvert qu'en 1993. Aujourd'hui, Lao Cai est une ville animée, où le commerce frontalier prend de l'essor.

Pour les visiteurs, Lao Cai est sur le chemin entre Hanoi et Sapa quand ils prennent le train, et une simple étape avant de continuer vers le nord et Kunming, en Chine. Sapa étant à 45 minutes de route, on ne s'attarde pas à Lao Cai, mais les voyageurs gagnant la Chine pourront y passer la nuit.

Où se loger et se restaurer

Nam Anh Hotel HÔTEL $

(0944 485 989 ; 69a Đ Phan Dinh Phung ; s/d/tr 300 000/350 000/450 000 d ;). Des chambres économiques non loin, à pied, de la gare ferroviaire. Vous trouverez quantité d'adresses similaires dans cette rue. Possibilité de venir sans prévenir et de prendre une douche moyennant 100 000 d.

Thien Hai Hotel HÔTEL D'AFFAIRES $$

(0214-383 3666 ; www.thienhaihotel.com ; 306 P Khanh Yen ; ch avec petit-déj à partir de 500 000 d ;). À côté de la gare ferroviaire, le Thien est un bon choix : un hôtel d'affaires avec grandes chambres et personnel efficace. Les tarifs grimpent le samedi.

Pineapple CAFÉ $

(47 Đ Phan Dinh Phung ; repas à partir de 90 000 d ; 7h-22h ;). Un café dans le style de ceux de Sapa. On y sert un petit-déjeuner anglais complet, des pâtes ainsi que de bons plats vietnamiens. Depuis la gare ferroviaire, traversez la route principale et suivez vers l'ouest la rue qui vous fait face sur une centaine de mètres.

ALLER EN CHINE : DE LAO CAI À KUNMING

Aller à la frontière Le poste-frontière de Lao Cai-Hekou se trouve à environ 3 km de la gare de Lao Cai. Le trajet peut se faire en *xe om* (moto-taxi, environ 25 000 d) ou en taxi (environ 50 000 d).

À la frontière La frontière est ouverte tous les jours de 7h à 22h (heure du Vietnam). Sachez que la Chine avance d'une heure par rapport au Vietnam. Vous devrez disposer d'un visa valide pour la Chine. La Chine est séparée du Vietnam par un pont routier et un pont ferroviaire sur le fleuve Rouge (Song Hong). Des voyageurs ont signalé s'être fait confisquer leur guide Lonely Planet *Chine* par les fonctionnaires chinois à cette frontière : mieux vaut prendre une version PDF ou recouvrir la couverture. Veillez à ne pas vous laisser flouer par les agents de change au marché noir, surtout côté chinois. Si vous avez besoin de changer des devises, ne changez que de faibles montants.

Au-delà La nouvelle gare routière de Hekou est à quelque 6 km de la frontière. Des bus réguliers desservent Kunming, dont des bus de nuit, qui partent vers 19h30, et arrivent à Kunming vers 7h. Il y a également quatre trains par jour pour cette destination.

Viet Emotion CAFÉ $
(65 Đ Phan Dinh Phung ; repas à partir de 100 000 d ; ⏱7h-22h ; ❄📶). Une succursale du fameux bistrot de Sapa, bien située à proximité de la gare ferroviaire. Bons petits-déjeuners, sandwichs, et pizzas correctes.

Renseignements

Deux DAB sont installés à la gare ferroviaire. La **BIDV Bank** (Đ Thuy Hoa ; ⏱8h-15h lun-ven, 8h-11h30 sam), sur la rive ouest de la rivière, change les espèces.

Depuis/vers Lao Cai

BUS ET MINIBUS

La **gare routière inter-provinciale de Lao Cai** (en retrait de la RN 4E ; ⏱24h/24) est tout de même à 10 km au sud-est de la ville ; un taxi vous y mènera moyennant 150 000 d. La plupart des gens l'évite en prenant des bus directs vers d'autres destinations depuis Sapa.

Des minibus rouge et jaune partent pour Sapa (30 000 d, 45 minutes) toutes les demi-heures entre 5h10 et 18h, depuis le parking situé devant la gare ferroviaire de Lao Cai.

TAXI

En taxi, comptez 25 $US environ pour Sapa et 50 $US pour Bac Ha.

TRAIN

Le train reste le mode de transport privilégié des voyageurs depuis/vers Hanoi. C'est l'option la plus sûre et la plus confortable.

De la gare ferroviaire de Lao Cai, des trains quotidiens partent pour Hanoi (gare B) à 20h55 et 21h40 (8 heures). Comptez 150 000 d pour un siège inclinable et 385 000 d pour une couchette dans un wagon 4 places.

Des compagnies privées telles que Livitrans (www.livitrans.com) et Orient Express (orientexpresstrainsapa.com) proposent à bord des mêmes trains des cabines de luxe 4 places (35 $US/couchette). Victoria Express (www.victoriahotels.asia) offre un service grand luxe pour 84 $US.

Il est possible de transporter votre moto par train moyennant un coût de fret d'environ 240 000 d, selon la taille de l'engin. Vous devrez remplir un formulaire et présenter les papiers du véhicule en échange d'un reçu. Le personnel de la gare vidangera le réservoir d'essence.

Bac Ha

☎0214 / 7 400 HABITANTS

Bac Ha l'endormie se réveille pour la frénésie de couleurs et de transactions de son marché dominical, lorsque ses ruelles s'emplissent de centaines de villageois venus des montagnes et des vallées alentour. Une fois les échanges, ventes et achats terminés,

MARCHÉS DES ENVIRONS DE BAC HA

La visite du marché dominical de Bac Ha fait généralement partie du programme des circuits à la journée depuis Sapa. Il n'est pourtant pas conçu à destination des touristes, et reste très authentique. Si vous souhaitez vous aventurer vers des marchés plus reculés, essayez donc ceux-ci :

Marché de Can Cau (⏱6h-13h sam). Ce petit marché situé à flanc de montagne, à 20 km au nord de Bac Ha, attire un nombre croissant de visiteurs. Mais il reste aussi un lieu d'échanges privilégié des ethnies locales, dont les Hmong fleurs et les Hmong bleus (les costumes de ces derniers sont ornés de motifs caractéristiques en zigzags). Certains circuits organisés combinent la visite du marché de Can Cau à une randonnée vers le village voisin de Fu La.

Marché de Coc Ly (⏱8h30-13h30 mar). Un marché impressionnant, à environ 35 km au sud-ouest de Bac Ha, qui attire des Dzao, des Hmong fleurs, des Tay et des Nung des montagnes environnantes. Les agences de Bac Ha peuvent vous organiser une visite du marché combinée à une descente de la rivière de 2 heures 30.

Marché de Lung Phin (⏱6h-13h dim). Le marché de Lung Phin est situé entre le marché de Can Cau et Bac Ha, à environ 12 km de la ville. Moins bondé que les autres marchés, on peut s'y imprégner de l'atmosphère locale. C'est le bon endroit où se rendre lorsque les bus de touristes en provenance de Sapa arrivent à Bac Hac.

Marché de Sin Cheng (⏱5h-14h mer). Dans la zone frontalière reculée de Si Ma Cai, à 40 km de Bac Ha, ce marché animé et désordonné attire chaque semaine des Nung et des Thulao qui habitent les villages alentour.

après le départ des bus de touristes venus de Sapa pour la journée, la ville se rendort pour le reste de la semaine. Si possible, passez la nuit de samedi à Bac Ha et allez au marché tôt le matin avant l'arrivée des excursionnistes.

Malgré une campagne environnante aussi verdoyante et plaisante que celle de Sapa, Bac Ha est jusqu'à présent restée assez ignorée en tant que base de trekking. Ce qui fait une raison supplémentaire de l'apprécier.

À voir

Marché de Bac Ha MARCHÉ

(en retrait de Đ Tran Bac ; lever du soleil-14h dim). Ce marché draine tous les dimanches les habitants des villages alentour, notamment des Hmong fleurs. Si l'on y trouve de plus en plus d'artisanat, c'est essentiellement un marché local où l'on vient pour s'imprégner de l'ambiance incroyablement dépaysante.

Les femmes hmong fleurs portent plusieurs épaisseurs de vêtements aux couleurs flamboyantes, dont un châle-collerette attaché autour du cou par une épingle, et une sorte de tablier ; tous deux sont faits de bandes de tissus multicolores au tissage serré, souvent ornées d'une bordure fantaisie. Un foulard à carreaux (habituellement rose ou vert vif), des guêtres et des coudières élaborées complètent ce costume traditionnel.

Vua Meo ÉDIFICE REMARQUABLE

(Maison du "roi Chat" ; ĐT 153 ; 20 000 d ; 7h30-17h). L'extravagant Vua Meo, construit en 1921 par les Français pour loger en grande pompe le chef tay Hoang A Tuong, est un curieux palais de style "baroque oriental", à la lisière nord de Bac Ha. Hormis l'édifice, il n'y a pas grand-chose à voir. Mais le rez-de-chaussée comprend une boutique vendant des broderies et vêtements traditionnels de très belle qualité.

Circuits organisés

Ngan Nga Bac Ha RANDONNÉE

(0969 658 080 ; www.bachatrip.com ; 117 Đ Ngoc Uyen ; 8h-21h). Basé au Ngan Nga Bac Ha Hotel, M. Dong propose tout un éventail de randonnées d'un journée ou plus, avec hébergement chez l'habitant dans un village. Pour un trek de deux jours, comptez 55/85 $US pour une/deux personnes. Il peut aussi vous louer une moto (120 000-150 000 d/jour) et organiser une visite des marchés reculés.

Bac Ha

Les incontournables
1 Marché de Bac Ha....B2

À voir
2 Vua Meo....B1

Activités
Ngan Nga Bac Ha....(voir 3)

Où se loger
3 Ngan Nga Bac Ha Hotel....A2

Où se restaurer
4 Hoang Yen Restaurant....A2

Où se loger et se restaurer

Les tarifs des chambres augmentent généralement de 20% le samedi, en raison du marché du dimanche.

Ngan Nga Bac Ha Hotel HÔTEL $

(0214-880 286 ; www.nganngabachahotel.com ; 117 P Ngoc Uyen ; ch avec petit-déj 250 000-400 000 d lun-ven, 460 000-690 000 d sam-dim ;). Une offre intéressante pour les voyageurs au budget serré : les chambres sont de taille correcte et douillettes. Vous trouverez un bon restaurant au rez-de-chaussée. Préférez les chambres à partir du 4e niveau, plus lumineuses.

Huy Trung Homestay PENSION $$

(0979 776 288 ; huytrung@gmail.com ; ch 400 000-600 000 d, ste 1 200 000 d ;). Cette pension bien aménagée et clairement

RANDONNÉES AUX ALENTOURS DE BAC HA

Les chemins de randonnée au départ de Bac Ha conduisent à des villages où vivent 11 groupes ethniques différents. Les Hmong fleurs, avec leurs tenues colorées, sont les plus visibles, mais il y a aussi les Dzao, les Giay (Nhang), les Han (Hoa), les Xa Fang, les Lachi, les Nung, les Phula, les Tay, les Thaï et les Thulao.

Pour une courte promenade depuis Bac Ha, dirigez-vous vers le village nung de Sin Chai et le village hmong de Phec Bung.

Il est possible de séjourner la nuit en pension chez l'habitant si vous réalisez un circuit plus long. Dans ce cas, mieux vaut être accompagné d'un guide local, car en plus de la barrière de la langue, parfois importante, les chemins peuvent être difficiles à trouver.

Plusieurs parcours de randonnée sont possibles :

De Thai Giang Pho à Na Lo L'itinéraire en boucle au départ de Bac Ha à travers des collines et des rizières qui entourent Thai Giang Pho, un village des Hmong fleurs, puis continue jusqu'au village tay de Na Lo, offre certains des plus beaux panoramas ruraux du nord du Vietnam. Il fait environ 8 km.

De Ban Pho à Na Kheo Le village hmong fleur de Ban Pho et le hameau nung de Na Kheo constituent une bonne randonnée d'une journée (7 km) depuis Bac Ha. Les habitants de Ban Pho sont connus pour leur talent à fabriquer un alcool de maïs (très fort) et le paysage de collines qui ondulent entre les villages est particulièrement verdoyant.

De Nam Det à Nam Khanh Cette randonnée de 10 km au gré des rizières, des forêts de canneliers et des collines jusqu'au village des Dzao noirs de Nam Det, puis à celui de Nam Khanh (Dzao), est un bon choix si vous voulez séjourner une nuit dans un village, chez l'habitant.

indiquée dans un quartier résidentiel du nord de la ville, est accessible à pied du centre-ville. Les 5 chambres sont impeccables. La pension dispose en prime d'un parking sécurisé, d'une terrasse sur le toit, d'un service de location de motos et d'une petite piscine. La suite familiale de 3 lits avec balcon, la plus belle chambre de Bac Ha, vaut son pesant d'or.

Hoang Yen Restaurant VIETNAMIEN $
(Đ Tran Bac ; repas 60 000-120 000 d ; 7h-22h ;). Le Hoang Yen propose de bons petits-déjeuners et un menu à 200 000 d, ainsi que de la bière bon marché.

Renseignements

Agribank (P Ngoc Uyen ; 8h-15h lun-ven, 8h-11h sam, DAB 24h/24)

Depuis/vers Bac Ha

Les excursions organisées à Bac Ha au départ de Sapa coûtent environ 20 $US par personne. Sur le chemin du retour, vous pouvez vous éclipser à Lao Cai et attraper le train de nuit pour Hanoi.

La **gare routière de Bac Ha** (P Na Lo) est au sud-est du centre-ville, de l'autre côté de la rivière Na Co. Des bus-couchettes partent pour Hanoi à 7h, 12h30, 15h et 20h30 (300 000 d, 8 heures).

Des minibus partent pour Lao Cai toutes les heures jusqu'à 16h (70 000 d, 2 heures) depuis la place au sud de l'hôtel Ngan Nga Bac Ha.

Pour aller vers l'est et Ha Giang, il y a deux possibilités. On recommande de se renseigner auprès de M. Dong à l'hôtel Ngan Nga Bac Ha. La première possibilité consiste à prendre un taxi de Bac Ha jusqu'à Xin Man, à 35 km au nord-est (800 000 d, 2 heures 30), puis le bus de 12h30 (150 000 d, 4 heures) entre Xin Man et Ha Giang. La seconde est le bus entre Bac Ha et Bac Ngam, au sud (50 000 d, 30 minutes, départs fréquents entre 7h et 14h), suivi d'un autre bus entre Bac Ngam et Ha Giang (250 000 d, 5 heures, 7h et 12h30). Le bus de Bac Ngam attend toujours l'arrivée du bus de Bac Ha pour repartir.

Province de Ha Giang

Province la plus septentrionale du Vietnam, Ha Giang se caractérise par ses impressionnants pitons calcaires et ses gorges profondes. Sa pointe nord s'enorgueillit de quelques-uns des plus beaux paysages du pays, et le trajet de Yen Minh à Dong Van, puis jusqu'à Meo Vac via le col de Mai Pi Leng, est époustouflant.

En 2011, l'Unesco a inclus le plateau karstique de Dong Van dans la liste de ses géoparcs mondiaux (le premier du genre au Vietnam, auquel s'ajoute aujourd'hui le parc géologique de Cao Bang), en raison de sa spectaculaire géologie calcaire.

La beauté de Ha Giang n'est aujourd'hui plus un secret, et le nombre de visiteurs (et de motos) a explosé ces dernières années. Malgré tout, il reste encore de nombreuses petites routes et de magnifiques coins moins courus à explorer. Les infrastructures touristiques s'améliorent, facilitant le voyage un peu plus chaque année.

Permis

Des permis de circuler (10 $US) sont nécessaires pour emprunter la route vers le nord à partir de Tam Son pour aller vers Dong Van et Meo Vac. Mais ni la police ni les hôtels ne demandent à les voir. Si on vous le demande, vous pourrez en obtenir un en 10 minutes auprès du bureau de l'immigration (p. 158) de Ha Giang, ou dans l'hôtel où vous séjournerez en chemin.

Comment circuler

Il est préférable de disposer d'une voiture avec chauffeur, ou d'une moto, pour visiter la région. Si vous devez ne payer qu'une seule fois pour un transport privatif durant votre séjour, c'est le moment de le faire.

Les transports publics s'améliorent et il est relativement simple d'aller en bus de Ha Giang à Dong Van, mais à l'heure où nous écrivons, il n'y a toujours pas de transports publics entre Dong Van et Meo Vac. Cela dit, des bus circulent sur la route secondaire entre Meo Vac et Ha Giang : en prenant un *xe om* ou un taxi à Dong Van pour aller jusqu'à Meo Vac, il est donc tout à fait possible de faire une boucle qui vous ramène à Ha Giang. Aller vers l'est de Meo Vac à Cao Bang demeure un casse-tête car il n'y a pas de transports publics entre Meo Vac et Bao Lac.

Ha Giang

0219 / 72 000 HABITANTS

Traversée par la large rivière Lo (rivière Bleue), cette grande capitale provinciale arbore des rues propres et une ambiance paisible. C'est un bon endroit pour organiser un circuit à moto jusqu'à Dong Van. Rien ne retient vraiment l'attention dans la ville même, mais les spectaculaires affleurements calcaires qui jaillissent vers le ciel derrière ses faubourgs donnent une idée du paysage incroyable qui vous attend dans l'arrière-pays.

Tracée sur un axe nord-sud, l'artère principale, Pho Nguyen Trai, longe la rive ouest de la Lo sur 3 km environ. Vous y trouverez quelques hôtels et des banques, mais il y en a davantage sur la rive est.

Circuits organisés

QT Motorbikes & Tours CIRCUITS À MOTO
(0975 278 711, 0365-506 9696 ; www.qtmotorbikesandtours.com.vn ; Lam Dong, Phuong Thien). C'est l'enseigne la plus fiable de Ha Giang pour les locations et les circuits à moto. Vous y recevrez d'excellents conseils pour vous aventurer hors des sentiers battus, et tous les véhicules ont moins de deux ans. L'assurance est offerte, ainsi que les équipements de protection. Possibilité de rendre les motos à Cao Bang, où l'enseigne possède une autre branche (p. 135), en payant un supplément.

Kiki's House CIRCUITS À MOTO
(0968 722 242 ; www.facebook.com/hagiangbackpackhostel ; 134b Ly Tu Trong). Cette adresse économique propose des motos à louer (150 000-500 000 d/jour) avec assurance en option, des circuits à moto et d'autres formules de visite à la journée. On y trouve aussi une auberge de jeunesse et un hôtel.

VAUT LE DÉTOUR

LE VILLAGE DE PAN HOU

Cet **écolodge** (0219-383 3535 ; www.panhou-village.com ; village de Pan Hou ; s/d/tr avec petit-déj 40/50/65 $US ;) se niche dans une vallée isolée du massif du haut Song Chay. Il comprend des bungalows très simples (alimentés à l'énergie solaire), inspirés du style local, disséminés dans un jardin tropical luxuriant, et un restaurant dans un pavillon au toit de chaume (repas 11 $US). On vous y propose des soins traditionnels en spa et des bains aux herbes médicinales, ainsi que des randonnées à la journée ou des treks plus longs jusqu'aux villages d'ethnies de la région.

Depuis le village de Tan Quang, à 45 km au sud de Ha Giang, prenez la route DT177 en direction de Hoang Su Phi, au nord-ouest. Roulez 18 km, puis prenez à gauche sur une magnifique petite route de montagne. Serpentez pendant encore 12 km, puis tournez à droite vers le village de Thong Nguyen.

LA BOUCLE DE HA GIANG À MOTO

Louer une moto pour réaliser la boucle de Ha Giang en 4 jours est devenue l'aventure incontournable du nord du Vietnam. Avant de se lancer, plusieurs points sont toutefois à prendre en compte. Tout d'abord, il s'agit de routes de montagne très sinueuses, avec des ravins et des angles morts. Les camions et minibus mordent souvent sur l'autre voie, en particulier quand les virages sont serrés. Conclusion : si vous n'avez jamais fait de moto, mieux vaut s'abstenir. Les accidents impliquant des motards étrangers, parfois fatals, sont malheureusement trop répandus. Sachez qu'en cas d'accident, il est peu probable que votre assurance voyage couvre vos frais, à moins que vous ou votre chauffeur ne possédiez un permis de conduire vietnamien. La règle d'or : conduisez doucement, et gardez bien les yeux fixés sur la route, quelle que soit la beauté des paysages. Les stations-service sont nombreuses sur la route principale Ha Giang-Dong Van, mais beaucoup moins sur les plus petites routes. Emmenez des tendeurs, un sac ou une bâche en plastique pour protéger votre sac à dos, ainsi qu'un poncho imperméable (on en vend un peu partout au Vietnam).

Mesures de précaution

Limitez les risques en suivant ces quelques conseils :

- Portez impérativement un casque intégral, un pantalon épais et une veste. On peut se procurer des protections pour les genoux et les tibias dans les magasins de location de motos.
- Redoublez de vigilance dans les virages en épingle à cheveux, et lorsqu'il y a du gravier sur le bord des routes.
- Utilisez le frein moteur pour ralentir dans les descentes et prenez l'habitude d'utiliser le frein arrière plutôt que le frein avant pour éviter les dérapages.
- Ne prenez pas de passager sur le siège arrière si vous n'en avez pas l'habitude.
- Si vous voulez admirer le paysage, rangez-vous à l'écart de la route et profitez de la vue en toute sécurité.
- La plupart des propriétaires de pension vous proposeront de rentrer votre moto chez eux, ou vous indiqueront un endroit sûr où la garer.

Location de motos

Plusieurs agences de Ha Giang organisent des circuits et louent des motos, avec en option une assurance pour les dégâts causés au véhicule (100 000-150 000 d/jour). La plupart vous aideront volontiers à planifier votre itinéraire. L'enseigne la plus recommandable, QT Motorbikes & Tours (p. 155), propose même des locations en aller simple entre Ha Giang et Cao Bang.

Les meilleures agences louent différents types de véhicules, du scooter (150 000 d/jour) à la Suzuki manuelle 150cc (400 000 d), certaines proposant même des motos trial (600 000 d). Il est plus agréable de conduire une moto manuelle qu'un simple scooter sur ces routes de montagne. Si vous appréhendez de conduire seul, certaines agences proposent des excursions avec chauffeur à la Easy Rider (vous voyagerez sur le siège arrière) aux alentours de 700 000-900 000 d la journée, location du véhicule, carburant et chauffeur compris.

Itinéraires

L'itinéraire le plus apprécié consiste en une boucle de 4 jours au départ de Ha Giang et traversant Yen Minh, Dong Van et Meo Vac, avant de repartir par de petites routes vers Tan Son et Ha Giang. Il y a souvent beaucoup de circulation sur la route nationale de Dong Van. Les petites routes sont beaucoup plus agréables, en particulier les routes secondaires vers Du Gia (p. 160). Si vous avez de l'expérience à moto, et que vous avez envie de sortir des sentiers battus, vous apprécierez les routes peu empruntées menant à Hoang Su Phi, au parc national de Ba Be ou à Cao Bang.

Vous trouverez des conseils d'itinéraires sur l'excellent site Internet de Vietnam Coracle (www.vietnamcoracle.com).

Où se loger

La ville ne manque pas d'hébergements.

Huy Hoan Hotel HÔTEL $

(☎0219-386 1288 ; www.huyhoanhotel.com ; 395 Đ Nguyen Trai ; ch 350 000-600 000 d ; ❄📶). Tenu par une famille sympathique, le central Huy Hoan abrite de grandes chambres propres et bien tenues, d'un très bon rapport qualité/prix. Le balcon commun, à l'arrière de chaque étage, donne sur une falaise calcaire. Le parking sécurisé est pratique pour les motards.

QT Guest House PENSION $

(☎0349 354 144 ; www.qtmotorbikesandtours.com ; Lam Dong, Phuong Thien ; dort 60 000 d, d 270 000-360 000 d, tr 450 000 d ; ❄📶). Cette nouvelle pension accueillante, gérée par QT Motorbikes & Tours, non loin, compte de spacieux dortoirs 8 places, et de confortables chambres doubles (celles situées à l'arrière sont les meilleures). Son emplacement près de la gare routière est très pratique si vous arrivez de Hanoi et comptez louer une moto, moins si vous souhaitez passer du temps dans le centre-ville.

Bong Hostel PENSION $

(☎0888 526 606 ; www.bongbackpacker.com ; 9a Nguyen Thai Hoc ; dort/d 90 000/300 000 d ; ❄📶). Une pension centrale et appréciée, toujours pleine de voyageurs qui partent pour un circuit à moto ou en reviennent. On peut y louer des motos, acheter des places de bus et stocker ses bagages dans des casiers. Bar convivial au rez-de-chaussée avec table de billard. Seul bémol : certaines douches ne sont pas toujours très chaudes. Les tarifs comprennent le petit-déjeuner.

Truong Xuan Resort COMPLEXE HÔTELIER $$

(☎0219-386 2268 ; www.hagiangresort.com ; Km 5, P Nguyen Van Linh ; ch avec petit-déj 30-45 $US ; ❄📶🏊). Un lieu de détente en bordure de la Lo, à 5 km au nord du centre-ville. Les vastes bungalows en duplex sont répartis dans un jardin luxuriant. Demandez un des nouveaux bungalows Deluxe (45 $US) au bord de l'eau pour profiter au maximum de la vue. Depuis la gare routière, comptez 90 000 d en taxi.

Où se restaurer et prendre un verre

Bong Restaurant INTERNATIONAL $

(115 Đ Minh Khai ; repas 110 000-135 000 d ; ⏲9h-23h ; 📶). Un service chaleureux, une terrasse agréable et un large choix de plats vietnamiens et occidentaux dans ce restaurant apprécié de la clientèle étrangère. Nous avons goûté le bœuf sauté aux champignons et oignons et le curry de poulet au lait de coco, tous deux excellents.

Duc Giang 2 Restaurant VIETNAMIEN $

(Đ Nguyen Trai ; repas à partir de 100 000 d ; ⏲11h-23h). Un vaste restaurant animé (comprenez, bruyant) servant de la fondue et autres plats vietnamiens. Évitez de commander à l'aveugle à partir de la carte (en vietnamien seulement) : *ba ba* signifie tortue, *ran* serpent, *ech* grenouille et *nhong ong* pupe (état intermédiaire entre le stade de la larve et celui de l'insecte...). Le restaurant se trouve au nord du centre-ville, à l'ouest de la Lo.

Tung Duong Cafe CAFÉ

(Đ Hoang Hoa Tham ; ⏲7h30-23h30). Un café douillet apprécié des habitants et des touristes vietnamiens. Goûtez la revigorante boisson au café ou un délicieux smoothie. Bonne adresse pour un petit-déjeuner. L'établissement est situé à proximité de plusieurs excellents restaurants de *pho*.

Renseignements

Agribank (Đ Tran Hung Dao ; ⏲8h-15h lun-ven, 8h-11h30 sam, DAB 24h/24)

BUS AU DÉPART DE HA GIANG

DESTINATION	PRIX (D)	DURÉE	FRÉQUENCE
Dong Van	110 000	4 heures 30	toutes les 1 heure 30 5h-13h
Haiphong	240 000-255 000	8 heures	18h et 20h
Ville d'Along	320 000	10 heures	16h, 18h et 19h
Hanoi (My Dinh)	200 000	6 heures	toutes les 2 heures 5h-16h, 20h et 21h
Lao Cai	150 000	6 heures	6h, 7h30, 9h30 et 12h
Meo Vac	110 000	5 heures	toutes les 2 heures 5h-13h
Sapa	200 000-250 000	7 heures	7h30, 9h30 et 20h

Bureau de l'immigration (296 Đ Tran Phu ; ⏲7h30-11h30 et 13h30-17h30 lun-sam, 7h30-11h30 dim). Vous pourrez y demander un permis (p. 155) d'accès aux routes pour effectuer la boucle de Ha Giang.

Vision Travel (☎0902 093 223 ; www.visiontravelagent.com ; 50 Đ Hai Ba Trung ; ⏲8h-20h). Très bonne source d'information locale. L'agence propose aussi d'excellents circuits à moto ou en voiture. Location de voiture 57-67 $US par jour, avec chauffeur et carburant. Contactez M. Minh.

ℹ Depuis/vers Ha Giang

La **gare routière de Ha Giang** (RN 2) se situe à 3 km au sud du centre-ville ; depuis/vers le centre, un *xe om* coûte environ 15 000 d, contre 25 000 d pour un taxi.

Pour vous rendre à Bac Ha, vous devrez prendre le minibus pour Lao Cai jusqu'à Bac Ngam (180 000 d, 5 heures), puis, de là, héler un autre bus à destination de Bac Ha (50 000 d, 30 minutes, toutes les heures).

Pour Hanoi, en plus du bus-couchettes ordinaire, des minibus "limousine" (300 000 d) partent à 7h et 16h, ainsi qu'un bus-couchettes de luxe avec cabines à 20h30 (400 000 d).

Tam Son

La bourgade de Tam Son est logée dans une vallée, après le **col de Quan Ba** (porte du Paradis ; RN 4C). Ce dernier, à environ 40 km de Ha Giang, offre l'un des paysages les plus spectaculaires de la région.

Un marché, auquel participent différentes ethnies montagnardes, dont les Hmong blancs, les Dzao rouges, les Tay et les Giay, se tient à Tam Son le dimanche.

La rue principale abrite la pension **Nha Nghi Nui Doi** (☎0219-651 0789 ; P Tran Hung Bao, Tam Son ; ch 250 000-400 000 d ; ❄📶), correcte, mais il est encore plus agréable de séjourner au village de Nam Dam : à 6 km au sommet d'une petite route, on y trouve une bonne dizaine de pensions. **Dao Lodge** (☎0943 466 8488 ; www.facebook.com/DaoLodge ; village de Nam Dam ; d 660 000 d, dîner 150 000 d ; 📶) est la plus élégante : construite dans un style traditionnel en bois, bambou et pisé, elle ne compte que 5 chambres, toutes dotées de salles de bains modernes.

De Ha Giang, tous les bus qui empruntent la grand-route (nord) vers Dong Van et la route secondaire (sud-est) vers Meo Vac passent par ici.

De Tam Son à Dong Van

Depuis Tam Son, la principale route de montagne de la province de Ha Giang rejoint Dong Van, en passant d'abord par la tranquille bourgade de **Yen Minh**. Le **Thao Nguyen Hotel** (☎0219-385 2297 ; thaonguyenym.hotel@gmail.com ; So Nha 140-3, Yen Minh ; d 300 000-350 000 d, tr/qua 400 000/600 000 d ; ❄📶), dans l'artère principale qui traverse la localité, en face du DAB de l'**Agribank** (⏲24h/24), dispose de chambres colorées et bien tenues ; toutefois, il vaut mieux pousser jusqu'à Dong Van pour y passer la nuit. À Yen Minh, le **Phuc Cai** (repas à partir de 30 000 d ; ⏲7h-22h) est une adresse populaire pour le déjeuner ; en venant de Ha Giang, vous le trouverez en tournant à gauche à l'angle précédant le Thao Nguyen Hotel.

À quelque 5 km à l'est de Yen Minh, une route en lacets court vers le sud-est jusqu'à Meo Vac, mais la route recommandée est l'embranchement du nord qui passe par Dong Van, une route de montagne frôlant la frontière chinoise et offrant une vue panoramique sur de vertes vallées en contrebas.

Si vous voyagez en transport public, vous pouvez héler un bus pour Dong Van (par la route nord) ou Meo Vac (route secondaire) à son passage.

La route nord permet de rejoindre l'impressionnant **palais Vuong** (Sa Phin ; 20 000 d ; ⏲8h-17h), superbe demeure traditionnelle fortifiée nichée dans une vallée en retrait de la route principale. Construite sur deux niveaux dans un mélange de styles hmong et chinois pour le roi hmong local dans les années 1920, une telle demeure dans une région aussi isolée est saisissante. Le palais Vuong se situe à Sa Phin, à 15 km à l'ouest de Dong Van. Les pics coniques qui s'étendent à perte de vue jusqu'à Dong Van forment un étonnant décor.

Dans le village de **Lung Cu** (25 000 d ; ⏲8h-17h), à environ 2,5 km au nord de Dong Van, se dresse l'imposante tour du drapeau de Lung Cu, érigée en 2010 à quelques kilomètres de la frontière chinoise pour marquer le point le plus septentrional du Vietnam. On en atteint le sommet en gravissant près de 300 marches, avant d'être récompensé par une vue magnifique sur les villages alentour. Le drapeau mesure 54 m², pour représenter les 54 groupes ethniques officiellement reconnus au Vietnam.

Dong Van

0219 / 7 000 HABITANTS

Dans la région de Ha Giang, Dong Van est l'endroit le plus populaire où faire étape pour la nuit. On y trouve donc un bon choix d'hébergements et de restaurants. Cela dit, si l'on vient ici, c'est avant tout pour le marché dominical, l'un des plus importants et des plus colorés de la région. Dong Van est aussi un bon point de départ pour des treks à la journée vers les villages de communautés ethniques.

À voir et à faire

Le propriétaire du Hoang Ngoc Hotel a conçu une carte des randonnées locales remarquablement détaillée.

Marché de Dong Van MARCHÉ

(Đ Vao Cho ; 6h-14h dim). Une fois par semaine, les villageois des montagnes environnantes, dont des Hmong, des Tay, des Nung et des Hoa, se rendent à Dong Van pour le marché dominical. Foisonnant d'activité et de couleurs, on y trouve des stands de nourriture, mais aussi des vestes et bérets hmong. Il est ouvert le reste de la semaine, mais plus calme.

Fort français RUINES

(24h/24). GRATUIT Au sommet du pic karstique qui domine le "centre" de Dong Van se dressent les ruines d'un fort français. On peut y monter en empruntant le sentier qui part à l'est de l'ancienne place du marché. Il vous faudra transpirer une demi-heure pour arriver là-haut et profiter de la vue splendide sur la ville, et sur le patchwork de rizières et de monts alentour.

Sky Path RANDONNÉE

Ce "chemin du ciel" qui passe au-dessus du col de Ma Li Peng permet d'admirer les gorges, un panorama éblouissant à l'écart de la route Dong Van-Meo Vac. Il part de Xeo Sa Lung, à 8 km au sud-est de Dong Van, et serpente le long des falaises karstiques des monts Co Tien avant de redescendre jusqu'à un restaurant panoramique, 8 km plus loin (2-3 heures de marche).

Pour faire la randonnée, vous devrez organiser le transport jusqu'au point de départ. Green Karst (ci-contre) propose une formule location de voiture, guide et pique-nique pour deux à 65 $US (voiture seule, 20 $US).

Où se loger

En octobre et novembre, Dong Van est très animé le samedi soir, et il peut être très difficile de trouver une chambre. Veillez à réserver bien à l'avance.

Lam Tung Hotel HÔTEL $

(0219-385 6789 ; lamtunghotel@gmail.com ; Đ Vao Cho ; ch 350 000-450 000 d ;). Juste en retrait de l'artère principale, le Lam Tung domine le marché dominical. Jolies chambres étonnamment modernes (avec matelas moelleux) et personnel anglophone sympathique. Location de motos pour 150 000-200 000 d par jour.

Nha Nghi Ly Hoan HÔTEL $

(0974 598 241 ; daolydv34@gmail.com ; marché de Dong Van ; dort 80 000 d, ch 200 000-300 000 d ;). À la lisière occidentale du marché, cet hôtel pour petits budgets géré en famille dispose de chambres propres et récentes, et de dortoirs installés dans une "shophouse".

Hoang Ngoc Hotel HÔTEL $$

(0219-385 6020 ; Đ 3-2 ; ch 500 000-700 000 d ;). Sur la route principale de Dong Van, cet hôtel est une valeur sûre, avec de vastes chambres impeccables à l'arrière, et à l'avant des chambres meilleur marché avec balcon (400 000 d). Le personnel peut organiser des visites des sites des environs, et louer des motos (200 000 d/jour).

Où se restaurer

Les halles de l'ancienne place du marché, dans le centre de Dong Van, ont été transformées en cafés de plein air, parfaits pour un café ou un en-cas.

Green Karst INTERNATIONAL $

(0968 098 619 ; www.facebook.com/greenkarst ; Đ Vao Cho ; repas 80 000-150 000 d ; 6h30-22h ;). Ce restaurant accueillant, où l'on sert des plats vietnamiens et occidentaux, tend à devenir l'adresse préférée des voyageurs étrangers à Dong Van. Le couple qui le tient a une longue expérience de la restauration, et le lieu est une précieuse source d'informations locales. Ouvre tôt pour le petit-déjeuner et fait office de bar en soirée.

Le propriétaire, Tan Phan, organise des excursions et des treks et tient une auberge de jeunesse non loin. Il peut vous aider à organiser vos trajets et loue des motos (200 000 d/jour).

Ba Ha VIETNAMIEN $

(31 P Co ; repas à partir de 30 000 d ; 6h-9h). L'endroit privilégié des habitants de Dong Van pour le petit-déjeuner. La carte commence et s'achève par le *banh cuon* – crêpes vietnamiennes à la vapeur – servi ici à la mode du Nord, avec un bol de bouillon à assaisonner soi-même.

Quang Dung Restaurant VIETNAMIEN $

(19 P Co ; repas 50 000-150 000 d ; 7h-22h ;). Face à l'ancienne place du marché, dans le centre, le Quang Dung propose une carte en anglais avec de bons petits-déjeuners et de copieux classiques vietnamiens. Le balcon à l'avant est idéal pour se détendre devant un jus ou une bière, après une longue route.

Renseignements

Le seul **DAB** de Dong Van est situé dans l'artère principale (Đ1-3), à quelques rues à l'est du marché du dimanche.

Depuis/vers Dong Van

Les bus pour Ha Giang (100 000 d, 4 heures 30) partent de la place principale environ toutes les heures de 6h à 15h30.

En théorie, un bus quotidien quitte Dong Van à 6h pour Na Phong (Ly Bon ; sur la route de Bao Lac), via Meo Vac (50 000 d), mais le service semble très aléatoire. Un *xe om* pour Meo Vac devrait coûter autour de 250 000 d, un taxi autour de 400 000 d. La plupart des hôtels de Dong Van peuvent vous les réserver, et aussi vous aider à vous rendre au palais Vuong et à Lung Cu.

Meo Vac

0219 / 5 000 HABITANTS

Meo Vac est une charmante petite capitale de district entourée de hautes montagnes calcaires. Comme nombre de localités de la région, elle est investie par des Vietnamiens venus d'autres parties du pays. C'est toutefois un fief des Hmong (Meo) noirs, qui peuplent cette région. Le trajet jusque-là depuis Dong Van, via l'impressionnant col de Mai Pi Leng et ses 22 km de lacets, a tout de spectaculaire et d'épique. La route a été taillée à flanc de falaise, offrant une vue étonnante sur les pics calcaires qui descendent jusqu'à la rivière Nho Que, loin en contrebas. Au niveau du col, un belvédère permet de profiter du paysage, à couper le souffle.

À voir

Marché MARCHÉ

(Đ Loc Vien Tai ; 6h-12h). Le marché dominical à Meo Vac est intéressant. Il se déroule le même jour que celui de Dong Van, non loin, ce qui permet assez facilement de combiner les deux en prenant un *xe om*.

Point de vue POINT DE VUE

Au sud de Meo Vac, prenez à gauche en direction de Khau Vai, et vous atteindrez bientôt une pension, à environ 1 km du centre. Là, un escalier mène à un magnifique point de vue sur Meo Vac et la vallée environnante.

VAUT LE DÉTOUR

À MOTO JUSQU'À DU GIA

Si vous êtes à moto et que vous souhaitez éviter les routes nationales, les petites routes menant à Du Gia sont idéales. Les routes en provenance de Yen Minh et Meo Vac se rencontrent au croisement de Mao Due. Là, la pittoresque DT176 grimpe vers le sud, traversant des rizières en terrasses, de jolis villages et des forêts de pins avant d'atteindre une crête. Puis elle redescend à travers les reliefs karstiques jusqu'aux vestiges d'un fort français, à proximité de Lung Ho (à 32 km de Yen Minh).

De là, poursuivez pendant 14 km vers le sud : vous franchirez un autre col, puis parviendrez au petit village de Du Gia. Vous y trouverez une station-service, et une demi-douzaine de pensions, dont l'excellente **Du Gia Homestay** (035-772 0252 ; www.facebook.com/homestaydugiahg ; dort 120 000 d, ch 250 000-500 000 d ;), un ensemble de bungalows rustiques, groupés autour d'une maison sur pilotis à l'est du village.

Depuis Du Gia, la route menant vers le sud est magnifique, mais la route principale QL34 qu'elle rejoint ensuite jusqu'à Ha Giang est en très mauvais état. La plupart des motards préfèrent emprunter un autre itinéraire, repartant d'abord en direction de Lung Ho, puis prenant à l'ouest la DT181 sur 36 km. Elle traverse une magnifique vallée et franchit un col avant de rejoindre la route principale près de Tam Son. De là, il reste environ deux heures de route jusqu'à Ha Giang.

VERS LE SUD JUSQU'À BAO LAC ET CAO BANG

En allant vers le sud depuis Meo Vac, après le croisement menant à Khau Vai, vous parviendrez à un haut col de montagne avant de redescendre la vallée jusqu'à un nouveau pont qui traverse la rivière Nho Que à Na Phong (Ly Bon).

À environ 75 km de Meo Vac se trouve Bao Lac. À l'extrémité nord de la bourgade, vous trouverez la pension **Song Gam** (☎0206 387 0269 ; Khu 11 ; ch 250 000-350 000 d, ch VIP 400 000 d ; ❄📶), privilégiée des circuits à moto, qui possède une spacieuse terrasse donnant sur la rivière du même nom. **Bao Lac Homestay & Hostel** (☎0912 849 915 ; www.facebook.com/baolachomestay ; dort 120 000 d, ch 350 000-450 000 d ; ❄📶) est aussi une bonne adresse, avec son bar sur le toit et ses nouvelles chambres privatives à proximité. Le propriétaire, anglophone, pourra vous renseigner sur les transports.

Des bus à destination de Cao Bang (100 000 d, 4 heures) passent par Bao Lac toutes les 2 heures. Si vous êtes à moto, faites une halte pour admirer le monument à Hô Chi Minh et la vallée suspendue de Tinh Tuc, puis le "Dos du dragon", panorama spectaculaire de hauts pics karstiques. Le trajet de 125 km jusqu'à Cao Bang se fait en 3 heures 30.

Où se loger et se restaurer

Vous trouverez une enfilade de cafés en face de l'hôtel Hoa Cuong.

Ne vous étonnez pas si l'on vous propose de goûter la spécialité locale, le "vin aux abeilles". C'est une boisson tonifiante lorsque la nuit est froide.

Hoa Cuong Hotel HÔTEL $

(☎0219-387 1888 ; Đ Loc Vien Tai ; ch 450 000-600 000 d ; ❄📶). Dans le centre, face au marché dominical de Meo Vac, ce charmant hôtel dispose de chambres spacieuses et propres, avec une literie moelleuse et de grandes TV. Choix confortable, mais le club de karaoké à proximité est particulièrement animé (et bruyant) les samedis et dimanches soir.

♥ **Auberge de Meo Vac** BOUTIQUE-HÔTEL $$

(☎0219 387 1686 ; aubergemeovac@gmail.com ; dort/ch avec sdb commune 330 000/1 320 000 d ; 📶). Au nord-est du centre-ville, niché au bout d'une allée juste à l'est de la RN 4C, voici un hébergement unique au sein d'une maison hmong du XIXe siècle délicieusement restaurée. Vous admirerez les épais murs en pisé, le bois omniprésent et la vaste cour intérieure. Vous risquez d'entendre vos voisins de chambre à travers les cloisons en bois. Petit-déjeuner (5 $US), déjeuner et dîner (11 $US) sont proposés.

May Co Quan VIETNAMIEN $

(46 Đ Nguyen Du ; repas à partir de 60 000 d ; ⏲6h-22h). Cet établissement recommandé par les habitants sert les classiques plats de riz que l'on choisit en les montrant du doigt, et quelques plats de nouilles. Il se trouve au coin (ouest) de l'hôtel Hoa Cuong.

Renseignements

Il y a un DAB **Agribank** (Đ Minh Khai) au coin de l'hôtel Hoa Cuong.

Depuis/vers Meo Vac

Des bus partent vers l'ouest en direction de Ha Giang toutes les heures de 5h30 à 15h (100 000 d, 5 heures). Ils s'arrêtent en cours de route à Yen Minh (40 000 d, 1 heure 30).

Il n'y a pas de transports publics en direction du sud-est, vers la plaque tournante de Cao Bang. On peut se rendre en *xe om* (600 000 d) ou en taxi (1 200 000 d) à Bao Lac, où l'on peut passer la nuit et d'où part un bus quotidien pour Cao Bang ou Bao Lam.

Le trajet en *xe om*/taxi jusqu'à Dong Van coûte environ 200 000/400 000 d.

Centre du Vietnam

Dans ce chapitre ➡

Pourquoi y aller

Le centre du Vietnam peut se targuer d'un riche patrimoine historique et culturel, de plages superbes et d'extraordinaires parcs nationaux. Hué est un monde en soi, avec sa citadelle impériale, ses sépultures royales et sa savoureuse cuisine de rue. Hoi An est un bijou de port historique en bord de fleuve, à l'architecture gracieuse, et les mystérieux temples chams de My Son ne demandent qu'à être explorés. Vous pourrez aussi séjourner à Danang, ville ultradynamique, visiter les sites de la zone démilitarisée (DMZ), intimement liée à l'histoire militaire du pays, tout comme la région de Phong Nha, connue pour ses immenses réseaux de grottes (dont la plus grande du monde, dit-on), propices à la spéléologie. Après tous ces trésors, vous aurez plaisir à passer en mode pédale douce : à vous le farniente sur le sable doré de la plage d'An Bang, et la découverte de la gastronomie du centre, la plus raffinée du pays, lors d'un cours de cuisine.

Le top des restaurants

- Sea Shell (p. 234)
- Madam Thu (p. 199)
- Cargo Club (p. 233)
- Tree Hugger Cafe (p. 181)
- Tadioto (p. 122)

Le top des hébergements

- Chi Villa (p. 241)
- Hoi An Odyssey Hotel (p. 231)
- Nu Ni Homestay (p. 231)
- Hue Riverside Villa (p. 198)
- Victory Road Villas (p. 178)

Quand partir

Hué

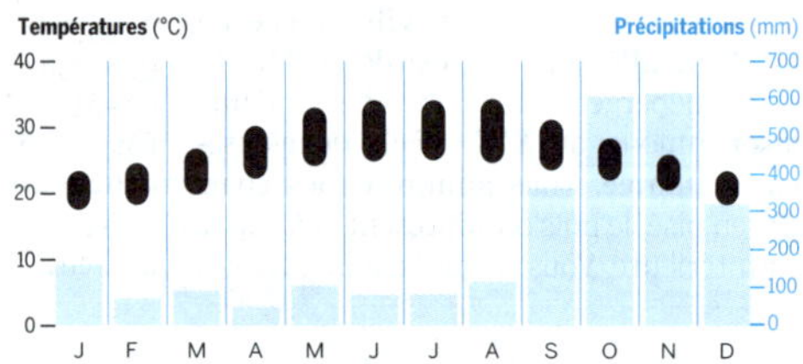

Mai Les températures sont en hausse et c'est le meilleur moment pour les plages.

Juin-juil Les bords du fleuve, à Danang, explosent de couleurs lors du Concours annuel de feux d'artifice.

Sept C'est la fin des chaleurs moites de l'été, les touristes se font moins nombreux, et la mer est tiède.

À ne pas manquer

1. Les vénérables sites du ravissant port historique de **Hoi An** (p. 219).
2. Les grottes du **parc national de Phong Nha-Ke Bang** (p. 171), l'un des sites de spéléologie les plus courus du monde.
3. Une escapade sur les traces des empereurs, de la Cité pourpre interdite aux tombeaux impériaux de **Hué** (p. 188).
4. Farniente et cuisine sur la paisible plage d'**An Bang** (p. 240), près de Hoi An.
5. L'effervescence de **Danang** (p. 216), une ville passionnante à la croissance galopante.
6. Des moments d'émerveillements au gré des ruines chams de **My Son** (p. 247), marquées par la guerre.
7. La découverte du réseau fluvial de **Trang An** (p. 166), superbe, classé au Patrimoine mondial.
8. L'histoire fascinante et poignante de la zone démilitarisée (DMZ) dans les **tunnels de Vinh Moc** (p. 183).

Histoire

Cette région a vu passer souverains et faiseurs de rois, guerriers et occupants, et a vécu son lot de turpitudes et de guerres. Au IIe siècle naissait ici le royaume du Champa, qui prospéra pendant plus d'un millénaire. En subsistent, dans le paysage, de nombreuses tours chams, dont les plus fameuses se trouvent à My Son. Les Vietnamiens soumirent le Champa au XVe siècle. Au cours des siècles suivants, les négociants européens, japonais et chinois s'imposèrent à Hoi An.

En 1802, la dynastie des Nguyên, qui régna sur le pays jusqu'en 1945, établit sa cour à Hué, qui devint le centre politique, intellectuel et spirituel du pays. Lorsque les Français eurent réduit les empereurs à un rôle de figuration, l'importance de Hué diminua, et, après l'indépendance, le pouvoir retourna à Hanoi.

En 1954, après la défaite de Diên Biên Phu, qui marqua la fin de la guerre d'Indochine et de la colonisation française, le pays fut divisé en deux, avec la création d'une ligne de démarcation nord-sud, appelée zone démilitarisée (DMZ). C'est là qu'eurent lieu plus tard, aux environs du 17e parallèle, certains des affrontements les plus violents de la guerre du Vietnam. Des milliers de personnes perdirent la vie dans des combats sanglants, tandis que des villes entières, dont Vinh et la majeure partie de la cité impériale de Hué, furent détruites. De vastes étendues de campagne autour de Dong Hoi et Dong Ha sont encore jonchées d'engins explosifs. Hoi An fut l'un des rares endroits à être épargnés. Aujourd'hui, c'est le tourisme qui est le moteur économique de Hué et Hoi An, tandis que Danang est en plein essor. En revanche, le nord de la région demeure relativement sous-développé.

CENTRE-NORD DU VIETNAM

Les paysages karstiques des environs de Ninh Binh se prêtent à l'exploration en bateau ou à vélo, tandis que les amateurs de spéléologie et de trekking trouveront leur bonheur dans le parc national de Phong Nha-Ke Bang, autour duquel les infrastructures touristiques sont en constant développement. Porte d'entrée du secteur de Phong Nha, Dong Hoi, sur la côte, offre des plages tranquilles et de bons restaurants.

Centre-nord du Vietnam

Province de Ninh Binh

Située au sud de Hanoi, cette province aux paysages de toute beauté vaut aussi pour les sites culturels et le parc national de Cuc Phuong. Les balades en bateau parmi les paysages karstiques de Tam Coc et les grottes de Trang An, classées au Patrimoine mondial, figurent ici parmi les temps forts. La région, berceau du catholicisme vietnamien, compte quelque 1 200 églises et cathédrales. Touristes vietnamiens et marchands ambulants sont ici nombreux.

Ninh Binh

☎0229 / 160 000 HABITANTS

Cette ville en effervescence n'est pas une destination en soi et manque d'intérêt touristique, mais elle constitue une bonne base pour partir à la découverte des reliefs karstiques alentour, si typiques (qui lui valent le surnom de baie d'Along terrestre), et du plus grand centre bouddhique du pays. Les visiteurs occidentaux sont bien moins nombreux que les Vietnamiens, lesquels sont séduits par les sites touristiques environnants, notamment la plus grande pagode du pays et les grottes de Trang An.

La région a un cadre naturel magnifique, mais elle est victime d'un développement intensif qui a entraîné l'installation d'immenses cimenteries presque en pleine nature.

Circuits organisés

Les hôtels peuvent s'occuper de la réservation de circuits dans la province de Ninh Binh et dans le parc national de Cuc Phuong.

Chookie's Tours CIRCUITS
(☎0229-361 8897 ; www.chookiestravel.com ; 400 000-1 500 000 d/pers). Départs réguliers pour explorer la région à moto, sorties dans les grottes de Trang An, circuits en scooter au coucher du soleil et visites du parc national de Cuc Phuong. Organise également des excursions d'une journée à Tam Coc depuis Hanoi (70 $US) avec prise en charge à votre hôtel.

Truong Nguyen CIRCUITS
(☎0165 348 8778, 0915 666 211 ; truong_tour@yahoo.com). Truong, guide indépendant, propose des circuits à moto sur les routes de campagne autour de Ninh Binh, ainsi que des treks dans la réserve naturelle de Pu Luong, zone forestière entre deux crêtes montagneuses, où l'on peut loger chez des familles thaï et hmong. Il organise aussi des excursions dans la province de Ha Giang, au nord, et gère l'excellent hôtel Friendly Home.

Où se loger

Go Ninh Binh Hostel AUBERGE DE JEUNESSE $
(☎0229-387 1186 ; www.goninhbinhhostel.com ; 1 Đ Hoang Hoa Tham ; dort 5 $US, d semaine/week-end 20/24 $US ; ❄@📶). Dans l'ancienne gare ferroviaire de la ville, Go Ninh Binh possède des dortoirs corrects, des doubles avec salle de bains et de nombreux espaces communs avec hamacs. Bibliothèque, bar, ping-pong et fléchettes sont aussi appréciés. L'équipe à l'accueil déborde d'idées pour découvrir la région de Ninh Binh.

♥ **Friendly Home** HÔTEL $$
(☎0229-388 3588 ; 5 60/45 Đ Hai Thuong Lang On ; s 16 $US, d 22-35 $US, f 42 $US ; ❄@📶). Un excellent hôtel, ordonné et très accueillant. Six chambres impeccables avec salle de bains attenante, petit-déjeuner buffet et prêt de vélos. Le propriétaire et gérant, Truong Nguyen, est un guide local. Il met à disposition des informations pratiques sur les curiosités locales, les horaires des bus et les circuits organisés dans la province. Location de motos pour explorer seul la région.

Où se restaurer et prendre un verre

Prévoyez de dîner de bonne heure : on ne trouve pas grand-chose d'ouvert après 21h. La spécialité locale est la *de* (viande de chèvre), servie dans une galette de riz avec des herbes fraîches. À 3 km de la ville, des restaurants de viande de chèvre jalonnent la route à destination des grottes de Trang An.

Chookie's Hideaway CAFÉ $
(☎0919 103 558 ; www.chookiestravel.com ; 147 Đ Nguyen Hue ; repas 40 000-70 000 d ; ⊙9h-22h ; 📶✍). Un vaste espace avec billard et bière à la pression où l'on sert une cuisine vietnamienne et occidentale (burgers, pizzas au feu de bois, wraps et quelques plats végétariens) d'un bon rapport qualité/prix. À la carte : smoothies, cocktails, bières artisanales (bière locale à la bouteille à partir de 20 000 d), vins, gins et cidre.

Quantité d'infos sur les activités et les curiosités de la province, car l'établissement met également sur pied des circuits.

Trung Tuyet VIETNAMIEN $
(14 Đ Hoang Hoa Tham ; repas 60 000-100 000 d ; ⊙8h30-21h30 ; ✍). Copieuses portions de classiques vietnamiens, plats végétariens et accueil chaleureux de la famille de ce petit restaurant animé, prisé des voyageurs.

Renseignements

Ninh Binh General Hospital (Benh Vien Da Khoa Ninh Binh ; ☎0229-387 1030 ; Đ Tue Tinh ; ⊙24h/24). Hôpital principal de la ville.

Poste principale (Đ Tran Hung Dao ; ⊙7h-18h lun-ven, 7h-17h sam-dim)

Vietin Bank (DAB) (Đ Tran Hung Dao ; ⊙7h-14h30 lun-ven, 7h30-12h sam). Dispose de deux succursales dans cette rue.

Ninh Binh

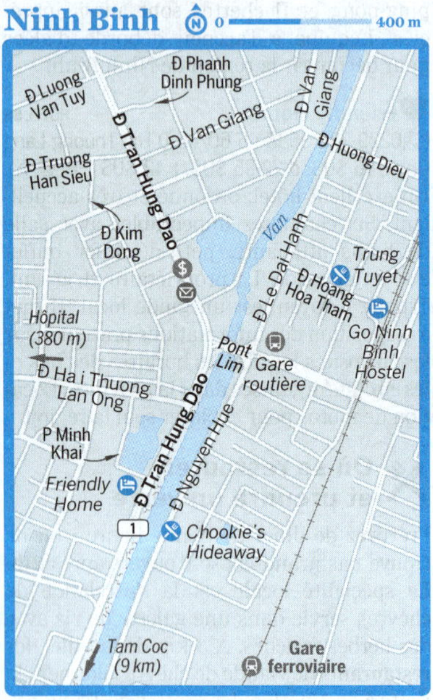

Depuis/vers Ninh Binh

BUS

La **gare routière de Ninh Binh** (Đ Le Dai Hanh) se situe près du pont Lim. Jusqu'à 19h, des bus publics partent toutes les 15 minutes pour rejoindre la gare routière de Giap Bat à Hanoi (à partir de 75 000 d, 2 heures 30). Des bus réguliers desservent Haiphong (95 000 d, 3 heures, toutes les 1 heure 30) et 2 liaisons quotidiennes sont assurées à destination d'Along (140 000 d, 3 heures 30).

Les bus "open tour" qui circulent entre Hanoi (7 $US, 2 heures) et Hué (15 $US, 10 heures) s'y arrêtent aussi ; on pourra vous prendre ou vous déposer à votre hôtel.

TRAIN

La **gare ferroviaire** (Ga Ninh Binh ; 1 Đ Hoang Hoa Tham) se trouve sur la principale ligne nord-sud qui dessert notamment Hanoi (à partir de 62 000 d, 2 heures-2 heures 30, 4/jour), Vinh (à partir de 93 000 d, 6 heures, 5/jour) et Hué (à partir de 261 000 d, 12 heures 30-13 heures 30, 5/jour).

Comment circuler

La plupart des hôtels louent des vélos (environ 2 $US/jour) et des motos (5-10 $US/jour). Les conducteurs de moto demandent environ 12 $US par jour.

Environs de Ninh Binh

À voir et à faire

Réserve naturelle de Van Long RÉSERVE NATURELLE
(20 000 d, bateau 60 000 d ; 7h-17h). Au milieu de superbes pics calcaires, cette paisible réserve comprend une zone humide couverte de roseaux, prisée des observateurs d'oiseaux. On peut y voir notamment la rare petite spatule, l'anserelle de Coromandel et le râle cendré. Van Long est aussi l'un des derniers refuges sauvages du langur de Delacour menacé (on ne compte plus qu'environ 120 représentants de cette espèce), en partie grâce à la zone humide qui garde prédateurs et braconniers à distance. Les langurs sont difficiles à apercevoir ; venez tôt le matin ou en fin d'après-midi.

Une balade en barque à rames (1 heure 30, 2 pers/bateau maximum) permet de découvrir la réserve sans être importuné par les vendeurs ambulants qui prennent parfois d'assaut les circuits en bateau de Tam Coc. Les hôtels de Ninh Binh proposent de réserver des circuits. Van Long est située 2 km à l'est de Tran Me et à 19 km de Ninh Binh, sur la route qui mène à Cuc Phuong.

Trang An SITE NATUREL
(7h30-16h). GRATUIT Des barques voguent paisiblement sur la rivière Sao Khe d'une grotte calcaire à l'autre. Bon nombre de ces dernières ont été élargies pour accueillir les bateaux. D'une durée de 2 heures, les excursions en bateau (200 000 d/pers, ou 800 000 d en solo) empruntent deux itinéraires distincts au fil des grottes et des temples. Prévoyez un couvre-chef et de la crème solaire car il n'y a pas d'ombre. Trang An se trouve à 7 km à l'ouest de Ninh Binh, sur la route menant à Chua Bai Dinh, et constitue un agréable but d'excursion à moto ou à scooter au départ de la ville.

Grotte de Mua SITE NATUREL
(Hang Mua ; 100 000 d ; 7h-16h). En bas d'une route tranquille traversant des rizières, cette grotte (dont le nom signifie "grotte de la Danse") n'a rien de spectaculaire en soi, mais on a une vue panoramique depuis son point le plus haut. L'escalier en pierre à côté de l'entrée de la grotte grimpe à flanc de rocher – 500 marches environ – jusqu'à un simple autel dédié à Quan The Am Bo Tat, la déesse de la Miséricorde. En regardant

vers l'ouest, vous verrez la rivière Ngo Dong qui serpente à travers le site de Tam Coc.

La montée est pavée mais raide par endroits, emportez de l'eau et prévoyez 1 heure de marche aller-retour. Située à 5 km de Ninh Binh, la grotte de Mua voit passer de nombreux touristes en route pour Tam Coc.

Chua Bai Dinh — TEMPLES BOUDDHIQUES

(www.chuabaidinhninhbinh.vn ; pagode 50 000 d, train 30 000 d ; ⌚7h-17h45). GRATUIT Chua Bai Dinh est un immense ensemble de temples bouddhiques (plus de 500 ha) qui se dresse à flanc de coteau près de Ninh Binh. Il est notamment composé d'un temple ancien (de 27 ha) et d'un nouveau temple (80 ha), achevé en 2014. Ce lieu saint attire quantité de touristes vietnamiens. L'entrée mène à des passages couverts que bordent 500 *arhat* (fidèles ayant atteint le plus haut degré de la perfection bouddhiste) en pierre tout le long de la route montant jusqu'à la pagode Phap Chu, laquelle est coiffée d'un triple toit. Celle-ci renferme un bouddha en bronze haut de 10 m et pesant 100 tonnes, flanqué de deux bodhisattvas dorés.

Derrière, des marches montent vers un point de vue, une pagode de 13 étages et un bouddha géant. La partie centrale du complexe abrite d'autres temples, dont l'un recèle une cloche de 36 tonnes (la plus grosse du pays). La plupart des édifices ont été construits à partir de matériaux naturels, tandis que les impressionnants ornements en bronze, en laque et en pierre ont été réalisés par des artisans de la région.

La pagode Bai Dinh, située à 11 km au nord-ouest de Ninh Binh, attire bien des visiteurs : n'escomptez pas y vivre une expérience très spirituelle. Les voyageurs des circuits organisés arrivent au parking principal, puis rejoignent l'entrée principale grâce à un train électrique. Même si vous venez en vélo, vous serez invité à gagner le parking pour y prendre le train.

Temples de Hoa Lu — TEMPLE

(20 000 d). Hoa Lu était la capitale du Vietnam sous la dynastie des Dinh (968-980), puis sous celle des Lê antérieurs (980-1009). Les Dinh ont choisi ce site pour mettre de la distance entre eux et la Chine et pour tirer parti de la "barrière" offerte par les formations rocheuses de la région. Si l'ancienne citadelle est en majeure partie en ruine, deux de ses temples ont traversé les siècles. Tous deux dominés par des colonnes laquées de rouge foncé, ils ont les monts Yen Ngua en toile de fond. Le premier, **Dinh Tiên Hoang**, restauré au XVIIe siècle, est consacré à la dynastie des Dinh. Devant le temple principal se trouve le socle en pierre d'un trône royal ; l'intérieur renferme des cloches de bronze et une statue de l'empereur Dinh Tiên Hoang avec ses trois fils. Le second temple est dédié au souverain Lê Dai Hanh. La salle principale contient des tambours, des gongs, des armes et une statue du roi avec son épouse et son fils. Un modeste musée présente une partie des fouilles du mur de la citadelle du Xe siècle.

C'est depuis la tombe de l'empereur Dinh Tiên Hoang que l'on a la meilleure vue d'ensemble des ruines. Le sentier qui gravit la colline (1,5 km environ), en face de la billetterie, y conduit en une vingtaine de minutes.

Hoa Lu se situe à 12 km au nord-ouest de Ninh Binh. À 6 km au nord, tournez à gauche sur la RN 1. Aucun transport public ne dessert le site, mais des circuits partent de Ninh Binh.

Pagode de Bich Dong — TEMPLE BOUDDHIQUE

(grotte de Jade). GRATUIT Ces charmants temples troglodytiques se trouvent à 2 km environ à l'ouest du village de Ninh Hai. De la pagode inférieure, au pied du rocher, il faut gravir une centaine de marches pour atteindre la pagode intermédiaire, puis poursuivre l'ascension – moins longue, mais tout aussi raide – jusqu'à la pagode supérieure. Dans les temples, les volutes de fumée d'encens enveloppent d'impressionnantes statues. À l'extérieur, on découvre une superbe vue.

Circuits en bateau de Tam Coc — PROMENADE EN BATEAU

(quai de Dinh Cac, village de Ninh Hai ; bateau 150 000 d, plus adulte/enfant 120 000/60 000 d ; ⌚7h-15h30). Avec ses affleurements calcaires et ses paisibles rizières, le site de Tam Coc dévoile un paysage karstique irréel le long de la rivière Ngo Dong. L'endroit est très prisé des Vietnamiens. Pour plus de calme, envisagez une visite en début de matinée ou en fin d'après-midi. Les rameurs se servent de leurs pieds pour propulser leur embarcation au long d'un circuit (2 heures environ) qui inclut les trois grottes. Deux personnes maximum par bateau.

Malheureusement, le secteur est aujourd'hui dominé par d'immenses cimenteries. Elles sont invisibles depuis la rivière, mais la qualité de l'air et la pollution sont devenues préoccupantes. Les bateaux partent du quai du village de Ninh Hai (connu sous le nom de Tam Coc, mais également appelé Van Lan). "Tam Coc" signifie "trois grottes" en chinois archaïque, et les environs des grottes portent aussi ce nom.

Où se loger

Anna Tham Hotel View HÔTEL $

(☎0229-361 8522 ; annathanhotelview@gmail.com ; route Tam Coc-Bich Dong ; ch 20 $US ; ❄📶). Dans un coin tranquille, à une courte marche de la pagode de Bich Dong, la famille qui tient cet hôtel correct réserve un accueil chaleureux. Vue sur les rizières et chambres spacieuses à proximité des modestes restaurants du village. Vélos à disposition gratuitement, et aide à la location de motos ou de scooters.

Nguyen Shack BUNGALOWS $$

(☎0229-361 8678 ; www.nguyenshack.com ; près de la grotte de Mua, district de Hoa Lu ; bungalows 22-45 $US ; 📶). Installés au bord d'une rivière à environ 5 km de Tam Coc, ces paisibles bungalows en bambou et toit de chaume se révèlent un antidote parfait à la frénésie de Hanoi. Prélassez-vous dans un hamac, taquinez le poisson depuis votre terrasse rustique, ou explorez les environs à vélo. Restaurant et bar sur place.

Limestone View Homestay PENSION $$

(☎0918 453 761 ; www.limestoneview.com ; Đ Xuan Thanh, village de Xuan Ang, district de Hoa Lu ; d 57-98 $US, tr à partir de 65 $US, ste à partir de 118 $US, app à partir de 159 $US ; ⊖❄📶). Superbe panorama sur les montagnes dans ce village, pratique pour accéder à Tam Coc (5 km), Hoa Lu (5 km) ou Trang An (2 km). Le Limestone View possède des chambres très confortables, ainsi que des suites et un appartement. On apprécie la compagnie de cette famille très aimable. Prêt de vélos pour découvrir les environs.

Mua Cave Ecolodge LODGE $$

(Hang Mua Ecolodge ; ☎0229-361 8754 ; village de Khe Ha, district de Hoa Lu ; s/d à partir de 550 000/800 000 d ; ❄📶). Entouré de rizières et de reliefs karstiques, cet établissement paisible loue des chambres spacieuses et des bungalows rehaussés d'un zeste de charme historique. Petite originalité : le restaurant et le bar sont logés dans une grotte. L'endroit étant assez isolé, vous devrez vous restaurer sur place. Circuits d'une demi-journée/journée dans les environs.

♥ **Tam Coc Garden** BOUTIQUE-HÔTEL $$$

(☎024 6273 3615, 037 825 3555 ; www.tamcocgarden.com ; village de Hai Nham, district de Hoa Lu ; d 145-175 $US ; ⊖❄📶🏊). Ce charmant boutique-hôtel est l'hébergement le plus zen à proximité de Ninh Binh. À l'abri des regards, dans un jardin luxuriant, il propose 8 bungalows en pierre et bois de 50 m² dont le balcon donne sur les rizières, et des chambres d'hôtel. Après une journée de vélo ou de visite des curiosités locales, la petite piscine est la bienvenue. Le personnel de la réception parle français et anglais.

Phat Diem

Phat Diem est notamment connue pour sa cathédrale, remarquable par ses grandes dimensions et son architecture mêlant influences sino-vietnamiennes des pagodes et style des églises occidentales. La ville se prête à une fascinante excursion d'une demi-journée depuis Ninh Binh.

Durant la période coloniale, la ville était un haut lieu du catholicisme et l'évêque de Phat Diem régnait sur la région avec l'appui de sa propre armée, jusqu'à ce que les troupes françaises prennent le relais en 1951. La cathédrale (1892) occupe une place importante dans le roman de Graham Greene, *Un Américain bien tranquille* (1955), et c'est depuis son clocher que l'auteur a observé les combats entre l'armée nord-vietnamienne et les troupes françaises.

À voir

Cathédrale de Phat Diem ÉGLISE

Datant de 1892, l'intérieur de la cathédrale Notre-Dame-du-Rosaire, majoritairement en bois, est assez impressionnant avec son haut plafond voûté soutenu par de grandes colonnes en bois. L'autel de granit est surmonté d'une nuée de chérubins aux traits vietnamiens et aux ailes dorées sur fond de voûte bleue, sur laquelle flottent des nuages de style chinois. Au-dessous se trouvent les images des martyrs tués par l'empereur Tu Duc durant les purges anticatholiques des années 1850. Face aux portes principales de la cathédrale s'élève un clocher indépendant, et trônent deux énormes dalles de pierre, sur lesquelles les mandarins prenaient place pour observer les rites catholiques. Entre le clocher et la cathédrale se trouve la tombe du fondateur, un prêtre vietnamien, Pierre Tran Luc, aussi connu sous le nom de père Six. Le site, de 22 ha, possède aussi un étang, quatre chapelles et trois grottes artificielles.

Pagode Dong Huong PAGODE
La plus grande de la région, est fréquentée en grande majorité par des bouddhistes muong. Tournez à droite à la hauteur du canal, au nord de la ville, puis marchez au bord de l'eau sur 3 km.

Cathédrale de Ton Dao ÉGLISE
Contrepoint gothique à celle de Phat Diem, la cathédrale de Ton Dao est sur la route 10, à environ 5 km de Phat Diem. À l'arrière, une statue de la Vierge Marie tient compagnie à des figurines en porcelaine de Quan The Am Bo Tat (déesse de la Compassion).

Depuis/vers Phat Diem

Phat Diem, parfois appelé par son ancien nom, Kim Son, est à 121 km au sud de Hanoi et à 26 km au sud-est de Ninh Binh. Des bus directs s'y rendent depuis Ninh Binh (25 000 d, 1 heure), les conducteurs de *xe om* (moto-taxi) demandent environ 200 000 d (attente comprise) pour un aller-retour.

Parc national de Cuc Phuong

030 / ALTITUDE 150-656 M

Avec 336 espèces d'oiseaux, 135 espèces de mammifères, 122 de reptiles et plus de 2 000 espèces de plantes différentes, le **parc national de Cuc Phuong** (091 566 6916, 0229-384 8018 ; www.cucphuongtourism.com.vn ; adulte/enfant 60 000/30 000 d), qui couvre plus de 25 000 ha, est l'une des zones protégées les plus importantes du Vietnam. Cuc Phuong est à cheval sur deux massifs calcaires et trois provinces. Son point culminant, le Dinh May Bac (pic du Nuage argenté), s'élève à 656 m. En 1962, Hô Chi Minh en fit le premier parc national du pays, déclarant à cette occasion : "La forêt est d'or."

Hélas, le braconnage et la destruction de l'habitat y sont toujours des problèmes majeurs. L'amélioration des routes a accru l'exploitation forestière illégale, et de nombreuses espèces endémiques, comme l'ours noir d'Asie, le crocodile du Siam, le chien sauvage et le tigre ont aujourd'hui disparu de la région. La plupart des animaux sont particulièrement méfiants, n'espérez pas en voir beaucoup.

Des Muong vivent aussi dans Cuc Phuong. Installés auparavant dans la vallée centrale, ils ont été déplacés à la fin des années 1980 vers la partie ouest du parc.

Quand partir

La meilleure époque pour la visite s'étend de novembre à février, pendant la saison sèche. En avril-mai, vous verrez d'innombrables papillons. D'avril à juin, la température, l'humidité et la boue augmentent progressivement, tandis que, de juillet à octobre, les pluies apportent avec elles une multitude de sangsues. Les lieux connaissent un afflux de familles vietnamiennes le week-end.

À voir

Les centres de conservation de Cuc Phuong permettent de mieux connaître les animaux qu'ils protègent. Sur demande au centre d'accueil des visiteurs, un guide vous conduira gratuitement jusqu'au centre pour la protection des primates menacés et au centre pour la protection des tortues, tous deux situés à près de 2 km de l'entrée. Il est possible de se porter volontaire pour travailler dans ces centres ou planter des arbres dans le parc (pour plus de renseignements, écrivez à volunteer@eprc.asia ou cucphuongnp@gmail.com).

Centre pour la protection des primates menacés RÉSERVE ANIMALIÈRE
(Endangered Primate Rescue Center ; EPRC ; 0229-384 8002 ; www.eprc.asia ; 30 000 d ; 9h-11h et 13h30-16h). Supervisé par la Société zoologique de Francfort, ce centre abrite quelque 180 primates, dont 12 espèces de langurs, 3 de gibbons et 2 de loris. Tous les animaux du centre y ont vu le jour ou ont été sauvés du commerce illégal. Des visites axées sur la préservation de la nature sont proposées. Les aspirants bénévoles sont invités à contacter le centre ; la motivation est le seul prérequis, et les missions incluent la préparation des repas des animaux et le nettoyage des enclos. Le billet d'entrée permet d'accéder au centre pour la protection des tortues.

Centre pour la protection des tortues RÉSERVE ANIMALIÈRE
(Turtle Conservation Centre ; 024 7302 8389, 030-384 8090 ; www.asianturtleprogram.org ; 30 000 d ; 9h-11h et 14h-16h45). Le centre abrite plus de 600 tortues terrestres, semi-aquatiques et aquatiques, qui représentent 19 des 25 espèces natives du Vietnam. Beaucoup ont été saisies à des contrebandiers encouragés par la demande en provenance des marchés vietnamien et chinois – la chair de tortue est censée allonger l'espérance de vie. Les visiteurs découvrent des tortues dans des aquariums

et des incubateurs, ainsi que dans des bassins proches de l'état sauvage, mais aussi d'instructives informations en anglais sur les tortues menacées. Le billet permet d'accéder au centre pour la protection des primates menacés.

Activités

Le parc national de Cuc Phuong se prête à d'excellentes randonnées. Parmi les plus courtes, citons le sentier qui mène, via un escalier abrupt de 220 marches, à la **grotte de l'Homme préhistorique**. Des outils vieux d'au moins 7 500 ans y ont été mis au jour, ainsi que des sépultures humaines, ce qui en fait l'un des plus anciens sites habités du Vietnam.

Parmi les randonnées prisées figurent un aller-retour de 6 km jusqu'à l'imposant **"vieil arbre"** (*Tetrameles nudiflora*) millénaire et une marche de 4 heures (environ 12 km) jusqu'au **pic du Nuage argenté**. Une marche éprouvante de 15 km (5 heures) conduit à **Kanh**, un village muong, où il est possible de passer la nuit chez l'habitant, avant de descendre la rivière Buoi en radeau (environ 100 000 d).

Le personnel du parc vous fournira des cartes rudimentaires. Si vous envisagez une marche un peu longue, recourez aux services d'un guide. Deux heures de **randonnée de nuit** accompagnée pour observer des animaux nocturnes, ou la marche jusqu'au pic du Nuage argenté coûtent 25 $US (jusqu'à 5 personnes). Le **trek "Deep Jungle"** (60 $US) s'aventure dans des zones reculées où l'on peut surprendre des écureuils volants.

Où se loger et se restaurer

Des hébergements existent dans le parc, et un resort de luxe se tient non loin. Il est recommandé de réserver pour les week-ends et jours fériés. Vous pourrez aussi camper (4 $US/pers) au centre des visiteurs ou au lac Mac. Le personnel du parc peut vous trouver des hébergements très simples chez des familles muong (10 $US/pers).

Il y a des restaurants sommaires et des échoppes au centre d'information du parc et au lac Mac, mais les prix ne sont pas vraiment intéressants, et il faut commander son repas bien à l'avance.

Centre d'information PENSION $
(s 16-35 $US, d 27-50 $US, maison sur pilotis 14 $US, bungalow 23 $US). Près de l'entrée du parc, ce centre propose des chambres "modernes", ainsi qu'une maison sur pilotis et un bungalow indépendant. Chambres standards assez sombres, mais correctes.

Lac Mac BUNGALOWS $
(bungalows 16-27 $US). À 2 km à l'intérieur du parc, de ravissants bungalows donnent sur le lac Mac – toutefois, l'emplacement est quelque peu isolé et le restaurant est souvent mal approvisionné.

Cuc Phuong Resort COMPLEXE HÔTELIER $$$
(☎030-384 8886 ; www.cucphuongresort.com ; village de Dong Tam ; bungalow/villa à partir de 108/167 $US, s/d à partir de 97 $US ;). Ce resort alimente ses baignoires en bois et ses piscines extérieure et intérieure à partir d'une source d'eau minérale naturelle voisine. Il comprend également des courts de tennis et un superbe spa ; le petit-déjeuner est inclus. À 2 km de l'entrée du parc. Tarifs plus intéressants du dimanche au jeudi. Accès à la piscine pour les non-résidents : 130 000 d par personne.

Renseignements

Le personnel anglophone du centre d'information organise des circuits, peut fournir des guides et propose des solutions d'hébergement.

Depuis/vers le parc national de Cuc Phuong

Le parc national de Cuc Phuong se situe à 45 km de Ninh Binh. Sur la RN 1, l'embranchement qui y mène, au nord de Ninh Binh, conduit au village flottant de Kenh Ga et à la réserve naturelle de Van Long.

Des bus (2 heures, 90 000 d) desservent régulièrement la ville de Nho Quan, près du Cuc Phuong, avec des départs de la gare routière de Giap Bat entre 8h et 16h, et des retours vers Hanoi entre 7h et 15h. Pour rallier le parc depuis Nho Quan, prenez un *xe om* (environ 120 000 d) ou un taxi (250 000 d). À noter aussi le bus direct pour le Cuc Phuong, avec un départ à 9h, et un retour vers Hanoi à 15h.

À Ninh Binh, prenez un *xe om* (autour de 250 000 d aller-retour) ou un taxi, ou bien louez une moto. Des bus relient également Ninh Binh au parc (20 000 d).

Les agences de voyages de Hanoi proposent également des visites de Cuc Phuong, qu'ils conjuguent généralement à d'autres sites autour de Ninh Binh. Il est également possible de réserver des excursions à Cuc Phuong, via des agences de voyages, et l'hébergement à Ninh Binh.

Vinh

☎0238 / 502 000 HABITANTS

Presque entièrement rasée durant la guerre du Vietnam, Vinh fut rebâtie avec l'aide de l'ex-RDA – d'où le style brutaliste des édifices bétonnés du centre-ville. Hormis à vouer un culte à la mémoire de Hô Chi Minh, né dans un village voisin, ou être en route pour le Laos, il y a peu de raisons de s'arrêter ici. Vinh est un pôle de transports important : des bus partent régulièrement pour Hô Chi Minh-Ville (HCMV), Hanoi, Danang et Diên Biên Phu, tandis que les trains s'arrêtent à toutes les gares entre Hanoi au nord et HCMV au sud. Les bus dits "open tour" circulant entre Hanoi et Hué traversent aussi la ville ; vous pourrez descendre, mais faire en sorte que l'on vienne vous chercher peut s'avérer compliqué.

À voir

Lieux de pèlerinage de Hô Chi Minh SITE HISTORIQUE

(⏲7h-11h30 et 14h-17h lun-ven, 7h30-12h et 13h30-17h sam-dim). GRATUIT Hoang Tru, lieu de naissance de Hô Chi Minh, et le village de Kim Lien, où il passa quelques années de formation, sont à 14 km à l'ouest de Vinh. Ces lieux de pèlerinage pour les fidèles du parti ont peu d'intérêt sinon des maisons de bambou et de feuilles de palmes reconstituées, agrémentées de quelques meubles. Non loin de la maison familiale de Kim Lien, à quelque 2 km de Hoang Tru, se trouvent un musée aux allures de sanctuaire et une boutique vendant des souvenirs à l'effigie de l'oncle Hô. Aucune information en anglais n'est disponible sur les deux sites. Depuis Vinh, les conducteurs de *xe om* demandent environ 150 000 d (attente incluse) ; en taxi, comptez 300 000 d.

Où se loger et se restaurer

Cette grande capitale provinciale possède des hébergements dans toutes les fourchettes de prix. Les moins chers sont regroupés autour de la gare ferroviaire. Les restaurants sont concentrés dans les alentours de l'artère principale, Nguyen Trai, et les plus économiques d'entre eux voisinent les gares routières et ferroviaires.

Than An Hotel HÔTEL $

(☎0238-384 3478 ; 168 Đ Nguyen Thai Hoc ; ch 250 000-350 000 d ; ❄@📶). Emplacement pratique, 300 m au sud de la gare routière. Charmantes chambres avec mobilier en bois et bons lits.

Depuis/vers Vinh

AVION

L'aéroport international de Vinh est situé 8 km au nord de la ville. Des vols réguliers relient la ville à HCMV avec Vietnam Airlines (www.vietnamairlines.com), Bamboo Airways (www.bambooairways.com), VietJet (vietjetair.com) et Jetstar (www.jetstar.com). Vietnam Airlines et Bamboo Airways desservent aussi Hanoi, VietJet se rend à Dalat, Can Tho et Nha Trang, et Jetstar rallie Nha Trang.

BUS

La gare routière de Vinh, à l'emplacement central, a une billetterie assez moderne (avec tableau des départs et tarifs).

Les bus pour Hanoi partent très régulièrement jusqu'à 16h30 et il y a aussi 10 bus-couchettes. Les lignes conduisent aux 4 gares routières de Hanoi. Pour Ninh Binh (800 000 d, 4 heures), prenez un bus en direction de Hanoi. Six bus quotidiens desservent Diên Biên Phu (600 000 d, 16 heures).

Les bus "open tour" passent par ici sur le trajet Hanoi-Hué, mais s'il est facile de demander à descendre ici, il est plus compliqué de repartir.

TRAIN

La gare ferroviaire de Vinh est à la lisière nord-ouest de la ville. L'*Express de la Réunification* dessert régulièrement Hanoi, Ninh Binh, Dong Hoi et Hué.

Parc national de Phong Nha-Ke Bang

☎0232

Classé au patrimoine mondial de l'Unesco en 2003, le remarquable **parc national de Phong Nha-Ke Bang** (☎052-367 7021 ; www.phongnhakebang.vn/en) abrite les plus anciennes montagnes karstiques d'Asie, formées il y a quelque 400 millions d'années. Criblé de grottes aux dimensions souvent spectaculaires et sillonné de rivières souterraines, Phong Nha constitue un véritable eldorado pour les spéléologues.

Le secteur de Phong Nha évolue rapidement. La bourgade de Son Trach (3 000 habitants), son principal centre, possède des DAB, une offre d'hébergements en pleine croissance, de plus en plus de restaurants et des liaisons avec d'autres parties du centre du Vietnam en constante amélioration.

Si les grottes constituent les vedettes incontournables de la région, le parc, que

ALLER AU LAOS : VINH-PHONSAVAN ET VINH-LAK SAO

Vous trouverez ci-dessous les itinéraires que nous recommandons pour gagner le Laos. Une autre solution consiste à effectuer le trajet entre Thanh Hoa (Vietnam) et Sam Neua (Laos). Hélas, il semblerait que les chauffeurs de taxi et les compagnies de bus pratiquent des tarifs exorbitants à l'endroit des voyageurs non vietnamiens sur cet itinéraire.

De Vinh à Phonsavan

Rejoindre la frontière Souvent noyé dans la brume, le **poste-frontière de Nam Can/Nong Haet** se trouve à 250 km au nord-ouest de Vinh. Des bus partent à 6h les lundis, mercredis, vendredis et samedis pour Luang Prabang (750 000 d, 22 heures), via Phonsavan (410 000 d, 12 heures). Vous pouvez aussi aller de Vinh à Muong Xen en bus, puis gravir la montagne jusqu'à la frontière à moto (environ 180 000 d), mais il est préférable de choisir l'option directe afin d'éviter les désagréments et les prix excessifs.

À la frontière Le poste-frontière est ouvert de 7h30 à 17h30. On n'y délivre pas de visas vietnamiens, mais des visas laotiens sont disponibles pour la plupart des nationalités (30-40 $US).

Au-delà Vous éviterez de nombreux désagréments en optant pour un bus direct. Au Laos, les liaisons à destination de Nong Haet sont imprévisibles. Une fois arrivé, vous pourrez toutefois prendre un bus direction Phonsavan. Du côté vietnamien, vous devrez d'abord négocier la course à moto de la frontière à Muong Xen, la ville la plus proche. La route, magnifique, dévale la montagne. Ce trajet de 25 km seulement ne devrait pas vous coûter beaucoup plus que 120 000 d mais certains chauffeurs demandent jusqu'à 300 000 d. De Muong Xen, des bus partent à intervalles irréguliers pour Vinh (150 000 d, 6 heures). Sachez que certains bus au départ de Phonsavan censés aller jusqu'à Hanoi ou Danang débarquent leurs passagers à Vinh.

De Vinh à Lak Sao

Rejoindre la frontière Le **poste-frontière de Cau Treo/Nam Phao** a mauvaise réputation auprès des voyageurs qui rapportent des prix majorés et des tracasseries dans les bus locaux avec correspondances (par exemple, des chauffeurs qui obligent les étrangers à payer un supplément en menaçant de les débarquer au milieu de nulle part). Optez donc pour un trajet direct. La plupart des transports vers Phonsavan, au Laos, utilisent le poste-frontière de Nan Can/Nong Haet, plus au nord. Des bus pour Vientiane, au Laos (280 000 d) quittent Vinh à 6h les lundis, mercredis, vendredis et samedis. Des bus locaux réguliers circulent aussi entre Vinh et Tay Son (70 000 d, 2 heures), puis des bus irréguliers se rendent de Tay Son au poste-frontière de Cau Treo. Sinon, comptez environ 170 000 d pour un trajet en *xe om*.

À la frontière La frontière est ouverte de 7h30 à 17h30. Des visas laotiens y sont délivrés.

Au-delà Prenez un bus direct pour éviter de vous faire escroquer. Les chauffeurs de bus côté vietnamien demandent jusqu'à 40 $US pour le trajet jusqu'à Vinh. Comptez 50 $US pour un taxi avec compteur et 320 000 d pour une moto. Certains bus en provenance de Lak Sao vont prétendument jusqu'à Danang ou Hanoi, mais Vinh est en réalité leur terminus.

Côté laotien, le trajet en jumbo ou *sawngthaew* (camionnette) de la frontière à Lak Sao tourne autour de 60 000 kips (négociez ferme).

l'on peut passer des semaines à explorer, vaut d'y consacrer au moins trois jours, avec ses possiblités de randonnées en forêt et de promenades champêtres à VTT, et son patrimoine historique.

Menés par la British Cave Research Association et l'université de Hanoi, les véritables travaux d'exploration des grottes n'ont commencé que dans les années 1990. Ceux-ci ont débouché sur la mise au jour de l'immense grotte de Phong Nha, de la grotte du Paradis en 2005 et, en 2009, de Hang Son Doong (p. 176), qui serait la plus vaste grotte du monde. En 2015, l'accès du public à deux grottes supplémentaires a été autorisé.

En surface, une forêt quasi vierge composée d'arbres à feuilles persistantes, dont 90% de forêt primaire, recouvre les 885 km² de relief montagneux du parc. Celui-ci jouxte la réserve de biodiversité de Hin Namno, au Laos, formant ainsi un habitat naturel protégé ininterrompu. Une centaine d'espèces de mammifères (dont 10 de primates, des tigres, des éléphants et le saola, un rare bovidé asiatique), 81 espèces de reptiles et d'amphibiens, et plus de 300 espèces d'oiseaux y ont été recensées.

À voir

Le secteur de Phong Nha ayant vu sa popularité exploser, il est recommandé de réserver au plus vite les circuits spéléologie avec nuitée sur place à destination de Tu Lan, Hang Va et Hang En, ainsi que l'expédition de 4 jours vers Hang Son Doong. Notez que la plupart des grottes sont fermées pendant la saison des pluies, de mi-septembre à fin novembre ou décembre environ.

L'accès au parc national était naguère limité et strictement contrôlé par l'armée vietnamienne. Il demeure très réglementé, car le parc est encore truffé de munitions non explosées, et il est officiellement interdit d'y randonner sans être accompagné par un prestataire autorisé. Si vous êtes seul, vous pourrez toutefois traverser le parc à moto ou en voiture via la route nationale Hô Chi Minh ou la RN 20.

Grottes de Tu Lan — SITE NATUREL

(www.oxalis.com.vn ; excursion 1 jour 1 800 000 d, excursion 2 jours 5 500 000 d/pers ; mi-nov à mi-sept). Cette excursion spectaculaire commence par une randonnée dans la campagne, suivie d'une petite baignade (avec lampes frontales et gilets de sauvetage) dans deux superbes rivières souterraines, avant de ressortir dans une vallée fluviale paradisiaque. On continue ensuite à marcher dans la forêt dense pour rejoindre une “plage” où les deux rivières se rejoignent, formant un terrain de camping idyllique pour l'excursion de 2 jours. Là, les vastes cavernes renferment d'autres fabuleux sites de baignade. Il est nécessaire d'avoir une bonne condition physique. Tu Lan est à 65 km au nord de Son Trach et est uniquement accessible dans le cadre de visites guidées.

Hang En — SITE NATUREL

(excursion 2 jours 7 600 000 d/pers ; fin déc à mi-sept). Pour accéder à cette grotte gigantesque, il vous faudra progresser dans une jungle dense et des vallées jusqu'à Ban Doong, un village ethnique reculé (sans routes ni électricité). Vous pourrez passer la nuit au camping dans la grotte ou au village. Les circuits sont à réserver auprès d'Oxalis Adventure Tours (p. 175) ou des hébergements locaux.

Grotte du Paradis — SITE NATUREL

(Thien Dong ; adulte/enfant -1,30 m 250 000/125 000 d ; 7h30-16h30). Entouré de sommets karstiques tapissés de forêt, ce remarquable réseau de grottes s'étend sur 31 km, même si la plupart des visiteurs se contentent du premier kilomètre. Le site est d'une ampleur époustouflante, avec ses escaliers en bois descendant vers un espace aux airs de cathédrale, hérissé de stalagmites et stalactites semblant venir d'un autre monde. Venez tôt pour éviter la cohue : aux “heures de pointe” (en début d'après-midi), les guides conduisent leurs groupes au mégaphone. La grotte du Paradis se situe à environ 14 km au sud-ouest de Son Trach. Du parking, des voiturettes électriques (aller/aller-retour 15 000/25 000 d par personne) conduisent les visiteurs jusqu'à l'entrée.

Pour rejoindre l'entrée de la grotte depuis l'endroit où les voiturettes déposent les visiteurs, comptez 600 m d'ascension ardue. Si vous souhaitez explorer ce site en profondeur, et avec un peu de chance observer les poissons dépourvus d'yeux qui font partie de l'écosystème de la grotte, réservez le circuit de la grotte du Paradis (2 650 000 d, 2 personnes minimum). Long de 7 km, il comprend la traversée à la nage (ou en bateau si vous ne savez pas nager) d'une rivière souterraine ainsi qu'un déjeuner sous un puits de lumière. La réservation est possible au Phong Nha Farmstay (p. 175) et à l'Easy Tiger (p. 177).

Hang Toi — SITE NATUREL

(“Grotte sombre” ; 450 000 d/pers). Nous ne serions guère surpris que vous ayez déjà entendu parler de cette grotte, dont la visite comprend vol en tyrolienne de 400 m au-dessus de l'eau, entrée dans la cavité à la nage et exploration d'un sombre passage dégoulinant de boue.

À la sortie, vous pourrez rejoindre en quelques coups de pagaie une jetée où vous

Parc national de Phong Nha-Ke Bang

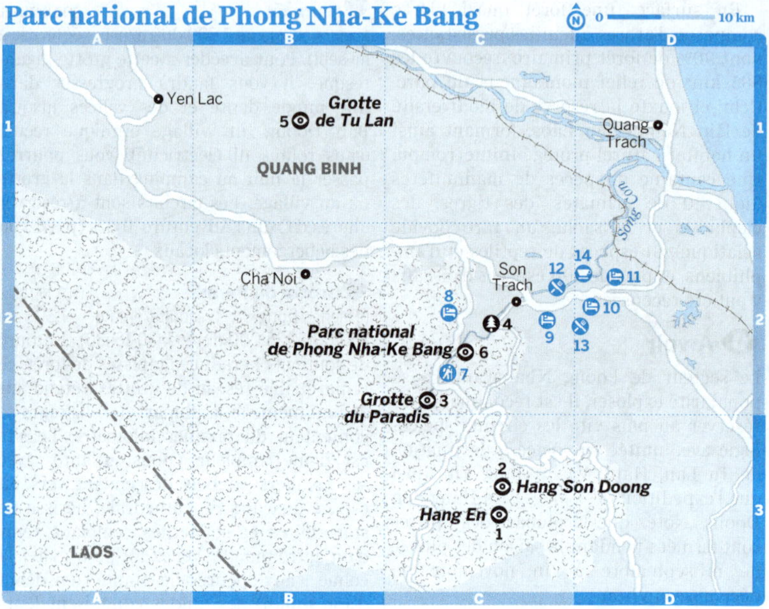

attendent d'autres tyroliennes et aventures aquatiques palpitantes. N'emportez aucun objet de valeur dans la grotte.

Hang Tien SITE NATUREL

(www.oxalis.com.vn ; 2 000 000 d/pers ; ⏲ lun, mer-ven et dim déc à mi-sept). Plus grande partie du réseau de grottes de Tu Lan, cette grotte de difficulté moyenne, parsemée de fougères verdoyantes et de gours, a ouvert aux visiteurs en 2016. Au cours de cette expédition de 10-12 heures, vous marcherez dans la jungle et observerez de nombreux gours et autres concrétions de calcite étonnantes. Possibilité également d'explorer la grotte sur 2 ou 3 jours (6 500 000 d et 8 500 000 d, respectivement).

Grotte de Phong Nha et circuit en bateau SITE NATUREL

(adulte/enfant -1 m 30 150 000/25 000 d, bateau jusqu'à 14 pers 320 000 d ; ⏲ 7h-17h). L'expérience d'une promenade en bateau dans la grotte de Phong Nha est mémorable, bien que touristique. Depuis le village de Son Trach, des bateaux rejoignent la grotte en passant devant des buffles, des pics calcaires et des clochers d'église qui émaillent les berges de la rivière Son. La "grotte aux Dents" doit son nom aux stalagmites depuis longtemps disparues qui en hérissaient jadis l'entrée. Au retour, vous pourrez gravir les 330 marches qui mènent à la grotte de Tien Son (60 000 d), à flanc de montagne. Elle abrite des vestiges d'autels et des inscriptions chams datant du IXe siècle.

Hang Va SITE NATUREL

(www.oxalis.com.vn ; 8 000 000 d/pers ; ⏲ fév-août). Mise au jour en 2012 et ouverte au public en 2015, cette grotte se visite dans le cadre d'une excursion de deux jours/une nuit. Après un périple le long d'une rivière souterraine à Hang Nuoc Nut, on campe dans la jungle à l'entrée de Hang Va. L'atout maître de la grotte est un spectaculaire champ de stalagmites, partiellement submergé par des eaux cristallines. Cordes et harnais sont bien utiles.

Activités

De nombreuses autres manières que la visite des grottes permettent d'explorer les paysages de jungle et l'histoire de ce secteur intéressant. Vous pourrez réserver la plupart des activités par le biais de votre hôtel.

Nuoc Mooc Ecotrail RANDONNÉE

(accès de base adulte 80 000 d, accès complet 180 000 d ; ⏲ 7h-17h). Magnifique havre au sein du parc national de Phong Nha-Ke Bang, le sentier écologique de Nuoc Mooc

Parc national de Phong Nha-Ke Bang

Les incontournables
1 Hang En ... C3
2 Hang Son Doong ... C3
3 Grotte du Paradis ... C2
4 Parc national de Phong Nha-Ke Bang ... C2
5 Grotte de Tu Lan ... B1

À voir
Hang Tien ... (voir 5)
6 Hang Toi ... C2
Hang Va ... (voir 1)

Activités
Jungle Boss Adventure Tours ... (voir 4)
7 Nuoc Mooc Ecotrail ... C2
Cirduits de Phong Nha Farmstay ... (voir 11)

Où se loger
8 Chay Lap Farmstay ... C2
Ho Khanh's Homestay ... (voir 4)
Jungle Boss Homestay ... (voir 4)
9 Karst Villas ... C2
10 Pepper House ... D2
11 Phong Nha Farmstay ... D2
Phong Nha Lake House Resort ... (voir 10)
Phong Nha Mountain House ... (voir 4)

Où se restaurer
12 Moi Moi ... C2
13 Pub with Cold Beer ... D2

Où prendre un verre et faire la fête
Bomb Crater Bar ... (voir 12)
14 East Hill ... D2

déroule passerelles de bois et sentiers sur plus d'un kilomètre à travers les bois, jusqu'à la confluence de deux rivières. C'est un endroit splendide pour barboter dans une eau turquoise sur fond de massifs calcaires. Côté frissons, vous pourrez traverser un pont en corde et pratiquer le kayak sur un barrage de la rivière.

Lemon Tree Spa MASSAGES
(☎0977 234 874 ; www.facebook.com/lemon.tree.spa.phongnha ; Son Trach ; massage à partir de 125 000 d ; ⏰8h-23h30). Spa, soins cosmétiques et massage pour se relaxer après un trek dans la jungle ou de la spéléologie. Café très agréable dans le jardin.

Circuits organisés

Bien que des circuits partent de Dong Hoi, la région a beaucoup à offrir, et il vaut mieux loger près du parc national. Presque tous les hébergements en plus des prestataires spécialisés permettent de participer à des circuits. N'imaginez pas venir de Hué pour la journée : vous passeriez la majeure partie de votre temps sur la route.

♥ **Oxalis Adventure Tours** CIRCUITS AVENTURE
(☎0232-367 7678 ; www.oxalis.com.vn ; Son Trach ; ⏰8h-12h et 13h30-19h30 lun-sam, 10h-19h30 dim). Oxalis est *le* spécialiste de la randonnée et de la spéléologie, et c'est le seul prestataire habilité à encadrer des visites à Hang Son Doong. Tous ses guides ont été formés par Howard et Deb Limbert, spéléologues britanniques de renommée mondiale. Toutes les excursions, de la journée à Tu Lan aux expéditions de 4 nuits/3 jours à Hang Son Doong, sont méticuleusement organisées et font appel à des guides et porteurs locaux. Vous pourrez planifier votre périple à l'Expedition Cafe d'Oxalis, au bord de la rivière.

Préréservez pour Hang Son Doong un an à l'avance ; pour les expéditions à Tu Lan et Hang En, réservez si possible quelques mois à l'avance. Disponibilités affichées sur l'excellent site Internet.

♥ **Circuits du Phong Nha Farmstay** CIRCUITS AVENTURE
(☎0232-367 5135 ; www.phong-nha-cave.com ; Cu Nam). Très prisé, le circuit du parc national (1 350 000 d) encadré par cette pension comprend la piste Hô Chi Minh (p. 311), la grotte du Paradis (p. 173) et Hang Toi (p. 176) ; on peut aussi visiter la grotte Tra Ang et s'y baigner. Également : des circuits sur mesure instructifs (2 500 000 d/pers) à bord d'une vieille Jeep militaire. Virées à moto avec side-car gratuites si vous logez au Farmstay.

♥ **Jungle Boss Adventure Tours** RANDONNÉE
(☎0917 800 805 ; www.jungle-boss.com ; village de Phong Nha, Son Trach ; à partir de 1 350 000 d/pers). Dzung ("le boss de la jungle") est un guide anglophone expérimenté. Épaulé par une équipe compétente, il encadre des circuits d'un ou deux jours autour de la piste Hô Chi Minh (p. 311) et de la Vallée abandonnée du parc national. Une belle occasion aussi pour explorer la vallée reculée de Ma Da : une bonne (voire très bonne) condition physique est requise ; le circuit inclut la baignade dans la grotte de Tra Ang et la découverte de la grotte de l'Éléphant.

LA PLUS GRANDE GROTTE DU MONDE

Réputée être la plus grande grotte du monde, **Hang Son Doong** (grotte de la Montagne et de la Rivière ; ⏲fév-août) est un site spectaculaire. Le gouvernement n'en a approuvé l'accès qu'en 2013, et le seul prestataire habilité à y organiser des visites est Oxalis, basé à Son Trach. Le site, très reculé, ne se visite pas en un jour. L'unique moyen de s'y rendre est de réserver une expédition de 4 jours et 3 nuits avec une quinzaine de porteurs. Le circuit coûte 3 000 $US par personne et les groupes ne dépassent pas 10 personnes.

Cette immense grotte a été découverte récemment. Ho Khanh, un chasseur appartenant à une communauté dans la jungle proche de la frontière laotienne, s'abritait souvent dans les grottes qui criblent cette région montagneuse. Au début des années 1990, il tomba sur la gigantesque Hang Son Doong. Il fallut toutefois attendre que des spéléologues britanniques y retournent avec lui, en 2009, pour découvrir les véritables dimensions (plus de 5 km de long, 200 m de haut et jusqu'à 150 m de large) et la majesté de la principale grotte, la plus grande du monde connu à ce jour.

La difficulté majeure consista à trouver un passage au-dessus de la vaste barrière de calcite en surplomb, surnommée la "grande muraille du Vietnam", qui séparait la grotte en deux. L'obstacle surmonté, les spéléologues virent apparaître une salle souterraine assez vaste pour contenir un navire de guerre. Par endroits, des lucarnes éclairent un ensemble de stalagmites baptisé le "jardin de cactus". Certaines mesurent jusqu'à 80 m de haut. Les spéléologues ont également découvert de grosses perles des cavernes de 10 cm de diamètre, formées au cours des millénaires par un ruissellement qui a fusionné les cristaux de calcite avec des grains de sable. De magnifiques gours parsèment la grotte.

Les conditions météorologiques peuvent modifier à la dernière minute l'itinéraire emprunté. Consultez le calendrier du site Internet, et n'oubliez pas qu'il s'agit d'une expédition très prisée. L'excursion de 4 jours n'est possible qu'entre février et août.

L'expédition de 3 jours et 2 nuits dans la grotte du Tigre, plus ambitieuse et éprouvante, est à réserver aux plus sportifs. Elle comprend la grotte "Hang Over" ("gueule de bois") et la grotte Pygmée (malgré son nom, cette dernière est la 4e plus vaste grotte au monde).

Hai's Eco Tours RANDONNÉE
(☎0962 606 844 ; www.ecophongnha.com ; Bamboo Cafe, Son Trach ; adulte/enfant -10 ans 1 450 000/1 100 000 d par pers). Circuits à la journée conjuguant randonnées dans la jungle – bonne condition physique requise – et visite du centre de sauvetage et de réhabilitation de la faune de Phong Nha, qui s'occupe d'animaux menacés (macaques des régions voisines pour l'essentiel, mais aussi serpents et oiseaux). Le tarif comprend le déjeuner-barbecue et la baignade en fin de journée dans un trou d'eau naturel. Il existe aussi un circuit avec une nuit de camping (3 200 000 d/pers) dans la grotte des Armes.

Phong Nha Adventure Cycling CIRCUITS VTT
(☎0985 555 827 ; www.phongnhacycling.jimdo.com ; 65-87 $US/pers). Excellents circuits VTT sous l'égide de l'infatigable soldat Shi. Parmi les options proposées figurent des sections de la piste Hô Chi Minh (p. 311) à vélo, la visite de villages et un déjeuner dans une pension.

Thang's Phong Nha Riders CIRCUITS À MOTO
(www.easytigerhostel.com/thangs-phong-nha-riders ; Son Trach). La location d'une moto et d'un chauffeur coûte environ 350 000-400 000 d la journée. Les chauffeurs connaissent bien les sites du parc national de Phong Nha-Ke Bang et vous permettrez aux enthousiastes habitants parlant un peu anglais de travailler. Jouxtant l'auberge de jeunesse Easy Tiger, l'établissement propose aussi de rejoindre Hué ou Khe Sanh à moto : un voyage vivement recommandé à travers des paysages magnifiques.

🛏 Où se loger

Les possibilités d'hébergement se sont nettement améliorées ces dernières années. Ces derniers vont désormais de la simple pension de village aux bungalows près d'un lac, en passant par le luxueux complexe hôtelier en bord de rivière. Cependant, les propriétaires de fermes s'empressent de convertir leurs foyers en logements chez l'habitant, et l'offre excédentaire entraîne une qualité d'hébergement très variable.

Easy Tiger AUBERGE DE JEUNESSE $
(0232-367 7844 ; www.easytigerhostel.com ; Son Trach ; dort à partir de 120 000 d ;). Très prisée, la première auberge de jeunesse de Son Trach est pourvue de dortoirs à 4 et 6 lits. Billard, piscine et bar en plein air parfaits pour se détendre après un trek et de la spéléologie. L'Easy Tiger fournit des renseignements précieux aux voyageurs, et l'excellent Jungle Bar (p. 179) y est également installé. Sur demande, vous pourrez assister à une conférence matinale, emprunter des vélos et bénéficier d'une appli qui vous aidera à explorer la vallée de Bong Lai et sa région, et tout cela gratuitement !

Central Backpackers Hostel AUBERGE DE JEUNESSE $
(0232-6536 868 ; www.centralbackpackershostel.com ; Son Trach ; dort 6 $US, s/d/tr 15/20/24 $US ;). Fraîchement installé dans un quartier lui aussi récent, cet établissement est un bon rapport qualité/prix à Son Trach. Dortoirs propres et lumineux et chambres doubles ou triples offrent un choix intéressant. Piscine extérieure et bière gratuite entre 19h et 20h. Le personnel est aimable.

Phong Nha Farmstay PENSION $$
(0232-367 5135 ; www.phong-nha-cave.com ; Cu Nam ; ch 800 000-1 050 000 d, f 2 000 000 d ;). C'est grâce au Farmstay que Phong Nha a acquis sa notoriété. Les chambres nettes, hautes de plafond, profitent d'un balcon commun pour le panorama inégalé sur un océan de rizières. L'excellent bar-restaurant sert des plats asiatiques et occidentaux dans une ambiance conviviale, pimentée de films et de concerts plusieurs soirs par semaine. Les visites du secteur (tours en side-car gratuits) sont remarquables.

Chay Lap Farmstay BUNGALOWS $$
(0932 488 839 ; www.chaylapfarmstay.com ; village de Chay Lap ; d à partir de 60 $US ;). Cette propriété paisible et arborée dissimule une agréable et admirable gamme de chambres et de "farmrooms" en pin, surélevées pour résister aux eaux de crue. Piscine, sauna aux herbes et bon restaurant-bar sont appréciables après une expédition de spéléologie ou une randonnée. Accessible à pied, le centre de sports aquatiques en bord de rivière est idéal pour pratiquer kayak et paddle.

Karst Villas HÔTEL $$
(0232-360 6999, 0857 788 789 ; village de Co Giang ; d/f/ste 950 000/1 500 000/1 400 000 d ;). Très tranquille, cet hôtel gracieux au milieu des rizières a ouvert il y a peu. L'endroit dégage une certaine fraîcheur, et la piscine à débordement donne sur un étincelant paysage gorgé d'eau, qui s'étend jusqu'aux sublimes collines karstiques à l'horizon ; le coucher du soleil depuis les chaises longues est un spectacle unique. Chambres élégantes et confortables. Petit-déjeuner, prêt de vélos et navette depuis/vers Son Trach inclus.

Jungle Boss Homestay PENSION $$
(0886 077 780 ; www.jungle-boss.com ; Son Trach ; d 800 000 d, f 1 000 000-1 200 000 d ;). Le sympathique Dzung – un guide de randonnée parlant un excellent anglais – et sa femme Huong proposent des chambres et des bungalows simples et très jolis sur deux emplacements, à la lisière du village, avec vue sur les rizières, ainsi qu'une ferme bio. Prêt de vélos inclus. Dzung propose aussi des sorties spéléo et des randonnées dans la jungle avec Jungle Boss Adventure Tours (p. 175). Bon rapport qualité/prix pour les chambres familiales.

Phong Nha Mountain House PENSION $$
(0935 931 009 ; www.phongnhamountainhouse.com ; d/f avec petit-déj 40/50 $US ;). Tenue par une famille locale, la pension comprend 4 confortables maisons en bois sur pilotis (dont une avec chambre familiale) avec salle de bains privative et vue sur les terres cultivées alentour. Le linge de lit d'un blanc éclatant contraste avec la couleur chaude des murs en bois. La hauteur apporte luminosité et aération dans les chambres. À 3 km à vélo de la bourgade de Son Trach.

Phong Nha Lake House Resort COMPLEXE HÔTELIER $$
(0232-367 5999 ; www.phongnhalakehouse.com ; Khuong Ha ; d 42-60 $US ;). Tenu par un couple australo-vietnamien, cet impressionnant resort en bord de lac comprend d'excellentes chambres et de spacieuses villas chics. La piscine et les bungalows récents, avec vue sur le lac, en font vraiment l'adresse la plus confortable du secteur. Le restaurant occupe un bâtiment traditionnel en bois, typique de la province de Ha Giang, dans le nord du Vietnam. Bon petit-déjeuner et possibilité de faire du kayak sur le lac. Le personnel est adorable.

Le signal Wi-Fi peut être faible dans les bungalows en bordure du lac. Situé à 7 km à l'est de Son Trach.

Pepper House PENSION $$
(☎0918 745 950, 0167 873 1560 ; www.pepperhouse-homestay.com ; Khuong Ha ; d/f 950 000/1 300 000 d ;). Dave (alias "Multi"), un expatrié australien de longue date, et sa femme vietnamienne Diem, proposent un hébergement rural composé de jolies villas avec chambres doubles, réparties autour d'une petite piscine. Piscine ouverte aux visiteurs : 50 000 d ou consommation du même montant. Cours de cuisine gratuits pour les résidents (100 000 d pour les autres).

À 6 km à l'est de Son Trach en allant dans la vallée de Bong Lai.

Ho Khanh's Homestay CHEZ L'HABITANT $$
(☎0916 794 506 ; www.phong-nha-homestay.com ; Son Trach ; ch 780 000-900 000 d ;). Également menuisier, le légendaire Ho Khanh, qui a découvert Son Doong, la plus grande grotte du monde, possède 4 chambres lambrissées rénovées, équipées de la clim et de salles de bains privatives. Les bungalows privés, épatants, méritent la dépense supplémentaire. Café donnant sur la rivière et petite plage de sable. Espèces uniquement.

♥ Victory Road Villas VILLAS $$$
(☎0232-367 5699 ; www.victoryroadvillas.com ; 20 Victory Rd, Son Trach ; villas à partir de 135 $US ;). Cette adresse met la barre haut parmi les hébergements de Phong Nha : emplacement en bord de rivière, éblouissant décor asiatique chic, salles de bains tendance et superbes espaces communs, dont une piscine de 18 m de long et un admirable restaurant avec une vue splendide. Les hébergements incluent des villas d'une chambre avec salon et cuisine équipée, et un appartement-terrasse de 3 chambres donnant sur la rivière.

Où se restaurer

L'offre de restauration dans la bourgade de Son Trach va désormais des boulangeries et simples restaurants vietnamiens aux pizzerias, restaurants indiens et cafés à l'occidentale. Explorez la vallée de Bong Lai voisine à VTT pour dénicher des adresses toutes simples servant porc et canard grillés.

D-Arts Zone VIETNAMIEN, BARBECUE $
(www.facebook.com/dartphongnha ; Son Trach ; repas 50 000-90 000 d ; ⏲7h-22h). Cet intéressant établissement appartenant à un artiste et à un architecte propose souvent du jazz et du blues. Goûtez les bonnes salades, la saucisse épicée du nord du Vietnam (fumée au barbecue du restaurant) et l'excellent *bun cha* (porc au barbecue). Le canard grillé est bon aussi. Asseyez-vous devant, aux tables en bois rustiques, et observez le passage dans l'artère principale de Son Trach.

Veggie Box VÉGÉTARIEN $
(Son Trach ; repas 80 000-100 000 d ; ⏲7h30-22h ;). Entre les murs recouverts de brique de cette adresse végétarienne à succès, ceux qui fuient la viande et les produits laitiers se régaleront de nombreuses saveurs : crêpes à la banane et à la mangue au petit-déjeuner, délicieux bols de smoothies, sushis végétariens, fondues, rouleaux de printemps, kebabs sans viande, riz frit à la noix de coco, gâteau à la citrouille et bien d'autres mets défilent tous les jours devant une clientèle enthousiaste.

Bamboo Cafe CAFÉ $
(www.phong-nha-bamboo-cafe.com ; Son Trach ; repas 40 000-80 000 d ; ⏲7h-22h30 ;). Café décontracté au cadre coloré et aux prix corrects, dans la rue principale de Son Trach. Excellents smoothies de fruits frais et divers mets végétariens.

Pub with Cold Beer BARBECUE, BAR $
(vallée de Bong Lai ; repas à partir de 40 000 d ; ⏲10h-coucher du soleil). Sur une piste au milieu de nulle part (mais bien indiqué), cet établissement appartenant à une famille d'agriculteurs élevant poules, cochons et lapins sert de la bière glacée. Si vous avez faim, optez pour le poulet rôti à la sauce aux arachides (tous les ingrédients proviennent de la ferme). Comptez 300 000 d pour un kilo de poulet grillé à la perfection. Volley-ball et tubing sont aussi proposés.

Moi Moi VIETNAMIEN $
(vallée de Bong Lai ; en-cas à partir de 60 000 d ; ⏲7h-17h). Le cadre rustique et très décontracté est propice à la détente, on peut jouer au billard, paresser dans un hamac et goûter d'intéressants plats locaux comme le *heo nuong cao tre* (porc grillé dans du bambou). Poulet grillé entier : 300 000 d. Prenez un plan de la vallée de Bong Lai et partez l'explorer.

Capture Vietnam CAFÉ $

(www.facebook.com/CaptureVietnam ; Son Trach ; en-cas et repas 60 000-200 000 d ; 8h-22h). À la carte de ce café, lieu le plus cosmopolite des environs : expressos, gâteaux maison, délicieux repas occidentaux et vietnamiens, bagels au saumon fumé, bonnes pizzas et antipasti méditerranéens. La section épicerie attenante vend des souvenirs, des produits locaux – essayez le bœuf séché de Phong Nha – et bière, vin et cidre à emporter.

Où prendre un verre et faire la fête

Bomb Crater Bar BAR

(0166 541 0230 ; www.bombcraterbar.com ; village de Cu Lac ; 9h-19h nov-sept). Accessible à vélo à 3 km de Son Trach, une adresse en bord de rivière pour une bière fraîche, un gin-tonic costaud et de savoureux en-cas vietnamiens. Hamac, kayak sur la rivière et buffles d'eau domestiqués sont les autres attraits de cet endroit parfait pour un verre au coucher du soleil. Le cratère qui s'ouvre ici a été formé par une bombe américaine de plus de 900 kg qui visait un dépôt de carburant voisin.

East Hill CAFÉ, BAR

(0948 953 925 ; 11h-20h). Sur une petite colline, l'East Hill est un établissement décontracté, ouvert sur les côtés, idéal pour prendre une bière au coucher du soleil et grignoter des en-cas vietnamiens. Il est autant prisé des voyageurs que des étudiants de Dong Hoi. Asseyez-vous aux tables communes en bois et admirez la campagne. Environ 8 km à l'est de Son Trach en allant vers la vallée de Bong Lai.

Jungle Bar BAR

(Son Trach ; 7h-minuit ;). Le bar-café de l'Easy Tiger (p. 177) est peut-être le lieu le plus branché de Son Trach : bières bon marché, billards et musique live tous les soirs. Les amateurs apprécieront l'imposante collection de bannières nationales. Abondance d'infos disponibles sur la région, même pour qui ne loge pas sur place.

Renseignements

Le DAB de Son Trach ne fonctionne pas toujours en raison des coupures de courant et n'a parfois plus de billets. Emportez assez de dongs vietnamiens pour votre séjour.

Hai, au Bamboo Cafe, fournit quantité d'informations pour faire du tourisme indépendant, et le personnel très serviable du Phong Nha Farmstay (p. 177) et de l'Easy Tiger (p. 177) pourra vous aider pour vos déplacements. Il y a un office du tourisme en face de la jetée à Son Trach, mais le personnel n'est pas très compétent en matière de tourisme indépendant.

Depuis/vers le parc national de Phong Nha-Ke Bang

La bourgade de Son Trach se trouve à 50 km au nord-ouest de Dong Hoi. De Dong Hoi, suivez la RN 1 vers le nord sur 20 km jusqu'à Bo Trach, puis parcourez encore 30 km vers l'ouest.

Le parc national jouxte Son Trach et s'étend à l'ouest jusqu'à la frontière laotienne. Jusqu'en 2011, l'accès était strictement contrôlé par l'État vietnamien, et l'accès à certains secteurs reste interdit aux voyageurs indépendants.

BUS

Des bus locaux (35 000 d, 1 heure 30) effectuent la navette entre la gare routière de Dong Hoi et Son Trach environ une fois par heure entre 5h30 et 17h. La gare ferroviaire de Dong Hoi est à environ 1,3 km de la gare routière et la ville se trouve sur la principale ligne nord-sud.

De Hué (180 000 d environ, 5 heures), le bus "open tour" pour Hung Thanh part du 49 Đuong Chu Van An entre 16h30 et 17h, tandis que le bus pour Tan Nhat démarre au Why Not? Bar, dans Đuong Pham Ngu Lao, autour de 6h30-7h. Pratique également, un bus quotidien (150 000 d) quitte le bar le DMZ Travel à Hué à 14h pour arriver à 18h. Il conduit directement à Phong Nha. Un bus local direction Phong Nha (90 000-150 000 d, 4 heures) part également de la gare routière sud de Hué à 11h25.

Les bus "open tour" relient aussi Hanoi et Hoi An à Son Trach.

Les hôtels de Hué proposent des circuits vers la grotte du Paradis pour environ 800 000 d, déjeuner et frais d'entrée inclus. Départ autour de 6h30 et retour aux environs de 19h30 ; la visite de certains sites de la DMZ en chemin est parfois comprise.

VOITURE ET MOTO

Les hôtels organisent des navettes en véhicules privés depuis Dong Hoi (500 000 d) ; les voyageurs

PHONG NHA EN LIGNE

Le site Visit Phong Nha (www.visitphongnha.com) est une mine d'informations sur le parc, avec aussi des suggestions concernant les transports, des cartes à télécharger gratuitement et un lien vers un podcast présentant l'histoire du secteur.

de plusieurs hôtels sont parfois regroupés dans un même véhicule pour réduire les coûts. Le trajet en moto depuis Dong Hoi revient à au moins 200 000 d. Phong Nha est de plus en plus proposé par les services de transfert à moto travaillant à Hanoi, Hué et Hoi An. Prenez place à l'arrière et profitez du paysage.

Comment circuler

MOTO

Les déplacements à moto ou à scooter sont déconseillés aux conducteurs inexpérimentés : en effet, le parc national n'est pas bien signalisé, et le nombre d'accidents de voyageurs augmente chaque année. Vérifiez bien que votre assurance voyage vous couvre en cas d'accident à bord d'un deux-roues.

Une bonne solution consiste à réserver un circuit via Thang's Phong Nha Riders (p. 176).

VÉLO

Nous vous conseillons le vélo pour explorer les petites routes de campagne autour de Phong Nha, avec notamment toute une série de restaurants rustiques et d'activités naissantes dans la proche vallée de Bong Lai. L'Easy Tiger (p. 177) loue des vélos et pourra vous fournir une carte fort utile.

Dong Hoi

☎ 0232 / 160 000 HABITANTS

Dong Hoi est une ville portuaire et balnéaire agréable. Joliment située, elle s'accroche aux berges de la rivière Nhat Le et possède des plages au nord comme au sud.

Vous pouvez ralentir le rythme et passer quelques jours au calme dans un hébergement face à la mer, avant ou après la visite du parc national de Phong Nha-Ke Bang.

Principale base de ravitaillement de l'armée nord-vietnamienne dans la région, Dong Hoi a particulièrement souffert lors de la guerre du Vietnam. Dynamique capitale de province, elle a depuis repris des couleurs.

À voir

Église Tam Toa ÉGLISE

(Đ Nguyen Du). GRATUIT Une promenade a été aménagée en bordure de la rivière Nhat Le, qui sépare la ville de Dong Hoi d'une jolie langue de sable. Elle passe devant cette impressionnante église de 1886, dont la grande façade en ruine et quelques vestiges rappellent son bombardement en 1965. Seuls le clocher et une petite portion de mur sont encore debout, et des arbustes ont commencé à pousser au sommet de son briquetage.

Portes de la citadelle de Dong Hoi ÉDIFICE HISTORIQUE

Les uniques vestiges de la citadelle de Dong Hoi (Thanh Dong Hoi ; 1825) sont deux élégantes portes de brique et de pierre restaurées. Celle près des berges porte en caractères *chu nho* (chinois) l'inscription 東門 (Dong Mon en vietnamien ; "porte est"). L'autre se dresse sur **Đ Quang Trung**. Il est à la fois intéressant et divertissant de longer les remparts en brique de la citadelle le long des douves.

Circuits organisés

Tour to the Caves CIRCUITS

(☎ 0918 923 595 ; www.tourtothecaves.com ; 63 Đ Nguyen Dinh Chieu ; circuits à partir de 500 000 d). Divers circuits à destination de Phong Nha et de la DMZ (500 000 d). Plans gratuits comportant des suggestions de promenades à pied à Dong Hoi.

Phong Nha Discovery CIRCUITS AVENTURE

(☎ 0232-385 1660 ; www.phongnhadiscovery.com ; 63 Đ Ly Thuong Kiet ; circuits à la journée à partir de 1 050 000 d). Circuits à la journée au départ de Dong Hoi vers la grotte du Paradis et Hang Toi ; organise aussi des circuits de plusieurs jours incluant Tu Lan et Hang En, ainsi qu'un circuit combinant trek dans la jungle et exploration de grottes.

Où se loger

Dong Hoi possède un excellent (et croissant) choix d'hébergements.

Ocean View Homestay PENSION $

(☎ 0232-381 0686 ; www.oceanviewhomestay.com ; Đ Truong Phap, village de Quang Phu ; dort/s/d/f à partir de 4,50/17/20/28 $US, f 6 lits 38 $US ;). Établissement situé 4 km au nord de la ville, parmi les dunes, à 150 m de la plage. La jeune propriétaire est très avisée et parle un anglais excellent. Dortoirs et chambres simples et colorés en plus d'un agréable café dans le jardin. Possibilité d'organiser circuits et transports.

Nam Long Hotel HÔTEL $

(☎ 0918 923 595 ; www.namlonghotels.com ; 22 Đ Ho Xuan Huong ; dort 6 $US, d/tr/f 20/26/30 $US ; @). Hôtel économique tout bonnement fabuleux tenu par Nga et Sy, un couple accueillant et serviable. Chambres claires et spacieuses dotées de grandes fenêtres – la n°301

Dong Hoi

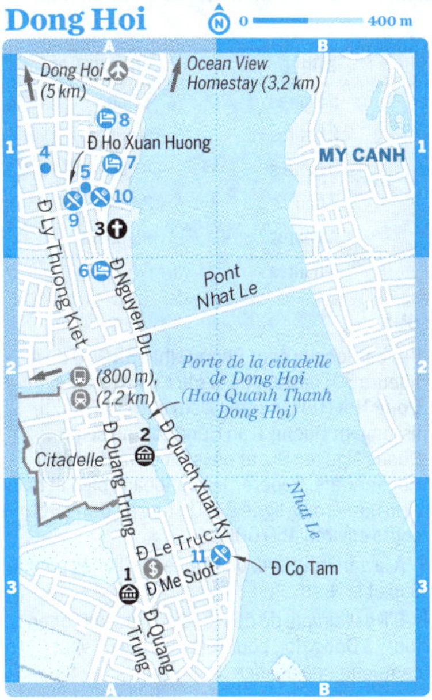

possède un balcon donnant sur la rivière. Le dortoir de 8 lits est superbe, avec 2 salles de bains attenantes et un balcon ouvrant sur une vue splendide. Circuits à Phong Nha et organisation de transport possibles.

Nam Long Plus HÔTEL $
(☎0918 923 595 ; www.namlonghotels.com ; 28a Đ Phan Chu Trinh ; d/lits jum/tr/f 25/22/30/35 $US ; ⊜❄📶). Cet hôtel de 8 étages compte des chambres et des dortoirs spacieux donnant tous sur la ville ou la rivière. Petit-déjeuner chaud compris, accueil très satisfaisant et possibilité d'excursions. Allez sur le toit-terrasse pour un café matinal ou une bière l'après-midi avec vue sur la rivière.

Buffalo Hostel AUBERGE DE JEUNESSE $
(☎0127 373 7373 ; www.facebook.com/buffalopubandhostel ; 4 Đ Nguyen Du ; dort/d avec petit-déj 100 000/200 000 d ; ❄📶). Cette auberge a tout pour plaire au voyageur économe : dortoirs de 6 lits colorés et 5 chambres individuelles, quantité d'infos sur différentes destinations, et l'assurance d'une bière fraîche à siroter en bonne compagnie au Buffalo Pub, l'établissement au rez-de-chaussée. Les charmants propriétaires pourront aussi orienter les voyageurs vers divers circuits.

Dong Hoi

À voir
1 Porte de la citadelle de Dong Hoi........A3
2 Porte de la citadelle de Dong Hoi........A2
3 Église Tam Toa........A1

Activités
4 Phong Nha Discovery........A1
5 Tour to the Caves........A1

Où se loger
6 Buffalo Hostel........A2
7 Nam Long Hotel........A1
8 Nam Long Plus........A1

Où se restaurer
9 7th Heaven........A1
10 Tree Hugger Cafe........A1
11 Tu Quy........B3

Où prendre un verre et faire la fête
Buffalo Pub........(voir 6)

Où se restaurer et prendre un verre

Crêpes salées et savoureux produits de la mer font partie des spécialités locales. Le secteur comporte des restaurants internationaux (notamment japonais, thaïlandais et coréens) toujours plus inventifs.

Tree Hugger Cafe CAFÉ $
(☎0935 983 831 ; www.treehugger-cafe.com ; 30 Đ Nguyen Du ; en cas 40 000-60 000 d ; ⏲7h-22h ; 📶✍). Ce café attire les voyageurs et les habitants anglophones de Dong Hoi avec son mélange de cafés, de jus de fruits et d'en-cas à l'occidentale. On y trouve également des produits locaux, bio et écoresponsables, et quantité d'informations pour poursuivre son voyage (dossiers touristiques, cartes au mur, plans de Dong Hoi). À l'étage, une galerie/boutique présente des œuvres et de l'artisanat de diverses ethnies.

7th Heaven INTERNATIONAL $
(☎052-383 3856 ; www.7thheavenrestaurant.com ; 39 Đ Duong Van An ; repas 90 000-140 000 d ; ⏲10h30-21h mar-dim ; ✍). Un bar-restaurant douillet et accueillant. Carte variée, allant des burgers et des steaks aux curries thaïlandais, en passant par de bonnes pizzas et des plats sans viande. Le service engageant ajoute à l'attrait du lieu.

Tu Quy VIETNAMIEN $
(17 Đ Co Tam ; repas 20 000-80 000 d ; ⏲7h-20h30). Parmi tous les restaurants de *banh khoai* (crêpes au crabe) qui font la

BUS DEPUIS DONG HOI

DESTINATION	PRIX (D)	DURÉE	FRÉQUENCE
Danang	170 000	5 heures	5/jour
Dong Ha	60 000	2 heures	régulière
Hanoi (via Ninh Binh)	230 000	9 heures	4/jour
Hoi An	250 000	7 heures	2/jour
Hué	150 000	4 heures	régulière
Vinh	140 000	4 heures	6/jour

réputation de ce secteur, le Tu Quy est l'un des meilleurs. On y prépare aussi *banh cuon* (crevettes dans des galettes de riz cuites à la vapeur), *banh loc* (raviolis à base de farine de riz) et *nem lui* (viande de porc hachée et grillée sur une brochette de citronnelle). Avec ses tables dans la rue avec vue sur la rivière, le tout près du marché, le Tu Quy profite d'un bel emplacement.

Buffalo Pub PUB

(www.buffalodonghoi.com ; 4 Đ Nguyen Du ; ⏲7h-23h30 ; 📶). Riche en boiseries naturelles, cet endroit plaisant et décontracté est idéal pour sympathiser avec d'autres voyageurs autour d'une bière fraîche. À noter : le billard et la musique live à l'occasion – à défaut, vous pouvez détourner le système hi-fi et profiter de votre propre musique. Il suffit de monter à l'étage pour dormir dans l'auberge de jeunesse attenante.

ℹ Renseignements

Agribank (2 Đ Me Suot ; ⏲7h30-16h lun-ven, 7h30-12h30 sam). DAB et change.

Le personnel du Tree Hugger Cafe est aussi une excellente source d'information pour les voyageurs, il fournit des renseignements sur les sites locaux et possède une superbe carte répertoriant les en-cas de rue vietnamiens. Le personnel des deux hôtels Nam Long propose la location de motos et de vélos, distribue des cartes du coin et vend des tickets de bus ainsi que des billets de train. Le Buffalo Hostel peut vous mettre en relation avec des organisateurs de circuits.

ℹ Depuis/vers Dong Hoi

AVION

L'aéroport est situé à 6 km au nord de la ville. Pour les vols intérieurs, **Vietnam Airlines** (www.vietnamairlines.com) assure des vols depuis/vers Hô Chi Minh-Ville et Hanoi, **Vietjet** (www.vietjetair.com) et **Jetstar Pacific Airlines** (www.jetstar.com) relie Dong Hoi à HCMV.

Les anciens vols pour Haiphong et Chiang Mai (nord de la Thaïlande) ont été interrompus, mais reprendront peut-être dans l'avenir.

BUS

Les bus locaux pour Phong Nha (35 000 d, 1 heure 30) partent de la **gare routière de Dong Hoi** (Đ Tran Hung Dao) entre 6h et 17h. Ils longent Đuong Tran Hung Dao ainsi que Đuong Nguyen Du, et passent devant le Tree Hugger Cafe. Repérez les panneaux bleu et blanc et le numéro de ligne B4. Un taxi de Dong Hoi coûte environ 450 000 d.

À la gare routière, on trouve des lignes pour le Sud et le Nord.

S'il est simple de descendre d'un bus "open tour" à Dong Hoi, pour repartir, mieux vaut contacter une agence de voyages.

Pour gagner le Laos, des bus partent pour Vientiane quotidiennement (400 000 d) et pour Thakhek du mardi au dimanche (300 000 d). Ces deux trajets de 9 heures empruntent le poste-frontière de Cha Lo-Na Phao, où sont délivrés les visas laotiens.

Pour tout renseignement actualisé concernant les transports, consultez Sy au Nam Long Hotel (p. 180), ou demandez au Tree Hugger Cafe (vous pouvez aussi télécharger leur appli).

TRAIN

La **gare ferroviaire** (Ga Dong Hoi ; Đ Huan Ly) est à 3 km à l'ouest du centre. Des trains rallient notamment Hanoi (306 000 d, 9 heures 30-11 heures 30, 6/jour), Hué (104 000 d, 3-4 heures, 6/jour) et Danang (168 000 d, 5 heures, 6/jour). Les prix indiqués correspondent à un siège mou en train express.

CENTRE-SUD DU VIETNAM

Parmi les incontournables du centre-sud du Vietnam, citons la trépidante Danang, l'ancienne capitale impériale de Hué, dont les vestiges de palais et de tombeaux confucéens royaux sont splendides, et la ville portuaire historique de Hoi An, victime de son succès mais indéniablement charmante. Les meilleures plages s'étendent à An Bang, près de Hoi An, et à Lang Co,

Centre-sud du Vietnam

près de Danang. Les amoureux de la nature aimeront randonner et observer les oiseaux dans le parc national de Bach Ma. L'histoire antique du peuple cham est immortalisée par l'architecture éblouissante de My Son, tandis que la zone démilitarisée (DMZ) offre un témoignage tragique et poignant de la guerre du Vietnam.

Zone démilitarisée (DMZ) et ses environs

☎ 0233

La plupart des bases et des bunkers ont disparu, mais cette bande de 5 km de part et d'autre du fleuve Ben Hai est toujours connue sous le nom qui fut le sien du temps de la guerre : la zone démilitarisée. De 1954 à 1975, la DMZ a servi de zone tampon entre le Nord et le Sud. Elle couvrait 5 km sur chaque rive du fleuve, qui faisait office de ligne de démarcation entre les deux Vietnam. Aujourd'hui, ce nom s'applique plus spécifiquement à la partie au sud du Ben Hai, fortifiée par les Américains et littéralement festonnée de champs de bataille dont les noms résonnent encore aujourd'hui dans la culture populaire.

Désormais, il n'y a plus grand-chose à voir, car la plupart des sites ont été nettoyés pour laisser place à des forêts, des plantations d'hévéas ou de café. Seuls Ben Hai, Vinh Moc et Khe Sanh sont dotés de petits musées. À moins d'être féru d'histoire militaire, mieux vaut se faire accompagner par un guide compétent sur ces sites.

À voir

Tunnels de Vinh Moc SITE HISTORIQUE

(40 000 d ; 7h-17h). L'impressionnant réseau souterrain de Vinh Moc a été l'habitat quotidien de tout un village côtier nord-vietnamien durant la guerre. Plus de 90 familles se terraient dans les trois niveaux de tunnels

Autour de la DMZ

étalés sur presque 2 km, continuant à vivre et à travailler pendant que les bombes américaines pleuvaient sans répit autour d'elles. Voir l'encadré page ci-contre.

Base de Khe Sanh SITE HISTORIQUE
(musée 20 000 d ; ⏲7h-17h). Théâtre du siège le plus célèbre de la guerre du Vietnam, la base militaire de Khe Sanh ne fut jamais prise, mais a été le lieu de la plus sanglante bataille du conflit. Près de 10 000 soldats nord-vietnamiens, quelque 500 soldats américains, ainsi qu'un nombre inconnu de civils perdirent la vie dans cette base de montagne, sous une avalanche de bombes de 1 000 kg, d'obus au phosphore, de napalm, de tirs de mortier et de tirs d'artillerie lâchés par les forces américaines, qui finirent par repousser l'armée nord-vietnamienne.

Le siège de Khe Sanh, qui dura 75 jours, commença le 21 janvier 1968 par un assaut limité au périmètre de la base. Tandis que les marines et leurs alliés, les soldats sud-vietnamiens, se préparaient pour une grande offensive au sol, Khe Sanh se trouva sous les projecteurs des médias du monde entier, faisant notamment la couverture des magazines américains *Newsweek* et *Life*. Durant les deux mois qui suivirent, les Nord-Vietnamiens pilonnèrent la base jour et nuit, alors que les bombardiers américains déversaient 100 000 tonnes d'explosifs dans ses environs immédiats ; mais l'assaut nord-vietnamien attendu n'eut pas lieu. Le 7 avril 1968, après de violents combats, les troupes américaines finirent par rouvrir la RN 9 pour rejoindre les marines et mettre fin à leur isolement.

On sait désormais que Khe Sanh n'était qu'une diversion visant à détourner l'attention des villes du Sud, où se préparait l'offensive du Têt, laquelle commença une semaine après le début du siège.

Aujourd'hui, le site est occupé par un petit musée, où sont exposés de vieilles photographies, des bunkers reconstruits et des avions américains. Une partie du site est devenue une plantation de café, et du café arabica de grande qualité est en vente à l'entrée.

Khe Sanh se trouve à 3 km au nord de Huong Hoa.

Citadelle de Quang Tri SITE HISTORIQUE
Quang Tri était autrefois une importante cité fortifiée, mais il en reste peu de chose. Au printemps 1972, au cours de l'offensive "Eastertide", l'armée nord-vietnamienne assiégea la ville puis l'investit. Les forces américaines et sud-vietnamiennes répliquèrent par

LES ABRIS SOUTERRAINS

En 1966, les Américains lancèrent une attaque massive contre le Nord-Vietnam, par le biais de bombardements aériens et de tirs d'artillerie continus. Situé juste au nord de la DMZ (zone démilitarisée), le village de Vinh Moc devint alors l'un des secteurs les plus bombardés de la planète. Les abris de fortune ne résistèrent pas à ces assauts : certains villageois prirent la fuite, d'autres entreprirent de creuser, avec des outils rudimentaires, des tunnels dans la terre rouge argileuse.

Le Viêt-cong décida d'implanter une base à cet endroit et encouragea les villageois à rester sur place. Après 18 mois de travail, une immense base souterraine fut ainsi établie, comportant des abris sur trois niveaux (entre 12 et 23 m sous terre). Des familles entières s'y installèrent, restant entre 10 jours et 10 nuits au plus. Au fil des ans, 17 enfants y sont nés. Les civils et le Viêt-cong furent ensuite rejoints par des soldats nord-vietnamiens, dont la mission consistait à garder le contact avec l'île Con Co et à l'approvisionner en matériel militaire.

D'autres villages au nord de la DMZ creusèrent leurs propres tunnels, mais aucun réseau n'était aussi élaboré que celui de **Vinh Moc** (p. 183). Un bombardement eut d'ailleurs raison de celui de Vinh Quang (à l'embouchure du Ben Hai) et de la population qui y avait trouvé refuge.

Les navires de guerre américains stationnés sur la côte bombardaient les tunnels de Vinh Moc sans relâche (les cratères sont toujours visibles), et les entrées donnant sur la mer étaient parfois mitraillées. Les villageois ne craignaient que les bombes perforantes. Une seule de ces bombes atteignit le tunnel : elle n'explosa pas et personne ne fut blessé. Les habitants transformèrent le trou percé par la bombe en puits d'aération.

des bombardements et des tirs d'artillerie qui réduisirent la ville à néant. N'en demeurent plus que des vestiges des douves, des remparts et des portes de la citadelle, gardées par des canons et un petit musée. Située à 1,6 km au nord de la RN 1 en retrait de Đuong Tran Hung Dao.

Fleuve Ben Hai FLEUVE
(musée 20 000 d ; 7h-16h30). Le Ben Hai a servi de ligne de démarcation entre le Nord-Vietnam et le Sud-Vietnam. Aujourd'hui, un monument grandiose dédié à la réunification s'élève sur la rive sud, arborant des feuilles de palmier stylisées dont la forme rappelle étrangement celle des missiles. Le sable doré de la plage de Cua Tung est tout près, à l'est. La rive nord du Ben Hai est surplombée par la tour du Drapeau reconstituée ainsi que par un petit musée rempli de souvenirs de la guerre. Le fleuve se trouve à 22 km au nord de Dong Ha, sur la RN 1.

Hamburger Hill SITE HISTORIQUE
(Dong Ap Bia). Hamburger Hill, une colline de 900 m, a été en mai 1969 le théâtre d'une féroce bataille entre les forces américaines et le Viêt-cong, qui causa la mort de 600 Nord-Vietnamiens et de 72 Américains. Aujourd'hui, une autorisation (25 $US, s'obtient uniquement dans la ville d'Aluoi), ainsi qu'un guide sont nécessaires pour pouvoir observer ce qu'il reste de tranchées et de bunkers. Hamburger Hill se trouve à 8 km au nord-ouest d'Aluoi, à environ 6 km de la RN 14 et à moins de 2 km de la frontière laotienne.

Cimetière de Truong Son CIMETIÈRE
(Nghia Trang Liet Si Quoc Gia Truong Son). Ce vaste cimetière honore la mémoire des soldats nord-vietnamiens tués dans la cordillère Annamitique (monts Truong Son), le long de la piste Hô Chi Minh (p. 311). Plus de 10 000 tombes s'alignent sur les collines, simples pierres blanches gravées de l'épitaphe *liet si*, qui signifie "martyr". De nombreuses sépultures sont vides, portant seulement le nom de quelques-uns des 300 000 combattants portés disparus. Il se trouve à 27 km au nord-ouest de Dong Ha. La sortie de la RN 1 est proche de la base de Doc Mieu.

Pont sur le Dakrong PONT
Enjambant le Dakrong, ce pont, situé à 13 km à l'est de la gare routière de Khe Sanh, a été reconstruit en 2001 et porte une plaque indiquant son importance en tant que point d'accès à la piste Hô Chi Minh.

Comment s'y rendre et circuler

La plupart des gens visitent la DMZ dans le cadre d'un circuit organisé. Vous pourrez en réserver un à un prix tout à fait abordable (environ 15-20 $US en groupe pour la journée) à Hué ou Dong Ha. Nous recommandons Tam's Tours à Dong Ha. La plupart des circuits incluent le Rockpile (piton rocheux ayant fait office de poste d'observation de l'armée américaine), Khe Sanh, Vinh Moc et Doc Mieu, et partent de Hué entre 6h et 7h pour y revenir vers 18h. En partant de Hué, on passe plus de temps à parcourir les quelque 300 km de route qu'à faire du tourisme.

Plus intéressant est de découvrir la DMZ en solo, mais comptez 120 $US pour une voiture et un guide spécialisé. En partant de Dong Ha plutôt que de Hué, vous passerez moins de temps sur la route.

Dong Ha

0233 / 94 000 HABITANTS

Située au croisement de la RN 1 et de la RN 9, Dong Ha est une plaque tournante importante. Son artère principale, poussiéreuse et envahie par la circulation, affiche un air lugubre – la ville a été rasée pendant la guerre du Vietnam. Elle présente néanmoins aussi des aspects plus plaisants, avec un quai bordé de restaurants de produits de la mer. Dong Ha est une bonne base pour explorer la DMZ ; c'est également la dernière ville avant le poste-frontière de Lao Bao.

À voir

Mine Action Visitor Centre MUSÉE
(0935 211 281 ; Đ Ly Thuong Kiet ; 8h-17h lun-ven, sur rdv sam-dim). GRATUIT Quang Tri fut la province la plus bombardée du Vietnam ; elle compte aujourd'hui le plus grand nombre de restes d'engins explosifs. Ce musée très intéressant – en anglais et en vietnamien – et fort bien agencé fournit un excellent aperçu historique, notamment au moyen de photographies de la destruction de la citadelle de Quang Tri et de personnes essayant de désactiver des mines en s'aidant de bambous. Les expositions reviennent en détail sur les conséquences de l'agent orange, un défoliant de sinistre mémoire. Téléphonez une heure avant : Phu, l'excellent directeur anglophone du musée, vous en fera la visite.

Circuits organisés

DMZ Tours CIRCUITS MILITAIRES ET D'AVENTURE
(0914 017 835 ; www.dmztours.net ; 113 Đ Le Loi). Circuits de qualité dans la DMZ. À partir de 118 $US (2 pers) pour un circuit en voiture d'une journée au fil des principaux sites militaires.

Tam's Tours CIRCUITS MILITAIRES, GASTRONOMIE
(0905 425 912 ; www.tamscafe.jimdo.com ; 211 Đ Ba Trieu, Tam's DMZ Cafe & Guesthouse). Excellents circuits à petits prix dans la DMZ avec des vétérans anglophones. Comptez 35-40 $US par personne et par jour pour les circuits à moto, et à partir de 40 $US pour une voiture (2 personnes ou plus). Également : un circuit sur la cuisine de rue en soirée (15 $US). Les circuits DMZ Adventure Rider (55 $US) mêlent paysages spectaculaires et transferts à moto vers/depuis des villes comme Hué, Dong Hoi et Phong Nha.

Annam Tour CIRCUITS MILITAIRES
(0905 140 600 ; www.annamtour.com). Excellents circuits sur mesure, avec un guide spécialiste d'histoire militaire et parfait anglophone, M. Vu. Sur un iPad, des photographies et des cartes donnent vie aux sites et aux champs de bataille. Les circuits (environ 130 $US/jour) peuvent également être organisés depuis Hué.

Où se loger

Tam's DMZ Cafe & Guesthouse PENSION $
(0905 425 912 ; www.tamscafe.jimdo.com ; 211 Đ Ba Trieu ; s/d/tr 7/10/15 $US ;). Chambres simples mais très satisfaisantes pour cette pension en bordure de rivière, gérée par le serviable et sympathique Tam, meilleure source d'informations pour les voyageurs anglophones à Dong Ha. Bon café sur place. Tam peut organiser des circuits dans la DMZ et la poursuite de votre voyage en bus, à moto ou en voiture. Réservez et il viendra vous chercher à la gare routière ou ferroviaire de Dong Ha.

Saigon Dong Ha HÔTEL $$
(0233-382 2276 ; www.saigondonghahotel.com ; 20 Quach Xuan Ky ; ch avec petit-déj à partir de 900 000 d ;). Une belle adresse chic près de la rivière avec de grandes chambres confortables. Service chaleureux. Café-bar sur le toit et espace piscine (6h-22h) parfaits pour une bière ou un café, même si vous ne logez pas sur place. Courts

ATTENTION AUX MINES

Des millions de tonnes de munitions ont été lâchées sur le Vietnam pendant la guerre, et l'on estime qu'un tiers d'entre elles n'ont pas explosé. La mort et les risques de blessure sont toujours d'actualité. De nombreux obus et mines non désamorcés traînent encore dans cette zone. Aussi, ne touchez à *rien* et regardez bien où vous mettez les pieds.

Le problème ne se pose pas uniquement dans la DMZ. On estime que 20% du Vietnam n'a pas encore été déminé, et qu'il y reste plus de 3,5 millions de mines et de 350 000 à 800 000 munitions non explosées. Entre 1975 et 2007, ces mines ont causé la mort de plus de 45 000 personnes et fait 105 000 blessés de par le pays. Chaque année, des centaines de personnes sont tuées et mutilées (un grand nombre d'entre elles sont des enfants des minorités ethniques).

L'armée vietnamienne est responsable de l'essentiel du déminage en cours, mais elle est aidée par un certain nombre d'ONG étrangères, dont le Mines Advisory Group (MAG ; www.maginternational.org), lequel mène de nombreuses opérations de nettoyage au Vietnam depuis plus de deux décennies. Rien qu'en 2018, le MAG a déminé presque 25 000 m² de terrain et détruit presque 14 000 mines terrestres et engins explosifs. L'ONG Clear Path International, basée aux États-Unis, vient en aide aux civils victimes des mines et autres munitions non explosées. Si vous êtes près de Dong Ha, n'hésitez pas à y visiter l'excellent Mine Action Visitor Centre (page ci-contre).

de tennis sur les berges à l'arrière. Tarifs préférentiels en ligne.

Où se restaurer et prendre un verre

Dong Ha est connue pour ses produits de la mer. Cap sur l'enfilade de restaurants bordant la rivière sur Đuong Hoang Dieu pour d'admirables *cua rang me* (crabe avec sauce au tamarin), *vem nuong* (palourdes grillées) et calamars rôtis ou cuits à la vapeur.

Tam's DMZ Cafe & Guesthouse CAFÉ $

(☎ 0905 425 912 ; www.tamscafe.jimdo.com ; 211 Đ Ba Trieu ; repas 2-3 $US ; ⏲ 8h-22h ; 📶). Cet excellent café, qui s'est récemment doté d'un hébergement, sert cuisine vietnamienne, pizzas, smoothies et jus. Son propriétaire, Tam, est aussi serviable et sympathique qu'informé. Parfois aidé par son frère, il consacre tout son temps au service des voyageurs, en proposant notamment des circuits bon marché et des conseils pour faire du tourisme indépendant.

Hasa Restaurant PRODUITS DE LA MER $

(Nha Hang Hasa ; www.facebook.com/nhahanghasa ; angle Đ Duy Tan et Đ Dai Co Viet ; repas 80 000 d ; ⏲ 24h/24 ; 📶). Dans ce vaste restaurant ouvert à l'angle de deux rues, on bavarde en dégustant de délicieux *hai san* (produits de la mer) : poisson, crabe, crevettes, moules, bigorneaux et toutes sortes d'autres plats de même provenance, tous bien préparés et très savoureux. À tester en groupe pour se mêler à l'ambiance conviviale avec des plateaux à partager, accompagnés de bière bon marché.

Co Dau VÉGÉTARIEN $

(Quan Chay Co Dau ; parc Hung Vuong ; repas 50 000 d ; ⏲ 7h-23h ; 🖉). Restaurant végétarien correct dans le parc Hung Vuong (Cong Vien Hung Vuong). Parmi les nombreux plats au menu, citons les *mien xao* (vermicelles frits), les *nem ran* (rouleaux de printemps), le *lau thai* (fondue thaïlandaise), les *nam kho to* (champignons braisés), le *ca tim ap chao* (aubergine frite à la poêle) ou encore le *chao bot loc* (bouillie de riz).

Renseignements

Sacombank (43 Đ Tran Hung Dao). DAB ouvert 24h/24 acceptant les cartes étrangères.

Pour avoir des renseignements touristiques impartiaux et un plan de la ville pratique, rendez-vous au Tam's DMZ Cafe & Guesthouse.

Depuis/vers Dong Ha

BUS

Des bus partent régulièrement de la **gare routière** de Dong Ha (Ben Xe Khach Dong Ha ; ☎ 053 385 1488 ; 68 Đ Le Duan) pour Hué (60 000 d, 1 heure 30), Danang (120 000 d,

ALLER AU LAOS : DE DONG HA À SAVANNAKHET

Rejoindre la frontière Le **poste-frontière de Lao Bao–Dansavanh**, sur le fleuve Sepon (Song Xe Pon), est l'un des postes-frontières les plus empruntés et les moins problématiques entre le Laos et le Vietnam. Des bus pour Savannakhet, au Laos, partent de Hué, via Dong Ha et Lao Bao. Un bus climatisé part de Hué tous les jours à 7h (350 000 d, 9 heures 30) et s'arrête à la gare routière de Dong Ha vers 9h30 pour récupérer des passagers. Il est également simple de passer la frontière par ses propres moyens, via Dong Ha. Des bus quittent la ville pour Lao Bao (60 000 d, 2 heures) toutes les 15 minutes environ. De là, comptez 15 000 d pour rejoindre la frontière en *xe om*. Horaires et réservations au Tam's DMZ Cafe & Guesthouse. Le Tam's vend aussi des billets pour Vientiane (14 heures), Thakhek (10 heures) et Pakse (10 heures), mais plus aucun bus ne se rend de Pakse à Lao Bao. Le bus passe à la frontière voisine de La Lay, mais il n'y a pas de système de visa à l'arrivée (aucun problème en revanche si vous avez déjà un visa). En venant du Vietnam, il est impossible de franchir à moto le poste-frontière de Lao Bao.

À la frontière Les postes-frontières (ouverts de 7h à 18h) sont espacés de quelques centaines de mètres les uns des autres. Il est possible d'obtenir un visa laotien sur place, mais pour un visa vietnamien, il faut prendre ses dispositions à l'avance. Plusieurs hôtels commodes se trouvent du côté vietnamien. Évitez de changer beaucoup d'argent à Lao Bao, les taux étant très désavantageux. Kips laotiens et dollars américains sont acceptés à la frontière pour le paiement d'un visa laotien.

Au-delà Des *sawngthaew* rallient régulièrement Sepon, d'où il est possible de prendre un bus ou un autre *sawngthaew* pour Savannakhet.

3 heures 30), Khe Sanh (50 000 d, 1 heure 30) et Lao Bao (60 000 d, 2 heures).

Les bus en provenance de Hué et à destination de Dong Hoi (60 000 d, 2 heures) passent par Dong Ha, mais requièrent de réserver (le Tam's DMZ Cafe & Guesthouse peut s'en charger pour vous).

Trois bus directs par jour partent pour Son Trach et le parc national de Phong Nha-Ke Bang (170 000 d, 3 heures) ; les billets peuvent être réservés au Tam's DMZ Cafe & Guesthouse.

TRAIN

De la **gare ferroviaire de Dong Ha** (Ga Dong Ha ; 2 Đ Le Thanh Ton), 2 km au sud du pont de Dong Ha, des trains partent pour Hanoi (couchette à partir de 622 000 d, 11-14 heures, 5/jour), Dong Hoi (siège dur à partir de 60 000 d, 1 heure 30-2 heures 30, 6/jour) et Hué (siège dur à partir de 45 000 d, 1 heure 30-2 heures 30, 6/jour).

VOITURE ET MOTO

Un aller en voiture jusqu'au poste-frontière de Lao Bao revient à 45 $US, une bonne solution pour un minimum de 3 passagers. On peut louer des motos à partir de 6 $US par jour. Pour les transferts à moto vers/depuis des villes comme Hué, Dong Hoi et Phong Nha, contactez Tam's Tours (p. 186) et renseignez-vous sur les circuits DMZ Adventure Rider.

Hué

☎ 0234 / 455 000 HABITANTS

Pour qui s'intéresse à l'art et à l'architecture, Hué vient en tête de liste des lieux à visiter. Capitale des empereurs Nguyên, cette cité aux monuments classés au Patrimoine mondial de l'Unesco en 1993 évoque encore les splendeurs impériales, et ce, bien que ses plus beaux édifices aient été détruits pendant la guerre du Vietnam.

Hué doit une grande partie de son charme à sa situation sur la rivière des Parfums – pittoresque quand il fait beau, elle se nimbe de mystère les jours moins radieux – et à ses nombreux bâtiments séculaires, dont beaucoup ont été restaurés. Aujourd'hui, la ville mêle neuf et ancien : d'élégants hôtels modernes surplombent les murs du XIXe siècle et les portes de la citadelle.

Hué reste une ville tranquille et conservatrice, animée la nuit mais sans excès.

Histoire

En 1802, l'empereur Gia Long, fondateur de la dynastie des Nguyên, déplaça la capitale de Hanoi à Hué dans le but d'unir le nord et le sud du pays, et ordonna l'édification de la citadelle. La cité prospérait, mais ses dirigeants durent lutter contre l'influence croissante de la France.

En 1885, l'armée française répondit à une attaque vietnamienne en assiégeant la citadelle, incendiant la bibliothèque impériale et dépouillant la cité de tous ses objets de valeur. Les empereurs continuèrent à résider à Hué, écartés cependant de toute décision d'intérêt national.

En 1968, l'attention se porta à nouveau sur elle, à la faveur de l'offensive du Têt. Tandis que l'état-major américain concentrait ses efforts sur Khe Sanh, les troupes nord-vietnamiennes et viêt-cong s'emparèrent de la ville, faisant les titres de la presse mondiale.

Pendant les 25 jours où flotta sur la citadelle le drapeau du Front national de libération, plus de 2 500 personnes – soldats de l'armée de la république du Vietnam (ARVN), marchands, fonctionnaires, bonzes, prêtres, intellectuels qualifiés de "laquais qui avaient des dettes de sang" – furent tuées. Les forces américaines et sud-vietnamiennes répliquèrent en rasant des quartiers entiers de la ville, en bombardant la citadelle et en lâchant du napalm sur le palais impérial. Quelque 10 000 personnes périrent à Hué, notamment plusieurs milliers de Viêt-cong, 400 soldats sud-vietnamiens, 150 marines et une grande majorité de civils.

À voir

La majorité des sites de Hué (dont l'enceinte impériale) se concentrent à l'intérieur des douves de la citadelle. D'autres musées et pagodes parsèment le reste de la ville. Les principaux tombeaux impériaux (p. 202) se trouvent au sud de Hué. D'un bon rapport qualité/prix, le billet combiné (adulte/enfant 360 000/70 000 d) comprend l'entrée à la citadelle et les tombeaux de Gia Long (p. 205), de Khai Dinh (p. 204) et de Minh Mang (p. 204).

Dans la citadelle

Érigée entre 1804 et 1833, la magnifique citadelle (Kinh Thanh) forme encore le cœur de Hué. Cette structure fortifiée se compose de murs longs de 10 km et épais de 2 m, de douves (de 30 m de long et 4 m de profondeur) et de 10 portes.

Elle compte des parties bien distinctes. L'enceinte impériale et la Cité pourpre interdite constituaient le cœur de la vie de la cour vietnamienne, tandis qu'on trouvait un ensemble de temples au sud-ouest, des résidences au nord-ouest, des jardins au nord-est et la forteresse militaire de Mang Ca au nord.

Les sites de la citadelle suivants sont présentés comme pour un circuit à pied adoptant le sens contraire des aiguilles d'une montre dans l'enceinte.

En prenant votre temps, vous découvrirez des recoins moins fréquentés, aussi splendides qu'envoûtants. Mieux vaut venir par beau temps, idéalement en fin d'après-midi, lorsque les visiteurs sont moins nombreux et que le soleil se couche. En cours de restauration et de reconstruction, le site est entouré de petits cafés et de stands de souvenirs.

Enceinte impériale — SITE HISTORIQUE

(Huang Thanh ; adulte/enfant 150 000/30 000 d ; 7h-18h). Abritant la résidence de l'empereur, des temples, des palais et les principaux bâtiments de l'État, l'enceinte est une véritable citadelle dans la citadelle, dont les murs atteignent 6 m de hauteur et 2,5 km de longueur. On ne voit qu'une petite partie du site d'origine : l'enceinte a subi des bombardements intensifs durant les guerres d'Indochine et du Vietnam, et seuls 20 des 148 bâtiments sont parvenus jusqu'à nous. Si l'endroit est jonché d'ouvrages de maçonnerie disloqués, de gravats, de carreaux cassés et de mauvaises herbes, il n'en est pas moins passionnant et vous occupera facilement une demi-journée.

Porte Ngo Mon — PORTE

(Porte méridienne). Face à la tour du Drapeau, la porte Ngo Mon sert d'accès principal à l'enceinte impériale. Parée de battants jaunes, elle était jadis exclusivement réservée à l'usage de l'empereur, tout comme le pont de l'étang aux Lotus. Les autres devaient emprunter les portes situées de part et d'autre et les sentiers contournant l'étang. La porte est surmontée du Ngu Phung (belvédère des Cinq Phénix), dont le dernier niveau abrite un immense tambour et une cloche. C'est sur ce belvédère que l'empereur apparaissait lors des grandes occasions, comme la publication du calendrier lunaire. C'est également là que Bao Dai, dernier souverain de la dynastie des Nguyên, abdiqua le 30 août 1945, devant une délégation du gouvernement révolutionnaire provisoire de Hô Chi Minh.

L'enceinte impériale de Hué

EXPLORATION DU SITE

C'est du sud, par les remparts extérieurs de la citadelle, que l'on accède à cet ensemble de palais et de pagodes méticuleusement restaurés, de ruines et de décombres. Le plus judicieux est de définir un circuit, en faisant le tour dans le sens inverse des aiguilles d'une montre.

Vous traverserez l'impressionnante **❶ porte Ngo Mon**, où se trouve la billetterie. Elle offre un angle de vue spectaculaire qui accroît le sentiment d'exaltation en pénétrant dans cette citadelle dans la citadelle. En face se dresse le **❷ palais Thai Hoa**, où l'empereur accueillait les visiteurs officiels du haut de son trône surélevé. En poursuivant vers le nord, vous arriverez sur une petite cour encadrée des deux **❸ salles des Mandarins**, qui servaient de bureaux et de vestiaires à ces hauts fonctionnaires.

Au nord-est se dresse le théâtre royal, où se donnent des spectacles de danse traditionnelle plusieurs fois par jour. Rejoignez ensuite la salle de Lecture de l'empereur, construite par Thiêu Tri, et qui était utilisée comme lieu de retraite. À l'est se trouvent les ravissants jardins de Co Ha, dont vous pourrez parcourir les sentiers restaurés et parsemés de centaines de bonsaïs et de plantes en pot.

Depuis le **❹ pavillon Tu Vo Phuong**, qui garde l'extrémité nord du site, on peut suivre les douves jusqu'à la résidence Truong San puis revenir vers le sud en passant par la **❺ résidence Dien Tho** pour finalement découvrir le temple To Mieu, qui, superbement restauré, est peut-être le plus bel élément du site – admirez ses **❻ neuf urnes dynastiques**.

BONS PLANS

Prévoyez une demi-journée pour explorer la citadelle. Il y a des vendeurs de boissons partout sur le site, mais les meilleurs endroits pour faire une pause sont les jardins de Co Ha, le pavillon Tu Vo Phuong et la résidence Dien Tho (on trouve aussi à manger dans ces deux derniers).

PETER STUCKINGS/SHUTTERSTOCK ©

Résidence Dien Tho
De nombreuses reines mères vécurent dans cette ravissante résidence dotée de structures basses et d'un bassin. Les constructions les plus anciennes datent de 1804.

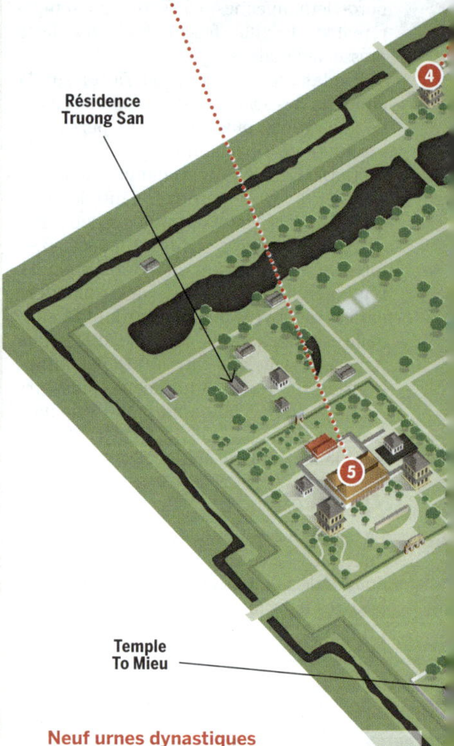

Neuf urnes dynastiques
Ces colossales urnes en bronze furent commandées par l'empereur Minh Mang et fondues entre 1835 et 1836. Elles comportent des éléments décoratifs représentant des paysages, des rivières, des fleurs et des animaux.

LULU AND ISABELLE/SHUTTERSTOCK ©

Pavillon Tu Vo Phuong

Ce pavillon de 2 étages qui s'élève au-dessus des douves était un bastion de défense du secteur nord de l'enceinte impériale. Il allie les styles architecturaux européens et vietnamiens (remarquez les beaux dragons sur le toit).

Salles des Mandarins

Des travaux de restauration financés par l'Unesco sont en cours dans la salle à l'est, dans le but de préserver les belles fresques qui ornent le plafond et les murs.

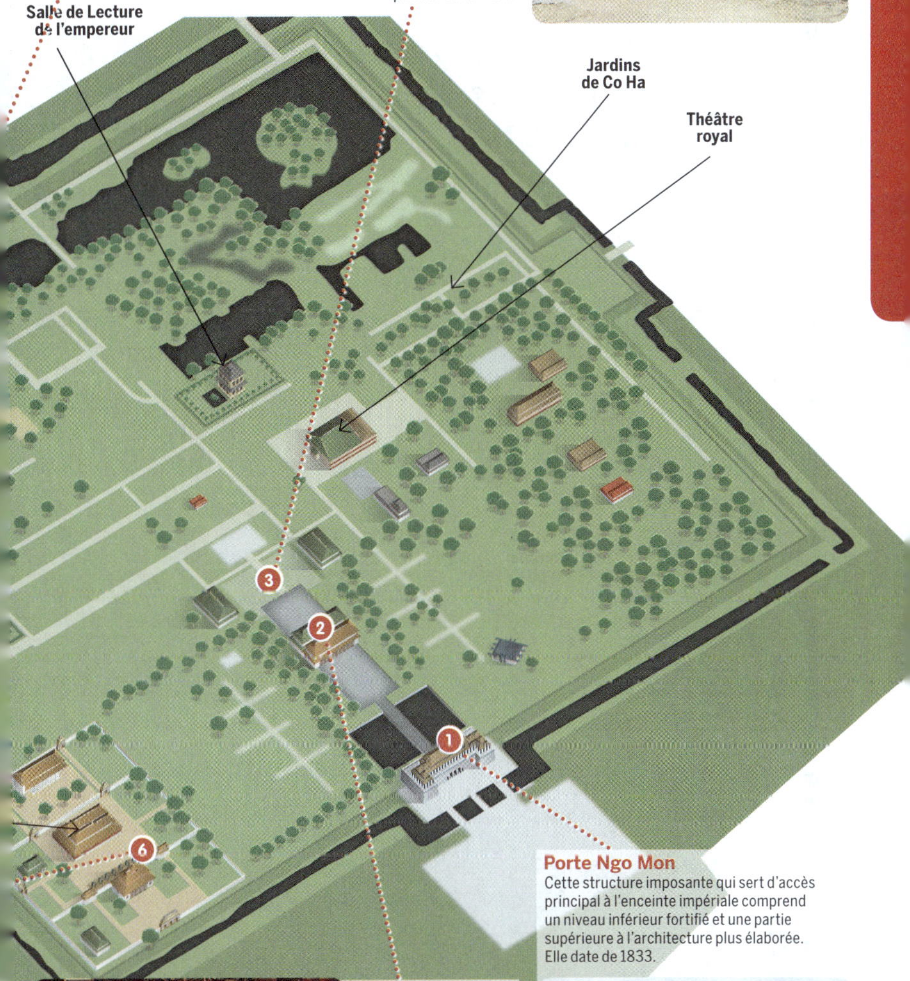

Porte Ngo Mon

Cette structure imposante qui sert d'accès principal à l'enceinte impériale comprend un niveau inférieur fortifié et une partie supérieure à l'architecture plus élaborée. Elle date de 1833.

Palais Thai Hoa

Ne manquez pas ses incroyables colonnes en bois de fer recouvertes de 12 couches de rouge écarlate et de vernis or. Sans des travaux de restauration dans les années 1990, la structure se serait effondrée.

Hué

A
B
C
D
1
2
3
4
5
6
7
Lac Tinh Tam
Đ Tinh Tam
CITADELLE
Đ Nhat Le
Đ Ngo Si Lien
Đ Mai Thuc Loan
33
Đ Nguyen Dieu
Đ Dang Dung
Đ Le Thanh Ton
Đ Nguyen Chi Dieu
Đ Doan Thi Diem
Đ Phung Hung
Đ Han Thuyen
Đ Dinh Cong Trang
Đ Tong Duy Tan
Đ Tue Tinh
Đ Dang Thai Than
Đ Le Truc
3
6
10
1
12
7
14
4
13
8
2
Enceinte impériale
Temple To Mieu
Đ Ngo Thoi Nhiem
Đ Nguyen Thien Thuat
Đ Le Huan
Đ Tran Nguyen Han
Đ 23 Thang 8
34
Đ Dang Tran Con
Đ Ton That Thiep
Pont Phu Xuan
Đ Le Duan
An Hoa (800 m)
Đ Le Loi
Đ Le Lai
19
Đ Tran Thuc
Đ Ngo Quyen
Đ Le Loi
Đ Nguyen Hue
(150 m), pagode Bao Quoc (450 m)

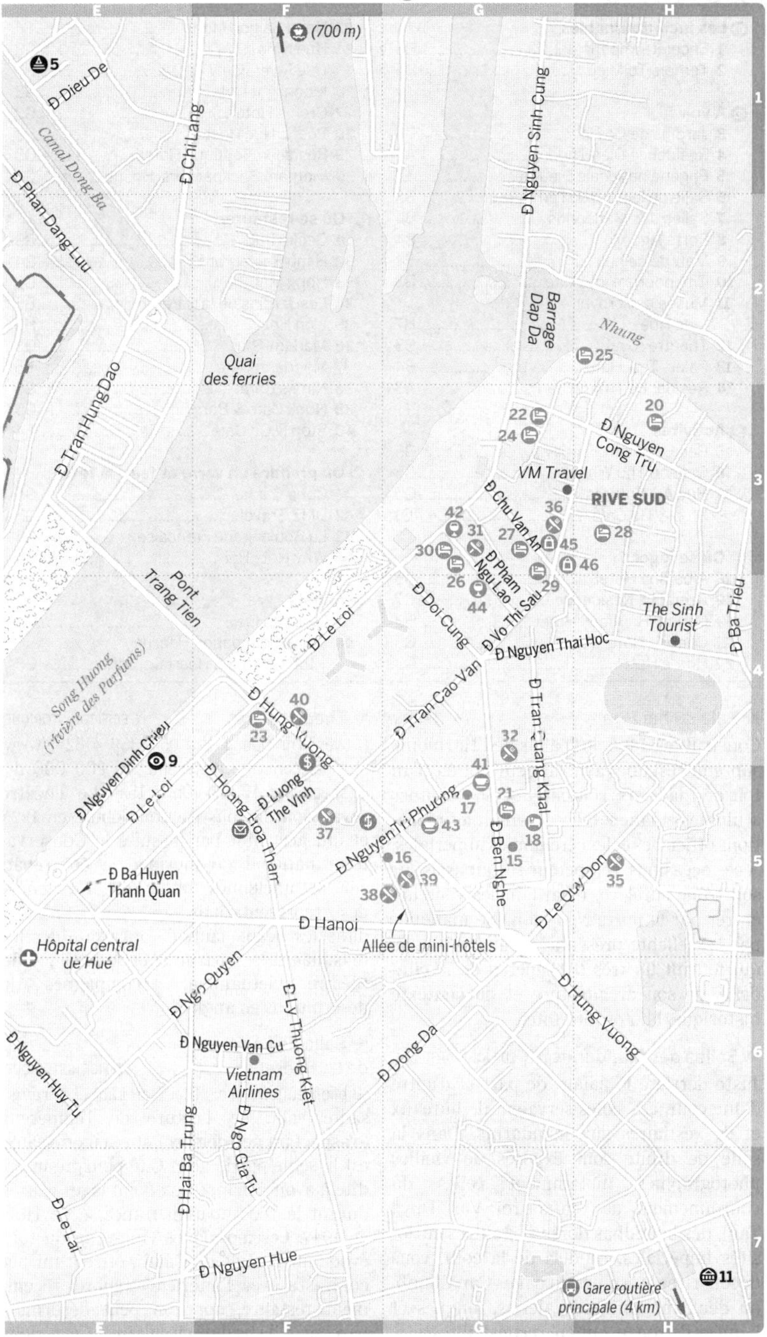

0
500 m
E
F
G
H
(700 m)
5
Đ Dieu De
Canal Dong Ba
Đ Phan Dang Luu
Đ Chi Lang
Đ Nguyen Sinh Cung
Barrage Dap Da
Nhung
Quai des ferries
Đ Tran Hung Dao
25
22
24
20
Đ Nguyen Cong Tru
VM Travel
RIVE SUD
36
42
31
27
45
28
30
46
Đ Chu Van An
Đ Pham Ngu Lao
26
29
44
Pont Trang Tien
Đ Doi Cung
Đ Vo Thi Sau
The Sinh Tourist
Đ Ba Trieu
Đ Le Loi
Đ Nguyen Thai Hoc
Song Huong (rivière des Parfums)
40
23
Đ Hung Vuong
Đ Tran Cao Van
Đ Tran Quang Khai
32
41
Đ Nguyen Dinh Chieu
9
Đ Le Loi
Đ Hoang Hoa Tham
Đ Luong The Vinh
17
21
37
43
Đ Nguyen Tri Phuong
18
Đ Ben Nghe
15
16
35
Đ Ba Huyen Thanh Quan
39
38
Đ Le Quy Don
Đ Hanoi
Allée de mini-hôtels
Hôpital central de Hué
Đ Ngo Quyen
Đ Hung Vuong
Đ Ly Thuong Kiet
Đ Nguyen Van Cu
Vietnam Airlines
Đ Dong Da
Đ Nguyen Huy Tu
Đ Ngo Gia Tu
Đ Hai Ba Trung
Đ Le Lai
Đ Nguyen Hue
11
Gare routière principale (4 km)
1
2
3
4
5
6
7

Hué

Les incontournables
1 Enceinte impériale ... B3
2 Temple To Mieu ... B4

À voir
3 Jardins de Co Ha ... B3
4 Résidence Dien Tho ... A4
5 Pagode nationale Dieu De ... E1
6 Salle de lecture de l'empereur ... B3
7 Salles des Mandarins ... B4
8 Porte Ngo Mon ... B4
9 Marché de nuit ... E4
10 Cité pourpre interdite ... B3
11 Musée d'art royal de Hué ... H7
12 Théâtre royal ... B3
13 Palais Thai Hoa ... B4
14 Résidence Truong San ... A3

Activités
15 Bee Bee Travel Tours ... G5
16 Café on Thu Wheels ... G5
17 Hue Adventures ... G5
Stop & Go Café ... (voir 40)

Où se loger
18 Alba Spa Hotel ... G5
19 Azerai La Residence ... C7
20 Canary Boutique Hotel ... H3
21 Cherish Hotel ... G5
22 Home Hotel ... G3
23 Hotel Saigon Morin ... F4
24 Hue Nino ... G3
25 Hue Riverside Villa ... H2
26 Moonlight Hotel Hue ... G3
27 Orchid Hotel ... G3
28 Poetic Hue Hostel ... H3
29 Rosaleen Boutique Hotel ... G3
30 Vietnam Backpackers' Hostel ... G3

Où se restaurer
31 Gecko Pub ... G3
32 Hanh Restaurant ... G4
33 Hong Mai ... C2
34 Les Jardins de la Carambole ... B5
35 Lien Hoa ... H5
36 Madam Thu ... G3
37 Mandarin Café ... F5
38 Nina's Cafe ... G5
39 Nook Cafe & Bar ... G5
40 Stop & Go Café ... F4

Où prendre un verre et faire la fête
41 Cong Caphe ... G5
42 DMZ Travel ... G3
43 La Boulangerie Française ... G5
44 Why Not? Bar ... G4

Achats
45 Blue de Hue ... G3
46 Spiral Foundation Healing the Wounded Heart Center ... G3

Palais Thai Hoa — PALAIS

Construit en 1803, le “palais de l'Harmonie suprême” est une vaste salle surmontée d'un toit de madriers, soutenu par 80 colonnes sculptées et laquées. Il accueillait les réceptions officielles et les cérémonies impériales. À ces occasions, l'empereur restait assis sur son trône surélevé, regardant les visiteurs entrer par la porte Ngo Mon. Ne manquez pas l'excellente présentation audiovisuelle, qui fournit un très bon aperçu de la citadelle, de son architecture et du contexte historique. Photos interdites.

Salles des Mandarins — ÉDIFICE HISTORIQUE

Juste derrière le palais, de part et d'autre d'une cour, ces salles servaient de bureaux et de vestiaires aux mandarins. Dans la salle de droite sont exposés de vieilles photographies (notamment celles du couronnement de l'enfant-roi Vua Duya Tan), des bouddhas dorés et d'autres curiosités impériales. Au-delà de la cour, vous découvrirez les ruines du palais Can Chanh, où deux magnifiques galeries, longues et laquées de rouge, ont été reconstruites.

Théâtre royal — ÉDIFICE HISTORIQUE

(Duyen Thi Duong ; ☎054 352 4162 ; www.nhanhac.com.vn ; représentation 200 000 d ; spectacles 40 min 10h et 15h). Le Théâtre royal, dont la construction débuta en 1826 et qui accueillit par la suite le Conservatoire national de musique, a été rebâti sur ses anciennes fondations. En dehors des représentations, on peut s'asseoir dans les beaux fauteuils ou examiner les masques et les instruments de musique du théâtre vietnamien, accompagnés de descriptions en anglais.

Salle de Lecture de l'empereur — ÉDIFICE HISTORIQUE

(Bibliothèque royale ; Thai Binh Lau). La ravissante salle de Lecture de l'empereur (d'aspect un peu délabré), sur deux niveaux, est la seule partie de la Cité pourpre interdite à avoir échappé aux dommages causés durant la réoccupation française de Hué, en 1947. Les mosaïques ying-yang du toit, évoquant le style de Gaudí, offrent un net contraste avec l'intérieur sombre, récemment restauré, dont on peut désormais parcourir la salle circulaire. L'extérieur arbore des poèmes de l'empereur Khai Dinh de chaque côté, et trois caractères *chu nho* signifiant "édifice pour la paix glorieuse" couronnent le portique principal.

➡ Jardins de Co Ha JARDINS

(Jardins royaux). Occupant l'angle nord-est de l'enceinte impériale, ces magnifiques jardins furent conçus par les quatre premiers empereurs de la dynastie des Nguyên. Par la suite laissés à l'abandon, ils ont récemment fait l'objet d'une reconstitution remarquable et sont parsemés d'étangs et de petits pavillons en forme de belvédère. Au rang des endroits les plus paisibles de la citadelle, ces jardins offrent un spectacle éblouissant.

➡ Cité pourpre interdite RUINES

(Tu Cam Thanh). Au cœur de l'enceinte impériale, il ne reste pratiquement rien de la Cité pourpre interdite, jadis magnifique. Citadelle dans la citadelle, elle était exclusivement réservée à l'usage personnel de l'empereur – les seuls serviteurs autorisés étaient les eunuques, qui ne représentaient aucune menace pour les concubines impériales. La Cité pourpre interdite fut presque entièrement détruite durant les guerres et ses vestiges sont aujourd'hui recouverts de mauvaises herbes.

➡ Résidence Truong San PALAIS

(Cung Truong Sanh). En 1844, l'empereur Thiêu Tri classa cette résidence parmi les vingt plus beaux sites de Huế. Elle a malheureusement été dévastée par la guerre. Remarquez le portique d'entrée, orné de dragons et de phénix qui caracolent, ainsi que les douves ovales. L'extérieur a été restauré, alors que l'intérieur est resté vide, quoique pourvu de belles dalles et colonnes.

➡ Résidence Dien Tho ÉDIFICE HISTORIQUE

(Cung Dien Tho). Cette superbe résidence (1804), partiellement en ruine, accueillait autrefois les appartements et la salle d'audience des reines mères de la dynastie des Nguyên. La salle d'audience donne à voir une collection de photos représentant l'endroit autrefois, ainsi que des vêtements royaux. Dominant un bassin à nénuphars à l'extérieur, un pavillon d'agrément est aujourd'hui occupé par un café, qui vaut une halte.

➡ Temple To Mieu TEMPLE BOUDDHIQUE

Occupant l'angle sud-ouest de l'enceinte impériale, cet impressionnant ensemble fortifié a été superbement restauré. Dans la partie sud s'élève sur trois niveaux l'imposant **pavillon Hien Lam** (1824). De l'autre côté d'une cour s'étend le solennel temple To Mieu, qui abrite les sanctuaires de chacun des empereurs, surmontés de leur photo. Entre ces deux temples se trouvent les **neuf urnes dynastiques** (*dinh*). Chacune de ces urnes, fondues entre 1835 et 1836, est consacrée à un souverain de la dynastie des Nguyên.

Hors de la citadelle

Huế compte, hors des remparts de la citadelle, une série de pagodes et de musées éparpillés dans la ville, sur les deux rives du fleuve.

Pagode nationale Dieu De TEMPLE BOUDDHIQUE

(Quoc Tu Dieu De ; 102 Đ Bach Dang). GRATUIT Édifiée sous le règne de l'empereur Thiêu Tri (1841-1847), cette pagode qui surplombe le canal Dong Ba est fameuse pour ses quatre tours basses – une de part et d'autre de la porte, les deux autres flanquant le sanctuaire. Les pavillons qui encadrent l'entrée principale abritent les 18 La Han (*arhat*) – situés juste au-dessous des bodhisattvas dans la hiérarchie bouddhiste – et les 8 Kim Cang, protecteurs du Bouddha. Derrière les estrades se tient le Bouddha Thich Ca, entouré de ses deux assistants. La pagode Dieu De fut un bastion de la révolte bouddhiste et estudiantine contre le régime sud-vietnamien et la guerre du Vietnam. En 1966, elle fut prise d'assaut par la police, qui procéda à de nombreuses arrestations.

Musée d'Art royal de Huế MUSÉE

(150 Đ Nguyen Hue ; ⏲ 6h30-17h30 en été, 7h-17h en hiver). GRATUIT Ce musée occupe le palais An Dinh (1918). Commandé par l'empereur Khai Dinh, le bâtiment, d'influence baroque, est décoré d'une profusion de fresques murales très élaborées, de motifs floraux et de trompe-l'œil. Après son abdication en 1945, l'empereur Bao Dai vécut ici entouré de sa famille. Le musée renferme de superbes céramiques, peintures, meubles, objets en argent, porcelaines et vêtements royaux, mais manque quelque peu d'éléments explicatifs.

Pagode Bao Quoc TEMPLE BOUDDHIQUE

(colline Ham Long). GRATUIT Édifiée en 1670, cette pagode qui domine la colline Ham Long est située sur la rive sud de la rivière des

Parfums. Notez l'imposante porte à trois arches, que l'on atteint après avoir gravi un large escalier. À droite, une école de moines est en service depuis 1940.

Marché de nuit MARCHÉ

(Đ Nguyen Dinh Chieu ; 19h-22h). Marché nocturne quotidien principalement axé sur l'art et l'artisanat locaux. Il abrite aussi de simples cafés et bars parfaits pour un en-cas et un verre au bord de la rivière.

Circuits organisés

Vous pourrez découvrir bien des curiosités en louant un scooter, mais Hué ne manque pas de prestataires proposant une visite plus confortable. Il est possible de voir la plupart des sites principaux en une journée, dont la pagode Thien Mu, les tombeaux de Tu Duc et de Khai Dinh ainsi que d'autres mausolées impériaux ou curiosités. Pour les plus ambitieux, les circuits sur plusieurs jours vont jusqu'au col de Hai Van, la zone démilitarisée et des destinations plus lointaines.

Tran Van Thinh CIRCUITS À MOTO

(0905 731 537 ; www.tranvanthinhtours.com ; circuits d'une demi-journée à partir de 15 $US/pers). Thinh propose des tours à moto dans la ville et vers les tombeaux royaux. Ce guide chevronné, qui vit depuis longtemps à Hué et parle un très bon anglais, encadre aussi des circuits vers la DMZ (45 $US), Hoi An (50 $US) et la piste Hô Chi Minh (70 $US).

Oriental Sky Travel CIRCUITS AVENTURE

(0985 555 827 ; www.orientalskytravel.com). Sous l'égide de l'expérimenté et chaleureux Shi, ce tour-opérateur basé à Hué organise des sorties sportives : randonnée dans le parc national de Bach Ma, VTT, kayak et spéléologie dans le parc national de Phong Nha-Ke Bang, et circuits dans la DMZ.

Pour un circuit à vélo (8 jours/7 nuits) sur la piste Hô Chi Minh (p. 311), de Dong Hoi à Hoi An, comptez au moins 1 188 $US par personne. Excursions plus courtes possibles.

Également : une formule comprenant une sortie à Hoi An et Hanoi suivie d'une croisière dans la baie d'Along.

Stop & Go Café CIRCUITS À MOTO

(0905 126 767 ; www.stopandgo-hue.com ; 3 Đ Hung Vuong). Circuits sur mesure à moto et en voiture. Excursion d'une journée pour 4 personnes incluant les 3 sites phares de Hué : 10 $US par personne. Sortie en voiture pour 4 personnes dans la DMZ avec un vétéran vietnamien : 59 $US par personne. Les circuits guidés à Hoi An, avec haltes sur la plage, sont également très intéressants. Notez qu'à d'autres adresses se trouvent des agences au nom similaire sans lien avec celle-ci. Possède aussi un café pour voyageurs, servant une bonne cuisine.

Hue Adventures CIRCUITS À MOTO

(0905 771 602 ; www.hueadventures.com ; 44 Đ Nguyen Tri Phuong). Circuits appréciés à moto et en Jeep à Hué, mais aussi transferts à moto de Hué à Hoi An, la DMZ et Phong Nha.

Vietnam Motor Trail CIRCUITS À MOTO

(0935 782 533 ; www.vietnammotortrail.com ; excursions à partir de 15 $US). Chaleureux et fiable, le guide Quy organise de belles balades à moto jusqu'à Hoi An via le col de Hai Van, des visites autour de Hué et dans la DMZ, ainsi que des séjours prolongés un peu partout au Vietnam.

EXCURSIONS EN BATEAU SUR LA RIVIÈRE DES PARFUMS

De nombreux sites des environs de Hué (notamment la pagode Thien Mu et plusieurs tombeaux royaux) sont accessibles en bateau via la rivière des Parfums. La plupart des hôtels et des cafés de voyageurs proposent des excursions groupées d'une journée entre 5 $US et 20 $US par personne. Les meilleures commencent par une croisière matinale avec des arrêts dans les pagodes et autres temples. Après le déjeuner, un minibus conduit les visiteurs aux tombeaux principaux avant de regagner Hué. Les excursions les moins chères nécessitent souvent de louer une moto pour se rendre des berges aux tombeaux, sans quoi vous devrez marcher sous le soleil tropical. Sur la rive sud, là où les bateaux s'amarrent, vous pouvez en théorie négocier votre propre itinéraire. Les tarifs pour affréter un bateau débutent à 10 $US pour une croisière d'une heure, mais ce sont des bateaux lents. Les tombeaux les plus impressionnants sont aussi les plus éloignés, et requièrent une journée d'excursion complète. Établissez vos exigences clairement et de préférence par écrit.

Hue Flavor GASTRONOMIE
(☎ 0905 937 006 ; www.hueflavor.com ; 49 $US/pers). Excellents circuits gastronomiques à la découverte de la délicieuse cuisine de rue de Hué. D'une durée de 4 heures, ils comprennent la dégustation de plus de 15 plats différents et une visite au marché de Dong Ba. Les départs (trajets en cyclo-pousse) ont lieu à 9h et 14h.

Café on Thu Wheels CIRCUITS
(☎ 054-383 2241 ; 3/34 Đ Nguyen Tri Phuong). Circuits bon marché à Hué et dans la DMZ, à vélo, à moto, en minibus et en voiture. Possibilité d'organiser des liaisons jusqu'à Hoi An, à moto (45 $US) ou en voiture (55 $US).

Bee Bee Travel Tours À PIED
(☎ 0935 616 090 ; www.beebeetravel.com ; 65 Ben Nghe ; circuits à partir de 17 $US). Divers circuits à pied, dont une visite de la cité impériale à 6h30 et 14h. Le circuit Hue Walk of Revolution (25 $US), qui rencontre un certain succès, présente les sites associés à l'occupation française et à la guerre du Vietnam. D'autres programmes ont pour thème la cuisine ou la campagne de Hué, et un cours de cuisine est proposé. Pour toute réservation d'un circuit, 1 $US est reversé aux familles victimes de l'agent orange.

Fêtes et festivals

Festival de Hué ARTS DU SPECTACLE
(www.huefestival.com ; avr, mai ou juin). Cette biennale des arts, qui se tient les années paires, accueille des artistes vietnamiens et étrangers.

Où se loger

À Hué, se loger coûte bien moins cher qu'à Hanoi ou HCMV. La principale enclave touristique se situe entre Đuong Le Loi et Đuong Vo Thi Sau, mais de bons hébergements existent aussi dans Đuong Nguyen Cong Tru. Un cran au-dessus des auberges de jeunesse bondées où l'on vit en communauté, la catégorie moyenne réserve un choix correct d'établissements calmes et très abordables.

Poetic Hue Hostel AUBERGE DE JEUNESSE $
(☎ 0918 342 138 ; 24/26 Đ Vo Thi Sau ; dort/d/f à partir de 7/13/25 $US ;). Cette villa aux murs chaulés dans une ruelle tranquille permet d'éviter les auberges de jeunesse plus animées de Hué. Familles vietnamiennes et chant des oiseaux donnent au lieu une ambiance de quartier, mais les bars et les restaurants ne sont pas loin. Chambres spacieuses et reposantes, certaines avec balcon.

Canary Boutique Hotel BOUTIQUE-HÔTEL $
(☎ 0234-393 6447 ; www.canaryboutiquehotel.com ; allée 8, 43 Đ Nguyen Cong Tru ; ch avec petit-déj 18-24 $US ;). Cet hôtel pour voyageurs à petit budget est géré par une équipe très professionnelle. Propreté satisfaisante, menu petit-déjeuner avec deuxième service offert et circuits aux tarifs compétitifs. Cerise sur le gâteau : la baignoire dans votre chambre. Si vous ne trouvez pas la ruelle de l'hôtel, renseignez-vous auprès du Canary Hotel dans l'artère principale.

Home Hotel HÔTEL $
(☎ 0234-383 0014 ; www.huehomehotel.com ; 8 Đ Nguyen Cong Tru ; ch 17-25 $US ;). Tenu par une équipe très chaleureuse et un propriétaire charmant, cet hôtel à l'atmosphère jeune et branchée dispose de chambres spacieuses sur plusieurs niveaux. Demandez-en une donnant sur Đuong Nguyen Cong Tru pour bénéficier d'un petit balcon, de portes-fenêtres et d'une vue sur la rivière. Les chambres les moins chères sont sans fenêtres. L'escalier ancien est remarquable, mais il n'y a pas d'ascenseur.

Hue Nino HÔTEL $
(☎ 054 382 2064 ; www.hueninohotel.com ; 14 Đ Nguyen Cong Tru ; ch 18-25 $US avec petit-déj ;). Un établissement convivial et accueillant, tenu en famille, louant 16 petites chambres agrémentées de mobilier élégant et d'objets d'art, avec minibar, TV câblée et bons lits. Petit-déjeuner généreux.

Vietnam Backpackers' Hostel AUBERGE DE JEUNESSE $
(☎ 0234-393 3423 ; www.vietnambackpackerhostels.com ; 10 Đ Pham Ngu Lao ; dort avec petit-déj 6-12 $US, d/tr à partir de 15/20 $US ;). Rendez-vous des baroudeurs grâce à un emplacement central, un personnel serviable, de bons renseignements et un bar-restaurant convivial – happy hours et retransmission de matchs. Les dortoirs sont bien aménagés, et pourvus de la clim et de casiers. Lits simples ou superposés (simples dans les dortoirs réservés aux femmes).

Hue Riverside Villa BOUTIQUE-HÔTEL $$
(0905 771 602 ; www.hueriversidevilla.com ; 16/7 Đ Nguyen Cong Tru ; lits jum/d avec petit-déj 70-80 $US, f 95 $US ;). À courte distance à pied de bons restaurants, ce nouvel établissement, paisiblement installé en bord de rivière, possède 5 bungalows (murs blanchis à la chaux et brique rouge) posés dans un jardin. Cadre moderne et épuré (salles de bains ornées de bois chaud particulièrement agréables). Le propriétaire propose des circuits et de nombreuses infos locales. Les prix descendent jusqu'à près de 36 $US par nuit à la basse saison.

Tam Tinh Vien BOUTIQUE-HÔTEL $$
(091 4019 983, 054-3519 990 ; www.huehomestay.wevina.vn ; village de Long Ha ; ch 49-56 $US ;). Au calme dans le village de Long Ha à environ 6 km de Hué, cet agréable établissement présenté comme un logement chez l'habitant évoque davantage une pension de charme. Distribuées autour d'une petite piscine et d'un jardin verdoyant, les spacieuses villas avec lit à baldaquin dessinent une délicate esthétique asiatique. Empruntez un vélo pour rallier Hué (30 minutes) – comptez environ 100 000 d en taxi.

Rosaleen Boutique Hotel BOUTIQUE-HÔTEL $$
(0234-394 6555 ; www.rosaleenhotel.com ; 36 Đ Chu Van An ; ch/ste à partir de 40/60 $US ;). Des rénovations récentes ont dynamisé et embelli cette adresse centrale très correcte de 56 chambres, qui plaît pour sa piscine et l'un des meilleurs petit-déjeuners servis sous forme de buffet de Hué. Les grandes chambres sont empreintes d'une atmosphère historique, et le personnel de la réception est serviable et chaleureux.

Cherish Hotel HÔTEL $$
(0234-394 3943 ; www.cherishhotel.com ; 57-59 Ben Nghe ; ch à partir de 50 $US ;). Emplacement central pour cet hôtel de 98 chambres, très plaisant et plutôt élégant. Personnel souriant à l'accueil, superbes petits-déjeuners, spa au 2e niveau, petite piscine, 3 restaurants, bar et salle de sport. Les petites attentions comme les fruits présents dans votre chambre à votre arrivée font toute la différence. Balcon dans certaines chambres doubles.

Alba Spa Hotel BOUTIQUE-HÔTEL $$
(0234-382 8444 ; www.albaboutiquehotels.com ; 29 Đ Tran Quang Khai ; ch 70-110 $US ;). Ce charmant hôtel possède d'élégantes chambres et un spa au rez-de-chaussée. La petite piscine couverte est parfaite pour se délasser après un soin, et le copieux petit-déjeuner – comprenant des spécialités culinaires de Hué – est l'un des meilleurs de la ville. Dans une rue tranquille, à deux pas de l'animation locale. Service excellent.

Moonlight Hotel Hue HÔTEL $$
(054-397 9797 ; www.moonlighthue.com ; 20 Đ Pham Ngu Lao ; ch 60-80 $US, ste 120-150 $US ;). Gérée avec efficacité, cette adresse loue des chambres extrêmement bien équipées pour leur prix : parquets cirés, mobilier somptueux et salles de bains revêtues de marbre avec baignoire. Payez quelques dollars de plus pour obtenir un balcon donnant sur la rivière des Parfums. Petite piscine couverte. Il y a également deux bars sur le toit, parfait pour prendre un verre en soirée.

Orchid Hotel HÔTEL $$
(054-383 1177 ; www.orchidhotel.com.vn ; 30a Đ Chu Van An ; ch avec petit-déj 33-47 $US ;). Le personnel de cet hôtel moderne à l'emplacement central s'applique à assurer un service chaleureux. Hébergement excellent, avec parquets stratifiés et coussins colorés dans toutes les chambres. Certaines, plus chères, disposent même d'un Jacuzzi avec vue sur la ville. Bon petit-déjeuner (les œufs sont préparés sur commande) ; enfants bien accueillis.

Azerai La Residence HÔTEL $$$
(0234-383 7475 ; www.azerai.com/la-residence-hue ; 5 Đ Le Loi ; ch à partir de 240 $US ;). Rénovée de fond en comble et gérée par Azerai, l'ancienne demeure de 122 pièces du gouverneur français déborde de glamour Art déco, avec ses éléments d'origine et ses meubles d'époque. Vous pourrez contempler la rivière des Parfums depuis la piscine de 30 m ou vous laisser dorloter dans son remarquable spa. Chambres somptueusement aménagées, excellents restaurants, et service de premier ordre.

Hotel Saigon Morin HÔTEL HISTORIQUE $$$
(054-382 3526 ; www.morinhotel.com.vn ; 30 Đ Le Loi ; ch 90-120 $US, ste 170-500 $US ;). Ouvert en 1901, le Saigon Morin a été à une époque le cœur de la vie coloniale française. Organisé autour de jardins intérieurs et d'une petite piscine, le bâtiment est majestueux et très chic. Chambres ravissantes, avec luxueux tapis et détails

d'époque. Celles avec vue sur la rivière sont onéreuses. Ces murs accueillirent l'université de Hué entre 1957 et 1990.

Où se restaurer

C'est à l'empereur Tu Duc, grand gourmet devant l'Éternel, que Hué doit sa richesse culinaire. Les gâteaux de riz royaux (le plus courant étant le *banh khoai*) sont la première spécialité à goûter. Hué peut aussi se prévaloir d'une longue tradition de cuisine végétarienne. Le marché Dong Ba offre l'embarras du choix les 1er et 15e jours du mois lunaire, et le Lien Hoa (ci-contre) est toujours un bon choix pour un repas végétarien.

La ville compte aussi une excellente cuisine de rue. Envisagez un circuit sur la cuisine de rue avec Hue Flavor (p. 197).

Madam Thu VIETNAMIEN $

(45 Đ Vo Thi Sau ; repas 100 000 d ; 8h-22h). D'aspect frugal mais jamais désert, le Madam Thu doit son succès à un superbe menu et à une charmante équipe d'une exquise politesse. Croustillants et délicieux rouleaux de printemps aux champignons et à la carotte (50 000 d), et tofu hors pair, garni de cacahuètes avec vermicelles et sauce à l'arachide. Pour chaque repas servi, 2 000 d sont reversés aux enfants qui souffrent de la faim à Hué et dans les environs.

Hanh Restaurant VIETNAMIEN $

(0905 520 512 ; 11 Pho Duc Chinh ; repas 30 000-100 000 d ; 10h-21h). Adresse animée, idéale pour les non-initiés aux spécialités de Hué. Le menu fixe de 5 plats (120 000 d) comprend *banh khoai* (crêpes aux crevettes), *banh beo* (gâteaux de riz vapeur surmontés de crevette et ciboule), et divin *nem lui* (viande de porc hachée et grillée sur une brochette de citronnelle) enveloppé dans une feuille de riz avec des herbes. Le personnel, patient, peut vous indiquer comment manger ces plats.

Nook Cafe & Bar VIETNAMIEN, CAFÉ $

(0935 069 741 ; www.facebook.com/nookcafebarhue ; 7/34 Đ Nguyen Tri Phuong ; repas 50 000-120 000 d ; 8h-22h ;). Près d'un ensemble d'hébergements bon marché et d'agences de voyages, le Nook, situé en hauteur, sert des plats vietnamiens bien préparés et des classiques occidentaux tels que burgers végétariens et sandwichs grillés. Le décor décalé, les nappes et lanternes colorées, la bande-son, les jus et smoothies aussi rafraîchissants que revigorants et, bien sûr, le charmant personnel méritent les meilleures notes.

Gecko Pub CAFÉ $

(9 Đ Pham Ngu Lao ; repas 40 000-110 000 d ; 8h-minuit ;). Tout en décontraction dans un décor au chic asiatique, cette adresse de Pham Ngu Lao dispose des meilleures tables donnant sur la rue à Hué. Le personnel sympathique sert un mélange éclectique de standards occidentaux et vietnamiens. Installez-vous sur la terrasse en bois avec vue sur la rue pour déguster pizzas, pad thaï, plats de pâtes, steaks et burgers. Excellents cocktails.

Lien Hoa VÉGÉTARIEN $

(054 381 2456 ; 3 Đ Le Quy Don ; repas 55 000-80 000 d ; 6h30-21h ;). Sans fioritures, ce restaurant végétarien à ciel ouvert est réputé pour sa cuisine copieuse à prix doux : *banh beo* (gâteaux de riz vapeur) frais, nouilles, jaque frit et croustillant ou aubergine frite au piment… Aucun plat ne déçoit. Le *tra gung* (thé au gingembre) fait un accompagnement idéal. Le menu du Lien Hoa ("lotus" en vietnamien) est traduit dans un anglais approximatif.

Stop & Go Café INTERNATIONAL $

(www.stopandgo-hue.com ; 3 Đ Hung Vuong ; repas 35 000-90 000 d ; 7h-22h ;). Une table à l'ambiance très agréable où un personnel souriant propose cuisine vietnamienne et classiques pour voyageurs : *banh beo* (gâteaux de riz vapeur), *banh cuon* (crêpes vietnamiennes vapeur farcies aux crevettes hachées), soupe de nouilles au bœuf, rouleaux de printemps, tacos, pizzas, pâtes et petits-déjeuners occidentaux roboratifs. Excellentes informations touristiques.

Hong Mai VIETNAMIEN $

(110 Đ Dinh Tien Toang ; repas à partir de 35 000 d ; 11h-20h). Après la visite de la citadelle, essayez cet excellent restaurant vietnamien au mobilier en aluminium, prisé dans les environs pour ses versions de qualité supérieure de 2 classiques de la cuisine de rue. Les *banh khoai* (crêpes de riz farcies, avec porc et crevettes) sont légères et bourrées de germes de soja, tandis que le *nem lui* (viande de porc hachée et grillée sur une brochette de citronnelle) se marie parfaitement avec une Huda bien fraîche.

100% LOCAL

DES GÂTEAUX DE RIZ ROYAUX

De formes et de tailles différentes, ces spécialités salées de Hué sont à base de farine de riz. La plus commune est le *banh khoai*, une crêpe garnie frite (plus petite et épaisse que le *banh xeo* du sud du Vietnam). Les autres variantes, cuites à la vapeur, s'apparentent à du riz gluant. Généralement surmontées de crevettes, on les trempe dans une sauce de poisson. Goûtez les *banh beo*, servis dans des coupelles, les *banh nam*, enveloppés dans une feuille de bananier, les raviolis transparents *banh loc*, et les pyramides *banh it* enveloppées dans une feuille, sucrées au haricot mungo ou salées.

Les Jardins de la Carambole FRANÇAIS, VIETNAMIEN $$

(☎0234-354 8815 ; www.lesjardinsdelacarambole.com ; 32 Dang Tran Con ; repas 120 000-300 000 d ; ⏲7h-23h ; 📶). Ce restaurant français raffiné est installé dans un magnifique édifice colonial du quartier de la citadelle. Au programme : des classiques français et un menu fixe vietnamien prisé des groupes. Ajoutez une longue carte des vins et des serveurs connaisseurs, et c'est l'endroit idéal pour un repas romantique.

Nina's Cafe VIETNAMIEN $$

(16/34 Nguyen Tri Phuong ; repas 120 000 d ; ⏲9h-22h30). Riz sauté dans une cocotte en argile et curries assurent le succès de ce lieu engageant et décoré de tableaux, à l'angle au bout d'une ruelle. Curry de légumes exemplaire, riche en carottes, en pommes de terre et en tofu. Nappes vietnamiennes aux couleurs vives en vente à l'entrée, tout comme la sauce pimentée maison (30 000 d). Petits-déjeuners occidentaux également.

Où prendre un verre et faire la fête

Les bars, pubs et discothèques de Hué sont très animés, bien qu'assez conventionnels. Le gros de l'animation se trouve dans Đuong Pham Ngu Lao et Đuong Vo Thi Sau.

La Boulangerie Française CAFÉ

(☎054 383 7437 ; www.laboulangeriefrancaise.org ; 46 Nguyen Tri Phuong ; ⏲7h-20h30). Sur l'étroite terrasse à l'étage de cette petite boulangerie récemment rénovée, vous dégusterez un petit-déjeuner délicieux avec croissants, crêpes (à partir de 20 000 d) et gaufres, agrémenté d'un café au lait ou d'un milk-shake glacé. La boulangerie forme les jeunes Vietnamiens défavorisés.

♥ Cong Caphe CAFÉ

(www.congcaphe.com ; 22 Ben Nghe ; ⏲7h-23h30). Avec son joli parquet, ses murs en béton, ses chaises colorées, ses coussins et ses nombreux recoins, le Cong joue avec bonheur la carte "communiste chic". Service excellent, café d'exception, lait de coco à la menthe poivrée et café glacé ne déçoivent pas.

Why Not? Bar BAR

(☎0903 583 812 ; www.whynot.com.vn ; 26 Đ Pham Ngu Lao ; ⏲7h-minuit ; 📶). Entre photos de rodéo, selles de cheval et objets évoquant les cow-boys, ce bar sur le thème du Far West est un rendez-vous de longue date de la rue des baroudeurs. Table de billard, événements sportifs à la TV, terrasse prisée donnant sur la rue, et cocktails et cuisine corrects. À l'étage, un dortoir et une chambre privative.

DMZ Travel BAR

(☎0234-993 456 ; www.dmz.com.vn ; 60 Đ Le Loi ; ⏲7h-2h ; 📶). Un bar toujours très prisé près de la rivière, avec billard gratuit, Huda fraîche, cocktails (goûtez le mojito à la pastèque) et bonne ambiance presque tous les soirs. On y sert aussi des plats occidentaux et locaux jusqu'à minuit, des smoothies et des jus de fruits. Happy hour de 15h à 20h. Ne manquez pas la carte sens dessus dessous de la DMZ – assortie d'un chopper américain – au plafond du bar.

Achats

Les plus beaux chapeaux coniques du Vietnam sont fabriqués à Hué. La ville a d'ailleurs pour spécialité les "chapeaux à poèmes" qui, lorsqu'on les examine à la lumière, laissent apparaître des scènes de la vie quotidienne. Hué est aussi renommée pour son papier de riz et ses peintures sur soie. Les boutiques colorées, où l'on peut dénicher des cadeaux parmi un large choix, ne manquent pas.

Blue de Hue ANTIQUITÉS

(43 Đ Vo Thi Sau ; ⏲7h30-18h30). Objets en pierre, céramiques, calligraphies, laques, sculptures en bois et toutes sortes

d'œuvres d'art ou d'objets décoratifs intrigants se bousculent dans cette boutique d'antiquaire.

Spiral Foundation Healing the Wounded Heart Center ART ET ARTISANAT (☎0234-381 7643 ; 23 Đ Vo Thi Sau ; 8h-22h). Ce magasin vend un choix d'objets d'art fabriqués à partir de matériaux recyclés par des artisans handicapés, et dans le respect de l'environnement. On trouve ainsi des cadres réalisés à partir de cannettes de bière et d'originaux sacs à main en plastique. Le produit de la vente contribue au financement d'opérations de chirurgie cardiaque pour des enfants pauvres.

Renseignements

AGENCES DE VOYAGES

La plupart des agences de voyages et des voyagistes regroupent leurs clients pour leurs circuits bon marché. Si vous réservez un circuit (standard) dans la DMZ, vous vous retrouverez donc tous dans le même grand bus. Les circuits sur mesure et plus spécialisés sont plus onéreux.

Un moyen prisé d'effectuer le trajet entre Hué et Hoi An – ou l'inverse – est la moto ou la Jeep. Les excursions font souvent halte à la lagune de Lang Co pour un déjeuner de fruits de mer, ainsi qu'au col de Hai Van. Comptez 50 $US pour une moto avec pilote, ou environ 30 $US pour ceux qui maîtrisent les deux-roues.

DMZ Travel (page ci-contre). Sorties en bateau bon marché sur la rivière des Parfums, circuits dans la DMZ et billets pour le Laos.

Mandarin Café (☎054 382 1281 ; 24 Đ Tran Cao Van ; repas 25 000-69 000 d ; 6h-22h ;). Le propriétaire, Mr Cu, donne d'excellents renseignements ; organisation de circuits et de transports dans la région de Hué et alentour.

The Sinh Tourist (☎054-384 5022 ; www.thesinhtourist.vn ; 37 Đ Nguyen Thai Hoc ; 6h30-20h30). Réservation de billets de bus "open tour" et classiques pour le Laos.

VM Travel (☎0234-392 3747 ; www.vmtravel.com.vn ; 67 Đ Vo Thi Sau). Réserve bus et voitures privées pour Phong Nha, et visites des grottes.

Parmi les autres lieux proposant des circuits figurent le Café on Thu Wheels (p. 197) et le Stop & Go Café (p. 199).

ARGENT

Vietcombank (78 Đ Hung Vuong ; 8h-11h30 lun-sam, 13h-16h lun-ven). Agence principale, avec DAB et change de devises.

Vietin Bank (12 Đ Hung Vuong). DAB, dans le centre.

POSTE

Poste principale (8 Đ Hoang Hoa Tham ; 7h-17h30 lun-sam)

SERVICES MÉDICAUX

Hôpital central de Hué (Benh Vien Trung Uong Hué ; ☎0234-382 2325 ; 16 Đ Le Loi ; 6h-22h). Établissement local réputé.

Depuis/vers Hué

AVION

Jetstar (www.jetstar.com) assure des vols à destination de HCMV et Dalat, et VietJet (www.vietjetair.com) depuis/vers HCMV et Hanoi. **Vietnam Airlines** (☎0234-382 4709 ; www.vietnamairlines.com ; 23 Đ Nguyen Van Cu ; 8h-17h lun-sam) propose des liaisons vers/depuis Hanoi et HCMV.

BUS

La principale **gare routière de Phia Nam** (57 An DuongVuong), 4 km au sud-est du centre, propose des correspondances vers Danang et, au sud, vers HCMV. La **gare routière de An Hoa** (Ly Thai To), au nord-ouest de la citadelle, dessert les destinations au nord.

DESTINATION	PRIX (D)	DURÉE	FRÉQUENCE
Danang	80 000	3 heures	régulière
Dong Ha	60 000	2 heures	toutes les 30 minutes
Dong Hoi	100 000	4-5 heures	régulière
Hanoi	330 000	13-16 heures	9/jour
HCMV	500 000	19-24 heures	9/jour
Ninh Binh	300 000	10 heures 30-12 heures	8/jour

Pour rallier Phong Nha (environ 180 000 d, 5 heures), le bus "open tour" de Hung Thanh part du n°49 Đuong Chu Van An entre 16h30 et 17h ; le bus de Tan Nhat part du Why Not?Bar, dans Đuong Pham Ngu Lao, vers 6h30-7h. Pratique également, un bus quotidien (150 000 d) part du bar DMZ Travel, à Hué, à 14h. Il conduit directement à Phong Nha.

Les bus "open tour" s'arrêtent régulièrement à Hué. En général, ils déposent et embarquent les passagers dans les hôtels du centre. Attention, des rabatteurs rôdent à l'arrêt du bus.

Le Mandarin Café, The Sinh Tourist et le Stop & Go Café peuvent réserver les bus pour Savannakhet, au Laos.

TRAIN

La **gare ferroviaire de Hué** (☎0234-382 2175 ; 2 Đ Phan Chu Trinh) se situe à l'extrémité sud-ouest de Đuong Le Loi. Comptez 70 000 d en taxi depuis le secteur des hôtels.

DESTI-NATION	PRIX ($US)	DURÉE	FRÉQUENCE
Danang	2,50-6	2 heures 30 -4 heures	7/jour
Dong Hoi	4-10	3 heures -5 heures 30	6/jour
Hanoi	15-35	12 heures -15 heures	6/jour
HMCV	20-43	19 heures 30 -23 heures	6/jour
Ninh Binh	11-25	10-13 heures	4/jour

Comment circuler

Depuis/vers l'aéroport L'aéroport Phu Bai de Hué est à 14 km au sud de la ville. Un taxi avec compteur pour le centre-ville revient à 300 000 d environ. Un service de minibus Vietnam Airlines (60 000 d) assure la liaison de l'aéroport à leurs bureaux, situés à 15 minutes à pied du secteur des hôtels – taxis et *xe om* attendent ici.

Cyclo-pousse À Hué, les conducteurs de cyclo-pousse pratiquent des tarifs exorbitants, une course brève coûtant un minimum de 40 000 d. Il est généralement plus rapide et plus économique de prendre un taxi avec compteur.

Moto En location à partir de 5-10 $US par jour.

Taxi Essayez le très fiable **Mai Linh** (☎0234-389 8989).

Vélo Le vélo, que vous pourrez louer dans les hôtels pour environ 3 $US par jour, permet de découvrir agréablement la ville et les tombeaux impériaux. La circulation à Hué est parfois dense, notamment sur les ponts qui enjambent la rivière : soyez prudent.

Voiture Pour une voiture avec chauffeur, comptez 50-55 $US par jour.

Environs de Hué

Les somptueux mausolées des dirigeants de la dynastie des Nguyên (1802-1945) sont disséminés le long des berges de la rivière des Parfums, entre 2 et 16 km au sud de Hué. Belles pagodes, temples travaillés, ponts couverts, parcs aquatiques abandonnés, bunkers américains, pittoresques lagunes et autres curiosités ponctuent ici un séduisant paysage.

Presque tous les tombeaux impériaux furent érigés par les souverains de leur vivant, certains leur ayant même servi de résidence.

Si chaque mausolée se caractérise par une structure et une architecture propres, la plupart se composent de cinq parties. La première est un pavillon abritant une stèle en marbre, sur laquelle sont gravés les exploits et les vertus du défunt monarque. La deuxième est un temple consacré au culte de l'empereur et de l'impératrice. La troisième est le tombeau de l'empereur, généralement situé dans une enceinte carrée ou circulaire. La quatrième est une cour d'honneur flanquée de statues de pierre représentant des éléphants, des chevaux, des mandarins civils et militaires. Enfin, la cinquième est un bassin recouvert de fleurs de lotus, entouré de frangipaniers et de pins.

La plupart des visiteurs optent pour un circuit organisé depuis Hué, en bateau ou bateau et bus, mais il est possible de s'y rendre en *xe om* ou à vélo. L'entrée aux principaux sites coûte 150 000/30 000 d par adulte/enfant et par site, mais il existe des billets combinés incluant la citadelle.

À voir

Pagode Thien Mu TEMPLE BOUDDHIQUE

GRATUIT Édifiée sur une colline dominant la rivière des Parfums (Song Huong), à 4 km au sud-ouest de la citadelle, cette pagode est l'un des emblèmes du Vietnam. Construite en 1844 sous le règne de Thiêu Tri, la tour octogonale **Thap Phuoc Duyen**, de 21 m de hauteur, est tout aussi symbolique de Hué que la citadelle. Chacun des étages qui la composent est dédié à un *manushi-buddha*, un bouddha qui apparaissait sous une forme humaine. Venez le matin avant l'arrivée des circuits organisés.

La pagode a été fondée en 1601 par Nguyên Hoang, gouverneur de la province de Thuan Hoa. Au fil des siècles, elle a été plusieurs fois détruite et reconstruite. Depuis les années 1960, elle a toujours été un foyer de contestation politique (voir l'encadré page ci-contre).

Dans le pavillon à droite de la tour en brique, vous pourrez admirer une stèle de 1715 surmontant une imposante tortue en marbre, symbole de longévité. À gauche de la tour, un second pavillon hexagonal abrite une gigantesque cloche de 2 052 kg, coulée en 1710, qui s'entend à 10 km à la ronde.

Au-delà de la tour se tient une porte dont l'étage supérieur révèle une effigie de la Dame céleste (Thien Mu) qui donne son nom à cette pagode. Au-dessus du portail

LA PAGODE THIEN MU, TEMPLE DE LA CONTESTATION

Derrière le grand sanctuaire de la pagode Thien Mu, on peut voir l'Austin dans laquelle le bonze Thich Quang Duc se rendit à Saigon, en 1963, pour s'immoler par le feu publiquement en signe de protestation contre la politique du président sud-vietnamien, Ngô Dinh Diêm. Les journaux du monde entier publièrent la photo de son sacrifice, qui inspira une vague d'immolations volontaires. La réaction de la belle-sœur du président Diêm (Tran Lê Xuan, ou Mme Nhu), qui qualifia crûment ces immolations de "barbecue", ajoutant "Laissons-les brûler, et applaudissons", resta dans les mémoires. Ces déclarations ne firent qu'amplifier le ressentiment populaire à l'égard du régime Diêm. Au mois de novembre, Diêm fut assassiné par ses forces armées, de même que son frère, Ngô Dinh Nhu, l'époux de Mme Nhu, et conseiller de son frère.

En 1993, un autre incident provoqua de nouvelles manifestations. Cette fois, un homme arriva à la pagode et, après avoir déposé ses offrandes, s'immola par le feu en psalmodiant le nom du Bouddha. Bien que les motivations de cet homme restent obscures, son action déclencha une série d'événements au cours desquels les principaux moines furent arrêtés pour leur lien avec l'Église bouddhiste unifiée du Vietnam (EBUV), dissidente de l'Église bouddhiste officielle. La Fédération internationale des ligues des droits de l'homme (FIDH) porta plainte auprès de l'ONU en accusant le gouvernement vietnamien de violer sa propre Constitution, censée garantir la liberté religieuse.

central, on lit sur une planche les caractères chinois 靈姥寺 (littéralement, "temple de la vieille femme divine"), qui honorent la divinité présidant à ces terres.

Le temple lui-même est un pavillon modeste au milieu d'une cour intérieure à laquelle on accède par une porte à trois arches. Avant d'entrer, jetez un coup d'œil aux trois statues des divinités gardiennes du bouddhisme. Dans le sanctuaire principal, derrière un bouddha rieur, trois statues représentent A Di Da (Amitabha), le Bouddha du passé, Thich Ca (Shakyamuni), le Bouddha historique, et Di Lac (Maitreya), le Bouddha du futur.

S'y rendre à vélo est l'occasion d'une belle promenade. Longez Đuong Tran Hung Dao (qui borde la rivière des Parfums) en direction du sud-ouest, puis Đuong Le Duan après le pont Phu Xuan ; traversez ensuite la voie ferrée et suivez Đuong Kim Long. On peut aussi se rendre à Thien Mu en barque.

Tombeau de Tu Duc TOMBEAU

(Lang Tu Duc, Khiem Lang ; adulte/enfant 100 000/20 000 d ; ⌚7h-17h). Achevé en 1867, ce tombeau est le plus célèbre et certainement l'un des plus impressionnants des mausolées royaux. L'empereur Tu Duc (1829-1883) vécut et fut enterré dans ce monument qu'il avait dessiné lui-même. La dépense fut énorme et les ouvriers furent enrôlés de force. S'ensuivit un complot contre le souverain, qui échoua. Le tombeau de l'empereur est situé à quelque 5 km au sud de Hué, dans le village de Duong Xuan Thuong, perché sur la colline de Van Nien. De fait, Tu Duc menait une existence excessivement luxueuse et débridée. Or, malgré ses 104 épouses et ses innombrables concubines, il ne laissa aucune descendance.

Depuis l'entrée, un chemin mène sur les rives du **lac Luu Khiem**. Tu Duc venait chasser le petit gibier sur l'île de droite, **Tinh Khiem**. À l'opposé se trouve le **pavillon Xung Khiem**, où l'empereur venait composer et réciter des poèmes, accompagné de ses concubines.

Le **temple Hoa Khiem** est dédié au culte de l'empereur et de son épouse, l'impératrice Hoang Lê Thiên Anh. Ce temple ne renferme désormais qu'un fatras d'objets royaux. Le trône le plus grand est celui de l'impératrice, car Tu Duc ne mesurait que 1,53 m. La **salle Minh Khiem**, à droite du temple Hoa Khiem, devait initialement être un théâtre. Aujourd'hui, elle sert de cadre pour les photos de cérémonie et accueille des spectacles culturels. Derrière le temple Hoa Khiem, le **temple Luong Khiem** est consacré à Tu Du, mère de Tu Duc.

En longeant l'étang, on arrive à la **cour d'honneur**. On passe entre une garde d'éléphants, de chevaux et de minuscules mandarins, avant d'arriver au **pavillon de la Stèle**. Sur cette pierre, qui pèse près de 20 tonnes, Tu Duc écrivit lui-même son épitaphe. Admettant pleinement ses erreurs, il choisit de baptiser sa tombe *Khiem*, ce qui signifie "modeste". Ceinte par

Environs de Hué

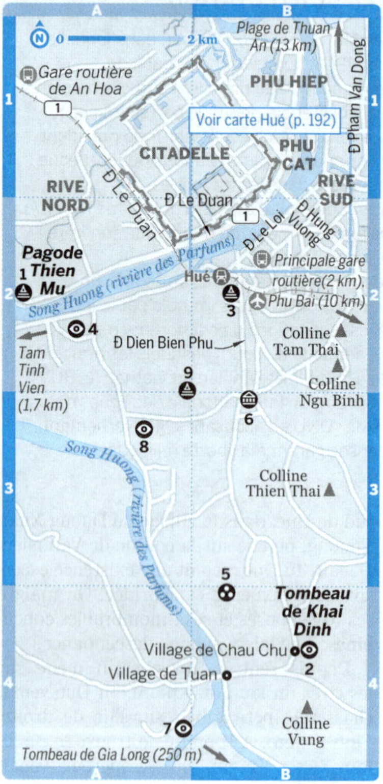

Environs de Hué

Les incontournables
1 Pagode Thien Mu A2
2 Tombeau de Khai Dinh B4

À voir
3 Pagode Bao Quoc B2
4 Ho Quyen A2
5 Parc aquatique abandonné de Ho Thuy Tien B4
6 Esplanade de Nam Giao B3
7 Tombeau de Minh Mang A4
8 Tombeau de Tu Duc A3
9 Pagode Tu Hieu A2

un mur, la **sépulture** s'étend de l'autre côté d'une pièce d'eau. En fait, l'empereur n'y fut jamais enterré et l'on ignore où il repose (entouré de nombreux objets précieux). Le secret fut bien gardé : pour éviter que sa tombe ne soit pillée, les 200 serviteurs chargés de ses funérailles furent décapités.

♥ Tombeau de Khai Dinh — TOMBEAU

(Lang Khai Dinh, Ung Lang ; adulte/enfant 100 000/20 000 d ; ⏲7h-17h). Ce monument à flanc de colline présente une synthèse d'éléments vietnamiens et européens. L'extérieur grandiose de ce tombeau est en grande partie recouvert de ciment noirci, qui lui donne un surprenant air gothique, tandis que les salles intérieures, ornées de mosaïques en céramique, explosent de couleurs. Khai Dinh, qui régna de 1916 à 1925, fut l'avant-dernier empereur du Vietnam, considéré par les jeunes nationalistes comme la marionnette des Français. Ce tombeau flamboyant, dont la construction prit 11 ans, est situé à 10 km de Hué, dans le village de Chau Chu.

Un escalier mène à la **cour d'honneur**, où des mandarins sculptés montent une garde silencieuse. Leurs visages sont "eurasiens". Trois volées de marches supplémentaires conduisent au prodigieux bâtiment principal, **Thien Dinh**. Les murs et le plafond sont recouverts de décors muraux représentant les Quatre Saisons, les Huit Objets précieux et les Huit Immortels. Un dais disgracieux en béton tacheté d'or abrite une statue en bronze (fondue à Marseille) de Khai Dinh. À 18 m sous terre, enfin, repose la dépouille de l'empereur. Audioguide disponible dans une dizaine de langues (70 000 d).

Tombeau de Minh Mang — TOMBEAU

(adulte/enfant 100 000/20 000 d). Renommé autant pour son architecture que pour son splendide cadre sylvestre, ce tombeau est probablement le plus majestueux de tous. Conçu du vivant de Minh Mang (1820-1840), il fut édifié par son successeur, Thiêu Tri. La tombe de Minh Mang est située dans le village d'An Bang, à 12 km du centre de Hué, après le pont, sur la rive occidentale de la rivière des Parfums. Trois portes à l'est de l'enceinte mènent à la **cour d'honneur**. Trois escaliers en granit relient la cour au pavillon de la Stèle (Dinh Vuong), de forme carrée.

Pour parvenir au **temple Sung An**, dédié à Minh Mang et à l'impératrice, il faut franchir trois esplanades et la porte Hien Duc, qui a été refaite. De l'autre côté du temple, trois ponts en pierre traversent le **Ho Trung Minh** (lac de la Clarté pure). Le pont central, Cau Trung Dao, était réservé à l'usage exclusif de l'empereur. Le **pavillon Minh Lau** (pavillon de la Lumière) est juché au sommet de trois terrasses, symbolisant les "trois pouvoirs" : le ciel, la terre et l'eau. Sur la gauche, on découvre le pavillon de l'Air frais et, sur la droite, le pavillon de la Pêche.

Du pont de pierre qui enjambe le **Ho Tan Nguyet** (lac de la Nouvelle Lune), en forme de croissant, un imposant escalier bordé d'une haie de dragons mène au tombeau. La porte en est ouverte une fois par an, à la date de la mort de l'empereur.

Ho Quyen — SITE HISTORIQUE

(arène des Tigres). GRATUIT Bien qu'envahie par la végétation, Ho Quyen, construite en 1830, évoque toujours le passe-temps favori de l'empereur : regarder s'affronter des éléphants et des tigres (voire des léopards). On enlevait habituellement les griffes et les dents des fauves afin que les éléphants, symboles du pouvoir impérial, triomphent. Le dernier combat eut lieu ici en 1904. On ne peut pénétrer à l'intérieur de cette petite arène, mais si vous grimpez sur le talus, vous l'observerez d'en haut.

La section face au sud, devant les cages des tigres, était réservée à la famille impériale. Ho Quyen se trouve à 3 km de Hué, dans le village de Truong Da. Prenez Đuong Bui Thi Xuan en direction de l'ouest depuis la gare ferroviaire, puis repérez, près du marché, le panneau bleu qui indique le chemin sur la gauche. Suivez-le sur 200 m jusqu'à une fourche où vous prendrez à droite.

Pagode Tu Hieu — TEMPLE BOUDDHIQUE

GRATUIT Au cœur d'une forêt de pins, cette pagode renommée a été érigée en 1843. Plus tard, elle devint la pagode des eunuques de la citadelle. Aujourd'hui, 70 moines vivent à Tu Hieu. Ils accueillent les visiteurs dans les deux temples jumeaux (l'un dédié à Cong Duc, l'autre au Bouddha). Vous pourrez les écouter psalmodier (tous les jours à 4h30, 10h, 12h, 16h et 19h). La pagode est située à 5 km du centre de Hué, sur le chemin du tombeau de Tu Duc.

Le temple est associé au maître zen Thich Nhat Hanh, qui étudia ici au monastère dans les années 1940, mais vécut en exil pendant plus de 40 ans, et ne fut autorisé à revenir au Vietnam qu'en 2005.

Pont Thanh Toan — PONT

Ce pont piétonnier est un pont couvert japonais classique, similaire à celui de Hoi An, mais situé dans un joli cadre campagnard : une agréable digression, une fois quitté Hué. Le pont se trouve dans le paisible village de Thuy Thanh, à 7 km à l'est de Hué. Pour vous y rendre, suivez Đuong Ba Trieu sur quelques centaines de mètres vers le nord jusqu'à un panneau indiquant le Citadel Hotel, puis tournez à droite : sur 6 km, le long d'une piste cahoteuse, vous traverserez plusieurs villages et rizières et verrez des pagodes avant d'atteindre le pont.

Esplanade de Nam Giao — SITE HISTORIQUE

Le Dan Nam Giao (l'Esplanade du Sacrifice au ciel et à la terre) à trois niveaux constituait autrefois le principal lieu de culte du Vietnam. C'est ici que les empereurs Nguyên procédaient à des sacrifices et à des offrandes en hommage au dieu Thuong De. Les cérémonies (la dernière eut lieu en 1946) s'accompagnaient d'une grandiose procession depuis la citadelle. L'empereur s'y préparait par un jeûne de trois jours dans le palais du Jeûne. Des photos (avec des explications en anglais) sont exposées dans ce palais, situé à l'autre extrémité du parc à partir de l'entrée. Depuis 2006, cette cérémonie du sacrifice au Ciel et à la Terre se déroule à nouveau en grande pompe à l'occasion du Festival de Hué (p. 197)

Lagune de Chuon — LAGUNE

(Dam Chuon). Louez un scooter pour rejoindre le bord de cette lagune pittoresque avant l'aube ou le crépuscule, et l'astre du jour se levant ou se couchant parmi les bateaux de pêche vous offrira un spectacle charmant. Si vous désirez manger sur place, des restaurants sur pilotis servent ici des produits de la mer.

Parc aquatique abandonné du Ho Thuy Tien — RUINES

(Ho Thuy Tien ; 20 000 d). Fermé pour de mystérieuses raisons en 2006 et abandonné depuis longtemps, ce parc aquatique à l'extérieur de Hué s'articule autour d'une imposante tête de dragon surgissant des eaux du lac de Thuy Tien (Ho Thuy Tien). Des ponts permettent de rejoindre la tête, dans laquelle vous pourrez ensuite grimper grâce à des escaliers intérieurs couverts de graffitis et de bris de verre : la vue depuis la bouche du dragon est superbe. Un système de billetterie officieuse a été mis en place avec le garde à l'entrée, mais notez qu'en raison du délabrement du parc, la visite peut être dangereuse : prenez les précautions nécessaires.

Tombeau de Gia Long — TOMBEAU

(Lang Gia Long ; 100 000 d ; 7h-17h). GRATUIT Fondateur de la dynastie des Nguyên en 1802, l'empereur Gia Long régna

HORS DES SENTIERS BATTUS

LA SUPERBE ROUTE CÔTIÈRE DEPUIS HUÉ

La côte n'est qu'à 15 km au nord du centre-ville de Hué. La route suit la rivière des Parfums avant d'atteindre la **plage de Thuan An**. En continuant vers le sud-est, vous trouverez une belle route côtière très peu fréquentée (idéale si vous êtes à vélo). Elle traverse une étroite île côtière, dévoilant d'un côté la lagune de Tam Giang-Cau Hai, avec ses élevages de poissons et de crevettes, et, de l'autre, de splendides dunes et plages de sable. Cette superbe étendue côtière est très bien préservée mais, de septembre à mars, la mer est généralement trop agitée pour la baignade.

En venant de Thuan An, la route passe par plusieurs villages, des élevages de crevettes et des jardins potagers. Des centaines de tombeaux et de temples familiaux somptueux et colorés bordent le rivage, abritant pour la plupart les dépouilles de *viêt kiêu* (Vietnamiens d'outre-mer) ayant souhaité être enterrés sur leur terre natale. De petits sentiers filent à travers les tombeaux et les dunes jusqu'à la plage. Vous aurez de bonnes chances de trouver un coin de plage pour vous tout seul.

La remarquable **plage de Phu Thuan** (environ 7 km au sud-est de Thuan An) compte une poignée d'hôtels. Certains font payer l'accès à la plage, mais d'autres portions sont accessibles gratuitement. De Hué à Phu Thuan, comptez environ 250 000 d en taxi et 100 000 d en *xe om*. Sinon, louez un scooter auprès de votre hôtel ou d'une agence de Hué pour vous déplacer plus librement. Vous pourrez alors faire un saut dans divers petits *làng* (villages). Le nom de chaque village est annoncé sur un grand portail à l'entrée. Ces *làng* possèdent presque tous des temples récents, aussi vifs que colorés. Dans certains, le portail principal comporte des inscriptions en vietnamien habilement tracées de façon à ressembler à des caractères chinois.

Environ 8 km après le Beach Bar Hue, les vestiges de **Phu Dien**, un petit temple cham, gisent dans le sable à l'écart de la plage, protégés par une structure en verre. Par ailleurs, vous trouverez ici quelques stands de fruits de mer.

En continuant vers le sud-est, une étroite route goudronnée serpente à travers villages de pêcheurs, élevages de crevettes et dunes géantes, et traverse le village de Vinh Hung avant de rejoindre un autre estuaire à Thuon Phu An, où l'on trouve des restaurants de poisson. De là, vous êtes à 40 km de Thuan An. Traversez le pont Tu Hien pour rattraper la RN 1 en suivant la rive orientale de l'immense lagune de Cau Hai.

jusqu'en 1819. Sérieusement endommagé durant la guerre du Vietnam et ensuite restauré, son tombeau se trouve 14 km environ au sud de Hué, à 3 km de la rive ouest de la rivière des Parfums. Accessible en bateau depuis le quai voisinant le tombeau de Minh Mang.

Parc national de Bach Ma

Ce parc national, site d'une station climatique de l'époque de la colonisation française, culmine à 1 450 m au mont Bach Ma, à seulement 18 km de la côte. Attirés par la fraîcheur du climat, les Français commencèrent à y construire des villas en 1930. Le Viêt-minh y mena des combats sanglants au début des années 1950, et le secteur connut à nouveau le fracas des armes pendant la guerre du Vietnam.

Le parc national, qui a été agrandi en 2008, s'étend de la côte à la cordillère Annamitique (monts Truong Son), à la frontière avec le Laos. Plus de 1 400 variétés de plantes, notamment des fougères et des orchidées rares, y ont été recensées, soit un cinquième de la flore du Vietnam. Pas moins de 132 espèces de mammifères vivent à Bach Ma. Parmi elles, trois n'ont été découvertes que dans les années 1990 : le saola, proche de l'antilope, le muntjac du Truong Son, qui ressemble à un cerf, et le muntjac géant. On trouve également neuf espèces de primates, y compris quelques représentants de l'espèce rare *Pygathrix nemaeus* (douc), repérable à ses jambes rouges.

À voir et à faire

Randonnée

Le **sentier des Rhododendrons** (qui part du Km 10) conduit en haut d'une cascade ; pour vous mettre à l'eau, il vous faudra descendre 689 marches. Le **sentier des Cinq Lacs** passe près de divers points de baignade, avant d'atteindre une cascade bien plus petite que la précédente. La brève

randonnée du Sommet mène à un point de vue superbe (par temps clair) sur la forêt, la lagune Cau Hai et la côte. Ne vous éloignez pas des sentiers car il reste des munitions non explosées dans le secteur.

Observation de la faune

La faune du parc étant majoritairement nocturne, l'observer réclame de la patience. Avec 358 espèces d'oiseaux, dont le merveilleux argus ocellé, le parc national est un véritable éden pour les amateurs d'ornithologie, à condition de se lever à l'aube. On espère également y voir revenir des éléphants, lequels évoluent actuellement de l'autre côté de la frontière, au Laos.

Où se loger et se restaurer

Campings et pensions existent en nombre limité près de l'entrée, mais ils ne sont pas très bien entretenus, et les villas près du sommet sont plus satisfaisantes. Réservez votre hébergement au centre des visiteurs avant votre ascension.

Avant de partir pour le sommet, signalez également au centre des visiteurs que vous mangerez à votre hébergement. Un temps de préparation est peut-être nécessaire.

Sommet PENSION $$

(054 387 1330 ; www.bachmapark.com.vn ; d 650 000-1 050 0000 d). Il y a 4 hébergements près du sommet, des villas Kim Giao et Do Quyen, plutôt simples, à la Phong Lan, plus confortable. Chacune dispose d'une salle de bains. Notez qu'elles ne sont pas toujours disponibles à la location. Réservez si possible et téléphonez avant d'arriver (prévoyez un délai minimal de 4 heures si vous souhaitez aussi vous restaurer). Généralement complet le week-end.

Renseignements

Une halte s'impose au **centre des visiteurs** (www.bachmapark.com.vn), près de l'entrée. Outre une exposition sur la flore et la faune du parc, vous y trouverez des brochures pour les randonnées, vous pourrez réserver des circuits (visite de village, observation des oiseaux) et engager un guide anglophone (25 $US ; recommandé). Emmenez du répulsif à insectes, des vêtements étanches, de la crème solaire et des chaussures de marche solides.

La meilleure période pour une visite court de février à septembre, avec un intervalle particulièrement propice entre mars et juin. Bach Ma est l'un des endroits les plus humides du Vietnam, les plus fortes pluies tombant en octobre-novembre (gare aux sangsues !). Rien n'empêche cependant d'envisager une visite durant ces mois, d'autant que la saison des pluies arrive de plus en plus tard ces dernières années, mais consultez d'abord les conditions de circulation sur les routes.

Depuis/vers le parc national de Bach Ma

Le parc de Bach Ma s'étend à 28 km à l'ouest de Lang Co, et à 40 km au sud-est de Hué. L'embranchement est indiqué depuis le bourg de Cau Hai sur la RN 1. Vous pourrez aussi vous y rendre à partir de la localité de Phu Loc.

Des bus en provenance de Danang (90 000 d, 2 heures) et Hué (70 000 d, 1 heure) s'arrêtent à Cau Hai ; de là, les conducteurs de *xe om* vous feront parcourir les 3 km (environ 40 000 d) restants jusqu'à l'entrée.

Comment circuler

Du centre d'information, une route raide et sinueuse de 15 km va presque jusqu'au sommet. Pour redescendre à pied, comptez 3-4 heures. Pensez à emporter beaucoup d'eau, ainsi qu'un chapeau et de l'écran total.

Il est possible de rallier le sommet depuis le centre des visiteurs, avec un retour dans la journée (environ 800 000-1 000 000 d) à bord d'un minibus privé pour six personnes. En haute saison, on peut généralement partager les frais avec les autres passagers. Pour un séjour avec nuitée sur place, le transport jusqu'au sommet coûte 1 300 000 d pour six personnes.

Les voitures sont autorisées dans le parc : envisagez donc un circuit au départ de Hué, ou une voiture avec conducteur moyennant environ 60 $US l'aller-retour. Les motos sont interdites, mais vous trouverez un espace de stationnement sûr près du centre des visiteurs.

Nous vous recommandons Oriental Sky Travel (p. 196), un tour-opérateur basé à Hué qui propose régulièrement des explorations nocturnes du parc.

Plage de Lang Co

0234

Frangée de palmiers, Lang Co est une séduisante plage de sable blanc semblable à une île : elle est bordée d'un côté par une lagune turquoise – la lagune de Lap An (Dam Lap An) –, et de l'autre par 10 km de plages. En tant que station balnéaire, elle s'adresse davantage aux Vietnamiens de passage pour la journée qu'aux touristes étrangers. Par beau temps cependant, la mer est des plus engageantes.

Où se loger et se restaurer

Des pensions très simples et des hôtels 2 étoiles sont installés au nord de la localité, le long de la route nationale. Toutefois, les resorts sur la plage, non loin, sont beaucoup mieux. Dans les restaurants de produits de la mer bordant la lagune, vous pourrez vous restaurer devant un horizon mémorable.

Vedana Lagoon COMPLEXE HÔTELIER **$$$**
(0234-381 9397 ; www.vedanalagoon.com ; Phu Loc ; bungalow/villa à partir de 131/218 $US ;). Associant une conception moderne à l'emploi de matériaux naturels, cet hôtel spa isolé, confortable à souhait, englobe, sur une propriété de 27 ha, de magnifiques villas et bungalows aux toits de chaume, avec mobilier dernier cri et salle de bains en extérieur. Certains sont dotés de piscines privées, d'autres, sur pilotis, de terrasses avec vue panoramique qui s'avancent sur la lagune. Le Vedana se double d'un superbe centre de bien-être, où sont donnés des cours de tai-chi et de yoga. À 15 km au nord de Lang Co.

Depuis/vers Lang Co

Lang Co est située au nord de Danang et du côté nord du tunnel de Hai Van.

La **gare ferroviaire** (054-387 4423) de Lang Co se trouve à 3 km de la plage en direction de la lagune. Vous ne devriez pas avoir de problème pour trouver un *xe om* qui vous emmène à la plage. Le trajet en train entre Lang Co et Danang (30 000 d, 1 heure 30, 4/jour) est l'un des plus spectaculaires du Vietnam. Des trains desservent aussi Hué (30 000 d, 1 heure 30-2 heures, 4/jour).

Danang

0236 / 1,23 MILLION D'HABITANTS

Cinquième ville la plus peuplée du Vietnam, Danang évolue plus vite que tout autre centre urbain du pays. Des décennies durant, elle a eu la réputation d'une bourgade tranquille de province, mais les temps sont au changement. Sur le quai du fleuve Han se dressent des hôtels flambant neufs. Des ponts spectaculaires enjambent le fleuve, et l'ensemble du secteur de la plage de Danang foisonne de tours et autres

VAUT LE DÉTOUR

LE COL ET LE TUNNEL DE HAI VAN

Le **col de Hai Van** (Deo Hai Van ; "mer de nuages") traverse la chaîne des monts Truong Son, au niveau d'un éperon qui domine la mer. À quelque 30 km au nord de Danang, la route atteint 496 m d'altitude et passe en contrebas du pic Ai Van Son (1 172 m), plus au nord. Ce tronçon de route a l'attrait d'une vue splendide sur les montagnes. La ligne de chemin de fer, ponctuée de nombreux tunnels, contourne la péninsule et longe la côte, superbe et déserte.

Au XVe siècle, ce col servait de frontière naturelle entre le Vietnam et le royaume du Champa. Les défoliants utilisés au cours de la guerre du Vietnam eurent malheureusement raison de sa végétation. Au sommet se dresse un ancien fort français criblé de balles, reconverti en bunker par les armées sud-vietnamiennes et américaines. Son imposant portail historique porte les caractères *chu nho* 海雲關 ("col de Hai Van").

En hiver, le col marque une rupture abrupte entre les climats septentrional et méridional. Tel un mur de séparation, il protège Danang des "vents chinois" violents du nord-est : ainsi, de novembre à mars, le versant du col donnant sur Lang Co connaît un temps froid et humide. L'autre côté, au sud, bénéficie d'un climat chaud et sec.

Le sommet du col est le seul endroit où l'on peut s'arrêter. La vue vaut le déplacement, surtout si l'on grimpe jusqu'au fort abandonné.

Le **tunnel de Hai Van**, long de 6,28 km, permet d'éviter le passage du col et fait ainsi gagner une heure sur le trajet Danang-Hué. Il est interdit aux motos et aux vélos (vous pourrez néanmoins faire transporter votre vélo dans un camion contre quelques dongs). Bien sûr, on gagne du temps, mais on passe à côté de la vue depuis le col.

Malgré quelques fous du volant, la route du col est plus sûre qu'auparavant, mais elle devient très fréquentée par des habitants faisant des selfies à moto et des bus touristiques. Sachez que les gros camions représentent aussi un danger. Si vous parvenez à détacher les yeux de la route, vous verrez sur le bord des petits autels en hommage à ceux qui ont perdu la vie sur cette route sinueuse.

installations de complexes hôteliers, dont d'imposants projets comme le Times Square Danang ou le Soleil Wyndham Danang. Les visiteurs chinois sont un moteur pour le tourisme, surtout avec Hoi An un peu plus bas sur la côte.

Cela dit, la ville recèle peu de sites touristiques classiques, hormis un musée très remarquable, une jolie cathédrale et un pont (ou trois) fort original. C'est pourquoi quelques jours suffiront probablement à la plupart des voyageurs pour découvrir les plages, les restaurants et la vie nocturne de la ville. Participez à un circuit nocturne pour admirer Danang dans toute sa scintillante majesté. Par ailleurs, la cuisine de rue mérite qu'on s'y intéresse de près.

Histoire

Connue sous le nom de Tourane sous la domination française, Danang devint au XIXe siècle le principal port de la région, et l'est encore aujourd'hui.

C'est ici que les premiers bataillons venus des États-Unis débarquèrent en mars 1965. Arrivés sur la plage de Nam O en tenue de combat, ces 3 500 marines furent accueillis par un essaim de jeunes Vietnamiennes portant l'*ao dai* et des guirlandes de fleurs. Dix ans plus tard, la scène était tout autre : tandis que les forces américaines et sud-vietnamiennes se retiraient, les habitants fuyaient éperdument la ville. Le 29 mars 1975, deux camions de combattants viêt-cong, composés pour plus de moitié de femmes, pénétrèrent dans ce qui avait été la ville la mieux défendue du Sud. Sans qu'ait été tiré le moindre coup de feu, la "libération" de Danang fut décrétée.

Aujourd'hui, Danang possède l'une des économies les plus dynamiques du pays. Elle est d'ailleurs régulièrement surnommée "Silicon City" en raison de son industrie du Web florissante.

À voir

Musée de la Sculpture cham — MUSÉE

(Bao Tang ; 1 Đ Trung Nu Vuong ; 40 000 d ; 7h-17h). Le site phare de Danang est ce musée, fort de la plus belle collection au monde d'œuvres chams, présentée dans des bâtiments qui allient l'architecture coloniale française à des éléments chams. Fondé en 1915 par l'École française d'Extrême-Orient, il présente plus de 500 pièces, dont des autels, des lingams (phallus stylisés représentant Shiva), des *garuda* (hommes-oiseaux aux airs de griffon), des apsaras (nymphes célestes), des Ganesh et des représentations de Shiva, Brahma et Vishnu, datant du Ve au XVe siècle.

Les explications sont très limitées. Audioguide disponible (20 000 d ; sur présentation de votre carte d'identité, de votre passeport ou de votre permis de conduire).

> **RESSOURCES EN LIGNE**
>
> Danang Experience (www.danangexperience.com) est un site riche d'informations, orienté vers une clientèle d'expatriés qui fournit également d'excellents conseils aux visiteurs en matière de restaurants, de bars et d'hébergements.

Pont du Dragon — PONT

(Cau Rong). GRATUIT Le plus grand spectacle de la ville a lieu tous les samedis et dimanches soir. À 21h, la tête de l'impressionnante sculpture de dragon (les arches du pont) crache feu et eau près de la rive orientale du fleuve Han. Les cafés sur la rive est, au nord du pont, sont les meilleurs postes d'observation. Des circuits en bateau permettant de profiter du spectacle partent de Đuong Bach Dang, sur la rive occidentale. Tous les soirs, des gens à scooter viennent se prendre en photo sur le pont aux couleurs changeantes.

Cathédrale de Danang — ÉGLISE

(Đ Tran Phu). Appelée ici église de Con Ga (église du Coq) en raison de la girouette perchée sur son clocher, cette cathédrale de couleur rose pâle fut édifiée en 1923 pour les ressortissants français. Aujourd'hui, elle rassemble une paroisse de 4 000 fidèles.

Temple caodaïste — TEMPLE

(63 Đ Hai Phong ; prières 5h30, 11h30, 17h30 et 23h30). GRATUIT Avec ses quelque 50 000 fidèles, il s'agit du plus grand temple caodaïste du centre du Vietnam. Devant l'autel principal, un écriteau porte une inscription signifiant "toutes les religions ont la même raison". Derrière ces lettres d'or sont représentés les fondateurs de cinq des grandes religions mondiales : Mahomet, Lao-tseu (vêtu à la manière des orthodoxes d'Orient), Jésus, Bouddha et Confucius. Derrière l'autel trône un gigantesque globe orné de l'œil divin, emblème du caodaïsme.

Danang

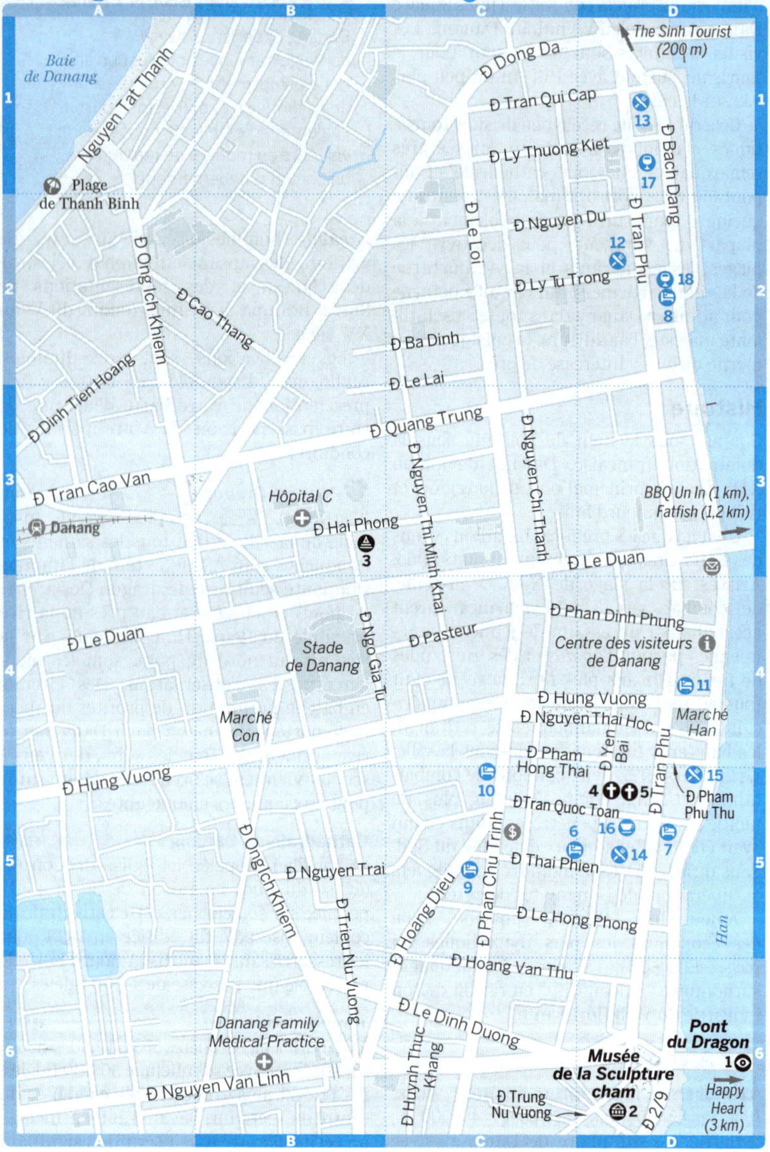

Couvent de Saint-Paul de Chartres

MONASTÈRE CHRÉTIEN

(Tu Vien Phao Lo ; 47 Đ Yen Bai). Le portail du couvent sur la route derrière la cathédrale est fermé, mais vous pourrez en apprécier l'architecture depuis l'extérieur. La congrégation des sœurs de Saint-Paul de Chartres, qui remonte à la fin du XVIIe siècle, s'est installée pour la première fois au Vietnam (à Saigon) en 1860. Elle y dirigeait des orphelinats et des hôpitaux, et continue aujourd'hui à travailler avec les défavorisés.

Danang

Les incontournables

À voir

Activités

Où se loger

Où se restaurer

Où prendre un verre et faire la fête

Circuits organisés

Hoi An Jeep Adventures CIRCUITS

(☎0905 101 930 ; www.vietnamjeeps.com ; à partir de 96 $US/pers). Cette agence de Hoi An, non loin, propose d'explorer la cuisine de rue et la scène nocturne de Danang en Jeep. Les voyageurs gourmands et curieux y feront des découvertes culinaires très intéressantes. Également : l'exploration de la montagne aux Singes en Jeep ou une journée au col de Hai Van.

Danang Food Tour GASTRONOMIE

(www.danangfoodtour.com). Excellents circuits sur le thème de la cuisine locale assurés matin (35 $US) et soir (45 $US) par des passionnés de cuisine. Forfait pour les deux circuits : 75 $US. L'excellent site Internet offre un florilège de Danang.

Danang Free Walking Tour À PIED

(☎0905 631 419 ; www.facebook.com/danangfreewalkingtour ; Vietnam Hostel, 22-24-26 Đ Hung Vuong ; ⏲9h et 15h). Organisés par des étudiants du coin, désireux de pratiquer l'anglais, ces circuits pédestres sont une bonne introduction à la ville. Donnez ce qui vous semble juste à la fin de la visite, et peut-être choisirez-vous un autre circuit spécialisé (payant), sur la cuisine de rue, par exemple. Départ du Vietnam Hostel (le bureau est à l'arrière).

Funtastic Danang Food Tour GASTRONOMIE

(☎0905 272 921 ; https://www.facebook.com/funtasticfoodtour/ ; 45 $US/pers). Ces circuits très appréciés autour de la cuisine de rue et des restaurants s'effectuent midi et soir en compagnie de Summer Le, blogueuse culinaire née à Danang, qui a déjà figuré dans le *New York Times*. Les trajets se font en voiture au fil de 5 lieux différents pour découvrir divers mets de la ville.

Fêtes et festivals

Concours international de feux d'artifice de Danang FEUX D'ARTIFICE

(www.diff.vn/en ; ⏲mai-juil). Durant les mois de mai, juin et juillet, les spectaculaires présentations d'équipes internationales d'artificiers illuminent la rivière et les ponts. Consultez le site Internet pour connaître le calendrier.

Où se loger

Séjourner près du fleuve, à l'ouest du pont du Dragon, vous permettra de profiter des restaurants et de la vie nocturne. Loger côté est du Han, près de la plage de My Khe, permet d'éviter les allers-retours en taxi, mais l'ambiance est beaucoup moins palpitante.

♥ **Vietnam Hostel** AUBERGE DE JEUNESSE $

(☎0236-710 9228 ; www.vietnamhostel.com ; 22-24-26 Đ Hung Vuong ; dort 9 $US, d/app à partir de 17/65 $US ; ❄📶). Située en plein centre, cette jolie adresse tendance est parée d'un briquetage élégant. Vaste gamme de logements : dortoirs soignés et d'allure sympathique, avec grands lits superposés, confortables chambres doubles et appartements tout équipés et très chics. Bar et terrasse sur le toit agréables (un cinéma doit y être aménagé). Service excellent.

Quartier général du Danang Free Walking Tour.

Memory Hostel AUBERGE DE JEUNESSE $

(☎0236-374 7797 ; www.memoryhostel.com ; 3 Đ Tran Quoc Toan ; dort 7-8 $US ; ❄📶). Cette auberge bien située promet de beaux souvenirs à base de promenades sur le pont du Dragon, de dîners au restaurant et de sorties nocturnes. Dortoirs de 4 à 12 lits (celui réservé aux femmes en a 6). À l'intérieur, le cadre est artistique, éclectique et propre, et les lits sont équipés de rideaux. Excellente adresse pour voyageurs à petit budget.

Orange Hotel HÔTEL **$$**
(0236-356 6177 ; danangorangehotel.com ; 29 Đ Hoang Dieu ; d 40-85 $US ;). Propriété d'une famille, cet hôtel doit la qualité de son service à son chaleureux patron. Vous le trouverez parfois à l'accueil ou dans le restaurant sur le toit. Chambres habillées de meubles en bois sombre et de quelques détails kitsch que vous oublierez vite devant la propreté sans faille des logements.

Le week-end, le grand buffet du petit-déjeuner comprend des plats locaux.

Sanouva BOUTIQUE-HÔTEL **$$**
(0236-382 3468 ; www.sanouvadanang.com ; 68 Đ Phan Chu Trinh ; d à partir de 55 $US ;). Entre hôtel de charme et hôtel d'affaires, cet élégant établissement donne dans une rue commerçante animée, à quelques pâtés de maisons du fleuve. Passé un hall tout en chic asiatique, on découvre des chambres relativement petites, au style moderne et épuré. Sur place, le S'Spa et le restaurant S'Ngon invitent à s'attarder.

Dong Duong Hotel HÔTEL **$$$**
(0236-363 1777 ; www.dongduonghotel.com.vn ; 62 Đ Thai Phien ; d/app 1 800 000/3 200 000 d ;). Ce grand hôtel (avec appartements) chic doit son charme à son adorable équipe ainsi qu'à son impressionnante entrée au décor fait de voitures de collection (décapotable VW Karmann Ghia jaune vif, scooter avec side-car, vieille Citroën) et de faux objets anciens, assez kitsch. Chambres très confortables et remarquable petit-déjeuner inclus. Service excellent.

Novotel Danang Premier Han River HÔTEL **$$$**
(0236-392 9999 ; www.novotel-danang-premier.com ; 36 Đ Bach Dang ; ch/ste à partir de 130/220 $US ;). Logé dans une grande tour au bord du fleuve, un Novotel aux spacieuses chambres avec vue sans pareille sur le Han et, au-delà, sur la plage et l'océan. Le personnel est accueillant et bien formé, et vous y profiterez d'une piscine, d'un spa et d'une salle de gym. Bar à ciel ouvert au 36e étage.

Où se restaurer

La scène culinaire de Danang devient chaque jour plus cosmopolite. Les échoppes de rue servent, quant à elles, des spécialités copieuses et savoureuses à base de *bun cha* (porc grillé), de *com* (riz) et de *mi quang* (soupe de nouilles). Il est conseillé aux fins gourmets de participer à un circuit gastronomique (p. 208). La blogueuse locale Summer Le en propose ; elle publie aussi des suggestions pour une visite à Danang sur www.danangcuisine.com.

Ngoc Chi VÉGÉTARIEN **$**
(32 Đ Thai Phien ; repas 35 000 d ; 6h-22h ;). Très abordable, affable et moderne, cette table végétarienne est située dans le centre-ville bouillonnant de Danang. Menu savoureux à base de classiques : *banh canh* (soupe de nouilles), *banh cuon* (crèpes de riz farcies), *my xao mem* (nouilles jaunes sautées), fausses viandes véganes ou simples bols de curry accompagnés de *banh mi* (baguette de pain) au succès garanti.

Vegan Ramen VÉGAN **$**
(34 Đ An Thuong 5 ; repas 100 000 d ; 11h-23h ;). Les végans se précipiteront à cette petite adresse tenue par une seule personne. Au programme : des bols généreux et roboratifs de *tantan men* (nouilles *dandan*) aux shiitakés, algues et épices brûlantes, de ramens curry-coco ou *shoyu*, et de nouilles froides ou sautées. Chaque plat est accompagné d'un dessert, et tous débordent de saveurs appétissantes.

Fatfish FUSION **$$**
(0236-394 5707 ; www.fatfishrestaurant.com ; 439 Đ Tran Hung Dao ; repas 110 000-330 000 d ; 10h-23h ;). Installé sur la rive orientale du Han, ce restaurant-bar est, pour Danang, en pointe de son domaine. Les plats asiatiques fusion pleins d'inventivité, ainsi que des pizzas et grillades au feu de bois s'accordent avec les savoureuses bières artisanales de la Pasteur Street Brewing Company (p. 360) de HCMV. Un bon endroit pour quelques en-cas ou un repas tranquille.

Waterfront INTERNATIONAL **$$**
(0236-384 3373 ; www.waterfront-danang.com ; 150-152 Đ Bach Dang ; repas 150 000-350 000 d ; 9h30-23h ;). Ce lieu a tout pour plaire. C'est un bar élégant où savourer un verre de sauvignon blanc néo-zélandais ou une bière importée, mais aussi un restaurant où déguster un

VAUT LE DÉTOUR

LES MONTAGNES DE MARBRE

Juste en retrait de la route côtière de la plage de Danang, les montagnes de Marbre (Ngu Hanh Son) sont constituées de cinq affleurements en marbre surmontés de pagodes. Chaque montagne représenterait un élément naturel, dont elle porte d'ailleurs le nom : Thuy Son (eau), Moc Son (bois), Hoa Son (feu), Kim Son (métal ou or) et Tho Son (terre). Les villages au pied de ces montagnes sont spécialisés dans le travail du marbre. Mais les sculpteurs travaillent désormais du marbre importé de Chine, de manière à préserver le site (et, partant, l'afflux des visiteurs).

Thuy Son (15 000 d ; ⏲7h-17h), la plus grande et la plus célèbre de ces montagnes, recèle plusieurs grottes naturelles où furent fondés au fil des siècles des sanctuaires hindouistes, puis bouddhiques. Des deux sentiers qui conduisent au sommet, le plus proche de la plage (au bout du village) offre un meilleur circuit.

Au sommet de l'escalier se dresse Ong Chon, le portique d'entrée, criblé d'impacts de balles, qui conduit à la pagode Linh Ong. Derrière celle-ci, un chemin traverse deux tunnels pour mener à un ensemble de grottes, appelées Tang Chon Dong, où l'on peut admirer des bouddhas et des bas-reliefs chams. À côté de l'un des autels, un escalier monte vers une autre grotte, partiellement ouverte, où trônent deux bouddhas assis. Il existe un ascenseur si vous souhaitez éviter les marches (ou ne les emprunter qu'en redescendant).

Le chemin qui part immédiatement sur la gauche après le portique d'Ong Chon permet de découvrir le reste de Thuy Son, à commencer par la pagode Xa Loi, une belle tour en pierre qui surplombe la côte. Un escalier partant du chemin principal mène à Vong Hai Da, un point d'observation avec panorama sur la plage de Danang, par-delà le couvert forestier. Le chemin pavé se poursuit vers la droite et débouche sur une petite gorge où s'ouvre, sur votre gauche, la grotte de Van Thong.

Pour rejoindre d'autres grottes proches de Thuy Son, quittez la mini-gorge près de la grotte de Van Thong et franchissez un portique marqué par la guerre. Un sentier rocailleux conduit à Linh Nham, une haute grotte en forme de cheminée qui dissimule un petit autel. À côté, un autre chemin conduit à Hoa Nghiem, cavité peu profonde renfermant un bouddha. En prenant à gauche de la cavité, on parvient à l'immense grotte de Huyen Khong, qui, éclairée par une ouverture sur le ciel, ressemble à une cathédrale. Son accès est gardé par des statues représentant deux mandarins civils et deux mandarins militaires.

La grotte abrite plusieurs autels bouddhiques et confucéens ; notez les inscriptions gravées sur les murs. À droite, une porte donne sur une salle avec deux stalactites – pendant la guerre du Vietnam, les combattants viêt-cong transformèrent la grotte en hôpital. À l'intérieur, une plaque commémorative est dédiée au groupe d'artilleuses qui, en 1972, détruisit 19 avions américains depuis une base au pied des montagnes.

Les bus locaux Danang-Hoi An (40 000 d) pourront vous déposer à hauteur des montagnes de Marbre, à 10 km au sud de Danang. Les agences de voyages de Hoi An et de Danang proposent aussi de découvrir le site sur une demi-journée.

repas mémorable (réservez sur la terrasse pour avoir vue sur le Han). À la carte : des viandes importées, des fruits de mer asiatiques, de bons mets végétariens et d'excellents sandwichs gastronomiques.

BBQ Un In BARBECUE, VIETNAMIEN **$$**
(☎0236-654 5357 ; www.bbqunin.com ; 379 Đ Tran Hung Dao ; repas 100 000-210 000 d ; ⏲11h30-22h30). Dans la rue des restaurants à la croissance rapide, sur la rive orientale du fleuve Han, ce nouvel établissement sympathique allie saveurs vietnamiennes et barbecue américain. Côtelettes, saucisses grillées épicées et copieux accompagnements, notamment maïs et ananas grillé, se dégustent dans des conteneurs ornés de street art coloré. "Girafe" de bière d'un bon rapport qualité/prix.

Madame Lan VIETNAMIEN **$$**
(☎0236-3616 226 ; www.madamelan.com ; 4 Đ Bach Dang ; repas 60 000-250 000 d ; ⏲6h-22h ; 📶). Un immense restaurant installé dans un bâtiment de style colonial doté d'une cour et de salles face au Han. Beaucoup de choses tentantes à la carte, dont le *bun cha cua* (soupe de nouilles à la chair de crabe), les *hu tieu bo kho* (vermicelles au bœuf mijoté), les *bun cha* (vermicelles au porc),

le chili avec calamars, et la papaye verte accompagnée de crevettes et d'ail.

Happy Heart CAFÉ $$
(0236-388 8384 ; www.facebook.com/happyheartdanang ; 9 Đ Ly Tu Trong ; repas 95 000-160 000 d ; 7h30-21h lun-sam ;). Le personnel malentendant et issu des minorités ethniques assure un service de premier ordre dans ce café qui donne une chance aux personnes handicapées à Danang. La cuisine est excellente, avec des classiques occidentaux (burgers, lasagnes, formidable burrito pour le petit-déjeuner) et des plats sans glutamate de sodium. Les bons cafés, les smoothies au yaourt et aux fruits, ainsi que les bières et les cidres ajoutent à l'attrait du lieu.

Mumtaz INDIEN $$
(www.mumtaz-danang.com ; 69 Đ Hoai Thanh ; repas à partir de 140 000 d ; 10h-22h ;). Si la musique au Mumtaz est un peu trop forte, le menu ne déçoit pas. Bel éventail de plats épicés à base de poissons et de crevettes (dont l'excellent tikka de poisson à l'ail), et les légumes ne sont pas en reste, grâce notamment au *daal makhini* (haricots mungo et haricots rouges), doux et appétissant, et au *palak paneer* (épinards au fromage frais), très parfumé.

Bonjuk Lunchbox & Cafe CORÉEN $$
(0236-353 8209 ; 2 Đ Ly Tu Tring ; repas 180 000 d ; 7h-20h30 ;). Si vos papilles réclament les saveurs du *kimchi*, cap sur ce restaurant coréen simple et soigné. On y sert un *bibimbap* bien chaud et riche en goût dans des bols en pierre (diverses garnitures, du poulpe épicé au thon en passant par le porc), mais aussi divers *bulgogi* en panier-repas, des nouilles au *kimchi* ou aux produits de la mer, des ragoûts, et toute une série de mets associant bouillie de légumes et poisson, fruits de mer ou viande.

Où prendre un verre et faire la fête

Luna Pub BAR
(www.facebook.com/LunaPubDanang ; 9a Đ Tran Phu ; 11h-2h lun-mer, ven-sam, 11h-1h jeu et dim ;). Moitié bar, moitié restaurant italien, ce repaire branché occupe un vaste espace avec devanture ouverte, box de DJ dans une cabine de camion, bonne musique, beau choix de boissons et chichas. Sa cuisine italienne (pizzas, pâtes, salades et autres) fait un tabac auprès des expatriés.

Golem Coffee CAFÉ
(0915 857 079 ; www.facebook.com/golemdanang ; 27 Đ Tran Quoc Toan ; 7h-22h ;). Avec son jardin arboré à l'abri des rues agitées de Danang, ce café tranquille au cadre rustique chic est prisé des jeunes Vietnamiens venus – sans quitter des yeux leurs Smartphones – se rafraîchir grâce à de bons smoothies. Goûtez celui au yaourt et à la noix de coco, installé parmi le joli mobilier dépareillé de la salle climatisée, ou bien sur les banquettes en teck à l'extérieur. Terrasse sur le toit incontournable le soir.

Drop Coffee CAFÉ
(41 Đ An Thuong 34 ; 7h-21h ;). Courbes gracieuses, carreaux blancs éclatants, tabourets noirs, musique douce, ambiance décontractée... On aime se détendre et faire le plein de caféine dans ce tout petit endroit pimpant, du côté est du fleuve. Figurent sur la petite carte : cafés italiens, vietnamiens et/ou infusés à froid, smoothies et thés.

Sky 36 BAR À COCKTAILS
(0935 046 488 ; www.sky36.vn ; Novotel Hotel, 36 Đ Bach Dang ; 18h-minuit). Tout en coquetterie et en finesse, ce bar sur le toit propose d'excellents cocktails et en-cas innovants. Meilleur horizon nocturne sur le fleuve ainsi que les ponts illuminés. Notez que ces messieurs sont soumis à un code vestimentaire casual chic, incluant le port de chaussures fermées.

Renseignements

Agribank (111 Đ Phan Chu Trinh ; 24h/24)

Centre des visiteurs de Danang (0236-355 0111 ; https://danangfantasticity.com/en/ ; 108 Đ Bach Dang ; 8h-21h30). Très utile, avec personnel parlant l'anglais, plans et brochures de qualité, etc. Location de vélos possible.

Danang Family Medical Practice (0236-358 2699 ; www.vietnammedicalpractice.com ; 96-98 Đ Nguyen Van Linh ; 8h-19h lun-ven, 8h30-17h sam, 8h30-12h30 dim). Clinique équipée pour les soins hospitaliers ; dirigée par un médecin israélien.

Hôpital C (Benh Vien C ; 0511-382 1483 ; 122 Đ Hai Phong ; 24h/24). Le plus moderne des quatre hôpitaux de la ville.

Poste principale (64 Đ Bach Dang ; 7h-17h30). Près du pont Song Han.

The Sinh Tourist (0236-384 3259 ; www.thesinhtourist.vn ; 16 Đ 3 Thang 2 ; 7h-20h). Pour réserver une excursion en bus "open tour" ou un autre circuit, et pour changer votre argent.

Depuis/vers Danang

Danang est la porte d'accès principale à Hoi An et l'un des points d'entrée vers les îles Cham. La ville est donc bien desservie par le train et l'aéroport international. Le personnel des hôtels et auberges de jeunesse peut organiser le transport vers/depuis Hoi An, divers sites et l'aéroport. À l'aéroport et à la gare ferroviaire, il est possible d'organiser le transport vers Hoi An.

L'**aéroport de Danang** (☎0236-3823 397 ; www.vietnamairport.vn/danangairport/en) propose des vols internationaux vers la Chine, la Corée du Sud, le Japon, Macao, Hong Kong, la Thaïlande, le Cambodge, Singapour et Taïwan. Il s'agit aussi d'un pôle intérieur important desservant Hanoi, Can Tho, HCMV, Haiphong, Nha Trang et d'autres aéroports régionaux au Vietnam. Les principales compagnies vietnamiennes, **Vietnam Airlines** (☎0236-382 1130 ; www.vietnamairlines.com), **VietJet Air** (www.vietjetair.com) et **Jetstar** (www.jetstar.com), desservent Hanoi, HCMV, Nha Trang, Dalat et Haiphong. **Silk Air** (www.silkair.com) vole depuis/vers Singapour.

Comment circuler

DEPUIS/VERS L'AÉROPORT

L'**aéroport** est à 2 km à l'ouest du centre-ville. Il n'existe pas de navette ; un taxi pour les hôtels du centre coûte environ 60 000 d.

BUS

La **gare routière interurbaine** (☎0236-382 1265 ; Đ Diên Biên Phu) se trouve à 3 km à l'ouest du centre-ville. Le trajet en taxi (avec compteur) jusqu'à la rive du fleuve Han vous reviendra à 90 000 d. Des bus partent fréquemment vers toutes les grandes villes, dont Dong Hoi (140 000 d, 6 heures), Hanoi (320 000 d, 16 heures), HCMV (400 000 d, 22 heures), Hué (60 000 d, 3 heures) et Nha Trang (250 000 d, 12 heures).

Les bus publics jaunes pour Hoi An (20 000 d, 1 heure, toutes les 30 minutes jusqu'à 18h) circulent dans Đuong Bach Dang. Le tarif est généralement indiqué derrière la porte ; vérifiez si vous pensez que le conducteur tente de vous escroquer.

Deux fois par jour, les bus "open tour" de **The Sinh Tourist** partent du bureau, dans le nord du centre-ville, en direction de Hué (90 000 d, 2 heures 30) et Hoi An (80 000 d, 1 heure). The Sinh Tourist fournit aussi des conseils pour rejoindre le Laos.

TAXI

Mai Linh (☎0511-356 5656). Taxis fiables avec compteurs. L'application Grab fonctionne à Danang pour réserver une voiture, mais pas pour les motos.

TRAIN

De la **gare ferroviaire** (202 Đ Hai Phong), à l'ouest du centre-ville, des trains desservent

VAUT LE DÉTOUR

LA STATION CLIMATIQUE DE BA NA

La luxuriante petite cité de Ba Na est située à environ 40 km à l'ouest de Danang. Établie par les Français en 1919 comme une station climatique, la localité est jalonnée de 200 villas aujourd'hui en ruine, mais l'air frais et la vue magnifique sur la campagne méritent le détour depuis Danang.

Jusqu'à la Seconde Guerre mondiale, les Français parcouraient les 20 derniers kilomètres, difficiles, en chaise à porteurs. Aujourd'hui, une télécabine de 5,7 km (la plus longue du monde à sa construction) facilite l'accès à la station. Elle grimpe de presque 1 400 m : une ascension vraiment spectaculaire au-dessus d'une jungle dense, ponctuée de cascades.

Autour de la station, des sentiers conduisent à des cascades et des points de vue. Près du sommet, vous atteindrez la pagode Linh Ung (2004), ainsi qu'un bouddha blanc assis, haut de 24 m, visible à des kilomètres à la ronde. Au sommet vous attendent le **pont doré** (Cau Vang) – passerelle soutenue par deux mains géantes –, une bourgade française reconstituée, un funiculaire qui monte plus haut encore, et une piste de luge très divertissante. Le pont doré, haut de 150 m, offre un tableau insolite, encore plus saisissant grâce au superbe panorama, mais la foule est parfois compacte sur le pont. Évitez les jours fériés.

Couvrez-vous bien : il peut faire 36°C sur la côte et 15°C dans la montagne. Cette dernière est souvent plongée dans la brume ; mieux y aller par grand beau temps.

La télécabine (aller-retour 650 000 d) effectue l'ascension entre le parking à l'entrée et la station. Des agences de voyages, à Danang ou Hoi An, organisent des excursions à la journée (à partir de 60 $US/pers). Autrement, comptez 70 $US l'aller-retour en taxi de Danang.

toutes les destinations sur la ligne principale nord-sud. Citons notamment Dong Hoi (7-20 $US, 5 heures 30-8 heures 30, 6/jour), Hanoi (19-40 $US, 14 heures 30-18 heures, 6/jour), HCMV (17-36 $US, 17-22 heures, 6/jour), Hué (2,50-5 $US, 2 heures 30-4 heures, 7/jour) et Nha Trang (12,50-30 $US, 9-12 heures, 6/jour).

Le trajet jusqu'à Hué est l'un des plus agréables du pays – il peut faire l'objet d'une excursion pour profiter du magnifique littoral.

VÉLO

On peut louer des vélos au centre des visiteurs de Danang pour s'aventurer au-delà du pont, jusqu'aux plages. Certains hôtels prêtent également des vélos.

Environs de Danang

Danang est une excellente base pour des excursions à la journée. Dominée par les cinq montagnes de Marbre au sud-est, la ville se trouve sur une longue et étroite péninsule terminée au nord par le Nui Son Tra (surnommé “montagne aux Singes” par les soldats américains). Les plages à l'est du fleuve, entre My Khe et An Bang au sud, sont en plein développement et ne manquent pas d'attrait.

Plage de Danang

Le nom de China Beach était employé pendant la guerre du Vietnam par les Américains pour désigner cette superbe plage de sable blanc qui s'étend sur 30 km, de la montagne aux Singes (Nui Son Tra) jusqu'aux environs de Hoi An au sud. Les soldats de toutes les bases du pays étaient envoyés ici lors de leurs permissions.

Pour les Vietnamiens, il s'agit de plusieurs plages aux noms différents : My Khe, My An, Non Nuoc, An Bang et Cua Dai. Alors que My Khe, à l'extrême nord, se trouve désormais presque dans les faubourgs de Danang, An Bang, au sud, est considérée comme la plage de Hoi An. Le secteur entre les deux affiche un nombre croissant de complexes balnéaires ; My Khe est agitée par la construction incessante de tours d'hôtellerie et de blocs d'appartements, mais le sable y est propre, et la plage se prête à la balade.

La meilleure saison pour la baignade va d'avril à juillet, quand la mer est la plus calme. En dehors de cette période, elle peut être très agitée. Sachez que les sauveteurs en mer ne surveillent que certaines parties de la plage. Elle est idéalement propice au surf entre mi-septembre et décembre environ.

À voir

Plage de My Khe PLAGE

Juste de l'autre côté du pont Song Han (10 000 d en *xe om*), My Khe est en passe de devenir le dernier faubourg de Danang, côté est. En début de matinée et de soirée, la plage se remplit de citadins pratiquant le tai-chi. Les touristes y surgissent aux heures les plus chaudes pour se dorer au soleil, tandis que les gens du coin préfèrent venir en fin de journée ; les pêcheurs s'installent encore avec leurs coracles sur la plage. Un courant peut rendre la mer dangereuse, en particulier en hiver, mais My Khe est protégée par les hauteurs de Nui Son Tra. Les abords de la plage sont très construits.

Où se loger

Frangipani Boutique Hotel BOUTIQUE-HÔTEL $$

(☎0236-393 8368 ; 8 Đ Nguyen Huu Thong ; d 45-50 $US ;). Avec tout juste 11 chambres et de belles parties communes, cet hôtel évoque une pension raffinée. Les chambres, spacieuses, modernes et joliment décorées, sont à quelques encablures de la plage de Danang. Petite piscine couverte au rez-de-chaussée, vélos en accès libre et agréable restaurant avec cour-terrasse.

à la carte HÔTEL DESIGN $$$

(☎0236-359 9555 ; www.alacartedanangbeach.com ; 200 Đ Vo Nguyen Giap ; ste à partir de 183 $US ;). L'établissement domine la plage du haut de ses 25 étages, abritant des suites, un spa et un centre de remise en forme. Les suites, aux airs d'appartements, sont spacieuses et modernes ; les plus belles, à l'avant, ont une vue dégagée sur la côte. Piscine à débordement devant le formidable bar sur le toit, et restaurants au rez-de-chaussée avec épicerie fine et bar à fruits de mer.

Fusion Maia HÔTEL $$$

(☎0236-396 7999 ; www.maiadanang.fusionresorts.com ; Đ Vo Nguyen Giap, plage de Khue My ; villas à partir de 466 $US ;). Hôtel moderne en bord de mer équipé d'un remarquable spa (les hôtes ont droit a 2 soins par jour) dont les cabines de soins, les saunas et les hammams s'articulent autour d'une cour arborée. Villas à 1, 2 ou 3 lits et au décor minimaliste, dotées de piscines privées. Bus navette gratuit depuis/vers Hoi An.

Environs de Danang

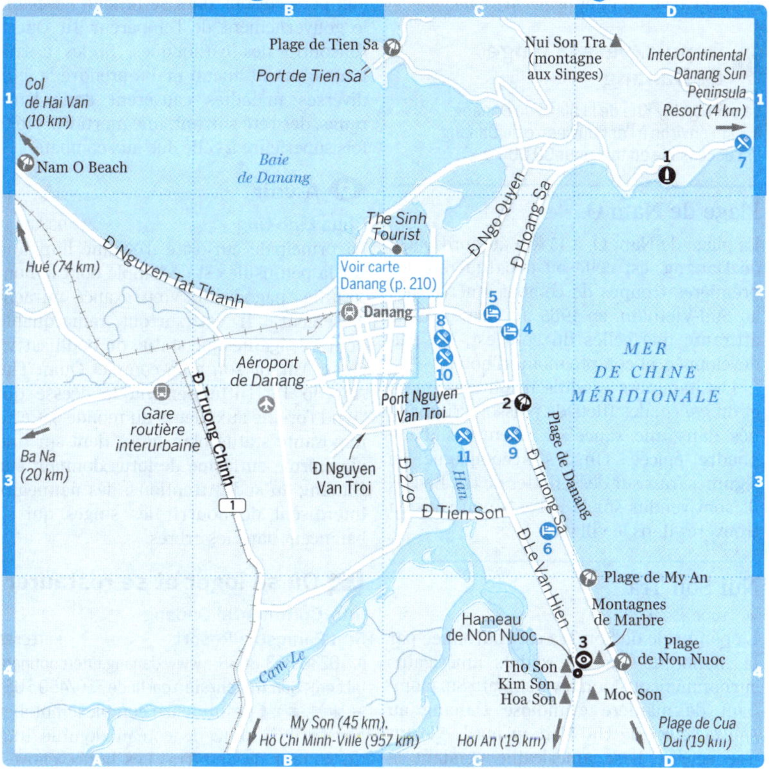

Où se restaurer et prendre un verre

Taco Ngon TACOS $

(☎0906 504 284 ; www.facebook.com/tacongon ; 19 Đ Tu Quan ; tacos 39 000 d ; ⌚10h30-22h). Blotti dans une ruelle, ce petit établissement sert les meilleurs tacos à des kilomètres à la ronde. Saveurs fusion mariant porc et coleslaw au wasabi, poisson, gingembre et citron vert, ou poulet et sauce barbecue au tamarin. Cannettes de bière Larue bon marché ou shots de tequila (30 000 d).

Burger Bros BURGERS $

(☎0945 576 240 ; burgerbros.amebaownd.com ; 18 Đ An Thuong 4 ; burgers 70 000-140 000 d ; ⌚11h-14h et 17h30-22h mar-dim). Propriété d'un surfeur japonais branché, le Bros est un lieu sympathique où goûter d'excellents burgers et une bière à prix raisonnables. Frites et coleslaw sont à tomber et poissons, crevettes et autres légumes sont également

Environs de Danang

À voir
1 Chua Linh Ung D1
2 My Khe C3
3 Thuy Son D4

Où se loger
4 à la carte C2
5 Frangipani Boutique Hotel C2
6 Fusion Maia C3

Où se restaurer
7 Bay Ban D1
8 BBQ Un In C2
9 Burger Bros C3
10 Fatfish C2
11 Mumtaz C3
Taco Ngon .... (voir 9)
Vegan Ramen .... (voir 9)

Où prendre un verre et faire la fête
Drop Coffee .... (voir 9)

excellents. Parmi les burgers, testez celui au fromage bleu ou l'imposant My Khe.

Depuis/vers la plage de Danang

La section My Khe de la plage de Danang, à 3 km environ à l'est du centre de Danang, est accessible en taxi pour 60 000 d.

Plage de Nam O

La plage de Nam O, à 15 km au nord-ouest de Danang, est celle où débarquèrent les premières troupes de combat américaines au Sud-Vietnam, en 1965. La plage, moins attirante que celles du côté est, est peu développée, et compte moins d'hôtels.

Les habitants produisent du nuoc-mâm et du *goi ca*, des filets de poisson cru marinés dans une sauce et recouverts d'une poudre épicée. On les accompagne de légumes frais sur des galettes de riz. En été, ils sont vendus sur la plage, sinon vous en trouverez dans le village.

Nui Son Tra

ALTITUDE 850 M

La péninsule de Son Tra est couronnée par la montagne que les soldats américains surnommaient Monkey (singe). Surplombant de manière grandiose Danang au sud et le col de Hai Van au nord, elle fut une célèbre base américaine pendant la guerre. Elle était encore fermée au public jusqu'à il y a peu. De nouvelles routes et des complexes balnéaires y ouvrent depuis.

La vue, sublime par temps clair, depuis le sommet de la montagne (Nui) Son Tra, est le point fort des environs. De la présence militaire américaine, il reste quelques dômes de radars (toujours utilisés par l'armée vietnamienne, et donc zone interdite) à côté de l'héliport, transformé en belvédère. La route abrupte qui mène au sommet, très peu empruntée, peut poser problème. Faire l'ascension à moto requiert une grosse cylindrée. L'embranchement pour cette route se trouve à environ 3 km avant le port de Tien Sa, indiqué par un panneau bleu annonçant “Son Tra Eco-tourism”.

Sur l'autre versant de Nui Son Tra, près du port, s'étire la plage de Tien Sa. Un mémorial, près du port, rappelle un épisode tragique de l'histoire coloniale. En août 1858, des troupes françaises et philippines, menées par les Espagnols, attaquèrent Danang pour mettre un terme aux persécutions dont se rendait coupable le gouvernement de l'empereur Tu Duc à l'encontre des catholiques. Si les assaillants n'eurent aucun mal à prendre la cité, diverses maladies causèrent dans leurs rangs, dès l'été suivant, une mortalité vingt fois supérieure à celle due aux combats.

À voir

Chua Linh Ung MONUMENT

La principale curiosité d'origine humaine sur la péninsule est ce temple dont le nom signifie “pagode du Vœu exaucé miraculeusement”. Il est surtout remarquable pour sa gigantesque statue du bodhisattva Quan Âm, de son nom complet Quan The Am Bo Tat (littéralement, la déesse qui “tend l'oreille aux pleurs du monde”). Cette imposante statue blanche se tient sur une plateforme en forme de lotus donnant sur Danang au sud. Attention : des panneaux interdisent de nourrir les singes qui se balancent dans les arbres.

Où se loger et se restaurer

InterContinental Danang Sun Peninsula Resort HÔTEL $$$

(☎ 0236-393 8888 ; www.danang.intercontinental.com ; Son Tra ; ch/ste à partir de 350/450 $US ;). Cet immense complexe hôtelier construit à flanc de coteau domine tout un secteur de Son Tra. Les hôtes, choyés, circulent en voiturette de golf dans le parc paysager, entre le spa, l'excellente salle de gym et l'immense piscine.

Bay Ban PRODUITS DE LA MER $$

(☎ 0511-221 4237 ; Son Tra ; repas 90 000-250 000 d ; ⏲ 11h-21h30). Ce restaurant de produits de la mer remporte un franc succès auprès des familles vietnamiennes le week-end et pendant les vacances. Le reste du temps, il est assez calme. Prenez votre repas au bord de l'eau, dans l'un des abris au toit de chaume de la baie. Carte de poisson frais, d'araignées de mer, de plats d'anguilles et de crevettes.

Comment s'y rendre et circuler

La péninsule et la montagne aux Singes s'explorent mieux à moto, de manière indépendante. Les agences de voyages de Danang et de Hoi An proposent des excursions d'une journée comprenant des sites comme la statue de Linh Ung.

Hoi An

☎ 0235 / 152 000 HABITANTS

Hoi An est une ville historique pleine de charme – peut-être la plus ravissante du Vietnam. Jadis port de première importance, elle tire aujourd'hui avantage de son architecture et de son cadre exceptionnel, en bord de fleuve. Mieux encore : elle est peu touchée par le fléau de la circulation et de la pollution.

C'est au hasard que Hoi An doit sa belle allure de cité provinciale historique. Si le Thu Bon ne s'était pas trouvé asséché à la fin du XIXe siècle, empêchant les navires d'accéder aux docks, la ville aurait très certainement un visage très différent aujourd'hui. Un siècle durant, son importance a décru, jusqu'à sa renaissance dans les années 1990 avec le développement du tourisme. Aujourd'hui, Hoi An est à nouveau une ville cosmopolite, l'une des plus riches du pays, un haut lieu de la gastronomie et l'un des foyers du tourisme au Vietnam.

La vieille ville a préservé son incroyable patrimoine (voir aussi l'encadré p. 220), composé de maisons de marchands japonais de guingois, de temples chinois et d'anciennes maisons de thé – même si les résidents et les rizières ont peu à peu été remplacés par des commerces touristiques. Les bars, les hôtels de charme, les agences de voyages et les boutiques de prêt-à-porter sont, de fait, largement représentés désormais. Or il suffit de se rendre jusqu'au marché et à l'île de Cam Nam pour découvrir un paysage tout à fait différent. Encore quelques kilomètres, et vous trouverez de superbes balades à faire à vélo, à moto ou en bateau, vers des plages ou des paysages parmi les plus beaux du pays.

Histoire

On a récemment découvert à Hoi An des fragments de céramique vieux de 2 200 ans : ce sont les plus anciens vestiges d'occupation humaine, que l'on attribue à la civilisation Sa Huynh, apparentée à la culture de Dông Son du Nord et datant de la fin de l'âge du fer. Du IIe au Xe siècle, ce fut un important port maritime du royaume du Champa, et les archéologues ont découvert aux alentours les fondations de nombreuses tours chams.

En 1306, le roi cham épousa la fille d'un monarque de la dynastie des Trân et fit don aux Vietnamiens de la province de Quang Nam. À sa mort, son successeur contesta la légitimité de ce présent et, pendant plus d'un siècle, la région fut en proie au chaos. Au XVe siècle, la paix revenue, le commerce put reprendre normalement son cours. Durant les quatre siècles suivants, Hoi An – connue sous le nom de Faifo au temps des premiers marchands occidentaux – fut l'un des principaux ports d'Asie du Sud-Est. Chinois, Japonais, Hollandais, Portugais, Espagnols, Indiens, Philippins, Indonésiens, Thaïlandais, Français, Anglais et Américains vinrent tous s'y approvisionner en soie, étoffes, papier, porcelaine, noix d'arec, poivre, plantes médicinales chinoises, ivoire, cire d'abeille, nacre et laque.

Au printemps, les navires chinois et japonais étaient poussés vers le sud par les vents de mousson. Ils séjournaient à Hoi An jusqu'à l'été, reprenant la mer avec les vents du sud. Durant ces quatre mois, les marchands louaient sur le front de mer des maisons qui leur tenaient lieu à la fois d'entrepôt et de résidence. Certains d'entre eux y installèrent par la suite des représentants habilités à gérer leurs affaires sur place le reste de l'année.

Les Japonais, dont le gouvernement leur interdit en 1637 tout contact avec le monde extérieur, cessèrent de venir à Hoi An, ce qui ne fut pas le cas des Chinois. Les maisons communes des congrégations chinoises jouent, aujourd'hui encore, un rôle essentiel auprès de la population chinoise du sud du Vietnam, dont les membres effectuent parfois de longs voyages pour venir assister aux célébrations de Hoi An et vénérer certaines divinités traditionnelles de Chine méridionale.

Ce fut par Hoi An que le christianisme pénétra au Vietnam. De tous les missionnaires du XVIIe siècle, le plus célèbre fut le père Alexandre de Rhodes, inventeur du *quôc-ngu*, l'alphabet romanisé qui transcrit toujours le vietnamien aujourd'hui.

Presque entièrement détruite par la révolte des Tây Son entre les années 1770 et 1790, Hoi An fut reconstruite et garda son statut de plaque tournante commerciale jusqu'à la fin du XIXe siècle. Toutefois, l'ensablement du fleuve Thu Bon (Cai), qui relie Hoi An à la mer, commença à gêner la navigation. Danang éclipsa peu à peu Hoi An en tant que port et centre du commerce.

À l'époque coloniale française, Hoi An était un centre administratif. La ville n'a quasiment pas été touchée par les

LES MAISONS DE HOI AN

Non seulement les édifices anciens de Hoi An ont survécu aux guerres du XXe siècle, mais ils ont gardé des caractéristiques traditionnelles rares de nos jours. Bon nombre de devantures de magasin se ferment depuis des siècles à l'aide de planches glissées horizontalement dans des fentes pratiquées dans les colonnes soutenant le toit.

De même, certaines toitures sont constituées de milliers tuiles *am-duong* (yin et yang) couleur brique, ainsi nommées en raison de leur forme concave et convexe permettant un assemblage parfait. Lors de la saison des pluies, le lichen et la mousse qui poussent recouvrent les toits d'un vert éclatant.

À Hoi An, certaines portes d'entrée sont surmontées de pièces de bois arrondies où figure le symbole du *am* et du *duong*, entouré par une spirale. Ces *mat cua* ("yeux de porte") sont supposés protéger du mal les habitants de la demeure.

Les bâtiments historiques de Hoi An font tour à tour l'objet de soigneux travaux de restauration. Des règles strictes encadrent le choix des panneaux et des couleurs des maisons. Afin de contribuer au charme de la vieille ville, les lanternes sont obligatoires, et les lampes fluorescentes interdites.

Ce ne sont pas seulement des édifices isolés qui ont survécu, mais des rues entières, surtout autour de Đuong Tran Phu et Đuong Bach Dang, la promenade au bord de l'eau. Dans l'ancien quartier français, à l'est du pont Cam Nam, subsiste tout un pâté de maisons à colonnades, peintes dans le jaune moutarde caractéristique des bâtiments coloniaux français.

bombardements pendant la guerre du Vietnam, les deux camps désirant la préserver.

Dans les années 1990, un élan touristique animant la ville a transformé l'économie locale. La vieille ville a été classée au patrimoine mondial de l'Unesco en 1999, et une législation très stricte préserve cette architecture unique.

Aujourd'hui, l'économie de Hoi An est en plein essor, et la vieille ville peine parfois à accueillir tous les visiteurs armés de leurs perches à selfie.

À voir

Classés par l'Unesco, plus de 800 édifices historiques de Hoi An sont préservés. Une grande partie de la **vieille ville** a gardé son aspect d'il y a plusieurs siècles. Seuls 18 bâtiments sont ouverts au public, auxquels on accède, pour leur majorité, muni d'un billet d'entrée pour la vieille ville. Les droits perçus sont destinés au financement des travaux de conservation.

Un billet permet d'accéder à cinq des 22 sites historiques, dont des musées, des maisons communes, des maisons anciennes et un concert de musique traditionnelle à l'**atelier d'artisanat** (9 Đ Nguyen Thai Hoc ; billet de la vieille ville). Les billets sont valables pendant 10 jours ; un coupon sera prélevé sur le vôtre à l'entrée de chaque site.

En théorie, ils permettent d'accéder à la vieille ville en elle-même, mais vous ne serez normalement pas contrôlé si vous allez simplement dîner ou faire des achats. Conservez toutefois votre billet au cas où. Vous pourriez être l'objet d'un contrôle sur le pont japonais (p. 221), mais insister sur le fait que vous faites simplement les boutiques devrait fonctionner. Lorsque le pont est bondé, les probabilités de contrôle sont maigres. Si les contrôleurs du pont vous demandent votre billet deux fois, expliquez que vous avez déjà donné un coupon pour la traversée.

Il y a quatre petits musées modestes ; leurs collections restent assez limitées et les informations fournies rudimentaires.

Les Chinois qui s'installèrent à Hoi An s'identifiaient selon leurs provinces d'origine. Chaque communauté construisait sa maison commune (*hoi quan* en vietnamien), utilisée pour des réunions amicales ou professionnelles et des fêtes religieuses.

Dans toutes les demeures, excepté la maison Diep Dong Nguyen (p. 228) et la maison Quan Thang (p. 225), sont assurées de courtes visites guidées, généralement menées par une jeune femme de la famille. Efficace mais manquant parfois de conviction, la jeune guide vous fera asseoir sur une lourde chaise de bois et récitera sa présentation. Vous pourrez ensuite vous promener librement dans la maison.

La popularité de ces demeures a son revers : jadis lieux de vie, elles sont désormais figées dans le temps, privées de la présence des familles qui les occupaient jadis et en ont été écartées à des fins touristiques. Les groupes organisés, qui se bousculent pour prendre des photos, seront également susceptibles de troubler votre visite.

Malgré l'afflux des touristes (dont de nombreux Sud-Coréens et Chinois), Hoi An reste une cité conservatrice et il est conseillé de porter une tenue convenable pour visiter les maisons, qui gardent rang de demeures privées.

Pont couvert japonais — PONT

(Cau Nhat Ban ; billet de la vieille ville ; 24h/24). Emblématique de Hoi An, ce joli pont fut bâti dans les années 1590 par la communauté japonaise afin d'établir une voie de communication avec le quartier chinois. Au fil des siècles, son ornementation est restée relativement fidèle au style japonais d'origine. Lors de votre traversée, les contrôleurs retireront un coupon de votre billet de la vieille ville ; si vous repassez dans l'autre sens, précisez que vous avez déjà donné un coupon.

Les accès du pont sont gardés par des statues ayant subi les intempéries : d'un côté deux singes et, de l'autre, deux chiens. Plusieurs légendes justifient la présence de ces sentinelles : selon l'une d'entre elles, ces animaux faisaient l'objet d'un culte particulier, car nombre d'empereurs japonais étaient nés sous le signe du Chien ou du Singe. Une autre affirme que la construction du pont commença lors d'une année du Singe pour s'achever une année du Chien. Une stèle énumère les noms, rédigés en *chu nho* (caractères chinois), des Vietnamiens et des Chinois ayant contribué à financer sa rénovation. Le pont devrait subir une réparation et être démantelé un temps ; renseignez-vous.

Les Français avaient aplani la chaussée pour faciliter le passage des véhicules, mais les travaux de rénovation entrepris en 1986 lui ont rendu sa forme convexe originelle.

Maison Tan Ky — ÉDIFICE HISTORIQUE

(101 Đ Nguyen Thai Hoc ; billet de la vieille ville ; 8h-12h et 14h-16h30). Construite il y a deux siècles pour une famille vietnamienne, cette demeure a été remarquablement conservée par les sept générations qui l'ont successivement occupée.

Son architecture est révélatrice des influences japonaise et chinoise. Parmi les éléments nippons figure le plafond (dans la pièce de réception), soutenu par trois poutres de tailles différentes superposées en ordre décroissant. Sous le plafond en forme de crabe ont été sculptés des sabres, symboles de la force, ornés d'un ruban de soie, qui représente la flexibilité. De certaines colonnes pendent des poèmes chinois inscrits en nacre incrustée. Les caractères agrémentant ces panneaux, réalisés il y a un siècle et demi, se composent exclusivement d'oiseaux représentés avec grâce dans plusieurs positions de vol.

Les balustrades de bois, ornées de feuilles de vigne gravées rappelant l'influence européenne, témoignent de la fusion culturelle unique dont témoigne Hoi An.

L'arrière de la maison, qui donne sur le fleuve, était autrefois loué aux marchands étrangers. Deux poulies, attachées à une poutre du grenier et jadis employées pour y monter les marchandises, servent aujourd'hui à sauver les meubles en cas de crue.

Le toit recouvert de tuiles et le plafond en bois, à l'intérieur, permettaient de garder la chaleur en hiver et la fraîcheur en été.

Maison commune de la congrégation chinoise du Fujian — TEMPLE

(Phuc Kien Hoi Quan ; face au 35 Đ Tran Phu ; billet de la vieille ville ; 7h-17h30). Construit comme une salle de réunion traditionnelle, cet édifice fut plus tard transformé en temple voué au culte de Thien Hau, divinité tutélaire des marins. La triple porte recouverte de tuiles vertes fut ajoutée en 1975. Sur le mur de droite, une peinture représente Thien Hau : éclairée par une lanterne, la déesse de la Mer traverse une mer déchaînée pour sauver un bateau en détresse. En face sont figurés les chefs des six familles chinoises qui quittèrent le Fujian au XVIIe siècle pour s'installer à Hoi An.

L'avant-dernière salle accueille la statue de la déesse. De part et d'autre de l'entrée se tiennent Thuan Phong Nhi, à la peau rouge, et Thien Ly Nhan, à la peau verte. Ces divinités sont chargées de repérer les navires en perdition.

Dans la dernière salle, l'autel central abrite les statuettes assises des six chefs de famille. Au-dessous, des statues plus petites représentent leurs successeurs à la tête du clan. Derrière l'autel, à droite, trois fées et 12 *ba mu* (sages-femmes), plus petites, transmettent au nouveau-né ce qui lui sera nécessaire au cours de sa première année de vie – sourire, téter, etc.

Hoi An

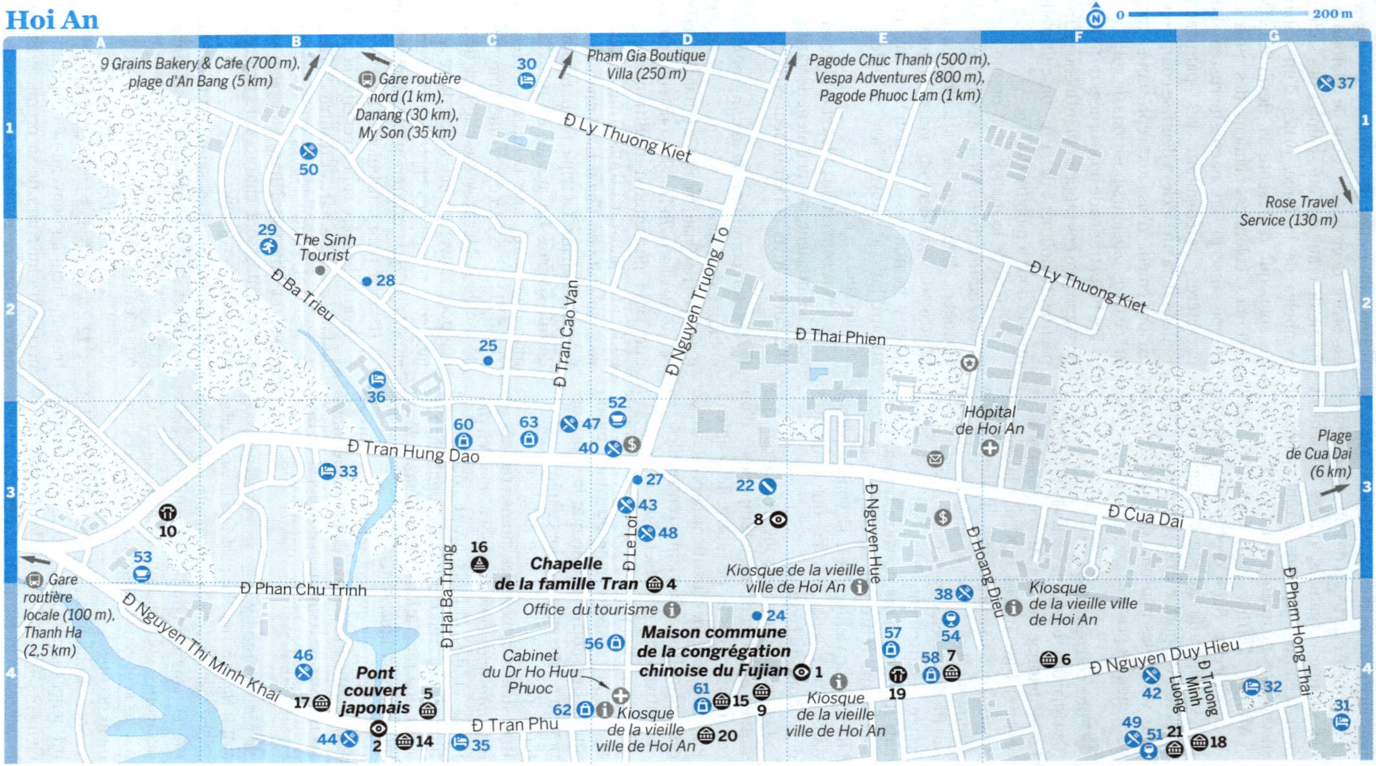
0
200 m
A
B
C
D
E
F
G
1
2
3
4
9 Grains Bakery & Cafe (700 m),
plage d'An Bang (5 km)
Gare routière
nord (1 km),
Danang (30 km),
My Son (35 km)
30
Pham Gia Boutique
Villa (250 m)
Pagode Chuc Thanh (500 m),
Vespa Adventures (800 m),
Pagode Phuoc Lam (1 km)
37
Đ Ly Thuong Kiet
50
Rose Travel
Service (130 m)
29
The Sinh
Tourist
28
Đ Ba Trieu
Đ Tran Cao Van
Đ Nguyen Truong To
Đ Ly Thuong Kiet
Đ Thai Phien
25
36
60
63
47
52
Hôpital
de Hoi An
Plage
de Cua Dai
(6 km)
Đ Tran Hung Dao
40
33
27
22
Đ Cua Dai
10
43
8
48
53
16
Chapelle
de la famille Tran
4
Đ Le Loi
Đ Hai Ba Trung
Kiosque de la vieille
ville de Hoi An
Đ Nguyen Hue
Đ Hoang Dieu
Đ Pham Hong Thai
Gare
routière
locale (100 m),
Thanh Ha
(2,5 km)
Đ Phan Chu Trinh
Office du tourisme
24
38
Kiosque
de la vieille ville
de Hoi An
54
Đ Nguyen Thi Minh Khai
46
56
Maison commune
de la congrégation
chinoise du Fujian
1
57
Cabinet
du Dr Ho Huu
Phuoc
58
7
6
Đ Nguyen Duy Hieu
Pont
couvert
japonais
5
17
61
15
9
Kiosque
de la vieille
ville de Hoi An
19
42
Đ Truong
Minh
Luong
32
62
Kiosque
de la vieille
ville de Hoi An
Đ Tran Phu
44
2
14
35
20
49
51
21
18
31

Les couples désirant un enfant ont coutume de venir prier ici, et y laissent des fruits frais en offrande.

Chapelle de la famille Tran ÉDIFICE HISTORIQUE
(21 Đ Le Loi ; billet de la vieille ville ; ⏲7h30-12h et 14h-17h30). Dédiée au culte de ses ancêtres (陳), cette chapelle (qui est plus précisément un pavillon ancestral) a été construite, en 1802, par l'un des membres du clan, qui avait atteint le rang de mandarin et servi comme ambassadeur en Chine. Son portrait figure sur la droite de la chapelle. L'architecture du bâtiment témoigne d'influences chinoises (notamment son toit aux allures de tortue), japonaises (avec les trois poutres) et locales (repérez les arcs et les flèches dans la décoration).

Sur l'autel, des coffrets en bois renferment les tablettes en pierre des ancêtres, sur lesquelles figurent des idéogrammes chinois indiquant leurs dates de naissance et de mort, ainsi que quelques petits effets personnels. Lors de l'anniversaire de la mort de chacun des défunts de la famille, son coffret est ouvert, on fait brûler de l'encens et on dispose des offrandes de nourriture.

Après une rapide visite, on vous montrera la salle dite des antiquités, où sont vendus des pièces de monnaie et des souvenirs.

Maison commune de la congrégation chinoise de Hainan ÉDIFICE HISTORIQUE
(Hai Nam Hoi Quan ; 10 Đ Tran Phu ; ⏲8h-17h). GRATUIT Datant de 1851, cette maison commune est dédiée à la mémoire des 108 marchands de Hainan accusés à tort de piraterie et exécutés dans la province de Quang Nam cette même année. Sur les estrades, richement ornées, se trouvent des plaques commémoratives. Devant l'autel central, vous pourrez admirer une sculpture de bois finement dorée, représentant une scène de la cour chinoise.

Maison Phung Hung ÉDIFICE HISTORIQUE
(4 Đ Nguyen Thi Minh Khai ; billet de la vieille ville ; ⏲8h-18h). À quelques pas du pont couvert japonais, cette demeure possède une vaste entrée accueillante, décorée d'exquises lanternes, de rouleaux peints et de broderies. Il est possible d'aller jusqu'au balcon ; ne manquez pas l'impressionnant autel suspendu.

Notez que le personnel limite parfois le nombre de visiteurs sur le balcon afin d'éviter que celui-ci ne s'écroule à cause de la foule s'y pressant pour prendre des photos.

Hoi An

Les incontournables
1 Maison commune de la congrégation chinoise du Fujian.....E4
2 Pont couvert japonais.....B4
3 Maison Tan Ky.....C5
4 Chapelle de la famille Tran.....D4

À voir
5 Maison commune de la congrégation chinoise de Canton.....C4
6 Maison commune de la congrégation chinoise de Chaozhou.....F4
7 Maison commune de la congrégation chinoise de Hainan.....E4
8 Puits Ba Le.....D3
9 Maison commune des cinq congrégations.....D4
10 Temple de Confucius.....A3
11 Maison Diep Dong Nguyen.....D5
12 Atelier d'artisanat.....E5
13 Musée du folklore de Hoi An.....D5
14 Musée de la Culture de Sa Huynh et musée de la Révolution.....C4
15 Musée des Céramiques de commerce..D4
16 Pagode Phap Bao.....C3
17 Maison Phung Hung.....B4
18 Precious Heritage.....G4
19 Temple Quan Cong.....E4
20 Maison Quan Thang.....D4
21 Maison Tran Duong.....F4

Activités
22 Blue Coral Diving.....D3
23 Cham Island Diving Center.....D5
24 Eat Hoi An.....D4
25 Grasshopper Adventures.....C2
26 Heaven & Earth.....C6
27 Herbs and Spices.....D3
28 Hoi An Free Tour.....B2
Hoi An Photo Tour.....(voir 21)
29 Palmarosa.....B2

Où se loger
30 Almanity Hoi An.....C1
31 Anantara Hoi An Resort.....G4
32 Ha An Hotel.....G4
33 Nu Ni Homestay.....B3
34 Vinh Hung Emerald Resort.....A6
35 Vinh Hung Heritage Hotel.....C4
36 Vinh Hung Library Hotel.....B2

Où se restaurer
37 Aubergine 49.....G1
38 Banh Mi Phuong.....E4
39 Cargo Club.....C5
40 Ganesh Indian Restaurant.....D3
41 Green Mango.....D5
42 Hill Station.....F4
43 Little Menu.....D3
44 Mai Fish.....B4
45 Mango Mango.....C5
46 Nu Eatery.....B4
47 Sea Shell.....C3
48 Streets.....D3
49 Tadioto.....F4
50 White Rose.....B1

Où prendre un verre et faire la fête
51 3 Dragons.....F4
Dive Bar.....(voir 23)
52 Espresso Station.....D3
Mia Coffee House.....(voir 18)
Q Bar.....(voir 23)
53 Queta Cafe.....A3
54 Tap House.....E4
55 White Marble.....D5

Achats
56 A Dong Silk.....D4
57 Couleurs D'Asie Gallery.....E4
58 Friendly Shop.....E4
59 Hoang Kim.....D5
60 Kimmy.....C3
61 Lotus Jewellery.....D4
March Gallery.....(voir 21)
62 Metiseko.....C4
63 Pheva Chocolate.....C3
64 Randy's Book Xchange.....F6
Reaching Out.....(voir 3)
Rue des Arts.....(voir 21)
65 Villagecraft Planet.....F5
66 Yaly.....C5

Temple de Confucius TEMPLE CONFUCÉEN
(Mieu Tho Khong Tu ; Đ Tran Hung Dao). Derrière un impressionnant portail où “temple de Confucius” est inscrit en caractères chinois *chu nho*, ce temple magnifique à l'ouest des secteurs animés apparaît comme une explosion de carreaux en céramique. Guettez de l'autre côté du pont le “mur des esprits” où figure un *ky lan*, une chimère mythique souvent représentée dans les temples confucéens. À l'arrière se tient une effigie de Confucius (Khong Tu), vénérée dans le “pavillon des Grands Exploits”.

Maison commune de la congrégation chinoise de Chaozhou ÉDIFICE HISTORIQUE
(Trieu Chau Hoi Quan ; face au 157 Đ Nguyen Duy Hieu ; billet de la vieille ville ou don 10 000 d ; 8h-17h). L'attrait majeur de cette maison commune, datant de 1752, réside dans la splendeur de ses sculptures sur bois. Les motifs très élaborés sur les poutres, les murs et l'autel sont éblouissants, et l'on peut passer des heures à essayer de comprendre les histoires qu'ils représentent. Admirez, sur les portes en face de l'autel, la gravure de deux jeunes Chinoises coiffées à la japonaise.

Île de Cam Kim

ÎLE

Les maîtres sculpteurs à qui l'on doit les complexes travaux sur bois qui ornent les bâtiments publics et les maisons de marchands de Hoi An étaient tous originaires du village de Kim Bong, sur l'île de Cam Kim. Par ailleurs, la plupart des sculptures sur bois vendues à Hoi An sont réalisées ici.

Des bateaux pour l'île partent de l'embarcadère (p. 240) de Đuong Bach Dang, à Hoi An (35 000 d, 30 minutes). Il est aussi agréable de découvrir le village et l'île à vélo. Vous n'y rencontrerez que de rares touristes, et il n'y a aucune boutique de souvenirs.

Puits Ba Le

MONUMENT

Ce puits de forme carrée remonterait au temps des Chams. C'est aussi, selon la tradition, exclusivement l'eau de ce puits qui doit servir à la préparation des authentiques *cao lau* (p. 233), une spécialité de Hoi An. Vous verrez sans doute des personnes âgées venir ici remplir leurs seaux en métal. Pour y accéder, prenez la petite rue en face du 35 Đuong Phan Chu Trinh et tournez dans la deuxième ruelle sur la droite.

Pagode Phuoc Lam

TEMPLE BOUDDHIQUE

(Thon 2a, Cam Ha ; ⏲8h-17h). Construite au milieu du XVIIe siècle, cette pagode est associée à An Thiem, prodige vietnamien ayant embrassé la vie monastique à l'âge de 8 ans. Dix ans plus tard, il se porta volontaire dans l'armée pour éviter à ses frères d'être enrôlés, et obtint, à terme, ses galons de général. Pour expier ses crimes de guerre, cependant, il s'engagea à nettoyer le marché de Hoi An pendant 20 ans, puis retourna à la vie monastique, à la tête de la pagode.

Pagode Chuc Thanh

TEMPLE BOUDDHIQUE

(Khu Vuc 7, Tan An ; ⏲8h-18h). Érigée en 1454 par un bonze originaire de Chine, la pagode Chuc Thanh est la plus ancienne de Hoi An. On peut y admirer des objets rituels utilisés depuis des siècles : plusieurs cloches, un gong de pierre vieux de 200 ans et un gong de bois en forme de carpe, qui serait encore plus ancien. Prenez Đuong Nguyen Truong To direction nord jusqu'au bout, puis tournez à gauche ; suivez le chemin sur 500 m.

Musée des Céramiques de commerce

MUSÉE

(80 Đ Tran Phu ; billet de la vieille ville ; ⏲7h-17h30). Installé dans une maison en bois sombre restaurée, ce musée donne à voir des céramiques en provenance de toute l'Asie et d'autres pays du monde (d'Égypte notamment), preuve de l'importance des relations commerciales de Hoi An avec l'étranger. Il faut néanmoins être spécialiste pour apprécier cette collection à sa juste valeur. La petite exposition sur la restauration des vieilles maisons de Hoi An est très instructive en matière d'architecture ancienne.

Maison Quan Thang

ÉDIFICE HISTORIQUE

(77 Tran Phu ; billet de la vieille ville ; ⏲7h-17h). Cette maison fut construite il y a trois siècles par un capitaine chinois. Son architecture comporte des éléments japonais et chinois. Admirez les sculptures de paons et de fleurs particulièrement fines des murs en teck des pièces entourant la cour, tout comme celles des poutres et du dessous du toit en carapace de crabe (dans le salon près de la cour).

Musée de la Culture de Sa Huynh et musée de la Révolution

MUSÉE

(149 Đ Tran Phu ; billet de la vieille ville ; ⏲7h-18h). Ce musée à deux niveaux expose des bijoux en pierre, en bronze, en or, en verre et en agate, toutes sortes de fragments de céramiques et des jarres funéraires du début de la civilisation de Dông Son (Sa Huynh).

Musée du Folklore de Hoi An

MUSÉE

(33 Đ Nguyen Thai Hoc62 Đ Bach Dang ; billet de la vieille ville ; ⏲7h-17h30). Les expositions de ce comptoir chinois vieux de 150 ans donnent un aperçu des coutumes et de la culture locales. La vue sur la rivière depuis l'étage est des plus pittoresques.

Maison commune de la congrégation chinoise de Canton

ÉDIFICE HISTORIQUE

(Quang Trieu Hoi Quan ; 176 Đ Tran Phu ; billet de la vieille ville ; ⏲8h-17h). Érigée en 1786, cette maison commune possède une porte d'entrée élancée qui s'ouvre sur une superbe statue en mosaïque représentant un dragon et une carpe. L'autel principal est dédié au général chinois Quan Cong (voir ci-dessous). Dans le jardin à l'arrière se dresse une statue de dragon encore plus belle. La statue de chèvre à l'arrière est un symbole de Canton (Guangzhou), en Chine.

Temple Quan Cong

TEMPLE CONFUCÉEN

(Chua Ong ; 24 Đ Tran Phu ; billet de la vieille ville). Consacré en 1653, ce petit temple chinois est dédié à Quan Cong, général chinois tenu en haute estime, révéré comme un symbole de loyauté, de sincérité, d'intégrité et de justice. Sa statue de papier mâché sur une âme de bois, partiellement dorée,

JOHN ELK/GETTY IMAGES ©

1. Maison Tan Ky **2.** Pont couvert japonais **3.** Chapelle de la famille Tran **4.** Spirale d'encens, maison commune de la congrégation chinoise du Fujian

EFIRED/SHUTTERSTOCK ©

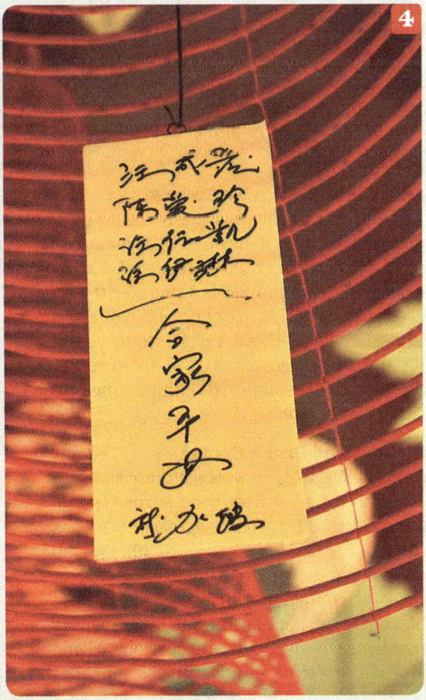

GERHARD ZWERGER-SCHONER/GETTY IMAGES ©

Le patrimoine de Hoi An

Les influences chinoises, japonaises et vietnamiennes ont tissé à Hoi An une esthétique charmante. Avec des croyances religieuses diverses, un riche folklore et son passé commercial, la ville est un véritable musée des curiosités.

1. Maison Tan Ky

La cour de cette demeure de marchand (p. 221) remplit plusieurs fonctions : elle laisse entrer la lumière et le *khi* (qi ; l'énergie vitale), apporte une ventilation indispensable, recueille l'eau de pluie et sert à l'évacuation des eaux. Les marques sur l'un des murs indiquent le niveau de l'eau lors des récentes inondations, le record ayant été atteint en 1964, quand le plafond du premier niveau a été presque touché.

2. Pont couvert japonais

Ce beau pont abrité (p. 221) fut conçu par les marchands japonais de la ville, probablement au XVIIe siècle, lorsque cette communauté était en plein essor. La partie nord du pont comprend un temple consacré à Bac De Tran Vu (Tran Vu, l'empereur du Nord), un dieu taoïste qui représente l'étoile polaire et commande à la mer, aux vents ainsi qu'à la pluie.

3. Chapelle de la famille Tran

La porte centrale de ce pavillon ancestral (p. 223) est réservée aux défunts. La tradition voulait que les femmes y entrent par la gauche et les hommes par la droite. Jadis, à chaque nouvelle naissance dans la famille, le placenta et le cordon ombilical servaient à nourrir les plantes du jardin. Cela assurait que tous les descendants du clan gardent un lien avec ce lieu.

4. Maison commune de la congrégation chinoise du Fujian

Cette maison commune (p. 221) tient son nom de la province de Fujian (Phuc Kien) en Chine méridionale, une terre de marins fouettée par les typhons et dont la longue histoire a connu de grands mouvements d'émigration. La maison est dédiée au culte de Thien Hau, déesse de la Mer et protectrice des marins.

trône sur l'autel central à l'arrière du sanctuaire. Quand un visiteur fait une offrande à Quan Cong, le gardien frappe d'un coup solennel un vase de bronze.

Maison Tran Duong ÉDIFICE HISTORIQUE
(25 Đ Phan Boi Chau ; 20 000 d ; 9h-19h). Entre le 22 et le 73 Đuong Phan Boi Chau, vous pourrez admirer un ensemble de bâtiments à colonnades de style colonial français, parmi lesquels cette demeure, qui remonte au XIXe siècle. Étant donné qu'il s'agit toujours d'une habitation privée, la visite est assurée par un membre de la famille. Entre autres meubles anciens français et chinois, on peut admirer un buffet bas et un salon incrustés de nacre qui contrastent avec la grande table en bois (en fait le lit familial) dans la pièce de devant.

Maison commune des cinq congrégations ÉDIFICE HISTORIQUE
(Chua Ba ; 0510-861 935 ; 64 Tran Phu ; 8h-17h). GRATUIT Fondée en 1773, cette maison commune accueillait les congrégations du Fujian, de Canton, du Hainan, de Chaozhou et les Hakkas. À droite de l'entrée, on remarque les portraits de résistants chinois, morts pendant la Seconde Guerre mondiale et héros au Vietnam. Le temple principal, bien restauré, est un ravissement des sens, avec ses spirales d'encens qui s'élèvent, ses divinités aux airs démoniaques, ses dragons et sa laque rouge omniprésente. Il est dédié à Thien Hau, déesse tutélaire des marins dont le culte est répandu sur la côte sud de la Chine.

Maison Diep Dong Nguyen ÉDIFICE HISTORIQUE
(58 Đ Nguyen Thai Hoc ; 8h-12h et 14h-16h30). GRATUIT Cette vieille maison était au XIXe siècle celle d'un marchand chinois. La première pièce servit de cabinet de médecine chinoise (*thuoc bac*) : les plantes médicinales étaient conservées dans les vitrines qui tapissent les murs.

Pagode Phap Bao TEMPLE BOUDDHIQUE
(Đ Hai Ba Trung). Cette pagode dont le nom peut se traduire par "temple du Trésor de la Loi" exhibe une façade recouverte de céramiques et de peintures colorées, surmontée d'un toit très travaillé, orné de dragons ressemblant à des serpents. Au centre, l'immense cour est emplie de centaines de plantes en pot et de bonsaïs.

Activités

Nomad Yoga YOGA
(0777 184 604 ; www.nomadyogahoian.com ; 22 Nguyen Du ; cours 200 000 d, cours 1 sem en illimité 900 000 d). Cours dans un paisible studio entouré de rizières ou (le matin) dans le Salt Pub, sur la plage d'An Bang. Traitements au spa et programmes curatifs également proposés. Café sur place, spécialiste des ingrédients naturels, des savoureux bols de granola et jus détox. Consultez le planning en ligne. Qi gong et formation à l'enseignement du yoga également.

Plongée et snorkeling

Les îles Cham (p. 243) constituent une superbe excursion, et les deux écoles de plongée de Hoi An proposent des forfaits comprenant plongée et nuit sous la tente. Les spots, sans être exceptionnels, sont souvent intéressants, et les coraux sont en bonne santé, car l'amélioration de l'environnement marin ces dernières années a permis aux récifs de reprendre vie.

Le programme d'initiation à la plongée PADI Discover Scuba revient à 65 $US, et deux plongées de loisir coûtent 100 $US. Les cours Open Water débutent à 375 $US. Pour le snorkeling, comptez environ 50 $US, matériel compris (il est aussi possible de camper pour la nuit).

La plongée et le snorkeling ne sont généralement possibles qu'entre février et septembre ; les conditions et la visibilité sont optimales entre juin et août.

Blue Coral Diving PLONGÉE
(0235-627 9297 ; www.divehoian.com ; 33 Đ Tran Hung Dao). Ce prestataire professionnel et agréable dispose d'un bateau de plongée de 18 m et d'un hors-bord. Excursions snorkeling aux îles Cham à 50 $US et cours PADI ; 2 plongées reviennent à 100 $US. Blue Coral est l'unique centre PADI 5 étoiles certifié IDC dans le centre du Vietnam. Possibilité de camper une nuit sur les îles Cham.

Cham Island Diving Center PLONGÉE
(0235-391 0782 ; www.vietnamscubadiving.com ; 88 Đ Nguyen Thai Hoc ; journée snorkeling 1 200 000 d, snorkeling/plongée 2 jours 2 300 000/3 000 000 d ; 9h-21h30). Ce club de plongée est tenu par une équipe chaleureuse et compétente. Il possède un grand bateau et un hors-bord pour les transferts rapides. Organise des excursions d'une journée, ou avec nuit sur place, aux îles

CHEZ LES CO TU

Vivant en altitude dans les montagnes qui s'élèvent derrière Hoi An, les Co Tu sont l'une des plus petites minorités ethniques au Vietnam, ainsi qu'une des plus attachées à ses traditions. Leurs villages sont constitués de maisons sur pilotis organisées autour d'un *guol*, un bâtiment collectif accueillant rassemblements, rituels et spectacles. Les tatouages au visage étaient monnaie courante jusqu'à très récemment, et les visiteurs venus assister à des manifestations culturelles y observeront encore des tenues traditionnelles. Durant les guerres d'Indochine et du Vietnam, les combattant co tu étaient craints et respectés, et les touristes ont souvent l'occasion de rencontrer des vétérans entrés dans la légende pour leur courage face aux Américains.

La localité co tu de Bho Hoong a mis sur pied un beau projet de tourisme communautaire qui permet aux visiteurs de loger sur place. Les guides co tu suivent des formations et leurs recettes sont réinvesties dans le secteur. Les hébergements sont des bungalows (www.bhohoongbungalows.com ; d/lits jum à partir de 75 $US ; ⊜) très confortables. Décorés avec une grâce tout asiatique, ils sont pourvus de salles de bains spacieuses, habillées de bambou et de galets de la rivière.

Les voyageurs indépendants souhaitant y passer la nuit pourront consulter les sites Internet de réservation en ligne, et le village fait partie de certains circuits organisés par Hoi An Jeep Adventures (p. 211) et Hoi An Motorbike Adventures (ci-dessous). Les circuits de 2 jours/1 nuit (à partir de 350 $US/pers) comprennent les repas et la visite du superbe paysage bordant la frontière laotienne. Transport à bord d'une Jeep américaine ou d'une voiture climatisée. Circuits de 3 jours/2 nuits (à partir de 525 $US/pers) également.

Cham. Le centre comporte aussi un bar (le Dive Bar) et un restaurant.

Spa et massages

Hoi An regorge de centres de massage et de soins, en majorité assez moyens, car gérés par des gens du coin peu formés et sans grande expérience. Prévoyez environ 12 $US pour un massage basique. Une série d'établissements proposent des massages simples dans Đuong Ba Trieu. Les centres les plus luxueux, basés pour la plupart dans les hôtels de luxe, possèdent d'excellents spas (les prix vont avec).

Palmarosa MASSAGES
(☎0235-393 3999 ; www.palmarosaspa.vn ; 48 Đ Ba Trieu ; massages et soins à partir de 220 000 d ; ⊙10h-21h). Ce spa très professionnel propose différents massages (thaïlandais ou suédois, massage indien de la tête et massage aux pierres de basalte chauffées), gommages, et soins du visage, des pieds et des mains.

☞ Circuits organisés

Vespa Adventures CIRCUITS EN VESPA
(☎0938 500 997 ; www.vespaadventures.com ; Alley22/2, 170 Đ Ly Thai To ; 69-80 $US/pers ; ⊙8h-17h). Vespa Adventures propose l'une des façons les plus amusantes et les plus branchées de visiter les environs de Hoi An, avec ses balades à l'arrière d'un deux-roues rétro. Circuits le matin, l'après-midi et en soirée (notamment le "Streets & Eats of Hoi An", très prisé, qui allie cuisine savoureuse et bière fraîche).

Hoi An Jeep Adventures CIRCUITS EN JEEP
(☎0905 101 930, 0235-391 1930 ; www.vietnamjeeps.com ; Nguyen Chi Thanh ; à partir de 96 $US/pers). Sorties amusantes et passionnantes d'une demi-journée à 3 jours à bord d'anciennes Jeeps américaine et russes : My Son, montagne aux Singes, cuisine de rue de Danang, village co tu de Bho Hoong (ci-dessus), etc. Le circuit quotidien franchissant le col de Hai Van vers et depuis Hué (65 $US) débute à 9h et se termine à 16h. Il inclut plusieurs curiosités en chemin.

Grasshopper Adventures CIRCUITS À VÉLO
(☎0932 034 286 ; www.grasshopperadventures.com ; 62 Đ Hai Ba Trung ; 37-47 $US/pers). Circuits hautement recommandés sur des vélos très bien entretenus. Virées dans la campagne en journée, exploration de My Son, excursions mêlant vélo et kayak... Citons aussi l'excellent circuit culinaire au coucher du soleil et les circuits de plusieurs jours pour explorer le Vietnam.

Hoi An Motorbike Adventures CIRCUITS
(☎0905 101 930, 0235-391 1930 ; www.motorbiketours-hoian.com ; Nguyen Chi Thanh ; à partir

de 50 $US). Spécialiste des circuits sur de robustes motos tout-terrain ou les fameuses motos Minsk. Les guides connaissent bien la région, ils empruntent de belles routes et des sentiers en bord de rivière. Possibilité d'être conducteur (avec permis) ou passager. Certains itinéraires peuvent être réalisés en Jeep.

Hoi An Free Tour CIRCUITS À VÉLO
(www.freetour.com/hoi-an/free-bike-tours ; 567 ĐHai Ba Trung). À vélo dans la périphérie de Hoi An avec des étudiants qui aiment pratiquer l'anglais. Les circuits sont gratuits, mais il faut prévoir la somme raisonnable de 100 000 d pour la location du vélo, les ferries et un soutien à la communauté locale.

Pat Tire Ventures CIRCUITS AVENTURE
(☎0235-653 9839 ; www.ptv-vietnam.com ; 80 Đ Le Hong Phong ; à partir de 39 $US). Excellent circuit à VTT jusqu'aux ruines de My Son, ponctué de chemins de campagne et de visites de temples. Trajet depuis votre hôtel inclus. Également : des circuits aventure, avec rappel et escalade.

Hoi An Photo Tour CIRCUITS PHOTO
(☎0905 671 898 ; www.hoianphototour.com ; 42 Đ Phan Boi Chau ; à partir de 40 $US/pers). Excellents circuits organisés par le photographe Étienne Bossot. Les plus prisés sont programmés à l'aube ou au crépuscule, afin d'immortaliser pêcheurs et rizières sous la douce lumière de Hoi An. Formules pour photographes chevronnés ou novices, et ateliers spécifiques ou nocturnes. Consultez sur le site les détails des excursions de 3 jours à la découverte de secteurs plus reculés autour de Hoi An.

Réservation possible auprès de la March Gallery, à la même adresse.

Hoi An Kayak Tours CIRCUITS EN KAYAK
(☎0979 437 338 ; www.hoiankayaktours.com ; Đ Tran Nhan Tong, quai Thuan Tinh ; location kayak/paddle à partir de 15/10 $US, circuits kayak et paddle à partir de 29 $US, vélo et sortie en bateau 25 $US ; ⏲8h-17h). Large gamme de circuits en kayak et paddle pour explorer les villages reculés au bord de l'eau des alentours de Hoi An. Locations individuelles de kayaks et de paddles, et circuits combinant *long-tail boat*, vélo, cuisine locale et coucher du soleil.

SUP Monkey CIRCUITS EN PADDLE
(☎0125 593 1463 ; www.supmonkey.net ; 250 Đ Cua Dai ; 30-120 $US/pers ; ⏲9h-20h lun-sam). Explorez les cours d'eau des environs de Hoi An sur une planche de paddle. Parmi les options, citons le circuit à l'aube, au départ de la plage d'An Bang, et celui dans les collines près de My Son.

Heaven & Earth CIRCUITS À VÉLO
(☎0235-386 4362 ; www.vietnam-bicycle.com ; 61 Đ Ngo Quyen, An Hoi ; circuits à partir de 19 $US). Circuits à vélo bien conçus et pas trop difficiles dans le secteur du delta du Song Thu. Des circuits à VTT récemment lancés empruntent des pistes et des ponts branlants en bambou.

Fêtes et festivals

Fête de la Pleine Lune CULTURE
(⏲17h-23h 14ᵉ jour de chaque mois lunaire). Il est particulièrement plaisant de séjourner à Hoi An le 14ᵉ jour du mois lunaire : la ville célèbre alors la fête de la Pleine Lune. Les véhicules à moteur sont bannis de la vieille ville, les marchés de rue débordent d'objets d'artisanat, de souvenirs et de nourriture, et toutes les lanternes sont sorties ! Des concerts et des représentations de théâtre traditionnel sont également donnés.

Où se loger

Hoi An est une ville où l'on peut se loger quel que soit son budget. La vieille ville n'abrite que quelques hôtels, mais dans la mesure où les commerces y ferment tôt il n'est pas impératif d'y séjourner. Il existe de nombreuses bonnes adresses où se loger à deux pas de la vieille ville, mais attention, les meilleurs endroits sont vite complets : réservez le plus tôt possible. D'autres hébergements ont ouvert plus en périphérie, car Hoi An s'agrandit au gré de son industrie touristique dévorante.

Nombre d'établissements bon marché ou de catégorie moyenne sont disséminés au nord-ouest, près de Đuong Hai Ba Trung et Đuong Ba Trieu. La jolie péninsule d'An Hoi et l'île de Can Nam sont aussi très proches de la vieille ville. On déniche sans mal des hôtels de luxe à quelques kilomètres de la ville, sur la plage (navette en bus systématiquement offerte). Vous pouvez également loger sur la plage d'An Bang.

Lazy Bear Hostel AUBERGE DE JEUNESSE $
(☎0905 025 491 ; www.facebook.com/lazybearhostel ; 12 Đ Tran Quuc Toan ; dort/d avec petit-déj 8/20 $US ; ❄📶). Petite auberge de jeunesse tenue par une famille, bien située – à 2,5 km de la vieille ville et de la

plage de Cua Dai. Nombreux avantages : petit-déjeuner inclus, prêt de vélos, tournée des bars et circuit gastronomique offerts. Jardin reposant et salles de bains modernes dans les chambres privatives. L'un des meilleurs rapports qualité/prix de Hoi An.

Hoi An Backpackers Hostel AUBERGE DE JEUNESSE **$**
(0235-391 4400 ; www.vietnambackpackerhostels.com ; 252 Đ Cua Dai ; dort/lits jum/d avec petit-déj 12/40/40 $US ;). Ce groupe possédant des auberges de jeunesse dans tout le pays a construit cet établissement louant des dortoirs propres et convenables ainsi que des chambres avec salles de bains attenantes. Emplacement pratique entre la vieille ville et la plage, et location de vélos pour explorer les alentours. Les plus : le bar-restaurant près de la piscine et les nombreux espaces communs paisibles.

Hoi An Odyssey Hotel BOUTIQUE-HÔTEL **$$**
(0235-391 1818 ; www.hoianodysseyhotel.com ; Đ Xuyen Trung, Cam Thanh ; d à partir de 55 $US ;). Dans un environnement semi-rural sur l'île de Cam Thanh – à 1,5 km à vélo de la vieille ville –, l'Odyssey est un paradis après une journée de visite. Vue sur les rizières et la rivière, petite piscine et chambres élégantes, c'est l'une des meilleures nouveautés de Hoi An. Prêt de vélos et navette gratuite pour la plage privée.

Nu Ni Homestay PENSION **$$**
(0235-392 7979 ; www.nu-ni-homestay.hoi-an-hotels.com/en ; 131/12 Đ Tran Hung Dao ; d/tr/f 22/32/42 $US ;). Dans une ruelle paisible juste au nord de la vieille ville, le Nu Ni Homestay loue 7 spacieuses chambres flambant neuves, dont certaines ont un balcon. La chaleureuse famille de propriétaires se montre très volontaire. Salle de bains moderne et espace commun au rez-de-chaussée font du Nu Ni un excellent choix. Petit-déjeuner non compris.

Vinh Hung Emerald Resort HÔTEL **$$**
(0510-393 4999 ; www.vinhhungemeraldresort.com ; Minh An, An Hoi ; ch 50-80 $US, ste 95 $US ;). En bord de rivière, à An Hoi, un mini-hôtel joliment conçu, aux chambres de style moderniste d'un bon rapport qualité/prix. Toutes donnent sur la belle piscine ou disposent d'une terrasse face à la rivière. Centre de remise en forme et petit spa.

Pham Gia Boutique Villa PENSION **$$**
(0235-396 3963, 0914 085 075 ; www.phamgiahoian.com ; 73/1 Đ Phan Dinh Phung ; d/ste à partir de 35/42 $US ;). Organisé autour des eaux bleues d'une piscine, le Pham Gia se rapproche de la pension de luxe. Les chambres, spacieuses et ensoleillées, mêlent cadres colonial et local, et le chaleureux propriétaire, habitant de Hoi An, a une longue expérience dans le tourisme. On peut emprunter des vélos pour rejoindre la vieille ville ou la plage d'An Bang.

Hoi An Garden Villas HÔTEL **$$**
(0510-393 9539 ; www.hoiangardenvillas.com ; 145 Đ Tran Nhat Duat ; d 28-40 $US, f 65 $US ;). Dans une rue calme, 2 km à l'est du centre, cet hôtel compte 8 chambres doubles et des villas charmantes. Très grands lits, baignoire, mobilier de qualité et balcon ou terrasse donnant sur la piscine sont communs à toutes. Prêt de vélos.

Ha An Hotel HÔTEL DE CARACTÈRE **$$**
(0235-386 3126 ; www.haanhotel.com ; 6-8 Đ Phan Boi Chau ; ch 65-110 $US ;). Cet élégant établissement évoque davantage une demeure coloniale qu'un hôtel. Les chambres ont chacune une décoration distincte et donnent sur un jardin luxuriant. Le personnel, aimable et bien formé, rend le séjour très agréable. À environ 5 minutes de marche du centre-ville (vélos à disposition gratuitement), l'hôtel dispose d'un spa, d'un café et d'un bar.

Vinh Hung Library Hotel HÔTEL **$$**
(0235-391 6277 ; www.vinhhunglibraryhotel.com ; 96 Đ Ba Trieu ; ch 30-55 $US ;). Agréable petit hôtel caractérisé par ses chambres au décor branché avec grand lit, mobilier en bois, bureau et TV sat., ainsi qu'un balcon pour certaines (les moins chères sont toutefois sans fenêtre). Les salles de bains sont impeccables. L'espace piscine sur le toit est parfait pour prendre le soleil ou se rafraîchir. La grande et intéressante bibliothèque éponyme est installée au rez-de-chaussée.

Vinh Hung Heritage Hotel HÔTEL HISTORIQUE **$$**
(0510-386 1621 ; www.vinhhungheritagehotel.com ; 143 Đ Tran Phu ; ch 65-75 $US ;). Rien ne manque pour un séjour d'exception dans cette maison bicentenaire entièrement en bois, où l'on croirait presque entendre les anciens occupants négocier le prix des épices avec des commerçants

venus d'ailleurs. Deux suites patrimoniales, dont la chambre n°208 qui a servi de décor au remake d'*Un Américain bien tranquille*. Les chambres à l'arrière sont un peu sombres.

Ivy Villa HÔTEL **$$**
(0235-391 0999 ; www.ivyvillahoian.com ; 168a Đ Nguyen Duy Hieu ; ch à partir de 32 $US ;). À la lisière est de Hoi An, en dehors du secteur le plus animé, l'Ivy Villa est un lieu accueillant et géré avec professionnalisme, aménagé le long d'une petite piscine rectangulaire. Chambres modernes et confortables, au rapport qualité/prix correct. Excellent petit-déjeuner. Organisation de circuits et prêt de vélos.

Almanity Hoi An BOUTIQUE-HÔTEL **$$$**
(0235-366 6888 ; www.almanityhoian.com ; 326 Đ Ly Thuong Kiet ; d 140-220 $US ;). Avec son immense hall et son choix entre des chambres traditionnelles jouant la carte du patrimoine et des hébergements modernes sur le thème du bien-être, l'Almanity est sans doute l'un des hôtels les plus relaxants de Hoi An. Les jardins et la piscine en font un havre de paix (malgré l'emplacement central), l'happy hour au bar dure souvent 3 heures, et plusieurs traitements ou massages sont proposés. Consultez le site pour les formules spa intéressantes.

Hoi An Chic Hotel HÔTEL **$$$**
(0235-392 6899, 0235-392 6799 ; www.hoianchic.com ; Đ Nguyen Trai ; ch 90-135 $US ;). Au milieu des rizières, à mi-chemin entre la ville et la plage, le Hoi An Chic tire profit d'un emplacement paisible et quasi rural. Le design est moderne : mobilier coloré, salles de bains extérieures et piscine surélevée. Personnel attentionné et navette gratuite (à bord d'une Jeep américaine d'origine !) jusqu'au centre, situé à 3 km à l'ouest.

Anantara Hoi An Resort COMPLEXE HÔTELIER **$$$**
(0235-391 4555 ; www.anantara.com ; 1 Đ Pham Hong Thai ; ch/ste à partir de 220/245 $US ;). Une grande attention est portée aux détails dans ce resort de style colonial. Les 94 chambres sont joliment aménagées, avec une déco contemporaine et de superbes salles de bains, et le vaste domaine est immaculé. Plusieurs restaurants (installés notamment dans une galerie d'art ou en bordure du fleuve), spa et très belle piscine avec bar. Situé dans le quartier français, à quelques minutes à pied du cœur de la ville.

Activités proposées (confection de lanternes, croisières sur le fleuve, etc.).

Ana Mandara COMPLEXE HÔTELIER **$$$**
(0234-398 3333 ; www.anamandarahue-resort.com ; Thuan An ; d à partir de 90 $US, villas à partir de 169 $US ;). L'ample hall naturellement climatisé sert de prélude au confort de ce resort de la côte, supervisé par une équipe charmante et très serviable. À côté de la plage de Thuan An à Hué, vous pourrez regarder le soleil se lever sur les vagues depuis votre villa face au sable. L'Ana Mandara dispose d'une portion de plage privée et d'un excellent spa.

Où se restaurer

Hoi An est une destination culinaire de haut vol. Il est possible de faire un fabuleux repas pour trois fois rien au marché central et dans les petites échoppes, comme de savourer un dîner gastronomique dans un restaurant huppé. Sans surprise, on trouve aussi de nombreuses tables de cuisine étrangère et un nombre croissant d'adresses végétariennes ou véganes. Par ailleurs, les plats végétariens ne sont pas rares sur la carte des établissements de tous types.

Vegan Zone VÉGAN **$**
(0888 122 655 ; www.facebook.com/veganzonehoian ; 197 Đ Nguyen Duy Hieu ; plats à partir de 60 000 d ; 10h-21h ;). Ce beau restaurant dans l'est de la ville sort le grand jeu avec un choix alléchant de plats végans, du gâteau de pommes de terre au *bun rieu* (soupe de nouilles au riz) en passant par le tofu citronnelle, le délicieux curry végan ou la fondue aux champignons bouillante. La Vegan Zone associe tout cela à des jus de fruits désaltérants, de doux smoothies et du cidre. Dernier service à 20h30.

Banh Mi Phuong VIETNAMIEN **$**
(2b Đ Phan Chu Trinh ; banh mi 20 000-30 000 d ; 6h30-21h30). Les clients s'arrachent le *banh mi* (baguette garnie) de cet établissement et font la queue jusque dans la rue. Son secret ? Un pain dense et épais, des légumes verts frais et de généreuses portions de *thit nuong* (porc grillé au feu de bois), de bœuf ou autre viande, le tout réalisé sous la houlette d'un chef célèbre.

White Rose RAVIOLIS ASIATIQUES $

(☎0235-386 2784 ; www.facebook.com/bonghongtrang.hoian ; 533 Đ Hai Ba Trung ; plats à partir de 70 000 d ; 7h-20h30). La carte du White Rose se limite à deux options : des *banh bao banh vac* (raviolis à la crevette) dont la recette est tenue secrète, nommés "white rose" en anglais pour leur ressemblance avec des roses blanches ; et de croustillants *hoanh thanh chien* (*wonton* frits, parfois surnommés "pizza de Hoi An"). À l'instar de la plupart des clients, commandez une moitié de chaque, car les deux sont délicieux. Souvent bondé.

Streets VIETNAMIEN $

(☎0235-391 1949 ; www.streetsinternational.org ; 17 Đ Le Loi ; repas à partir de 110 000 d ; 8h-22h). Le personnel est composé de jeunes défavorisés formés à l'hôtellerie, et les parfaits *cao lau* et raviolis "white rose" méritent un A+. L'endroit est très fréquenté, mais le service n'en est pas moins chaleureux (et charmant !).

Taco Ngon TACOS $

(www.tacongon.com ; 316 Đ Cua Dai ; tacos 45 000 d ; 10h-22h). Les clients raffolent des tacos fusion savoureux de cette adresse originaire de Danang, sur la côte au nord. Quelques excellentes recettes : poisson avec sauce barbecue au tamarin, porc avec coleslaw au wasabi ou légumes au gingembre et au citron vert. Les amateurs commanderont aussi un shot de tequila (30 000 d) bien forte pour que le tableau soit complet.

♥ **Cargo Club** INTERNATIONAL $$

(☎0235-391 1227 ; www.tastevietnam.asia/cargo-club-cafe-restaurant-hoi-an ; 109 Đ Nguyen Thai Hoc ; repas 70 000-160 000 d ; 8h-23h ; wifi). Un remarquable café-restaurant proposant une cuisine vietnamienne et occidentale, dans un cadre superbe en bordure de fleuve (vue splendide depuis la terrasse supérieure). On pourrait y passer la journée, entre petits-déjeuners proverbiaux (testez les œufs Bénédicte) et pâtisseries sublimes, le tout enrichi de plats sophistiqués et de cocktails.

♥ **Tadioto** JAPONAIS $$

(☎0869 997 586 ; www.facebook.com/tadiotohoian ; 54 Đ Phan Boi Chau ; repas 300 000 d ; sushis 11h-14h et 17h-22h, café à partir de 8h, bar jusqu'à minuit). Secret bien gardé à Hoi An, le Tadioto (géré par son propriétaire, l'auteur polyglotte et journaliste récompensé Nguyên Qui Duc) occupe un petit monde bien à lui, niché qu'il est derrière un magasin de vêtements assez chic, dans Đ Phan Boi Chau. Cette ambiance clandestine déborde de charme, et les sushis et les ramens n'y paraissent que meilleurs.

Très affriolante carte des gins (où figure la distillerie vietnamienne Song Cai) et des whiskies (scotchs, japonais, irlandais, américains), mais le Tadioto se débrouille aussi bien pour ce qui est des vins, des cocktails, des bières, et même du café. Pour un moment savoureux.

♥ **Hill Station** INTERNATIONAL $$

(☎0235-629 2999 ; www.thehillstation.com ; 321 Đ Nguyen Duy Hieu ; plateaux 160 000-275 000 d, plats 100 000-165 000 d ; 7h30-22h30 ; wifi). Cette charmante et intrigante demeure historique de Hoi An est idéale pour une boisson ou un en-cas après une journée chargée. Détendez-vous dans un fauteuil ancien en savourant une assiette de charcuterie de Sapa et un plateau de fromages de Dalat, ou installez-vous sur une chaise à l'avant afin d'observer le ballet des passants en savourant une bière Larue.

Également : des pâtes ou des classiques européens tels que le coq au vin, plus copieux.

LES DÉLICES DE HOI AN

Hoi An est un haut lieu de la gastronomie vietnamienne, et vous pourrez y découvrir des spécialités uniques qu'il serait dommage de ne pas goûter.La plupart des restaurants les proposent, mais leur qualité varie considérablement.

Subtiles et d'une grande délicatesse, les "white roses" – "roses blanches" ou *banh vac* – sont des raviolis à la crevette recouverts d'oignons croustillants. Le White Rose et le Streets font partie des restaurants qui en servent dans le secteur de Hoi An. Les *banh bao* sont un autre type de raviolis vapeur, farcis cette fois au porc ou au poulet haché, aux oignons, aux œufs et aux champignons, et qui trouveraient leur origine dans les dim sums chinois. Le *cao lau*, également fabuleux, est un plat de nouilles à la japonaise agrémenté d'herbes aromatiques, de feuilles de salade et de pousses de soja, et servi avec des tranches de rôti de porc. Parmi les spécialités locales figurent aussi les *hoahn thanh* (*wonton*) frits et les *banh xeo*, savoureuses crêpes croustillantes aux herbes, enveloppées d'une feuille de riz.

POUR LES GASTRONOMES

La cuisine du centre du Vietnam, alliant herbes fraîches (provenant des jardins à proximité) et influences culinaires issues de siècles de liens avec la Chine, le Japon et l'Europe, est sans doute la plus complexe et la plus savoureuse du pays.

Cours de cuisine

Hoi An fait désormais figure de capitale pour ce qui est des cours de cuisine vietnamienne. Dans cette ville idéale pour les chefs en herbe, de nombreux restaurants en proposent, et cela va de simples leçons dans une arrière-cour à des écoles construites spécialement. La région compte beaucoup de spécialités qui lui sont propres. Les cours débutent souvent par une visite au marché pour se familiariser avec les ingrédients typiquement vietnamiens.

Green Bamboo Cooking School (☎0905 815 600 ; www.greenbamboo-hoian.com ; 21 Đ Truong Minh Hung, Cam An ; 45 $US/pers, transport depuis Hoi An inclus). Des cours (en anglais) plus personnalisés que la moyenne, animés par Van, une cheffe accomplie. C'est dans sa spacieuse cuisine qu'elle accueille les groupes, limités à 10 personnes. On choisit ce que l'on veut cuisiner sur une carte comprenant notamment un grand nombre de recettes végétariennes. À 5 km à l'est du centre, près de la plage de Cu Dai.

Red Bridge Cooking School (☎0235-393 3222 ; www.visithoian.com/redbridge/cookingschool.html ; Thon 4, Cam Thanh ; 22-56 $US/pers). L'aventure débute par une descente en bateau sur le fleuve pour rejoindre ce havre de tranquillité à 4 km de Hoi An, sur les berges du Thu Bon. Les cours, avec passage au marché, se déroulent sur une demi-journée ou une journée. En suivant les premiers, vous apprendrez à préparer des spécialités locales, ainsi qu'à fabriquer des feuilles de riz et à réaliser des sculptures végétales pour la décoration. Le cours d'une journée initie les participants à l'art du *pho* (soupe de nouilles au bœuf). Et, pour ne rien gâcher, l'école est pourvue d'une piscine de 20 m !

Le cours proposé de 18h à 20h comprend aussi le dîner.

Herbs and Spices (☎0510 393 9568, 0235-393 6868 ; www.herbsandspicesvn.com ; 2/6 Đ Le Loi ; 35-58 $US/pers ; ⏲10h30, 16h30 et 20h). Lancés par le propriétaire du restaurant le Little Menu, ces excellents cours ont lieu en petits groupes et promettent plus d'interaction que ceux de certains concurrents. Trois menus au choix.

Circuits

Eat Hoi An (Coconut Tours ; ☎0905 411 184 ; www.eathoian.com ; 37 Đ Phan Chu Trinh ; 45 $US/pers ; ⏲7h-22h lun-ven, 8h-22h sam, 8h-23h dim). Une excellente façon d'explorer la scène culinaire locale. Attendez-vous à découvrir beaucoup de mets et de saveurs différentes ; consultez le site Internet pour en savoir plus sur les cours de cuisine organisés dans le village natal de votre hôte.

Taste of Hoi An (☎0905 382 783 ; www.tasteofhoian.com ; 70 $US/pers). Au cours de ce circuit récompensé, vous partirez à la rencontre des vendeurs dans les rues, puis savourerez votre déjeuner dans une vieille demeure (climatisée !) de Hoi An.

♥ **Sea Shell** FRANÇAIS, PRODUITS DE LA MER $$
(☎091 429 8337 ; 119 Đ Tran Cao Van ; repas 90 000 d ; ⏲12h-21h lun-sam). Situé à l'ombre d'un vieux banian, cette succursale du Nu Eatery (lequel se trouve dans la vieille ville) sert des en-cas tels que des rouleaux de crevette tempura ou des wraps de poisson-chat au curcuma, ainsi que des plats comme les nouilles au porc épicé avec salade de pomme et calamar. Bonne carte de vins australiens, français, italiens et sud-africains.

Nu Eatery FUSION $$
(www.facebook.com/NuEateryHoiAn ; 10a Đ Nguyen Thi Minh Khai ; repas 130 000 d ; ⏲12h-21h lun-sam). Ne vous fiez pas à l'humble décor de ce restaurant compact près du pont japonais. Les habitants l'adorent, et vous vous y régalerez de petites assiettes maison surprenantes. Salade d'ananas grillé, pastèque et échalotes aux vinaigres (75 000 d) accompagneront vos petits pains vapeur à la poitrine de porc (35 000 d), avant de terminer en beauté avec une glace maison citronnelle, gingembre ou piment (35 000 d).

The Little Menu VIETNAMIEN **$$**

(www.thelittlemenu.com ; 12 Đ Le Loi ; repas 60 000-150 000 d ; 9h30-23h ;). Tenu par Son, l'adorable propriétaire anglophone, ce petit restaurant prisé est doté d'une cuisine ouverte et d'une carte courte. Goûtez le poisson dans une feuille de bananier ou les rouleaux au canard, inclus dans le menu fixe (225 000 d). Presque tous les produits proviennent des environs de Hoi An.

Ganesh Indian Restaurant INDE DU NORD **$$**

(0235-386 4538 ; www.ganesh.vn ; 24 Đ Tran Hung Dao ; plats 70 000-155 000 d ; 11h30-22h30 ;). D'un bon rapport qualité/prix, ce restaurant authentique est très prisé pour sa cuisine du nord de l'Inde. Le personnel ne se laisse pas déstabiliser pour autant et reste très affable. Attendez-vous à des naans cuits à la perfection tout juste sortis du four tandoor, et à d'ardents curries du chef, absolument délicieux. Également : de nombreux plats végétariens. Un bon *lassi* ou une bière (Tiger en pression 35 000 d) conclura votre repas.

Mai Fish VIETNAMIEN **$$**

(mangohoian.com/mai-fish ; 45 Đ Nguyen Thi ; repas 120 000-220 000 d ; 7h-22h ;). Restaurant décontracté, propriété du célèbre chef vietnamo-américain Duc Tran, qui mitonne une cuisine vietnamienne "maison" toute en explorations authentiques et savoureuses. Emplacement calme, à proximité du pont couvert japonais. La fondue de produits de la mer pour 2 personnes est délicieuse, tout comme les raviolis "white rose" de Hoi An et le curry vietnamien aux crevettes.

Green Mango VIETNAMIEN ET INTERNATIONAL **$$$**

(0235-392 9918 ; greenmango.vn ; 54 Đ Nguyen Thai Hoc ; repas 130 000-300 000 d ; 7h-22h ;). La cuisine (occidentale comme orientale) est tout aussi sublime que le cadre – une des plus belles maisons en bois traditionnelles de Hoi An. On apprécie la salle climatisée à l'étage – l'une des seules de la vieille ville.

Aubergine 49 FUSION **$$$**

(0235-221 2190 ; www.hoian-aubergine49.com ; 49a Đ Ly Thai Tho ; 3 plats 795 000 d ; 18h-22h lun-sam). Cette table élégante au nord du centre-ville (environ 5 minutes en taxi) élabore une fusion remarquable entre les cuisines asiatique et occidentale. Menu standard, dégustation (6 plats à 1 750 000 d), mets à la carte et carte des vins honorable. Nous avons été séduits, entre autres, par le blanc de poulet rôti et farci, le vivaneau rouge épicé et le risotto aux champignons sauvages.

Mango Mango FUSION **$$$**

(0235-391 0839 ; mangohoian.com ; 45 Đ Nguyen Phuc Chu, An Hoi ; plats 18-23 $US ; 8h-22h ;). Avec son superbe emplacement en bord de fleuve, c'est le plus beau des restaurants que le célèbre chef Duc Tran possède à Hoi An. La cuisine vietnamienne intègre des saveurs du monde entier, et certaines associations, fraîches et inattendues, déroutent parfois. Les cocktails comptent parmi les meilleurs de la ville – surtout le soir avec vue sur la rivière.

Où prendre un verre et faire la fête

Hoi An n'est pas une ville extrêmement festive, car les autorités locales sont assez strictes concernant les événements nocturnes (service jusqu'à 23h45, pas de musique forte après 22h), et les ruelles peuvent être très sombres passé 22h. L'ambiance de la ville est toutefois agréable, et prendre un cocktail ou un verre de vin dans la vieille ville reste sympathique.

An Hoi, de l'autre côté de la rivière, face à la vieille ville, concentre l'animation. Là, les happy hours permettent de faire des économies substantielles, et la majorité des bars ferment vers 1h. Les adresses les plus prisées changent régulièrement. En venant de Hoi An, prenez à droite après avoir franchi le pont et vous ne tarderez pas à découvrir l'animée Đuong Nguyen Phuc Chu, l'actuel bastion des voyageurs.

9 Grains Bakery & Cafe BOULANGERIE

(0905 578 930 ; www.facebook.com/9grainshoianhbt ; 441a Đ Hai Ba Trung ; 7h-16h). Cette boulangerie ne fait pas les choses à moitié : muesli aux céréales au petit-déjeuner, pain artisanal, pains au chocolat, croissants, gâteaux, pâtisseries... Tous les produits sont ultrafrais, de première qualité et quasi addictifs, aussi ne regretterez-vous pas le court trajet pour vous y rendre. Café convenable.

Espresso Station CAFÉ

(0905 691 164 ; www.facebook.com/TheEspressoStation ; 28/2 Đ Tran Hung Dao ; 7h30-17h30 ;). L'Espresso Station partage sa culture du café issue de Melbourne et sert les meilleurs "flat white" et café infusé à froid de la ville. À la carte :

granola, muesli et sandwichs. Cour arty idéale pour se détendre. Repérez l'enseigne sur la route principale et entrez dans l'allée.

Queta Cafe CAFÉ
(☎0907 355 339 ; www.facebook.com/pg/queta-coffee/posts ; 112 Phan Chu Trinh ; ⏲8h-22h ; 📶). Faites une pause écoresponsable, saine et très agréable dans le confort de ce lieu amusant, aux couleurs éclatantes et truffé de sculptures en bois (tables, statues, tasses, effigies, tabourets). Cafés, jus pressés à froid et thé sont servis dans des tasses en bambou. Les pailles en bambou qui les accompagnent sont aussi proposées à la vente (120 000 d le paquet).

Tap House BIÈRE ARTISANALE
(☎0235-391 0333 ; 3 Đ Phan Chu Trinh ; ⏲9h-11h). Les bières artisanales du pays sont l'attrait de ce nouveau bar de Hoi An, mais vous risquez aussi de vous attarder devant les savoureux plateaux de charcuterie et de fromage. La blonde Platinum se démarque, mais toutes les bières sont bonnes. Quelques cidres également. L'intérieur manque un peu de caractère.

Mia Coffee House CAFÉ
(www.facebook.com/miacoffeehouse ; 20 Đ Phan Boi Chau ; ⏲8h-17h). L'une de nos adresses favorites pour un expresso, un *latte* ou un cappuccino. Le mélange maison d'arabica de Dalat est incontournable. Ne manquez pas le café *affogato*, un délicieux mélange de dessert et boisson chaude. Une véranda invite à s'asseoir tout autour de l'établissement. Cuisine correcte (paninis, sandwichs-baguette copieux, burgers au poisson, etc.).

Dive Bar BAR
(88 Đ Nguyen Thai Hoc ; ⏲9h-minuit ; 📶). Installé dans le Cham Island Diving Center (p. 228), cet excellent bar doit sa bonne ambiance à un service chaleureux. On a le choix entre prendre un verre à l'intérieur, entre canapés et fond sonore électro, ou déguter un cocktail à l'extérieur, dans le jardin. Bar à l'arrière, cuisine de pub et billard.

White Marble BAR À VINS
(☎0235-3911 862 ; www.facebook.com/white-marblehoian ; 99 Đ Le Loi ; ⏲11h-23h ; 📶). Restaurant-bar à vins au cadre historique réputé pour son excellent choix de vins, dont beaucoup sont disponibles au verre. Midi et soir, les menus dégustation commencent à 20 $US. L'emplacement, dans un angle, est idéal pour observer le passage ou contempler le fleuve.

3 Dragons PUB
(www.facebook.com/3DragonsSportsBar ; 51 Đ Phan Boi Chau ; ⏲8h-minuit ; 📶). Mi-bar sportif (où l'on peut aussi bien voir du football australien que du cricket indien), mi-restaurant servant burgers, steaks et cuisine locale. À l'arrière, des tables donnent sur le fleuve. Une pinte de Tiger coûte 70 000 d et une bouteille de Larue 40 000 d. Pour changer un peu, du cidre figure aussi sur la carte.

Q Bar LOUNGE
(94 Đ Nguyen Thai Hoc ; ⏲12h-minuit ; 📶). Éclairage au top, musique lounge et électro, et parmi les meilleurs cocktails avec et sans alcool de la ville (à 120 000 d, tout de même). Clientèle sympathique.

Achats

Hoi An peut se targuer d'une longue tradition de commerce, loin de se démentir à l'heure du tourisme de masse.

Pheva Chocolate CONFISERIE
(☎0235-392 5260 ; www.phevaworld.com ; 74 Đ Tran Hung Dao ; chocolat à partir de 50 000 d ; ⏲8h-19h). Excellent chocolat artisanal fabriqué avec du cacao bio du commerce équitable de la province de Ben Tre, au sud du Vietnam. Le chocolat noir au poivre de Phu Quoc est particulièrement bon, mais toute la gamme de parfums mérite l'attention : mangue, pistache, sésame, cacahuètes, riz soufflé...

Vêtements et accessoires

La grande tentation à Hoi An, ce sont les vêtements. La ville a toujours été réputée pour sa confection, et aujourd'hui, la demande des touristes a fait surgir dans la vieille ville un nombre incroyable de boutiques de tailleurs. Les chaussures, qui reprennent des créations occidentales, ont également beaucoup de succès, même si leur qualité est variable.

Reaching Out SOUVENIRS, VÊTEMENTS
(☎0235-3910 168 ; www.reachingoutvietnam.com ; 103 Đ Nguyen Thai Hoc ; ⏲8h30-21h30 lun-ven, 9h30-20h30 sam-dim). Excellente boutique de souvenirs vendant des produits de qualité issus du commerce équitable – foulards en soie, vêtements, bijoux, chapeaux coniques peints à la main, jouets artisanaux et ours en peluche. L'endroit

LA FOLIE DU SUR-MESURE

Se faire confectionner des vêtements à Hoi An peut virer à l'obsession. Difficile en tout cas de ne pas succomber à la tentation. On estime qu'il existe entre 300 et 500 tailleurs en ville. Les hôtels et les guides de circuits ont tous leurs préférés ; ils vous promettent "un bon prix" avant de vous envoyer chez leur tante, cousine, belle-sœur ou voisine (qui leur reverse probablement une commission). De même, dans la rue, vous serez abordé par certaines femmes très sympathiques et très insistantes qui s'avèrent être des rabatteuses : elles vous feront la conversation et, au moment opportun, essayeront de vous attirer chez le tailleur de leur choix (ou dans leur propre atelier !).

Comment procéder ? En règle générale, la qualité va de pair avec le prix. Un tailleur qui vous annonce un prix beaucoup plus bas que celui d'un concurrent va probablement rogner sur quelque chose sans vous le dire. Les meilleurs tailleurs, et les meilleurs tissus, sont plus chers. Il en sera de même si vous exigez de courts délais.

Les tailleurs de Hoi An sont passés maîtres dans l'art de copier : montrez-leur un modèle dans un magazine et, le lendemain, votre rêve sera devenu réalité. Si vous ne savez pas exactement ce que vous voulez, les assistantes vous apporteront une pile de catalogues de mode à feuilleter. Les *ao dai* (la tenue nationale au Vietnam), les robes d'été, les manteaux, les robes de mariée et les costumes figurent à leur répertoire.

La bonne formule consiste à savoir déjà quels tissu et modèle vous souhaitez, ainsi que les détails (couleur du fil, doublure et boutons). Lorsque vous achetez de la soie, assurez-vous qu'il s'agit de soie véritable et non d'une imitation synthétique. Le seul test infaillible consiste à appliquer une allumette, ou une cigarette, sur le tissu : le synthétique fondra alors que la soie brûlera (demandez un échantillon du tissu et sortez réaliser le test à l'extérieur). De même, ne vous contentez pas de vous laisser dire qu'un tissu est 100% coton ou 100% laine sans bien le palper. Une chemise d'homme devrait actuellement coûter environ 25 $US, et une robe en coton 50 $US. Si un costume d'homme coûte environ 100 $US, assurez-vous que le tissu et le travail vous conviennent.

Sachez que si vous pressez votre tailleur pour obtenir votre commande dans les 48 heures, cela laissera peu de temps pour les essayages et les retouches. Une fois le vêtement fini, n'oubliez pas d'en vérifier les coutures ; tout vêtement de qualité comporte un point de surfil qui empêche l'effilochage.

La plupart des boutiques de tailleurs pourront expédier vos emplettes par bateau. Il se peut que les paquets se perdent, ou que le contenu soit autre, mais les tarifs de la poste locale figurent parmi les meilleurs.

Il y a tant de tailleurs qu'il est difficile d'en recommander un, d'autant plus que la plupart d'entre eux font appel à des travailleurs extérieurs, plus ou moins compétents. Il peut être intéressant de flâner dans la vieille ville à la recherche d'une petite boutique pas encore trop victime de son succès. Toutefois, si vous êtes pressé, nous avons régulièrement de bons échos de certaines adresses, un peu plus chères.

Les voici par ordre alphabétique : **A Dong Silk** (☎0235-391 0579 ; www.adongsilk.com ; 40 Đ Le Loi ; ⌚8h-21h30) ; **Hoang Kim** (☎0235-386 2794 ; 57 Đ Nguyen Thai Hoc ; ⌚8h-21h) ; **Kimmy** (☎0235-386 2063 ; www.kimmytailor.com ; 70 Đ Tran Hung Dao ; ⌚7h30-21h30) ; et **Yaly** (☎0235-221 2474 ; www.yalycouture.com ; 47 Đ Nguyen Thai Hoc ; ⌚8h-21h).

Quelques tailleurs de Hoi An se sont également spécialisés dans la confection de chaussures et de sacs. Rendez-vous à la **Friendly Shop** (☎093 521 1382 ; www.friendlyshophoian.com ; 18 Đ Tran Phu ; ⌚9h-21h) pour des articles à la qualité garantie, notamment d'excellents sacs et chaussures.

emploie et soutient des artisans souffrant de handicaps ; le personnel sera ravi de vous faire visiter l'atelier.

Metiseko VÊTEMENTS
(☎0235-392 9278 ; www.metiseko.com ; 140-42 Đ Tran Phu ; ⌚8h30-21h30). Vainqueur d'un prix de développement durable, ce magasin écoresponsable propose de beaux vêtements (notamment pour enfant), accessoires et articles pour la maison comme des coussins en soie naturelle et coton bio. Articles certifiés Organic Content Standard. La société s'approvisionne en sergé

naturel et soie shantung et habotaï venant de tout le Vietnam.

Lotus Jewellery MODE ET ACCESSOIRES
(www.lotusjewellery-hoian.com ; 82 Đ Tran Phu ; 8h-20h). Vous trouverez votre bonheur ici à un coût raisonnable : articles de fabrication artisanale inspirés de papillons ou de libellules, sampans vietnamiens, chapeaux coniques et symboles du zodiaque chinois. Un magasin plus petit existe au 53a Đuong Le Loi, non loin.

Art et artisanat

À Hoi An, on dénombre plus d'une dizaine de galeries d'art, concentrées notamment dans les rues voisinant le pont couvert japonais, le long de Đuong Nguyen Thi Minh Khai. La sculpture sur bois est une spécialité locale : vous en rencontrerez beaucoup sur Cam Nam et Cam Kim (p. 225). Quartier d'art en devenir, Đuong Phan Boi Chau (à l'est de Đuong Hoang Dieu) regroupe des galeries et un musée de l'artisanat.

Un plan gratuit renforce ce statut de rue des Arts tout en mettant en valeur l'héritage colonial français du quartier. Muni de votre plan récupéré auprès de la Mia Coffee House (p. 236), de **Precious Heritage** (0235 6558 382 ; www.facebook.com/precious.heritage.museum.art.gallery ; 26 Đ Phan Boi Chau ; 8h30-20h30) GRATUIT ou de la March Gallery (ci-dessous), vous n'avez plus qu'à vous lancer à pied dans l'exploration.

Villagecraft Planet ART ET ARTISANAT
(www.facebook.com/VillagecraftPlanet ; 59 Đ Phan Boi Chau ; 10h-17h ven-dim et mer, 10h-19h lun, mar et jeu). Articles pour la maison et vêtements aussi colorés qu'intrigants, souvent composés de chanvre naturel, d'indigo et de batik à la cire d'abeille, et fabriqués dans les règles du commerce équitable par les ethnies hmong, thaï et lolo noire du nord du Vietnam.

March Gallery ART
(0122 377 9074 ; www.marchgallery-hoian.com ; 42 Đ Phan Boi Chau ; 10h-18h). Cette galerie présente le travail de sa propriétaire, l'artiste britannique Bridget March, expatriée au Vietnam. Aquarelles poignantes, esquisses fantaisistes, œuvres abstraites et une gamme croissante de créations (littéraires pour certaines) d'autres artistes résidant à Hoi An. Beaux tableaux laqués, mais aussi un choix de souvenirs et de bijoux artisanaux abordables. Programmation d'événements artistiques disponible sur le site Internet.

Couleurs D'Asie PHOTOS, LIVRES
(www.facebook.com/couleurs.asie ; 7 Đ Nguyen Hue ; 8h-20h). Vente d'images aussi belles qu'envoûtantes prises au Vietnam, ailleurs en Asie et à Cuba par le photographe Réhahn, originaire de Normandie et installé à Hoi An depuis 2011. Ses portraits de Vietnamiens sont particulièrement remarquables. Des livres sont également en vente.

Livres

Randy's Book Xchange LIVRES
(093 608 9483 ; www.bookshoian.com ; To 5 Thon Xuyen Trung ; 8h-19h). Logée dans la première rue à droite sur l'île de Cam Nam, cette librairie à deux niveaux est aménagée à la manière d'une bibliothèque personnelle. Vous y trouverez rangées et piles de livres (de poche pour la plupart) à vendre ou à échanger.

Renseignements

AGENCES DE VOYAGES

La concurrence est rude ; étudiez les options et négociez.

Rose Travel Service (0235-391 7567 ; www.rosetravelservice.com ; 37-39 Đ Ly Thai To ; 7h30-17h30). Propose des circuits dans tout le pays, ainsi que des locations de voitures et des réservations de bus.

The Sinh Tourist (0235-386 3948 ; www.thesinhtourist.vn ; 646 Đ Hai Ba Trung ; 6h-22h). Cette agence réservera pour vous de très bons bus "open tour".

ARGENT

Les agences **Agribank** (12 Đ Tran Hung Dao ; 8h-16h30 lun-ven, 8h30-13h sam) et **Vietin Bank** (0510-386 1340 ; 4 Đ Hoang Dieu ; 8h-17h lun-ven, 8h30-13h30 sam) changent les espèces et ont un DAB.

DÉSAGRÉMENTS ET DANGERS

Hoi An fait partie des villes les plus sûres du Vietnam, malgré quelques cas de vols à l'arraché en soirée, de vols à la tire et (plus rarement) d'agressions de femmes. Il est conseillé aux femmes de ne pas rentrer seules le soir. De nombreux lampadaires s'éteignent dès 21h30. Des cas de boissons droguées nous ont également été signalés dans certains bars : gardez donc l'œil sur votre verre. Mieux vaut appeler un taxi lorsque vous quittez un bar et ne pas vous fier à la mafia locale des *xe om* (parfois impliquée dans des incidents violents).

Inondations

La situation de Hoi An, en bord de rivière, la rend particulièrement vulnérable aux inondations durant la saison des pluies (octobre et novembre). Il est courant que l'eau monte de 1 m et, en cas de typhon, de 2 m ou plus.

Police

Poste de police de Hoi An (☎ 0510-386 1204 ; 84 Đ Hoang Dieu)

Sécurité sur la plage

La mer est parfois agitée à l'est de Hoi An, surtout entre octobre et mars. Nombre d'habitants se retrouvent régulièrement pris dans une mer déchaînée, ce qui se traduit souvent par des accidents mortels. Des maîtres-nageurs surveillent désormais les plages, mais soyez néanmoins vigilant.

INFORMATIONS TOURISTIQUES

Office du tourisme (☎ 0235-391 6961 ; www.quangnamtourism.com.vn ; 47 Đ Phan Chu Trinh ; ⏲ 8h-17h). Personnel serviable et parlant un bon anglais.

Kiosques de la vieille ville de Hoi An Situés au 30 Đuong Tran Phu, 10 Đuong Nguyen Hue, 5 Đuong Hoang Dieu et 78 Đuong Le Loi (⏲ 7h-18h), ils vendent les billets de la vieille ville et proposent renseignements (limités) et plans.

Coast Vietnam (www.coastvietnam.com). Nombreux renseignements sur les restaurants, bars et activités par des expatriés connaisseurs de Hoi An. Procurez-vous le plan gratuit *Hoi An Travel Guide*.

POSTE

Poste principale (6 Đ Tran Hung Dao ; ⏲ 6h30-20h). Au cœur de la vieille ville.

SERVICES MÉDICAUX

Cabinet du Dr Ho Huu Phuoc (☎ 0235-386 1419 ; 74 Đ Le Loi ; ⏲ 11h-12h30 et 17h-21h30). Médecin anglophone.

Hôpital de Hoi An (☎ 0235-386 1364 ; 4 Đ Tran Hung Dao ; ⏲ 6h-22h). En cas de problème grave, allez plutôt à Danang.

Depuis/vers Hoi An

AVION

L'aéroport le plus proche est celui de Danang, à 45-60 minutes.

BUS

La plupart des bus nord-sud ne s'arrêtent pas à Hoi An, la RN 1 passant à 10 km à l'ouest de la ville. Il faut donc aller à Vinh Dien pour y attraper un bus.

Des bus "open tour", plus pratiques, proposent des liaisons régulières pour Hué et Nha Trang.

Pour Danang (1 heure), il est plus simple d'être récupéré par un bus (environ 120 000 d) à son hébergement. Les bus jaunes pour Danang (20 000 d) partent de la **gare routière nord** (Đ Le Hong Phong), à 15 minutes à pied du centre de Hoi An, ou accessible en *xe om* (15 000 d). Les chauffeurs des bus locaux pour Danang tentent parfois d'escroquer les étrangers, mais le tarif officiel est indiqué près de la porte et mieux vaut avoir l'appoint. Notez que le dernier bus part de Danang vers 18h. Les hébergements peuvent réserver les transferts depuis/vers l'aéroport et la gare ferroviaire de Danang.

TRAIN

La gare ferroviaire la plus proche est à Danang.

VOITURE ET MOTO

Pour rallier Danang (30 km), on peut prendre la sortie nord de la ville pour rejoindre la RN 1, ou sortir vers l'est en direction de la plage de Cua Dai et suivre la route qui longe la plage de Danang. Comptez environ 180 000 d pour un trajet à moto jusqu'à Danang. Un taxi vous coûtera autour de 400 000 d ; moins cher si vous n'utilisez pas le compteur et que vous négociez le prix au préalable.

Le tarif du trajet en voiture jusqu'à Hué débute à 100 $US (il varie en fonction du nombre d'arrêts que vous souhaitez faire), tandis qu'une demi-journée d'excursion dans les environs, englobant My Son, tourne autour de 60 $US.

La moto est un moyen très apprécié de couvrir le trajet Hoi An-Hué. Comptez environ 45 $US pour un véhicule avec conducteur, et 25 $US si vous pilotez.

Roadtrippers Vietnam (☎ 0905 101 930 ; www.roadtrippersvietnam.com ; 65 $US/pers) propose des transferts en Jeep entre Hoi An et Hué, via le col de Hai Van, avec déjeuner et arrêts à la plage en chemin. Ils viennent vous chercher et vous déposent à l'hôtel. Départ à 9h et arrivée à 16h.

Comment circuler

La vieille ville se parcourt facilement à pied.

Voitures et motos (à l'inverse des vélos) sont interdites dans les rues du centre de 8h à 11h et de 15h à 22h. À l'approche de ces horaires, vous entendrez des annonces aux haut-parleurs.

Pour visiter les alentours, louer un vélo revient à 25 000 d par jour, mais certains hôtels en prêtent. Si vous prenez la route vers l'est en direction de la plage de Cua Dai, vous passerez par de jolies rizières, même si l'endroit compte de plus en plus d'hôtels et de pensions.

Pratique pour atteindre My Son, une moto sans/avec conducteur vous coûtera environ 6/12 $US par jour. La plupart des hôtels peuvent vous aider à en louer une. Pour rallier la plage d'An Bang, comptez environ 70 000 d en taxi.

BATEAU

Une promenade en bateau sur le Thu Bon peut se révéler une expérience mémorable. La location d'une barque avec rameur devrait vous coûter autour de 100 000 d par heure ; la plupart des voyageurs se contentent de 1 heure. Certains circuits pour My Son comprennent un aller-retour en bateau avec retour dans le centre de Hoi An.

Un bateau à moteur pour visiter les villages de pêcheurs et d'artisans se loue autour de 200 000 d l'heure. Les bateliers attendent au **débarcadère,** entre les ponts de Cam Nam et An Hoi, au centre de Hoi An.

BUS

La gare routière, 1 km à l'ouest du centre-ville, couvre principalement des itinéraires locaux.

TAXI

Les taxis munis d'un compteur sont généralement moins coûteux que les *xe om*.

Hoi An Taxi (☎ 0510-391 9919). Une bonne compagnie locale.

Mai Linh (☎ 0235-392 5925). Représentant local d'une compagnie présente dans tout le pays.

Environs de Hoi An

La campagne, les petites routes et les plages typiquement vietnamiennes qui entourent Hoi An ne demandent qu'à être explorées. Les excursions à moto ou à vélo ont beaucoup de succès ; rien ne permet autant que les deux-roues d'apprécier le paysage. Des circuits en Jeep sont également proposés, tandis que les activités nautiques comprennent le paddle et le kayak.

Un certain nombre de prestataires recommandés exercent à Hoi An.

Les îles Cham, idylliques, constituent une destination parfaite pour une excursion entre mars et septembre. Des circuits sont organisés à Hoi An par les écoles de plongée Blue Coral Diving (p. 228) et Cham Island Diving Center (p. 228).

Plage de Cua Dai

À l'est de Hoi An, habitations et hôtels de construction récente se mêlent aux rizières, après quoi le fleuve serpente sur quelque 5 km avant d'aboutir à des plages de sable. Frangée de palmiers, cette portion de littoral s'étend vers le nord jusqu'à Danang et comporte encore, malgré l'urbanisation, quelques belles zones préservées ; c'est une région plaisante à explorer à vélo ou à moto.

La plage de Cua Dai, la plus proche de Hoi An, compte plusieurs grands complexes balnéaires, principal attrait du secteur pour beaucoup de visiteurs, également à l'affût de levers de soleil radieux. Le problème de l'érosion, déjà sévère, s'est aggravé avec les dernières constructions, d'où le fait que certaines parties de la plage soient quelque peu défigurées par des rangées de sacs de sable. Si vous logez ici, votre baignade quotidienne ne se fera peut-être que dans la piscine de votre hôtel.

Où se loger

Hoi An Riverside Resort HÔTEL **$$$**
(☎ 0235-386 4800 ; www.hoianriverresort.com ; 175 Đ Cua Dai ; ch à partir de 70 $US ;). Apprécié pour ses jolies chambres avec vue sur le fleuve, parquet et décoration recherchée, dont beaucoup se doublent d'un balcon donnant sur l'eau, l'établissement, bien tenu, se situe à environ 1 km de la plage et possède un bon restaurant. Massages et salle de gym. Navette gratuite entre l'hôtel et Hoi An, et trajets possibles vers Hué ou d'autres destinations.

Victoria Hoi An Beach Resort & Spa COMPLEXE HÔTELIER **$$$**
(☎ 0235-392 7040 ; www.victoriahotels.asia ; plage de Cua Dai ; ch/ste à partir de 133/250 $US ;). Ce charmant hôtel associe le style traditionnel de Hoi An à celui de l'époque coloniale. Ses 109 chambres modernes sont impeccablement aménagées, certaines avec sol en teck et Jacuzzi, et toutes avec balcon. Piscine de 30 m face à la mer, plage privée, bon restaurant sur place et 3 bars.

Depuis/vers la plage de Cua Dai

Aucun transport en commun ne dessert la plage, mais la plupart des hôtels mettent à disposition une navette commune vers la vieille ville de Hoi An. Un taxi de Hoi An à la plage coûte environ 100 000 d. Il peut être intéressant de louer un vélo ou un scooter auprès de votre hôtel.

Plage d'An Bang

À seulement 3 km au nord de Hoi An, An Bang est l'une des plages les plus agréables et branchées du Vietnam. Actuellement, elle se compose d'une superbe étendue de sable fin et d'une vaste ligne d'horizon (moins touchée par l'important problème d'érosion que Cua Dai), interrompue uniquement par les îles Cham au loin. Pour un séjour relaxant dans la région, une bonne stratégie consiste à loger sur la côte et visiter Hoi An lors d'excursions.

La plage voit passer un nombre croissant de vendeurs de souvenirs et de nourriture, et, en fin de journée, elle est très fréquentée par les familles locales venues se baigner. Quelques prestataires de sports nautiques proposent désormais du parachute ascensionnel et la location de Jet-Skis. Notez que les normes de sécurité pour ces activités ne sont pas toujours aussi bien respectées que dans d'autres pays.

Activités

Heaven Garden Spa MASSAGES

(☎ 0796 229 432 ; www.facebook.com/heavengardenspa ; 118 Nguyen Phan Vinh ; massage de 1 heure à partir de 350 000 d ; ⏲ 8h-22h). Une équipe vietnamienne et néo-zélandaise propose des traitements comprenant enveloppements corporels, massages et soins du visage. Massage des pieds pendant 45 minutes : 320 000 d.

Où se loger

Loger à An Bang plutôt qu'à Hoi An peut être un choix correct. L'offre d'hébergement s'accroît et la location d'élégantes maisons de vacances constitue une bonne solution pour les familles et les groupes d'amis. Le secteur est beaucoup plus calme en hiver.

Under the Coconut Tree BUNGALOWS $

(☎ 0168 245 5666, 0235-651 6666 ; www.underthecoconuttreehoian.com ; dort 8 $US, d 25-30 $US, f 40 $US ; 📶). Cet ensemble, un peu de bric et de broc, de lodges et de bungalows en bois ou en bambou est l'adresse la plus cool d'An Bang. Pour les voyageurs économes, la Coconut Dorm House est un hébergement collectif sommaire, dans un pavillon ouvert sur un côté, avec des douches extérieures ; la Bamboo Family House peut accueillir 4 personnes ; quant à la douillette Mushroom House, elle vise les couples et dispose d'une salle de bains indépendante. Agréable espace bar-restaurant pour faire connaissance avec les autres voyageurs.

An Bang Seaside Village Homestay BUNGALOWS, VILLAS $$

(☎ 0911 111 101 ; www.anbangseasidevillage.com ; cottage et villa d 60-115 $US ; ⊜ ❄ 📶). Situés parmi les arbres côtiers de la plage, ces bungalows et ces villas bénéficient de l'un des meilleurs emplacements sur une plage au Vietnam. Chacun des 8 hébergements spacieux, alliant matériaux modernes et naturels, est nettoyé quotidiennement. Petit-déjeuner inclus. Située sur la plage, le Lighthouse ("phare") jouit d'une superbe vue sur la mer. Il dispose de 5 chambres et d'une cuisine pour loger jusqu'à 10 personnes.

♥ Chi Villa MAISON DE LOCATION $$$

(☎ 0935 310 875 ; www.chivilla.com ; villa à partir de 430 $US ; ⊜ ❄ 📶 🏊). Ce remarquable hébergement de luxe, à l'élégant décor asiatique chic, loge jusqu'à 6 personnes. Propriété très spacieuse, avec cuisine complète (petit-déjeuner à la carte préparé chaque matin) et belle piscine à l'ombre des manguiers. Barbecue au bord de la piscine, restaurants du front de mer à une minute à pied. Deux nuitées minimum.

Four Seasons Nam Hai HÔTEL $$$

(☎ 0235-394 0000 ; www.fourseasons.com/hoian ; village de Dien Duong ; villas à partir de 646 $US ; ⊜ ❄ @ 📶 🏊). En bordure de plage à près de 8 km au nord d'An Bang et 15 km

VAUT LE DÉTOUR

THANH HA

Ce modeste village est renommé depuis des siècles pour sa poterie. La plupart des villageois ont abandonné la fabrication de briques et de tuiles pour celle de toutes sortes d'objets en céramique destinés aux touristes. Les artisans occupés à cette tâche minutieuse vous présenteront volontiers leur travail, mais seront surtout ravis si vous leur achetez quelque chose. L'accès au village coûte 25 000 d.

Vous pourrez visiter le remarquable **Thanh Ha Terracotta Park** (☎ 0510-3963 888 ; www.thanhhaterracotta.com ; village de Thanh Ha ; adulte/enfant 30 000/15 000 d, gratuit -1,20 m ; ⏲ 8h-17h30), un musée-parc situé sur un grand domaine de quelque 6 000 m². Y est présenté un panorama de l'histoire de la terre cuite à travers différents pays et cultures du monde. Des artisans locaux sont fréquemment accueillis en résidence dans l'atelier du musée, et il y a également des expositions en plein air.

Thanh Ha est à 3 km à l'ouest de Hoi An, facilement accessible à vélo.

de Hoi An, ce temple du plaisir a tout pour séduire : trois types de piscines à débordement (dont une chauffée), spacieuses villas dotées de tous les accessoires modernes et de piscines d'agrément individuelles, excellents équipements de remise en forme et spa hors classe. Le service est même supervisé par un maître d'hôtel. Tout cela justifie le prix exorbitant.

Récemment rattaché à la chaîne de grand luxe Four Seasons, le Nam Hai continue à offrir une prestation d'une qualité rare en Asie du Sud-Est.

Hoi An Beach Rentals MAISON DE LOCATION **$$$**
(www.hoi-an-beach-rentals.com ; maisons 180-200 $US ; ❄ 📶). Ces charmantes maisons indépendantes, près de la plage dans le village d'An Bang, arborent une décoration asiatique chic. L'Annam House (6 places ; 200 $US) est une maison villageoise réaménagée, avec 3 chambres et un jardin splendide. Tout près, la CoChin House (4 places ; 180 $US) est une construction en bois de style vietnamien traditionnel, assortie d'un vaste jardin et d'un point de vue indépendant.

Décoré d'œuvres d'art et d'objets anciens, le séduisant intérieur de la Temple Beach House (230 $US) renferme des éléments évoquant un temple.

Hoi An Beach Bungalows MAISONS DE LOCATION **$$$**
(☎0908 117 533 ; www.hoianbeachbungalows.com ; Lac Long Quan ; app à partir de 50-150 $US ; 🚭 ❄ 📶). Dans le village d'An Bang, au cœur d'un jardin luxuriant, ces maisons à la décoration colorée sont toutes très confortables. Le Be's Beach Bungalow comporte 2 chambres et une élégante cuisine équipée, le Be's Bungalow 2 chambres, et le plus confortable Be's Cottage, à une chambre, occupe une maison vietnamienne traditionnelle rénovée. Plus abordable, le Be's Shack dispose d'un jardin privé, d'une véranda et d'une cuisine. Petit-déjeuner en supplément.

Où se restaurer

Les bars-restaurants bordant An Bang se multiplient, de même que les bons restaurants nichés à des adresses plus tranquilles, à quelques rues de la plage. Les vendeurs d'œufs de caille et d'autres en-cas savoureux sillonnent la plage tandis que des étals de *banh mi* (baguettes garnies) et de *banh tom* (beignets à la patate douce et à la crevette) sont installés à l'entrée de la plage.

7 Son Bakery & Coffee CAFÉ **$**
(☎090 519 9382 ; croissants 18 000 d ; ⏲7h-19h). Sous ses dehors rustiques, cette adresse simple et accueillante est la meilleure à An Bang pour les produits de boulangerie, grâce à ses baguettes, gâteaux, croissants et pâtisseries cuits sur place. À accompagner d'un bon cappuccino ou d'un *latte* à base d'arabica vietnamien.

Purple Lantern VIETNAMIEN **$$**
(repas 80 000-130 000 d ; ⏲12h-22h ; 🖉). Décoré de lanternes colorées, ce restaurant tranquille dans un jardin est tenu par une famille à quelques rues de la plage. Crevettes grillées et mangue, et excellents fruits de mer tels que noix de Saint-Jacques grillées figurent à la carte. Une rafraîchissante salade de papaye complète bien le repas.

Soul Kitchen INTERNATIONAL **$$**
(☎0906 440 320 ; www.soulkitchen.sitew.com ; repas 90 000-180 000 d ; ⏲10h-22h mar-dim, 10h-18h lun ; 📶). Restaurant de bord de mer assorti d'un jardin verdoyant et d'un espace de restauration au toit de chaume. Menu du jour avec parfois carpaccio de thon, salade de produits de la mer ou calamars. Bon vin, cocktails forts et musique live dès 17h30 du jeudi au dimanche.

Salt Pub & Restaurant CUISINE DE PUB **$$**
(www.saltpubhoian.com ; Đ Nguyen Phan Vinh ; repas 120 000-180 000 d ; ⏲7h30-tard). Donnant sur le côté calme de la plage d'An Bang, cet établissement décontracté propose de la bière à la pression, des expressos, et une alléchante sélection de petits-déjeuners et de repas occidentaux et vietnamiens (goûtez le burger au porc effiloché). Terrasse face à la mer et intérieur élégant. Côté hébergement, le pub dispose d'un hôtel à deux pas, de l'autre côté de la rue.

The DeckHouse VIETNAMIEN, PRODUITS DE LA MER **$$**
(www.facebook.com/thedeckhouseanbang ; repas 80 000-180 000 d ; ⏲7h-22h30). Face à la mer, la Deckhouse présente décor de plage, bois rustique et coins privés. Carte alliant saveurs locales, burgers et produits de la mer frais. Carte des vins et cocktails tout aussi éclectiques, et bonnes bières artisanales pression de la Furbrew de Hanoi. DJ et musique live occasionnels indiqués sur la page Facebook.

Où prendre un verre et faire la fête

Sound of Silence CAFÉ

(0235-386 1101 ; www.facebook.com/soundofsilencecoffee ; 40 Đ Nguyen Phan Vinh ; 7h15-16h30 ;). En plus de son jardin rustique et de sa vue sur la mer, le Sound of Silence peut se targuer de baristas experts pour une excellente pause-café (à partir de 30 000 d). Noix de coco fraîches et crêpes garnies de fruits tropicaux, à déguster entre deux plongées.

Juice House BAR À JUS

(7h30-21h ;). Les excellents jus, smoothies, salades et paninis sont les attraits de cet endroit décontracté, tenu et géré par une dynamique jeune femme des îles Cham voisines. Situé à droite de la principale intersection en arrivant sur la plage.

Îles Cham

0236 / 3 000 HABITANTS

Époustouflant archipel granitique dans des eaux aigue-marine à une quinzaine de kilomètres au large de Hoi An, les îles Cham constituent une destination merveilleuse. Autrefois, elles étaient interdites aux visiteurs et sous haute surveillance militaire ; les excursions à la journée, la plongée ou le snorkeling sur les récifs, et même une nuitée sur place, sont désormais possibles.

Vous trouverez ici un environnement sous-marin très riche, avec 135 variétés de corail mou et dur et une faune variée. Les îles sont officiellement une réserve marine protégée. La pêche et le recueil des nids d'oiseaux (pour faire de la soupe) étaient naguère les deux industries traditionnelles des îles Cham, mais de nombreux habitants se sont reconvertis dans le tourisme et l'écotourisme. La surpêche était un sérieux problème, mais elle a été réduite, et les récifs coralliens respirent à nouveau depuis que les sacs plastiques sont interdits. En revanche, c'est au tour de l'explosion du tourisme de devenir problématique (17 000 visiteurs en 2009 contre pas moins de 400 000 en 2018). Une limite de 3 000 visiteurs par jour est à ce titre aujourd'hui appliquée sur les îles.

Quand partir

La sérénité de l'archipel est compromise par des bateaux chargés de Vietnamiens venus profiter de leur week-end ou des jours fériés ; essayez d'éviter ces moments-là. Les îles ne sont accessibles que de mars à septembre, la mer étant généralement trop agitée le reste de l'année.

À voir

Seule l'île principale, Hon Lao, est habitée. Les sept autres îles Cham sont des îlots rocheux forestiers. Le village principal de Hon Lao est Bai Lang, un petit port au nord-ouest de l'île (il y a aussi deux hameaux isolés). C'est un endroit paisible, aux ruelles agréables et à l'abri du vent, utilisé depuis longtemps comme refuge par les marins aux prises avec les eaux houleuses de la mer de Chine méridionale. Pour un séjour plus calme et authentique, cap sur Bai Huong, un minuscule village de pêcheurs (environ 450 habitants) à 5 km au sud-est de Bai Lang. Il s'agit d'un lieu plus isolé, où a été mis sur pied un bon programme de séjour chez l'habitant.

Plage de Bac PLAGE

Depuis Bai Lang, un sentier en béton part vers le sud-ouest et mène, 2 km plus loin, à une belle plage de sable fin abritée très propice à la baignade, avec des hamacs et des parasols en chaume près de restaurants de poisson. En période de vacances, la plage accueille un ballet incessant de bateaux dans les deux sens. Des sentiers mènent dans des collines tapissées de forêt à l'arrière de Bai Lang. Depuis peu, des sports nautiques comme le parachute ascensionnel sont proposés.

Ong Ngu TEMPLE BOUDDHIQUE

Le seul vrai monument de Bai Lang est ce modeste temple dédié aux baleines et aux requins-baleines, autrefois nombreux dans les eaux des îles Cham, et qui étaient révérés comme des divinités protectrices de la mer. Lorsqu'une carcasse de baleine échouait là, les habitants en nettoyaient les os avant d'organiser une célébration élaborée au temple puis de les enterrer. Aujourd'hui, il est malheureusement très rare de voir des baleines dans les environs.

Circuits organisés

Les prestataires demandent 30 à 40 $US pour les circuits des îles, mais la plupart des excursions sont faites à la hâte et laissent peu de temps pour profiter des îles Cham. Les hors-bord sont souvent bondés et le snorkeling est limité (l'observation des coraux et de la faune peut se révéler décevante). Les excursions à la journée depuis Danang gagnent en popularité, et l'afflux

FABIO LAMANNA/SHUTTERSTOCK ©

1. Baie de Bai Xep 2. Dunes de sable blanc à Mui Ne
3. Vue aérienne de l'île de Cat Ba 4. Bateaux paniers traditionnels sur la plage d'An Bang

DET-ANAN/SHUTTERSTOCK ©

Îles et plages

La façade maritime du Vietnam, d'une beauté à couper le souffle, recèle de magnifiques plages. Au large, les îles – de la montagneuse Cat Ba, au nord, à la tropicale Phu Quoc, au sud – n'attendent qu'à être explorées.

1. Bai Xep

Au sud de Quy Nhon (p. 260), cette baie de sable fin attire de plus en plus de visiteurs. C'est l'un des rares endroits au Vietnam où vous pourrez trouver une chambre dans une pension au bord de la plage, avec vue sur la mer. Bai Xep est aussi un village de pêcheurs, donc un bon endroit pour rencontrer la population locale.

2. Mui Ne

Les sables de Mui Ne (p. 284), qui semblent s'étendre sans fin à l'horizon, ont un grand succès entre novembre et avril, car le climat y est sec et l'ensoleillement fiable. Les kitesurfeurs, les véliplanchistes et les amateurs de voile tirent parti des vents saisonniers, et les produits de la mer sont à l'honneur dans d'excellents restaurants.

3. Île de Cat Ba

Cette île (p. 116) boisée au relief tourmenté se prête idéalement à la randonnée, au cyclisme et aux sports d'aventure. Protégée pour une large part par un parc national, elle est traversée de sentiers qui longent le domaine d'un des primates les plus rares et les plus menacés au monde, le semnopithèque de Cat Ba. L'île n'est qu'à quelques encablures des spectaculaires îlots karstiques de la baie de Lan Ha.

4. Plage d'An Bang

Non loin de Hoi An, An Bang (p. 240) est une belle étendue de sable clair abritée par un ruban émeraude de casuarinas. À l'écart de la portion centrale, l'endroit est très calme, et les familles des environs proposent chaises longues, boissons et en-cas. Côté mer, les îles Cham se découpent sur l'horizon.

PLONGÉE AUX ÎLES CHAM

On ne s'étonnera pas de trouver de nombreux plongeurs aux îles Cham. Si la visibilité n'a rien d'extraordinaire, de grands efforts ont été entrepris pour combattre la surpêche, et les récifs coralliens se régénèrent depuis l'interdiction des sacs en plastique. De plus, ces sites sont loin d'être sans intérêt, avec 5 espèces de homards, 84 mollusques et 202 poissons endémiques. Des séjours de plongée peuvent être organisés par les clubs de Hoi An, tels que le Cham Island Diving Center (p. 228). Comptez 50 $US pour une journée complète comprenant snorkeling, courte randonnée, déjeuner et halte sur la plage (possibilité également de camper sur le sable).

touristique a des conséquences négatives sur les îles. Pour une bonne expérience d'une journée, réservez auprès de l'un des centres de plongée spécialisés à Hoi An. Ils peuvent aussi organiser une nuit de camping, mais la plage n'est plus aussi calme que par le passé et cette option n'est plus aussi prisée qu'auparavant.

Où se loger

Les îles Cham disposent de pensions simples et d'un nombre croissant de logements chez l'habitant dans les villages de Bai Lang et Bai Huong (les meilleurs sont situés à Bai Huong). Il est possible de passer une nuit sous la tente grâce aux prestataires de plongée de Hoi An.

Homestay Bai Huong SÉJOUR CHEZ L'HABITANT $
(www.homestaybaihuong.com ; 120 000 d/pers). Partagez la vie des habitants de Bai Huong. Vous aurez droit à un lit avec moustiquaire et à une salle de bains avec toilettes et douche froide. De délicieux repas maison (30 000-70 000 d) sont proposés. Neuf familles participent à ce programme qui permet de générer des revenus issus du tourisme communautaire. Il n'y a généralement de l'électricité que de 18h à 22h.

Les familles peuvent organiser des sorties pêche et snorkeling (150 000 d/pers), ou encore randonnée (100 000 d/pers). Ce programme a permis de financer l'éducation des enfants de Bai Huong, via notamment des bourses et une bibliothèque. La formule 3 jours/2 nuits, d'un bon rapport qualité/prix (880 000 d/pers), comprend tous les repas et des sorties snorkeling, pêche et randonnée. Consultez aussi le site pour les formules 2 jours/1 nuit (440 000 d).

Hammock Homestay SÉJOUR CHEZ L'HABITANT $
(☎ 0976 605 750 ; ch 350 000-400 000 d ; ❄ 📶). Une très bonne option près du quai de Bai Lang. Chambres propres, spacieuses et bien tenues avec salles de bains individuelles et grands balcons communs. La chaleureuse propriétaire anglophone, Mme Linh, peut organiser des sorties en bateau avec snorkeling (environ 700 000 d) et un *xe om* pour vous conduire sur l'île (environ 2 heures, 200 000 d). Possibilité de bons repas et fruits de mer grillés le soir.

Où se restaurer

Dan Tri PRODUITS DE LA MER $
(repas 80 000-120 000 d ; ⏲ 6h-14h et 17h-22h). Non loin du quai de Bai Lang, le Dan Tri prépare nombre de plats réussis : nouilles aux fruits de mer, crevettes grillées, seiches braisées, calamars bouillis au gingembre, poissons frits. Vue sympathique sur le port, surtout au coucher du soleil. Le personnel parle un peu anglais.

Renseignements

Lors de nos recherches, les détenteurs de passeports chinois ou hongkongais n'étaient pas autorisés à passer la nuit sur les îles Cham.

Prévoyez assez d'espèces, car il n'y a aucun DAB à Hon Lao.

Depuis/vers les îles Cham

Les bateaux desservant les îles Cham accostent au village de Bai Lang. Départ quotidien d'un embarcadère situé dans Đuong Nguyen Hoang à Hoi An (2 heures, départ entre 7h et 7h30), à l'ouest du Hoi An Silk Marina Resort & Spa. Le ferry s'arrête également à l'embarcadère de Cua Dai à 8h30. Les étrangers doivent payer jusqu'à 150 000 d. Une moto ou un scooter vous coûtera 50 000 d de plus. Vous paierez les frais d'accès aux îles à bord. Sachez que les bateaux ne circulent pas quand la mer est agitée.

Le ferry assurant le retour vers Hoi An part de Bai Lang entre 11h et 11h30. Des hors-bord rejoignent aussi Bai Lang (aller simple 300 000 d), mais le trajet retour dépend des disponibilités (les bateaux sont plus rares en deuxième partie de journée).

Autrement, organisez une excursion à la journée avec l'aide d'un centre de plongée comme le Cham Island Diving Center (p. 228).

Comment circuler

Des bateaux et des *xe om* assurent la liaison entre Bai Lang et Bai Huong ; le tarif est de 30 000 d pour un bateau, et 120 000 d pour un *xe om*. Vous pouvez prendre le ferry de transport avec votre vélo ou votre scooter (50 000 d), puis grimper jusqu'à des plantations de thé en terrasse ou explorer d'autres coins de Hon Lao.

My Son

My Son (dont le nom signifie "belle montagne") est le site des vestiges les plus importants du royaume du Champa (voir p. 248), cachés au fond d'une superbe vallée luxuriante dominée par la montagne de la Dent du chat (Hon Quap). Seuls une vingtaine de temples et monuments ont survécu au temps, alors qu'il y en avait au moins 70 à l'origine, mais l'intimité du lieu, emplie du murmure des ruisseaux, reste saisissante.

My Son fut le centre intellectuel et religieux le plus important du royaume du Champa. On pense même que le site, redécouvert à la fin du XIXe siècle par l'archéologue français Henri Parmentier, faisait office de lieu de sépulture pour les monarques chams. L'ensemble avait été en partie restauré par les Français quand les bombes américaines détruisirent les temples. My Son est classé au patrimoine mondial de l'Unesco depuis 1999.

Histoire

À la fin du IVe siècle, sous le règne du roi Bhadravarman, My Son devint un important centre religieux. Elle fut habitée sans interruption jusqu'au XIIIe siècle, soit plus longtemps que toute autre cité historique du Sud-Est asiatique. La plupart des temples étaient dédiés aux rois chams ainsi qu'à la divinité qui leur était associée, le plus souvent Shiva, fondateur et gardien des dynasties du royaume.

Comme l'attestent certaines ornementations inachevées des édifices de My Son, les Chams commençaient d'abord par construire les bâtiments, avant de sculpter les décorations dans la pierre ; toutefois, on ignore comment ils assemblaient les briques.

Il fut un temps où le sommet de certaines tours était recouvert d'or. Dans les siècles qui suivirent le déclin du royaume du Champa, les temples furent dépouillés de leurs richesses. Les Français transportèrent certaines pièces au musée de la Sculpture cham de Danang (p. 209) – ce qui se révéla une bonne idée, car, durant la guerre, le Viêt-cong établit une base à My Son, entraînant les bombardements américains et la perte de certains des monuments les plus remarquables. De nombreuses statues ont perdu leur tête.

À voir

Les ruines sont très fréquentées ; mieux vaut donc, si possible, s'y rendre tôt ou tard. Cela permet également d'éviter une exposition sans abri à la chaleur intense. En partant de Hoi An vers 5h, vous arriverez pour le lever du soleil et repartirez à l'arrivée des groupes de touristes.

Les archéologues ont réparti les monuments de **My Son** (150 000 d ; 6h30-16h) en 10 groupes principaux, nommés sans grande originalité A, A', B, C, D, E, F, G, H et K. Les édifices de chaque groupe sont désignés par des numéros.

Seuls quelques monuments sont correctement indiqués, mais des travaux de restauration sont en cours, et divers panneaux d'information utiles pour comprendre l'histoire du site ont vu le jour.

Groupe B — TEMPLE HINDOU

Le **temple B1**, le *kalan* (sanctuaire) principal, fut dédié à Bhadresvara, forme contractée de Bhadravarman, en référence au roi qui édifia le premier temple de My Son, et d'Esvera, signifiant Shiva. Le premier édifice fut érigé au IVe siècle, détruit au VIe siècle et reconstruit au suivant. Les fondations visibles aujourd'hui sont celles d'un second édifice élevé au XIe siècle.

Les niches murales étaient destinées à accueillir des lampes (les sanctuaires chams n'avaient pas de fenêtres). Le lingam a été découvert dans sa position actuelle en 1985, à un mètre sous terre.

Construit au Xe siècle, le **temple B5** abritait autrefois les livres sacrés et les objets rituels que l'on utilisait lors des cérémonies tenues dans le B1. Le toit en forme de bateau (la "proue" et la "poupe" ont disparu) témoigne d'influences architecturales malayo-polynésiennes. À la différence des sanctuaires, cette structure est dotée de fenêtres. La maçonnerie intérieure est entièrement d'origine. Sur le mur faisant face au temple B4, un bas-relief en brique représente deux éléphants sous un arbre où sont perchés deux oiseaux.

Dans le **temple B4**, les ornementations du mur extérieur constituent un exemple parfait du style décoratif cham du IXe siècle, unique parmi les cultures d'Asie du Sud-Est.

Le **temple B3** est surmonté d'un toit à l'indienne, dont la forme pyramidale est caractéristique des tours chams. À l'intérieur du **B6** se trouve un bassin cham qui contenait l'eau sacrée destinée à être versée sur le lingam (B1). Le **B2** est un portique.

Tout autour du groupe B se trouvent de petits temples (**B7 à B13**) dédiés aux dieux des Points cardinaux (*dikpalaka*).

Groupe A

TEMPLE HINDOU

Les bombardements américains détruisirent presque entièrement le groupe A. Selon la population locale, le **temple A1**, monument imposant considéré comme le plus important de My Son, aurait résisté, jusqu'à ce qu'une équipe du génie américain héliportée lui portât intentionnellement le coup fatal. Aujourd'hui, il n'en reste plus qu'un amas de briques provenant des murs effondrés. Indigné par la destruction de ce site, Philippe Stern, ancien conservateur au musée Guimet de Paris et spécialiste de l'art cham, écrivit une lettre de protestation au président Nixon, qui donna l'ordre de poursuivre les combats contre le Viêt-cong, mais d'épargner les monuments chams.

De tous les sanctuaires du site, le A1 est le seul à posséder deux portes : l'une fait face à l'est, direction des divinités hindoues, et l'autre à l'ouest, où se trouvent les groupes B, C et D, ainsi que l'âme des anciens rois qui y auraient été enterrés. A1 renferme un autel de pierre. Malgré le délabrement des lieux, on peut encore apercevoir de superbes sculptures sur brique caractéristiques du Xe siècle. En bas du mur donnant sur le **A10** (décoré dans le style du IXe siècle), une **sculpture** représente un petit personnage priant entre deux colonnes circulaires, surmontées d'un monstre marin sacré javanais (*kala-makara*).

Groupe C

TEMPLE HINDOU

Le **temple C1** (VIIIe siècle) était voué au culte de Shiva, représenté ici sous sa forme humaine. À l'intérieur se dresse un autel sur lequel reposait autrefois une statue de la divinité, aujourd'hui exposée au musée de la Sculpture cham de Danang (p. 209). Les murs extérieurs, tout en brique, arborent des motifs sculptés caractéristiques du VIIIe siècle. Il est étonnant de constater que ces éléments restent debout au vu de l'immense cratère de bombe qui se trouve devant.

Autres groupes

TEMPLE HINDOU

Anciennes salles de méditation, les bâtiments **D1** et **D2** abritent aujourd'hui de

LE ROYAUME DU CHAMPA

Le royaume du Champa s'est développé entre le IIe et le XVe siècle. Il apparut d'abord dans les environs de l'actuelle Danang puis se développa vers le sud jusqu'aux actuelles Nha Trang et Phan Rang. Le Champa s'indianisa au travers des liens commerciaux : adoption de l'hindouisme, utilisation du sanscrit comme langue sacrée et emprunts à l'art indien.

Tels des pirates, les Chams, qui manquaient de terre pour cultiver, lançaient des attaques sur les bateaux de passage. Ils étaient donc constamment en guerre contre les Vietnamiens, au nord, et les Khmers, au sud-ouest. Ils réussirent à se libérer de la domination khmère au XIIe siècle, mais furent absorbés par le Vietnam au XVIIe siècle.

Ils sont surtout connus pour les nombreux sanctuaires de brique (tours chams) qu'ils ont érigés à travers le Sud. La plus grande collection d'art cham se trouve au musée de la Sculpture cham (p. 209), à Danang. Le principal site cham est à My Son, mais il existe d'autres ruines à Quy Nhon et dans ses environs, Tuy Hoa, Nha Trang, Thap Cham et les tours de Po Shanu, à Mui Ne.

Représentant environ 140 000 individus, les Chams demeurent une minorité ethnique importante au Vietnam, notamment autour de Phan Rang. Des éléments de la civilisation cham sont toujours visibles dans les techniques de poterie, la pêche, la production de sucre, la riziculture, l'irrigation, la production de soie et les constructions sur la côte. Aujourd'hui, des Chams musulmans et hindous vivent au Vietnam, et les tours hindouistes dans le Sud sont toujours des lieux de culte actifs.

My Son

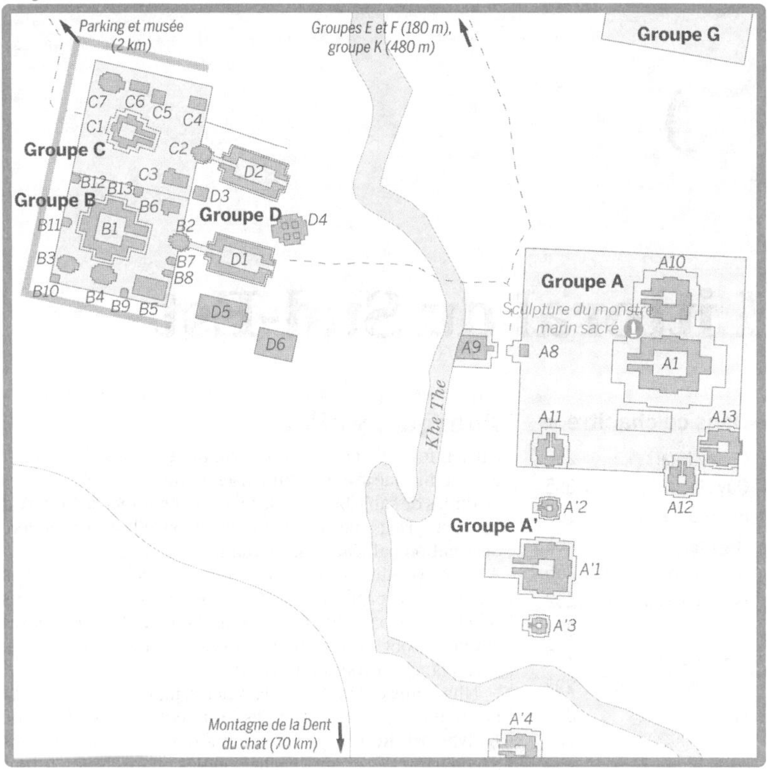

petites expositions de sculptures chams. Les travaux de préservation ont été terminés sur le groupe G : un toit protège les temples du XIIe siècle et un nouvel espace d'exposition recèle des pièces archéologiques mises au jour sur le site.

La rénovation du groupe E, édifié entre le VIIIe et le XIe siècle, est bientôt achevée. Le groupe F date du VIIIe siècle. Tous deux ont gravement souffert des bombardements. Suivez le sentier en direction de K, une petite tour isolée, pour revenir en boucle vers le parking.

Musée de My Son MUSÉE

(compris dans le billet de My Son ; ⏲6h30-16h). Ce remarquable musée renferme de nombreuses statues du site et permet de s'informer sur les sculptures, les statues et l'architecture, ainsi que la construction des temples. La culture, la religion et le mode de vie cham sont également traités.

ℹ Depuis/vers My Son

BUS ET MINIBUS

Les hôtels de Hoi An peuvent organiser des excursions d'une journée à My Son (10 à 15 $US environ). La plupart des minibus partent de Hoi An entre 8h et 8h30 et repartent en sens inverse entre 13h et 14h. Vous pouvez aussi regagner Hoi An en bateau, ce qui rallonge l'excursion de 1 heure ; un déjeuner est parfois proposé. Les excursions "Sunrise" qui partent vers 5h ne signifient pas nécessairement que vous verrez les premiers rayons du soleil, mais vous arriverez avant la foule et éviterez la chaleur intense en journée. La plupart des circuits comprennent un guide anglophone, mais les informations apportées sont souvent rudimentaires.

VOITURE ET MOTO

My Son est à 55 km de Hoi An. La location d'une voiture avec chauffeur coûte environ 60 $US. Le site est suffisamment bien indiqué pour visiter My Son avec votre propre moto.

Littoral du Sud-Est

Dans ce chapitre ➡

Le top des restaurants

- Ganh Hao (p. 297)
- Sandals (p. 289)
- Kiwami (p. 277)
- Dong Vui Food Court (p. 287)
- Lac Canh Restaurant (p. 275)

Le top des hébergements

- Minhon Hotel (p. 287)
- Mia Resort Nha Trang (p. 274)
- Some Days of Silence (p. 264)
- Cargo Remote (p. 288)
- Sailing Club (p. 288)
- Minh Duc Guesthouse (p. 282)

Pourquoi y aller

Ancien foyer de la civilisation cham, le littoral du Sud-Est est magnifique avec ses immenses étendues de côte bordées de dunes de sable blanc et de falaises vertigineuses. Ce n'est pas pour rien que la région est aujourd'hui la première destination balnéaire du Vietnam.

Si le paradis évoque pour vous un cocktail bien frais servi sur une page sublime, face à des eaux turquoise, alors ne cherchez pas plus loin : vous y êtes ! De nombreuses activités sont également possibles : plongée, snorkeling, surf, planche à voile ou kitesurf.

Nha Trang et Mui Ne ont la vedette, mais les *beach breaks* ne manquent pas pour les amateurs de surf et de Bodyboard. Restez quelques jours dans la région et vous découvrirez des criques cachées et des phares isolés, le tout dans une ambiance décontractée. Si vous désirez échapper à la foule, la petite crique de Bai Xep, la plage reculée de My Hoa et la légendaire portion de littoral près de la baie de Vung Ro n'attendent que vous.

Quand partir

Quang Ngai

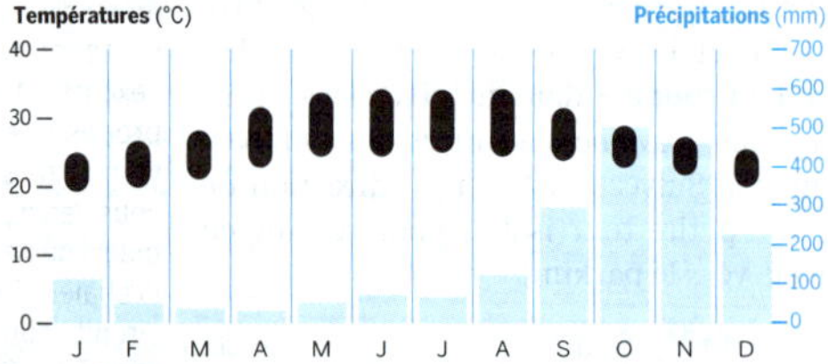

Juil La meilleure période pour profiter des belles plages de la région.

Oct Les Chams célèbrent le *kate*, au temple de Po Klong Garai.

Déc À Noël, à Mui Ne, les conditions météo sont idéales pour le kitesurf et la planche à voile.

À ne pas manquer

1. Un moment de détente partagé avec des voyageurs et les habitants dans la crique tranquille de **Bai Xep** (p. 260)
2. Une séance de kitesurf puis un dîner de poisson dans la superbe station balnéaire de **Mui Ne** (p. 284)
3. Une visite émouvante au **mémorial de Son My** (p. 282)
4. La découverte des **tours chams de Po Klong Garai** (p. 280), l'un des plus importants monuments chams anciens
5. Les cafés et les bars de **Quy Nhon** (p. 255), ville côtière émergente
6. Un repas de délices marins ultrafrais au bord de l'eau à **Vung Tau** (p. 294)

Quang Ngai

0255 / 128 700 HABITANTS

Quang Ngai s'apparente à un village qui aurait grossi exagérément. Dénuée d'attraits particuliers, la ville ne retient les voyageurs que le temps d'un déjeuner. Les rares visiteurs viennent généralement pour le mémorial érigé en hommage aux victimes de la guerre du Vietnam, à Son My.

Dès avant la Seconde Guerre mondiale, Quang Ngai était déjà un centre de la résistance indépendantiste. En 1962, le gouvernement sud-vietnamien imposa à la région son programme de "hameaux stratégiques", qui forçait les paysans à quitter leurs maisons pour aller vivre, désœuvrés, dans des lieux fortifiés. Cette mesure exacerba le sentiment de colère de la population, qui se tourna de plus en plus vers le Viêt-cong (Front national de libération du Sud-Vietnam).

À voir

Mémorial de Son My MÉMORIAL

(10 000 d ; 7h-16h30). Ce paisible coin de campagne a été le théâtre d'un des massacres les plus atroces de la guerre du Vietnam : le 16 mars 1968, les troupes américaines tuèrent 504 villageois, en majorité des personnes âgées et des enfants (voir l'encadré ci-contre). Le très émouvant mémorial de Son My leur rend hommage.

Ce crime de guerre fut l'un des moments cruciaux du conflit, car il marqua fortement l'opinion publique aux États-Unis et partout dans le monde, relayé notamment par le magazine *Life*.

Centré autour d'une sculpture de pierre représentant une vieille femme levant le poing d'un air de défi, un enfant mort dans les bras, le mémorial domine le paysage de toute sa hauteur. Autour de la sculpture principale, des scènes ont été représentées dans des jardins paisibles pour évoquer les conséquences de ce jour funeste. Des carcasses de maisons calcinées se dressent à leur emplacement originel, comportant chacune une plaque portant le nom et l'âge de ceux qui l'habitaient. Bouleversante, l'allée en ciment qui relie les ruines représente un chemin de terre où sont imprimées des empreintes de pas : celles des bottes des soldats américains et celles des pieds nus des villageois en fuite.

Ce triste événement, appelé massacre de My Lai aux États-Unis, fut rigoureusement documenté par un photographe militaire américain. Ces clichés sont l'élément clé de ce musée bouleversant. Bien évidemment, les photographies sont horribles : villageois cherchant à échapper aux militaires, cadavres d'enfants et dépouilles mutilées. La visite s'achève cependant sur une note d'espoir, en illustrant les efforts des habitants pour reconstruire leur vie après la libération. Une section est consacrée aux soldats américains qui tentèrent d'arrêter le carnage en protégeant un groupe de villageois d'une mort certaine, et à ceux qui donnèrent l'alerte.

La meilleure façon de se rendre à Son My est de louer une moto (environ 140 000 d) ou un taxi (environ 360 000 d aller-retour). À Quang Ngai, dirigez-vous au nord dans Đuong Quang Trung (RN 1) et traversez le grand pont sur la Tra Khuc. Prenez la première à droite (vers l'est, parallèle à la rivière), où une stèle en béton triangulaire indique le chemin, et suivez la route sur 12 km.

Plage de My Khe PLAGE

À 2 km environ du mémorial de Son My et à mille lieues de son atmosphère recueillie, la superbe plage de My Khe s'étend sur des kilomètres le long d'une mince langue de sable fin, frangée de casuarinas. Elle est séparée du continent par Song Kinh Giang, une étendue d'eau située juste derrière.

Si vous évitez les jours fériés et les week-ends, vous aurez des chances d'avoir cette plage pour vous seul. Les eaux peu profondes sont parfaites pour les enfants.

Des dizaines de stands de produits de la mer sont alignés sur le rivage et des litres de bière sont servis les week-ends de grande chaleur.

Où se loger

Thanh Lich PENSION $

(097 547 4930 ; 702 Đ Nguyen Van Linh ; ch 280 000-350 000 d ;). Le couple qui tient cette pension, très chaleureux, ne parle presque pas l'anglais, mais leur fille progresse vite. Chambres propres et bien tenues (certaines donnent sur la rivière), avec mobilier en bois, climatisation efficace et douches chaudes. Sur la rive nord, à 2 km environ du centre de Quang Ngai. Location de scooters.

My Khe Hotel HÔTEL $

(0255-384 3316 ; khudulichmykhe@gmail.com ; My Khe ; s/d/tr 400 000/500 000/600 000 d ;). Sur la plage de My Khe, à 17 km de

Quang Ngai, cet hôtel de taille moyenne, bien que d'allure isolée, dispose de chambres d'un bon rapport qualité/prix, avec mobilier séduisant et TV. Le personnel parle un anglais approximatif. Le restaurant, à l'avant, a une carte peu attrayante.

Cocoland River Beach Resort & Spa COMPLEXE HÔTELIER $$
(0255-222 5555 ; www.cocolandriverbeach.vn ; Thu Xa, village de Xa Nghia ; ch/villa à partir de 44/80 $US ;). Ce nouveau resort, situé sur les berges de la Vuc Hong, est le meilleur établissement de luxe du secteur. Les 76 chambres et villas sont réparties sur une propriété luxuriante plantée de cocotiers. Grande attention portée aux détails, logements modernes, salle de sport bien équipée, spa et piscine impressionnante. À 10 km au sud-est de Quang Ngai. Plage à explorer non loin.

Song Tra Hotel HÔTEL $$
(0255-382 2204 ; songtrahotel.com ; 2 Đ Quang Trung ; ch 30-80 $US ; @). S'élevant en bordure de rivière, cet imposant hôtel aux détails tape-à-l'œil arbore un hall fastueux avec lustres. Les chambres, beaucoup avec vue imprenable, sont spacieuses mais pas toujours impeccables. Court de tennis et grande piscine.

Où se restaurer

La province de Quang Ngai est réputée pour son *com ga*, du poulet bouilli servi sur du riz jaune (cuit à la vapeur avec du bouillon de poule), accompagné de menthe, de soupe à l'œuf et de légumes marinés. La plage de My Khe, bordée de restaurants, est parfaite pour déguster des produits de la mer ; mettez-vous d'accord sur les prix à l'avance.

Viet Chay Sala VÉGÉTARIEN $
(83 Đ Cach Mang Thang Tam ; repas 35 000-75 000 d ; 6h30-20h30 ;). Ce restaurant végétarien propose un choix de plats appétissants – tofu, nouilles, rouleaux de printemps et soupes – joliment présentés et accompagnés de sauces. Dans une petite

LE MASSACRE DE MY LAI

Vers 7h30, le 16 mars 1968, la compagnie américaine "Charlie" est débarquée en hélicoptère dans l'ouest de Son My, considéré comme un fief viêt-cong, après un pilonnage intensif de la zone à l'artillerie lourde et aux roquettes. Elle ne rencontre aucune résistance, mais n'entame pas moins un massacre.

Alors que la 1re section se dirige vers Xom Lang, elle ouvre le feu sur les villageois, lance des grenades sur les maisons et les abris, massacre le bétail et incendie les cahutes. Une centaine de personnes, dépourvues d'armes, sont rassemblées et jetées dans un fossé, avant d'être fauchées à la mitrailleuse.

Dans les heures qui suivent, les 2e et 3e sections, ainsi que les membres du QG de la compagnie, encerclent la zone, survolée par des hélicoptères, et se livrent à d'autres exactions. Plusieurs groupes de civils, comprenant des femmes et des enfants, sont rassemblés et exécutés. Les villageois qui fuient sur la route en direction de Quang Ngai sont abattus. Des jeunes filles et des femmes sont violées, parfois collectivement, et mutilées.

Au lendemain de ces exactions, les soldats reçoivent l'ordre de se taire, mais plusieurs d'entre eux, une fois rentrés aux États-Unis, désobéissent, comme le pilote d'hélicoptère Hugh Thompson, qui a sauvé la vie de plusieurs femmes et enfants. Les journaux dévoilent l'affaire, affectant plus encore le moral des troupes et provoquant de nouvelles manifestations pacifistes. Une fois de plus, l'idée que les soldats se battent pour la population vietnamienne est mise à mal dans l'opinion publique. Contrairement aux troupes de la Seconde Guerre mondiale, qui connurent par la suite honneurs et gloire, les soldats du Vietnam de retour sur le sol américain seront souvent rejetés par leurs compatriotes et traités de "tueurs de bébés".

L'armée américaine tenta à tous les niveaux d'étouffer les atrocités commises, puis finit par ouvrir des enquêtes. Plusieurs officiers reçurent des sanctions disciplinaires, mais un seul d'entre eux, le lieutenant William Calley, fut traduit en cour martiale et reconnu coupable du meurtre de 22 civils non armés. Condamné en 1971 à l'emprisonnement à vie, il passa trois ans assigné à résidence et fit appel. Il fut libéré sur parole en 1974, la Cour suprême ayant refusé de se prononcer sur son cas.

Aujourd'hui encore, le procès de Calley fait couler beaucoup d'encre : d'aucuns affirment que le lieutenant a servi de bouc émissaire, les ordres ayant été donnés en plus haut lieu. De toute évidence, Calley n'a pas agi seul.

VAUT LE DÉTOUR

L'ÎLE DE TAM HAI

Minuscule île (6 km de large) rarement visitée, parsemée de quelques villages de pêcheurs et ourlée de plages qu'ombragent des cocotiers, la paisible Tam Hai mérite le détour. Quelques ruines chams, un vieux cimetière de baleines et des fêtes uniques ajoutent à son attrait. Située 45 km au nord de Quang Ngai, l'île est fréquemment desservie par des bateaux (5 000 d, 7h-12h et 13h30-21h30) partant de trois petits ports du continent. À votre arrivée sur Tam Hai, vous pourrez louer vélos et motos dans les cafés et magasins afin de parcourir l'île.

Le village principal (Tam Hai) abrite de simples magasins et restaurants de produits de la mer. Plus au nord, à 2 km du village, s'étend le cimetière de baleines. À l'ouest du village, Ban Than est un spectaculaire affleurement rocheux noir de 40 m de haut. En contrebas, les eaux se prêtent au snorkeling pendant les mois d'été (avril-août).

Avant de rejoindre Ban Than à pied, demandez à un vendeur de noix de coco de vous emmener aux ruines d'un puits et d'un temple chams. Dissimulés au bout d'une étroite piste en terre serpentant entre les cocotiers, ils sont presque introuvables. L'eau du puits étant considérée comme la plus sacrée et pure de l'île, les habitants l'utilisent pour la fabrication d'un alcool de riz censé soigner le mal de mer.

Les traditions sont profondément ancrées à Tam Hai, et les habitants se réunissent régulièrement pour organiser une multitude de fêtes liées à la mer. Une fête de la baleine a lieu tous les 20 janvier, et un grand festival, Le Khao Le The Linh, célébré à la pleine lune de mars, honore les pêcheurs disparus en mer. Les anciens du village fabriquent des bateaux de pêche miniatures, où sont placés des mannequins représentant les défunts. Des chamans prient, puis les bateaux partent en mer aux côtés de centaines de bougies qui guident les âmes perdues en toute sécurité.

Si vous souhaitez rester sur l'île, le paisible **Domaine de Tam Hai** (☎0235-354 5105 ; www.tamhairesort.com ; villa 100 $US) jouit d'un cadre romantique et isolé en bord de plage.

L'aéroport le plus proche est Chu Lai. Il est relié chaque jour à HCMV et Hanoi grâce à Jetstar, VietJet et Vietnam Airlines. Pour une course en taxi de l'aéroport au port de Tam Quang, sur le continent, comptez 20 minutes et 120 000 d.

rue 300 m au sud de Đuong Le Trung Dinh, l'artère principale. Pas d'alcool.

Nha Hang Hai San Sake PRODUITS DE LA MER $

(www.facebook.com/haisansakeqn ; 109 Đ Pham Van Dong ; repas à partir de 65 000 d ; ⏲11h30-22h). Ce grand espace ouvert est très prisé pour ses produits de la mer, et notamment pour ses excellents plats à base de calamar. Dans cet endroit très fréquenté l'atmosphère est bouillonnante et particulièrement propice aux rencontres les soirs d'été, lorsque la bière coule à flots.

Depuis/vers Quang Ngai

AVION

L'**aéroport** le plus proche est Chu Lai (VCL), à 36 km au nord de Quang Ngai. Vietnam Airlines (www.vietnamairlines.com), Jetstar (www.jetstar.com), Bamboo Airways (www.bambooairways.com) et VietJet Air (www.vietjetair.com) desservent toutes Hô Chi Minh-Ville et Hanoi. Le trajet en taxi depuis/vers la ville coûte environ 450 000 d.

BUS

La **gare routière de Quang Ngai** (Đ Le Thanh Ton) est au sud du centre, à 50 m à l'est de Đuong Quang Trung. Des bus réguliers desservent les arrêts principaux sur la RN 1, notamment Danang (à partir de 55 000 d, 2 heures) et Quy Nhon (à partir de 85 000 d, 3 heures 30). Les bus "open tour" peuvent vous y déposer, mais en sens inverse, mieux vaut ne pas compter sur eux pour vous y récupérer.

TRAIN

Les trains arrivent à la **gare ferroviaire de Quang Ngai** (Ga Quang Ngai ; 204 Đ Nguyen Chi Thanh), à 1,5 km à l'ouest du centre-ville. Ils desservent, entre autres, Danang (à partir de 89 000 d, 2 heures 30), Dieu Tri (pour Quy Nhon, à partir de 105 000 d, 3 heures) et Nha Trang (à partir de 235 000 d, 7 heures).

Ruines chams de Cha Ban

☎0256

Le site de l'ancienne capitale cham de Cha Ban (aussi appelée Vijay) se trouve à 25 km au nord-ouest de Quy Nhon et à 5 km de Binh Dinh. S'il abrite plusieurs monuments chams importants d'un point de vue archéologique, il n'offre pas grand-chose à voir au commun des visiteurs.

À voir

Musée Quang Trung MUSÉE
(Phu Phong, district de Tay Son ; 10 000 d ; 7h30-11h30 et 13h30-17h). À 43 km au nord-ouest de Quy Nhon, ce musée est consacré à Nguyên Huê, le deuxième des trois frères responsables de la révolte des Tây Son (p. 466), qui se proclama empereur en 1788 sous le nom de Quang Trung. L'année suivante, Quang Trung et ses troupes battirent, près de Hanoi, une armée chinoise forte de 200 000 hommes : aux yeux des Vietnamiens, cette épopée est l'un des plus grands triomphes de leur histoire nationale.

Le règne de Quang Trung fut marqué par des avancées : il encouragea la réforme agraire, révisa le système des impôts, renforça l'armée, développa l'éducation et promut la poésie et la littérature. Il mourut en 1792, à l'âge de 40 ans. Les ouvrages communistes aiment voir en lui le chef d'une révolution paysanne dont les acquis furent piétinés par la dynastie réactionnaire des Nguyên (arrivée au pouvoir en 1802, celle-ci fut renversée par Hô Chi Minh en 1945).

Le musée est construit sur le site de la maison des trois frères, et abrite un vieux tamarinier qu'ils auraient planté. On peut y voir des statues, costumes, documents et objets divers datant du XVIIIe siècle, dont la plupart éclairés d'un commentaire en anglais. Notez les tambours de guerre en peau d'éléphant et les gongs bahnar. Des démonstrations de *vo binh dinh*, un art martial traditionnel réalisé avec des bâtons en bambou, sont présentées.

Prenez la RN 19 à l'ouest sur 40 km vers Pleiku. Le musée est à 5 km au nord de la route (l'embranchement est indiqué), à Phu Phong, dans le district de Tay Son.

Tours chams de Banh It SITE HINDOUISTE
(Phuoc Hiep, district de Tuy Phuoc ; 10 000 d ; 7h-11h et 13h30-16h30). Ces quatre tours trônent au sommet d'une colline à 16 km au nord-ouest de Quy Nhon, juste à l'est de la RN 1. De là, le panorama englobe la rivière et jusqu'à la mer de Chine méridionale au loin. L'architecture de chaque tour est unique, bien que toutes aient été construites entre la fin du XIe et le début du XIIe siècle. La plus petite tour, avec un toit en carène, comporte les sculptures les plus sophistiquées. Une grande pagode bouddhique se dresse à flanc de colline sous la plus basse des tours.

Suivez Đuong Tran Hung Dao pour sortir de la ville, et roulez pendant environ 30 minutes : vous verrez les tours au loin, sur la droite. Après les feux de circulation à la jonction avec la route nationale, traversez le pont et prenez à droite, puis tournez à gauche sur la route qui gravit la colline pour atteindre l'entrée.

Tours chams de Duong Long SITE HINDOUISTE
(1 km au sud du village de My An, district de Tay Son ; 7h-11h et 13h30-16h30). GRATUIT Difficiles à trouver, ces tours se dressent dans la campagne à 35 km au nord-ouest de Quy Nhon. Le plus grand de ces trois édifices en brique (24 m de haut) date de la fin du XIIe siècle. Il est orné d'éléments sculptés en granit représentant un *nâga* (serpent mythique aux pouvoirs divins) et des éléphants (Duong Long signifie "tours d'ivoire"). Les portes sont décorées de bas-reliefs figurant des femmes, des danseurs, des monstres et divers animaux. D'énormes têtes de dragon occupent les angles de la structure.

Comment s'y rendre et circuler

Les sites de cette région étant disséminés, il vaut mieux être motorisé pour les visiter. Louer une voiture avec chauffeur depuis Quy Nhon revient à 60 $US la demi-journée et 90 $US la journée. Comptez 30 $US pour une journée en *xe om*.

Toutes les heures, des bus (15 000 d, 1 heure) relient Quy Nhon et Phu Phong, la localité du musée Quang Trung.

Quy Nhon

0256 / 337 000 HABITANTS

Grande ville côtière prospère, Quy Nhon s'enorgueillit d'une superbe plage et de grands boulevards. Son charme balnéaire et ses rues coquettes font que beaucoup de couples vietnamiens aisés viennent y passer leur retraite.

Si Quy Nhon est idéale pour savourer des produits de la mer frais, pour la plupart des visiteurs étrangers, ses attraits sont moins évidents. Cependant, les choses changent : l'ouverture de nouveaux bars et cafés a apporté une touche décontractée et cosmopolite. La ville sort petit à petit de sa torpeur.

Quy Nhon est aussi le point d'accès principal à la charmante Bai Xep, une jolie crique située 13 km au sud, où plusieurs belles pensions attirent les voyageurs indépendants. D'autres plages sympathiques, comme Ky Co, s'étirent vers l'est, le long de la péninsule de Phuong Mai.

À voir

Plage municipale PLAGE

Le long front de mer de Quy Nhon s'étend du port, au nord-est, aux collines boisées du sud. Cette belle étendue de sable, qui a bénéficié d'un important relooking ces dernières années, est assez propre et son extrémité sud est parfaite pour nager.

Tours chams de Thap Doi TEMPLES HINDOUS

(Đ Tran Hung Dao ; 20 000 d ; 7h-20h30). Deux remarquables tours chams se dressent dans un petit parc de la ville. Des marches abruptes mènent aux anciens temples, ouverts sur le ciel. Ils sont couverts de toits en pagode, et non par les habituelles terrasses de l'architecture cham. La plus grande (20 m de hauteur) a conservé certains décors en brique et des vestiges de la statuaire en granit qui ornait jadis son sommet. Les torses démembrés de *garuda* (créature mythologique mi-oiseau, mi-humain) subsistent aux angles du toit.

Du centre-ville, prenez Đuong Tran Hung Dao en direction de l'ouest et cherchez les tours du regard sur la droite.

Plage de Quy Hoa et léproserie SITE HISTORIQUE

GRATUIT Le mot "léproserie" ne fait pas vraiment rêver ; pourtant, ce site en bord de mer, sorte de village modèle, est tout à fait ravissant. Aujourd'hui, l'hôpital traite de toutes les affections de la peau. Il n'y a plus beaucoup de patients, mais les descendants des familles affectées continuent de vivre ici dans un quartier bien entretenu.

Devant le village, la plage de Quy Hoa, une ravissante étendue de sable, est prisée le week-end.

Dans le parc de l'hôpital, soigné, sont disséminés les bustes de nombreux médecins distingués, vietnamiens et étrangers. Les patients œuvrent selon leurs capacités : ils cultivent le riz, pêchent, effectuent diverses réparations ou tiennent de petites boutiques d'artisanat. On trouve également un atelier où sont fabriquées prothèses et chaussures orthopédiques, mais il vous faudra certainement l'autorisation du directeur de l'institution pour le visiter.

Juste au-dessus de la plage, un chemin de terre conduit sur une colline jusqu'à la tombe de Han Mac Tu, poète mystique mort en 1940.

À pied ou à vélo, longez la route après la plage de la Reine jusqu'aux portes d'entrée de l'hôpital, à environ 2,5 km au sud de Quy Nhon. Le bus T11 passe par là.

Musée Binh Dinh MUSÉE

(28 Đ Nguyen Hue ; 7h-11h et 14h-17h avr-sept, 7h30-11h et 13h30-16h30 oct-mars). GRATUIT Ce petit musée consacré à l'histoire régionale abrite notamment de superbes sculptures chams. Dès le hall d'entrée, le communisme est évoqué par une soierie imprimée (due à Zuy Nhat, 1959) figurant un colon français empâté assis au-dessus de mandarins, eux-mêmes soutenus par des bureaucrates et de cruels patrons, le tout reposant sur les masses opprimées. La salle de gauche comporte une section d'histoire naturelle et quelques pièces sur la culture ethnique. D'impressionnants objets chams emplissent la pièce située à l'arrière, notamment une statue du XIIe siècle de la déesse Mahishasuramardini. La salle de droite est consacrée à la guerre du Vietnam.

Plage de Ky Co PLAGE

(péninsule de Phuong Mai ; 100 000 d). Cette plage adossée à des falaises côtières et bordée par des eaux turquoise est située à 23 km à l'est de Quy Nhon. Les touristes vietnamiens venus pour la journée raffolent de son sable fin et clair ; si possible, venez donc assez tôt ou assez tard. On accède (non sans mal) à la plage depuis le parking qui la surplombe, en 4x4 (navette 60 000 d/pers) ou à pied.

Pagode Long Khanh TEMPLE BOUDDHIQUE

(en retrait de Đ Tran Cao Van). GRATUIT Difficile de manquer le bouddha de 17 m de haut érigé en 1972 qui annonce la principale pagode de Quy Nhon. Celle-ci est située à l'écart de la route, près du 143 Đuong Tran Cao Van. Elle fut fondée en 1715 par un marchand chinois. Ses moines président aux affaires religieuses de la communauté bouddhiste de la ville, relativement active.

Des dragons en mosaïque aux crinières de verre brisé mènent au bâtiment principal, flanqué de tours abritant un tambour géant (à gauche) et une énorme cloche.

Temple d'Ong Nui STATUE BOUDDHIQUE

(village de Phuong Binh). GRATUIT Ici, à 25 km au nord de Quy Nhon, se tient le plus grand

Quy Nhon

Quy Nhon

Les incontournables
1 Plage municipale D1

À voir
2 Musée Binh Dinh C1
3 Pagode Long Khanh C1

Activités
4 Zen Spa A3

Où se loger
5 Anh Vy Hotel A3
6 Anya Hotel Quy Nhon A3
7 John & Paul Inn A4
8 Kim House B2

Où se restaurer
9 C.ine D1
10 Gia Vy 2 .... B1
11 Nha Hang Lien Thanh D1
12 Sisters Tavern & Pizzeria C1

Où prendre un verre et faire la fête
Den 2 .... (voir 8)
13 Quy Nhon Sports Bar A4

Achats
14 Marché Lon C1

bouddha assis d'Asie du Sud-Est. Il est juché sur une colline qui domine les environs et offre une vue dégagée sur la mer.

Le chemin d'accès et ses 600 marches vertigineuses sont bordés par pas moins de 18 *arhat* (ceux qui ont atteint le nirvana).

Activités

Zen Spa MASSAGES

(☎0256-652 5678 ; 270 Đ Nguyen Thi Dinh ; massage corporel 1 heure 250 000 d ; ⊙8h30-21h). Spa très professionnel, installé dans des locaux propres et attrayants. Personnel bien formé et expérimenté. Massages du visage, des pieds (180 000 d/heure) et autres soins du corps. Tarifs très modestes.

Quynhonkids English Club CIRCUITS
(☎090 630 2218 ; www.facebook.com/quynhonkids). Ce sympathique groupe d'habitants adore rencontrer des étrangers pour discuter en anglais. Vous pourrez vous joindre à eux lors du nettoyage de la plage, d'un circuit à moto dans la campagne, d'une randonnée à flanc de colline ou d'une partie de football. Vous aurez juste à contribuer pour les dépenses de carburant.

Où se loger

De nouvelles pensions et auberges de jeunesse ont donné un coup de fouet au secteur hôtelier de Quy Nhon. Si la plupart des voyageurs préfèrent loger à la plage de Bai Xep voisine, on trouve plusieurs établissements bon marché.

♥ Nhon Hai Beach Hostel AUBERGE DE JEUNESSE $
(☎088 855 5368 ; www.facebook.com/nhonhaihostel ; Hai Nam, Nhon Hai ; dort/ch 5/17 $US ; ❄📶). Dans un village de pêcheurs à 17 km à l'est de la ville, cette nouvelle auberge de jeunesse installée sur la plage et gérée par d'adorables hôtes offre un hébergement qualitatif : dortoir climatisé avec salle de bains attenante et chambres privatives avec vue sur la mer. Locations de scooters, mais aussi de kayaks, de masques et de tubas, et sorties en bateau le long de la péninsule. Repas délicieux (50 000-100 000 d).

Kim House AUBERGE DE JEUNESSE $
(☎0902 343 635 ; www.facebook.com/pg/den2coffee ; 25 Đ Le Xuan Tru ; dort 132 000 d, d 297 000-330 000 d ; ❄📶). La nouvelle et sympathique auberge de jeunesse de cette ruelle loue des dortoirs douillets à 6 lits ainsi que des chambres individuelles convenables, hautes de plafond et dotées de meubles en bois. Douches propres. Agréable café sur place où prendre le petit-déjeuner (compris dans le prix de la chambre), un bon café ou une bonne bière.

John & Paul Inn AUBERGE DE JEUNESSE $
(☎0256-651 7770 ; johnandpaulinn.com ; 63 Đ Chuong Duong ; dort 5-6 $US, ch 16 $US ; ❄📶). Une auberge de jeunesse prisée du sud de la ville. Dortoirs propres (dont un réservé aux femmes) et bonnes chambres individuelles, avec TV câblée et balcon. Bien que son nom évoque les Beatles, on passe plutôt du hard rock et du metal au restaurant-bar animé du rez-de-chaussée.

Anh Vy Hotel HÔTEL $
(☎0256-384 7763 ; anhvy08@gmail.com ; 8 Đ An Duong Vuong ; s/d/tr à partir de 220 000/260 000/320 000 d ; ❄@📶). Un établissement ouvert de longue date, géré par un chaleureux couple anglophone qui fournit d'excellents renseignements touristiques et loue des vélos et scooters à prix corrects. Chambres un peu défraîchies mais dotées de salles de bains avec eau chaude ; celles avec une vue sur la mer coûtent un peu plus cher.

Anya Hotel Quy Nhon HÔTEL $$$
(☎0256-653 6728 ; en.anyahotel.com ; 3 Đ Nguyen Trung Tin ; ch 62-108 $US, ste 145 $US ; ❄📶🏊). Ce nouvel hôtel luxueux ouvert en 2019, qui se tient juste en retrait de la plage, déploie des chambres de style contemporain, entre tons gris subtils et nuances de bois clairs. Espace piscine, centre de fitness et spa impressionnants.

Crown Retreat Quy Nhon Resort COMPLEXE HÔTELIER $$$
(☎0256-653 8538 ; www.crownretreat.com ; Trung Luong, Cat Tien ; bungalows à partir de 96 $US ; ❄📶🏊). Superbe emplacement pour cet hôtel élégant posté sur une plage de sable blanc, 25 km au nord de Quy Nhon. Divers bungalows au toit de chaume, à flanc de colline, avec vue sur la mer ou dressés sur la plage, avec mobilier en bois chic et jolis carrelages. Coin piscine avec vue imprenable sur la mer ; bonne cuisine locale et occidentale servie. À 30 minutes de l'aéroport de Phu Cat.

Où se restaurer

Quy Nhon est l'un des meilleurs endroits au Vietnam pour savourer des produits de la mer. Une grande partie des restaurants donnant sur la baie ont été rasés pour laisser place à de grands projets de construction, mais plusieurs adresses parsèment encore Đuong Xuan Dieu.

Gia Vy 2 VIETNAMIEN $
(14 Đ Dien Hong ; repas 40 000 d ; ⏰7h-21h45). D'humeur à préparer votre repas vous-même ? Cap sur cet établissement local pour ses crêpes *banh xeo* délicieusement authentiques. Dans une galette de riz, roulez une crêpe aux crevettes ou au bœuf, des feuilles de salade, de la mangue verte,

des tranches de concombre, une goutte de sauce chili et savourez.

C.ine PRODUITS DE LA MER $$
(0256-651 2675 ; 94 Đ Xuan Dieu ; plats 40 000-180,000d ; 11h-22h30). Excellent restaurant de poisson avec nappes à carreaux et vue sur la baie. Les tarifs plus élevés qu'ailleurs sont justifiés : goûtez le crabe à carapace molle, les pétoncles au beurre et à l'ail, le poisson grillé et les plats aux escargots. Les traductions du menu en anglais sont assez hasardeuses.

Sisters Tavern & Pizzeria ITALIEN $$
(www.facebook.com/SistersQuyNhon ; 81 Đ Hai Ba Trung ; plats 69 000-159 000 d ; 11h-21h15 ; wi-fi). Un petit bar-restaurant sympathique où l'on prépare d'excellentes pizzas (testez l'*arrabbiata* à la saucisse), de copieux plats de pâtes, des salades savoureuses, des paninis et des travers de porc. Bel assortiment de bières (dont des artisanales de Heart of Darkness) et vin chilien à 69 000 d le verre.

Nha Hang Lien Thanh PRODUITS DE LA MER $$
(104 Đ Xuan Dieu ; repas 70 000-150 000 d ; 11h-21h30). Ce restaurant local sur le front de mer sert de délicieux plats de crevettes et du calamar mariné (ou grillé). Pas de carte en anglais.

Où prendre un verre et faire la fête

La culture du café est bien vivante à Quy Nhon, et le choix de bars s'étoffe régulièrement. Đuong Hai Ba Trung est bordée de cafés fréquentés par de jeunes étudiants vietnamiens ; de jour comme de nuit, ce quartier est assez animé.

Den 2 CAFÉ
(Kim House, 25 Đ Le Xuan Tru ; 24h/24 ; wi-fi). Lors de nos recherches, la première version du Den Coffee était fermée pour travaux de réfection, mais cette succursale dans l'auberge de jeunesse Kim House rencontre un grand succès. Arabica d'exception et robusta de grande qualité issus de plantations au Vietnam, en Éthiopie et d'ailleurs dans le monde. L'expresso, irréprochable, coûte 25 000 d, et le *caphe den* (café filtre noir vietnamien) 13 000 d. Jus de fruits, en-cas et plats également au menu.

Quy Nhon Sports Bar BAR SPORTIF
(92 Đ An Duong Vuong ; 12h-23h ; wi-fi). Dans le sud de la ville, les propriétaires australiens de ce bar sportif proposent des bières artisanales Rooster et East West. Terrasse animée donnant sur la rue et bar sur le toit avec vue sur la mer. Cuisine occidentale et diffusion (en direct ou non) d'événements sportifs du monde entier.

Achats

Marché Lon MARCHÉ
(Cho Lon, Đ Tang Bat Ho ; 6h-16h). Un marché central très animé, où les étals des vendeurs débordent dans les rues voisines. De superbes photos en perspective.

Depuis/vers Quy Nhon

Quy Nhon a une gare ferroviaire et des liaisons en bus convenables vers d'autres villes de la côte, et un aéroport non loin.

AVION

L'aéroport de Phu Cat est à 31 km au nord-ouest de la ville.

Vietnam Airlines, VietJet, Bamboo Airways et Jetstar desservent Hô Chi Minh-Ville et Hanoi.

BUS

La **gare routière de Quy Nhon** (0256-384 6246 ; Đ Tay Son) est au sud de la ville. Des bus très fréquents desservent Quang Ngai (à partir de 85 000 d, 3 heures 30), Nha Trang et des villes des hauts plateaux du Centre, notamment Pleiku (90 000 d, 4 heures, 7/jour)

Deux à trois minibus/bus de la compagnie Son Tung circulent quotidiennement entre Quy Nhon et Hoi An (6 heures, 170 000 d).

Aucune ligne de bus "open tour" ne passe par Quy Nhon.

TRAIN

La gare importante la plus proche est Dieu Tri, 10 km à l'ouest de la ville. Seuls les trains locaux très lents s'arrêtent à la **gare ferroviaire de Quy Nhon** (0256-382 2036 ; Đ Le Hong Phong). Depuis Dieu Tri, Quang Ngai (108 000 d, 3 heures) et toutes les grandes villes de la principale ligne nord-sud sont desservies.

Comment circuler

Toutes les compagnies proposent des transferts en minibus (50 000 d) entre la ville et l'aéroport.

Du centre de Quy Nhon à la gare de Dieu Tri, comptez 165 000 d en taxi ou environ 60 000 d en *xe om*. Un taxi depuis/vers l'aéroport de Phu Cat coûte 480 000 d. À Quy Nhon, Grab propose des courses à moto, mais pas en voiture.

On trouve facilement des scooters à louer (à partir de 120 000 d/jour) dans les pensions.

TRANSPORTS AU DÉPART DE QUY NHON

DESTINATION	AVION	BUS	VOITURE/MOTO	TRAIN (SIÈGE MOU)
Danang	n/a	190 000-275 000 d, 6 heures 30, 8/jour	6/8 heures	à partir de 187 000 d, 6-7 heures, 6/jour
Hanoi	à partir de 428 000 d, 1 heure 30, 6-7/jour	à partir de 390 000 d, 19 heures, 6/jour	environ 22/25 heures	à partir de 610 000 d, 21-24 heures, 5/jour
HCMV	à partir de 520 000 d, 1 heure, 5-6/jour	240 000-380 000 d, 12 heures, 8-10/jour	13/18 heures	à partir de 319 000 d, 11-14 heures, 7/jour

Bai Xep

0256 / 2 500 HABITANTS

N'abritant il y a peu encore qu'un simple village de pêcheurs, la charmante baie de Bai Xep attire désormais un flot constant de voyageurs. À 13 km au sud de Quy Nhon, la plage demeure relativement isolée ; le lieu, à la beauté indéniable, est propice à la détente.

Bai Xep est constituée de deux petites criques. Au nord, Bai Truoc ("plage de devant"), est un port de pêche animé constitué d'un dédale de ruelles aux maisons collées les unes aux autres au bord d'une petite baie parsemée de matériel et bateaux de pêche. Au sud, Bai Sau ("plage de derrière"), plus grande et plus belle, forme un croissant de sable idéal pour la baignade et abrite un choix toujours plus large d'hébergements, donnant tous sur la baie. Ici, on perd facilement la notion du temps, en discutant avec les habitants et d'autres voyageurs, allongé dans son hamac, ou en explorant la superbe côte et les îles au large.

Activités

Les pensions peuvent organiser des circuits en bateau d'île en île avec snorkeling (120 000 d/pers), des cours de cuisine (150 000 d/pers) et la location de motos. Des habitants proposent des massages (environ 120 000 d/heure). Il y a un **spa** (0256-384 0132 ; www.avanihotels.com/en/spa ; Avani Quy Nhon Resort & Spa ; massage 1 heure à partir de 1 200 000 d ; 9h-21h) au complexe hôtelier Avani.

Il y a de la houle entre octobre et mars (Alex, le propriétaire de la pension Haven, loue des planches à ses clients). À la saison des pluies, les cascades du secteur font la joie des randonneurs.

Où se loger

Le secteur de Bai Xep compte une gamme d'hébergements allant des dortoirs aux luxueuses villas donnant sur l'océan. De nouveaux hôtels sont en construction, notamment un excentrique gratte-ciel dont le toit est orné d'une proue de bateau.

Life's a Beach Backpackers AUBERGE DE JEUNESSE $

(086 895 8843 ; lifesabeachvietnam.com ; 2 km au nord de Xuan Hai ; dort/hutte/ch à partir de 5/14/18 $US ;). Cette adresse festive est située sur une ravissante plage de sable privée. Dortoirs de qualité, bungalows et camping sont disséminés sur une colline ombragée. Restaurant-bar servant de l'alcool et grands hamacs. Nombreuses loisirs proposés, de la location de kayak au karaoké. À 5 km au sud de Bai Xep.

Banana Sea Homestay CHEZ L'HABITANT $

(0931 123 227 ; www.bananahomestay.com ; Bai Sau ; dort 160 000 d, ch 450 000 d, huttes 500 000-650 000 d ;). Dans ce lieu blotti à flanc de colline en surplomb de Bai Sau, les propriétaires suisses et vietnamiens vous réservent la plus grande hospitalité. Ravissantes huttes au toit arrondi, certaines avec clim et toutes disposant d'une salle de bains avec eau chaude. Dortoir propre et climatisé. La nourriture est excellente ; le café en contrebas est une bonne source d'informations touristiques.

Haven PENSION $$

(0982 114 906 ; www.havenvietnam.com ; To 2, Khu Vuc 1, Bai Sau ; dort 160 000 d, ch avec petit-déj 850 000-1 200 000 d ;). Cette pension simple et accueillante sur la côte a subi un important remaniement, avec l'ajout d'un bâtiment comportant 8 chambres et un dortoir à 4 lits. Vue sur la mer de presque tous les logements. L'accueil et l'ambiance sont toujours aussi chaleureux grâce aux propriétaires australo-vietnamiens installés à Bai Xep depuis des années ; ils vous conseilleront sur les excursions et voyages à faire dans le secteur.

Petit-déjeuner servi dans le très agréable Big Tree Bistro attenant.

Life's a Beach PENSION **$$**
(0963 289 096, 0162 993 3117 ; lifesabeachvietnam.com ; Bai Sau ; dort 7 $US, ch avec petit-déj 20-55 $US ;). Une adresse tenue par des Britanniques avec un emplacement de choix sur la plage, parfaite pour faire des rencontres tout en se relaxant. Barbecues, jeux de société et quiz pour une ambiance des plus conviviales.

Au choix : grandes chambres familiales, bungalows, cabane dans un arbre, dortoirs en bambou et, dans l'autre crique de Bai Xep, 2 petits appartements. Service aimable et efficace.

Avani Quy Nhon Resort & Spa COMPLEXE HÔTELIER **$$$**
(0256-384 0132 ; www.avanihotels.com ; 700 m au sud de Bai Xep ; ch/ste avec petit-déj à partir de 140/165 $US ;). Dans cet hôtel élégant en bordure de plage, tout est réuni pour un séjour mémorable. Les chambres, tout confort, sont modernes et bien conçues à partir de matériaux naturels, et toutes offrent une vue sur la mer. On peut s'adonner aux joies du tai-chi, du yoga, du snorkeling et de la pêche. Jolie piscine, restauration gastronomique et meilleur spa des environs.

Anantara Quy Nhon Villas HÔTEL DE LUXE **$$$**
(0256-384 0132 ; www.anantara.com ; 1 km au sud de Bai Xep ; villas à partir de 458 $US ;). Ouvert en 2018, ce magnifique resort se compose de 26 villas de style moderne avec piscines privées, entourées d'un paysage tropical luxuriant.

Sur place, le restaurant le Sea.Fire.Salt est réputé être le meilleur de tout le district de Quy Nhon. Extraordinaires installations pour le bien-être, dont un pavillon de massages thaïlandais surplombant les flots.

Où se restaurer

Banana Sea VÉGÉTARIEN **$**
(www.bananahomestay.com ; Bai Sau ; repas à partir de 45 000 d ; 7h-22h ;). Un menu sans viande est ici proposé, composé d'appétissants plats occidentaux et locaux, avec des options véganes, sans lactose ou sans gluten. Agréable pour un petit-déjeuner ou

HORS DES SENTIERS BATTUS

LE GANH DA DIA

Version réduite de la Chaussée des Géants en Irlande, le Ganh Da Dia est un spectaculaire affleurement de roche volcanique qui avance dans l'océan au sud de Quy Nhon. Le trajet en lui-même fait partie du plaisir, car le paysage de cette région côtière est fabuleux.

Le Ganh Da Dia est indiqué depuis la petite ville de Chi Thanh, à 68 km au sud de Quy Nhon. En descendant la RN 1, prenez l'embranchement juste après le pont qui enjambe la rivière, du côté nord de la ville. Sur 13 km ponctués de virages, la route mène à la côte à travers un ravissant tableau champêtre de rizières et de villages agricoles.

Composé de centaines de colonnes de basalte imbriquées, le Ganh Da Dia a été formé il y a des millions d'années par le refroidissement de coulées de lave en fusion. Certaines des plus belles parties sont faites de roches pentagonales ou hexagonales incroyablement régulières. Les Vietnamiens appellent cet endroit la "falaise des roches plates", et les moines bouddhistes y organisent régulièrement des cérémonies.

Vous pourrez vous baigner dans la minuscule crique rocheuse à côté du Ganh Da Dia, mais la fantastique plage de sable, au sud de la baie et à 5 minutes de marche, est encore plus tentante. Des villageois des environs vendent des noix de coco fraîches (hors de prix) et des en-cas sur le parking.

En continuant vers le sud, vous pourrez prendre une belle route côtière jusqu'à Tuy Hoa (ce qui permet d'éviter la RN 1). Depuis le Ganh Da Dia, dirigez-vous vers l'intérieur des terres (vers l'ouest) sur 3,5 km, puis prenez une route secondaire (asphaltée) direction sud à travers des dunes, des cactus et des agaves jusqu'au village de pêcheurs d'An Hai, où une enfilade de restaurants de produits de la mer invite à une pause idyllique face à l'estuaire de l'O Loan.

Au départ d'An Hai, parcourez 27 km direction sud jusqu'à Tuy Hoa. La route comporte quelques virages et bifurcations, mais les bornes kilométriques (qui indiquent la distance jusqu'à Tuy Hoa) aident à garder le bon cap.

bien un dîner familial. Cocktails et bières également.

Big Tree Bistro INTERNATIONAL $$
(www.havenvietnam.com/bigtreebistro ; Haven, To 2, Khu Vuc 1, Bai Sau ; la plupart des plats 100 000-169 000 d ; 6h-21h ;). Ce restaurant d'hôtel convivial et décontracté jouissant d'une vue splendide sur la plage de Bai Sau est spécialisé dans la pizza au feu de bois. On y sert aussi de bonnes salades et d'excellentes viandes grillées.

Bau Huy PRODUITS DE LA MER $$
(Bai Sau ; repas 60 000-160 000 d ; 10h-21h). Ce petit établissement local sert des plats de crabes, coquillages et poisson frais pêchés, à choisir dans les bacs.

Sea.Fire.Salt INTERNATIONAL $$$
(0256-384 0077 ; www.anantara.com ; Anantara Quy Nhon Villas, 1 km au sud de Bai Xep ; repas à partir de 320 000 d ; 6h30-22h30 ;). Le restaurant emblématique de l'Anantara est aussi élégant que cher. Plats vietnamiens et occidentaux délicieux, avec des créations innovantes comme les produits de la mer ou les viandes cuites sur des briques de sel ; testez le homard local, cuit dans sa carapace avec du beurre persillé à l'ail.

Depuis/vers Bai Xep

À 13 km au sud de Quy Nhon, Bai Xep est desservi par les bus locaux : le T11 (9 000 d) circule toutes les heures depuis le centre commercial Metro, de 5h30 à 17h (avec une pause au déjeuner). Un taxi depuis Quy Nhon coûte 190 000 d. De nombreux voyageurs arrivent à moto.

Tuy Hoa

0257 / 219 000 HABITANTS

Immense agglomération qui ne cesse de s'étendre, Tuy Hoa est une cité sans charme réel, organisée autour de l'habituelle grande place et de boulevards à voies multiples. Il est possible de s'y arrêter une nuit pour couper un long trajet – ce qui concerne surtout les cyclistes assez courageux pour affronter la RN 1 –, mais la plupart des visiteurs se contentent de la traverser.

Très peu de ses habitants parlent anglais ; sortez votre guide de conversation et pratiquez votre vietnamien.

À voir

Les quelques sites intéressants de la ville sont tous situés sur des collines que l'on aperçoit depuis la RN 1. L'immense plage de sable de Tuy Hoa s'étend sur des kilomètres le long d'un rivage très peu construit.

Tour cham de Nhan TEMPLE
(près de Đ Le Trung Kien). GRATUIT Au sud de la ville, la tour cham de Nhan du XIVe siècle, haute de 20 m, est impressionnante, surtout quand elle est illuminée la nuit. En y montant, on traverse un petit jardin botanique, et du haut de la tour, on profite d'une superbe vue.

Mémorial de guerre MÉMORIAL
(près de Đ Le Trung Kien). GRATUIT Ce monument blanc, au sud de la ville, rappelle vaguement l'Opéra de Sydney avec ses voiles qui se chevauchent.

Où se loger

Coast Homestay CHEZ L'HABITANT $
(078 222 8444 ; www.facebook.com/Coast.Homestay ; 236 Đ Ba Trieu ; ch avec sdb commune/privative à partir de 7/9 $US ;). Ce nouveau logement chez l'habitant a des chambres propres et bien tenues, avec mobilier en bois de qualité ; pour certaines, la salle de bains est à partager. Cuisine et salon à disposition des clients. Seul bémol : son éloignement de la plage (environ 600 m).

My Ha Hotel HÔTEL $
(0257-368 6970 ; C13 Đ Hoang Van Thu ; ch 11-20 $US ;). D'un bon rapport qualité/prix, ce mini-hôtel accueillant loue des chambres élégantes, impeccables et bien équipées : clim efficace, TV écran plat et literie de bonne qualité. Pas de fenêtres dans les chambres les moins chères. Vous serez assisté par un personnel amène qui peut notamment vous louer des scooters (130 000 d/jour). À 500 m de la plage.

Nhiet Doi Hotel HÔTEL $
(0257-382 2424 ; www.nhietdoihotel.com ; 216 Đ Nguyen Hue ; ch 220 000-350 000 d ;). Les 16 chambres, dotées de jolis meubles, sont assez spacieuses (à l'exception des moins chères). Le personnel parle peu anglais mais pourra vous aider à louer une moto. De savoureux repas (30 000-50 000 d) sont servis.

Sala Tuy Hoa Beach Hotel HÔTEL $$
(0257-368 6666 ; www.salatuyhoabeach.com ; 51 Doc Lap ; ch 40 $US ;). Ce nouveau venu jouit d'un emplacement de choix sur la plage. Chambres spacieuses avec, pour certaines, vue sur la mer. L'établissement

entier affiche une certaine classe. Bonnes infrastructures, dont un café, un restaurant, deux piscines (la plus vaste est de l'autre côté de la rue) et un jardin paysager. Le personnel se plie en quatre pour vous venir en aide. Excellent rapport qualité/prix.

Où se restaurer et prendre un verre

Vous trouverez quantité de modestes restaurants et de vendeurs de rue le long de la route nationale et de Đuong Tran Hung Dao. Sur la plage, des cabanes écoulent des produits de la mer, et de petits établissements servent de la *bia hoi* (bière pression). Pour un café, un fast-food ou un repas à base de viande à la mode coréenne, direction le centre commercial **Vincom Plaza** (www.vincom.com.vn ; Hung Vuong ; 9h-22h).

Ca Phe Mai Ngoi VIETNAMIEN $
(277 Đ Le Duan ; repas 25 000-65 000d ; 8h-20h30). Dans une cour au vert, un café-restaurant vaguement artistique agencé sur deux niveaux, au mobilier dépareillé et servant des soupes et des plats de nouilles, copieux et savoureux. Remarquable *com ga* (plat à base de poulet et de riz).

Cav Coffee CAFÉ
(Vincom Plaza, Hung Vuong ; 9h-22h ; wifi). Cet établissement assouvira votre soif de cappuccino ou d'expresso. Thé, jus de fruits et en-cas également proposés.

Depuis/vers Tuy Hoa

AVION

Vietnam Airlines (0257-382 6508 ; www.vietnamairlines.com ; 353 Đ Tran Hung Dao ; 8h-16h30 lun-sam) et **VietJet** (www.vietjetair.com) assurent des vols pour Hanoi (à partir de 726 000 d), tandis que VietJet et **Jetstar** (www.jetstar.com) proposent des liaisons vers HCMV (à partir de 483 000 d). Au moins un vol quotidien vers ces deux villes.

L'**aéroport**, parfois appelé Dong Tac, est à 8 km au sud de la ville.

BUS

De Tuy Hoa, des bus desservent régulièrement Quy Nhon (49 000 d, 2 heures) et Nha Trang (72 000 d, 3 heures).

TRAIN

La **gare ferroviaire de Tuy Hoa** (Đ Le Trung Kien) se trouve sur une route parallèle à la route nationale. Parmi les destinations figurent Danang (à partir de 222 000 d, 7-8 heures) et Nha Trang (à partir de 58 000 d, 2 heures).

De Tuy Hoa à Nha Trang

0258

La côte spectaculaire entre Tuy Hoa et Nha Trang, la partie la plus à l'est du Vietnam continental, est un paysage escarpé où alternent caps battus par le vent, villages de pêcheurs et criques. Vous pourrez l'explorer en empruntant la route côtière (RN 1), d'où vous pourrez guetter les jolis coins isolés. D'autres sont cachés dans la jungle, entre les promontoires ou sur des îles. Le change et les DAB étant rares, soyez prévoyant avant de quitter Nha Trang, Tuy Hoa ou Quy Nhon.

Depuis/vers la côte entre Tuy Hoa et Nha Trang

Des bus relient régulièrement Tuy Hoa à Nha Trang via la RN 1. Pour profiter au mieux de cette région reculée, vous devrez disposer de votre propre véhicule ; l'idéal est la moto.

Plage de Dai Lanh

Cette plage en croissant offre deux aspects bien différents. Elle s'étend d'un village de pêcheurs délabré, au nord, jusqu'à une zone magnifique, à l'ombre de casuarinas, propice à une agréable baignade dans la baie abritée.

Le village de pêcheurs, avec son petit marché matinal, peut mériter la visite, mais la plupart des voyageurs viennent pour la plage. La route nationale ne manque pas de restaurants et de mini-hôtels abordables tels que **Le Plateau** (097 349 9986 ; RN 1 ; ch 250 000 d ; climatisation, wifi), mais aucun ne se démarque véritablement.

Dai Lanh est située à 32 km au sud de Tuy Hoa, et à 83 km au nord de Nha Trang sur la RN 1.

Île de la Baleine

À environ 1 km au sud de la plage de Dai Lanh, un grand cordon dunaire relie le continent à Hon Gom, une péninsule de presque 30 km de long.

Les bateaux pour l'île de la Baleine (Hon Ong) partent de Dam Mon, le principal village de Hon Gom, niché dans une baie abritée. Ils leur faut 15 minutes pour rejoindre ce petit point sur la carte, qui ne compte qu'un seul hébergement : le **Whale Island Resort** (0258-370 7118 ; www.whaleislandresort.com ; d/villa avec petit-déj à partir de 40/90 $US ; wifi), un bel endroit où vivre pieds nus. Transferts pris en charge pour les clients.

Plage de Doc Let

S'étirant sur 18 km, la plage de sable blanc de Doc Let, bordée d'une eau turquoise, compte parmi les plus belles du Vietnam. Les promoteurs l'ont toutefois prise d'assaut ces dernières années, et les touristes venus de Nha Trang s'y déversent par bus entiers.

Cette immense baie est composée de trois parties. L'activité touristique se concentre principalement au nord, avec quelques hôtels en bord de plage et des pensions meilleur marché à l'intérieur des terres. Le centre est dominé par l'énorme port et chantier naval de Hyundai, gros employeur local mais véritable verrue dans le paysage.

Le secteur sud est adossé à un promontoire boisé et possède la plus belle étendue de sable. Malheureusement là encore promoteurs et excursionnistes ont eu raison du caractère préservé du lieu.

Où se loger et se restaurer

Presque tous les hôtels ont un restaurant. Hormis cela, l'offre de restauration est très restreinte.

Light Hotel HÔTEL $

(☎088 645 3069 ; Ha Huy Tap, Dong Cat ; ch 320 000-450 000 d ; ❄ 📶). À environ 400 m de la plage en direction des terres, cet hôtel possède des chambres propres et bien tenues avec clim efficace. L'affable Trung prend soin de ses hôtes et peut vous aider à vous déplacer.

♥ **Some Days of Silence** BOUTIQUE-HÔTEL $$$

(☎0258-367 0952 ; www.somedaysresort.com ; Dong Cat ; ch 115-125 $US, bungalow à partir de 200 $US avec petit-déj ; ❄ @ 📶 🏊). Un établissement épatant, à l'atmosphère artistique, qui évoque davantage un lieu de retraite qu'un simple hôtel. Raffinés, les bungalows et les chambres sont superbement décorés et dotés de lits à baldaquin, et les salles de bains sont agrémentées de galets. Le sublime jardin tropical, le spa et le service sont inoubliables. Le restaurant de style pagode avec terrasse est un cadre idéal pour des repas sains et originaux (12 $US).

Depuis/vers la plage de Doc Let

Le bus n°3 (25 000 d, 1 heure 30) part toutes les heures de Đuong Nguyen Thien Thuat, à Nha Trang, pour le village de Dong Cat, à l'extrémité nord de la plage de Doc Let.

Par la route, la sortie pour Doc Let est indiquée depuis la RN 1. Poursuivez sur 10 km au fil de marais salants pittoresques et guettez les panneaux indiquant les complexes hôteliers. La majorité des hôtels et resorts offrent (moyennant finance) des solutions pour le transfert.

Depuis la sortie de la RN 1, une autre route directe (et goudronnée) conduit à la partie sud de Doc Let en passant par le chantier naval.

Baie de Ninh Van

Paradis balnéaire à l'écart de tout, la baie de Ninh Van est ponctuée de ravissantes criques sablonneuses accessibles en kayak, paddle ou bateau. Bienvenue dans une réalité parallèle fréquentée par des têtes couronnées européennes, des stars du cinéma et autres personnalités fortunées : un monde aux hôtels ultra-luxueux inaccessible au commun des mortels... du moins jusqu'à ce qu'un grand groupe d'auberges de jeunesse n'y ouvre un établissement, en 2017, dans une baie privée.

Le secteur est très mal desservi par la route, et certains resorts ne sont accessibles qu'en bateau.

Où se loger et se restaurer

♥ **Ninhvana** AUBERGE DE JEUNESSE $

(☎0258-364 9569 ; www.vietnambackpackerhostels.com ; dort/d à partir de 150 000/915 000 d ; ❄ 📶 🏊). Ce formidable établissement est en cran au-dessus de ceux habituellement réservés aux baroudeurs. Dortoirs et chambres sont excellents, et on y trouve deux piscines et une plage de sable blanc privée. Yoga, kayak/paddle, karaoké, fiestas mexicaines et bien d'autres activités sont proposées le soir. Citons aussi le cinéma en extérieur ou encore les terrains de basket et de beach-volley. Deux bus navettes par jour pour Nha Trang.

♥ **Six Senses Ninh Van Bay** COMPLEXE HÔTELIER $$$

(☎0258-352 4268 ; www.sixsenses.com ; villas 920-3 230 $US ; 🚭 ❄ 📶 🏊). Dans le cadre sublime d'une crique isolée, ce resort est composé de villas raffinées d'inspiration traditionnelle, chacune dotée d'une piscine. Le Six Senses est tout indiqué pour un séjour consacré à la détente et au plaisir. On ne doit pas regarder à la dépense, car il s'agit d'un des établissements les plus chers au Vietnam, mais le service est de haute volée.

Les hôtes profitent aussi du merveilleux Six Senses Spa et de restaurants servant de

VAUT LE DÉTOUR

LA BAIE DE VUNG RÔ

Spectaculaire port naturel entouré de sommets boisés, la baie de Vung Rô est une étendue d'eau turquoise aux airs de lagon, située à 25 km au sud de Tuy Hoa. L'endroit est connu comme le lieu le plus à l'est du Vietnam continental.

Une langue de terre arrondie protège la baie des pires tempêtes de la mer de Chine méridionale, ce qui a permis le développement d'un village flottant et de fermes piscicoles. Dans la partie nord-est de Vung Rô, la route côtière croise **Bai Mon**, une charmante crique de sable vierge de toute construction, idéale pour la baignade. De là, un sentier escarpé monte jusqu'à un phare du XIXᵉ siècle, bâti par les Français, offrant une vue sur l'océan et le littoral de Vung Rô.

Cette région du Vietnam fit parler d'elle en février 1965, lorsqu'un hélicoptère de l'armée américaine y repéra un navire de ravitaillement nord-vietnamien. Vung Rô faisait partie de la piste maritime Hô Chi Minh (alternative à la piste terrestre), par où passaient des armes destinées aux forces viêt-cong du Sud-Vietnam. La découverte d'un itinéraire de ravitaillement du Sud par le Nord confirma les soupçons des États-Unis, qui purent alors justifier une intensification des combats.

Aujourd'hui, l'isolement et la beauté naturelle de Vung Rô sont menacés par la construction d'une immense raffinerie de pétrole et d'un complexe hôtelier avec marina coûtant des milliards de dollars. Et si le permis d'investissement de la raffinerie de Vung Rô a été révoqué en mars 2018, les négociations se poursuivent néanmoins, et la reprise du projet demeure envisageable.

la cuisine occidentale et asiatique. Si vous en avez les moyens, réservez la Rock Villa : dominant des formations rocheuses, elle est située dans sa propre baie privée et est même pourvue d'une cave à vins.

An Lam Retreat COMPLEXE HÔTELIER **$$$**
(☎ 0258-372 8388 ; www.anlam.com ; villa 330-740 $US ;). Matériaux naturels, mobilier fait main, nuances beiges... Les visiteurs sont ici séduits par une philosophie qui se veut très proche de la nature. Impossible de manquer l'étonnant restaurant à l'architecture moderne qui s'avance sur la baie. La carte (plats à partir de 20 $US) est toutefois onéreuse. Les villas sont superbes. Des kayaks permettent d'explorer la côte.

Accessible en bateau uniquement ; n'accueille pas les enfants.

L'Alyana Villas Ninh Van Bay COMPLEXE HÔTELIER **$$$**
(☎ 0258-362 4777 ; lalyana.com ; villa 385-1 090 $US ;). Pour rejoindre cette somptueuse enclave, les clients traversent une baie turquoise bordée de collines boisées à bord d'une vedette. À l'arrivée, place à une vie de luxe tropical : pavillons au toit de chaume (d'au moins 90 m² !) avec piscine privée, maître d'hôtel personnel, séances de yoga offertes, kayak, randonnée, etc.

Depuis/vers la baie de Ninh Van

Seul le Ninhvana est accessible par la route. Tous les autres hôtels organisent des traversées par bateau au départ de quais privés, 15 km au nord de Nha Trang.

Nha Trang

☎ 0258 / 441 000 HABITANTS

Avec ses grands immeubles et son atmosphère dynamique, la ville balnéaire de Nha Trang jouit d'un cadre époustouflant : elle est entourée de collines et bordée d'une baie turquoise parsemée d'îles tropicales.

Une immense plage de sable blanc en forme de croissant borde une grande promenade jalonnée de parcs et de jardins de sculptures. Côté terre, la ville offre un choix cosmopolite de boutiques et de restaurants.

En soirée, la vie nocturne s'intensifie dans le centre-ville très festif. Si jusqu'à récemment, une bonne partie des bars étaient fréquentés par les backpackers, ils attirent aujourd'hui une clientèle toujours croissante de touristes russes et asiatiques.

Quand partir

La période allant d'octobre à décembre est souvent pluvieuse (des mois à éviter si vous désirez lézarder sur la plage ou plonger dans les eaux tropicales).

À voir

Ne manquez pas les étonnantes tours chams immédiatement au nord de la ville.

Plage de Nha Trang PLAGE

(carte p. 272). Dessinant un magnifique arc de cercle, la plage de sable doré de Nha Trang se déroule sur 6 km et constitue l'atout majeur de la ville. Plusieurs sections, prévues pour les nageurs, sont interdites aux Jet-Skis et aux bateaux. L'eau turquoise est irrésistible, et flâner sur la promenade est très plaisant.

Les sites appréciés pour le farniente sont le Sailing Club (p. 277) et le Louisiane Brewhouse (p. 277). Plus au sud, la plage est beaucoup moins fréquentée.

C'est avant 13h que l'on profite le mieux de la plage, car ensuite, la brise peut gâcher le bain de soleil jusqu'à ce que le vent retombe, en soirée.

Pendant les fortes pluies, les rivières qui se déversent dans la baie, à chaque extrémité de la plage, charrient une eau marron. Mais le reste de l'année, la mer ressemble aux photos des brochures.

Tours chams de Po Nagar TEMPLES BOUDDHIQUES

(carte page ci-contre ; Thap Ba, Dame de la cité ; au nord du pont Xom Bong ; 22 000 d, guide 50 000 d ; 6h-18h). Édifié entre le VIIe et le XIIe siècle, cet ensemble cham comptait sept ou huit tours. Celles encore debout sont des lieux de culte toujours très fréquentés par des Chams, des Chinois et des bouddhistes vietnamiens. Elles se dressent sur un monticule de granit, à 3 km au nord du centre de Nha Trang, sur la rive nord de la rivière Cai.

On estime que ce site fut un lieu de culte dès le IIe siècle. En 774, une violente attaque des Javanais eut raison de la structure primitive en bois. En 784, elle fut remplacée par un temple en brique et en pierre, le premier du genre.

Les tours sont consacrées à Yang Ino Po Nagar, déesse du clan Dua (Liu), qui régna sur le sud du royaume cham. De nombreuses fondations en pierre jalonnent le site, témoignant de la vie spirituelle et des structures sociales des Chams.

Tous les temples sont orientés vers l'est, de même que l'entrée originelle (à droite, en remontant la petite colline). Jadis, les fidèles devaient passer par la salle de méditation aux multiples piliers, dont seuls 10 subsistent, avant de gravir les marches menant aux tours.

La **tour nord** (Thap Chinh), haute de 28 m, date de 817. Avec son toit pyramidal en gradins, sa voûte intérieure et son vestibule, c'est la plus belle.

En 918, le roi Indravarman III y installa un *mukha lingam*, phallus stylisé en or décoré d'un visage humain peint, qui fut dérobé par les Khmers. Les vols ou les destructions de statues se poursuivirent jusqu'en 965, date à laquelle le roi Jaya Indravarman IV remplaça le *mukha lingam* en or par une sculpture en pierre d'Uma (*shakti*, épouse de Shiva), que l'on peut encore voir aujourd'hui. Au-dessus de l'entrée de la tour, deux musiciens, dont l'un a un pied posé sur la tête du taureau Nandin, entourent un Shiva à quatre bras qui danse. Les montants en grès de la porte et certaines parties des murs du vestibule sont couverts d'inscriptions. Un gong et un tambour trônent sous le plafond pyramidal de l'antichambre. Dans la grande salle en forme de pyramide (28 m de hauteur), une statue en pierre noire représente la déesse Uma aux dix bras (dont deux sont dissimulés sous son vêtement), assise sur un animal mythique.

La **tour centrale** (Thap Nam) fut en partie reconstruite avec des briques récupérées au XIIe siècle sur le site d'un édifice du VIIe siècle. Son architecture ne présente ni la finesse ni l'ornementation des autres tours : son toit pyramidal est dénué de gradins ou de pilastres, mais les autels à l'intérieur étaient autrefois recouverts d'argent, et la salle principale abrite un lingam.

La **tour sud** (Mieu Dong Nam), jadis dédiée à Sandhaka (Shiva), renferme encore un lingam. La **tour nord-ouest** (Thap Tay Bac), richement ornée, était consacrée à Ganesh. À l'arrière du site, un petit **musée** renferme quelques témoignages de sculptures chams en pierre.

Par respect pour ce site sacré encore en activité, n'oubliez pas de vous déchausser avant d'entrer et pensez à porter une tenue décente.

Pagode Long Son TEMPLE BOUDDHIQUE

(carte page ci-contre ; près de Đ 23 Thang 10 ; 7h30-11h30 et 13h30-17h30). GRATUIT Une volée de marches raide mène à cette remarquable pagode qui se dresse à environ 400 m à l'ouest de la gare ferroviaire. Elle fut édifiée à la fin du XIXe siècle. Le portique et la toiture sont ornés de dragons en mosaïque de verre et de céramique. Le sanctuaire principal, splendide, est décoré

Nha Trang

de motifs traditionnels réinterprétés de façon moderne. La colline en surplomb, couronnée par un grand bouddha blanc en position assise (ci-contre), offre une vue remarquable sur la ville.

Mendiants et pseudo-artistes se rassemblent ici. Faites attention aux escroqueries : des enfants – et des adultes – portant des badges à leur nom vous abordent, prétendant travailler pour les bonzes. D'autres essaient de vendre des bâtons d'encens à des prix exorbitants. Ignorez-les tous. Si vous désirez faire un don à la communauté, utilisez les boîtes prévues à cet effet.

Nha Trang

Les incontournables
1 Tours chams de Po Nagar A2

À voir
2 Bouddha A2
3 Promontoire de Hon Chong B2
4 Pagode Long Son A3

Activités
5 Easy Rider Trips A2
6 I Resort A1
7 Sailing Center Vietnam A3
8 Thap Ba Hot Spring Center A2

Où se loger
9 Cafune Coffee Culture Homestay B1
10 Champa Island Resort A2
11 Evason Ana Mandara Resort & Spa B4

Où se restaurer
Stand Banh Xeo .... (voir 15)
12 Marché Dam A2
13 Lac Canh Restaurant A2
14 Omar's Indian Restaurant B4
15 Thap Ba B2

Où prendre un verre et faire la fête
Hon Chong Cafe .... (voir 3)
16 Sunshine Bar A2

Veillez à porter une tenue couvrant épaules et genoux.

Bouddha MONUMENT
(carte ci-contre ; Kim Than Phat To). GRATUIT Au sommet d'une colline, derrière la pagode de Long Son, se dresse cet énorme bouddha blanc de 14 m de haut, assis sur une fleur de lotus, et visible de toute la ville. Son piédestal est entouré de bustes en relief de Thich Quang Duc et de six autres moines bouddhistes, auréolés de flamme, qui s'immolèrent par le feu en 1963, pour protester contre la répression du gouvernement du Sud-Vietnam à l'encontre des bouddhistes.

Musée Alexandre Yersin MUSÉE
(carte p. 272 ; ☎ 0258-382 2355 ; 10 Đ Tran Phu ; 20 000 d ; ⏰ 7h30-11h30 et 14h-16h30 lun-ven, 7h30-11h30 sam). Ce petit musée est consacré au médecin Alexandre Yersin (1863-1943), fondateur de l'institut Pasteur de Nha Trang en 1895. D'origine suisse, Yersin introduisit au Vietnam l'hévéa et l'arbre à quinine, et découvrit le bacille responsable de la peste bubonique, transmis par les puces des rats.

Vous pourrez découvrir sa bibliothèque et une présentation de différents objets comme son matériel de laboratoire (notamment des instruments d'astronomie) et un fascinant stéréoscope permettant de visionner des photographies en 3D.

Les informations sont en français, anglais et vietnamien, et un petit film sur la vie de Yersin est projeté.

Galerie Long Thanh GALERIE D'ART
(carte p. 272 ; ☎ 0258-382 4875 ; www.longthanhart.com ; 126 Đ Hoang Van Thu ; ⏲ 8h-17h30 lun-sam). GRATUIT Cette galerie présente l'œuvre de l'un des plus célèbres photographes du Vietnam. Long Thanh réalise de puissants clichés en noir et blanc de la vie quotidienne des Vietnamiens et de captivants portraits. Tirages à partir de 2 000 000 d environ.

Galerie Mai Loc GALERIE D'ART
(carte p. 272 ; ☎ 090 515 6711 ; mailocphotographer.com ; 247 Đ Nguyen Thien Thuat ; ⏲ 8h-11h et 14h30-22h30). GRATUIT Les superbes photographies monochromes de Mai Loc, natif de Nha Trang, sont exposées dans cette galerie. Demandez-lui de vous parler de sa vie (il a été ouvrier dans une mine d'or, conducteur de cyclo-pousse et guide touristique). Il organise aussi des circuits photographiques.

Cathédrale du Christ-Roi ÉGLISE
(Nha Tho Nui ; carte p. 272 ; angle Đ Nguyen Trai et Đ Thai Nguyen). GRATUIT Bâtie entre 1928 et 1933 dans le style néogothique, cette cathédrale se dresse sur une butte surplombant la gare ferroviaire. Cet édifice est d'une surprenante élégance, d'autant qu'il a été construit à l'aide de simples blocs de ciment. Le néon rouge, autour du crucifix, est une particularité vietnamienne, ainsi que l'éclairage rose sur le tabernacle.

Promontoire de Hon Chong ROCHER
(carte p. 267 ; 22 000 d). Cet étroit promontoire de granit offre une belle vue sur la côte montagneuse au nord de Nha Trang et sur les îles voisines. Ici, la plage est plus authentique que celle de Nha Trang, mais la présence de détritus est désagréable, et elle commence aussi à attirer les groupes de touristes. Il est toutefois amusant de regarder les enfants du coin plonger dans l'océan.

On y trouve aussi la reconstitution d'une maison ruong traditionnelle en bois et un excellent **café** (carte p. 267 ; coffeehonchong.weebly.com ; ⏲ 6h-20h).

Activités

La région de Nha Trang est un lieu privilégié pour pratiquer la plongée, le surf, le wakeboard, le parachutisme ascensionnel, le rafting et le VTT. Les circuits en bateau autour de la baie et le long de la rivière Cai sont aussi la garantie de passer une excellente journée. Enfin, spas, soins et cours de yoga ne manquent pas.

Spas et bains de boue

Les habitants affirment que le seul moyen d'être vraiment propre consiste à se plonger dans un bain de boue naturelle, et il existe désormais plusieurs endroits à Nha Trang où vous pourrez appliquer ce conseil. Évitez au maximum les week-ends, car la fréquentation explose.

Vous trouverez également plusieurs spas plus conventionnels.

♥ **I Resort** BAINS DE BOUE
(carte p. 267 ; ☎ 0258-383 8838 ; www.i-resort.vn ; 19 Đ Xuan Ngoc, Vinh Ngoc ; forfaits à partir de 300 000 d ; ⏲ 8h-20h). Avec bains de boue minérale chaude (baignoire privée pour deux 700 000 d), jolies piscines et cascades aux 9 minéraux, ce spa haut de gamme est le plus attrayant de Nha Trang. Le cadre champêtre est magnifique, avec vue sur les montagnes au loin. Vous y trouverez aussi un restaurant correct, un spa/salon de massage et une boutique. Prévoyez au moins une demi-journée. Toutes sortes de forfaits boue et spa sont proposés. À 7 km au nord-ouest du centre. Appelez pour une navette (20 000 d l'aller) depuis votre hôtel.

100 Egg Mud Bath BAINS DE BOUE
(Tam Bun Tram Trung ; ☎ 0258-371 1733 ; www.tramtrung.vn ; Đ Nguyen Tat Thanh, Phuoc Trung ; œuf public/privé 250 000/300 000 d par pers ; ⏲ 8h-19h). Cet établissement doit son nom à ses cabines privées en forme d'œuf où l'on peut jouer dans la boue. Toutes sortes de cataplasmes, enveloppements et gommages sont proposés. Bassins et baignoires (pouvant être agrémentées d'herbes et d'huiles essentielles) sont disséminés dans ce vaste complexe, qui abrite aussi des Jacuzzis, une immense piscine, un restaurant et une cascade. À 6 km au sud-ouest de Nha Trang.

Xanh Spa MASSAGES
(☎ 0258-398 9666 ; www.mianhatrang.com ; Mia Resort Nha Trang, Bai Dong, Cam Hai Dong ; massages à partir de 45 $US ; ⏲ 9h-21h). Ce spa

d'un hôtel haut de gamme aux salles de soin zen dominant l'océan jouit d'un cadre spectaculaire. Personnel compétent et attentif aux demandes des clients. Gommages, massages, soins des pieds et des mains sont tous merveilleux ; essayez l'enveloppement à l'aloe vera.

Vy Spa MASSAGES
(carte p. 272 ; ☎ 093 374 7058 ; près de Đ Nguyen Thien Thuat ; ⏲ 9h-22h). Un salon assez simple, proposant massages vietnamiens, thaïlandais ou suédois et soins de beauté. Massages à partir de 160 000 d l'heure ; pour le visage, comptez 230 000 d.

Su Spa MASSAGES
(carte p. 272 ; ☎ 0258-352 3242 ; www.suspa.com.vn ; 93 Đ Nguyen Thien Thuat ; ⏲ 8h-21h30). L'ambiance détendue apaisera les voyageurs fourbus. Ce spa raffiné et conçu avec classe au cœur de la ville propose de bons gommages (à partir de 392 000 d), bains, et épilations à la cire, mais aussi des massages du corps (à partir de 483 000 d) ou du visage (à partir de 476 000 d).

Thap Ba Hot Spring Center BAINS DE BOUE
(carte p. 267 ; ☎ 0258-383 5345 ; tambunthapba.vn ; 15 Đ Ngoc Son ; ⏲ 7h-19h30). Le centre thermal d'origine offre toujours un bon rapport qualité/prix. L'usage des salles privées est assez coûteux, aussi vous opterez peut-être pour le bain de boue collectif (200 000 d ; 15 minutes maximum) Nombreux autres forfaits disponibles (tarifs réduits sur Internet). On y trouve aussi des piscines d'eau minérale. À 7 km au nord-ouest de Nha Trang (130 000 d en taxi) ; téléphonez pour que le bus navette passe vous chercher (30 000 d l'aller).

Pour vous y rendre par vos propres moyens, suivez les panneaux sur la deuxième route à gauche après les tours chams de Po Nagar, puis continuez sur cette route sinueuse sur 2,5 km.

Plongée sous-marine

Nha Trang est un endroit prisé pour la plongée, même si les conditions ne sont pas optimales pour les plongeurs expérimentés. La visibilité moyenne est de 15 m mais elle peut atteindre 30 m selon la saison. La meilleure période pour plonger s'étend de février à septembre. En revanche, cette activité est à éviter entre octobre et décembre.

On compte près de 25 sites de plongée. Il n'existe pas d'épaves, mais il est possible d'explorer plusieurs petites grottes. Honnêtement, les sites ne sont pas exceptionnels, mais vous découvrirez une belle variété de coraux mous et durs ainsi que des petits poissons de récif. Parmi eux, vous verrez sûrement des poissons-clowns, des poissons-globes et des poissons-trompettes, ainsi que des seiches et des poulpes.

Une sortie d'une journée (comprenant le transport, deux plongées et le déjeuner) coûte 60-85 $US avec une école de plongée professionnelle. Si vous voulez faire du snorkeling, vous pourrez généralement vous joindre à un groupe moyennant 15-20 $US.

La plupart des clubs, une douzaine à Nha Trang, proposent des cours. Une formule "découverte" permet aux débutants de s'initier sous la houlette d'un moniteur qualifié. Les stages PADI Open Water coûtent entre 350 et 400 $US, les cours SSI un peu moins.

Une vingtaine de prestataires de plongée opèrent à Nha Trang, dont des agences douteuses qui ne respectent pas les pratiques de plongée responsable (et présentent de fausses habilitations PADI/SSI). Leurs tarifs sont généralement ridiculement bas. Ne faites aucun compromis sur la sécurité et fiez-vous aux opérateurs réputés.

La plongée en apnée a fait son entrée à Nha Trang. Vietnam Active propose de s'y essayer pour 65 $US, et un cours SSI de niveau 1 coûte 250 $US.

Angel Dive PLONGÉE
(carte p. 272 ; ☎ 0258-352 2461 ; www.angeldivevietnam.com ; 10 Đ Nguyen Thien Thuat ; 2 plongées 60 $US). Centre SSI expérimenté dispensant des formations en anglais, français et allemand, et de bonnes leçons pour enfants. Plongée au nitrox également. Les tarifs des sorties plongée à la journée comprennent frais d'accès au parc maritime, déjeuner et boissons. Snorkeling proposé (20 $US/pers).

Oceans 5 PLONGÉE
(carte p. 272 ; ☎ 0258-352 2012, 0258-381 1969 ; www.oceans5.co ; 49/06 Đ Hung Vuong ; 2 plongées 75 $US). Cette école SSI propose des formations et des plongées bien organisées. Équipement en bon état. Cours de photographie sous-marine (195 $US) et forfaits hébergement possibles.

Sailing Club Divers PLONGÉE
(carte p. 272 ; ☎ 0258-352 2788 ; www.sailingclubdivers.com ; 72-74 Đ Tran Phu). Centre PADI avec formations pro, équipement moderne et moniteurs polyglottes. Superbe

LES MEILLEURS SITES DE PLONGÉE DE NHA TRANG

La plupart des sites les plus intéressants sont disséminés autour de l'île de Hon Mun, qui est officiellement un parc marin.

Moray Beach Au sud de Hon Mun, avec coraux durs et mous en bon état, dont un corail tabulaire géant. On peut y voir deux espèces de murènes, des poissons-papillons, des poissons feuilles et des rascasses. La profondeur maximale est de 18 m.

Coral Garden Un éventail d'impressionnants coraux durs dont des gorgones. Vous y verrez des idoles mauresques, des nudibranches et des poissons-globes. Du côté est de Hon Mun.

Madonna Rock Au large de la minuscule Hon Rom, un mérou de 1,5 m évolue dans ces eaux, aux côtés de barracudas et de poissons-licornes. Étonnants tunnels. Également appelé Octopus Rock.

Light House Une plongée profonde à l'extrémité de Hon Tre permet de voir barracudas, pastenagues, balistes et vivaneaux. Pour plongeurs expérimentés.

Green Canyon Au large de la côte nord-est de Hon Mun avec un tombant abrupt propice à la plongée profonde. Bon spot pour voir poissons-papillons, nudibranches et quelques vivaneaux.

bateau, et volonté de privilégier la qualité plutôt que la quantité. Cours Open Water : 8 000 000 d.

Rainbow Divers PLONGÉE
(carte p. 272 ; ☎0258-352 4351 ; www.diveviet-nam.com ; 19 Đ Biet Thu ; cours PADI Open Water 400 $US). Une école PADI bien établie offrant des cours de plongée naturaliste, de plongée au nitrox et de photographie numérique en de nombreuses langues. Sortie en bateau avec 2 plongées pour 75 $US ; baptême avec deux plongées 80 $US.

Vietnam Active PLONGÉE
(carte p. 272 ; ☎0258-352 8119 ; www.vietna-mactive.com ; 115 Đ Hung Vuong). Plongée en scaphandre (journée découverte 70 $US) et en apnée (65 $US).

Sports d'aventure

Shamrock Adventures RAFTING
(carte p. 272 ; ☎0905 150 978 ; www.shamroc-kadventures.vn ; Đ Phan Dinh Giot ; excursions déj inclus à partir de 45 $US/pers). Cette agence, spécialiste des sorties pêche (notamment en haute mer et à la mouche), organise aussi des excursions rafting (pouvant être associées à du VTT) sur la rivière Serapok.

Circuits en bateau sur la rivière et dans les îles

Les circuits dans les îles sont agréables, mais choisissez bien votre excursion.

Pham Tours CIRCUITS EN BATEAU
(carte p. 272 ; ☎0914 047 406 ; www.nhatran-grivertour.com ; 120/1/6 Đ Hung Vuong ; à partir de 50 $US/pers). Ces circuits en bateau intéressants portent sur les sites culturels et les activités artisanales (fabrication de galettes de riz, tissage de tapis, broderie) de la rivière Cai. Ils comprennent une séance dans une source chaude et un bain de boue. Également circuits à vélo ou en voiture dans la campagne. Le personnel parle français et anglais.

Hon Mun SNORKELING
(île d'Ébène). L'île de Hon Mun est le spot le plus réputé de Nha Trang pour le snorkeling et la plongée. Le corail est en bon état et la visibilité généralement satisfaisante, mais le site est parfois bondé car il est au programme d'un circuit à la journée très prisé.

Hon Yen CIRCUITS EN BATEAU
(île aux Salanganes). Le nom de Hon Yen désigne les îles en forme de bosse que l'on aperçoit depuis la plage de Nha Trang. C'est ici, ainsi que sur d'autres îles au large de la province de Khanh Hoa, que se trouvent les "meilleurs" nids d'hirondelles (ou salanganes) ; les habitants grimpent sur d'instables échelles en bambou pour les récupérer. Vous y trouverez aussi une petite plage isolée. L'excursion de 17 km sur un petit bateau, au départ de Nha Trang, dure 3 heures environ. Départs de l'embarcadère de Cau Da.

Hon Mot SNORKELING
Ce minuscule îlot situé entre Hon Mun et Hon Tam (île du Ver à soie) attire les amateurs de snorkeling.

Yoga

Plusieurs professeurs indépendants de yoga exercent à Nha Trang ; les cafés et restaurants populaires tels que le LIVINCollective (p. 276) affichent des informations sur les cours.

Yoga Victoria YOGA
(carte p. 272 ; 0258-352 8119 ; 14 Đ Nguyen Trung Truc ; 150 000 d par cours). Cours de hatha et d'ashtanga dans un grand studio climatisé.

Circuits organisés

Lanterns Tours CIRCUITS CULTURELS
(carte p. 272 ; 0258-247 1674 ; www.lanternsvietnam.com ; 30a Đ Nguyen Thien Thuat). Lanterns est une organisation caritative qui propose des circuits découverte de la cuisine de rue de Nha Trang (250 000 d/pers, 2 personnes minimum) comprenant 7 plats dont le *banh tai vac* (raviolis de tapioca aux crevettes). Également la visite de Ninh Hoa (à partir de 35 $US), une ville non touristique, avec détour au marché et déjeuner en compagnie d'une famille locale. Cours de cuisine 27 $US.

The Sinh Tourist CIRCUITS
(carte p. 272 ; 0258-352 2982 ; www.thesinhtourist.vn ; 90c Đ Hung Vuong ; 6h-22h). Agence professionnelle et fiable proposant des excursions bon marché, comme la visite de la ville à 649 000 d (hors frais d'entrée), et la réservation de bus "open tour", de trains et de vols.

Easy Rider Trips CIRCUITS À MOTO
(carte p. 267 ; 090 538 4406 ; easyridertrips.com ; 15 Đ Ngoc Son). Ces circuits à moto (ou en voiture) ont de bons retours. Comptez 65 à 75 $US la journée en tant que passager

EXPLORER LA BAIE DE NHA TRANG EN BATEAU

Les 71 îles au large de Nha Trang sont réputées pour leurs eaux translucides. Les circuits dans ces îles connaissent énormément de succès depuis des années déjà, et quasiment tous les hôtels et agences de voyages de la ville proposent des excursions dans l'archipel.

Entre croisières animées pour voyageurs à petit budget ou sorties familiales, il y a le choix. La plupart de ces circuits sont très touristiques et comprennent des pauses éclair pour visiter l'aquarium délabré de Tri Nguyen, faire du snorkeling sur un récif en mauvais état et bronzer sur la plage (accès payant). Les circuits festifs proposent des animations (très) organisées avec DJ (ou groupe ringard) sur le pont et beaucoup de jeux impliquant de l'alcool. Attendez-vous à être 20 ou 30 passagers entassés sur un petit bateau. Vous voilà prévenu.

Ces dernières années, les options haut de gamme se sont multipliées, allant des bateaux privés aux croisières sur des jonques traditionnelles.

Quelques conseils à garder à l'esprit :

- Choisissez le bon circuit : certains s'adressent aux familles asiatiques quand d'autres visent uniquement une clientèle de voyageurs à petit budget désireux de faire la fête.
- Protégez votre peau avec de l'écran solaire et buvez beaucoup d'eau.
- L'entrée de l'aquarium et l'accès à la plage ne sont généralement pas inclus dans le prix.
- Si le snorkeling vous intéresse plus que les boissons alcoolisées, choisissez les circuits organisés par les écoles de plongée.

Voici quelques prestataires satisfaisants :

Sailing Center Vietnam (carte p. 267 ; 0258-387 8714 ; www.sailing.vn ; 7 Đ Hien Luong ; circuits demi-journée à partir de 300 $US). Ces professionnels organisent des sorties sur mesure en trimaran et catamaran vers les îles au large de Nha Trang. Snorkeling, déjeuner et boissons inclus.

Emperor Cruises (012-3666 8879 ; emperorcruises.com ; croisière adulte/enfant 85/65 $US). Circuits à la journée et dîners croisières mémorables à bord de jonques traditionnelles en bois dans la baie de Nha Trang. Cuisine, boissons et service de qualité.

Mojzo Tours (carte p. 272 ; 098 887 9069 ; www.facebook.com/pg/mojzodormhostel ; 76 Đ Nguyen Thi Minh Khai). Cette auberge de jeunesse met sur pied des circuits bon marché pour les baroudeurs à petit budget, dont un tour de la baie incluant 4 îles (200 000 d) et un circuit snorkeling (350 000 d).

Centre de Nha Trang

à moto. L'excursion Nha Trang-Dalat, très prisée, dure 1 à 3 jours suivant l'itinéraire.

Où se loger

Nha Trang compte de très nombreux hébergements, allant des dortoirs spartiates aux suites de luxe. La plupart se trouvent à une ou deux rues de la plage. En haute saison (juillet et août), les tarifs augmentent et il est parfois difficile de trouver un logement.

Quelques hôtels bon marché sont regroupés dans une allée au 64 Đuong Tran Phu,

Centre de Nha Trang

Les incontournables
1 Plage de Nha Trang D3

À voir
2 Musée Alexandre Yersin D1
3 Galerie Long Thanh A1
4 Galerie Mai Loc A6
5 Cathédrale du Christ-Roi B2

Activités
6 Angel Dive C4
Lanterns Tours .... (voir 31)
Mojzo Tours .... (voir 22)
7 Oceans 5 .... B4
8 Pham Tours B4
9 Rainbow Divers A5
Sailing Club Divers .... (voir 35)
10 Shamrock Adventures A1
11 Sinh Tourist B5
12 Su Spa A6
13 Vietnam Active B6
14 Vy Spa C6
15 Yoga Victoria B3

Où se loger
16 Binh An Hotel C3
17 Carpe DM Hotel A6
18 Galliot Hotel A5
19 Happy Angel Hotel C4
20 Hotel An Hoa B5
21 iHome C5
22 Mojzo Dorm C4
23 Mojzo Inn Boutique A6
24 Rosaka Hotel A6
25 Summer Hotel A4
26 Sunny Sea B5

Où se restaurer
27 79 Dung Lin C1
28 Andao C4
Au Lac .... (voir 16)
29 Culture Cafe A5
30 Kiwami C4
31 Lanterns C5
32 LIVINCollective B4
33 Mix B5
34 Nem Vu Thanh An C1
35 Sailing Club D6
36 Yen Vegetarian Restaurant C4
37 Yen's Restaurant C6

Où prendre un verre et faire la fête
38 Alpaca Homestyle Cafe C4
39 Crazy Kim Bar A5
40 Deja Brew C4
41 Louisiane Brewhouse D6
42 Nghia Bia Hoi B6
43 Qui D5
Sailing Club .... (voir 35)
44 Skylight Bar D3

Achats
45 Bambou B5
46 Lemongrass House C4
LIVINCollective .... (voir 32)
47 Nha Trang Center D2

Transports
Vietnam Airlines .... (voir 12)

tout près de la plage. Ils offrent tous des chambres semblables et climatisées pour environ 15 $US. Les établissements de type auberge de jeunesse sont souvent en retrait de la plage.

Đuong Tran Phu, sur le front de mer, est bordé d'hôtels de luxe. Les complexes hôteliers les plus chics sont situés en dehors de la ville, dans la baie de Ninh Van, au nord. De plus en plus de quatre et cinq-étoiles voient le jour sur la plage de Bai Dai, le long de la route de l'aéroport.

♥ Sunny Sea — HÔTEL $

(carte page ci-contre ; ☎090 574 6506, 0258-352 2286 ; www.facebook.com/nangbienhotel ; 64b/9 Đ Tran Phu ; ch 250 000-350 000 d ; ❄📶). Au cœur de la ville et tout près de la plage, ce mini-hôtel très accueillant est tenu par un couple local (un médecin et une infirmière) et leur équipe. Chambres en excellent état : très propres, avec matelas à ressorts, minibar et salle de bains moderne ; certaines avec balcon (mais pas de vue sur la mer).

♥ Mojzo Inn Boutique — AUBERGE DE JEUNESSE $

(carte page ci-contre ; ☎0988 879 069 ; www.facebook.com/mojzoInn ; 120/36 Đ Nguyen Thien Thuat ; dort 7 $US, ch 19-23 $US ; ❄📶). Dans cette auberge de jeunesse tendance, le personnel s'échine à assurer un bon accueil. Conseils aux voyageurs, cartes du secteur et renseignements sur les transports gratuits. Dortoirs bien pensés, ravissant salon agrémenté de coussins, petits-déjeuners copieux, recharges d'eau gratuites et agréable bar sur le toit.

Cafune Coffee Culture Homestay — AUBERGE DE JEUNESSE $

(carte p. 267 ; ☎097 290 7279 ; www.facebook.com/cafunent ; 73/4 Bac Son ; dort/d 5/18 $US ; ❄📶). Parfait pour les amateurs de café ou les baristas en herbe, ce café sympathique est aussi une auberge de jeunesse.

Chambres doubles avec très grands lits et dortoirs avec salles de bains attenantes. L'équipe se fait un plaisir de présenter ses techniques pour mélanger, extraire et tasser le café. Cuisine et cour à disposition. Situé 5 km au nord du centre-ville, à 500 m en retrait de la plage.

Mojzo Dorm AUBERGE DE JEUNESSE $
(carte p. 272 ; 0258-625 6568 ; www.facebook.com/mojzodormhostel ; 76 Đ Nguyen Thi Minh Khai ; dort 5 $US ;). Ce second Mojzo suit la formule qui fait le succès de l'original, et qui repose sur un personnel aussi charmant qu'accueillant, un petit-déjeuner compris, un thé de l'après-midi et une bière (17h-18h) sur le toit offerts. Dortoirs confortables et salles de bains communes bien tenues. Nombreuses excursions (snorkeling, croisières sur la rivière) bon marché.

iHome AUBERGE DE JEUNESSE $
(carte p. 272 ; 0258-352 1239 ; ihome-nhatrang.business.site ; 31e2, Đ Biet Thu ; dort/d 6/20 $US avec petit-déj ;). Un paradis pour les fêtards, avec bière gratuite à volonté pendant l'happy hour. L'ambiance est au rendez-vous. Le personnel se montre très divertissant, et propose toute une série de circuits et d'activités. Excellent bar sur le toit, salon avec TV et bon buffet au petit-déjeuner.

Happy Angel Hotel BOUTIQUE-HÔTEL $
(carte p. 272 ; 0258-352 5006 ; www.happyangelhotel.com ; 11 Đ Nguyen Thien Thuat ; dort/d 7/20 $US ;). Élégant mobilier, salles de bains claires et charmants balcons sont autant de touches design appréciables à ce tarif. En retrait de la rue principale mais accessible à pied depuis la plage. Les prix baissent considérablement en basse saison.

Carpe DM Hotel HÔTEL $
(carte p. 272 ; 0258-352 7868 ; 120/62 Đ Nguyen Thien Thuat ; ch 20-30 $US ;). Établissement au sud de la ville bien tenu aux chambres lumineuses dotées de touches contemporaines, très bien équipées et joliment meublées, avec TV. Les plus chères ont un balcon.

Hotel An Hoa PENSION $
(carte p. 272 ; 0258-352 4029 ; 64b/6 Đ Tran Phu ; ch avec ventil/clim 12/16 $US ; @). Pension bien tenue, au personnel serviable et souriant. Les chambres vont des petites sans fenêtre aux plus spacieuses, avec aménagement plus élégant et grande salle de bains. À une courte marche de la plage.

Binh An Hotel PENSION $
(carte p. 272 ; 090 514 3548 ; 102 Đ Hoang Hoa Tham ; ch 18-23 $US ; @). Une adresse tenue par une famille qui prend soin de ses hôtes et fournit chaque jour conseils touristiques et fruits frais. Ses 10 chambres sont impeccables et spacieuses, avec clim efficace et Wi-Fi rapide. Ascenseur, et petit-déjeuner rassasiant pour 60 000 d.

Rosaka Hotel HÔTEL $$
(carte p. 272 ; 0258-383 3333 ; www.rosakahotel.com ; 107a Đ Nguyen Thien Thuat ; ch 52-78 $US, ste à partir de 90 $US ;). Emmené par un personnel accueillant, cet hôtel au bon rapport qualité/prix se situe 400 m en retrait de la plage. Chambres spacieuses et très bien tenues, avec parquet et salles de bains attenantes séduisantes. La piscine à débordement sur le toit est époustouflante. Salle de sport et spa.

Summer Hotel HÔTEL $$
(carte p. 272 ; 0258-352 2186 ; www.thesummerhotel.com.vn ; 34c Đ Nguyen Thien Thuat ; ch 36-82 $US, ste 96 $US avec petit-déj ; @). Bonne adresse de catégorie moyenne aux tarifs abordables. Chambres confortables et bien aménagées, mais les moins chères n'ont pas de fenêtre (ou donnent sur l'escalier). La piscine sur le toit est un atout.

Galliot Hotel HÔTEL $$
(carte p. 272 ; 0258-352 8555 ; galliothotel.com ; 61a Đ Nguyen Thien Thuat ; ch 45-68 $US ; @). Cet hôtel de 16 étages possède 135 chambres bien tenues ; évitez toutefois les moins chères, qui sont sans fenêtre. Piscine agréable sur le toit. Personnel efficace et serviable. Commodément situé à quelques pas des restaurants et à 5 minutes à pied de la plage.

♥ **Mia Resort Nha Trang** HÔTEL $$$
(0258-398 9666 ; www.mianhatrang.com ; Bai Dong, Cam Hai Dong ; app/villa à partir de 195/230 $US ;). Le Mia jouit d'un emplacement exceptionnel, dans une crique sablonneuse privée, et comprend de spacieuses villas contemporaines avec grande baignoire et vue sur la mer ou le jardin. Beau spa et excellents restaurants : cuisine internationale au Sandals, ou italienne au La Baia. Le Mojito's est

l'endroit rêvé pour apprécier le célèbre cocktail cubain du même nom.

Le personnel adore discuter avec les clients. Dans la baie voisine, au nord, le Mia a installé un ensemble d'immenses villas (certaines avec 5 chambres), mais le rivage y est rocheux.

Champa Island Resort COMPLEXE HÔTELIER **$$$**
(carte p. 267 ; 0258-382 7827 ; www.champaislandresort.vn ; 304 2/4, Vinh Phuoc ; ch/ste à partir de 72/96 $US ;). S'étendant sur deux îles du fleuve Cai, ce grand resort n'est qu'à 3 km du centre. Il fait une base paisible et dispose de toutes les infrastructures : immense piscine, vaste salle de sport, grand choix de restaurants et agréable spa. Divers logements, dont des suites à 2 lits offrant un excellent rapport qualité/prix pour les familles.

Evason Ana Mandara Resort & Spa COMPLEXE HÔTELIER **$$$**
(carte p. 267 ; 0258-352 2522 ; www.sixsenses.com ; Đ Tran Phu ; villa 270-610 $US ;). Cet hôtel face à la mer rappelle le style colonial avec son mobilier, et notamment ses lits à baldaquin. Unique hôtel de la ville côté rivage. Parmi les équipements : 2 piscines, des restaurants, occidental et vietnamien, un très beau spa et des vélos à la disposition des clients.

Où se restaurer

La zone touristique centrale autour de Đuong Tran Quang Khai et Đuong Biet Thu offre un choix de saveurs internationales, des spécialités japonaises aux plats grecs. L'authentique cuisine vietnamienne se déguste à l'écart de la plage, là où vivent les habitants, notamment au nord de la ville. Les cafés se multiplient également à Nha Trang.

Yen Vegetarian Restaurant VÉGÉTARIEN **$**
(carte p. 272 ; 46/9 Đ Le Thanh Ton ; repas 45 000-90 000 d ; 7h-21h ;). Sièges en bambou, plantes en pot... Cette adresse intimiste offre un cadre charmant pour un repas végétarien bon marché, avec riz frit savoureux aux algues et salade de margose (melon amer) ou de mangue verte. Niché dans une petite ruelle près de Đuong Le Thanh Ton. École de yoga sur place.

Au Lac VÉGÉTARIEN **$**
(carte p. 272 ; 28c Đ Hoang Hoa Tham ; repas 15 000-32 000 d ; 10h-19h ;). Adresse végane/végétarienne sans fioritures dont l'assiette composée (20 000 d) offre le meilleur rapport qualité/prix pour un repas à Nha Trang. Prenez place à une table en acier sur un tabouret en plastique et l'assiette arrive.

Culture Cafe CAFÉ **$**
(carte p. 272 ; 077 890 8606 ; www.facebook.com/pg/CafeCultureNhaTrang ; 31/7a Đ Biet Thu ; repas 79 000-150 000 d ; 8h-22h mer-lun ;). Propriété d'un Anglais très accueillant, ce tout petit café blotti dans une venelle n'est pas facile à trouver. Il en vaut pourtant la peine pour ses petits-déjeuners anglais, ses muffins (notamment au saumon fumé) et ses œufs Bénédicte. On s'arrache aussi ses pizzas (téléphonez pour vous faire livrer), et l'on y sert de bons expressos, cafés au lait de coco (55 000 d) et smoothies.

Andao CAFÉ **$**
(carte p. 272 ; 164 Đ Bach Dang ; gâteaux à partir de 30 000 d ; 12h-20h lun-sam ;). On prépare ici les meilleurs gâteaux de la ville. Triple chocolat, noix de coco... Les parfums sont des plus affriolants. L'Andao vend aussi des tablettes de chocolat artisanal, et son café est excellent.

Omar's Indian Restaurant INDIEN **$**
(carte p. 267 ; 96a/8 Đ Tran Phu ; repas 55 000-136 000 d, formule 160 000 d ; 9h-22h30 ;). Authentique restaurant indien halal dont la formule est une valeur sûre, avec *bhaji*, *poppadam*, curry de légumes ou de poulet, riz et bière. Les samossas aux légumes, *thali* (assortiment de plats) et galettes (naans, chapati) sont remarquables.

Marché Dam VIETNAMIEN **¢**
(carte p. 267 ; Đ Trang Nu Vuong ; repas 15 000-50 000 d ; 6h-16h). Pour une expérience locale traditionnelle, essayez le marché Dam et ses étals colorés, notamment les *com chay* (échoppes végétariennes), dans l'espace restauration.

Lac Canh Restaurant VIETNAMIEN **$$**
(carte p. 267 ; 77 Đ Nguyen Binh Khiem ; repas 45 000-150 000 d ; 11h-20h45). S'il a déménagé de l'autre côté de la route, le Lac Canh demeure une adresse mémorable. La fumée du barbecue et les éclats de rire emplissent ce lieu quelque peu négligé, où les gens du coin se régalent de viande que chacun fait cuire sur son gril (le bœuf et sa riche marinade aux épices est la spécialité, mais on peut aussi opter pour des pièces de poulet ou des produits de la mer). Ferme assez tôt.

CUISINE DE RUE À NHA TRANG

Les prix de l'immobilier sont élevés dans le centre de Nha Trang : ce n'est donc pas l'endroit idéal pour manger local à petits prix. Les adresses de cuisine de rue suivantes sont au nord du centre.

Stand Banh Xeo (carte p. 267 ; Đ 2 Thang 4 ; repas 30 000-60 000 d ; 11h-19h30). En face des tours chams, ce stand est tenu par une femme dynamique qui prépare d'excellents *banh xeo* (crêpes à base de farine de riz, garnies de crevettes et germes de soja) sur une plaque chauffante.

Rue des produits de la mer (carte p. 267 ; Thap Ba ; repas 75 000-230 000 d ; 18h-22h). Thap Ba est réputée pour ses restaurants de fruits de mer ouverts uniquement le soir, qui préparent palourdes, crabes et crevettes vapeur ou grillés.

79 Dung Lin (carte p. 272 ; 29 Đ Phan Chu Trinh ; repas 75 000-130 000 d ; 18h-21h30). Une adresse simple, réputée pour son savoureux canard grillé (demi-canard avec salade, sauces et riz 100 000 d).

Nem Vu Thanh An (carte p. 272 ; 15 Đ Le Loi ; repas 40 000-60 000 d ; 7h30-21h). Cette adresse bon marché sert les meilleurs *nem nuong* (émincés de porc grillé marinés à l'échalote et aux épices) de la ville. Accompagné de sauce, de morceaux de mangue verte, d'herbes et de salade.

Lanterns (ci-dessous). Restaurant servant aussi des classiques de la cuisine de rue vietnamienne.

♥ Mix — GREC $$

(carte p. 272 ; 0165 967 9197 ; www.mix-restaurant.com ; 77 Đ Hung Vuong ; repas 120 000-240 000 d ; 11h-22h jeu-mar ;). Ce restaurant grec convivial est si couru qu'il faut parfois prévoir un peu d'attente. Plats fraîchement préparés et superbement présentés, dont des assortiments d'entrées (houmous, tzatziki), une salade pastèque et feta, une *patzarosalata* (salade de betteraves avec herbes fraîches, yaourt à la grecque, ail et oignon) et des plateaux (à partir de 190 000 d) au bon rapport qualité/prix.

LIVINCollective — AMÉRICAIN $$

(carte p. 272 ; 091 863 8349 ; livincollective.tumblr.com ; 77 Đ Bach Dang ; repas 100 000-250 000 d ; 10h-22h lun-sam ;). Aménagé dans une sorte de cour, ce restaurant/magasin/lieu de rencontre très populaire sert de délicieux plats nord-américains, dont des grillades de viande fumée (côtes de porc), les meilleurs burgers de la ville et quelques plats végans comme les *quesadillas*. Bières artisanales, vin au verre et cidre. Faites le tour du magasin au passage. Chaque mois, le site accueille le Collective Market, qui attire vendeurs de produits alimentaires indépendants, artistes et artisans.

Lanterns — VIETNAMIEN $$

(carte p. 272 ; 0258-247 1674 ; www.lanternsvietnam.com ; 30a Đ Nguyen Thien Thuat ; plats 55 000-235 000 d ; 7h-22h30 ;). Restaurant très populaire qui soutient les orphelinats locaux et fournit des bourses d'études. Saveurs principalement vietnamiennes – les formules (à partir de 140 000 d) offrent un bon assortiment – mais aussi classiques de la cuisine de rue comme les *goi buoi* (salade de pomélo au porc et aux crevettes). Côté cuisine internationale, pâtes, salades et sandwichs sont à la carte ; menus petit-déjeuner avantageux (à partir de 50 000 d).

Yen's Restaurant — VIETNAMIEN $$

(carte p. 272 ; 0933 766 205 ; www.facebook.com/yensrestaurant ; 3/2a Đ Tran Quang Khai ; repas 80 000-210 000 d ; 10h-22h30 ;). Ce charmant restaurant à l'éclairage tamisé et aux fauteuils élégants propose un menu de savoureuses recettes en marmite d'argile, curries, nouilles, riz et plats sautés. Service excellent, personnel anglophone bien formé.

Nha Trang Xua — VIETNAMIEN $$

(0258-389 6700 ; www.facebook.com/NhahangNhaTrangXua ; Thai Thong, Vinh Thai ; repas 90 000-230 000 d ; 8h-21h ;). Ce restaurant vietnamien classique occupe une maison traditionnelle dotée d'un bassin de lotus et entourée de rizières, dans la campagne, à 7 km à l'ouest de la ville. Les tables en bois massif et l'ambiance rustique ont du charme, mais le service est un peu distrait. Au menu : salades vietnamiennes, bœuf aux 5 épices, poissons et grenouilles.

Kiwami JAPONAIS $$$

(carte p. 272 ; ☎0956 130 933, 0258-351 6613 ; 136 Đ Bach Dang ; repas 200 000-600 000 d ; 12h-22h jeu-mar ;). Ce restaurant japonais a peu de rivaux sérieux sur le littoral vietnamien. Une table intimiste où vous pourrez prendre place sur un tabouret de bar et observer le chef spécialiste des sushis à l'œuvre, ou vous installer dans une des alcôves latérales. Goûtez les assortiments de sashimis et sushis, divins, ou les viandes grillées. Saké et bières Sapporo. Réservez.

Sailing Club INTERNATIONAL $$$

(carte p. 272 ; ☎0258-352 4628 ; www.sailingclubnhatrang.com ; 72-74 Đ Tran Phu ; plats 180 000-390 000 d ; 7h30-23h ;). Une institution du front de mer. Observez les passants la journée, sirotez un cocktail au coucher du soleil, dégustez des plats gastronomiques sous les étoiles, puis éliminez des calories sur la piste de danse. Trois cartes distinctes – vietnamienne, internationale et indienne. Parmi les must, les *linguine* aux moules et au chorizo ainsi que le poisson-voilier sauce masala.

Où prendre un verre et faire la fête

Nha Trang fut longtemps réputée pour sa vie nocturne dédiée aux baroudeurs, mais les touristes occidentaux se font aujourd'hui moins nombreux. Bars panoramiques raffinés, lounges élégants et soirées tumultueuses sur la plage avec DJ et animateurs attirent à présent une foule essentiellement constituée de jeunes Chinois, Coréens et Vietnamiens.

Si vous préférez les ambiances plus tranquilles, il existe quelques bars décalés dans le secteur, et nombre de bons cafés.

Alpaca Homestyle Cafe CAFÉ

(carte p. 272 ; www.facebook.com/alpacanhatrang ; 10/1b Đ Nguyen Thien Thuat ; 8h15-21h30 lun-sam ;). Ce petit café branché au décor arty est renommé pour son café (provenant de Dalat), servi en expresso, filtre (Chemex et Hario), à la cafetière à piston ou infusé à froid. Également : thés glacés, jus (45 000 d) et excellente cuisine méditerranéenne ainsi que mexicaine.

Sunshine Bar BAR

(carte p. 267 ; ☎0120 791 8901 ; www.facebook.com/sunshinebar.nhatrang ; 35/48 Đ Ngo Den ; 11h-21h mar-dim ;). Ce bar délabré sur les berges appartient à un couple japonais très hospitalier, qui parle anglais couramment. Très bonne sélection musicale, sur le thème du reggae le dimanche avec le DJ Alan Ritchie. La cuisine est délicieuse : goûtez l'*okonomiyaki* (sorte de crêpe salée). Relié aux tours chams par un chemin étroit (praticable à pied ou à scooter uniquement).

Louisiane Brewhouse BRASSERIE

(carte p. 272 ; www.louisianebrewhouse.com.vn ; 29 Đ Tran Phu ; 7h-minuit ;). Cette microbrasserie face à la plage a tout pour plaire : profitez de la piscine ou de la brise marine avant de goûter l'une des 7 bières artisanales, dont une ale rousse et une bière blanche. Plats servis également.

Skylight Bar BAR

(carte p. 272 ; skylightnhatrang.com ; Best Western Premier Havana Nha Trang, 38 Đ Tran Phu ; entrée boisson incluse 180 000-250 000 d ; 16h30-minuit ;). Ce bar-club-lounge panoramique au 43e étage offre la plus belle vue de la ville. Belle carte des cocktails (à partir de 130 000 d), chichas et DJ animant une piste où les touristes (surtout asiatiques) se bousculent. Une consommation achetée, une offerte le mercredi, et soirée filles le mardi (entrée gratuite).

Deja Brew BAR

(carte p. 272 ; www.facebook.com/dejabrewnhatrang ; 46 Hung Vuong ; 7h-22h lun, mar et jeu, 9h-17h mer, 9h-22h ven-dim ;). Ne vous arrêtez pas au jeu de mots un peu douteux ("déjà vu") : l'ambiance est au rendez-vous dans ce modeste café-bar bohème, blotti dans une ruelle près du marché nocturne. Les sympathiques gérants proposent un excellent café, des jus de fruits, des smoothies et des cocktails bon marché.

Qui LOUNGE

(carte p. 272 ; quilounge.com/nhatrang ; 62 Đ Tran Phu ; 9h-2h ;). Ce lounge branché – et cher – dispose d'une superbe terrasse face à la plage. La funky-house passée en boucle crée une ambiance conviviale. Au programme : cocktails (le "Nha Trang Calling" marie tequila à la noix de coco, cachaça, citron vert et touche de mangue et de tonic ; 140 000 d) et scotchs. Côté plats, sélection intéressante avec des plats à base

VAUT LE DÉTOUR

LA PLAGE DE BAI DAI

Au sud de Nha Trang, une superbe route côtière conduit à la baie de Cam Ranh, un magnifique port naturel et l'aéroport. Presque tout le littoral au sud du Mia Resort constitue la Bai Dai ("longue plage"), une éblouissante côte sablonneuse.

Jusqu'à très récemment, l'armée vietnamienne contrôlait la zone entière, restreignant l'accès aux seuls bateaux de pêche. Cependant, la situation a évolué et désormais tout le littoral est voué aux projets immobiliers. Plusieurs grands complexes hôteliers ont déjà ouvert et beaucoup d'autres sont en construction. Vous ne trouverez peut-être plus de coin de sable désert, mais certains des meilleurs *breaks* de surf du Vietnam se trouvent à Bai Dai.

À l'extrémité nord du littoral, **Coco's Surf Kitchen Lounge** (☎083 694 7813 ; www.facebook.com/cocosbarbaidainhatrang ; repas à partir de 90 000 d ; 9h-19h ;) concocte de bons plats, loue du matériel sportif (planche de surf, paddle ou kayak 200 000 d/heure) et propose des leçons de surf à 800 000 d. Les fêtes "Beach Beats" qui y ont lieu de temps en temps sont très divertissantes ; renseignez-vous sur la page Facebook de l'établissement. Par ailleurs, les restaurants de produits de la mer locaux (aux menus quasi identiques) pullulent dans les parages.

La course en taxi jusqu'à l'extrémité nord de Bai Dai coûte environ 280 000 d. Vous pouvez aussi prendre un bus pour l'aéroport (50 000 d, toutes les 30 minutes) et descendre n'importe où sur la côte.

de produits de la mer et du bœuf Wagyu. Happy hour : 17h-20h en semaine.

Crazy Kim Bar BAR

(carte p. 272 ; crazykimvietnam.wordpress.com ; 19 Đ Biet Thu ; 9h-tard ;). Cet établissement participe à la campagne de lutte contre la pédophilie, "Hands off the Kids !" – une partie des bénéfices étant reversée à l'association. Le Crazy Kim organise régulièrement des soirées à thème et propose de la bière bon marché, de la bonne musique et une cuisine savoureuse. Tarifs happy hour toute la nuit, notamment 2 cocktails pour le prix d'un de 16h30 à 22h30.

Sailing Club BAR, CLUB

(carte p. 272 ; www.sailingclubnhatrang.com ; 72-74 Đ Tran Phu ; 7h-2h ;). Les fêtards convergent tous vers ce club de plage pour ses concerts et DJ sets, particulièrement lors de ses célèbres soirées du samedi. Des groupes se produisent en semaine.

Nghia Bia Hoi BAR À BIÈRES

(carte p. 272 ; 7g/3 Đ Hung Vuong ; 11h-22h). Bar à *bia hoi* qui attire une fidèle clientèle d'habitués (et de routards). Il sert une bière légère et une bière brune, ainsi que des en-cas.

Achats

Les boutiques de mode, qui vendent aussi bien sarongs que lunettes de soleil, sont regroupées dans Đuong Nguyen Thi Minh Khai.

♥ **LIVINCollective** VÊTEMENTS, ART

(carte p. 272 ; livincollective.tumblr.com ; 77 Đ Bach Dang ; 10h-22h lun-sam ;). Cet immense espace est dédié aux articles d'art et de design de créateurs locaux indépendants : mode (jetez un coup d'œil aux pièces de Sinhtolina), photographie, produits de beauté bio, casques de moto personnalisés, chocolat ou sauces chili... Vous pourrez aussi y prendre un café, une bière ou un en-cas.

Lemongrass House COSMÉTIQUES

(carte p. 272 ; fb.com/lemongrasshouse.vn ; 38 Đ Nguyen Thi Minh Khai ; 10h-22h). Cette marque thaïlandaise vend lotions, crèmes pour le corps, masques, gommages, produits capillaires, huiles essentielles et thés. Produits à base d'ingrédients naturels et fabriqués en petites quantités.

Nha Trang Center CENTRE COMMERCIAL

(carte p. 272 ; www.nhatrangcenter.com ; Đ 20 Tran Phu ; 9h-22h). Ce centre commercial face à la plage comprend des dizaines de boutiques de marques locales et internationales (dont Farah, Levi's et Saga du Mekong), et aussi un supermarché, un espace de restauration, des restaurants et des cafés.

Bambou VÊTEMENTS

(carte p. 272 ; www.bamboucompany.com ; 15 Đ Biet Thu ; 8h30-22h). Des vêtements décontractés en matières naturelles (notamment bambou et coton brut) pour homme, femme et enfant, avec motifs vietnamiens, à des prix abordables.

Depuis/vers Nha Trang

AVION

Toutes les grandes compagnies nationales desservent l'aéroport de Cam Ranh, et il y a des liaisons internationales vers des villes d'Asie du Sud-Est.

L'**aéroport international de Cam Ranh** (0258-398 9913) est à 35 km au sud de la ville, via une belle route côtière.

Vietnam Airlines (carte p. 272 ; 0258-352 6768 ; www.vietnamairlines.com ; 91 Đ Nguyen Thien Thuat) relie tous les jours Nha Trang à Hanoi, HCMV et Danang, et assure des vols vers plusieurs villes de Chine, dont Nanjing et Nanning. Bamboo Airways (www.bambooairways.com) relie Nha Trang à Danang, Haiphong et Hanoi. VietJet Air (www.vietjetair.com) assure des vols quotidiens pour Danang, Hanoi et HCMV, et dessert aussi Séoul ainsi que d'autres villes de Chine, dont Shanghai et Chengdu. Jetstar (www.jetstar.com) propose de bonnes liaisons avec Hanoi et HCMV.

Entre autres liaisons internationales fréquentes, citons un vol Air Asia depuis/vers Kuala Lumpur et Bangkok, un vol Korean Air depuis/vers Séoul, et un vol de Bangkok Airways depuis/vers Bangkok.

BATEAU

Des bateaux publics partent de l'**embarcadère de Cau Da** (carte p. 267) pour les îles.

BUS

Nha Trang ne possède pas de gare routière principale qui soit très utile aux voyageurs. Assez petite, la **gare routière du Nord** (Ben Xe Phia Bac ; carte p. 267 ; Dien Bien Phu) se trouve à pas moins de 5 km au nord du centre. Elle est desservie par les bus **Futa** (carte p. 267 ; 1900 6067 ; www.futabus.vn ; Dien Bien Phu), pratiques pour rejoindre, entre autres, Dalat (135 000 d, 4 heures, 6/jour), Buon Ma Thuot (140 000 d, 5 heures, 2/jour), HCMV (225 000 d, 12 heures, 8/jour) et Danang (240 000 d, 12 heures, 2/jour). Contactez la compagnie de bus pour attraper une navette au départ du centre-ville.

The Sinh Tourist (p. 271) est fiable et très prisé des voyageurs. Ses bus quittent son bureau du centre-ville direction Hoi An (250 000 d, 11 heures, 1/jour), au nord, mais aussi Mui Ne (115 000 d, 5 heures, 2/jour), Dalat, Buon Ma Thuot et HCMV.

Nha Trang est une étape importante pour les bus "open tour".

Remarque : certains voyageurs racontent avoir été déposés dans un parking poussiéreux de Đuong Nguyen Thien Thuat (près du vieux terrain d'aviation, dans le sud de la ville). Réservez un Grab ou prenez-y un taxi, car les chauffeurs de *xe om* qui patientent sur place ont pour habitude de surfacturer les courses aux voyageurs.

TRAIN

La **gare ferroviaire de Nha Trang** (carte p. 272 ; 0258-382 2113 ; Đ Thai Nguyen ; billetterie 7h-11h30, 13h30-18h et 19h-21h) est dans le centre-ville. Elle se trouve sur la ligne principale nord-sud et assure des liaisons pratiques, notamment avec Dieu Tri (pour Quy Nhon), Danang et HCMV. Il n'existe pas de train pour Dalat.

VOITURE ET MOTO

À ne pas manquer, le passage du col de montagne entre Nha Trang et Dalat est un itinéraire fabuleux en voiture ou à moto. En redescendant la route de montagne de Dalat à Mui Ne, vous effectuerez une superbe boucle.

L'agence **Easy Rider Trips** (p. 271), installée à Nha Trang, propose des tarifs d'environ 65 $US la journée pour le trajet Nha Trang-Dalat (faisable en 1 à 3 jours, selon les étapes choisies).

Comment circuler

DEPUIS/VERS L'AÉROPORT

Des navettes (50 000 d, 45 minutes) relient l'aéroport à Nha Trang toutes les 30 minutes environ de 6h à 18h30. Elles traversent le

TRANSPORTS AU DÉPART DE NHA TRANG

DESTINATION	AVION	BUS	VOITURE/MOTO	TRAIN
Dalat	-	7 $US, 5 heures, 11/jour	4-5 heures	-
Danang	à partir de 42 $US, 1 heure, 2/jour	11-14 $US, 11-12 heures, 12/jour	11 heures	14-18 $US, 9-11 heures, 7/jour
HCMV	à partir de 26 $US, 1 heure, 14-16/jour	9-13 $US, 11-12 heures, 16/jour	10 heures	11-16 $US, 7-9 heures, 7/jour
Mui Ne	-	8 $US, 5 heures, 2/jour	5 heures	-
Quy Nhon	-	6,50 $US, 6 heures, toutes les 2 heures	6 heures	5,50-7,50 $US, 3 heures 30-4 heures 30, 7/jour

centre-ville et font plusieurs arrêts le long de la route côtière Đuong Tran Phu.

Pour quitter la ville, les taxis sont pratiques. **Nha Trang Taxi** (☎0258-382 6000) prend 400 000 d pour aller de l'aéroport au centre-ville. Le trajet est moins cher dans l'autre sens, environ 300 000 d. Mieux vaut fixer le prix à l'avance plutôt que d'utiliser le compteur.

TAXI ET XE OM

Prenez toujours un taxi avec compteur affilié à une compagnie réputée comme **Mai Linh** (☎0258-382 2266) ou Nha Trang Taxi. Grab est également une bonne solution.

Nha Trang compte d'innombrables conducteurs de *xe om*. Une course à moto n'importe où dans le centre ne devrait pas vous coûter plus de 25 000 d. Soyez prudent dans le choix de votre chauffeur, surtout la nuit : certains sont des dealers et/ou des proxénètes.

VÉLO

La ville de Nha Trang étant assez plate, il est facile de rejoindre tous les sites à vélo. Les hôtels en louent à partir de 30 000 d la journée.

Environs de Nha Trang

Formée de trois cascades se déversant dans des bassins rafraîchissants, les **chutes de Ba Ho** (Suoi Ba Ho ; 100 000 d, parking vélos 5 000 d ; ⏱7h-17h30) sont nichées au cœur d'une forêt, 23 km au nord de Nha Trang et quelque 2 km à l'ouest du village de Phu Huu. Quittez la RN 1 juste au nord d'un restaurant du nom de Quyen, et vous les trouverez à 20 minutes de marche du parking. Il est amusant de remonter le courant en traversant les bassins, mais ils sont glissants. Portez de bonnes chaussures car il faut compter une heure de marche difficile pour voir les trois cascades.

À 11 km à l'ouest de Nha Trang se dresse la **Citadelle de Thanh** (Thanh co Dien Khanh ; ⏱9h-17h). Datant de la dynastie des Trinh (XVIIe siècle), cette place forte fut reconstruite sur ordre du prince Nguyên Anh (futur empereur Gia Long) en 1793, à l'occasion de sa victoire sur les rebelles Tây Son. Il n'en subsiste plus que des pans de murs et quelques portiques.

Phan Rang et Thap Cham

☎0259 / 192 000 HABITANTS

Ces deux villes n'en forment en réalité qu'une : Pha Rang s'accroche à la RN 1 et Thap Cham au début de la RN 20 qui part vers Dalat. Si vous voyagez au Vietnam du nord au sud, vous noterez un grand changement dans la végétation en approchant ces cités jumelles, capitales de la province de Ninh Thuan. Aux luxuriantes rizières vertes succèdent alors des sols sablonneux, couverts de plantes rabougries. La flore locale comprend des flamboyants royaux et des cactus aux épines cruelles.

Deux grandes routes nationales (1A et 20) se croisent en ville, ce qui en fait une bonne étape sur le littoral. Les villes jumelles, industrielles, manquent de charme : mieux vaut loger sur la plage de Ninh Chu, à 6 km à l'est.

À voir

Le site le plus connu est le groupe de tours chams, Po Klong Garai, d'où Thap Cham (tour cham) tire son nom. Beaucoup d'autres tours ponctuent la campagne dans cette région et des dizaines de milliers de Chams habitent la province.

♥ Tours chams de Po Klong Garai SITE HINDOUISTE

(Thap Cham ; 15 000 d ; ⏱7h-17h). Ces imposantes tours chams datent de la fin du XIIIe siècle. Construites en brique comme des temples hindouistes, elles se dressent sur une plateforme au sommet de Cho'k Hala, une colline de granit à découvert. La chaleur peut y être étouffante.

Au-dessus de l'entrée de la plus grande tour (le *kalan* ou sanctuaire) trône la sculpture d'un Shiva dansant à six bras. Les remarquables inscriptions en ancienne langue cham sur les montants de la porte témoignent des efforts accomplis pour restaurer le temple, ainsi que des offrandes et des sacrifices d'esclaves destinés à l'honorer.

Le vestibule abrite une statue de Nandin, le taureau blanc symbole de fertilité agricole et véhicule du dieu Shiva. Les paysans avaient coutume de déposer des offrandes de légumes frais, d'herbes et de noix d'arec devant le mufle de l'animal pour s'assurer une bonne récolte. Sous la tour principale se dresse un *mukha linga*, sous une pyramide en bois. Ici, les fidèles offrent de l'alcool et brûlent de l'encens.

Depuis la petite tour située face à l'entrée du *kalan*, vous pourrez admirer l'ingéniosité dont firent preuve les maçons chams pour concevoir les colonnes de bois qui soutiennent le toit léger. La structure qui s'y rattache constituait autrefois l'entrée principale du site.

Po Klong Garai se trouve un peu au nord de la route RN 20, à 6 km de Phan Rang en direction de Dalat. Les tours se dressent de l'autre côté des voies de chemin de fer de Thap Cham. Certains des bus "open tour" y font un arrêt.

Tour cham de Po Ro Me SITE HINDOUISTE
(don apprécié). GRATUIT Cette tour cham est l'une des plus évocatrices du Vietnam. Elle est isolée au sommet d'une colline escarpée, d'où la vue s'étend sur un paysage ponctué de cactus. Le temple honore le dernier dirigeant d'un Champa indépendant, le roi Po Ro Me (1629-1651) ; son image et celles des membres de sa famille figurent parmi les décorations extérieures. À 18 km au sud-ouest de Phan Rang.

Centre culturel cham MUSÉE
(Thap Cham ; 7h-17h). GRATUIT Au pied des tours de Po Klong Garai, cette grande structure moderne est dédiée à la culture cham. De superbes photographies du peuple cham, de la vie villageoise et des coutumes y sont exposées. On peut aussi y voir des peintures, des poteries, des vêtements traditionnels et des outils agricoles. De nombreux étals de souvenirs sont installés sur les lieux.

Si le royaume cham a disparu depuis longtemps, le peuple cham est toujours présent dans la région.

Village de Bau Truc VILLAGE
Ce village cham est réputé pour ses poteries ; de nombreuses boutiques sont installées devant les maisons en terre et en bambou. Il se trouve 4 km au nord-ouest du centre de Phan Rang, en retrait de la route principale qui conduit aux temples chams. Le centre culturel cham encadre des cours de musique afin que les villageois puissent apprendre à jouer des instruments traditionnels chams (percussions et flûte *saranai*). Un sentier patrimonial est également en projet.

Où se loger et se restaurer

En raison des embouteillages et des usines, les villes jumelles n'offrent pas un cadre paisible. La plage de Ninh Chu est bien plus tranquille (la construction d'immenses hôtels y est toutefois prévue, à commencer par le Sunbay Park, un complexe de villégiature et de loisirs).

Le *com ga* (poulet au riz) est une spécialité locale, de même que le gecko (*ky nhong*) rôti ou au four, servi avec de la mangue verte. Si vous préférez le cuisiner vous-même, et que vous avez de bons réflexes, vous trouverez l'ingrédient principal dans la plupart des chambres d'hôtel.

Phan Rang est la capitale vietnamienne du raisin. Les étals du marché en vendent frais ou (relativement) secs, et en proposent aussi en jus.

Ho Phong Hotel HÔTEL $
(0259-392 0333 ; 363 Đ Ngo Gia Tu ; ch 300 000-620 000 d ;). Un hôtel accueillant, doté de chambres spacieuses et bien aménagées avec TV câblée, minibar et salle de bains attenante moderne. Possibilité de louer des scooters. Le personnel parle un peu anglais.

Big Dog Homestay CHEZ L'HABITANT $
(090 497 5751 ; Đ Le Thanh Ton ; dort/ch 120 000/230 000 d ;). Assez propre et décoré de tissus locaux, ce charmant logement semblable à une auberge de jeunesse

LA FÊTE DU KATE CHAM À PO KLONG GARAI

Le site de Po Klong Garai est un excellent endroit pour assister aux célébrations du *kate* (Nouvel An cham), qui ont lieu le septième mois du calendrier cham (autour de septembre/octobre). Il rend hommage aux ancêtres, aux héros nationaux et aux divinités chams, telle la déesse agricole Po Ino Nagar.

La veille de la fête, le costume du roi Po Klong Garai est transporté au cours d'une procession, gardée par les montagnards Tay Nguyên, qui s'accompagne d'une musique traditionnelle et se prolonge jusqu'à minuit. Le lendemain matin, le costume est porté jusqu'à la tour ; le cortège est encore suivi de musiciens, et les habitants, portant bannières et drapeaux, chantent et dansent. Les notables et les aînés ferment la marche. Cette cérémonie colorée dure jusque dans l'après-midi.

Les festivités se poursuivent pendant le reste du mois : les Chams font la fête, rendent visite à leurs proches et prient pour s'attirer la bonne fortune.

présente de vastes chambres remplies de lits superposés, une cuisine commune et une cour pour faire des rencontres autour du barbecue. Scooters en location à des prix raisonnables.

Phuoc Thanh VIETNAMIEN $
(3 Đ Tran Quang Dieu ; plats 30 000-60 000 d ; 8h-21h). Le meilleur restaurant de *com ga* de la rue.

Depuis/vers Phan Rang et Thap Cham

BUS

La **gare routière de Phan Rang** (face au 64 Đ Thong Nhat) est du côté nord de la ville. Des bus partent vers le nord pour Nha Trang (50 000-65 000 d, 2 heures, toutes les 45 minutes), vers le nord-ouest pour Dalat (80 000 d, 3 heures, toutes les heures), et vers le sud pour Ca Na (25 000 d, 1 heure, toutes les 30 minutes) et Phan Thiet (85 000 d, 3 heures, toutes les 40 minutes). Pour Mui Ne, changez à Phan Thiet.

TRAIN

La **gare ferroviaire de Thap Cham** (7 Đ Phan Dinh Phung), située à 6 km environ à l'ouest de la RN 1 et non loin des tours chams de Po Klong Garai, est desservie par plusieurs trains express quotidiens. Parmi les destinations figurent Nha Trang (à partir de 101 000 d, environ 1 heure 30), Muong Man (pour Mui Ne, à partir de 75 000 d, environ 2 heures) et HCMV (à partir de 211 000 d, 6-7 heures).

Plage de Ninh Chu

0259

À l'est de Phan Rang, l'immense baie en arrondi de Ninh Chu est prisée des touristes vietnamiens le week-end et les jours fériés, mais elle est assez tranquille le reste du temps. Des détritus gâchent le paysage, mais la belle plage de sable, longue de 10 km, constitue une bonne base pour visiter les tours chams de Po Klong Garai. Les conditions étant excellentes pour le kitesurf, une communauté est en bonne voie pour s'y établir autour de ce sport, tout comme à My Hoa (p. 283), plus haut sur la côte.

Activités

Phi Kitesurfing KITESURF
(094 576 6192 ; www.phikiteschool.com ; My Hoa ; formule débutant 7 heures 350 $US). Cette école propose des cours (50 $US/heure) et loue des équipements (30 $US/heure) sur le littoral de Phan Rang, en saison (novembre-mars). Base permanente à My Hoa, à 17 km de Ninh Chu.

Où se loger

Les hôtels sont disséminés le long du littoral. Les hébergements bon marché sont concentrés du côté nord de la baie, dans le village de pêcheurs. Les kitesurfeurs se rassemblent sur la plage de My Hoa, au nord.

♥ **Minh Duc Guesthouse** PENSION $
(097 737 1737 ; www.facebook.com/minhducguesthousephanrang ; 24a An Duong Vuong ; dort 100 000 d, ch 230 000-450 000 d ;). Excellente pension du village de pêcheurs, à deux pas de la plage. Chambres bon marché, simples et climatisées (certaines ont deux lits doubles). Salles de bains attenantes avec eau chaude, et dortoir correct. Bach, le propriétaire anglophone, peut vous aider pour la location d'un vélo ou d'un scooter, l'entretien des motos et les transports.

Duc Chinh Hotel PENSION $
(091 270 7470 ; 354/5 Đ Truong Chinh ; ch 200 000-380 000 d ;). À un jet de pierre du littoral, dans le village de pêcheurs, ce beau nouveau venu est géré par des propriétaires très hospitaliers qui parlent un anglais convenable et concoctent pour leurs hôtes une cuisine vietnamienne délicieuse. Chambres en bon état, équipées de TV écran plat et de draps blancs et frais.

Lan Anh Hotel HÔTEL $
(0259-389 0009 ; www.hotellananh.com.vn ; 66 Đ Yen Ninh ; ch 300 000-580 000 d avec petit-déj ;). Chambres modernes et bien pensées à prix doux pour cet emplacement sur la plage, avec fresques colorées sur les murs, TV câblée et (dans certaines) vue sur les flots.

♥ **Amanoi** COMPLEXE HÔTELIER $$$
(0259-377 0777 ; www.aman.com ; village de Vinh Hy ; villa 790-1 240 $US ; @). Jouissant d'un emplacement spectaculaire dans une crique privée au nord de Ninh Chu, les 36 pavillons donnent sur l'océan ou le parc national. Le cadre, à la fois traditionnel et branché, évoque l'architecture des temples bouddhiques. Service et installations formidables : piscine à débordement au sommet d'une falaise de 20 m, belle salle de sport, spa, cours de yoga, Pilates et méditation. Un luxueux refuge à l'ambiance relaxante.

HORS DES SENTIERS BATTUS

MY HOA : PARADIS DU KITESURF

À près de 17 km au nord de Ninh Chu, une jolie route côtière conduit au village de My Hoa, dont la plage est en bonne voie pour devenir le haut lieu du kitesurf dans le secteur de Phan Rang. Entre novembre et mars, vous pouvez compter sur un ciel dégagé et des alizés entre 20 et 30 nœuds.

Deux centres de kitesurf ont ouvert, et d'autres suivront sans doute, mais ce foyer émergent reste pour le moment décontracté. Si vous préférez un littoral relativement peu construit pour vous prélasser sous les étoiles à un complexe touristique en plein essor tel que Mui Ne, mettez le cap sur My Hoa. Ici, pas de transports en commun ; pour un taxi depuis la ville de Phan Rang, prévoyez 200 000 d et environ 40 minutes de trajet. Quelques hébergements :

Vietnam Surf Camping (☎083 907 3705 ; www.facebook.com/vietnamsurfcamping ; tente/cabane 15/40 $US ; ❄📶). Un petit paradis où les inconditionnels du kite pourront dormir sous la tente et se réveiller au son des vagues. Ce camping paisible est tenu par des kitesurfeurs dévoués, qui proposent aussi des cours. Tentes coniques spacieuses pour 2 personnes, et ravissants bungalows ventilés avec salles de bains attenantes. Tarifs dégressifs pour les longs séjours.

Phi Kite School (☎094 576 6192 ; www.phikiteschool.com ; dort 15 $US, bungalow 30-65 $US ; ❄📶). À environ 17 km au nord de Ninh Chu, ce sympathique camping de kitesurfeurs est parfait pour les allergiques aux foules de Mui Ne. Superbement aménagé devant la plage, il dispose de dortoirs à 8 lits, de logements dans des containers et de bungalows spacieux, avec vue sur la mer. Le bar-restaurant prépare une délicieuse cuisine occidentale et vietnamienne, et des barbecues sont souvent organisés. Cours de kitesurf et location de matériel de qualité.

Où se restaurer

Des restaurants de poisson et fruits de mer sont alignés sur le front de mer dans le village de pêcheurs. Tous les hôtels et pensions ont des restaurants ou bien fournissent les repas.

Thuy Tien Restaurant PRODUITS DE LA MER $$
(front de mer ; plats 40 000-150 000 d ; ⏲7h30-21h). Restaurant prisé sur la plage du village de pêcheurs, où profiter de l'air marin en savourant crabes, palourdes, crevettes, calamars et poisson grillé, tous délicieux.

Depuis/vers Ninh Chu

Ninh Chu est à 7 km à l'est de Phan Rang ; les bus locaux sont peu fréquents. Les *xe om* demandent environ 30 000 d, un taxi avec compteur coûte environ 85 000 d.

Ca Na

☎0259 / 6 200 HABITANTS

Au XVIe siècle, les princes de la famille royale cham pêchaient et chassaient les tigres, les éléphants et les rhinocéros dans la région de Ca Na. Aujourd'hui, ce petit port de pêche animé est plus connu pour ses plages de sable blanc, ponctuées d'énormes rochers de granit et prisées des touristes vietnamiens. La meilleure section de plage est juste en retrait de la RN, environ 1 km au nord du village. C'est un endroit superbe où l'accueil est agréable, malgré le bruit constant des camions.

Où se loger et se restaurer

Tous les hôtels le long de la RN 1 ont un restaurant servant des produits de la mer.

Pandaran Hotel HÔTEL $
(☎068 376 1955 ; www.pandaranhotel.wordpress.com ; RN 1 ; s 230 000 d, d à partir de 270 000 d ; ❄📶). Installé sur pilotis, presque au-dessus des vagues, cet établissement blanc et bleu marine loue 20 chambres un peu exiguës mais d'un bon rapport qualité/prix et en bon état. Celles face à l'océan sont rafraîchies par la brise marine. Cuisine chinoise et locale à des tarifs raisonnables.

Ca Na Hotel HÔTEL $
(☎0259-376 0922 ; RN 1 ; ch 350 000-450 000 d ; ❄📶). L'emplacement de cet hôtel est un atout (sur la plage) autant qu'un inconvénient (jouxtant la RN 1 à la circulation bruyante). Les chambres sont dans de vieux bungalows mal entretenus ou dans des

constructions plus récentes. Restaurant en bord de route.

Hon Co Ca Na Resort COMPLEXE HÔTELIER $$
(☎0259-376 0999 ; honcocana.com ; RN 1 ; ch 900 000-1 600 000 d ; ❄📶). Ce resort dispose de chambres standards propres et sans fioritures ou des Deluxe, spacieuses et plus luxueuses, avec une touche de style contemporain. Situé sur une bande de plage privée, mais le bruit de la RN 1 reste omniprésent.

Depuis/vers Ca Na

Ca Na se trouve à 32 km au sud de Phan Rang. La plupart des bus longue distance roulant sur la RN 1 y prennent ou y déposent des passagers.

Mui Ne

☎0252 / 18 000 HABITANTS

Mui Ne était jadis une plage isolée, sur laquelle quelques voyageurs aventureux campaient. Les temps ont changé, et c'est désormais un chapelet de complexes hôteliers qui s'alignent sur la côte. Immeubles bas pour la plupart, ils sont installés dans de plaisants jardins près de la mer. Le village de pêcheurs originel est toujours là, mais les habitants sont à présent bien moins nombreux que les touristes. Hormis quelques hôtels de luxe (et quelques pensions bon marché), Mui Ne abrite principalement des complexes de catégorie moyenne.

Beaucoup viennent pour le kitesurf – il y a plusieurs excellentes écoles et des vents parfaits pour la pratique entre octobre et avril.

Il est quasi impossible de se perdre à Mui Ne, car tout est organisé le long d'un tronçon de route nationale de 10 km. L'érosion côtière est un gros problème dans la région, notamment autour du Km 12.

Quand partir

Les précipitations sont deux fois moins élevées à Mui Ne qu'à Phan Thiet. Les dunes contribuent à la protection de son microclimat, et, même à la saison humide (juin-sept), les pluies sont assez légères et épisodiques. La haute saison s'étend de mi-décembre à fin février ; le reste de l'année, Mui Ne est rarement surpeuplée.

À voir

Mui Ne compte quelques pagodes et temples chams intéressants, mais la plupart des visiteurs sont attirés par les imposantes dunes qui se dressent à l'est de la ville.

Dunes SITE NATUREL
Mui Ne est célèbre pour ses immenses dunes de sable blanc et rouge. Les "dunes rouges" (*doi hong*) sont facilement accessibles depuis Mui Ne, mais les "dunes blanches" (*doi cat trang*), à 24 km au nord-est de la ville, sont plus impressionnantes. Les vents marins quasi incessants sculptent le sable jaune pâle en de merveilleuses formations évoquant le Sahara.

Des enfants tenteront de vous louer une luge en plastique pour dévaler les dunes. À moins d'être très léger, vous aurez probablement du mal à glisser sur plus de quelques mètres.

Quads et buggies interrompent aussi le calme. Des balades à dos d'autruche sont proposées, mais nous ne les recommandons pas à cause des mauvais traitements que reçoivent les animaux. Vous trouverez aussi des détritus ; un nettoyage est effectué périodiquement, mais les plastiques reviennent sans cesse.

Si vous réservez un circuit dans les dunes, veillez à vous mettre d'accord sur un itinéraire, de préférence par écrit. Des plaintes nous sont parvenues au sujet de circuits "coucher du soleil" moins longs que prévu.

Musée du Village de pêcheurs MUSÉE
(☎0901 111 1666 ; www.seagull.vn ; 360 Đ Nguyen Thong ; avec guide 100 000 d ; ⏲9h-18h). Ce nouveau musée consacré à l'industrie de la pêche en retrace les 300 ans d'histoire à travers 14 expositions interactives. La fabrication de la sauce traditionnelle au poisson y est expliquée en anglais, en vietnamien, en russe et en chinois. À l'extrémité ouest de la rue principale.

Source des Fées RIVIÈRE
(Suoi Tien ; près de Đ Huynh Thuc Khang ; 15 000 d). Ce cours d'eau s'écoule entre les dunes et d'intéressantes formations rocheuses. On peut faire une promenade agréable de la mer à la source. La balade peut se faire pieds nus, mais, si vous continuez dans les dunes ensuite, il vous faudra des chaussures. Attendez-vous à voir des stands de souvenirs, et quelques détritus.

Tours chams de Po Shanu SITE HINDOUISTE
(Km 5 ; adulte/enfant 15 000/7 000 d ; ⏲7h30-11h30 et 13h-16h30). Situées sur une colline à environ 6 km à l'ouest de Mui Ne, ces tours chams offrent une vue imprenable sur

Phan Thiet, non loin, et un cimetière aux tombes colorées. Cet ensemble du IXe siècle abrite les ruines de trois tours. Le site comprend aussi une petite pagode.

Marché MARCHÉ
(Đ Nguyen Dinh Chieu). Non touristique, le marché principal de Mui Ne accueille les habitants venus acheter des produits alimentaires et de base.

Pagode Hoi Tinh TEMPLE BOUDDHIQUE
(Đ Nguyen Dinh Chieu). La pagode bouddhique est située en amont de la route à l'extrémité est du village.

Activités

Mui Ne est la capitale des sports extrêmes du sud du Vietnam. Vous ne trouverez pas vraiment ici de possibilité pour la plongée ou le snorkeling. En revanche, la cité balnéaire attire les surfeurs d'août à décembre, époque à laquelle les pluies s'abattent sur Nha Trang et Hoi An. Les kitesurfeurs et les véliplanchistes sont aussi à la fête, avec des conditions de vent optimales de fin octobre à avril.

Manta Sail Training Centre VOILE
(090 840 0108 ; mantasailing.org ; 108 Đ Huynh Thuc Khang ; leçon de voile 66 $US/heure). Excellente école de voile gérée par des Britanniques, Manta propose des cours et des entraînements à la course (de débutant à avancé). Renseignez-vous concernant le wakeboard (100 $US/heure), la location de planches de paddle (20 $US/demi-journée) et les sorties en bateau. Loue des chambres bon marché près de la plage.

Mui Ne Hot Air Balloon MONTGOLFIÈRE
(0120 853 6828 ; www.vietnamballoons.com ; à partir de 165 $US). Premier prestataire de vols en montgolfière au Vietnam, cette société professionnelle européenne permet de survoler les spectaculaires dunes blanches et les lacs de désert à l'est de Mui Ne, ou bien le port de pêche animé de Phan Thiet, au lever du soleil. Magique.

Yoga Dom Na Gore YOGA
(Yoga sur la Colline ; 081 325 9143, 0903 970 1629 ; www.yogadomnagore.com ; 133a Đ Nguyen Dinh Chieu ; cours 250 000 d ; nov-avr). Dans ce centre juché sur une colline, des professeurs expérimentés donnent des cours de hatha yoga, de yoga ashtanga, Iyengar et aérien en anglais ainsi qu'en russe. Massages, Pilates, méditation et arts martiaux également.

SPORTS NAUTIQUES

Kitesurfeurs et véliplanchistes, sachez que les grands vents soufflent de fin octobre à fin avril, gonflant parfois considérablement la mer. Il est prudent d'investir dans une brève leçon de kitesurf avant de s'embarquer pour des cours sur plusieurs jours, car la plupart des établissements ne vous rembourseront pas si vous renoncez en cours de route. N'oubliez pas qu'il s'agit d'un sport extrême. Mui Ne compte aussi d'excellentes écoles de voile et quantité de prestataires louant des paddles ainsi que des kayaks.

Tropical Minigolf Mui Ne MINIGOLF
(www.minigolfmuine.com ; 97 Đ Nguyen Dinh Chieu ; parcours 100 000-120 000 d ; 10h-23h). Un beau parcours ombragé et original, ponctué de formations rocheuses anguleuses qui mettront au défi votre dextérité. Bar et restaurant sur place.

Easy Rider Mui Ne SPORTS D'AVENTURE
(098 444 4129 ; easyridermuine.com/booking ; 138 Nguyen Dinh Chieu ; excursion d'1 journée à partir de 65 $US). Un collectif expérimenté d'Easy Riders proposant des virées sur la côte et des excursions jusqu'à Dalat, Nha Trang, HCMV et les hauts plateaux du Sud Ouest.

Bun Khoang Mui Ne BAIGNADE
(Tien Dat ; www.bunkhoangmuine.com ; 133 Đ Nguyen Dinh Chieu ; adulte/enfant 80 000/50 000 d ; 7h30-18h30). Complexe au sommet d'une colline doté d'un bassin de 30 m, d'un autre pour enfant et de chaises longues (avec musique forte). Des bains d'eau de source chaude et de boue sont possibles, mais les baignoires de boue en béton (620 000 d pour 2 pers) sont peu attrayantes.

Sea Links Golf & Country Club GOLF
(0252-374 1777 ; www.sealinksvietnam.com ; Km 8 ; parcours 18 trous à partir de 1 800 000 d). Un beau parcours ardu de 7 000 m avec vue sur l'océan et nombreux obstacles aquatiques. Réductions en fin d'après-midi. Le complexe comprend une boutique spécialisée, un practice et un hôtel.

Kitesurf

Sailing Club Kite School KITESURF
(062 384 7440 ; www.sailingclubkiteschool.com ; Sailing Club, 24 Đ Nguyen Dien Chieu ; 8h-18h). Les professeurs sont expérimentés

Plage de Mui Ne

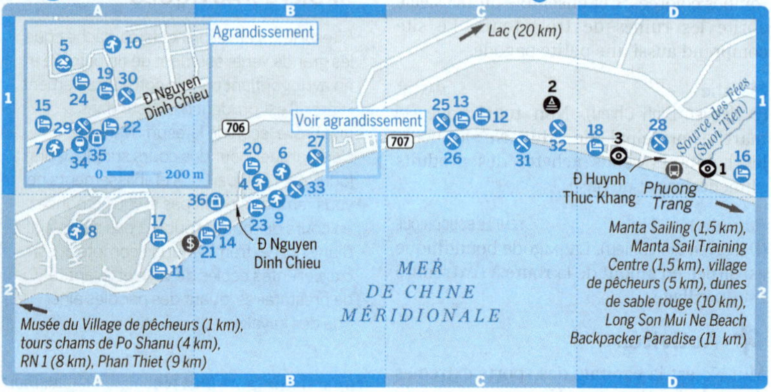

Plage de Mui Ne

À voir
1 Source des Fées ... D1
2 Pagode Hoi Tinh ... C1
3 Marché ... D1

Activités
4 Botanica Spa ... B1
5 Bun Khoang Mui Ne ... A1
6 Easy Rider Mui Ne ... B1
7 Forester Beach Spa ... A1
Jibes ... (voir 35)
Mui Ne Cooking School ... (voir 4)
Sailing Club Kite School ... (voir 21)
8 Sea Links Golf & Country Club ... A2
Surfpoint Kiteboarding School ... (voir 23)
9 Tropical Minigolf Mui Ne ... B2
Xanh Spa ... (voir 21)
10 Yoga Dom Na Gore ... A1

Où se loger
11 Allez Boo Resort ... A2
12 Cargo Remote ... C1
13 Cat Sen Auberge ... C1
14 Cham Villas ... B2
15 Coco Sand Hotel ... A1
16 Duy An Guesthouse ... D1
17 Herbal Hotel & Spa Mui Ne ... A2
18 Minhon Hotel ... D1
19 Mui Ne Backpacker Village ... A1
20 Mui Ne Hills Budget Hotel ... B1
21 Sailing Club ... B2
22 Shades Resort ... A1
23 Sunsea Resort ... B2
24 Xin Chao ... A1

Où se restaurer
25 Bi Bo ... C1
26 Bo Ke ... C1
27 Choi Oi ... B1
28 Com Chay Vi Dieu ... D1
Dong Vui Food Court ... (voir 3)
29 Lam Tong Quan ... A1
30 Modjo Bar & Restaurant ... A1
31 Nhu Bao ... C1
Sandals ... (voir 21)
32 Sindbad ... C1
33 Villa Aria Mui Ne ... B1

Où prendre un verre et faire la fête
Crown & Anchor ... (voir 15)
Dragon Beach ... (voir 26)
34 Joe's Café ... A1

Achats
35 Jibes ... A1
36 Lemongrass House ... B2

Renseignements
The Sinh Tourist ... (voir 31)

et le matériel est de qualité. Baptême (niveau 1) : 2 500 000 d. Formule "Zero to Hero" (10 heures de cours) : 11 300 000 d.

Surfpoint Kiteboarding School KITESURF, SURF
(0167 342 2136 ; www.surfpoint-vietnam.com ; 52a Đ Nguyen Dinh Chieu ; leçon 5 heures équipement compris 250 $US ; 7h-18h). Écoles de kitesurf parmi les plus réputées de Mui Ne. Un cours débutant de 3 heures coûte 150/120 $US pour 1/2 pers. Leçon de surf avec softboards (à partir de 50 $US) si les vagues le permettent.

Jibes KITESURF, SPORTS AQUATIQUES
(0252-384 7405 ; www.jibesbeachclub.com ; 84-90 Đ Nguyen Dinh Chieu ; 7h30-18h). La

toute première école de kitesurf de Mui Ne propose des leçons (65 $US/heure) et loue des équipements : planches à voile (55 $US/jour), planche de paddle (20 $US/demi-journée), surfs, kitesurfs et kayaks. Sorties en catamaran et solutions d'hébergement également.

Spas et massages

Plus d'une vingtaine de spas-salons de massage se succèdent le long de la plage de Mui Ne. Ils proposent souvent des massages du corps de mauvaise qualité (mais on ne peut guère espérer mieux pour 8 $US/heure).

Xanh Spa MASSAGES
(☎062-384 7440 ; www.sailingclubmuine.com ; Sailing Club, 24 Đ Nguyen Dinh Chieu ; massage 1 heure à partir de 710 000 d ; ⏲10h-21h). Ce superbe spa propose une gamme complète de massages du corps et du visage (à partir de 600 000 d), des soins du corps, des bains de vapeur, des *enveloppements*, et des soins des mains et des pieds. Utilise des produits naturels et des huiles essentielles.

Forester Beach Spa MASSAGES
(☎0252-374 1899 ; 82 Đ Nguyen Dinh Chieu ; massage 1 heure à partir de 406 000 d ; ⏲10h-21h). Spa bien conçu, doté de charmantes cabines de massage en bambou sur la plage pour se faire chouchouter au son des vagues. Personnel professionnel et réductions fréquentes. Testez le massage du dos de 30 minutes (259 000 d).

Botanica Spa MASSAGES
(☎094 887 7203 ; 83b Đ Nguyen Dinh Chieu ; massage 1 heure à partir de 300 000 d ; ⏲12h-minuit). Ce spa au bon rapport qualité/prix dispense massages apaisants et soins de beauté.

Cours

Mui Ne Cooking School CUISINE
(☎091 665 5241 ; www.muinecookingschool.com ; 1er ét, 85 Đ Nguyen Dinh Chieu ; cours 2 heures 30 30-35 $US ; ⏲cours 9h-12h30 lun-sam). Cours de cuisine vietnamienne réputés, avec deux menus différents selon les jours. Ils incluent *pho bo* (soupe de nouilles vietnamienne au bœuf) et *banh xeo* (crêpes croustillantes aux pousses de soja, à tremper dans une sauce aigre-douce). Les circuits culinaires nocturnes (25 $US) vers Phan Thiet sont très divertissants.

Fêtes et festivals

Mui Ne Street Food Festival GASTRONOMIE
(www.facebook.com/muinestreetfoodfestival). Trois fois par an (généralement en janvier, avril et juillet), Mui Ne accueille un festival de cuisine de rue populaire présentant des spécialités de Phan Thiet aux côtés de classiques nationaux et internationaux. Il a lieu dans l'artère principale, près des Blue Ocean Resort, avec musique live.

Où se loger

La plupart des établissements sont sur la route côtière ou juste en retrait, et quelques adresses intéressantes sont nichées dans les collines, derrière la ville. Vous ne serez donc jamais loin de la plage. Il est difficile de trouver des tarifs très bas, mais il existe quelques auberges de jeunesse avec dortoirs.

♥ **Minhon Hotel** HÔTEL $
(☎0252-651 5178 ; www.facebook.com/minhonmuinehotel ; 210/5 Đ Nguyen Dinh Chieu ; ch à partir de 260 000 d ;). Difficile de trouver quelque chose à redire à ce nouvel hôtel d'exception, inspirée de l'architecture traditionnelle vietnamienne, au personnel accueillant et serviable. Les chambres sont très spacieuses et bien aménagées, et d'un rapport qualité/prix étonnant. Emplacement excellent, au fond d'une petite ruelle près du Dong Vui Food Court. Le Minhon fonctionne à l'énergie solaire. Vélos mis gratuitement à disposition.

♥ **Mui Ne Backpacker Village** AUBERGE DE JEUNESSE $
(☎0252-374 1047 ; www.muinebackpackervillage.com ; 137 Đ Nguyen Dinh Chieu ; dort/ch à partir de 5/20 $US ;). Ce palace pour baroudeurs vaste et moderne ressemble plus à un village qu'à une auberge de jeunesse. Très bien pensé, il est articulé autour d'une piscine. Ambiance conviviale grâce aux bar-restaurant avec billard, jeu de fléchettes et baby-foot. Dortoirs (4 à 12 lits) climatisés et chambres individuelles avec TV câblée et balcon ou terrasse. L'auberge met sur pied quantité de circuits au bon rapport qualité/prix, peut réserver vos transports, et possède un service de blanchisserie.

Coco Sand Hotel PENSION $
(☎0127 364 3446 ; cocosandhotel.com ; 119 Đ Nguyen Dinh Chieu ; ch 15-28 $US ;). Dans une petite ruelle, un établissement accueillant aux chambres d'un excellent rapport qualité/prix, avec clim, TV câblée,

réfrigérateur et salle de bains privative. Cour ombragée (avec hamacs) et location de motos à prix corrects.

Long Son Mui Ne Beach Backpacker Paradise AUBERGE DE JEUNESSE $
(0252-383 6056 ; www.longsonmuine.com ; Long Son ; tente et dort à partir de 3 $US ;). Collé à la plage, ce paradis des voyageurs est très bien équipé pour de longues journées détente sur le rivage et des nuits plus longues encore autour du bar ouvert 24h/24. On y boit et on s'y amuse beaucoup. Hébergement dans des dortoirs ou des tentes. Situé 13 km au nord-est du centre de Mui Ne.

Manta Sailing AUBERGE DE JEUNESSE $
(090 840 0108 ; mantasailing.org ; 108 Đ Huynh Thuc Khang ; ch 20-25 $US ;). Cette école de voile loue 5 chambres simples avec ventilateur et salle de bains dans un vaste bâtiment sur la plage, au bout de la rue côté est. Cuisine commune. Propriétaire britannique très accueillant et serviable.

Duy An Guesthouse PENSION $
(0252-384 7799 ; www.duyanguesthouse.com ; 87a Đ Huynh Thuc Khang ; ch 260 000-600 000 d ;). Installée sur un terrain ombragé à l'extrémité est de la rue, cette pension traditionnelle qui fait aussi restaurant est tenue par des personnes chaleureuses qui prennent grand soin de leurs hôtes. Propose 16 chambres, dont une chambre familiale idéale également pour les groupes.

Mui Ne Hills Budget Hotel HÔTEL $
(0252-374 1707 ; www.muinehills.com ; 69 Đ Nguyen Dinh Chieu ; dort/ch à partir de 5/28 $US ;). À 300 m de la rue principale, accessible par une route escarpée, cette adresse prisée possède plusieurs dortoirs climatisés (8-12 couchages) avec salle de bains et casiers, et des chambres avec mobilier de qualité et de touches design.

Cargo Remote BOUTIQUE-HÔTEL $$
(077 625 2825 ; www.facebook.com/pg/cargoremotemuine ; 201/88 Đ Nguyen Dinh Chieu ; s/d/tr 50/60/70 $US ;). Une retraite écoresponsable construite au sommet d'une colline surplombant le centre de Mui Ne. Splendide piscine naturelle, bar-restaurant en plein air et charmants logements aménagés dans des containers, agrémentés de meubles recyclés. Musique live certains soirs (studio d'enregistrement sur le site). Le spa et la bonne cuisine locale du restaurant complètent le tableau.

Un bar était en construction sur la plage en contrebas (des buggies devraient le relier à l'hôtel).

Cat Sen Auberge B&B $$
(0122 323 3673 ; 195 Đ Nguyen Dinh Chieu ; ch/bungalow à partir de 35/48 $US ;). Merveilleuse adresse pour se détendre, l'établissement comprend des chambres de belle facture et de charmants bungalows disséminés sur un vaste domaine planté de cocotiers. Superbe piscine, hamacs et eau potable gratuite.

Shades Resort APPARTEMENTS $$
(0252-743 236 ; shadesmuine.com ; 98a Đ Nguyen Dinh Chieu ; ch/app à partir de 1 000 000/1 400 000 d avec petit-déj ;). Complexe bien tenu proposant un large choix de chambres tendance (certaines donnant sur l'océan) et de spacieux appartements adaptés aux familles ou aux groupes, avec bon petit-déjeuner. Situation centrale, mais il n'y a pas de plage à cet endroit.

Herbal Hotel & Spa Mui Ne HÔTEL $$
(094 242 7911 ; herbalhotelmuinevietnam.com ; 21 Đ Nguyen Dinh Chieu ; ch 480 000/880 000 d ;). Installé dans un jardin soigné, à l'extrémité ouest de la rue, cet établissement chic, aux grandes chambres impeccables, offre un bon rapport qualité/prix. Spa correct également.

Xin Chao BOUTIQUE-HÔTEL $$
(0252-374 3086 ; www.facebook.com/xinchaohotel ; 129 Đ Nguyen Dinh Chieu ; ch 35-55 $US ;). Cet hôtel de charme se tient près du cœur de Mui Ne et de ses nombreux cafés et restaurants. Les belles chambres entourent la piscine, à l'arrière, bar-restaurant en bord de route.

Sailing Club BOUTIQUE-HÔTEL $$$
(0252-384 7440 ; www.sailingclubmuine.com ; 24 Đ Nguyen Dinh Chieu ; ch/bungalow à partir de 162/188 $US ;). Autrefois appelé Mia, cet établissement de plage intimiste propose de superbes bungalows en matériaux naturels éparpillés dans un jardin tropical. La piscine donnant sur la mer est petite, mais le spa est un des meilleurs de Mui Ne. Personnel efficace et extraordinairement accueillant. Vous adorerez le restaurant Sandals (p. 289) qui sert des plats asiatiques et occidentaux.

Club pour les enfants et yoga deux fois par semaine.

Allez Boo Resort COMPLEXE HÔTELIER $$$
(☎0252-374 3777 ; www.allezbooresort.com ; 8 Đ Nguyen Dinh Chieu ; ch 80-180 $US ;). L'architecture coloniale française et le superbe jardin qui s'étire jusqu'au rivage – avec piscine et immense Jacuzzi (ombragé) – confèrent à cet hôtel chic une délicieuse ambiance. Tarifs intéressants vu les installations.

Cham Villas BOUTIQUE-HÔTEL $$$
(☎0252-374 1234 ; www.chamvillas.com ; 32 Đ Nguyen Dinh Chieu ; ch 180-266 $US avec petit-déj ;). Cet établissement raffiné et réputé comprend de charmantes villas disséminées dans un magnifique jardin ombragé, un agréable espace piscine à l'écart et un bon restaurant. Il est situé sur une jolie portion de plage.

Sunsea Resort BOUTIQUE-HÔTEL $$$
(☎0252-384 7700 ; www.sunsearesort-muine.com ; 50 Đ Nguyen Dinh Chieu ; ch 121-166 $US avec petit-déj ;). Les chambres de ce séduisant hôtel mêlent matériaux naturels (chaume, laque et bois de rose) et design moderne. Certains bungalows sont particulièrement chics, avec vue sur l'océan, Jacuzzi et machine à expresso. Deux piscines sur place, l'une à débordement, l'autre partiellement ombragée.

Où se restaurer

En matière de restauration, Mui Ne est l'une des villes les plus chères du sud du Vietnam. Elle offre un choix incroyable de restaurants, le plus souvent adapté aux goûts des visiteurs cosmopolites, avec des cuisines russe, italienne, thaïlandaise et indienne. Trouver une authentique cuisine locale est parfois plus compliqué. En revanche, les produits de la mer sont toujours frais et savoureux.

Pour un bon repas local, testez les restaurants spécialisés dans la viande de chèvre à Ham Tien, près du Km 18.

♥ **Dong Vui Food Court** STANDS $
(www.facebook.com/DongVuiMuiNe ; 246 Đ Nguyen Dinh Chieu ; repas 45 000-170 000 d ; 8h-23h). Cet espace de restauration en plein air accueille de nombreux stands indépendants tentants : cuisine du Pendjab, paella, saucisses allemandes, curries thaïs et plats vietnamiens. Excellente bière artisanale pression et musique live certains week-ends. Bien plus fréquenté le soir.

Sindbad MÉDITERRANÉEN $
(233 Đ Nguyen Dinh Chieu ; repas 50 000-120 000 d ; 11h-22h30 ;). Le Sindbad sert une savoureuse cuisine grecque d'un excellent rapport qualité/prix, notamment *shawarma* (kebab au bœuf ou au poulet), chiches-kebabs et bonnes salades. Pour un vrai festin, commandez le Mediterranean Delight, un assortiment de petites assiettes (dont houmous et bruschetta).

Com Chay Vi Dieu VÉGÉTARIEN $
(15b Đ Huynh Thuc Khang ; plats 25 000-30 000 d ; 7h-21h ;). Cette adresse simple en bord de route sert des plats vietnamiens végétariens à petit prix (curries, soupe de nouilles et plats de riz frit), d'excellents smoothies (20 000 d) et du jus de fruit du dragon. Le personnel ne parle presque pas anglais.

Lam Tong Quan VIETNAMIEN, PRODUITS DE LA MER $
(92 Đ Nguyen Dinh Chieu ; repas 25 000-140 000 d ; 7h30-22h). Prisé des baroudeurs, ce restaurant sur le front de mer installe des tables près du rivage. Large choix de plats, dont de nombreux produits de la mer. On s'y rassasie pour pas cher (riz frit au légumes 25 000 d). Anglais peu parlé.

Choi Oi VIETNAMIEN $
(☎0252-374 1428 ; www.facebook.com/choioirestaurant ; 115 Đ Nguyen Dinh Chieu ; repas à partir de 80 000 d ; 8h30-19h30 ;). Un restaurant vietnamien moderne, géré par une équipe accueillante qui vous orientera au fil d'une carte alléchante, qui comprend notamment du riz vapeur avec tofu à la noix de coco et au bambou (90 000 d). Dispense aussi des cours de cuisine.

♥ **Sandals** INTERNATIONAL $$
(☎0252-384 7440 ; www.sailingclubmuine.com ; Sailing Club, 24 Đ Nguyen Dinh Chieu ; repas 120 000-380 000 d ; 7h-22h ;). Installé dans le Sailing Club, le Sandals promet un repas inoubliable. Il est particulièrement romantique le soir, avec ses tables disposées autour de la piscine, sur le rivage, et son éclairage tamisé. La superbe carte propose de tout, des plateaux de spécialités vietnamiennes aux pâtes. Vin au verre proposé.

Modjo Bar & Restaurant EUROPÉEN $$
(☎091 818 9014 ; modjo-muine.business.site ; 139 Đ Nguyen Dinh Chieu ; repas 100 000-300 000 d ; 11h-23h ;). Cuisine française et suisse dans un cadre raffiné : une bonne table pour un repas gourmand.

LE FRUIT DU DRAGON

En arrivant de nuit dans le district de Mui Ne, vous découvrirez un étrange paysage de champs ponctués de lanternes. Chacune éclaire un curieux buisson tropical, et sert à maintenir la chaleur autour des fruits du dragon (ou *pitayas*). Ces plantes succulentes (de la famille des cactus) originaires d'Amérique latine sont bien adaptées aux conditions arides et au sol sablonneux de cette portion du littoral vietnamien. Elles ne fleurissent que la nuit et la fleur (des pétales blancs autour d'un cœur doré) ne dure qu'un jour.

Le fruit du dragon a la taille d'une grosse mangue. Il en existe 3 variétés : peau rose et chair rouge, peau rose et chair blanche, peau jaune et chair blanche. Certains nutritionnistes le considèrent comme un "superaliment" car il est riche en vitamine C, aide à renforcer le système immunitaire et contient des antioxydants naturels. À Mui Ne, le fruit du dragon entre dans la composition de cocktails.

Le Vietnam est le premier exportateur mondial de ce fruit, avec des recettes atteignant 1 milliard de dollars annuels.

Fondue, raclette, steak cuit à la pierrade, etc. Les produits d'épicerie fine (fromages, salami...) sont importés d'Europe et la viande d'Australie. Cocktails réussis.

Bi Bo PRODUITS DE LA MER **$$**
(191 Đ Nguyen Dinh Chieu St ; repas 80 000-250 000 d ; ⏲10h30-21h45). Sur la rue principale, côté terre, ce restaurant de fruits de mer réputé est invariablement recommandé par les habitants. Choisissez dans les aquariums à l'extérieur ou consultez la carte : calamars sauce satay, vivaneau rouge avec oignon vert, ou langouste grillée au sel et sauce chili.

Villa Aria Mui Ne INTERNATIONAL **$$**
(www.villaariamuine.com ; 60a Đ Nguyen Dinh Chieu ; repas 115 000-280 000 d ; ⏲7h-21h30 ; 📶). Tables sur une terrasse en bois devant le littoral et menu appétissant à base de produits de la mer, salades, soupes et pâtes. Bonne sélection de vins.

Nhu Bao PRODUITS DE LA MER **$$**
(☎0914 531 767 ; 146 Đ Nguyen Dinh Chieu ; repas 70 000-200 000 d ; ⏲9h-21h30). Restaurant vietnamien de fruits de mer sans fioritures. Passez les aquariums pour arriver sur une immense terrasse couverte qui s'étend jusqu'à l'océan. Crabe, calamar, poisson ou crevettes sont tous délicieux.

Bo Ke PRODUITS DE LA MER **$$**
(Đ Nguyen Dinh Chieu ; plats 45 000-190 000 d ; ⏲17h-22h). Régulièrement, la police ferme ces cabanes construites illégalement sur le front de mer (vers le Km 15). Mais elles semblent toujours renaître à temps pour la haute saison, avec mobilier en plastique et néons, et servent poissons et fruits de mer ultrafrais. Vérifiez bien les tarifs avant de manger car la surfacturation n'est pas rare.

Où prendre un verre et faire la fête

Un ensemble de bars et de clubs de plage se trouve sur l'artère, vers le Km 15. On en trouve aussi près du Dong Vui Food Court.

Crown & Anchor PUB
(117c Đ Nguyen Dinh Chieu ; ⏲11h-23h ; 📶). Pub spacieux, tenu par une équipe anglo-suédoise très avenante. Jeu de fléchettes, billard de qualité et cuisine européenne savoureuse. Cour à l'arrière pour se détendre et grands écrans pour regarder les événements sportifs.

Joe's Café BAR
(joescafemuine.com ; 86 Đ Nguyen Dinh Chieu ; ⏲7h-1h ; 📶). Bar convivial avec musique live tous les soirs à 19h30. En journée aussi, il fait bon s'y arrêter, pour ses sièges installés sous un manguier, son billard et sa longue carte de plats. Bières locales et importées, artisanales et à la pression.

Dragon Beach BAR, CLUB
(120-121 Đ Nguyen Dinh Chieu ; ⏲17h-4h). Cette discothèque bénéficie d'un bel emplacement sur le rivage et d'une terrasse avec coussins où se détendre. Sur la piste animée, on passe dance et techno. Personnel réputé pour son manque de professionnalisme.

Achats

Lemongrass House PRODUITS DE BEAUTÉ
(lemongrasshouse.com.vn ; 53 Đ Nguyen Dinh Chieu ; ⏲10h-22h). Excellents produits de beauté naturels, dont des lotions pour le corps, crèmes, gommages, huiles

essentielles et parfums, à partir de 250 000 d.

Jibes VÊTEMENTS DE SURF
(www.jibesbeachclub.com ; 84 Đ Nguyen Dinh Chieu ; ⏲9h30-19h30). Des équipements de bonne qualité pour kitesurfeurs et véliplanchistes, surfeurs et amateurs de paddle. Vêtements originaux.

Renseignements

The Sinh Tourist (☎098 925 8060 ; 144 Đ Nguyen Dinh Chieu ; ⏲7h-22h). Gère des bus "open tour" pour HCMV, Nha Trang, Dalat et Vung Tau. Dispose d'un système de réservation informatisé.

Vietinbank (Đ Nguyen Dinh Chieu). DAB. Vers l'extrémité ouest de l'artère de Mui Ne.

Depuis/vers Mui Ne

BUS

Les bus "open tour" constituent la meilleure option pour gagner Mui Ne, car la plupart des bus publics ne desservent que Phan Thiet. Plusieurs compagnies proposent un service quotidien vers/depuis HCMV (110 000-135 000 d, 6 heures), Nha Trang (115 000 d, 5 heures) et Dalat (à partir de 118 000 d, 4 heures). Les bus de nuit "open tour" avec couchettes sont généralement plus chers.

Phuong Trang (www.futabus.vn ; 97 Đ Nguyen Dinh Chieu), également appelé Futa, propose des bus confortables circulant régulièrement entre Mui Ne et HCMV (140 000 d). Le dépôt de la compagnie est tout de suite à l'ouest de la source des Fées. The Sinh Tourist assure 4 bus par jour sur cet itinéraire et dessert aussi Vung Tau (4 heures, 2/jour).

Des bus locaux fréquents (9 000 d, 45 minutes) relient la gare routière de Phan Thiet à Mui Ne. Ils partent du Coopmart, à l'angle de Đuong Nguyen Tat Thanh et Đuong Tran Hung Dao.

MOTO

Easy Riders (p. 285) est présent à Mui Ne, même s'il n'y a pas autant de motards qu'à Dalat ou Nha Trang. Ces trois destinations forment l'un des meilleurs trajets à faire à moto : les routes de montagne de Mui Ne à Dalat, puis en direction de Nha Trang, sont parmi les plus spectaculaires du Sud.

Une course en *xe om* de Phan Thiet à Mui Ne revient à environ 80 000 d.

TRAIN

La gare ferroviaire la plus proche sur la ligne principale nord-sud est Muong Man, à 29 km à l'ouest de Mui Ne. Elle n'est pas desservie par les transports publics ; un taxi coûte 475 000 d vers/depuis Mui Ne.

VOITURE

Louer une voiture/un monospace pour se rendre à HCMV (5-6 heures) coûte environ 100/130 $US.

Si vous avez un peu plus de temps, vous pourrez louer une voiture pour parcourir la belle route côtière jusqu'à Vung Tau, en vous arrêtant au phare de Ke Ga. Le trajet aller (5-6 heures en roulant tranquillement) coûte environ 110 $US. Des bus et des ferries relient régulièrement Vung Tau et HCMV.

Comment circuler

À Mui Ne, la police locale verbalise les touristes qui circulent à moto dont les papiers ne sont pas en règle. Toutefois, des dizaines de visiteurs continuent de louer des scooters, à partir de 120 000 d par jour.

Les véhicules roulent très vite sur la bande côtière. Soyez prudent.

Les conducteurs de *xe om* demandent 25 000 d environ pour une courte course.

La compagnie **Mai Linh** (☎0252-389 8989) a des taxis fiables avec compteur.

Phan Thiet et ses environs

☎0252 / 194 000 HABITANTS

La ville portuaire animée de Phan Thiet est connue pour son nuoc-mâm (célèbre sauce à base de poisson), dont elle produit des millions de litres par an. Il n'y a pas grand-chose à voir en ville, mais le port de pêche en bordure de rivière, toujours bondé de bateaux colorés, mérite le coup d'œil, et la longue promenade du côté est de la ville est plaisante.

Pour les voyageurs, la ville sert de porte d'accès à Mui Ne, la cité balnéaire voisine.

À voir

Phare de Ke Ga PHARE
(5 000 d ; ⏲7h-16h30). À environ 30 km au sud de Phan Thiet, le spectaculaire phare de Ke Ga date de l'époque coloniale française. Construit en 1899, il se dresse sur un îlot rocheux à quelque 300 m du rivage, surplombant l'océan du haut de ses 40 m. La traversée peut se faire à la nage (ou même à pied) quand la marée est très basse, mais la plupart des visiteurs louent un bateau (environ 100 000 d aller-retour). On ne peut plus monter au sommet du phare. Cependant, depuis l'îlot, la vue sur l'océan et les collines à l'intérieur des terres est toujours belle. Notez que les gardes ont pour habitude de faire payer l'entrée plus cher aux étrangers.

VAUT LE DÉTOUR

LA ROUTE DE PHAN THIET À LONG HAI

Une belle route peu fréquentée longe la côte entre Phan Thiet et Long Hai, dévoilant de magnifiques paysages et l'impressionnant phare de Ke Ga. Quelques projets de développement touristique sont en cours, mais pour l'instant, la majeure partie du littoral présente un fascinant mélange de dunes géantes, de villages de pêcheurs, de plages presque désertes et de panoramas grand angle sur l'océan. La région se prête à une passionnante excursion d'une journée depuis Vung Tau ou Mui Ne.

Les transports publics étant très rares, il faut se déplacer en deux-roues ou en voiture. Les voyageurs avisés empruntent cette route pour échapper à la cauchemardesque RN 1.

Juste au sud de Phan Thiet, la première partie de la route est superbe, avec le rivage ourlé de casuarinas et l'océan côté est, tandis que l'intérieur des terres est dominé par les dunes de sable couleur rouille. Après 30 km environ, sur un îlot au large, se dresse le majestueux phare de Ke Ga.

Au sud de Ke Ga, la route côtière se dirige vers le sud-ouest, longeant des champs de fruits du dragon (la principale culture) ; elle atteint La Gi après 22 km. Cette ville de marché est isolée, mais des bus en partent toutes les heures (35 000 d, 2 heures) à destination de Long Hai et une bonne pension est installée dans les collines derrière la ville.

Au sud-ouest de La Gi, la route côtière continue de serpenter le long du rivage, d'immenses dunes se dressant du côté des terres. Des tronçons de littoral quasi vierges ont été divisés en parcelles : les complexes hôteliers et le tourisme de masse feront bientôt partie du paysage, mais pour l'instant, il reste facile de se garer et de trouver un coin de plage pour une baignade. À environ 7 km au nord de Ho Coc s'étend une section particulièrement belle : n'hésitez pas à explorer la route (encore) déserte qui embrasse la côte sauvage.

Temple Van Thuy Tu TEMPLE

(231 Đ Ngu Ong ; 10 000 d ; 7h-18h). Le culte de la baleine au Vietnam remonterait au début de l'époque cham. Pour les communautés de pêcheurs du sud du pays, ces animaux étaient sacrés, et les protégeaient des tempêtes. Ils leur dédièrent des temples qui jalonnent la côte. Le temple Van Thuy Tu, qui daterait de 1762, mérite la visite pour le squelette de baleine de 19 m de long qu'il abrite, aux côtés d'autres reliques culturelles.

Mont Takou (Ta Cu) MONTAGNE

(entrée et téléphérique 250 000 d). La plupart des gens viennent au mont Takou pour voir le bouddha blanc couché (Tuong Phat Nam), long de 49 m, qui est le plus grand de ce type dans le pays. La pagode, édifiée en 1861, sous la dynastie des Ngûyen, est devenue un important lieu de pèlerinage bouddhiste.

Le mont surplombe la RN 1, à 31 km au sud-ouest de Phan Thiet. De la route nationale, choisissez entre une belle randonnée de 2 heures ou un trajet de 10 minutes à bord du téléphérique (de fabrication autrichienne et relativement moderne) suivi d'une marche courte mais raide, pour rejoindre le sommet.

Où se restaurer

Phan Thiet abrite d'excellents restaurants de fruits de mer, en retrait de la promenade du front de mer.

Nha Hang Chay Vien Chau VÉGÉTARIEN $

(154 Đ Tran Quy Cap ; repas 55 000-125 000 d ; 7h-21h ;). Cette adresse végétarienne du côté ouest de la ville possède plusieurs espaces où manger, dont une salle avec des tables de restaurant et un jardin-terrasse. Menu varié de plats vietnamiens à des prix toujours raisonnables.

Song Bien PRODUITS DE LA MER $$

(162 Đ Le Loi ; plats 60 000-210 000 d ; 9h-20h ;). À l'extrémité ouest de la promenade sur la plage, ce restaurant très populaire sert un large choix de plats de poisson, crevettes et crabe ainsi qu'une remarquable sélection de vodkas. Ferme tôt.

Depuis/vers Phan Thiet

La **gare routière de Phan Thiet** (Đ Tu Van Tu) est située dans les faubourgs nord de la ville. Le bus local n°9 (35 000 d) croise le train arrivant de HCMV et emprunte la grande rue de Mui Ne ; il s'arrête aux hôtels en chemin.

La **gare ferroviaire de Phan Thiet** se trouve sur un embranchement de la ligne principale nord-sud. Sur cette dernière ligne, la gare la plus proche est à 12 km à l'ouest, à Muong Man.

Plage de Ho Coc

☎0254 / 1 680 HABITANTS

Avec son sable doré, ses dunes ondoyantes et son eau transparente, cette plage – qui s'étire sur près de 10 km au nord de Ho Tram – invite à une pause. Ho Coc attire de plus en plus de visiteurs de HCMV, mais, en semaine, elle est paisible.

Où se loger et se restaurer

Huong Phong Ho Coc Beach Resort CAMPING $

(☎0254-387 8145 ; huongphonghococbeachresort.com ; tente 140 000 d/pers, ch à partir de 1 070 000 d ;). Ce grand complexe hôtelier possède un terrain de camping et loue des tentes pour un séjour à moindre prix tout en profitant des équipements, de la plage, des restaurants et de la piscine. Il a aussi des chambres ordinaires mais fonctionnelles.

Hotel Ven Ven HÔTEL $$

(☎0254-379 1121 ; ch 700 000-1 000 000 d ;). Dans un jardin luxuriant, un hôtel de bon goût d'allure espagnole, aux chambres chics et bien équipées, avec TV. Beaucoup ont un balcon ou une terrasse. Restaurant gastronomique (repas à partir de 75 000 d ; essayez les fondues).

Plage de Ho Tram

☎0254 / 1 490 HABITANTS

Autour de Ho Tram, la route côtière se transforme soudain en route nationale à quatre voies pour faciliter l'accès au gigantesque Grand Ho Tram Strip, un vaste complexe comportant un casino prisé des touristes chinois.

Exception faite du casino, Ho Tram est très calme – jusqu'à très récemment, ce n'était qu'un minuscule village de pêcheurs, avec un marché en plein air un peu fouillis et une belle plage, malheureusement jonchée de détritus.

L'amélioration des routes menant à HCMV a permis le développement de cette portion du littoral et plusieurs hébergements y ont été construits.

Où se loger et se restaurer

Vous trouverez de simples pensions près du village de pêcheurs et quelques complexes hôteliers très chics le long du rivage. Il y a aussi plusieurs campings.

Les villageois font griller, frire et cuire à la vapeur des produits de la mer directement sur la plage de Ho Tram. Ne manquez pas les succulentes moules ou palourdes, accompagnées d'une sauce aux cacahuètes, cébette, citron vert et piment ; une portion de 6 coquillages coûte environ 30 000 d.

Hoa Bien Motel HÔTEL $

(☎0254-378 2279 ; ch 360 000-680 000 d ;). À deux pas du rivage dans le village de pêcheurs, des chambres, simples mais bien tenues, dotées d'équipements modernes et de salles de bains. Les moins chères sont exiguës. Les propriétaires, serviables, parlent un peu anglais. Restaurant servant petit-déjeuner et produits de la mer.

The Beach House Resort COMPLEXE HÔTELIER $

(☎0254-378 1678 ; www.beachhousehotram.com ; tente 100 000 d, bungalows à partir de 56 $US ;). Un vaste complexe hôtelier installé sur une étendue de sable tranquille entre les berges du fleuve et la plage. Large choix de chambres et de bungalows, et camping ombragé (tentes fournies).

Tarifs plus élevés le week-end.

River Ray Estates COMPLEXE HÔTELIER, CAMPING $$

(☎0254-378 1460 ; www.riverrayestates.com ; Ben Cat ; ch 49-131 $US, villa à partir de 90 $US, camping 95 000 d/pers ;). Joliment situé à une courte marche de la plage, le River Ray propose diverses cabanes en bois et villas (jusqu'à 8 pers) ainsi qu'un camping (vous devrez apporter votre tente). Le restaurant du complexe sert de bons plats thaïlandais et vietnamiens.

Sanctuary COMPLEXE HÔTELIER $$$

(☎0254-378 1631 ; www.sanctuary.com.vn ; villa à partir de 15 000 000 d ;). Ce complexe abrite de magnifiques villas contemporaines, chacune avec piscine privative, cuisine ouverte et mobilier tendance. Juste en retrait d'une superbe plage de sable. Le café-restaurant est parfait pour un repas sain occidental ou local. Court de tennis éclairé (et golf à 3 km).

Ho Tram BBQ Restaurant BARBECUE $$

(repas 60 000-160 000 d ; 11h-21h). Ce grand établissement animé sert des viandes et des poissons grillés délicieux. À accompagner d'une bière fraîche Saigon ou 333. Dans les terres, à 2 km du village de Ho Tram.

Depuis/vers la plage de Ho Tram

Aucun transport public régulier ne dessert cette partie de la côte. Des bus locaux lents et très irréguliers circulent entre Vung Tau et Ba Ria. Toutefois, la région se prête parfaitement à l'exploration à deux-roues ; les hôtels et pensions louent des scooters.

Vung Tau

0254 / 222 000 HABITANTS

Escapade appréciée des habitants de HCMV, Vung Tau est particulièrement animée le week-end, quand les expatriés et les citadins avides de plage arrivent en masse, mais un calme relatif y règne pendant la semaine. La cité jouit d'un emplacement spectaculaire sur une péninsule, avec l'océan sur trois côtés, et la lumière et l'air marin y sont bienvenus après la chaleur suffocante de HCMV. Vung Tau est une ville remarquablement policée, avec de larges boulevards et d'imposants bâtiments de l'époque coloniale, mais on y trouve aussi des bars un peu délabrés, convenant aux goûts (et aux portefeuilles) des travailleurs du secteur pétrolier, des militaires australiens à la retraite et des expatriés russes. La ville est peu fréquentée par les voyageurs. Toutefois, c'est un bon endroit pour commencer (ou terminer) un voyage sur la côte vers Mui Ne et au-delà.

À voir

The Robert Taylor Museum of Worldwide Arms MUSÉE

(musée des Armes du monde Robert Taylor ; 0254-381 8369 ; baotangroberttaylor.com ; 98 Đ Tran Hung Dao ; 100 000 d ; 8h-18h). Remarquable collection privée d'armes, d'uniformes et d'objets militaires du monde entier, présentés avec une superbe attention aux détails. Une section est consacrée à la guerre du Vietnam, une autre à l'époque coloniale française ; vous y verrez aussi des pièces chinoises, européennes et même zouloues. Robert Taylor, qui a passé plus de 50 ans à assembler cette collection, est souvent là pour apporter des explications. Excellentes descriptions en anglais.

Christ géant MONUMENT

(Tuong Dai Chua Kito Vua ; Parking 2000 d ; 7h15-11h30 et 13h30-17h). GRATUIT Au sommet de la Petite Montagne (Nui Nho), un Christ géant, les bras grands ouverts, bénit la mer de Chine méridionale. Cette statue du Christ est l'une des plus grandes du monde : haute de 32 m, elle dépasse le célèbre Christ de Rio de Janeiro. On peut monter jusqu'aux bras pour une vue panoramique sur Vung Tau. Notez que débardeurs et shorts sont interdits à l'intérieur.

Canons français SITE MILITAIRE

GRATUIT Ces six imposants canons, et leurs tranchées défensives, témoignent de l'importance stratégique que revêtait le cap Saint-Jacques pour les autorités coloniales (il surveillait l'accès à Saigon). Pour les rejoindre, prenez Đuong Tran Phu, derrière la plage des Mûriers, et cherchez Hem 444 dans le village de pêcheurs, à environ 6 km de Vung Tau. Puis prenez à droite un étroit sentier accessible à moto ou à pied.

Villa Blanche MUSÉE

(Bach Dinh ; Đ Tran Phu ; 15 000 d ; 7h-16h30). Paul Doumer, alors gouverneur général de l'Indochine (avant de devenir président de la République française), avait l'habitude de passer ses week-ends dans cette somptueuse demeure coloniale dotée de vastes jardins plantés de frangipaniers. L'intérieur est étonnamment vide (hormis quelques meubles étranges et des poteries Ming provenant de bateaux naufragés au large). La résidence se dresse à 30 m de la route, au bout d'une petite rue sinueuse.

Activités

Vung Tau n'est pas un important centre de sports nautiques, mais certains résidents pratiquent le surf et le kitesurf lorsque la météo le permet.

Surf Station SURF, PLANCHE À VOILE

(0163 290 0040, 0254-526 101 ; 8h-18h). Basé au **Vung Tau Beach Club** (www.facebook.com/vungtaubeachclub ; 8 Đ Thuy Van ; 9h-tard ;), Surf Station loue des planches et propose des cours de kitesurf et de surf. Équipement en bon état et moniteurs professionnels.

Circuits organisés

Tommy's CIRCUITS HISTORIQUES

(0254-351 5181 ; www.tommysvietnam.com ; 3 Đ Le Ngoc Han ; circuit d'une journée 125 $US). Tommy's organise des circuits très instructifs sur les sites militaires autour de Vung Tau. Sont inclus : les tunnels de Long Phuoc, la croix de Long Tan et des sites de batailles clés. Circuits d'une journée ou d'une demi-journée.

Vung Tau

Vung Tau

Les incontournables
1 The Robert Taylor Museum of Worldwide Arms B1

À voir
2 Giant Jesus C4
3 White Villa A1

Activités
4 Surf Station D2
5 Tommy's A1

Où se loger
6 Gecko Hostel C2
7 Lucy's Hotel A2
8 Sakura Hotel C3
9 Vung Tau Riva Hotel C4

Où se restaurer
10 Bistrot 9 .... A1
11 Ferry Cafe A3
12 Ganh Hao 2 .... A3
13 Marché de la mer D2
14 Sushi Tokyo C1

Où prendre un verre et faire la fête
Lucy's Sports Bar .... (voir 7)
Vung Tau Beach Club .... (voir 4)

Renseignements
15 International SOS A1

Transports
Embarcadère de Cau Da .... (voir 12)
Greenlines .... (voir 12)

Pioneer Travel CIRCUITS (carte p. 358 ; ☎ 093 777 5838 ; www.pioneertravel.com.vn ; 171 Đ Pham Ngu Lao, HCMV ; à partir de 90 $US ; ⌚7h-19h). Les guides de ce prestataire basé à HCMV encadrent de sympathiques excursions à la journée au départ de Vung Tau et vers les sites de batailles du secteur (croix de Long Tan, tunnels de Long Phuoc, Nui Dat).

Où se loger

La plupart des voyageurs préfèrent séjourner sur la "plage de devant" (Bai Truoc) qui accueille les restaurants et les bars ; à l'inverse, les Vietnamiens ont tendance à loger sur la "plage de derrière" (Bai Sau).

Les touristes locaux affluant à Vung Tau pendant les week-ends et jours fériés, pensez à réserver.

Gecko Hostel AUBERGE DE JEUNESSE $

(098 897 8785 ; www.facebook.com/Geckohostelvn ; 75 Đ Tran Dong ; dort 5 $US, ch 16-20 $US ;). Cette auberge de jeunesse conviviale attire les jeunes, vietnamiens comme étrangers, qui se retrouvent le week-end pour préparer des pizzas en sirotant des bières. Le personnel vous indiquera les sites de Vung Tau et vous fournira une carte pratique. Petit-déjeuner à 20 000 d seulement.

Sakura Hotel HÔTEL $

(0254-357 0465 ; thachhoapa@yahoo.com.vn ; Phan Huy Chu ; ch semaine/week-end à partir de 300 000/400 000 d, app 440 000/800 000 d ;). Hôtel très apprécié pour son propriétaire serviable, qui parle bien anglais et conseille les voyageurs sur les transports. Location de scooters et de vélos. Chambres bien meublées, en état convenable, et spacieux appartements avec kitchenette.

Vung Tau Riva Hotel HÔTEL $$

(0254-361 2556 ; www.vungtaurivahotel.com ; 3 Đ Thuy Van ; ch 44-76 $US ;). Construit en 2019, cet hôtel jouit d'un emplacement de choix devant la «plage de derrière». Les chambres sont modernes, et beaucoup bénéficient d'une vue splendide sur la mer depuis leur balcon. Deux Jacuzzis à disposition.

Lucy's Hotel HÔTEL $$

(0254-385 8896 ; 138 Đ Ha Long ; ch 35-40 $US, app 60 $US ;). Des chambres bien équipées avec grand écran plat, salle de bains moderne et un balcon donnant sur la baie. Bar au rez-de-chaussée.

Où se restaurer

La portion de littoral au nord-ouest du centre abrite de très bons restaurants de produits de la mer. Les tables de Vung Tau pratiquent des tarifs plus élevés que beaucoup d'autres villes au Vietnam. Si vous souhaitez faire des économies, rendez-vous au marché aux poissons.

Marché de la mer PRODUITS DE LA MER $

(Cho Dem Hai San ; Đ Thang Tam ; repas 45 000-180 000 d ; 17h-23h). Un marché ouvert le soir, derrière l'emblématique Imperial Hotel sur la plage de derrière. Vous pouvez choisir poisson, crabe ou coquillages qui seront accommodés devant vous. Noir de monde le week-end.

Ferry Cafe VIETNAMIEN $

(terminal des ferries, Đ Ha Long ; plats 38 000-90 000 d ; 7h-21h). Étonnamment

LES SITES MILITAIRES DES ENVIRONS DE VUNG TAU

À 5 km de Long Hai, les **grottes de Minh Dam** gardent le souvenir des guerres contre les Français puis contre les Américains. Ce ne sont souvent que des anfractuosités entre les rochers amoncelés au pied de la falaise, où les soldats vietnamiens se réfugièrent entre 1948 et 1975 ; des impacts de balles témoignent des combats. Des marches creusées dans la paroi mènent aux grottes. Au sommet, vous découvrirez une vue spectaculaire sur les plaines côtières. Non loin, un **temple** en haut d'une montagne offre un point de vue encore plus époustouflant sur la côte.

À Long Tan, une **croix-mémorial** commémore une bataille particulièrement sanglante entre les troupes australiennes et les combattants viêt-cong le 18 août 1966. Érigée à l'origine par des survivants australiens, la croix est une réplique installée par les Vietnamiens en 2002. Elle se situe à 18 km de la ville de Ba Ria et à 55 km de Vung Tau, près de la ville de Nui Dat. Les permis pour visiter le mémorial ne sont plus nécessaires, et vous pourrez combiner la visite avec les **tunnels de Lon Phuoc**. Peu connu, ce réseau souterrain est une version très réduite des plus célèbres tunnels de Cu Chi.

Tommy's (p. 294) organise de bons circuits dans les principaux sites pour les vétérans de la guerre. Sinon, un chauffeur de *xe om* peut vous conduire à ces sites moyennant 75 $US environ pour un circuit d'une journée.

situé dans le bâtiment du terminal des ferries, cet restaurant animé ouvert sur les côtés et caressé par la brise marine sert nouilles et plats de viande savoureux. Goûtez le steak à la poêle.

Bistrot 9 FRANÇAIS $$
(bistroninevungtau.com ; 9 Đ Truong Vinh Ky ; en-cas/repas à partir de 50 000/100 000 d ; 6h-22h ;). Un bistrot-traiteur français chic et décontracté avec une terrasse sur le trottoir. Meilleure adresse à Vung Tau pour un petit-déjeuner occidental ou un brunch (goûtez les crèpes ou les œufs Bénédicte). Plus tard dans la journée, des classiques comme le coq au vin (225 000 d) sont servis. Pain cuit sur place quotidiennement.

Sushi Tokyo JAPONAIS $$
(sushitokyo.vn ; 201 Đ Thong Nhat ; repas 75 000-200 000 d ; 10h-14h et 17h-22h). Ce restaurant japonais intimiste, relativement bon marché, propose un bon menu de sushis (grosse assiette de makis à 298 000 d). Tempura, teriyaki, ramens et udons corrects également.

Ganh Hao PRODUITS DE LA MER $$$
(0254-355 0909 ; 3 Đ Tran Phu ; repas 140 000-450 000 d ; 11h-21h30 ;). Ce merveilleux restaurant de fruits de mer doté de tables près de l'océan jouit d'un cadre parfait. Ne vous laissez pas rebuter par sa taille (immense, il accueille des centaines de clients) car le service est efficace et l'attente réduite. Crabes (parfaits avec sauce au poivre), palourdes, calamars, crevettes, poissons mijotés et fondues de la mer sont tous délicieux.

Il y a une autre **adresse** (0254-357 7777 ; terminal des ferries ; repas à partir de 220 000 d ; 10h-22h) au terminal des ferries, mais nous préférons le cadre et l'ambiance de l'établissement d'origine.

Où prendre un verre et faire la fête

La vie nocturne de Vung Tau comprend des bars à hôtesses et des pubs pour expatriés.

Lucy's Sports Bar BAR SPORTIF
(138 Đ Ha Long ; 7h-minuit ;). Billard animé, belle terrasse face à la mer, ambiance conviviale... Le Lucy's est tout indiqué pour un verre à votre arrivée en ferry. Il diffuse tous les sports du monde anglo-saxon. Loue de bonnes chambres à l'étage

Renseignements

International SOS (0254-385 8776 ; www.internationalsos.com ; 1 Đ Le Ngoc Han ; 24h/24). Une clinique réputée offrant des services médicaux aux standards internationaux, à des prix élevés.

Vietcombank (27-29 Đ Tran Hung Dao ; 7h30-15h30). Change les dollars et délivre des avances sur les cartes bancaires.

Depuis/vers Vung Tau

BATEAU

Notez que les horaires des bateaux sont susceptibles de changer en fonction des conditions climatiques.

L'hydrofoil est un moyen de transport agréable entre HCMV et Vung Tau (200 000-250 000 d, 1 heure 30). **Greenlines** (098 690 8907 ; www.greenlines-dp.com ; adulte/enfant 250 000/120 000 d) assure 4 à 6 liaisons quotidiennes. Réservez pour un trajet le week-end. À Vung Tau, les bateaux partent de l'**embarcadère de Cau Da**.

Des ferries relient l'île Con Son à Vung Tau un jour sur trois. Les bateaux ne partent pas quand la mer est agitée (les conditions à bord sont assez difficiles). Les ferries quittent à 17h le port de Vung Tau, situé à environ 15 km à l'ouest de la ville. Le trajet dure 12 heures.

BUS

Les bus Futa Phuong Trang (115 000 d, 3 heures, 16/jour) relient HCMV à Vung Tau et partent du terminal de Mien Tay. Entre 5h et 19h, des minibus à destination de Vung Tau (90 000 d, 1 heure 30) quittent aussi fréquemment de la gare routière de Mien Dong, à HCMV. Des navettes de plusieurs compagnies effectuent régulièrement la liaison entre l'aéroport de HCMV et Vung Tau (160 000 d, 2 heures 30).

Hauts plateaux du Sud-Ouest

Dans ce chapitre ➡

Le top des restaurants

- Le Rabelais (p. 311)
- Restaurant Ichi (p. 310)
- Trong Dong (p. 309)
- Tau Cao Wonton Noodles (p. 309)
- Thanh Tram (p. 316)

Le top des hébergements

- Ana Mandara Villas Dalat (p. 309)
- Villa Doc May (p. 308)
- Forest Floor Lodge (p. 302)
- Hnam Chang Ngeh (p. 323)
- Mooka's Home (p. 308)

Pourquoi y aller

Rares sont les régions du Vietnam capables de stimuler autant l'imagination des adeptes d'aventure que les hauts plateaux du Sud-Ouest. La route nationale Hô Chi Minh serpente parmi des plantations de café, des montagnes hérissées de pins, d'immenses lacs couverts de roseaux et des villages où vivent des ethnies montagnardes.

La jungle, protégée, héberge gibbons chanteurs, loris nains, éléphants sauvages et d'innombrables oiseaux. Les montagnes, les forêts, les chutes d'eau et les rivières servent également de terrain de jeu aux plus sportifs. Quant à l'ancienne station d'altitude de Dalat, elle séduit avec son climat frais, les résidences du dernier empereur du Vietnam et de sa famille, et ses bars où sortir le soir.

Les habitants des hauts plateaux forment un beau mélange de cultures. Avec de la chance, vous pourrez dormir dans une *rong* bahnar (haute maison au toit de chaume, sur pilotis) ou observer les Jarai "nourrir" les tombes de leurs défunts.

Quand partir

Dalat

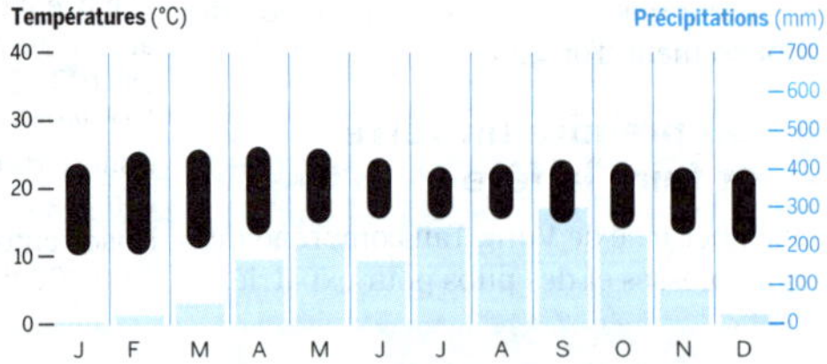

Mars Pour la fête du Café, qui a lieu un an sur deux à Buon Ma Thuot.

Oct L'automne est idéal pour explorer la région de Dalat et y pratiquer des sports extrêmes.

Déc Profitez d'un temps plus frais pour parcourir le parc national de Cat Tien à l'affût des gibbons.

À ne pas manquer

1 Randonnée, vélo, canyoning ou rafting autour de **Dalat** (p. 302) pour faire le plein de sensations fortes.

2 Une équipée à moto sur la sinueuse **route nationale Hô Chi Minh** (p. 311).

3 La découverte du mode de vie des ethnies bahnar, sedang et jarai, à **Kon Tum** (p. 320).

4 La jungle du **parc national de Cat Tien** (p. 300), à explorer à l'aube pour voir et entendre les gibbons, ou le soir pour observer les crocodiles.

5 Une randonnée ou une balade en bateau jusqu'aux villages des ethnies vivant autour du **lac Lak** (p. 313), plus grand lac des hauts plateaux.

6 Le spectacle grandiose des **chutes de Dambri** (p. 303), ruban d'eaux écumeuses de 90 m de haut qui dévale de la falaise.

7 L'observation des oiseaux et la baignade des éléphants lors d'une randonnée dans la jungle du **parc national de Yok Don** (p. 317).

Parc national de Cat Tien

0251 / ALTITUDE 700 M

Le magnifique parc de **Cat Tien** (Vuon Quoc Gia Cat Tien ; carte p. 370 ; 0251-366 9228 ; www.namcattien.vn ; adulte/enfant 60 000/10 000 d, avec ferry ; 7h-22h), qui englobe 72 000 ha de forêt tropicale de basse altitude à l'extraordinaire biodiversité, est l'un des trésors naturels du Vietnam. Cette jungle véritable compte parmi les meilleurs sites de randonnée, de VTT et d'observation d'oiseaux du sud du pays. Évitez d'y aller le week-end ou les jours fériés, lorsque les touristes vietnamiens y affluent.

La faune comprend une centaine d'espèces de mammifères, dont l'éléphant, le léopard, le gaur (un bovidé semblable au bison) et des primates, tels le gibbon, le loris pygmée et le semnopithèque. On y recense aussi 79 espèces de reptiles (dont de nombreux serpents), 41 espèces d'amphibiens et une multitude d'araignées et d'insectes, dont quelque 400 espèces de papillons. Parmi les 350 espèces d'oiseaux et plus figurent la torquéole de David et le faisan prélat.

Les grands animaux, comme l'éléphant et le léopard, préfèrent se tenir à l'écart : vous verrez donc surtout des primates, des oiseaux et des reptiles.

La saison sèche s'étend de novembre à avril. Durant la saison des pluies, de mai à octobre, soyez prêt à affronter les sangsues.

À voir et à faire

Le parc national s'explore à pied, à VTT, en 4x4 et en bateau, sur la rivière Dong Nai. Cela vaut la peine d'appeler pour réserver un guide et les excursions les plus prisées.

Le parc compte plusieurs sentiers de randonnée bien établis, de 2 à 26 km. Certains sont plats et asphaltés, d'autres sont plus éprouvants et boueux, et exigent de traverser des ruisseaux à gué.

Un guide pour la demi-journée/journée de randonnée ou d'observation d'oiseaux coûte 400 000/800 000 d, quelle que soit la taille du groupe. Emportez beaucoup d'eau et de répulsif. Les guides fournissent des "chaussettes anti-sangsues".

Des hôtels comme le Green Bamboo Lodge (p. 301) proposent des excursions en bateau à l'aube ou au crépuscule (250 000 d/pers).

Centre de réhabilitation pour les grands singes de Dao Tien — RÉSERVE NATURELLE

(carte p. 370 ; www.go-east.org ; parc national de Cat Tien ; adulte/enfant trajet en bateau compris 300 000/100 000 d ; visite à 8h30 et 14h). Ce remarquable centre de réhabilitation, réputé internationalement, se trouve sur une île de la rivière Dong Nai appelée Dao Tien. Il héberge des gibbons à joues jaunes, des loris nains (tous deux endémiques du Vietnam et du Cambodge), des doucs à pattes noires et des semnopithèques à coiffe, arrachés au trafic d'animaux. L'objectif à terme étant de les remettre en liberté, ils vivent dans un environnement semi-sauvage d'où jaillissent les incroyables cris d'appel des gibbons.

Des centaines de jeunes arbres fruitiers ont été plantés sur l'île pour servir de garde-manger aux primates et leur apprendre à se déplacer dans la canopée.

Actuellement, le principal objectif du centre est de préserver les loris nains de l'extinction. Beaucoup d'entre eux ne seront malheureusement jamais relâchés, car les chasseurs leur ont arraché les dents venimeuses sans lesquelles ils ne peuvent survivre dans la nature. Le site Internet du Dao Tien permet d'"adopter" un primate.

L'île compte de nombreux autres animaux, que vous aurez peut-être la chance de voir.

Le centre accueille 30 visiteurs par jour maximum. Renseignez-vous en ligne.

Marécage des crocodiles — MARÉCAGE

(Bau Sau ; carte p. 370 ; parc national de Cat Tien ; 140 000 d). Malgré – ou grâce à – ses 200 crocodiles, ce "marécage" est l'un des lieux les plus populaires du parc. Pour s'y rendre depuis les bureaux du parc, il faut parcourir 9 km en voiture ou à vélo, puis marcher 5 km (environ 3 heures aller-retour). Un véhicule vous emmène au point de départ de la randonnée pour 250 000 d (le retour coûte autant). L'ensemble du trajet entre les bureaux du parc et le marécage peut aussi se faire à pied avec un guide, à travers une jungle sillonnée de ruisseaux.

Au lac, on peut louer des kayaks (150 000 d/heure), mais attention de ne pas déranger les crocodiles, qui restent des animaux sauvages ; vous pagayez à vos risques et périls. Pour avoir les meilleures chances de voir des crocodiles (rarement visibles dans la chaleur du jour), réservez auprès des gardes forestiers une nuit

À NE PAS MANQUER

TREK D'OBSERVATION DES GIBBONS SAUVAGES

Des gibbons à joues jaunes ont été réintroduits à Cat Tien, et ce **trek** (carte p. 370 ; www.go-east.org ; parc national de Cat Tien ; 1 050 000 d/pers, 4 pers maximum) de 4 heures, proposé chaque jour par les bureaux du parc, offre une rare possibilité d'immersion dans la vie de ces primates charismatiques. Vous partirez à 4h30 du matin pour rejoindre les singes à temps pour leur chœur de l'aube et vous aurez la chance de voir deux familles séparées vaquer à leurs occupations quotidiennes.

Les gibbons à joues jaunes, très territoriaux et aux femelles dominantes, vivent en groupes familiaux nucléaires, les petits pouvant rester auprès de leur mère jusqu'à huit ans. Comme la plupart des autres espèces menacées du Vietnam, ils sont chassés pour être vendus sur le marché illégal des animaux de compagnie – les petits sont enlevés et leurs parents abattus – et pour de douteux remèdes de médecine traditionnelle.

Le trek est assez facile, mais ne convient pas aux moins de 12 ans. Le circuit comprend une visite guidée du Centre de réhabilitation pour les grands singes de Dao Tien (p. 300), généralement à 8h30, juste après le trek. Si vous séjournez en dehors du parc, vous devrez payer 50 000 d en plus pour la traversée en ferry matinale.

Le Wild Gibbon Trek est géré par les autorités du parc, avec le soutien de Go East. Tous les bénéfices sont reversés au parc national et aident les gardes forestiers dans leurs efforts de protection. Réservez bien à l'avance.

dans leur **station au bord du lac** (d/ste 600 000-700 000/1 400 000 d).

Centre de sauvetage et de préservation des espèces RÉSERVE ANIMALIÈRE
(carte p. 370 ; parc national de Cat Tien ; adulte/enfant 150 000/50 000 d ; 7h30-16h). Au sud des bureaux du parc, ce refuge abrite des ours malais et des ours noirs, sauvés des braconniers et/ou des fermes d'extraction de bile, ainsi que quelques autres animaux. Bien que les ours soient lâchés chaque matin dans un vaste espace extérieur, leurs conditions de vie ne sont pas idéales. Des visites d'une heure sont organisées à 8h30, 10h, 13h30 et 15h.

Où se loger et se restaurer

L'offre en matière d'hébergement est suffisamment bonne pour que cela vaille la peine de passer ici deux jours entiers. Le parc national dispose de logements corrects, pratiques pour les excursions matinales ; y séjourner vous évite en outre de repayer l'entrée du parc. Les pensions situées sur la rive est de la rivière, près de l'entrée du parc, sont toutefois meilleures.

Dans le village de Nam Cat Tien, à 10 minutes de marche de l'entrée du parc, quelques restaurants simples servent des plats à base de nouilles ou de riz, mais la plupart des visiteurs mangent dans leur pension.

Green Bamboo Lodge PENSION $
(0972 184 683 ; www.greenhopelodge.com ; Nam Cat Tien ; ch 150 000-350 000 d, maisons sur pilotis 600 000-800 000 d). À 150 m du ferry, sur la rive est, un ensemble de bungalows de bambou et de briques, au toit de chaume, très apprécié. Il y en a une dizaine de versions, toutes de bon rapport qualité/prix, et la plupart donnent sur la rivière. Plus chères, les maisons sur pilotis sont dotées de la clim et de balcons qui surplombent l'eau couleur chocolat. Le personnel à la réception peut organiser circuits et transport pour la suite de votre voyage. Bon restaurant au bord de la rivière.

Green Hope Lodge PENSION $
(carte p. 370 ; 0972 184 683 ; www.greenhope-lodge.com ; Nam Cat Tien ; ch 115 000-500 000 d). Une pension d'un bon rapport qualité/prix, bien organisée et tenue par une famille serviable. Les grandes chambres aux murs de briques et au toit en bois sont aménagées dans un jardin où des pavillons au bord de l'eau attendent les randonneurs fatigués. Les chambres les plus chères occupent une maison en bois sur pilotis, avec clim et balcon commun. Il y a un restaurant et des motos à disposition. À 10 minutes de marche du ferry.

Ta Lai Long House PENSION $
(carte p. 370 ; 0974160827 ; www.talai-adventure.vn ; parc national de Cat Tien ; dort 500 000 d ;).

Ce remarquable lodge de style traditionnel est dirigé par des Occidentaux et des membres des minorités S'Tieng et Ma. L'hébergement se fait en dortoirs dans deux "maisons longues" en bois bien construites. Les lits avec moustiquaire sont bons, les infrastructures modernes et les activités proposées nombreuses, mais ce n'est sans doute pas une adresse pour vous si vous tenez à votre intimité. Fuyez les week-ends de *team building* des écoles. À 12 km au sud-ouest des bureaux du parc. Un tiers des profits est reversé à des œuvres caritatives locales.

Green Cat Tien PENSION **$**
(carte p. 370 ; ☎0251-366 9228 ; cattienvietnam@gmail.com ; parc national de Cat Tien ; ch standard 350 000-400 000 d, ch supérieure 500 000-600 000 d, camping 50 000 d/pers ; ❄📶). Les chambres proposées aux bureaux du parc national sont assez vieillottes, mais spacieuses, avec TV, réfrigérateur et salles de bains correctes. On peut organiser ici des treks avec guide, louer des VTT (30 000 d/heure) et reprendre des forces au décontracté **Yellow Bamboo Restaurant** (carte p. 370 ; repas 60 000-100 000 d ; 🕒7h-21h ; 📶), au bord de la rivière.

♥ **Forest Floor Lodge** LODGE **$$$**
(carte p. 370 ; ☎0251-669 890 ; www.forestfloorlodges.com ; parc national de Cat Tien ; tente ou ch grand luxe 115 € ; ❄📶). Cet écolodge, à 1,5 km au nord des bureaux du parc, est une référence en matière d'hébergement de charme dans les zones protégées du pays. Les confortables tentes safari donnent sur une rivière tumultueuse, et des maisons traditionnelles en bois abritent de jolies chambres spacieuses. Le lodge, qui comprend aussi un restaurant, est situé en face du centre pour primates de Dao Tien, de sorte qu'on entend souvent le matin les gibbons crier sur la rive opposée.

ℹ Renseignements

Guides et circuits se réservent aux bureaux du parc, sur la rive ouest de la rivière. Un ferry traverse régulièrement la Dong Nai, entre 6h30 et 19h. L'entrée au parc (qui comprend les traversées) se règle à la **billetterie** (carte p. 370 ; 🕒6h30-19h) près du ferry.

ℹ Depuis/vers le parc national de Cat Tien

Les bus Dalat-HCMV (toutes les 30 minutes) passent tous par l'embranchement pour le village de Nam Cat Tien (180 000 d, 4 heures) et le parc, à 6 km au sud de la ville de Ma Da Gui sur la RN 20, au Km 142. Le mieux est d'appeler votre pension au préalable pour qu'on vous envoie un chauffeur à moto (150 000/250 000 d). Sinon à l'intersection vous serez à la merci des *xe om* (motos-taxis), qui demandent 200 000 d ou plus pour parcourir les 18 km restants jusqu'au parc.

Des bus locaux plus petits partent du village de Nam Cat Tien pour HCMV (80 000-100 000 d, 4 heures) toutes les heures jusqu'à 15h. Votre pension peut vous réserver des places pour un bus-couchettes à destination de Dalat ou HCMV, mais vous devrez d'abord prendre un taxi jusqu'à l'intersection.

Une voiture privée pour HCMV coûte environ 2 000 000 d.

ℹ Comment circuler

Les pensions louent ou prêtent des vélos. On peut aussi en louer aux bureaux du parc pour 30 000 d par heure ou 100 000/150 000 d la demi-journée/journée. Si vous avez votre propre vélo, vous devrez payer 100 000 d pour le transporter jusqu'au parc en ferry.

Dalat et ses environs

☎0263 / 184 755 HABITANTS / ALTITUDE 1 475 M

Dalat présente une autre facette du Vietnam. Les températures y sont plus printanières que tropicales ; on y voit d'élégantes villas coloniales, et non d'austères bâtiments de style soviétique ; enfin, plutôt que du riz, les champs alentour voient pousser des fraises, des fleurs et du café.

Fuyant la touffeur de Saigon, les Français furent les premiers à s'installer dans cette région où les températures varient entre 15°C et 24°C. Ils y ont laissé leurs résidences de vacances et un petit parfum de lieu de villégiature européen, auquel les Vietnamiens ont ajouté leur propre touche. Dalat est la capitale vietnamienne des lunes de miel, et l'on y vient du pays tout entier.

Pour les étrangers, la douceur du climat incite aux sports de plein air. Canyoning, VTT, rafting et treks dans les collines alentour... nul autre lieu dans le Sud n'est propice à autant d'activités. Les visiteurs étrangers sont nombreux de décembre à mars, tandis que les Vietnamiens viennent pour la plupart entre mai et août pour échapper à la chaleur.

Histoire

Habitée depuis des siècles par des peuples montagnards, “Da Lat” signifie “rivière de la tribu lat” dans leur langue. Le bactériologiste et explorateur franco-suisse Alexandre Yersin fut, en 1893, le premier Européen à parcourir la région. La ville fut fondée en 1912 et attira rapidement les Européens. Durant la période coloniale, ils représentèrent jusqu'à 20% de la population de Dalat, où ils ont laissé d'innombrables villas grandioses, en particulier le long de Tran Hung Dao, dans le sud-est de la ville.

Pendant la guerre du Vietnam, Dalat fut épargnée par un accord tacite entre les diverses parties. Alors que des soldats sud-vietnamiens suivaient une formation dans l'école militaire locale, et que les notables du régime de Saigon se détendaient dans leurs villas, il semble que non loin, les cadres du Viêt-cong en faisaient de même. La ville se rendit sans combattre aux troupes nord-vietnamiennes le 3 avril 1975.

À voir

Dalat

Les sites d'intérêt de Dalat, disséminés à travers la ville, se visitent plus facilement en *xe om*, en taxi ou à moto.

Folle Hang Nga CURIOSITÉ

(☎0263-382 2070 ; 3 Đ Huynh Thuc Khang ; adulte/enfant 60 000/20 000 d ; ⏲8h30-19h). Interprétation débridée du surréalisme, cette demeure privée ne peut se décrire en quelques mots. Imaginez des pièces tout en courbes reliées par d'étroites passerelles s'élevant dans un fouillis de végétation, une débauche de formes ondoyantes, de couleurs vives, des fenêtres en forme de toile d'araignée, le tout semblant quasi organique, telle la rampe d'escalier aux airs de liane. L'ensemble évoque un mélange de Gaudí, de Tolkien et de Disneyland.

Œuvre de sa propriétaire, Mme Dang Viet Nga (connue ici sous le nom de Hang Nga), le bâtiment ne cesse d'évoluer. Formée à Moscou et titulaire d'un doctorat en architecture, Hang Nga a conçu plusieurs autres maisons de Dalat. Obtenir les permis de construire ne semble pas lui poser de problème : elle est la fille de feu Truong Chinh, qui succéda à Hô Chi Minh comme deuxième président du Vietnam, de 1981 à 1988. Un sanctuaire lui est dédié dans le salon du rez-de-chaussée.

Si vous venez en famille, soyez très prudent dans ce dédale de tunnels, de hautes passerelles aux rampes basses et d'échelles précaires, potentiellement dangereux pour les enfants.

Palais d'été de Bao Dai PALAIS

(Dinh 1 ; ☎0263-358 0558 ; Hung Vuong ; adulte/enfant 50 000/20 000 d ; ⏲7h-17h). Bâtie pour un marchand français en 1929, la belle mais étonnamment modeste résidence royale de Bao Dai (1913-1997), dernier empereur du Vietnam, attire les visiteurs avec sa ravissante avenue bordée d'arbres. La demeure a accueilli l'empereur et sa famille jusqu'à leur exil en France en 1954. Elle fut ensuite habitée par le Premier ministre Ngo Dinh Diêm.

VAUT LE DÉTOUR

CHUTES DE DAMBRI

Situées à 130 km au sud de Dalat, sur la route de Bao Loc et de HCMV, les **chutes de Dambri** (www.dambri.com.vn ; adulte/enfant 200 000/120 000 d ; ⏲7h-17h) comptent parmi les plus hautes (90 m), les plus belles et les plus accessibles du Vietnam. Elles méritent le détour, même pendant la saison sèche. Pour une vue spectaculaire depuis le sommet, prenez le téléphérique (plutôt semblable à un ascenseur) ou grimpez le sentier abrupt qui y mène.

Un deuxième sentier jalonné de marches raides descend jusqu'au pied de la cascade pour un point de vue tout aussi beau, et continue jusqu'aux chutes de Dasara, plus petites. Vous pouvez aussi prendre la luge sur rails depuis le centre à l'entrée des chutes. Le complexe environnant comprend un hôtel, une grande roue et des toboggans aquatiques.

Les chutes se situent à 130 km au sud-ouest de Dalat. La route qui y mène bifurque de la RN 20, à 18 km au nord de Bao Loc. Les bus reliant Dalat à HCMV vous déposeront à la bifurcation. De là, vous devrez prendre un *xe om* jusqu'aux chutes. Marchandez ferme, la course coûtant normalement autour de 150 000 d.

Centre de Dalat

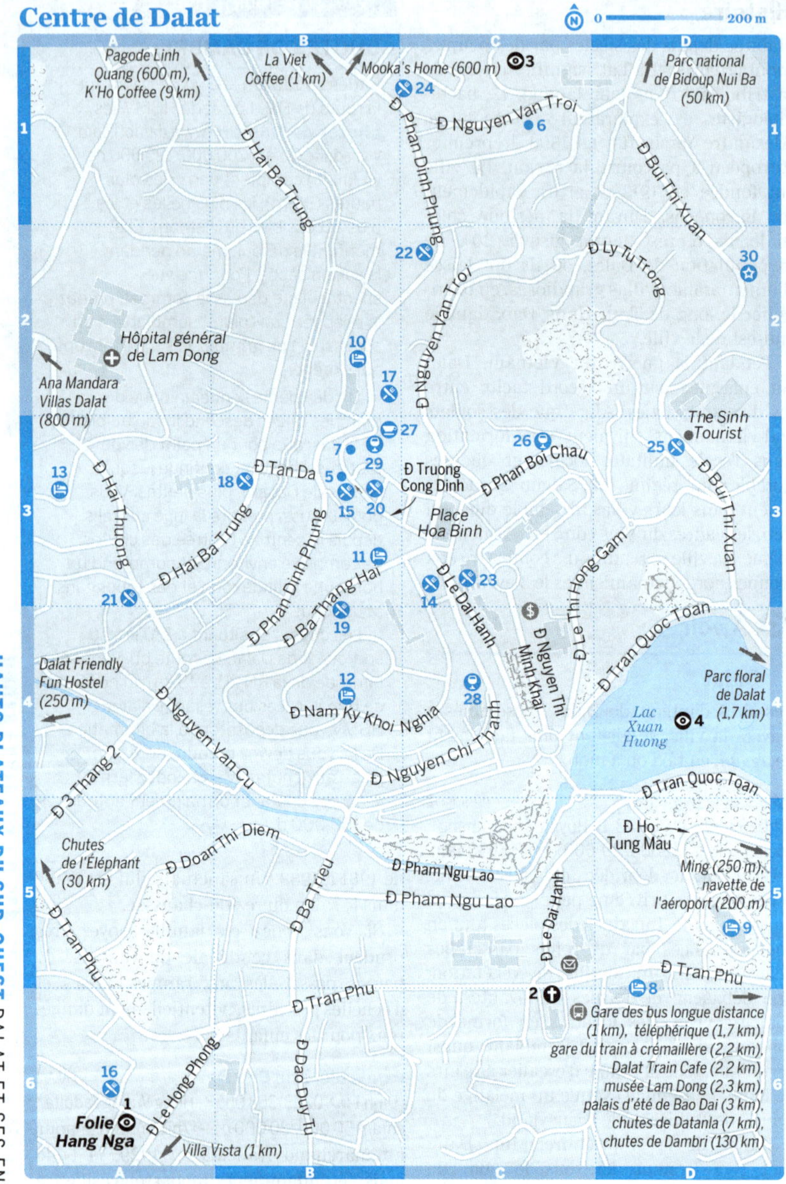

Ne manquez pas les photos du couronnement de l'empereur et la porte secrète – sous l'apparence d'une bibliothèque – qui mène à travers des tunnels jusqu'à un hélicoptère militaire américain de de type Huey. Pour 40 000 d, vous pouvez vous faire photographier à côté d'un portrait en cire de Bao Dai.

Gare du train à crémaillère

ÉDIFICE HISTORIQUE

(Ga Da Lat ; 1 Đ Quang Trung ; ⏲ 6h30-17h). GRATUIT De la superbe gare Art déco de Dalat, neuf trains sont prévus chaque jour pour Trai Mat (aller-retour à partir de 108 000 d, 30 minutes) entre 6h55 et 16h39 ; un

Centre de Dalat

Les incontournables
1 Folie Hang Nga A6

À voir
2 Cathédrale de Dalat C6
3 Pagode Linh Son C1
4 Lac Xuan Huong D4

Activités
5 Groovy Gecko Adventure Tours B3
6 Phat Tire Ventures C1
7 Pine Track Adventures B3

Où se loger
8 Dalat Hotel du Parc D5
9 Dalat Palace D5
10 Dreams Hotel B2
11 Tulip Hotel I B3
12 Villa Doc May B4
13 Villa Pink House A3

Où se restaurer
14 Ganesh Indian Restaurant C3
15 Goc Ha Thanh B3
16 Le Chalet Dalat A6
Le Rabelais .... (voir 9)
17 Nhat Ly B2
18 One More Cafe B3
19 Oz Burger B4
20 Quan Trang B3
21 Restaurant Ichi A3
22 Tau Cao Wonton Noodles C2
23 Thai Corner C3
24 Trong Dong C1
25 V Cafe D3

Où prendre un verre et faire la fête
26 100 Roofs Café C3
27 Bicycle Up Cafe B3
28 District I C4
29 Fog Bar B3

Où sortir
30 Escape Bar D2

minimum de 25 passagers est requis. Le train à crémaillère Dalat-Thap Cham, en service de 1928 à 1964, fut supprimé en raison des attaques viêt-cong. Un train à vapeur japonais est exposé à côté d'une collection de voitures anciennes.

À Trai Mat, on peut visiter la très kitsch pagode Linh Phuoc (page ci-contre), à environ 200 m de la gare.

Musée Lam Dong — MUSÉE

(☎0263-381 2624 ; 4 Đ Hung Vuong ; 15 000 d ; 7h30-11h30 et 13h30-16h30). Ce musée à flanc de colline offre un voyage dans l'histoire de Dalat, ainsi qu'un détour dans son histoire naturelle, avec des animaux particulièrement mal empaillés. La propagande gouvernementale y étant par ailleurs omniprésente, on s'attardera plutôt sur les photos évocatrices des ethnies Ma, K'Ho et Churu, ainsi que sur leurs costumes traditionnels, instruments de musique et autels cérémoniels. Remarquables également, des xylophones en pierre vieux de plus de 3 000 ans.

Pagode Linh Son — ARCHITECTURE

(Chua Linh Son ; 120 Đ Nguyen Van Troi ; lever-coucher du soleil). Construite en 1938, cette pagode aux teintes ocre mêle architectures française et chinoise. Sa gigantesque cloche serait faite d'un alliage de bronze et d'or qui la rendrait trop lourde pour être volée.

Parc floral de Dalat — PARC

(Vuon Hoa Thanh Pho ; ☎0263-382 2151 ; Đ Tran Nhan Tong ; adulte/enfant 50 000/25 000 d ; 7h30-16h). Ces jardins créés en 1966 sont ornés, entre autres, d'hortensias et de fuchsias. Les orchidées sont à l'abri du soleil dans des bâtiments à gauche de l'entrée. Comme dans tout bon parc vietnamien, les jardins ont été généreusement agrémentés d'art topiaire.

Cathédrale de Dalat — ÉGLISE

(Đ Tran Phu ; messes 5h15 et 17h15 lun-ven, 17h15 sam, 5h15, 8h30 et 18h dim). Cette église clinquante fut construite entre 1931 et 1942 pour les habitants et vacanciers français de Dalat. La croix surmontant le clocher est elle-même coiffée d'une girouette placée à 47 m du sol. La cathédrale est rarement ouverte en dehors des messes.

Pagode Linh Quang — TEMPLE BOUDDHIQUE

(Chua Linh Quang ; 133 Đ Hai Ba Trung ; lever-coucher du soleil). La pagode la plus ancienne et la plus colorée de Dalat est précédée d'énormes dragons de béton s'élevant d'un étang et d'un très esthétique tableau extérieur représentant le jeune Bouddha sur une fleur de lotus. Fondée en 1931, la pagode dut être largement restaurée après la guerre du Vietnam.

Lac Xuan Huong — LAC

Créé par un barrage en 1919, ce lac en forme de croissant doit son nom à la poétesse vietnamienne Ho Xuan Huong (1772-1822), réputée pour ses attaques contre l'hypocrisie des conventions sociales. Devenu un lieu emblématique de la ville, il attire les joggeurs autant que les jeunes mariés. Un sentier goudronné de 7 km fait le tour du lac.

Environs de Dalat

Mieux vaut visiter les sites environnants séparément depuis la ville, de préférence avec son propre moyen de transport, car il n'est pas facile de se rendre de l'un à l'autre directement.

Pagode Truc Lam TEMPLE BOUDDHIQUE
(Ho Tuyen Lam ; Truc Lam Yen Tu ; ⌚ lever-coucher du soleil). GRATUIT Ce monastère en activité, perché sur une colline, est entouré de vastes jardins de fleurs et de bonsaïs très appréciés des groupes de touristes. Le moyen le plus agréable pour s'y rendre est le **téléphérique** (aller simple/aller-retour adulte 60 000/80 000 d, enfant 40 000/50 000 d ; ⌚7h30-11h30 et 13h-16h30 lun-ven, 7h30-16h30 sam-dim), qui passe au-dessus de majestueuses forêts de pins (terminus à 3 km au sud du centre, en haut d'une petite route, près de la gare routière longue distance).

La pagode et le plan d'eau sont également accessibles par des embranchements sur la RN 20.

K'Ho Coffee PLANTATION DE CAFÉ
(☎0989 722 184 ; www.khocoffee.com ; village Lat ; ⌚ sur rdv 8h-16h lun-sam). Cette exploitation, dans la famille de Rolan depuis les années 1860, fait partie d'une coopérative de cultivateurs de café K'Ho, qui garantit le versement des bénéfices aux fermiers de cette ethnie. On y fait pousser de l'arabica, dont des variétés africaines rares dans ce pays qui est pourtant le deuxième producteur de café au monde. En appelant Josh et Rolan à l'avance, vous pourrez vous arrêter à la plantation et acheter du café équitable torréfié localement.

Ils proposent aussi de somptueux tissus traditionnels (à partir de 1 200 000 d) réalisés par les femmes de la communauté K'Ho. À dominante bleue, ils sont finement brodés et nécessitent chacun des semaines de travail.

La plantation est à 10 km au nord de Dalat, près de Lat, un ensemble de neuf hameaux habités par des Chill, des Ma et des K'Ho qui mérite une visite.

Chutes de Datanla CHUTES D'EAU
(adulte/enfant 30 000/15 000 d ; ⌚7h-17h). Ces jolies petites chutes étant les plus proches de Dalat, attendez-vous à y croiser beaucoup de monde. On peut descendre vers la cascade à pied ou en luge sur rails (adulte/enfant 80 000/40 000 d). Un nouveau parcours sur rails (aller-retour adulte/enfant 150 000/80 000 d) plus long – plusieurs centaines de mètres – y mène également. Datanla est à 7 km au sud de Dalat. Prenez la RN 20 et tournez à droite 200 m après l'embranchement vers la pagode Truc Lam et le lac Tuyen Lam.

Pagode Linh Phuoc TEMPLE BOUDDHIQUE
(Trai Mat ; ⌚ lever-coucher du soleil). L'ensemble comprend une grande salle de prière, un dragon fait de débris de verre issus de plus de 10 000 bouteilles, une pagode à sept niveaux, un énorme bodhisattva de la Compassion fait de fleurs et un pavillon annexe où se dresse un impressionnant Bodhisattva debout. Le tout est recouvert de tuiles colorées pour un effet des plus kitsch. À défaut d'être beau, le lieu impressionne par son extravagance.

À 10 km à l'est du centre de Dalat, près de Trai Mat, où vous emmène un train pittoresque au départ de l'ancienne gare de Dalat (seul ce tronçon touristique est aujourd'hui effectif).

Parc national de Bidoup Nui Ba PARC NATIONAL
(☎0944 125 715, 0263-374 7449 ; www.bidoupnuiba.gov.vn ; adulte/enfant 40 000/20 000 d). Sur un haut plateau densément boisé de conifères et d'autres espèces persistantes, le Bidoup-Nui Ba comprend aussi des bambouseraies et des prairies entre 650 et 2 288 m d'altitude. Ce parc national peu visité abrite divers primates, des ours noirs et des "grenouilles volantes vampires", des grenouilles arboricoles. Des randonnées sont à faire jusqu'à la cascade Thien Thai (3,5 km), au pic Lang Biang (9 km) et, avec une nuit sous tente, au mont Bidoup. Le parc se situe à 50 km au nord de Dalat. La plupart des visiteurs s'y rendent dans le cadre d'une excursion à moto. Le personnel anglophone se fait plutôt discret.

Chutes de l'Éléphant CHUTES D'EAU
(Thac Voi ; 20 000 d ; ⌚7h30-17h). Ces puissantes chutes doivent leur nom à un gros rocher qui ressemblerait à une tête d'éléphant. On y accède en montant des marches de pierre inégales et très glissantes, aux

rampes intermittentes. On peut se faufiler dans une grotte pour passer derrière les chutes et être aspergé de fines gouttelettes vivifiantes. La cascade se situe près du village de Nam Ban, à 30 km au sud-ouest de Dalat. Prenez le bus pour Nam Ban derrière la place principale de Dalat (20 000 d, 1 heure, toutes les 40 minutes environ entre 6h et 18h).

Circuits organisés

De nombreux prestataires proposent des randonnées à pied ou à VTT, du kayak, du canyoning, des descentes en rappel, ainsi que des circuits vers la côte. Comparez les prix et renseignez-vous sur les équipements et les conditions de sécurité. On peut aussi louer simplement un vélo pour faire le tour du lac. En 2016, trois touristes sont morts en faisant du canyoning à Datanla.

Phat Tire Ventures CIRCUITS AVENTURE
(0263-382 9422 ; www.ptv-vietnam.com ; 109 Đ Nguyen Van Troi ; 8h-19h). Ce tour-opérateur professionnel et expérimenté organise des excursions à VTT (à partir de 40 $US), des treks (à partir de 39 $US), des sorties en kayak (à partir de 39 $US), du canyoning (à partir de 72 $US) et, à la saison des pluies, du rafting (67 $US). Des sorties à vélo de plusieurs jours sont proposées.

Pine Track Adventures CIRCUITS AVENTURE
(0263-383 1916 ; www.pinetrackadventures.com ; 72b Đ Truong Cong Dinh ; 8h-20h30). Cette équipe de professionnels enthousiastes propose canyoning (à partir de 55 $US), rafting (68 $US), treks (35 $US), excursions à VTT (41 $US), et d'excellentes formules multisports. Comptez 650 $US pour un circuit de 6 jours à vélo allant de Dalat à Hoi An.

Dalat Happy Tours GASTRONOMIE
(0336 546 450 ; www.dalathappytours.com ; circuit cuisine de rue 22 $US/pers). Après tant d'efforts physiques autour de Dalat, reprenez des forces lors de cet amusant circuit nocturne avec le chaleureux Lao et ses guides. Rendez-vous au cinéma Hoa Binh, dans le centre, pour aller goûter *banh xeo* (crêpes garnies), fondue de queue de bœuf, délicieuses brochettes grillées, "pizza de Dalat", curry de lapin, alcool de riz, etc. Prix du repas compris.

LES PEUPLES DES MONTAGNES

Les tensions entre les montagnards et la population vietnamienne remontent à plusieurs siècles, quand l'expansion vietnamienne a repoussé ces ethnies minoritaires vers les hauts plateaux du Sud-Ouest. Alors que les autorités coloniales françaises considéraient les montagnards comme une population distincte, le gouvernement du Sud-Vietnam tenta plus tard de les assimiler en supprimant les écoles et les tribunaux traditionnels, en interdisant les maisons sur pilotis et en s'appropriant leurs terres.

En réaction, les montagnards formèrent des mouvements de guérilla nationalistes, dont le Front unifié pour la libération des races opprimées (FULRO). Courtisés dans les années 1960 par les États-Unis pour participer à la lutte contre le Nord-Vietnam, ils furent entraînés par la CIA et les forces spéciales américaines.

Ils payèrent chèrement cet engagement après la guerre. Le régime communiste envoya plus de Vietnamiens dans les hauts plateaux, interdit l'enseignement en langues indigènes et limita la liberté de religion (nombre de montagnards appartiennent à des églises non autorisées). De nombreuses ethnies montagnardes furent déplacées dans des villages modernes, en partie pour décourager la culture sur brûlis, mais aussi pour accélérer l'assimilation.

En 2001 et en 2004, des mouvements de protestation furent rapidement – et brutalement – réprimés par le gouvernement, notamment dans les provinces de Gia Lai et de Dak Lak (Pleiku et Buon Ma Thuot). Des groupes de défense des droits humains ont recensé plus de victimes que celles officiellement reconnues par les autorités, et des milliers de montagnards ont fui au Cambodge et aux États-Unis. Quand on interroge des Vietnamiens au sujet de ces événements, ils évoquent habituellement la thèse officielle du complot fomenté à l'étranger. Les organismes travaillant avec ces ethnies, en revanche, vous expliqueront qu'elles font toujours l'objet de surveillance, de harcèlement ou de persécutions religieuses de la part de l'État. La question de la propriété des terres est notamment source de tensions.

Groovy Gecko Adventure Tours CIRCUITS AVENTURE
(0263-383 6521 ; www.groovygeckotours.net ; 65 Đ Truong Cong Dinh ; 7h30-20h30). Cette agence établie de longue date propose une expérience de canyoning unique à Dalat, car elle inclut la descente en rappel d'une cascade isolée de 65 m de haut (72 $US) à Dasar. Également : VTT (à partir de 35 $US), randonnées à la journée (à partir de 28 $US), et journée de vélo pour descendre jusqu'à Nha Trang ou à la plus calme Mui Ne (75 $US).

Fêtes et festivals

Floralies de Dalat CULTURE
(déc-jan). Une année sur deux (parfois tous les ans), entre fin décembre et début janvier, ces Floralies mettent à l'honneur l'abondante flore dont s'enorgueillit la région de Dalat. Divers lieux, dont le Parc floral (p. 305) et le lac Xuan Huong (p. 305), accueillent des manifestations avec de magnifiques et impressionnants arrangement floraux, bien sûr, mais également des défilés de mode et des expositions d'art.

Le festival attire les touristes vietnamiens en nombre, et les hôtels affichent souvent complet.

Où se loger

Dalat compte de plus en plus d'hébergements, convenant à tous les budgets. En raison du climat tempéré, la climatisation n'est pas vraiment nécessaire.

Villa Doc May PENSION $
(0363 978 225, 0263-382 5754 ; villadocmay-dalat@gmail.com ; 16/3 Đ Nam Ky Khoi Nghia ; ch 450 000-850 000 d ;). Une adresse qui tient plus de l'hébergement chez l'habitant que de la pension, avec seulement 4 chambres confortables, toutes décorées différemment (celles moins chères du rez-de-chaussée n'ont pas de fenêtre mais restent plaisantes), ainsi que d'agréables espaces communs et un café à chicha de style oriental à l'étage. Yom, le propriétaire, peut vous suggérer des restaurants et vous aider à louer un scooter. En haut d'une ruelle escarpée, sur la gauche.

Quelques portes plus loin, un hôtel propose des chambres plus lumineuses et plus spacieuses avec balcon (d 350 000-450 000 d), mais l'ambiance est moins familiale.

Mooka's Home AUBERGE DE JEUNESSE $
(0932 579 752 ; mookahome@gmail.com ; 2 Co Loa ; dort 105 000 d, ch 290 000-400 000 d ; @). Une auberge prisée, avec de grands dortoirs lumineux et dotés de salles de bains étincelantes. Cinq chambres spacieuses sont aussi disponibles. Des barbecues ou des dîners de groupe (120 000 d) ont lieu sur le toit-terrasse tous les deux jours et une bière est offerte à tout le monde le soir. Il y a aussi un espace commun au rez-de-chaussée. Le sympathique personnel peut s'occuper de la réservation de circuits et de billets de bus, de la location de motos et de la lessive.

Dalat Friendly Fun AUBERGE DE JEUNESSE $
(0973 393 891 ; dalatfriendlyfun@gmail.com ; 18 Mac Dinh Chi ; dort avec petit-déj 5 $US ;). Dans cet établissement accueillant, le personnel serviable organise des dîners communs (3 $US), et saura vous conseiller sur les agences à contacter pour vos excursions. Les dortoirs sont immenses et lumineux, avec chacun une salle de bains et des lits isolés par des rideaux.

Villa Pink House HÔTEL $
(0263-381 5667 ; www.facebook.com/villapinkhousedalat ; 7/8 Đ Hai Thuong ; ch standard/Deluxe 450 000/500 000 d ; @). Un hôtel familial bien géré, au calme dans une ruelle en face de l'hôpital de Dalat. Les chambres, avec balcon, sont confortables ; certaines ont une belle vue. L'affable M. Rot, aux commandes, peut organiser des excursions à la journée dans la campagne autour de Dalat.

Dreams Hotel HÔTEL $$
(0263-383 3748 ; www.dreamshoteldalat.vn ; 138-140 Đ Phan Dinh Phung ; ch avec petit-déj 30-35 $US ;). Cette enseigne fiable gère plusieurs hôtels en ville. Chambres avec matelas de qualité supérieure, salles de bains correctes et, pour certaines, un balcon. Aussi Jacuzzi gratuit, hammam et sauna de 16h à 19h. Seul point noir : l'emplacement, dans une rue très fréquentée, mais le double vitrage est efficace. Appartements également proposés pour les longs séjours.

Tulip Hotel I HÔTEL $$
(0263-351 0995 ; www.tuliphotelgroup.com ; 26-28 Ba Thang Hai ; d 430 000-980 000 d ;). Un bon hébergement de milieu de gamme, très central. Toutes les chambres sont bien tenues et pourvues de lits confortables. Les meilleures sont claires et

spacieuses ; les moins chères sont petites et manquent de lumière naturelle. La rue étant bruyante, oubliez le balcon et demandez une chambre à l'arrière.

Ana Mandara Villas Dalat BOUTIQUE-HÔTEL $$$
(0263-355 5888 ; www.anavillasdalat.com ; Đ Le Lai ; ch 2 000 000-3 000 000 d ;). Sept villas coloniales françaises soigneusement restaurées, réparties sur un beau domaine isolé, dans la paisible banlieue ouest. Leur mobilier d'époque peut paraître un brin austère de nos jours, mais la plupart ont une cheminée décorative dans le salon, et toutes offrent une superbe vue. Il est possible d'y prendre ses repas. Le spa, la piscine et le restaurant sont excellents.

Villa Vista BOUTIQUE-HÔTEL $$$
(0263-351 2468 ; www.facebook.com/villavistadalat ; 40 Ngo Thi Sy, Phuong 4 ; ch 65-95 $US ;). Cette demeure située sur la colline domine toute la ville et sa vallée. Elle dispose de 4 chambres, décorées dans un style XIXe siècle français (avec tout de même TV à écran plat et douche à effet de pluie). Les adorables propriétaires, Tim et Huong, préparent un remarquable petit-déjeuner. Ils peuvent vous mettre en relation avec les Easy Riders ou des loueurs de motos, et partagent volontiers leurs tuyaux sur Dalat. Remises de 30% hors saison.

Dalat Palace HÔTEL COLONIAL $$$
(0263-382 5444 ; www.royaldl.com ; 2 Đ Tran Phu ; ch 6 200 000-7 800 000 d ;). Desservi par une large allée où sont garées des Citroën de collection, ce vénérable palace de 1922 jouit d'une vue imprenable sur le lac Xuan Huong. Le faste des intérieurs coloniaux a été superbement préservé, depuis les lambris, les baignoires à pattes de lion et les cheminées, jusqu'aux lustres et aux peintures à l'huile – mais, en basse saison, les vastes couloirs silencieux évoquent *Shining*. Réductions en ligne.

L'établissement, le Lang Bien Palace Hotel à l'origine, a été restauré dans les années 1990 par Larry Hillblom, alors copropriétaire de DHL.

Dalat Hotel du Parc HÔTEL $$$
(0263-382 5777 ; www.royaldl.com ; 15 Đ Tran Phu ; ch 1 000 000-2 000 000 d, ste 2 500 000 d ;). Un bâtiment de style colonial (1932) soigneusement rénové, aux tarifs attrayants. L'ascenseur du grand hall donne d'emblée le ton, et les chambres, bien qu'un peu vieillottes, sont dotées de mobilier élégant et de parquet en bois ciré. Nombreux équipements, dont un spa, un centre de fitness et un bon restaurant. Les chambres Deluxe valent le supplément.

Où se restaurer

Les tables de Dalat servent de tout, des simples nouilles aux plats traditionnels des hauts plateaux, ainsi qu'un nombre croissant de spécialités occidentales bien cuisinées. Dalat est réputée pour son abondance de légumes cueillis sur les hectares de serres qui entourent la ville. Ne manquez pas les milk-shakes et les glaces à l'avocat.

Les savoureuses *banh trang nuong*, ou "pizzas de Dalat", faites à base de galettes de riz grillées, sont vendues un peu partout dans les rues. Certains les préfèrent sans fromage.

Tau Cao Wonton Noodles NOUILLES $
(217 Đ Phan Dinh Phung ; nouilles 40 000 d ; 6h-20h). Cette adresse sans prétention, connue dans tout Dalat, attire touristes et habitués grâce à ses soupes de nouilles et *wonton* (raviolis), saupoudrées de viande hachée et accompagnées de fines tranches de porc. Ajoutez piment, citron et germes de soja à votre convenance, et dégustez ce classique de la cuisine de rue asiatique ! Le personnel ne parle pas anglais.

Trong Dong VIETNAMIEN $
(0263-382 1889 ; 220 Đ Phan Dinh Phung ; repas 80 000-150 000 d ; 11h-21h ;). Une table intimiste, tenue par une équipe chaleureuse. La carte, créative, comprend de délicieuses saveurs vietnamiennes, comme la pâte de crevettes sur bâton de canne à sucre, du bœuf enveloppé d'une feuille de *la lot* (poivrier sauvage), et du calamar à la citronnelle. La carte en anglais est bien utile.

Quan Trang VIETNAMIEN $
(0263-382 5043 ; 15 Đ Tang Bat Ho ; plats 35 000 d ; 10h30-20h). L'une des meilleures adresses de la ville où goûter le *banh uot long ga*, la spécialité locale : le bouillon ne noie pas les nouilles de riz et les effilochés de poulet frais, herbes et piment rehaussent les saveurs. Un vrai délice, qui fait oublier le cadre peu avenant. Plusieurs autres restaurants proposent le même plat à proximité.

Goc Ha Thanh VIETNAMIEN $
(0263-355 3369 ; 53 Đ Truong Cong Dinh ; repas 55 000-110 000 d ; 12h-22h ;).

Tenu par un couple accueillant originaire de Hanoi, cette adresse décontractée, au mobilier en bambou, s'adapte à la clientèle étrangère. Parmi les spécialités : curry à la coco, poulet à la mangue, poisson cuit dans une marmite d'argile, sautés au tofu et soupe d'artichauts et de porc mijoté (180 000 d), le plat signature. Nombreux plats végétariens.

One More Cafe CAFÉ $
(☎ 0129 934 1835 ; www.facebook.com/pg/onemorecafe77 ; 77 Đ Hai Ba Trung ; repas 85 000-115 000 d ; ⏲ 8h-21h, fermé mer ; 📶 ✎). Fauteuils confortables, murs pêche à la décoration éclectique et vitrine pleine de gâteaux et de pains aux sept céréales maison vous accueillent dans ce café cosy tenu par un propriétaire australien. Au menu : des classiques occidentaux (burgers, soupes, sandwichs, salades César...) et un très bon petit-déjeuner servi toute la journée. Allez-y aussi pour les thés, cafés, et smoothies.

Thai Corner THAÏLANDAIS $$
(Đ Le Dai Hanh ; repas 120 000-180 000 d ; ⏲ 10h-22h). Délicieux et authentique, ce nouveau restaurant semi-ouvert sert une excellente salade de papaye, une soupe *tom yam* et le meilleur curry vert que nous ayons goûté au Vietnam. Vue pittoresque sur le marché nocturne de Dalat en contrebas et excellent service. Il peut faire froid le soir ; prévoyez une couche supplémentaire.

♥ **Restaurant Ichi** JAPONAIS $$
(☎ 0263-355 5098 ; 17-19 Đ Hoang Dieu ; sushis 60 000-130 000 d, repas 150 000-260 000 d ; ⏲ 17h30-22h mar-dim, fermé 2e mar du mois). Le seul japonais authentique de Dalat, avec éclairage tamisé et jazz en fond sonore. Les makis épicés au thon, yakitoris de poulet et tempuras sont tous fantastiques. Les bentos sont bon marché, et l'on sert même du *natto* (fèves de soja fermentées) pour les amateurs. Prenez place au bar pour observer Tomo, le maître sushi, à l'œuvre.

Ganesh Indian Restaurant INDIEN $$
(☎ 0263-355 9599 ; www.ganesh.vn ; 1f Đ Nam Ky Khoi Nghia ; repas 110 000-150 000 d ; 📶 ✎). Tous les classiques du sous-continent sont là – poulet tandoori, curry à la coco du sud de l'Inde, gros naans et *thali* (180 000-210 000 d) – et ils sont excellents. Essayez le délicieux poulet désossé *kadahi* (sauce tomate et oignon) ; on vous le prépare même si ce n'est pas sur la carte. Si vous êtes trop à l'étroit à l'intérieur, installez-vous au bar-terrasse.

Oz Burger BURGERS $$
(☎ 0902 475 923 ; 61 Đ Ba Thang Hai ; repas 95 000-190 000 d ; ⏲ 8h-22h). Ce restaurant tenu par des Australiens est fréquenté par les voyageurs sac au dos, les touristes asiatiques et même quelques habitants. Ce n'est pas bon marché mais les burgers sont délicieux, de même que les croque-monsieur et les plats végétariens. Ajoutez des frites et une bière pour 60 000 d.

Le Chalet Dalat VIETNAMIEN $$
(☎ 0967 659 788 ; 12b Huynh Thuc Khang ; repas 100 000-150 000 d ; ⏲ 9h-21h lun-ven, 7h-21h sam-dim ; 📶). Situé presque en face du site le plus visité de Dalat, la Folie Hang Nga (p. 303), ce bistrot ouvert sur l'extérieur et joliment décoré est une bonne adresse pour déjeuner ou petit-déjeuner. Divers classiques vietnamiens – entre autres soupes saines et excellente salade papaye, mangue et cacahuètes – et carte séparée pour les plats à partager.

V Cafe INTERNATIONAL $$
(☎ 0263-352 0215 ; www.vcafedalatvietnam.com ; 1/1 Đ Bui Thi Xuan ; repas 135 000 d ; ⏲ 8h-22h30 ; 📶 ✎). Lieu de prédilection des expatriés de Dalat, ce restaurant de style bistrot propose une carte variée : salade de pamplemousse à la vietnamienne aux arachides et aux crevettes, lasagnes aux légumes et nombreux autres plats végétariens, goulasch de bœuf, *quesadillas* à la mexicaine et bons petits-déjeuners. Terrasse couverte avec tables de pub, piano live tranquille le soir et happy hour de 16h à 18h.

Nhat Ly VIETNAMIEN $$
(☎ 0263-382 1651 ; 88 Đ Phan Dinh Phung ; repas 80 000-190 000 d ; ⏲ 10h-22h). Sur les tables avec nappes à carreaux si répandues à Dalat, on sert ici de copieuses spécialités des hauts plateaux, dont de délicieuses fondues, et des grillades de viande et de fruits de mer. Excellent crabe vapeur à la bière. Les gens du cru s'y pressent, ce qui est toujours un gage de qualité.

Dalat Train Cafe INTERNATIONAL $$
(☎ 0263-381 6365 ; www.dalattrainvilla.com ; 1 Đ Quang Trung ; 80 000-160 000 d ; ⏲ 8h-22h ; 📶 ✎). Avis aux amoureux du rail ! Ne manquez pas l'occasion de prendre un repas dans le cadre unique de ce wagon de

l'époque coloniale soigneusement restauré, entouré d'images de trains du monde et bercé par du blues des années 1950 sur le thème du train. Burger au bleu, tofu épicé et lasagnes végétariennes sont des valeurs sûres.

À la gare ferroviaire de Dalat, prenez à droite, montez la colline, repérez le panneau sur la gauche et suivez la ruelle sinueuse.

Le Rabelais FRANÇAIS **$$$**
(0263-382 5444 ; www.royaldl.com ; 2 Đ Tran Phu ; repas 400 000-1 600 000 d ; 7h-22h). Le restaurant français gastronomique du Dalat Palace (p. 309) possède un décor de style colonial, avec des salles à manger grandioses et une terrasse spectaculaire surplombant la rive du lac. Les formules dîner (1 300 000-1 700 000 d) sont très copieuses, mais vous pouvez aussi opter pour un succulent plat à la carte, comme le canard saisi à l'orange ou le carré d'agneau rôti. Choix limité pour les végétariens.

Bonne adresse également pour un gourmand *afternoon tea* (350 000 d) sur la terrasse entre 14h30 et 17h.

Ming CHINOIS **$$$**
(0263-381 3816 ; 7 Tran Hung Dao ; repas 150 000-850 000 d ; 10h-14h et 17h-21h).

PISTE HÔ CHI MINH

Cette route légendaire était en fait constituée de plusieurs pistes, qui formaient l'axe principal d'approvisionnement du Nord-Vietnam et du Viêt-cong durant la guerre du Vietnam. Les vivres et les troupes partaient du port de Vinh, dans le centre du pays, et rejoignaient l'arrière-pays par des sentiers à travers la jungle et les montagnes, faisant des crochets par le Laos, pour arriver près de Saigon. Entre la propagande, le secret et la confusion entourant cette piste, il est difficile de définir sa longueur réelle ; les estimations vont de quelque 5 500 km (selon l'armée américaine) à plus de 13 000 km (selon les Nord-Vietnamiens).

Des éléphants furent d'abord utilisés pour franchir les monts Truong Son (cordillère Annamitique) vers le Laos, puis l'approvisionnement se fit à dos d'homme, parfois à l'aide de chevaux, de bicyclettes ou de camions. Au milieu des années 1960, il fallait à peu près 6 mois pour aller du 17e parallèle à Saigon ; des années plus tard, un réseau de sentiers plus complexe permettait de couvrir le trajet en 6 semaines.

Chaque homme portait 36 kg de provisions et quelques effets personnels (comme une tente, un uniforme de rechange et du sérum antivenin). Intempéries, maladie et menace constante des bombardements américains ajoutaient à la difficulté du parcours montagneux et escarpé. Au plus fort du conflit, plus de 500 raids aériens visaient la piste chaque jour et plus de bombes y furent larguées que sur l'ensemble des champs de bataille de la Seconde Guerre mondiale.

Malgré ces raids meurtriers et la pose de capteurs électroniques perfectionnés le long de la ligne McNamara, la piste ne fut jamais coupée. Si la jungle en a aujourd'hui recouvert la majeure partie, on peut toujours en parcourir des sections, qui suivent le tracé des années 1970 (la plus ancienne se situe au Laos). Courant le long de l'épine dorsale du pays, la saisissante **route nationale Hô Chi Minh**, construite à partir de 2000 sur certaines portions de l'ancienne piste, commence près de Hanoi et passe par d'anciens champs de bataille et des sites touristiques, dont la grotte de Phong Nha, Khe Sanh, Aluoi, Kon Tum et Buon Ma Thuot, avant de rejoindre HCMV. L'un des tronçons les plus spectaculaires est celui qui traverse le parc national de Phong Nha-Ke Bang, où des pics karstiques émergent de la jungle, et des villages traditionnels ponctuent le superbe paysage au nord de la grotte de Phong Nha.

Vous pouvez parcourir cette route en voiture, en 4x4, à moto ou même à vélo si vous êtes en forme. Vous pouvez aussi mettre sur pied un circuit avec les Easy Riders (easyridertrips.com) de Dalat ou l'un des prestataires de Hanoi. **Explore Indochina** (carte p. 66 ; 0913 093 159 ; www.exploreindochina.com ; 27 P Hang Trong, district de Hoan Kiem, Hanoi) s'est fait une spécialité des circuits à la découverte de la piste Hô Chi Minh. Hoi An Motorbike Adventures (p. 229) propose des excursions plus courtes sur des sections entre Hoi An et Phong Nha, et une boucle de Hoi An à Hué, en passant par le col de Hai Van.

Dans une villa coloniale joliment rénovée, ce restaurant chinois raffiné dispose d'un charmant jardin et d'une terrasse donnant sur le lac. Faites défiler la carte sur iPad pour choisir vos plats, par exemple dim sum, canard laqué, côtes de porc au miel, bœuf sauté sur plat en métal ou encore crabe batailleur au gingembre et à l'oignon vert. Les menus (240 000-620 000 d) sont d'un bon rapport qualité/prix.

Où prendre un verre et faire la fête

En matière de café, le choix est grand à Dalat. Les vins locaux sont servis dans toute la ville (et dans tout le pays). Les rouges sont agréablement légers, tandis que les blancs ont souvent des notes boisées. Sans être débridée, la vie nocturne de Dalat est animée : les bars sont regroupés dans Đuong Truong Cong Dinh, et de nombreux lieux accueillent des musiciens.

La Viet Coffee CAFÉ
(☎ 0263-398 1189 ; www.facebook.com/coffeelaviet ; 200 Đ Nguyen Cong Tru ; café 35 000-60 000 d ; ⏱7h-22h30 ; 📶). Les amateurs de caféine se doivent de découvrir cet établissement unique qui tient à la fois du coffee-shop, de l'atelier de torréfaction et de la plantation. Dans le bâtiment aux touches design industriel entouré de caféiers, sirotez d'excellents crus locaux à une table ou suivez la visite guidée de 10 minutes pour tout apprendre des procédés de torréfaction et de nettoyage du café.

La boutique vend tout ce qui se rapporte au café, des grains aux filtres vietnamiens *phin*. On y sert aussi des sandwichs, des gaufres et des cocktails spéciaux au café. L'adresse se trouve dans la banlieue nord de Dalat.

District I BIÈRE ARTISANALE
(34 Nguyen Chi Thanh ; ⏱15h-minuit). Un bar sur 2 niveaux ouvert en 2019, où l'on propose une douzaine de bières artisanales à la pression, principalement des Rooster Beers de Hô Chi Minh-Ville, ainsi que des bières en bouteille belges, allemandes et tchèques, dans une atmosphère branchée et accueillante.

Café aux 100 toits BAR
(Duong Len Trang ; 57 Đ Phan Boi Chau ; ⏱8h-minuit ; 📶). Prêts pour une soirée décalée ? À en croire les propriétaires du lieu, Gandalf et ses amis hobbits auraient bu un verre ici, et il est vrai que ce dédale de pièces aux multiples coins et recoins, aux grottes de plusieurs niveaux et aux sculptures fantastiques semble tout droit sorti de la Terre du Milieu. L'happy hour (18h-20h) et un féerique jardin sur le toit s'ajoutent au plaisir des yeux. L'endroit est aussi très justement appelé Maze Bar ("bar labyrinthe").

Fog Bar BAR
(76 Đ Truong Cong Dinh ; ⏱16h-minuit ; 📶). Le lieu le plus branché de Dalat. Chaque soir, un DJ y anime une petite salle sombre, tandis qu'on sirote de bons cocktails (à partir de 70 000 d) sur la terrasse, plus agréable. La clientèle est surtout locale, mais les étrangers sont les bienvenus.

Bicycle Up Cafe CAFÉ
(82 Đ Truong Cong Dinh ; ⏱7h-22h). Est-ce une boutique d'antiquités ? Un café ? Au milieu d'un bric-à-brac de plantes, de pièces détachées de vieux vélos, de cages à oiseau, de téléphones et de pianos anciens, trouvez une place et sirotez un excellent café ou un smoothie.

Où sortir

Escape Bar MUSIQUE LIVE
(☎ 0263-369 5666 ; www.facebook.com/TheEscapeBarDalat ; 94 Đ Bui Thi Xuan, Golf Valley Hotel ; ⏱10h-minuit ; 📶). Ce bar appartenant à un guitariste de blues, Curtis King, a récemment changé d'adresse. On y écoute d'excellentes reprises improvisées de classiques (Hendrix, Eagles, Doors...) ; les voyageurs musiciens sont invités à faire un bœuf. Nourriture servie. Billard et grande terrasse. Happy hour de 18h à 20h et musique à partir de 21h30.

Renseignements

Hôpital général Lam Dong (☎ 0263-382 1369 ; 4 Đ Pham Ngoc Thach ; ⏱24h/24). Soins médicaux d'urgence.

Poste principale (14 Đ Tran Phu ; ⏱7h-18h)

Vietcombank (6 Đ Nguyen Thi Minh Khai ; ⏱7h30-15h mar-jeu, jusqu'à 13h sam). Change les devises étrangères et les chèques de voyage.

Depuis/vers Dalat

AVION

L'**aéroport Lien Khuong** est à 30 km au sud de Dalat. **Vietnam Airlines** (☎ 0263-383 3499 ; www.vietnamairlines.com ; 2 Đ Ho Tung Mau), VietJet Air et Jetstar proposent

BUS AU DÉPART DE DALAT

DESTINATION	PRIX (D)	DURÉE	FRÉQUENCE	DISTANCE
Buon Ma Thuot	180 000	5 heures	4/jour	200 km
Can Tho	360 000	12 heures	7h et 20h	461 km
Danang	285 000	12 heures	5/jour 14h-18h	660 km
HCMV	240 000	7 heures	toutes les heures 6h-minuit	306 km
Hué	345 000	14 heures	16h	760 km
Kon Tum	270 000	10 heures	6h et 19h	272 km
Nha Trang	135 000	4 heures	6/jour 7h-17h	200 km
Pleiku	240 000	9 heures	6h et 19h	461 km

des vols réguliers, dont 5 vols quotidiens pour HCMV, 4 vols quotidiens pour Hanoi et 4 vols hebdomadaires pour Danang.

BUS

Dalat est une étape majeure des bus "open tour". **The Sinh Tourist** (☎0263-382 2663 ; www.thesinhtourist.vn ; 22 Đ Bui Thi Xuan ; ⏲8h-19h) propose des bus quotidiens pour Nha Trang à 7h30 et 13h, et pour HCMV à 8h et 21h30, ainsi que des visites de la ville.

La **gare routière longue distance de Dalat** (Ben Xe Lien Tinh Da Lat ; Đ 3 Thang 4) est à 1,5 km au sud du lac Xuan Huong. Les liaisons sont majoritairement assurées par des bus de la compagnie **Phuong Trang** (Futabus ; ☎0263-358 5858 ; www.futabus.vn), réputée. Ses bus peuvent vous déposer ou venir vous chercher gratuitement à votre hôtel, et ils couvrent les principales destinations régionales.

VOITURE ET MOTO

De Nha Trang, la route 27 C grimpe jusqu'à 1 700 m au mont Hon Giao et franchit le spectaculaire col de Khanh Le de 33 km de long – un rêve pour motards et cyclistes !

La route qui part de Phan Rang et qui passe par le col de Ngoan Muc, à 43 km au sud-est de Dalat, est aussi superbe. Par temps clair, on peut voir l'océan, à 55 km de là.

La RN 27 pour Buon Ma Thuot est belle, mais pleine d'ornières. Une nouvelle route qui contourne l'aéroport est en cours de construction entre Dalat et Buon Ma Thuot.

ℹ Comment circuler

DEPUIS/VERS L'AÉROPORT

La **navette de Vietnam Airlines** circule, en fonction des vols, entre l'aéroport Lien Khuong et Dalat (40 000 d, 40 minutes). Le départ se fait devant le Ngoc Phat Hotel (10 Đ Ho Tung Mau) 2 heures avant chaque vol. Votre hôtel peut demander que la navette vienne vous chercher, mais prévoyez 30 minutes de plus pour le ramassage d'autres clients. Les compagnies de taxis de Dalat proposent un prix fixe pour l'aéroport (180 000-250 000 d), bien moins cher qu'un taxi à compteur ou Grab. Votre hôtel peut s'occuper de la réservation.

MOTO

Pour un court trajet en ville (20 000 d), prenez un *xe om* (moto-taxi) aux abords du marché central. Location de moto à partir de 100 000 d par jour.

TAXI

Privilégiez les taxis verts **Mai Linh** (☎0263-352 1111; www.mailinh.vn), ou utilisez Grab.

VÉLO

Le terrain vallonné rend l'exercice fatigant. Plusieurs hôtels louent néanmoins des vélos (100 00 d/jour) et certains en prêtent à leurs hôtes.

VOITURE

La location d'une voiture avec chauffeur coûte au minimum 50 $US par jour.

Lac Lak

Plus vaste plan d'eau naturel des hauts plateaux du Sud-Ouest, le lac Lak (Ho Lak), à la surface tel un miroir, s'inscrit dans un superbe paysage rural de rizières et de monts volcaniques. Des balades à bord de pirogues longues traditionnelles sont proposées sur ses eaux bleues envahies de roseaux. Charmant au lever et au coucher du soleil, ce lac vaut surtout pour les trois villages de l'ethnie des Mnong installés çà et là sur son rivage.

Les hébergements se concentrent sur le village de Le (ou Buon Le), qui est aujourd'hui en réalité un quartier de la ville de Lien Son. Sur la rive sud-ouest, le village voisin de Jun et le village un peu plus éloigné de M'lieng (à 3 km de Le), plus traditionnels avec leurs maisons longues sur pilotis typiques, sont accessibles en bateau ou par un chemin de terre. Malheureusement, tous les hôtels et agences touristiques des environs proposent des balades à dos d'éléphant, et les touristes vietnamiens, qui en raffolent, composent ici l'essentiel des visiteurs. Nous vous déconseillons vivement ces balades qui détériorent la santé des animaux, ceux-ci devant supporter un lourd siège en métal, en plus de la charge de 3 personnes (voir l'encadré p. 504).

Activités

Le Cafe Duc Mai peut organiser une randonnée à la journée, à la découverte d'une cascade, d'un village local et de plantations de café et de poivre (pour 2 pers avec guide, déjeuner et transport 65 $US), et on y loue des vélos (50 000 d/demi-journée). De courtes balades en pirogue (200 000 d/heure) sont aussi proposées par le Duc Mai et le Van Long.

Où se loger et se restaurer

Van Long HÔTEL $

(0262-358 5659 ; 3 Y Jut, Buon Le ; matelas dans la "maison longue" 100 000 d, ch 300 000-350 000 d ;). Situé au bord du lac, c'est l'hébergement le plus confortable des environs. Les chambres sont fraîches et propres ; les VIP d'angle ont vue sur le lac. On peut aussi dormir sur des matelas au sol dans la "maison longue" plus haut de gamme, avec moustiquaires et ventilateurs. Agréable restaurant sur place (repas 80 000 d).

Cafe Duc Mai VIETNAMIEN $

(0905 371 633, 0262-358 6280 ; ducmaicoffee@yahoo.com ; Y Jut, Buon Le ; repas 100 000 d ;). M. Duc et ses deux enfants, qui parlent anglais, servent de délicieux plats locaux à partager. Il n'y a pas de carte, indiquez simplement vos goûts. L'équipe du café peut vous réserver un matelas dans une "maison longue" traditionnelle (100 000 d/nuit) à quelques portes plus loin ou un séjour chez l'habitant dans un village voisin.

Depuis/vers le lac Lak

Chaque jour, cinq bus couchettes reliant Dalat (180 000 d, 4 heures) à Buon Ma Thuot passent par Lien Son, à 15 minutes à pied du lac. On peut aussi prendre des bus locaux (n°12) entre Lien Son et Buon Ma Thuot (25 000 d, 1 heure, toutes les heures) et des minibus "limousine" (35 000 d), plus luxueux. Sinon, toutes les agences de Buon Ma Thuot y organisent des excursions.

Buon Ma Thuot

0262 / 211 891 HABITANTS / ALTITUDE 451 M

Autrefois simple hameau – en langue ede, son nom signifie "village du père de Thuot" – Buon Ma Thuot (prononcer "boun me tote") a depuis longtemps oublié ses origines rurales pour devenir une ville moderne à l'activité trépidante et à la surprenante prospérité. Elle doit en grande partie son essor au café, introduit par les Français entre 1915 et 1920 ; c'est l'un des meilleurs du pays. La province de Dak Lak à laquelle la ville appartient exporte plus de café que toute autre au Vietnam.

La plupart des voyageurs font étape à Buon Ma Thuot en allant visiter les sites alentour : le parc national de Yok Don (p. 317), quelques superbes chutes d'eau, et les villages des 44 ethnies de la région. Les Ede, les Jarai, les Mnong et les Lao sont les communautés les plus importantes.

À voir

Musée du Dak Lak (musée d'Ethnographie) MUSÉE

(Bao Tang Dak Lak ; Ð Y Nong ; 30 000 d ; 8h-17h mar-dim). Ce remarquable musée, à l'architecture contemporaine inspirée d'une maison longue communale traditionnelle des Ede, traite notamment de l'histoire de la province de Dak Lak – depuis des outils en pierre et des tambours en bronze jusqu'à la guerre du Vietnam et ses conséquences, du point de vue nord-vietnamien. La section ethnographique présente les communautés matriarcales Ede, Mnong et Jarai à travers de remarquables photos, des vêtements traditionnels, des instruments de musique et des objets rituels tels que le mât du sacrifice du buffle. C'est le premier musée national utilisant quatre langues dans l'affichage : vietnamien, français, anglais et ede, langue de la principale ethnie de la région. Entrée par le côté nord.

Monument à la Victoire MONUMENT

Ce monument commémore les événements du 10 mars 1975, lorsque le Viêt-cong et les troupes nord-vietnamiennes prirent la cité. Bel exemple de sculpture réaliste soviétique, il se compose d'une colonne qui soutient un groupe central de personnages brandissant

Buon Ma Thuot

Buon Ma Thuot

Les incontournables
1 Musée du Dak Lak A3

À voir
2 Monument à la Victoire B2

Où se loger
3 Eden Hotel D2
4 Ngoc Mai Guesthouse A2
5 Saigon Ban Me Hotel B2

Où se restaurer
6 Bun Rieu Cua A2
7 Thanh Tram A2

Où prendre un verre et faire la fête
8 Kinh Chau Coffee A1

Renseignements
9 DakLak Tourist B2
10 Vietnam Highland Travel A2

Transports
11 Bus n° 12 pour le Lac Lake B2
12 Bus n° 15 pour le parc national de Yok Don A2

un drapeau, avec une arcade formant un arc-en-ciel au-dessus d'un tank en béton.

Fêtes et festivals

Fête du Café CULTURE

(mars). Buon Ma Thuot produit l'un des meilleurs cafés du Vietnam, et tous les deux ans, la ville organise cette grande fête du café – les prochaines auront lieu en 2021 et en 2023 – afin de promouvoir les variétés locales. Divers lieux accueillent des concerts et des spectacles d'échassiers, tandis que de nombreux cafés participant également

LES EDE ; UNE ETHNIE MATRILINÉAIRE

L'ethnie Ede de la province de Dak Lak se distingue par son système matrilinéaire et la position forte qu'occupent les femmes au sein de la famille. Les jeunes femmes choisissent généralement leur mari, qui s'installe dans la maison longue familiale de leur épouse, appartenant à la matriarche. Les enfants prennent le nom de la mère, et les biens familiaux sont transmis de mère en fille (les fils ne reçoivent pas d'héritage), ce qui donne aux femmes un pouvoir économique important. L'épouse est généralement responsable du budget familial. Si le système matrilinéaire séculaire est en train de changer face aux transitions économiques rapides que connaît le Vietnam, il reste pratiquement intact dans les zones rurales reculées.

Les Ede représentent par ailleurs le plus important groupe ethnique minoritaire du Vietnam vivant aux États-Unis, en grande partie en raison de leur rôle aux côtés des troupes américaines pendant la guerre.

aux célébrations proposent des dégustations de café gratuites.

Où se loger

Ngoc Mai Guesthouse HOTEL **$**
(0262-385 3406 ; www.chdtravel.com ; 9 Nguyen Binh ; s 190 000 d, d 250 000-270 000 d ;). Cet hôtel bon marché qui s'apparente à une auberge de jeunesse attire les voyageurs internationaux. Son personnel francophone et anglophone peut organiser des circuits dans la région, ainsi que le transport pour votre départ. Les chambres, rudimentaires mais propres et avec de bons matelas, conviennent pour une ou deux nuits. Les simples sont exiguës. Seules les chambres les plus chères, côté rue, avec balcon, bénéficient de beaucoup de lumière naturelle. Motos à louer (75 000/150 000 d la demi-journée/journée).

Eden Hotel HÔTEL **$**
(0262-384 0055 ; www.edenhotelbmt.com.vn ; 228 Đ Nguyen Cong Tru ; ch 350 000-650 000 d ;). Une adresse peu onéreuse, prisée des Easy Riders et de leurs clients. Les chambres sont quelconques, mais propres et assez grandes. Les moins chères n'ont pas de fenêtre ; demandez plutôt une chambre à l'arrière avec balcon commun et vue. Le personnel, serviable, parle un peu l'anglais. À 20 minutes de marche du centre.

Coffee Tour Resort HÔTEL DESIGN **$$**
(Legend Coffee Resort ; 0262-357 5575 ; www.coffeetourresort.com ; 149-153 Ly Thai To ; avec petit-déj ch standard/supérieure/Deluxe 580 000/650 000/1 100 000 d ;). À 2 km à peine du centre, cet hôtel bien géré est un véritable havre de paix dans une ville effervescente. Prix raisonnables pour les chambres, impeccables et confortables, disposées autour d'un jardin paysager. Les supérieures sont plus grandes et ont un balcon. Délicieusement rustique, le “village du café” comprend une “maison longue” ede.

Saigon Ban Me Hotel HÔTEL **$$$**
(0262-368 5666 ; www.saigonbanmehotel.com.vn ; 1-3 Đ Phan Chu Trinh ; ch avec petit-déj 1 150 000-2 300 000 d ;). Cette tour étincelante, l'hôtel le plus chic de Buon Ma Thuot, domine le carrefour le plus central de la ville, en face de l'église catholique, mais s'élève suffisamment haut pour préserver ses clients du bruit. Les chambres, aux moquettes vieillissantes, ne sont pas aussi luxueuses que le suggère l'extérieur, mais elles sont spacieuses et dignes d'un hôtel d'affaires.

Où se restaurer et prendre un verre

Đuong Nguyen Cong Tru compte plusieurs adresses pittoresques où prendre un café ou une bière.

Thanh Tram VIETNAMIEN **$**
(0262-385 4960 ; 22 Đ Ly Thuong Kiet ; repas 25 000-35 000 d ; 10h-21h). Un seul plat est véritablement proposé par cet accueillant restaurant prisé : les *nem nuong*, feuilles de riz à garnir de salade, de crudités, de fines herbes et de saucisse de porc frite, servies avec une sauce à la cacahuète.

Bun Rieu Cua NOUILLES **$**
(71 Đ Ly Thuong Kiet ; nouilles 20 000 d). Pour un fabuleux petit-déjeuner ou un déjeuner rapide, commandez une soupe de nouilles au crabe à ce stand de rue. Ajoutez verdure, citron vert, sauce de poisson et pâte de crevettes violettes et mélangez le tout pour une véritable explosion de saveurs.

BUS AU DÉPART DE BUON MA THUOT

DESTINATION	PRIX (D)	DURÉE	FRÉQUENCE	DISTANCE
Dalat	110 000-140 000	5 heures	5/jour	201 km
Danang	280 000	11 heures	5 (de nuit)	558 km
Hanoi	650 000-700 000	16	5 (de nuit)	1 280 km
HCMV	180 000-245 000	8-9 heures	10/jour	319 km
Kon Tum	130 000 (200 000 "limousine")	5 heures	10/jour	229 km
Nha Trang	110 000-140 000	4 heures 30	10/jour	196 km
Pleiku	90 000-100 000	4 heures	12/jour	197 km

Com Nieu Dong Que VIETNAMIEN **$$**
(☎0262-395 7505 ; 18e Ð Ngo Quyen ; repas 60 000-200 000 d ; ⏲10h-22h). Cuisine vietnamienne haut de gamme, cadre raffiné mais décontracté et excellent service. Goûtez aux plats mijotés dans une cocotte en terre, ou aux délicieuses soupes de poisson délicatement parfumées au basilic et au tamarin. La carte comprend bien d'autres plats, si vous arrivez à la déchiffrer, mais le choix est limité pour les végétariens. À 15 minutes à pied du centre.

Kinh Chau Coffee CAFÉ
(www.kinhchaucoffee.com.vn ; 91 Ð Ly Thuong Kiet ; ⏲6h-22h ; 📶). À Buon Ma Thuot, une enseigne sur trois est un café, mais celui-ci, d'un producteur local réputé (des paquets de grains de sa production sont en vente) se distingue par sa vaste salle et ses cafés onctueux. Sert aussi thé et smoothies.

Renseignements

Agribank (37 Ð Phan Boi Chau ; ⏲7h30-14h30 lun-sam). DAB et change.

DakLak Tourist (☎0262-385 2246 ; www.daklaktourist.com.vn ; 1-3 Ð Phan Chu Trinh ; ⏲8h-17h). Au rez-de-chaussée du Saigon Ban Me Hotel. Propose des circuits vers les villages et les chutes d'eau des environs, au lac Lak et au parc national de Yok Don.

Vietnam Highland Travel (☎0262-385 5009 ; www.luhanhcaonguyen.com ; 24 Ð Ly Thuong Kiet ; ⏲8h-18h). Cette agence emploie des guides expérimentés, spécialisés dans les séjours chez l'habitant et les treks hors des sentiers battus.

Comment s'y rendre et circuler

AVION

L'**aéroport de Buon Ma Thuot** (Cang Hang Khong Buon Ma Thuot ; Hoa Thang) est à 8 km à l'est de la ville (150 000 d en taxi). Vietnam Airlines, VietJet Air et Jetstar proposent des vols quotidiens vers HCMV (3/jour), Hanoi (2/jour), et Danang.

BUS

La **gare routière** (Ben Xe Lien Tinh Dak Lak ; 71 Ð Nguyen Chi Thanh) est à environ 4 km au nord-est du centre ; le trajet en taxi coûte 60 000 d. Sur les horaires de bus, Buon Ma Thuot est souvent appelée "Dak Lak", du nom de sa province d'appartenance.

Le **bus local n°15** pour le parc national de Yok Don, rose et vert, part de Ðuong Le Hong Phong, près du Ngoc Mai Hotel. Le **bus n°12** pour le lac Lak, bleu et blanc, part de Ðuong Nguyen Tat Thanh, aussi dans le centre-ville. L'un ou l'autre trajet coûte 25 000 d et prend 1 heure environ.

Parc national de Yok Don

Plus grande réserve naturelle du pays, ce **parc national** (☎0262-378 3049 ; www.yokdonnationalpark.vn ; Buon Don ; adulte/enfant 60 000/10 000 d ; ⏲7h-22h) a été progressivement agrandi et couvre aujourd'hui 115 000 ha, majoritairement composés de forêt sèche à feuilles caduques. Traversé par la superbe rivière Serepok, il s'étend jusqu'à la frontière cambodgienne.

La déforestation et le braconnage ayant hélas toujours cours, les 46 espèces de mammifères habitant le parc se cachent au plus profond de la jungle. Il est donc extrêmement rare d'apercevoir des éléphants, des léopards et des chiens sauvages d'Asie – en revanche, muntjacs, singes et serpents sont plus visibles. Plus de 300 oiseaux vivent aussi dans le parc, notamment des cigognes et deux sortes de calaos.

Il y a quatre villages à l'intérieur du parc national, essentiellement peuplés de Mnong, mais aussi de Ede et de Lao.

La haute saison correspond à la saison sèche, d'octobre à mars.

ALLER AU CAMBODGE : DE PLEIKU À BAN LUNG

Rejoindre la frontière Rarement emprunté par les étrangers, le **poste-frontière isolé de Le Thanh/O Yadaw** se situe à 90 km de Pleiku, et à 64 km de Ban Lung, au Cambodge. De Pleiku partent des minibus directs pour Ban Lung (150 000 d, 4 heures) à 7h, 9h et 13h. À la gare routière de Noi Tinh, sur le parking du marché principal, on peut aussi prendre le minibus quotidien qui rejoint la frontière cambodgienne de Le Thanh (75 000 d, 2 heures, 7h).

À la frontière Les visas cambodgiens (30 $US) sont émis sur place. Vous devrez peut-être payer quelques dollars de plus sous peine d'attendre. Les visas vietnamiens doivent être obtenus au préalable.

Au-délà De O Yadaw, des bus locaux (10 $US) et des *moto-dop* (environ 25 $US) se rendent à Ban Lung. Ils se font bien moins fréquents l'après-midi.

Activités

Diverses activités sont proposées dans le parc et l'on peut aussi y passer la nuit, en payant un forfait (90/155 $US pour 1/2 pers) comprenant les repas, l'hébergement, une excursion guidée d'observation d'oiseaux et le remarquable circuit Elephant Experience.

Réservez circuits et activités au **National Park Ecotourism Centre** (☎0262-378 3049, M. Gioi 0905 229 436 ; www.yokdonnationalpark.vn ; ⏲7h-17h), à l'entrée du parc. Comme il n'y a que deux guides anglophones, pensez à réserver.

Cours de cuisine CUISINE
(350 000 d/pers). Plongez dans le quotidien des Ede dans le village de Jang Lanh en vous inscrivant avant 9h à un cours de cuisine de 4 heures dispensé par une famille locale. Vous l'aiderez à préparer le dîner (le déjeuner sur demande), puis partagerez le repas avec elle. Réservez à l'Ecotourism Centre.

Elephant Experience FAUNE
(parc national de Yok Don ; adulte 600 000 d ; ⏲8h et 13h30). Le bien-être des éléphants est au cœur de ce circuit de 3 heures (2 fois/jour) destiné aux visiteurs étrangers, qui ont l'occasion de suivre et d'observer à pied ces majestueux pachydermes en liberté, auparavant utilisés pour des promenades (des réserves privées des environs en proposent toujours). Circuits d'une journée entière aussi possibles. Yok Don est le premier parc national vietnamien à ne plus proposer de balades à dos d'éléphant, suite à un accord novateur avec Animals Asia.

Randonnée

La forêt du parc national est sillonnée de plusieurs sentiers de randonnée, et des treks guidés peuvent être organisés, allant de 5 heures à 2 jours (bivouac inclus). Pour 2 personnes, comptez 600 000 d pour une journée de randonnée et 1 200 000 d pour 2 jours d'aventure en forêt, nourriture et tentes incluses.

Les promenades d'observation des oiseaux dans la jungle d'une matinée coûtent 800 000 d pour 2 personnes.

Vélo

Les circuits à vélo permettent de découvrir des chutes d'eau, des rapides et le lac Drang Phok. Une excursion d'une demi-journée coûte 100 000/450 000 d par vélo/guide.

Où se loger et se restaurer

Près des bureaux du parc, une cantine propose des repas (100 000 à 140 000 d) sur commande préalable.

Yok Don Guesthouse PENSION $
(☎0262-378 3049 ; parc national de Yok Don ; s/d 350 000/400 000 d ; ❄). Dans le parc, juste après l'entrée, près de l'Ecotourism Centre, cette pension loue 14 chambres carrelées propres, avec TV, agréable terrasse et clim d'un autre âge.

Depuis/vers le parc national de Yok Don

Le bus local n°15 relie Buon Ma Thuot au parc national de Yok Don (25 000 d, 1 heure) toutes les 30 minutes environ. Le dernier bus retour part vers 17h30.

Un bus-couchettes quotidien direct entre le village voisin de Ban Don et HCMV (250 000 d, 8 heures) part à 19h30 ; l'Ecotourism Centre peut demander qu'il vienne vous chercher à l'entrée du parc.

Pleiku

☎0269 / 162 051 HABITANTS / ALTITUDE 785 M

La capitale de la province de Gia Lai est surtout connue pour avoir servi de base stratégique américaine et sud-vietnamienne durant la guerre du Vietnam, après quoi elle est redevenue une ville quelconque. Pleiku constitue une étape pratique, mais ne donne guère envie de s'attarder.

Incendiée par les soldats sud-vietnamiens lors de leur retraite en 1975, la ville a été reconstruite dans les années 1980 avec l'aide de l'Union soviétique. Elle manque donc de ce charme architectural commun à la plupart des villes du pays.

À voir

Temple Minh Thanh TEMPLE BOUDDHIQUE
(Chua Minh Thanh ; 348 Nguyen Viet Xuan ; lever-coucher du soleil). GRATUIT Construit en 2014 seulement, ce splendide temple bouddhique, entouré de fontaines et de bonsaïs, est situé au sud du centre-ville. Éclairée la nuit, la pagode s'étage sur 9 niveaux. Les terrifiants dragons qui dressent la tête aux angles du toit du bâtiment principal en constituent les éléments les plus majestueux.

Musée de Gia Lai MUSÉE
(Bao Tang Gia Lai ; 20 Đ Tran Hung Dao ; 10 000 d ; 8h-11h et 13h30-16h30 mar-dim). Le musée de Pleiku présente des objets bahnar plus ou moins intéressants – des paniers finement tressés au manteau fait d'écorce en passant par la réplique d'un tombeau – et des reproductions de reliefs en pierre cham du XVe siècle. On y trouve aussi l'inévitable collection d'animaux piètrement empaillés et une partie historique dédiée au rôle de Pleiku durant la guerre d'Indochine et la guerre du Vietnam.

À côté du musée, la grande place Dai Doan Ket (Grande Solidarité) comprend une statue de Hô Chi Minh de 11 m de haut et une sculpture de 58 m de long représentant les groupes ethniques du Vietnam.

Où se loger et se restaurer

Parmi les spécialités locales, le *pho kho*, ou *pho hai*, est servi dans deux bols. L'un contient des nouilles séchées saupoudrées de porc haché frit, oignon, laitue, germes de soja et sauce pimentée à l'ail. Le second contient un bouillon sucré-salé avec bœuf émincé ou boulettes de viande. Goûtez également le *thit bo nuong ong* (bœuf grillé dans une tige de bambou).

Duc Long Gia Lai 2 Hotel HÔTEL $
(☎0269-374 8777 ; duclonghotel@duclonggroup.com ; 117-119 Đ Tran Phu ; ch 400 000-550 000 d ;). Une tour de 18 étages, à la situation centrale, offrant une belle vue sur Pleiku. Vous y trouverez, à des prix abordables, des chambres confortables de style hôtel d'affaires, avec bons lits et petits balcons. Celles des “étages anciens” sont immenses mais vieillottes. Les chambres à lits jumeaux sont plus grandes que celles à un seul lit. Café au rez-de-chaussée. Anglais peu parlé.

HAGL Hotel Pleiku HÔTEL $$
(Hoang Anh Gia Lai ; ☎0269-371 8450 ; 1 Phu Dong ; s/d avec petit-déj à partir de 780 000/950 000 d ;). Le hall d'entrée riche en marbre donne le ton de ce

LES RITES FUNÉRAIRES JARAI

La minorité Jarai des régions de Pleiku et de Kon Tum honore ses morts dans des cimetières semblables à de véritables villages miniatures. Ils se trouvent à l'ouest des villages, là où le soleil se couche.

Chaque tombe est protégée par un abri ou marquée par des tiges de bambou. Des statuettes de bois sont disposées autour. Elles représentent souvent une personne accroupie et éplorée portant les mains au visage. Une jarre est placée sur la tombe représentant le défunt, et les objets dont il pourrait avoir besoin dans l'au-delà sont enterrés avec lui.

Pendant sept ans, ses proches déposent de la nourriture sur la sépulture, où ils passent également à chaque date anniversaire de sa mort : ils pleurent alors sa perte et célèbrent sa vie autour d'un festin arrosé d'alcool de riz. Les sept années écoulées, on considère que l'esprit du défunt est parti. La tombe est abandonnée à l'issue d'une cérémonie élaborée, célébrée avec des sacrifices d'animaux et des gongs, qui coupe définitivement le lien entre les morts et les vivants.

BUS AU DÉPART DE PLEIKU

DESTINATION	PRIX (D)	DURÉE	FRÉQUENCE	DISTANCE
Attapeu, Laos	200 000	6 heures	8h	246 km
Buon Ma Thuot	100 000 (200 000 "limousine")	4 heures	2/jour ("limousine" 3/jour)	215 km
Dalat	220 000-250 000	9 heures	17h et 18h	383 km
Danang	140 000-220 000	7 heures 30	4/jour	340 km
HCMV	220 000-400 000	11-12 heures	4/jour	509 km
Kon Tum	25 000	1 heure	toutes les 30 minutes 5h-18h	48 km
Nha Trang	140 000-220 000	7 heures	19h	297 km

quatre-étoiles aux 117 grandes chambres élégantes et bien équipées – lits confortables, vaste salle de bains, coffre-fort et balcon. Bon restaurant, l'Acacia, et spa simple.

Com Ga Hai Nam VIETNAMIEN $

(73 Đ Hai Ba Trung ; repas petit/grand 30 000-55 000 d ; ⌚10h-20h30). Ce restaurant animé, sans prétention, est plébiscité pour son poulet croustillant accompagné de riz et d'une salade de laitue, tomates et oignons.

Acacia Restaurant INTERNATIONAL $$

(1 Đ Phu Dong ; repas 150 000 d ; ⌚6h-22h ; 📶✎). L'accueillant restaurant du HAGL Hotel propose une carte très variée, entre plats asiatiques (chinois, en réalité), occidentaux et vietnamiens. Ces derniers – de la soupe de poisson à tête de serpent au calamar grillé avec pâte de crevettes – sont les meilleurs. Il y a même du sanglier, mais il faut faire abstraction de la musique d'ambiance de l'hôtel.

ℹ Renseignements

Gia Lai Eco-Tourist (☎0913 157 462, 0269-376 0898 ; www.gialaiecotourist.com ; 82 Đ Hung Vuong ; ⌚8h-11h et 13h30-17h lun-sam). Circuits d'un ou plusieurs jours à travers les hauts plateaux, notamment vers les parcs nationaux reculés de Chu Mom Ray et de Kon Ka Kinh, et excursions vers des villages de minorités avec nuit sur place. Également réservations de bus et minibus "limousine" pour le Cambodge.

ℹ Depuis/vers Pleiku

AVION

Vetnam Airlines, VietJet Air et Jetstar assurent des vols pour HCMV (3/jour), Hanoi (2/jour) et Danang (3/semaine).

L'**aéroport de Pleiku** (www.pleikuairport.vn ; Thong Nhat), à 5 km au nord-est de la ville, est accessible en taxi (60 000-80 000 d). Les minibus entre Pleiku et Kon Tum s'y arrêtent brièvement.

BUS

La principale gare routière de Pleiku, **Gia Lai** (Ben Xe Duc Long Gia Lai ; 45 Đ Ly Nam De), se trouve à 2,5 km au sud-est de la ville. Elle dessert la plupart des destinations alentour, notamment au Laos, mais seuls quelques bus circulent jusqu'à Kon Tum. Pleiku est appelée "Gia Lai" sur la plupart des horaires de bus.

Gare routière Noi Tinh (Ben Xe Noi Tinh ; Đ Tran Phu). Les bus pour Kon Tum et les minibus pour le Cambodge partent de cette gare informelle, sur le parking du marché principal dans le centre de Pleiku.

TAXI

Un taxi entre Pleiku et Kon Tum coûte environ 350 000 d

Kon Tum

☎0260 / 86 362 HABITANTS / ALTITUDE 525 M

Avec son atmosphère détendue, ses habitants sympathiques, son joli cadre en bordure de rivière et ses rues peu encombrées, Kon Tum fait une étape idéale pour explorer certains des 700 villages habités par les ethnies montagnardes alentour – essentiellement des Bahnar, mais aussi des Sedang et des Jarai. La ville, qui compte elle-même quelques sites intéressants, constitue une bien meilleure base arrière que Pleiku pour partir à la découverte de ces cultures.

Kon Tum a connu son lot d'affrontements durant la guerre du Vietnam. La ville et ses environs furent le théâtre d'une bataille majeure entre les armées du Nord-Vietnam et du Sud-Vietnam au printemps 1972, et la région fut dévastée par des raids de B-52 américains.

À voir

Musée de Kon Tum MUSÉE

(Bao Tang Kon Tum ; 0260-359 0698 ; 659 Đ Nguyen Hue ; adulte/enfant 10 000/5 000 d ; 7h-11h et 13h-17h). L'un des meilleurs musées de la région, avec un bon éclairage et des explications en anglais claires sur la vie religieuse et spirituelle locale. Sont notamment abordées les forges de fer de l'ethnie Sedang (Xo Dang) et la signification des gongs pour les communautés montagnardes du pays (la culture des gongs du Vietnam est classée au patrimoine culturel immatériel de l'humanité). L'impressionnant cercueil en rondins et l'instrument de musique nommé *trung* (marimba fait de tubes de bambou) font partie des pièces les plus intéressantes.

Cathédrale de l'Immaculée Conception ÉGLISE

(Đ Nguyen Hue ; lever-coucher du soleil). Bâtie par les Français, cette superbe cathédrale tout en bois – les habitants l'appellent à juste titre l'"église en bois" – présente une façade sombre rehaussée d'ornements dorés et de larges colonnades. La nef, située sous un remarquable entrelacs de poutres, est vaste, lumineuse et particulièrement élégante. Siège du diocèse de Kon

LES VILLAGES D'ETHNIES MINORITAIRES AUTOUR DE KON TUM

Plusieurs villages bahnar sont installés à la périphérie de Kon Tum. La vie s'organise autour de la *nha rong* traditionnelle, une haute maison communale au toit de chaume construite sur pilotis. Cœur des fêtes, la *rong* fait aussi office de lieu de réunion, de centre spirituel, de tribunal et d'école. Son faîte est en général orné, et des décors tissés sont parfois insérés dans les toits mêmes. Les pilotis étaient à l'origine une protection contre les éléphants, les tigres et les autres animaux. Les maisons traditionnelles en sont aussi dotées, et le bétail vit en dessous.

Les villages des Sedang et des Jarai sont plus isolés ; les coutumes de ces derniers sont toujours bien vivaces, notamment celle consistant à nourrir les morts dans des cimetières traditionnels, comme le font les Bahnar "des sommets". Les autres, convertis au catholicisme, enterrent leurs morts une fois pour toutes et ne les "nourrissent" pas. Le préfixe "kon" indique généralement un village bahnar ; un village commençant par "plei" est très probablement jarai.

Les touristes sont généralement bien accueillis par les habitants et peuvent découvrir seuls les villages autour de Kon Tum. Toutefois, demandez toujours l'autorisation avant de photographier les gens ou leur habitation.

Il existe des excursions à la journée dans les villages à partir de 35 $US par personne environ, avec guide/conducteur de moto, suivant les lieux visités.

Si vous avez le temps d'y rester plusieurs jours, An Nguyen (p. 322) et Highlands Eco Tours (p. 323) peuvent organiser un séjour chez l'habitant. Si les guides veillent à ne pas venir trop souvent dans un même village, les visiteurs sont toujours les bienvenus et peuvent participer aux activités quotidiennes.

La belle *rong* de **Kon Harachot**, à côté d'un terrain de football rustique, à quelques pas de l'hôtel Hnam Chang Ngeh, est la plus proche de Kon Tum. Plus difficile à trouver, la *rong* de **Kon Tum Konam** est située un peu plus à l'est. Les deux villages sont essentiellement des banlieues de Kon Tum.

À 9 km au sud-est de Kon Tum, le village de **Kon Ktu** est accessible par le pont suspendu de Konklor et une route jalonnée de nids-de-poule. On y trouve une jolie *rong* au bord de l'eau, près de l'église catholique, ainsi que quelques chambres chez l'habitant. On peut voir les habitants transporter leurs récoltes sur la rivière à bord de radeaux faits de pneus.

En chemin, vous découvrirez une deuxième *rong* à **Konklor**, à côté du pont suspendu. On peut regagner Kon Tum en passant par une autre *rong* au village voisin de **Kon Kri**.

Ya Chim (la Chim) est le nom donné à un groupe de huit villages jarai, dont le premier se trouve à 17 km au sud-ouest de Kon Tum. Ils abritent des cimetières traditionnels dotés de figurines de deuil en bois. Vous verrez peut-être des villageois "nourrir" les morts en plaçant de la nourriture dans des tiges de bambou plantées dans les tombes.

Kon Tum

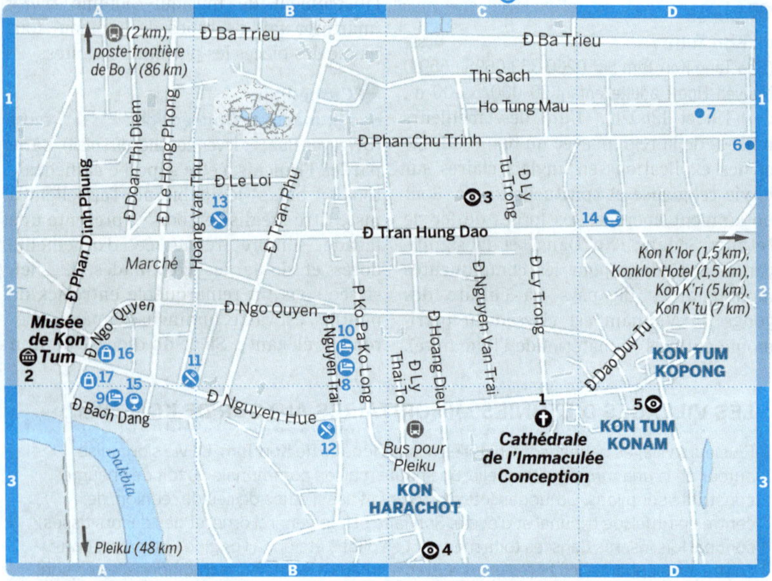

Kon Tum

Les incontournables
1 Cathédrale de l'Immaculée Conception..C3
2 Musée Kon Tum....................................A2

À voir
3 Séminaire et musée des Montagnards..C2
4 Kon Harachot...C3
5 Kon Tum Konam.....................................D3

Activités
6 An Nguyen...D1
7 Highlands Eco Tours...............................D1

Où se loger
8 Hnam Chang Ngeh..................................B2
9 Indochine Hotel......................................A3
10 Thinh Vuong Hotel.................................B2

Où se restaurer
11 Pho Ca...A2
12 Quan 69...B3
13 Rita...B2

Où prendre un verre et faire la fête
14 Gac Mang Re Cafe..................................D2
15 Indochine Coffee....................................A3

Achats
16 Dakbla's...A2
17 Boutique sans nom..................................A2

Tum, vieux de 160 ans, la cathédrale est essentiellement fréquentée par la communauté bahnar, et ce sont ainsi des textiles traditionnels qui en ornent l'autel.

Séminaire et musée des Montagnards MUSÉE

(Đ Tran Hung Dao ; 7h30-11h et 14h-17h mer-lun). GRATUIT Charmant bâtiment à colombages édifié en 1935. L'étage, en principe occupé par un passionnant musée sur la vie des ethnies montagnardes, était fermé pour rénovation lors de notre visite. À l'extérieur, sur la gauche, se dresse une statue de la Vierge à l'Enfant ; notez que Marie porte une tenue bahnar et un panier traditionnel dans le dos.

Circuits organisés

An Nguyen CIRCUITS CULTURELS

(0905 672 442, 0260-386 2944 ; evacoffee@ymail.com ; 5 Đ Phan Chu Trinh ; circuits 1 journée 85 $US). Installé à l'Eva Café, le sculpteur An est un guide très bien informé capable d'organiser des circuits à la journée dans des villages bahnar ou des excursions de plusieurs jours sur la culture locale, avec séjour chez l'habitant. Contactez-le au préalable : il est très demandé.

Highlands Eco Tours CIRCUITS CULTURELS
(☎ 0260-391 2788, 0905 112 037 ; www.vietnamhighlands.net ; 41 Đ Ho Tung Mau ; ⌚ 7h-19h). Guide expérimenté, M. Huynh parle anglais et connaît Kon Tum et sa région comme sa poche. Il a pour spécialité les excursions dans les villages de minorités, notamment les Sodra, les séjours chez l'habitant dans des communautés isolées, les treks et les visites de sites de bataille. À partir de 35-45 $US par jour si vous voyagez à moto. Appelez-le auparavant ou envoyez-lui un e-mail, car lui aussi est très sollicité.

Où se loger

Hnam Chang Ngeh HÔTEL $
(☎ 0868 981 031 ; www.hnam-changngeh.org ; 16a Đ Nguyen Trai ; s/d avec petit-déj 350 000/450 000 d, ste 650 000 d ; ❄ 📶). Un excellent hôtel, créé pour former les jeunes des minorités locales aux métiers de l'hôtellerie (son nom signifie "Maison de l'Espoir" en bahnar). Il y a 10 chambres sur 3 niveaux. Toutes sont confortables (mais faiblement éclairées), et chacune a sa décoration à la fois stylée et décalée. Agréable restaurant dans le jardin. Personnel très serviable. Motos à louer.

Thinh Vuong Hotel HÔTEL $
(☎ 0260-391 4729 ; thinhvuonghotel.kontum@gmail.com ; 17 Đ Nguyen Trai ; ch 250 000-350 000 d ; ❄ 📶). À côté du Hnam Chang Ngeh, dans une rue centrale paisible, un hôtel chaleureux au personnel serviable. Grandes chambres impeccables à petits prix ; les lits sont très bas, mais c'est l'unique défaut. Blanchisserie sur demande et motos à louer (150 000 d/jour).

Konklor Hotel HÔTEL $
(☎ 0260-386 1555 ; www.konklorhotel.vn ; 38 Bac Can ; ch 190 000-350 000 d ; ❄ 📶). Cette adresse de type resort dispose de duplex propres et soignés qui semblent tout droit sortis d'une banlieue pavillonnaire. Les chambres supérieures sont d'un excellent rapport qualité/prix, mais évitez les simples moins chères, sans fenêtre. L'aimable personnel parle anglais, il y a un restaurant et des motos sont à louer (150 000 d) ; il vous en faudra une, car l'hôtel est à 2 km à l'est de la ville (près du village de Konklor), loin des cafés et des restaurants.

Indochine Hotel HÔTEL $$
(☎ 0260-386 3335 ; www.indochinehotel.vn ; 30 Đ Bach Dang ; ch avec petit-déj 700 000-800 000 d, ste 1 100 000-1 500 000 d ; ❄ 📶). Si les chambres de ce trois-étoiles, un immeuble en béton au bord de la Dakbla, sont un peu défraîchies pour certaines, les chambres "luxury" sont rénovées et les meilleures bénéficient d'une belle vue sur la rivière.

Où se restaurer et prendre un verre

Pho Ca NOUILLES $
(Đ Nguyen Hue ; nouilles 25 000 d ; ⌚ 7h-20h). Une excellente adresse où goûter la spécialité locale : le *pho hai*, des nouilles servies dans deux bols. Dans le premier, les nouilles sont garnies de porc haché frit, d'oignon,

ALLER AU LAOS : DE KON TUM À ATTAPEU

Rejoindre la frontière Le **poste-frontière de Bo Y/Phou Keua** se situe à 86 km au nord-ouest de Kon Tum et à 119 km au nord-est d'Attapeu (Laos). Les bus pour Attapeu et Pakse partent de la gare routière de Pleiku à 6h et 7h et passent par Kon Tum vers 7h et 8h. Votre hôtel peut vous réserver un billet pour Attapeu (250 000 d, 5 heures) ou Pakse (350 000 d, 10 heures). Traverser la frontière en indépendant peut être compliqué. Du côté vietnamien, la grande ville la plus proche est Ngoc Hoi (Plei Can), à 68 km à l'ouest de Kon Tum, accessible en minibus (60 000 d, 2 heures) depuis la même gare que les minibus pour Pleiku. Il faut ensuite prendre un minibus jusqu'à la frontière (15 000 d, 30 minutes). Des bus matinaux partent de Ngoc Hoi directement pour Attapeu ; arrivez le plus tôt possible. Du côté laotien, les moyens de transport sont encore plus rares, et vous dépendrez avant tout des voitures qui passent pour poursuivre en stop.

À la frontière Les ressortissants de la plupart des pays peuvent se procurer un visa laotien (30 à 40 $US en fonction de la nationalité). Il n'est pas délivré de visa vietnamien : on doit en faire la demande au préalable.

Au-delà Le bus au départ de Pleiku arrive à Attapeu vers 13h, puis continue vers Pakse, à 5 heures de route. À Attapeu, des bus partent également toutes les heures pour Pakse.

BUS AU DÉPART DE KON TUM

DESTINATION	PRIX (D)	DURÉE	FRÉQUENCE	DISTANCE
Buon Ma Thuot (Dak Lak)	150 000	5 heures	7h, 12h, 13h30	188 km
Dalat	270 000	10 heures	16h30	433 km
Danang	150 000-180 000	6 heures 30	6/jour	293 km
HCMV	270 000-450 000	12 heures	5/jour (tout l'après-midi)	550 km
Hué	210 000	8 heures 30	5/jour	445 km
Nha Trang	220 000	8 heures	18h	344 km
Pleiku (Noi Tinh)	25 000	1 heure	toutes les heures	48 km
Quy Nhon	100 000	4 heures 30	toutes les heures jusqu'à 10h	190 km

de laitue, de germes de soja et de sauce au piment et à l'ail. Le second contient un bouillon salé-sucré aux tranches de bœuf ou aux boulettes de viande. Un régal !

Quan 69 VIETNAMIEN $
(511 Đ Nguyen Hue ; repas 60 000 d ; ⏲10h-23h). De grands groupes envahissent cet espace de style hangar. La bière est servie tiède, mais la carte (en vietnamien) offre un vaste choix et nos *bo toi chanh* (salade de bœuf) et *ga sot me* (poulet à la sauce au tamarin) étaient excellents.

Rita INTERNATIONAL $
(☎0989 530 604 ; 42 Đ Tran Quang Khai ; repas 50 000-110 000 d ; ⏲7h-22h). Dans une petite rue perpendiculaire à Đuong Tran Hung Dao, cette adresse accueillante et sans prétention est votre meilleure option si vous avez une folle envie de plats occidentaux : en plus de quelques pizzas et plats de pâtes, sont servis steaks, sandwichs et salades.

Gac Mang Re Cafe CAFÉ
(www.facebook.com/gacmangrekontum ; 86 Tran Hung Dao ; ⏲7h-22h ; 📶). Le meilleur café de la ville, à l'élégante terrasse, dans un coin tranquille de la ville. Pour un bon coup de fouet, prenez le *sinhto*, un smoothie avec des morceaux de pomme cannelle, de pomme verte, de mangue, de fruit de la passion et de noix, des épinards et des graines de chia. Des repas sont aussi préparés (40 000-120 000 d), notamment poulet au curry, salades et pizzas. Gâteaux également.

Indochine Coffee BAR
(Ca Phe Dong Duong ; 30 Đ Bach Dang ; ⏲6h-22h). Joignez-vous aux habitants aisés de Kon Tum pour un thé, un *ca phe sua da* (café au lait glacé) ou une bière Saigon fraîche sous les impressionnants piliers de bambous du café moderniste de l'Indochine Hotel (p. 323). Les prix sont étonnamment raisonnables.

Achats

Dakbla's ART ET ARTISANAT
(620 Đ Nguyen Hue ; ⏲10h-20h). Les amateurs d'ethnologie apprécieront cette boutique aux murs ornés d'artisanat bahnar et sedang : gongs, masques funéraires, tambours, armes, sacs de chasse tressés, bijoux et vêtements traditionnels. Vend aussi de superbes photographies.

Boutique sans nom ART ET ARTISANAT
(Đ Phan Dinh Phung ; ⏲10h-20h). Excellents (mais onéreux) sacs à dos de chasseur sedang et bahnar (50-75 $US), articles tissés anciens et gongs, entre autres.

Depuis/vers Kon Tum

Les bus pour Pleiku (via l'aéroport de Pleiku) et Ngoc Hoi partent d'un parking situé juste à côté de Đuong Nguyen Hue.

La **gare routière principale** (Ben Xe Kon Tum ; 279 Đ Phan Dinh Phung) de Kon Tum, dont l'emplacement (à 2,5 km au nord-ouest du centre) est peu pratique, est desservie par les lignes longue distance. Pour Hoi An, prenez un bus ou un minibus pour Danang, où vous trouverez une correspondance.

Des minibus "limousine", plus rapides, relient Kon Tum à Buon Ma Thuot (200 000 d). Ils sont pratiques car ils vous déposent dans le centre, et non à la lointaine gare routière ; réservez par l'intermédiaire de votre hôtel.

Hô Chi Minh-Ville

☎ 028 / 8,4 MILLIONS D'HABITANTS

Dans ce chapitre ➡

Le top des restaurants

- Hum Lounge & Restaurant (p. 352)
- Quan Bui (p. 352)
- Quince (p. 354)
- Bep Me In (p. 352)
- Cuc Gach Quan (p. 356)
- Padma de Fleur (p. 352)

Le top des hébergements

- River Cottage (p. 350)
- Nguyen Shack (p. 345)
- Fusion Suites Saigon (p. 348)
- Ma Maison Boutique Hotel (p. 348)
- Chez Mimosa Boutique Hotel (p. 350)

Pourquoi y aller

Hô Chi Minh-Ville (HCMV) incarne le Vietnam dans ce qu'il a de plus grisant : un cocktail explosif de commerce et de culture dont l'énergie a été un des moteurs du pays. De fait, toute chaotique qu'elle soit, la ville marque de sa vitalité quiconque s'y installe, ne laissant d'autre choix au voyageur de passage que d'entrer dans la danse.

Entre hôtels raffinés et pensions pour voyageurs à petit budget, restaurants chics et gargotes de rue, boutiques sélectes et marchés animés, HCMV est affaire de choix et de contrastes.

Portant le nom de Saigon jusqu'à la victoire communiste de 1975, la ville est encore hantée par les fantômes du passé, comme le palais de la Réunification, qui témoigne d'une nation en plein tourments, il y a seulement une génération. On remonte aussi le temps grâce aux superbes et innombrables souvenirs architecturaux de la période coloniale française, au temps de l'Indochine, dont la majorité ont été convertis en musées ou beaux hôtels.

Quand partir

Hô Chi Minh-Ville

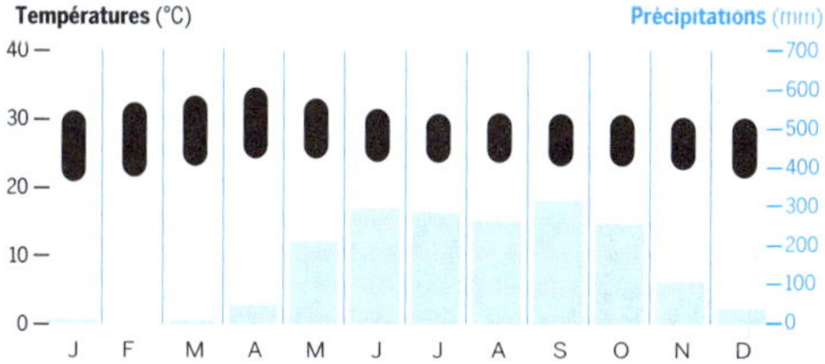

Fév Presque pas de pluie, une humidité minimale et un manteau de fleurs pour la fête du Têt.

Mars Peu de pluie et d'humidité, avec en prime la course annuelle de cyclo-pousse.

Déc Un temps plus frais et plus sec qu'à l'ordinaire.

À ne pas manquer

1 Une plongée dans la récente histoire tumultueuse du Vietnam dans le **musée des Souvenirs de guerre** (p. 331)

2 Les nuages d'encens de l'envoûtante **pagode de l'Empereur de Jade** (p. 335)

3 La **cuisine de rue du district 4** (p. 339), à déguster avec les habitants dans une ambiance authentique.

4 La **pagode Giac Lam** (p. 340), ancien temple du district de Cholon.

5 Une des nombreuses **brasseries artisanales** (p. 360) de la ville, telles que Heart of Darkenss.

6 L'architecture intérieure de la **Poste centrale** (p. 330), un bijou de la période coloniale française

7 L'exploration des **tunnels de Cu Chi** (p. 371), le réseau souterrain du Viêt-cong

8 La **cathédrale Notre-Dame** (p. 330), l'un des plus beaux exemples d'architecture coloniale française de la ville

9 Le **Grand Temple caodaïste** (p. 372) de Tay Ninh, pour admirer les superbes costumes de ses fidèles.

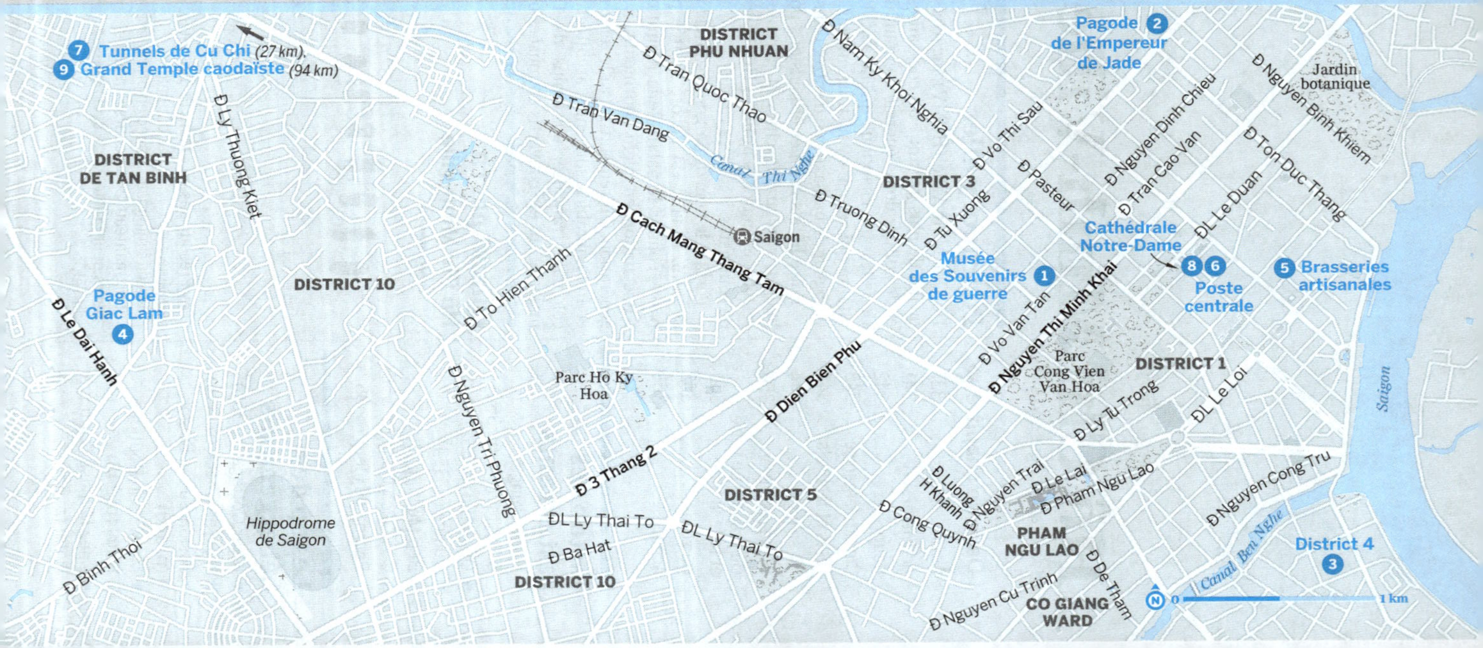

Histoire

À l'origine, Saigon, qui faisait partie du royaume du Cambodge, était une petite ville portuaire appelée Prey Nokor, et ce jusqu'à la fin du XVIIe siècle. Sa population était alors principalement constituée de Khmers. Les colons vietnamiens migrant de plus en plus vers le sud, la ville est ensuite devenue le fief de la dynastie des Nguyên, qui régna sur le sud du Vietnam du XVIe au XVIIIe siècle.

Durant la révolte des Tây Son, au XVIIIe siècle, des réfugiés chinois s'établirent à proximité, dans un lieu baptisé Cholon ("grand marché"). Après avoir maté les rebelles, Nguyên Anh (connu plus tard sous son nom d'empereur de Gia Long) édifia une vaste citadelle à peu près à l'emplacement actuel des ambassades de France et des États-Unis.

Les deux villes furent prises en 1859 par les Français, qui détruisirent la citadelle et firent de Saigon la capitale de la colonie de Cochinchine. L'expansion des deux cités fut officialisée en 1931 par leur fusion en Saigon-Cholon, rebaptisée Saigon en 1956.

Elle fut la capitale de la république du Vietnam de 1956 à 1975, puis tomba aux mains des forces du Nord-Vietnam et fut alors rebaptisée Hô Chi Minh-Ville.

Aujourd'hui, HCMV est le moteur commercial et financier de l'économie du pays. Son taux de croissance est largement supérieur à celui du reste du Vietnam, et le prix de la terre y est extrêmement élevé. C'est aussi l'épicentre culturel du pays. Son caractère libéral se heurte parfois aux élus conservateurs du gouvernement.

À voir

Passé outre ses vénérables édifices coloniaux et le tumulte de ses rues, Hô Chi Minh-Ville a de quoi satisfaire tous les goûts, qu'il s'agisse de musées, de temples, de marchés, de monuments historiques ou d'espaces verts. Trois jours devraient suffire pour faire le tour des principaux centres d'intérêt, mais le caractère à la fois décontracté, sympathique et industrieux de la métropole vietnamienne retient souvent le voyageur.

Plus qu'une ville, HCMV est en soi une petite province, qui s'étend de la mer de Chine méridionale jusqu'à la frontière cambodgienne, ou peu s'en faut. Les régions rurales constituent environ 90% de la superficie de HCMV et accueillent quelque 25% de sa population. La grande majorité des habitants se regroupe dans le centre urbain, qui correspond, en superficie, aux 10% restants.

HCMV est divisée en 19 districts urbains (*quan*, d'après le mot "quartier") et en 5 districts ruraux (*huyen*, dérivé du mot chinois *xian*). La majorité des centres

HÔ CHI MINH-VILLE EN...

Un jour

Avalez un bon bol de *pho* (soupe de nouilles de riz) chaud au bord de la rivière Saigon, puis empruntez Đai Lô Nguyen Hue, le plus grand boulevard de la ville, jusqu'au musée de HCMV (p. 330). Partez ensuite à la découverte du marché Ben Thanh (p. 363) et de ses environs, déjeunez au Bep Me In (p. 352), visitez le musée des Souvenirs de guerre (p. 351) et le palais de la Réunification (p. 332). Le soir, goûtez une bière artisanale de caractère au Heart of Darkness (p. 360) et dînez au Quan Bui (p. 352) ou au Hum Vegetarian Cafe & Restaurant (p. 355).

Deux jours

Passez la matinée à la découverte du marché et des pagodes anciennes de Cholon (p. 336). Rejoignez le district 3 en taxi pour déjeuner au Banh Xeo 46A (p. 356) ou au Chay Garden (p. 355), et vous promener dans Da Kao jusqu'à la pagode de l'Empereur de Jade (p. 335) et le musée d'Histoire (p. 335). Profitez au mieux de votre dernière soirée à HCMV : commencez par boire un verre au bar d'un toit-terrasse haut perché, dînez au Cuc Gach Quan (p. 356) ou au Quince (p. 354), puis appréciez un concert à l'Acoustic (p. 362), au Rogue Saigon (p. 360) ou à l'Old Compass Cafe (p. 352). Si c'est le week-end et si vous voulez goûter aux joies de la vie nocturne de HCMV, rendez-vous à l'Observatory (p. 362).

Agglomération de Hô Chi Minh-Ville

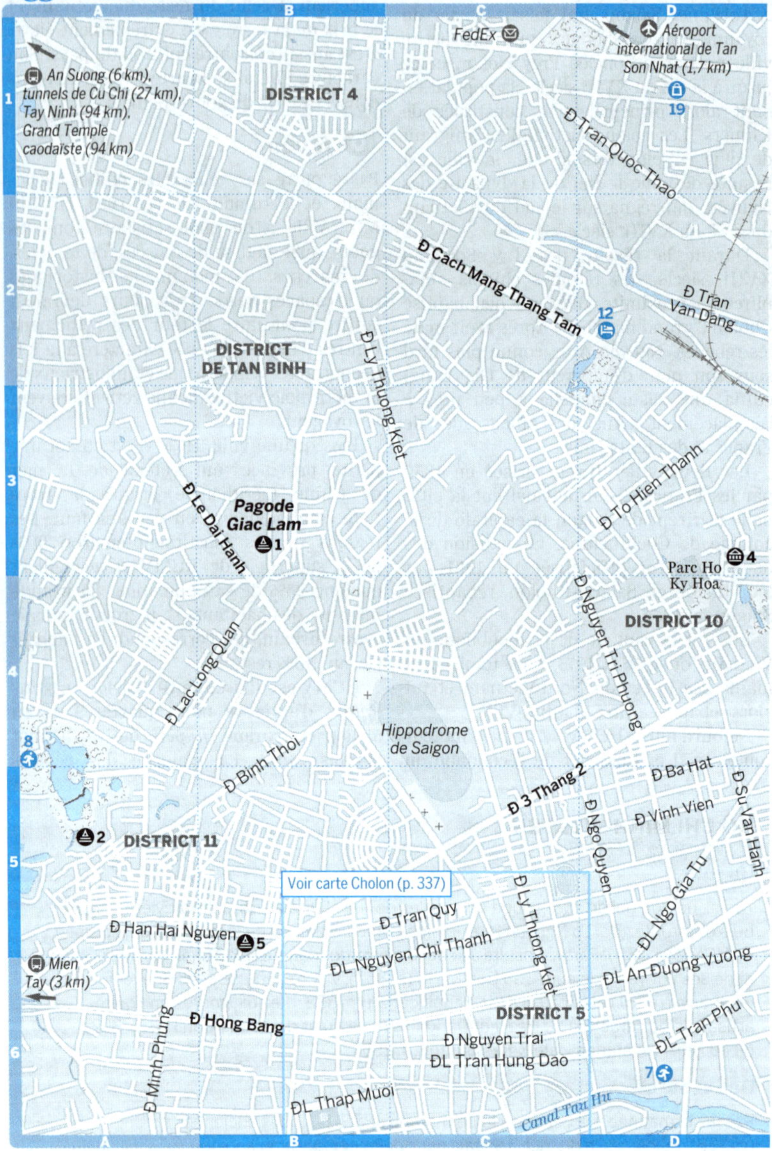

d'intérêt se situent dans le district 1, toujours dénommé Saigon, qui comprend Pham Ngu Lao (PNL), quartier pour voyageurs à petit budget, et le secteur plus cossu de Dong Khoi. Cependant, certains quartiers, tel le district 3, ont leur charme propre, avec des bâtiments de style international et néoclassique, des rues arborées et ponctuées de boutiques, cafés et restaurants.

Quartier de Dong Khoi

À l'ouest de la rivière Saigon, le cœur de la vieille ville est aussi une enclave moderne

truffée de boutiques de mode et de gratte-ciel, encerclée par des zones réservées aux affaires et à l'administration. S'étendant de la rivière à la cathédrale Notre-Dame en passant par l'Opéra (Théâtre municipal), ce quartier huppé tient son nom de sa principale artère commerçante. Ce sont les larges boulevards Đai Lo Le Loi et Đai Lo Nguyen Hue qui laissent la plus forte impression. Le long de ces grands axes, les vestiges de la colonisation française côtoient la modernité urbaine.

Agglomération de Hô Chi Minh-Ville

Les incontournables
1 Pagode Giac Lam B3

À voir
2 Pagode Giac Vien A5
3 Temple Le Van Duyet G1
4 Musée de la Médecine traditionnelle vietnamienne D3
5 Pagode Phung Son B5
6 San Art G5

Activités
7 Parc aquatique de Dai The Gioi.............D6
8 Dam Sen Water Park A4
9 Vietnam Silver House............................E6

Où se loger
10 Chez Mimosa Boutique Hotel G5
11 Hotel Nikko Saigon E5
12 Ma Maison Boutique Hotel....................D2
13 OYO 623 California Guest House G5

Où se restaurer
14 Oc Dao 2 ....H5
15 Oc Po...H5
16 Quan Ut Ut..G5

Où prendre un verre et faire la fête
17 Tipsy Unicorn...G5
18 Whiskey & Wares.....................................G4

Achats
19 Mai Handicrafts D1
20 Marché Xom Chieu.................................H5

Renseignements
21 Innoviet F5

Cathédrale Notre-Dame ÉGLISE
(carte p. 346 ; Đ Han Thuyen). Érigée entre 1877 et 1883, cette cathédrale en brique de style néoroman se dresse au cœur du quartier administratif de Hô Chi Minh-Ville, face à Đuong Dong Khoi. Ses deux clochers sont tous deux surmontés de flèches et de croix s'élevant à 60 mètres de hauteur. Cette cathédrale catholique, qui doit son nom à la Vierge Marie, était fermée pour rénovation au moment de la rédaction de ce guide, mais si vous avez la chance de la voir ouverte, vous apprécierez ses vitraux et ses murs intérieurs couverts d'ex-voto.

Musée de Hô Chi Minh-Ville MUSÉE
(Bao Tang Thanh Pho Ho Chi Minh ; carte p. 346 ; www.hcmc-museum.edu.vn ; 65 Đ Ly Tu Trong ; 30 000 d ; 7h30-17h). Le musée municipal occupe un impressionnant bâtiment néoclassique de 1885, autrefois connu sous le nom de palais Gia Long, puis de musée de la Révolution. À l'intérieur, l'histoire de la ville est racontée au travers d'objets archéologiques, de céramiques, de cartes d'époque et d'expositions sur les traditions de mariage de diverses ethnies. Une grande place (la quasi-totalité du dernier étage) est accordée à la lutte pour l'indépendance du pays.

Sous le bâtiment, dans les profondeurs de la terre, se déploie un réseau de couloirs et de bunkers en béton renforcés, dont certains mènent jusqu'au palais de la Réunification. Les bunkers abritent notamment des pièces de vie (dont une cuisine) et une grande salle de réunion. En 1963, le président Diem et son frère s'y sont cachés avant de se réfugier en l'église Cha Tam (p. 338). Le réseau n'est pas accessible au grand public, car il est largement inondé.

Les jardins abritent du matériel militaire, dont un avion de chasse américain Northrop F-5E utilisé par un renégat sud-vietnamien pour bombarder le palais présidentiel (aujourd'hui palais de la Réunification) le 8 avril 1975.

Poste centrale ÉDIFICE HISTORIQUE
(carte p. 346 ; 2 Cong Xa Paris ; 7h-19h lun-ven, 7h-18h sam, 8h-18h dim). L'impressionnante poste française est un exemple classique d'architecture coloniale. Construite entre 1886 et 1891 et souvent attribuée à Gustave Eiffel, elle fut en fait dessinée par Marie-Alfred Foulhoux. Sur le mur du fond, un portrait en mosaïque de Hô Chi Minh occupe la place d'honneur. Notez aussi l'infrastructure métallique vert foncé et le carrelage à motifs du sol.

Musée des Beaux-Arts MUSÉE
(Bao Tang My Thuat ; carte p. 346 ; www.baotangmythuattphcm.com.vn ; 97a Đ Pho Duc Chinh ; 30 000 d ; 8h-17h mar-sam). Avec ses vastes couloirs et ses vérandas aérées, cet élégant édifice jaune et blanc de 1929 est caractéristique de l'époque coloniale : un carrelage aux motifs élaborés au sol, de jolis vitraux – hélas en mauvais état –, et l'un des plus vieux ascenseurs de la ville. Il abrite une belle collection de tableaux, dont des œuvres très fortes des XXe et XXIe siècles.

Hormis des peintures contemporaines, le plus souvent inspirées par la guerre, vous y découvrirez des pièces du IVe siècle, parmi lesquelles d'élégantes sculptures en bois ou en pierre du royaume du Funan représentant Vishnu, Bouddha et d'autres figures vénérées, ainsi que des œuvres chams du VIIe au XIVe siècle.

D'autres sculptures émaillent le parc et la cour centrale, accessible par l'arrière du bâtiment. La boutique vend un choix de reproductions à partir de 150 000 d. Le bâtiment n°2, à côté, accueille des œuvres mineures et des expositions temporaires.

L'espace devant l'imposant bâtiment de l'ancien bureau des chemins de fer, plus haut entre Đ Ham Nghi et ĐL Le Loi, face au rond-point, fut le théâtre d'exécutions publiques au début des années 1960.

Siège du Comité du peuple ÉDIFICE NOTABLE

(ĐL Nguyen Hue). Construit entre 1901 et 1908, l'ancien hôtel de ville s'élève à l'extrémité nord-ouest de Đai Lo Nguyen Hue. Il se distingue par sa façade élaborée d'inspiration Renaissance ; l'intérieur ne se visite pas.

Opéra THÉÂTRE

(Nha Hat Thanh Pho ; carte p. 346 ; ☎028-3823 7419 ; www.hbso.org.vn ; place Lam Son). Trônant au carrefour de Đuong Dong Khoi et de Đai Lo Le Loi, ce fier édifice colonial de 1897, dont l'escalier d'accès décrit une courbe majestueuse, reflète le style français de la Belle Époque. Officiellement baptisé Théâtre municipal, c'est l'un des monuments les plus emblématiques de la ville. Les spectacles vont du ballet à l'opéra, en passant par la danse moderne et la comédie musicale. Programme et réservation sur le site Internet.

Musée Hô Chi Minh MUSÉE

(Bao Tang Hô Chi Minh ; carte p. 346 ; 1 Đ Nguyen Tat Thanh, district 4 ; 10 000 d ; 🕒7h30-11h30 et 13h30-17h mar-dim). Surnommé la "maison du Dragon" (Nha Rong), le bâtiment des anciennes messageries maritimes fut construit par les autorités françaises en 1863. Les liens entre Hô Chi Minh (1890-1969) et ce lieu semblent plutôt ténus : c'est là qu'il se serait engagé, en 1911, à l'âge de 21 ans, pour s'embarquer comme chauffeur et cuisinier sur un cargo français. Il entamait là un exil de 30 ans, qui allait notamment le mener en France, en Union soviétique, au Royaume-Uni et en Chine.

Le musée retrace la vie et l'engagement politique du leader, de sa naissance sous le nom de Nguyên Tat Thanh à sa mort en 1969, essentiellement à l'aide de photos. On peut aussi y voir de nombreux effets personnels de l'oncle Hô, dont certains vêtements, ses sandales et ses lunettes. Les explications sont disponibles en anglais. Le musée se trouve au bord de l'eau, de l'autre côté du canal Ben Nghe par rapport au district 1. Pour vous y rendre à pied, suivez la rivière Saigon en direction du sud, puis traversez le pont.

Palais de la Réunification et environs

À cheval entre le district 1 et le district 3, ce damier de rues fréquentées, entourant le parc Tao Dan et celui du palais de la Réunification, regroupe plusieurs sites phares – et quelques restaurants de premier ordre.

Musée des Souvenirs de guerre MUSÉE

(Bao Tang Chung Tich Chien Tranh ; carte p. 332 ; ☎028-3930 5587 ; warremnantsmuseum.com ; 28 Đ Vo Van Tan, angle Đ Le Quy Don ; adulte/enfant 40 000/20 000 d ; 🕒7h30-18h). Pour comprendre les circonstances de la guerre contre les Américains et ses conséquences désastreuses sur la population vietnamienne, prenez au moins 2 heures pour visiter cet émouvant musée. Si le propos peut sembler partial, il est à noter que nombre de photos dérangeantes sur les atrocités commises par les Américains, dont celles du terrible massacre de My Lai (p. 253), proviennent de sources états-uniennes. Ces atrocités ont très vite été rendues publiques, mais les Occidentaux ont rarement l'occasion d'entendre le témoignage de victimes de l'autre camp.

Les photographies d'enfants brûlés au napalm ou déchiquetés par les bombes américaines glacent le sang. Vous aurez également le triste privilège de découvrir ici quelques armes expérimentales (classées à l'époque "secret défense") employées pendant la guerre du Vietnam, dont la Fléchette, un obus rempli de minuscules traits acérés.

Au rez-de-chaussée, une collection d'affiches et de photos en rapport avec le mouvement contre la guerre à travers le monde soulage heureusement un peu de toutes ces horreurs.

À l'étage, ne manquez pas l'**exposition Requiem**, compilée par le grand photographe de guerre Tim Page, qui illustre le travail de ses collègues des deux côtés du conflit, avec notamment des tirages de

Palais de la Réunification et environs

Larry Burrows et de Robert Capa, mort en couvrant la guerre d'Indochine.

À l'extérieur sont exposés des véhicules blindés américains, des pièces d'artillerie, des bombes et des armes d'infanterie. Un coin du parc, consacré aux bagnes insulaires de Phu Quoc et de Poulo Condor (actuel Con Son), de sinistre mémoire, donne aussi à voir la guillotine utilisée par les Français, et les "cages à tigre" inhumaines dans lesquelles les prisonniers étaient enfermés.

Le musée occupe l'immeuble utilisé à l'époque par l'US Information Service. Commentaires en vietnamien et en anglais. Il portait autrefois le nom de musée des crimes de guerre chinois et américains.

Palais de la Réunification — MONUMENT HISTORIQUE

(Dinh Thong Nhat ; carte ci-dessus ; ☎ 028-3829 4117 ; www.dinhdoclap.gov.vn ; Đ Nam Ky Khoi Nghia ; adulte/enfant 40 000/20 000 d ; 7h30-11h et 13h-16h). Entouré de palmiers royaux, ce bâtiment des années 1960 est l'un des lieux les plus spectaculaires de la ville, tant pour son architecture moderne que pour l'étrangeté qui se dégage de ses vastes salles désertes. Il est également connu sous le nom de palais de l'Indépendance.

Le palais semble s'être figé le 30 avril 1975, jour où les premiers chars nord-vietnamiens entrèrent dans Saigon. Ils écrasèrent les grilles du palais, puis un soldat courut planter un drapeau viêt-cong sur le balcon – l'image fit le tour du monde. Ce matin-là, le général Duong Van Minh, promu chef de l'État sud-vietnamien 43 heures auparavant, attendait les vainqueurs dans un superbe salon, en compagnie de ses ministres. "Je vous attendais pour vous transférer les pouvoirs", dit Minh à l'officier viêt-cong qui entrait dans la pièce. "Il n'y a aucun pouvoir à passer, répondit l'officier avec

Palais de la Réunification et environs

Les incontournables
1 Palais de la Réunification C2
2 Musée des Souvenirs de guerre C1

À voir
3 Temple hindou de Mariamman C3
4 Porte du palais Norodom D2
5 Salon Saigon B1
6 Parc Tao Dan B3
7 Mémorial du vénérable Thich Quang Duc A3
8 Pagode Xa Loi A2

Activités
9 L'Apothiquaire A1

Où se loger
10 Avanti Hotel Saigon D3
11 Fusion Suites Saigon B3
12 Mai House Saigon B1
13 Nguyen Shack C3
14 Sanouva D3
15 Vietnam Backpacker Hostel B4

Où se restaurer
16 Banh Mi Huynh Hoa C4
17 Beefsteak Nam Son C1
18 Marché de cuisine de rue Ben Thanh D3
19 Bep Me In D3
20 Chay Garden B2
21 Hum Vegetarian Cafe & Restaurant C2
22 Jardin des Sens B1
23 Maison Marou Saigon D4
24 Maria C1
25 Padma de Fleur D4
26 Pizza 4P's D3
27 Secret House D4
28 Shri Restaurant & Lounge D1

Où prendre un verre et faire la fête
29 BiaCraft A2
30 Chat Coffee Roasters D4
31 East West Brewing D3
32 Observatory B3
33 Saigon Coffee Roastery D4
Social Club Saigon .... (voir 28)

Où sortir
34 Acoustic B1
35 Conservatoire de musique C3
36 Galaxy C3
37 Golden Dragon Water Puppet Theatre C2
38 Yoko B2

Achats
39 Marché Ben Thanh D3

Renseignements
40 Columbia Asia D1
41 Consulat du Japon B1
42 Consulat de Thaïlande B1

morgue, vous ne pouvez transmettre ce que vous n'avez pas."

En 1868, la résidence du gouverneur général de Cochinchine française fut édifiée à cet emplacement. Après plusieurs agrandissements, ce bâtiment devint le palais Norodom. Au départ des Français, le président sud-vietnamien, Ngô Dinh Diêm, s'y installa. Il était si impopulaire que sa propre force aérienne essaya vainement de le faire disparaître en bombardant le palais en 1962. Diêm ordonna alors qu'un nouvel édifice soit construit sur l'emplacement de l'ancien, doté cette fois d'un abri antiaérien au sous-sol. Les travaux furent achevés en 1966, mais Diêm, assassiné par ses troupes en 1963, ne profita jamais des installations. Baptisé palais de l'Indépendance, le bâtiment hébergea le nouveau président du Sud-Vietnam, Nguyên Van Thiêu, jusqu'à sa fuite en 1975.

Typique de l'architecture des années 1960, le palais, dû à l'architecte Ngô Viêt Thu, formé à Paris, respire l'harmonie, et ses spacieuses salles sont décorées avec goût. Le rez-de-chaussée renferme des salles de réunion, le 1er étage, la salle de réception où le président du Sud-Vietnam recevait les dignitaires du régime et les délégations étrangères. Les appartements privés se situent à l'arrière du bâtiment, où vous découvrirez des maquettes de bateaux, des queues de cheval et des pattes d'éléphant. Le 2e niveau comporte une salle de jeu du plus pur style *seventies*. Citons aussi une salle de projection et une salle de bal sur le toit, ainsi qu'une terrasse aménagée en héliport.

Le sous-sol abrite un dédale de tunnels, un centre de télécommunications et une salle d'état-major, où de gros ventilateurs côtoient d'antiques émetteurs radio. Vers la fin du parcours, une vidéo retrace l'histoire du palais (commentaires en français et en anglais). Elle s'achève par l'hymne national : levez-vous, il serait impoli de rester assis.

Le palais de la Réunification est fermé au public lors des réceptions ou des réunions officielles. Les visiteurs peuvent profiter des services de guides parlant français et anglais.

Porte du palais Norodom GALERIE D'ART

(Van Phong Chinh Phu Hoi Truong Thong Nhat ; carte p. 332 ; ☎ 028-3822 3652 ; trungbay.dinhdoclap.gov.vn/en ; 106 Đ Nguyen Du ; ⏲7h30-17h30). L'impressionnante porte de l'époque coloniale française est le seul vestige du palais Norodom initial (qui a été bombardé en 1962 et remplacé par le palais de la Réunification). L'édifice accueille aujourd'hui des expositions sur l'art. Fermeture de la billetterie à 16h30.

Salon Saigon CENTRE D'ART

(carte p. 332 ; ☎ 0848-3933 3242 ; www.salonsaigon.com ; 6d Đ Ngo Thoi Nhiem ; ⏲9h-12h et 13h-18h mar-sam). Dans une demeure coloniale rénovée – résidence de l'ambassadeur des États-Unis Henry Cabot Lodge de 1963 à 1967 –, Salon Saigon accueille des expositions et des événements culturels et musicaux. Le vaste salon du rez-de-chaussée abrite une très bonne bibliothèque réunissant des ouvrages en anglais, en français et en vietnamien sur la culture et l'histoire du pays. La programmation est disponible sur le site Internet.

Pagode Xa Loi TEMPLE BOUDDHIQUE

(Chua Xa Loi ; carte p. 332 ; 89 Đ Ba Huyen Thanh Quan, district 3 ; ⏲7h-11h et 14h-20h). Ce vaste sanctuaire datant de 1956 est connu pour renfermer une relique du Bouddha, mais cette pagode est aussi intéressante pour sa terrible histoire. En août 1963, un commando attaqua la pagode, alors foyer de l'opposition au gouvernement Diêm. Quelque 400 moines et nonnes, y compris le patriarche bouddhiste du Vietnam âgé de 80 ans, sont alors arrêtés. Ce raid, et d'autres menés ailleurs, cristallisèrent l'opposition des bouddhistes au régime, un facteur déterminant dans la décision des États-Unis de soutenir un coup d'État contre Diêm. La pagode fut également le théâtre de plusieurs immolations de bonzes, qui protestaient contre le régime et l'agression américaine. Aujourd'hui, la pagode est un paisible refuge bouddhique, qui renferme une grande statue du Bouddha et une tour à sept étages de 32 m. Tenue correcte exigée (pas de shorts).

Le nom du sanctuaire témoigne de son importance. Les caractères chinois sur la façade – “Sheli Si” (舍利寺 ; temple Sheli), prononcé Xa Loi Chua en vietnamien – signifient “temple de Sarira”, du mot sanskrit pour “relique bouddhique”.

Les femmes pénètrent dans la salle principale de la pagode par un escalier situé à droite de l'entrée, les hommes utilisent celui de gauche. Dans la salle principale trône un grand bouddha en or qui n'est autre que Shakyamuni (le Bouddha historique). Les murs du sanctuaire sont ornés de peintures qui retracent la vie du Bouddha. Derrière la salle principale, une autre pièce contient une peinture représentant Bodhidharma, considéré comme le fondateur de l'école Chan (bouddhisme zen). Ce moine indien séjourna au monastère de Shaolin, en Chine, où il aurait créé le kung-fu Shaolin. Il est figuré portant une sandale sur un bâton, car, après sa mort, on aurait trouvé son cercueil vide, à l'exception de ce soulier.

Des cours de psalmodie et de méditation sont dispensés tous les mercredis soir. Un bonze prêche le dimanche entre 8h et 10h. Les jours de pleine lune et de nouvelle lune, des prières spéciales ont lieu de 7h à 9h et de 19h à 20h.

Temple hindou de Mariamman TEMPLE HINDOU

(Chua Ba Mariamman ; carte p. 332 ; 45 Đ Truong Dinh ; ⏲7h30-19h30). Bien que la ville ne compte qu'un nombre restreint d'hindouistes, ce temple coloré, le seul encore en activité, est considéré comme un lieu sacré par nombre de Chinois et de Vietnamiens. Il est réputé pour ses pouvoirs miraculeux. Construit à la fin du XIXe siècle, il est consacré à la déesse hindoue Mariamman. Retirez vos chaussures et déclinez les offres des vendeurs d'encens et de jasmin.

Mémorial du vénérable Thich Quang Duc MONUMENT

(carte p. 332 ; angle Đ Nguyen Dinh Chieu et Đ Cach Mang Thang Tam). Ce paisible parc-mémorial rend hommage au moine bouddhiste qui, en 1963, à l'âge de 73 ans, s'immola par le feu sur ce site, non loin du palais présidentiel (actuel palais de la Réunification), afin de protester contre la répression antibouddhiste du régime de Ngô Dinh Diêm. Inauguré en 2010, son mémorial consiste en une statue représentant le bonze entouré de flammes devant un bas-relief qui dépeint ses derniers instants.

Parc Tao Dan PARC
(carte p. 332 ; Ð Nguyen Thi Minh Khai). Une métropole de la taille de HCMV a résolument besoin de poumons verts, comme ce parc de 10 ha. C'est l'un des plus attrayants de la ville, avec ses allées jalonnées de bancs à l'ombre d'immenses arbres tropicaux, tels que flamboyants, Sao Den et So Khi. Tôt le matin et en fin d'après-midi, une foule de Saïgonnais s'adonnent ici au tai-chi. On assiste aussi chaque jour au "café des oiseaux", un rassemblement de vieux messieurs accompagnés de leurs volatiles en cage.

Ðuong Truong Dinh coupe le parc en deux. Au nord, un petit jardin de sculptures contemporaines voisine avec le palais de la Culture des travailleurs, ancien Cercle sportif de l'élite coloniale. Empreint d'une atmosphère désuète, ce dernier comprend des courts de tennis, une piscine Art déco à colonnades et un pavillon.

Da Kao et environs

Juste au nord du centre-ville, ce vieux quartier du district 1 regroupe la plupart des consulats, ainsi que plusieurs beaux bâtiments de l'époque coloniale. Ses rues historiques (et celles bordant la partie est du district 3) dissimulent de bons restaurants modernes et des bars branchés, ainsi que des restaurants traditionnels réputés.

♥ Pagode de l'Empereur de Jade TEMPLE TAOÏSTE
(Phuoc Hai Tu ou Chua Ngoc Hoang ; carte p. 356 ; 73 Ð Mai Thi Luu ; 7h-18h tlj, plus 5h-19h 1er et 15e jours du mois lunaire). GRATUIT Construite en 1909, voici l'une des pagodes les plus mémorables de HCMV. Dédiée à l'empereur de Jade (Ngôc Hoang), le dieu suprême taoïste assimilé au seigneur du Ciel, elle recèle quantité de statues de divinités et de magnifiques panneaux en bois sculptés ornés de caractères chinois dorés. Sous son toit couvert de tuiles élaborées se dressent des effigies en papier mâché incarnant les personnages des traditions bouddhique et taoïste.

À l'intérieur du bâtiment principal, deux statues de 4 m de hauteur à l'air féroce se dressent contre le mur. À droite, le général vainqueur du Dragon vert pose un pied sur sa victime terrassée. À gauche, le général vainqueur du Tigre blanc adopte une position similaire.

Les fidèles se pressent devant l'empereur de Jade, drapé d'étoffes luxueuses et de volutes d'encens (*huong*), qui domine le sanctuaire principal. Il est flanqué de ses gardiens, les quatre Grands Diamants (Tu Dai Kim Cuong), censés être aussi durs que la pierre du même nom.

Un passage à gauche de l'autel principal mène à une autre salle. L'espace situé à droite en entrant est dominé par Thanh Hoang, le maître des Enfers, son cheval rouge à sa gauche. Les autres statues figurent les dieux chargés de punir les mauvaises actions et de récompenser les bonnes. Remarquez également la salle des dix régions des Enfers, dont les bas-reliefs en bois ornant les murs évoquent les tourments. Des femmes attendent leur tour devant la représentation assise du dieu de la Ville, dont le couvre-chef s'orne d'idéogrammes signifiant "En un clin d'œil, l'argent est donné". Selon un rituel fascinant, les bouddhistes glissent de l'argent dans un tronc, frottent contre sa main un morceau de papier rouge, puis font tourner celui-ci autour de la flamme d'une bougie.

Derrière la cloison, une petite salle contient douze statues de porcelaine, disposées sur deux rangées, représentant douze femmes vêtues de couleurs vives et entourées d'enfants. Chacune d'elles symbolise un trait du caractère humain, bon ou mauvais, ainsi que les douze années du calendrier astrologique chinois. Kim Hoa Thanh Mau, chef des femmes, domine la salle. L'étage abrite une salle dédiée à Quan Âm, déesse de la Miséricorde, en face d'un portrait barbu de Dat Ma, fondateur indien du bouddhisme zen.

L'autre nom du sanctuaire, Phuoc Hai Tu (福海寺 ; "temple de la Mer de chance"), d'origine clairement bouddhique, met en évidence le syncrétisme religieux du lieu. De même pour les caractères chinois (佛光普照 ; "la lumière du Bouddha brille sur tout") de la salle principale.

Dehors, remarquez le petit bassin rempli de tortues, dont certaines portent sur la carapace des inscriptions propitiatoires.

Musée d'Histoire MUSÉE
(Bao Tang Lich Su ; carte p. 356 ; Ð Nguyen Binh Khiem ; 30 000 d ; 8h-11h30 et 13h30-17h mar-sam). L'architecture franco-chinoise du musée d'Histoire, construit en 1929 par la Société des études indochinoises, est à elle seule notable. Elle est due à l'architecte Auguste Delaval ; à l'époque, le musée

s'appelait musée Blanchard de La Brosse. Quant au musée lui-même, il est remarquable, sa collection illustrant l'évolution des cultures du Vietnam – de la civilisation de Dông Son (apparue à l'âge du bronze vers le IIIe siècle av. J.-C.) et du royaume du Funan (Ier-VIe siècle), aux Chams, aux Khmers et aux Vietnamiens. Parmi les pièces maîtresses figurent de précieux vestiges provenant d'Angkor Vat, au Cambodge, et une collection de bouddhas. Les explications en anglais sont instructives. Certaines zones du musée sont en cours de rénovation.

Jardin botanique JARDIN

(Thao Cam Vien ; carte p. 356 ; 2 Đ Nguyen Binh Khiem ; 50 000 d entrée au zoo incluse ; ⏲7h-19h). Parmi les premiers projets entrepris par les Français en Cochinchine, ce jardin luxuriant, qui jouxte le musée d'Histoire, fut jadis l'un des plus beaux d'Asie. Il fait bon se promener sous ses Tung, So Khi et autres grands arbres tropicaux. Ne perdez pas de temps à visiter le triste zoo.

Cholon

Une myriade de temples et de pagodes vous attend à Cholon (district 5). Le quartier chinois de HCMV l'est aujourd'hui bien moins qu'autrefois, en raison de la campagne de 1978-1979, qui a provoqué le départ de nombreux Chinois et, avec eux, de leurs capitaux et de leurs compétences d'entrepreneurs. Beaucoup de ces réfugiés sont revenus depuis afin d'explorer les possibilités d'investissement. Les idéogrammes complets (par opposition à la forme simplifiée utilisée en Chine) qui tracent des inscriptions nombreuses sur les devantures des boutiques et dans les sanctuaires, donnent à qui vient ici le sentiment d'arriver dans quelque enclave oubliée de l'Empire du Milieu. S'il n'est pas rare de croiser des personnes parlant le mandarin, la plupart des Hoa-Kieu (Sino-Vietnamiens) qui vivent ici s'expriment dans des dialectes de Chine méridionale.

Cholon, dont le nom signifie "grand marché", fut pendant la guerre du Vietnam le centre d'un marché noir florissant. Aujourd'hui, comme presque partout en ville, les vieilles échoppes disparaissent sous les panneaux publicitaires ou succombent aux coups des bulldozers. Cependant, quelques exemples d'architecture typique demeurent et les herboristeries traditionnelles (p. 339) qui subsistent entre Đuong Luong Nhu Hoc et Đuong Trieu Quang Phuc offrent un aperçu visuel et olfactif de la vieille ville chinoise. Un taxi de Pham Ngu Lao à Cholon coûte quelque 110 000 d. Sinon, prenez le bus n°1 au marché Ben Thanh. Tim Doling, un expert passionné du patrimoine local, publie d'excellents articles sur l'évolution de cette partie de la ville sur son site www.historicvietnam.com (en anglais).

♥ Marché Binh Tay MARCHÉ

(Cho Binh Tay ; carte page ci-contre ; www.chobinhtay.gov.vn ; 57a ĐL Thap Muoi ; ⏲6h-19h30). Le principal marché de Cholon, de style sino-français, s'enorgueillit d'une belle tour de l'horloge et d'une cour centrale agrémentée de jardins. Initialement construit par les Français dans les années 1880, il fut rebâti en 1928 sous la houlette de Quach Dam, philanthrope chinois originaire du Guangdong, dont la statue commémorative est aujourd'hui conservée au musée des Beaux-Arts (p. 330). Ici, on parle peu anglais, mais vous serez chaleureusement accueilli si vous prenez le petit-déjeuner ou le café avec les marchands.

♥ Pagode Phuoc An Hoi Quan TEMPLE TAOÏSTE

(carte page ci-contre ; 184 Đ Hong Bang). GRATUIT Joliment précédée de verdure, cette pagode édifiée en 1902 par la congrégation du Fujian fait partie des plus ornementées de la ville. Le toit, décoré de scènes en céramique, fourmille de personnages. L'intérieur flamboyant, festival de rouge, d'or, de vert et de jaune, s'agrémente de sculptures sur bois ornant les murs, les colonnes et les autels, d'objets de culte en cuivre finement ciselé, d'armes, de lanternes et de spirales d'encens accrochées au plafond.

À gauche de l'entrée se trouve une statue grandeur nature du cheval sacré de Quan Cong. Avant d'entreprendre un voyage, la coutume veut que l'on vienne lui faire une offrande et caresser sa crinière en faisant tinter la cloche qu'il porte au cou. Derrière l'autel principal, aux encensoirs de cuivre et de pierre, trône une statue de Quan Cong lui-même, à qui la pagode est dédiée. Ong Bon (gardien du bonheur et de la prospérité) et Nam Ba Ngu Hanh ont également chacun leur autel.

Cholon

Pagode Khanh Van Nam Vien TEMPLE TAOÏSTE (carte ci-dessus ; 269/2 Đ Nguyen Thi Nho). Ce lieu de culte, construit entre 1939 et 1942, serait l'unique pagode purement taoïste du Vietnam. L'endroit est exceptionnel par ses statues de disciples taoïstes. Ne manquez pas l'étonnante statue (1,50 m) de Lao-tseu, père fondateur du taoïsme et auteur du *Tao-tö-king* (*Livre de la voie et de la vertu*), qui trône à l'étage.

À la gauche de Lao-Tseu, deux plaques de pierre expliquent les exercices d'inspiration et d'expiration. Un dessin schématique représente les organes du corps humain sous forme d'un paysage chinois. Le diaphragme, agent de l'inspiration, est situé en bas. Un paysan labourant avec son buffle incarne l'estomac. Quatre symboles du yin et du yang évoquent le rein ; le foie a la forme d'un bosquet et le cœur, celle d'un cercle où se tient un paysan, surmonté d'une constellation. La haute pagode symbolise la gorge, et l'arc-en-ciel, la bouche. En haut, les montagnes et le personnage assis représentent respectivement le cerveau et l'imagination.

La pagode gère un foyer qui accueille plusieurs dizaines de personnes âgées. À côté, les bonzes ont installé un

Cholon

Les incontournables

1 Marché Binh Tay A4
2 Pagode Phuoc An Hoi Quan C2

À voir

3 Église Cha Tam B3
4 Mosquée de Cholon D3
5 Pagode Khanh Van Nam Vien A1
6 Pagode Nghia An Hoi Quan D3
7 Pagode Ong Bon C3
8 Pagode Quan Âm C2
9 Pagode Tam Son Hoi Quan D3
10 Pagode Thien Hau D3
11 Herboristeries traditionnelles D3

dispensaire. Si vous voulez soutenir leur action, faites un don.

Pagode Thien Hau TEMPLE TAOÏSTE

(Ba Mieu, Pho Mieu, Chua Ba Thien Hau ; carte p. 337 ; 710 Đ Nguyen Trai). GRATUIT Cette pagode du début du XIXe siècle est dédiée à la déesse Thien Hau, qui attire, sous de grandes spirales d'encens suspendues, une foule constante de fidèles et de visiteurs. La croyance veut que cette déesse de la Mer puisse traverser les océans sur un tapis et chevaucher les nuages pour sauver les bateaux en perdition.

Des frises en céramique très travaillées surmontent la toiture de la cour intérieure. Près des fours où brûlent les requêtes des fidèles, deux petites structures en bois contiennent une statue de Thien Hau que l'on sort en procession tous les ans, le 23e jour du 3e mois lunaire. Sur l'estrade principale, trois statues de Thien Hau, en file indienne, sont encadrées chacune de deux serviteurs ou gardiens.

Église Cha Tam ÉGLISE

(Nha Tho Cha Tam ; carte p. 337 ; 25 Đ Hoc Lac ; 7h-12h, 14h-18h et 19h-21h). GRATUIT Construite entre 1900 et 1902, cette église jaune paille, dédiée à saint François-Xavier, dégage une impression de langueur tropicale. Elle n'en fut pas moins le théâtre d'horreurs pendant l'une des périodes les plus terribles de l'histoire de la ville. C'est là que se réfugièrent le président Ngô Dinh Diêm et son frère Ngô Dinh Nhu lors du coup d'État du 2 novembre 1963. Après avoir vainement tenté de rallier les rares officiers à leur être restés fidèles, ils acceptèrent de se rendre sans conditions. Les chefs de la mutinerie envoyèrent un petit véhicule blindé à l'église, mais, au lieu de conduire les deux hommes en prison, les soldats les exécutèrent à bout portant et lardèrent leur cadavre de coups de couteau.

L'annonce de leur mort à la radio plongea la ville dans la joie. Leurs portraits furent mis en pièces et les prisonniers politiques furent libérés. Les boîtes de nuit que les Ngô, fervents catholiques, avaient fait fermer, rouvrirent. Trois semaines plus tard, le président américain John F. Kennedy était assassiné. L'administration Kennedy ayant soutenu le coup d'État contre Diêm, certains théoriciens de la conspiration ont laissé entendre que la famille Diêm avait pu se venger en commanditant cet assassinat.

L'intérieur vert et blanc de l'église est décoré de représentations du chemin de croix, et d'énormes coquillages servent de bénitiers. Une petite plaque sur un banc marque l'endroit où le président Ngô Dinh Diêm et son frère furent appréhendés. La statue dans le clocher représente Mgr François-Xavier Tam Assou (1855-1934), un vicaire apostolique d'origine chinoise. La congrégation de l'église, très dynamique, compte environ 3 000 Vietnamiens et 2 000 Chinois. Des messes sont célébrées tous les jours.

Pagode Quan Âm TEMPLE BOUDDHIQUE

(Chua Quan Am ; carte p. 337 ; 12 Đ Lao Tu). GRATUIT Fondée par la congrégation du Fujian au début du XIXe siècle, cette pagode est l'une des plus actives et pittoresques de Cholon. Elle doit son nom à Quan Thê Âm Bô Tat (觀世音菩薩 en chinois, littéralement "le bodhisattva qui écoute les cris du monde"), déesse de la Miséricorde, également vénérée en Chine, en Corée et au Japon, ainsi qu'au Tibet où elle a pour incarnation terrestre le dalaï-lama. La statue de la divinité se cache derrière une façade remarquablement travaillée.

Le plafond est orné de fantastiques céramiques représentant des personnages de contes et de récits traditionnels chinois. Autre élément tout à fait original dans cette pagode : les portes d'entrée agrémentées de panneaux dorés et laqués.

Pagode Tam Son Hoi Quan TEMPLE TAOÏSTE

(Chua Ba ; carte p. 337 ; 118 Đ Trieu Quang Phuc). Consacrée à Me Sanh, la déesse de la Fertilité, cette pagode construite en 1839 par la congrégation de Sanshan (trois montagnes), au Fujian, a la faveur des femmes qui viennent y prier pour avoir des enfants. Thien Hau, la déesse de la Mer, est également vénérée dans le sanctuaire principal. L'édifice a conservé la majeure partie de son opulente décoration.

Pagode Ong Bon TEMPLE TAOÏSTE

(Chua Ong Bon ou Nhi Phu Mieu ; carte p. 337 ; 264 ĐL Hai Thuong Lan Ong). Bâti par la congrégation du Fujian, truffé de sculptures dorées et toujours envahi de fumée d'encens, ce temple résonne des cris d'enfants de l'école voisine. Ong Bon, gardien du bonheur et de la prospérité, trône dans un halo de lumières étincelantes, derrière un autel en bois doré très ouvragé.

Mosquée de Cholon MOSQUÉE
(carte p. 337 ; 641 Đ Nguyen Trai). Lignes pures et décoration sobre caractérisent cette mosquée construite en 1935 par des Tamouls. Depuis 1975, elle est fréquentée par les communautés malaise et indonésienne. La cour comporte un bassin pour les ablutions rituelles. Remarquez la niche carrelée (mihrab) dans le mur de la salle de prière, indiquant la direction de La Mecque.

Herboristeries traditionnelles QUARTIER
(carte p. 337 ; Đ Hai Thuong Lan Ong). Lors de votre balade, n'hésitez pas à faire un tour du côté des herboristeries traditionnelles rassemblées entre Đuong Luong Nhu Hoc et Đuong Trieu Quang Phuc. Vous y vivrez une expérience olfactive mémorable ! Le quartier, vivant et très joli, ravira aussi vos yeux et vos oreilles.

Pagode Nghia An Hoi Quan TEMPLE TAOÏSTE
(carte p. 337 ; 678 Đ Nguyen Trai). Remarquable pour ses ornements en bois doré, cette pagode a été érigée par la congrégation de Chaozhou (province du Guangdong). Au-dessus de l'entrée est accroché un gros bateau en bois sculpté, et à l'intérieur, à gauche de la porte, on observe une énorme représentation du cheval rouge de Quan Cong avec son palefrenier.

District 11

L'attrait majeur du district 11, juste à l'ouest de Cholon, réside dans ses deux pagodes anciennes et son parc aquatique fréquenté.

VAUT LE DÉTOUR

À LA DÉCOUVERTE DU DISTRICT 4

À quelques encablures au sud du quartier chic de Dong Khoi, de l'autre côté du canal Ben Nghe, se trouve le district 4, un quartier ouvrier. Dans ce décor de ruelles étroites, de marchés, et d'immeubles défraîchis, l'atmosphère est typique de HCMV : pas ou peu de concessions ont été faites au tourisme. Si vous commandez un café, attendez-vous à une petite tasse de quelque chose qui ressemblera davantage à de l'huile de vidange qu'à un cappuccino onctueux.

Le district 4 est le meilleur endroit pour goûter de l'authentique cuisine de rue. Il y a des dizaines de stands dans Đ Vinh Khanh. Si vous voulez faire un bon repas de produits de la mer sans vous ruiner, essayez donc le **Oc Dao 2** (carte p. 328 ; 232 Đ Vinh Khanh ; la plupart des plats 30 000-100 000 d ; ⏲15h-tard). Les escargots sont très populaires à HCMV, et le district 4 regorge de bonnes adresses pour en manger, notamment dans la ruelle animée de Lo J KTT, avec l'**Oc Po** (carte p. 328 ; 224 Lo J KTT ; plats à partir de 30 000 d ; ⏲16h-23h), qui est souvent complet.

Le district 4 est délimité par la rivière Saigon et plusieurs canaux. C'était une zone très exposée aux inondations jusqu'à ce que le gouvernement fasse reboucher de nombreux petits canaux. Il y a quelques années, le district 4 était connu comme une plaque tournante de la drogue, des jeux illégaux et de la prostitution. Police et gangsters s'affrontaient pour garder le contrôle de la rue. Mais le quartier est aujourd'hui considéré comme un lieu sûr à visiter. Faites simplement appel à votre bon sens : évitez de traîner dans les rues sombres tard le soir et prenez éventuellement un taxi pour rentrer jusqu'à votre hébergement en fin de soirée.

Il y a peu de sites touristiques à proprement parler dans le district 4, mais vous y trouverez tout de même le musée Hô Chi Minh (p. 331) au nord, et le **marché Xom Chieu** (carte p. 328 ; 1 Dinh Le ; ⏲5h-17h). Ce dernier est une véritable institution. Les produits vendus répondent surtout au goût des habitants, notamment les fruits frais, et des vêtements très peu chers.

Les agences de voyages amènent leurs clients dans le district 4 pour goûter la cuisine de rue, mais vous pouvez très bien vous y rendre par vous-même à pied ou en taxi (environ 45 000 d depuis le district 1). Depuis l'extrémité sud de Đ Pasteur, dans le district 1, traversez le canal Ben Nghe en empruntant le pont piéton Mong (XIXe siècle), une construction des Français, suivez le canal puis prenez Đ Vinh Khanh en direction du sud. Une fois le canal traversé, le paysage n'est pas franchement folichon et le trafic est dense.

Pagode Giac Vien TEMPLE BOUDDHIQUE

(carte p. 328 ; Đ Lac Long Quan ; 7h-11h30 et 13h30-19h30). Dans un pays où tant de pagodes ont été "restaurées" à grand renfort de béton et de néons, celle-ci a conservé la patine du temps. Elle fut fondée par Hai Tinh Giac Vien à la fin des années 1700. On raconte que l'empereur Gia Long, qui mourut en 1819, venait se recueillir ici. Tout empreint de sérénité qu'il soit, ce lieu est moins visité que ses homologues de Cholon, du fait de son emplacement isolé au bout d'une ruelle, à proximité du lac Dam Sen.

En arrivant à la pagode, dissimulées derrière un dédale de ruelles sinueuses, vous remarquerez sur la droite des tombes impressionnantes qui servent de terrain de jeu aux enfants du coin. L'intérieur de la pagode est orné d'une centaine de statues représentant des divinités.

Le sanctuaire principal se trouve de l'autre côté du mur, derrière la statue de Hai Tinh Giac Vien. Là, un magnifique encensoir de cuivre, d'où émergent deux superbes têtes de dragons, précède l'estrade. Le Gardien de la pagode est adossé au mur qui fait face à l'estrade.

Pagode Phung Son TEMPLE BOUDDHIQUE

(Phung Son Tu ou Chua Go ; carte p. 328 ; 1408 ĐL 3 Thang 2 ; prières 4h-5h, 16h-17h et 18h-19h). Cette pagode bouddhique, de style vietnamien, a été construite entre 1802 et 1820 sur l'emplacement de ruines de la période du Funan (Ier-VIe siècle). Elle possède une riche statuaire en cuivre martelé, bronze, bois et céramique. Certaines statues sont dorées ; d'autres, superbement sculptées, sont peintes. L'estrade centrale, à multiples niveaux, est dominée par la statue dorée du Bouddha A Di Da (Bouddha de la lumière infinie, Amitābha). Les entrées principales sont en général fermées, mais l'entrée latérale (à droite en arrivant) reste ouverte durant les heures de prière.

Autres quartiers

HCMV est une grande ville, et les sites intéressants sont disséminés bien au-delà du centre. Le district 2, quartier chic très prisé des expatriés, vaut vraiment le détour pour ses bars et restaurants. Vous trouverez, dans le district Tan Binh, un joli temple. À quelques pas au sud du district 1, le district 4 est un véritable paradis de la cuisine de rue.

♥ Pagode Giac Lam TEMPLE BOUDDHIQUE

(Chua Giac Lam ; carte p. 328 ; 118 Đ Lac Long Quan, district de Tan Binh ; 4h-12h et 14h-21h). GRATUIT Datant de 1744, cette pagode serait la plus ancienne de HCMV. Il émane une atmosphère fantastique de ce lieu où se dresse l'un des plus impressionnants stupas du pays (haut de 32 m). L'imposant pipal, ou arbre de la Bodhi, situé dans le jardin, fut offert par un moine sri-lankais en 1953. À côté de l'arbre sacré, la statue de Quan Thê Âm Bô Tat, d'un blanc immaculé, se tient sur une fleur de lotus, symbole de pureté. La prière a lieu tous les jours à 4h, 11h, 16h et 19h.

Comme souvent au Vietnam, cette pagode bouddhique intègre des aspects taoïstes et confucianistes. Elle renferme une cloche en bronze qui, lorsqu'elle sonne, réaliserait les prières des fidèles.

Le sanctuaire principal se trouve dans la salle suivante, remplie d'innombrables statues dorées. A Di Da (Amitābha) est assis sur l'estrade au centre de la rangée du fond ; il est facilement identifiable à son auréole colorée. L'homme gras et rieur, entouré de cinq enfants qui lui grimpent dessus, est Ameda, le Bouddha de l'éveil, de la compassion et de la sagesse.

La pagode étant située à près de 3 km de Cholon, mieux vaut s'y rendre en taxi ou en *xe om*.

Musée de la Médecine traditionnelle vietnamienne MUSÉE

(carte p. 328 ; www.fitomuseum.com.vn ; 41 Đ Hoang Du Khuong, district 10 ; adulte/enfant 120 000/60 000 d ; 8h30-17h). L'édifice en lui-même est un bel ouvrage d'architecture traditionnelle. À l'intérieur, ce musée captivant et très bien pourvu est doté de plus d'une dizaine de salles, dont les expositions sont consacrées aux pratiques médicales locales, largement influencées par les pratiques chinoises. Ne manquez pas la tour cham sur le toit, et son symbole de fertilité.

San Art GALERIE D'ART

(carte p. 328 ; 0163 981 1696 ; www.san-art.org ; Millennium Masteri, 132 Đ Ben Van Don, district 4 ; 10h30-18h30 mar-sam). Fondée par des artistes, cette galerie indépendante, à but non lucratif, permet à d'autres artistes d'exposer leurs œuvres et de développer des projets singuliers. On y trouve aussi une excellente salle de lecture (en accès libre) rassemblant de superbes ouvrages d'art contemporain. La galerie déménage régulièrement, vérifiez donc l'adresse sur le site Internet.

The Factory MUSÉE
(☎ 028-3744 2589 ; www.factoryartscentre.com ; 15 Nguyen U Di, Thao Dien, district 2 ; adulte/enfant -16 ans 50 000 d/gratuit ; ⏰10h-19h mar-dim). Le meilleur centre d'art contemporain de HCMV se trouve dans le district 2, sur la rive est de la rivière Saigon. Il accueille des expositions et performances d'artistes locaux, des conférences et de nombreux autres événements. Il y a un restaurant thaïlandais sur place, niché dans un conteneur de cargo décoré de street art. Programme sur le site Internet. Pour vous rendre dans le district 2, vous pouvez emprunter la nouvelle navette fluviale au centre-ville.

Temple de Le Van Duyet TEMPLE
(carte p. 328 ; Đ Dinh Tien Hoang, district de Binh Thanh). Dédié au maréchal Le Van Duyet (1763-1832), ce temple abrite son tombeau et celui de son épouse. Ce général du Sud aida le futur empereur Gia Long à vaincre les Tây Son et à établir, en 1802, la nouvelle dynastie des Nguyên, qui réunifia le Vietnam. Il fut alors élevé au rang de maréchal, avant d'être nommé vice-roi de Cochinchine. Le Van Duyet tomba en disgrâce sous le règne de Minh Mang, successeur de Gia Long, qui le jugea à titre posthume pour trahison et ordonna la profanation de son mausolée. Le souverain suivant, Thiêu Tri, restaura celui-ci, accomplissant ainsi une prophétie qui en annonçait la destruction et la reconstruction. Considéré comme un héros national au Sud-Vietnam jusqu'en 1975, Le Van Duyet n'est guère apprécié des communistes, ces derniers lui reprochant d'avoir favorisé l'influence française au Vietnam.

Parmi les objets exposés figurent un portrait du général, des effets personnels (dont des verres à pied en cristal de type occidental), deux statues de chevaux grandeur nature et un trophée de tigre.

Pour rejoindre le site, suivez Đuong Dinh Tien Hoang vers le nord depuis Da Kao.

Activités

Croisières fluviales

Certains bateaux amarrés à la **jetée de Bach Dang** (carte p. 346 ; Đ Ton Duc Thang) proposent des promenades sur la rivière Saigon, mais ces services sont de moins en moins populaires depuis l'arrivée de la navette fluviale et l'embourgeoisement de cette portion du littoral. Un petit bateau coûte environ 25 $US l'heure. Mieux vaut convenir d'emblée d'un itinéraire et d'une heure de retour.

Les Rives CROISIÈRES
(carte p. 346 ; ☎ 0128 592 0018 ; www.lesrivesexperience.com ; 4e ét, 43-45 Đ Ho Tung Mau ; croisière coucher du soleil adulte/enfant 1 399 000/980 000 d, delta du Mékong 2 499 000/1 799 000 d). Parcourez les canaux au-delà des limites de la ville lors d'une promenade fluviale au coucher du soleil (départ 16h ; 2 personnes minimum), ou embarquez pour 8 heures de croisière sur le delta du Mékong (départ 8h).

Les Rives propose aussi des circuits en bateau jusqu'aux tunnels de Cu Chi. D'autres circuits intègrent des balades à scooter et des cours de cuisine. Appelez pour demander que l'on vienne vous chercher.

Indochina Junk CROISIÈRES
(carte p. 346 ; ☎ 028-3895 7438 ; www.indochinajunk.com.vn ; 5 Đ Nguyen Tat Thanh, district 4). Propose des déjeuners et dîners-croisières avec menu complet (à partir de 350 000 d) à bord d'une jolie jonque de bois postée sur la rivière Saigon. Le point de départ se trouve à proximité du musée Hô Chi Minh, dans le district 4.

Spa et massages

HCMV est une véritable mine d'or de soins de bien-être, que vous serez heureux de tester après une longue journée au cœur de la frénésie urbaine.

♥ **Aveda** MASSAGES
(☎ 028-3519 4679 ; www.avedaherbal.com ; Villa 1, 21/1 Đ Xuan Thuy ; ⏰9h-20h mer-lun). Dans le district 2, ce superbe spa aux influences indiennes propose des soins ayurvédiques professionnels et exceptionnels, à prix raisonnables. Laissez-vous tenter par un massage du crâne (500 000 d), un massage aux pierres chaudes (à partir de 400 000 d), ou encore un soin des cheveux aux herbes ou au henné (tous deux à partir de 400 000 d). Accessible en navette fluviale ou en taxi (160 000 d en moyenne) depuis le district 1.

L'Apothiquaire MASSAGES
(La Maison de l'Apothicaire ; carte p. 332 ; ☎ 028-3932 5181 ; www.lapothiquaire.com ; 64a Đ Truong Dinh, district 3 ; ⏰9h-21h). L'Apothiquaire, un des instituts les plus

élégants de la ville, est installé dans une jolie maison blanche au bout d'une allée tranquille. Piscine et sauna sur place. Un forfait soins de 4 heures pour les messieurs (Gentleman's Care package ; 2 770 000 d) inclut des soins du corps, du visage et des pieds, un repas, et on vient même vous chercher. L'institut a sa propre ligne de produits cosmétiques.

L'institut dispose d'une autre adresse, également bien située, dans le district 1, **l'Apothicaire Artisan Beauté** (☎ 028-3822 2158 ; 41 Đ Dong Khoi ; ⏲ 9h-21h).

Spa Gallery MASSAGES
(carte p. 346 ; ☎ 028-6656 9571 ; www.bookingspavietnam.com ; 15b Đ Thi Sach ; massage 1 heure à partir de 330 000 d ; ⏲ 10h-23h30). Spa Gallery est réputé pour la qualité des massages dispensés par une équipe bien formée. Les soins du visage et les gommages sont excellents, de même que le soin Gallery Special (630 000 d), qui comprend un massage aux pierres chaudes et un gommage au sel.

Jasmine MASSAGES
(carte p. 346 ; ☎ 028-3827 2737 ; www.jasminespa.vn ; 45 Đ Ton That Thiep, district 1 ; massage 1 heure à partir de 520 000 d ; ⏲ 9h-20h). Spa et massages dans un lieu plein de verdure. Une adresse centrale, proche des cafés et des boutiques. Essayez le gommage au sel pour le corps (735 000 d). Autre établissement dans le district 2.

Piscines et parcs aquatiques

Plusieurs hôtels du centre ont une piscine accessible aux non-résidents (entrée payante). C'est le cas du Park Hyatt Saigon (p. 345) et du Majestic Hotel (p. 345).

Dam Sen Water Park PARC AQUATIQUE
(carte p. 328 ; www.damsenwaterpark.com.vn ; 3 Đ Hoa Binh, district 11 ; avant 16h adulte/enfant 170 000/130 000 d, après 16h 150 000/110 000 d ; ⏲ 9h30-18h lun-sam, 8h30h-18h dim). Piscines à vagues, toboggans et rivières artificielles (à courants lents et rapides). Une sortie idéale si les enfants sont fatigués du rythme effréné de la ville.

Parc aquatique Dai The Gioi PARC AQUATIQUE
(carte p. 328 ; www.daithegioiwaterpark.com.vn ; Đ Ham Tu, Cholon ; 45 000-85 000 d ; ⏲ 8h-21h lun-ven, 10h-21h sam-dim). Grande piscine avec toboggans et couloirs de nage.

Cours

Grain Cooking Classes CUISINE
(carte p. 346 ; ☎ 028-3827 4929 ; www.grainbyluke.com ; niv 3, 71-75 ĐL Hai Ba Trung ; à partir de 48 $US ; ⏲ 9h-12h et 14h-17h lun-sam). Ces cours de cuisine sont conçus et coordonnés par le célèbre chef vietnamo-australien Luke Nguyen. Les menus à 4 plats sont régulièrement renouvelés pour intégrer les produits de saison, et Luke est présent à plusieurs reprises pendant l'année.

Saigon Cooking Class CUISINE
(carte p. 346 ; ☎ 028-3825 8485 ; www.saigoncookingclass.com ; 74/7 ĐL Hai Ba Trung ; 909 000 d ; ⏲ 10h et 14h mar-dim). Venez apprendre la cuisine vietnamienne en regardant les chefs du Hoa Tuc préparer 3 plats de résistance et un dessert. Les plats changent tous les jours, mais tous les jeudis, le *bo la lot* (feuilles de poivrier lolot garnies de bœuf grillé au feu de bois à la citronnelle) est au menu. Tarif réduit pour les enfants (à partir de 575 000 d).

Vietnam Silver House ART ET ARTISANAT
(carte p. 328 ; ☎ 028-3924 6568 ; www.vietnamsilverhouse.com ; 68 Đ Nghia Thuc, district 5 ; 35 $US ; ⏲ 8h-20h). Atelier-bijouterie proposant des sessions d'une demi-journée pour apprendre à découper, recuire, limer, souder, marteler et polir votre bague en argent 950 à emporter chez vous. Le mini-musée retrace l'évolution de l'orfèvrerie vietnamienne. La boutique du rez-de-chaussée vend de superbes articles faits main.

Mai Home CUISINE
(centre d'art culinaire de Saigon ; carte p. 358 ; ☎ 028-3838 6037 ; www.cookingsaigon.com ; 269 Đ Nguyen Trai ; 38-45 $US). Près de Pham Ngu Lao, le quartier des voyageurs à petit budget, ce centre organise des visites de marchés et d'excellents cours de cuisine. Menus végétariens disponibles.

Université des Sciences humaines et sociales LANGUE
(Dai Hoc Khoa Hoc Xa Hoi Va Nhan Van ; carte p. 356 ; ☎ 028-3822 5009 ; www.hcmussh.edu.vn ; 12 Đ Dinh Tien Hoang). Les cours de l'université permettent d'acquérir les bases du vietnamien à un prix raisonnable. À partir de 65 000 d par personne et par heure.

HCMV AVEC DES ENFANTS

Le rythme effréné de HCMV peut, à première vue, sembler inadapté à celui des enfants. Toutefois, les bambins adorent généralement les plateformes panoramiques (p. 351). Les parcs aquatiques, les piscines, les spectacles de marionnettes sur l'eau, les parcs et les glaciers feront également le bonheur des petits. Ils s'amuseront aussi avec les cours de cuisine (p. 342), dont les tarifs sont souvent réduits pour eux. En revanche, évitez le zoo sinistre de la ville. Saigon Outcast (p. 362) est un lieu très agréable avec un mur d'escalade et de nombreuses activités possibles. Le centre de loisirs tiNiWorld, au 4e niveau du Saigon Centre (p. 364) est aussi une bonne option pour divertir les enfants. En périphérie, le **parc d'attractions Dai Nam** (Lac Canh Dai Nam Van Hien ; ☎0274 351 2660 ; www.laccanhdainamvanhien.vn ; adulte/enfant 100 000/50 000 d ; ⏲8h-18h) est ce qui se rapproche le plus de Disneyland au Vietnam.

Circuits organisés

Avant de vous lancer dans une visite guidée de la ville classique, que vous trouverez à bas coût dans les agences du quartier Pham Ngu Lao, pensez à suivre plutôt une visite créative et amusante sur un thème original : cuisine de rue, cafés cachés, Chinatown, la scène artistique ou HCMV de nuit, par exemple. Pour les circuits à moto/scooter, on vient souvent vous chercher à votre hôtel.

♥ Old Compass Travel VISITES GUIDÉES
(carte p. 346 ; ☎028-3823 2969 ; www.oldcompasstravel.com ; 3e ét, 63/11 Đ Pasteur ; à partir de 40 $US). Excellentes visites de la ville guidées par des résidents passionnés, experts de la culture et de l'architecture vietnamienne. *Tales of the City* est un circuit à pied autour de l'histoire de HCMV, qui parcourt Đai Lo Le Duan et le district 1 à la découverte de nombreux monuments. La visite *The Religious Architecture of Saigon* ("l'Architecture religieuse de Saigon") est également fascinante. Pour une expérience plus atypique, optez pour la visite des tunnels de Cu Chi ou le fantastique circuit au Vietnam de 15 jours, avec Mark Bowyer, le propriétaire de l'agence. L'agence se trouve dans les locaux du plaisant Old Compass Cafe (p. 352).

Sophie's Art Tour CIRCUITS CUTURELS
(☎0933 752 402 ; www.sophiesarttour.com ; 65 $US ; ⏲9h-13h mar-sam). Sophie Hughes, experte en art, était basée à Hué au moment de la rédaction de ce guide, mais elle propose occasionnellement des visites guidées de HCMV sur le thème de l'art. Consultez le site Internet pour en savoir plus. Ces visites intègrent des collections privées et des centres d'art contemporain, et éclairent à travers son histoire les styles et les techniques artistiques développés dans le pays.

Vespa Adventures CIRCUITS EN VESPA
(carte p. 356 ; ☎0122 299 3585 ; www.vespaadventures.com ; 169a Đ De Tham ; à partir de 78 $US). Visites guidées originales à scooter vintage et excursions à la journée dans le delta sur Mékong (95 $US). Le circuit de nuit "Saigon After Dark" est très réjouissant, englobant nourriture, boissons et musique ; le "Saigon Craft Beer Tour" est un incontournable pour les amateurs de bière.

Saigon 2CV Tour CIRCUIT EN 2CV
(☎090 978 9884 ; www.saigon2cvtour.com ; adulte/enfant à partir de 1 200 000/900 000 d). Cheveux au vent, découvrez la ville à bord d'une authentique "deuche". Le circuit du soir est consacré à la cuisine de rue ; celui du matin vous emmène découvrir les lieux incontournables de HCMV.

Saigon Street Eats CIRCUITS EN SCOOTER
(☎090 844 9408 ; www.saigonstreeteats.com ; 49-65 $US/pers). Barbara et son mari Vu proposent d'excellents circuits culinaires de 3-4 heures à travers la ville. Il y en a pour tous les goûts : *pho* le matin, végétarien le midi ou fruits de mer le soir. Possibilité d'organiser des circuits sur mesure.

Back of the Bike Tours CIRCUITS À MOTO
(☎028-2221 5591 ; www.backofthebiketours.com ; à partir de 42 $US). Cette enseigne propose un circuit de 4 heures très populaire autour de la cuisine de rue et un autre de nuit à travers 7 districts, moins chers que la plupart des circuits à scooter. Les excursions en bateau jusqu'aux tunnels de Cu Chi (80 $US/pers) sont aussi très bien.

Vietnam Photo Adventures CIRCUITS PHOTO
(☎0913 236 876 ; www.vietnamphotoadventures.com ; à partir de 99 $US). Ces circuits sont animés par un photographe expérimenté, résident au Vietnam depuis plusieurs années. Composez vos albums photo lors d'une visite sur le thème des grands monuments de HCMV ou de la vie urbaine de Cholon et ses alentours. *Saigon Scoot 'n' Shoot* (199 $US) se fait à moto. Des circuits d'une ou deux semaines sont parfois organisés dans des régions plus lointaines.

XO Tours CIRCUITS CULTURELS
(☎0933 083 727 ; www.xotours.vn ; à partir de 52 $US). Des jeunes filles portant l'*ao dai* (tenue traditionnelle) organisent des circuits à scooter/moto axés sur la gastronomie, les curiosités touristiques et la vie nocturne ; accueil chaleureux et divertissement assuré.

Detoured CIRCUITS
(☎090 346 4383 ; www.detouredasia.com ; 55 $US). Visites à pied de qualité à la découverte des artistes de rue et des blocs d'immeubles historiques de HCMV (8 personnes maximum par groupe). Possibilité d'organiser des visites classiques de la ville et des hauts-lieux touristiques des environs.

Fêtes et festivals

Têt NOUVEL AN
(1er jour du 1er mois lunaire). La ville entière célèbre le Têt… avant de se vider, tout le monde partant passer les congés en famille. Đuong Nguyen Hue accueille une immense exposition florale, le parc Tao Dan se pare de fleurs, et les enfants reçoivent de l'"argent porte-bonheur".

Où se loger

Le plus simple est de loger dans le district 1, proche de presque tous les sites phares et facilement accessible depuis l'aéroport. Plusieurs options s'offrent alors à vous : les meilleurs bars et restaurants se trouvent à l'est vers Đuong Dong Khoi ; à l'ouest, Pham Ngu Lao est le fief des hébergements bon marché ; autour du marché Ben Thanh, vous trouverez des prestations intermédiaires. Sachez toutefois que le trafic et la pollution peuvent atteindre des niveaux dérangeants dans tout le district 1.

Le district 3, qui se trouve juste au nord du district 1, est un peu plus arboré et peut s'avérer pratique pour visiter certains sites. À 20 minutes en taxi (ou navette fluviale) du centre-ville, le district 2 compte quelques bons établissements au bord de l'eau.

Dans la catégorie économique, quelques dollars de plus peuvent vous faire passer d'une cellule sans fenêtre, sale et humide, à une chambre agréable et bien aménagée, avec clim et ventilateur. Si vous recherchez vraiment le plus bas prix, un tour à Pham Ngu Lao devrait vous permettre de dénicher une chambre à 15 $US, voire moins. Des lits en dortoir sont également disponibles pour 4 $US la nuit, mais les établissements les moins chers ne sont pas toujours des lieux sûrs. N'hésitez donc pas à payer 8 $US pour un lit dans une auberge de jeunesse digne de ce nom. Vous pourrez toutefois réserver des chambres semblables à des prix encore un peu moins élevés dans des secteurs voisins, comme Co Giang et Nguyen Thai Binh.

Dans la catégorie haut de gamme, certains des meilleurs hôtels de la ville occupent des édifices anciens pleins de cachet. Ils affichent un standing international et des tarifs à l'avenant.

Quartier de Dong Khoi

Dong Khoi est le quartier privilégié des hôtels de luxe, mais on y trouve aussi des adresses de catégorie moyenne fort séduisantes. Il y a même quelques adresses bon marché en bordure du quartier.

Saigon Central Hostel AUBERGE DE JEUNESSE $
(carte p. 346 ; ☎028-3914 1107 ; saigoncentralhostel@gmail.com ; 54/6 Đ Ky Con ; dort/d 7/27 $US ;). Située dans une rue tranquille d'un quartier en plein essor, cette chaleureuse auberge de jeunesse n'est qu'à quelques pas de Pham Ngu Lao et Dong Khoi. Les dortoirs sont climatisés, le petit-déjeuner est bon et il y a un toit-terrasse.

♥ **Myst** BOUTIQUE-HÔTEL $$$
(carte p. 346 ; ☎028-3520 3040 ; www.themystdongkhoihotel.com ; 6-8 Đ Ho Huan Nghiep ; ch 130-180 $US ;). À quelques minutes de marche de la rivière et des boutiques de Đuong Dong Khoi, cet hôtel tendance nous plonge dans un décor indochinois aux touches Art déco. L'extérieur du bâtiment est orné d'arbustes tropicaux. Sur le toit-terrasse du 14e étage, vous trouverez une piscine et le Bar Bleu, ainsi qu'une vue dégagée sur la ville.

Park Hyatt Saigon HÔTEL $$$
(carte p. 346 ; 028-3824 1234 ; www.saigon.park.hyatt.com ; 2 pl Lam Son ; ch à partir de 320 $US ;). Récemment rénové, l'un des meilleurs hôtels de luxe de HCMV, juste en face de l'Opéra, propose des chambres somptueuses. Le service est aussi soigné que les tenues du personnel. Côté relaxation, l'établissement dispose d'une belle piscine et d'un spa (le Xuan Spa). Ses restaurants, réputés mais abordables, incluent l'Opera (italien) et le **Square One** (plats à partir de 280 000 d ; 12h-14h30 et 15h30-22h30 ;), qui sert des plats vietnamiens et internationaux.

Intercontinental Asiana Saigon HÔTEL $$$
(carte p. 346 ; 028-3520 9999 ; www.intercontinental.com ; angle ĐL Hai Ba Trung et ĐL Le Duan ; ch à partir de 235 $US ;). C'est l'une des meilleures adresses de HCMV. L'Intercontintental, moderne et élégant, n'a pas cédé à la banalité. Le mobilier de designer est à l'honneur dans les chambres, avec des chaises style Eames et des baignoires îlots. De nombreuses chambres jouissent d'une très jolie vue. Également quelques appartements.

Liberty Central Saigon Citypoint HÔTEL $$$
(carte p. 346 ; 028-3822 5678 ; www.libertycentralsaigoncitypoint.com ; 59 Đ Pasteur ; d à partir de 135 $US ;). Liberty est une chaîne hôtelière vietnamienne dont la réputation en matière de service et de rapport qualité/prix n'est plus à faire. Les chambres sont chics et dotées d'une grande salle de bains. Pour vous détendre, profitez du spa ou de la piscine sur le toit avec vue sur la rivière. Proche de certains des meilleurs restaurants et bars de la ville.

Caravelle Hotel HÔTEL $$$
(carte p. 346 ; 028-3823 4999 ; www.caravellehotel.com ; 19 pl Lam Son ; ch à partir de 182 $US ;). L'un des premiers hôtels haut de gamme à avoir ouvert ses portes après la guerre, ce cinq-étoiles est une valeur sûre. Chambres à l'élégance discrète dans un immeuble moderne de 24 étages. Chambres et suites plus onéreuses dans l'aile historique. Sur le toit, le bar **Saigon Saigon** (11h-2h ;) offre un cadre spectaculaire pour siroter un cocktail.

Majestic Hotel HÔTEL $$$
(carte p. 346 ; 028-3829 5517 ; www.majesticsaigon.com ; 1 Đ Dong Khoi ; ch 132-195 $US ;). Jouissant d'un emplacement imbattable au bord de la rivière Saigon, cet établissement historique de 1925 a une superbe façade mêlant Art nouveau et style colonial français, éclairée la nuit. Les chambres sont quelque peu banales comparées au bâtiment. Montez boire un cocktail au bar du toit-terrasse lors des douces soirées.

Palais de la Réunification et environs

Cette zone, occupée en son centre par le parc Tao Dan, est bien arborée. Les hébergements de milieu de gamme de qualité ne manque pas autour du marché Ben Thanh.

Coco Hostel AUBERGE DE JEUNESSE $
(carte p. 346 ; 090 311 8216 ; www.facebook.com/cocohostelbar ; 178/4b Đ Pasteur ; dort 8-10 $US, ch 27-32 $US ;). Cette petite auberge est gérée par une équipe sympathique et jouit d'un emplacement privilégié dans un quartier huppé du district 1, près du parc et du palais de la Réunification. Dans les dortoirs, les lits sont tous dotés de liseuses et de rideaux d'intimité. Tout l'hébergement est climatisée. Cuisine à disposition des clients. Petit-déjeuner inclus.

Vietnam Backpacker Hostel AUBERGE DE JEUNESSE $
(carte p. 332 ; 028-3925 4348 ; www.vietnambackpackerhostels.com ; 200 Đ Le Lai ; dort à partir de 119 000 d, ch 886 000 d ;). Récemment rénovée, cette auberge animée en plein cœur de l'action urbaine fera votre bonheur si vous aimez faire des rencontres. Le bâtiment s'élève sur plusieurs étages et offre des dortoirs de 8 à 12 lits pour un bon rapport qualité/prix, ainsi que de grandes chambres privatives. Le bar du toit-terrasse organise des soirées quiz, jeux et même des soirées T-shirts moches !

Nguyen Shack PENSION $$
(carte p. 332 ; 028-3822 0501 ; www.nguyenshack.com ; 6/15 Đ Cach Mang Thang Tam ; ch 900 000-1 150 000 d ;). Dans une ruelle tranquille à quelques minutes à pied de Pham Ngu Lao et du marché Ben Thanh, voici la première pension Nguyen Shack installée en ville. Ambiance rustique, avec meubles en bambou et plantes. Les chambres sont propres et spacieuses (certaines peuvent accueillir jusqu'à 4 personnes). Il y a un espace

Dong Khoi

0 200 m
A
B
C
D
1
2
3
4
5
6
7
Cathédrale Notre-Dame
Poste centrale
Musée de HCMV
DISTRICT 1
DISTRICT 4
Place Lam Son
Cong Xa Paris
Canal Ben Nghe
Saigon
Đ Chu Minh Trinh
Đ Ton Duc Thang
Đ Ngo Van Nam
ĐL Le Duan
Đ Nguyen Du
ĐL Hai Ba Trung
Đ Ly Tu Trong
Đ Han Thuyen
Đ Dong Khoi
Đ Le Thanh Ton
Đ Cao Ba Quat
Đ Nguyen Sieu
Đ Thai Van Lung
Đ Thi Sach
Đ Dong Du
Đ Mac Thi Buoi
Đ Phan Van Dat
ĐL Le Loi
Đ Nguyen Thiep
Đ HH Nghiep
Đ Ngo Duc Ke
Đ Nguyen Trung Truc
Đ Le Thanh Ton
Đ Luu Van Lang
Đ Nam Ky Khoi Nghia
Đ Ton That Thiep
Đ Huynh Thuc Khang
Đ Ho Tung Mau
ĐL Nguyen Hue
Đ Pasteur
Đ Ton That Dam
Đ Hai Trieu
Đ Ham Nghi
Đ Le Cong Kieu
Đ Nguyen Cong Tru
Đ Pho Duc Chinh
Đ Ban Chuong
Đ Calmette
Đ Le Thi Hong Gam
Đ Ky Con
Đ Nguyen Tat Thanh
OYO 623 California Guest House (750 m)
Quan Ut Ut (300 m)
69
56
18
36
51
48
3
1
25
41
29
15
35
67
66
17
39
22
44
33
31
40
71
45
26
61
46
30
70
8
7
9
2
16
38
32
62
50
63
49
73
34
52
19
14
21
27
64
28
53
58
12
65
60
24
11
55
47
20
43
42
4
72
13
57
68
5
54
10
6
59
23
37

Dong Khoi

Les incontournables
1 Poste centrale A2
2 Musée de Hô Chi Minh-Ville A3
3 Cathédrale Notre-Dame A2

À voir
4 Bitexco Financial Tower C5
5 Musée des Beaux-Arts A6
6 Musée Hô Chi Minh D6
7 Opéra C3
8 Siège du Comité du peuple B3

Activités
9 Grain Cooking Classes C3
10 Indochina Junk D6
11 Jasmine B4
12 L'Apothiquaire C4
13 Les Rives C5
14 Old Compass Travel B4
Saigon Cooking Class .... (voir 39)
15 Spa Gallery C2

Où se loger
16 Caravelle Hotel C3
17 Coco Hostel A2
18 Intercontinental Asiana Saigon B1
19 Liberty Central Saigon Citypoint B4
20 Majestic Hotel D4
21 Myst D4
22 Park Hyatt Saigon C2
23 Saigon Central Hostel A7

Où se restaurer
24 3T Quan Nuong B4
25 5Ku Station C2
26 Annam Gourmet Market C3
27 Barbecue Garden A4
28 Cafe Marcel A4
29 Chi Hoa C2
30 Hum Lounge & Restaurant D3
31 Huong Lai A3
32 L'Usine C3
33 Nha Hang Ngon A3
34 Old Compass Cafe B4
35 Propaganda A2
36 Quan Bui D1
37 Quince A7
38 Racha Room C3
39 Refinery C2
40 Secret Garden A3
41 Skewers C2
42 Sky 28 .... B5
43 Soulburger A5
44 Square One C3
Temple Club .... (voir 24)
Towa .... (voir 42)
45 Xu C3

Où prendre un verre et faire la fête
Alley Cocktail Bar & Kitchen .... (voir 34)
46 Apocalypse Now D3
47 Broma: Not a Bar C5
48 Heart of Darkness C2
49 Layla C3
50 Malt C3
51 Pasteur Street Brewing Company C1
52 Pasteur Street Brewing Company B4
53 Phatty's B4
54 Rogue Saigon C6
Saigon Saigon Bar .... (voir 16)
55 Workshop D4

Où sortir
AO Show .... (voir 7)
56 Lotte Cinema Diamond A1
Théâtre municipal .... (voir 7)

Achats
Annam Gourmet Market .... (voir 26)
57 Antique Street Saigon A5
58 Chung Cu 42 Ton That Thiep B4
59 Marché Dan Sinh A7
60 L'Usine A4
L'Usine .... (voir 32)
61 Mai Lam B3
Mekong Quilts .... (voir 60)
62 Mystère C3
63 Nhu Y Oriental Lacquer Wares B3
64 Sadec C4
65 Saigon Centre B4
Saigon Kitsch .... (voir 11)

Renseignements
66 Consulat d'Australie B2
67 Consulat du Canada A2
68 Ez Pass C5
69 HCMC Family Medical Practice A1
70 Consulat du Laos A3
Consulat de Nouvelle-Zélande .... (voir 67)
71 Saigon Tourist B3

Transports
72 Jetée de Bach Dang D5
Greenlines .... (voir 72)
73 Saigon Waterbus D3

commun végétalisé au rez-de-chaussée. Petit-déjeuner et recharges d'eau gratuits.

Avanti Hotel Saigon HÔTEL $$
(carte p. 332 ; ☎0838 228 066 ; avantihotel.business.site ; 186 Đ Le Thanh Ton ; ch 45-75 $US ;). Situé tout au nord du marché Ben Thanh, cet hôtel est idéal pour ceux qui ont des achats à faire ou veulent accéder à pied à de très bons restaurants. Les chambres sont plutôt petites, mais propres et bien aménagées. Le personnel est très serviable.

Sanouva HÔTEL $$

(carte p. 332 ; 028-3827 5275 ; www.sanouvahotel.com ; 177 Đ Ly Tu Trong ; ch à partir de 65 $US ;). Le Sanouva a le double attrait de son cadre, au modernisme marqué de touches asiatiques, et de son bel emplacement, à deux pâtés de maisons du marché Ben Thanh. Les chambres, avec leur mobilier vietnamien et leurs notes de couleur, sont agréables. Réservez directement auprès de l'hôtel pour bénéficier des meilleurs tarifs.

Ma Maison Boutique Hotel HÔTEL $$$

(carte p. 328 ; 028-3846 0263 ; www.mamaison.vn ; 656/52 Đ Cach Mang Thang Tam, district 3 ; s 65-75 $US, d 80-125 $US ;). À mi-chemin entre l'aéroport et le centre-ville, un hôtel accueillant, dans une paisible ruelle débouchant sur un axe fréquenté. Il occupe un immeuble de hauteur moyenne, dont les volets en bois adoucissent la façade moderne. Agréables chambres meublées dans un style provençal, dotées de délicieuses salles de bains.

Fusion Suites Saigon HÔTEL DESIGN $$$

(carte p. 332 ; 028-3925 7257 ; www.saigon.fusion-suites.com ; 3-5 Đ Suong Nguyet Anh ; ch 137-234 $US ;). Dans une rue calme bordée de grands arbres, cet hôtel propose des chambres spacieuses habillées de bois clair et de photos en noir en blanc représentant des scènes de la vie vietnamienne. Douches à effet pluie dans les salles de bains, excellent restaurant sur le toit, café moderne et bar à jus au rez-de-chaussée sont autant de bonnes raisons d'y poser ses valises.

L'hôtel propose un spa et des soins bien-être, mais pas de piscine. Demandez une chambre aux étages supérieurs, car l'école primaire située juste en face est très animée.

Mai House Saigon HÔTEL $$$

(carte p. 332 ; 028-7303 9000 ; www.maihouse.com/saigon ; 157 Đ Ngo Thoi Nhiem, district 3 ; ch à partir de 120 $US ;). Ouvert en 2019, cet hôtel de luxe a un style époque coloniale française plutôt glamour, et un superbe mobilier en bois sombre. Il abrite des chambres spacieuses, des suites et des appartements avec service. Les clients apprécieront aussi sa jolie piscine, sa salle de sport (ouverte 24h/24) et son spa. Non loin du palais de la Réunification, dans le district 3.

Lavender Hotel HÔTEL $$$

(carte p. 332 ; 028-2222 8888 ; www.lavenderhotel.com.vn ; 208 Đ Le Thanh Ton ; ch 2 100 000-2 900 000 d ;). Hôtel tout en marbre crème et en tons sobres. Bonne situation, juste à côté du marché Ben Thanh. Les chambres des catégories les plus basses n'ont pas de fenêtre.

Pham Ngu Lao

Pham Ngu Lao (PNL), quartier facile à parcourir à pied en quête d'un point de chute, est la zone privilégiée par les voyageurs à petit budget. Quatre rues (Đuong Pham Ngu Lao, Đuong De Tham, Đuong Bui Vien et Đuong Do Quang Dau) et un dédale de ruelles forment le cœur de ce repaire de routards, qui offre plus d'une centaine d'hébergements. L'endroit recèle aussi d'excellentes adresses de catégorie moyenne. Le prix comprend habituellement un petit-déjeuner succinct.

On y trouve notamment de nombreuses auberges de jeunesse familiales (15-35 $US/nuit) et de mini-hôtels (30-60 $US), et quelques lits en dortoir (options correctes à partir de 8 $US).

Lily's Hostel AUBERGE DE JEUNESSE $

(carte p. 358 ; 028-3920 9180 ; lilyhostel.hcm@gmail.com ; 35/5 Đ Bui Vien ; dort/d 8/28 $US ;). C'est l'une de ces auberges à la fois moderne, tendance et chaleureuse. Logé dans une ruelle tranquille toute proche de l'animée Đuong Bui Vien, l'endroit comble aisément le fossé entre auberge et pension de charme. TV à écran plat et minibar dans certaines chambres.

Diep Anh PENSION $

(carte p. 358 ; 028-3836 7920 ; dieptheanh@hcm.vnn.vn ; 241/31 Đ Pham Ngu Lao ; ch 21-26 $US ;). Un cran au-dessus (dans tous les sens du terme) de la plupart des hébergements du quartier, cet édifice haut et élancé aligne les escaliers interminables. Les chambres des étages supérieurs, claires et spacieuses, sont impeccables. Le couple de gérants, qui habite sur place, fait de cette auberge un lieu sûr.

Hong Han Hotel PENSION $

(carte p. 358 ; 028-3836 1927 ; www.honghanhotelhcm.com ; 238 Đ Bui Vien ; ch avec petit-déj 25-35 $US ;). Cette auberge de jeunesse familiale bien gérée dispose de chambres côté façade avec une belle vue, et de chambres plus petites, plus calmes et plus économiques à l'arrière. Les salles de bains sont petites, mais fonctionnelles. Le bémol : le bâtiment s'élève sur 7 niveaux, sans ascenseur.

Hideout Hostel AUBERGE DE JEUNESSE **$**

(carte p. 358 ; 028-3838 9147 ; www.hideouthostels.asia/saigon.html ; 281 Đ Pham Ngu Lao ; dort 7 $US ; @). Cet établissement moderne de Pham Ngu Lao met l'accent sur l'ambiance et les échanges entre voyageurs. Dortoirs impeccables et colorés (dont un réservé aux femmes). Une bière offerte chaque jour au bar du toit-terrasse, où l'on trouve un billard et un baby-foot. Trois soirs par semaine, l'auberge organise une tournée des bars (gratuite pour les clients).

Giang Son PENSION **$**

(carte p. 358 ; 028-3837 7547 ; 283/14 Đ Pham Ngu Lao ; ch 20-32 $US ;). Dans une petite ruelle donnant sur Pham Ngu Lao, le bâtiment élancé du Giang Son a trois chambres à chaque étage et un toit-terrasse. Attention : il n'y a pas d'ascenseur. Mieux vaut réserver une chambre avec fenêtre (un peu plus chère). Le personnel est sympathique.

Long Hostel AUBERGE DE JEUNESSE **$**

(carte p. 358 ; 028-3836 0184 ; longhomestay@yahoo.com ; 373/10 Đ Pham Ngu Lao ; dort/d 8/20 $US ;). La charmante famille qui dirige cette auberge de jeunesse sans prétention est une des clés de son succès. Les chambres sont petites, mais propres. Il y a aussi des dortoirs de 4 lits. Seule ombre au tableau : il n'y a qu'une salle d'eau par étage... vous devrez donc peut-être faire la queue le matin. Deux bières sont offertes à chaque client.

Bich Duyen Hotel PENSION **$**

(carte p. 358 ; 028-3837 4588 ; www.bichduyenhotel.net ; 283/4 Đ Pham Ngu Lao ; ch 20-28 $US ; @) Vous vous sentirez à l'aise dans cette auberge de jeunesse bien gérée en plein cœur de l'action de HCMV. Cela vaut la peine de réserver une des chambres les plus chères pour avoir une fenêtre. Pas d'ascenseur.

Liberty Hotel Saigon Greenview HÔTEL **$$**

(carte p. 358 ; 028-3836 9522 ; www.libertysaigongreenview.com ; 187 Đ Pham Ngu Lao ; ch à partir de 42 $US ; @). Réaménagé dans une dominante stylée de couleurs neutres et de bois naturel, le Greenview est l'une des adresses les plus design du quartier. Les chambres à l'avant donnent sur le parc du 23-Septembre, à la lisière nord du bastion routard de Saigon, et sont donc assez bruyantes.

C-Central Hotel HÔTEL **$$**

(carte p. 358 ; 028-3837 8087 ; www.ccentralhotels.com ; 216 Đ De Tham ; ch 58-86 $US ;). Le C-Central est un hôtel moderne et élégant, doté d'un ascenseur. Les chambres sont petites, mais confortables. Avis à ceux qui recherchent la tranquillité : l'établissement se trouve au beau milieu de Pham Ngu Lao, fief des backpackers, et l'endroit est donc bruyant à toute heure du jour et de la nuit.

Blue River Hotel HÔTEL **$$**

(carte p. 358 ; 028-3837 6483 ; www.facebook.com/blueriverphamngulao ; 283/2c Đ Pham Ngu Lao ; ch 28-52 $US ;). Petit hôtel rénové et accueillant, qui compte 10 chambres spacieuses au mobilier moderne, avec minibar, TV LCD à écran plat et coffre. Cuisine à disposition des clients.

Duc Vuong HÔTEL **$$**

(carte p. 358 ; 028-3920 6991 ; www.ducvuonghotel.com ; 195 Đ Bui Vien ; d 32-58 $US ; @). Les chambres du Duc Vuong présentent un bon rapport qualité/prix. Elles sont grandes et dotées de parquet. De plus, le personnel est sympathique. Le restaurant du toit-terrasse est idéal pour boire un verre au coucher du soleil.

Elios Hotel HÔTEL **$$**

(carte p. 358 ; 028-3838 5584 ; www.elioshotel.vn ; 233 Đ Pham Ngu Lao ; ch 52-82 $US ; @). Un trois-étoiles dont l'entrée cossue, agrémentée d'aquariums, donne le ton. Les 81 chambres, avec leur bois sombre, sont chaleureuses. Chacune dispose d'un coffre et d'un bureau, et beaucoup ont aussi une jolie vue sur la ville. Petit-déjeuner servi au restaurant du toit-terrasse.

Beautiful Saigon 1 HÔTEL **$$**

(carte p. 358 ; 028-3836 4852 ; www.beautifulsaigonhotel.com ; 62 Đ Bui Vien ; ch 40-70 $US ; @). Un énième mini-hôtel en hauteur, doté d'une réception où les employées portent l'*ao dai* traditionnel. Un ascenseur dessert les chambres soignées ; les plus économiques sont petites et sans fenêtre.

Quartier de Co Giang

Pour une option plus calme que Pham Ngu Lao, direction le quartier de Co Giang (district 1). Là, une ruelle tranquille reliant Đuong Co Giang et Đuong Co Bac regroupe de bonnes pensions familiales. C'est un quartier en mutation, avec ses zones louches, mais aussi une zone en plein essor regroupant cafés et restaurants tendance.

OYO 623 California Guest House AUBERGE DE JEUNESSE **$**
(carte p. 328 ; ☎ 028-3837 8885 ; www.oyorooms.com/vn ; 171a Đ Co Bac ; s/d 16/22 $US ; ❄ @ 📶). Un endroit propre et convivial, avec un jardin sur le toit, une cuisine pour les clients et, bien sûr, des chambres.

♥ **Chez Mimosa Boutique Hotel** HÔTEL **$$**
(carte p. 328 ; ☎ 028-3838 9883 ; www.chezmimosa.com ; 71 Đ Co Giang ; ch 1 000 000-1 600 000 d ; 🚭 ❄ 📶). Le personnel professionnel de ce nouvel hôtel saura vous mettre à l'aise. Les chambres sont lumineuses, aérées et meublées avec style dans des tons blancs. Le district dans lequel il se trouve est très en vogue à HCMV. Blanchisserie gratuite pour les clients. Pas d'ascenseur. Seconde antenne de l'enseigne à proximité.

District 2

Si le trafic et la pollution sont un problème pour vous, séjournez plutôt dans le district 2. C'est un quartier huppé prisé par les expatriés et la classe aisée de HCMV. Vous devrez prendre le taxi ou la navette fluviale pour vous rendre au centre-ville.

Glenwood City Resort HÔTEL **$$**
(☎ 1800 1117 ; www.glenwood.asia ; 243 Đ Nguyen Van Huong ; ch à partir de 65 $US ; ❄ 📶 🏊). Les prix sont élevés dans le district 2, mais le Glenwood présente un bon rapport qualité/prix pour ceux qui privilégient la tranquillité. Les chambres sont spacieuses et agréables, et il y a une salle de fitness. Bars, cafés et restaurants se trouvent juste au sortir de l'hôtel. Tarifs préférentiels à la semaine et au mois.

♥ **River Cottage** BOUTIQUE-HÔTEL **$$$**
(☎ 028-3744 3555 ; www.rivercottage.com.vn ; 18 Đ Duong 6 ; ch 90-140 $US ; 🚭 ❄ 📶). Niché dans des jardins arborés sur les rives de la rivière Saigon, cet hôtel est un véritable havre de paix à l'écart du tumulte de la ville. Les 8 chambres, dont certaines ont de grandes fenêtres donnant sur la rivière, mêlent modernité et mobilier fait main, avec des lits au linge raffiné et des banquettes en bois. Le restaurant est ouvert toute la journée et sert une excellente cuisine occidentale et locale.

Villa Song BOUTIQUE-HÔTEL **$$$**
(☎ 028-3744 6090 ; www.villasong.com ; 187/2 Đ Nguyen Van Huong ; ch 180-260 $US, ste 385-445 $US ; 🚭 ❄ 📶 🏊). Installé dans un parc du district 2 donnant sur le fleuve, cet hôtel de charme d'inspiration française est l'une des adresses en ville les plus propices à la relaxation. Très romantiques, les chambres et les suites débordent d'art ancien (de style indochinois) et moderne (de style vietnamien) ; le bistrot de l'établissement, le Song Vie, tire avantage de son cadre, au bord de l'eau. Le spa est tout aussi réputé.

Une navette gratuite vous transporte au centre-ville de HCMV en 30 minutes environ.

Autres quartiers

Hotel Nikko Saigon HÔTEL **$$$**
(carte p. 328 ; ☎ 028-3925 7777 ; www.hotelnikkosaigon.com.vn ; 235 Đ Nguyen Van Cu, district 1 ; d à partir de 110 $US ; ❄ @ 📶 🏊). L'emplacement est quelque peu excentré pour un séjour touristique. Vous devrez prendre le taxi pour vous rendre au centre-ville, mais c'est aussi pour cela que les tarifs de cet hôtel sont bas, compte tenu de la qualité des chambres et des équipements. Le service est irréprochable. Les locaux sont impeccables. On y déguste des plats japonais parmi les meilleurs de la région.

Où se restaurer

Hanoi se targue d'être la ville la plus culturelle du Vietnam, mais HCMV en est bien la capitale gastronomique. Aux délicieuses spécialités locales s'ajoutent maints apports étrangers, notamment indiens, japonais, thaïlandais, italiens ou fusion. Fort logiquement, la ville compte de nombreux restaurants français, qu'il s'agisse de bistrots décontractés ou de tables plus formelles. Pour les curieux, il existe aussi quelques excellents établissements internationaux un peu plus excentrés, y compris dans le district 2. Pour goûter à une cuisine 100% locale, rendez-vous dans le district 4 (p. 339), au sud, surtout si vous aimez les produits de la mer et les escargots.

HCMV VUE D'EN HAUT

Pour comprendre le plan de ville de HCMV, vous devez prendre de la hauteur. Le point de vue le plus célèbre est celui offert depuis le 49e étage de la **Bitexco Financial Tower** (carte p. 346 ; www.bitexcofinancialtower.com ; 2 Đ Hai Trieu ; adulte/enfant 200 000/130 000 d ; ⏲9h30-21h30), à 262 m de haut. Le coût et le monde gâchent néanmoins un peu l'expérience. Ce gratte-ciel du centre-ville, qui évoque le bourgeon d'un lotus, a été conçu par Carlos Zapata. Dans la même veine, le **Skyview** (☎028-3639 9999 ; www.landmark81skyview.com ; sur Đ Nguyen Huu Canh, Binh Thanh ; enfant/adulte 405 000/810 000 d ; ⏲8h30-22h) du gratte-ciel Landmark 81, qui a ouvert en 2019, est la construction la plus haute d'Asie du Sud-Est. Le prix est élevé et le site, assez loin du centre-ville. Les bars et restaurants haut perchés sont donc sans doute la meilleure option pour profiter d'une vue imprenable sur la ville. L'**Air 360 Sky Lounge** (carte p. 332 ; www.facebook.com/Air360SkyLounge ; 21e ét, 136-138 Đ Le Thi Hong Gam, tour Ben Thanh ; ⏲17h30-2h) est une adresse facilement accessible pour ceux qui se trouvent dans le quartier des baroudeurs de Pham Ngu Lao, et propose un bon happy hour (17h30-20h). Au **Social Club Saigon** (carte p. 332 ; www.hoteldesartssaigon.com ; Hotel des Arts, 76-78 Đ Nguyen Thi Minh Khai ; ⏲9h-1h ; 📶), mêlez-vous à l'élite de la ville, 24 étages au-dessus du district 3. Le Shri (p. 356), non loin, est l'un des meilleurs bars à cocktails et à tapas de HCMV. Au cœur de Dong Khoi, rendez-vous au Sky 28 (p. 353) pour boire un verre en hauteur à moindre coût ou, juste à côté, au restaurant japonais Towa (p. 354), un des meilleurs de la ville.

Dong Khoi et le marché Ben Thanh

Dong Khoi et ses quartiers limitrophes du district 3 ne manquent pas de très bons restaurants. Ces dernières années, le marché Ben Thanh s'est incroyablement développé, avec un espace restauration et de nombreuses tables atypiques.

Maison Marou Saigon CAFÉ $

(carte p. 332 ; ☎028-7300 5010 ; www.maisonmarou.com ; 167-169 Đ Calmette ; en-cas à partir de 60 000 d ; ⏲9h-22h lun-jeu, 9h-23h ven-dim ; 📶). Ce café élégant et coloré est la boutique mère de la Maison Marou, premier artisan chocolatier du pays. Devant vos yeux, les employés façonnent de leurs mains expertes un chocolat fait de cacao issu du commerce équitable et récolté au Vietnam. Savourez une boisson (chocolat chaud à partir de 90 000 d) ou une gourmandise préparées à base de l'ingrédient star du lieu (goûtez le chocolat glacé à la citronnelle et au piment).

Secret Garden VIETNAMIEN $

(carte p. 346 ; ☎090 990 4621 ; www.facebook.com/secretgarden158pasteur ; 4e ét, 158 Đ Pasteur ; repas 70 000-120 000 d ; ⏲8h-22h ; 📶🖉). Ce n'est qu'une fois passés le parking à motos et l'escalier de l'immeuble défraîchi que l'on accède à ce merveilleux restaurant sur le toit. Là-haut, des poulets en liberté picorent dans le potager de fines herbes, des statues bouddhiques participent de l'atmosphère asiatique et la délicieuse cuisine “maison” se déguste avec vue sur la ville. Malgré le service parfois trop décontracté, les saveurs valent le détour.

Chi Hoa VIETNAMIEN $

(carte p. 346 ; ☎028-3827 3155 ; www.chihoacuisine.com ; 31a Đ Le Thanh Thon ; en-cas et repas 30 000-160 000 d ; ⏲7h-22h). Une cuisine vietnamienne “maison”, servie dans un cadre simple, plaisant. La carte est variée : nombreux sandwichs (essayez le *banh mi bi* avec porc émincé, couenne et poudre de riz gluant), salades, bols de riz et nouilles. Super petit déjeuner.

Huong Lai VIETNAMIEN $

(carte p. 346 ; ☎028-3822 6814 ; www.huonglai2001saigon.com ; 38 Đ Ly Tu Trong ; plats 80 000-200 000 d ; ⏲11h30-15h et 18h-22h). Aménagé dans le grenier, clair et spacieux, d'une maison de négoce de la période coloniale française, ce restaurant ne ressemble à aucun autre. Les membres du personnel viennent de familles défavorisées ou sont d'anciens enfants des rues, et reçoivent une formation, un enseignement scolaire et un logement. On y déguste une cuisine vietnamienne artistement présentée.

Ralf's Artisan Gelato GLACES $

(carte p. 332 ; ☎097 932 7905 ; www.facebook.com/ralfsartisangelato ; 39 Đ Đang Thi Nhu ; à partir de 75 000 d ; ⏲13h-22h mar-dim). Ce sympathique glacier d'origine autrichienne propose une grande variété de parfums, dont thé vert, pistache et citronnelle. Les coupes sont très généreuses, et on peut les accompagner d'un bon café.

Marché de cuisine de rue Ben Thanh CUISINE DE RUE $

(carte p. 328 ; ☎090 688 1707 ; www.facebook.com/pg/BenThanhstreetfoodmarket ; 26-30 Đ Thu Khoa Huan ; plats à partir de 45 000 d ; ⏲9h-minuit). Réservez-vous une table à l'entrée du marché, commandez une bière fraîche au bar adjacent, et partez vous constituer un petit festin en piochant parmi les étals bon marché. À goûter : les huîtres fraîches de Nha Trang et les plats de viande coréens. Musiciens les mardis et samedis.

♥Quan Bui VIETNAMIEN $$

(carte p. 346 ; ☎028-3829 1515 ; www.quan-bui.com ; 17a Đ Ngo Van Nam ; plats 80 000-250 000 d ; ⏲8h-23h). Ce restaurant chic arbore un joli décor indochinois et met à l'honneur une authentique cuisine locale. On y sert certains des meilleurs plats nord-vietnamiens, dont le *heo quay Quan Bui* (porc rôti servi avec des légumes marinés). Les cocktails – concoctés par le bar partenaire de l'autre côté de la rue – sont parmi les meilleurs de HCMV. Salle non-fumeurs et climatisée à l'étage.

♥Bep Me In VIETNAMIEN $$

(carte p. 332 ; ☎028-6866 6128 ; www.facebook.com/bepmein ; 136/9 Đ Le Thanh Ton ; plats 60 000-150 000 d ; ⏲11h-23h ;). Niché dans une ruelle emplie de bars non loin du marché Ben Thanh, cet extraordinaire restaurant vous livre les saveurs de la campagne vietnamienne dans un cadre branché. Au rez-de-chaussée, les grandes tables sont propices au partage et la décoration est originale : murs colorés et pousse-pousse motorisé vintage qui faisait aussi office de stand de boissons. La salle à l'étage est plus calme et raffinée.

♥Old Compass Cafe CAFÉ $$

(carte p. 346 ; ☎090 390 0841 ; www.facebook.com/oldcompasscafe ; 3e ét, 63 Đ Pasteur ; plats 150 000 d ; ⏲10h30-22h dim-jeu, 10h30-23h ven-sam ;). Cet adorable café doublé d'un centre culturel est un trésor bien caché dans une petite rue donnant sur Đuong Pasteur, au sommet de l'étroit escalier d'un immeuble d'habitation défraîchi. Il vaut le détour : ouvert toute la journée, il passe une très bonne playlist et accueille souvent des concerts et représentations en soirée. Passez un bon moment autour d'un café, d'un verre de vin ou d'une bière, déjeunez pour un très bon rapport qualité/prix ou feuilletez un des livres à disposition lové dans le canapé. La page Facebook publie les événements à venir.

Padma de Fleur VIETNAMIEN $$

(carte p. 332 ; ☎090 300 9873 ; www.cafe.padmadefleur.vn ; 55/6 Đ Le Thi Hong Gam ; repas 150 000-220 000 d ; ⏲9h-22h mar-dim, menus complets 11h30-14h et 17h-22h ;). La propriétaire de ce merveilleux café-fleuriste apporte autant de soin à l'élaboration de ses plats qu'à celle de ses bouquets. La cuisine est saine et savoureuse, souvent à base de feuilles de salade vietnamienne et de petites bouchées à picorer. L'adresse se trouve dans une petite rue au cœur d'un quartier en plein essor, au sud de Pham Ngu Lao.

Le café est ouvert toute la journée pour boire un verre (ou acheter des fleurs !), mais la cuisine n'est ouverte qu'aux heures des repas. Le soir, de 17h à 22h, les cocktails s'ajoutent à la carte des boissons. Réservation requise.

♥Hum Lounge & Restaurant VÉGÉTARIEN $$

(carte p. 346 ; ☎028-3823 8920 ; www.humvietnam.vn ; 2 Đ Thi Sach ; repas 100 000-220 000 d ; ⏲10h-22h ;). Excellente cuisine végétarienne d'inspiration vietnamienne dans un cadre arboré en plein centre-ville, dans une rue donnant sur les rives. Prenez place dans la salle à la lumière tamisée et au mobilier chic pour savourer une soupe de calebasse et algues (85 000 d) ou une salade de betterave aux fruits de la passion (140 000 d).

Secret House VIETNAMIEN $$

(carte p. 332 ; ☎0911 877 008 ; www.facebook.com/secrethousevn ; 55/1 Đ Le Thi Hong Gam ; repas 100 000-180 000 d ; ⏲7h-22h). À proximité du marché Ben Thanh, la Secret House apporte une touche d'élégance à une cuisine vietnamienne familiale. La salle principale a des murs en torchis et des lampes rustiques en filet de pêche, tandis que les tables extérieures donnent sur un jardin. La carte est exhaustive et intègre quelques spécialités rurales telles que le *nuoc mam kho quet*, une sauce au poisson caramélisée. Les plats sont divins et très bien présentés. L'établissement se trouve dans une ruelle (au n°55) à côté de Đ Le Thi Hong Gam.

Cafe Marcel
BRASSERIE $$

(carte p. 346 ; 090 987 8096 ; www.facebook.com/cafemarcelsaigon ; 96 Đ Nam Ky Khoi Nghia ; repas 160 000-240 000 d ; 9h-22h mar-dim ;). C'est dans ce café chic que vous mangerez le meilleur brunch de la ville, et notamment des classiques français revisités. Goûtez le croque marcel, ou encore la *chakchouka* épicée (œufs pochés à la tomate, au poivron et à l'ail). En accompagnement : purée d'avocat et bacon.

Temple Club
VIETNAMIEN $$

(carte p. 346 ; 028-3829 9244 ; www.templeclub.com.vn ; 29 Đ Ton That Thiep ; plats 140 000-220 000 d ; 12h-minuit ;). À l'étage d'une jolie villa coloniale, ce restaurant à l'ambiance raffinée, avec ses motifs religieux, caractères chinois, murs de briques et fauteuils chics, propose un large choix de plats vietnamiens, y compris des spécialités végétariennes, et de délicieux cocktails.

Sky 28
INTERNATIONAL $$

(carte p. 346 ; 028-3822 9888 ; www.sedonavietnam.com ; 28e ét, tour Sedona Suites, 94 Đ Nam Ky Khoi Nghia ; repas à partir de 180 000 d ; 7h-22h30 ;). Profitez d'une vue incomparable sur la ville depuis les tables du café-restaurant d'un hôtel haut de gamme perché au 28e étage. Au menu : une très bonne cuisine internationale, dont des burritos, des club sandwichs et des kebabs. Le déjeuner à 3 plats coûte 189 000 d. Pendant l'happy hour (17h-20h), la bière est à 40 000 d seulement. Vous pouvez aussi venir uniquement pour prendre un café et jouir de la vue.

Xu
VIETNAMIEN $$

(carte p. 346 ; 028-3824 8468 ; www.xusaigon.com ; 1er ét, 75 ĐL Hai Ba Trung ; menus 900 000-1 300 000 d ; 11h30-minuit). Ce restaurant-bar, au chic abouti, propose des plats fusion d'inspiration vietnamienne. L'addition est salée, mais l'excellent service et la belle carte des vins justifient la dépense. Le menu du déjeuner inclut des classiques tels que le *com tam* (riz, porc grillé et légumes croquants légèrement piquants). On sert aussi des tapas vietnamiens innovantes et des cocktails de grande qualité.

3T Quan Nuong
BARBECUE $$

(carte p. 346 ; 028-3821 1631 ; 29 Đ Ton That Thiep ; plats 85 000-280 000 d ; 17h-23h). Ce grill vietnamien en plein air, sur le toit du bâtiment abritant le Temple Club, figure souvent au programme des gourmets de HCMV. Choisissez, parmi les viandes, poissons, fruits de mer et légumes, ce que vous ferez griller sur la plaque chauffante de votre table.

Propaganda
VIETNAMIEN $$

(carte p. 346 ; 028-3822 9048; www.propagandabistros.com ; 21 Đ Han Thuyen ; repas 125 000-580 000 d ; 7h30-23h ;). Peintures murales colorées et affiches socialistes rétro pimentent ce bistrot prisé avec vue sur le parc. La carte privilégie les spécialités de rue de tout le pays, à consommer dans une atmosphère animée. Les salades sont particulièrement savoureuses. Les alléchants menus "découverte" (à partir de 510 000 d) incluent quatre plats, thé et vin.

Nha Hang Ngon
VIETNAMIEN $$

(carte p. 346 ; 028-3827 7131 ; 160 Đ Pasteur ; repas 70 000-300 000 d ; 7h-22h ;). L'un des restaurants les plus fréquentés de HCMV, par les Vietnamiens autant que par les étrangers, étale son décor chic sur 3 niveaux. Dans un jardin arboré, les différents stands concoctent chacun une exquise spécialité traditionnelle de la cuisine vietnamienne, thaïlandaise, japonaise, chinoise ou coréenne.

5Ku Station
BARBECUE $$

(carte p. 346 ; www.facebook.com/5kuStation ; 29 Đ Le Thanh Thon ; repas à partir de 130 000 d ; 16h-tard). Très animée le soir, cette antenne 5Ku – une chaîne de grills en plein air allie convivialité et authenticité. Assis sur de grosses chaises en bois, Vietnamiens, expatriés et touristes se régalent de grillades et de fondues, le tout arrosé de bière fraîche. Des plats végétariens, dont le chou-fleur sauté à l'ail (65 000 d), sont également à la carte.

Refinery
BISTROT $$

(carte p. 346 ; 028-3823 0509 ; www.therefinerysaigon.com ; 74/7c ĐL Hai Ba Trung ; repas 185 000-385 000 d ; 11h-tard ;). Ce charmant bistrot-bar à vins, aménagé dans une ancienne raffinerie d'opium, sert de bons cocktails et de bons plats aux notes françaises et méditerranéennes. Parmi les incontournables de la carte, les assiettes composées (notamment l'assiette de charcuterie), les pâtes et les pièces de viande au barbecue. Le menu du déjeuner présente un bon rapport qualité/prix : 3 plats et 1 café pour 265 000 d.

L'Usine CAFÉ $$

(carte p. 346 ; ☎ 028-6674 9565 ; www.lusinespace.com ; 151/1 Đ Dong Khoi ; repas à partir de 140 000 d ; 7h30-22h30 ; wi-fi). Cet élégant café se situe au-dessus d'une boutique de vêtements haut de gamme. La déco allie style industriel et photos de Saigon vintage. La carte ne laisse pas indifférent, avec ses plats consistants d'inspiration française, sandwichs, burgers et pâtes. D'excellents petits-déjeuners (à partir de 160 000 d) sont servis toute la journée. Les viennoiseries sont faites maison.

Barbecue Garden VIETNAMIEN $$

(carte p. 346 ; www.barbecuegarden.com ; 135a Đ Nam Ky Khoi Nghia ; repas 80 000-200 000 d ; 11h-23h). Avec ses arbres décorés de guirlandes électriques, ses tables à l'extérieur et son atmosphère décontractée, le BG est l'endroit rêvé pour les groupes. Allumez votre barbecue de table pour cuire viandes ou fruits de mer, à accompagner d'une savoureuse salade vietnamienne et d'une bière fraîche. En semaine, plats du jour d'un bon rapport qualité/prix.

Soulburger BURGERS $$

(carte p. 346 ; ☎ 0122 517 1261 ; www.facebook.com/soulburgersaigon ; 4 Đ Phan Boi Chau ; burgers 215 000-410 000 d ; 16h-22h lun-jeu, 11h-22h ven-sam, 11h-21h dim ; wi-fi). Gravissez un escalier étroit pour savourer des burgers parmi les meilleurs de HCMV. Baptisés d'après des légendes musicales comme Little Richard ou James Brown, ils sont assortis d'ailes de poulet, d'oignons frits et de poutine (pour compléter le tableau nord-américain). Demandez une table sur le balcon pour profiter de la vue sur le marché Ben Thanh, et laissez-vous agréablement surprendre par le bon choix de bières belges et allemandes.

Pizza 4P's PIZZA $$

(carte p. 332 ; ☎ 028-3622-0500 ; www.pizza4ps.com ; 8 Đ Thu Khoa Huan ; repas 170 000-380 000 d ; 10h-2h lun-sam, 10h-23h dim). Près du marché Ben Thanh, Pizza 4P's propose pâtes et pizzas aux saveurs japonaises (l'alliance ça fonctionne !). Excellentes bières artisanales provenant de la brasserie partenaire Heart of Darkness de HCMV.

Annam Gourmet Market CAFÉ $$

(carte p. 346 ; ☎ 028-3822 9332 ; www.annam-gourmet.com ; 16 ĐL Hai Ba Trung ; sandwich à partir de 90 000 d, repas à partir de 170 000 d ; 7h-21h lun-ven, 7h-21h30 sam ; wi-fi, ✎). Cadre chic, calme et relaxant (canapés, bow-window) pour ce café au-dessus de la boutique traiteur. Une clientèle élégante vient y dévorer petits-déjeuners, brunchs, salades, bruschetta et sandwichs-baguette jusqu'au soir. À noter, ces délices peuvent s'emporter si vous envisagez de pique-niquer ou de cuisiner.

♥ **Quince** INTERNATIONAL $$$

(carte p. 346 ; www.facebook.com/quincesaigon ; 37 Đ Ky Con ; repas à partir de 1 300 000 d ; 17h30-23h lun-sam ; wi-fi). Cet établissement tout ce qu'il y a de plus urbain est doté d'une cuisine ouverte et de murs en briques patinés par le temps. La playlist est tendance et l'adresse est située à deux pas de la rivière Saigon. Le menu, qui change régulièrement, vous fait voyager en Asie, en Europe et en Amérique.

Parmi les plats de la mer, le sashimi de coquilles Saint-Jacques de Hokkaido et sa marinade citronnée, quinoa soufflé ancien et ses tomates de Dalat. Les carnivores apprécieront le magret de canard fumé au barbecue, avec chou braisé, sauce au vinaigre noir et huile de piment Sichuan. Vous pouvez aussi commander de petites assiettes, pour goûter un maximum de choses !

Racha Room THAÏLANDAIS $$$

(carte p. 346 ; ☎ 0908 791 412 ; www.facebook.com/theracharoom ; 12-14 Đ Mac Thi Buoi ; repas 260 000-450 000 d ; 15h-minuit ; wi-fi). Dans ce bar-restaurant, la clientèle est cool, à l'image de la musique lounge ou house. Au cœur de l'action, un bar tout en longueur. Au menu, influencé par la cuisine des pays limitrophes du Vietnam, des en-cas de rue thaïlandais (de 75 000 à 280 000 d), des assiettes à partager (à partir de 180 000 d) et des raviolis.

Towa JAPONAIS $$$

(carte p. 346 ; ☎ 1800 234 579 ; www.towavn.com ; 28e ét, tour Sedona Suites, 94 Đ Nam Ky Khoi Nghia ; déjeuner/dîner à partir de 250 000/550 000 d ; 11h30-14h et 18h-22h30 lun-jeu, 11h30-15h et 18h-23h ven-dim ; wi-fi). Du haut du 28e étage d'une tour, le Towa offre une vue époustouflante sur la ville. C'est aussi l'un des meilleurs restaurants japonais de HCMV, il est donc fréquenté par l'élite de la ville. Les prix sont aussi haut perchés que la vue, mais les menus du déjeuner offrent un bon rapport qualité/

prix (2/3 plats pour 189 000/219 000 d). Les plateaux de sushis et sashimis, de même que les cocktails, sont tout simplement divins. Réservez. Tables en terrasse.

Skewers MÉDITERRANÉEN $$$
(carte p. 346 ; 028-3822 4798 ; www.shgsaigon.com ; 9a Đ Thai Van Lung ; repas 280 000-500 000 d ; 11h30-14h et 18h-22h ;). La carte, méditerranéenne, couvre une zone allant de Marseille au Maghreb et fait la part belle aux brochettes. Cette adresse pleine de charme, avec une cuisine ouverte, draine beaucoup de monde. Pensez à réserver.

Palais de la Réunification et environs

Banh Mi Huynh Hoa VIETNAMIEN $
(carte p. 332 ; 26 Đ Le Thi Rieng ; banh mi 44 000 d ; 14h30-23h). Cette minuscule adresse vend des *banh mi* à emporter à une clientèle locale qui s'y pointe jour et nuit à moto pour faire le plein de ces délicieuses baguettes garnies à l'assaisonnement très divers.

Beefsteak Nam Son VIETNAMIEN $
(carte p. 332 ; 157 Đ Nam Ky Khoi Nghia ; repas à partir de 50 000 d ; 6h-22h ;). Pour manger de la viande rouge de premier choix à prix abordable, rien de mieux que cette table sans prétention. La carte comprend du steak de provenance locale et autres plats de bœuf vietnamien, comme le *bun bo Hue* (soupe de vermicelles épicée au bœuf), du bœuf et même de l'autruche tout deux importés d'Australie.

Hum Vegetarian Cafe & Restaurant VÉGÉTARIEN $$
(carte p. 328 ; 028-3930 3819 ; www.humvegetarian.com ; 32 Đ Vo Van Tan, district 3 ; repas 130 000-240 000 d ; 10h-22h ;). Nul besoin d'être végétarien pour apprécier ce lieu calme et élégant. Plats vietnamiens délicieux, service adorable, terrasse paisible : tout contribue ici à un repas mémorable. Goûtez le tofu et sa sauce aux haricots fermentés ou la salade de courge grillée. À noter, l'enseigne dispose d'une autre adresse, tout aussi décontractée mais plus centrale (p. 352).

Chay Garden VÉGÉTARIEN $$
(carte p. 332 ; 028-9885 5667 ; chaygarden.com ; 52 Đ Vo Van Tan ; repas 65 000-200 000 d ; 7h-22h ;). Venez vous réfugier ici si vous avez besoin d'un peu de répit par rapport à l'agitation urbaine. Dans sa petite ruelle non loin du musée des Souvenirs de guerre, cet adorable restaurant végétarien se compose de plusieurs salles et d'une cour arborée. Au petit-déjeuner, vous pourrez goûter au *bun Hue* (soupe de nouilles végane), et, au déjeuner et au dîner, vous aurez le choix entre salades, fondues et soupes.

Maria VIETNAMIEN, PRODUITS DE LA MER $$
(carte p. 332 ; 028-3930 2379 ; www.facebook.com/marinasaigonseafoodrestaurant ; 172 Đ Nguyen Dinh Chieu ; repas 140 000-600 000 d ; 7h-22h). Demandez à des habitants aisés de vous conseiller une table de fruits de mer, et ils vous indiqueront sans doute celle-ci. Très couleur locale (éclairage agressif, TV diffusant du sport et fond musical populaire), mais les plats se révèlent succulents, notamment le calamar poivre et sel (210 000 d) et les palourdes à la vapeur (163 000 d).

Jardin des Sens FRANÇAIS $$$
(carte p. 332 ; 028-3930 3394 ; www.jdspourcel.com ; 251 Đ Dien Bien Phu ; plats à partir de 820 000 d ; 12h-14h et 18h-22h). Ouvert par les chefs jumeaux triplement étoilés au guide Michelin, Jacques et Laurent Pourcel, dans une villa historique du centre-ville, ce restaurant propose une cuisine gastronomique française aux accents méditerranéens. Associations aussi exquises qu'étonnantes, comme dans le carpaccio de crevettes et son sorbet à la moutarde de Dijon. Vous apprécierez aussi les clins d'œil subtils à la cuisine locale, avec le rouleau de printemps aux abats qui accompagne le ragoût de pigeonneau Miéral, par exemple.

En semaine, le menu du midi offre un très bon rapport qualité/prix, avec 3 plats pour 630 000 d. Les boissons et le caviar peuvent être dégustés jusqu'à 14h au Caviar Bar.

Blanc Restaurant FUSION $$$
(carte p. 356 ; 028-6266 3535 ; www.blancrestaurant.vn ; 178/180d ĐL Hai Ba Trung ; repas 300 000-500 000 d ; 11h-23h ;). Dans son édifice de l'époque colonialse française joliment restauré, au milieu d'antiquités et d'œuvres d'art, l'équipe du Blanc vous prépare une cuisine fusion locale raffinée. On privilégie ici des saveurs et des textures inventives, par exemple le saumon de Norvège sur son lit de nouilles à la noix de coco. Les membres du personnel sont

sourds ou malentendants, et les clients sont invités à communiquer avec eux par le biais de pictographes illustrant la langue des signes vietnamienne.

Shri Restaurant & Lounge INTERNATIONAL **$$$**
(carte p. 332 ; ☎028-3827 9631 ; www.shri.vn ; 23e ét, Centec Tower, 72-74 Đ Nguyen Thi Minh Khai ; repas 450 000-1 400 000 d ; ⏲11h-minuit lun-ven, à partir de 16h sam-dim ;). Perché au sommet d'une tour, cet établissement romantique jouit d'une vue inégalée sur la ville. Réservez une table en terrasse ou prenez place dans la salle à manger au style industriel-chic. Les steaks et fruits de mer sont rehaussés d'une touche internationale (à des prix qui n'ont rien de local eux non plus) ; les pâtes et paellas sont plus abordables. C'est aussi une bonne adresse pour boire un cocktail au crépuscule.

Da Kao et environs

Banh Xeo 46A VIETNAMIEN **$**
(carte ci-dessous ; ☎028-3824 1110 ; 46a Đ Dinh Cong Trang ; normal/extra-large 80 000/120 000 d ; ⏲10h-21h ;). Une adresse réputée spécialisée dans les *banh xeo* (crêpes garnies de germes de soja, crevettes et porc), y compris végétariens. Parmi les autres plats, citons l'excellent *goi cuon* (rouleaux de printemps frais avec porc et crevettes).

Pho Hoa VIETNAMIEN **$**
(carte ci-dessous ; phohoapasteur.restaurantsnapshot.com ; 260C Đ Pasteur ; repas 60 000-80 000 d ; ⏲6h-minuit). Ce restaurant de *pho* plus haut de gamme que la plupart et établi de longue date vaut le détour. Des assiettes d'herbes, de piments et de citrons verts garnissent les tables, de même que des *gio chao quay* (pains frits chinois), des *banh xu xe* (gâteaux à la noix de coco gélatineux, fourrés de pâte de haricot mungo) et des *cha lua* (cervelas vietnamien enveloppé de feuilles de bananier).

♥**Cuc Gach Quan** VIETNAMIEN **$$**
(carte ci-dessous ; ☎028-3848 0144 ; www.cucgachquan.com.vn/en ; 10 Đ Dang Tat ; repas 110 000-240 000 d ; ⏲9h-minuit ;). En pénétrant dans cette ancienne villa joliment rénovée, on n'est pas surpris d'apprendre que le propriétaire est architecte. La décoration est à la fois rustique et élégante, à l'image des plats qu'on y sert, dont un large choix d'options végétariennes. Malgré son emplacement isolé à la limite nord du district 1, l'endroit n'a rien d'un repaire secret : réservez.

Tib VIETNAMIEN **$$**
(carte ci-dessous ; ☎028-3829 7242 ; www.tibrestaurant.com.vn ; 187 ĐL Hai Ba Trung ; repas 180 000-440 000 d ; ⏲11h-14h et 17h-22h ;). Nombre de présidents et de Premiers ministres en visite ont longé l'allée jalonnée de lanternes et de guirlandes électriques menant à ce haut lieu de la cuisine impériale de Hué, installé dans une vieille demeure. Vous trouverez sûrement des plats semblables moins chers ailleurs, mais le cadre est réellement fabuleux.

Bloom Saigon FUSION **$$$**
(carte ci-dessous; ☎028-3910 1277 ; www.bloom-saigon.com ; 3/5 Hoang Sa ; repas 110 000-460 000 d ; ⏲10h30-22h30). Installé dans une demeure patrimoniale délicieusement restaurée, le Bloom conjugue une

Da Kao et environs

cuisine fusion avec une politique visant à former des jeunes issus de milieux défavorisés. La base culinaire est clairement vietnamienne, mais teintée de subtiles influences occidentales. Parmi les mets notables, citons les rouleaux de feuilles de moutarde brune au bœuf (150 000 d).

Quartier de Pham Ngu Lao

Les restaurants de Pham Ngu Lao offrent un bon rapport qualité/prix, mais tendent souvent à satisfaire une clientèle la plus large possible ; ne vous attendez donc pas à la plus authentique des cuisines.

Five Oysters VIETNAMIEN $

(carte p. 358 ; 090 301 2123 ; www.fiveoysters.com ; 234 Bui Vien ; repas à partir de 50 000 d ; 9h-23h). Cet établissement spécialisé dans les fruits de mer, en plein dans le quartier des routards, est logiquement souvent rempli de voyageurs venus pour un festin d'huitres (25 000-30 000 d). Elles sont cuisinées à l'oignon vert et à l'ail, au wasabi ou au fromage (oui, ça fonctionne !). Également au menu : poulpe, plats à base de crevettes, soupe de poisson, escargots, *pho* et maquereau grillé à l'huile piquante. Le lieu est lumineux et le personnel sympathique.

Asiana Food Town CUISINE DE RUE $

(carte p. 358 ; 090 377 0836 ; www.facebook.com/asianafoodtown ; 4 Đ Pham Ngu Lao ; plats 50 000-120 000 d ; 8h30-22h ;). Cette aire de restauration couverte ne manque pas d'atouts : climatisation, un bon emplacement à proximité des hébergements de Pham Ngu Lao, et une vaste sélection de spécialités de rue de l'ensemble du Vietnam et du reste de l'Asie. On y trouve même un supermarché, une pharmacie et une librairie anglophone.

Coriander THAÏLANDAIS $

(carte p. 358 ; www.coriander-ngo-ri.com ; 16 Đ Bui Vien ; plats 59 000-259 000 d ; 10h-14h et 17h-22h ;). Le décor cheap du Coriander n'est pas son principal atout, mais il sert de délicieux et authentiques plats thaïlandais. Le savoureux *doufu* (tofu) frit constitue presque un repas complet, le curry vert déménage et les salades telles que la *som tum chae* (papaye verte et tomate) sont aussi bonnes que typiques du pays.

Café Zoom BURGERS $

(carte p. 358 ; www.facebook.com/cafezoomsaigon ; 169a Đ De Tham ; repas 70 000-160 000 d ; 7h-2h). Cet endroit animé jouit d'un emplacement parfait pour observer les passants. La carte affiche des burgers aussi originaux que délicieux, d'excellentes côtes de porc (à partir de 20 000 d) et des classiques de la cuisine vietnamienne. Le quiz du mercredi soir (à partir de 21h) attire beaucoup de monde.

Bookworm's Coffee CAFÉ $

(carte p. 358 ; 4 Đ Do Quang Dau ; repas à partir de 50 000 d ; 7h-23h ;). Installez-vous au fond, choisissez un livre et régalez-vous avec un petit-déjeuner british complet, un *cottage pie* (sorte de hachis parmentier), des *bangers 'n' mash* (purée-saucisses) ou des *fish 'n' chips* accompagnés d'une tasse de thé Yorkshire. De nombreux plats existent en version végane.

Da Kao et environs

Les incontournables
1 Pagode de l'Empereur de Jade B1

À voir
2 Jardin botanique D1
3 Musée d'Histoire D1

Activités
4 Université des Sciences humaines et sociales C2

Où se restaurer
5 Banh Xeo 46A A1
6 Blanc Restaurant B2
7 Bloom Saigon D1
8 Cuc Gach Quan A1
9 Pho Hoa A2
10 Tib B2

Où prendre un verre et faire la fête
11 Indika Saigon B1
12 Lush D2

Où sortir
Théâtre de marionnettes sur l'eau de Saigon ....(voir 3)

Renseignements
13 Consulat du Cambodge B2
14 Consulat de Chine B2
15 Consulat de France C2
16 Consulat d'Allemagne B2
17 Consulat des Pays-Bas C2
18 Raffles Medical Group A2
19 Consulat de Grande-Bretagne C2
20 Consulat des États-Unis C2

Quartier de Pham Ngu Lao

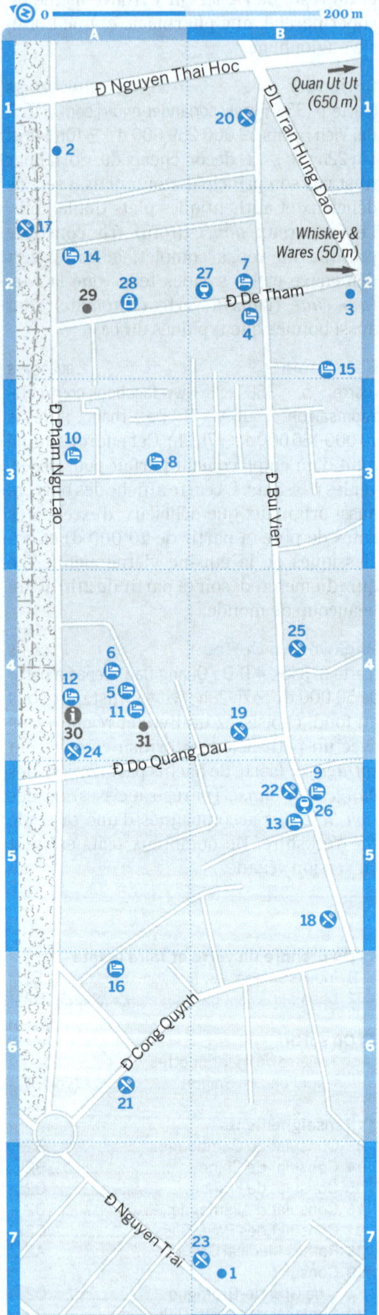

Quartier de Pham Ngu Lao

Activités

1 Mai Home ... B7
2 Pioneer Travel ... A1
3 Vespa Adventures ... B2

Où se loger

4 Beautiful Saigon 1 ... B2
5 Bich Duyen Hotel ... A4
6 Blue River Hotel ... A4
7 C-Central Hotel ... B2
8 Diep Anh ... A3
9 Duc Vuong ... B5
10 Elios Hotel ... A3
11 Giang Son ... A4
12 Hideout Hostel ... A4
13 Hong Han Hotel ... B5
14 Liberty Hotel Saigon Greenview ... A2
15 Lily's Hostel ... B2
16 Long Hostel ... A6

Où se restaurer

17 Asiana Food Town ... A2
18 Baba's Kitchen ... B5
19 Bookworm's Coffee ... B4
Café Zoom ... (voir 3)
20 Coriander ... B1
21 Dinh Y ... A6
22 Five Oysters ... B5
23 Pho Hung ... B7
24 Pho Quynh ... A4
25 Vittorio ... B4

Où prendre un verre et faire la fête

26 Ong Cao ... B5
27 Thi Bar ... B2

Achats

28 Ginkgo ... A2

Renseignements

29 Kim Tran Travel ... A2
30 Lac Hong Tours ... A4
The Sinh Tourist ... (voir 28)
31 Sinhbalo Adventures ... A4

Pho Quynh VIETNAMIEN **$**

(carte ci-contre ; 323 Đ Pham Ngu Lao ; pho 60 000 d ; ⏲24h/24). Restaurant toujours bondé, situé dans une partie très animée de Đuong Pham Ngu Lao. En dehors de l'habituel *pho*, il a pour spécialité le *pho bo kho*, un ragoût de bœuf.

Pho Hung VIETNAMIEN **$**

(carte ci-contre ; 241 Đ Nguyen Trai ; plats 45 000-75 000 d ; ⏲6h-3h). Une adresse de *pho* appréciée, ouverte de très bonne heure et jusque tard, près de Pham Ngu Lao.

Dinh Y VÉGÉTARIEN $

(carte page ci-contre ; 171B Đ Cong Quynh ; repas à partir de 36 000 d ; 6h30-19h ;). Restaurant végan sans prétention aux allures de cantine, tenu par une sympathique famille de Cao Dai. Plats délicieux à prix doux. Goûtez un des menus du jour (les "special dinners " à 40 000 d sont servis de 15h à 21h). Près du marché Thai Binh.

Quan Ut Ut BARBECUE $$

(carte p. 328 ; 028-3914 4500 ; www.quanutut.com ; 168 Đ Vo Van Kiet ; repas 180 000-320 000 d ; 11h-22h30 ;). Fort d'une vue sur le fleuve, le Quant Ut Ut (ce qui se traduit grosso modo par "groin-groin") célèbre le porc sous toutes ses formes, avec un côté barbecue à l'américaine. Sur d'énormes grils installés côté rue, on prépare des côtes, des saucisses piquantes et de la poitrine délicieuses, assorties de délicieux accompagnements dont du maïs grillé, de la courge et de la betterave rôties. Bières artisanales du propriétaire.

Baba's Kitchen INDIEN $$

(028-3838 6661 ; www.babaskitchen.in ; 274 Đ Bui Vien ; repas 80 000-210 000 d ; 11h-22h30 ;). Cela vaut la peine de faire un détour pour réserver dans ce restaurant sur 2 niveaux, qui met à l'honneur les arômes et saveurs épicés de l'Inde. Choix de mets végétariens, cadre séduisant et cuisine délectable. Le *paneer kadai* (fromage indien, poivrons et oignons en sauce tomate) est particulièrement réussi. Excellent service.

Vittorio ITALIEN $$

(carte page ci-contre ; 137 Đ Bui Vien ; repas 85 000-200 000 d ; 9h-23h). L'une des meilleures options de l'animée Đuong Bui Vien, avec son ambiance chaleureuse, son honorable pizza au feu de bois et d'autres plats d'inspiration italienne.

District 2

Le quartier Thao Dien du district 2 est très prisé par les expatriés et les Vietnamiens de la classe aisée. Une course en taxi depuis le district 1 vous coûtera entre 180 000 et 220 000 d et prendra 20 minutes environ. Vous pouvez aussi utiliser la navette fluviale.

Family Garden 2 VIETNAMIEN $

(091 366 2887 ; www.familygarden.vn ; 28 Đ Thao Dien ; repas à partir de 70 000 d ; 10h-14h et 17h-21h). Avec son toit de chaume, ses tables de bois massives et son cadre arboré, ce lieu d'apparence modeste donne l'impression de se trouver dans un village du delta du Mékong plutôt qu'en plein cœur de HCMV. Les plats sont simples et savoureux, et la carte change régulièrement. L'adresse n'est pas facile à trouver, dans une ruelle de l'autre côté de l'AIS Sports Center. Anglais basique parlé.

Mekong Merchant CAFÉ-BISTROT $$

(028-3744 7000 ; www.mekongmerchant.com ; 23 Đ Thao Dien ; repas 130 000-360 000 d ; 7h-23h ;). Des bâtiments coiffés de chaume autour d'une cour dessinent le cadre pittoresque de cet endroit, tout à la fois décontracté et haut de gamme. Les produits de la mer annoncés sur le tableau noir arrivent chaque jour de Phu Quoc. Le Mekong Merchant sert les meilleurs œufs Bénédicte de HCMV, mais bien d'autres plats valent le détour, comme la tourte au bœuf à la bière et purée de pommes de terre, carottes et petits pois.

Boat House BISTROT $$

(028-3744 6790 ; www.facebook.com/boathousevietnam ; 40 Lily Rd, APSC Compound, 36 Đ Thao Dien ; amuse-gueule 65 000 d, repas 160 000-340 000 d ; 7h30-22h). Ce lieu en bord de fleuve est riche de possibilités, qu'il s'agisse d'y déjeuner en extérieur, de s'y installer au comptoir pour siroter une bière, ou d'y déguster un cocktail, affalé sur un transat. Au menu : amuse-gueules, burgers, salades et wraps. Happy hour en semaine de 16h30 à 18h30. Concert les vendredis et samedis (17h-21h).

MAD House BISTROT $$

(028-3519 4009 ; www.madhousesaigon.com/home ; 6/1/2 Đ Nguyen U Di ; repas 150 000-300 000 d ; 8h-22h ;). Le point fort de cette adresse est une carte novatrice aux influences vietnamiennes et scandinaves mais aussi un excellent café, des cocktails généreux, du vin au verre (à partir de 85 000 d) et de la bière artisanale. Attendez-vous à une stupéfiante décoration tropicale et à un charmant jardin, répit bienvenu après l'animation citadine.

Lubu MÉDITERRANÉEN $$$

(028-6281 8371 ; www.luburestaurant.com ; 97b Đ Thao Dien ; plats 240 000-600 000 d ; 8h30-22h ;). Ce restaurant du district 2 concocte une excellente cuisine méditerranéenne servie dans une salle blanche baignée de lumière à des grandes tables partagées. Les mets espagnols, marocains, grecs et italiens sont particulièrement savoureux, notamment la paëlla, les souvlakis, les tapas ou la *chakchouka* verte (œufs au plat et sa sauce épicée aux épinards, chou kale, blettes et coriandre, 200 000 d), qui fait partie de la carte du brunch, une des meilleures de HCMV.

Deck FUSION $$$

(☎028-3744 6632 ; www.thedecksaigon.com ; 33 Đ Nguyen U Di, Thao Dien ; tapas 80 000-350 000 d, repas 185 000-695 000 d ; ⌚8h-minuit ;). Dans un pavillon à l'architecture impressionnante, lové entre un élégant jardin et la rivière, le Deck est le genre d'endroit où l'on perd la notion du temps, en savourant quelques verres de vin, des dim sums (à partir de 195 000 d) et petites portions telles que le carpaccio de thon sauce mojito (240 000 d). Cuisine au confluent de l'Europe et de l'Asie.

Où prendre un verre et faire la fête

La vie nocturne de HCMV se concentre dans le quartier de Dong Khoi où, du bouge obscur au bar huppé, tous les établissements ferment à 1h. Dans Pham Ngu Lao, les bars restent ouverts plus longtemps, et la rue Pham Ngu Lao's Đuong Bui Vien devient piétonne de 19h à 2h les samedis et dimanches. La plupart des clubs ne s'animent qu'à partir de 22h. Renseignez-vous dans les bars les plus prisés sur les derniers lieux à la mode.

Quartier de Dong Khoi

À Dong Khoi, il n'est pas rare que les bars branchés fassent aussi restaurant. Certains restaurants, comme le Racha Room (p. 354), font aussi bars.

♥ Heart of Darkness BIÈRE ARTISANALE

(carte p. 346 ; ☎090 301 7596 ; www.heartofdarknessbrewery.com ; 31D Đ Ly Tu Trong ; ⌚11h-minuit). Cette excellente brasserie artisanale de HCMV offre une sélection de bières pression inventives, qui varie en fonction des expérimentations et des découvertes des brasseurs ; la pale ale Dream Alone et la golden ale Sacred Fire sont des valeurs sûres.

♥ Pasteur Street Brewing Company BIÈRE ARTISANALE

(carte p. 346 ; www.pasteurstreet.com ; 144 Đ Pasteur ; ⌚11h-22h ;). Ce lieu produit un beau choix de bières artisanales. Toutes intègrent des ingrédients du cru (citronnelle, ramboutan, jasmin) et six variétés sont toujours disponibles (petite/grande bière à partir de 45 000/95 000 d). Les en-cas du bar, servis dans la salle de la brasserie, sont aussi très bons (essayez le poulet frit épicé). L'enseigne a une autre **antenne** (carte p. 346 ; 26a Đ Le Thanh Ton ; ⌚11h-1h ;), plus grande, dans le district 1.

Rogue Saigon BIÈRE ARTISANALE

(carte p. 346 ; ☎090 236 5780 ; www.facebook.com/roguesaigon ; 11 Đ Pasteur ; ⌚16h-minuit). Près du canal délimitant le district 1, sur le toit-terrasse d'un immeuble défraîchi, le Rogue accueille des concerts blues et rock à écouter en sirotant une bonne bière artisanale, telle que l'IPA Devil's Lake de Lac Brewing Co. DJ le samedi. Jam session et quiz certains soirs.

Malt BAR

(carte p. 346 ; ☎091 848 4763 ; www.maltsaigon.com ; 46-48 Đ Mac Thi Buoi ; ⌚14h-1h lun-ven, 12h-1h sam-dim ;). Le Malt est l'un des bars les plus confortables et les plus accueillants de la ville. Il est interdit de fumer à l'intérieur (ce qui est assez rare à HCMV). Belle sélection de bières artisanales locales à la pression – le personnel saura très bien vous conseiller – et en-cas savoureux, dont le *mac 'n' cheese* et des mini-sandwichs. Côté divertissement, on y trouve un jeu de fléchettes et un vieux jeu de palets américain.

Alley Cocktail Bar & Kitchen BAR À COCKTAILS

(carte p. 346 ; ☎093 565 3969 ; www.facebook.com/thealleysaigon ; 63/1 Đ Pasteur ; ⌚17h-minuit lun-mer, 17h-1h jeu-sam ;). L'adresse est difficile à trouver (tournez à gauche juste après l'hôtel Liberty Central Saigon Citypoint et suivez les panneaux), mais, une fois arrivé à bon port, vous pourrez commander un cocktail, une bière artisanale ou un whisky, accompagné de tapas ou de rouleaux de printemps. La musique est éclectique, choisissez votre jour : le jeudi, concerts acoustiques, le vendredi et le samedi, DJ sets. Happy hour généreux de 17h à 20h.

Layla BAR À COCKTAILS

(carte p. 346 ; ☎028-3827 2279 ; www.facebook.com/LaylaEateryandBarHCM ; 2e ét, 63 Đ Dong Du ; ⏲16h-1h dim-jeu, 16h-2h ven-sam). Avec son immense comptoir – plus de 10 m de long – le Layla est un bar à l'ambiance décontractée, parfait pour le premier ou le dernier cocktail de la soirée. Ne soyez pas surpris si la décoration chic, les canapés confortables et les amuse-gueules méditerranéens vous retiennent ici bien plus longtemps que prévu.

Workshop CAFÉ

(carte p. 346 ; www.facebook.com/the.workshop.coffee ; 10 Đ Ngo Duc Ke ; ⏲8h-21h ; wifi). La culture du café branché débarque à HCMV avec ce vaste espace de style entrepôt. Vous y trouverez notamment du café grand cru de Dalat, issu de la culture équitable, ainsi qu'une formidable série de photos en noir et blanc du Saigon d'autrefois, à contempler en attendant votre café filtre ou frappé. Jus de fruits pressés et bons en-cas (80 000-190 000 d).

Apocalypse Now DISCOTHÈQUE

(carte p. 346 ; ☎028-3824 1463 ; www.facebook.com/apocalypsenowsaigon ; 2c Đ Thi Sach ; ⏲19h-4h). Les clubs vont et viennent, mais l'"Apo" est là depuis 1991 et reste l'un des plus en vue. Vaste établissement, avec une grande piste de danse et une cour extérieure, il attire une clientèle bigarrée mêlant voyageurs, expatriés, Vietnamiens branchés et quelques prostituées (vous êtes prévenu). Grosse techno dans les oreilles. Concerts de groupes un peu kitsch le samedi soir.

Lush BAR

(carte p. 346 ; www.facebook.com/LushSaigon ; 2 Đ Ly Tu Trong ; ⏲21h-3h mar-dim). Une décoration très manga pour le Lush. Après avoir conversé côté jardin, direction le bar intérieur pour vous y déhancher un peu. DJ aux platines la plupart des soirs, grosses basses les samedis soir pour attirer les foules.

Broma: Not a Bar BAR

(carte p. 346 ; ☎0126 387 2603 ; 41 ĐL Nguyen Hue ; ⏲17h30-2h). Bar installé sur un toit-terrasse donnant sur Đuong Nguyen Hue, avec un bon choix de bières internationales et de la musique funk, hip-hop et électro (groupes live et DJ).

Phatty's BAR SPORTIF

(carte p. 346 ; ☎028-3821 0796 ; www.facebook.com/Phattysbarsaigon ; 46-48 Đ Ton That Thiep ; ⏲8h-minuit ; wifi). Bar sportif réputé pour son ambiance conviviale, sa bonne cuisine et ses grands écrans, sur lesquels des matchs de football anglais, de rugby et de foot australien sont régulièrement projetés.

Palais de la Réunification et environs

♥ BiaCraft BIÈRE ARTISANALE

(carte p. 332 ; ☎028-3933 0903 ; www.biacraft.com ; 11 Đ Le Ngo Cat, district 3 ; ⏲11h-23h ; wifi). Avec près de 40 tireuses, le BiaCraft est un incontournable pour les amateurs de bière. On y sert des créations de la maison, ainsi que des bières et des cidres de brasseries artisanales de HCMV. Vous pouvez emporter une canette fraîchement scellée de chacune des bières disponibles. Commandez un assortiment de dégustation, et savourez-le avec certains des meilleurs

LA CULTURE DES CAFÉS

Les cafés font depuis longtemps partie intégrante de la culture de HCMV. Dans chaque rue, vous verrez un ou plusieurs cafés traditionnels où l'on vous servira un café serré et épais.

Aujourd'hui, de nombreux cafés nouvelle génération ouvrent leurs portes un peu partout. Le Workshop est un incontournable du genre. Dans les rues branchées au sud de Pham Ngu Lao, nous aimons particulièrement le **Chat Coffee Roasters & Bistro** (carte p. 332 ; www.facebook.com/chatcoffeeroastersandbistro/ ; 53/1 Đ Le Thi Hong Gam ; ⏲7h-minuit ; wifi) et le **Saigon Coffee Roastery** (carte p. 332 ; www.facebook.com/saigoncoffeeroastery ; 12 Đ Dang Thi Nhu ; ⏲7h-22h ; wifi), deux établissements indépendants et originaux.

À 2 kilomètres au nord du centre-ville, au bord de la rivière Saigon, le cadre élégant et contemporain du **Bosgaurus Coffee** (www.bosgauruscoffee.com ; complexe Saigon Pearl, D6, sur Đ Nguyen Huu Canh ; ⏲7h-21h ; wifi) vaut le détour, et le **Dolphy Café** (www.facebook.com/dolphycafe ; 28 Đ Thao Dien ; ⏲6h-22h ; wifi), dans le district 2, est une valeur sûre.

plats de bistrot de la ville, comme les petites pommes de terre cuites à la bière ou la caille façon Nashville. L'enseigne possède plusieurs établissements à HCMV, notamment une **branche** (90 Đ Xuan Thuy, Thao Dien ; 1h5-23h lun-jeu, 11h-23h ven-dim ; wi-fi) moins impressionnante dans le district 2.

Observatory CLUB
(carte p. 332 ; www.facebook.com/theobservatoryhcmc ; 85 Đ Cach Mang Thang Tam ; 18h-4h jeu, 18h-6h ven-sam ; wi-fi). Cet excellent collectif musical a désormais une résidence permanente dans un immeuble avec vue où l'on peut assister à des DJ sets et des concerts d'artistes et de groupes de la nouvelle scène électro. Un incontournable de la vie underground de HCMV. Consultez le programme sur la page Facebook.

East West Brewing BIÈRE ARTISANALE
(carte p. 332 ; 0913 060 728 ; 181-185 Đ Ly Tu Trong ; 11h-minuit). Dans cette microbrasserie proche du marché Ben Thanh, toutes les bières sont brassées sur place. Si l'IPA Far East, faite de houblon américain et néo-zélandais, sort du lot, vous pourrez également apprécier les bières saisonnières (une ou deux nouvelles chaque mois), dont des bières blondes de l'Oktoberfest. On sert aussi des burgers, des salades et des produits de la mer corrects.

Pham Ngu Lao

Whiskey & Wares BAR
(carte p. 328 ; 0163 279 4179 ; www.facebook.com/WhiskeyandTails ; 196 Đ De Tham ; 16h30-1h30 mar-dim ; wi-fi). Cette adresse sophistiquée à quelques encablures de Pham Ngu Lao propose du whisky de qualité, de bons cocktails et de la bière artisanale locale. On y trouve de beaux articles artisanaux. Le lieu est gay-friendly, et tout le monde est bienvenu.

Tipsy Unicorn BAR GAY
(carte p. 328 ; 028-7307 3647 ; www.facebook.com/TipsyUnicornSaigon ; 37 Đ De Tham ; 16h-2h ; wi-fi). C'est l'un des rares bars ouvertement gay de la ville, fréquenté par des clients fidèles dans une ambiance festive et conviviale. Nombreux événements organisés : soirées quiz, DJ le samedi, concerts et loto drag-queen le dimanche à 21h.

Ong Cao BAR
(carte p. 358 ; 091 199 6160 ; www.facebook.com/ongcaosaigon ; 240 Đ Bui Vien ; 17h-23h15 ; wi-fi). Les amateurs de bière artisanale ne trouveront pas mieux à Pham Ngu Lao. On y sert 16 bières pression, brassées à HCMV pour la plupart, à déguster autour d'une assiette de fromage ou de charcuterie.

Autres quartiers

Saigon Outcast BAR
(saigonoutcast.com ; 188 Đ Nguyen Van Huong, district 2 ; 10h-23h30 mar-sam, 10h-22h30 dim). Cette salle du district 2 a une programmation variée, entre concerts, DJ sets, soirées cinéma et street art. Cocktails, bières artisanales et cidres de production locale disponibles dans le *beer garden* original. Marché aux puces et fermier en plein air tous les 15 jours. Mur d'escalade pour le plus grand plaisir des enfants. Programme sur le site Internet.

Indika Saigon BAR
(carte p. 356 ; 0122 399 4260 ; www.facebook.com/IndikaSaigon ; 43 Đ Nguyen Van Giai ; 16h-minuit ; wi-fi). Niché dans une ruelle étroite, cet établissement discret, qui se présente comme une "maison de curiosité", vaut le détour. Cuisine-grill et bar à bières à l'avant, et des locaux labyrinthiques utilisés pour des concerts, scènes ouvertes, soirées cinéma et DJ. Découvrez la programmation sur la page Facebook. Paiement en espèces uniquement.

☆ Où sortir

Consultez le page du Saigoneer (www.saigoneer.com) pour découvrir tout ce qu'il y a à faire pendant votre séjour à Hô Chi Minh-Ville. Le magazine *Asialife HCMC* (www.asialifemagazine.com/vietnam), disponible dans les hôtels, est aussi intéressant.

Musique live

La scène musicale de Hô Chi Minh-Ville est très active. Tous les genres de musique y sont représentés. Sur Đuong Pasteur, le Old Compass Cafe (p. 352) et le Alley Cocktail Bar & Kitchen (p. 360) accueillent généralement des concerts le week-end. Le Saigon Outcast et le Rogue Saigon (p. 360) prêtent souvent leur scène à des artistes expatriés et internationaux. Consultez le programme sur Facebook.

Acoustic SALLE DE CONCERT
(carte p. 332 ; 028-3930 2239 ; www.facebook.com/acousticbarpage ; 6e1 Đ Ngo Thoi Nhiem, district 3 ; 19h-minuit ; wi-fi). Ne vous laissez

pas induire en erreur par le nom : les musiciens qui montent sur la scène intimiste de cette salle phare jouent le plus souvent sur des instruments électriques et sont résolument survoltés. La foule adore. Au bout d'une ruelle, à côté d'une Coccinelle dressée à la verticale.

Yoko SALLE DE CONCERT
(carte p. 332 ; ☎ 028-3933 0577 ; www.facebook.com/Yokocafesaigon ; 22a Đ Nguyen Thi Dieu ; ⏲ 8h-17h lun, 8h-minuit mar-sam, 16h-minuit dim ;). Cette salle de concerts propose une musique éclectique : funk rock, métal, acoustique et indie, tous les soirs à partir de 21h. Consultez le programme sur la page Facebook.

AO Show SPECTACLES
(carte p. 346 ; www.luneproduction.com ; Opéra, place Lam Son ; à partir de 700 000 d ; ⏲ 18h ou 20h30 la plupart des jours). Voici une salle de dont la programmation est principalement destinée aux touristes, avec des concerts de musique vietnamienne, des spectacles de danse et des performances d'acrobates. Dans le superbe bâtiment de l'Opéra (ou Théâtre municipal), un édifice de style colonial français datant de 1897 et récemment rénové.

Théâtre municipal CONCERTS ET SPECTACLES
(carte p. 346 ; ☎ 028-3829 9976 ; place Lam Son). Construit à l'époque coloniale, le Théâtre municipal (Opéra) héberge le ballet, l'orchestre symphonique et l'opéra de HCMV (www.hbso.org.vn). D'autres spectacles et artistes sont également programmés.

Conservatoire de musique SALLE DE CONCERT
(Nhac Vien Thanh Pho Họ Chi Minh ; carte p. 332 ; ☎ 028-3824 3774 ; hcmcons.vn ; 112 Đ Nguyen Du). Il accueille aussi bien des concerts de musique traditionnelle vietnamienne que de musique classique. Programmation sur le site Internet.

Spectacles de marionnettes sur l'eau

C'est un art qui vient du nord du Vietnam, mais l'attrait des touristes pour les spectacles de marionnettes sur l'eau est tel qu'ils ont migré jusqu'à Hô Chi Minh-Ville.

Golden Dragon Water Puppet Theatre THÉÂTRE DE MARIONNETTES
(carte p. 332 ; ☎ 028-3930 2196 ; 55b Đ Nguyen Thi Minh Khai ; billets 270 000 d). Principale salle accueillant des spectacles de marionnettes sur l'eau (environ 50 minutes), à 18h30 et 20h30.

Théâtre de marionnettes sur l'eau de Saigon THÉÂTRE DE MARIONNETTES
(carte p. 346 ; musée d'Histoire, Đ Nguyen Binh Khiem ; billets 100 000 d). Au sein du musée d'Histoire (p. 335), ce petit théâtre propose des représentations d'environ 20 minutes à 9h, 10h, 11h, 14h, 15h et 16h.

Cinémas

Lotte Cinema Diamond CINÉMA
(carte p. 346 ; www.lottecinemavn.com ; 13e ét, Diamond Department Store, 34 ĐL Le Duan ; billets 90 000-150 000 d). Trois salles, projections de films en V.O. sous-titrés en vietnamien.

Galaxy CINÉMA
(carte p. 332 ; www.galaxycine.vn ; 116 Đ Nguyen Du ; billets 90 000-150 000 d). L'un des meilleurs cinémas de la ville. Diffuse des blockbusters hollywoodiens comme des succès vietnamiens.

Achats

Quantité d'articles de mauvaise qualité sont proposés aux touristes dans les rues, mais on peut dénicher de véritables trésors dans les marchés, les magasins d'antiquités, les boutiques de soieries et les commerces spécialisés en céramiques, textiles ethniques, objets en bambou laqué et vêtements sur mesure.

Quartier de Dong Khoi

Il n'y a pas mieux pour commencer une journée de shopping que Đuong Dong Khoi et les rues alentour, jalonnées de boutiques et de galeries. Vous y trouverez de l'artisanat et des souvenirs de bonne facture.

♥ **Chung Cu 42 Ton That Thiep** VÊTEMENTS
(carte p. 346 ; 42 Đ Ton That Thiep ; ⏲ la plupart des boutiques 9h-21h). Immeuble d'habitation en partie reconverti en boutiques de mode, où dénicher des vêtements de marque résolument tendance à des prix abordables. Triple T vend des vêtements pour hommes en lin. On rejoint le second bâtiment par l'étage et l'arrière.

Marché Ben Thanh MARCHÉ
(Cho Ben Thanh ; ĐL Le Loi, ĐL Ham Nghi, ĐL Tran Hung Dao et Đ Le Lai ; ⏲ 5h-18h). Le marché et les rues avoisinantes forment l'une des zones les plus vivantes de la ville. Vous y découvrirez toutes sortes de produits alimentaires, sans oublier une profusion de souvenirs. Il faut marchander ferme,

car les commerçants sont tenaces et les prix plus élevés qu'ailleurs (les stands de nourriture pratiquent des prix raisonnables). Ne tenez pas compte des écriteaux annonçant des "prix fixes".

Les bons étals de nourriture sont en général ouverts jusqu'en milieu d'après-midi. Restez vigilants et surveillez de près vos effets personnels. Une fois le marché couvert fermé, un petit marché de nuit prend sa suite à l'extérieur jusqu'à minuit.

Mekong Quilts ART ET ARTISANAT
(carte p. 346 ; ☎028-2210 3110 ; www.mekongquilts.com ; 68 ĐL Le Loi ; ⏲9h-19h). Mekong Quilts vend de beaux couvre-lits en soie, cousus à la main par des paysans pauvres qui s'assurent ainsi un revenu régulier. Sacs, écharpes, bols et même vélos en bambou sont en vente ici.

Saigon Kitsch SOUVENIRS
(carte p. 346 ; 33 Đ Ton That Thiep ; ⏲9h-22h). Cette enseigne vend notamment de superbes affiches de propagande, reproduites sur des tasses, des dessous de verre, des puzzles et des T-shirts, mais également des housses d'ordinateur et de tablette en emballage recyclé, ainsi que des affiches et des livres de cuisine vietnamiens.

L'Usine VÊTEMENTS, DÉCORATION
(carte p. 346 ; www.facebook.com/Lusinespace ; 151/1 Đ Dong Khoi ; ⏲9h-22h). Jouxtant le café-restaurant du même nom, à l'étage, ce magasin présente une collection de vêtements chics et de sacs colorés qui retient l'attention. À noter, un autre **café-boutique** (carte p. 346 ; 70b Đ Le Loi ; ⏲7h30-22h30) est estampillé L'Usine.

Sadec DÉCORATION
(carte p. 346 ; www.sadecdistrict.com ; 91 Đ Mac Thi Buoi ; ⏲8h30-20h30). Ce formidable magasin vend des articles pour la maison (notamment des ustensiles de cuisine en teck et en acacia), des vêtements, des œuvres d'art et du tissu provenant de toute la région du Mékong.

Mystère ART ET ARTISANAT
(carte p. 346 ; ☎028-3823 9615 ; 141 Đ Dong Khoi ; ⏲9h-20h). Jolis objets en laque, tissus (brodés et batik), céramiques et bijoux issus des ethnies minoritaires de tout le Vietnam, notamment du Nord et du Nord-Est. La boutique vend aussi sa propre collection de bijoux en argent.

Mai Lam VÊTEMENTS
(carte p. 346 ; www.mailam.com.vn ; 132-134 Đ Dong Khoi ; ⏲9h-21h). Mai Lam s'inspire du style urbain vietnamien. Vous y trouverez des vêtements et accessoires pour homme et femme innovants, fabriqués à la main… et coûteux.

Annam Gourmet Market ALIMENTATION
(carte p. 346 ; www.annam-gourmet.com ; 16 ĐL Hai Ba Trung ; ⏲7h-21h). Une grande épicerie fine sur 2 niveaux, très bien approvisionnée en fromages, vins, chocolats et autres délices. Bon café-restaurant à l'étage.

Nhu Y Oriental Lacquer Wares ART ET ARTISANAT
(carte p. 346 ; www.nhuylacquer.com ; 90 ĐL Nguyen Hue, district 1 ; ⏲9h-21h30). Superbes boîtes, panneaux décorés de caractères chinois, tableaux et articles en laque fabriqués à la main.

Saigon Centre CENTRE COMMERCIAL
(carte p. 346 ; www.saigoncentre.com.vn ; 65 ĐL Le Loi ; ⏲9h30-21h30). Élégante tour remplie d'enseignes internationales tape-à-l'œil, de cafés et d'une zone de restauration à la japonaise au sous-sol. Au 4e niveau, le tiNiworld est un espace de jeux et d'activités pour les enfants.

Quartier de Pham Ngu Lao

Dans le quartier des baroudeurs, ces derniers trouveront tout ce dont ils ont besoin pour leur périple.

Ginkgo VÊTEMENTS
(carte p. 358 ; www.ginkgo-vietnam.com ; 254 Đ De Tham ; ⏲8h-22h). Avec deux boutiques dans Pham Ngu Lao, cette enseigne haut de gamme vend des T-shirts et des sweat-shirts amusants, avec une touche vietnamienne ou asiatique décalée.

Nguyen Thai Binh et environs

Les amateurs d'antiquités pourront chiner dans Đuong Le Cong Kieu, juste en face du musée des Beaux-Arts. Il importe toutefois d'être vigilant, car rien ne garantit l'ancienneté des objets.

Antique Street Saigon ANTIQUITÉS
(carte p. 346 ; ☎0168 481 0093 ; 38 Đ Le Cong Kieu ; ⏲10h-17h lun-sam). Située non loin du musée des beaux-Arts, sur Đuong Le Cong Kieu, cette boutique est la meilleure adresse pour les œuvres d'art et les antiquités. Elle

déborde de pépites et de toiles réalisées par le propriétaire.

Marché Dan Sinh MARCHÉ

(carte p. 346 ; 104 Đ Yersin ; 7h-17h pour la plupart des étals). Ces stands, qui forment ce que l'on surnomme ici le "marché du surplus militaire", regorgent en effet de tout un attirail : rangers, plaques d'identification rouillées (authentiques ou pas), imperméables, moustiquaires, gourdes, sacs marins, ponchos et bottes... On trouve toutes sortes de bizarreries et d'objets uniques dans la boutique Steven's (9h30-16h30).

District 2

Le district 2 est un quartier huppé : traiteurs, épiceries fines, boutiques de créateurs et magasins de vêtements de qualité sont faciles à trouver.

Chula Fashion VÊTEMENTS

(089 885 4412 ; www.chulafashion.com ; 32 Tran Ngoc Dien, district 2 ; 10h-18h). Des vêtements de bonne facture (surtout pour femme) en soie, lin ou laine, avec des imprimés audacieux et des motifs géométriques.

In the Mood OBJETS POUR LA MAISON

(096 877 3862 ; www.facebook.com/inthemoodsaigon ; 32 Tran Ngoc Dien, district 2 ; 10h-19h). Vous trouverez, dans cette petite boutique du district 2, de la vannerie de qualité, des sculptures, des coussins et des sacs en coton et en lin, des flacons en cuivre, des savons naturels et des huiles essentielles.

Autres quartiers

Mai Handicrafts ART ET ARTISANAT

(carte p. 328 ; 028-3844 0988 ; www.maihandicrafts.com ; 298 Đ Nguyen Trong Tuyen, district de Tan Binh ; 10h-19h lun-sam). Boutique liée au commerce équitable, où acheter des céramiques, des tissus traditionnels et autres cadeaux, le tout au profit de familles défavorisées et d'enfants des rues. Pour y aller, suivez vers le nord-ouest Đai Lo Hai Ba Trung qui se prolonge par Đuong Phan Dinh Phung et tournez à gauche dans Đuong Nguyen Trong Tuyen.

SC Vivo City GALERIE MARCHANDE

(www.scvivocity.com.vn ; 1058 Đ Nguyen Van Linh ; 10h-22h). Cette vaste galerie marchande invite au shopping.

Renseignements

AGENCES DE VOYAGES

Les innombrables agences de la ville sont presque toutes gérées conjointement par les autorités publiques et des entreprises privées.

Saigon Tourist (carte p. 346 ; 090 928 4554 ; www.saigontourist.net ; 45 Đ Le Thanh Ton ; 8h-11h30 et 13h-17h30) est l'agence de voyages officielle et gouvernementale de HCMV. Elle n'est pas très utile aux voyageurs indépendants, mais l'est davantage pour les entreprises du tourisme.

Les nombreuses autres agences de voyages que compte par ailleurs la ville pourront vous procurer une voiture ou des billets d'avion, ou faire proroger votre visa. Toutes les agences, ou presque, ont des guides polyglottes.

La plupart des guides et des chauffeurs sont mal rémunérés : laissez-leur un pourboire si vous êtes satisfait de leurs services. Ce ne sont pas les agences vendant des circuits bon marché qui manquent, en particulier à Pham Ngu Lao et au marché Ben Thanh. Vous pourrez également organiser votre circuit à la carte, en louant une voiture, ainsi que les services d'un chauffeur et d'un guide. Cette solution offre le maximum de flexibilité et le partage des frais rend la formule très abordable.

Buffalo Tours (028-3827 9170 ; www.buffalotours.com ; 40 Đ Mac Thi Buoi ; 8h30-17h lun-ven, 8h30-14h30 sam). Agence de voyages haut de gamme.

EXO Travel (028-3519 4111 ; www.exotravel.com ; 41 Đ Thao Dien ; 8h30-18h lun-sam). Excellente agence spécialisée dans la péninsule indochinoise.

Ez Pass (carte p. 346 ; 89/17 Đ Ham Nghi). Société polyvalente compétente pour les affaires de visa et de transport à l'échelle nationale et internationale.

Handspan Travel Indochina (carte p. 328 ; 028-3925 7605 ; www.handspan.com ; 10e ét, bâtiment Central Park, 208 Đ Nguyen Trai). Circuits de grande qualité, y compris sur des itinéraires atypiques.

Innoviet (carte p. 328 ; 096 793 1670 ; innoviet.com ; 40 Đ Tran Hung Dao ; 9h30-17h lun-ven). Agence de voyages proposant des circuits à petit prix dont un grand nombre dans le delta du Mékong.

Kim Tran Travel (carte p. 358 ; 028-3836 5489 ; www.thekimtourist.com ; 270 Đ De Tham ; 7h-21h30). Excursions à la journée et séjours plus longs en petits groupes autour de HCMV et dans la région du Mékong.

The Sinh Tourist (carte p. 358 ; 028-3838 9593 ; www.thesinhtourist.vn ; 246 Đ De Tham ; 6h30-22h30). Populaire agence de voyages pour voyageurs à petit budget proposant d'excellents circuits en bus.

Sinhbalo Adventures (carte p. 358 ; ☎ 028-3837 6766 ; www.sinhbalo.com ; 283/20 Đ Pham Ngu Lao ; ⌚7h30-12h et 13h30-18h lun-sam). L'une des meilleures agences de HCMV pour un circuit personnalisé. Outre des parcours à vélo, Sinhbalo propose des itinéraires à thème dans le delta du Mékong, les hauts plateaux du Centre et les régions éloignées.

DÉSAGRÉMENTS ET DANGERS

➡ Restez prudent partout, mais faites particulièrement attention dans le secteur de Dong Khoi, de Pham Ngu Lao et du marché Ben Thanh, et le long de la rivière Saigon : des motards spécialistes du vol à l'arraché sévissent dans ces quartiers, visant notamment les sacs, appareils photo, ordinateurs et tablettes.

➡ Par mesure de précaution, mieux vaut laisser son passeport à l'hôtel. Et redoublez de vigilance quand vous utilisez votre smartphone dans la rue.

➡ Le trafic et la pollution peuvent être intenses. N'hésitez pas à porter un masque.

HOMOSEXUALITÉ

S'il existe peu d'établissements ouvertement gays à HCMV, la plupart des bars et clubs branchés sont gay-friendly. Le Tipsy Unicorn (p. 362), fier d'assumer son orientation LGBT, est un bon point de départ. Non loin, le **Thi Bar** (carte p. 358 ; www.facebook.com/thibarsaigon ; 224 Đ De Tham ; ⌚17h-tard ; 📶) et le Whiskey & Wares (p. 362) attirent une foule mélangée. Utopia (www.utopia-asia.com) organise des événements gays et des visites de HCMV autour de la vie nocturne.

POSTE

Poste centrale (p. 330). Superbe édifice colonial, juste à droite de la cathédrale Notre-Dame.

FedEx (carte p. 328 ; ☎ 028-3948 0370 ; www.fedex.com ; 6 Đ Thang Long, district de Tan Binh ; ⌚7h30-18h lun-ven, 7h30-16h30 sam). Transport de colis privé.

SERVICES MÉDICAUX

Columbia Asia (carte p. 332 ; ☎ 028-3823 8888 ; www.columbiaasia.com/saigon ; 8 Alexandre de Rhodes ; ⌚urgences 7h30-21h lun-ven, 8h-17h sam-dim). Emplacement central, près de Notre-Dame.

FV Hospital (hôpital franco-vietnamien ; ☎ 028-5411 3500 ; www.fvhospital.com ; 6 Đ Nguyen Luong Bang, district 7 ; ⌚24h/24). Praticiens polyglottes, soins et matériel excellents, service d'urgences 24h/24.

HCMC Family Medical Practice (☎ urgences 24h/24 028-3822 7848 ; www.vietnammedicalpractice.com ; Diamond Department Store, 34 Đai Lo Le Duan ; ⌚24h/24). Centre bien géré, avec des succursales à Hanoi et à Danang.

Raffles Medical Group (carte p. 356 ; ☎ 028-3824 0777 ; www.rafflesmedicalgroup.com ; 167a Đ Nam Ky Khoi Nghia ; ⌚24h/24). Une équipe internationale de médecins parlant français, entre autres.

ℹ Depuis/vers Hô Chi Minh-Ville

AVION

Hô Chi Minh-Ville est desservie par l'**aéroport international de Tan Son Nhat** (☎ 028-3848 5383 ; www.tsnairport.hochiminhcity.gov.vn/vn ; district de Tan Binh), à 7 km au nord-ouest du centre-ville. Plusieurs compagnies assurent des vols intérieurs.

Bamboo Airways (www.bambooairways.com). Vols depuis/à destination de Danang, Dong Hoi, Along (ville), Hanoi et Quy Nhon, entre autres.

Jetstar Pacific Airlines (☎ 1900 1550 ; www.jetstar.com/vn/en/home). Vols depuis/à destination de Buon Ma Thuot, Chu Lai, Dalat, Danang, Dong Hoi, Hanoi, Hué, Nha Trang, Phu Quoc, Quy Nhon, Thanh Hoa et Tuy Hoa, entre autres.

VietJet Air (www.vietjetair.com). Vols depuis/à destination de Chu Lai, Dalat, Danang, Dong Hoi, Haiphong, Along (ville), Hanoi, Hué, Nha Trang, Phu Quoc, Quy Nhon et Thanh Hoa, entre autres.

Vietnam Air Service Company (Vasco ; ☎ 028-3845 8017). Vols depuis/vers Ca Mau, les îles Con Dao et Rach Gia.

Vietnam Airlines (☎ 028-3832 0320 ; www.vietnamairlines.com). Vols depuis/à destination de 15 aéroports vietnamiens, dont Hanoi et Phu Quoc.

BATEAU

Greenlines (carte p. 346 ; ☎ 098 800 9579 ; www.greenlines-dp.com ; Bach Dang ; aller simple adulte/enfant 240 000/120 000 d) propose des trajets en ferry entre HCMV et Vung Tau. Nous recommandons de réserver pour les traversées du vendredi et du samedi. Comptez entre 1 heure 30 et 2 heures de traversée. Les départs sont parfois retardés ou annulés en raison des conditions météorologiques ou maritimes. Vous pouvez réserver vos billets en ligne jusqu'à 10 jours environ avant le départ. Il y a 4 départs quotidiens en semaine, 6 le samedi et le dimanche.

BUS

HCMV compte plusieurs grandes gares routières en périphérie, bien desservies par les bus de ville au départ du marché Ben Thanh. Les bus “open tour” rencontrent un vrai succès à HCMV, puisqu'ils partent et arrivent dans le quartier très pratique de Pham Ngu Lao. Ils permettent d'économiser un trajet de bus supplémentaire ou une course de taxi.

Toutes les agences de voyages de la ville vendent des billets “open tour”. Les tarifs de The Sinh Tourist pour les bus “open tour”

ALLER AU CAMBODGE : DE HCMV À PHNOM PENH

Rejoindre la frontière Le poste-frontière de Moc Bai/Bavet, très fréquenté, représente la voie la plus rapide pour gagner Phnom Penh depuis HCMV par la route. Les agences de voyages de Pham Ngu Lao vendent des billets (10-16 $US) pour la capitale cambodgienne. C'est de ce même quartier que partent les bus, entre 6h et 16h, et juste avant minuit. Le trajet dure 7-8 heures, en tenant compte des formalités à la frontière. Pour rejoindre Siem Reap, comptez 12-13 heures de bus ; pour Sihanoukville, 14 heures.

À la frontière Les visas cambodgiens (30 $US) sont délivrés sur place (prévoyez une photo d'identité). À 2 heures de bus de HCMV, la ville-frontière de Moc Bai est devenue une importante zone de détaxe pour les Vietnamiens et compte plusieurs hypermarchés. Une courte distance à pied la sépare de Bavet, au Cambodge, sorte de mini-Macao abritant une demi-douzaine de casinos.

Au-delà Si vous avez pris le bus direct HCMV-Phnom Penh, il vous restera encore 4 heures de route après la frontière.

s'élèvent à 527 000 d pour Hoi An ou Hué et 776 000 d pour Hanoi.

Gare routière de Mien Tay (Ben Xe Mien Tay ; ☎028-3825 5955 ; Đ Kinh Duong Vuong). Regroupe les lignes à destination du Sud. Elle est située à 10 km à l'ouest de HCMV, à An Lac. Le taxi depuis Pham Ngu Lao coûte dans les 210 000 d. De cette gare, des bus express climatisés et des minibus grand confort desservent la plupart des villes du delta du Mékong.

Gare routière de Mien Dong (Ben Xe Mien Dong ; ☎028-3829 4056). Les bus ralliant le nord de HCMV partent de cette immense gare bondée, dans le district de Binh Thanh, à 5 km du centre-ville, sur la RN 13. Sachez que les bus express partent du côté est et que les bus locaux desservent la zone située à l'ouest du bâtiment.

Gare routière d'An Suong (Ben Xe An Suong ; district 12). Des bus pour Tay Ninh, Cu Chi et quelques autres destinations au nord-ouest de HCMV partent de cette gare sale et bondée. Nous ne les recommandons pas pour les tunnels de Cu Chi, car ces derniers, à l'écart de la nationale, sont ensuite difficilement accessibles par ce biais. La gare est à proximité du pont routier de la RN 1 (Quoc Lo 1).

Bus pour le Cambodge

Il existe de nombreuses liaisons entre HCMV et le Cambodge, la plupart au départ de Pham Ngu Lao. À l'extrémité ouest de ce quartier prisé des voyageurs, des agences de voyages – notamment **Lac Hong Tours** (carte p. 358 ; ☎028-3920 5852 ; lachongtours.com ; 305 Đ Pham Ngu Lao ; 🕒6h30-22h) – vendent des billets pour les destinations fréquemment desservies : Phnom Penh (à partir de 240 000 d), Siem Reap et Sihanoukville (toutes deux à partir de 400 000 d). Vous pouvez aussi réservez en ligne.

TRAIN

La **gare ferroviaire de Saigon** (Ga Sai Gon ; ☎028-3823 0105 ; 1 Đ Nguyen Thong, district 3 ; 🕒billetterie 7h15-11h et 13h-15h) couvre diverses villes du Nord, dont Danang (490 000-570 000 d, 15 heures 30 à 19 heures, 6 trains/jour) ; Hué (500 000-620 000 d, 18 heures 30 à 22 heures 30, 6 trains/jour) et Nha Trang (240 000-350 000 d, 7-9 heures, 8 trains/jour).

Réservez en ligne sur www.baolau.com ou vietnamrailwaycorp.com/, ou achetez vos billets auprès d'une agence de voyages ou directement à la gare.

VOITURE ET MOTO

La plupart des cafés et des hôtels touristiques pourront vous procurer une voiture de location. Sachez que la location inclut obligatoirement un chauffeur. Les agences du quartier de Pham Ngu Lao s'efforcent de pratiquer les tarifs les plus bas.

On trouve également des motos à louer dans le quartier de Pham Ngu Lao à partir de 7 $US. Toutefois, compte tenu de la dangerosité du trafic et du manque de panneaux de signalisation, louer une moto n'est pas la meilleure des idées.

Comment circuler

BATEAU

Saigon Waterbus (carte p. 346 ; ☎1900 636 830 ; www.saigonwaterbus.com ; Bach Dang ; billets 15 000 d ; 🕒7h-19h30), la nouvelle navette fluviale de Saigon, relie le centre-ville au district 2. Le trajet jusqu'à l'arrêt Binh An dure 15 minutes à peine. Il y a 10 trajets par jour en semaine et 15 le samedi et le dimanche. C'est un moyen agréable et bon marché de voir la rivière Saigon de plus près.

BUS

Il existe plus de 130 itinéraires dans la ville et ses environs, et le tarif est très raisonnable. Mais très peu de voyageurs optent pour ce moyen de transport, préférant marcher ou prendre un taxi, dont les tarifs sont très bas.

Parmi les lignes utiles au départ de Ben Thanh, citons les bus n°109 ou n°49 pour l'aéroport, le n°149 pour la gare ferroviaire de Saigon, le n°1 pour le marché Binh Tay et la **gare routière de Cholon** (carte p. 337 ; district 5), le n°102 pour la gare routière de Mien Tay, et le n°26 pour la gare routière de Mien Dong. Tous les bus sont climatisés. Le prix moyen d'un billet est de 7 000 d, à acheter à bord.

CYCLO-POUSSE

C'est un emblème de HCMV en voie de disparition. Il reste très peu de véritables *cyclos* (cyclo-pousse ou vélos pousse-pousse) en ville, ils sont par ailleurs interdits dans de nombreuses artères principales. Si vous arrivez à en attraper un, une petite balade au centre-ville vous coûtera environ 50 000 d.

MOTO-TAXI

Plus rapides au milieu de la circulation que les taxis traditionnels, les *xe om*, ou motos-taxis, sont privilégiés par beaucoup de Vietnamiens. Les chauffeurs se postent généralement au coin d'une rue sur leur moto arrêtée, et klaxonnent à l'intention des clients potentiels. Le tarif moyen est de 30 000 d pour une course courte distance (de Pham Ngu Lao à Dong Khoi, par exemple).

En ce moment, la quasi-totalité des voyageurs utilise l'excellente application Grab pour smartphone, qui permet de faire des économies et d'éviter bien des tracas.

TAXI

Des taxis équipés de compteur sillonnent les rues, mais si vous sortez des sentiers battus, mieux vaut en réserver un par téléphone. Comptez environ 12 000 d pour la prise en charge et le premier kilomètre. Une course de Dong Khoi à Pham Ngu Lao tourne autour de 35 000 d. Prenez garde aux compteurs d'aspect douteux, qui ont tendance à tourner très vite. Les compagnies de taxis **Mai Linh Taxi** (☎ 028-3838 3838) et **Vinasun Taxi** (☎ 028-3827 2727) sont fiables. Grab est une bonne alternative.

VÉLO

Nous ne vous conseillerons pas de rouler à vélo dans le centre de HCMV. Le trafic est si dangereux que même les habitants s'y risquent rarement.

VOITURE, SCOOTER ET MOTO

Les agences de voyages, les hôtels et les cafés pour touristes proposent tous des voitures (avec chauffeur) et des motos de location. Même si la moto est le moyen le plus rapide de se déplacer en ville, nous vous déconseillons de prendre vous-même le volant, HCMV étant une des villes du monde où circuler est le plus dangereux. D'ailleurs, peu de polices d'assurance voyages proposent une couverture.

Si vous voulez parcourir le Vietnam à deux-roues, **Saigon Scooter Centre** (☎ 028-3848 7816 ; www.saigonscootercentre.com ; 151 Luong Dinh Cua, district 2 ; ⏲ 9h-17h30 lun-sam) loue des Vespas, des scooters neufs et des motos trail. Tarifs à partir de 10 $US la journée. Moyennant un supplément, vous pourrez bénéficier d'un service "aller simple" permettant de laisser le véhicule n'importe où au Vietnam.

BIENTÔT LE MÉTRO

HCMV manque d'un métro pour désengorger la circulation anarchique qui règne en surface. Le projet de métro, proposé en 2001, prévoit 6 lignes. La première ligne, à la fois souterraine et aérienne, est en construction. Elle couvrira 20 km, du marché Ben Thanh, dans le district 2, à Suoi Tien, à l'est. Le gouvernement japonais finance 88% du projet. Le financement a d'ailleurs fait l'objet de vives discussions entre le constructeur et les autorités, qui ont conduit à l'arrêt des travaux pendant plusieurs mois. La construction a donc déjà beaucoup de retard et la première ligne n'ouvrira pas avant 2021, au mieux. Coincée entre Đuong Dong Khoi et Đuong Nguyen Hue, la station centrale est prévue près de l'Opéra.

ENVIRONS DE HÔ CHI MINH-VILLE

Loin de l'effervescence de HCMV, la région recèle des sites culturels et historiques fascinants, tels les tunnels de Cu Chi et le Grand Temple caodaïste de Tay Ninh. Citons aussi Can Gio et sa réserve, dont les vastes mangroves constituèrent un atout essentiel pour la résistance viêt-cong.

Cu Chi

☎ 028 / 19 800 HABITANTS

Il existe peu de lieux aussi symboliques de la ténacité du peuple vietnamien que Cu Chi. À première vue, il ne subsiste pourtant aucune trace des combats et des bombardements qu'a subis cette zone. Pour les découvrir, il faut s'aventurer sous terre.

Le réseau des tunnels de Cu Chi devint légendaire dans les années 1960 en permettant au Viêt-cong de contrôler une grande partie de la campagne, à seulement 30 à 40 km de HCMV. À cette époque, il s'étendait de la capitale sud-vietnamienne à la frontière cambodgienne ; plus de 250 km de galeries souterraines sillonnaient le district de Cu Chi. Ce labyrinthe, creusé par endroits sur plusieurs niveaux, comportait d'innombrables trappes, des quartiers d'habitation, des entrepôts, des fabriques d'armes, des hôpitaux de campagne, des centres de commandement et des cuisines.

Cu Chi est devenu un lieu de pèlerinage pour les écoliers vietnamiens et les cadres du Parti.

Histoire

Lorsque la résistance du Front national de libération du Vietnam du Sud (FLN, nom officiel du Viêt-cong) se mit à gronder vers 1960, les tunnels creusés par le Viêt-minh dans les années 1940 furent remis en état et prolongés. En quelques années, ces réseaux acquirent une importance stratégique majeure et permirent au Viêt-cong de contrôler la quasi-totalité du district de Cu Chi et la région avoisinante.

La construction des tunnels de Cu Chi, entamée vers la fin des années 1940, demanda plus de 25 ans. Elle constitua la réponse improvisée d'une armée de paysans sous-équipés à des adversaires dotés d'un armement moderne.

C'est le Viêt-minh qui creusa dans la terre rouge (meuble à la saison des pluies, dure comme du roc en période sèche) les premières galeries lors de la guerre d'Indochine. Elles étaient alors utilisées pour communiquer entre les villages et échapper aux incursions de l'armée française.

Au début de l'année 1963, le gouvernement Diêm mit en œuvre le "programme des hameaux stratégiques", qui consistait à "reloger" des habitants de régions passées aux mains des communistes dans des camps fortifiés, entourés de rangées de pieux en bambou. Le premier hameau stratégique vit le jour dans le district de Ben Cat, près de Cu Chi. Le Viêt-cong réussit cependant à creuser des tunnels vers ces hameaux pour en prendre le contrôle, et avant la fin de l'année 1963, le premier hameau stratégique était en leur possession.

La série de défaites subies par l'armée sud-vietnamienne dans la région permettait d'imaginer une victoire totale du Viêt-cong à la fin de 1965. Dans les premiers mois de l'année, la guérilla avait même organisé un défilé militaire dans les rues de Cu Chi. La puissance du Viêt-cong à Cu Chi et aux alentours fut l'une des raisons qui incita l'administration Johnson à engager les troupes américaines dans la guerre.

Les tunnels facilitaient la communication et la coordination entre les enclaves contrôlées par le Viêt-cong, isolées par les opérations terrestres et aériennes des Sud-Vietnamiens et des Américains. Le Viêt-cong pouvait aussi lancer des attaques surprises – jusque dans le périmètre de la base américaine de Dong Du – et disparaître par des trappes sans laisser de traces.

Cu Chi servait également de base aux agents secrets et aux équipes de sabotage de Saigon. Les attaques téméraires dans la capitale sud-vietnamienne au cours de l'offensive du Têt en 1968 furent planifiées et lancées à Cu Chi.

Au fil des années, le Viêt-cong développa des techniques simples et efficaces pour rendre ses tunnels indécelables. Il camoufla les trappes en bois sous de la terre et des branchages, en piégea certaines et construisit des issues secrètes dans les rivières. Pour préparer les repas, on utilisait des cuisines "Diên Biên Phu", dont la fumée était évacuée à bonne distance par des conduits. Des trappes empêchaient les gaz lacrymogènes, la fumée et l'eau de se propager d'un système de galeries à l'autre. Certaines sections étaient même équipées d'éclairage électrique.

On commença alors à employer des bergers allemands, dressés à repérer les

VAUT LE DÉTOUR

LA PAGODE AU PILIER UNIQUE DE THU DUC

Officiellement baptisé Nam Thien Nhat Tru, ce temple bouddhique est souvent appelé **pagode au Pilier unique de Thu Duc** (Chua Mot Cot Thu Duc ; 1/91 Đ Nguyen Du). S'élevant au milieu d'un petit plan d'eau, cette modeste pagode – dont la structure s'inspire de celle de la célèbre pagode au Pilier unique de Hanoi – renferme une effigie de Quan Âm, la déesse de la Miséricorde aux multiples bras. À l'arrière de l'ensemble, des tombes contiennent des urnes funéraires de moines et de fidèles.

La pagode se situe à 15 km au nord-est du centre de HCMV. Les cafés de voyageurs et les agences de voyages de HCMV pourront organiser une excursion personnalisée ou vous procurer une voiture avec chauffeur.

Environs de Hô Chi Minh-Ville

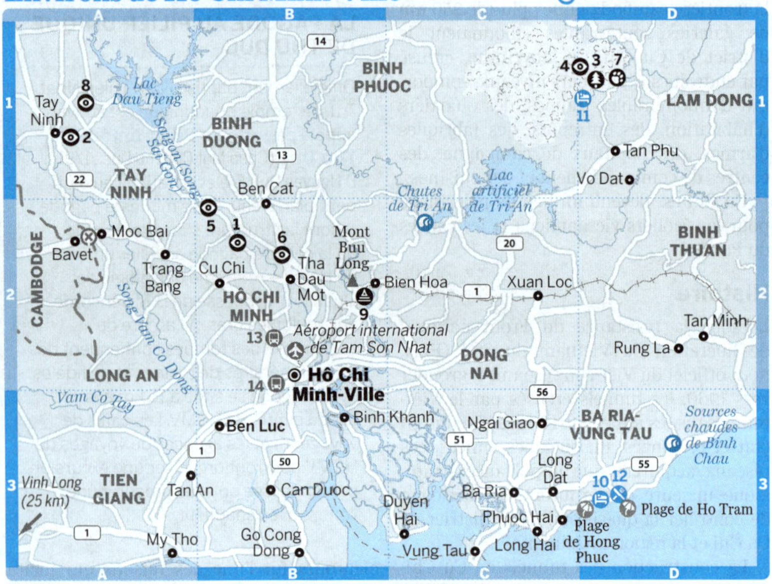

Environs de Hô Chi Minh-Ville

À voir

- 1 Ben Dinh B2
- Ben Duoc .... (voir 5)
- 2 Grand Temple caodaïste A1
- 3 Parc national de Cat Tien D1
- Centre de sauvetage et de préservation des espèces .... (voir 7)
- 4 Marécage des crocodiles D1
- 5 Tunnels de Cu Chi B2
- 6 Parc d'attractions Dai Nam B2
- 7 Centre de réhabilitation pour les grands singes de Dao Tien D1
- 8 Nui Ba Den A1
- 9 Pagode au Pilier unique B2

Activités

- Wild Gibbon Trek .... (voir 7)

Où se loger

- 10 Beach House D3
- Forest Floor Lodge .... (voir 7)
- Green Bamboo Lodge .... (voir 7)
- Green Cat Tien .... (voir 7)
- Green Hope Lodge .... (voir 7)
- River Ray Estates .... (voir 10)
- 11 Ta Lai Long House D1

Où se restaurer

- 12 Ho Tram BBQ Restaurant D3
- Yellow Bamboo .... (voir 7)

Renseignements

- Billetterie .... (voir 7)

Transports

- 13 Gare routière d'An Suong B2
- 14 Gare routière de Mien Tay B2

trappes et à débusquer les rebelles. Pour tromper leur odorat, les soldats viêt-cong se lavèrent avec du savon américain et revêtirent les uniformes de leurs prisonniers. Par ailleurs, les chiens n'avaient pas appris à reconnaître les objets piégés. Beaucoup furent tués ou blessés et leurs maîtres finirent par refuser de les envoyer dans les tunnels.

Pour parer à la menace du contrôle viêt-cong dans un secteur tout proche de la capitale sud-vietnamienne, les Américains installèrent rapidement une vaste base dans le district de Cu Chi. Sans le savoir, ils la construisirent juste au-dessus d'un réseau de galeries. La 25e division mit des mois à comprendre comment ses soldats se faisaient tuer la nuit sous les tentes.

Les forces américaines et australiennes employèrent diverses méthodes pour "pacifier" la région de Cu Chi, surnommée le Triangle de fer. De vastes opérations terrestres, impliquant des milliers de soldats, ne parvinrent pas à localiser les tunnels. Pour priver le Viêt-cong d'abris et d'approvisionnement, des défoliants furent déversés sur les rizières, des bulldozers arrachèrent la jungle, des villages furent évacués et rasés. Quelques mois après avoir arrosé la région de produits chimiques, les Américains mirent le feu à la végétation desséchée à grand renfort d'essence et de napalm. Cependant, des averses éteignirent les feux, et le Viêt-cong survécut dans ses abris souterrains.

Incapable de gagner cette bataille avec des armes chimiques, l'armée américaine envoya des hommes à l'assaut des tunnels. Ces "rats des tunnels", souvent contraints à livrer des combats souterrains, subirent de lourdes pertes.

Les Américains déclarèrent alors Cu Chi "zone de tir à volonté" : les GI pouvaient faire feu sur tout ce qui bougeait, des tirs d'artillerie au jugé avaient lieu de nuit, et les pilotes pouvaient déverser leurs surplus de bombes et de napalm avant de rentrer à leur base. Le Viêt-cong continua de résister.

À la fin des années 1960, les B52 déversèrent un tapis de bombes sur la région, détruisant la plupart des tunnels et la campagne alentour. Ce fut néanmoins une action quasi symbolique, car les États-Unis commençaient déjà à retirer leurs troupes. Les tunnels avaient rempli leur mission.

Décorations, récompenses et mentions honorifiques : les villages du district de Cu Chi ont, depuis, eu droit à maints honneurs de la part du gouvernement, qui les a décorés et déclarés "villages héroïques". Depuis 1975, de nouveaux hameaux ont été construits et la population de la région a augmenté en flèche. Toutefois, les défoliants contaminent toujours la terre et l'eau, tandis que les récoltes restent maigres.

Les guérilleros du Viêt-cong qui officiaient dans les tunnels avaient des conditions de vie extrêmement difficiles et on compte de nombreuses victimes : seuls 6 000 des 16 000 combattants ont survécu. Des milliers de civils ont également été tués dans la région.

Ce district du grand Hô Chi Minh-Ville compte aujourd'hui 360 000 habitants, mais n'en comptait que 80 000 au moment de la guerre contre les Américains. *Les tunnels de Cu Chi* (Albin Michel, 2014) de Tom Mangold et John Penycate, est un livre émouvant sur l'histoire de ces tunnels et des victimes des deux camps.

À voir

Tunnels de Cu Chi SITE HISTORIQUE

(adulte/enfant 120 000/35 000 d). Deux sections de ce remarquable réseau de tunnels ont été agrandies et aménagées pour ouvrir au public. L'une se trouve près du village de Ben Dinh, l'autre 15 km plus loin, à Ben Duoc. D'un accès plus facile pour les bus d'excursion, la première voit affluer davantage de touristes. Même si vous ne descendez pas sous terre, l'expérience reste intéressante et donne une juste idée de la capacité d'adaptation et de la ténacité des troupes du Viêt-cong.

Sur place, on peut tirer avec d'authentiques kalachnikovs et mitrailleuses moyennant une petite fortune (le prix est fixé par balle et celles-ci partent en rafales dans le cas d'une arme automatique).

Ben Dinh SITE HISTORIQUE

(www.diadaocuchi.com.vn ; 7h-18h). Secteur le plus visité, cette petite portion rénovée se situe près du village de Ben Dinh, à 50 km de HCMV. Dans une salle du centre d'accueil, on peut voir une carte montrant l'étendue du réseau, ainsi que des schémas en coupe des tunnels.

La section du tunnel ouverte au public se trouve à quelques centaines de mètres au sud du centre d'accueil. Elle serpente sur 50 m à travers diverses salles. Les tunnels, non éclairés, mesurent environ 1,20 m de hauteur sur 0,80 m de largeur. Un tank M41 endommagé et un cratère de bombe avoisinent la sortie, dans un bosquet d'eucalyptus récemment planté.

Sachez que le site est très touristique et régulièrement bondé.

Ben Duoc SITE HISTORIQUE

Les tunnels ont été élargis pour faciliter l'accès des touristes, mais n'en demeurent pas moins fort étroits. Ils comportent des bunkers, un hôpital et un centre de commandement qui joua son rôle lors de l'offensive du Têt en 1968, avec tables, chaises, lits, lampes et mannequins en uniforme.

L'imposant temple de Ben Duoc fut construit en 1993 en hommage aux Vietnamiens tués à Cu Chi. Il est flanqué d'une tour de neuf étages précédée d'un jardin fleuri. Seules peuvent entrer les personnes portant une tenue appropriée (pas de shorts, etc.).

Musée de la Guerre de Cu Chi MUSÉE
(Nha Truyen Thong Huyen Cu Chi ; DT8, Cu Chi ; 7h30-16h30 lun-sam). GRATUIT Le musée ne se trouve pas à l'entrée des tunnels, mais près de la nationale, dans le centre de la ville de Cu Chi. Il présente essentiellement des photographies, dont certaines particulièrement difficiles à regarder, et du gros matériel militaire qui rouille au-dehors. Il n'égale en rien le musée des Souvenirs de guerre de HCMV.

Circuits organisés

Il n'est pas simple de se rendre en transports en commun à Cu Chi. Les circuits organisés sont donc, et de loin, le moyen le plus simple de découvrir les tunnels. La concurrence est rude et les prix demeurent donc plutôt raisonnables (comptez à partir de 12 $US par personne pour un circuit standard).

Si vous cherchez quelque chose de plus atypique, pourquoi ne pas réserver une excursion (80 $US/pers, minimum 2 personnes) auprès d'Old Compass Travel (p. 343), dont le contenu sera plus riche, et qui vous mènera à travers un cimetière du Viêt-cong, un mémorial de guerre et la rivière Saigon. Autrement, montez à bord d'un bateau direction les tunnels de Cu Chi avec Les Rives (p. 341). Deux bateaux partent chaque jour à 7h et 11h. Le tarif inclut le ramassage à l'hôtel, les repas, les boissons, le guide et les droits d'entrée sur les sites. Autre option : un circuit à moto avec **Saigon Riders** (0919 767 118 ; www.saigonriders.vn), pour 89 $US par personne.

Comment s'y rendre et circuler

Le district de Cu Chi couvre une vaste superficie, dont une partie se situe à 30 km seulement du centre de HCMV. Les tunnels de Ben Dinh et de Ben Duoc sont respectivement à 50 km et à 65 km de HCMV.

Pour explorer le district plus avant, mieux vaut louer une voiture avec chauffeur, une solution relativement bon marché si l'on partage le coût à plusieurs. Les routes n'étant pas très bien indiquées, assurez-vous que le chauffeur connaît bien le chemin.

Tay Ninh

0276 / 155 800 HABITANTS

La ville de Tay Ninh, capitale de la province du même nom, est avant tout le siège de l'une des religions les plus curieuses du Vietnam : le caodaïsme. Construit entre 1933 et 1955, le Grand Temple caodaïste est un extravagant édifice rococo, associant des influences a priori dissonantes entre église romane, pagode chinoise et éléments de mosquée.

La province de Tay Ninh, au nord-ouest de HCMV, borde sur trois côtés la frontière cambodgienne. La rivière Vam Co, qui prend sa source au Cambodge, traverse l'ouest de cette province, dont le point culminant, le Nui Ba Den (mont de la Dame noire), domine les plaines environnantes.

À voir

Grand Temple caodaïste TEMPLE
(Thanh That Cao Dai). Le siège du caodaïsme fut fondé en 1926 à proximité du village de Long Hoa, à 4 km à l'est de Tay Ninh. L'ensemble comprend aujourd'hui, outre le

LE CAODAÏSME

Fascinante fusion entre l'Orient et l'Occident, le caodaïsme (*Dai Dao Tam Ky Pho Do*) est une religion syncrétique née au Vietnam au début du XXe siècle. Elle comporte des éléments du bouddhisme, du confucianisme, du taoïsme, de croyances vietnamiennes, du christianisme et de l'islam, plus une pointe d'enseignement séculier. Les termes *Cao Dai* (qui signifient "haute tour" ou "palais" ; 高台) sont un euphémisme pour désigner Dieu. Il y aurait de 2 à 3 millions d'adeptes du caodaïsme dans le monde.

Le caodaïsme fut fondé par Ngô Minh Chiêu (également connu sous le nom de Ngô Van Chiêu ; 1878-1933), fonctionnaire mystique qui dirigea le district de l'île de Phu Quoc. Très érudit en matière de religions orientales et occidentales, il se passionna pour le spiritisme. En 1919, il commença à recevoir des révélations de Cao Dai, sur lesquelles se fonda sa doctrine. Cette dernière se fonde sur l'idéal bouddhiste de l'homme bon, tout en incorporant des croyances vietnamiennes traditionnelles. Le but ultime de tout disciple est d'échapper au cycle des réincarnations. Il doit pour cela s'abstenir de tuer, mentir, voler, vivre dans le luxe ou s'adonner aux plaisirs de la chair.

Grand Temple, des bureaux, des logements pour les employés et les fidèles, ainsi qu'un hôpital de médecine traditionnelle par les plantes, qui attire des patients de tout le sud du Vietnam.

Les prières ont lieu quatre fois par jour dans le Grand Temple (sauf durant la fête du Têt). Ne manquez pas d'y assister – celle de 12h est la préférée des groupes venus de HCMV –, mais prenez soin de ne pas perturber les fidèles, vêtus de tenues somptueuses. Seule une centaine d'entre eux y participent pendant la semaine, mais ils se comptent par milliers lors des grandes fêtes.

Les photos des objets de culte sont autorisées, mais ne photographiez pas des personnes sans leur permission, rarement accordée. Vous pourrez photographier les séances de prière depuis le balcon, concession due sans doute à l'afflux quotidien de touristes. Une tenue décente est requise pour pénétrer dans le temple (ni short, ni débardeur).

Un "œil divin" orne le fronton du Grand Temple. Les femmes entrent par la tour de gauche et font le tour de la salle à l'extérieur des colonnades dans le sens des aiguilles d'une montre. Les hommes entrent par la droite et circulent en sens inverse. Le centre du sanctuaire est réservé aux prêtres caodaïstes.

Une peinture murale dans le hall d'entrée représente les trois signataires de la "troisième alliance entre Dieu et l'homme" : le révolutionnaire et homme d'État chinois Sun Yat-sen (Sun Zhongshan ; 1866-1925) tient un encrier de pierre, tandis que le poète vietnamien Nguyên Binh Khiêm (1492-1587) et Victor Hugo (1802-1885) écrivent "Dieu et Humanité" et "Amour et Justice" en chinois et en français, respectivement avec un pinceau et une plume. Des inscriptions en français, anglais et allemand donnent une version légèrement différente des principes du caodaïsme.

La salle principale est divisée en neuf niveaux qui, chacun flanqués de deux colonnes, symbolisent les neuf marches menant au paradis. Les fidèles progressent d'un espace à l'autre en fonction de l'ancienneté de leur adhésion au caodaïsme. Au fond du sanctuaire, huit colonnes en plâtre, entourées de dragons multicolores, soutiennent un dôme qui symbolise le ciel. Au-dessous, une énorme sphère bleue parsemée d'étoiles porte l'"œil divin".

Le plus grand des sept sièges placés devant ce globe est réservé au pape caodaïste, un poste vacant depuis 1933. Les trois suivants sont destinés aux responsables des livres contenant les préceptes de la religion. Les trois autres sont occupés par les dirigeants des trois branches du caodaïsme, représentées par les couleurs jaune, bleu et rouge.

De part et d'autre de l'espace entre les colonnes, deux chaires ressemblent aux minbars des mosquées.

Au-dessus de l'autel, on discerne difficilement les portraits de six personnages importants du caodaïsme : le Bouddha Shakyamuni (Siddhartha Gautama, fondateur du bouddhisme), Ly Thai Bach (Li Taibai, grand poète chinois), Khuong Tu Nha (Jiang Taigong, saint chinois), Laozi (Lao-tseu, fondateur du taoïsme), Quan Cong (Guangong, dieu chinois de la Guerre) et Quan Âm (Guanyin, déesse chinoise de la Miséricorde).

Nui Ba Den MONTAGNE, TEMPLE

(mont de la Dame noire ; télésiège aller/aller-retour adulte 85 000/165 000 d, enfant 50 000/90 000 d). À 15 km au nord-est de Tay Ninh, le mont culmine à 850 m dans un paysage de rizières, de champs de maïs et de manioc, et de plantations d'hévéas. Pendant des siècles, Nui Ba Den fut un sanctuaire pour divers peuples de la région – Khmers, Chams, Vietnamiens et Chinois –, comme en témoignent plusieurs temples creusés dans la roche.

Depuis/vers Tay Ninh

Tay Ninh se situe sur la RN 22 (Quoc Lo 22), à 96 km de HCMV. La route traverse **Trang Bang**, l'endroit où fut prise la célèbre photo d'une petite fille grièvement brûlée, courant et criant durant une attaque américaine au napalm. Pour savoir ce qu'est devenue la fillette, lisez *La Fille de la photo*, de Denise Chong (Belfond, 2001).

Pour se rendre à Tay Ninh, le plus simple est de suivre une visite guidée de Tay Ninh/Cu Chi au départ du district 1. Il est possible de commencer par un circuit économique jusqu'au Grand Temple caodaïste, puis, de là, de prendre un taxi ou un *xe om* pour Nui Ba Den (120 000 d environ). Vous devrez vous arranger pour que le bus vous récupère à Tay Ninh au retour afin de rentrer à HCMV.

BUS

De la gare routière de Ben Thanh, à HCMV, le bus n°65 rejoint la gare routière d'An Suong (9 000 d). De là, prenez un bus jusqu'à la gare routière de Tay Ninh (85 000 d), où vous pourrez vous procurer un taxi ou un *xe om* (environ 130 000 d) à destination de Nui Ba Den.

Delta du Mékong

Dans ce chapitre ➡

Le top des restaurants

- Bassac Restaurant (p. 422)
- Itaca Resto Lounge (p. 411)
- Nam Bo (p. 391)
- Marché de nuit de Phu Quoc (p. 410)
- Saigonese (p. 410)

Le top des hébergements

- 9 Station Hostel (p. 406)
- Chen Sea Resort (p. 409)
- Island Lodge (p. 379)
- Six Senses Con Dao (p. 438)
- Victoria Can Tho Resort (p. 390)

Pourquoi y aller

"Grenier à riz" du Vietnam, le Delta est tapissé d'une étourdissante variété de verts. C'est un monde aquatique qui se déplace au rythme du puissant Mékong. Bateaux, maisons et marchés flottent sur les innombrables rivières, canaux et cours d'eau qui strient le paysage comme un réseau de veines et d'artères. L'animation commerçante des villes du Delta contraste avec la langueur de la vie dans ses campagnes. Là, les buffles pataugent dans les rizières, les bateaux chargés de fruits et de noix de coco avancent lentement sur les eaux boueuses et brunes, et l'exploration à deux-roues des sentiers étroits est largement récompensée par un vrai sens de l'hospitalité rurale (et la dégustation de poissons d'eau douce délicieux). Ailleurs, les forêts de mangrove résonnant de chants d'oiseaux sont émaillées de vestiges des bunkers viêt-cong, de pagodes khmères sculptées et de temples bouddhiques qui s'élancent vers le ciel. Au large, les îles ourlées de plages de sable blanc sont des refuges tropicaux pour les uns, des paradis de pirates pour les autres.

Quand partir

My Tho

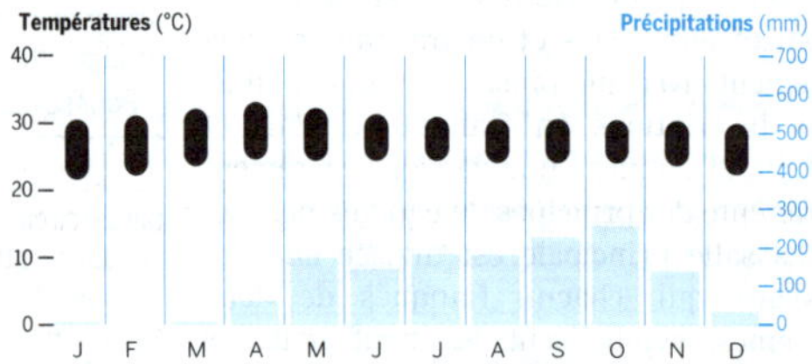

Jan Pendant que le Nord frissonne, les plages de l'île de Phu Quoc connaissent un climat sec et tempéré.

Mars Un séjour durant cette période vous évitera la folie du Têt, et le temps chaud et pluvieux qui règne en été.

Nov Début de la saison sèche ; courses de bateaux lors des fêtes khmères de Tra Vinh et de Soc Trang.

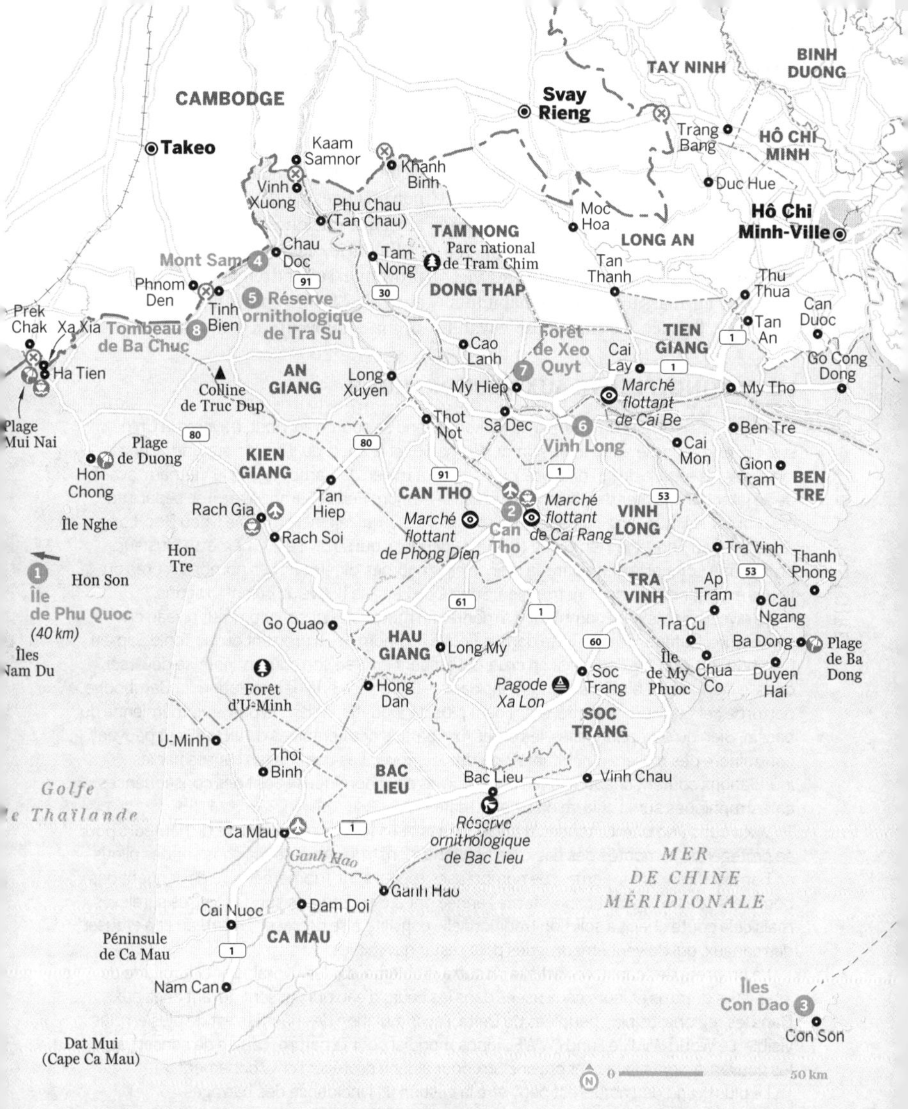

À ne pas manquer

1 L'exploration à moto des routes à travers la jungle et des belles plages de l'**île de Phu Quoc** (p. 400)

2 Les marchés flottants de **Can Tho** (p. 387), où le commerce va bon train à l'aube

3 Détente sur les **îles Con Dao** (p. 431), paradis tropical isolé où étaient autrefois détenus des prisonniers politiques

4 Un pèlerinage de temple en temple dans la campagne bucolique qui entoure le **mont Sam** (p. 424) et Chau Doc

5 Les nuées de cigognes et d'aigrettes de la splendide **réserve ornithologique de Tra Su** (p. 419)

6 Un aperçu de la vie rurale sur les rives du fleuve lors d'un séjour chez l'habitant dans la région de **Vinh Long** (p. 384)

7 Les anciens bunkers viêt-cong et les canaux de la **forêt de Xeo Quyt** (p. 429)

8 Un hommage aux victimes d'un massacre au **mémorial de Ba Chuc** (p. 419)

Histoire

Le delta du Mékong faisait autrefois partie du royaume khmer ; ce fut la dernière région annexée par le Vietnam actuel. Les Cambodgiens n'oublient pas qu'ils l'ont possédé jusqu'au XVIIIe siècle et continuent de l'appeler Kampuchea Krom (Bas-Cambodge). Les Khmers rouges tentèrent de récupérer ce territoire en attaquant des villages vietnamiens et en massacrant leurs habitants. En réponse, l'armée vietnamienne envahit le Cambodge le 25 décembre 1978 et chassa les Khmers rouges du pouvoir, mettant fin au régime de Pol Pot. Aujourd'hui majoritairement composée de Viêts, la population du Delta comprend néanmoins une proportion non négligeable de Chinois et de Khmers, ainsi que quelques Chams.

En 1975, la collectivisation des terres provoqua l'effondrement de la production agricole. Si les paysans du Delta réussirent à subvenir à leurs besoins, Saigon

LE MÉKONG, FLEUVE AUX NEUF DRAGONS

Plus long fleuve d'Asie du Sud-Est, le Mékong prend sa source au Tibet, traverse la Chine sur 4 500 km, passe entre le Myanmar (Birmanie) et le Laos, qu'il arrose sur une bonne longueur (et sépare de la Thaïlande), puis coule à travers le Cambodge et le Vietnam, avant de se jeter dans la mer de Chine méridionale. À Phnom Penh (Cambodge), il se sépare en deux bras : le Hau Giang ou Bassac (fleuve inférieur), qui rejoint la mer via Chau Doc, Long Xuyen et Can Tho, et le Tien Giang (fleuve supérieur), qui se divise lui-même en plusieurs bras à Vinh Long et se jette dans la mer en cinq endroits différents. Les nombreux bras du fleuve expliquent son nom vietnamien, Song Cuu Long, le fleuve aux Neuf Dragons.

Le niveau du Mékong commence à monter fin mai et atteint son plus haut niveau en septembre. L'affluent qui se jette dans le fleuve à Phnom Penh provient du lac Tonlé Sap, au Cambodge. Quand le fleuve est en crue, cet affluent inverse son courant pour se déverser dans le lac, limitant ainsi les inondations dans le Delta. Hélas, la déforestation du Cambodge perturbe cet équilibre précaire, entraînant plus d'inondations dans la partie vietnamienne du bassin. Bien qu'exceptionnelles, les crues font parfois des centaines de victimes et peuvent contraindre des milliers d'habitants à quitter leur foyer. Les dommages causés par les inondations coûtent chaque année des sommes astronomiques et ont des conséquences catastrophiques sur la culture du riz et du café.

Vivre dans une plaine inondable présente des défis techniques. À défaut de hauteurs pour se protéger de la montée des eaux, les habitants construisent leurs maisons sur des pilotis en bambou. Pendant les crues, de nombreuses routes sont submergées ou deviennent des bourbiers ; des voies praticables toute l'année ont été construites sur des tertres surélevés, mais cela coûte cher. La solution traditionnelle consiste à se déplacer en bateau et à creuser des canaux, qui doivent être dragués pour rester navigables.

La propreté des canaux constitue un autre problème, car les riverains ont l'habitude de jeter leurs détritus et leurs eaux usées dans les cours d'eau qui passent devant chez eux. Dans les régions les plus peuplées du Delta, l'accumulation des déchets est de plus en plus visible. Le World Wildlife Fund (WWF ; fonds mondial pour la nature) œuvre de concert avec les gouvernements locaux et provinciaux pour aider à protéger l'environnement.

Le plus grand défi actuel est peut-être la gestion de l'incidence des barrages hydroélectriques déjà en service ou en chantier sur le fleuve. Certains, côtés chinois et laotien, ont été accusés de faire baisser le niveau des eaux, et les environnementalistes craignent que les cycles de reproduction de dizaines d'espèces de poissons ne soient perturbés si l'on continue à endiguer le lit du fleuve. Au Vietnam, on craint également que la diminution du débit ne favorise la progression des coins salés en aval (phénomène amplifié par la sécheresse de ces derniers temps), ce qui aurait un effet catastrophique sur la production rizicole.

Conjuguée au changement climatique, la construction de nouveaux barrages en amont au Laos, notamment celui, énorme, de Xayaburi dans le nord du pays et celui de Don Sahong à Si Phan Don dans le sud, crée de sérieux problèmes en aval pour le Cambodge et le Vietnam. Pour mieux comprendre ces enjeux, consultez les informations de la Mekong River Commission (www.mrcmekong.org), qui supervise l'aménagement des barrages, la coalition Save the Mekong (savethemekong.net) et la WWF (www.wwf.panda.org).

manqua cruellement de nourriture. Les citadins tentèrent alors de se procurer du riz au marché noir dans le Delta, mais, pour éviter les "profits illicites", le gouvernement installa des postes de contrôle, chargés de confisquer tout transport supérieur à 10 kg. Cette politique prit fin en 1986 et le Vietnam est depuis devenu le troisième exportateur mondial de riz.

Depuis/vers le delta du Mékong

De nombreux touristes visitent le delta du Mékong au cours d'un circuit. Les personnes voyageant en solo auront plus de possibilités d'accéder à des secteurs peu visités, hors des sentiers battus.

Le passage plus facile des frontières entre le Vietnam et le Cambodge, comme celle de Vinh Xuong (près de Chau Doc) sur le fleuve, ou la frontière terrestre de Xa Xia (près de Ha Tien), a fait augmenter le nombre de visiteurs sur ces routes du Delta. Les visas cambodgiens (officiellement 30 $US) sont délivrés partout à l'arrivée dans le pays.

AVION

Des vols relient Can Tho à Con Dao, Dalat, Danang, Haiphong, Hanoi, Nha Trang, Phu Quoc, Thanh Hoa et Vinh ; Rach Gia à Hô Chi Minh-Ville (HCMV) ; et Ca Mau à HCMV. L'aéroport international de l'île de Phu Quoc propose des liaisons avec Hanoi, HCMV, Can Tho, Danang et Haiphong, et des vols internationaux pour Bangkok, Hong Kong, Kuala Lumpur et Séoul, entre autres. Par ailleurs, Can Tho est aussi désormais un aéroport international qui assure des vols à bas coût pour Bangkok et Kuala Lumpur.

BUS

À HCMV, les bus pour le Delta partent de la gare routière de Mien Tay, à 10 km à l'ouest du centre.

CIRCUITS ORGANISÉS

Des dizaines d'excursions à la journée et de circuits plus longs dans le delta du Mékong sont organisés au départ de HCMV. Ils constituent un gain de temps mais n'offrent aucune liberté concernant l'itinéraire et l'hébergement.

À HCMV, les agences les moins chères sont installées dans le quartier de Pham Ngu Lao. Voyez-en plusieurs, discutez avec d'autres voyageurs et consultez les forums Internet avant de réserver. Les circuits plus chers ne sont pas forcément meilleurs, mais souvent, un petit prix implique une excursion avec des dizaines d'autres touristes, en étant trimballé d'un stand de souvenirs à l'autre. Des circuits à moto et à scooter enrichissants sont organisés dans le Delta par **Vespa Adventures** (p. 343) et **Saigon Riders** (p. 372).

Comment circuler

BATEAU

Certaines villes du Delta sont reliées par bateau, même si, avec l'amélioration des routes et la construction de ponts, le transport fluvial de passagers est en baisse. Le voyage entre Ca Mau et Rach Gia est particulièrement pittoresque. Des bateaux de passagers rapides et des car-ferries partent pour l'île de Phu Quoc de Ha Tien et de Rach Gia. Des cargos et de rares bateaux de passagers desservent aussi les îles du Sud, plus lointaines.

BUS

Le Delta bénéficie d'un excellent réseau de bus qui facilite les déplacements. Chaque ville dispose d'une gare routière utilisée par les bus et les minibus, généralement en périphérie, d'où la nécessité de prendre un *xe om* (moto-taxi) ou un taxi pour rejoindre son hôtel. Les minibus et les bus locaux non climatisés s'arrêtent en général plus souvent que les grands bus, et il leur arrive d'être vraiment bondés.

Entre deux villes, les bus climatisés des compagnies privées sont les plus confortables et luxueux ; c'est Phuong Trang (www.futaexpress.com) qui gère le réseau le plus étendu. Ces compagnies ont parfois leurs propres terminaux ; dans la plupart des hébergements, on vous indiquera la meilleure compagnie en fonction de votre voyage, et on vous réservera votre billet ; une navette gratuite vous emmènera alors de votre hôtel au point de départ du bus. Si Phuong Trang ne possède pas d'arrêt dans la ville voulue (Ben Tre, par exemple) il peut être plus pratique de descendre quelques kilomètres en amont et de prendre un taxi plutôt que de prendre un bus local lent, même s'il faut payer le plein tarif depuis/vers HCMV.

À HCMV, les bus pour le Delta partent de la gare routière de Mien Tay, à 10 km à l'ouest du centre. Pour vous éviter le trajet jusqu'à Mien Tay, envisagez de réserver une des excursions à la journée bon marché pour My Tho au départ de Đuong Pham Ngu Lao et d'abandonner le groupe après la traversée en bateau.

VOITURE, MOTO ET VÉLO

Vous pouvez aussi sillonner la région en toute liberté, en voiture, à vélo ou à moto. Se déplacer à deux-roues dans le Delta est très agréable, surtout dans le labyrinthe des routes de campagne, et aussi sur Phu Quoc, bien que les motards peu expérimentés aient parfois des accidents. Le Delta est relativement plat, mais attendez-vous à des routes à péage et à des traversées en ferry, même si de plus en plus de ponts les remplacent. Les ferries sont bon marché et fréquents. Si vous ne souhaitez pas faire de deux-roues seul, **Sinhbalo Adventure Travel** (☎ 028-3837 6766 ; www.sinhbalo.com)

et **Vietnam Backroads** (✆028-3837 0532 ; www.mekongbiketours.com) proposent des circuits de plusieurs jours dans le Delta.

My Tho

✆0273 / 272 000 HABITANTS

Porte d'accès au delta du Mékong, la capitale de la province de Tien Giang est un important centre marchand. Toutefois, il faut continuer jusqu'à Can Tho (p. 387) pour découvrir les fameux marchés flottants. Proche de HCMV, My Tho est un lieu d'excursion à la journée populaire auprès des touristes qui veulent avoir un aperçu du Mékong – une flottille de bateaux dessert chaque jour les îles et leurs fabriques artisanales même si certains évitent souvent la ville elle-même. Vous aurez plaisir à vous balader au bord du fleuve et à explorer la ville à pied, notamment le marché (Đuong Trung Trac), très animé.

My Tho fut fondée vers 1680 par des réfugiés chinois fuyant Taïwan après la chute de la dynastie des Ming du Sud. L'économie locale repose sur le tourisme, la pêche, la riziculture et les fruits (noix de coco, bananes, mangues, longanes et agrumes).

À voir

Pagode Vinh Trang TEMPLE BOUDDHIQUE

(60a Đ Nguyen Trung Truc ; 9h-11h30 et 13h30-17h). GRATUIT Trois bouddhas blancs géants veillent sur le joli parc (2 ha) de cette paisible pagode construite vers 1850, immense et paisible, ornée de sculptures en bois doré. C'est l'une des plus jolies du sud du Vietnam et son architecture extérieure mêle styles khmer, chinois et français. Les bonzes accueillent des enfants démunis, et les dons sont toujours appréciés.

La pagode est à 1 km à l'est du centre-ville. Il faut prendre Đuong Le Loi vers le nord, tourner à droite dans Đuong Nguyen Trai, puis traverser le pont. Après 400 m, prenez à gauche dans Nguyen Trung Truc. L'entrée du sanctuaire se situe à 200 m, sur la droite du bâtiment.

Île du Phénix SITE HISTORIQUE

(Con Phung ; www.conphungtourist.com ; sanctuaire 5 000 d ; 8h-11h30 et 13h30-18h). Jusqu'à son emprisonnement par les communistes pour ses activités antigouvernementales et la dispersion de ses adeptes, Nguyên Thanh Nam (vers 1909-1990) dirigea une petite communauté sur cette île à quelques kilomètres de My Tho. Il quitta sa famille en 1945 pour mener une vie d'ascète, et pendant 3 ans, il se tint assis sur une dalle de pierre, sous un mât, et médita jour et nuit en se nourrissant, dit-on, uniquement de noix de coco – aussi est-il connu sous le nom de "moine aux noix de coco" (Ong Dao Dua). Il fonda une religion appelée Tinh Do Cu Si, mélange de bouddhisme et de christianisme. Ses adeptes ont désormais quitté l'île, mais on peut encore y voir plusieurs témoignages de ce syncrétisme. La vie du moine est racontée sur une jarre en porcelaine de l'île, haute de 3,50 m.

Si ce sanctuaire insulaire a perdu sa splendeur d'antan, les amateurs de kitsch adoreront sa fusée *Apollo* miniature, ornement loufoque détonnant parmi les statues bouddhiques. Les circuits privés en bateau incluent parfois cette île.

Circuits organisés

Gare fluviale de My Tho CIRCUITS EN BATEAU

(8 Đ 30 Thang 4). Ce bâtiment imposant au bord du fleuve regroupe plusieurs prestataires proposant des promenades en bateau vers les îles voisines et à travers le réseau d'étroits canaux. Une fabrique de bonbons à la noix de coco, une ferme d'apiculteur (goûtez le vin de banane) et un jardin d'orchidées font partie des destinations fréquentes.

Le circuit de 2 heures 30 tourne autour de 400 000 d/500 000 d pour 1/2 personnes. Pour une simple journée d'excursion, il est aisé de réserver auprès d'une agence de HCMV une formule comprenant le transport. Vous payerez moins cher en vous

VAUT LE DÉTOUR

DRAGON, TORTUE ET LICORNE

À 5 minutes en bateau de My Tho, l'**île du Dragon** (Con Tan Long), réputée pour ses vergers de longaniers, constitue une escale plaisante. Des bateaux de pêche en bois s'alignent le long de ses côtes frangées de palmiers. L'île compte quelques petits restaurants et cafés, et certains de ses habitants sont constructeurs de bateaux.

À proximité, deux autres îles, l'**île de la Tortue** (Con Qui) et l'**île de la Licorne** (Thoi Son), sont des escales classiques pour leurs fabriques de bonbons à la noix de coco et de vin de banane.

My Tho

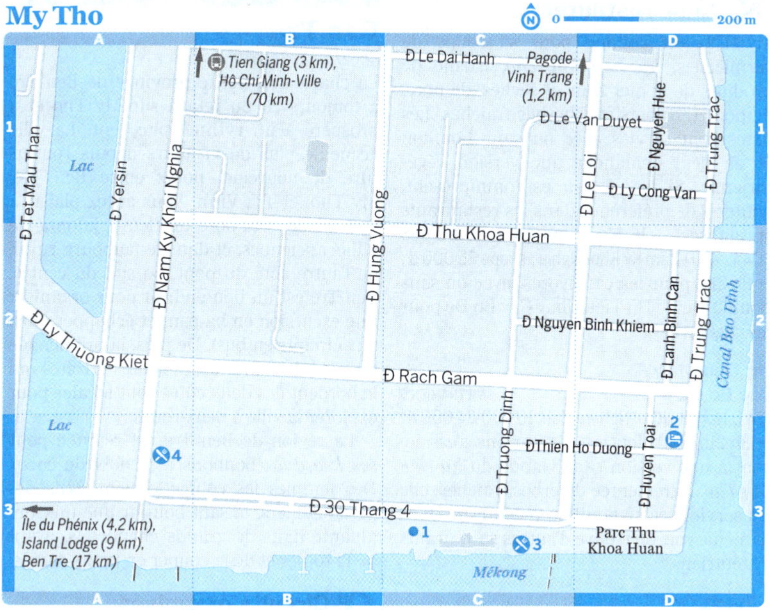

joignant à un groupe, mais vous pourrez davantage négocier l'itinéraire en solo.

Tien Giang Tourist CIRCUITS EN BATEAU
(Cong Ty Du Lich Tien Giang ; ☎093 289 6699 ; www.tiengiangtourist.com ; 8 Đ 30 Thang 4). Agence de tourisme en bateau fiable. Jusqu'à 3 personnes, les circuits de 3 heures pour les îles du Phénix et de la Licorne (Thoi Son) coûtent 670 000 d.

Où se loger

Song Tien Annex HÔTEL $
(☎0273-387 7883 ; www.tiengiangtourist.com ; 33 Đ Thien Ho Duong ; ch à partir de 400 000 d ; ❄📶). Les balcons donnent sur l'eau, la situation est centrale et les salles de bains comprennent des baignoires à pattes de lion. Le personnel est serviable, mais les installations font leur âge.

Hong Thai Homestay CHEZ L'HABITANT $$
(☎091-455 7386 ; 16c Ap 2 Quoi Son, Chau Thanh ; s/d 20/32 $US ; ❄📶). M. Thai et son épouse forment une formidable équipe : le premier organise pour leurs hôtes des excursions dans les cocoteraies qui entourent leur maison de campagne, la seconde les régale de spécialités locales. Les chambres, carrelées et avec ventilateurs, sont simples. La maison se situe au-delà du fleuve ; demandez au propriétaire de venir vous chercher.

My Tho

Activités
1 Gare fluviale de My Tho C3
Tien Giang Tourist .... (voir 1)

Où se loger
2 Song Tien Annex D3

Où se restaurer
3 Chuong Dong Restaurant C3
4 Hu Tieu 44 .... A3
Hu Tieu Chay Cay Bo De .... (voir 4)

Island Lodge BOUTIQUE-HÔTEL $$$
(☎0273-651 9000 ; www.theislandlodge.com.vn ; 390 Ap Thoi Binh, Xa Thoi Son ; ch 215 $US ; ❄📶🏊). Difficile d'imaginer un endroit plus calme que ce refuge. Les occupants des 12 chambres sont chouchoutés par un personnel très pro. Vous pouvez observer ce qui se passe sur le fleuve depuis la piscine qui le borde, savourer une cuisine gourmande ou vous reposer dans votre chambre claire et lumineuse, décorée d'œuvres d'art contemporain, sur un lit en bambou.

Depuis My Tho, après avoir traversé le pont vers Ben Tre, tournez vers Thoi Son et continuez sur 3 km environ.

Où se restaurer

My Tho est connue pour sa soupe de vermicelles, *hu tieu My Tho*, garnie de produits de la mer frais et séchés, de porc, de poulet, d'abats et d'herbes fraîches. Les pâtes sont servies avec ou sans bouillon et on peut demander une version végétarienne. Si le *hu tieu* est omniprésent, goûtez-y de préférence dans les restaurants spécialisés : le **Hu Tieu 44** (☎0273-388 3044 ; 44 Đ Nam Ky Khoi Nghia ; soupe 25 000 d ; ⏲8h-21h) pour les carnivores, avec ou sans bouillon, et le Hu Tieu Chay Cay Bo De pour les végétariens.

Hu Tieu Chay Cay Bo De VIETNAMIEN $
(24 Đ Nam Ky Khoi Nghia ; plats 15 000-24 000 d ; ⏲8h-21h ; ✎). Ici, les végétariens s'essaieront à une version sans viande du *hu tieu My Tho*. Agrémentée d'herbes fraîches, elle est servie avec un bouillon végétarien. Dans la même rue, on trouve d'autres restaurants végétariens.

Chuong Dong Restaurant VIETNAMIEN $
(Nha Hang Chuong Duong ; ☎0273-388 2352 ; 10 Đ 30 Thang 4 ; repas 50 000-820 000 d ; ⏲7h-23h). Dans ce restaurant fréquenté, les plats vietnamiens à base de produits de la mer (palourdes au gingembre, poissons frits, *cháo* au crabe, galettes de crevette, escargots de mer épicés) sont tous bons, et certains plats occidentaux sont convenables également. La plupart des gens viennent pour la vue sur la rivière. Des groupes viennent aussi festoyer et chanter, ce qui n'est pas idéal pour les clients de l'hôtel attenant.

Comment s'y rendre et circuler

Les ponts et les autoroutes construits récemment ont considérablement réduit les trajets jusqu'à My Tho. Si vous allez à Ben Tre, le taxi (260 000 d environ) ou le *xe om* (120 000 d environ) sont bien plus rapides que le bus. Des bus desservent Ben Tre (15 000 d, 25 minutes, fréquents), Can Tho (60 000-90 000 d, 2 heures 30, plusieurs par jour) et HCMV (70 000-110 000 d, 1 heure 30, toutes les heures).

La **gare routière de Tien Giang** (Ben Xe Tien Giang ; 42 Đ Ap Bac) est à 2,3 km au nord-ouest de la ville, sur la RN 1A vers Hô Chi Minh-Ville. Un *xe om* vers le centre devrait coûter autour de 40 000 d.

Ben Tre

☎0275 / 260 000 HABITANTS

La charmante petite province de Ben Tre a toujours eu du retard sur My Tho et a prospéré à un rythme plus lent. La ville accueille plus de visiteurs depuis l'ouverture de nouveaux ponts entre Ben Tre, My Tho, et Tra Vinh. Vous aurez plaisir à vous balader au bord du fleuve, jalonné de villas anciennes, et dans le faubourg rural, de l'autre côté du pont, au sud du centre. Ben Tre est un bon endroit pour organiser une excursion en bateau (et échapper ainsi aux circuits en bus). De plus, la promenade au bord du fleuve et les routes étroites qui le bordent des deux côtés sont idéales pour explorer la ville à deux-roues.

La région de Ben Tre est réputée pour ses *keo dua* (bonbons à la noix de coco). Des femmes les confectionnent dans des petits ateliers, faisant bouillir une mixture gluante dans de grands chaudrons, avant de la rouler et de la couper en petits carrés.

Circuits organisés

♥**Mango Cruises** CIRCUITS EN BATEAU, À VÉLO
(☎0967 683 366 ; www.mangocruises.com). Contrairement aux circuits tout faits de

À NE PAS MANQUER

DE BEN TRE À TRA VINH EN PRENANT SON TEMPS

Tous les matins vers 9h30, un cargo bleu quitte Ben Tre pour Tra Vinh. Il part du quai Ben Lo, au sud du marché, juste à côté du pont Cau Ben Tre. Son propriétaire embarque volontiers un passager ou deux (120 000 d/pers, 6 heures), ce qui vous permet d'observer à loisir la vie fluviale depuis la "cabine" supérieure ou le pont, au milieu de la cargaison. Le bateau emprunte des canaux où l'on récolte et traite les noix de coco, où des enfants se baignent au pied de leurs maisons sur pilotis, et accoste à l'occasion dans des villages pour livrer des marchandises. Chaque construction de pont dans le Delta accélère la fin de ces cargos : prenez-en un tant qu'ils existent encore. Un bateau quasi identique fait le voyage des docks de Tra Vinh à Ben Tre à 9h30. Il peut être utile de se concerter avec le propriétaire la veille de votre traversée.

Ben Tre

HCMV, ceux de Mango Cruises empruntent des routes et des canaux moins fréquentés des alentours de Ben Tre, ou au-delà. Les circuits à la journée comprennent un agréable mélange de randonnées à vélo, de dîners de spécialités locales et de découverte de la fabrication des galettes de riz et autres classiques du cru. Les excursions plus longues incluent des sorties en bateau d'un ou plusieurs jours dans le Delta.

Où se loger

Les meilleures adresses ont vue sur le fleuve. Les hôtels clinquants sont encore peu nombreux et les établissements plus pittoresques de style pension, servant des repas, ne se trouvent pas dans la ville proprement dite mais dans ses environs.

Mango Home Riverside BOUTIQUE-HÔTEL **$$**
(0275-351 1958 ; www.mangohomeriverside.com ; d/ste à partir de 55/75 $US ;). Entre cocotiers et manguiers, sur la berge d'un affluent du Mékong, ce ravissant complexe hôtelier de couleur mangue, tenu par un couple canado-vietnamien, est un bel endroit pour se détendre. Chambres climatisées spacieuses, certaines dotées d'une salle de bains extérieure, et hamacs pour paresser. La cuisine est excellente et le silence est total la nuit. Téléphonez pour qu'on vienne vous chercher, c'est à 10 km du centre.

Oasis Hotel HÔTEL **$$**
(0275-246 7799 ; bentrehoteloasis.com ; 151C My An C, My Thanh An ; d/f 32/48 $US ;). Le très serviable couple néo-zélandais et vietnamien qui tient cet hôtel jaune pâle populaire vous réserve un accueil toujours chaleureux. Situé dans le village de My Thanh An, au sud du fleuve ; le mieux est de venir en taxi. Bar, piscine et vélos à louer pour explorer la campagne alentour.

Où se restaurer

Pour trois sous à peine au marché, une foule de **stands alimentaires** (angle Nguyen Binh Khiem et Đ Hung Vuong ; plats autour de 15 000 d ; 19h-22h) auront de quoi vous régaler.

Thuy Pizza PIZZERIA **$**
(51 Đ Ngo Quyen ; repas à partir de 65 000 d ; 12h-22h). Une adresse accueillante qui attire les voyageurs en nombre avec une pizza aussi bonne que possible pour une petite ville du Delta. Thuy, la propriétaire, est sympathique.

Ben Tre Floating Restaurant VIETNAMIEN **$$**
(Nha Hang Noi TTC ; 075-382 2492 ; en retrait de Đ Hung Vuong ; repas 50 000-200 000 d ; 10h-22h ;). Aménagé sur un grand bateau-dragon à 3 niveaux accessible par une passerelle couverte, ce restaurant flottant est assez majestueux. La carte comprend un éventail étourdissant de plats vietnamiens, notamment fruits de mer, plats cuisinés en marmite d'argile et fondues. Les prix sont plutôt élevés, mais c'est un bon endroit où profiter de la brise fluviale.

Depuis/vers Ben Tre

Les bus pour Vinh Long vous déposent à Pha Dinh Kao, le terminal des ferries qui est sur l'autre rive ; traversez le fleuve en ferry pour vous rendre en ville.

BUS AU DÉPART DE BEN TRE

DESTINATION	PRIX (D)	DURÉE	FRÉQUENCE	DISTANCE
Can Tho	70 000	3 heures	plusieurs par jour	126 km
Hô Chi Minh-Ville	80 000	2 heures 15	toutes les heures	87 km
My Tho	10 000	30 minutes	fréquents	16 km
Tra Vinh	70 000	2 heures 15	plusieurs par jour	86 km
Vinh Long	20 000	1 heure 30	plusieurs par jour	44 km

Les bus s'arrêtent à la **gare routière** (Ben Xe Thanh Pho Ben Tre ; Đ Dong Khoi), à 5 km au nord du centre-ville. Les derniers bus pour HCMV partent vers 17h. Les bus Trinh Phat et Phuong Trang sont parmi les plus confortables. À Tra Vinh, vous pouvez prendre un bus Phuong Trang partant pour HCMV et demander à être déposé près de la gare routière de Ben Tre.

Tra Vinh

0294 / 160 000 HABITANTS

Des arbres ombragent les boulevards de Tra Vinh, une des plus jolies villes du Delta. Cette cité paisible rappelle une époque révolue et les quelque 140 pagodes khmères qui émaillent la province en font une destination privilégiée pour découvrir les origines cambodgiennes du Delta, volontiers dissimulées. La ville voit arriver un peu plus de touristes depuis qu'elle est reliée par de grands ponts à Ben Tre et au-delà.

Environ 300 000 Khmers vivent dans la province de Tra Vinh. À première vue, ils constituent une "minorité invisible", car ils parlent tous vietnamien et rien ne semble les distinguer dans leur habillement ou leur mode de vie. Toutefois, un regard un peu plus attentif révèle le dynamisme de la culture khmère dans cette région. La plupart des pagodes comprennent des écoles où l'on enseigne la langue khmère et nombre des habitants de Tra Vinh lisent et écrivent aussi bien le khmer que le vietnamien. La minorité khmère du Vietnam pratique essentiellement le bouddhisme theravada (école la plus ancienne du bouddhisme ou "voie des Anciens"). Entre 15 et 20 ans, la plupart des adolescents suivent la vie monastique pendant quelques mois ou quelques années, selon leur choix. Les bonzes khmers peuvent manger de la viande, mais tuer les animaux leur est interdit.

Tra Vinh accueille également une petite communauté chinoise dynamique, l'une des rares à subsister dans le delta du Mékong.

À voir

Pagode Hang TEMPLE BOUDDHIQUE

(Chua Hang, Kampongnigrodha ; Đ Diên Biên Phu ; lever-coucher du soleil). GRATUIT Cette pagode khmère moderne porte aussi le nom de pagode aux Cigognes, en raison des grands échassiers qui nichent dans les hauts arbres alentour. Le site est paisible et beau : y observer les dizaines de cigognes et d'aigrettes blanches qui tournoient justifie en soi le détour, mais apportez un chapeau pour vous protéger des fientes, fréquentes. Avec de la chance, vous verrez les moines en robe orange frapper l'énorme tambour de la cour. À 6 km au sud de la ville, 300 m après la gare routière.

Kampong Ksan TEMPLE BOUDDHIQUE

(Đ Dhong Koi ; lever-coucher du soleil). GRATUIT C'est depuis Kho Dau, de l'autre côté de la rivière, que l'on apprécie le mieux le temple khmer le plus récent de Tra Vinh. Vision réellement pittoresque, ses épis dorés s'étirant vers le ciel évoquent le temple également riverain du Wat Arun, à Bangkok. Les moines vous laisseront volontiers explorer ses salles dorées lorsqu'elles ne sont pas utilisées.

Pagode Ong Met TEMPLE BOUDDHIQUE

(Chua Ong Met, Bodhisalaraja ; 50/1 Đ Le Loi ; lever-coucher du soleil). GRATUIT Le temple khmer le plus au centre de Tra Vinh bourdonne d'animation avec ses moines passant le balai, étudiant dans la bibliothèque et vaquant à leurs occupations. Si vous leur demandez gentiment, ils vous feront visiter. Établi à l'origine en 711, l'Ong Met est bien entretenu, et ses dorures étincellent parmi les eucalyptus.

Pagode Ong TEMPLE TAOÏSTE

(Chua Ong et Chua Tau ; 44 Diên Biên Phu ; lever-coucher du soleil). GRATUIT Richement orné et peint de couleurs vives, ce lieu de culte en activité est purement chinois. Sur l'autel, le dieu à visage rouge représente le général Quan Cong (Guan Yu en chinois).

Supposé empêcher la guerre, ce personnage s'inspire d'un soldat ayant vécu au IIIe siècle. Fondée en 1556 par la congrégation chinoise du Fujian, la pagode a été reconstruite et restaurée à de nombreuses reprises, le plus récemment grâce à des fonds venus de Taïwan et de Hong Kong.

Étang Ba Om TEMPLE BOUDDHIQUE
(Ao Ba Om ; lac Carré ; ⌚lever-coucher du soleil). GRATUIT À 5 km au sud-ouest de Tra Vinh, ce vaste étang carré, parsemé de lotus, plaît aux habitants du coin qui viennent pique-niquer sur sa rive, et c'est un site spirituel pour les Khmers. Il aurait servi de bassin d'ablutions pour le temple angkorien qui s'élevait ici au Xe siècle ; aujourd'hui, la baignade est hors de question dans ses eaux troubles !

Construite sur les ruines du temple, la **pagode Ang** (Chua Ang en vietnamien ; Angkor Rek Borei en khmer) est un splendide édifice, mêlant à l'architecture khmère classique quelques éléments coloniaux. À l'intérieur, des scènes aux couleurs vives représentent la vie du Bouddha. Les moines amicaux engageront peut-être la conversation avec vous.

En face de l'entrée de la pagode, le **musée de la Communauté khmère** (Bao Tang Van Hoa Dan Tac ; ⌚8h-17h) GRATUIT, joliment agencé, donne à voir des photos, des costumes et objets de la culture khmère traditionnelle.

Où se loger

Hoan My Hotel HÔTEL $
(☎074-862 211 ; 105 ĐL Nguyen Thi Minh Khai ; ch 320 000-450 000 d ; ❄📶). Ce mini-hôtel, aux chambres d'un bon rapport qualité/prix (clim, douches avec eau chaude et TV par câble), est une sympathique adresse où séjourner. Un ascenseur dessert les chambres des étages supérieurs et un parking sécurisé est situé sous le bâtiment.

Tra Vinh

À voir
1 Kampong Ksan....C3
2 Pagode Ong Met....C1
3 Pagode Ong....C2

Où se loger
4 Hoan My Hotel....A3
5 Hotel Gia Hoa 2....C2

Où se restaurer
6 Bun Nuoc Leo Kim Tuyen....C1
7 Quan Bun Nem Nuong....A3

Où prendre un verre
8 King Beer....B2

Tra Vinh

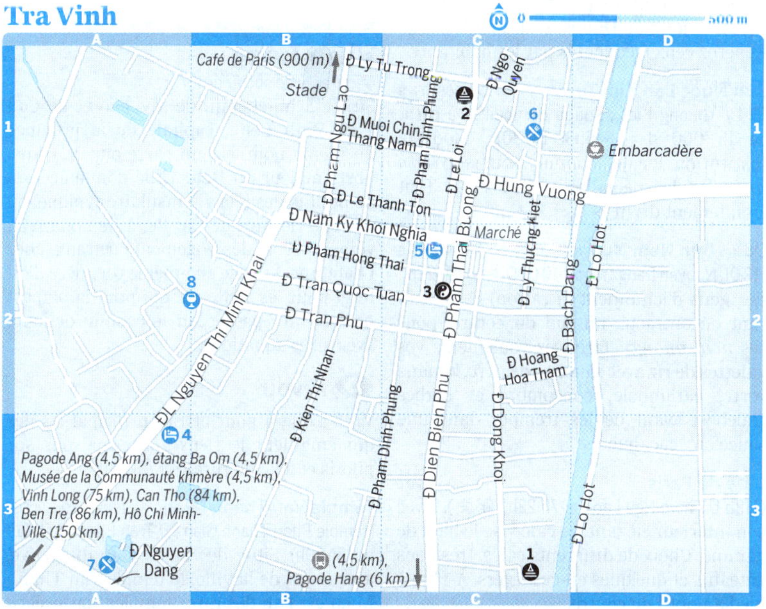

BUS AU DÉPART DE TRA VINH

DESTINATION	PRIX (D)	DURÉE	FRÉQUENCE	DISTANCE
Ben Tre	70 000	2 heures 15	plusieurs par jour	86 km
Can Tho	65 000-90 000	2 heures 30	toutes les heures	84 km
Hô Chi Minh-Ville	100 000-130 000	4 heures	toutes les heures	150 km
Vinh Long	50 000	1 heure 30	plusieurs par jour	75 km

Hotel Gia Hoa 2 HÔTEL $
(☎0294-385 8008 ; 50 Đ Le Loi ; ch 320 000-580 000 d ; ❄📶). Immanquable en raison de son emplacement, de sa hauteur et de sa façade jaune vif rythmée de blanc et de bleu, cet hôtel en apparence criard dispose d'un intérieur étonnamment agréable. Grandes chambres avec cabines de douche séparées, et ascenseur pour monter vos bagages.

Où se restaurer et prendre un verre

La spécialité locale est le *bun nuoc leo*, une soupe de nouilles d'influence cambodgienne faite de poisson fermenté, de poulet et de jus de coco. Le *banh tet* – riz collant, haricots mungo, porc, œuf "de cent ans" et autres ingrédients enveloppés dans des feuilles de bananier – est un autre classique, vendu aux stands de rue. Achetez un rouleau et coupez-le en tranches. Les bons restaurants de produits de la mer sont légion le long de Đuong Tran Phu Noi Dai. Repérez ceux fréquentés par les habitants.

Bun Nuoc Leo Kim Tuyen CAMBODGIEN $
(Đ Ly Thuong Kiet ; soupe de nouilles à partir de 15 000 d ; ⏲6h30-18h30). Modeste institution locale, connue pour son *bun nuoc leo*, la spécialité de Tra Vinh. Tout simplement divin !

Quan Bun Nem Nuong VIETNAMIEN $
(12 ĐL Nguyen Dang ; repas 40 000 d ; ⏲11h-22h). Les gens d'ici aiment (à raison) ce restaurant décontracté, au sud du centre, pour ses *nem nuong* : farcissez vous-même vos galettes de riz avec saucisse de porc, banane verte, carambole, concombre et herbes fraîches, avant de les tremper dans une sauce aux cacahuètes.

Café de Paris CAFÉ
(118b Đ Pham Ngu Lao ; ⏲7h-22h ; ❄📶). Avec son intérieur élégant, ce café vise le haut de gamme. Choix de différents cafés, très bons gâteaux, et quelques en-cas légers. À 1 km à pied au nord du centre.

King Beer BEER GARDEN
(Đ Tran Phu Noi Dai ; ⏲17h-1h). Le plus grand et le plus audacieux des *beer gardens* de cette rue animée le soir de bars et de restaurants. On y sert des litres de bière bon marché et il y a des retransmissions de matchs de football le week-end. Le son est généralement poussé au maximum.

Depuis/vers Tra Vinh

Un **cargo** (Đ Bach Dang) continue à relier – lentement – Tra Vinh à Ben Tre, et peut embarquer des passagers (voir l'encadré p. 380).

La plupart des bus partent de la **gare routière principale** (Ben Xe Khach Tra Vinh ; QL 54), à environ 5 km au sud du centre-ville sur la route nationale (QL) 54 (le prolongement de la rue principale, Đuong Diên Biên Phu), mais certaines compagnies ont leur propre point de départ.

Des navettes Phuong Trang gratuites vous emmèneront de votre hôtel à la gare routière, mais les arrêts sont nombreux. Renseignez-vous lorsque vous réservez vos billets.

Vinh Long

☎0270 / 200 000 HABITANTS

Située à mi-chemin de My Tho et de Can Tho, Vinh Long, capitale de la province du même nom, est un carrefour de transports majeur du Delta. Elle donne accès à de petites îles à la vie insulaire typique, au marché flottant de Cai Be, à de nombreux vergers et à des logements ruraux chez l'habitant. La ville elle-même n'a guère d'intérêt pour les visiteurs, qui pour la plupart ne font qu'y passer sur le chemin de leurs aventures aquatiques.

À voir

Vinh Long a pour attrait principal les îles qui émaillent le fleuve, aux maisons sur pilotis et à la vie rurale tranquille.

Temple Van Thanh Mieu TEMPLE CONFUCÉEN
(temple Phan Thanh Gian ; Đ Tran Phu ; ⏲5h-11h et 13h-19h). Situé de l'autre côté du fleuve, au sud-est de la ville, le temple Van Thanh Mieu est l'un des rares temples confucéens

de la littérature construits dans le sud du Vietnam au XIXe siècle. Le pavillon en façade honore le héros local, l'érudit Phan Thanh Gian (1796-1867), qui mena un soulèvement contre les Français, puis se suicida plutôt que d'être capturé par les autorités coloniales. Dans le pavillon du fond (1866), un portrait de Confucius trône au-dessus de l'autel. Dans les jardins règne un calme absolu ; vous pourrez déambuler dans les allées au milieu des arbres et des fleurs.

Marché flottant de Cai Be MARCHÉ
(⏲5h-12h). Ce marché fluvial demeure le principal intérêt d'une croisière depuis Vinh Long, bien qu'il ait considérablement rétréci, les marchandises étant de plus en plus souvent acheminées par les nouveaux ponts et routes des alentours. C'est vers 6h que l'on profite le mieux du marché, même s'il n'y a souvent qu'une poignée de bateaux à cette heure-là. Des grossistes venus de tout le Delta amarrent leurs bateaux et suspendent des échantillons de leurs fruits et légumes à de longues perches en bois. De Vinh Long, comptez 1 heure de trajet en bateau.

An Binh ÎLE
An Binh est l'île la plus facile à visiter et la plus visitée. On peut s'y rendre en ferry public et l'explorer à vélo, mais le mieux est de la découvrir sur l'eau, lors d'une excursion en bateau. Dans la plupart des hébergements chez l'habitant (*homestay*) de l'île, on pourra vous organiser des croisières d'une demi-journée sur les étroits canaux pour 20 $US environ ; elles vous conduisent au marché flottant et parcourent lentement les canaux secondaires pittoresques.

Circuits organisés

Cuu Long Tourist CIRCUITS EN BATEAU
(☎0270-382 3616 ; 2 Đ Phan B Chau ; ⏲7h-17h). Propose divers circuits en bateau, de 3 heures à 3 jours. Petits canaux, vergers, fours en brique, atelier de fabrication de chapeaux coniques en feuilles de palmier ou marché flottant de Cai Be figurent parmi les curiosités.

Où se loger

Le grand attrait de Vinh Long étant ses îles, qui recèlent d'excellents logements chez l'habitant et resorts, il n'y a pas grand intérêt à séjourner en ville, d'autant que Can Tho n'est qu'à quelques minutes de route.

Minh Khue Hotel HÔTEL $
(☎0270-382 6688 ; minhkhuehotel.vinhlong@gmail.com ; 38 Đ Trung Nu Vuong ; s 250 000-350 000 d, lits jum 400 000-500 000 d, VIP à partir de 600 000 d ; ❄📶). Probablement le plus accueillant et le plus raffiné parmi

Vinh Long

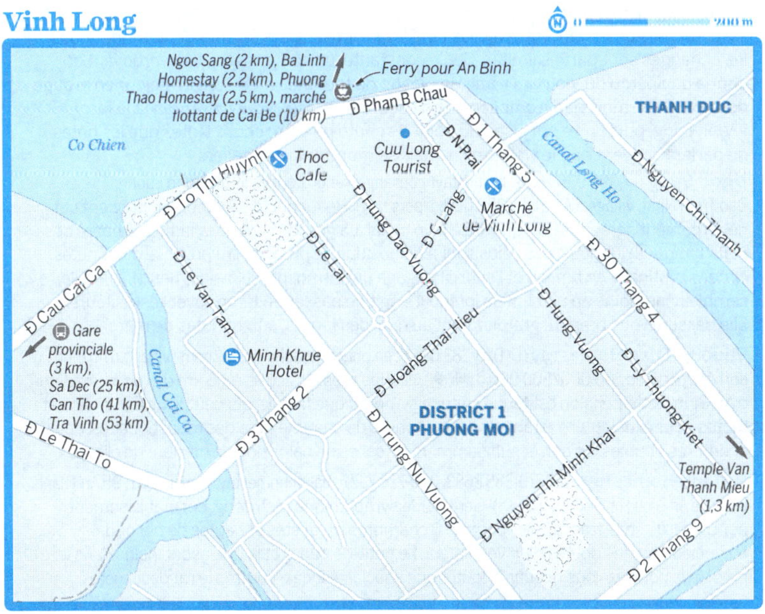

un nouvel ensemble d'hôtels près du parc au bord du fleuve, dans Đuong Trung Nu Vuong. Chambres aux touches contemporaines, avec TV et salles de bains élégantes. Anglais un peu parlé.

Mekong Riverside Resort & Spa COMPLEXE HÔTELIER $$$

(☎0273-392 4466 ; www.mekongriversideresort.vn ; Hoa Qui Ward, Hoa Khanh, district de Cai Be ; ch 100-130 $US ; ❄📶🏊). Cet établissement 4 étoiles dégage une extraordinaire impression d'isolement, et se distingue par ses jolis bungalows au toit de chaume et sa vue imprenable sur le grand fleuve. Vous pouvez pêcher de votre balcon ou paresser en regardant les bateaux qui sillonnent le Mékong la nuit. Avec ses canoës en accès libre et sa tour pour observer les oiseaux, l'immersion dans l'univers du delta du Mékong est totale.

Situé à 2 km à l'ouest de Cai Be en remontant le fleuve ; on peut venir vous chercher à Hô Chi Minh-Ville.

Où se restaurer

Échappez à l'agitation au bord du fleuve, où sont rassemblés quelques cafés et restaurants. On peut manger à peu de frais au marché de Vinh Long (page ci-contre).

Thoc Cafe CAFÉ $

(☎0270-388 7979 ; www.facebook.com/thoccafevinhlong ; 19 Đ Le Lai ; plats 20 000-75 000 d ; ⏱6h-22h ; 📶). Profitez d'une vue sur le fleuve et les jardins adjacents ainsi que de la brise fluviale dans cet agréable café ouvert avec grande terrasse à l'étage. La carte se compose essentiellement d'en-cas, mais les habitants affluent ici pour les cafés, les milk-shakes, les jus et le panorama.

SÉJOURS CHEZ L'HABITANT AUTOUR DE VINH LONG

Pour beaucoup de voyageurs, découvrir la "vraie vie" sur le fleuve d'une famille du Delta est le point d'orgue d'une visite de la région. Toutefois, dans la majorité des cas, les touristes ne séjournent pas dans la maison de leur hôte mais dans un bâtiment à part, aux allures d'auberge de jeunesse spartiate, construit à cet effet. Certains de ces logements disposent de vastes dortoirs équipés de lits superposés ou de bungalows sommaires pourvus de sanitaires communs. Certains ont même des chambres avec salle de bains. Le prix comprend généralement le petit-déjeuner. Les repas se prennent en compagnie des propriétaires ou, pour les lieux de plus grande capacité, dans une sorte de salle de restaurant. Avec les familles proposant des séjours depuis longtemps, les échanges sont parfois limités. Seule constante, un cadre rustique et verdoyant qui donne un aperçu du Vietnam rural. Beaucoup de touristes réservent un séjour en groupe depuis HCMV, mais rien n'empêche de se débrouiller seul. Pour cela, prenez le ferry à Vinh Long, puis un *xe om* jusqu'au point de chute de votre choix. Notez que les hôtes ne parlent souvent que le vietnamien, mais se montrent hospitaliers.

Ngoc Sang (☎096 936 7636 ; homestayngocsang@yahoo.com.vn ; 95/8 Binh Luong, Dao Trinh Nhat, village d'An Binh ; 250 000 d/pers ; 📶). Beaucoup de visiteurs apprécient cet hébergement agréable, rustique, face à un canal. La grand-mère de la famille prépare des plats typiques délicieux, des vélos sont à disposition, le propriétaire propose d'honnêtes circuits matinaux en bateau et l'endroit dégage une atmosphère de langueur. La famille semble néanmoins un peu timide lorsqu'il s'agit de passer du temps avec les visiteurs. Elle passera vous prendre gratuitement au quai des ferries, à 15 minutes de marche.

Phuong Thao Homestay (☎070-383 6854 ; en.phuongthaohomestay.com ; village d'An Binh ; dort/d à partir de 200 000/500 000 d ; ❄📶). Nichée près du fleuve, à 1,5 km de l'embarcadère d'An Binh, cette pension est tenue par une sympathique famille, qui peut vous louer vélos et motos pour explorer l'île. Grand dortoir aux murs de chaume avec des moustiquaires, deux chambres doubles, en dur, et suffisamment de salles de bains pour le nombre de clients.

Ba Linh Homestay (☎0270-385 8683, 090-726 7377 ; balinhhomestay@gmail.com ; 95 An Thanh, village d'An Binh ; ch 500 000 d ; 📶). Géré par le sympathique M. Truong, cet établissement populaire, de style traditionnel, compte 6 chambres modestes et hautes de plafond, en enfilade, toutes dotées d'un ventilateur. Le petit-déjeuner et le dîner sont inclus dans le prix. Vous pourrez vous risquer à goûter une spécialité locale comme le rat des rizières.

Marché de Vinh Long VIETNAMIEN $
(Cho Vinh Long ; Đ 3 Thang 2 ; repas à partir de 20 000 d ; 6h-18h). Parfait pour acheter des fruits de la région et des en-cas à prix doux comme des rouleaux de printemps.

Comment s'y rendre et circuler

De la **gare routière provinciale** (Ben Xe Khach Vinh Long ; RN 1A), des liaisons longue distance fréquentes sont assurées avec HCMV et d'autres destinations du Delta. Elle est située à 2,5 km au sud de la ville, sur la route pour Can Tho. Un taxi coûte 130 000 d environ.

Des bus partent toutes les heures pour Can Tho (40 000 d, 1 heure) et HCMV (105 000 d, 3 heures), mais la populaire compagnie Phuong Trang ne propose que 2 départs par jour. Plusieurs bus assurent quotidiennement la liaison avec Sa Dec (15 000 d, 1 heure) et Tra Vinh (50 000 d, 1 heure 30).

Depuis HCMV, les grandes compagnies de bus Phuong Trang et Mai Linh proposent une navette gratuite pour Vinh Long.

De fréquents **ferries** (Pha An Binh) transportent véhicules et passagers vers An Binh.

Can Tho et ses environs

0292 / 1,57 MILLION D'HABITANTS

Épicentre du delta du Mékong, Can Tho est la plus grande ville de la région et fait figure de métropole après quelques jours passés en pleine nature. Centre politique, économique, culturel et carrefour des transports du Delta, c'est une cité affairée, avec des quais animés et un séduisant ensemble de rues étroites et de larges boulevards. Elle abrite peut-être la plus grande concentration d'étrangers de tout le Delta. Base idéale pour découvrir les marchés flottants alentour, Can Tho attire quantité de touristes qui partent sillonner en bateau la myriade de canaux et de cours d'eau de la région.

La ville offre le meilleur choix d'hôtels, de pensions, de chambres chez l'habitant, de restaurants, de cafés et de bars dans le Delta, ce qui en fait un bon endroit où se détendre après ses aventures rurales.

À voir

Marché flottant de Cai Rang MARCHÉ
(5h-12h). GRATUIT Plus grand marché flottant du Delta, Cai Rang se situe à tout juste 6 km de Can Tho, en direction de Soc Trang. Un pont permet de prendre d'excellentes photos. C'est entre 6h et 7h que le marché est le plus intéressant, et en venant tôt vous éviterez aussi les innombrables touristes venus en bateau, ainsi que la chaleur. C'est un marché de gros : regardez ce qui est accroché à la longue perche au-dessus du bateau pour savoir ce que l'on y vend.

Bien que Cai Rang soit visible de la route, mieux vaut venir en bateau (10-15 $US) ; une navigation de 45 minutes depuis le marché de Can Tho. Vous pouvez aussi rejoindre l'embarcadère de Cau Dau Sau (à environ 4 km sud-ouest de Can Tho, près du pont Dau Sau) en voiture, et ainsi vous épargner la section la moins intéressante de la rivière. De là, le marché n'est qu'à 10 minutes en bateau.

Temple Ong TEMPLE CHINOIS
(32 Đ Hai Ba Trung ; 6h-20h). GRATUIT Dans un cadre superbe, face à la rivière Can Tho, ce temple chinois est situé dans la maison de la congrégation de Guangzhou (Canton), et il est très plaisant d'en parcourir l'intérieur, où brûlent en permanence de gigantesques spirales d'encens fumant. Il fut construit à la fin du XIXe siècle pour le culte de Kuan Kung, un dieu symbolisant la loyauté, la justice, la raison, l'intelligence, l'honneur et le courage, entre autres vertus.

Can Tho abritait auparavant une importante communauté chinoise, dont la plupart des membres ont fui les persécutions antichinoises de 1978-1979.

Marché flottant de Phong Dien MARCHÉ
(5h-12h). GRATUIT Moins surpeuplé que celui de Cai Rang, ce marché flottant attire beaucoup moins de touristes et est bien plus tranquille. Il y a ici moins de bateaux à moteur et plus d'embarcations sur lesquels les vendeurs rament debout. L'endroit bat son plein entre 5h et 7h, et il ne reste plus grand-chose à voir après. Phong Dien est à 20 km au sud-ouest de Can Tho ; allez-y par la route ou inscrivez-vous à un circuit combiné Cai Rang-Phong Dien (6 heures), qui regagne Can Tho par des canaux tranquilles.

Pagode Pitu Kohsa Rangsay TEMPLE BOUDDHIQUE
(Chua Pitu Khosa Rangsay ; 7/2 Truong Dinh ; lever-coucher du soleil). GRATUIT Située dans une ruelle tranquille, cette pagode à trois niveaux de tradition theravada date de 1948. Superbement restaurée, elle peine à dissimuler l'éclat de ses ornements dorés, et tranche nettement avec

Can Tho

Can Tho

Les incontournables
1 Temple Ong C3

À voir
2 Musée de Can Tho B2
3 Pagode Munireangsey A3
4 Pagode Pitu Kohsa Rangsay A2

Activités
5 Hieu's Tour B3

Où se loger
6 Kim Lan Hotel A3
7 Kim Tho Hotel C2
8 Nam Bô Boutique Hotel C3
Tay Ho Boutique Hotel .... (voir 1)
9 Thanh Ha B4
10 Victoria Can Tho Resort D1

Où se restaurer
11 Banh Cong Co Ut A3
12 Can Tho Night Market B3
L'Escale .... (voir 8)
13 The Lighthouse Cafe-Restaurant B4
Nam Bô .... (voir 8)
14 Nem Nuong Thanh Van A3
15 Quan Com Chay Cuong A3

Achats
16 Vieux marché C4

la grisaille des bâtiments adjacents. Les ornements muraux (peintures colorées et fresques sculptées en relief) détaillant la vie du Bouddha, les colonnes peintes, la grande statue du Bouddha (Shakyamuni) méditant sont très impressionnants. Tout comme la vue sur la ville depuis le balcon. Les œuvres de charité de la pagode incluent le soutien scolaire pour les jeunes défavorisés.

Maison ancienne de Binh Thuy MAISON
(144 Đ Bui Huu Nghia ; don apprécié ; 7h-18h). GRATUIT Cette maison bâtie en 1870 pour le riche marchand Duong Chan Ky fut en grande partie rénovée dans le style colonial français au début du XXe siècle. L'intérieur, très original, présente du carrelage peint à la main, des sculptures en bois élaborées et d'immenses vitrines qui s'élèvent du sol au plafond. L'adaptation cinématographique de *L'Amant*, réalisée par Jean-Jacques Annaud en 1992, a en partie été tournée ici.

Musée de Can Tho MUSÉE
(Bao Tang Can Tho ; 1 ĐL Hoa Binh ; 8h-11h et 14h-17h mar-jeu, 8h-11h et 6h30-21h sam-dim). GRATUIT Ce vaste musée, bien agencé, illustre l'histoire locale à l'aide de mannequins et de maquettes grandeur nature, dont celle d'une pagode chinoise et l'intérieur d'une habitation. L'accent est mis (avec de rares traductions en anglais) sur les communautés khmère et chinoise, ainsi que sur les plantes, les poissons, la riziculture et, inéluctablement, diverses guerres.

Pagode Munireangsey TEMPLE BOUDDHIQUE
(36 ĐL Hoa Binh ; 8h-17h). GRATUIT Cette petite pagode dorée fut d'abord construite en 1946 pour la communauté khmère de Can Tho. Les ornements sont typiques des pagodes bouddhiques theravada de style khmer, sans les multiples bodhisattvas et esprits taoïstes que l'on retrouve souvent dans les pagodes mahayana vietnamiennes.

Circuits organisés

Hieu's Tour CIRCUITS CULTURELS
(093-966 6156 ; www.hieutour.com ; 27a Đ Le Thanh Ton). Jeune guide anglophone plein d'entrain, Hieu concocte avec son équipe d'excellents circuits originaux autour de Can Tho : escapades matinales vers les marchés flottants (35 $US/pers), circuits à vélo ou culinaires et même des visites à l'île des Pirates (p. 417), plus loin. Hieu aime faire découvrir aux visiteurs la vraie culture du Delta, et prévoit d'organiser des séjours chez l'habitant en maison flottante.

Mekong Tours CIRCUITS CULTURELS
(090 785 2927 ; www.mekongtours.info ; 93 Đ Mau Than). Tour-opérateur basé dans l'hôtel Xoai, proposant des circuits chaudement recommandés vers les marchés flottants (Cai Rang 29 $US, Cai Rang et Phong Dien 47 $US, par bateau jusqu'à 3 personnes), ainsi qu'une visite nocturne amusante

TOURNÉE DES MARCHÉS FLOTTANTS

Le point d'orgue indiscutable de toute visite à Can Tho est de se rendre en bateau à un **marché flottant**. Malheureusement, Can Tho est aussi le seul endroit du Delta où des soi-disant guides peuvent vous importuner et vous accoster dès que vous descendez du bus, et même se présenter à votre hôtel après avoir demandé votre destination à votre chauffeur de taxi ou de *xe om*. Pour choisir votre guide, étudiez les points suivants :

- Qu'y a-t-il d'inclus dans la visite ? Un trajet de 40 minutes jusqu'à Cai Rang, et un retour à Can Tho presque immédiat, ou une visite d'une demi-journée qui emprunte des canaux secondaires ?
- Quelle est la taille du bateau ? Les plus gros sont équipés de gilets de sauvetage, sont abrités par un toit et vous amènent plus rapidement aux marchés, mais vous serez au milieu de groupes plus importants. Les plus petits sont plus intimes mais ne disposent pas tous de gilets de sauvetage et leurs toits peuvent être minces (ou inexistants), vous pourriez sentir le chien mouillé en cas d'averse, ou rôtir sous le soleil au retour.
- À quelle heure part le bateau ? Si vous démarrez après 6h30, vous manquerez le moment le plus animé.
- Le guide parle-t-il le français ou l'anglais ? Les petits bateaux amarrés à proximité de la grande statue de Hô Chi Minh sont les moins chers, mais vous n'aurez pas les commentaires expliquant la vie sur le fleuve.
- Les tarifs vont d'environ 120 000 d par heure (selon vos talents de négociateur) pour un petit bateau mené par un guide parlant quelques mots d'anglais à 30 $US par personne pour une visite de 7 heures qui comprend les deux marchés, avec un guide parlant bien l'anglais ou, parfois, le français.

autour de la cuisine de rue locale, partant de l'hôtel à 18h30.

Où se loger

Hotel Xoai HÔTEL $

(☎ 090-765 2927 ; hotelxoai.com ; 93 Đ Mau Than ; ch 220 000-350 000 d ; ❄@🛜). Rapport qualité/prix épatant pour cet hôtel accueillant et bien géré, aux lumineuses chambres couleur mangue (*xoai* signifie "mangue"). Le personnel, serviable, parle anglais. Circuits à petits prix possibles pour ceux qui souhaitent se joindre à un groupe.

Thanh Ha PENSION $

(☎ 0918 183 522 ; mshaguesthouse@gmail.com ; 118/14 Đ Phan Dinh Phung ; ch à partir de 350 000 d ; ❄🛜). Pension nichée dans une ruelle à l'ambiance locale typique. Diverses chambres spacieuses, au carrelage blanc, où les rideaux sont fins et les lits fermes ; hygiène irréprochable. De petites chambres avec salles de bains communes sont disponibles à des tarifs légèrement inférieurs. Mme Ha, propriétaire haute en couleur, peut vous aider à réserver des circuits et vous louer un vélo ou une moto.

Nguyen Shack Can Tho PENSION $$

(☎ 0966 550 016 ; www.nguyenshack.com ; pont Ong Tim, Thanh My, Thuong Thanh ; d avec sdb commune 500 000 d, bungalows à partir de 1 000 000 d ; 🛜). Un ensemble de bungalows rustiques traditionnels au toit de chaume avec ventilateur, surplombant la rivière Ong Tim, à 6 km de Can Tho. C'est le genre de lieu superbe où les baroudeurs aiment s'attarder pour bavarder avec le personnel anglophone. Les circuits et la proximité du marché flottant de Cai Rang ajoutent à l'attrait du lieu.

Il y a un restaurant (uniquement pour les résidents) : les plats sont délicieux, et l'on peut aussi prendre des cours de cuisine. L'établissement participe à un programme d'éducation d'enfants abandonnés avec la pagode du village. Vous pouvez faire un don (argent, vêtements, matériel scolaire) et rencontrer les enfants à la pagode. La situation est assez pratique pour rejoindre la gare routière, au sud-ouest de la ville.

Kim Tho Hotel HÔTEL $$

(☎ 0292-381 7517 ; 1a Đ Ngo Gia Tu ; ch 900 000-2 100 000 d ; ❄🛜). D'un raffinement à la limite du boutique-hôtel, le Kim Tho se distingue par sa grande réception agrémentée de jolis tissus et de bouquets de fleurs fraîches, ainsi que ses chambres, coquettes de bout en bout, aux salles de bains design. Celles des étages inférieurs sont plus abordables, celles des étages supérieurs ont un parquet en bois dur, et les chambres avec vue sur la rivière, plus chères, restent de bonnes affaires. Bar et café sur le toit, au 12e étage.

Tay Ho Boutique Hotel HÔTEL $$

(☎ 0292-382 3392 ; www.canthotourist.vn ; 42 Đ Hai Ba Trung ; ch 450 000-650 000 d ; ❄🛜). Ce vétéran a subi un bon lifting et, si le qualificatif "boutique" est sans doute exagéré, le rapport qualité/prix est bon et l'emplacement, au bord du fleuve, excellent. L'hôtel se trouve dans un ensemble de *shophouses* (habitations tenant lieu à la fois de commerce, avec boutique au rez-de-chaussée, et de résidence, avec espace aménagé à l'étage) de l'époque indochinoise, mais l'intérieur est désormais contemporain, avec des salles de bains élégantes et du carrelage étincelant.

Kim Lan Hotel HÔTEL $$

(☎ 0292-0381 7079 ; kimlanhotelcantho.com ; 138a Đ Nguyen An Ninh ; ch 350 000-600 000 d ; ❄@🛜). Un mini-hôtel impeccable, aux 30 chambres chics agrémentées de meubles contemporains et d'œuvres d'art. Même les chambres standards les moins chères, petites et sans fenêtres, ont tout de convenable, et les "Deluxe" sont ravissantes. Personnel aimable et serviable. Le restaurant n'est pas le plus réputé, mais d'autres, non loin, sont accessibles à pied.

Minh Viet Homestay PENSION $$

(☎ 097 812 3213 ; 245/1 Phu Quoi, Cai Rang ; s/d/qua 15/25/45 $US ; 🛜). Plus proche du marché flottant de Cai Rang que de Can Tho, cette pension rustique est composée de chambres simples, avec des moustiquaires et des toits de chaume. Minh et sa famille sont des hôtes accueillants et sympathiques, et Minh emmène volontiers les résidents visiter brièvement la campagne et les marchés flottants. Il peut aussi vous prêter des vélos pour explorer les environs. Apportez des bouchons d'oreille pour ne pas entendre les moteurs des bateaux, tôt le matin.

♥ Victoria Can Tho Resort COMPLEXE HÔTELIER $$$

(☎ 0292-381 0111 ; www.victoriahotels.asia ; Cai Khe Ward ; ch/ste à partir de 115/175 $US ; ❄@🛜🏊). Un hôtel élégant et sophistiqué, dans une immense demeure de style colonial français. Les chambres, claires, toutes avec balcon, donnent sur le fleuve, les deux piscines ou le jardin luxuriant. Excellent restaurant, bar en plein air et spa au bord du fleuve. Nombreuses activités possibles (circuits à vélo, cours de cuisine, croisières sur le *Lady Hau*, une ancienne barge à riz reconvertie).

Azerai COMPLEXE HÔTELIER **$$$**
(☎0292-362 7888 ; www.azerai.com ; île Au ; ch à partir de 4 950 000 d ;). Les chambres de l'hôtel le plus luxueux du Delta, installé sur une île privée au milieu du Bassac (Hau Giang), sont aménagées dans de superbes pavillons contemporains aux touches design, dont beaucoup donnent sur le fleuve. Les amateurs de selfies vietnamiens affectionnent l'idyllique étang de lotus et les emblématiques banians du domaine.

Depuis un salon d'accueil situé près du Victoria Can Tho Resort, les clients rejoignent le resort en bateau privé, lequel est à leur disposition 24h/24.

Nam Bô Boutique Hotel BOUTIQUE-HÔTEL **$$$**
(☎0292-0381 9139 ; www.nambocantho.com ; 1 Đ Ngo Quyen ; ste à partir de 2 300 000 d ;). Dans un immeuble de l'époque coloniale très central, au bord de l'eau, cet hôtel de seulement 7 suites associe avec bonheur décoration traditionnelle et élégance contemporaine. Si la suite Nam Bô est la plus jolie, la suite d'angle n°8 offre une superbe vue sur le fleuve. Il y a 2 excellents restaurants : le Nam Bô (p. 391), au rez-de-chaussée, et L'Escale (p. 392), sur le toit.

Can Tho Ecolodge LODGE **$$$**
(☎090-176 3838 ; cantho.ecolodge.asia ; Ba Lang Ward ; ch 2 350 000-4 700 000 d ;). L'équipe du Mai Chau Lodge (p. 137), établi de longue date dans l'extrême Nord montagneux du pays, gère aussi ce lodge au cadre complètement différent : les rives plates d'une rivière du Delta. Les chambres, simples mais élégamment décorées de mobilier local, occupent des maisons en bois rustiques à 2 niveaux. À environ 12 km au sud-ouest de Can Tho, à Ba Lang.

Où se restaurer

Le pittoresque marché de nuit est entouré de cafés et de restaurants haut de gamme. Fondues de poisson et de canard se dégustent dans la "ruelle des fondues", Hem 1, entre Đuong Mau Than et Đuong Ly Tu Trung. De nombreux restaurants vietnamiens et végétariens à petits prix jalonnent Đuong De Tham.

Nem Nuong Thanh Van VIETNAMIEN **$**
(☎0292-0382 7255 ; angle Nam Ky Khoi Nghia et 30 Thang 4 ; repas 45 000 d ; 8h-21h). Ce petit endroit que les habitants adorent ne fait qu'un plat, le *nem nuong*, mais c'est le meilleur de la ville. Composez vous-même vos rouleaux frais avec les ingrédients proposés : saucisse de porc, crêpe de riz, banane verte, carambole, concombre et toutes sortes de fines herbes, puis trempez-les dans la sauce aux cacahuètes et autre chose…, dont le secret est jalousement gardé.

Quan Com Chay Cuong VÉGÉTARIEN **$**
(9 Đ De Tham ; repas à partir de 15 000 d ; 11h-22h ;). Situé dans une rue où les restaurants sont nombreux, le Quan Com Chay Cuong est l'un des meilleurs et des plus grands établissements *com chay* (végétarien) de la ville. Les plats de légumes, de riz et de "viande" (dont une fondue au "faux poulet") sont bien préparés et le service est sympathique. Commandez avec la carte en anglais ou désignez ce que vous voulez au buffet.

Marché de nuit VIETNAMIEN **$**
(Đ Phan Boi Chau ; en-cas 5 000-30 000 d ; 17h-23h). Tous les soirs, entre les rues Phan Boi Chau et Phan Chu Trinh, la ville se remplit de dizaines d'étals alimentaires alléchants, vendant viandes grillées et brochettes de tofu, ainsi que *banh trang nuong* (sorte de pizza vietnamienne sur une galette de riz grillée), jus de canne à sucre frais et bien d'autres délices.

Banh Cong Co Ut VIETNAMIEN **$**
(So 38 Hem 86 ; repas à partir de 15 000 d ; 12h-21h lun-sam). Le *banh cong* ("muffin" salé de haricot mungo contenant une crevette entière) de ce restaurant est l'un des joyaux culinaires de Can Tho. Trois générations de femmes expertes râpent, mélangent et font dorer les ingrédients de ce mets local apprécié. À envelopper dans un mélange de salade et d'herbes, avant de le tremper dans le nuoc-mâm.

♥ **Nam Bô** INTERNATIONAL **$$**
(☎0292-382 3908 ; www.nambocantho.com ; 1 Đ Ngo Quyen, Nam Bô Boutique Hotel ; repas

210 000-350 000 d ; 6h30-22h30 ;). Ce restaurant au rez-de-chaussée de l'hôtel Nam Bô propose un bon mélange de plats vietnamiens et occidentaux. Le poulet à la citronnelle et le bar grillé dans une feuille de bananier sont fameux ; les bananes flambées au vin de riz ajoutent au repas une touche alcoolisée. Les menus de 6 plats (à partir de 210 000 d) sont une affaire.

Lua Nep VIETNAMIEN **$$**
(097-360 6979 ; Song Hau, Cai Khe ; plats 50 000-500 000 d ; 6h-22h30 ;). L'expérience culinaire la plus raffinée que l'on puisse faire à Can Tho, sur un promontoire privé s'avançant dans la rivière, sous une série de hauts toits de chaume qui évoque une version moderniste d'une maison ethnique traditionnelle. Le poisson et les fruits de mer frais sont à l'honneur, mais la longue carte comprend aussi un bon choix végétarien. Le restaurant, qui se remplit de gourmets locaux presque tous les soirs et attire aussi – légitimement – quelques groupes de touristes, est assez grand pour qu'on ne s'y sente pas à l'étroit.

L'Escale INTERNATIONAL **$$**
(0292-381 9139 ; www.nambocantho.com ; 1 Đ Ngo Quyen, Nam Bô Boutique Hotel ; repas 180 000-500 000 d ; 5h-22h30 ;). Vue enchanteresse sur le fleuve du haut du Nam Bô Boutique Hotel (p. 391) et éclairage tamisé : voici l'endroit idéal pour un rendez-vous romantique autour d'un cocktail au coucher du soleil et de plats magnifiquement exécutés, tels que marmite de poisson à l'ananas, crevettes sautées à l'ail et aux épinards ou salade de canard fumé.

The Lighthouse Cafe-Restaurant INTERNATIONAL **$$**
(0292-381 9994 ; www.facebook.com/thelighthousecantho ; 120 Đ Hai Ba Trung ; repas 160 000-460 000 d ; 6h-23h ;). Près du marché, cet élégant restaurant sur 2 niveaux propose des petits-déjeuners abordables avec café et jus de fruits frais, ainsi que des sandwichs et des paninis pour le déjeuner. Le menu proposé au déjeuner et au dîner est par ailleurs l'un des plus raffinés de la ville. Il comprend charcuterie, gratin d'huîtres, confit de canard, ainsi que steaks et carré d'agneau.

Où prendre un verre et faire la fête

Co Bi BIÈRE ARTISANALE
(093-991 2918 ; 88 Đ Tran Van Kheo ; 16h-minuit ;). En plein cœur de l'artère nocturne chaude de Can Tho, le Co Bi est plus raffiné que son environnement. On y sert de la bière artisanale pression (49 000 d), notamment Pasteur Street et East West, incontournables dans les grandes villes, ainsi que des bières en bouteille moins chères, d'onéreuses importations et même des "cocktails artisanaux" Rogue Spirits.

1985 Cafe CAFÉ
(0292-389 2626 ; www.facebook.com/cafe1985cantho ; 138 Đ Huynh Cuong ; 6h30-22h ;). L'entrée "arrière" de ce café-bar qui s'étend sur un pâté de maisons est faite d'une mosaïque de vieux volets qui lui donne un look rétro défraîchi. Le thème rétro se poursuit à l'intérieur avec de vieilles motos, des lecteurs de cassettes et d'autres souvenirs des années 1980. Concerts (scènes ouvertes notamment) presque tous les soirs et bières bien fraîches.

Achats

Vieux marché MARCHÉ
(Cho Can Tho ; 138 Đ Hai Ba Trung ; 6h-21h). Avec ses longs toits de tuiles bordés de décorations en céramique, cette grande halle (1915) typique de l'Indochine française est la pièce maîtresse du quartier touristique en bord de fleuve. Elle a été restaurée en 2005. Ses stands originels ont déménagé pour le **marché central** (Đ Tran Van Kheo ; 6h-18h) au nord (et certaines rues adjacentes), cédant la place à des stands d'articles d'artisanat et de souvenirs typiques de la région : objets en laque, vêtements, taies d'oreiller, cartes postales et autres.

Renseignements

Can Tho Tourist (0292-382 1852 ; www.canthotourist.com.vn ; 50 Đ Hai Ba Trung ; 7h-18h lun-ven, 7h-11h et 13h-17h sam-dim). Office du tourisme au personnel serviable qui parle français et anglais. On y trouve des plans de la ville corrects, ainsi que des renseignements généraux sur les curiosités du coin et les horaires des bus.

Hôpital (Benh Vien ; 0292-382 0071 ; 4 Đ Chau Van Liem). Urgences médicales 24h/24.

Poste principale (2 ĐL Hoa Binh ; 8h-17h lun-sam)

BUS AU DÉPART DE CAN THO

DESTINATION	PRIX (D)	DURÉE	FRÉQUENCE	DISTANCE
Ben Tre	70 000	3 heures	plusieurs par jour	123 km
Ca Mau	100 000	3 heures 15 à 4 heures	toutes les heures	149 km
Cao Lanh	55 000	2 heures 30	tlj	82 km
Chau Doc	65 000	4 heures	toutes les heures	120 km
Hô Chi Minh-Ville	120 000-160 000	3 heures 30	toutes les 30 minutes	169 km
Long Xuyen	50 000	1 heure 30	toutes les heures	61 km
Phnom Penh	340 000	7 heures	tlj à 6h30	226 km
Soc Trang	55 000	1 heure 30	toutes les heures	62 km

Vietcombank (☎ 0292-382 0445 ; 7 ĐL Hoa Binh ; ⏲7h30-11h et 13h-16h30 lun-ven, plus 7h30-11h sam). Échange de devises étrangères et DAB ouvert 24h/24.

Depuis/vers Can Tho

AVION

De l'aéroport international de Can Tho (www.canthoairport.com ; Đuong Le Hong Phong), Vietnam Airlines (www.vietnamairlines.com) et Vietjet Air (www.vietjetair.com) desservent Con Dao, Dalat, Danang, Haiphong, Hanoi, Nha Trang, Phu Quoc, Thanh Hoa et Vinh. Des vols à bas coût pour Bangkok et Kuala Lumpur sont aussi proposés. Il n'y a pas de vols directs pour HCMV, assez facilement accessible par la route.

L'aéroport est à 10 km au nord-ouest du centre. Un taxi pour la ville coûte environ 220 000 d.

BATEAU

Les ferries qui traversent le fleuve partent de la **gare maritime de Xom Chai** (Ben Pha Xom Chai) pour ceux qui souhaitent explorer un côté plus rural de Can Tho sur deux roues.

BUS

Tous les bus partent maintenant de la **gare routière** (Ben Xe 91B ; Đ Nguyen Van Linh) principale, 2,5 km au sud-est du centre. Un *xe om* pour la ville coûte environ 50 000 d, un taxi environ 75 000 d. Certaines compagnies de bus incluent la navette entre votre lieu d'hébergement et la gare routière : renseignez-vous à l'achat de votre billet.

Soc Trang

☎ 0299 / 223 000 HABITANTS

Ce n'est pas la ville la plus charmante du Delta, mais la Soc Trang d'aujourd'hui est un haut lieu de la communauté khmère, qui représente 30% de la population de la province (c'est la plus forte concentration dans le pays). Elle constitue une base pratique pour découvrir les pagodes khmères des alentours (il y en aurait près d'une centaine dans la province), où sont organisées les activités culturelles et spirituelles de la communauté, et la ville sert aussi de port d'embarquement pour les îles Con Dao.

À voir

♥ **Pagode Xa Lon** TEMPLE BOUDDHIQUE
(Chua Sa Lon ; RN 1A). Bâtie à l'origine en bois au début du XIXe siècle, cette magnifique pagode khmère (aussi appelée Chen Kiêu), a été complètement reconstruite en 1923, mais s'est avérée trop petite. L'édification de sa grande incarnation actuelle a duré de 1969 à 1985, car elle s'est faite au rythme des dons qui l'ont financée. Les tessons de céramique aux couleurs chatoyantes qui ornent sa façade sont particulièrement impressionnants. Elle est située à 12 km au sud-ouest de Soc Trang via Đuong Tran Hung Dao en direction de Bac Lieu.

Buu Son Tu TEMPLE BOUDDHIQUE
(Chua Dat Set ; 163 Đ Ton Duc Thang ; don apprécié ; ⏲ lever-coucher du soleil). Le Buu Son Tu (temple de la Montagne précieuse) fut fondé il y a plus de deux siècles par une famille chinoise, les Ngô. Cette pagode a la particularité de ne contenir que des objets en argile. Les centaines de statues et sculptures ont été réalisées par le moine Ngo Kim Tong, qui, de l'âge de 20 ans jusqu'à sa mort à 62 ans, s'est consacré à son décor, totalement différent des pagodes khmères ou vietnamiennes de Soc Trang. C'est un lieu de culte actif. Le bonze qui la dirige, Ngô Kim Giang, est le frère cadet de l'artiste. Très sympathique, il parle parfaitement français et se fera un plaisir de vous renseigner.

À l'entrée, les visiteurs sont accueillis par l'une de ses plus imposantes créations : un éléphant à six défenses qui serait apparu en rêve à la mère du Bouddha. L'autel central, réalisé avec plus de 5 tonnes d'argile, compte un millier de bouddhas assis sur des pétales de lotus. Remarquez la tour chinoise de 13 étages, haute de plus de 4 m ; décorée de 156 dragons, elle comporte 208 niches contenant chacune un petit bouddha.

Pagode Mahatup TEMPLE BOUDDHIQUE

(Chua Doi ; Đ Van Ngoc Chinh ; ⏲ lever-coucher du soleil). GRATUIT Aussi appelé la pagode aux Chauves-Souris, ce vaste et paisible ensemble monastique khmer est surtout connu pour sa colonie de chauves-souris frugivores, accrochées par centaines dans les arbres. Les plus grandes pèsent environ 1 kg et leur envergure peut atteindre 1,50 m. Au crépuscule, elles s'envolent par centaines pour envahir les vergers.

Les bonzes ne demandent pas d'argent, mais vous pouvez laisser une obole. La pagode est ornée de bouddhas dorés et de peintures murales, financés par des Vietnamiens expatriés. Dans une salle trône la statue grandeur nature du moine fondateur du temple. à 2 km au sud de Soc Trang. On peut s'y rendre en *xe om* (20 000 d).

Pagode Kh'leang TEMPLE BOUDDHIQUE

(Chua Kh'Leang ; 68 Đ Ton Duc Thang ; ⏲ lever-coucher du soleil). Construite à l'origine en bambou en 1533, cette pagode où résident plusieurs bonzes semble directement importée du Cambodge. Entièrement rebâtie en béton en 1905, elle accueille plus de 150 novices venus de tout le Delta pour étudier à l'École bouddhique de Soc Trang, de l'autre côté de la rue.

Face à la pagode, un petit **musée** (⏲ 8h-17h) est consacré à la minorité khmère du Vietnam. Sept fêtes religieuses ont lieu ici chaque année, attirant des fidèles des confins de la province.

HORS DES SENTIERS BATTUS

LA RÉSERVE ORNITHOLOGIQUE DE BAC LIEU

Située à 6 km au sud-ouest de la ville peu visitée de Bac Lieu, la **réserve ornithologique de Bac Lieu** (Vuon Chim Bac Lieu ; ☎0291-383 5991 ; voiturette électrique 400 000 d ; ⏲6h-18h30) se distingue par sa cinquantaine d'espèces d'oiseaux, dont une importante colonie de gracieux hérons blancs. Les échassiers sont particulièrement nombreux durant la saison des pluies (grosso modo de mai à octobre), et nichent là à peu près jusqu'en janvier.

Mieux vaut engager un guide à l'entrée de la réserve pour ne pas risquer de se perdre, même si ceux-ci ne parlent pas très bien anglais. Le bureau de l'agence **Bac Lieu Tourist** (☎0291-382 4272 ; www.baclieutourist.com ; 2 Đ Hoang Van Thu ; ⏲7h-11h et 13h-17h) peut aussi réserver transport et guides (pour un prix majoré).

La visite comprend un tour en voiturette de golf électrique dans le périmètre de la réserve, et les guides s'arrêtent aux tours panoramiques et aux postes d'observation en chemin. Prévoyez des jumelles. Les guides ne sont pas censés recevoir d'argent ; remettez-leur discrètement un pourboire.

Petit joyau colonial de 1919 rénové, le **Cong Tu Hotel** (☎0291-358 0580 ; 13 Đ Diên Biên Phu, Bac Lieu ; supérieure/Deluxe 400 000/500 000 d ; ❄📶) est de loin le lieu d'hébergement qui a le plus de caractère à Bac Lieu. Les chambres les plus chics ont des balcons et de hauts plafonds et sont décorées dans un style fastueux du XIXe siècle. Le restaurant (repas 40 000-100 000 d) propose une vaste carte ; les plats de poisson sont très bons.

Une partie de la villa (aussi connue sous le nom de "Grande Maison") a été transformée en **musée de Cong Tu Bac Lieu** (20 000 d ; ⏲7h-17h), en référence à Cong Tu Bac Lieu, le "prince noir de Bac Lieu", alias Tran Trinh Huy (1900-1974), à qui elle appartenait et dont le père était le roi du riz de la Cochinchine au début du XXe siècle. La collection hétéroclite comprend du mobilier ancien, des photos anciennes et une Citroën 2CV ayant appartenu à ce play-boy qui dilapida la fortune familiale. Le musée est surtout apprécié des touristes vietnamiens amateurs de selfies.

Bac Lieu, à seulement 8 km de la côte, se situe sur la ligne de bus entre Soc Trang (1 heure 30) et Ca Mau (1 heure 30).

Fêtes et festivals

Fête d'Oc Bom Boc CULTURE

(Bon Om Touk). Une fois par an, la communauté khmère venue de tout le Vietnam et même du Cambodge organise cette fête de l'Eau, qui s'accompagne de courses de bateaux sur la rivière Soc Trang. Les courses se déroulent le 15e jour du 10e mois lunaire, habituellement en novembre. Elles commencent à midi, mais la ville se remplit dès la veille.

Où se loger et se restaurer

Que Huong Hotel HÔTEL $$

(☎0299-361 6122 ; 128 Đ Nguyen Trung Truc ; ch 490 000-790 000 d, ste 1 290 000 d ;). Les chambres se révèlent plus attrayantes que ne le laisse supposer la façade austère. Les suites disposent d'une baignoire encastrée et d'un bar (boissons en sus). Pratique, l'hôtel est situé près de la gare routière, des parcs et des restaurants.

L'Amour Riverside INTERNATIONAL $$

(☎0299-650 8888 ; 146 Đ Ly Thuong Kiet ; repas 20 000-320 000 d ; 7h-22h ;). Un immense restaurant sur 4 niveaux donnant sur la rivière. S'il peut sembler vide du rez-de-chaussée, comptez le nombre de motos et vous aurez une idée du nombre d'habitués attablés plus haut. Sur la carte : soupes de nouilles, pizzas, burgers, fondues, ainsi que milk-shakes, cafés glacés et gâteaux.

Depuis/vers Soc Trang

Des bus relient toutes les heures Soc Trang à Bac Lieu (50 000 d, 1 heure 30), Ca Mau (67 000 d, 3 heures), Can Tho (55 000 d, 1 heure 30) et HCMV (155 000 d, 6 heures). La **gare routière** (Ben Xe Soc Trang ; Đ Le Van Tam) est commodément située en plein centre, près de l'intersection avec Đuong Hung Vuong, axe principal pour se rendre en ville.

Pour l'île Con Son, des **ferries Superdong** (www.superdong.com.vn) partent tous les jours à 8h et à 13h15 (310 000, 2 heures 30) du port de Tran De, 33 km au sud-est de Soc Trang. Ils reviennent de Ben Dam sur l'île Con Son à 8h et 13h.

Phu Quoc Express (www.phuquocexpressboat.com) propose un ferry quotidien entre Tran De et les îles Con Dao (standard/VIP 350 000/500 000 d) dans chaque sens ; départ de Tran De à 9h, de Ben Dam à 12h.

Ces liaisons, relativement récentes, ne sont pas toujours assurées, en particulier en cas de vents violents ou de mer agitée.

Ca Mau

☎0290 / 315 000 HABITANTS

Bâtie sur les rives de la Ganh Hao, Ca Mau est la capitale et la seule vraie ville de la province du même nom. Occupant la pointe sud du delta du Mékong, cette région reculée et inhospitalière n'a pas été exploitée avant la fin du XVIIe siècle. Elle a la plus faible densité de population du sud du Vietnam.

Compte tenu de cela, on peut s'étonner que la ville de Ca Mau soit aussi agréable, avec ses larges boulevards, ses parcs et ses rues commerçantes animées. Si elle s'est rapidement développée ces dernières années, elle reçoit cependant peu de touristes. L'amélioration des moyens de transport permet de s'y arrêter plus facilement pour découvrir une partie du Delta que le tourisme n'a pas gâchée.

À voir

Forêt d'U-Minh FORÊT

(10 000 d ; 6h-17h, fermé mars-mai). S'étendant sur 1 000 km² à la lisière de Ca Mau, U-Minh est la plus grande forêt de mangrove hors du bassin de l'Amazonie. C'est également l'habitat privilégié de mammifères menacés, comme la loutre de Sumatra et le chat pêcheur (ou chat viverrin), et de 187 espèces d'oiseaux répertoriées. Les excursions de 30 minutes dans la forêt coûtent 140 000 d.

Ca Mau Tourism (www.camautourism.vn) organise des excursions en bateau à la journée (180 $US), mais on peut aussi prendre un bateau rapide pour Thu Bay (2 heures), puis une moto jusqu'à l'entrée pour 90 000 d.

U-Minh a servi de refuge au Viêt-cong pendant la guerre du Vietnam ; il y tendait des embuscades aux bateaux de patrouille américains et posait régulièrement des mines dans les canaux. Les Américains tentèrent de se débarrasser du Viêt-cong avec des défoliants chimiques, qui firent d'énormes dégâts aux forêts. Au fil des ans, les fortes pluies ont fini par charrier la dioxine vers la mer, et la forêt est en train de repousser. Beaucoup d'eucalyptus ont aussi été replantés ici, en raison de leur relative résistance à la dioxine.

Malheureusement, les forêts de mangrove continuent d'être déboisées pour installer des élevages de crevettes et produire du charbon et des copeaux de bois, même si le gouvernement a tenté de limiter ces activités. En 2002, une zone de 80 km² est devenue le parc national d'U-Minh Thuong. Toute la zone a été reconnue site Ramsar – zone humide d'importance internationale – en février 2016.

Marché de Ca Mau MARCHÉ

(Đ Le Loi). À Ca Mau, la tradition était de vivre face à la rivière. Si le marché flottant a disparu ces dernières années, le marché principal se déploie toujours le long des rues à l'ouest du canal Phung Hiep, au sud de Đuong Phan Ngoc Hien.

Temple caodaïste TEMPLE

(Đ Phan Ngoc Hien ; lever-coucher du soleil). Comme tous les lieux de culte caodaïstes, ce temple, édifié en 1966, est une débauche de couleurs et d'ornements, bien que le Delta en recèle de plus impressionnants.

Où se loger et se restaurer

Dong Anh Hotel HÔTEL $

(0290-357 6666 ; www.donganhhotel.com.vn ; 25 Đ Tran Hung Dao ; ch à partir de 350 000 d ;). Hôtel accueillant, propre et bien situé. Certaines chambres se partagent des terrasses qui donnent sur la rue principale. Le personnel parle un peu anglais.

Anh Nguyet Hotel HÔTEL $$

(0290-356 7666 ; www.anhnguyethotel.com ; 207 Đ Phan Ngoc Hien ; ch 590 000-1 500 000 d ;). Cet établissement à la grande façade blanche, dont le nom signifie "hôtel du clair de lune", se donne un genre fastueux. Chambres tout à fait correctes, bien que les cloisons soient fines et les moquettes d'assez mauvaise qualité. Buffet du petit-déjeuner convenable.

Hai San Quat Mo VIETNAMIEN $

(0290-626 6888 ; 14 Đ Bui Thi Truong ; plats 40 000-150 000 d ; 10h-2h ;). Dans une

Ca Mau

BUS AU DÉPART DE CA MAU

DESTINATION	PRIX (D)	DURÉE	FRÉQUENCE	DISTANCE
Bac Lieu	50 000	1 heure 45	toutes les 30 minutes	89 km
Can Tho	100 000	4-5 heures	toutes les heures	151 km
Hô Chi Minh-Ville	126 000-186 000	9 heures	toutes les heures	329 km
Rach Gia	120 000	4 heures	plusieurs par jour	138 km

rue de bars et de restaurants animée, ce vaste établissement spécialisé dans les produits de la mer et les grillades attire une foule locale constante. Saint-jacques grillées à l'ail et crevettes salées au piment font partie des délices proposés. Bières fraîches à foison.

Depuis/vers Ca Mau

AVION

Le petit **aéroport de Ca Mau** (☎0290-383 6436 ; 93 Đ Ly Thuong Kiet) se situe 3 km à l'est du centre-ville, sur la RN 1A. Vietnam Airlines assure un vol quotidien depuis/vers HCMV (1 heure).

BATEAU

Chaque jour, un hydrofoil relie Ca Mau à Rach Gia (300 000 d, 3-4 heures) au départ de l'**embarcadère de Can Ganh Hao** (Pha Can Ganh Hao) à 14h. Le trajet dépend du nombre d'arrêts qu'il fait pour sa cargaison.

Si vous hésitez entre l'hydrofoil et le bus, sachez que le premier est moins bondé, généralement plus confortable et, tant que d'autres ponts n'auront pas été construits, plus rapide que les bus simples entre Ca Mau et Rach Gia. Le voyage est aussi plus intéressant.

Les bateaux, longs et bas, offrent une perspective juste au-dessus de la ligne de flottaison. Entre Ca Mau et Rach Gia, la campagne verdoyante parsemée de maisons en rotin près de Ca Mau cède la place à une étendue densément construite et industrielle à l'approche de Rach Gia.

Si vous parcourez le Delta à vélo, vous pouvez le prendre à bord moyennant un supplément.

BUS

Il y a deux gares routières. La compagnie Phuong Trang propose les services les plus confortables vers HCMV, Can Tho et même Dalat. Des bus express partent pour HCMV entre 5h et 22h30.

De la **gare routière principale** (Ben Xe Ca Mau ; Đ Ly Thuong Kiet), à 2 km à l'est du centre de Ca Mau, des liaisons sont assurées avec presque toutes les destinations, excepté Rach Gia et Ha Tien.

La petite **gare routière de Ca Mau Kien Giang** (Ben Xe Ca Mau Kien Giang ; Đ Nguyen Trai) est à 3 km au nord-est du centre de Ca Mau. Elle dessert Rach Gia et Ha Tien.

Rach Gia

☎0297 / 405 000 HABITANTS

Port florissant sur le golfe de Thaïlande, Rach Gia compte un nombre significatif d'habitants d'origine chinoise ou khmère. Son front de mer animé et ses ruelles pleines de vie méritent une balade. La ville s'est considérablement étendue vers le sud au cours de la dernière décennie, se fondant désormais avec Rach Soi.

L'accès facile à la mer et la proximité du Cambodge et de la Thaïlande font de la pêche, de l'agriculture et de la contrebande des activités lucratives. La région était autrefois le principal fournisseur des grandes plumes utilisées pour fabriquer les éventails de cérémonie de la cour impériale.

Si vous restez en ville plus de temps qu'il n'en faut pour prendre le bateau vers l'île de Phu Quoc, deux curiosités méritent une visite rapide : un temple consacré à l'icône locale Nguyên Trung Truc, chef de la résistance dans les années 1860, et un musée occupant un bâtiment colonial décoré de l'époque française renfermant des artefacts d'Oc-Eo.

À voir

♥ Île de Hon Son ÎLE

(Lai Son). Aussi appelée Lai Son, du nom de son village principal, cette belle île montagneuse isolée au ravissant littoral se situe à environ 50 km au sud-ouest de Rach Gia. Elle est très peu développée : une seule route en fait le tour, reliant quelques communautés et plages reculées. Des bateaux Superdong (p. 400) partent pour Hon Son (150 000 d, 1 heure 30) de Rach Gia à 7h30 (ils continuent jusqu'à Nam Du pour 100 000 d vers 9h) et regagnent le continent à 12h.

L'île est entourée de grandes formations rocheuses appréciées des amateurs de selfies vietnamiens. Au nord, Bai Bac et Bai Bo sont les meilleures plages, mais Bai Bang, à l'est, est aussi prisée pour son cocotier horizontal et ses nombreuses balançoires placées à des endroits stratégiques. Des hébergements (dans la fourchette 250 000-500 000 d) sont disponibles à Lai Son et çà et là ailleurs sur l'île.

Phu Quoc Express (p. 400) et Ngoc Thanh Express (www.ngocthanhexpress.com) desservent aussi cette destination à tour de rôle.

Îles Nam Du — ÎLES

Les 20 îles de cet archipel situé à plus de 80 km au large des côtes sont entourées de criques de sable. L'île principale, Hon Lon (Grande Île), est populaire auprès des jeunes voyageurs vietnamiens mais reçoit peu d'étrangers. Les déchets sont un gros problème sur le quai et sur les plages de l'île. Des bateaux Superdong (p. 395) partent pour les îles Nam Du (210 000 d, 2 heures 30) en passant par Hon Son (100 000 d) depuis Rach Gia à 7h30, et repartent pour le continent à 11h.

Bai Tret est le port et le village principal. Des hébergements (dans la fourchette 300 000-800 000 d) y sont disponibles, de même que sur diverses plages de l'île. En général, les prix sont environ un tiers plus élevés que sur le continent et l'électricité est encore sporadique. La meilleure plage est celle de Bai Cay Men, dans le sud-ouest de l'île, où une paillote vend produits de la mer frais, noix de coco et bière. À Bai Tret, les paillotes du front de mer installent des tables sur le quai le soir et vendent des produits de la mer frais directement depuis des réservoirs en plastique.

Outre Superdong, Phu Quoc Express (p. 400) et Ngoc Thanh Express (www.ngocthanhexpress.com) desservent Nam Du à tour de rôle.

Temple Nguyên Trung Truc — TEMPLE BOUDDHIQUE

(18 Đ Nguyen Cong Tru). Temple voué à Nguyên Trung Truc, leader de la campagne de résistance contre la toute nouvelle présence française dans les années 1860. À l'origine, c'était un simple bâtiment à toit de chaume, mais, au fil des années, il a été agrandi et reconstruit plusieurs fois. Sur un autel au centre de la salle principale trône un portrait du héros. Celui-ci fut entre autres l'instigateur de l'attaque qui provoqua l'incendie du navire de guerre français *L'Espérance*. Malgré les tentatives répétées pour le capturer, il continua à combattre jusqu'en 1868, lorsque les Français prirent en otage sa mère ainsi que plusieurs civils et menacèrent de les tuer s'il ne se rendait pas. Il se constitua prisonnier et fut exécuté le 27 octobre 1868 sur la place du marché de Rach Gia.

Musée de Kien Giang — MUSÉE

(Bao Tang Tinh Kien Giang ; 21 Đ Nguyen Van Troi ; ⏲ généralement 7h30-11h et 13h30-17h lun-ven). GRATUIT Ce joyau architectural de l'ère coloniale française – une villa de plain-pied à arcades très ornementée – sert de cadre au musée de la province. La collection permanente comprend de nombreuses photos de guerre, ainsi que des objets et des poteries provenant de l'antique cité khmère d'Oc-Eo (période du Funan).

Statue de Nguyên Trung Truc — MONUMENT

Une statue du chef de la résistance contre les Français à Rach Gia dans les années 1860.

Où se loger

Les hôtels sont regroupés près de la gare routière le long de Đuong Le Thanh Ton, et près de l'embarcadère dans Đuong Tu Do.

Thien Trang Guesthouse — PENSION $

(☎094-506 5574 ; 24 Đ Nguyen Cong Tru ; ch 300 000-450 000 d ; ❄📶). Une adresse pratique où séjourner si vous devez prendre un bateau pour Phu Quoc, Hon Son ou les îles Nam Du tôt le matin, le terminal des ferries n'étant qu'à quelques minutes à pied. TV et salle de bains (eau chaude) dans les chambres, simples mais propres. Vaste hall d'entrée avec parking pour les motos, pratique si vous explorez le Delta à deux-roues.

Hoa Binh Rach Gia Resort — HÔTEL $$

(☎0297-355 3355 ; www.hoabinhrachgiaresort.com.vn ; Đ Co Bac ; standard/supérieure/Deluxe 850 000/1 100 000/1 200 000 d ; ❄@📶🏊). Cet hôtel, parmi les plus élégants de Rach Gia, bénéficie d'un cadre impressionnant, au bord de l'eau, au sud du centre de la vieille ville. Les chambres présentent des aménagements de style hôtel d'affaires, en accord avec le statut de centre de congrès de l'établissement.

Rach Gia

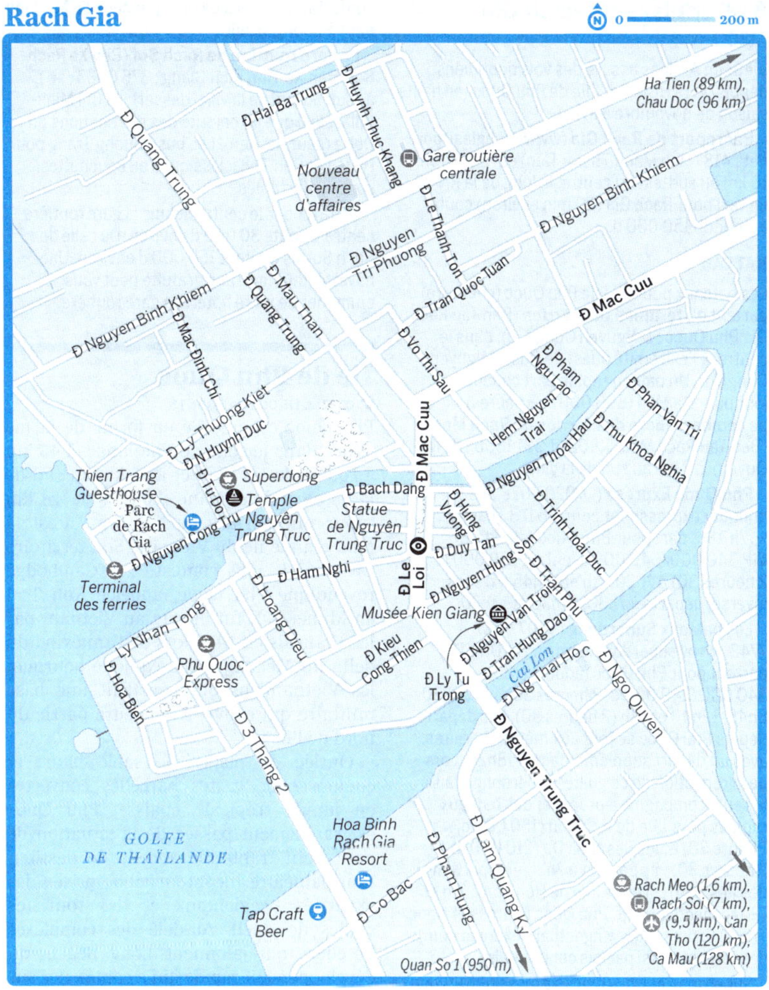

Où se restaurer et prendre un verre

Rach Gia est connue pour ses produits de la mer, sa seiche et ses tranches de poisson (*ca thieu*) séchées, ainsi que son poivre noir. On peut griller soi-même ses aliments et se régaler à petits prix dans un restaurant comme le **Quan So 1** (82 Đ Lac Hong ; repas à partir de 75 000 d ; 8h-22h ;).

Prenez un barbecue et commandez une myriade de produits de la mer à cuire au milieu de votre table, et accompagnez le tout de bière locale. Le personnel ne parle pas anglais, et les traductions du menu sont saugrenues, mais la nourriture est délicieuse et l'endroit extrêmement apprécié (à raison) par les habitants.

Tap Craft Beer BIÈRE ARTISANALE

(089-898 8846 ; Vincom Plaza, en retrait de Đ 3/2 ; 6h-minuit ;). Près du fleuve, ce petit bar branché, sur 3 niveaux d'un immeuble d'angle, avec aussi quelques tables sur le trottoir, compte parmi les adresses les plus animées du Delta. Quinze bières ou plus à la pression, notamment des spécialités saisonnières des brasseries de HCMV East West et Pasteur Street. Café et en-cas également la journée.

Depuis/vers Rach Gia

AVION

Vietnam Airlines assure des vols quotidiens depuis/vers HCMV et l'île de Phu Quoc (en haute saison de novembre à avril).

L'**aéroport de Rach Gia** (www.rachgiaairport.net ; 418 Cach Mang Thang Tam) est à environ 10 km au sud-est du centre, le long de la RN 80 ; un taxi pour Rach Gia (20 min environ) coûte autour de 150 000 d.

BATEAU

Les bateaux pour l'île de Phu Quoc (ci-contre) partent du **terminal des ferries** (Ban Tau Rach Gia Phu Quoc ; Đ Nguyen Cong Tru), dans le centre, à l'extrémité ouest de Đuong Nguyen Cong Tru. Un bateau rapide part chaque jour pour Ca Mau (300 000 d, 3 heures) de l'**embarcadère des ferries de Rach Meo** (Ben Tau Rach Meo ; ☎ 0297-381 1306 ; Đ Ngo Quyen), à 2 km au sud de la ville.

Phu Quoc Express (☎ 0297-628 7888 ; phuquocexpressboat.com ; 16 Đ 3 Thang 2 ; ⏲7h-18h) part pour Phu Quoc (standard/VIP 340 000/540 000 d, enfant 270 000 d, 2 heures 30) à 7h20, 11h et 13h45. En sens inverse, départs à 7h30, 10h30 et 13h30.

Les bateaux **Superdong** (☎ 077-387 7742 ; www.superdong.com.vn ; 14 Đ Tu Do) partent pour Phu Quoc (adulte/enfant 340 000/240 000 d, 2 heures 30) à 8h, 8h30, 8h45, 12h40 et 13h (2 heures 30). Les départs depuis Phu Quoc se font aux mêmes horaires, avec un départ supplémentaire à 13h20. Lors de la rédaction de ce guide, Superdong était la seule compagnie à proposer des bateaux rapides pour l'île de Hon Son (150 000 d, 1 heure 30) et les îles Nam Du (210 000 d, 2 heures 30) ; ils partent à 7h30 et repartent des îles Nam Du et de l'île de Hon Son à 11h et 12h respectivement. Phu Quoc Express et Ngoc Thanh Express (www.ngocthanhexpress.com) desservent aussi parfois cet itinéraire.

Superdong et Phu Quoc Express ont tous deux des bateaux modernes, mais ceux du second sont un peu plus confortables, en particulier en classe VIP. Les deux compagnies acceptent les motos moyennant des frais de prise en charge d'environ 180 000 d par trajet. Si vous avez une voiture, jusqu'à 10 car-ferries circulent chaque jour entre Rach Gia et Phu Quoc.

BUS

Vérifiez de quelle gare part votre bus et si la correspondance est incluse à l'achat de votre billet. Les billets achetés dans une gare peuvent être au départ d'une autre gare !

La **gare routière centrale de Rach Gia** (Ben Xe Khach Rach Gia ; Đ Nguyen Binh Khiem), juste au nord du centre-ville, dessert principalement Ha Tien. Les bus Trang Ngoc Phat sont les plus confortables, suivis de près par ceux de Mai Linh et de Phuong Trang.

La **gare routière de Rach Soi** (Ben Xe Rach Soi ; Ben Xe Tinh Kien Giang ; 376 QL63 ; 👪), à 7 km au sud de la ville, dessert Hô Chi Minh-Ville, ainsi que la majorité des destinations du Delta (sauf Ha Tien). Les bus Phuong Trang pour HCMV et Can Tho, classiques ou couchettes, sont confortables.

Un taxi pour le centre depuis la gare routière centrale coûte 30 000 d environ. De celle de Rach Soi, ils coûtent 150 000 d environ. Une navette Phuong Trang gratuite peut vous emmener de votre hôtel à la gare routière.

Île de Phu Quoc

☎ 0297 / 115 000 HABITANTS

Phu Quoc est une île en forme de larme située dans le golfe de Thaïlande, à 45 km à l'ouest de Ha Tien et à 15 km au sud de la côte cambodgienne. Longue de 48 km (pour une surface de 574 km^2), c'est la plus grande île du Vietnam. Son territoire est aussi le plus contesté : le Cambodge revendique Phu Quoc, appelée Koh Tral en khmer, qui fut offerte au Vietnam par les Français en 1949 lors de l'annexion du delta du Mékong. Cela explique pourquoi les Vietnamiens ont construit une base militaire qui couvre la majeure partie du nord de l'île.

Ourlée de plages de sable blanc et composée de vastes parcelles couvertes de jungle tropicale épaisse, Phu Quoc est rapidement passée de la situation de petit coin tranquille à celle de destination balnéaire incontournable, prisée des expatriés occidentaux et des touristes avides de soleil. Au-delà des complexes hôteliers qui jalonnent Long Beach, du développement rapide qui a commencé sur la côte nord-ouest, et des énormes resorts visibles depuis la plage de Sao, il y a encore largement de quoi explorer cette "île d'émeraude" tranquillement, loin de ses eaux parfois couvertes de détritus. Vous pourrez plonger sur les récifs, pagayer dans les baies, avaler des kilomètres de petites routes à moto ou vous contenter de buller sur la plage avant de vous offrir un massage et un bon dîner de produits de la mer de première fraîcheur.

L'île ne fait pas réellement partie du delta du Mékong et ne se prête pas à la riziculture. Sa culture la plus célèbre et la plus lucrative est le poivre noir. Pourtant, ici, les insulaires ont toujours gagné leur vie grâce à la mer, et c'est le nuoc-mâm de Phu Quoc, de qualité supérieure, qui fait sa réputation dans tout le pays. On y trouve aussi des fermes perlières, qui lui ont valu le surnom de "perle de l'Asie".

Histoire

Phu Quoc servit de base au missionnaire français Pierre Pigneau de Behaine pendant les années 1760 et 1780. Il accueillit ici le prince Nguyên Anh, futur empereur Gia Long, alors pourchassé par les rebelles Tây Son.

Île relativement isolée, boisée et sans grand intérêt économique, Phu Quoc servit de prison à l'administration coloniale française. Les Américains prirent le relais et environ 40 000 prisonniers viêt-cong y furent détenus. La colonie pénitentiaire principale de l'île, autrefois nommée "prison du Cocotier" (Nha Lao Cay Dua), est toujours en activité. Une partie est aujourd'hui ouverte au public en tant que musée historique près d'An Thoi.

Quand partir

La saison des pluies assombrit le ciel de Phu Quoc de fin mai à octobre : la mer est alors agitée et beaucoup de spots de plongée deviennent impraticables. La haute saison touristique correspond au milieu de l'hiver (décembre-janvier), quand le ciel est bleu et la mer calme. La chaleur peut être écrasante en avril et mai.

À voir

Duong Dong

Plus importante ville de l'île et principal port de pêche du centre de la côte ouest, Duong Dong est un enchevêtrement d'hôtels pour touristes vietnamiens à petits budgets (bien que les étrangers y soient admis), d'échoppes de rue, de bars et de commerces. Le vieux pont est un bon endroit pour photographier la flotte de pêche, amarrée dans un étroit canal. Le marché alimentaire animé (plutôt sale) est un but de promenade intéressant. La plupart des visiteurs viennent pour le marché de nuit, ses produits de la mer et l'exceptionnel aperçu de la vie sur l'île qu'il offre.

Fabrique de nuoc-mâm FABRIQUE
(carte p. 408 ; www.hungthanhfishsauce.com.vn ; 8h-11h et 13h-17h). GRATUIT À quelques pas du marché de Duong Dong, la fabrique Hung Thanh est la plus grande usine de sauce de poisson de Phu Quoc – à l'odeur prenante.

Si la majeure partie du nuoc-mâm produit ici pourvoit à la consommation intérieure, une quantité importante est aussi exportée en Europe, au Japon et en Amérique du Nord. La visite est gratuite, mais mieux vaut prendre un guide si vous ne parlez pas vietnamien.

Temple Dinh Cau TEMPLE TAOÏSTE
(château de Cau ; carte p. 408 ; Đ Bach Dang). GRATUIT Ce petit temple en bord de Mer, doublé d'un phare, fut édifié en 1937 en l'honneur de Thien Hau, déesse de la mer qui apporte sa protection aux marins et aux pêcheurs. Parfois qualifié de "château" ou de "temple de roche" en référence à l'affleurement rocheux sur lequel il est perché, Dinh Cau offre une bonne vue sur l'entrée du port. Les habitants aiment venir s'y promener au soleil couchant.

Ailleurs sur l'île

Phu Quoc est la plus grande île du Vietnam, et même si les infrastructures ont beaucoup été améliorées, se déplacer à moto ou en taxi peut toujours prendre du temps. La plupart des hébergements, des bars et des restaurants sont concentrés à Duong Dong et le long de l'artère qui donne accès à Long Beach au sud. La plage de Ong Lang se développe, mais reste plus tranquille que sa voisine du sud. VinPearlLand et le téléphérique de Hon Thom attirent les familles et les touristes vietnamiens vers le nord-ouest et le sud de l'île, et grandes chaînes hôtelières et méga-resorts se construisent sur toute la côte sud. Le Nord et l'Est, qui s'explorent plus facilement à moto, restent en grande partie assez peu développés. La plage de Sao, à l'extrême sud ouest, est toujours l'une des plus belles plages publiques de l'île.

Plage de Sao PLAGE
(Bai Sao ; carte p. 402). Avec son sable blanc pareil à de la poudre d'ivoire, le superbe croissant de la plage de Sao, à l'extrémité sud-est de l'île, est baigné d'une mer cristalline, le tout à quelques kilomètres seulement d'An Thoi, le principal port de commerce de Phu Quoc. Il y a quelques restaurants en bord de plage, où vous pourrez vous détendre sur une chaise longue (50 000 d si vous n'êtes pas client),

Île de Phu Quoc

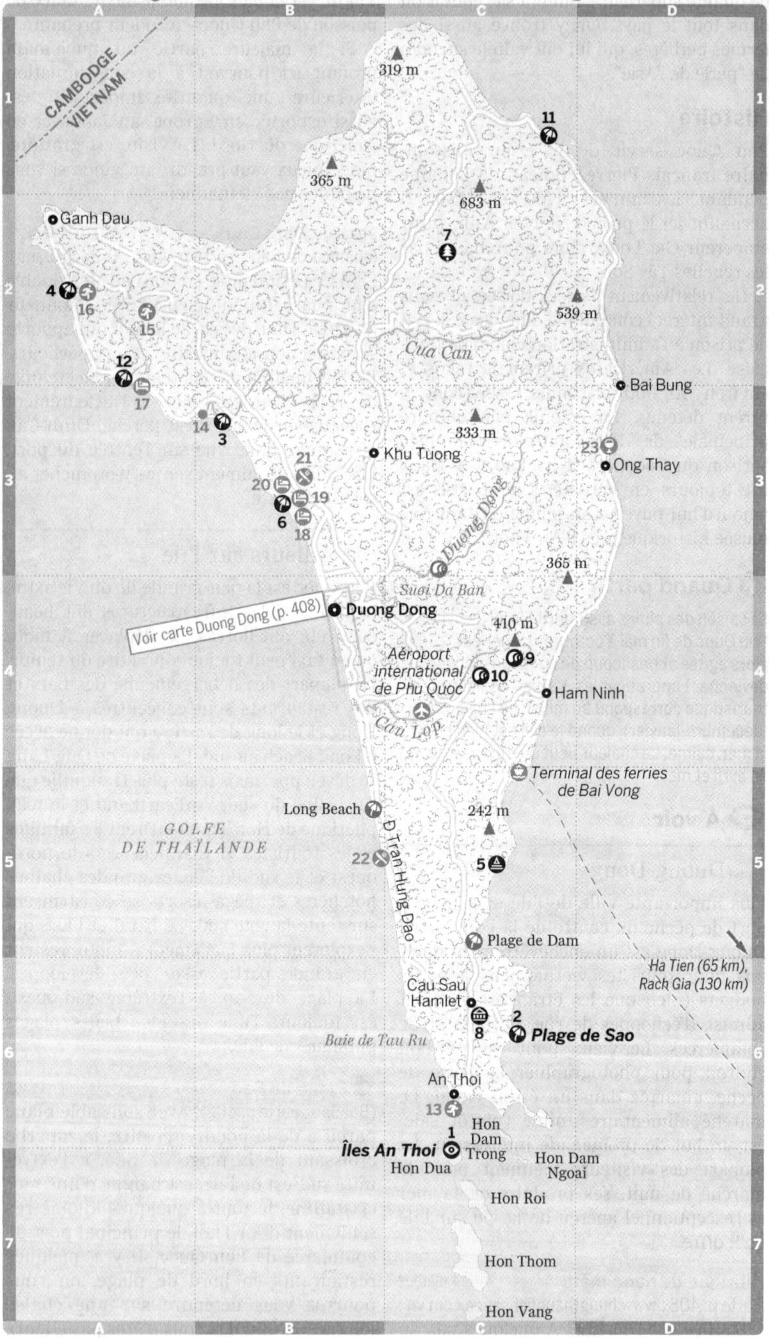

Île de Phu Quoc

Les incontournables	
1 Îles An Thoi	C7
2 Plage de Sao	C6
À voir	
3 Plage de Cua Can	B3
4 Plage de Dai	A2
5 Pagode Ho Quoc	C5
6 Plage de Ong Lang	B3
7 Parc national de Phu Quoc	C2
8 Prison de Phu Quoc	C6
9 Suoi Da Ban	C4
10 Suoi Tranh	C4
11 Plage de Thom	C1
12 Plage de Vung Bau	A2
Activités	
13 Téléphérique de Hon Thom	C6
14 Viet Sail	B3
15 VinPearl Safari	A2
16 VinPearlLand (VinWonders)	A2
Où se loger	
17 Bamboo Cottages & Restaurant	A3
18 Chen Sea Resort	B3
19 Freedomland	B3
20 Mango Bay	B3
Où se restaurer	
21 Alanis Deli	B3
Mango Bay Restaurant	(voir 6)
22 Sailing Club	B5
Sakura 1	(voir 19)
So True	(voir 6)
Où prendre un verre et faire la fête	
23 Rory's Bar	D3

vous changer pour la baignade (10 000 d) ou pratiquer des sports aquatiques.

Îles An Thoi — ÎLES

(Quan Dao An Thoi ; carte page ci-contre). À quelques encablures au large de la pointe sud de Phu Quoc, ces 15 îles et îlots sont des paradis de sable blanc et d'eaux turquoise. Une belle occasion de louer un bateau pour la journée afin de visiter ce micro-archipel propice à la pêche, à la baignade et au snorkeling. Hon Thom (île aux Ananas) est la plus grande avec 3 km de longueur. Le téléphérique de Hon Thom (p. 405), le plus long du monde au-dessus de la mer, la relie désormais à Phu Quoc.

Hon Dua (île aux Noix de coco), Hon Roi (île de la Lampe), Hon Vang (île de l'Écho), Hon May Rut (île du Nuage froid), Hon Dam (île de l'Ombre), Chan Qui (île de la Tortue jaune) et Hon Mong Tay (île du Petit Pistolet) font partie de l'archipel. Pour l'instant, les seules grandes constructions sont le nouveau Sun World et le parc aquatique Aquapolis attenant sur Hon Thom.

La plupart des bateaux partent d'An Thoi, tout au sud de Phu Quoc, mais les hôtels de Long Beach ou les centres de plongée peuvent organiser l'excursion. Sachez que les bateaux ne sortent généralement pas pendant la saison des pluies.

Pagode Ho Quoc — TEMPLE BOUDDHIQUE

(Chua Truc Lam Ho Quoc ; Thien Vien Truc Lam Ho Quoc). GRATUIT Accessible via une portion de route côtière reculée à 10 km au nord de la plage de Sao, cette pagode est un site magnifique, empreint de sérénité, qui vaut la visite. Une fois gravies les marches de son escalier monumental jusqu'à l'édifice principal qui surplombe la mer, vous aurez une vue superbe sur son portique à triple entrée et ses avant-toits se détachant entre ciel bleu et eaux turquoise au large de la plage de Bai Dam. Du côté opposé, des collines verdoyantes en toile de fond. Cette pagode (à la fois temple bouddhique et monastère) ne date que de 2012 et comporte notamment une statue de Quan Âm, ainsi qu'une cloche géante. Beaucoup de gens viennent l'admirer au lever du soleil ou les soirs de pleine lune.

Long Beach — PLAGE

(Bai Truong ; carte p. 408). Long Beach s'étire joliment le long de la côte ouest, de Duong Dong jusqu'aux abords du port d'An Thoi, tout au sud. Les constructions se concentrent dans la partie nord proche de Duong Dong, où les chaises longues et les parasols ont investi le rivage sablonneux. Ces plages "privées" sont les seules à être maintenues propres. On y profite souvent de fabuleux couchers de soleil. Si ce n'est pas la plus magnifique, cette plage reste un bon choix pour se loger à moindres frais et faire des rencontres. En outre, on peut rejoindre Duong Dong et son marché de nuit à pied depuis son extrémité nord. Vous aurez besoin d'une moto ou d'un vélo pour atteindre les secteurs isolés, vers la pointe sud de l'île.

Plage de Thom — PLAGE

(Bai Thom ; carte page ci-contre). La route de la plage de Dai à la plage de Thom via Ganh

PAS FACILE DE GRANDIR

Malgré son développement (aéroport international, version vietnamienne de Disneyland, le plus long téléphérique du monde au-dessus de la mer, hôtels cinq étoiles, parcours de golf, nouvelles routes), Phu Quoc est en grande partie protégée : le parc national, créé en 2001, couvre 31 422 ha, soit près de 70% de la superficie de l'île. Cependant, les détritus sont un problème sur beaucoup de plages, et les complexes balnéaires ont tendance à n'entretenir que leur portion du littoral.

Dau est splendide et traverse une forêt épaisse, avec des échappées sur la côte en contrebas. À l'extrémité nord-est de Phu Quoc, la plage de Thom est assez négligée par endroits, mais, si vous faites le tour de l'île sur deux roues, une ou deux pensions y servent des produits de la mer frais pour le déjeuner.

Plage de Ong Lang PLAGE
(Bai Ong Lang ; carte p. 402). Au sud de Cua Can, Bai Ong Lan présente une série de criques sablonneuses abritées par des promontoires rocheux. Dans ce secteur, plusieurs complexes hôteliers de catégorie moyenne séduisent les voyageurs en quête d'isolement. En contrepartie, contrairement à Long Beach, Ong Lan n'a pas l'avantage d'être à portée de marche de la ville, mais certains complexes hôteliers proposent des bus-navettes pour Duong Dong, à environ 7 km au sud.

Prison de Phu Quoc MUSÉE
(Nha Tu Phu Quoc ; carte p. 402 ; prison du Cocotier ; www.phuquocprison.org ; Nguyen Van Cu ; 8h-11h30 et 13h30-17h). GRATUIT Site notoire du sud de l'île, la vieille prison de Phu Quoc se trouve non loin de la plage de Sao. Construite par les Français à la fin des années 1940, elle abrite désormais un petit musée où est relatée (en anglais) la macabre histoire de ce pénitencier, à grand renfort de mannequins reconstituant des scènes effroyables : les soldats vietnamiens y étaient forcés à rester debout et à jeûner dans des cages de fil barbelé à ciel ouvert. Il y a un monument aux morts au sud de la prison, de l'autre côté de la route.

Musée Coi Nguon MUSÉE
(carte p. 408 ; 149 D Tran Hung Dao ; 20 000 d ; 8h-17h). Avec des expositions sur la médecine vietnamienne, des outils de l'âge de la pierre, des céramiques locales étrangement fascinantes, du mobilier couvert de coquillages et une petite salle dédiée à la prison de l'île, ce musée privé, aménagé sur 5 étages, est une bonne introduction à l'histoire et à la culture de Phu Quoc. Mais la section faune marine nécessitait-elle vraiment la fin prématurée de 14 tortues à écailles ? Vers l'extrémité sud de l'artère principale de Long Beach, à environ 5 km au sud de Duong Dong.

Parc national de Phu Quoc RÉSERVE NATURELLE
(carte p. 402). La forêt couvre quelque 70% de la superficie de Phu Quoc, et les arbres ainsi que l'écosystème marin alentour sont aujourd'hui officiellement protégés en tant que parc national. C'est la dernière grande forêt tropicale du sud du Vietnam ; elle a été déclarée "réserve de biosphère" par l'Unesco en 2010. La végétation est plus dense dans la moitié nord de l'île, classée réserve forestière (Khu Rung Nguyen Sinh). Vous aurez besoin d'une moto ou d'un VTT pour explorer la réserve, sillonnée de mauvaises pistes. Il n'y a pas de chemins de randonnée.

Plage de Vung Bau PLAGE
(Bai Vung Bau ; carte p. 402). Une plage du Nord attrayante que l'on peut atteindre par la route côtière. Les vagues sont fortes et la grève un peu négligée, avec des détritus par endroits, mais au moins, vous n'aurez pas à y supporter la foule. Ici, la plage est la seule chose qui entoure les rares complexes hôteliers. À surveiller, car un développement plus poussé est en projet. Un taxi depuis Duong Dong revient à 300 000 d environ.

Plage de Cua Can PLAGE
(Bai Cua Can ; carte p. 402). La plage de Cua Can, à 11 km de Duong Dong, est la plus accessible des plages du Nord. Merveilleusement calme en semaine, elle peut être bondée le week-end. Si vous êtes motorisé, il est intéressant de visiter les villages des environs, à mille lieues de la très touristique Long Beach.

Suoi Tranh CASCADE
(carte p. 402 ; 0297-384 9863 ; 5 000 d ; 7h-21h). Phu Quoc compte peu de cours d'eau, mais plusieurs sources jaillissent

dans les collines. Haute de 4 m, Suoi Tranh est la plus facilement accessible. Repérez le panneau d'entrée et l'arbre en béton sur la route entre Duong Dong et la plage de Vong. De la billetterie, il faut marcher 10 minutes dans la forêt pour gagner la cascade.

Suoi Da Ban CASCADE

(carte p. 402 ; 5 000 d, moto 1 000 d). Suoi Da Ban, ou source à la Surface de pierre, s'écoule en torrent parmi de gros rochers de granit. Des bassins profonds permettent la baignade. Prévoyez beaucoup d'antimoustique. La meilleure période pour l'excursion va de mai à septembre ; au plus fort de la saison sèche, les chutes se résument à un filet d'eau. À environ 15 km à l'est de Duong Dong, le site est accessible via le hameau de Ham Ninh.

Plage de Dai PLAGE

(Bai Dai ; carte p. 402). Une plage relativement isolée, au nord, qui garde un certain charme tropical.

Activités

On peut louer des kayaks à plusieurs endroits le long de la plage de Sao, pour pagayer sur ses eaux protégées, assez tranquilles. Des habitants louent par ailleurs des bateaux, mais vous pouvez aussi vous renseigner auprès des restaurants de la plage. Le tarif normal est d'environ 80 000 d l'heure.

Téléphérique de Hon Thom TÉLÉPHÉRIQUE

(carte p. 402 ; 088-677 8686 ; An Thoi ; +/-1,40 m 150 000/100 000 d ; 8h-12h pour Hon Thom, 13h30-19h30 pour An Thoi). Ce téléphérique, le plus long du monde au-dessus de la mer (7,9 km), survole les îles An Thoi pour atteindre Hon Thom, offrant une superbe vue sur la flottille de bateaux de pêche en contrebas. Le trajet, à bord de cabines Doppelmayr de fabrication autrichienne transportant jusqu'à 30 personnes, dure 25 minutes. La station d'embarquement, près d'An Thoi, est conçue comme un faux village italien, aux maisons de style Renaissance ; la billetterie occupe un mini-Colisée.

Hon Thom est en cours de transformation en Sun World, sorte de parc à thème comprenant un immense parc aquatique, Aquapolis. Le billet du téléphérique est incroyablement bon marché si l'on considère qu'il inclut un bus depuis Duong Dong et un buggy électrique jusqu'à la plage de Hon Thom.

VinPearlLand (VinWonders) PARC D'ATTRACTIONS

(carte p. 402 ; 1900 6677 ; www.vinwonders.com ; plage de Dai ; adulte/enfant 500 000/400 000 d ; 9h-21h30 ;). Sorte de Disneyland vietnamien avec son faux château de Cendrillon, ses montagnes russes et ses "bûches", VinPearlLand (VinWonders) est un bon endroit où s'amuser en famille si l'on prévoit des vacances balnéaires à Phu Quoc. À proximité on trouve un resort de 3 000 chambres, un parcours de golf et VinPearl Safari, pour lequel des billets combinés (adulte/enfant 900 000/750 000 d) sont proposés. Le parc aquatique plaira aux enfants qui en ont assez de la plage.

Sea World PLONGÉE

(0297-282 8888 ; seaworld.vn ; Hon May Rut ; navette et bateau rapide inclus 1 190 000 d ; 12h30-16h ;). Baladez-vous au fond de la mer dans un jardin de corail près de Hon May Rut, l'une des îles An Thoi. Une occasion à prix attrayant de découvrir le monde sous-marin pour les enfants encore trop jeunes pour plonger. Transport depuis les hôtels de Long Beach inclus.

Troc's Kitchen CUISINE

(carte p. 408 ; 098-810 3950 ; trocskitchenandcookingclass.com ; 122 Đ Tran Hung Dao ; 30-45 $US/pers ; 10h et 16h tlj). Apprenez à préparer des classiques de tout le Vietnam lors de ces cours amusants qui ont lieu au Phu House Hostel (p. 407). Un menu spécial (45 $US) est proposé le week-end. Une bouteille de Kinh Beer est offerte à tous les chefs en herbe.

VinPearl Safari SAFARI

(carte p. 402 ; www.vinwonders.com/vinpearl-safari ; Bai Dai ; adulte/enfant 650 000/500 000 d ; 9h-16h ;). Vous n'aviez sans doute pas prévu de faire un safari au Vietnam ! Le circuit de ce parc aux portes à la *Jurassic Park* vous emmène observer toutes sortes d'exilés de la savane africaine comme des lémuriens malgaches. Le lieu est géré avec professionnalisme mais déborde de kitsch tape-à-l'œil, en particulier le week-end et les jours fériés.

Billets combinés avec VinPearlLand (VinWonders) disponibles (adulte/enfant 900 000/750 000 d). À l'extrême nord-ouest de l'île, dans la commune de Ganh Dau.

Plongée et snorkeling

Nha Trang est sans doute la meilleure destination de plongée du pays, mais bien d'autres sites sous-marins sont à explorer autour de Phu Quoc durant la saison sèche, de novembre à mai. Pour 2 plongées, comptez entre 70 et 90 $US, selon le lieu et le prestataire. Les cours PADI Open Water de 4 jours coûtent entre 340 et 380 $US, les sorties de snorkeling entre 30 et 35 $US.

Flipper Diving Club PLONGÉE

(carte p. 408 ; ☎0297-399 4924 ; www.flipperdiving.com ; 60 Đ Tran Hung Dao ; ⏰7h-19h). Situation centrale, pour ce centre de plongée PADI au personnel polyglotte. Toutes sortes de prestations, des plongées pour débutants aux formations pour devenir instructeur. Un centre très sérieux, très expérimenté, avec des instructeurs qui vous mettront à l'aise si vous êtes néophyte.

Rainbow Divers PLONGÉE

(carte p. 408 ; ☎0913 400 964 ; www.divevietnam.com ; 11 Đ Tran Hung Dao ; ⏰9h-18h). Centre de plongée PADI fiable, qui a été le premier à s'installer sur l'île. Grand choix de sorties plongée ou snorkeling. Outre ce centre, il possède des antennes dans les complexes hôteliers de Long Beach.

Circuits organisés

Réservez vos circuits auprès de votre hôtel ou resort. La pêche au calamar de nuit est très populaire ; vous verrez les lumières des bateaux briller sur l'horizon nocturne (pour attirer les céphalopodes à la surface).

Compagnies spécialisées et particuliers proposent des excursions en bateau et des sorties de pêche.

Les circuits classiques, environ 420 000 d chacun, vous emmènent vers des sites juste au nord ou au sud. Les programmes sont variables mais comprennent tous des pagodes, la prison, une usine de sauce de poisson et une plage.

Jerry's Jungle Tours CIRCUITS EN BATEAU, RANDONNÉE

(carte p. 408 ; ☎093-822 6021 ; www.jerrystours.wixsite.com/jerrystours ; 106 Đ Tran Hung Dao ; circuit d'une journée à partir de 30 $US). Découverte de l'archipel en bateau, snorkeling, pêche, excursion d'une ou plusieurs journées dans les îles, circuits à moto, escalade, observation des oiseaux, randonnée et circuits culturels sur Phu Quoc.

John's Tours CIRCUITS EN BATEAU

(carte p. 408 ; ☎091-893 9111 ; www.phuquoctrip.com ; 4 Đ Tran Hung Dao ; circuit 15-35 $US/pers). Bien représenté dans les hôtels et les complexes hôteliers. Snorkeling, circuits dans les îles, sorties de pêche au lever du soleil, et pêche au calamar.

Viet Sail CIRCUITS EN BATEAU

(carte p. 402 ; ☎077-683 0072 ; sailingschoolvietsail.business.site ; Chez Carole Resort ; 1-2 heures 600 000-1 000 000 d ; ⏰7h-19h). Partez en haute mer autour de Phu Quoc avec Pierre, navigateur français expérimenté, à bord d'un dériveur ou d'un catamaran. Matériel de snorkeling fourni. Installé au Chez Carole Resort, sur la plage de Cua Can.

Anh Tu's Tours CIRCUITS EN BATEAU

(carte p. 408 ; ☎0913 820 714 ; anhtupq@yahoo.com). Snorkeling, pêche au calamar, visites des îles et location de motos.

Où se loger

Les prix des hébergements fluctuent selon la saison et la fréquentation. Les écarts sont plus importants que partout ailleurs au Vietnam, et affectent davantage les hébergements bon marché et milieu de gamme. Certains établissements triplent leurs tarifs durant la haute saison (en décembre et en janvier), période à laquelle il est indispensable de réserver. Globalement, vous n'en aurez pas pour votre argent. Certains hôtels proposent le transport gratuit depuis et vers l'aéroport ; renseignez-vous lors de la réservation.

Duong Dong et Long Beach

On trouve la meilleure offre de l'île – des auberges de jeunesse aux resorts et hôtels de luxe – à Long Beach. Sans surprise il y a en outre ici un excellent choix de restaurants et de bars, ainsi que de nombreux clubs de plage, pour ceux qui n'ont pas accès à une plage ou à une piscine privée.

♥ 9 Station Hostel AUBERGE DE JEUNESSE $

(carte p. 408 ; ☎0297-658 8999 ; www.9stationhostel.com ; 91/3 Đ Tran Hung Dao ; dort 135 000-225 000 d, ch à partir 780 000 d ; ❄📶🏊). L'auberge de jeunesse pour voyageurs sac au dos aisés a débarqué à Phu Quoc avec cette très bonne adresse, disposant de dortoirs de 4 à 12 lits et de chambres modernes avec salles de bains privatives. Ses grands atouts sont l'immense réception-restaurant-bar, avec un service de réservation d'excursions pratique, et la piscine, qui attire les pensionnaires comme un aimant.

Langchia Home AUBERGE DE JEUNESSE **$**
(carte p. 408 ; ☎093-913 2613 ; 84 Đ Tran Hung Dao ; dort 165 000 d, ch 600 000-1 050 000 d ; ❄📶🏊). Les voyageurs en solo apprécient cette auberge de jeunesse, louée pour l'amabilité et la serviabilité de son personnel, son bar animé (billard) et sa piscine pour se détendre. Les dortoirs sont équipés de moustiquaires et de ventilateurs individuels. Cela vaut le coup de payer le supplément pour le petit-déjeuner, correct.

Phu House Hostel AUBERGE DE JEUNESSE **$**
(carte p. 408 ; ☎0297-359 7999 ; www.phuhousehostel.com ; 122 Đ Tran Hung Dao ; dort 140 000-230 000 d, ch 400 000-550 000 d ; ❄@📶). Affichant l'esthétique d'une demeure familiale de Hoi An, le Phu House est aussi très moderne, avec lits de dortoirs confortables, rideaux pour l'intimité, douches à effet pluie, clim et propreté irréprochable. Bière gratuite le soir (17h), événements réguliers, billard et Jacuzzi en font aussi un centre de vie sociale. La preuve que Phu Quoc n'est pas réservée aux amoureux et aux familles.

Sleepbox Hostel PENSION **$**
(carte p. 408 ; ☎090-762 6519 ; 57/112 Đ Tran Hung Dao ; ch 350 000-400 000 d ; ❄📶). Les propriétaires de ce petit établissement – plus une pension qu'un "hostel" – vous réservent un accueil chaleureux. Chambres aux élégantes touches contemporaines et aux belles salles de bains alimentées en eau chaude.

Vida Loca Resort HÔTEL **$$**
(carte p. 408 ; ☎0297-384 7583 ; 118/12 Đ Tran Hung Dao ; ch 1 200 000-2 500 000 d ; ❄📶🏊). Cet hôtel accueillant, récemment rebaptisé Vida Loca, propose des chambres et des bungalows réaménagés au milieu d'un jardin verdoyant, sur un morceau de plage de premier choix. Si vous avez des dongs à dépenser, offrez-vous un bungalow avec vue sur la mer.

Free Beach Resort BUNGALOWS **$$**
(carte p. 408 ; ☎098-112 1210 ; www.freebeachbungalows.com ; Khu Pho 7 ; bungalows à partir de 700 000 d ; ❄📶). Des bungalows d'un bon rapport qualité/prix avec accès à la mer, sur l'une des dernières étendues de "plage gratuite" qui restent sur Long Beach. Ils sont aménagés avec simplicité, mais possèdent une salle de bains privative (eau chaude) et une petite véranda où se détendre.

Sunshine Bungalow HÔTEL **$$**
(carte p. 408 ; ☎0297-397 5777 ; www.sunshinephuquoc.com ; Đ Tran Hung Dao ; bungalows 300 000-700 000 d ; ❄📶). Un hôtel sympathique tenu par une famille vietnamienne, à moins de 100 m à peine de la mer. Grandes chambres lumineuses, nichées au cœur d'une végétation luxuriante. Propriétaires des plus serviables, parlant un peu l'anglais et l'allemand.

Lan Anh Garden Resort COMPLEXE HÔTELIER **$$**
(carte p. 408 ; ☎077-398 5985 ; www.lananhphuquoc.com.vn ; KP7 Đ Tran Hung Dao ; ch 750 000-1 450 000 d ; ❄📶🏊). Un petit complexe hôtelier engageant, au personnel agréable et professionnel. Un groupe de chambres est disposé autour d'une piscine. Prenez une des chambres à l'étage si possible, pour leur véranda aérée. Location de motos.

Nhat Huy Garden Guesthouse PENSION **$$**
(carte p. 408 ; ☎096-562 3169 ; www.nhathuygardenguesthouse.weebly.com ; Đ Tran Hung Dao ; d/f 750 000/1 200 000 d ; ❄📶🏊). Les visiteurs qui restent ici quelques jours sont traités comme de la famille par le personnel, chaleureux, qui peut les inviter à des barbecues improvisés. Vous logerez dans un bungalow posé dans un jardin ombragé, avec un hamac pour paresser. Sur la route principale, à quelques pas de la plage.

La Véranda COMPLEXE HÔTELIER **$$$**
(carte p. 408 ; ☎0297-398 2988 ; www.laverandaresort.com ; 118/9 Đ Tran Hung Dao ; ch 205-330 $US, villa à partir de 445 $US ; ❄@📶🏊). À l'ombre des palmiers, ce resort du groupe Accor est l'un des lieux d'hébergement les plus élégants de l'île. Conçu dans un style colonial, il offre une ambiance intimiste du fait de ses dimensions. Piscine, spa raffiné et chambres pourvues de grands lits et de salles de bains design. La plage est immaculée et vous pouvez manger dans un café sur la pelouse ou au **Pepper Tree Restaurant** (repas 250 000-700 000 d ; ⏲6h-23h ; 📶🍸).

Cassia Cottage COMPLEXE HÔTELIER **$$$**
(carte p. 408 ; ☎0297-384 8395 ; www.cassiacottage.com ; 100C Đ Tran Hung Dao ; ch 175-245 $US, villa 445 $US ; ❄📶🏊). Occupant un paisible

Duong Dong

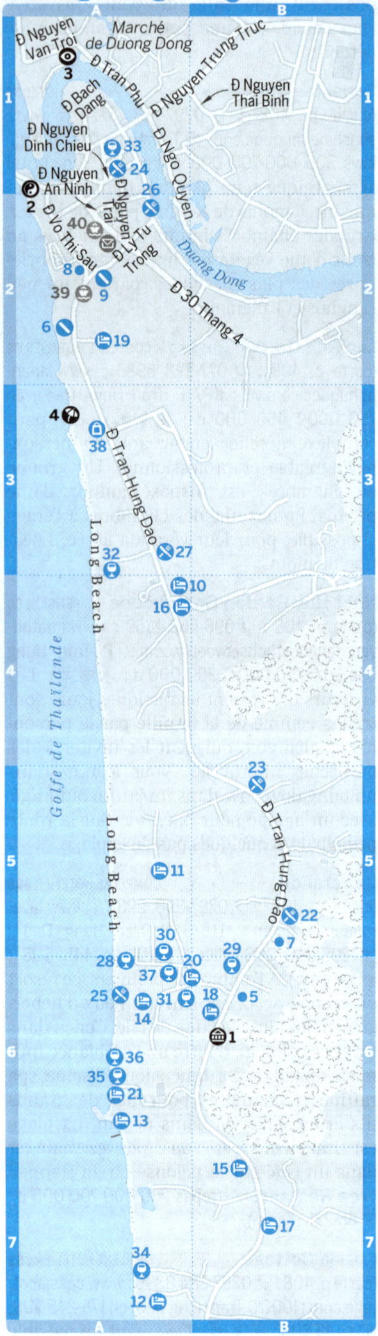

Duong Dong

À voir

1 Musée Coi Nguon ... B6
2 Temple Dinh Cau ... A1
3 Fabrique de nuoc-mâm ... A1
4 Long Beach ... A3

Activités

5 Anh Tu's Tours ... B6
6 Flipper Diving Club ... A2
7 Jerry's Jungle Tours ... B5
8 John's Tours ... A2
9 Rainbow Divers ... A2
Troc's Kitchen ... (voir 18)

Où se loger

10 9 Station Hostel ... A4
11 Cassia Cottage ... A5
12 Famiana Resort & Spa ... A7
13 Free Beach Resort ... A6
14 La Véranda ... A6
15 Lan Anh Garden Resort ... B7
16 Langchia Home ... A4
17 Nhat Huy Garden Guesthouse ... B7
18 Phu House Hostel ... B6
19 Sleepbox Hostel ... A2
20 Sunshine Bungalow ... B6
21 Vida Loca Resort ... A6

Où se restaurer

Ganesh ... (voir 16)
22 Heaven Restaurant ... B5
23 Itaca Resto Lounge ... B5
24 Khanh Ly Vegetarian ... A1
25 Pepper Tree Restaurant ... A6
26 Marché de nuit de Phu Quoc ... A2
27 Saigonese ... A3
Spice House du Cassia Cottage ... (voir 11)
Winston's Burgers & Beer ... (voir 23)

Où prendre un verre et faire la fête

28 Blue Bar Beach Club ... A6
29 Blue Monkey ... B6
30 Cheeky Traveller ... A5
31 Coco Bar ... A6
32 Horizon Beach Bar ... A3
33 House No 1 ... A1
34 Joe's Bar ... A7
35 Mandala Beach Bar ... A6
36 Oc Sen Beach Bar ... A6
37 The Rabbit Hole ... A6

Achats

38 Phu Quoc Pearls ... A3

Transports

39 Billetterie Phu Quoc Express ... A2
40 Billetterie Superdong ... A2

havre de verdure fleuri au bord de Long Beach, ce complexe de charme est partagé en 2 sections. La plus ancienne comporte 2 piscines, un joli bar de plage et des bungalows avec jardin privé. La plus récente inclut une splendide piscine, un beau restaurant à ciel ouvert avec vue sur la mer, et des chambres luxueuses avec balcon dans le style colonial. On peut aussi dîner directement sur la plage le soir. Des cours de yoga gratuits sont donnés au coucher du soleil. Personnel efficace et très agréable.

Famiana Resort & Spa COMPLEXE HÔTELIER **$$$**
(carte ci-contre ; 0297-398 3366 ; www.famianaresort.com ; Đ Tran Hung Dao ; ch/villa/ste à partir de 2 000 000/2 500 000/3 750 000 d ;). Paisible propriété de 60 chambres, aux hébergements plaisants. Il y a de magnifiques villas face à la mer, avec mezzanine, une belle piscine et un bout de plage immaculé. Kayaks à disposition.

Ailleurs sur l'île

Plus rocheuse que Long Beach, Ong Lang, à 7 km au nord de Duong Dong, a l'avantage d'être bien moins fréquentée, évoquant davantage une retraite tropicale. En raison de son isolement relatif, attendez-vous à passer une grande partie du temps dans votre resort et dans ses environs. Dans la plupart des établissements, on peut cependant louer des vélos ou des motos pour se déplacer. Il est indispensable de réserver.

Sur le reste de l'île, les hébergements sont très dispersés, et nombre de plages sont occupées par des méga-resorts ou fermées en raison de travaux. La plage de Sao, l'une des meilleures étendues de sable, dans le coin sud-est de l'île, possède de bons complexes hôteliers de catégorie moyenne. Pour ceux qui souhaitent s'éloigner de la foule, la plage de Vung Bau compte aussi de bonnes adresses de style boutique-hôtel.

Freedomland CHEZ L'HABITANT **$$**
(carte p. 402 ; 0297-399 4891 ; www.facebook.com/freedomlandphuquocresort ; 2 Ap Ong Lang, Xa Cua Duong ; bungalows 55-85 $US ;). L'accent est mis sur la déconnexion (dans les chambres, ni TV ni Wi-Fi ni clim) et la convivialité : empreints de bonne humeur, les repas communs sont un must. Les 11 bungalows basiques mais de syle traditionnel charmant (moustiquaires, ventilateur et douches solaires) sont disséminés sur une parcelle ombragée. La plage est à 5 minutes de marche ou vous pouvez simplement faire la sieste dans un hamac. Téléphonez avant de venir.

Bamboo Cottages & Restaurant COMPLEXE HÔTELIER **$$$**
(carte p. 402 ; 077-281 0345 ; www.bamboophuquoc.com ; ch 100-155 $US ;). Une aimable famille (avec ses chiens effrontés !) vous accueille dans ce complexe hôtelier qui a pratiquement la plage pour lui seul. Le bar-restaurant, ouvert sur les côtés, donne directement sur le sable. Les jolies villas couleur citron disposent d'une salle de bains à ciel ouvert (eau chauffée à l'énergie solaire). Les propriétaires contribuent à financer la scolarisation d'enfants défavorisés de l'île.

Les hôtes peuvent utiliser gratuitement kayak, matériel de snorkeling et vélo.

Chen Sea Resort COMPLEXE HÔTELIER **$$$**
(carte p. 402 ; 0297-399 5895 ; www.chen-sea-resort.com ; villas 199-499 $US ;). Les superbes villas (avec baignoires encastrées – balnéo pour certaines) aux vastes vérandas de ce beau resort sont conçues comme des maisons anciennes au toit de terre cuite, et toutes décorées d'art angkorien. Se fondant parfaitement avec la mer, le grand rectangle de la piscine à débordement fait face à la plage de sable. Nombreuses activités possibles – empruntez vélo, kayak ou catamaran –, spa et restaurant, qui compensent l'isolement du lieu. Dans la partie sud de la plage de Ong Lang, à environ 6 km au nord de Duong Dong.

Mango Bay COMPLEXE HÔTELIER **$$$**
(carte p. 402 ; 077-398 1693 ; www.mangobayphuquoc.com ; bungalows 3 150 000-11 150 000 d ;). Une retraite charmante et romantique à souhait, déployée sur une petite crique et accessible via une route poussiéreuse traversant une plantation de manguiers. Cette propriété écologique utilise des panneaux solaires et des matériaux de construction naturels et recyclés. Elle possède même un jardin aux papillons. Les bungalows (ravissantes salles de bains extérieures) sont installés au bord de la plage. Sur la plage de Ong Lang, à environ 7 km au nord de Duong Dong.

Où se restaurer

Poivre noir et cobia (un poisson) sont des spécialités locales. Nombre de complexes hôteliers ont d'excellents restaurants, souvent en bord de plage ou permettant de contempler le coucher du soleil. Dans les établissements plus isolés, comme à Bai Ong Lang, les clients prennent habituellement leurs repas sur place. Sans surprise, c'est à Duong Dong que vous trouverez le choix le plus large, avec le marché nocturne et quantité de restaurants de produits de la mer aux tarifs avantageux. À essayer : les tables de fruits de mer du village de pêcheurs de Ham Ninh qui bordent la jetée à l'extrémité de l'artère principale.

Duong Dong et Long Beach

♥ Marché de nuit de Phu Quoc PRODUITS DE LA MER **$**

(Cho Dem Phu Quoc ; carte p. 408 ; Đ Bach Dang ; repas à partir de 50 000 d ; 16h30-3h ;). Endroit le plus pittoresque et le plus abordable pour dîner sur l'île. Le marché de nuit toujours en effervescence de Duong Dong rassemble étals vendant en-cas et glaces à la noix de coco, défilé de restaurants en extérieur proposant une alléchante gamme de produits de la mer vietnamiens, barbecues et cuisines végétariennes. La qualité étant variable, fiez-vous aux choix éclairés des habitants. Les tables en bord de rivière peuvent parfois pâtir de mauvaises odeurs.

Après le repas, les touristes ont pour rituel de flâner parmi les étals de vêtements, de souvenirs et de poivre en grains.

Khanh Ly Vegetarian VÉGÉTARIEN, VÉGAN **$**

(carte p. 408 ; 0297-281 0180 ; 35 Đ Nguyen Trai ; repas 20 000-45 000 d ; 8h-20h ;). Faites votre choix parmi un buffet de plats vietnamiens végétariens et végans tels que brochettes de fausses crevettes sur canne à sucre, à accompagner de légumes verts et de riz pour un plat délicieux et à l'excellent rapport qualité/prix. Personnel sympathique. Copieuses, les soupes aux nouilles tenteront même les carnivores.

Heaven Restaurant VIETNAMIEN **$**

(carte p. 408 ; 097-554 2769 ; 141 Đ Tran Hung Dao ; repas 40 000-90 000 d ; 8h-23h ;). Au paradis ("heaven"), on ne s'attend pas à de simples tables en bois donnant sur la route. C'est pourtant ce qu'on trouve dans cet établissement familial au bon rapport qualité/prix. Généreuses portions de plats vietnamiens fraîchement préparés comme le poulet à la citronnelle, et liste impressionnante d'options végétariennes : ce paradis-là est ouvert à toutes les papilles.

♥ Saigonese FUSION **$$**

(carte p. 408 ; 093-805 9650 ; www.facebook.com/saigoneseeatery ; 73 Đ Tran Hung Dao ; repas 150 000-220 000 d ; 9h-13h et 17h-23h mer-lun). Le restaurant de Thao est le plus branché de Phu Quoc. Vous vous y régalerez de recettes fusion glanées dans les recueils de grands chefs. Les hors-d'œuvre se distinguent avec les *bao* (bouchées à la vapeur fourrées au bœuf effiloché et à la betterave) et les calamars avec une crème d'avocat. Nous recommandons les crevettes caramélisées cuisinées dans un récipient en terre cuite, et, pour le dessert, le gâteau banane-popcorn. Ambiance chic.

Spice House du Cassia Cottage VIETNAMIEN **$$**

(carte p. 408 ; www.cassiacottage.com ; 100c Đ Tran Hung Dao ; repas 190 000-300 000 d ; 7h-10h et 11h-22h). Installez-vous à une table avec vue sur la mer, puis commandez salade de papaye, crevettes grillées à l'ail, *banh xeo* (crêpe de riz fourrée), gombos infusés à la cannelle, curry de poisson khmer ou brochettes de bœuf grillé dans des feuilles de bétel, et faites en sorte d'assister au coucher du soleil depuis cet excellent restaurant. Il y a même une (seule) table romantique sur le sable, abritée sous un bungalow. Meilleur restaurant des environs, il est loin d'attirer uniquement les clients du Cassia Cottage.

Winston's Burgers & Beer BURGERS **$**

(carte p. 408 ; 076-390 1093 ; www.facebook.com/winstonsburgers ; 121 Đ Tran Hung Dao ; burgers à partir de 135 000 d ; 11h-23h). Tout est dans son nom : burgers (vraiment bons), bière, et une large gamme de cocktails, mixés par Winston. Attardez-vous pour discuter ou défier vos compagnons de bar à une partie de Puissance 4. Quelques plats végétariens.

Ganesh INDIEN **$$**

(carte p. 408 ; 0297-399 4917 ; 97 Đ Tran Hung Dao ; repas 90 000-225 000 d ; 11h-22h ;). Le service, très quelconque, est compensé par une fantastique cuisine indienne : le curry de crevettes à la mangue est incontournable. Si vous avez très faim, prenez un *thali* (assortiment) de légumes/viande/fruits de mer (à partir de 195 000 d).

Itaca Resto Lounge FUSION $$$
(carte p. 408 ; ☎077-399 2022 ; www.itaca-lounge.com ; 119 Đ Tran Hung Dao ; tapas 90 000-195 000 d, repas 170 000-550 000 d ; 18h-23h45 jeu-mar ;). Ce restaurant est très apprécié pour sa carte fusion méditerranéo-asiatique (avec des tapas). N'espérez pas une vue sur la mer, mais comptez sur les burgers de bœuf Wagyu, le thon poêlé aux fruits de la passion, le risotto de champignons sauvages – et une belle ambiance.

Ailleurs sur l'île

Alanis Deli CAFÉ $
(carte p. 402 ; ☎0297-399 4931 ; 98 Đ Tran Hung Dao ; repas à partir de 60 000 d ; 8h-22h30 ;). Crêpes au caramel délicieuses, petits-déjeuners américains complets et de bons cafés (un peu chers). Service extrêmement sympathique. Non loin de l'embranchement pour la plage de Ong Lang, à environ 6 km au nord de Duong Dong.

Sakura 1 VIETNAMIEN $$
(carte p. 402 ; www.facebook.com/sakuraphuquoc ; Đ Le Thuc Nha ; repas 50 000-100 000 d ; 9h-22h). Ce modeste restaurant tout en bois est tenu par Kiem, qui parle bien anglais. Malgré son nom, la cuisine est vietnamienne plutôt que japonaise. Parmi les incontournables : les crevettes à la sauce au tamarin et l'aubergine fumée. Si vous êtes plusieurs, complétez votre repas d'un vivaneau entier. Service aimable. Dans le village de Ong Lang.

So True VIETNAMIEN $$
(carte p. 402 ; ☎094-342 2226 ; Đ Le Thuc Nha, Ong Lang ; plats 69 000-175 000 d ; 13h-23h). Au cœur de Ong Lang, un restaurant réputé pour son excellente cuisine vietnamienne moderne, avec des spécialités telles que *bo so tru* (bœuf à la sauce au poivre vert), calamar à la citronnelle et au kumquat, ou encore cobia à l'aneth et au curcuma. D'intéressantes photos du Vietnam ornent les murs. Bière Phu Quoc à la pression.

Mango Bay Restaurant INTERNATIONAL $$
(carte p. 402 ; ☎0297-398 1693 ; www.mangobayphuquoc.com ; Mango Bay Resort, Ong Lang ; repas 135 000-410 000 d ; 7h-21h ;). Prenez place sur la terrasse d'un des restaurants les plus agréables des alentours, et dégustez un crabe rajungan au tamarin, devant la mer. Steaks de bœuf australien, magret de canard au miel et quantité de saveurs vietnamiennes vous attendent également. Atmosphère tranquille et carte bien fournie au bar ne font qu'ajouter au plaisir.

Sailing Club INTERNATIONAL $$$
(carte p. 402 ; ☎093-103 1035 ; www.sailingclubphuquoc.com ; Khu Phuc Hop ; repas 110 000-900 000 d ; 10h-23h ;). L'institution de Nha Trang a jeté l'ancre à Phu Quoc, dans un nouveau cadre impressionnant à l'extrémité sud de Long Beach, près de l'hôtel Intercontinental. Principalement fusion asiatique, la carte comprend aussi des plats tels que burgers et pizzas, ainsi qu'un menu enfant abordable.

Où prendre un verre et faire la fête

Les petites allées autour de La Véranda (p. 407) constituent l'épicentre de la vie nocturne de Long Beach. Si vous cherchez simplement à profiter de l'animation urbaine, le marché de nuit de Duong Dong (page ci-contre) est l'endroit où aller.

House No 1 BAR
(carte p. 408 ; houseno1phuquoc.com ; 12 Đ Le Loi ; 17h-1h ;). Le House No 1, l'un des quelques bars que compte le centre de Duong Dong, est une super adresse pour un verre en soirée, par exemple une bière artisanale locale, un cocktail ou du vin de riz raffiné De Spirit, produit dans la région. Musique live en semaine et café sympa sur le toit, prisé des gens du coin.

Cheeky Traveller BAR
(carte p. 408 ; 118 Đ Tran Hung Dao ; 16h-1h ;). Excellent bar pour voyageurs, tenu par un couple de globe-trotters qui a élu domicile à Phu Quoc. La bière pression coule à flots et des cocktails personnalisés sont préparés à la demande. On joue à des jeux de bar (tours Jenga, bière pong...) plus tard dans la soirée ; le lieu est connu pour rester ouvert jusque tard dans la nuit.

The Rabbit Hole PUB IRLANDAIS
(carte p. 408 ; www.therabbitholeirishbar.com ; 118 Đ Tran Hung Dao ; 10h-tard ;). Entrez dans le "terrier du lapin" et, à l'instar d'Alice, vous risquez de perdre toute notion du temps. Cet excellent petit bar propose un happy hour de 15h à 19h, et des activités classiques de pub comme les fléchettes et le billard. Les grands matchs sont retransmis.

Blue Monkey BAR
(carte p. 408 ; www.bluemonkey.vn ; 116 Đ Tran Hung Dao ; 19h-4h ;). L'un des bars les

CLUBS DE PLAGE

Pour ceux qui ne séjournent pas dans un hôtel avec accès à la plage, il y a de nombreux clubs de plage le long de Long Beach. La plupart proposent des chaises longues et des parasols pour environ 100 000 à 200 000 d par jour, douches et, parfois, serviettes incluses. Certains sont gratuits si vous vous installez sur le sable et si vous achetez à manger et à boire durant la journée.

Blue Bar Beach Club (carte p. 408 ; Đ Tran Hung Dao ; 9h-tard ; wi-fi). L'un des clubs de plage les plus luxueux, avec un vaste intérieur ombragé et une plage bien entretenue.

Horizon Beach Bar (carte p. 408 ; 98 Đ Tran Hung Dao ; 10h-minuit ; wi-fi). Un petit bar de plage près de l'extrémité côté Duong Dong de Long Beach. Sympathiques propriétaires qui parlent anglais et chaises longues abordables.

Mandala Beach Bar (carte p. 408 ; Đ Tran Hung Dao ; 9h-tard ; wi-fi). L'un des clubs de plage les plus animés. Lieu populaire pour regarder le soleil se coucher sur l'horizon.

Oc Sen Beach Bar (carte p. 408 ; 118/10 Đ Tran Hung Dao ; 10h-tard ; wi-fi). Club de plage le jour, l'Oc Sen Beach Bar devient un autre genre de club le soir, avec DJ, feux de joie et ambiance évoquant les îles thaïlandaises.

Joe's Bar (carte p. 408 ; Long Beach ; 8h-23h ; wi-fi). Un bar de plage bon marché et convivial au-delà du centre de Long Beach ; il y a aussi un "Beach Spa" (massages pour 200 000 d).

plus funky de Long Beach. Il reste ouvert plus tard que la plupart des autres bars et accueille des concerts presque chaque soir. Vodka à la noix de coco maison, bière artisanale pression et cocktails créatifs attirent les foules, mais attention aux séances de karaoké impromptues.

Rory's Bar BAR

(carte p. 402 ; 0919 333 950 ; Cay Sao ; 9h-minuit ; wi-fi). Ce bar de plage a récemment déménagé dans la partie est de l'île, faisant le pari d'attirer les excursionnistes à moto, ainsi que les noctambules en proposant une navette gratuite pour Duong Dong à minuit. Un endroit sympathique où s'arrêter pour le déjeuner et regarder les grands matchs.

Coco Bar BAR

(carte p. 408 ; 118/3 Đ Tran Hung Dao ; 9h-minuit). La musique et les chaises débordent sur le trottoir. Une adresse épatante pour prendre un verre et discuter avec des voyageurs et des habitués.

Achats

Phu Quoc Pearls PERLES

(carte p. 408 ; Đ Tran Hung Dao ; 8h-17h). Pour des perles noires, jaunes, blanches, roses ou de toute autre couleur, Phu Quoc Pearls est l'adresse idéale. Toutes sortes de bijoux faits avec ces perles sont présentés. On trouve des articles moins onéreux dans les kiosques du village de Ham Ninh (sur la côte est de l'île), mais ici l'authenticité est garantie.

Renseignements

Il y a des DAB à l'aéroport, à Duong Dong et dans de nombreux complexes hôteliers de Long Beach.

Poste (carte p. 408 ; Đ30 Thang 4 ; 8h-17h lun-ven). Dans le centre de Duong Dong

Depuis/vers Phu Quoc

AVION

L'**aéroport international de Phu Quoc** (carte p. 402 ; www.phuquocairport.com) est à 10 km au sud-est de Duong Dong. Des vols quotidiens sont notamment assurés vers Can Tho, Danang, Haiphong, Hanoi et HCMV. Vietnam Airlines (www.vietnamairlines.com), Vietjet Air (www.vietjetair.com) et Jetstar (www.jetstar.com/vn/en) sont des compagnies intérieures pratiques.

Les liaisons aériennes internationales comprennent Bangkok, Guangzhou, Hong Kong, Kuala Lumpur, Séoul et Singapour. Devraient aussi être proposés des vols charters réguliers vers des villes européennes, notamment allemandes, italiennes et russes.

La demande pouvant être élevée en haute saison, réservez tôt.

BATEAU

Phu Quoc Express (carte p. 408 ; 0297-628 1888 ; www.pqe.com.vn ; 15 Đ Tran Hung Dao ; 7h-21h) et **Superdong** (carte p. 408 ; 0297-398 0111 ; www.superdong.com.vn ; 10 Đ 30 Thang 4) relient Ha Tien (1 heure 30) et Rach Gia (2 heures 30) à **Bai Vong** (Pha Bai Vong ; carte p. 402), sur la côte est de Phu Quoc. Phu Quoc Express possède les hydrofoils les plus chics, avec une classe VIP. Superdong est légèrement moins cher mais aussi fiable. Les agences de voyages de Phu Quoc fournissent les horaires les plus à jour et peuvent réserver des billets. La mer peut être mauvaise entre juin et septembre. En haute saison (décembre-janvier et fêtes nationales), des liaisons sont ajoutées.

Les hydrofoils Phu Quoc Express pour Ha Tien (standard/VIP 250 000/350 000 d) partent de Phu Quoc à 8h, 9h45, 11h45, 13h45 et 15h30. De Ha Tien, ils partent à 6h, 7h45, 9h45, 11h45 et 13h45. Les hydrofoils pour Rach Gia (standard/VIP 340 000/540 000 d) partent de Phu Quoc à 7h30, 10h30 et 13h30. Dans l'autre sens, ils partent à 7h20, 11h et 13h45.

Les bateaux rapides Superdong qui relient Phu Quoc à Ha Tien (230 000 d) partent à 8h, 9h45, 11h45 et 13h. De Ha Tien, ils partent à 7h35, 8h, 9h45 et 13h45. Les bateaux rapides entre Phu Quoc et Rach Gia (330 000 d) partent à 8h, 8h30, 8h45, 12h40 et 13h dans les deux sens.

Au départ de Ha Tien, il y a aussi des ferries pour Phu Quoc (passager/moto/voiture 185 000/80 000/700 000 d). Certains desservent le port de Da Chong, dans le nord-est de l'île : départs réguliers tous les jours de 4h à 16h de Ha Tien (3 heures 30) et de 5h à 18h de Da Chong. Certains rejoignent aussi le port de Bai Vong, sur la côte est. D'autres car-ferries devraient être ajoutés pour répondre à la demande croissante.

Pour rejoindre les gares maritimes de la côte est de Phu Quoc, vous pouvez prendre des bus-navettes (30 000 d) devant la billetterie Superdong de Duong Dong. Un taxi depuis Duong Dong revient à 250 000 d environ, tandis qu'un *xe om* coûte environ 150 000 d.

On trouve une supérette près de la gare maritime de Bai Vong, de même que des vendeurs d'en-cas ; des boissons sont vendues à bord des ferries.

Comment circuler

DEPUIS/VERS L'AÉROPORT

Pour rejoindre Long Beach en *xe om*, comptez autour de 60 000 d, et 110 000 d en taxi. Les courses pour Duong Dong reviennent environ moitié plus cher. Vous devrez aussi payer un supplément aéroport s'élevant à 5 000 d pour les *xe om* et à 20 000 d pour les taxis.

Le bus Phu Quoc n°11 (busphuquoc.com) circule entre Duong Dong et An Thoi via l'aéroport (20 000 d, toutes les 20 minutes).

Un bus-navette Jetstar vous conduira à Duong Dong pour 50 000 d.

MOTO

Pour une brève course en *xe om*, 20 000 d devraient suffire. Sinon, comptez environ 60 000 d pour 5 km. Le trajet de Duong Dong à Bai Vong revient à 70 000 d. Convenez d'un tarif avant le départ.

La plupart des hôtels louent des motos pour environ 120 000 d (semi-automatique) à 150 000 d (automatique) par jour. Les moins chères sont souvent de vieux engins en mauvais état ; inspectez soigneusement la moto avant de partir.

Les principales routes relient Duong Dong à An Thoi, à l'extrémité sud de l'île, ainsi qu'à la plage de Sao (sud-est), et au cap de Ganh Dau, à l'extrémité nord-ouest de Phu Quoc. Une route à deux voies relie Duong Dong au port des car-ferries (côte est de l'île), mais il y a encore une collection de mauvaises routes non goudronnées dans l'extrême nord de l'île – en général des pistes d'argile rouge poussiéreuses.

TAXI

Mai Linh (☎ 0297-397 9797) est une compagnie fiable. Depuis Duong Dong, comptez environ 25 000 d pour rallier les bars de Long Beach, 160 000 d pour la côte au-delà de l'aéroport, et 250 000 d pour la gare maritime de Bai Vong. Taxi Phu Quoc est l'application de réservation de taxis de l'île.

VÉLO

La plupart des hôtels en louent à partir de 70 000 d par jour, même si les longues routes en plein soleil risquent de ne pas être très agréables à vélo.

Ha Tien

☎ 0297 / 82 000 HABITANTS

Bordant le golfe de Thaïlande, Ha Tien (Hà Tiên) fait partie du delta du Mékong, mais semble toutefois à mille lieues des rizières et des cours d'eau qui le caractérisent. La région est ponctuée de spectaculaires formations calcaires abritant un réseau de grottes, transformées en temples pour certaines. Les plantations de poivriers grimpent à flanc de colline. Par temps clair, on distingue Phu Quoc à l'ouest.

La ville elle-même séduit par sa langueur, ses villas coloniales décrépites et son marché pittoresque au bord du fleuve. Le nombre de visiteurs, déjà important (les voyageurs en route vers Phu Quoc ou le Cambodge passent par là), devrait encore augmenter avec la concurrence des compagnies de ferries qui tirent parti de la proximité de Phu Quoc.

En 2018, le gouvernement a accordé à Ha Tien le statut de ville, la plaçant ainsi véritablement sur la carte.

Histoire

Ha Tien faisait partie du Cambodge jusqu'en 1708. Face aux attaques du Siam, le gouverneur désigné par les Khmers, un immigrant chinois, Mac Cuu, demanda l'aide des Vietnamiens. Dès lors, la région devint un fief dirigé par Mac Cuu et protégé par les seigneurs Nguyên. Par la suite, son fils, Mac Thiên Tu, lui succéda. Au XVIIIe siècle, le Siam envahit et mit à sac la région à plusieurs reprises. Rach Gia et la pointe méridionale du Delta furent directement contrôlés par les Nguyên en 1798.

Pendant la guerre du Vietnam, la région de Ha Tien a beaucoup servi au trafic d'armes du Viêt-cong, qui acheminait des fusils depuis le port en eaux profondes de Sihanoukville au Cambodge jusqu'au Delta, dans des bateaux de pêche.

Durant le régime khmer rouge, les forces cambodgiennes se livrèrent à des incursions répétées et tuèrent des milliers de civils, provoquant la fuite des habitants de Ha Tien et des villages proches par dizaines de milliers. La campagne au nord de Ha Tien, le long de la frontière cambodgienne, fut parsemée de mines et de pièges et certains secteurs n'ont pas encore été déminés.

À voir

Pagode de la grotte de Thach Dong — PAGODE SOUTERRAINE

(Chua Thanh Van ; 5 000 d ; 6h30-17h30). Cette pagode bouddhique souterraine se situe à 4 km au nord-est de la ville. Plusieurs salles contiennent des tablettes funéraires et des autels dédiés à Ngoc Hoang, à Quan Thê Âm Bô Tat (déesse de la Miséricorde) et aux deux bonzes fondateurs de la pagode.

Un taxi depuis la ville coûte 60 000 d, mais vous devrez peut-être en appeler un pour le retour car très peu passent par là.

Tombeaux de la famille Mac Cuu — TOMBES

(Lang Mac Cuu, Nui Binh San ; Đ Mac Cuu ; 8h-17h). GRATUIT Ces sépultures sont situées près de la ville, sur une colline appelée Nui Lang (colline des Tombes). Mac Cuu, gouverneur chinois du XVIIIe siècle nommé par les Khmers, et plusieurs dizaines de membres de sa famille sont enterrés ici dans des tombes chinoises traditionnelles, décorées de statues de dragons, de phénix, de lions et de protecteurs.

Pagode Phu Dung — TEMPLE BOUDDHIQUE

(Phu Cu Am Tu ; Đ Phu Dung ; lever-coucher du soleil). GRATUIT Cette pagode fut fondée au milieu du XVIIIe siècle par Nguyên Thi Xuan, l'épouse de Mac Thiên Tich. Sa tombe et celle de l'une de ses servantes sont situées derrière la pagode. Au centre de la salle principale, la statue la plus notable de la grande estrade est un bronze du Bouddha Thich Ca, rapporté de Chine.

Pour vous y rendre, suivez le nord après les tombeaux de la famille Mac Cuu, puis prenez Đuong Phu Dung, la première à gauche.

Pagode Tam Bao — TEMPLE BOUDDHIQUE

(Sac Tu Tam Bao Tu ; 328 Đ Phuong Thanh ; lever-coucher du soleil). GRATUIT Fondée, dit-on, par Mac Cuu en 1730, la pagode Tam Bao accueille une communauté de nonnes bouddhistes. Devant la pagode à plusieurs niveaux, superbe, trône une statue de Quan Thê Âm Bô Tat debout sur une fleur de lotus. Dans le sanctuaire, la plus grande statue de l'estrade représente A Di Da (le Bouddha du passé), une œuvre en cuivre peint. À l'extérieur, dans les jardins paisibles, se trouvent les tombeaux de 16 moines.

Dong Ho — BRAS DE MER

Bien que son nom signifie lac de l'Est, le Dong Ho est en fait un bras de mer qui s'étend à l'est de Ha Tien. Bordé à l'est par une chaîne de collines granitiques appelée Ngu Ho (Cinq Tigres), et à l'ouest par les monts To Chan, il est réputé pour sa beauté les nuits de pleine lune quand, selon la légende, des fées viennent y danser.

Monastère de Ngoc Tien — MONASTÈRE BOUDDHIQUE

(Tinh Xa Ngoc Tien ; lever-coucher du soleil). Ce monastère est accroché au versant de la colline, de l'autre côté du fleuve. Ses bâtiments n'ont rien d'exceptionnel, mais cela vaut la peine de gravir la pente abrupte pour admirer le panorama sur la ville et la campagne environnante. Vous trouverez facilement la route étroite qui monte et n'aurez plus ensuite qu'à emprunter le petit sentier qui débute à hauteur du n°48 ; repérez le panneau jaune surmonté d'un svastika bouddhique (symbole d'éternité).

Circuits organisés

Mr The Tours — CIRCUITS CULTURELS

(0918 574 780 ; oasisbarhatien@hotmail.com ; circuits 10-20 $US). L'inimitable Mr The (prononcer "teï") est un guide intelligent, patient et expérimenté basé

Ha Tien

Ha Tien

À voir

1 Dong Ho D2
2 Pagode Tam Bao B1

Où se loger

3 Hai Van Hotel B2
4 River Hotel B3

Où se restaurer

5 Oasis Bar C3
6 Quan Hu Tieu Thuy B3

Où prendre un verre et faire la fête

7 Dong Ho Coffee D2

à Ha Tien. Il propose de visiter sur une journée ou une demi-journée Hon Chong et Ha Tien à l'arrière de sa moto. Son anglais est excellent, et il se rend disponible rapidement. L'Oasis Bar (p. 416) peut le contacter pour vous. Il vend aussi des billets de bus incluant le trajet à moto jusqu'à la gare routière.

Où se loger

Bao Anh Motel HÔTEL $

(Nga Nhi Bao Anh ; ☎0166 223 8440 ; angle Đ Hong Van Tu et Đ Truong Sa ; ch lun-ven à partir de 350 000 d, sam-dim à partir de 400 000 d ; ❄📶). Cet hôtel aux couloirs impersonnels, récemment rénové, s'avère d'un très bon rapport qualité/prix, avec des chambres propres qui ont vue sur la rivière. Les grandes fenêtres côté rue offrent une maigre insonorisation (qui ne tient qu'au fait qu'elles ne s'ouvrent pas).

Hai Van Hotel HÔTEL $

(☎0297-385 2872 ; www.khachsanhaivan.com ; 55 Đ Lam Son ; ch 180 000-350 000 d ; ❄📶). Dans un joli bâtiment de 4 étages à la façade rythmée de bleu turquoise, un hôtel apprécié des groupes de touristes et de congressistes. Une soixantaine de chambres, confortables, propres et plutôt chics (quoique sans trop de cachet). Le personnel parle un peu anglais.

River Hotel HÔTEL $$

(☎0297-395 5888 ; https://riverhotel.info/ ; Đ Tran Hau ; ch/ste à partir de 900 000/2 000 000 d ; ❄📶🏊). Un bâtiment contemporain imposant et sophistiqué, bénéficiant d'un emplacement de choix au bord de l'eau. Chambres modernes, vastes et élégantes. Le personnel est serviable mais son anglais est limité. L'hôtel étant pratiquement désert en semaine, il est possible de négocier

ALLER AU CAMBODGE : DE HA TIEN À KEP

Rejoindre la frontière Le **poste-frontière de Xa Xia/Prek Chak** relie Ha Tien à Kep et Kampot, sur la côte sud du Cambodge, ce qui facilite grandement le trajet jusqu'au Cambodge depuis Phu Quoc via Ha Tien (ou dans l'autre sens). Des minibus partent de Ha Tien à destination du Cambodge vers 13h ; ils passent par Kep (9 $US, 1 heure, 47 km), Kampot (12 $US, 1 heure 30, 75 km), Sihanoukville (15 $US, 4 heures, 150 km) et Phnom Penh (15 $US, 4 heures, 180 km). On peut réserver par l'intermédiaire de Ha Tien Tourism (p. 417), qui peut aussi se charger du visa cambodgien.

Il est plutôt conseillé d'emporter des dollars américains pour se rendre au Cambodge ; vous pouvez acheter votre visa cambodgien en dongs, mais à un taux de change très défavorable. Côté cambodgien, vous pourrez retirer des dollars aux DAB.

En haute saison, quand les minibus sont réservés longtemps à l'avance, si vous voyagez léger, vous pouvez aller jusqu'à Kep ou Kampot en *xe om* – l'équipe de l'Oasis Bar (p. 416) peut vous conseiller des chauffeurs fiables. Si vous vous mettez d'accord seul avec un chauffeur de *xe om*, ne lui donnez pas l'argent avant d'être arrivé, au risque de vous retrouver abandonné à la frontière.

À la frontière Les visas cambodgiens coûtaient officiellement 30 $US lors de notre passage, mais attendez-vous à un supplément d'environ 5 $US pour pouvoir rejoindre la "file express" à la frontière, faute de quoi l'attente peut être infinie.

Au-delà Il est possible de prendre un bus local ou un taxi jusqu'à la frontière, puis d'attendre un autre bus local côté cambodgien ou de trouver une moto-taxi, mais comme les minibus touristiques ne coûtent guère plus cher et sont bien plus confortables, la plupart des voyageurs choisissent cette solution.

un rabais. Une "animation" karaoké se déroule au dernier étage.

Où se restaurer

Oasis Bar INTERNATIONAL $

(0297-370 1553 ; www.oasisbarhatien.com ; 30 Đ Tran Hau ; repas 60 000-150 000 d ; 9h-21h ;). Un petit bar-restaurant accueillant, tenu par un expatrié occidental et son épouse vietnamienne, et très agréable pour prendre une bière fraîche ou un café. Vous profiterez de renseignements touristiques épatants et impartiaux. À la carte : des petits-déjeuners anglais à prix très intéressants (servis toute la journée), salade grecque, baguettes garnies, et des milk-shakes à la mangue, entre autres. Français et anglais parlés.

L'établissement prévoit de déménager prochainement dans un nouveau bar-maison d'hôtes à environ 4 km de la ville ; des précisions seront données sur le site Internet.

Quan Hu Tieu Thuy SOUPES $

(0163 818 1003 ; 7 Đ Tran Hau ; soupe de nouilles 30 000 d ; 14h-21h). Une échoppe bien éclairée, des tables en métal et les efforts conjugués d'une famille qui aboutissent à un excellent *hu tieu*, soupe de nouilles au poulet aussi emblématique dans le Delta que le *pho* ailleurs au Vietnam. Ici, les habitants viennent nombreux pour le succulent poulet grillé et les nouilles udons aux œufs, baignant dans un bouillon clair aux herbes fraîches. L'un des frères parle anglais.

Marché de nuit MARCHÉ $

(Đ So 5 ; repas à partir de 20 000 d ; 17h-21h). Le marché de nuit, qui a récemment déménagé dans le nouveau quartier vers l'ouest, est l'un des meilleurs endroits où manger à Ha Tien, et l'un des moins chers. Les produits de la mer frais grillés sont particulièrement bons.

Où prendre un verre et faire la fête

La spécialité de Ha Tien est une variété inhabituelle de noix de coco à la peau violette qui ne pousse qu'au Cambodge et dans ce coin du Vietnam. Elle ne contient pas de lait, mais sa chair a un goût délicat et délicieux. Les restaurants de la région en servent dans un verre avec de la glace et du sucre.

Dong Ho Coffee CAFÉ
(☎0297-385 1828 ; Đ Dong Ho ; ⏲6h-21h). Décoré de guirlandes lumineuses et éclairé de lanternes chinoises en soirée, ce café flottant est idéal pour siroter une bière ou un *ca phe sua* (café glacé) au coucher du soleil, en dominant le Dong Ho.

Renseignements

Agribank (☎0297-385 2055 ; 37 Đ Lam Son ; ⏲7h-17h lun-ven). Dispose d'un DAB.

Ha Tien Tourism (☎0297-395 9598 ; Đ Tran Hau ; ⏲8h-17h). Cette agence vend des billets, notamment pour la traversée en bateau à destination de Phu Quoc et le trajet en bus jusqu'au Cambodge, et se charge des visas cambodgiens (35 $US). Cherchez l'enseigne au néon qui affiche "food & drink".

Depuis/vers Ha Tien

BATEAU

Les ferries (p. 412) pour Phu Quoc accostent au port sur la rive du fleuve en face de la ville.

Minh Nga (☎0297-627 4949 ; ⏲7h-17h) dessert l'île des Pirates (Hai Tac, 50 000 d, 1 heure) ; les bateaux partent de Ha Tien à 8h15 et 13h, et repartent en sens inverse à 8h30 et 14h30.

BUS

Trang Ngoc Phat (www.taxihatien.vn) propose les bus les plus confortables vers Rach Gia.

La **gare routière** (Ben Xe Ha Tien ; RN 80) se situe à 1,5 km au sud du pont, près d'un hôpital. Les bus pour HCMV partent entre 7h et 10h puis de 18h à 22h.

Environs de Ha Tien

Non loin de Ha Tien, on peut découvrir des îles tropicales, des plages de sable blanc, ainsi qu'un émouvant mémorial (p. 419) aux victimes d'un massacre perpétré par les Khmers rouges sous le régime de Pol Pot.

À voir

♥Île des Pirates ÎLE
(Quan Dao Ha Tien ; Hai Tac). Ce petit bout d'île couvert de végétation luxuriante et entouré d'eaux turquoise fut un refuge de pirates pendant 500 ans, jusqu'à la réunification de 1975. Aujourd'hui, ses habitants vivent de la mer. Une route goudronnée pour les motos fait le tour de l'île ; vous pouvez monter au temple sur la colline et aller à la plage, au calme. Si vous venez avec quelqu'un parlant vietnamien, vous pourrez organiser une sortie avec les pêcheurs.

Outre les quelque 2 000 habitants regroupés en quatre petits villages de pêcheurs délabrés, il y a une base militaire au sommet de la colline, pour empêcher toute invasion potentielle depuis le Cambodge. Des rumeurs de trésor pirate circulent depuis des années ; en 1983 l'armée expulsa du Vietnam des chercheurs de trésors venus illégalement en bateau depuis le Cambodge, équipés de détecteurs de métaux.

La meilleure plage est celle de Bai Bac, sur la côte nord, où quelques paillotes vous régalent de produits de la mer frais. S'il est possible de visiter l'île à la journée, plusieurs adresses permettent d'y passer la nuit, notamment des pensions et logements chez l'habitant très simples (250 000-500 000 d). Des excursions en bateau aux îles voisines sont proposées pour un prix négociable de 250 000 d. Grâce à un phénomène de phosphorescence, vous verrez peut-être des silhouettes de poissons qui filent dans l'eau si vous sortez pêcher dans l'obscurité.

Minh Nga propose des bateaux pour l'île des Pirates (50 000 d, 1 heure) ; ils partent de Ha Tien à 8h15 et 13h et repartent de l'île à 8h30 et 14h30. Pour en savoir plus sur l'île des Pirates, consultez le guide en ligne de Vietnam Coracle (vietnamcoracle.com/pirate-islands-dao-hai-tac-travel-guide), en anglais.

Plage de Mui Nai PLAGE
(péninsule de la Tête de cerf ; 5 000/10 000 d par pers/voiture). Meilleure plage vietnamienne du golfe de Thaïlande, Mui Nai se situe 8 km à l'ouest de Ha Tien. L'eau, merveilleusement chaude et calme, est idéale pour la baignade, et la plage, sous une canopée de hauts palmiers, s'est beaucoup améliorée grâce à plusieurs tonnes de sable apportées de Phu Quoc. Il y a des plages des deux côtés de la "péninsule" (qui aurait la forme d'une tête de cerf, d'où son surnom), bordées de pensions et de restaurants simples. Un *xe om* depuis Ha Tien coûte environ 60 000 d.

Hon Chong

0297 / 2 000 HABITANTS

À Hon Chong vous attendent des grottes de pierre photogéniques, des sanctuaires troglodytes et ce qui serait la plus belle étendue de sable continentale du Delta si les eaux n'étaient pas sales, polluées par des déchets de la ville. La route qui serpente jusqu'à Hon Chong est bordée de pagodes khmères, de temples caodaïstes, de plantations de poivre, d'églises grandioses et d'affleurements karstiques – des sites qui peuvent mériter une halte.

À voir

Plage de Duong PLAGE

(Bai Duong ; 5 000 d, inclus dans la zone touristique de Hon Phu Tu). Juste au-delà de Hon Chong, le long d'un cap, une route épouse cette plage sale sur 3 km, passant devant un temple khmer. Les formations karstiques dispersées dans la mer sont particulières, mais elles sont loin d'évoquer la baie d'Along, contrairement à ce que les guides se plaisent à affirmer. L'entrée dans la zone touristique de Hon Phu Tu, comprenant la pagode souterraine Hang et l'île du Père et du Fils, se paie à l'extrémité de la plage.

Pagode souterraine Hang TEMPLE BOUDDHIQUE

(Chua Hang ; 5 000 d, inclus dans la zone touristique de Hon Phu Tu ; lever-coucher du soleil). Il faut traverser le marché au bout de la plage de Duong pour atteindre la pagode souterraine, adossée à la base d'un promontoire rocheux. Construit au pied d'une colline, le **Hai Son Tu** (temple de la Mer et de la Montagne), un temple bouddhique, y donne accès. Les visiteurs allument des bâtons d'encens et prient avant de pénétrer dans la grotte, dont l'entrée se situe derrière l'autel.

Île du Père et du Fils SITE NATUREL

(Hon Phu Tu ; 5 000 d, inclus dans la zone touristique de Hon Phu Tu). Depuis la plage de Duong, juste à la sortie du village de Hon Chong, vous apercevrez les vestiges rocheux de l'île du Père et du Fils, plusieurs centaines de mètres au large. On disait autrefois que sa forme évoquait celle d'un père enlaçant son fils, mais la silhouette paternelle a été emportée par les vagues en 2006. Sur le rivage, vous pouvez louer un bateau à rames pour aller voir l'orphelin de plus près.

VAUT LE DÉTOUR

LES ÎLES HON GIENG ET NGHE

De nombreuses îles ponctuent le large de la côte. Sur leurs falaises rocheuses, des habitants récoltent les nids de salanganes, ingrédient principal de la fameuse soupe chinoise aux nids d'hirondelles. À une quinzaine de kilomètres de Ha Tien, accessible à bord de petites embarcations, l'**île Hon Gieng** possède une jolie plage retirée. Pour vous y rendre, vous pouvez organiser une excursion en bateau local dans la petite ville carrefour de Ba Hon.

Non loin de Hon Chong, l'**île Nghe** est un lieu de pèlerinage bouddhiste, avec une pagode dans une grotte (Chua Hang) à côté d'une grande statue de Quan Thê Âm Bô Tat (déesse de la Miséricorde) face à la mer. Des bateaux pour l'île de Nghe sont proposés à Hon Chong.

Où se loger et se restaurer

La plage est bordée de cabanes de fortune où l'on propose des plats à base de produits de la mer, et les étals d'huîtres se disputeront votre attention dans la zone touristique de Hon Phu Tu.

Green Hill Hotel HÔTEL $

(0297-385 4369 ; www.facebook.com/pg/GreenHillGuestHouse ; ch 15-25 $US ;). Dans une grande villa blanche perchée sur le promontoire nord de la plage de Duong, cet hôtel familial accueillant et bien tenu dispose de chambres spacieuses, dont une de premier choix au dernier étage. Jardin verdoyant en prime.

Depuis/vers Hon Chong

Hong Chong se situe à 32 km de Ha Tien en direction de Rach Gia. La route d'accès part de la nationale Rach Gia-Ha Tien, au niveau de la petite localité de Ba Hon. Les bus peuvent vous déposer à Ba Hon, où une moto vous emmènera à Hong Chong (environ 80 000 d). Une excursion à moto à la journée depuis Ha Tien coûte 15 $US environ.

Chau Doc

0296 / 163 000 HABITANTS

Construite sur les rives du Hau Giang (le Bassac, un bras du Mékong), Chau Doc voit passer d'innombrables voyageurs qui circulent par voie fluviale entre le Cambodge et le Vietnam. C'est une ville agréable où vivent des communautés chinoise, cham et khmère assez importantes. Mosquées, temples, églises et sites de pèlerinage témoignent de sa diversité culturelle et en font une destination fascinante, même si vous ne continuez pas vers le Cambodge. Traverser le fleuve pour visiter les villages chams ou se rendre au mont Sam, non loin, et à la réserve ornithologique de Tra Su constituent de superbes excursions en bateau. L'animation du marché et la singularité des berges sont parfaites pour s'offrir quelques jours de détente.

À voir

Mémorial de Ba Chuc MÉMORIAL

(Nha Mo Ba Chuc ; 8h-17h). GRATUIT Situé à 40 km au sud de Chau Doc, le mémorial de Ba Chuc est un sinistre souvenir des horreurs perpétrées par les Khmers rouges. Entre 1975 et 1978, des soldats khmers rouges franchirent régulièrement la frontière pour tuer des civils vietnamiens. Au Cambodge régnait alors la terreur et le régime de Pol Pot tua près de 2 millions de Cambodgiens. Ici, à Ba Chuc, les Khmers rouges massacrèrent 3 157 personnes, entre le 12 et le 30 avril 1978 ; il n'y eut que deux survivants. Le gouvernement vietnamien avait sans doute d'autres raisons d'envahir le Cambodge à la fin de 1978, mais ce massacre lui fournit une justification majeure.

Dans l'ossuaire tout blanc, qui ressemble à un bouton de fleur de lotus, les crânes et les ossements de plus de 1 100 victimes sont regroupés par tranches d'âge (y compris les minuscules crânes de nourrissons et d'enfants) et par sexe. L'ensemble est semblable au camp de la mort de Choeung Ek au Cambodge, où des milliers de crânes des victimes des Khmers rouges sont exposés. Mais comme il est propre et bien éclairé, avec un espace au centre où déposer des offrandes, il paraît presque gai comparé à ce qui vous attend juste à côté.

La **salle du mémorial** donne à voir les armes utilisées par les Khmers rouges (couteaux, baïonnettes, et gourdins) et les bâtons qui ont servi à torturer, particulièrement les femmes. De nombreuses victimes furent torturées à mort. Les photos sont insoutenables pour beaucoup.

La base des murs du **temple de Phi Lai Tu**, derrière la salle du mémorial, porte toujours les traces du sang des victimes ; plus de 300 villageois furent massacrés à l'intérieur.

Ba Chuc est à 4 km au sud de la route parallèle à la frontière cambodgienne qui relie Ha Tien à Chau Doc, un peu plus à proximité de Ha Tien (75 km). On peut organiser une visite depuis Chau Doc (30 $US) ou prendre un *xe om* depuis Ha Tien (75 km ; 400 000 d).

Maisons flottantes ÉDIFICES REMARQUABLES

(Đ Tran Hung Dao). Ces maisons, qui flottent sur un châssis de barils vides, constituent à la fois le logis et le lieu de travail des habitants. Sous chacune d'elles, des poissons, élevés dans des nasses en métal, vivent dans leur milieu naturel ; les familles les nourrissent avec leurs restes. Vous pourrez approcher des maisons flottantes en louant un bateau (p. 420).

VAUT LE DÉTOUR

LA RÉSERVE ORNITHOLOGIQUE DE TRA SU

De 800 000 ha, cette immense **forêt** (Rung Tram Tra Su ; 120 000 d, trajets en bateau 75 000 d/pers ; 7h-16h) abrite un nombre stupéfiant d'échassiers. Une bonne partie de la zone humide est interdite aux visiteurs pour ne pas perturber la nidification, mais les visites comprennent une courte balade en bateau rapide et une vingtaine de minutes tranquilles à pagayer dans d'étroits canaux tortueux qui traversent cette forêt inondée luxuriante typique du delta du Mékong. Même si vous n'apercevez que quelques oiseaux, c'est une traversée superbe. La réserve se situe 23 km à l'ouest de Chau Doc.

La meilleure période pour s'y rendre s'étend de décembre à janvier, lorsque les petits naissent. Les circuits à moto depuis Chau Doc coûtent environ 20 $US par personne. Les visites de groupe organisées par **Mekong Tours** (p. 389) reviennent à 12 $US par personne, frais d'accès et ramassage effectué par de petits bus confortables inclus. Vous aurez plus de chances de devoir partager votre bateau, mais comme ils ne prennent que 3 passagers, cela n'est pas un problème.

Marché flottant de Chau Doc MARCHÉ

(⏲ 5h-12h). Il faudra vous lever à l'aube pour profiter au mieux de ce marché flottant qui bat son plein entre 5h et 6h, quand les habitants se retrouvent pour acheter les produits frais en gros. Il est moins haut en couleur et bien plus calme que les autres marchés flottants du delta du Mékong.

Parc 30 Thang 4 PARC

(Đ Le Loi). S'étirant entre le marché principal et le Victoria Chau Doc Hotel, ce parc à la française, au bord du fleuve, est un lieu de promenade apprécié. Des sculptures et une fontaine agrémentent ses pelouses et ses allées soignées, et si l'envie vous prend de vous balader sur l'eau, des femmes vous aborderont sans doute pour vous proposer une promenade à bord de leurs petites embarcations.

Temple Phu TEMPLE BOUDDHIQUE

(Dinh Than Nguyen Huu Canh ; angle Đ Nguyen Van Thoai et Đ Gia Long ; ⏲ lever-coucher du soleil). GRATUIT Des motifs vietnamiens et chinois ornent cet édifice de couleur jaune, édifié en 1926 à la mémoire de Thoai Ngoc Hâu (1761-1829), haut dignitaire de la dynastie des Ngûyen, qui repose au mont Sam (p. 424). À l'intérieur, des épitaphes portent les noms de défunts, ainsi que des détails sur leurs vies. Il y a aussi un sanctuaire dédié à Hô Chi Minh.

Mosquée Mubarak MOSQUÉE

(Thanh Duong Hoi Giao). Cette jolie mosquée blanc et vert, où les enfants musulmans chams des environs étudient le Coran en arabe, se situe sur la berge opposée. Les visiteurs sont admis, mais évitez d'y pénétrer pendant la prière (cinq fois par jour) si vous n'êtes pas musulman.

Prenez le car-ferry à l'embarcadère de Chau Giang pour traverser le Hau Giang. À l'arrivée, parcourez 30 m vers l'intérieur des terres, tournez à gauche et continuez sur 50 m.

Colline de Tuc Dup COLLINE

(25 000 d). Du fait de son réseau de grottes reliées entre elles, la colline de Tuc Dup (216 m) servit de base stratégique aux soldats américains durant la guerre du Vietnam. Son nom signifie en khmer "eau qui coule la nuit". Les gens du coin l'appellent aussi "colline à 2 millions de dollars", en référence à l'argent dépensé par les Américains pour en prendre le contrôle. Il n'y a pas grand-chose à y voir (artillerie, vue sur les champs), mais vous passerez à proximité si vous prenez la route secondaire vers Chau Doc qui passe par Ba Chuc.

Circuits organisés

Mekong Tours CIRCUITS CULTURELS

(☎ 098 308 6355 ; 41 Đ Quang Trung). Agence de voyages locale proposant billets de bateau et de bus pour Phnom Penh, excursions sur le Mékong, voitures avec chauffeurs et circuits à la journée. C'est l'une des rares à organiser un voyage de groupe pour la réserve ornithologique de Tra Su (12 $US ; p. 419), avec de petits bus confortables passant vous prendre à votre hôtel. Le personnel parle anglais.

Xuan Mai CIRCUITS CULTURELS

(☎ 0855 8896 11847, 0849 1891 0477 ; maixuanvn2001@yahoo.com). Sympathique et parlant l'anglais, Mai organise des visites des environs, à moto ou en voiture. Elle peut aussi réserver les transferts en bateau rapide vers le Cambodge.

Où se loger

Trung Nguyen Hotel HÔTEL $

(☎ 0296-356 1561 ; 86 Đ Bach Dang ; s/d 300 000/400 000 d ; P ❄ 📶). L'un des meilleurs hôtels économiques, aux aménagements dignes de la catégorie moyenne. Plus joliment décorées que celles de la concurrence, les chambres ont un balcon donnant sur le marché. Emplacement bruyant à un angle de rue ; prévoyez des bouchons d'oreille ou demandez une chambre à l'arrière. Le personnel parle un excellent anglais.

Dai Loi Hotel HÔTEL D'AFFAIRES $$

(☎ 0296-356 6619 ; 68-72 Đ Nguyen Van Thoai ; ch 450 000-900 000 d ; ❄ 📶). Cet hôtel très central, dont le lobby scintille de boules de Noël, attire hommes d'affaires chinois et voyageurs internationaux. Chambres carrelées spacieuses, aux lits fermes. Français et anglais parlés.

Murray Guesthouse PENSION $$

(☎ 0296-356 2108 ; www.themurrayguesthouse.com ; 11 Truong Dinh ; d/f à partir de 32/45 $US ; 🚭 ❄ 📶). Avec ses murs ornés d'art indigène glané partout dans le monde par ses propriétaires (une Vietnamienne et un Néo-Zélandais), cette superbe pension, un peu excentrée, place la barre haut. Parmi les bonus : un salon avec billard et bar, un toit-terrasse agrémenté de verdure, des lits

Chau Doc

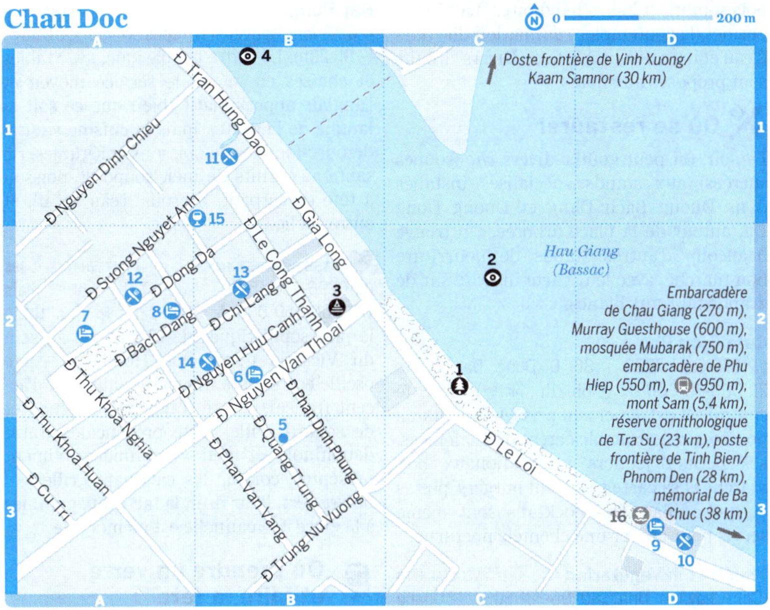

Chau Doc

À voir

1 30 Thang 4 Park C2
2 Marché flottant de Chau Doc C2
3 Temple Chau Phu B2
4 Maisons flottantes B1

Activités

5 Mekong Tours B3

Où se loger

6 Dai Loi Hotel B2
7 Hotel Hung Cuong A2
8 Trung Nguyen Hotel A2
9 Victoria Chau Doc Hotel D3

Où se restaurer

10 Bassac Restaurant D3
11 Bay Bong B1
12 Cafe Giop Pho A2
13 Marché couvert de Chau Doc B2
14 Thanh Tinh Vegetarian B2

Où prendre un verre et faire la fête

15 Boke Station B1
Tan Chau Salon Bar .... (voir 9)

Transports

16 Blue Cruiser D3
Hang Chau .... (voir 16)
Victoria Speedboat .... (voir 16)

confortables et un savoureux *pho* pour le petit-déjeuner. Les propriétaires peuvent vous donner des conseils touristiques et vous prêter des vélos.

Hotel Hung Cuong HÔTEL D'AFFAIRES $$
(☎ 0296-356 8111 ; 96 Đ Dong Da ; standard/Deluxe 550 000/650 000 d ; ❄ 📶). Hôtel élégant et moderne surplombant une paisible place arborée. Dans les chambres, salles de bains chics et touches d'art bienvenues. Côté pratique, les bus couchettes de Hung Cuong à destination de Hô Chi Minh-Ville partent juste devant l'hôtel. Les chambres sur le devant "profitent" des gongs qui résonnent dans le temple. Professionnel et serviable, le personnel parle anglais.

♥ **Victoria Chau Doc Hotel** HÔTEL $$$
(☎ 0296-386 5010 ; www.victoriahotels.asia ; 32 Đ Le Loi ; ch/ste à partir de 130/175 $US ; ❄ 📶 🏊). Hôtel le plus luxueux de Chau Doc, le Victoria dégage un charme colonial typique. À la barre, un personnel tout en *ao dai* (tenue traditionnelle vietnamienne). Superbe emplacement en bord de fleuve et somptueuses chambres avec parquet, meubles en

bois sombre et belles baignoires. La piscine permet de contempler l'animation du cours d'eau et il y a un spa à l'étage. Divers circuits sont proposés aux hôtes.

Où se restaurer

Le soir, on peut goûter divers *che* (soupes sucrées) aux stands spécialisés installés dans Đuong Bach Dang et Đuong Dong Da, autour de la place arborée. On trouve beaucoup d'autres stands de nourriture bon marché, avec leur carte inscrite sur de grands tableaux blancs.

Cafe Giop Pho CAFÉ $
(076-626 7888 ; 86 Đ Dong Da ; plats 22 000-85 000 d ; 6h-21h ;). Ce café central est extrêmement prisé des habitants pour ses remarquables créations caféinées, ses petits-déjeuners internationaux bon marché et sa carte associant burgers, pizzas et quesadillas. Des cocktails sont même servis pour attirer une clientèle nocturne.

Thanh Tinh Vegetarian VÉGÉTARIEN $
(Com Chay Tam Tinh ; 0296-386 5064 ; 12 Quang Trung ; repas 25 000 d ;). Dans ce restaurant, le remarquable simili-poulet fumé, le tofu à la citronnelle et les liserons d'eau à l'ail redéfinissent le mot végétarien. Le tout, rehaussé de riz et d'une soupe aigre-douce, est à un prix dérisoire. Passez commande grâce au menu affiché à l'extérieur.

Marché couvert de Chau Doc VIETNAMIEN $
(Cho Chau Doc ; Đ Bach Dang ; repas 20 000-40 000 d ; 7h-21h ;). Dans ce marché aux produits frais animé, goûtez des spécialités locales délicieuses, comme le riz gluant grillé à la banane et d'autres classiques de la cuisine de rue.

Bay Bong VIETNAMIEN $
(20 Đ Suong Nguyet Anh ; repas 50 000-150 000 d ; 9h-20h). Le cadre est basique, avec tables et chaises en métal, le service moyen et l'anglais approximatif (bien que ce soit la langue de la carte), mais la cuisine vaut le détour : fondues de poissons et légumes, riz sauté aux fruits de mer, soupe de poisson à tête de serpent, liserons d'eau à l'ail, et autres délices.

Bassac Restaurant INTERNATIONAL $$$
(0296-386 5010 ; 32 Đ Le Loi ; plats 170 000-450 000 d ; 6h-22h ;). La table la plus sophistiquée de Chau Doc, au sein du Victoria Chau Doc Hotel. La carte oscille entre plats internationaux ou à l'accent français (carré d'agneau rôti, magret de canard grillé, tarte provençale, gratin dauphinois) et mets vietnamiens joliment présentés, comme les calamars grillés au poivre vert. Pour finir, la tarte aux pommes à la glace à la cannelle est mémorable.

Où prendre un verre et faire la fête

Tan Chau Salon Bar BAR
(32 Đ Le Loi ; 6h-23h). Un bar plein de caractère, où déguster un cocktail dans un décor indochinois raffiné. Les prix ne sont pas aussi élevés qu'on pourrait croire et un billard est disponible.

Boke Station BIÈRE ARTISANALE
(090-808 0491 ; 1 Đ Phan Dinh Phung ; 6h30-22h ;). Café le jour, servant des cafés vietnamiens originaux préparés par des baristas expérimentés, le Boke Station – espace contemporain dans une sympathique *shophouse* délabrée – se transforme le soir venu en bar, proposant un excellent choix de bières artisanales des fameuses

ALLER AU CAMBODGE : DE CHAU DOC À PHNOM PENH EN BUS

Rejoindre la frontière Éclipsé par le poste-frontière plus récent de Xa Xia près de Ha Tien, le **poste-frontière de Tinh Bien/Phnom Den** est moins pratique pour les voyageurs se rendant à Phnom Penh, mais peut intéresser ceux qui veulent tenter l'aventure des no man's land. Un bus pour Phnom Penh (25 $US, 5-6 heures) traverse Chau Doc en venant de Can Tho, vers 7h30. On peut le réserver via Mekong Tours à Chau Doc ; vérifiez bien l'endroit où vous monterez à bord. Les routes qui conduisent à la frontière ont été améliorées.

À la frontière On peut obtenir sur place des visas cambodgiens ; vous préférerez peut-être payer 35 $US pour réduire le temps d'attente plutôt que le tarif officiel de 30 $US... Les e-visas cambodgiens ne sont pas encore acceptés à ce poste-frontière terrestre.

Au-delà La plupart des voyageurs prennent le bus depuis Chau Doc.

BUS AU DÉPART DE CHAU DOC

DESTINATION	PRIX (D)	DURÉE	FRÉQUENCE	DISTANCE
Can Tho	65 000	4 heures	toutes les heures	120 km
Cao Lanh	60 000	3 heures	toutes les heures	90 km
Ha Tien	60 000	3 heures 30-4 heures	5/jour	88 km
Hô Chi Minh-Ville	105 000-140 000	6-7 heures 30	toutes les 30 minutes	245 km
Long Xuyen	45 000	1 heure 30	toutes les heures	62 km
Vinh Long	80 000	4 heures	toutes les heures	127 km

brasseries Pasteur Street et East West de Hô Chi Minh-Ville, ainsi que des importations belges, allemandes et d'ailleurs.

Depuis/vers Chau Doc

Les bus les plus confortables vers Can Tho et HCMV sont ceux de **Phuong Trang** (www.futaexpress.com), et ceux, plus vieux, de **Hung Cuong**. Réservez vos billets auprès de votre hôtel. Les 2 compagnies proposent des bus-navettes gratuits pour rejoindre votre hôtel dans le centre-ville de Can Tho, et Phuong Trang assure une navette gratuite de la gare de Mien Tay jusqu'à son agence dans le district 10 de HCMV. Renseignez-vous à l'achat des billets, et ignorez les chauffeurs de taxi à votre arrivée.

La **gare routière** (Ben Xe Chau Doc ; Đ Le Loi) est à la lisière est de la ville, à 2 km du centre, là où Đuong Le Loi devient la RN 91. Tous les bus partent de là, à l'exception des bus Hung Cuong à destination de HCMV, que l'on prend devant le Hung Cuong Hotel. Depuis le centre, un taxi pour la gare routière coûte 50 000 d.

Comment circuler

Les bateaux qui desservent le district de Chau Giang, de l'autre côté du Hau Giang, partent de deux endroits : les car-ferries partent de l'**embarcadère de Chau Giang** (Ben Pha Chau Giang, en face du 419 Đ Le Loi), et les bateaux plus petits et plus fréquents, de l'**embarcadère de Phu Hiep** (Ben Pha FB Phu Hiep), un peu plus au sud-est.

Des bateaux privés, manœuvrés à la godille, peuvent se louer à l'un ou l'autre embarcadère (environ 100 000 d les 2 heures), ou au parc 30 Thang 4 (p. 420). C'est un moyen de transport idéal pour voir les maisons flottantes et visiter les villages et les mosquées chams. Dans la zone, on peut aussi louer des bateaux à moteur (à peu près 25 000 d de l'heure, capacité 6-8 pers).

ALLER AU CAMBODGE : DE CHAU DOC À PHNOM PENH EN BATEAU

Rejoindre la frontière L'une des manières les plus agréables de pénétrer au Cambodge consiste à franchir le **poste-frontière de Vinh Xuong/Kaam Samnor**, juste au nord-ouest de Chau Doc, le long du Mékong. À Chau Doc, plusieurs compagnies vendent des traversées en bateau de Chau Doc à Phnom Penh via Vinh Xuong. Un bateau de la compagnie **Hang Chau** (Chau Doc ; ☎0296-356 2771 ; Phnom Penh ☎855-23 998935 ; 27 $US/pers) part, à 7h30, de l'embarcadère à hauteur du 18 Đuong Tran Hung Dao, arrivant à 12h30. En sens inverse, le bateau quitte Phnom Penh à 12h. Plus haut de gamme, le **Blue Cruiser** quitte l'embarcadère du Victoria Hotel à 7h ; comptez 50 $US (44 $US dans l'autre sens, départ de Phnom Penh à 13h30). Le trajet dure environ 5 heures, en tenant compte des formalités douanières. Le prix comprend un déjeuner simple et un en-cas. Le **Victoria Speedboat** (www.victoriahotels.asia/en/victoria-speedboat ; Victoria Chau Doc Hotel), le bateau le plus luxueux pour Phnom Penh, part de Chau Doc à 7h30 et repart de Phnom Penh à 13h30. Le prix s'élève à près de 100 $US par personne avec les taxes, mais on profite d'un service personnalisé du début à la fin.

À la frontière Si vous arrivez du Cambodge et qu'il vous faut un visa, demandez-le au préalable. Ces frontières terrestres n'acceptent pas encore les visas électroniques cambodgiens. Si vous quittez le Vietnam, vous pourrez obtenir un visa cambodgien à la frontière, à un prix parfois un peu gonflé – prévoir 35 $US.

Au-delà Les bateaux de Hang Chau, Blue Cruiser et Victoria vous emmènent jusqu'à Phnom Penh.

Blue Cruiser (HCMV 028-3926 0253, Phnom Penh 855-16 868887 ; www.bluecruiser.com). Location de bateaux entiers.

Mont Sam

Site sacré pour les bouddhistes, le mont Sam (Nui Sam, 284 m) et ses abords recèlent des dizaines de temples et de pagodes. Si l'influence chinoise saute aux yeux, les pèlerins chinois ne sont pas les seuls à fréquenter les lieux. Les temples au pied de la colline et dans les environs montrent des influences islamique, indienne et khmère. La vue depuis le sommet (quand le temps s'y prête) porte jusqu'au Cambodge. Il y a un poste militaire, héritage de la période où les Khmers rouges effectuaient des raids depuis le Cambodge et massacraient des civils vietnamiens.

À voir

Pagode de la Caverne TEMPLE BOUDDHIQUE
(Chua Hang ; 4h-21h). GRATUIT Cette pagode, également appelée Phuoc Dien Tu, est située à mi-hauteur du versant ouest du mont Sam, et offre une vue imprenable sur les rizières. La partie inférieure comprend les habitations des bonzes et abrite deux tombeaux hexagonaux, celui de la fondatrice de la pagode, une couturière nommée Lê Thi Tho, et celui d'un ancien maître bonze, Thich Huê Thiên. La partie supérieure est divisée en deux : le sanctuaire principal et un fascinant ensemble de grottes et cavernes. Le sanctuaire principal renferme des statues d'A Di Dà (Amitabha, le Bouddha du passé) et du Bouddha Thich Ca (Shakyamuni, le Bouddha historique), tandis que les grottes et cavernes protègent des divinités, notamment Quan Âm, la déesse aux mille bras et mille yeux. Il y a aussi une salle miroir avec des bouddhas et une représentation de Bodhidharma, fondateur du bouddhisme zen. Selon la légende, Lê Thi Tho aurait quitté la pagode Tay An il y a quelque 50 ans pour mener une vie consacrée à la méditation à cet endroit. À son arrivée, elle aurait trouvé deux énormes serpents, l'un blanc, l'autre vert foncé et les convertit. À sa mort, ils disparurent, mais sont restés sous forme de statues dans l'un des passages sombres de la caverne.

Pagode Tay An TEMPLE BOUDDHIQUE
(Chua Tay An ; 4h-22h). GRATUIT Fondée en 1847 sur le site d'un sanctuaire antérieur, cette pagode reconstruite en 1958 reflète des influences hindoues et islamiques, notamment au niveau du dôme sur la tour. En arrivant de Chau Doc par la RN 91, vous apercevrez Chua Tay An droit devant vous, au pied de la montagne. La porte principale est de style vietnamien traditionnel. Sur la ligne du toit, des lions et deux dragons se disputent des perles, des chrysanthèmes et des fleurs de lotus. Devant la pagode se dressent des statues représentant un éléphant noir à deux défenses et un éléphant blanc à six défenses. À l'intérieur trônent de belles sculptures religieuses, le plus souvent en bois et parfois auréolées de lumière. On remarque notamment Shakyamuni, les 18 *a-la-han* (*arhat*) et les 12 *muoi hai ba mu* (sages-femmes). Le nom du temple – Tay An – signifie "paix occidentale".

Temple de la Déesse Xu TEMPLE BOUDDHIQUE
(Mieu Ba Chua Xu ; 24h/24). GRATUIT Édifié en 1820 pour abriter une statue de la déesse Xu, devenue objet de dévotion populaire, ce vaste ensemble monastique s'élève face au mont Sam, le long de la même route que la pagode Tay An. Le bâtiment, à l'origine en bambou et en feuillage, a été reconstruit à plusieurs reprises. Il mêle des éléments décoratifs du bouddhisme vietnamien à une architecture du milieu du XXe siècle et de nombreux néons. La statue de la déesse pourrait être un vestige de la culture d'Oc-Eo datant du VIe siècle, représentant en réalité un homme.

Selon l'une des légendes, la statue de la déesse Xu se dressait au sommet du mont Sam. Au début du XIXe siècle, des troupes siamoises envahirent la région et décidèrent d'emporter la statue au Siam. Cependant, alors que les soldats descendaient la montagne, elle devint de plus en plus lourde et ils l'abandonnèrent au bord du chemin. Des villageois la trouvèrent et décidèrent de la rapporter au village pour lui construire un temple. Cependant, son poids les empêcha de la déplacer. Apparut alors une jeune fille possédée par un esprit, qui déclara être la déesse Xu. Elle leur demanda d'amener 9 vierges qui, seules, pourraient transporter la statue. Les vierges parvinrent en effet à la descendre, mais, une fois dans la plaine, celle-ci devint plus pesante et elles durent la poser. Les paysans en conclurent que la déesse souhaitait un temple à cet emplacement et, depuis, le temple de la Déesse Xu se tient à cet endroit.

Des porcs entiers rôtis font partie des offrandes fréquemment présentées à la statue, qui est vêtue d'un costume scintillant et agrémentée d'une coiffe époustouflante. Une fois par mois, une composition de légumes représentant un dragon, une tortue, un phénix et un qilin (animal fabuleux) est également offerte à la déesse. Sur la porte devant laquelle les fidèles viennent prier, on peut lire les caractères chinois 主処聖母, ce qui signifie "le lieu principal de la mère sacrée". Il est aussi inscrit 爲国爲民, soit "pour le pays et pour le peuple". La fête principale du temple a lieu du 23e au 26e jour du 4e mois lunaire (fin mai ou début juin). Durant cette période, les pèlerins affluent et dorment sur des nattes dans les grands dortoirs de l'auberge à 2 niveaux qui jouxte le temple.

Tombeau de Thoai Ngoc Hâu TOMBE
(Lang Thoai Ngoc Hau ; 5h-22h30). GRATUIT Haut dignitaire, Thoai Ngoc Hâu (1761-1829) servit les seigneurs Nguyên, puis la dynastie des Nguyên. Au début de l'année 1829, il ordonna qu'on lui érige son tombeau au pied du mont Sam, presque en face du temple de Xu. Les marches sont taillées dans une pierre ocre insolite (*da ong*) provenant du sud-est du pays. La tombe de Thoai Ngoc Hâu et celles de ses deux épouses, Chau Thi Tê et Truong Thi Miêt, occupent le milieu de la plateforme. Tout près, des dizaines de sépultures renferment les dépouilles de fonctionnaires ayant servi sous ses ordres.

Où se loger

Victoria Nui Sam Lodge LODGE $$$
(0296-357 5888 ; www.victoriahotels.asia/en/hotels-resorts/nuisam ; mont Sam ; standard/Deluxe/f à partir de 1 450 000/1 650 000/2 400 000 d ;). Ce lodge englobe une collection de bungalows en dur de style vietnamien se déployant sur le versant du mont Sam. Les chambres, meublées simplement mais avec goût, comprennent des lits à baldaquin et sont prolongées de terrasses où regarder le soleil se coucher sur les rizières. Le restaurant-bar, à l'emplacement de choix au sommet du complexe, dispose d'un pavillon privé pour 2 personnes.

Depuis/vers le mont Sam

La plupart des visiteurs louent une moto ou viennent en *xe om* (environ 50 000 d l'aller depuis Chau Doc). Idéalement, faites l'aller-retour avec un chauffeur de *xe om*, ce qui revient à 120 000 d environ, attente comprise. Même s'ils ne parlent pas bien anglais, ils font cela souvent et savent que vous voulez voir tous les temples. Des chauffeurs attendent à l'extérieur de la plupart des hôtels, dont le personnel peut vous aider à négocier. La route principale menant au mont Sam, l'un des plus larges boulevards du Delta, est bordée d'une impressionnante diversité de sculptures en pierre.

Cela dit, la manière la plus gratifiante de se rendre au mont Sam est de louer un vélo à Chau Doc et d'emprunter la route plus petite qui traverse un paisible paysage de rizières en direction de la frontière cambodgienne. Vous devrez garer votre vélo au pied de la colline avant d'en faire l'ascension à pied.

La descente est plus aisée que la montée (45 min de côte pas vraiment agréable), mais vous pouvez vous faire conduire au sommet à moto (environ 30 000 d depuis la base de la montagne). La route grimpe par le flanc est de la montagne. Si vous êtes en voiture, tournez à gauche au pied de la montagne, puis à droite après 1 km environ, à l'endroit où la route commence à monter.

Long Xuyen

0296 / 385 000 HABITANTS

La capitale de la province d'An Giang ne retient guère les voyageurs, surtout depuis que Can Tho et Chau Doc sont facilement accessibles en bus. Long Xuyen fut un bastion de la secte bouddhiste Hoa Hao. Fondée en 1939, elle préconise la simplicité du culte et rejette les temples ou tout intermédiaire entre les humains et l'Être suprême. Jusqu'en 1956, la secte possédait une armée et fut une force militaire prépondérante dans la région.

Autre titre de gloire, Long Xuyen est la ville natale de Tôn Duc Thang, deuxième président de la république démocratique du Vietnam après Hô Chi Minh, dont la maison d'enfance, sur l'île du Tigre, est devenue un musée. Le musée d'An Giang mérite aussi largement une visite.

À voir

Réserve des cigognes de Bang Lang RÉSERVE ORNITHOLOGIQUE
(Vuon Co Bang Lang ; 10 000 d ; 5h-18h). Sur la route entre Can Tho et Long Xuyen, Bang Lang est une magnifique réserve ornithologique de 1,3 ha abritant des milliers de cigognes et d'aigrettes neigeuses. Une haute plateforme d'observation permet de voir les oiseaux. Le lever et le coucher du soleil sont les moments les plus favorables.

Bang Lang est à 15 km au sud-est de Long Xuyen et à 46 km au nord-ouest de Can Tho. Comptez 300 000 d pour l'aller-retour en *xe om* depuis Long Xuyen, attente comprise. Vous pouvez aussi participer à un circuit au départ de Can Tho ou prendre un bus jusqu'au hameau de Thoi An, puis un *xe om*.

Musée d'An Giang MUSÉE

(Nha Bao Tang An Giang ; 11 Đ Ton Duc Thang ; 15 000 d ; ⏲7h30-11h et 13h30-17h mar-dim). Bien que les affichages soient exclusivement en vietnamien, l'exposition permanente sur la culture d'Oc-Eo à l'étage vaut le coup d'œil : on peut notamment y voir des poteries et des bijoux en or raffinés, ainsi qu'un lingam (symbole phallique du dieu Shiva) géant. La partie consacrée à la culture cham est aussi intéressante, mais les inévitables mentions aux guerres du Vietnam et d'Indochine le sont moins.

Musée Tôn Duc Thang MUSÉE

(Khu Luu Niem Bac Ton Duc Thang ; en retrait de Đ Nguyen Hue ; ⏲7h-11h et 13h-17h). GRATUIT Si vous êtes passionné par l'histoire du Vietnam, vous souhaiterez sans doute visiter le village de My Hoa Hung, sur l'île du Tigre, berceau et demeure d'enfance du successeur de Hô Chi Minh, Tôn Duc Thang (1888-1980). Né dans une famille paysanne de ce qui était la Cochinchine française, il servit comme mécanicien dans la marine française durant la Première Guerre mondiale et travailla chez Renault avant de rentrer à Saigon en 1920. Le musée présente divers effets personnels, et notamment les fers qu'il porta pendant 16 ans de réclusion dans la prison de Con Dao, pour avoir comploté contre les Français.

Prenez le ferry depuis Ben Pha O Moi, à l'extrémité de Đuong Nguyen Hue, puis remontez la route à pied.

Où se loger et se restaurer

Hotel Hoa Binh 1 HÔTEL $

(☎0296-625 0436 ; www.hoabinhhotel.vn ; 130 Đ Tran Hung Dao ; ch à partir de 350 000 d ; ❄ 📶). Grandes chambres au plancher de bois, service agréable, et petit-déjeuner convenable servi sur le toit-terrasse, au 8e niveau, font de cet hôtel spacieux un bon choix pour la nuit. On y organise aussi beaucoup de réceptions de mariage.

Lang Toi PRODUITS DE LA MER $$

(☎0296-372 7727 ; 33 Đ Tran Nhat Duat ; repas à partir de 100 000 d ; ⏲11h-22h). Dans ce restaurant sérieux, désignez dans les aquariums le poisson ou les fruits de mer de votre choix, qui vous seront servis grillés ou cuits à la vapeur avec diverses sauces.

Long Xuyen

0 — 200 m

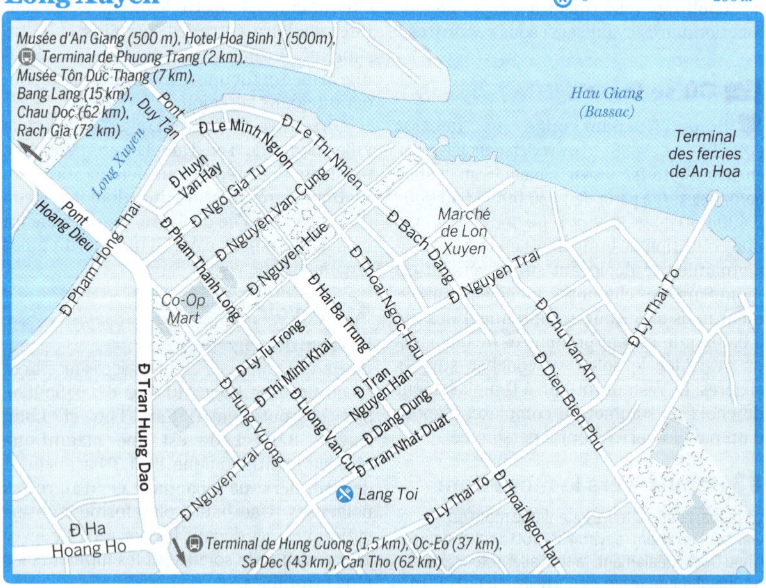

BUS AU DÉPART DE LONG XUYEN

DESTINATION	PRIX (D)	DURÉE	FRÉQUENCE	DISTANCE
Can Tho	50 000	1 heure 30	toutes les heures	62 km
Cao Lanh	50 000	1 heure 30	toutes les heures	46 km
Chau Doc	45 000	1 heure 30	toutes les heures	62 km
Hô Chi Minh-Ville	135 000	5 heures	toutes les heures	187 km
Rach Gia	85 000	2 heures	toutes les heures	72 km

Depuis/vers Long Xuyen

Les bus les plus confortables pour HCMV, Can Tho et Chau Doc sont ceux de **Phuong Trang** (www.futaexpress.com) et **Hung Cuong**, des compagnies qui disposent chacune de leur propre gare routière. Celui de Phuong Trang est à 2,5 km environ au nord du centre de Long Xuyen, et l'agence de Hung Cuong est à 1,5 km à peu près au sud, sur la route principale, Đuong Tran Hung Dao.

Cao Lanh

0277 / 160 000 HABITANTS

Ville nouvelle construite au milieu de la jungle et des marécages du Delta, Cao Lanh prospère grâce au commerce mais n'attire pas les touristes. La ville sert surtout de base pour explorer la forêt de Xeo Quyt et le parc national de Tram Chim (réserve ornithologique), tous deux accessibles en bateau, mais c'est aussi un endroit étonnamment agréable à parcourir à pied, et l'absence de touristes y est plaisante. Prévoyez de l'antimoustique, car les cas de dengue sont plus fréquents à Cao Lanh que dans les autres villes du Delta.

À voir

Van Thanh Mieu PARC

Au cœur de la ville, avec en son centre un lac dont la bordure topiaire reproduit la forme du Vietnam, ce grand parc verdoyant (4 ha) est un très bel endroit pour observer la vie locale, des exercices matinaux sur d'étranges appareils au scintillement des lumières du soir, quand les amoureux de la ville se retrouvent sur les bancs qui entourent le lac, en contemplant sagement l'eau. Il y a dans le parc un temple de la littérature confucéen, fondé en 1857.

Musée de Dong Thap MUSÉE

(162 Đ Nguyen Thai Hoc ; 7h30-11h30 et 13h30-17h). GRATUIT Ce musée compte parmi les meilleurs de la région du Mékong, bien que les commentaires en anglais soient limités. Au rez-de-chaussée de ce bel édifice sont exposées des pièces anthropologiques de la province de Dong Thap : outils, sculptures, maquettes de maisons traditionnelles, ainsi que quelques animaux empaillés et poissons en bocaux. Le 1er étage est consacré à l'histoire militaire du pays et, bien entendu, à Hô Chi Minh.

Monument aux morts MÉMORIAL

(Dai Liet Si). Situé à la lisière est de la ville près de la RN 30, c'est le monument le plus imposant de Cao Lanh. Dans le style du réalisme socialiste, la sculpture en béton représente un soldat médaillé tenant un bouquet de fleurs devant une immense étoile stylisée. Au dos, des cigognes symbolisent le Mékong.

Le parc alentour abrite les sépultures de 3 112 soldats viêt-cong morts au combat.

Tombeau de Nguyên Sinh Sac PARC, MAUSOLÉE

(Lang Cu Nguyen Sinh Sac ; en retrait de Đ Pham Huu Lau). Le mausolée du père de Hô Chi Minh, Nguyên Sinh Sac (1862-1929), est le joyau de ce joli parc de 9,6 ha, qui comprend une réplique de village historique composé de maisons en bois ; à l'intérieur, des mannequins évoquent des activités traditionnelles. La sépulture proprement dite est située sous un curieux sanctuaire évoquant un coquillage, derrière un bassin de lotus en forme d'étoile.

Bien que diverses plaques (en vietnamien) et brochures touristiques présentent Nguyên Sinh Sac comme un révolutionnaire, rien ne confirme qu'il ait participé à la lutte contre la colonisation. Le tombeau est peu visité par les Vietnamiens qui préfèrent largement, à côté du sanctuaire, le petit musée consacré à son fils Hô Chi Minh, se résumant à une collection de photos légendées en vietnamien.

Le parc est à la périphérie sud-ouest de la ville ; tournez à droite après la pagode Hoa Long et longez la clôture jusqu'à l'entrée.

Où se loger

Hoa Anh HÔTEL $

(☎0277-224 0567 ; hoaanhhotel@yahoo.com.vn ; 38 Đ Ly Tu Trong ; d/lits jum/tr 250 000/300 000/400 000 d ; ❄📶). Un hôtel bien tenu, à côté de la gare routière. Les chambres les moins chères sont des doubles proprettes un peu exiguës (avec une petite salle de bains) ; les chambres à lits jumeaux sont plus spacieuses et les triples peuvent accueillir une famille.

Huong Sen Hotel HÔTEL D'AFFAIRES $$

(☎091 945 3128 ; 18 Đ Vo Truong Toan ; ch 700 000 d ; ❄📶). Hôtel le plus chic de Cao Lanh et plus haut bâtiment de la ville, le Huong Sen surplombe le charmant parc Van Thanh Mieu. Les chambres sont petites et les lits un peu durs mais assez confortables. Une partie du personnel parle un peu anglais. Le café-bar adjacent est l'établissement le plus fréquenté de la ville le soir.

Où se restaurer et prendre un verre

Cao Lanh est réputée pour son *chuot dong* (rat des rizières), une spécialité locale à ne pas rater. Sa viande blanche tendre rappelle le poulet (ou la caille). Cela vous fera au moins un grand souvenir à raconter de retour chez vous.

Ngoc Lan VIETNAMIEN $

(☎0277-385 1498 ; 210 Đ Nguyen Hue ; plats à partir de 45 000 d ; ⏲8h-20h). Le "Magnolia" est un établissement lumineux et attrayant, où l'on sert un délicieux porc braisé en cocotte et des soupes de légumes. Il y a beaucoup de tables en terrasse pour les soirs où il fait chaud.

Cao Lanh

À voir

1 Musée de Dong Thap B3
2 Van Thanh Mieu B1

Où se loger

3 Hoa Anh C2
4 Huong Sen Hotel B1

Où se restaurer

5 Ngoc Lan C2
6 Spicy Noodles MYM C1

Où prendre un verre et faire la fête

7 Cau Vua Coffee A1

Transports

8 Gare routière de Cao Lanh C2

Cao Lanh

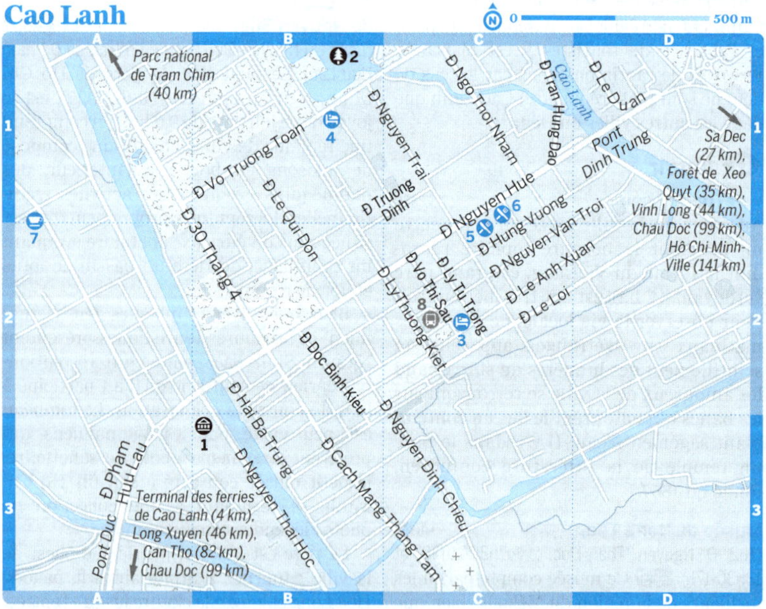

BUS AU DÉPART DE CAO LANH

DESTINATION	PRIX (D)	DURÉE	FRÉQUENCE	DISTANCE
Can Tho	55 000	2 heures 15	tlj	82 km
Chau Doc	60 000	3 heures 30	toutes les heures	99 km
Hô Chi Minh-Ville	105 000	3 heures 30	toutes les heures	141 km
Long Xuyen	50 000	2 heures	toutes les heures	46 km
Sa Dec	15 000	45 minutes	plusieurs par jour	27 km
Vinh Long	40 000	1 heure 15	plusieurs par jour	44 km

Illuminé par un grand panneau à LED rouges et vertes la nuit.

Spicy Noodles MYM NOUILLES $

(Mi Cay MYM ; ☎ 0277-388 7077 ; 224 Đ Nguyen Hue ; repas 18 000-99 000 d ; ⏲ 16h-20h). La spécialité de ce café fusion coréen est, vous l'aurez peut-être deviné, le riz épicé ("spicy") et les nouilles ("noodles") de tapioca immergées dans une soupe de crabe aux crevettes grillées, croquettes de poisson et porc : un *banh can cua* vietnamien version pays du Matin calme. Autres spécialités coréennes : les *gimbap* (sushis), les *tteokbokki* (gâteaux de riz dans une sauce au piment doux), le poulet frit à la citronnelle et les boissons au dessert.

Cau Vua Coffee CAFÉ

(angle Nguyen Thi Luu et Thien Ho Duong ; ⏲ 7h30-21h ; 📶). Avec une cour arborée, des sièges confortables dans le patio et une petite fontaine, c'est l'un des cafés les plus agréables pour savourer un *caphe sua da* (café au lait condensé glacé).

Depuis/vers Cao Lanh

Pratique, la **gare routière de Cao Lanh** (Ben Xe Cao Lanh ; 71/1 Đ Ly Thuong Kiet) est située dans le centre-ville.

Forêt de Xeo Quyt

La superbe **forêt de Xeo Quyt** (Xeo Quyt, Xeo Quit ; 20 000 d ; ⏲ 7h-16h30), également appelée Rung Tram, s'étend sur 52 ha près du village de My Hiep, à environ 35 km au sud-est de Cao Lanh. C'est un vaste marais protégé par une épaisse canopée de grands arbres et de lianes, où se cachent les vestiges de bunkers du Viêt-cong. Pendant la guerre du Vietnam, celui-ci possédait en effet une base ici, où une dizaine de généraux dirigeaient des opérations d'envergure depuis des bunkers souterrains. Cela à 2 km à peine d'une base militaire américaine ! Les Américains ne se doutèrent jamais que l'ennemi vivait à deux pas, et s'ils bombardaient régulièrement la forêt, les généraux viêt-cong demeuraient à l'abri.

Presque toute l'année, un **circuit en canoë** (15 000 d) de 20 minutes permet de découvrir les vieux bunkers et les anciens champs de mines, en faisant une boucle sous les arbres le long d'étroits canaux pleins de jacinthes d'eau (*luc binh*). L'expérience est mémorable, mais ne lésinez pas sur l'antimoustique. Un sentier parallèle aux canaux permet de pénétrer (si vous êtes assez menu) dans les bunkers des Viêt-cong en forme de L ou de Z, et d'admirer les petites trappes adroitement dissimulées qui leur permettaient de disparaître sous terre.

Un taxi depuis Cao Lanh coûte environ 800 000 d, temps d'attente compris.

Parc national de Tram Chim

Le **parc national de Tram Chim** (⏲ 7h 16h), également réserve ornithologique, se trouve à quelque 40 km au nord de Cao Lanh. Plus de 220 espèces d'oiseaux aquatiques y ont été répertoriées, dont la rare grue antigone à tête rouge (*Grus antigone sharpii*). Tram Chim a été classé site Ramsar des zones humides d'importance internationale en 2012.

Les grues nichent ici de décembre à mai ; de juin à novembre, elles migrent dans le nord-ouest du Cambodge. Pour les voir, il vous faudra consentir quelques efforts (physiques, de temps et d'argent) : Dong Thap Tourist, à Cao Lanh, organise des excursions (à partir de 350 000 d).

Sa Dec

☎0277 / 215 000 HABITANTS

Ancienne capitale de la province de Dong Thap, Sa Dec est une ville paisible aux rues bordées d'arbres et de villas coloniales décrépites, entourée de vergers et de marchés aux fleurs. Les **pépinières** (Cong Laang Hoa Sa Dec, Vuon Hoa ; 7h-17h) GRATUIT qui bordent les canaux se visitent. Elles sont particulièrement populaires juste avant le Têt, lorsque des bateaux sont chargés de fleurs.

Le principal site à visiter (mais cela ne vous prendra que 20 minutes) est l'**ancienne maison de Huynh Thuy Lê** (Nha Co Huynh Thuy Lê ; ☎093-953 3523 ; 225a Đ Nguyen Hue ; 30 000 d ; 8h-17h), une belle demeure de 1895, au bord du fleuve, où résidait Huynh Thuy Lê, le fils d'une riche famille chinoise avec qui Marguerite Duras eut en 1929, alors qu'elle n'avait que 15 ans, une liaison qu'elle immortalisa dans son roman *L'Amant*, porté à l'écran par Jean-Jacques Annaud en 1992. La pagode et le tombeau de Lê, ainsi que l'école où enseignait la mère de Marguerite Duras, apparaissent également dans le film. La maison est de style franco-chinois, avec à l'intérieur des boiseries sculptées, des portes incrustées de nacre, des meubles en bois massif et un carrelage d'origine, importé de France. Dans le hall d'entrée, on peut voir des photos de la famille Lê, de Marguerite Duras, et d'autres prises durant le tournage du film.

Sa Dec N 0 — 200 m

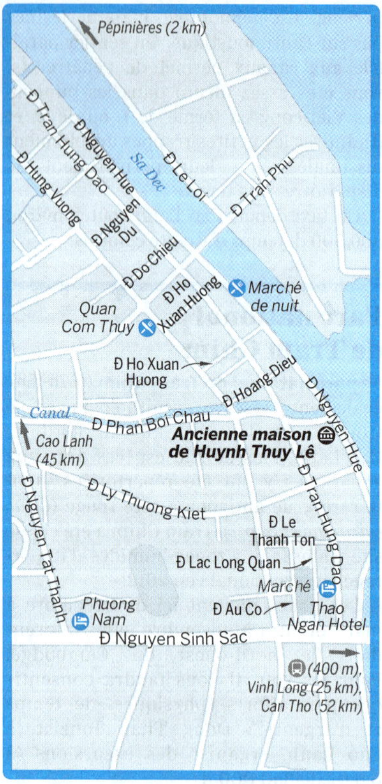

Où se loger et se restaurer

Thao Ngan Hotel HÔTEL $

(☎0277-377 4255 ; 4 An Duong Vuong ; ch à partir de 250 000 d ;). C'est le plus joli et le plus propre des hôtels de la ville, très central, à côté du marché. Un des réceptionnistes parle bien anglais.

Phuong Nam HÔTEL $

(☎0277-386 7867 ; www.khachsanphuongnam.com ; 384a Đ Nguyen Sinh Sac ; ch 250 000-500 000 d ;). Un mini-hôtel décent, situé dans l'artère principale. En majorité carrelées, les chambres sont équipées de lits vietnamiens rigides standards, et elles sont propres. L'aimable personnel parle un peu anglais.

Marché de nuit VIETNAMIEN $

(Đ Nguyen Hue ; repas environ 50 000 d ; 5h-22h). Au marché de nuit, très animé, au bord du fleuve, on trouve en soirée une série de restaurants à fondue, et des stands qui vendent toutes sortes de grillades.

Quan Com Thuy VIETNAMIEN $

(☎0277-386 1644 ; 439 Đ Hung Vuong ; plats 50 000-90 000 d ; 9h-21h). Une adresse réputée pour ses plats de viande et de riz, entre autres nombreuses spécialités locales, dont une anguille au riz en cassolette. Mobilier d'aluminium et salle vivement éclairée pour le cadre.

Depuis/vers Sa Dec

De la **gare routière** (Ben Xe Sa Dec ; RN 80), derrière l'hôpital, partent des bus fréquents pour Hô Chi Minh-Ville (60 000-95 000 d, 3 heures, toutes les heures), Vinh Long (15 000 d, 1 heure, plusieurs par jour) et Cao Lanh (15 000 d, 45 minutes, plusieurs par jour).

HORS DES SENTIERS BATTUS

OC-EO

Du Ier au VIe siècle, quand le sud du Vietnam et le sud du Cambodge faisaient partie du royaume cambodgien hindouiste du Funan, **Oc-Eo** (RN 943 ; 37 km au sud-ouest de Long Xuyen) était une cité importante, à la fois port et centre marchand de cette partie du delta du Mékong. À la fin des années 1990, le site fut fouillé (il ne l'avait pas été depuis 1945 quand des archéologues français, dont Louis Malleret, avaient dû interrompre leurs fouilles en raison du coup de force des Japonais en Indochine) par une équipe franco-vietnamienne, qui y trouva des squelettes dans des urnes funéraires, des bijoux en or, des armes et quantité de poteries, entre autres. Il ne reste pas grand-chose à part des fondations de bâtiments, mais la route de campagne qui y mène est très jolie.

Ce que l'on sait de cet empire, qui atteignit son apogée au Ve siècle, provient essentiellement de sources chinoises contemporaines et de fouilles réalisées à Oc-Eo, et à Angkor Borei, au Cambodge. Les fouilles ont prouvé que la cité entretenait des relations avec les actuelles Thaïlande, Malaisie et Indonésie, ainsi qu'avec la Perse et l'Empire romain.

Autour d'Oc-Eo, un système élaboré de canaux servait à l'irrigation et aux transports. Ainsi, les voyageurs chinois de l'époque purent écrire qu'ils avaient "navigué à travers le Funan" pour rejoindre la péninsule malaise. La plupart des constructions d'Oc-Eo étaient édifiées sur pilotis, et les vestiges révèlent le grand raffinement de cette civilisation. Les objets découverts sur le site sont exposés au musée d'Histoire et au musée des Beaux-Arts de Hô Chi Minh-Ville, ainsi qu'au musée d'Histoire de Hanoi.

Îles Con Dao

☎0254 / 7 400 HABITANTS

Isolées du continent, les îles Con Dao sont l'un des grands attraits du Vietnam. Longtemps bagne des prisonniers politiques et des indésirables, l'archipel éblouit aujourd'hui par sa beauté naturelle saisissante. Con Son, la plus grande de ce chapelet de 15 îles et îlots, est entourée de jolies plages, de récifs coralliens et de baies pittoresques, et demeure en partie couverte de forêts tropicales. On peut y randonner, plonger, explorer des routes côtières désertes et observer des animaux, notamment l'écureuil géant oriental et le gecko *Cyrtodactylus*, une espèce endémique.

Si Con Son a un air de paradis, elle a été un véritable enfer pour des millers de prisonniers qui y ont été enfermés dans une dizaine de prisons sous la colonisation française et le gouvernement sud-vietnamien soutenu par les États-Unis. De nombreux visiteurs vietnamiens sont d'anciens soldats emprisonnés sur l'île.

Jusqu'à récemment, peu d'étrangers visitaient Con Dao, mais cela est en train de changer avec le lancement de liaisons maritimes bon marché.

Histoire

Occupée à différentes époques par les Khmers, les Malais et les Vietnamiens, l'île de Con Son fut aussi l'un des premiers postes des Européens venus commercer dans la région. Les plus anciennes archives mentionnent l'arrivée d'un navire portugais en 1560. La Compagnie britannique des Indes orientales y eut un comptoir fortifié de 1702 à 1705. L'expérience s'acheva avec le massacre des Britanniques au cours d'une révolte des soldats makassar qu'ils avaient recrutés dans l'île indonésienne de Sulawesi (Célèbes).

Con Son possède une histoire politique et culturelle marquée. De nombreux héros révolutionnaires vietnamiens (dont nombre de rues portent aujourd'hui le nom) furent incarcérés sur l'île. Sous les Français, elle servit de prison pour les opposants politiques et fut tristement célèbre pour les tortures et les mauvais traitements infligés aux prisonniers. L'héroïne nationale Võ Thi Sáu (p. 434) fut exécutée ici en 1952.

En 1954, l'île fut reprise par le gouvernement sud-vietnamien, qui tira aussi parti de son isolement pour y détenir ses dissidents (dont des étudiants) dans des conditions effroyables.

Pendant la guerre du Vietnam, les forces américaines rejoignirent ici les Sud-Vietnamiens. Les États-Unis construisirent des prisons sur l'île et maintinrent les terribles "cages à tigres" (p. 433) jusqu'à ce que le magazine *Life* dévoile leur existence dans les années 1970.

Îles Con Dao

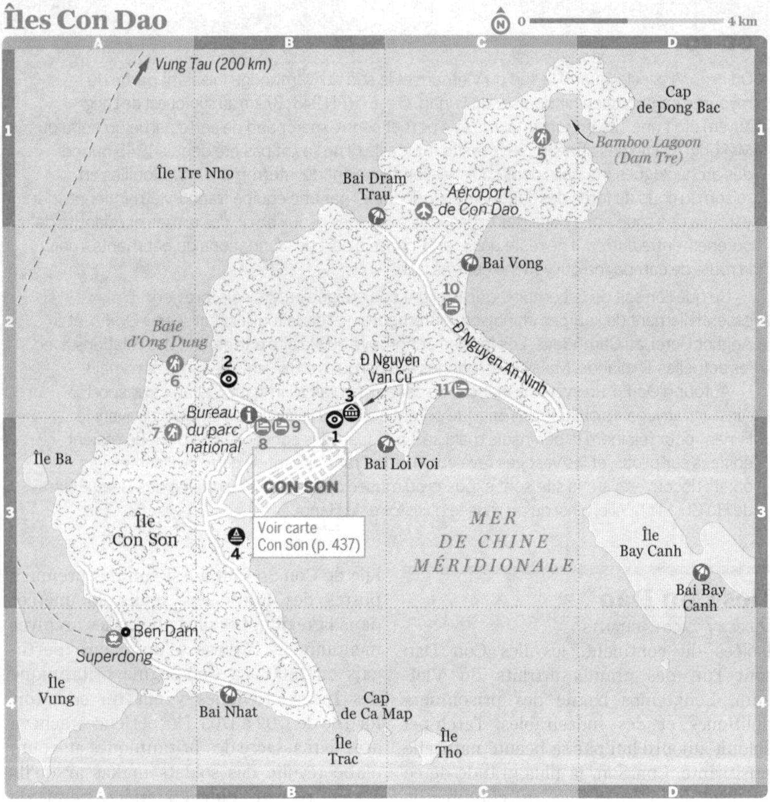

Îles Con Dao

À voir

1 Cemetière Hang Duong B3
2 Pont Ma Thien Lanh B2
3 Camp Phu Binh B2
4 Temple Van Son B3

Activités

5 Bamboo Lagoon C1
Kitty's Tours ....(voir 9)
6 Ong Dung Bay A2
7 Plantation de So Ray A3

Où se loger

8 LoCo Home B3
9 Mai Homestay B3
10 Poulo Condo Resort C2
11 Six Senses Con Dao C2

Ces dernières années, le nombre croissant d'habitants venus du continent et le secteur touristique dynamique exercent des pressions démographique et environnementale.

Quand partir

La période la plus sèche s'étend de novembre à février, mais la mer est plus calme entre mars et juillet. La saison des pluies va de juin à septembre. De septembre à novembre, les moussons du nord-est et du sud-ouest peuvent s'accompagner de vents violents. Septembre et octobre sont les mois les plus chauds, mais l'île reste relativement agréable grâce à la brise marine.

Depuis/vers les îles Con Dao

Vous avez le choix entre le ferry et l'avion ; réservez tôt si vous voyagez le week-end.

AVION

Plusieurs vols quotidiens entre Con Son et HCMV (78 $US l'aller) sont assurés conjointement par **Vasco** (carte p. 437 ; ☎ 038-330 330 ; Đ Ton Duc Thang) et Vietnam Airlines (www.vietnamairlines.com). Con Son est aussi reliée à Can Tho, dans le delta du Mékong, par un vol quotidien Vasco/Vietnam Airlines (à partir de 60 $US l'aller).

Le tout petit **aéroport de Con Dao** (aéroport de Co Ong ; carte page ci-contre ; ☎090-383 1540) est à 14 km du centre de la ville. Les grands hôtels proposent le transport gratuit depuis/vers l'aéroport. Les hôtels plus petits et les pensions utilisent un service de minibus collectif (50 000 d l'aller, réservez via votre hébergement), qui dépose et passe chercher les clients.

BATEAU

Les liaisons maritimes ne sont pas fiables ; quel que soit l'itinéraire, les traversées sont souvent annulées en cas de mer agitée. Tous les bateaux partent du port de Ben Dam, sur Con Son.

Un ferry quotidien **Superdong** (carte page ci-contre ; ☎029-9384 3888 ; superdong.com.vn ; port de Ben Dam) part à 7h ou 8h de Tran De, province de Soc Trang, dans le delta du Mékong (adulte/enfant 310 000/220 000 d, 2 heures 30). Il repart de Ben Dam à 13h ou 14h30. Le bateau n'étant pas très grand, la traversée peut être mouvementée.

De **vieux ferries** (carte page ci-contre ; en retrait de Đ Nguyen Hue ; 🕒7h30-11h et 14h-17h lun-sam) relient aussi l'île de Con Son à Vung Tau (sièges/couchettes 200 000/330 000 d) tous les 3 jours environ. L'équipement est très rudimentaire. La traversée prend 12 heures environ. Les bateaux quittent le port de Ben Dam à 17h. Les départs de Vung Tau se font également à 17h.

On peut acheter les billets auprès des agents de voyages et dans un bureau près du marché de Con Son – repérez l'enseigne **BQL Cang Ben Dam Huyen Con Dao** (carte p. 437 ; ☎0254-383 0619 ; Đ Vo Thi Sau ; 🕒8h-11h30 et 13h-17h).

Des navettes (50 000 d/pers) attendent les passagers des bateaux à Ben Dam pour les emmener à Con Son. En taxi, comptez 260 000 d.

À voir

Con Son ne ressemble à aucun autre endroit du pays. Avec ses rues exemptes de détritus, ses bâtiments municipaux bien entretenus et son atmosphère de paix et de prospérité, cette charmante petite capitale insulaire serait un décor de film historique idéal. C'est un plaisir de se balader sur la principale promenade du front de mer, Đuong Ton Duc Thang, bordée de villas de l'époque française, en ruine pour certaines, rénovées en boutique-hôtel pour d'autres. Non loin, le marché local (p. 438) s'anime entre 7h et 9h.

Bien sûr, l'apparente douceur de la ville est considérablement assombrie par la présence de prisons, de cimetières et autres rappels du rôle historique de l'île en tant que colonie pénitentiaire. À Con Son, les fantômes sont partout.

Ville de Con Son

Un seul et même billet (40 000 d) donne accès à toutes les anciennes prisons de Con Son et de ses environs, qui partagent les mêmes heures d'ouverture. Il est en vente au musée Bao Tang Con Dao, point de départ logique de vos visites, et qui vous permettra de mieux comprendre le contexte historique.

Cages à tigres ÉDIFICE HISTORIQUE
(carte p. 437 ; en retrait de Đ Nguyen Hue ; billet combiné 40 000 d ; 🕒7h-11h30 et 13h-17h). Les tristement célèbres "cages à tigres" furent construites par les Français en 1940 pour incarcérer près de 2 000 prisonniers politiques ; les États-Unis continuèrent à les utiliser dans les années 1960 et 1970. À travers les barreaux surmontant les 120 minuscules cellules, les gardes frappaient les prisonniers et les aspergeaient de chaux vive mélangée à de l'eau (ce qui provoquait brûlures et cécités).

Accessibles par une unique allée, les cages à tigres avaient été intentionnellement construites à l'écart de la prison principale, loin des regards. Le monde entier ignora leur existence jusqu'en 1970, quand Tom Harkin, membre d'une délégation du Congrès américain, visita Con Son et en rapporta la preuve des sévices infligés aux prisonniers. Harkin, qui avait entendu parler de ces geôles par un ancien détenu, parvint à s'écarter de la visite organisée et, à l'aide d'une carte qu'on lui avait fournie, découvrit derrière un potager les cages à tigres, qu'il prit en photo avec leurs occupants. Les images furent publiées dans le magazine *Life* en juillet 1970.

Prison de Phu Hai ÉDIFICE HISTORIQUE
(carte p. 437 ; en retrait de Đ Ton Duc Thang ; billet combiné 40 000 d ; 🕒7h-11h30 et 13h-17h). C'est la plus grande des 11 prisons de l'île, construite en 1862. Des milliers de prisonniers y étaient détenus ; jusqu'à 200 étaient entassés dans chaque bâtiment de détention. Sous les Français, tous les prisonniers, nus, étaient enchaînés les uns aux autres, une petite boîte servant de toilettes à des centaines de personnes. Comme on peut l'imaginer, les conditions étaient sordides et l'odeur était pestilentielle. Désormais, des mannequins émaciés plus vrais que nature permettent de se représenter la scène.

UNE ADOLESCENTE MARTYRE

À Con Son, quand souffle le vent du Nord, on peut souvent sentir de l'encens brûlant sur une tombe particulière du cimetière de Hang Duong (ci-dessous) : celle de Võ Thi Sáu, une icône nationale. Cette combattante de la résistance pendant l'occupation française s'était engagée en politique dès l'enfance. À l'âge de 14 ans, elle tua un capitaine français lors d'une attaque à la grenade et ne fut capturée que des années plus tard, après une seconde tentative d'assassinat. Võ Thi Sáu fut conduite à Con Son pour y être exécutée à l'âge de 19 ans.

Aujourd'hui, les pèlerins viennent brûler de l'encens et apporter des offrandes sur sa tombe, comme des miroirs, des peignes et du rouge à lèvres (pour symboliser sa mort précoce). Parfois il y a même des fruits et des plats de riz gluant et de porc. Si vous visitez le cimetière à minuit, vous trouverez autour de sa tombe une foule d'individus récitant des prières et laissant des offrandes. Les Vietnamiens estiment qu'il s'agit du meilleur moment pour rendre hommage à cette héroïne nationale et vénérer son esprit, car elle fut tuée aux premières heures du 23 janvier 1952. On peut aussi voir une statue de Võ Thi Sáu devant le quartier général de la police et visiter le petit **musée Võ Thi Sáu** (carte p. 437 ; Đ Le Duan ; billet combiné 40 000 d ; 7h-11h et 13h30-17h) dans la ville de Con Dao.

Au sein de l'immense complexe, prisonniers politiques et de droit commun étaient mélangés. Les salles "d'isolement", destinées aux prisonniers jugés particulièrement dangereux, pouvaient contenir jusqu'à 63 détenus, tellement serrés les uns contre les autres qu'ils n'avaient même pas la place pour s'allonger. L'église de la prison, bâtie sous les Américains, ne fut jamais utilisée.

Musée Bao Tang Con Dao — MUSÉE

(carte p. 437 ; Đ Nguyen Hue ; 10 000 d ; 7h-17h lun-sam). À travers plus de 2 000 pièces (dont de nombreux documents rares), dioramas, excellentes photographies et installations audiovisuelles modernes, ce musée impressionnant retrace l'histoire de l'île, notamment la colonisation française et, bien sûr, l'"époque des prisons". Accès inclus dans le billet touristique de Con Dao (40 000 d).

Cimetière de Hang Duong — CIMETIÈRE

(carte p. 432). Sur les quelque 20 000 prisonniers vietnamiens morts à Con Son, 1 994 reposent dans le paisible cimetière de Hang Duong, à la lisière nord-est de la ville. Seules 700 tombes portent le nom des victimes.

La plus célèbre héroïne du Vietnam, Võ Thi Sáu (ci-dessus), est enterrée ici. Elle fut la première femme fusillée par un peloton d'exécution à Con Son, le 23 janvier 1952.

Au loin derrière le cimetière, on aperçoit un immense monument représentant trois bâtons d'encens géants.

Temple Van Son — PAGODE BOUDDHIQUE

(carte p. 432 ; 6h-20h). GRATUIT Au sommet d'une colline à 1 km au sud-ouest du centre-ville, ce grand ensemble monastique bouddhique offre une belle vue sur la ville de Con Son, les îles au large et l'océan qui remplit l'horizon. Un escalier raide (d'une centaine de marches) mène aux pagodes de style traditionnel, chacune soutenue par d'épaisses colonnes en bois et coiffée d'un toit de tuiles élaboré.

Musée de la Révolution — MUSÉE

(carte p. 437 ; Đ Ton Duc Thang ; 7h-11h et 13h30-17h). GRATUIT Aménagé dans l'ancienne résidence du commandant français, ce musée renferme des expositions sur la résistance vietnamienne lors de la colonisation française, sur l'opposition communiste à la république du Vietnam et sur les traitements infligés aux prisonniers politiques. Il conserve aussi une peinture de Võ Thi Sáu (la tête haute face à la mort) et quelques animaux naturalisés : boas, lézards et singes.

Camp de Phu Binh — ÉDIFICE HISTORIQUE

(carte p. 432 ; billet combiné 40 000 d ; 7h-11h30 et 13h17h). À la lisière nord-est de la ville, cette prison construite par les Américains en 1971 comptait 384 cellules au toit de tôle rouillée, dans lesquelles la chaleur était infernale. Si les bâtiments d'origine sont toujours là, il n'y a plus grand-chose à voir aujourd'hui. Le Camp 7, comme il fut appelé jusqu'à sa fermeture en 1973, après que les actes de torture furent avérés, prit le nom de camp de Phu Binh après les accords de Paris, signés la même année.

Activités et circuits organisés

Pour plus d'informations sur les randonnées et les excursions en bateau dans les îles Con Dao, passez au bureau du parc national (p. 439), juste au nord-ouest de la ville de Con Son. L'entrée du parc coûte 60 000 d le jour et 100 000 d la nuit.

Des écologistes de Con Dao, qui accusent le personnel du parc national de ne rien faire pour protéger les tortues nicheuses et leurs œufs contre les braconniers, déconseillaient aux voyageurs de participer aux circuits d'observation des tortues. Si vous décidez d'y aller quand même, ces circuits de nuit coûtent environ 1 400 000 d par personne (moins pour un groupe de plus 2 personnes), montant qui inclut un guide anglophone mais pas la location du bateau. Une réduction de 50% est accordée si vous ne voyez aucune tortue.

La réservation s'effectue uniquement auprès du bureau du parc national. On voit très rarement des tortues nicheuses en dehors de la saison principale (fin juin à début septembre).

Kitty's Tours CIRCUITS
(carte p. 432 ; ☎ 090-990 2012 ; www.facebook.com/tripswithkitty ; Mai Homestay, Huynh Thuc Khang ; circuit demi-journée à partir de 400 000 d/pers). Née à Con Son et passionnée par son île, Kitty parle bien anglais et sait tout de la faune marine, de la botanique et de la culture locales. Le prix de ses excellents circuits dépend du nombre de participants ; les sorties de snorkeling commencent à 800 000 d par personne, location du bateau incluse.

Randonnée

Il y a beaucoup de randonnées à faire sur Con Son, dont l'intérieur des terres demeure en grande partie boisé. Pour entrer dans le parc national, un permis est nécessaire ; demandez-en un au bureau du parc (p. 439). Un guide (200 000-300 000 d) est aussi obligatoire pour certaines longues randonnées.

Bamboo Lagoon RANDONNÉE
(Dam Tre ; carte p. 432). Cet itinéraire, l'un des plus beaux de l'île, mène au Bamboo Lagoon en passant par une forêt épaisse, des mangroves et un torrent au sommet d'une colline. La baie est propice au snorkeling et il se peut que vous croisiez en chemin des écureuils noirs et des singes. La randonnée (1 heure 30) débute près de la piste de l'aéroport. Il faut un permis (délivré par le bureau du parc national), mais le guide n'est pas obligatoire. La première partie de la promenade (le long de la plage de Vong) étant très exposée, prévoyez de la crème solaire.

Plantation de So Ray RANDONNÉE
(carte p. 432). Une montée escarpée conduit aux anciennes plantations fruitières de So Ray : il faut suivre un sentier glissant mais bien balisé (bordé de panneaux informatifs sur les arbres et la faune sauvage) dans une forêt dense. Les anciens bâtiments de la plantation sont le fief d'un groupe de macaques crabiers sociables et offrent une vue imprenable sur la ville de Con Son et les autres îles Con Dao au-delà.

L'aller-retour prend environ 1 heure 30. Il faut un permis, mais le guide n'est pas obligatoire.

Baie d'Ong Dung RANDONNÉE
(carte p. 432). Cette randonnée difficile (environ 20 minutes dans chaque sens) traverse la forêt tropicale pour atteindre la baie d'Ong Dung. Elle débute à 2,5 km au nord-ouest de la ville, et en chemin, vous verrez le pont Ma Thien Lanh. La baie ne possède qu'une plage rocheuse, mais il y a un récif corallien à environ 300 m au large. Un lodge sur le rivage fournit du matériel de snorkeling (70 000 d), et des sorties en bateau vers l'île Tre Nho peuvent parfois être organisées. Cette randonnée ne nécessite pas de permis.

Plongée et snorkeling

Les plongeurs expérimentés qui connaissent bien le Vietnam vantent depuis longtemps l'environnement marin de Con Dao comme le mieux préservé du pays. Les eaux qui entourent les îles, officiellement protégées, foisonnent de coraux sains (des coraux table, corne de cerf et cerveau sont bien visibles). La faune marine comprend tortues vertes et tortues imbriquées, balistes, poissons-perroquets, mérous, seiches et quelques requins.

Cela dit, la situation pourrait être encore meilleure, la protection officielle étant faible. Certains capitaines de bateau jettent toujours l'ancre directement sur le récif et la pêche illégale affecte le nombre de poissons. Chaque jour, les écoles de plongée débarrassent les récifs des déchets et des filets abandonnés.

La plongée est possible toute l'année, mais les conditions et la visibilité sont considérées comme idéales de février à juin. De grosses tempêtes peuvent éclater en novembre et décembre. Les prix (environ 160 $US pour 2 plongées, matériel inclus) sont généralement plus élevés que sur le continent, mais l'expérience est aussi plus gratifiante.

Les épaves, dont un cargo de 65 m fourmillant de vie marine qui repose à 30-40 m de profondeur, offrent un gros potentiel aux plongeurs chevronnés.

Des sorties snorkeling bon marché sont proposées par certains hôtels et guides indépendants, mais on nous a rapporté que la pêche illégale au harpon était parfois pratiquée lors de ces excursions. Les excursions des écoles de plongée coûtent plus cher mais sont plus respectueuses de l'environnement.

Con Dao Dive Center PLONGÉE
(carte page ci-contre ; ☎090-3700 8483 ; divecondao.com ; Bar200, Đ Nguyen Van Linh ; ⏰7h30-22h fév-oct). Cours et formations PADI (Open Water 550 $US), ainsi qu'excursions de plongée (2 plongées 160 $US), de snorkeling et d'apnée. Rhys, le propriétaire, sera heureux de discuter avec vous des plongées et des autres activités possibles à Con Dao. Le centre est installé au Bar200 (p. 438).

Où se loger

La ville de Con Son compte nombre de pensions et de petits hôtels, et même une auberge de jeunesse. Mais l'affluence étant importante le week-end, mieux vaut réserver. L'offre est extrêmement limitée ailleurs sur l'île et les autres îles ne disposent d'aucun lieu d'hébergement. Les prix sont élevés : à peu près le double de ce que l'on s'attendrait à payer sur le continent.

Ville de Con Son

♥ Mai Homestay CHEZ L'HABITANT $
(carte p. 432 ; ☎096-862 0290 ; www.facebook.com/pg/maihomestaycondao ; Huynh Thuc Khang ; d 550 000 d ; ❄📶). Une maison à façade vitrée très accueillante, près du bureau du parc national. Les 8 jolies chambres sont agrémentées de touches sympathiques, notamment du carrelage de style vintage et des œuvres d'art sur les murs. Cuisine et espaces de détente à disposition. Kitty, la propriétaire, est née et a grandi à Con Dao. Elle organise d'excellents circuits et dispense de précieux conseils touristiques.

LoCo Home AUBERGE DE JEUNESSE $
(carte p. 432 ; ☎097-996 4089 ; loco-home-vungtau-vn.book.direct ; Đ Le Van Luong, en retrait de Đ Huynh Thuc Khang ; dort 8 $US, ch à partir de 22 $US ; ❄📶). Nouvel établissement apprécié de style auberge de jeunesse. On a le choix entre des dortoirs (hommes et femmes séparés, salles de bains communes) et de jolies chambres claires avec terrasse et salle de bains privative ; tous et toutes sont climatisés. Le couple accueillant qui dirige le lieu propose des excursions de pêche, de snorkeling et de camping. Cuisine commune, eau potable gratuite et petit-déjeuner.

Nha Nghi Thanh Xuan PENSION $
(carte page ci-contre ; ☎0254-383 0261, 0169 246 2751 ; 44 Đ Ton Duc Thang ; ch 365 000-500 000 d ; 📶). Une pension peinte en bleu marine. Bon matelas dans les chambres ; celles de l'étage sont spacieuses et lumineuses. Les propriétaires parlent très peu anglais.

Con Dao Resort HÔTEL $$
(carte page ci-contre ; ☎0254-383 0939 ; condaoresort.vn ; 8 Đ Nguyen Duc Thuan ; ch 66-100 $US ; ❄@📶🏊). En face d'une attrayante plage de sable, cet hôtel bénéficie d'un cadre tranquille. Chambres spacieuses et confortables ; dépensez plus pour avoir vue sur la mer. Personnel aimable et grande piscine. Petit-déjeuner principalement vietnamien.

Red Hotel HÔTEL $$
(carte page ci-contre ; ☎096-673 0079 ; red-vn.book.direct ; 17b Đ Nguyen An Ninh ; ch à partir de 24 $US ; ❄📶). Ce mini-hôtel vous place à proximité du marché de nuit et de nombreux restaurants. Chambres avec salle de bains privative (en eau chaude) et lits plutôt assez durs. Le personnel parle peu anglais mais est très serviable : il peut vous trouver des scooters à louer et organiser des excursions en bateau.

Trung Hau Hotel PENSION $$
(carte page ci-contre ; ☎0254-350 8869 ; 7 Đ Nguyen Van Linh ; ch 550 000-750 000 d ; ❄📶). Les chambres climatisées de ce petit hôtel possèdent du joli mobilier, des lits de qualité, de belles salles bains et, pour beaucoup, un balcon. Au nord-est de la ville. Il y a un ascenseur. Anglais presque pas parlé.

Con Son

Con Son

À voir

1 Musée Bao Tang Con Dao D1
2 Musée Võ Thi Sáu C2
3 Prison de Phu Hai C2
4 Musée de la Révolution B2
5 Cages à tigres D1

Activités

Con Dao Dive Center .... (voir 12)

Où se loger

6 Con Dao Resort A3
7 Nha Nghi Thanh Xuan B3
8 Red Hotel C1
9 Saigon Con Dao Resort C2
10 Trung Hau Hotel C1
11 Villa Maison Con Dao Boutique Hotel B2

Où se restaurer

12 Bar200 Con Dao B1
13 Marché de Con Son C2
14 Gia Minh C1
15 Infiniti Cafe & Lounge C1
16 Marché de nuit C1
17 Thu Ba B1
Villa Maison Con Dao Restaurant .... (voir 11)

Où prendre un verre et faire la fête

18 Cafe Le Condor B2

Transports

19 BQL Cang Ben Dam Huyen Con Dao C2
20 Vasco B3
21 Billetterie du ferry pour Vung Tau C2

Villa Maison Con Dao Boutique Hotel BOUTIQUE-HÔTEL $$$
(carte ci-dessus ; ☎ 0254-383 0969 ; www.villamaisoncondaoboutiquehotel.com ; 46 Đ Nguyen Hue ; ch avec petit-déj à partir de 75 $US ; ❄ 📶). Dirigé par un jeune couple vietnamien dynamique et attentionné (qui a travaillé dans des resorts 5 étoiles), ce remarquable hôtel est aménagé dans une villa de l'époque coloniale. Confort, style, espace et emplacement central sont ses autres atouts. Le spectaculaire lobby, orné de mobilier tendance et d'œuvres d'art contemporain, fait aussi fonction de salle à manger et de bar (pour des repas et cocktails mémorables). Les 8 chambres sont impeccables.

Saigon Con Dao Resort HÔTEL $$$
(carte ci-dessus ; ☎ 0254-383 0155 ; www.saigoncondao.com ; 18 Đ Ton Duc Thang ; ch 85-135 $US, ste à partir de 195 $US ; ❄ @ 📶 🏊). Cet immense complexe hôtelier occupe

plusieurs bâtiments de l'époque coloniale française sur le front de mer et à l'écart. Une aile chic (mais onéreuse) avec piscine et hébergements plus anciens, un peu négligés, est principalement réservée aux vétérans de passage.

Ailleurs sur l'île

Six Senses Con Dao COMPLEXE HÔTELIER $$$
(carte p. 432 ; 0254-383 1222 ; www.sixsenses.com ; plage de Dat Doc ; villas à partir de 651 $US ;). Cet hôtel bénéficie d'un cadre idyllique, sur la plus belle plage de l'île, à 4 km au nord-est de la ville de Con Son. Associant styles contemporain et rustique chic, la cinquantaine de villas en bois, face à l'océan, ont toutes une piscine et une baignoire géante. Un café décontracté et un restaurant près du rivage permettent de se restaurer. Au spa, les soins ayurvédiques sont dispensés dans des espaces intérieurs et extérieurs. Séances de yoga et de méditation menées par des professionnels. Plongée, voile et treks possibles sur demande.

Poulo Condo Resort HÔTEL $$$
(carte p. 432 ; 0254-383 1500 ; www.poulocondorresort.com ; plage de Vong ; ste 240-355 $US, villas à partir de 410 $US ;). Un superbe nouvel hôtel de style colonial français dans le nord de l'île, à côté de la belle plage de Vong. Les somptueuses suites disposent de lits à baldaquin, et les villas ont toutes piscine et vue sur la mer. La grande piscine à débordement est magnifique et vous adorerez les jardins tropicaux, le restaurant et le spa.

Navette gratuite pour la ville de Con Son et l'aéroport. Vélos et kayaks à disposition.

Où se restaurer

La plupart des restaurants de Con Son sont adaptés aux goûts locaux (classiques vietnamiens, produits de la mer...), mais on trouve aussi quelques adresses occidentales. Pour un repas spécial, le Six Senses Con Dao et le Poulo Condo Resort sont d'excellents choix.

Si votre budget est serré, vous mangerez pour pas cher au **marché de nuit** (carte p. 437 ; en-cas 20 000-90 000 d ; 17h-22h), autour de l'intersection de Đuong Tran Huy Lieu et de Đuong Nguyen An Ninh.

Gia Minh VIETNAMIEN $
(carte p. 437 ; 038-356 8789 ; www.giaminhbistro.com ; Đ Nguyen Van Linh ; repas 50 000-350 000 d ; 10h-22h ;). Un chef accompli dirige cette remarquable nouvelle adresse en périphérie de la ville. Les nouilles faites à la main, sa spécialité, sont disponibles dans de multiples versions délicieuses, la plupart proposées à 50 000 d environ. Il y a un grand choix pour les végétariens, qui mangent ici très bien. Également : fondues (à partir de 180 000 d), cuisine occidentale (aussi à partir de 180 000 d), ainsi que vins de prune et d'ananas maison.

Marché de Con Son VIETNAMIEN $
(carte p. 437 ; Đ Vo Thi Sau ; repas 15 000-25 000 d ; 6h-17h). Une bonne adresse pour le petit-déjeuner, avec de délicieuses nouilles et crêpes à petits prix. Vous pouvez aussi vous y approvisionner en fruits et en-cas.

Villa Maison Con Dao Restaurant INTERNATIONAL $$
(carte p. 437 ; 0254-383 0969 ; www.villamaisoncondaoboutiquehotel.com ; 46 Đ Nguyen Hue ; plats 140 000-320 000 d ; 10h30-22h ;). Ce restaurant d'hôtel, au cadre merveilleusement détendu et élégant, est dédié au saveurs asiatiques, avec notamment la salade de fruits de mer de Con Dao (320 000 d) ou encore les plats cuisinés en marmites d'argile (190 000 d). La longue carte des vins, proposés au verre pour certains, est complétée de superbes cocktails, avec ou sans alcool. En général musique classique ou jazz en fond sonore.

Thu Ba PRODUITS DE LA MER $$
(carte p. 437 ; 0254-383 0255 ; Đ Vo Thi Sau ; repas 80 000-230 000 d). Le Thu Ba est réputé pour ses produits de la mer (jetez un coup d'œil dans les bassins près de l'entrée) et ses fondues. L'aimable propriétaire, qui parle anglais, sera heureux de vous faire des suggestions parmi les produits frais de saison.

Bar200 Con Dao CAFÉ $$
(carte p. 437 ; divecondao.com ; Đ Nguyen Van Linh ; repas 120 000-220 000 d ; 10h-14h et 17h-22h ;). Un établissement populaire, excellente adresse pour un café (expresso ou cappuccino par exemple) ou un smoothie. On y sert aussi des classiques occidentaux, notamment copieux petits-déjeuners, burgers, pizzas et sandwichs. Après la tombée de la nuit, bières et cocktails coulent à flots. La sympathique équipe, mine d'informations sur l'île, peut vous aider à organiser des excursions.

Infiniti Cafe & Lounge CAFÉ $$
(carte p. 437 ; Đ Pham Van Dong ; repas 100 000-190 000 d ; ⏲7h-22h ; 📶). Ce café-bar branché, au mobilier de récupération et à la charmante terrasse sur le trottoir, se démarque par son ambiance arty. La carte n'est en revanche pas terrible : sandwichs trop chers, nourriture occidentale (pizza et pâtes) et plats principaux au poulet ou au bœuf teriyaki médiocres.

Où prendre un verre et faire la fête

Cafe Le Condor CAFÉ
(carte p. 437 ; Đ Nguyen Hue ; ⏲6h30-22h45 ; 📶). Ce café cool, tout de bois et de béton, passe des playlists bien choisies d'artistes vietnamiens acoustiques et indé. On y sert le meilleur café de l'île, notamment infusé à froid, ainsi que thés, smoothies et cocktails.

Renseignements

Bureau du parc national (carte p. 432 ; ☎098-383 0669, 0254-383 0669 ; www.condaopark.com.vn ; 29 Đ Vo Thi Sau ; ⏲7h-11h30 et 13h30-17h). À 1 km au nord-ouest de la ville de Con Son, ce bureau fournit des informations sur les excursions d'île en île et d'observation des tortues. Prenez un polycopié gratuit sur les randonnées à faire sur l'île ; certains sentiers sont dotés de panneaux informatifs en anglais et en vietnamien. On trouve aussi sur place une exposition sur la forêt et la vie marine locales, les menaces environnementales et les activités de préservation.

Vietin Bank (carte p. 437 ; Đ Le Duan ; ⏲8h-14h lun-ven, 8h-12h sam). DAB, mais pas de change de devises étrangères.

Comment circuler

On peut organiser la visite des îles en bateau dans les hôtels et au bureau du parc national. Un bateau de 12 places coûte 2 300 000 à 5 000 000 d environ par jour, selon les haltes souhaitées. Des pêcheurs locaux proposent aussi des excursions, mais mieux vaut bien négocier le prix.

C'est l'une des meilleures destinations au Vietnam pour le vélo, avec peu de circulation, pas de pollution et de bonnes routes goudronnées. La seule route principale relie l'aéroport, dans le Nord, à Ben Dam, dans le Sud, en passant par la ville de Con Son.

La plupart des hôtels louent des scooters pour 6 $US par jour. Des vélos sont aussi à louer pour 2 $US par jour. Il y a de bons itinéraires cyclables sur la côte, par exemple entre la ville de Con Son et Bai Nhat, puis jusqu'au petit village de Ben Dam. Les montées et les descentes sont assez douces. Faites très attention aux vents violents autour de Mui Ca Map (au sud de la ville de Con Son).

Il y a sur l'île de Con Son plusieurs **taxis** (☎0264-361 6161). Les tarifs au compteur étant élevés, négociez un prix fixe pour les destinations en dehors de la ville de Con Son.

Siem Reap et les temples d'Angkor (Cambodge)

Dans ce chapitre ➡

Le top des temples à voir à l'aube

- Angkor Vat (p. 451)
- Phnom Bakheng (p. 457)
- Pre Rup (p. 458)
- Sra Srang (p. 457)

Le top des restaurants de Siem Reap

- Cuisine Wat Damnak (p. 448)
- Marum (p. 447)
- Pou Kitchen (p. 448)
- Spoons Cafe (p. 447)
- Village Cafe (p. 448)

Pourquoi y aller

Nul autre ensemble architectural édifié de main humaine ne recèle autant de merveilles, qu'il s'agisse du plus grand édifice religieux du monde – Angkor Vat –, du plus étrange – Bayon – ou du temple Ta Prohm, majestueux vestige noyé dans une jungle exubérante. Ces sites sont un lieu de pèlerinage pour les Khmers, et quiconque voyage dans la région ne saurait se dispenser de les voir.

Tout près d'Angkor, Siem Reap, porte d'accès aux temples, est une ville en pleine expansion qui ne manque pas d'attraits.

Si Angkor et le chic moderne de Siem Reap ont de quoi impressionner, le vrai trésor du Cambodge tient à ses habitants : quoique revenus de l'enfer, les Khmers n'ont en effet rien perdu de leur naturel aimable, rendant les contacts privilégiés.

Quand partir

Siem Reap

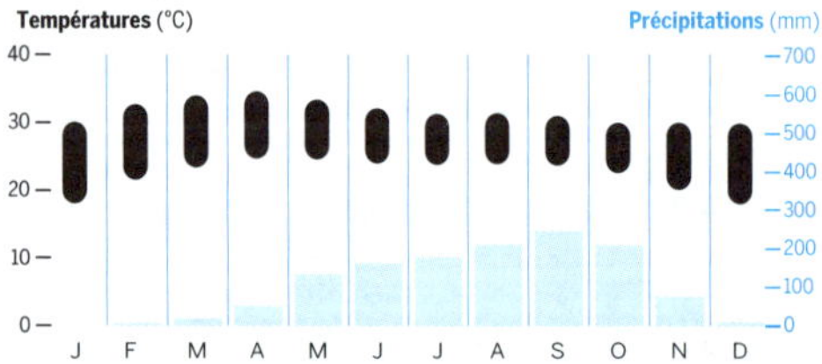

Nov-fév Humidité faible, peu de pluie et des brises fraîches. C'est la saison la plus touristique.

Mars-juin Les températures augmentent. En mai et juin vient la mousson.

Juil-oct C'est la saison des pluies : Angkor se pare d'une végétation luxuriante.

À ne pas manquer

1. Un lever du soleil inoubliable sur le plus grand édifice religieux au monde, **Angkor Vat** (p. 451)
2. La sérénité et la splendeur de **Bayon** (p. 453) avec ses 216 mystérieux visages qui vous fixent à travers la jungle
3. Les ruines de **Ta Prohm** (p. 456), où la nature a lentement repris ses droits
4. Les sculptures délicates du temple de **Banteay Srei** (p. 457), sans doute le plus beau d'Angkor
5. Un fabuleux spectacle de **Phare, le Cirque du Cambodge** (p. 449)
6. La visite au **Musée national d'Angkor** (ci-dessous) pour découvrir la civilisation khmère et la majesté d'Angkor

Siem Reap et ses environs

063 / 195 000 HABITANTS (VILLE)

Porte d'entrée vers les temples d'Angkor, 8 km plus au nord, et indispensable à la survie du site, Siem Reap (*si*-èm ri-*èp* ; សៀមរាប) a toujours connu un destin privilégié. Si elle sert naturellement de base arrière pour visiter Angkor, la ville ne manque pas d'intérêts, et offre aux visiteurs l'embarras du choix en matière d'hébergements, des auberges de jeunesse festives aux hôtels branchés. Épicentre du chic cambodgien, elle combine excellents restaurants, somptueux spas, nombreuses boutiques, circuits de découverte pour gourmets ou aventuriers, et une scène culturelle dynamique.

À voir

Musée national d'Angkor MUSÉE
(សារមន្ទីរជាតិ អង្គរ ; 063-966601 ; www.angkornationalmuseum.com ; 968 bd Charles-de-Gaulle ; adulte/enfant -1,20 m 12/6 $US ; 8h30-18h, 8h30-18h30 1er oct-31 mars). Impossible de manquer cet ensemble imposant sur la route menant à Angkor. Ce musée moderne recourant aux toutes dernières technologies constitue une remarquable présentation, tant de la civilisation khmère que de la majesté du sanctuaire. Au fil des galeries, les collections sont organisées par époque, religion et règne. Après une courte introduction, les visiteurs pénètrent dans la "galerie des Mille Bouddhas", riche d'un bel ensemble de statues. Parmi les autres collections figurent celles consacrées aux périodes préangkoriennes Funan et Chenla, aux grands souverains khmers, à Angkor Vat, à Angkor Thom et aux inscriptions.

Centre des visiteurs Apopo CENTRE D'INFORMATION
(មជ្ឈមណ្ឌលទស្សនាអាប៉ូប៉ូ ; 081 599237 ; www.apopo.org ; Koumai Rd ; 5 $US ; 8h30-17h30

lun-sam). Venez découvrir les héros qui aident le Cambodge à se débarrasser de ses mines antipersonnel : des rats presque aveugles, originaires de Gambie et à l'odorat surdéveloppé, entraînés par l'organisation Apopo à détecter les explosifs encore enfouis dans la campagne cambodgienne. Le centre permet de présenter l'organisation, avec un petit film à l'entrée et la possibilité de faire la connaissance de ces petits animaux.

Artisans Angkor – Les chantiers écoles CENTRE ARTISTIQUE

(អាទីសង់អង្គរ ; www.artisansdangkor.com ; 7h30-18h30). GRATUIT Avec les Artisans d'Angkor, Siem Reap est au cœur du projet éducatif des "chantiers écoles" lancé en 1992 par le gouvernement cambodgien pour redynamiser la culture traditionnelle, largement mise à mal par les Khmers rouges et les années d'instabilité qui ont suivi leur accession au pouvoir. Son but est aussi social, et c'est à de jeunes Cambodgiens défavorisés que sont enseignées sculpture sur bois et sur pierre, peinture sur soie traditionnelle et fabrication d'objets laqués, entre autres compétences. Chaque jour, de 7h30 à 18h30, lors de visites guidées gratuites, ces techniques traditionnelles sont expliquées au public. Dans une petite rue, l'école est bien indiquée depuis la rue Sivatha.

Cambodia Landmine Museum MUSÉE

(សារមន្ទីរគ្រាប់មីនកម្ពុជា និងមូលនិធិសង្គ្រោះ ; www.cambodialandminemuseum.org ; NH67 ; 5 $US ; 7h30-17h). Établi par Aki Ra, démineur autodidacte, ce musée met en lumière le fléau des mines antipersonnel au Cambodge. Il comprend une collection de mines, de mortiers et d'armes de guerre, et présente la reconstitution d'un faux champ de mines où les visiteurs peuvent essayer de localiser les mines désactivées. Les revenus générés par le musée financent des campagnes de sensibilisation au problème des mines antipersonnel. Il se situe à environ 25 km de Siem Reap, près du temple de Banteay Srei.

Banteay Srei Butterfly Centre RÉSERVE DE PAPILLONS

(សួនមេអំបៅបន្ទាយស្រី ; www.angkorbutterfly.com ; NH67 ; adulte/enfant 5/2 $US ; 9h-17h). La réserve de papillons de Banteay Srei est l'une des plus vastes d'Asie du Sud-Est, avec plus de 30 espèces de papillons cambodgiens voltigeant dans les airs au sein d'un espace entièrement clos. C'est une visite intéressante pour les enfants, qui peuvent observer tout le cycle de croissance, de l'œuf au papillon en passant par la chenille et le cocon.

Vat Bo TEMPLE BOUDDHIQUE

(វត្តបូ ; Tep Vong St ; 6h-18h). GRATUIT C'est l'un des temples bouddhiques les plus anciens de la ville. Il renferme une collection de peintures murales bien préservées de la fin du XIXe siècle, représentant des scènes du *Reamker*, la version cambodgienne du *Ramayana*. Des moines y chantent parfois entre 16h30 et 18h, une expérience particulièrement envoûtante si vous visitez le temple à ce moment-là.

Preah Ang Chek Preah Ang Chorm SANCTUAIRE BOUDDHIQUE

(ព្រះអង្គចេក ព្រះអង្គចម ; Jardins royaux ; 6h-22h). GRATUIT Juste à l'ouest de la résidence royale, le sanctuaire abrite des statues présumées de deux princesses angkoriennes. Elles ornaient à l'origine la galerie Preah Poan d'Angkor Vat, et ont été plusieurs fois déplacées pour les protéger des envahisseurs, avant d'être installées dans ce sanctuaire, en 1990. Les habitants, notamment les jeunes mariés, y affluent pour prier. Il s'en dégage une atmosphère unique, surtout en fin de journée, quand l'air s'emplit de volutes d'encens.

Les grands arbres des Jardins royaux, à côté du sanctuaire, abritent une colonie de roussettes qui s'envolent au coucher du soleil afin de chasser les insectes pour leur repas.

Activités

Bodia Spa SPA

(063-761593 ; www.bodia-spa.com ; Pithnou St ; massage de 1 heure 24-36 $US ; 10h-minuit). Près du Psar Chaa (vieux marché), ce spa sophistiqué propose un large éventail de gommages, massages et traitements naturels. Il dispose de sa propre ligne de produits à base d'herbes.

Cambo Beach Club BAIGNADE

(087 466616 ; www.cambobeachclub.com ; village de Steung Thmey ; 3 $US/pers ; 9h-22h ;). Disposant de la seule plage de Siem Reap, le Cambo Beach Club est l'endroit parfait pour se détendre, en journée ou en soirée. Au centre se trouve une immense piscine, avec des fauteuils poire flottants et un grand plongeoir. On peut aussi s'y restaurer (les travers de porc du Dancing Pig sont

un délice), et regarder des matchs à l'Underdog Sports Bar, ouvert tard le soir.

Angkor Wat Putt GOLF
(☎012 302330 ; www.angkorwatputt.com ; commune de Chreav ; adulte/enfant 5/4 $US ; 8h-20h). Ce minigolf aux couleurs locales est bien différent des terrains de golf que l'on peut trouver ailleurs. Les obstacles sont ici de jolis temples miniatures, et l'on remporte une bière en marquant du premier coup. Récemment relogé dans un endroit un peu plus isolé, c'est un lieu agréable où passer un bon moment.

Boeng Pearaing OBSERVATION DES OISEAUX
(☎085 303050 ; www.pearaing.org ; 10 $US, supplément à prévoir pour le bateau ; 6h-18h). Ce site d'ornithologie récent se situe juste au sud du lac Tonlé Sap. Là se trouve un réservoir naturel où l'on peut observer un grand nombre de pélicans rares, de cigognes et d'ibis. Facile d'accès, à une demi-heure au sud de Siem Reap et à un tarif raisonnable, c'est une bonne alternative au sanctuaire d'oiseaux de Prek Toal. L'argent récolté contribue à la préservation du site, localement géré.

Peace Cafe Yoga YOGA
(carte p. 452 ; ☎063-965210 ; www.peacecafeangkor.org ; Siem Reap River Road East ; 6 $US/session). Ce centre socioculturel animé, doublé d'un café, propose des séances de divers styles de yoga (comme ashtanga et hatha) matin et soir.

Seeing Hands Massage 4 MASSAGES
(☎012 836487 ; 324 Sivatha St ; salon avec ventil/clim 5/7 $US). Seeing Hands forme des masseurs aveugles. Méfiez-vous des imitateurs, qui exploitent parfois les non-voyants.

Cours

Rehash Trash RECYCLAGE CRÉATIF
(www.greengeckoproject.org ; Sombai Rd ; 8-30 $US ; 9h-17h). Contribuez au combat local contre la pollution plastique en participant à l'un des ateliers de recyclage organisés par Rehash Trash. Apprenez à fabriquer un bracelet de l'amitié ou un dessous-de-verre en deux heures, ou optez pour un cours complet de huit heures durant lesquelles vous confectionnerez un grand panier ou des dessous-de-plat. On trouve aussi une boutique sur place vendant de jolis objets colorés.

Lily's Secret Garden COURS DE CUISINE
(☎016 353621 ; www.lilysecretgarden.com ; près de Sombai Rd ; 25 $US/pers ; 9h-13h et 15h-19h). Ces ateliers de cuisine en immersion ont lieu dans une maison traditionnelle cambodgienne en périphérie de Siem Reap. Les cours du matin et de l'après-midi se terminent par un repas de 3 plats. Le tarif comprend l'aller-retour entre le **Hard Rock Cafe** (☎063-963964 ; www.hardrock.com/cafes/angkor ; Siem Reap River Rd East ; 11h-minuit ;), au centre-ville, et le “jardin secret”, dont l'adresse doit rester confidentielle !

Circuits organisés

Off Track Tours CIRCUITS À VÉLO OU À MOTO
(☎093 903024 ; https://offtrackcambodia.com/ ; Taphul St ; circuit 35-60 $US). Roulez pour la bonne cause, à vélo ou à moto, sur les sentiers d'Angkor et dans la campagne au-delà du Baray occidental (un immense réservoir d'Angkor). Les bénéfices sont reversés à “Khmer for Khmer Organization”, qui finance l'éducation et la formation professionnelle.

Sam Veasna Center OBSERVATION DES OISEAUX
(SVC ; ☎092 554473 ; www.samveasna.org ; St 26 ; à partir de 100 $US/pers). Dans le quartier du Vat Bo à Siem Reap, ce centre fait autorité pour l'observation des oiseaux au Cambodge. Il emploie des guides anglophones bien formés et dispose de longues-vues, de campements et de postes d'observation dans tout le nord du pays. S'appuyant sur l'écotourisme, il assure un revenu aux communautés locales qui renoncent en contrepartie à chasser certaines espèces et à déboiser les forêts.

Siem Reap Food Tours CIRCUITS GASTRONOMIQUES
(☎012 505542 ; www.siemreapfoodtours.com ; 75 $US/pers). Créés par un auteur culinaire américain et un chef écossais chevronné, ces circuits promettent toujours de belles rencontres malgré le départ de leurs fondateurs. Les circuits du matin passent par des marchés et des stands de *naom bantchok* (épaisses nouilles de riz) du village de Preah Dak. Ceux du soir vous feront découvrir stands de rue et restaurants de grillades.

Siem Reap

0
500 m
A
B
C
D
1
2
3
4
5
6
7
0
100 m
St 7
33
The Lane
38
5
Pithnou St
Pub St
32
35
The Alley
'Alley West'
19
St 9
28
37
25
9
21
15
29
Pokambor Ave
44
Agrandissement
16
Sivatha St
Musée national d'Angkor
1
Airport Rd (NH6 West)
NH6
Jardins royaux
3
Charles de Gaulle Blvd
Office du tourisme
24
St 17
Wat Bo Rd
/station de taxis (1,7 km)
NH6
Taphul St
Cambo Beach Club (250 m), Hideout Hostel (500 m)
11
Sivatha St
Oum Khun St
St 3
Oum Chhay St
St 5
St 14
Pokambor Ave
Siem Reap River Rd
St 20
10
St 21
6
17
Tep Vong St
50
8
49
23
22
31
Hup Guan St
Central Market St
45
46
48
12
Tep Vong St
Pithnou St
St 22
4
41
34
St 23
Voir agrandissement
Sivatha St
St 24
St 25
39
Artisans Angkor – Les Chantiers Écoles
Sok San Rd
St 26
Wat Bo Rd
47
Stung Thmei St
2
42
26
Pokambor Ave
43
St 27
7
36
Siem Reap
51
20
Psar Krohm St
27
7 Makara St
14
Tonlé Sap Rd
Phare, le Cirque du Cambodge (2 km)
40
30
18
Rehash Trash (650 m)
13

Siem Reap

Les incontournables
1 Musée national d'Angkor D1
2 Artisans Angkor – Les chantiers écoles A6

À voir
3 Preah Ang Chek Preah Ang Chorm C2
4 Vat Bo D5

Activités
5 Bodia Spa B1
6 Off Track Tours A4
7 Sam Veasna Center D6
8 Seeing Hands Massage 4 .... A4

Où se loger
9 1920 Hotel B2
10 Babel Guesthouse D3
11 Mad Monkey B3
12 Onederz Hostel A4
13 Pomme C7
14 Rambutan Resort B6
15 Shadow of Angkor Residence B2

Où se restaurer
16 Café de l'école de pâtisserie du Bayon B2
17 Bugs Cafe A4
18 Cuisine Wat Damnak D7
19 Gelato Lab A2
20 Jomno B6
21 Le Malraux B2
22 Little Red Fox B4
23 Mamma Shop B4
24 Marum D2
25 New Leaf Book Cafe B1
26 Pot & Pan Restaurant A6
27 Pou Kitchen B6
28 Psar Chaa A2
29 Sister Srey Cafe B2
30 Spoons Cafe C7
31 Village Cafe B4

Où prendre un verre et faire la fête
32 Angkor What? A1
33 Asana Wooden House A1
34 Barcode C5
35 Beatnik Bar A2
36 Hard Rock Cafe B6
37 Laundry Bar B2
38 Miss Wong A1
39 Score! A5

Où sortir
40 Bambu Stage B7

Achats
41 Marché de nuit d'Angkor A5
42 Artisans Angkor A6
43 Made in Cambodia Market C6
44 Psar Chaa A2
45 Soieries du Mekong B4
46 trunkh B4

Transports
47 Capitol Tours A6
48 Giant Ibis A4
49 Green e-bikes B4
50 Mekong Express B4
51 Virak Buntham A6

Siem Reap

Vespa Adventures CIRCUITS EN VESPA
(☎012 861610 ; www.vespaadventures-sr.com ; 75-126 $US/pers). La Vespa moderne, plus confortable que le type de moto standard que l'on trouve habituellement à louer, est un moyen agréable pour partir à la découverte des temples et de la campagne ou faire des virées le soir dans Siem Reap, en compagnie d'excellents guides locaux.

Où se loger

Hideout Hostel AUBERGE DE JEUNESSE $
(carte p. 452 ; ☎086 418606 ; www.hideouthostels.asia/siem-reap ; Rose Apple Rd ; dort 3-6 $US, ch 10-20 $US/pers ; ❄@📶≈). Hideout fait partie des nombreuses auberges de jeunesse d'un très bon rapport qualité/prix qui ont récemment fleuri à Siem Reap. Les lits en dortoir sont très bon marché, et les chambres chics pour le prix, certaines bénéficiant même de baignoires. Accès gratuit à la piscine, et deux bières gratuites à partir de 19h : que demander de plus ?

Onederz Hostel AUBERGE DE JEUNESSE $
(☎063-963525 ; onederz.com ; rue du marché de nuit d'Angkor ; dort 5,50-9,50 $US, ch 20-33 $US ; ❄@📶≈). Récompensée par plusieurs "Hoscars" (attribués par Hostelworld), voici l'auberge de jeunesse la plus classe de Siem Reap. Elle compte notamment un immense bar-café au rez-de-chaussée, où se croisent les visiteurs de passage à Siem Reap. Les lits en dortoir sont un peu plus chers que dans d'autres auberges, mais le prix inclut l'accès à la piscine sur le toit.

Pomme AUBERGE DE JEUNESSE $
(www.facebook.com/pommesiemreap ; Salakamreuk Rd ; dort 5-8 $US ; ❄📶). Située dans une spacieuse demeure en bois cambodgienne, avec un jardin tropical luxuriant, Pomme est l'une des auberges de jeunesse les plus accueillantes de Siem Reap. Les dortoirs climatisés, à l'arrière du bâtiment

principal, sont équipés de casiers et de lampes de chevet. Le bar-restaurant attire les clients extérieurs à l'auberge avec sa cuisine maison roborative et ses plats du jour le soir.

The Green Home I CHEZ L'HABITANT $
(☎012 221790 ; www.thegreenhome.org ; commune de Chreav ; d avec ventil/clim à partir de 8/10 $US ; ❄📶). Cette pension de famille, avec joli jardin et vue sur les rizières, est la référence en matière de séjour chez l'habitant autour de Siem Reap. Salles de bains partagées, mais impeccables, et chambres climatisées au rez-de-chaussée. Propose également des activités (cours de cuisine, visite de villages et de fermes, observation des oiseaux). Situé à environ 4 km au sud du centre-ville, dans la commune de Chreav.

Mad Monkey AUBERGE DE JEUNESSE $
(www.madmonkeyhostels.com ; Sivatha St ; dort 6,50-9 $US, ch 16-26 $US ; ❄@📶). Cette enseigne en pleine expansion propose dans sa branche de Siem Reap des dortoirs de luxe, avec de vastes lits superposés et des chambres d'un bon rapport qualité/prix. Ici, l'incontournable bar sur le toit fait aussi plage !

♥ **1920 Hotel** BOUTIQUE-HÔTEL $$
(☎063-969920 ; www.1920hotel.com ; St 9 ; ch 50-80 $US ; ❄@📶). Situé près du Psar Chaa (vieux marché), dans un grand bâtiment ancien datant peut-être des années 1920, ce boutique-hôtel est à la fois économique et joliment arrangé, avec quelques touches modernes dans les chambres. L'emplacement est idéal pour profiter des bars et restaurants branchés des rues adjacentes.

Babel Guesthouse PENSION $$
(☎063-965474 ; www.babelsiemreap.com ; 738 quartier du Vat Bo ; ch 22,50-35 $US ; ❄@📶). 🍃Entourée d'un apaisant jardin tropical, cette pension offre un cadre et un service un cran au-dessus des établissements économiques des environs. Les propriétaires, des Norvégiens, sont de fervents adeptes du tourisme responsable.

Rambutan Resort COMPLEXE HÔTELIER $$
(☎063-766655 ; www.rambutans.info ; quartier du Vat Dam Nak ; ch avec petit-déj 75-100 $US ; ❄@📶🏊). Ce beau resort gay-friendly occupe deux magnifiques villas. Elles sont dotées de chambres élégantes et spacieuses et d'une cour avec piscine attrayante. Le complexe gère aussi, à un autre endroit, deux élégantes suites sur le toit de la taille d'un appartement.

Shadow of Angkor Residence PENSION $$
(☎063-964774 ; www.shadowangkorresidence.com ; 353 Pokambor Ave ; ch 25-55 $US ; ❄@📶🏊). Dans un magnifique bâtiment ancien donnant sur la rivière, cette pension accueillante offre des chambres élégantes et climatisées, dans un cadre superbe à proximité du Psar Chaa (vieux marché).

♥ **Phum Baitang** COMPLEXE HÔTELIER $$$
(carte p. 452 ; ☎063-961111 ; www.zannierhotels.com ; Neelka Way ; villa 500-720 $US ; ❄@📶🏊). Ce somptueux complexe hôtelier a des airs de village cambodgien. Les chambres sont réparties dans des villas en bois, élégantes et spacieuses (certaines avec piscine privée), reliées les unes aux autres par des chemins en bois sur pilotis au-dessus des rizières. Angelina Jolie y a séjourné pendant trois mois durant le tournage de *D'abord, ils ont tué mon père*, et on comprend sans peine ce qui l'a attirée là.

♥ **Montra Nivesha** BOUTIQUE-HÔTEL $$$
(carte p. 452 ; ☎063-760582 ; www.montranivesha.com ; 5 Krom 2 ; ch 60-150 $US ; ❄@📶🏊). 🍃 Un magnifique boutique-hôtel, qui offre à ses hôtes une expérience authentique du Cambodge. Située dans un luxuriant jardin, l'établissement est doté de deux piscines, une pour faire des longueurs, l'autre pour s'amuser en famille. Les chambres sont décorées d'objets anciens, avec quelques touches modernes. Elles sont équipées d'une TV connectée, d'un minibar et d'un coffre-fort. L'hôtel possède aussi son propre système de purification de l'eau, pour éviter l'usage du plastique.

Où se restaurer

♥ **Gelato Lab** GLACES $
(www.facebook.com/gelatolabsiemreap ; 109 Alley West ; 1/2 boules 1,50/2,50 $US ; ⏰9h-23h ; 📶). Les excellentes glaces servies ici doivent leur saveur à l'équipement de pointe utilisé, à leurs ingrédients naturels et, avant tout, à la passion du propriétaire italien. Vend aussi l'un des meilleurs cafés torréfiés à la main de la ville.

Jomno CAMBODGIEN $
(☎092 762539 ; jomnostreetfood.business.site ; Wat Dam Nak Rd ; plats 3-7,50 $US ; ⏰11h-22h ; 📶). Jonmo récolte des critiques enthousiastes pour ses combinaisons de saveurs originales.

Ses assortiments (à partir de 7,50 $US) permettent de goûter différentes spécialités de la cuisine de rue cambodgienne, comme les nouilles *naom banchok* et les saucisses de Battambang. Le restaurant revisite aussi la recette classique de l'*amok* (plat traditionnellement à base de poisson et servi dans une feuille de bananier) en une version salade au poulet croustillant ou végane aux champignons. Chaudement recommandé.

The Pot & Pan Restaurant CAMBODGIEN **$**
(☎017 970780 ; www.thepotandpanrestaurant.com ; Stung Thmei St ; plats 2-5 $US ; ⌚10h-22h ; 📶). Avec ses plats authentques, bien présentés et abordables, le Pot & Pan est l'un des restaurants khmers offrant le meilleur rapport qualité/prix du centre-ville. À la carte : soupes épicées, salades raffinées, riz joliment servi dans des feuilles de lotus, et… pizzas parmi les moins chères de la ville.

Marché de nuit de la route 60 MARCHÉ **$**
(carte p. 452 ; 60 Rd ; en-cas 1-4 $US ; ⌚16h-23h). Pour se plonger dans la vie locale et découvrir ses spécialités, rendez-vous au marché de nuit, le long de la route 60, près de la billetterie du site d'Angkor. Les étals réinstallés chaque soir proposent un bel éventail de mets de la région, dont toutes sortes d'insectes frits et de grillades ainsi que des bières bon marché.

Peace Cafe VÉGÉTARIEN **$**
(carte p. 452 ; www.peacecafeangkor.org ; Siem Reap River Rd East ; plats 2,50-4,50 $US ; ⌚7h-9h ; 📶✍). Situé dans un jardin, ce café très populaire à Siem Reap propose une cuisine végétarienne abordable, ainsi que des boissons saines, dont un choix appétissant de jus de légumes. Le café accueille aussi deux fois par jour des séances de yoga, et deux fois par semaine des cours de khmer et des introductions au bouddhisme.

Little Red Fox CAFÉ **$**
(www.thelittleredfoxespresso.com ; Hup Guan St ; plats 3-8 $US ; ⌚7h-17h jeu-mar ; ❄). Ce petit café branché est très apprécié des habitants de Siem Reap : beaucoup vous diront que son café Feel Good, d'origine locale, est le meilleur de la ville. Ajoutez à cela des petits-déjeuners, bagels, salades et jus inventifs, ainsi que la climatisation et vous avez l'endroit idéal pour faire une pause. L'étage est prisé de ceux qui travaillent sur leur ordinateur portable.

Psar Chaa CAMBODGIEN **$**
(vieux marché ; plats 1,50-5 $US ; ⌚7h-9h). La partie nord-ouest du Psar Chaa est remplie d'étals où se restaurer à prix modiques, avec cartes en anglais. On peut y déguster de bons plats khmers dans une ambiance locale. Certains plats sont présentés en devanture, d'autres sont préparés à la demande au wok, et la plupart sont équilibrés et copieux.

Bugs Cafe CAMBODGIEN **$**
(☎017 764560 ; www.bugs-cafe.com ; Angkor Night Market St ; plats 4-9 $US ; ⌚17h-23h ; 📶). Les Cambodgiens étaient amateurs d'insectes bien avant que les scientifiques ne commencent à nous parler de leurs mérites. Ici, vous pourrez faire un festin de criquets, de punaises d'eau, de vers à soie et d'araignées. Les donuts aux tarentules, les scorpions frits et serpents promettent un repas que l'on n'oublie pas de sitôt.

Café de l'école de pâtisserie du Bayon BOULANGERIE **$**
(☎012 604170 ; ecoledubayon.org ; près de Taphul St ; 1,50-4 $US ; ⌚8h-17h30). 🍃 L'école de pâtisserie du Bayon a reçu la cheffe britannique Nadiya Hussein lors de son exploration du Cambodge. On peut déguster au café de généreux croissants, pains au chocolat et de délicieux gâteaux, tout en apportant son soutien à la formation de jeunes défavorisés au métier de boulanger-pâtissier.

♥ **Marum** INTERNATIONAL **$$**
(☎017 363284 ; www.marum-restaurant.org ; quartier du Vat Polanka ; plats 4-9,75 $US ; ⌚11h-22h30 ; 📶✍👪). 🍃 Aménagé dans une adorable maison en bois dotée d'un vaste jardin, le Marum sert de nombreux plats végétariens et de fruits de mer, et quelques appétissants desserts. Sauté de bœuf, fourmis rouges et piment, ou encore mini-burgers de crocodile comptent parmi les spécialités. Le Marum fait partie du groupe de restaurants-écoles de Tree Alliance. Une expérience incontournable.

♥ **Spoons Cafe** CAMBODGIEN **$$**
(☎076 277 6667 ; www.spoonscambodia.org ; Bambu Rd ; plats 6,25-12 $US ; ⌚11h30-22h lun-sam ; 📶). 🍃 Cet excellent restaurant sert une cuisine cambodgienne contemporaine, et soutient l'organisation locale EGBOK ("Everything's Gonna Be OK"), qui offre des opportunités de formation et d'emploi dans le secteur de la restauration. Vous pourrez y goûter des plats savoureux et originaux, tels que le *trey saba* (maquereau entier) au riz

coco-curcuma, le curry de crevettes tigrées et le *tuk kroeung*, un bouillon de poisson local. On y sert aussi des cocktails frappés.

Pou Kitchen CAMBODGIEN $$
(☎092 262688 ; www.poukitchen.com ; face au Vat Dam Nak ; 3-6,50 $US ; ⏲11h-23h, fermé mer ; wifi). Sous la direction du chef local Mengly, Pou Kitchen est devenu l'un des restaurants cambodgiens les plus appréciés et innovants de Siem Reap. Goûtez aux criquets ou au poulet et fourmis rouges en entrée, puis aux saucisses de porc de Phnom Kulen ou au curry de légumes épicés. Le cadre est simple, mais la cuisine est loin d'être ordinaire.

Village Cafe FRANÇAIS $$
(☎092 305401 ; www.facebook.com/village-cafecambodia ; 586 Tep Vong St ; plats 5-15 $US ; ⏲17h-tard lun-sam ; clim, wifi). Ce petit bistrot, qui propose de boire et manger en écoutant de la bonne musique, ne déçoit pas. Venez y déguster des tapas et de délicieuses assiettes, accompagnées d'un verre de vin. Il possède l'un des bars les plus longs de Siem Reap. On s'y presse les week-ends au cours desquels des DJ sont régulièrement programmés.

Le Malraux FRANÇAIS $$
(☎012 332584 ; www.lemalraux.com ; plats 5-15 $US ; ⏲7h-23h ; wifi). Situé dans le réseau de ruelles à l'est du Psar Chaa (vieux marché), Le Malraux est l'un des meilleurs restaurants de Siem Reap. Installez-vous au comptoir ou à l'une des tables disposées dans la rue, pour un verre ou un repas, constitué d'un superbe pavé de bœuf ou d'un délicieux poisson.

Mahob CAMBODGIEN $$
(☎063-966986 ; www.mahobkhmer.com ; 137 Traing Village ; plats 3,50-15 $US ; ⏲11h-23h). *Mahob* signifie "nourriture" en khmer, et elle est ici délicieuse. Situé dans une maison traditionnelle en bois, avec une touche contemporaine, ce restaurant adopte dans sa cuisine la même approche que dans la déco. Goûtez son porc au caramel au gingembre et poivre noir, ou au bœuf local frit au wok avec des fourmis rouges. Cours de cuisine proposés.

Mamma Shop ITALIEN $$
(www.facebook.com/mammashop.italian.restaurant ; Hup Guan St ; plats 5-10 $US ; ⏲11h30-22h30 lun-sam ; clim, wifi). Dans le quartier bohème de Kandal Village, ce bistrot italien lumineux et chaleureux se démarque par une carte choisie d'excellentes pâtes maison. Ajoutez à cela une sélection de *piadina romagnola* (galettes fourrées), une belle carte des vins et de délicieux desserts : une adresse à ne pas manquer.

Cuisine Wat Damnak KHMER $$$
(☎077 347762 ; www.cuisinewatdamnak.com ; quartier du Vat Dam Nak ; menu 5/6 plats 29/34 $US ; ⏲6h30-22h30 mar-sam, dernière commande 21h30). Installé dans une maison traditionnelle en bois, voici le restaurant très coté du célèbre chef français de Siem Reap, Joannès Rivière. La carte propose une expérience culinaire khmère contemporaine. Les menus de saison changent toutes les semaines et mettent à l'honneur les ingrédients du marché. Repas végétarien possible en prévenant.

Où prendre un verre et faire la fête

Asana Wooden House BAR
(www.asana-cambodia.com ; St 7 ; ⏲18h-1h ; wifi). Ce bar au cadre pittoresque occupe une grande maison rurale traditionnelle, dans une petite rue de Siem Reap. Installé sur un sac de riz garni de kapok, sirotez des cocktails à base d'alcool de riz. Des ateliers pour apprendre l'art des cocktails khmers à base de liqueurs Sombai (15 $US/pers) sont proposés à 18h.

Laundry Bar BAR
(www.facebook.com/laundry.bar.3 ; St 9 ; ⏲16h-tard ; wifi). L'un des bars les plus sélects de la ville, avec éclairage tamisé et décoration étudiée, sur fond de sonorités électro et de musique d'ambiance. L'atmosphère est survoltée le week-end ou quand des DJ invités poussent le volume au maximum. Happy hour jusqu'à 21h.

Miss Wong BAR
(www.misswong.net ; "The Lane" ; ⏲18h-1h ; wifi). Une immersion dans le Shanghai chic des années 1920. Les cocktails ont beaucoup de succès et contribueront à vous faire passer une agréable soirée, tout comme le nouveau menu de dim sums. Les gays sont bienvenus et l'endroit est prisé des expatriés huppés.

Beatnik Bar BAR
(www.facebook.com/beatniksiemreap ; "The Alley" ; ⏲9h30-13h30 ; wifi). Un petit bar branché au coin de "The Alley", juste assez éloigné de Pub Street pour ne pas être envahi

en soirée. Boissons bon marché, personnel sympathique et ambiance conviviale.

Angkor What? BAR
(www.facebook.com/theangkorwhatbar ; Pub St ; 17h-tard ;). Ce bar de Pub Street s'enorgueillit d'encourager l'ébriété irresponsable depuis 1998. L'happy hour (jusqu'à 21h), échauffe les fêtards, qui se déchaînent ensuite sur des hymnes de la dance, grimpant sur les tables ou roulant dessous... Concerts live et DJ sets fréquents.

Barcode BAR GAY
(www.barcodesiemreap.com ; Wat Preah Prohm Roth St ; 17h-tard ;). Un bar gay ultra-branché, où les métrosexuels sont bienvenus. Les cocktails valent le détour, ainsi que le spectacle de drag-queens, à 21h30. Happy hour tous les jours de 17h à 19h.

Score! BAR SPORTIF
(www.scorekh.com ; 12 Sok San Rd ; 8h-minuit dim-jeu, 8h-2h ven-sam). Venu de Phnom Penh, l'enseigne Score! domine désormais l'entrée de Sok San Road, accueillant les fans de sport dans un grand espace ouvert, avec écran géant.

Où sortir

Phare, le Cirque du Cambodge CIRQUE
(015 499480 ; www.pharecircus.org ; angle Ring Rd et Sok San Rd ; adulte/enfant 18/10 $US, sièges de première catégorie 38/18 $US ; 20h). Équivalent cambodgien du Cirque du Soleil, Phare est bien plus qu'un cirque conventionnel. L'accent est mis sur la performance artistique et sur la dimension sociale, chaque numéro portant un message subtil, mais néanmoins percutant. Principale organisation cambodgienne consacrée au cirque, au théâtre et aux arts de la scène, Phare Ponleu Selpak a monté son chapiteau en 2013 et assure tous les soirs une représentation. Ce divertissement unique en son genre est incontournable.

Bambu Stage THÉÂTRE
(097 726 1110 ; bambustage.com ; Bambu Rd ; spectacle seul 24 $US, avec dîner 38 $US ; spectacles à partir de 19h lun-sam ;). Bambu Stage propose un éventail éclectique de spectacles traditionnels : un théâtre d'ombres qui fait le récit de la guerre civile cambodgienne ; le spectacle d'une troupe de percussionnistes entièrement féminine, *Forbidden Rythms* ; *Temples Decoded* (le mardi) qui permet d'explorer l'architecture des temples ; et *Snap* (le vendredi) qui dresse un aperçu historique de la photographie cambodgienne.

Achats

Artisans Angkor ARTISANAT
(www.artisansdangkor.com ; 7h30-18h30 ;). Dans les locaux des chantiers écoles (p. 442), cette superbe boutique vend de tout, des reproductions en pierre et en bois de statues d'Angkor au mobilier. Une deuxième boutique est située en face d'Angkor Vat, dans le bâtiment d'Angkor Cafe, et des points de vente ont ouvert dans les aéroports internationaux de Phnom Penh et Siem Reap.

Les bénéfices servent à financer le programme d'apprentissage et permettre à davantage de Cambodgiens de pouvoir en profiter. Les artisans eux-mêmes sont propriétaires de l'école à hauteur de 20%.

Marché de nuit d'Angkor MARCHÉ
(angkornightmarket.com ; Angkor Night Market St ; 16h-minuit). Ce marché de nuit près de la rue Sivatha, débordant de stands d'artisanat, de souvenirs et de soieries mérite une visite. S'il a généré plusieurs imitations, il reste le meilleur. Pour ceux qui souhaiteraient prolonger la soirée, l'Island Bar organise souvent des concerts, tandis que le Sombai sert des vins de riz bio.

Theam's House ART
(carte p. 452 ; www.theamshouse.com ; 25 Veal St ; 8h-19h). Après avoir aidé, pendant des années, Artisans Angkor (ci-dessus) à relancer l'artisanat khmer, l'artiste et designer cambodgien Theam a ouvert son propre atelier d'objets décoratifs et de créations en laque. Ce lieu original et créatif peut être difficile à trouver ; assurez-vous que votre chauffeur sait où aller.

AHA Fair Trade Village SOUVENIRS ET ARTISANAT
(carte p. 452 ; 078 341454 ; www.aha-kh.com ; 60 Rd, village de Trang ; 10h-19h). Pour trouver un souvenir fabriqué localement (ce qui est rare dans le Psar Chaa), faites un tour dans ce marché d'artisanat un peu excentré. Il compte une vingtaine de stands vendant un grand choix d'articles traditionnels. Les deuxième et quatrième samedis du mois a lieu un spectacle culturel khmer, avec musique, danse et étals supplémentaires.

Mordock Ceramics, l'un des stands du marché, propose des cours de poterie de 2 heures.

Soieries du Mekong ACCESSOIRES DE MODE
(www.soieriesdumekong.com ; 668 Hup Guan St ; 10h-19h). Les soieries du Mékong vendues dans cette boutique éponyme sont produites à Banteay Chhmar, et sont le fruit d'un projet luttant contre l'exode rural en créant des emplois au sein du village. On y trouve de magnifiques foulards en soie et d'autres articles raffinés.

trunkh SOUVENIRS
(www.trunkh.com ; Hup Guan St ; 10h-18h). Le propriétaire a l'œil en matière d'objets excentriques, élégants et originaux. Il vend notamment de jolies chemises, des T-shirts, des coussins, des bijoux, des affiches d'art, et quelques articles plus improbables, comme des cloches de buffle d'eau.

Psar Chaa MARCHÉ
(vieux marché ; 6h-21h). De l'argenterie, de la soie, des objets en bois ou en pierre sculptés, des bouddhas, des peintures, des billets et des pièces de monnaie, des T-shirts, des dessous-de-plat... on trouve ici absolument de tout. On peut y faire de bonnes affaires, si l'on est prêt à marchander avec patience et bonne humeur.

Made in Cambodia Market MARCHÉ
(www.facebook.com/madeincambodiamarket ; Siem Reap River Rd East ; 12h-22h). "King's Road" accueille chaque jour le marché Made in Cambodia, qui rassemble bon nombre des meilleurs artisans et créateurs de Siem Reap, dont beaucoup essaient de récolter des fonds pour financer des projets locaux.

Renseignements

ConCERT (www.concertcambodia.org) sert d'intermédiaire entre les touristes et les projets de développement mis en place à Siem Reap et Angkor, qu'il s'agisse d'écotourisme ou d'opportunités de volontariat. On peut trouver des renseignements au **Sister Srey Cafe** (www.sistersreycafe.com ; 200 Pokambor Ave ; plats 3-6 $US ; 7h-18h mar-dim ;) et au **New Leaf Book Cafe** (newleafeatery.com ; près du Psar Chaa ; plats 3-6,75 $US ; 7h30-22h ;).

Office du tourisme de Siem Reap (063-959600 ; Jardins royaux ; 7h-17h). Cet office du tourisme chic, située dans les Jardins royaux, abrite une branche de l'enseigne thaïlandaise de cafés Inthanin.

Police touristique (012 402424 ; 60 Rd ; 6h-18h). Située au niveau de la billetterie principale du secteur d'Angkor, c'est le bon endroit pour déposer plainte en cas de problème à Siem Reap.

Royal Angkor International Hospital (063-761888 ; www.royalangkorhospital.com ; route de l'aéroport). Cet établissement international affilié au Bangkok Hospital est assez cher, car il traite souvent avec les compagnies d'assurances.

Depuis/vers Siem Reap

AVION

Tous les vols internationaux atterrissent à l'**aéroport international de Siem Reap** (063-962400 ; www.cambodia-airports.com), à 7 km à l'ouest du centre-ville. Vous y trouverez des cafés, restaurants, librairies, DAB internationaux et services de change.

Vietnam Airlines, Cambodia Angkor Air et Lanmei Airlines assurent des vols directs depuis le Vietnam (Hanoi, Hô Chi Minh-Ville et Danang). Il existe également des lignes saisonnières reliant Phu Quoc et Nha Trang à Siem Reap.

En haute saison, réservez dès que possible, car la demande est forte.

BUS

Tous les bus partent officiellement de **la gare routière/station de taxis**, à 3 km à l'est du centre-ville et à presque 1 km au sud de la NH6. Toutefois, la plupart des compagnies de bus organisent des départs depuis leurs bureaux dans le centre-ville, et certaines envoient un minibus prendre les passagers à leur hébergement. Les billets sont en vente auprès des compagnies de bus, dans les pensions, les hôtels, les agences de voyages et dans des kiosques du centre-ville. À votre arrivée à la gare routière de Siem Reap, préparez-vous à être assaillis par les conducteurs de motos-taxis.

Parmi les compagnies de bus à Siem Reap :

Capitol Tours (012 830170 ; www.capitoltourscambodia.com ; St 9). Dessert de nombreuses destinations à travers le Cambodge.

Giant Ibis (095 777809 ; www.giantibis.com ; Sivatha St). Wi-Fi gratuit à bord.

Mekong Express (063-963662 ; www.catmekongexpress.com ; 14 Sivatha St). Compagnie haut de gamme avec service à bord.

Nattakan (070 877727 ; nattakan.sr@gmail.com ; Concrete Drain Rd). Nattakan a été la première compagnie (et reste une des plus recommandables) à proposer des trajets directs pour Bangkok. Les bureaux se situant un peu loin, demandez à bénéficier de la navette gratuite.

Phnom Penh Sorya (PP Sorya ; 063-969097 ; ppsoryatransport.com.kh ; Psar Krom Rd). Couvre le plus grand nombre de destinations.

Virak Buntham (017 790440 ; www.virakbuntham.com). Le spécialiste des bus de nuit pour Phnom Penh et Sihanoukville.

Comment circuler

Les pensions, ainsi que quelques boutiques autour du Psar Chaa (vieux marché), louent des vélos pour 1 ou 2 $US par jour. **The White Bicycles** (www.thewhitebicycles.org ; 2 $US/jour) soutient aussi des projets locaux. Pour une voiture de location, comptez au moins 30 $US par jour, et pour une moto-taxi, à partir de 10 $US par jour. Un tuk-tuk coûte environ 15 $US la journée.

Temples d'Angkor

Représentation terrestre du mont Meru, montagne mythique et demeure des dieux dans la religion hindoue, les temples d'Angkor (ប្រាសាទអង្គរ) sont la fusion parfaite entre ambition créatrice et dévotion spirituelle. Entre 800 et 1 300 de notre ère, les dieux-rois de jadis ont chacun tenté de surpasser leurs prédécesseurs en érigeant des temples sans cesse plus hauts, plus imposants et plus harmonieux, dont l'aboutissement est Angkor Vat, le plus grand édifice religieux du monde.

Les centaines de temples qui subsistent ne constituent que la partie sacrée de l'immense centre politique, social et religieux de l'ancien Empire khmer. À son apogée au début du XIIIe siècle, on estime qu'Angkor (du sanskrit *nagara*, "capitale") comptait un million d'habitants, quand Paris ou Londres n'en dénombraient que 50 000 ! Les maisons, les bâtiments publics et les palais, construits en bois, ont disparu depuis longtemps ; les constructions en brique et en pierre, matériaux réservés aux dieux, ont, elles, traversé les siècles.

Source d'inspiration et fierté nationale des Khmers, qui tentent de se reconstruire après des années de terreur et de traumatismes, les temples d'Angkor sont aujourd'hui aussi un lieu de pèlerinage pour l'ensemble des Cambodgiens. Et nul voyageur visitant la région ne manquera d'en admirer l'extravagante beauté. Alliant les proportions monumentales de la Grande Muraille de Chine, la subtilité des détails du Taj Mahal, le symbolisme et la symétrie des pyramides, Angkor est l'un des sites anciens majeurs de la planète.

À voir

Angkor Vat

Expression suprême du génie khmer, **Angkor Vat** (អង្គរវត្ត ; billet d'entrée pour tout le site d'Angkor 1/3/7 jours 37/62/72 $US ; 5h-17h30) est l'alliance exceptionnelle de la spiritualité et de la symétrie, symbole durable de la dévotion des humains à leurs dieux. Âme et cœur du Cambodge, il est son emblème national, l'épicentre de la civilisation khmère et une source de fierté nationale. Jamais abandonné aux éléments et quasiment toujours fréquenté depuis sa construction, c'est le temple le mieux préservé d'Angkor. De nouveaux détails s'en révèlent à chaque visite, justifiant à eux seuls d'y retourner encore et encore.

Le temple a été construit par Suryavarman II (règne vers 1112-1152), qui unifia le Cambodge et étendit l'influence khmère sur l'essentiel de l'Asie du Sud-Est. Il se distingua des rois précédents par sa dévotion au dieu hindou Vishnou, à qui il dédia le temple – construit, notons-le, au même moment que les grandes cathédrales gothiques, telles Notre-Dame de Paris ou la cathédrale de Chartres.

S'élevant vers le ciel, ceinte d'imposantes douves, la "cité-monastère" est l'un des monuments les plus grandioses et les plus inspirés jamais construits. Elle relève d'une harmonie splendide entre la forme et la fonction, un autel élevé à Vishnou dont l'image fascinante est réfléchie dans les bassins placés devant le temple.

À l'instar des autres temples-montagnes d'Angkor, Angkor Vat est une réplique miniature de l'univers. La tour centrale symbolise le mont Meru, entouré de pics plus petits, au milieu des continents (les cours inférieures) et des océans (les douves). Le *nâga* à sept têtes, serpent mythique, représente l'arc-en-ciel, pont symbolique entre l'humain et la demeure des dieux.

Les douves, larges de 190 m, délimitent un immense rectangle de 1,5 km sur 1,3 km. À l'extérieur du temple central s'étire sur 800 m une extraordinaire série de bas-reliefs. Se dressant à 31 m au-dessus du dernier étage et 55 m au-dessus du sol, la tour centrale donne à l'ensemble sa somptueuse unité.

Angkor Vat est, à bien des égards, unique à Angkor. Sa principale spécificité tient à son orientation vers l'ouest. Comme ce point cardinal est symboliquement associé à la mort, de nombreux spécialistes ont pu avancer qu'Angkor Vat devait être à l'origine un tombeau. Une hypothèse étayée par le fait que les sublimes bas-reliefs soient conçus pour être parcourus dans le sens inverse des

Temples d'Angkor

Temples d'Angkor

Les incontournables
1 Angkor Vat B2
2 Centre des visiteurs Apopo B3
3 Bayon B1
4 Ta Prohm C1

À voir
5 Angkor Thom East Gate B1
6 Porte Sud d'Angkor Thom B2
7 Porte Ouest d'Angkor Thom B1
Armée de Suryavarman II .... (voir 1)
8 Banteay Kdei et Sra Srang C1
9 Banteay Samré D1
10 Baphuon B1
Barattage de la mer de lait .... (voir 1)
11 Phnom Bakheng B2
12 Pre Rup C1
13 Preah Khan B1
14 Preah Neak Poan C1
15 Preah Palilay B1
16 Ta Keo B1
17 Ta Som C1
18 Terrasse des Éléphants B1
19 Terrasse du Roi lépreux B1

Activités
20 Angkor Zipline B1
Cambo Beach Club .... (voir 21)
Peace Cafe Yoga .... (voir 24)

Où se loger
21 Hideout Hostel B3
22 Montra Nivesha B3
23 Phum Baitang A3

Où se restaurer
Mahob .... (voir 22)
24 Peace Cafe B3
25 Marché de nuit de la Route 60 .... B3

Où sortir
26 Phare, le Cirque du Cambodge A3

Achats
27 AHA Fair Trade Village B3
28 Theam's House B3

Renseignements
German Apsara Conservation Project .... (voir 1)

aiguilles d'une montre – une pratique observée dans d'anciens rites funéraires hindous. Toutefois, Vishnou étant également souvent associé à l'ouest, on suppose aujourd'hui qu'Angkor Vat servit à la fois de temple et de mausolée pour Suryavarman II.

Angkor Vat est aussi connu pour ses ravissantes apsaras (nymphes célestes), toutes uniques. Près de 2 000 sont sculptées sur les murs, arborant plus de 37 coiffures différentes. Beaucoup ont été fortement abîmées au cours des siècles par les déjections de chauves-souris. Elles sont aujourd'hui restaurées par les équipes du **German Apsara Conservation Project** (GACP ; www.gacp-angkor.de ; ⌚7h-17h).

Prévoyez au moins 2 heures pour découvrir Angkor Vat, et une demi-journée si vous voulez déchiffrer les bas-reliefs avec un guide et monter jusqu'au Bakan, le niveau supérieur du temple (où le temps de visite est limité). La chaussée ouest, qui subit d'importants travaux de restauration, est actuellement fermée au public. La passerelle flottante installée pour accéder au site est elle-même devenue une sorte d'attraction touristique.

Le Barattage de la mer de lait BAS-RELIEF
(ការកូរសមុទ្រទឹកដោះ). La partie sud de la galerie orientale comporte le plus célèbre bas-relief d'Angkor Vat : *Le Barattage de la mer de lait* (le mythe cosmologique de l'hindouisme). Cette sculpture superbement exécutée représente 88 *asura* sur la gauche et 92 *deva* coiffés de casques à cimier sur la droite, qui battent la mer afin d'en extraire l'élixir de l'immortalité.

Armée de Suryavarman II BAS-RELIEF
(ទ័ពព្រះបាទសូរ្យវរ្ម័នទី២). La section ouest de la galerie sud illustre de façon saisissante la progression triomphante de l'armée de Suryavarman II. À l'angle sud-ouest, à environ 2 m du sol, le roi, juché sur un éléphant, porte la tiare royale et une hache d'armes ; protégé par 15 parasols, il est éventé par une légion de serviteurs.

Angkor Thom

Si la majesté et la splendeur d'Angkor Vat sont inégalées, **Angkor Thom** (អង្គរធំ ; Grande Cité ; inclus dans le billet d'entrée d'Angkor 1/3/7 jours 37/62/72 $US ; ⌚7h30-17h30) fascine par le nombre d'éléments grandioses qui la composent. Dernière capitale de l'Empire khmer, la "Grande Cité", qui couvre plus de 10 km², porte le "monumental" à un niveau encore jamais atteint.

Édifiée autour du Bayon, l'incroyable temple de Jayavarman VII, Angkor Thom est entourée d'un *jayagiri* (rempart carré) haut de 8 m et long de 13 km, lui-même ceinturé d'un *jayasindhu* (douve) de 100 m de large qui devait arrêter le plus hardi des envahisseurs. Cette structure architecturale est une représentation symbolique du mont Meru entouré par les océans.

Les principaux monuments de la cité, dont le Bayon, le Baphuon, l'Enceinte royale, le Phimeanakas et la terrasse des Éléphants sont regroupés au milieu de l'enceinte fortifiée. Il faut bien prévoir une demi-journée pour explorer Angkor Thom en détail.

Bayon TEMPLE BOUDDHIQUE
(បាយ័ន ; ⌚7h30-17h30). Au cœur d'Angkor Thom, le temple Bayon, envoûtant quoique présentant un plan un peu confus, a été construit aux XIIᵉ et XIIIᵉ siècles par Jayavarman VII. Il incarne le génie créatif et l'ego démesuré du plus célèbre roi du Cambodge. Ses 54 tours sculptées sont ornées de 216 visages souriants monumentaux d'Avalokiteshvara, et ses extraordinaires bas-reliefs, représentant plus de 11 000 personnages, s'étendent sur 1,2 km.

L'étage supérieur était fermé pour rénovation lors de notre dernière visite, et ne devait pas rouvrir avant 2022.

Baphuon TEMPLE HINDOU
(បាពួន ; ⌚7h30-17h30). À 200 m du Bayon, Baphuon est une représentation pyramidale du mythique mont Meru. Il marquait le centre de la cité qui précéda Angkor Thom. Certains surnomment Baphuon le "plus grand puzzle du monde". En effet, avant la guerre civile, le temple fut soigneusement démonté pièce par pièce par des archéologues de l'École française d'Extrême-Orient, dont les rapports méticuleux furent détruits sous le régime des Khmers rouges, laissant aux experts 300 000 pierres à remonter. Après des années de recherche, le temple a été en partie reconstruit. Sur la façade ouest du second niveau, un bouddha couché, long de plus de 60 m, date du XVIᵉ siècle.

Terrasse des Éléphants SITE ARCHÉOLOGIQUE
(ទីលានជល់ដំរី ; ⌚7h30-17h). Longue de 350 m, la terrasse des Éléphants servait de tribune géante lors de cérémonies publiques. Le roi l'utilisait aussi comme grande salle d'audience. Imaginez le faste et la grandeur de l'Empire khmer à son apogée, l'infanterie, la cavalerie, les attelages et les éléphants paradant sur la Place centrale avec banderoles et étendards. À l'ombre d'immenses parasols, le dieu-roi observait ce défilé coloré, entouré de hauts fonctionnaires et de servantes portant des ustensiles en or et en argent.

Temples d'Angkor

UNE EXPLORATION EN TROIS JOURS

L'ensemble des temples d'Angkor est immense, à tel point que les mots manquent pour lui rendre justice. À cette multitude d'édifices, formant le plus grand ensemble religieux du monde, s'adjoint une vaste cité fortifiée longtemps laissée à l'abandon, probablement la première métropole d'Asie du Sud-Est, bien avant la création de Bangkok et de Singapour.

Commencez par le "groupe de Roluos", une des premières capitales d'Angkor, puis suivez le grand tour, qui passe par le temple à la fois bouddhique et hindou de **1 Preah Khan** et par **2 Preah Neak**, petit bijou entouré d'eau.

Le deuxième jour, optez pour le petit tour, en débutant par l'atmosphère magique du **3 Ta Prohm**, à l'aube, avant de découvrir le temple pyramide de Ta Keo, le monastère bouddhique de Banteay Kdei et l'immense bassin d'ablutions royal de **4 Sra Srang**.

Ensuite, poussez jusqu'au Banteay Srei, joyau de l'art angkorien, et visitez le Beng Mealea, un temple isolé envahi par la jungle.

Gardez le meilleur pour la fin ; allez voir le soleil se lever à **5 Angkor Vat** et restez-y à l'heure du petit-déjeuner pour admirer son incroyable architecture dans le calme. L'après-midi, explorez **6 Angkor Thom**, un ensemble architectural immense qui abrite l'énigmatique **7 Bayon**.

Trois jours à Angkor, ce n'est qu'un début !

BON À SAVOIR

➡ **Évitez l'affluence** Vous y parviendrez en visitant Sra Srang à l'aube, Angkor Vat après le lever du soleil et Banteay Srei à l'heure du déjeuner.

➡ **Séjour prolongé** Le billet valable trois jours peut désormais être utilisé sur des journées non consécutives, sur une période d'une semaine, à condition d'en faire la demande au moment de l'achat.

ADAM LAWS/SHUTTERSTOCK ©

Bayon
Le temple irréel du roi légendaire Jayavarman VII, avec ses 216 visages qui dominent les visiteurs, symbolisant l'autorité royale et religieuse du souverain.

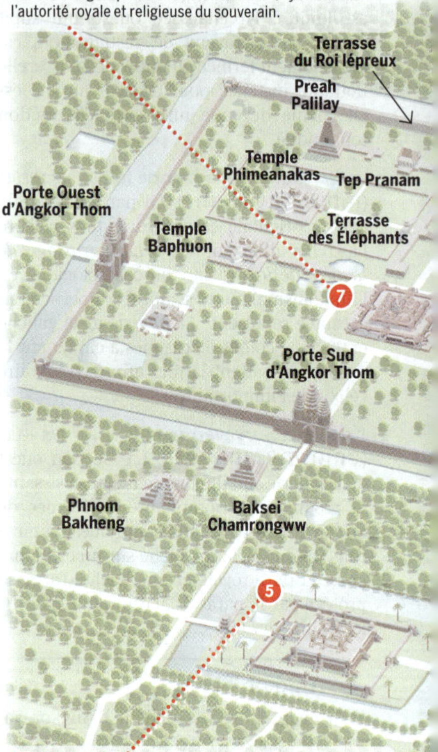

Angkor Vat
Le plus grand édifice religieux du monde. Assistez au lever du soleil dans le saint des saints, puis admirez les bas-reliefs : la dévotion gravée dans la pierre.

TOM ROCHE/SHUTTERSTOCK ©

PRETO PEROLA/SHUTTERSTOCK ©

EFIRED/SHUTTERSTOCK ©

DREAMLOVEYOU/SHUTTERSTOCK ©

Angkor Thom

La dernière grande capitale de l'Empire khmer recèle une profusion de temples. Ses proportions titanesques auraient suscité la crainte autant que l'admiration.

Preah Khan

Un temple pluriconfessionnel dédié à Bouddha, Brahma, Shiva et Vishnou ; les immenses couloirs s'apparentent à une galerie des glaces sans fin.

Preah Neak

Une féerie aquatique, avec sa petite tour au milieu d'un lac artificiel, lui-même entouré de quatre bassins plus petits.

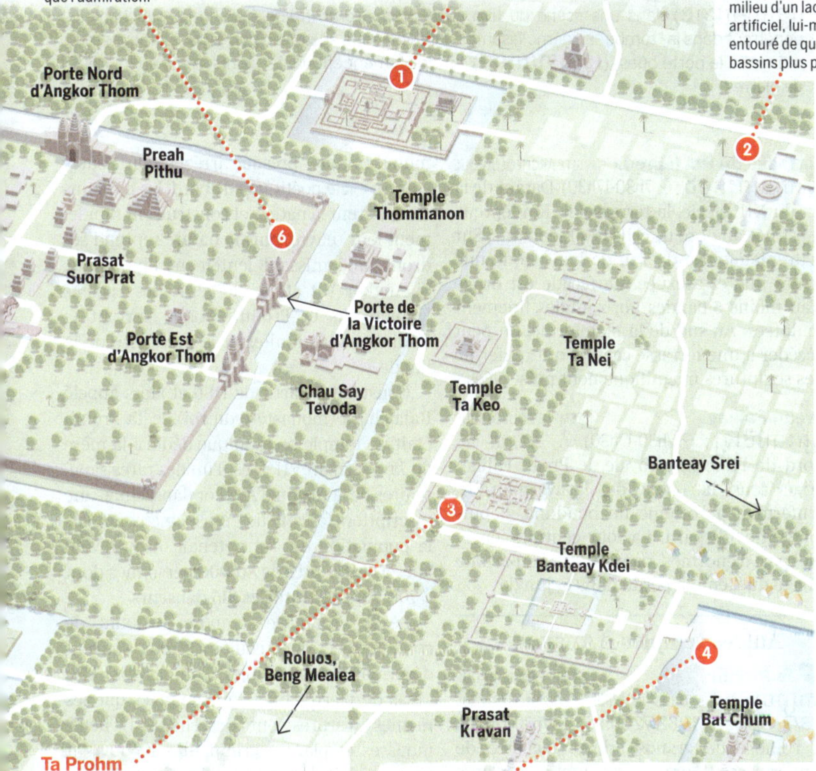

Ta Prohm

Troublée seulement le temps du tournage du film *Tomb Raider*, la nature a repris ses droits, laissant les célèbres racines de l'arbre étouffer la pierre.

Sra Srang

Jadis un bassin d'ablutions royal, c'est un bon endroit où regarder le soleil couchant.

DMITRY RUKHLENKO/SHUTTERSTOCK ©

PAVEL SZABO/SHUTTERSTOCK ©

À NE PAS MANQUER

AUX PORTES D'ANGKOR THOM

Dès l'entrée, on est d'abord impressionné par les portes, avec leur chaussée flanquée d'une représentation monumentale du *Barattage de la mer de lait*, dans laquelle sont mis en scène 54 dieux et autant de démons engagés dans un conflit épique. À chacune des portes, dominant le visiteur, les visages magnanimes du bodhisattva Avalokiteshvara veillent sur le royaume. Imaginez-vous un instant à la place d'un paysan du XIIIe siècle, approchant la cité interdite pour la première fois… Passer par ces portes, être confronté au pouvoir divin des dieux-rois devait être un moment à la fois extraordinaire et redoutable.

La porte sud (ខ្លោងទ្វារទន្លេអុំ) est la plus fréquentée, tandis que les portes est et ouest, desservies par des chemins de terre, sont plus calmes. On peut voir la porte est (ខ្លោងទ្វារខ្មោច) dans une scène du film *Lara Croft : Tomb Raider*, quand les méchants pénètrent dans la "tombe" en démolissant une gigantesque apsara en polyester. La chaussée menant à la porte ouest (ខ្លោងទ្វារតាកៅ), complètement effondrée, se résume à un fouillis de pierres.

Terrasse du Roi lépreux SITE ARCHÉOLOGIQUE
(ទីលានព្រះគម្លង់ ; ⏲7h30-17h30). Datant de la fin du XIIe siècle, la terrasse du Roi lépreux est située au nord de celle des Éléphants. Sur cette plateforme de 7 m de haut trône une figure nue et asexuée. La façade est ornée d'au moins 5 bandes horizontales finement sculptées. Au sud de la plateforme, on peut accéder à une terrasse cachée, qui renferme des sculptures magnifiquement préservées.

Preah Palilay TEMPLE BOUDDHIQUE
(ព្រះប៉ាលីឡៃ ; ⏲7h30-17h30). À 200 m au nord de l'Enceinte royale, le Preah Palilay, érigé sous le règne de Jayavarman VII, renfermait à l'origine un bouddha, depuis longtemps disparu. La tour centrale, envahie par d'énormes racines, est la parfaite image du "temple perdu dans la jungle".

Autres temples d'Angkor

♥ Ta Prohm TEMPLE BOUDDHIQUE
(តាព្រហ្ម ; inclus dans le billet d'entrée d'Angkor 1/3/7 jours 37/62/72 $US ; ⏲7h30-17h30). À l'ombre de grands arbres, tachetée de lumière, ses tours et ses murs croulants enserrés dans un entrelacs de puissantes racines, le Ta Prohm (devenu au cinéma le "temple de Tomb Raider") est sans doute le vestige le plus séduisant d'Angkor, et le plus visité. Son principal attrait réside dans le fait qu'il a été englouti par la jungle, et qu'il ressemble ainsi aux monuments tels que les ont vus les premiers explorateurs européens.

En réalité, il est aujourd'hui protégé de la végétation envahissante, et seuls les arbres les plus imposants sont conservés, offrant un aspect bien moins sauvage que le Beng Mealea. L'expérience n'en demeure pas moins unique, presque irréelle. On peut y voir un cycle poétique : d'abord, les humains conquièrent la nature et construisent rapidement leur œuvre, puis la nature reprend ses droits, anéantissant lentement l'humanité. Si Angkor Vat atteste le génie des anciens Khmers, le Ta Prohm évoque surtout la fécondité sans limites et la puissance de la jungle.

Construit à partir de 1186 et alors appelé Rajavihara (monastère du roi), le Ta Prohm était un temple bouddhique dédié à la mère de Jayavarman VII. C'est l'un des rares sanctuaires de la région d'Angkor dans lequel une inscription fournit des renseignements sur la population qui l'entretenait ou y travaillait : à savoir près de 80 000 personnes dont 2 700 administratifs et 615 danseurs.

Le Ta Prohm se compose de tours, de cours fermées et de couloirs étroits, souvent désormais impraticables, comblés par des amas de pierres finement sculptées que les racines d'arbres ont descellées. Lichens, mousses et plantes grimpantes recouvrent les bas-reliefs ornant les murs ventrus. Des buissons surgissent du sommet des porches monumentaux. Des arbres plusieurs fois centenaires ombragent l'ensemble, ne laissant passer qu'une lumière verdâtre.

L'énorme racine qui étrangle le *gopura* (pavillon d'entrée) le plus à l'est de l'enceinte centrale est l'une des plus spectaculaires du site, surnommée l'arbre-crocodile.

C'est à l'aube que le Ta Phrom est le plus impressionnant. Il faut bien 2 heures pour le visiter, surtout si l'on veut en explorer le dédale de couloirs et les fameuses racines.

Preah Khan TEMPLE BOUDDHIQUE

(ព្រះខ័ន ; Épée sacrée ; inclus dans le billet d'entrée d'Angkor 1/3/7 jours 37/62/72 $US ; 7h30-17h30). Dédale de couloirs voûtés, de sculptures raffinées et de pierres couvertes de lichen, le temple de Preah Khan figure parmi les plus grands ensembles d'Angkor. Pendant de Ta Prohm, il accueille en général un peu moins de visiteurs. Comme lui, il se compose de hautes enceintes et d'étroits couloirs. En revanche, il est assez bien conservé grâce aux efforts constants de restauration du Fonds mondial pour les monuments (WMF).

Phnom Bakheng TEMPLE HINDOU

(ភ្នំបាខែង ; inclus dans le billet d'entrée d'Angkor 1/3/7 jours 37/62/72 $US ; 5h-19h). À environ 400 m au sud d'Angkor Thom, Phnom Bakheng est un temple construit par Yasovarman Ier (vers 889-910). Son principal attrait est la vue sur Angkor Vat qui, au couchant, s'offre du haut de ses gradins (à peu près tout ce qu'il en reste aujourd'hui). Pendant de nombreuses années, ce coucher de soleil a pris l'allure d'une foire d'empoigne, une foule de touristes grimpant au temple en jouant des coudes pour trouver le meilleur emplacement. Le nombre de visiteurs étant désormais limité à 300, allez-y tôt (16h) pour être sûr d'avoir une place.

Banteay Kdei et Sra Srang TEMPLE BOUDDHIQUE ET BASSIN

(បន្ទាយក្ដីនិងស្រះស្រង់ ; inclus dans le billet d'entrée d'Angkor 1/3/7 jours 37/62/72 $US ; 7h30-17h30). Imposant monastère bouddhique de la fin du XIIe siècle, le Banteay Kdei est entouré de quatre murs concentriques. Chacune des quatre entrées est ornée de *garuda*, surmontés de l'un des thèmes favoris de Jayavarman VII : les quatre visages d'Avalokiteshvara. À l'est du Banteay Kdei et plus ancien, le Sra Srang, un bassin d'ablutions réservé au roi et à ses épouses, mesure 800 m sur 400 m.

Bakong TEMPLE HINDOU

(បាគង ; 7h30-17h30). Bakong est le temple le plus grand et le plus intéressant du "groupe de Roluos", l'ensemble d'édifices le plus ancien d'Angkor. Bâti et dédié à Shiva par Indravarman Ier, il représente le mont Meru et servait de temple principal de l'ancienne capitale khmère. Prototype des temples-montagnes, il présente une pyramide centrale en grès à cinq degrés tracée sur un carré de 60 m à la base, flanqué de huit tours en brique et en grès, et de plus petits sanctuaires. Certaines des tours les plus basses sont toujours en partie couvertes de leurs stucs d'origine.

À NE PAS MANQUER

TYROLIENNE D'ANGKOR

Angkor Zipline (096 999 9100 ; www.angkorzipline.com ; initiation/parcours complet 60/100 $US ; 6h-17h) propose des parcours en tyrolienne au sein du parc d'Angkor. Bien que faisant partie du site protégé, vous ne verrez pas les temples, masqués par la forêt. Le parcours comprend 10 tyroliennes (dont une en tandem pour les couples), 21 plateformes perchées dans les arbres, 4 ponts suspendus et pour finir, une descente en rappel. À mi-chemin, vous pourrez profiter d'une halte panoramique.

Un peu plus loin

Banteay Srei TEMPLE HINDOU

(បន្ទាយស្រី ; inclus dans le billet d'entrée d'Angkor 1/3/7 jours 37/62/72 $US ; 7h30-17h30). Considéré par beaucoup comme le joyau de l'art angkorien, Banteay Srei, taillé dans une pierre rosée, possède des sculptures d'une finesse exceptionnelle. Commencé en 967, c'est l'un des plus petits sites d'Angkor, mais aussi l'un des plus frappants. Ce temple hindou dédié à Shiva, remarquablement conservé, est orné de nombreuses sculptures en trois dimensions.

Banteay Srei, qui signifie "Citadelle des femmes", aurait été édifié par une femme – comme le laisserait supposer le raffinement de ses ornements. En outre, ce temple, chose rare à Angkor, n'aurait pas été commandé par un roi mais par un brahmane, peut-être un précepteur de Jayavarman V. En forme de quadrilatère, le Banteay Srei comprend une entrée ouest et une entrée est, précédé d'une chaussée, des bibliothèques somptueusement décorées et trois tours centrales ornées de dieux, de déesses et de splendides reliefs en filigrane.

Parmi les sculptures classiques figurent très nettement des femmes gracieuses en jupe traditionnelle, tenant à la main des fleurs de lotus et, sur les frontons des bibliothèques (au-dessus des linteaux) de fabuleuses scènes de l'épopée du *Ramayana*. Mais la beauté des détails ne saurait faire oublier la splendeur de l'ensemble, et

ANGKOR : PLANIFIER SA VISITE

Les voyageurs à budget réduit ou moyen préfèrent généralement découvrir les temples à leur rythme et varier les modes de déplacement (voiture, *remork* ou tuk-tuk, vélo, minibus). Prévoyez une visite de l'aube au coucher du soleil, avec une longue pause pour déjeuner et éviter la chaleur étouffante du milieu de journée. L'autre option est de visiter les temples le midi, justement. Vous éviterez alors les foules du matin et de l'après-midi, mais vous aurez extrêmement chaud et la lumière ne se prêtera pas aux photos. Le **billet d'entrée** (37/62/72 $US pour 1/3/7 jours, pas forcément à la suite) pour tout le site d'Angkor s'achète à la **billetterie** (Rd 60, près de Convention Center, Siem Reap ; ⌚5h-18h)

Un jour

Si vous n'avez qu'un jour, le mieux est d'arriver à Angkor Vat (p. 451) au lever du soleil et d'explorer le temple avant l'arrivée de la foule. De là, continuez jusqu'au Ta Prohm (p. 456), piégé dans les racines, avant de faire une pause pour déjeuner. Consacrez l'après-midi à la cité fortifiée d'Angkor Thom (p. 453) et à ses temples, en particulier Bayon (p. 453), dont les reliefs sont magnifiquement mis en valeur par la lumière déclinante en fin de journée.

Deux jours

Un deuxième jour permet d'admirer d'autres temples majeurs. Commencez par la visite du minuscule Banteay Srei (p. 457), aux fabuleuses sculptures ; au retour, faites halte au Banteay Samré (page ci-contre). L'après-midi, explorez l'immense Preah Khan (p. 457), le délicat **Preah Neak Poan** (នាគព័ន្ធ, Temple des nâgas entremêlés ; inclus dans le billet d'entrée 1/3/7 jours 37/62/72 $US ; ⌚7h30-17h30) et le **Ta Som** (តាសោម ; inclus dans le billet d'entrée 1/3/7 jours 37/62/72 $US ; ⌚7h30-17h30), envahi par la végétation, avant de contempler le coucher du soleil sur le **Pre Rup** (ប្រែរូប ; ⌚5h-19h).

De trois à cinq jours

En trois à cinq jours, on peut voir la plupart des sites majeurs. Une des stratégies consiste à en visiter autant que possible sur un jour ou deux, puis de consacrer les derniers jours à la découverte d'autres sites, comme le **"groupe de Roluos"** (រលួស, qui servit de capitale à Indravarman Ier, et figure parmi les premiers grands temples permanents khmers) et le **Banteay Kdei** (p. 457). Mieux encore, vous pouvez choisir de commencer par les temples mineurs pour finir par les plus spectaculaires. Si vous voyez **Angkor Vat** (p. 451) dès le premier jour, les temples plus petits comme **Ta Keo** (តាកែវ ; inclus dans le billet d'entrée 1/3/7 jours 37/62/72 $US ; ⌚7h30-17h30) vous impressionneront moins. Enfin, vous pouvez choisir l'approche chronologique pour finir à Angkor Thom (p. 453), pour suivre l'évolution de l'architecture et de l'art khmers.

La rivière aux Mille Lingams, Kbal Spean (p. 459), mérite également le détour pour ses merveilles naturelles et créées par l'homme, tout comme le Beng Mealea (p. 460), un grand temple éloigné, envahi par la végétation. Ces deux sites peuvent se combiner avec le Banteay Srei (p. 457), au cours d'une longue journée d'excursion.

Le code de conduite du visiteur

Les temples d'Angkor demeurent un site sacré pour les Khmers. Depuis quelques années, les autorités sont plus strictes en matière de tenues vestimentaires : les personnes vêtues d'un haut sans manches, d'un short ou d'une jupe trop courts se verront refoulées. Récemment édité, un "code de conduite" et une vidéo rappellent aussi aux visiteurs de ne pas toucher aux constructions anciennes et de ne pas s'asseoir dessus, de ne pas entrer dans les zones interdites au public et de se montrer respectueux envers les moines.

chaque centimètre, ou presque, à l'intérieur du temple est richement orné. Les gardiens mythiques qui veillent sur ce trésor sont des copies ; les originaux sont conservés au Musée national.

Le Banteay Srei est à 21 km au nord-est du Bayon, et à 32 km environ de Siem Reap. Le site est bien indiqué et la route entièrement asphaltée. De Siem Reap, comptez environ 45 minutes en voiture. Si vous venez

MOTIFS, SYMBOLES ET PERSONNAGES D'ANGKOR

Les temples d'Angkor sont ornés d'innombrables sculptures évoquant des mythes et des légendes à l'aide de symboles et de personnages emblématiques. Ils peuvent être difficiles à déchiffrer ; nous présentons ici une sélection des principaux motifs.

Apsaras Nymphes célestes ou déesses, également appelées *devada* ; ces femmes superbes ornent les murs de nombreux temples.

Asura Ces démons figurent en nombre dans les représentations du *Barratage de la mer de lait*, comme à Angkor Vat.

Deva Les "bons dieux" dans le mythe des origines, le *Barattage de la mer de lait*.

Flammes Les flammes flanquent les marches et les portes d'entrée afin de purifier les fidèles qui entrent dans le temple.

Garuda Monture de Vishnou, cette créature mi-homme mi-oiseau apparaît dans certains temples. Elle fut associée à son vieil ennemi, le *nâga*, sous Jayavarman VII pour encourager l'unité religieuse.

Kala Gardien du temple désigné par Shiva, il était doté d'un tel appétit qu'il dévora son propre corps ; seule sa tête géante est représentée au-dessus des portes. Également appelé Rehu.

Lingams Symboles de fertilité, ces sculptures phalliques étaient installées, à l'origine, dans les tours de la plupart des temples hindous.

Lotus Symbole de pureté, le lotus est très présent dans la forme des tours, au niveau des marches d'entrée et dans les ornements.

Makara Serpent de mer géant avec une mâchoire réticulée ; il est représenté aux angles des frontons, vomissant un *nâga* ou une autre créature.

Nâga Serpent à plusieurs têtes, demi-frère et ennemi de *Garuda*. Il contrôle la pluie et, de fait, la prospérité du royaume ; on le voit sur les chaussées, les portes et les toits. Le *nâga* à 7 têtes, présent dans de nombreux temples, représente l'arc-en-ciel, soit un pont entre le ciel et la terre.

Nandi Monture de Shiva. Plusieurs statues de Nandi ornent les temples, mais beaucoup ont été endommagées ou volées par des pillards.

Rishi Ascète ou sage hindou, également appelé *essai* ; ces personnages barbus sont souvent assis en tailleur à la base des piliers ou contre des murs.

Vigne Autre symbole de pureté, la vigne décore les portes et les linteaux. Elle aide le visiteur à se purifier pour son voyage dans ce paradis sur terre, la demeure des dieux.

Yama Le dieu de la Mort règne sur l'au-delà et décide du sort des défunts : l'enfer ou le paradis.

Yoni Symbole de la fertilité féminine : associé au lingam, il produit l'eau sacrée qui donne la vie.

en tuk-tuk, prévoyez 1 heure et mettez-vous d'accord sur le tarif avant de partir. Les environs de Banteay Srei ne manquent pas d'intérêt, et comptent plusieurs hébergements chez l'habitant pour qui souhaite les explorer. Vous pourrez combiner la visite de Banteay Srei avec une longue journée d'excursion à la rivière aux Mille Lingams à Kbal Spean et au Beng Mealea. Un itinéraire d'une demi-journée peut inclure Banteay Srei, le Cambodia Landmine Museum et Banteay Samré. Comptez 45 minutes pour explorer le temple de Banteay Srei, et 1 heure 30 en incluant la visite du centre d'information.

Banteay Samré TEMPLE HINDOU

(បន្ទាយសំរែ ; 7h30-17h30). Contemporain d'Angkor Vat, Banteay Samré fut construit par Suryavarman II. Le temple est en assez bon état, grâce à de grands travaux de rénovation, mais son emplacement isolé lui a valu d'être plusieurs fois pillé au cours des dernières décennies. Le temple central, comprenant quatre ailes, s'accompagne d'une entrée et de deux bibliothèques, dont une remarquablement bien conservée au sud.

Kbal Spean SANCTUAIRE HINDOU

(ក្បាលស្ពាន ; Rivière aux Mille lingams ; inclus dans le billet d'entrée d'Angkor 1/3/7 jours

37/62/72 $US ; 7h30-17h30). Enfoui dans la forêt au nord-est d'Angkor, Kbal Spean est un site incroyable : dans le lit d'une rivière et sur ses rives ont été minutieusement sculptés des lingams et des divinités hindoues – d'où son surnom de "Rivière aux Mille lingams". Son nom signifie quant à lui "tête de pont", en référence à l'arche rocheuse naturelle qui enjambe les lieux. Kbal Spean fut découvert en 1969 par l'ethnologue français Jean Boulbet, qui fut amené ici par un ermite.

Phnom Kulen MONTAGNE
(ភ្នំគូលែន ; www.adfkulen.org ; 20 $US ; ascension 6h-11h, descente 12h-17h). Considéré par les Khmers comme la montagne la plus sacrée du Cambodge, Phnom Kulen est un site de pèlerinage fréquenté le week-end et pendant les fêtes. Elle joua un rôle important dans l'histoire de l'Empire khmer, car c'est ici, en 802, que Jayavarman II se proclama *devaraja* (dieu-roi), donnant ainsi naissance au royaume du Cambodge.

Beng Mealea TEMPLE BOUDDHIQUE
(បឹងមាលា ; 5 $US ; 7h30-17h30). À environ 68 km au nord-est de Siem-Reap, le Beng Mealea est l'un des temples les plus mystérieux d'Angkor, car il est complètement envahi par la jungle. On s'attend à tout moment à voir surgir Indiana Jones de ce gigantesque édifice. Édifié au XIIe siècle sous Suryavarman II, il suit un plan similaire à celui d'Angkor Vat. Il est entouré de grandes douves longues de 1 200 m sur 900 m de large.

Koh Ker SITE ARCHÉOLOGIQUE
(កោះកេរ ; 10 $US ; 7h30-17h30). Capitale de l'empire khmer de 928 à 944, Koh Ker, perdue dans la forêt, est à 127 km au nord-est de Siem Reap. La plupart des gens débutent leur visite par le Prasat Krahom, où d'impressionnantes sculptures ornent les linteaux et colonnes encadrant les ouvertures. Le monument principal, le Prasat Thom, est une pyramide de style maya de 40 m de haut et 55 m de large, avec une façade en grès et sept étages offrant une vue spectaculaire sur la forêt.

Comment circuler

La partie centrale des temples d'Angkor se trouve à 8 km de Siem Reap. On peut s'y rendre et se déplacer en voiture, en moto ou avec de bonnes chaussures. Pour profiter au mieux de votre visite, l'idéal est de combiner les moyens de transport : vous pourrez ainsi passer une journée en moto, tuk-tuk ou voiture pour vous rendre aux sites les plus reculés, puis relier les temples centraux à vélo, et explorer certains coins à pied pour un maximum de calme et de sérénité.

MOTOS-TAXIS ET TUK-TUK

De nombreux visiteurs se rendent aux temples à moto-taxi ou en tuk-tuk. Les chauffeurs les accostent dès qu'ils ont posé le pied à Siem Reap, mais ils s'avèrent souvent aimables, connaissent bien le site et pourront utilement vous accompagner dans votre visite. Comptez au moins 10 $US pour une journée à moto-taxi, et environ 15-20 $US en tuk-tuk.

VÉLO

Le vélo est idéal pour circuler entre les temples. Le paysage est peu accidenté et les routes sont en bon état. Vous profiterez mieux des paysages ainsi que derrière les vitres d'une voiture ou à l'arrière d'une moto.

Plusieurs pensions de Siem Reap recommandent **The White Bicycles** (www.thewhitebicycles.org ; 2 $US/jour), enseigne qui soutient des projets locaux. Beaucoup de pensions et hôtels en ville louent aussi des vélos pour 1-2 $US la journée. **Green e-bikes** (095 700130 ; www.greene-bike.com ; marché central ; 11 $US/24 heures ; 7h30-19h) et d'autres enseignes louent aussi des vélos électriques, également très pratiques pour visiter les temples.

VOITURE ET MOTO

Plusieurs hôtels, pensions et agences de Siem Reap pourront vous louer une voiture : pour une journée, comptez 30-35 $US.

Comprendre le Vietnam

Histoire

L'histoire des Vietnamiens remonte à l'installation de populations autour du delta du fleuve Rouge, où des fermiers cultivaient le riz. Pendant des millénaires, les Vietnamiens ont été en lutte contre les Chinois. Au XIXe siècle, le Vietnam a subi les horreurs de la colonisation française, puis, au siècle suivant, le désastre de l'intervention américaine. Le pays a connu des temps plus que troublés, mais, en deux décennies, sa population s'est courageusement employée à tourner la page. Jusqu'à la crise mondiale liée au coronavirus, le pays était porté par un développement soutenu et une prospérité croissante.

Pour se faire une idée de l'histoire tourmentée du Vietnam, il suffit de se promener dans n'importe quelle ville du pays et de prêter attention aux noms des rues. Vous y trouverez partout les noms des héros nationaux qui ont repoussé les envahisseurs successifs au cours des deux derniers millénaires. Si une rue longe une rivière, ce sera Bach Dang (du nom du fleuve sur lequel se déroulèrent deux batailles, en 938 et en 1288). Une artère importante s'appellera Lê Loi, en hommage à l'empereur qui battit les Chinois en 1427 (voir l'encadré p. 468).

Dès le IIe siècle avant notre ère, les Vietnamiens ont tenu tête à leur imposant voisin chinois et, après avoir résisté à sa domination, ont subi son occupation pendant 1 000 ans. La lutte pour accéder au statut de nation a été immense.

La guerre du Vietnam a certes éveillé l'attention des Occidentaux ; mais pour les Vietnamiens, les Américains n'ont été que les derniers d'une longue succession de "visiteurs" venus et repartis. Pour Hô Chi Minh, il ne faisait aucun doute qu'eux aussi seraient vaincus, quel qu'en soit le prix.

Au cours des siècles précédents, les Khmers, les Mongols et les Chams avaient tous été refoulés. Puis le pays subit l'humiliante colonisation française. En 1979, à peine finies les horreurs de la guerre déclenchée par les Américains, le pays exsangue repoussait en quelques semaines l'armée chinoise qui l'attaquait.

Ces envahisseurs ont laissé des traces : les Chinois ont apporté le bouddhisme, le taoïsme et le confucianisme (primat de la communauté sur l'individu, respect de l'éducation et de la famille...). La France a

CHRONOLOGIE

2789 av. J.-C.

Les rois Hung Vuong fondent le royaume de Van Lang, considéré comme le premier État vietnamien indépendant.

2000 av. J.-C.

À l'âge du bronze, la culture de Dông Son apparaît dans le delta du fleuve Rouge (près de Hanoi). Elle est renommée pour la riziculture et le travail du bronze.

300 av. J.-C.

Dans le Nord, on distingue parmi les Vietnamiens les Au Viêt (Vietnamiens des montagnes) et les Lac Viêt (Vietnamiens des plaines), installés dans le bassin du fleuve Rouge.

introduit le chemin de fer, légué un style architectural et des pratiques gastronomiques. Les Américains ont laissé un pays dévasté, mais l'honneur des Vietnamiens est resté intact.

Le Vietnam a connu ces dernières années une évolution remarquable. Membre de l'Asean (Association des nations du Sud-Est asiatique), il a vu son économie décoller, mais la corruption (en 2018, l'ONG Transparency International classait le pays 117e sur 180 selon ce critère), le vieillissement des infrastructures et le manque de démocratie restent pesants. Pour autant, le pays est aujourd'hui uni, ses frontières sont sûres, et les Vietnamiens peuvent croire en un avenir stable et prometteur.

Les origines

Le plus ancien peuplement du nord du Vietnam remonte à environ 500 000 ans, mais les chasseurs-cueilleurs qui vivaient là ne pratiquèrent une agriculture rudimentaire qu'à partir de 7000 av. J.-C. La très brillante culture de Dông Son, connue pour ses tambours de bronze *moko*, apparaît à l'âge du bronze, vers le IIIe siècle av. J.-C. La période Dông Son voit également de grands progrès en matière de riziculture et l'émergence du delta du fleuve Rouge en tant que centre agricole majeur.

Du Ier au VIe siècle, le sud du Vietnam fait partie du royaume cambodgien indianisé du Funan, réputé pour le raffinement de ses arts et de son architecture. Ce royaume a pour capitale la cité fortifiée d'Angkor Borei. Les habitants du Funan construisent un système élaboré de canaux pour le transport et l'irrigation des rizières. Oc-Eo, le port principal du royaume, se situe dans le delta du Mékong. Des fouilles archéologiques ont révélé que le Funan entretenait des relations avec la Chine, l'Indonésie, la Perse et même certains pays méditerranéens. Par la suite, le royaume shivaïte khmer du Chenla succède à celui du Funan et s'étend le long du Mékong.

À la fin du IIe siècle, le royaume hindouiste du Champa émerge aux alentours de l'actuelle Danang. À l'instar du Funan, il adopte le sanskrit

Les dynasties du Vietnam

Ngô 939-968
Dinh 968-980
Lê antérieurs 980-1009
Ly 1010-1225
Trân 1225-1400
Hô 1400-1407
Trân postérieurs 1407-1413
Domination chinoise 1414-1427
Lê postérieurs 1428-1524
Mac 1527-1592
Seigneurs Trinh du Nord 1539-1787
Seigneurs Nguyên du Sud 1558-1778
Tây Son 1788-1802
Nguyên 1802-1945

À L'ORIGINE...

Comme beaucoup de pays, le Vietnam s'est construit sur un mythe fondateur : les Vietnamiens seraient les descendants du seigneur dragon Lac Long Quân et de la fée Au Co. De cette union seraient nés 100 fils. Parmi eux, 50 partirent dans les montagnes aux côtés de leur mère, et les 50 autres vers la mer avec leur père. Ces fils fondèrent la première dynastie vietnamienne, les Hung, qui régna sur le royaume de Van Lang, à la tête du peuple des Lac Viêt (des plaines).

250 av. J.-C.

Un seigneur de guerre chinois s'empare du royaume de Van Lang. Un nouveau royaume, Au Lac, est fondé à Co Loa, près de l'actuelle Hanoi.

111 av. J.-C.

L'annexion du delta du fleuve Rouge par les empereurs Han marque le début d'un millénaire de domination chinoise. Le confucianisme devient la philosophie dominante.

40

Les sœurs Trung (Hai Ba Trung) prennent la tête d'une rébellion contre l'occupant chinois, levant une armée qui chasse le gouverneur chinois. Elles se proclament reines du Vietnam indépendant.

166

Premier contact entre Rome et la Chine, alors que des émissaires franchissent le golfe du Tonkin.

comme langue sacrée et s'inspire fortement de la culture et de l'art indiens. Au VIIIe siècle, il s'étend vers le sud, englobant les villes actuelles de Nha Trang et de Phan Rang. Peuple guerrier, les Chams lancent des attaques le long de la côte indochinoise, affrontant en permanence les Vietnamiens au nord et les Khmers au sud. Pris entre deux ennemis, ils finissent par perdre leur royaume.

Mille ans d'occupation chinoise

Les Chinois conquièrent le delta du fleuve Rouge au IIe siècle av. J.-C. Durant les siècles suivants, de nombreux colons, fonctionnaires et intellectuels chinois s'installent au sud et tentent d'imposer une administration centralisée aux Vietnamiens.

Lors de fouilles réalisées à Oc-Eo, des archéologues ont découvert un médaillon romain à l'effigie de l'empereur Antonin le Pieux, datant de 152.

Lors de l'acte de résistance le plus célèbre, en l'an 40, les sœurs Trung (Hai Ba Trung) rallient le peuple, lèvent une armée et dirigent une révolte contre les Chinois. Face à la riposte chinoise, plutôt que de se rendre, elles préfèrent se jeter dans la rivière Hat Giang. Du IIIe au VIe siècle, de nombreuses rébellions à petite échelle s'opposent à la férule chinoise, caractérisée par la tyrannie, le travail forcé et des impôts toujours plus lourds, mais toutes sont écrasées.

Cependant, les Vietnamiens ont énormément appris des Chinois, notamment la construction des digues et les systèmes d'irrigation, qui renforcent la prédominance du riz dans l'alimentation quotidienne. Mieux nourrie, la population s'accroît en même temps que le besoin de terres nouvelles. Limités à l'ouest par les monts Truong Son (cordillère Annamitique), au climat rude et aux terres impropres à la culture du riz, les Vietnamiens se déplacent alors vers le sud le long de la côte.

À cette époque, le Vietnam est une escale de premier plan sur la route maritime entre la Chine et l'Inde. Les Chinois lui apportent le confucianisme, le taoïsme et le bouddhisme mahayana, les Indiens y introduisent le bouddhisme theravada et l'hindouisme (au Champa et au Funan). La transmission par les bonzes des connaissances scientifiques et médicales de ces deux grandes civilisations a aussi permis au Vietnam de former ses propres érudits, médecins et botanistes.

La libération du joug chinois

Profitant de la chute de la dynastie Tang, au début du Xe siècle, les Vietnamiens se révoltent contre le pouvoir chinois. En 938, Ngô Quyên défait les armées chinoises lors d'une célèbre bataille sur le fleuve Bach Dang. Feignant la retraite, il entraîne la flotte chinoise en amont du fleuve, puis contre-attaque alors que les bateaux chinois s'empalent sur un mur de pieux, caché sous l'eau. Il met ainsi fin à un millénaire de domination (ce ne fut toutefois pas le dernier affrontement entre les Vietnamiens et leur puissant voisin).

192
Émergence du royaume hindouiste du Champa.

225-248
Une guerrière, Triêu Thi Trinh, décrite comme une géante montant des éléphants pour combattre, fait face aux Chinois pendant des décennies, avant d'être vaincue et de se suicider en 248.

446
Les relations entre le royaume du Champa et la Chine se détériorent. Les Chinois envahissent le Champa, pillent sa capitale, Simhapura, et dérobent une statue du Bouddha de 50 tonnes d'or.

602
Les soulèvements contre le joug chinois, menés notamment par Ly Bon et Triêu Quang Phuc, échouent et le Vietnam tombe sous la domination de la dynastie Sui, qui proclame Dai La Thanh (Hanoi) capitale.

Du XIe au XIIIe siècle, les empereurs de la dynastie des Ly, fondée par Ly Thai Tô, consolident l'indépendance du Vietnam. Durant cette période prospère, un système élaboré de digues est construit pour juguler les inondations et irriguer les cultures, et la première université du pays voit le jour. Les attaques menées par de nombreux voisins, dont les Chinois, les Khmers et les Chams, sont toutes repoussées. Parallèlement, les Vietnamiens poursuivent leur expansion vers le sud, renforçant leur emprise sur le royaume cham.

Au milieu du XIIIe siècle, l'empereur mongol Kubilaï Khan achève sa conquête de la Chine et demande le droit de traverser le territoire vietnamien pour attaquer le Champa. Les Vietnamiens refusent, mais les hordes mongoles, fortes de 500 000 hommes, décident de passer outre. Elles sont repoussées par le légendaire général Trân Hung Dao, qui les met en déroute lors d'une deuxième bataille sur le fleuve Bach Dang, en utilisant exactement la même tactique que Ngô Quyên auparavant.

Les peuples de la période Dông Son étaient d'importants commerçants dans la région. Des tambours de bronze en provenance du nord du Vietnam ont été retrouvés jusque sur l'île d'Alor, dans l'est de l'Indonésie.

Le royaume du Champa sur la côte était essentiellement hindouiste, avec une culture inspirée de l'Inde. Shiva et la déesse de la Terre Po Nagar en étaient les divinités principales.

Le retour des Chinois

Les Chinois reprennent le contrôle du Vietnam au début du XVe siècle. Ils obligent alors des intellectuels vietnamiens à émigrer en Chine, dans la ville de Nankin, où ils emportent aussi les archives nationales. Cette "fuite de cerveaux" pénalisera durablement la civilisation vietnamienne. De lourds impôts et le travail forcé marquent également cette époque. Le grand poète Nguyên Trai (1380-1442) décrit ainsi la domination chinoise : "Toute l'eau de la mer de l'Est ne saurait suffire à effacer la tache de leur ignominie ; tous les bambous des montagnes méridionales ne sauraient produire assez de papier pour recenser leurs crimes."

Lê Loi entre en scène

En 1418, le refus de Lê Loi, un riche philanthrope, de devenir fonctionnaire au service des Ming déclenche l'insurrection de Lam Son. En 1425, des

UN PAYS INDÉPENDANT, CIVILISÉ ET HÉROÏQUE

Au XVe siècle, accompagnant le succès de la rébellion de Lê Loi contre la domination chinoise, le poète Nguyên Trai écrivit une déclaration nationaliste inspirée, citée aujourd'hui encore dans les manuels scolaires et par les hommes politiques. La Grande Proclamation (*Binh Ngo Dai Cao*) est un hymne à l'esprit d'indépendance et à la fierté nationale du pays : "Notre peuple a fait du Vietnam, il y a longtemps déjà, une nation indépendante dotée de sa propre civilisation. Nous avons nos montagnes et nos fleuves, nos coutumes et nos traditions, toutes différentes de celles du pays étranger du Nord [...]. Nous avons été parfois faibles et parfois puissants, mais nous n'avons jamais manqué de héros."

938

Suite à la bataille du Bach Dang menée par Ngô Quyên, les Chinois sont finalement chassés hors du Vietnam, après un millénaire d'occupation.

1010

L'empereur Ly Thai Tô fonde Thanh Long ("la cité du dragon qui prend son envol"), l'actuelle Hanoi, qui devient la nouvelle capitale du Vietnam.

1010-1225

Dirigé par la dynastie des Ly pendant deux siècles, le Vietnam conserve de nombreuses traditions héritées de l'ère chinoise (confucianisme, administration, riziculture...).

1076

L'armée vietnamienne, conduite par le général Ly Thuong Kiêt, attaque les Song (Chinois) et gagne une bataille décisive près de l'actuelle ville de Nanning, avant de mettre en déroute les forces chams.

Le bouddhisme s'épanouit aux XVIIe et XVIIIe siècles. De nombreuses pagodes furent érigées un peu partout dans le pays. Un mélange de croyances ancestrales, d'animisme et de taoïsme différenciait le bouddhisme vietnamien de la doctrine orthodoxe.

révoltes éclatent dans plusieurs régions. Lê Loi parcourt le pays pour les fédérer afin de vaincre les Chinois.

Lê Loi et ses successeurs lancent une campagne pour s'emparer des territoires chams au sud, dont le temps fort est la prise de Vijaya, la capitale proche de l'actuelle Quy Nhon, en 1471. Cela sonne le glas du Champa en tant que puissance militaire ; les Chams commencent à migrer vers le sud et les Vietnamiens s'installent sur leurs terres.

L'arrivée des Européens

Les premiers marins portugais débarquent à Danang en 1516, bientôt suivis par des missionnaires dominicains. Durant les décennies suivantes, les Portugais développent des échanges commerciaux avec le Vietnam et, à l'instar des Japonais et des Chinois, installent un comptoir à Faifo (aujourd'hui Hoi An). Au fil des siècles, l'Église catholique s'implante au Vietnam avec plus de succès que dans tout autre pays d'Asie, à l'exception des Philippines, soumises pendant 400 ans à la férule espagnole.

Les seigneurs du peuple

Comme cela se répétera au XXe siècle, le Vietnam est divisé en deux pendant la majeure partie des XVIIe et XVIIIe siècles. Les puissants seigneurs Trinh règnent sur le Nord, au nom des rois Lê, tandis que le Sud est le fief des seigneurs Nguyên. Les Trinh ne parviennent pas à soumettre les Nguyên, beaucoup mieux armés (ils sont équipés par les Portugais), qui étendent leur contrôle au sud sur de nouveaux territoires du delta du Mékong. Dans le même temps, plusieurs pays européens s'intéressent au Vietnam et manœuvrent pour y établir leur influence.

La révolte des Tây Son

En 1765, les impôts prohibitifs exigés par les seigneurs Nguyên provoquent une révolte dans le Sud, dite des Tây Son, du nom du village de la région de Quy Nhon d'où étaient originaires les trois frères à la tête du mouvement. Tels des Robin des Bois, ces trois frères – Nguyên Nhac, Nguyên Lu et Nguyên Huê – prennent aux riches pour distribuer aux pauvres. Leur popularité leur permet de contrôler le centre du Vietnam en moins de dix ans. En 1783, ils prennent Saigon et le Sud, tuent le prince régnant et sa famille. Nguyên Lu devient le souverain du Sud et Nguyên Nhac est couronné roi du Centre.

Sur leur lancée, les rebelles renversent les seigneurs Trinh du Nord, tandis que les Chinois entrent dans la danse en espérant tirer parti de la vacance du pouvoir. C'était sans compter le troisième des frères, Nguyên Huê, qui se proclame empereur sous le nom de Quang Trung, en 1788. L'année suivante, ses troupes infligent une défaite cuisante aux Chinois à Dong Da, autre fait d'armes majeur de l'histoire vietnamienne.

1288

Les Mongols envahissent le Dai Viêt, mais le général Trân Hung Dao les repousse en employant le même stratagème que Ngô Quyên lors de la bataille du fleuve Bach Dang.

XIVe siècle

Sous la houlette du roi Chê Bong Nga, l'armée cham tue l'empereur vietnamien Trân Due Tông et assiège la capitale, Thang Long, en 1377 et en 1383.

1427-1428

Lê Loi triomphe de l'occupant chinois et se proclame empereur, le premier d'une longue dynastie. Il est révéré comme l'un des plus grands héros du Vietnam.

1471

Les Vietnamiens infligent une défaite humiliante au royaume du Champa, tuant plus de 60 000 soldats chams et faisant 36 000 prisonniers, dont le roi et presque toute sa famille.

Dans le Sud, Nguyên Anh, l'un des rares survivants des premiers seigneurs Nguyên (il est parfois difficile de s'y retrouver parmi tous les Nguyên de l'histoire vietnamienne !), parvient à repousser peu à peu les rebelles Tây Son. Se proclamant empereur en 1802 sous le nom de Gia Long, il fonde la dynastie des Nguyên. Quand il s'empare de Hanoi, sa victoire est totale. Hué devient la nouvelle capitale d'un Vietnam enfin réunifié après deux siècles de divisions.

Retour à la tradition

Gia Long, pour séduire l'élite conservatrice de son empire et consolider son pouvoir, revient aux valeurs confucianistes. Son fils, l'empereur Minh Mang, s'attache à renforcer l'État. Profondément hostile au catholicisme, qu'il considère comme une menace pour les traditions confucéennes, il étend son aversion à toute forme d'influence occidentale.

Les premiers empereurs Nguyên poursuivent l'expansionnisme de leurs prédécesseurs, pénétrant au Cambodge et au Laos. Ils disputent au Siam (Thaïlande) les restes de l'Empire khmer disloqué.

Si le retour aux valeurs traditionnelles leur vaut le soutien de l'élite vietnamienne, l'isolationnisme et l'hostilité envers l'Occident ont été fatals aux empereurs Nguyên, qui n'ont pas réussi à moderniser le pays assez rapidement pour résister aux Européens, bien armés.

L'un des premiers missionnaires, le jésuite français Alexandre de Rhodes (1591-1660), s'est rendu célèbre pour ses travaux d'élaboration du *quôc-ngu*, l'alphabet phonétique romanisé qui est toujours utilisé pour écrire le vietnamien.

La colonisation française

L'armée française intervient pour la première fois au Vietnam en 1847, lorsque la marine attaque le port de Danang en représailles à l'emprisonnement de missionnaires catholiques par l'empereur Thiêu Tri. Saigon est prise début 1859 et, en 1862, l'empereur Tu Duc signe un traité cédant aux Français les trois provinces orientales de Cochinchine (le sud du Vietnam durant la colonisation française). Durant les quatre décennies suivantes, l'aventure coloniale française dans la péninsule indochinoise connaît néanmoins des échecs répétés, et ne se maintient que grâce aux seuls agissements d'une poignée d'aventuriers.

En 1872, Jean Dupuis, un négociant désireux de pouvoir fournir sel et armes via le fleuve Rouge, s'empare de la citadelle de Hanoi. Le capitaine Francis Garnier, officiellement dépêché pour maîtriser Dupuis, entame à la place la conquête du Nord (le Tonkin).

Proclamée par la France en 1887, l'Union indochinoise, comprenant la Cochinchine, l'Annam, le Tonkin, le Cambodge et le Laos, met fin à l'existence d'un État vietnamien indépendant. Toutefois, la résistance perdurera en divers points du pays tout au long de la période coloniale. L'époque de l'expansionnisme est révolue et les Vietnamiens doivent restituer les territoires pris au Cambodge et au Laos.

XVIe siècle
Naissance de Hô Chi Minh-Ville, sous le nom de Prey Nokor, modeste village khmer perdu dans ce qui était alors la pointe est du Cambodge.

1516
L'arrivée des marchands portugais à Danang marque le début de l'intérêt des Européens pour le Vietnam. Ils installent un comptoir à Faifo (Hoi An) et introduisent le catholicisme.

1524
Début d'une période d'instabilité et de guerres causée par des conflits féodaux entre les Trinh issus du Nord (Thang Long) et les Nguyên du Sud (autour de Hué).

XVIIe siècle
Des colons vietnamiens s'installent dans le delta du Mékong et la région de Saigon, profitant de l'affaiblissement des Khmers, déchirés par des guerres intestines et les invasions siamoises.

LES NOMS DE RUES AU VIETNAM

Chaque nom de rue est choisi par le Parti communiste pour glorifier dates et batailles marquantes, héros et héroïnes du pays. Voici quelques noms récurrents :

Hai Ba Trung Deux sœurs à la tête d'une révolte contre les Chinois en l'an 40.

Lê Loi Chef rebelle à la Robin des Bois, vainqueur des Chinois en 1427.

Nguyên Thai Hoc Mena la mutinerie de Yen Bai contre les Français (1930).

Quang Trung Impitoyable chef militaire, empereur et réformateur du XVIIIe siècle.

Trân Hung Dao Repoussa Kubilaï Khan et l'invasion des forces mongoles (1288).

30 Thang 4 Le 30 avril, jour de la prise de Saigon par les communistes en 1975.

L'administration coloniale entreprend d'ambitieux travaux publics, comme la voie ferrée Hanoi-Saigon (le *Transindochinois,* aujourd'hui *Express de la Réunification*) ou l'assèchement des marais du delta du Mékong, financés par des impôts exorbitants qui dévastent l'économie rurale. Ces travaux sont restés tristement célèbres en raison des salaires dérisoires et des conditions de travail déplorables imposés à la main-d'œuvre vietnamienne.

L'aspiration à l'indépendance

Durant toute la période coloniale, le désir d'indépendance anime plus ou moins secrètement de nombreux Vietnamiens. L'élan nationaliste se traduit souvent par une hostilité ouverte envers les Français, se manifestant de diverses manières, de la publication de journaux patriotiques à la tentative d'empoisonnement de la garnison française de Hanoi.

Bien que corrompue, la cour impériale de Hué reste un bastion du nationalisme, et les Français s'emploieront à démettre les empereurs qui leur sont défavorables, le jeu de chaises musicales atteignant son apogée avec l'accession au trône, en 1925, de l'empereur Bao Dai, alors âgé de 12 ans et faisant ses études en France.

Les accords de Potsdam en 1945 ne permirent pas la reconnaissance du Vietnam comme État indépendant et établirent une frontière au niveau du 16e parallèle (au nord de Danang).

Rapidement, les patriotes comprennent que la modernisation est la clé de l'indépendance. Le militant Phan Bôi Châu lance le mouvement Dông Du ("voyage à l'Est"), qui prévoit d'envoyer des intellectuels vietnamiens étudier au Japon afin de fomenter ultérieurement une rébellion victorieuse. Phan Châu Trinh favorise l'éducation des masses populaires, la modernisation de l'économie et la coopération avec les Français en vue de l'indépendance. C'est à cette époque que s'impose l'écriture latine *quôc-ngu*, bien plus pratique pour instruire le peuple que la complexe écriture *nôm* utilisant des caractères chinois.

1651	1765	1802	1862
Publication du *Dictionarium Annamiticum Lusitanum et Latinum*, premier dictionnaire en *quôc-ngu* (alphabet romanisé), grâce au travail du jésuite français Alexandre de Rhodes (1591-1660).	La révolte des Tay Sôn éclate près de Quy Nhon, menée par trois frères qui contrôleront le pays entier durant les 25 années suivantes.	L'empereur Gia Long monte sur le trône et fonde la dynastie des Nguyên, qui gouvernera le Vietnam jusqu'en 1945. Le pays est réunifié pour la première fois après plus de 200 ans.	Après les attaques françaises sur Danang et Saigon, l'empereur Tu Duc signe un traité cédant à la France le contrôle des provinces du delta du Mékong, rebaptisées Cochinchine.

La montée du communisme

Les anticolonialistes qui remportent le plus de succès sont les communistes, qui comprennent les frustrations et les aspirations de la population – en particulier des paysans – et parviennent à canaliser leurs revendications pour une plus juste répartition des terres.

L'histoire du communisme vietnamien, qu'épouse en grande partie la carrière politique de Hô Chi Minh, est compliquée. Le premier groupe marxiste indochinois, l'Association de la jeunesse révolutionnaire du Vietnam, est constitué par Hô Chi Minh à Canton (Chine) en 1925. En février 1930, le Parti communiste vietnamien lui succède. Hô Chi Minh fonde la Ligue pour l'indépendance du Vietnam en 1941, plus connue sous le nom de Viêt-minh, qui résiste au gouvernement français de Vichy et à l'armée japonaise, et déploie un intense activisme politique durant la Seconde Guerre mondiale. En dépit de son programme nationaliste, le Viêt-minh est dès le début dominé par les communistes.

Le film *Diên Biên Phu* (1992) est l'hommage rendu par Pierre Schoendoerffer à ces hommes jetés dans une bataille perdue d'avance. Le cinéaste français, qui avait participé à la bataille en tant que correspondant de guerre, avait connu nombre d'entre eux.

La Seconde Guerre mondiale et la famine

Après la défaite de la France en 1940, le gouverneur d'Indochine, nommé par le régime de Vichy, autorise la présence de troupes japonaises au Vietnam. Les Nippons laissent la gestion des affaires courantes du pays à l'administration française et le Vietnam est épargné pendant un temps par les ravages de l'occupation japonaise subis dans d'autres pays. Cependant, vers la fin de la Seconde Guerre mondiale, les réquisitions de riz imposées par l'occupant, conjuguées à des ruptures de digues et à des inondations, provoquent une épouvantable famine qui fait probablement 2 millions de morts sur les 10 millions d'habitants du Nord-Vietnam. Le Viêt-minh est alors la seule force à s'opposer à la présence des Français et des Japonais au Vietnam et, durant cette période, Hô Chi Minh reçoit du coup le soutien du gouvernement américain. Alors que la guerre se termine en Europe, les occupants japonais et français relâchent leur emprise, et l'occasion est venue pour le Viêt-minh de passer à l'action.

Le roman de Graham Green, *Un Américain bien tranquille* (1955) a donné lieu à deux excellentes adaptations : l'une réalisée par Joseph M. Mankiewicz en 1958, l'autre par Phillip Noyce en 2002. On y découvre le Vietnam des années 1950, au moment du départ des Français et de l'arrivée des Américains.

Une aube trompeuse

Au printemps 1945, le Viêt-minh contrôle de vastes zones du pays, notamment dans le Nord. À la mi-août, Hô Chi Minh appelle au soulèvement général, nommé par la suite révolution d'Août. Entre-temps, dans le Centre, l'empereur Bao Dai abdique en faveur du nouveau gouvernement, et dans le Sud, le Viêt-minh forme une coalition instable avec des groupes non communistes. Le 2 septembre 1945, Hô Chi Minh proclame l'indépendance de la République démocratique du Vietnam lors d'un rassemblement à Hanoi. Durant cette période, il écrit de nombreuses lettres au président Truman et au département d'État américain pour demander l'aide des États-Unis, sans obtenir la moindre réponse.

1883

Les Français imposent au Vietnam un traité de protectorat, marquant le début officiel de 70 années de domination coloniale, durant lesquelles se poursuit une résistance active.

Fin du XIXe siècle

Le *quôc-ngu*, écriture romanisée du vietnamien, s'impose comme moyen d'éradiquer l'illettrisme et de promouvoir l'éducation. Les idéogrammes chinois disparaissent.

1905

Le mouvement progressiste Dông Du ("voyage à l'Est"), vise à moderniser la nation en envoyant de jeunes Vietnamiens faire leurs études au Japon.

1925

Hô Chi Minh passe à l'activisme politique organisé et fonde à Canton l'Association de la jeunesse révolutionnaire du Vietnam, qui deviendra le Parti communiste vietnamien.

En mai 1954, les combattants du Viêt-minh creusèrent à Diên Biên Phu un réseau de galeries sous les défenses françaises de la colline A1, qu'ils truffèrent d'explosifs. Le camarade-sapeur Nguyên Van Bach se porta volontaire pour servir de bombe humaine au cas où le détonateur ne se déclencherait pas. Heureusement pour lui, il fonctionna et Nguyên Van Bach est aujourd'hui un héros national.

La conférence de Potsdam de 1945, qui fixe le sort des ennemis des forces alliées, confie le désarmement japonais en Indochine à la Chine au nord du 16e parallèle et à la Grande-Bretagne au sud de cette ligne.

Lorsque les Britanniques arrivent à Saigon, le pays a sombré dans l'anarchie, et quatre camps se battent pour dominer le pays : ce qu'il reste des troupes japonaises, les forces françaises, les milices privées et le Viêt-minh. Lorsque des parachutistes français armés réagissent à la déclaration d'indépendance de Hô Chi Minh en attaquant les populations, le Viêt-minh s'engage dans une guérilla. Le 24 septembre, le général Leclerc arrive à Saigon et déclare : "Nous sommes venus réclamer notre héritage."

Dans le Nord, les soldats chinois du Guomindang fuient devant les communistes chinois et se dirigent vers Hanoi. Hô Chi Minh tente en vain de calmer le jeu ; l'occupation chinoise s'éternisant, il finit par accepter un retour temporaire des Français. En échange de cinq années de mandat supplémentaires, la France accordait au Vietnam un statut d'État libre à l'intérieur de l'Union française.

La guerre d'Indochine

Les Français parviennent donc à reprendre le contrôle du Vietnam, du moins officiellement. Cependant, la détente avec le Viêt-minh commence à s'effriter après le bombardement de Haiphong par les Français en novembre 1946, qui fait des centaines de victimes civiles. Des combats éclatent bientôt à Hanoi, marquant le début de la guerre d'Indochine. Hô Chi Minh et ses troupes se réfugient dans les montagnes, où ils resteront 8 ans.

Malgré l'aide massive des Américains (qui veulent "contenir" l'expansion communiste en Asie du Sud-Est) et le soutien des Vietnamiens anticommunistes, la France ne parvient pas à rétablir son contrôle. Hô Chi Minh avait dès le début prévenu les Français : "Vous pouvez tuer dix de mes hommes pour un des vôtres. Même avec cet avantage, vous perdrez et je gagnerai."

À Hanoi et dans le Nord, Hô Chi Minh instaurera un État policier particulièrement efficace. Ce régime se caractérise par une police brutale, des dénonciations via un gigantesque réseau d'informateurs, ainsi que le fichage des dissidents et de leur famille.

Après 8 ans de combat, le Viêt-minh domine la quasi-totalité du Vietnam et du Laos. Le 7 mai 1954, après un siège de 57 jours, plus de 10 000 soldats français affamés se rendent au Viêt-minh à Diên Biên Phu : le cessez-le-feu accélère les négociations engagées entre les deux parties, les Français n'ayant désormais plus de cartes en main. La guerre d'Indochine s'achève le 21 juillet 1954 avec la signature des accords de Genève. Les accords comprennent l'échange des prisonniers, la division "temporaire" du Vietnam en deux zones séparées par le fleuve Ben Hai (près du 17e parallèle) jusqu'aux élections nationales, la libre circulation des personnes à travers le 17e parallèle durant 300 jours et la tenue d'élections nationales le 20 juillet 1956. Au cours de cette guerre, plus de

1930-1931

La révolte de Nghe Tinh contre l'occupant français entraîne grèves et manifestations de fermiers, ouvriers et intellectuels à l'encontre du pouvoir colonial et des propriétaires terriens.

Années 1930

Le marxisme gagne en popularité avec la formation de 3 partis communistes qui s'unissent pour former le Parti communiste vietnamien, dont Trân Phu est le premier secrétaire général.

1940

Début de l'occupation japonaise : le gouvernement vichyste d'Indochine met ses installations militaires à disposition des Japonais, mais conserve la gestion administrative du pays.

1941

Hô Chi Minh crée le Viêt-minh (Ligue pour l'indépendance du Vietnam), mouvement de libération qui a pour objectif de mettre fin à la colonisation française et à l'occupation japonaise.

L'ONCLE HÔ

Le père de la nation, Hô Chi Minh ("Celui qui éclaire"), de son vrai nom Nguyên Tat Thanh, était le fils d'un fonctionnaire lettré, fervent nationaliste. Né près de Vinh en 1890, il grandit à Hué. Il adopte au cours de sa vie de nombreux pseudonymes, mais beaucoup de Vietnamiens l'appellent affectueusement Bac Ho ("l'oncle Hô").

En 1911, il s'engage comme apprenti cuisinier sur un navire français. Il parcourt les mers jusqu'en Amérique du Nord, en Afrique et en Europe, où il s'établit et travaille tour à tour comme jardinier, balayeur, serveur, retoucheur de photos et chauffeur, développant peu à peu sa conscience politique.

Hô Chi Minh s'installe à Paris où il apprend plusieurs langues (dont le français, l'anglais, l'allemand et le mandarin) et commence à militer pour l'indépendance indochinoise. En 1920, il est l'un des membres fondateurs du Parti communiste français et, un peu plus tard, on le retrouve à Canton (Guangzhou, Chine) œuvrant à la fondation de l'Association de la jeunesse révolutionnaire du Vietnam.

Au début des années 1930, à la demande des Français, le gouvernement britannique de Hong Kong l'incarcère pour ses activités révolutionnaires. À sa libération, il se rend en Union soviétique et en Chine, avant de regagner son pays en 1941, après 30 ans d'absence. La même année, alors âgé de 51 ans, il crée le Viêt-minh, dont le but est l'indépendance du Vietnam. À la veille de la reddition du Japon, en août 1945, Hô Chi Minh prend la tête de la révolution d'Août et ses troupes parviennent à contrôler la majeure partie du pays.

Peu après, avec le retour des Français, le Viêt-minh entre dans la résistance armée jusqu'à la victoire de Diên Biên Phu, en 1954. Hô Chi Minh restera à la tête du Nord-Vietnam jusqu'à sa mort, en septembre 1969, sans voir la victoire du Nord sur le Sud.

Le Parti a soigneusement entretenu l'image de l'oncle Hô, qui domine toujours le Vietnam plus de 40 ans après sa mort. Chaque ville possède une statue de lui et un musée à son nom, un culte de la personnalité qui contraste fortement avec la simplicité de l'homme. Pour en savoir plus, reportez-vous à la biographie que lui a consacrée Pierre Brocheux (*Hô Chi Minh, du révolutionnaire à l'icône*, Payot, 2003).

35 000 soldats français ont été tués et 48 000 blessés ; les chiffres restent incertains du côté vietnamien, mais sont probablement bien plus élevés.

Un Sud-Vietnam autonome

Après la signature des accords de Genève (juillet 1956), le Sud-Vietnam est gouverné par Ngô Dinh Diêm, un catholique farouchement anticommuniste. Son pouvoir se trouve renforcé par l'arrivée de quelque 900 000 réfugiés, majoritairement catholiques, qui ont fui le Nord communiste pendant les 300 jours de passage autorisé.

Les élections nationales n'ont pas lieu, les Américains redoutant que Hô Chi Minh ne les remporte. Diêm parvient à consolider son pouvoir durant les premières années, démantelant la confrérie criminelle des

Années 1940
Les réquisitions de riz imposées par les Japonais, ajoutées aux inondations, provoquent une terrible famine qui cause la mort de 10% de la population (2 millions) dans le nord du Vietnam.

1944-1945
Dans le contexte de la Seconde Guerre mondiale, le Viêt-minh reçoit fonds et armes en provenance des États-Unis.

1945
Le 2 septembre, Hô Chi Minh proclame l'indépendance du Vietnam sur la place Ba Dinh, dans le centre de Hanoi. Les Français veulent rétablir leur autorité et imposent à nouveau un régime colonial.

1945
La famine décime un million de personnes dans le nord du Vietnam.

Viêt-cong et VC sont les abréviations de *Viêt Nam Công San*, qui signifie "communiste vietnamien". Conformément à ses initiales, les soldats américains surnommaient le VC "Charlie", abréviation de "Victor Charlie", en référence à l'alphabet radio international.

Binh-Xuyên et les bandes armées des sectes Hoa Hao et caodaïste. À l'occasion d'une visite officielle de Diêm aux États-Unis en 1957, le président Eisenhower voit en lui l'"homme providentiel" de l'Asie. Au fil du temps, Diêm se montre de plus en plus despotique envers les dissidents, fermant des monastères bouddhiques, emprisonnant des bonzes et interdisant les partis d'opposition. Son gouvernement devient une affaire de famille (son frère l'aidant à gouverner et sa belle-sœur, Mme Nhu, tenant notamment le rôle de première dame).

Un mouvement anti-Diêm, mené par les étudiants et le clergé bouddhiste, secoue le Sud au début des années 1960 ; plusieurs bonzes s'immolent par le feu. Washington favorise alors le coup d'État mené par les généraux de Diêm (devenu gênant et trop exigeant), qui s'emparent du pouvoir en novembre 1963 et exécutent Diêm et son frère. Les gouverneurs militaires qui lui succèdent pratiqueront cependant une politique identique.

Un nouveau Nord-Vietnam

Les accords de Genève, en 1954, autorisaient le retour à Hanoi des dirigeants de la république démocratique du Vietnam proclamée par Hô Chi Minh et leur offraient le contrôle du territoire situé au nord du 17e parallèle. Le nouveau gouvernement s'emploie immédiatement à éliminer tous ceux qui menacent son pouvoir. Des dizaines de milliers de "propriétaires" terriens, dont certains ne possèdent qu'un minuscule lopin, sont dénoncés par leurs voisins aux "comités de sécurité" et arrêtés. Des procès sommaires aboutissent à quelque 15 000 condamnations à mort et à des milliers d'incarcérations. En 1956, le Parti, confronté à l'insurrection des paysans, reconnaît ses excès et lance une "campagne de rectification des erreurs".

La guerre Nord-Sud

La campagne des communistes pour "libérer" le Sud commence en 1959. La piste Hô Chi Minh, tracée depuis plusieurs années, est rouverte. En avril 1960, le Nord décrète la mobilisation générale et, huit mois plus tard, Hanoi annonce la formation du Front national de libération du Sud-Vietnam (FNL), plus tard appelé Viêt-cong (ou VC) par le gouvernement de Saigon.

Dès le début de l'offensive du FNL, Diêm perd le contrôle des campagnes. Pour endiguer la déroute, le "programme des hameaux stratégiques" est mis en place en 1962. Il consiste à regrouper les paysans dans des hameaux fortifiés afin de priver le Viêt-cong de tout soutien populaire.

Dans le Sud, ce n'est plus seulement une bataille contre le Viêt-cong. En 1964, des unités de l'Armée nord-vietnamienne (ANV) commencent

1946

Les relations tendues entre les forces du Viêt-minh et le pouvoir colonial français aboutissent à des combats à Haiphong et à Hanoi. Ceux-ci marquent le début de la guerre d'Indochine, qui durera 8 ans.

Fin des années 1940

Alors que le Viêt-minh se retire dans les montagnes pour s'organiser, les Français essaient de former un gouvernement vietnamien sous Bao Dai, dernier empereur de la dynastie des Nguyên.

1949

L'accession au pouvoir des communistes en Chine engendre une arrivée massive d'armes par la frontière, destinées aux forces du Viêt-minh, ce qui leur permet des victoires significatives face aux Français.

1954

Reddition des forces françaises au Viêt-minh, le 7 mai, à Diên Biên Phu, après un siège de 170 jours. Fin de la colonisation française en Indochine.

à s'infiltrer via la piste Hô Chi Minh. Début 1965, le gouvernement de Saigon est à bout de souffle. Le Sud perd un chef-lieu de province chaque semaine, mais seul un haut gradé de l'Armée de la république du Vietnam (ARVN), nom donné à l'époque à l'armée du Sud, est blessé en 10 ans de conflit. Les autorités se préparent à évacuer Hué et Danang ; les hauts plateaux du Centre sont sur le point de tomber.

L'intervention américaine

Les Américains considéraient la guerre d'Indochine comme un élément important de la lutte mondiale contre l'expansion communiste. En 1950, des conseillers militaires américains étaient intervenus au Vietnam, apparemment pour entraîner les troupes locales, mais l'armée

SUR LES TRACES DE LA GUERRE

Les guerres d'Indochine et du Vietnam ont marqué plus d'une génération. Suivez les pas des soldats, des journalistes et des politiciens de tous bords en visitant les sites suivants :

Plage de Danang La plage (surnommée "China beach" par les Américains) proche de Danang où les GI passaient quelques jours de détente.

Tunnels de Cu Chi Pour échapper aux forces américaines, les Vietnamiens creusèrent à 30 km de Saigon un réseau extrêmement complexe de tunnels, juste sous le nez des occupants d'une base militaire américaine.

Zone démilitarisée (DMZ) Ce no man's land, situé au niveau du 17e parallèle, qui divisait le nord et le sud du pays depuis 1954, devint rapidement, malgré son nom, l'une des zones les plus fortement militarisées du monde.

Piste Hô Chi Minh La route d'approvisionnement du Sud ; les Nord-Vietnamiens faisaient transiter soldats et munitions le long de cette incroyable piste à travers les monts Truong Son, réalisant de véritables prouesses techniques.

Citadelle de Hué L'ancienne citadelle fut totalement rasée lors des combats de rue de 1968, lorsque les Américains reprirent la ville après trois semaines d'occupation communiste.

Khe Sanh En 1968, les Nord-Vietnamiens massèrent leurs forces autour de cette base américaine. La plus grosse opération de diversion de toute cette guerre visait à masquer l'offensive du Têt, alors imminente.

My Lai Ce village fut le théâtre d'une des pires atrocités de la guerre du Vietnam : le massacre par des GI de centaines de villageois en mars 1968.

Tunnels de Vinh Moc Contrairement à ceux de Cu Chi, ces tunnels n'ont pas été élargis pour les touristes et témoignent de l'ingéniosité du Viêt-cong.

1955
Le pays est "temporairement" divisé au 17e parallèle en Nord-Vietnam communiste et Sud-Vietnam "libre". Catholiques et communistes ont 300 jours pour changer de camp.

1960
Le Front national de libération (ou Viêt-cong) entame une guérilla contre le gouvernement Diêm dans le Sud, ce qui déclenchera l'intervention américaine.

1962
Le parc national de Cuc Phuong, à l'ouest de la ville de Ninh Binh, est proclamé premier parc national vietnamien. Hô Chi Minh déclare que "la forêt est de l'or".

1963
Le président sud-vietnamien Ngô Dinh Diêm est renversé et assassiné lors d'un coup d'État orchestré par les États-Unis, qui porte au pouvoir un nouveau groupe de jeunes officiers supérieurs.

DES PHOTO-REPORTERS MORTS DANS LES CONFLITS

Les guerres d'Indochine et du Vietnam ont coûté la vie à de très nombreux photo-reporters de tous pays, entre Diên Biên Phû, en mai 1954, et la chute de Saigon en avril 1975. On en compte 135, dont Robert Capa, Larry Burrows ou encore Henri Huet. Certaines des photographies les plus saisissantes du conflit sont rassemblées dans *Requiem, par les photographes morts au Viet-Nam et en Indochine* (1977), une anthologie de clichés pris par des correspondants de guerre tombés sur le champ de bataille, et un hommage rendu à leur travail. Ce sont souvent les derniers clichés pris par les photographes. L'exposition *Requiem* est également visible au musée des Souvenirs de guerre, à Hô Chi Minh-Ville (p. 331).

Les chiffres de la guerre

3 689 avions et 4 857 hélicoptères américains abattus

15 millions de tonnes de munitions lâchées

4 millions de Vietnamiens tués ou blessés

américaine allait en réalité rester sur le sol vietnamien pendant les 25 années suivantes. Dès 1954, l'aide militaire américaine à la France se montait à 2 milliards de dollars.

Les États-Unis changent de stratégie en août 1964, lors de l'incident du golfe du Tonkin : deux destroyers américains affirment avoir été attaqués sans raison tandis qu'ils naviguaient dans les eaux internationales. Une enquête révélera plus tard que la première attaque eut lieu alors que le premier croisait dans les eaux territoriales du Nord-Vietnam, appuyant une mission secrète d'un commando sud-vietnamien. Selon un rapport officiel publié en 2005 par la National Security Agency (NSA), la seconde attaque n'a jamais eu lieu.

Toutefois, sur l'ordre du président Lyndon Johnson, 64 bombardements aériens frappent le Nord, inaugurant les milliers d'opérations qui suivront, détruisant toutes les routes et les ponts, ainsi que 4 000 des 5 788 villages du Nord-Vietnam. Quelques jours plus tard, le Congrès américain vote à la quasi-unanimité la résolution du golfe du Tonkin, qui donne au président Johnson le pouvoir d'engager au Vietnam toute action jugée nécessaire, sans avoir à en référer au Congrès.

Alors que la situation militaire du gouvernement de Saigon frôle de nouveau la catastrophe, les premières troupes de combat américaines débarquent à Danang en mars 1965. En décembre de la même année, 184 300 militaires américains sont présents au Vietnam et 636 soldats ont déjà trouvé la mort. En décembre 1967, les chiffres se montent à 485 600 soldats américains et 16 021 morts. En comptant les Sud-Vietnamiens et les autres alliés, 1,3 million d'hommes se battent alors pour le gouvernement de Saigon.

La stratégie américaine

En 1966, on parle à Washington de "pacification", de "ratissage et destruction" et de "zones de feu à volonté". La pacification consiste

1964

Bien que les États-Unis n'aient pas officiellement déclaré la guerre, ils lancent l'opération *Pierce Arrow* et bombardent le Nord-Vietnam, en représailles à l'incident du golfe du Tonkin.

1965

Pour empêcher l'effondrement du régime de Saigon, le président Lyndon Johnson intensifie les bombardements au Nord-Vietnam et approuve le déploiement de troupes dans le Sud.

1967

À la fin de l'année, 1,3 million de soldats, dont près de 500 000 Américains, se battent pour le Sud-Vietnam.

1968

Le Viêt-cong lance l'offensive du Têt, surprenant les Américains alors mobilisés par le siège de Khe Sanh. Des soldats américains tuent des centaines de civils vietnamiens lors du massacre de My Lai.

à installer une infrastructure civile progouvernementale dans tous les villages, gardée par des soldats. Par endroits, les villageois sont évacués pour que les Américains puissent utiliser des armes lourdes, comme le napalm et les tanks, dans des régions déclarées “zones de feu à volonté”.

Pourtant, si les forces américaines contrôlent les campagnes pendant la journée, le Viêt-cong reprend l’avantage la nuit. Bien que dépourvus d’armes lourdes, les maquisards infligent de lourdes pertes aux Américains en multipliant les embuscades, les mines et les pièges. Alors que les “zones de feu à volonté” sont supposées épargner les civils, les villageois n’en sont pas moins bombardés ou arrosés de napalm, ce qui incite souvent les survivants à rejoindre le Viêt-cong.

Le tournant

En janvier 1968, les troupes nord-vietnamiennes lancent une attaque majeure contre la base américaine de Khe Sanh, dans la zone démilitarisée (DMZ). Cette bataille, la plus importante de la guerre, fait partie d’une manœuvre de diversion dans le cadre de l’offensive du Têt.

Cette offensive marque un tournant décisif. Dans la soirée du 31 janvier, alors que le pays célèbre le Têt (le Nouvel An lunaire), le Viêt-cong rompt un cessez-le-feu tacite en lançant une série d’attaques coordonnées dans plus de cent localités. Devant les caméras de télévision, un commando viêt-cong investit la cour de l’ambassade américaine, en plein cœur de Saigon. Cependant, les communistes ont misé à tort sur le soutien de la population, et le soulèvement escompté ne se produit pas.

Pris de court (l’échec est cuisant pour les renseignements américains), les Américains contre-attaquent avec une énorme puissance de feu, bombardant et pilonnant les villes surpeuplées, décimant le Viêt-cong, mais semant aussi la mort et la dévastation dans la population civile.

L’offensive du Têt coûte la vie à près de 1 000 soldats américains et à 2 000 soldats de l’ARVN, mais les pertes viêt-cong sont dix fois plus élevées.

Le Viêt-cong a peut-être perdu la bataille, mais l’opération marque le tournant vers sa victoire finale. Les militaires américains avaient longtemps claironné que le succès n’était qu’une affaire de temps. Après la diffusion en direct à la télévision des massacres et du chaos à Saigon, de nombreux Américains cessent de croire aux communiqués officiels. Tandis que les généraux crient victoire, les civils supportent de moins en moins le coût humain et matériel de la guerre. Parallèlement, des détails filtrent sur les atrocités perpétrées à l’encontre des civils vietnamiens sans défense, comme le massacre de My Lai. Cela contribue à renverser l’opinion, et les protestataires se regroupent.

Oliver Stone, habitué des films engagés, signe avec *Platoon* en 1986 un chef-d’œuvre. Premier opus de sa célèbre trilogie sur le Vietnam, c’est un regard brutal et cynique sur le conflit à travers le personnage d’une nouvelle recrue.

1969

Hô Chi Minh meurt à Hanoi en septembre 1969 d’un arrêt cardiaque, après avoir dédié sa vie à la révolution. Une “présidence collective” lui succède, avec Lê Duan à sa tête.

1970

Henry Kissinger, conseiller américain à la Sécurité, et Lê Duc Tho, représentant le gouvernement de Hanoi, entament des pourparlers à Paris tandis que les États-Unis réduisent leurs troupes.

1971

L’opération Lam Son lancée par l’ARVN (Armée de la république du Vietnam) pour couper la piste Hô Chi Minh au Laos se solde par une défaite cuisante, la moitié des troupes étant capturées ou tuées.

1972

Offensive dite de Pâques : les Nord-Vietnamiens traversent la zone démilitarisée (DMZ) au niveau du 17e parallèle pour attaquer le Sud et les forces américaines.

Nixon et sa doctrine

Élu président en novembre 1968, Richard Nixon dévoile bientôt sa fameuse doctrine, qui incite les nations d'Asie à se montrer plus autonomes en matière de défense. Celle-ci appelle à la "vietnamisation" du conflit, en laissant les troupes sud-vietnamiennes combattre seules, sans le soutien des Américains.

Le premier semestre de 1969 est pourtant marqué par une escalade du conflit. En avril, le nombre de soldats américains au Vietnam a atteint le pic de 543 400 hommes. Tandis que les combats font rage, Henry Kissinger, le chef de la diplomatie, entame à Paris des pourparlers de paix avec Lê Duc Tho, son homologue nord-vietnamien.

En 1969, les États-Unis commencent à bombarder secrètement le Cambodge, cherchant à détruire les sanctuaires des communistes vietnamiens. En 1970, des fantassins américains sont envoyés au Cambodge, poussant les Nord-Vietnamiens à s'enfoncer plus avant dans le territoire cambodgien. À l'été 1970, avec leurs alliés Khmers rouges, ces derniers contrôlent la moitié du pays, dont la région d'Angkor.

Récit poignant, *Les Carnets retrouvés (1968-1970)* sont le journal d'une jeune médecin, Dang Thuy Trâm, portée volontaire auprès du Viêt-cong et morte durant le conflit. Il n'a été publié qu'en 2005, soit 35 ans après sa mort (et traduit en français en 2012 aux éditions Philippe Picquier).

Cette nouvelle escalade provoque de violentes manifestations anti-guerre aux États-Unis et ailleurs. Quatre manifestants sont abattus par la Garde nationale lors d'un meeting pacifiste à l'université d'État de Kent (Ohio). L'apparition d'organisations comme les "Vétérans du Vietnam contre la guerre" prouve alors que ceux qui exigent le retrait des troupes américaines ne sont pas que des jeunes redoutant la conscription. La guerre déchire bel et bien le pays.

Au printemps 1972, les Nord-Vietnamiens lancent une offensive au-delà du 17e parallèle. Les États-Unis répondent par des bombardements accrus sur le Nord et le minage des ports du Nord-Vietnam. Les "bombardements de Noël" sur Hanoi et Haiphong fin 1972 sont destinés à obtenir des concessions du Nord-Vietnam à la table des négociations. Enfin, le 27 janvier 1973, les États-Unis, le Nord-Vietnam, le Sud-Vietnam

LE COÛT DE LA GUERRE

Au total, 3,14 millions d'Américains (dont 7 200 femmes) ont servi dans les forces armées au Vietnam. Le bilan officiel des pertes humaines fait état de 58 183 Américains tués au combat ou portés disparus. Le coût direct de la guerre a été évalué à 165 milliards de dollars, mais son coût réel a bien plus pesé sur l'économie.

Fin 1973, 223 748 soldats sud-vietnamiens avaient été tués au combat et on estimait à 1 million les pertes dans les rangs de l'armée nord-vietnamienne et du Viêt-cong. Environ 4 millions de civils, soit 10% de la population, ont été tués ou blessés. Au moins 300 000 Vietnamiens et 1 621 Américains étaient toujours portés disparus en 2016.

1973
Le 27 janvier, tous les protagonistes signent les accords de paix de Paris, qui mettent fin aux hostilités. Les Américains se retirent, mais le conflit perdure.

1975
Le 30 avril 1975, les Nord-Vietnamiens s'emparent de Saigon, alors que les derniers Américains fuient la ville.

1976
Proclamation de la république socialiste du Vietnam. Saigon est rebaptisée Hô Chi Minh-Ville. Des centaines de milliers de Vietnamiens quittent le pays, dont beaucoup par bateau.

1978
Le jour de Noël, le Vietnam envahit le Cambodge ravagé par les Khmers rouges, qu'il chasse du pouvoir le 7 janvier 1979.

et le Viêt-cong signent les accords de Paris, qui prévoient un cessez-le-feu, le retrait total des forces américaines et la libération de 590 prisonniers de guerre américains, mais ne mentionnent pas les 200 000 soldats nord-vietnamiens déployés dans le Sud.

Des équipes américaines continuent de rechercher les dépouilles de leurs concitoyens morts au Vietnam, au Laos et au Cambodge. Depuis quelque temps, les Vietnamiens, de leur côté, cherchent leurs soldats disparus au Cambodge et au Laos.

De 1965 à 1973, le journaliste et écrivain Olivier Todd couvre le conflit au Vietnam pour *Le Nouvel Observateur*. Dans *La Chute de Saigon* (Perrin, 2011), il raconte les derniers mois de cette tragédie et revient sur son parcours intellectuel.

Les autres contingents étrangers

L'Australie, la Nouvelle-Zélande, la Corée du Sud, la Thaïlande et les Philippines ont également envoyé des troupes combattre aux côtés des États-Unis au Sud-Vietnam dans le cadre de ce que les Américains appelaient les "Forces militaires du monde libre". Washington cherchait à internationaliser son effort de guerre pour lui donner plus de légitimité.

La participation de l'Australie au conflit représente l'engagement militaire le plus important de ce pays depuis la Seconde Guerre mondiale. Sur les 60 000 soldats qui ont pris part aux combats, il y a eu 521 morts et plus de 3 000 blessés. La plus grande partie du contingent néo-zélandais – qui totalisait 548 soldats en 1968, l'année où il a été le plus important – était intégrée aux unités australiennes, stationnées près de Baria, au nord de Vung Tau.

La chute du Sud-Vietnam

La majorité des militaires américains quitte le Vietnam en 1973, à l'exception d'un petit contingent de techniciens, de conseillers et d'agents de la CIA. Le bombardement du Nord-Vietnam cesse et les prisonniers américains sont libérés. Cependant, la guerre continue et les Sud-Vietnamiens se battent seuls.

Viet Thanh Nguyen est l'auteur du formidable essai *Jamais rien ne meurt* (Belfond, 2019), lequel, finaliste du National Book Award, traite de la guerre du Vietnam dans la mémoire collective américaine et asiatique..

En janvier 1975, le Nord lance une attaque terrestre massive sur le 17e parallèle, appuyée par des tanks et de l'artillerie lourde. L'invasion sème la panique dans l'armée sud-vietnamienne, depuis toujours dépendante du soutien américain. En mars, l'ANV occupe la région de Buon Ma Thuot, zone stratégique des hauts plateaux du Centre. Nguyên Van Thiêu, le président du Sud-Vietnam, décide alors un repli tactique sur des positions plus défendables, ce qui s'avère être une énorme erreur.

Des brigades entières de l'ARVN s'enfuient vers le Sud, rejoignant les centaines de milliers de civils qui se bousculent sur la RN 1. L'une après l'autre, les villes de Hué, Danang, Quy Nhon et Nha Trang sont abandonnées. Les troupes sud-vietnamiennes fuient si rapidement que l'armée du Nord peine à les suivre.

Au pouvoir depuis 1967, Nguyên Van Thiêu démissionne le 21 avril 1975 et quitte le pays, emportant avec lui, dit-on, des millions de

1979

En février, les Chinois envahissent le nord du Vietnam en représailles à l'attaque contre leurs alliés Khmers rouges. Les Vietnamiens les repoussent. Des milliers de "boat people" fuient.

Années 1980

Le Vietnam reçoit une assistance économique et militaire de l'URSS de près de 3 milliards de dollars par an. Le pays commerce essentiellement avec l'URSS et le bloc communiste.

1986

L'instauration du *doi moi*, version vietnamienne de la perestroïka russe, marque le premier pas vers le rapprochement avec l'Occident et s'accompagne d'un train de réformes économiques.

1989

Les forces vietnamiennes se retirent du Cambodge en septembre alors que l'URSS réduit son soutien aux pays communistes. Le Vietnam connaît la paix pour la première fois depuis des décennies.

Les accords de paix de Paris, signés en 1973, prévoyaient une provision de 3,5 milliards de dollars à verser par les États-Unis au Vietnam au titre des réparations. Cette clause constituera la principale entrave à la normalisation des relations entre les deux pays en 1978. Le Vietnam ne recevra jamais le moindre dollar.

dollars d'argent sale. Les Nord-Vietnamiens progressent jusqu'à Saigon où, au matin du 30 avril 1975, leurs tanks éventrent les grilles du palais de l'Indépendance (depuis rebaptisé "palais de la Réunification"). Après 42 heures d'exercice en tant que président, le général Duong Van Minh rend officiellement les armes, un épisode qui marque la fin de la guerre.

Quelques heures avant la reddition du Sud-Vietnam, les derniers Américains sont évacués par hélicoptère du toit de leur ambassade vers des navires mouillant au large. Ainsi prend fin une implication militaire américaine de plus de 25 ans. Et, durant toute la durée du conflit, les États-Unis n'auront en fait jamais déclaré la guerre au Nord-Vietnam.

Les Américains ne sont pas les seuls à partir. Lors de la chute du Sud, 135 000 Vietnamiens quittent leur pays, suivis par plus de 500 000 autres au cours des cinq années suivantes. Ceux qui fuient par la mer seront bientôt connus dans le monde entier comme les *boat people*. Prêts à affronter tous les risques d'un périlleux voyage en mer de Chine méridionale (mer de l'Est), certains de ces réfugiés ont finalement pu commencer une nouvelle vie en France, en Australie ou ailleurs dans le monde.

La réunification

Le jour de la victoire, les communistes changent le nom de Saigon en Hô Chi Minh-Ville (HCMV). Le premier de nombreux changements.

Le succès soudain de l'offensive nord-vietnamienne en 1975 surprend presque autant le Nord que le Sud. Il n'y a pas de plan pour intégrer les deux parties du pays, aux systèmes économiques et sociaux totalement différents. Le Parti hérite des conséquences d'un conflit long et cruel qui a littéralement fracturé la nation. L'amertume ronge chaque camp, et les défis à relever sont considérables. La guerre a causé d'énormes dommages : champs de mines non identifiés et campagnes empoisonnées par des produits chimiques, économie exsangue, axée sur la guerre, et population blessée physiquement ou mentalement. Si la paix est revenue, la fin de la lutte reste lointaine.

"C'ÉTAIT UNE ERREUR"

Aujourd'hui, les historiens estiment que si Washington avait su reconnaître la longue histoire des victoires du Vietnam face aux envahisseurs successifs, l'effroyable tragédie de "leur" guerre aurait pu être évitée, de même que ses répercussions sur la société américaine qui a longtemps souffert du conflit et dont la remise en cause des valeurs a touché toute une génération. Des années après, Robert McNamara, l'un des architectes de la guerre et ancien secrétaire à la Défense, écrivit dans ses mémoires : "C'était une erreur, une terrible erreur. Nous devons aux générations futures des explications."

1991

En mal de devises, le Vietnam s'ouvre au tourisme pour stimuler son économie. Les premiers voyageurs arrivent, malgré de strictes restrictions.

1992

Une nouvelle constitution ouvre la voie à des réformes économiques et des libertés. Toutefois, le parti communiste demeure la force au pouvoir, dominant la société et la politique vietnamiennes.

1994

Fin de l'embargo américain contre le Vietnam, instauré au Nord en 1964 et étendu à la nation réunifiée depuis 1975, et début d'une normalisation des relations entre les deux pays.

1995

Le Vietnam rejoint l'Association des nations de l'Asie du Sud-Est (Asean), organisation créée à l'origine pour faire obstacle à l'expansion du communisme dans la région.

Jusqu'à la réunification officielle du Vietnam, en juillet 1976, le Sud est dirigé par le gouvernement révolutionnaire provisoire. Le Parti communiste n'a aucune confiance dans l'intelligentsia urbaine du Sud, pas même en ceux qui ont soutenu le Viêt-cong, et envoie du Nord une armada de cadres pour assurer la transition. Cette politique accroît le ressentiment de ceux qui ont lutté contre le gouvernement de Thiêu et se retrouvent pourtant rejetés.

La rapide transition vers le socialisme dans le Sud décidée par le Parti se révèle désastreuse pour l'économie. La réunification s'accompagne en outre d'une vaste répression politique. Malgré les promesses répétées d'impunité, des centaines de milliers de personnes liées à l'ancien régime se voient dépossédées de leurs biens, arrêtées et emprisonnées sans procès dans des "camps de rééducation". Des dizaines de milliers d'hommes d'affaires, d'intellectuels, d'artistes, de journalistes, d'écrivains, de syndicalistes et de religieux, dont certains se sont opposés au gouvernement du Sud et à la guerre, sont détenus dans des conditions épouvantables.

En contradiction avec sa politique économique, le Vietnam tente de se rapprocher des États-Unis. En 1978, Washington est sur le point de rétablir des relations avec Hanoi, mais privilégie finalement la carte de la Chine : le Vietnam est sacrifié au profit des relations sino-américaines et poussé dans l'orbite de l'Union soviétique, dont il dépendra pendant la décennie suivante.

La Chine et les Khmers rouges

Les relations avec la Chine, au nord, et ses alliés Khmers rouges, à l'ouest, se détériorent rapidement. Affaibli par la guerre, le Vietnam se sent encerclé d'ennemis. La campagne anticapitaliste lancée en mars 1978 se traduit par la saisie de propriétés et d'entreprises privées. La plupart des victimes étant d'origine chinoise – grossissant le nombre des réfugiés ou *boat people* –, les relations avec la Chine se gâtent encore.

Dans un même temps, les attaques répétées des Khmers rouges contre les villages frontaliers obligent les Vietnamiens à réagir. Ils entrent au Cambodge le 25 décembre 1978, chassent les Khmers rouges du pouvoir le 7 janvier 1979 et installent un gouvernement pro-Hanoi à Phnom Penh. La Chine considère l'attaque contre les Khmers rouges comme une grave provocation. En février 1979, des troupes chinoises envahissent le nord du Vietnam et combattent 17 jours avant de se retirer.

La libération du Cambodge du joug des Khmers rouges se transforme bientôt en occupation doublée d'une longue guerre civile, qui coûte cher au Vietnam. L'économie planifiée étouffe les initiatives commerciales des riziculteurs vietnamiens. La guerre et la révolution ont ruiné le pays, et un changement radical d'orientation s'impose.

Avec *L'Innocence perdue* (Seuil, 1991), Neil Sheehan remporta le prix Pulitzer. Cette biographie du colonel John Paul Vann évoque le désenchantement d'un homme face à la guerre et à la prise de conscience de l'échec des États-Unis dans ce conflit.

L'ouvrage de Bao Ninh *Le Chagrin de la guerre* (Picquier, 2011) est une histoire poignante d'amour et de mort qui montre que les soldats du Nord-Vietnam avaient les mêmes peurs, les mêmes désirs aussi, que la plupart des GI américains.

2000
Bill Clinton visite le Vietnam à la fin de son mandat, devenant le premier président américain à se rendre à Hanoi. Il entame ainsi un nouveau chapitre dans les relations entre les deux pays.

2003
Nam Cam, une figure de la pègre, est condamné à mort pour corruption, détournement de fonds, enlèvement et meurtre. Des dizaines de politiciens sont impliqués.

2004
Le premier vol commercial affrété par les États-Unis depuis la fin de la guerre atterrit à Hô Chi Minh-Ville.

2009
Des militants démocrates sont incarcérés pour s'être "livrés à de la propagande contre le gouvernement" en accrochant des banderoles à un pont et en publiant des articles en ligne.

L'ouverture

Secrétaire général du Parti communiste soviétique en 1985, Mikhaïl Gorbatchev lance la perestroïka (restructuration), un programme de réformes, et fait le choix de la glasnost (transparence). Le Vietnam suit son exemple en 1986, nommant le réformiste Nguyên Van Linh à la tête du Parti communiste. Le *doi moi* (réforme économique), d'abord expérimenté au Cambodge, est appliqué au Vietnam. Lorsque l'URSS réduit son soutien aux pays communistes, les avant-postes les plus éloignés en souffrent les premiers. En septembre 1989, le Vietnam décide de se retirer du Cambodge, dont il ne peut plus financer l'occupation.

Toutefois, les changements radicaux en Europe de l'Est en 1989 et l'effondrement de l'Union soviétique en 1991 sont mal vus par Hanoi. Le Parti dénonce la participation de non-communistes à des gouvernements du bloc de l'Est et voit derrière les révolutions démocratiques une "contre-attaque des cercles impérialistes". Si la situation évolue à peine sur le plan politique, le Vietnam décide d'opter pour l'économie de marché. Depuis, le capitalisme s'est solidement enraciné et le Vietnam a rejoint l'Asean en 1995.

Les relations entre le Vietnam et les États-Unis se sont par ailleurs nettement améliorées. Début 1994, le gouvernement américain a levé l'embargo économique en vigueur contre le Nord depuis les années 1960. Les relations diplomatiques ont été officiellement rétablies, et les présidents Clinton, Bush, Obama et Trump se sont tous rendus au Vietnam.

Un voisinage conflictuel

Si les relations entre le Vietnam et les États-Unis se sont apaisées, celles avec la Chine, en revanche, restent très tendues.

Nombre des *boat people* ayant fui le pays à la fin des années 1970 étaient des membres de la minorité chinoise, que leur argent et leurs affaires, outre leur origine, avaient transformés en cible rêvée pour la Révolution.

Le gouvernement vietnamien entretient des relations économiques étroites avec la Chine. Celle-ci est, en effet, un des principaux partenaires commerciaux du Vietnam. Les deux pays partagent également une partie de leur héritage culturel. Toutefois, des divergences font régulièrement surface, notamment en ce qui concerne le territoire maritime. Pour les Vietnamiens, par exemple, le nom "mer de Chine méridionale" est inacceptable, car il sous-entend que la Chine aurait la mainmise sur l'ensemble de cette zone. D'ailleurs, au Vietnam, on dit "mer de l'Est".

En mai 2014, suite à la construction par la Chine d'une plateforme pétrolière dans les îles Paracels, des émeutes anti-chinois ont éclaté, faisant plus de 20 morts. En retour, le tourisme vietnamien a souffert, les Chinois ayant annulé leurs séjours au Vietnam. Les relations se sont ensuite apaisées.

Une certaine incompatibilité perdure entre les deux pays, mais les affaires sont les affaires. Les Chinois sont les premiers touristes du

2010
En octobre, Hanoi fête ses 1 000 ans avec des expositions et d'importantes célébrations. La citadelle impériale est inscrite au patrimoine mondial de l'Unesco.

2013
Le général Giap, architecte de la victoire de Diên Biên Phu et chef militaire pendant la guerre du Vietnam, meurt à l'âge de 102 ans. Des millions de personnes lui rendent hommage.

2013
Le président Truong Tan Sang est reçu à la Maison-Blanche par Barack Obama.

2014
Après l'installation de structures pétrolières chinoises dans les eaux disputées des îles Paracels, le Vietnam connaît d'importantes émeutes antichinoises.

UN DEUIL NATIONAL

Le 13 octobre 2013, le Vietnam s'est uni dans le chagrin. La nation venait de perdre son plus grand héros de guerre, le général Vo Nguyên Giap, commandant en chef des campagnes contre les Français, les Japonais et les Américains. Il était alors âgé de 102 ans. Cet homme charismatique, honnête et courageux a consacré sa vie à l'indépendance de son pays. Fervent militant de la liberté, il vivait une vie simple.

Les Vietnamiens l'aimaient notamment pour cette simplicité, qui le distinguait des autres dirigeants politiques et économiques du pays, largement entachés par des soupçons de corruption et de népotisme.

Vietnam, avec 5,8 millions de visiteurs en 2019, et la langue chinoise est la deuxième langue étrangère étudiée au Vietnam.

Le Vietnam de nos jours

Le système politique vietnamien est on ne peut plus simple : le Vietnam est un État communiste dirigé par un parti unique, le Parti communiste du Vietnam. En théorie, selon la Constitution vietnamienne, l'Assemblée nationale (ou Parlement) constitue l'autorité suprême du pays, mais en pratique, ce n'est qu'un instrument du Parti. En effet, les élections, très contrôlées, assurent que 90% des députés sont membres du Parti communiste.

Officiellement, le communisme est roi. Toutefois, même au sein du Parti, rares sont ceux à vraiment penser que le Vietnam est une utopie marxiste. Le socialisme de marché est le maître mot et le secteur privé n'a jamais été aussi florissant.

Cela fait maintenant plus de 20 ans que le Vietnam connaît une croissance constante et, tout comme la Chine, il fait partie des pays dont la croissance économique est la plus rapide. Le PIB par habitant est passé de 98 USD en 1993 à 2 739 USD en 2019. Le Vietnam a ainsi rejoint les rangs des "Tigres" est-asiatiques. Le pays est un grand exportateur de produits agricoles, et notamment le deuxième plus grand producteur de café au monde. Les secteurs industriels et manufacturiers sont également solides, tout comme le tourisme. Le changement ne s'est pas fait sans douleur, mais les investissements étrangers record semblaient promettre le Vietnam à un bel avenir. L'impact de la crise mondiale liée au Covid-19 qui s'annonce reste incertain sur le pays.

L'économie du pays s'est engagée sur la voie rapide et la vitesse des changements n'a pas faibli au cours des deux dernières décennies. Grâce aux investissements réalisés dans les infrastructures, les aéroports régionaux notamment, il n'a jamais été aussi facile de se déplacer au Vietnam. Cependant, les conséquences environnementales se font visibles. En octobre 2019, Hanoi était la grande ville la plus polluée du monde. Face au problème, les autorités sont restées muettes.

2015
Le Vietnam célèbre le 40e anniversaire de sa réunification avec d'imposants défilés militaires.

2017
Donald Trump et de nombreux autres chefs d'État sont réunis à Danang pour le sommet de l'APEC (Coopération économique pour l'Asie-Pacifique).

2019
Le Vietnam et l'Union européenne signent un accord de libre-échange.

2019
Les Rong Vang (Dragons d'or), qui avaient remporté le Championnat de football de l'ASEAN 2018, ont atteint les quarts de finale de la Coupe d'Asie des nations 2019.

La société vietnamienne

Actifs, fiers, espiègles, les Vietnamiens peuvent se révéler difficiles à comprendre par les Occidentaux. Par exemple, les questions directes reçoivent souvent des réponses évasives. Un Vietnamien ne fera jamais part à un étranger de ses réflexions intimes ou de son histoire personnelle comme on peut le faire en Occident. Le respect profond qu'ont les Vietnamiens pour la tradition, la famille et l'État reflète l'un des principes fondamentaux du confucianisme.

Les mentalités

Traditionnellement, la mentalité vietnamienne valorise le travail en équipe, dans l'harmonie plutôt que dans le conflit ; mais les temps changent. Sur les routes ou dans les affaires, c'est le "chacun pour soi" qui prévaut, ce qui surprend les étrangers (et pas seulement les Occidentaux). Garder la face est essentiel ; les Vietnamiens détestent faire des concessions et préféreront bluffer, embobiner ou jouer les fanfarons pour parvenir à leurs fins.

Questions de génération

À de nombreux égards, le Vietnam est encore un pays traditionnel et conservateur. Habituée aux restrictions et à la frugalité, la vieille

AU VIETNAM... FAITES COMME LES VIETNAMIENS

Prenez le temps de découvrir la culture vietnamienne. Cela vous aidera à ne pas commettre d'impairs et facilitera votre intégration auprès de vos hôtes. Voici quelques conseils :

Habillement Montrez-vous respectueux des codes vestimentaires, notamment dans les lieux de prière. Retirez toujours vos chaussures avant de pénétrer dans un temple. Sur les plages, le nudisme ou les seins nus pour les femmes sont à proscrire.

Cartes de visite Il est de bon ton d'échanger ses cartes de visite, même pour la plus petite transaction. Faites-en imprimer avant votre départ et distribuez-les généreusement.

Baguettes Une paire de baguettes plantées verticalement dans un bol de riz ressemble beaucoup aux bâtons d'encens que l'on brûle pour les morts. C'est donc un puissant symbole mortuaire. Posez-les donc plutôt à l'horizontale.

Langage des pieds Il est d'usage de retirer ses chaussures en entrant chez quelqu'un. Par ailleurs, diriger ses orteils vers autrui est perçu comme très mal élevé. Enfin, ne tournez jamais la pointe des pieds vers des représentations du Bouddha ou de tout autre objet sacré.

Tête La correction veut que l'on se découvre devant une personne âgée, ou devant tout autre individu digne d'égards, comme un moine. Il faut également incliner la tête avant de s'adresser à eux. En Asie, la tête est le point symbolique le plus élevé : aussi, ne touchez jamais le crâne ou le visage des personnes que vous côtoyez.

Selfies Les Vietnamiens seront offensés si vous prenez un selfie dans un lieu où des gens ont souffert, tel qu'une ancienne prison ou un mémorial de guerre. Soyez respectueux.

génération, qui se rappelle les longues années de guerre et chaque parcelle du territoire pour lequel elle s'est battue, est restée insensible à la société de consommation. Mais cela est en train de changer très rapidement. Le Vietnam est un pays jeune. Selon des chiffres de 2018, presque 40% de la population a moins de 25 ans, et la grande majorité de la population est née après la fin de la guerre contre les Américains. Le pays de cette jeune génération est un nouveau Vietnam, où l'on peut réussir et oublier le carcan légué par les communistes, exhiber motos rutilantes, coupes de cheveux à la mode et iPhones. Pour autant, le travail y reste pour les jeunes, plus qu'ils ne voudraient l'admettre, une valeur aussi fondamentale que pour leurs parents.

Les Paradis aveugles, de Duong Thu Huong, fut le premier roman vietnamien publié aux États-Unis (1988). L'action se situe dans un village du Nord et un bidonville de Hanoi, et retrace la vie de trois femmes et les épreuves traversées sur une période de 40 ans.

La division Nord-Sud

La division Nord-Sud persiste. Les Sud-Vietnamiens trouvent que leurs compatriotes du Nord sont froids, qu'ils se prennent trop au sérieux et ne savent pas s'amuser. À l'inverse, les Nord-Vietnamiens trouvent les Sud-Vietnamiens superficiels, frivoles et obsédés par l'argent. Pour caricaturaux qu'ils soient, ces préjugés n'en mettent pas moins en lumière des disparités bien réelles, qui vont au-delà des (nombreuses) différences dialectales. Le climat y contribue aussi : la vie est plus facile dans le Sud, où le fertile delta du Mékong permet trois récoltes par an. Le Nord doit endurer un long hiver de ciels gris, de crachin, de brume et de vent glacé. De plus, le Nord vit avec le communisme depuis plus de 50 ans, tandis que le Sud a pratiqué le libre-échange avec les États-Unis pendant plus de 20 ans et bénéficie aujourd'hui des fonds envoyés par la diaspora.

Garder la face

Dans les cultures asiatiques, et surtout vietnamienne, la notion de "face" est fondamentale. Avoir une "grande face" signifie avoir du prestige, autre notion capitale dans le pays. Chaque famille, y compris les plus pauvres, est censée organiser de fastueuses cérémonies de mariage et y dépenser des fortunes pour "gagner de la face". Ce qui peut être ruineux, mais bien moins grave que de "perdre la face". Un étranger ne devrait jamais s'emporter face à un Vietnamien. Blesser l'estime et l'orgueil de son interlocuteur revient à entraver toute possibilité de trouver une issue à une querelle. Il est tout aussi mal vu qu'un commerçant, pour vendre, fasse pression sur les touristes, crie ou les tire par la manche. Ces tactiques sont au Vietnam celles d'escrocs prêts à tout pour vendre.

Mode de vie

La société traditionnelle gravitait autour de la famille, des travaux des champs et de la religion. Ce rythme de vie rural est resté inchangé pendant des siècles, avant d'être ébranlé par la guerre, le communisme et la mondialisation. S'il est vrai que plusieurs générations peuvent encore partager le même toit, manger le même riz et pratiquer la même religion, les modes de vie ont toutefois beaucoup évolué. Le Vietnam connaît une véritable mutation entraînant des tensions dans les foyers. Les jeunes gens s'habillent à leur goût, fréquentent les personnes de leur choix, sortent en ville et rentrent tard. La plupart des jeunes adultes vivent cependant toujours chez leurs parents, où les conversations peuvent être vives, notamment concernant le mariage et la question de l'indépendance. Tout n'a pas changé pour autant. La plupart des Vietnamiens méprisent la paresse et se lèvent tôt. Vous verrez des parcs remplis d'adeptes du tai-chi dès l'aube, et les bureaux fonctionnent à plein dès 7h.

Famille

Au Vietnam, le statut de la famille est plus important que le salaire. La bonne réputation d'une famille inspire le respect et ouvre des portes.

Les hommes d'affaires en difficulté font souvent appel à un géomancien (expert en feng shui). Le remède consiste parfois à déplacer une porte ou une fenêtre. Si cela ne marche pas, il faudra alors peut-être envisager de déplacer la tombe d'un ancêtre.

La famille élargie joue un rôle majeur et, loin de la famille nucléaire à l'occidentale, comprend les cousins au deuxième et au troisième degrés. Elle a coutume de se rassembler aux heures d'adversité et de deuil, mais aussi en des occasions solennelles ou joyeuses. Pour les anciennes générations, ce lien représente une force.

Le peuple vietnamien

La culture et la civilisation vietnamiennes ont été profondément influencées par la Chine, qui a occupé le pays pendant un millénaire. Au cours de l'histoire, les "minorités" vietnamiennes se sont mélangées. Peu à peu descendues vers le sud à la recherche de terres cultivables, elles ont absorbé le royaume du Champa puis les terres orientales de l'Empire khmer ; les Chams et les Khmers constituent aujourd'hui des groupes ethniques importants. Ces mouvements de populations ne se sont pas faits à sens unique. Une grande partie des ethnies vivant dans le Nord-Ouest, et qui constituent aujourd'hui l'une des facettes les plus originales de la mosaïque des peuples du Vietnam, n'ont quitté le Yunnan (Chine) et le Tibet qu'au cours des deux derniers siècles, s'installant dans les montagnes que les Vietnamiens des plaines rechignaient à cultiver. La "minorité" la plus importante n'en demeure pas moins la communauté chinoise, qui maîtrise l'essentiel du commerce dans les zones urbaines. Les Chinois ont longtemps été considérés avec méfiance par le pouvoir, qui en expulsa un grand nombre à la fin des années 1970. S'ils jouent aujourd'hui un rôle majeur dans l'économie du pays, les réticences persistent, et la loi leur interdit encore d'occuper des postes de pouvoir.

Les ethnies du Vietnam

En dehors des Viêt qui représentent l'ethnie majoritaire, le Vietnam regroupe 53 groupes ethniques, soit environ 14 millions de personnes, vivant pour la plupart de leur dur labeur dans les montagnes fertiles du nord du pays. Le gouvernement encourage depuis longtemps ces peuples à quitter les hauts plateaux pour venir travailler dans les rizières des plaines, ou pour passer aux cultures de rente comme le thé et le café. Malgré les incitations (irrigation subventionnée, accès à l'éducation et aux soins...), nombreux sont ceux qui, forts d'une longue bataille pour l'indépendance, préfèrent rester dans les montagnes.

Concrètement, les différentes ethnies restent au bas de l'échelle sociale au Vietnam, et les préjugés à leur encontre perdurent (voir le chapitre suivant *Les ethnies montagnardes*).

Religion

Les Vietnamiens ne sont pas très religieux : seuls 20% d'entre eux se disent croyants. Cela dit, au fil des siècles, le confucianisme, le taoïsme et le bouddhisme se sont mêlés aux croyances populaires chinoises et à

ONCLE, FRÈRE OU AMI ?

Il est peu d'endroits au monde où la manière de s'adresser à autrui soit aussi importante. Avoir recours à un terme inadapté représentera une insulte, un manque de respect ou un ton un peu trop décontracté selon les circonstances. L'âge et le statut sont des éléments clés.

Trois inconnus discutent dans un bar. Dzung a la vingtaine. Vinh, la trentaine, Huong, la quarantaine. Ils comprennent assez vite qu'ils viennent de milieux sociaux similaires. La manière adéquate pour Dzung de parler de Vinh sera *anh* (grand frère) mais il devra appeler Huong *chu* (oncle). Il devra parler de lui-même en disant *em* (petit frère) en parlant à Vinh, mais *chau* (neveu) en parlant à Huong. À moins qu'ils ne soient tous très modernes (ou d'humeur joyeuse !) et ne décident de s'appeler tous *ban* (ami).

l'ancien animisme vietnamien pour former le Tam Giao ("triple religion"), auquel beaucoup de Vietnamiens s'identifient. Le christianisme, présent au Vietnam depuis plus de 500 ans, et le caodaïsme (religion propre au pays) exercent également une influence importante.

Bouddhisme

L'école prédominante au Vietnam est le bouddhisme mahayana (*Dai Thua*, ou *Bac Tong*, ce qui signifie "qui vient du Nord"). La principale secte mahayana du pays est la secte zen (*Dhyana*, ou *Thien*), également appelée école de la méditation. Dao Trang ("école du pur pays"), autre secte importante, est surtout présente dans le Sud. Le bouddhisme theravada (*Tieu Thua*, ou *Nam Tong*) se pratique essentiellement dans le delta du Mékong, au sein des communautés d'origine khmère.

Les Vietnamiens émigrés, appelés Việt Kiều, ont longtemps été considérés comme lâches, arrogants et privilégiés. La politique officielle est désormais d'encourager leur retour au pays – et celui de leur argent.

Taoïsme

Le taoïsme (*Lao Giao*, ou *Dao Giao*) est né en Chine. Il est fondé, pour ses adeptes, sur la philosophie du légendaire Lao-Tseu (le Vieux Sage), qui aurait vécu au VIe siècle av. J.-C. (mais son existence même est mise en doute). Comprendre le taoïsme n'a rien de facile. Cette philosophie, dont l'idéal est de revenir au Tao (la Voie, le principe de l'univers), préconise la contemplation et la vie simple. Elle se fonde sur le *am* et le *duong*, équivalents vietnamiens du *yin* et du *yang*.

Confucianisme

Le confucianisme (*Nho Giao*, ou *Khong Giao*), qui tient plus de la philosophie que de la religion, a contribué à forger le système social, les vies et les croyances des Vietnamiens. Confucius (Khong Tu) est né en Chine vers 550 av. J.-C. Son œuvre insiste sur les devoirs d'une personne envers sa famille, la société et l'État – des valeurs qui restent les piliers de la nation vietnamienne aujourd'hui.

Caodaïsme

Le caodaïsme (voir l'encadré p. 372) est une religion syncrétique fondée dans les années 1920 par Ngô Minh Chiêu. Elle associe des philosophies séculaires et religieuses de l'Orient et de l'Occident. Parmi ses prophètes figurent Bouddha, Confucius, Jésus Christ, Moïse et Mahomet, ainsi que, entre autres guides spirituels, Jeanne d'Arc, Shakespeare et Victor Hugo. Le caodaïsme compterait 2 à 3 millions d'adeptes au Vietnam. Son centre névralgique se situe à Tay Ninh, au nord-ouest de Hô Chi Minh-Ville.

Ces dernières années, de nouveaux grands temples bouddhiques ont été construits, notamment le Chua Bai Dinh (près de Ninh Binh) et la pagode Ho Quoc, qui surplombe la mer sur l'île de Phu Quoc. D'immenses statues du Bouddha ont aussi été érigées sur le littoral de Danang et de Vung Tau.

Bouddhisme Hoa Hao

La secte bouddhiste et nationaliste Hoa Hao (*Phật Giao Hoa Hao*), fondée par le jeune Huynh Phu So, est apparue dans le delta du Mékong en 1939. Sa philosophie préconise la simplicité du culte et nie le besoin d'un intermédiaire entre les êtres humains et l'Être suprême. Si l'État reconnaît officiellement certaines formes de cette secte, il condamne les groupes Hoa Hao dissidents (des membres ont été assignés à résidence).

Christianisme

Le catholicisme a été introduit au XVIe siècle par des missionnaires. Aujourd'hui, le Vietnam est le deuxième pays catholique d'Asie : sa population compte 7% de catholiques. Sous le régime communiste, leur liberté religieuse avait été fortement réduite : les Églises étaient assimilées à des institutions capitalistes et considérées par le gouvernement comme un dangereux contre-pouvoir. Depuis 1990, toutefois, l'État conduit une politique plus libérale et la religion catholique effectue un retour en force.

Les premiers protestants firent leur apparition au Vietnam en 1911. Les 200 000 pratiquants sont surtout des montagnards des hauts plateaux.

LE TÊT : LA GRANDE FÊTE

C'est à la fois Noël, le Nouvel An et les anniversaires. Le *Têt Nguyên Dan* ("fête du premier jour de l'année") coïncide avec le Nouvel An lunaire, et il s'agit de la date la plus importante du calendrier vietnamien. C'est l'occasion pour les familles de se réunir dans l'espoir que l'année à venir soit placée sous le signe de la chance. L'ensemble du Vietnam célèbre un anniversaire, et tout le monde vieillit d'un an. La fête a lieu entre le 19 janvier et le 20 février, en même temps que le Nouvel An chinois. Les trois premiers jours suivant le Têt sont officiellement fériés, mais beaucoup de Vietnamiens prennent toute la semaine de vacances.

La célébration commence sept jours avant le Nouvel An. Des autels chargés d'offrandes sont préparés afin de s'assurer une année propice. On se rend au cimetière, et l'on invite les esprits des défunts à revenir à la maison pour prendre part à la fête. Ceux qui vivent loin reviennent au domicile familial. Toute chose en cours est menée à bien afin de commencer l'année sur de nouvelles bases, les dettes sont payées, et le ménage devient pour un temps le sport national. On dresse un arbre du Nouvel An (*cây nêu*) – une branche de kumquat, de pêcher ou d'abricotier en fleurs – pour éloigner les mauvais esprits. La nuit du Nouvel An, aux douze coups de minuit, les problèmes de l'année sont laissés derrière, et la folie commence. Le but est de faire le plus de bruit possible, au moyen de tambours et de percussions. Le déroulement du Jour de l'an est crucial, car il est censé influencer toute l'année à venir. Chacun fait attention à être poli et à ne pas manifester de colère. Certaines activités sont réputées attirer les mauvais esprits ; ainsi, il est déconseillé de coudre, de balayer, de jurer ou de casser quoi que ce soit. Il est primordial que le premier visiteur de l'année soit convenable, l'idéal étant un homme riche, marié et père de famille. Les étrangers ne sont pas forcément de bon augure.

En dehors du Jour de l'an, le Têt est une fête de famille tranquille, où l'on mange du *banh chung* (riz gluant au porc et à l'œuf). Les magasins sont fermés, et la plupart des transports ne fonctionnent pas. Ce n'est pas la période idéale pour voyager dans le pays. Cependant, vous serez certainement invité à vous joindre aux festivités. Retenez simplement cette phrase : *chuc mung nam moi* ("bonne année !").

Islam

Il y a environ 70 000 musulmans au Vietnam, essentiellement des Chams et plutôt dans le Sud. Traditionnellement, la plupart des Chams musulmans étaient fidèles à une tradition locale adaptée de l'islam, et ne priaient que le vendredi. Des pratiques musulmanes plus orthodoxes ont été adoptées.

Hindouisme

Environ 60 000 Chams du Vietnam se disent hindous. Ils vivent pour la plupart dans la même région que les Chams musulmans, autour de Phan Rang, sur la côte sud.

On estime à plus de 2 millions le nombre de Vietnamiennes qui se prostituent en travaillant dans des salons de massage, des clubs de karaoké ou des bars douteux.

La condition féminine

Comme dans beaucoup d'autres pays d'Asie, les Vietnamiennes assument des tâches nombreuses et pénibles sans contrepartie décisionnelle. Dans les campagnes, elles travaillent dur, cassant des pierres sur les chantiers ou portant de lourdes planches. Pendant la guerre du Vietnam, les femmes se sont révélées de redoutables combattantes et, à la fin du conflit, elles ont soutenu l'effort de leur pays, qui déplorait la perte de 3 millions d'hommes. Elles en ont été remerciées, mais les hommes se sont accaparé par la suite tous les postes importants au sein de l'État. Aujourd'hui, les femmes représentent moins de 20% des parlementaires vietnamiens.

L'éducation contribue à réduire les écarts, et de plus en plus de femmes se marient plus tard pour faire des études. En outre, si seuls 17% des dirigeants d'entreprise au Vietnam sont des femmes, le pays est bien au-dessus de la moyenne asiatique, qui atteint à peine 8%.

Les ethnies montagnardes

Jeunes filles hani transportant des tiges de riz, dans la province de Lai Chau

STU SMUCKER / LONELY PLANET IMAGES ©

Une mosaïque de communautés ethniques peuple les hauts plateaux du Vietnam. Aller à leur rencontre, visiter leurs marchés bigarrés constitue une expérience inoubliable.

Les Français ont baptisé “montagnards” ces minorités, tandis que les Vietnamiens les ont longtemps désignées par le vocable peu flatteur de *moi* (“sauvages”). L’actuel gouvernement préfère parler de *nguoi thuong* “peuple des hauts plateaux”.

C’est dans l’extrême Nord, au cœur du superbe massif s’étirant à la frontière de la Chine et du Laos, que résident les ethnies dont l’apparence est la plus caractéristique. La plupart portent d’étonnantes parures tissées à la main et parfois extrêmement élaborées. Celles des hauts plateaux du Centre se distinguent plus difficilement, du moins par l’habillement.

Plusieurs de ces ethnies vivent au Vietnam depuis des milliers d’années ; d’autres, comme les Hmong, sont arrivées de Chine au cours des siècles derniers. Les zones qu’elles occupent sont généralement délimitées par l’altitude, les populations arrivées le plus récemment étant celles installées le plus haut.

Chaque ethnie possède une langue, des coutumes, des croyances et un habillement distincts. La langue et la culture tracent les frontières de leur territoire. Certaines sont tiraillées entre traditions ancestrales et civilisation contemporaine, d’autres ont complètement assimilé le monde moderne.

Presque toutes ces ethnies partagent un mode de vie rural, une architecture et des rituels proches ou similaires. La plupart sont semi-nomades et pratiquent la culture sur brûlis. Afin de les pousser à adopter une agriculture plus standard sur les terres de basse altitude, l’État a pris des mesures incitatives – financement de l’irrigation, éducation, accès aux soins... –, mais la tradition d’indépendance de ces communautés et une méfiance bien ancrée envers les Viêt continuent de les tenir éloignées des plaines.

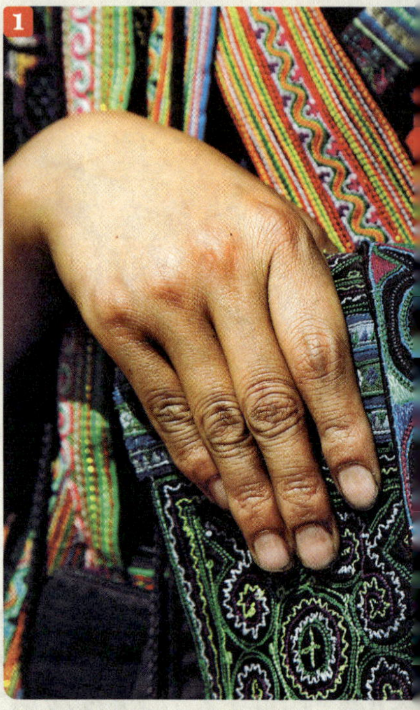

Comme ailleurs en Asie, la culture ancestrale des ethnies se délite peu à peu sous l’action des influences extérieures. Nombre de montagnards ne portent plus les vêtements traditionnels, et ceux qui les conservent (principalement les femmes) vivent souvent dans les villages les plus reculés de l’extrême Nord.

UN HÉRITAGE DE LA GUERRE

Pendant la guerre du Vietnam, beaucoup de montagnards du Centre ont été enrôlés au sein de “groupes irréguliers de défense civile” mis en place par les forces spéciales de l’armée américaine (les “Bérets verts”), qui les considéraient comme les guerriers les plus courageux et les plus loyaux du camp sud-vietnamien.

Après la fin du conflit, en 1975, certains de ces combattants ont poursuivi la lutte contre le gouvernement communiste de Hanoi. Ainsi, le Front unifié pour la libération des races opprimées (Fulro) a mené une guérilla contre l’armée vietnamienne jusque dans les années 1980.

De gauche à droite
1. Broderies hmong noir au marché de Sapa **2.** Jeune fille hmong blanc de Sin Ho **3.** Enfants hmong fleurs à Cao Son

2

3

Les ethnies aujourd'hui

Dans certaines régions, le tourisme modifie la donne. Avec le nombre croissant de visiteurs se multiplient aussi les contacts avec les habitants des plaines, négociants avisés, et la société de consommation à l'occidentale. Ainsi, les montagnards abandonnent-ils souvent l'agriculture au profit de sources de revenu plus faciles. On peut voir certains enfants, en particulier à Sapa, mendier de l'argent ou des bonbons. D'autres manquent l'école pour vendre des babioles aux touristes. Pis, le tourisme local a créé un marché pour les bars à karaoké, les massages et la prostitution, où des femmes issues des ethnies se retrouvent entraînées. Cependant, il existe désormais des agences de voyages dirigées par des Hmong qui financent des projets éducatifs et de développement.

Les montagnards jouissent d'une certaine autonomie et les enfants continuent d'apprendre leur propre langue. La défense de ces prérogatives reste une question sensible dans certaines parties des hauts plateaux du Sud-Ouest, où les tensions sont encore vives. Même si les mentalités évoluent, les préjugés à l'encontre des ethnies perdurent. Les médias du pays continuent souvent de les présenter comme des peuples primitifs et exotiques. Les Vietnamiens ont aussi tendance à percevoir ces communautés comme subversives, certaines s'étant rangées du côté américain pendant la guerre.

La réalité est que ces ethnies stagnent au bas de l'échelle pour ce qui est de l'éducation et de l'économie. Malgré des progrès en matière de scolarisation et d'accès aux soins, la plupart se marient jeunes, ont de nombreux enfants et meurent précocement. Ils forment toujours la fraction la plus déshéritée de la société vietnamienne, avec 50% de pauvres contre 14% dans le reste de la population, selon les chiffres de l'OMS en 2015.

1

3

De gauche à droite

1. Vieille femme hmong fleur en costume traditionnel
2. Femme cong sur un radeau en bambou, Muong Tei
3. Femme dzao rouge portant une coiffe typique

MOUVEMENTS DE PROTESTATION

Nombre de montagnards se sentent exclus du reste de la société. Des tensions religieuses – beaucoup sont chrétiens – et relatives à la propriété – des Vietnamiens des plaines ont colonisé leurs terres – couvent depuis des décennies.

Des mouvements de protestation ont éclaté à plusieurs reprises. En 2001 et 2004, des manifestations dans les hauts plateaux du Centre se sont soldées par des arrestations, la mort de 8 personnes et la fuite à l'étranger d'un millier d'autres.

En mai 2011, le rassemblement de 7 000 Hmong demandant la liberté de culte et davantage d'autonomie dans la province de Diên Biên Phu a été réprimé par l'armée et a fait l'objet d'un nouveau black-out. Le Center for Public Policy Analysis, une source américaine, a parlé de 28 victimes, chiffre non confirmé. Le gouvernement vietnamien a accusé des "éléments perturbateurs" d'avoir poussé la communauté à réclamer la création d'un territoire hmong indépendant. Les autorités ont alors affirmé : "Tous les niveaux du Parti et de l'État s'emploient à régler la situation à Muong Nhe afin que la vie des compatriotes de la région puisse revenir à la normale."

La mosaïque ethnique

En dehors de l'ethnie majoritaire des Viêt, le pays reconnaît 53 autres groupes ethniques représentant près de 15% de la population. Certains ne comptent que quelques centaines de membres, d'autres plus d'un million. Au total, les montagnards sont au nombre de 14 millions.

Bahnar

Les Bahnar (175 000 individus) auraient migré il y a fort longtemps du littoral vers les hauts plateaux du Centre. Animistes, ils vénèrent des arbres comme le banian et le ficus. Ils ont leur propre calendrier, qui consacre 10 mois aux cultures et réserve les 2 mois restants aux obligations sociales et personnelles (mariages, tissage, cérémonies). Selon leur tradition, les bébés âgés de 1 mois intègrent la communauté du village après une cérémonie de percement d'oreilles. Les Bahnar portent un costume similaire à celui des Jarai.

Dzao

Les Dzao, ou Zao/Dao (650 000 individus), vivent dans le Nord-Ouest. Ils pratiquent le culte des ancêtres (*ban ho*), et sacrifient des animaux au cours de rituels complexes. Leur proximité avec la Chine explique l'usage de la médecine traditionnelle et la similitude de l'écriture *nôm dao* avec les caractères chinois. Les Dzao sont connus pour leurs costumes élaborés. Les vêtements féminins associent des tissages recherchés, des perles et des pièces en argent. Leurs longs cheveux, rasés au sommet du front, sont noués dans un grand turban rouge ou brodé.

Ede

Les Ede (270 000 individus) vivent autour de Kon Tum et de Dac Lac dans de longues maisons sur pilotis, sans poutre, en forme de bateau, qui abritent la famille étendue. Un tiers de l'espace est réservé à l'usage collectif ; le reste est

1

3

De gauche à droite

1. Jeune villageoise montagnarde, Coc Ly **2.** Femme dzao noir avec son enfant, Tien Binh **3.** Hani à Muong Tei

KIMBERLEY COOLE / LONELY PLANET IMAGES ©

STU SMUCKER / LONELY PLANET IMAGES ©

compartimenté pour l'intimité des couples mariés. Comme les Jarai, les Ede sont matrilinéaires. Les filles demandent les garçons en mariage ; le couple vit avec la famille de l'épouse et les enfants portent le nom de famille de leur mère. L'héritage revient aux femmes. Celles-ci portent une veste brodée de couleurs vives et des bijoux en cuivre et en argent.

Hmong

Émigrés de Chine au XIXe siècle, les Hmong (1 million de personnes) peuplent l'extrême Nord, mais les touristes les croiseront surtout à Sapa ou à Bac Ha. La plupart sont animistes et vénèrent les esprits. Ils vivent en altitude, où ils cultivent riz pluvial et plantes médicinales (dont le pavot, bien que de moins en moins, sous la pression de l'État) et élèvent du bétail. Ils se divisent en sous-groupes, dont les Hmong noirs, blancs, rouges, verts et fleurs, qui se distinguent par de subtiles variations de costumes. Les Hmong noirs se reconnaissent à leur tenue couleur indigo ; les femmes portent des jupes, des tabliers, des guêtres et des chapeaux cylindriques. Les femmes hmong fleurs arborent des costumes aux bandes multicolores et se parent de larges colliers, de boucles d'oreilles et de bracelets en argent. Les Hmong vivent aussi au Laos et en Thaïlande et beaucoup ont aussi trouvé refuge dans les pays occidentaux.

Jarai

Les Jarai (360 000 individus) vivent sur les hauts plateaux du Centre, notamment autour de Pleiku. Leur village, qui prend souvent le nom d'une rivière proche ou d'un chef tribal, est bâti autour d'une maison commune (*nha rong*). Les femmes demandent les hommes en mariage par l'intermédiaire d'une marieuse. Les croyances et les rituels animistes sont vivaces, et les Jarai rendent hommage à leurs ancêtres et à la nature par le biais de génies (*yang*). Ils construisent des cimetières élaborés où ils dressent des totems à la ressemblance des défunts. Ils fabriquent des gongs en bronze et utilisent des tubes de bambou comme flûtes et percussions.

Muong

Établis surtout dans les environs de Hoa Binh, les Muong (1,5 million d'individus), une ethnie patriarcale, résident dans des hameaux sur pilotis. Leur culture est proche de celle des Thaï. Ils sont réputés pour leur littérature, leurs poèmes et leurs chants. Ils utilisent des instruments de musique comme le gong, le tambour, les flûtes et le violon à deux cordes.

Nung

Les Nung (820 000 individus) habitent dans de petits villages du Nord-Est. Leur foyer est divisé en deux parties : l'une réservée à l'habitation, l'autre au travail et aux dévotions. Du culte des ancêtres aux fêtes, ils s'apparentent aux Tay sur le plan spirituel et social. Les jeunes filles exigent en général une dot importante de leur futur époux. La plupart de leurs villages comptent un chaman. Les Nung s'illustrent par la qualité de leur artisanat, comme la vannerie.

Sedang

Originaires des hauts plateaux du Centre, les Sedang (150 000 individus) ont subi des siècles de guerre et d'invasions (de la part des Chams et des Khmers). Ils ne portent pas de nom de famille et respectent une totale égalité des sexes. Ils prennent soin de leurs neveux ou nièces aussi bien que de leurs propres enfants. Les Sedang ont des pratiques sans équivalent ailleurs, comme l'abandon des tombes, le partage des biens avec les défunts et l'accouchement à l'orée d'un bois.

Tay

Venus de Chine, les Tay (1,7 million d'individus), la plus importante des ethnies montagnardes, vivent à basse altitude dans le Nord. Ils ont adopté le bouddhisme, le confucianisme et le taoïsme, mais vénèrent aussi des génies et des esprits. Ils possèdent une écriture propre élaborée au XVIe siècle, et leur littérature et leurs arts sont renommés. Un Tay, Nông Duc Manh, a été secrétaire général du Parti communiste pendant 10 ans jusqu'en janvier 2011.

De gauche à droite

1. Jeune fille dzao rouge, Ta Phin **2.** Muong pêchant des coquillages, Lai Chau **3.** Enfants hmong fleurs, Coc Ly

Thaï

Originaires du sud de la Chine, les Thaï (1,6 million d'individus) se sont installés sur les rives des fleuves du Nord-Ouest, entre Hoa Binh et Muong Lay. Leurs villages se composent de 40 à 50 maisons sur pilotis. Les sous-groupes se distinguent par des couleurs. Les femmes thaï noirs portent des blouses et des coiffes éclatantes, tandis que les Thaï blancs adoptent plutôt des tenues occidentales. Les Thaï, dont l'écriture remonte au Ve siècle, ont produit une littérature très diverse.

RÈGLES DE CONDUITE

Les jeunes filles de Sapa ont beau être munies de téléphones portables, la culture traditionnelle reste forte dans ces communautés. Les directives suivantes s'inspirent d'un panneau vu dans le village de la minorité giay de Ta Van.

- Évitez de porter un serre-tête ou un bandana blanc : cela renvoie au deuil et aux funérailles.
- Abstenez-vous de manifester votre affection en public et de porter des vêtements suggestifs.
- N'entrez pas dans une maison où des feuilles, os ou plumes pendent à l'entrée ou du toit.
- N'entrez pas chez quelqu'un avec votre sac sur le dos, mais portez-le à la main.
- Si vous passez la nuit dans un village, respectez le sommeil des habitants, qui se couchent tôt.
- Ne prenez pas les bébés en photo et ne leur touchez pas la tête.
- Ne photographiez pas les gens sans leur demander la permission.
- Ne consommez pas de drogue et ne cherchez pas à vous en procurer.
- Respectez les symboles et rites religieux.
- N'encouragez pas la mendicité. Plutôt que d'offrir de l'argent ou des cadeaux aux enfants qui acceptent d'être pris en photo, mieux vaut embaucher un guide local, aider les institutions caritatives ou faire un don à une école.

2

OLIVER STREWE / LONELY PLANET IMAGES ©

Rencontrer les montagnards

Avant tout, ne ratez pas le musée d'Ethnographie de Hanoi (p. 67), parfaite introduction aux cultures ethniques.

Les communautés ethniques sont dispersées dans les hauts plateaux du Sud-Ouest et du Nord. Sapa est le meilleur endroit pour les rencontrer, notamment les Hmong noirs et les Dzao rouges. Dans la même région, autour de Bac Ha, les marchés colorés des Hmong fleurs valent le détour.

Loger sur place constitue un temps fort ; les Thaï blancs de Mai Chau sont réputés pour leur hospitalité. D'autres localités du Nord-Ouest, telles Ha Giang et Lai Chau, offrent la possibilité de côtoyer des montagnards.

Plus à l'est et moins fréquentée, la province de Cao Bang abrite plusieurs ethnies, dont des Hmong, des Nung et des Tay. Lang Son voit encore moins de touristes.

Dans les hauts plateaux du Sud-Ouest, Buon Ma Thuot, Dalat, Kon Tum et Pleiku sont des bases idéales pour rencontrer Bahnar, Jarai et Sedang. Cependant, ils ont pour la plupart délaissé le costume traditionnel et vous serez peut-être moins charmé que dans le Nord.

CINQ LIEUX PHARES

Sapa (p. 143). Dzao et Hmong habitent les spectaculaires vallées qui entourent cette station climatique.

Bac Ha (p. 152). Ville réputée pour son marché, qui attire les Hmong fleurs de toute la région.

Mai Chau (p. 136). Une jolie vallée peuplée de Thaï blancs très hospitaliers.

Cao Bang (p. 134). Les montagnes escarpées abritent plusieurs ethnies.

Kon Tum (p. 320). Haut lieu pour les ethnies dans les montagnes du Centre.

Ci-dessous
Vieille femme dzao rouge au marché de Sapa

Arts et architecture

Le patrimoine artistique et architectural du Vietnam est tout à fait remarquable. Le pays a absorbé des influences venues de Chine, d'Inde et du royaume khmer, et les a fusionnées avec ses propres traditions. Français, Américains et Soviétiques ont ensuite laissé leurs traces. Aujourd'hui, artistes et architectes trouvent leur inspiration partout dans le monde.

Arts

Musique traditionnelle

La musique traditionnelle vietnamienne utilise une gamme pentatonique (à cinq notes) d'origine chinoise. Les airs populaires sont généralement chantés sans accompagnement instrumental (et ont été adaptés par le Parti communiste pour de nombreuses marches patriotiques).

Les instruments traditionnels sont le *dan bau*, une cithare à une corde, et le *t'rung*, un grand xylophone en bambou. Les différentes ethnies ont leurs propres instruments : des flûtes en roseau, des gongs et des instruments à cordes fabriqués à partir de calebasses.

Musique moderne

En matière de musique moderne, la scène vietnamienne est variée et soumise à des influences à la fois occidentales et est-asiatiques. Tous les artistes étant surveillés par le gouvernement, les sujets potentiellement subversifs sont largement évités (ou fortement codés). Les girls et boys bands de V-pop (abréviation de pop vietnamienne), aux looks ultrastylisés et aux mouvements soigneusement chorégraphiés, comme 365, sont adulés par les adolescents.

La scène hip-hop est modeste, mais en expansion, avec notamment Suboi, considérée comme la plus importante artiste féminine du pays (elle compte plus de 1,3 million de *like* sur Facebook et deux albums à son actif) ; cette native de Hô Chi Minh-Ville (HCMV) rappe sur des rythmes variés, comme sur son titre *Doi* aux accents dubstep, sorti en 2016.

LE MEILLEUR DE LA MUSIQUE

Ohio (Crosby, Stills, Nash et Young ; 1970). Hymne du mouvement pacifiste dénonçant l'assassinat d'opposants à la guerre du Vietnam.

Ngu Di Con (Trinh Cong Son ; années 1970). La douleur d'une mère de soldat disparu.

Saigon Bride (Joan Baez ; 1967). Chanson de contestation contre les atrocités de la guerre.

Fortunate Son (Creedence Clearwater Revival ; 1969). Évoque les différences de traitement entre fils de puissants, épargnés par l'enrôlement, et enfants de la classe ouvrière.

Doi (Suboi ; 2016). Chanson de la reine vietnamienne du hip-hop.

19 (Paul Hardcastle ; 1985). Classique électro dont le titre fait référence à l'âge moyen d'un soldat américain.

De son côté, la scène électronique est dominée par les DJ qui passent de la dance. Cela n'empêche pas Heart Beat (www.heartbeatsaigon.com) de promouvoir d'excellents rendez-vous underground aux quatre coins de HCMV, ou les soirées Bass Republic de programmer des DJ variés. Dans le nord du Pays, le Quest Festival a, pendant quatre ans, promu la musique électronique, avant d'être interdit par les autorités en 2018.

Sur la scène indépendante, on compte des groupes de HCMV comme Children et Ca Hoi Hoang ("Saumon sauvage"). Ce dernier était en tête d'affiche du Coracle Festival en 2019. À Hanoi, le groupe Ngot et le chanteur Vu ont le vent en poupe.

Le rock est largement représenté par les groupes de métal Black Infinity, Little Wings et Unlimited, le groupe de punk Giao Chi et le groupe de musique alternatif 6789. En 2017, l'américano-vietnamienne Trace a fait sensation avec les morceaux indé-électro mélancoliques de son premier album, *Low*. Trace est la fille de la chanteuse soul et disco Carol Kim.

En son temps, Trinh Cong Son, décédé en 2001, était un auteur-compositeur prolifique de chansons engagées contre la guerre et pour la réconciliation ; il fut même surnommé le Bob Dylan vietnamien par Joan Baez.

Danse

Les danses folkloriques se pratiquent en général pendant les cérémonies et les fêtes, mais le tourisme les a remises au goût du jour. La danse des chapeaux coniques, spectaculaire, met en scène des femmes revêtues d'un *ao dai* (le costume traditionnel) qui dansent en faisant tournoyer et s'entrelacer ces chapeaux emblématiques du Vietnam.

Théâtre

Le théâtre vietnamien mêle musique, chant, psalmodie, danse et mime. Le théâtre classique (*hat boi* au sud, *hat tuong* au nord) est très formel ; il a recours à des gestes et à des décors bien établis, et est accompagné par un orchestre (où domine le son du tambour). Les personnages y sont peu nombreux.

Le théâtre populaire (*hat cheo*) est le lieu d'expression de la contestation sociale par la satire. Les paroles incluent de nombreux proverbes accompagnés de mélodies traditionnelles. Le théâtre moderne (*cai luong*) est largement influencé par l'Occident. Le théâtre parlé (*kich noi* ou *kich*), dont les origines sont occidentales, est apparu dans les années 1920 et est aujourd'hui très apprécié des étudiants et des intellectuels.

Des dizaines de troupes et de compagnies fondées par l'État se produisent dans l'ensemble du pays. Si vous voulez faire l'expérience d'un lieu unique, essayez de réserver un billet pour un spectacle à l'Opéra de Hanoi (p. 96) ou à celui de HCMV (p. 331), deux superbes exemples d'architecture coloniale française.

Marionnettes

Les marionnettes conventionnelles (*roi can*) et les marionnettes sur l'eau (*roi nuoc*), art exclusivement vietnamien, tirent leurs intrigues des mêmes légendes que les autres formes de théâtre traditionnel. L'art des marionnettes sur l'eau a été élaboré par des paysans du nord du Vietnam, qui manipulaient des figurines en bois et utilisaient les terrasses des rizières en guise de scène. Il y a des théâtres de marionnettes sur l'eau à Hanoi (p. 96), HCMV (p. 363) et dans d'autres villes.

Pour en savoir plus sur cette forme d'art, voir l'encadré p. 95.

Peinture

La peinture sur soie, qui remonte au XIIIe siècle, fut longtemps le domaine réservé de calligraphes lettrés qui aimaient également représenter la nature. On réalisait aussi de cette façon les portraits des défunts pour le culte des ancêtres.

Quant aux œuvres récentes, elles ont souvent tiré leur inspiration de thèmes politiques plus que de préoccupations esthétiques. Certaines de ces œuvres de propagande sont aujourd'hui très prisées et font l'objet de collections. De nos jours, à côté de jeunes artistes qui sont revenus à la peinture sur soie traditionnelle ou à la laque, d'autres, comme Nguyen Manh Hung et Tran Luong par exemple, innovent sur des thématiques contemporaines. Hanoi et Hoi An, entre autres, abritent de remarquables galeries d'art.

Littérature

On distingue traditionnellement trois genres littéraires. La littérature orale traditionnelle (*truyên khâu*) se perpétue depuis des temps immémoriaux ; elle comprend les légendes, les chansons folkloriques et les proverbes. La littérature sino-vietnamienne, quant à elle, s'écrivait en caractères chinois (*chu nho*) : influencée par les textes confucéens et bouddhiques, elle obéissait à des règles métriques et de versification strictes. Enfin, la littérature moderne (*quôc âm*) recouvre la totalité des écrits en caractères *nôm*. Le premier grand texte écrit en *nôm*, *Van Te Ca Sau* ("Ode à un alligator"), date du XIIIe siècle.

Kim Vân Kiêu ("Histoire de Kiêu"), un chef-d'œuvre de la littérature vietnamienne, a été écrit pendant la première moitié du XIXe siècle par Nguyên Du (1766-1820), un poète, savant et diplomate.

Parmi les écrivains contemporains, on retiendra le nom de Duong Thu Huong, romancière et dissidente politique qui vit actuellement en France et dont l'ensemble de l'œuvre est traduite en français (*Au-delà des illusions*, *Les Paradis aveugles*, *Terre des oublis*, *Sanctuaire du cœur*). La situation est plus compliquée pour Nguyên Huy Thiêp, l'auteur d'*Un général à la retraite* et l'un des plus grands écrivains vietnamiens actuels, selon certains. Il vit toujours au Vietnam où, selon ses dires, il est "un écrivain toléré, pas interdit"...

Le Chagrin de la guerre (1987), roman de Bao Ninh recourant à la technique littéraire du courant de conscience (écrit comme le flux de pensées du personnage), a été traduit dans 15 langues. C'est le premier

Au rez-de-chaussée du paradis. Récits vietnamiens 1991-2003 (Picquier, 2007), est une anthologie réunissant 14 nouvelles signées par des auteurs contemporains parmi les plus doués de leur génération.

LE MEILLEUR DE LA LITTÉRATURE

Un Américain bien tranquille (Graham Greene ; 1955). Un classique de la littérature se déroulant dans les années 1950, lors de la chute de l'empire colonial français.

Le Chagrin de la guerre (Bao Ninh ; 1987). Le point de vue nord-vietnamien, à travers des flashbacks.

Vietnam: An Epic History of a Divisive War (Max Hastings ; 2019 ; en anglais). Histoire de la guerre du Vietnam, basée sur les témoignages d'acteurs clés des camps vietnamien et américain.

Vietnam: Rising Dragon (Bill Hayton ; 2010 ; en anglais). Authentique portrait d'une nation.

Le Sympathisant (Viet Thanh Nguyen ; 2015). Roman d'espionnage superbement bien écrit, traitant des conséquences de la guerre ; lauréat du prix Pulitzer en 2016.

The Sacred Willow: Four Generations in the Life of a Vietnamese Family (Duong Van Mai Elliot ; 1999 ; en anglais). Mémoires d'une famille de la classe moyenne illustrant l'histoire du Vietnam.

LE MEILLEUR DU CINÉMA

The Vietnam War (2017). Série documentaire sur les causes, le déroulement et les conséquences de la guerre du Vietnam.

Apocalypse Now (1979). La sombre épopée de la guerre du Vietnam adaptée de *Au cœur des ténèbres* (Joseph Conrad).

Voyage au bout de l'enfer (1978). Récit des souffrances émotionnelles vécues par les militaires américains lors de la guerre du Vietnam.

Cyclo (1995). Une œuvre visuelle étonnante qui nous plonge dans les bas-fonds de HCMV.

À la verticale de l'été (2000). L'histoire d'un famille de Hanoi, dans une saga à la photographie exceptionnelle.

témoignage poignant sur les combats du côté de l'armée du Nord pendant la guerre du Vietnam.

Parmi les principaux auteurs *viêt kiêu* (vietnamiens de l'étranger), citons : Viet Thanh Nguyen, Andrew Lam, Nam Le, Le Ly Hayslip, Monique Truong, Andrew X. Pham, Amy Quan Barry et Lan Cao.

Au fil de l'eau (2010), réalisé par Nguyên Phan Quang Binh et dont l'intrigue se déroule dans le delta du Mékong, est un film dramatique haletant sur la famille et le destin, basé sur une célèbre nouvelle de Nguyên Ngoc Tu.

Cinéma

Fondée par un groupe d'intellectuels, la première compagnie cinématographique vietnamienne voit le jour à Hanoi dans les années 1920 et produit des documentaires, comme le couronnement de l'empereur Bao Dai, et quelques films muets. Mais les conflits vont bouleverser les choses. Avec la fin de la guerre d'Indochine et la partition du pays, deux industries cohabitent : tandis que le Sud-Vietnam produit principalement des séries B à petit budget, le Nord-Vietnam voit dans le cinéma un moyen de propagande. Après 1975 et la réunification du pays, un important studio d'État est créé et un but fixé : les films doivent montrer la réalité sociale du pays. Cependant, dans les années 1980, le cinéma suit les mutations de la société : Dang Nhât Minh, probablement le réalisateur vietnamien le plus prolifique, montre ainsi la complexité des relations modernes dans *Le Retour*. Dans *La Fille du fleuve* (1987), il raconte l'histoire touchante d'une journaliste qui accompagne une prostituée à la recherche de son ancien amant, un soldat du Viêt-cong.

Il convient aussi désormais de distinguer deux types de productions : celles financées par l'État, et celles qui le sont par des sociétés étrangères. Ce fut le cas pour *L'Odeur de la papaye verte* (1992), de Tran Anh Hung, Caméra d'or à Cannes en 1993, qui célèbre l'entrée dans la majorité d'une jeune servante à Saigon. *Cyclo* (1995), son chef-d'œuvre, plonge au cœur de la pègre de Hô Chi Minh-Ville. Tony Bui, réalisateur américain d'origine vietnamienne, met en scène dans *Trois Saisons* (1999), avec Harvey Keitel, un ancien GI à la recherche de sa fille dans HCMV aujourd'hui. Fait important : il s'agit du premier film américain tourné au Vietnam depuis la fin de la guerre. Enfin, les films de Nguyen Vo Nghiem Minh, *Gardien de buffles* (2004) et *2030* (2014), ont tous deux gagné plusieurs prix internationaux.

Le style colonial

Balcons *D'élégants balcons à colonnades ornent les bâtiments officiels.*

Persiennes *Généralement peintes en vert ou en marron, elles permettent à l'air de circuler.*

Motifs en stuc *Purement décoratifs.*

Couleurs *Ocre ou jaune moutarde.*

Tuiles en terre cuite *Elles rappellent le sud de la France.*

Architecture

L'architecture traditionnelle sort de l'ordinaire : la plupart des constructions sont des structures de plain-pied surmontées de lourds toits de tuiles reposant sur une charpente en bois ou en bambou, afin de résister aux typhons.

Dans les zones rurales du Sud, les maisons, en bois, sont montées sur pilotis pour être préservées des crues saisonnières, mais aussi des serpents et des animaux sauvages. Le bambou et les feuilles de palmier, dont sont faits les toits, sont adaptés au climat de mousson. La maison est compartimentée pour le couchage, la cuisine et la conservation des aliments, tandis que le bétail vit au-dessous des pièces d'habitation.

Autre architecture surprenante, les "maisons-tunnels" très étroites de la vieille ville de Hanoi, ainsi construites afin de limiter la taxe foncière, proportionnelle à la largeur du bâtiment.

Dans les villes, les immeubles en béton, parfois hauts de plusieurs étages et à l'architecture douteuse, poussent de façon anarchique au milieu de terrains vagues ou de rizières. Les lois d'urbanisation (ou leur absence) autorisent les propriétaires à bâtir à leur guise : les constructions en ciment peint en vert ou en rose, ornées de fenêtres-miroirs, de balcons inspirés du style français ou de détails chinois sont au goût du jour.

Les édifices coloniaux

L'héritage français est très présent dans l'architecture vietnamienne. L'hégémonie de la puissance coloniale s'est traduite par la construction d'imposants édifices néoclassiques qui bordent toujours de nombreux boulevards. La plupart ont été abandonnés dans les années 1950, car symbolisant une époque que l'on voulait oublier. De récents travaux de restauration ont toutefois rendu leur splendeur d'autrefois à certains bâtiments, tels l'ancien hôtel de ville (siège du Comité du peuple ; p. 331) à HCMV ou l'hôtel Sofitel Legend Metropole (p. 84) à Hanoi. À HCMV, prenez le temps d'admirer le splendide hall et le plafond voûté de la poste centrale (p. 330). Haiphong garde aussi de nombreux témoignages architecturaux de la présence française.

Dans le quartier français de Hanoi, des villas tombées en ruine font aujourd'hui les choux gras des promoteurs immobiliers. À Dalat, les villas coloniales ont souvent été transformées en hôtels, comme les Ana Mandara Villas (p. 309), l'imposant Hôtel du Parc (p. 309) et le Dalat Palace (p. 309).

Les églises de la période coloniale ont été érigées dans des styles variés. À Hanoi, l'austérité de la cathédrale Saint-Joseph (p. 69), néogothique, est soulignée par sa pierre gris anthracite, tandis que les briques de la cathédrale de HCMV (p. 330) ont été importées de France. Parmi les monuments Art déco de la période coloniale, citons la merveilleuse gare de Dalat (p. 304), aux fenêtres multicolores, et l'élégant hôtel Azerai La Résidence (p. 198) à Hué.

Les pagodes et les temples

Les édifices religieux du Vietnam ne correspondent pas à une architecture nationale définie. Le style des pagodes reflète l'incroyable syncrétisme religieux du pays, mêlant des éléments chinois, tandis que les temples chams, au sud, renvoient aux influences de la culture hindoue et de l'Empire khmer.

Dans les pagodes

Bodhisattva *Homme parvenu à l'éveil.*

Cheung Huang Yeh *Le dieu de la Ville, très craint.*

Quan Âm *Déesse de la Miséricorde.*

Svastika *Symbole sacré représentant le cœur du Bouddha.*

Thiên Hâu *La déesse protectrice de la Mer.*

CINÉMA MODERNE ET COMMUNAUTÉ LGBT

Ces dix dernières années, d'importantes productions vietnamiennes incluant des personnages principaux LGBT ont vu le jour. *Lost In Paradise* (2011), de Vu Ngoc Dang, dresse l'attachant portrait d'un jeune homme de la campagne à la recherche d'une vie nouvelle à HCMV. *Rainbow without Colours* (2015), réalisé par Nguyen Quang Tuyen, raconte la romance naissante entre deux frères, dont un adopté. L'excellent *Flapping in the Middle of Nowhere* (*Au milieu de nulle part* ; 2014), réalisé par Nguyen Hoang Diep et dont l'intrigue se déroule à Hanoi, traite de fantasmes sexuels. Cette dernière production a obtenu le prix du meilleur film lors de la Semaine internationale de la critique à Venise.

Les pagodes (*chua*) intègrent des motifs chinois ; elles sont bâties autour de jardins intérieurs et ornées de nombreuses statues et stèles. La plupart sont surmontées d'un toit simple ou double aux coins fortement recourbés, mais d'autres, à l'image de la pagode Thien Mu à Hué (p. 202), prennent la forme d'une tour (*thap*) à plusieurs niveaux.

Les pagodes vietnamiennes sont conçues selon les règles du *phong thuy* (feng shui), pour être en harmonie avec l'environnement. La plupart sont des lieux de culte bouddhiques, mais certaines sont dédiées à une divinité locale. Elles sont le plus souvent de plain-pied, avec trois portes en bois sur le devant, et plusieurs pièces à l'intérieur, ornées de statues du Bouddha, de bodhisattvas et de héros et divinités. Les guirlandes de lumière, les grandes spirales d'encens à la fumée âcre, les gongs et les énormes cloches ajoutent au charme des lieux.

Le temple de la Littérature (p. 71), à Hanoi, ainsi que les très belles pagodes de Hué, sont de superbes exemples de cette architecture.

Les temples chams

À l'origine, les Chams pratiquaient l'hindouisme ; des éléments bouddhiques ont ensuite été introduits. La construction des temples a commencé dès le IVe siècle. La plupart des temples chams sont en brique, avec des ornements probablement sculptés ultérieurement. Typiquement, un ensemble cham comprend le *kalan* (la tour, foyer de la divinité), les temples *kosagrha* aux toits en gradins (où sont gardés les objets de valeur des divinités) et la *gopura* (entrée). Des statues en pierre de divinités et de nombreuses stèles commémorant des événements importants parsèment les lieux. Parmi les sites chams majeurs, citons My Son (p. 247), Po Nagar (p. 266), Po Klong Garai (p. 280) et Po Shanu (p. 284).

L'influence soviétique

La ville dynamique de Danang, traversée par le fleuve Han, recèle l'une des plus remarquables collections de ponts d'architecture contemporaine d'Asie. Le bien nommé pont du Dragon (p. 209) crache du feu tous les soirs à 21h.

L'influence soviétique est évidente dans l'ensemble du Vietnam, à travers de nombreux bâtiments d'État, places et immeubles en béton. La majorité des ouvrages architecturaux soviétiques affichent un style préfabriqué du milieu des années 1950, aux lignes typiques du modernisme, à base de béton bon marché. Même les petites villes ont des bâtiments qui rappellent le passé soviétique du Vietnam, comme à Hoi An, par exemple, avec son l'hôtel de ville vieillissant ou le cinéma à l'austère façade de béton.

Les architectes soviétiques, dont Garold Isakovich (1931-1992), ont passé beaucoup de temps dans la capitale nord-vietnamienne. On leur doit le mausolée de Hô Chi Minh (p. 72) et le buste de Lénine dans le parc éponyme. Parmi les autres exemples d'architecture soviétique à Hanoi on compte le bâtiment de la Banque d'État, qui mêle styles soviétique et asiatique, celui du Comité populaire, dans un style brutaliste, et celui de l'Assemblée nationale, avec ses influences Le Corbusier.

Du fait de son histoire, HCMV est moins empreinte d'architecture soviétique. L'unique bâtiment qui se démarque dans ce style est le palais de la Réunification (p. 332). Cet imposant ouvrage de béton achevé en 1966 a été conçu par Ngô Viêt Thu.

C'est à Vinh, dans le centre-nord du pays, que les aménagements urbains sont les plus marqués par l'influence soviétique. En effet, les bombes qui ont frappé la ville pendant des décennies ont tout détruit. En 1972, il ne restait plus que deux bâtiments. Les architectes d'Allemagne de l'Est ont ainsi reconstruit la ville sur le modèle allemand, avec du béton bon marché permettant d'ériger des murs rapidement. Le résultat : des immeubles d'habitation qui ont mal vieilli, notamment à cause du manque d'entretien. Certes, ces immeubles offrent un paysage singulier, mais ils sont loin de faire le bonheur de leurs résidents.

Environnement

Des plaines tropicales aux régions de riziculture intensive, des montagnes et des reliefs karstiques au littoral immense et superbe, le Vietnam est un territoire d'une extrême diversité. Toutefois, du fait de la pression démographique, de la pauvreté et d'un manque de protection de l'environnement, de nombreuses régions, ainsi que la faune de tout le pays, sont menacées.

Géographie

Comme le disent souvent les Vietnamiens, leur pays ressemble à un *don ganh*, la palanche en bambou avec un panier de riz à chaque extrémité. Les paniers représentent les principales régions rizicoles : le delta du fleuve Rouge au nord et celui du Mékong au sud. De fait, le Vietnam forme un S, large au nord et au sud et très étroit au centre (à peine 50 km dans sa plus petite largeur). Le pays est principalement délimité au nord-ouest et au nord-est par des chaînes montagneuses.

Le Mékong, 12e fleuve du monde par sa longueur, traverse, sur 4 350 km, la Chine, le Myanmar, le Laos, la Thaïlande, le Cambodge et le Vietnam, où il est appelé "fleuve aux neuf dragons".

Côte et îles

Ses 3 451 km de côtes exceptionnelles sont l'un des attraits majeurs du Vietnam. Jalonné de plages de sable aux courbes majestueuses, de hautes falaises et de dunes, le littoral a de quoi séduire les voyageurs. D'autant que d'innombrables îles, souvent quasi désertes, ponctuent le large. Phu Quoc, la plus grande, est située dans le golfe de Thaïlande, face à la côte cambodgienne. Mais il y a aussi Cat Ba et Van Don, les quelque 2 000 îlots de la baie d'Along, les confettis près de Nha Trang et les légendaires îles Con Dao, loin dans la mer de Chine méridionale (mer de l'Est).

Deltas

Les deltas du fleuve Rouge et du Mékong sont plats et sujets aux inondations. Les alluvions charriées par le fleuve Rouge et ses affluents, canalisés dans leurs lits par 3 000 km de digues, ont élevé le niveau des cours d'eau au-dessus des plaines alentour. De son côté, le delta du Mékong ne bénéficie d'aucune protection et, quand les *cuu long* (les

DU KARST PLEIN LES YEUX

Le karst est un relief qui résulte de l'érosion de plateaux calcaires par les pluies au cours des millénaires. Il revêt la forme de falaises fortement découpées, entaillées de fissures, creusées de dolines, de grottes et de rivières souterraines. Le nord du Vietnam recèle des reliefs karstiques spectaculaires, en particulier les superbes paysages de la baie d'Along, de la baie de Bai Tu Long, des environs de Ninh Binh et de la région de Phong Nha. Dans les baies d'Along et de Bai Tu Long, l'immense plateau calcaire s'est progressivement enfoncé dans la mer et les anciens pics se dressent désormais hors de l'eau comme des doigts pointés vers le ciel. L'immense réseau de grottes de Phong Nha s'étend, pour sa part, sur des dizaines de kilomètres dans les entrailles de la masse rocheuse.

TROIS ESPÈCES EMBLÉMATIQUES MENACÉES

L'espèce d'éléphant natif du Vietnam a été mise sur la liste des espèces en danger en 1976. Le gouvernement a annoncé la création de trois zones pour protéger ces éléphants sauvages (dans les parcs nationaux de Pu Mat, de Cat Tien et de Yok Don) en juin 2013. Le département des Forêts (Forestry Department) du pays estimant que moins de 100 éléphants sont restés à l'état sauvage, beaucoup considèrent cette action comme insuffisante et trop tardive.

Le saola, qui n'a été découvert qu'en 1992, est une sorte de bœuf sauvage qui ressemble à une grande antilope, endémique de la cordillère Annamitique du Vietnam et du Laos. On pense que seules quelques centaines d'individus sont encore en vie. Les groupes œuvrant pour leur préservation travaillent avec les ethnies présentes dans la région pour débarrasser leur habitat de dizaines de milliers de pièges. Pour plus d'informations, consultez le site www.savethesaola.org.

On estime qu'il reste moins de 350 tigres d'Indochine dans la région, dont 25 à 60 au Vietnam. Comme ils vivent dans des régions enclavées, leurs chances de survie à long terme sont assez minces. Les tigres sont particulièrement vulnérables, du fait notamment du commerce illégal dont ils sont l'objet pour des médecines traditionnelles. À mi-chemin entre le zoo et le centre de reproduction, trois élevages de tigres opèrent légalement au Vietnam.

"neuf dragons", surnom des neuf bras du fleuve dans le delta) sortent de leur lit, ils dévastent les villages et les récoltes.

Montagnes

Le territoire vietnamien est en majeure partie composé de collines (surtout dans le Sud) et de montagnes élevées (essentiellement dans le Nord), qui culminent au Fansipan (3 143 m), près de Sapa. Les monts Truong Son (cordillère Annamitique), qui forment les hauts plateaux du Sud-Ouest, courent le long des frontières du Laos et du Cambodge. D'énormes rochers parsèment les versants des chaînes côtières granitiques proches de Nha Trang et du col de Hai Van (à proximité de Danang). La partie occidentale des hauts plateaux, près de Buon Ma Thuot et de Pleiku, est renommée pour son sol volcanique rouge, extrêmement fertile. Les incroyables formations karstiques du Nord sont toutefois le relief le plus emblématique du pays.

Faune

Malgré des périodes de déforestation désastreuses, la flore et la faune du Vietnam sont encore incroyablement variées et exotiques. La diversité des habitats – plaines équatoriales, plateaux tempérés, voire sommets alpins – explique l'immense variété de la vie sauvage. On dénombre plus de 300 espèces de mammifères, plus de 180 sortes de reptiles, 848 oiseaux, des centaines de poissons et des dizaines de milliers d'invertébrés. Si le Vietnam compte un grand nombre d'espèces, les animaux vivent principalement dans des régions boisées reculées et s'observent difficilement.

De nouvelles espèces sont régulièrement découvertes. Des recherches intensives menées par le World Wildlife Fund (WWF, Fonds mondial pour la nature) le long du Mékong – au Vietnam et dans les pays voisins – ont permis de recenser 1 068 nouvelles espèces entre 1997 et 2007, plaçant cette région sur la liste des cinq premières zones de biodiversité du monde. En 2016, une autre expédition du WWF a découvert 65 nouvelles espèces, dont un lézard crocodile, une grenouille et deux sortes de taupes. En 2019, des chevrotains à dos argenté, une sorte de "cerf-souris", ont été aperçu au sud du Vietnam, après 30 ans sans avoir donné signe d'existence.

En dépit de cette diversité extraordinaire, les menaces qui pèsent sur la faune du Vietnam n'ont jamais été aussi importantes, du fait du braconnage, de la chasse et de la perte d'habitats. Trois des animaux les plus emblématiques du pays – l'éléphant, le saola (un bovidé semblable à une antilope) et le tigre – risquent l'extinction (voir l'encadré ci-contre). En 2010, le dernier rhinocéros sauvage du Vietnam a été tué par un braconnier dans le parc national de Cat Tien.

Pour chaque animal tué qui fait la une, des dizaines d'autres, appartenant à des espèces moins médiatisées, sont abattus dans les forêts et les réserves, par recherche de profit ou pour la subsistance. Nombre de chasseurs sont en effet issus de communautés ethniques pauvres qui ont toujours compté sur la jungle pour assurer leur survie.

Espèces menacées

La faune vietnamienne connaît un déclin marqué : les habitats forestiers sont détruits, les cours d'eau pollués, et la chasse continue en l'absence de véritables contrôles. Pour certaines espèces, les programmes de reproduction en captivité restent sans doute l'unique planche de salut, mais le pays manque d'argent et de personnel pour les mener à bien.

Le gouvernement reconnaît officiellement comme menacés 54 types de mammifères et 60 espèces d'oiseaux. Parmi les grands animaux figurent l'éléphant, le tigre, le léopard, l'ours noir, l'ours à miel, le singe à nez retroussé, l'écureuil volant, le crocodile et la tortue. Au début des années 1990, un petit groupe de rhinocéros de Java, une espèce extrêmement rare, a été découvert dans le parc national de Cat Tien. Vingt ans plus tard, les braconniers les avaient tous tués.

Il y a néanmoins quelques succès. Le crocodile du Siam, qui a disparu à l'état sauvage du fait d'une chasse excessive et de croisements, a été réintroduit à Cat Tien et l'espèce est aujourd'hui en bonne progression. Certaines populations sauvages se sont également réinstallées dans des régions reboisées ; des oiseaux, des poissons et des crustacés sont réapparus dans des forêts de palétuviers replantées.

Les amateurs d'ornithologie désireux de découvrir l'avifaune du Vietnam navigueront sur www.oiseaux.net ou se procureront *Birds of Southeast Asia* (2014, non traduit), de Craig Robson, qui couvre le pays de manière approfondie.

Oiseaux

Le voyageur apercevra aisément des hirondelles et des martinets survolant les champs et les cours d'eau, des nuées de verdiers du Vietnam au bord des routes et dans les rizières, ainsi que des rossignols et des martins tristes dans les jardins et les bosquets. Le Vietnam constitue une

LE CULTE DE LA BALEINE

Sur la quasi-totalité de la côte vietnamienne, de nombreuses communautés ont dédié des temples aux baleines. On en trouve sur les îles Cham, à Tam Hai et à Phan Thiet (p. 291), où se trouve le squelette d'un rorqual commun de 19 m. Pour les pêcheurs, les baleines sont des divinités qui les guident et les protègent en mer. Les origines de ce culte sont méconnues, mais on pense qu'il remonte à l'époque de l'Empire khmer et du royaume de Champa. Lorsqu'une baleine s'échoue sur le rivage, les villageois ont coutume de récupérer ses os afin de les enterrer dans un tombeau ou un temple à l'occasion d'une cérémonie funéraire. On fait alors des offrandes au rythme des percussions.

Certaines communautés ont même un festival annuel de la baleine (Le Hoi Cau Ngu), ponctué de prières et de courses de bateaux. Il se tient généralement au milieu du premier mois lunaire et marque le début de la saison de pêche. Il y en a notamment à Vung Tau et dans la région de Danang.

halte importante pour les échassiers migrateurs entre la Sibérie, leur lieu de reproduction, et l'Australie, où ils passent l'hiver.

Des oiseaux rares et peu connus, dont on pensait l'espèce éteinte, ont été repérés dans les vastes forêts en bordure du Laos. Parmi ces espèces se trouvent le faisan d'Edwards, le canard à ailes blanches et l'ibis de Davison.

Parcs nationaux

Le parc national de Tram Chim, dans le delta du Mékong, est l'une des plus importantes zones humides protégées du Vietnam. Il abrite des grues antigones, une espèce dont les individus peuvent mesurer jusqu'à 1,80 m de hauteur.

De Hoang Lien, à l'extrême nord, jusqu'à Mui Ca Mau, à la pointe sud du pays, le Vietnam compte 33 parcs nationaux, et plus de 150 réserves naturelles. Les infrastructures et la surveillance varient beaucoup d'un parc à l'autre, mais chacun dispose au moins d'un poste de gardes forestiers.

La gestion des parcs nationaux demeure une source de conflits permanente, car les autorités vietnamiennes n'ont pas encore réussi à trouver un équilibre entre la protection de l'environnement et les besoins des populations rurales, souvent des communautés ethniques, qui vivent dans les zones protégées ou à proximité. Les gardes forestiers sont généralement beaucoup moins nombreux que les villageois, dont la subsistance dépend des forêts. Certains parcs utilisent désormais des logiciels sophistiqués pour combattre le braconnage et l'abattage des arbres.

Mieux vaut visiter les parcs les plus connus en semaine afin de profiter sereinement du paysage – les Vietnamiens qui affluent le week-end pour prendre du bon temps se montrent fréquemment bruyants et peu respectueux de la nature, laissant leurs détritus derrière eux.

Nombre de parcs possèdent un lieu d'hébergement et un restaurant ; il faut toutefois téléphoner et commander les repas à l'avance.

LES 10 PLUS BEAUX PARCS NATIONAUX DU VIETNAM

PARC	CARACTÉRISTIQUES	ACTIVITÉS	MEILLEURE PÉRIODE
Ba Be	lacs, forêt tropicale, cascades, pics, grottes, ours, entelles	randonnée, sorties en bateau, observation des oiseaux	avr-nov
Bach Ma	cascades, tigres, primates	randonnée, observation des oiseaux	fév-sept
Bai Tu Long	pics karstiques, forêt tropicale de persistants, plages secrètes, grottes	baignade, canotage, kayak, surf, randonnée	avr-nov
Cat Ba	jungle, grottes, entelles, ours, cervidés, oiseaux aquatiques	randonnée, baignade, observation des oiseaux	avr-août
Cat Tien	primates, éléphants, oiseaux, tigres	randonnée, exploration de la jungle, observation des primates	nov-juin
Con Dao	dugongs, tortues, plages	observation des oiseaux, snorkeling, plongée	nov-juin
Cuc Phuong	jungle, grottes, primates, oiseaux	observation des primates, randonnée, observation des oiseaux	nov-fév
Hoang Lien	communautés ethniques, montagnes, oiseaux	randonnée, cyclisme, observation des oiseaux, escalade	sept-nov, avr-mai
Phong Nha-Ke Bang	grottes, formations karstiques	sorties en bateau, spéléologie, kayak, randonnée	avr-sept
Yok Don	maisons sur pilotis, communautés ethniques	randonnée	nov-fév

Menace sur la baie d'Along

Site classé au patrimoine mondial de l'Unesco, le fabuleux ensemble d'îlots karstiques émergeant des eaux bleu cobalt de la baie d'Along est l'un des fleurons du Vietnam.

L'attrait exercé par ce paysage naturel remarquable, s'il s'est révélé une véritable bénédiction pour l'industrie touristique, n'en fait pas moins peser une lourde menace sur la baie. En 2019, 6 millions de visiteurs y ont effectué une croisière. Afin de faciliter leur accueil, les autorités ont fait arracher des mangroves pour construire des routes côtières et de nouveaux quais. Par ailleurs, les systèmes d'évacuation inadaptés des toilettes et le diesel répandu par les bateaux de croisière contaminent une mer autrefois préservée.

Le port en eau profonde de Hon Gai accueille chaque année des centaines de porte-conteneurs qui empruntent un chenal de navigation international au cœur de la baie. La vase et la poussière qui recouvrent maintenant les herbiers et les bas-fonds marins compromettent la survie de la faune et de la flore, menaçant ainsi l'écosystème dans son ensemble.

Plus alarmant encore, les gigantesques mines de charbon et la cimenterie de Cam Pha, à 20 km à l'est de la ville d'Along, déversent dans les eaux des tonnes de poussier et autres résidus polluants.

Jusqu'en 2012, l'eau non traitée était déversée dans les fleuves et se retrouvait dans la baie, mais une nouvelle usine de traitement sur le fleuve Vang Dang a diminué le flux de substances polluantes. En novembre 2015, les autorités ont par ailleurs suspendu les licences de plus de 200 bateaux de croisière qui ne s'étaient pas soumis à l'obligation d'installer des filtres séparateurs d'huile.

Toutefois, suite à l'ouverture de l'aéroport international de Van Don et d'une nouvelle route nationale reliant Along et Hanoi en 2019, le nombre de touristes n'est pas prêt de diminuer.

Écologie

Partout au Vietnam, l'environnement est menacé. Malgré la signature d'importants traités de protection de la nature et la tenue, en 2016 à Hanoi, d'une conférence internationale sur le commerce illégal des espèces sauvages, les priorités du gouvernement restent la création d'emplois et la croissance économique. Il existe peu de mesures de contrôle de la pollution et des industries dites "sales", et les trafiquants de bois et d'animaux s'en sortent souvent grâce à la corruption et à l'inertie des pouvoirs publics.

Déforestation

La déforestation est un problème majeur. De 44% de couvert forestier en 1943, le pays est passé à 24% en 1983 et à 20% en 1995. De récents programmes de reboisement ont accru la couverture forestière d'une partie du territoire depuis, mais ils consistent pour la plupart en des plantations de monocultures (comme l'acacia, pour le mobilier), organisées en rangées bien droites, qui n'ont guère de vertu écologique. En 2017, les plantations représentaient 17% de la surface forestière.

Braconnage

Le braconnage a décimé la faune des forêts, les pièges utilisés capturant et tuant autant les espèces communes que celles gravement menacées. Bien que les chiffres soient très difficiles à établir, l'ONG Traffic estime que plus d'un million d'animaux font chaque année l'objet d'un commerce illicite au Vietnam.

Une chasse "légitime" est pratiquée par des communautés ethniques qui cherchent à assurer leur subsistance, mais il existe un marché beaucoup plus vaste, alimenté par des marchands locaux et chinois, pour

LA CORNE DE RHINOCÉROS AU VIETNAM

En Afrique, un rhinocéros est abattu toutes les dix heures afin de satisfaire la demande d'Asie de l'Est. Dans le seul parc Kruger d'Afrique du Sud, plus de 800 individus ont été tués en 2018. Les gangs de braconniers sont dotés d'hélicoptères, de mitrailleuses, de véhicules blindés, d'appareils de vision nocturne, et bénéficient du soutien du crime organisé vietnamien. Les gardes du parc décrivent ce dernier comme une véritable zone de guerre.

La demande a encore augmenté ces dernières années, entretenue par des croyances populaires qui lui attribuent des vertus médicinales, allant de la stimulation de la libido au traitement du cancer en passant par le soulagement de la gueule de bois. La corne de rhinocéros est également le symbole d'un statut social pour certaines classes de nouveaux riches.

Même la nouvelle affligeante de l'extinction du rhinocéros au Vietnam n'a pas enrayé le phénomène. Le kilo de corne étant vendu plusieurs dizaines de milliers de dollars, les trafiquants se sont simplement tournés vers d'autres territoires.

Pour changer les mentalités et faire disparaître la consommation de cornes des usages, des campagnes médiatiques ont été menées (messages du gouvernement à la radio publique, annonces à la télévision et sur Internet). Certaines ONG, comme Save the Rhino International (www.savetherhino.org), Traffic (www.traffic.org) et ENV (Education for Nature-Vietnam ; www.env4wildlife.org) ont pour cela ciblé les principaux consommateurs : de riches hommes d'affaires de Hanoi et de HCMV. Le ministère de l'éducation a également déployé des efforts pour que soit réaffirmé en classe le fait que la corne de rhinocéros ne présente aucun bienfait thérapeutique, mais les consciences évoluent lentement.

Il existe des lois pour dissuader les trafiquants, mais il aura fallu attendre 2018 pour que soit, pour la première fois, condamné un acteur majeur du commerce illégal d'animaux sauvages. Celui-ci a écopé d'une peine de prison pour avoir vendu de la corne de rhinocéros au Vietnam. Nguyen Mau Chien, quant à lui, a été condamné à 13 mois de prison pour son activité d'élevage de tigres, un verdict jugé trop peu sévère et dissuasif par l'ENV.

le *dac san* ("viande de brousse") et les produits d'origine animale utilisés dans la médecine traditionnelle. Encore récemment, pour beaucoup de Vietnamiens, excursion dans la nature rimait avec consommation de gibier, aussi exotique que possible, et il y avait des restaurants spécialisés à la lisière de nombreux parcs nationaux. Des lois visant à limiter cette activité ont été adoptées, mais elles s'avèrent souvent très peu appliquées.

L'ONG vietnamienne Education for Nature Vietnam combat ce trafic en faisant du lobbying auprès des hommes politiques et en organisant des programmes de sensibilisation dans les écoles. Elle monte des dossiers sur les restaurants servant de la "viande de brousse" et lutte contre le commerce de la bile d'ours et les élevages de tigres.

Industrie et pollution

La pollution est un vrai problème au Vietnam. À Hô Chi Minh-Ville, la qualité de l'air est assez désastreuse. Hanoi, quant à elle, est la ville la plus polluée de l'Asie du Sud-Est (et a même été au premier rang mondial en octobre 2019).

Les deux-roues en sont les principaux responsables, car ils roulent avec un carburant de mauvaise qualité contenant un fort pourcentage de benzène, de soufre et de microparticules (PM10). Moins de 10% des habitants de Hanoi utilisent les transports publics.

La pollution de l'eau affecte de nombreuses régions, et particulièrement les villes et les zones côtières où les nappes phréatiques surexploitées deviennent de plus en plus salées. Des entrepreneurs ont investi le Vietnam pour y construire des usines d'habillement, de chaussures et

LE SORT DES OISEAUX CHANTEURS

La biodiversité aviaire du pays demeure menacée. En cause : la passion des hommes vietnamiens pour les oiseaux chanteurs en cage. À l'issue de trois jours de recherches en 2017, l'ONG Traffic (www.traffic.org) a recensé 8 047 oiseaux issus de 115 espèces différentes en vente à HCMV et à Hanoi. La plupart étaient vendus en toute légalité, aucune loi n'interdisant leur commerce. Conséquence : le silence s'est abattu sur certaines des forêts les plus reculées du pays, tandis que les rues les plus animées de Hanoi résonnent des chants des oiseaux en cage.

d'agroalimentaire, mais la plupart des zones industrielles ne disposent pas d'installations pour le traitement des eaux usées. Leur rejet a causé la mort biologique de rivières comme la Thi Van, près de Vung Tau.

En 2016, l'aciérie Formosa a déversé des produits toxiques dans la mer, causant une catastrophe écologique. Des millions de poissons ont été retrouvés morts sur les côtes du centre du pays. Les conséquences néfastes sur la pêche et le tourisme ont provoqué des manifestations dans quatre provinces. Formosa, finissant par reconnaître sa responsabilité, a versé 500 millions de dollars pour assurer le nettoyage et dédommager les victimes.

Réchauffement climatique

Selon la Banque mondiale, le Vietnam compte parmi les pays les plus menacés par le changement climatique, les marées, les inondations et les ouragans risquant vraisemblablement de submerger les basses terres.

Si le niveau de la mer augmentait de seulement un mètre, plus des 6% du pays seraient immergés, ce qui toucherait près de 10 millions de personnes. HCMV connaît déjà de sérieuses crues chaque mois et il suffirait que la rivière Saigon monte de 1,35 m pour que ses digues soient submergées. Des inondations similaires interviendront plus souvent quand les pluies de mousson noieront les vastes deltas du fleuve Rouge et du Mékong.

Dans le delta du Mékong, on observe une augmentation de la salinité des fleuves dans un rayon pouvant atteindre 50 km. Près de l'embouchure du delta, l'augmentation a été si marquée que de nombreuses familles ont abandonné la culture du riz pour l'élevage de crevettes.

Écocide : les conséquences de la guerre

La guerre du Vietnam s'est accompagnée de la plus impitoyable destruction de l'environnement qu'un pays ait jamais subie. La dévastation a été telle que, des décennies plus tard, le pays est toujours convalescent. L'armée américaine a pulvérisé 72 millions de litres de défoliants (dont l'agent orange, chargé de dioxine) sur 16% de la surface du Sud-Vietnam pour détruire les caches du Viêt-cong.

De vastes étendues de forêts, de terres agricoles, des villages et même des cimetières ont été rasés au bulldozer, arrachant à la fois la végétation et la couche arable. Des forêts entières de melaleucas, un bois particulièrement inflammable, ont été carbonisées au napalm. Dans les régions montagneuses, des glissements de terrain ont été délibérément provoqués par des bombardements et l'arrosage à l'acide des versants calcaires. Même les éléphants, utilisés pour le transport, ont été visés par des bombes et du napalm largués par avion. À la fin de la guerre, de vastes étendues étaient envahies de mauvaises herbes, appelées localement “chiendent américain”. Le gouvernement estime que 20 000 km^2 de forêts et de terres arables ont été détruits à cause de la guerre.

Les liens entre la dioxine et certaines maladies, dont plusieurs formes de cancers, ont été établis, et les cas d'enfants atteints de malformations

VOYAGER RESPONSABLE

- Réfléchissez-y à deux fois avant de partir en promenade à dos d'éléphant. Ces pachydermes continuent d'être capturés de manière illégale et les associations de défense des animaux s'inquiètent de leurs conditions de vie, ainsi que des effets néfastes que ces promenades peuvent avoir sur leur santé.
- Lorsque vous pratiquez le snorkeling ou la plongée, veillez à ne pas toucher au corail afin de ne pas gêner son développement.
- Évitez de toucher les formations calcaires car cela affecte leur développement et aboutit à leur noircissement.
- Sachez que la plupart des animaux "exotiques" (porcs-épics, écureuils, etc.) au menu de certains restaurants ont été capturés illégalement dans des parcs nationaux.
- Nombre de civettes sont détenues dans des conditions épouvantables, en vue de produire le fameux "café" à base d'excréments.
- Avant de boire de l'alcool ou du sang de serpent, sachez que ces reptiles (parfois des espèces menacées) sont tués sans anesthésie et peuvent être porteurs de la salmonelle.

gravissimes parce que leurs parents avaient été contaminés pendant la guerre sont innombrables. Sans parler des fausses couches, des enfants mort-nés et d'autres problèmes de santé liés à la persistance de l'empoisonnement chimique dans les corps et dans l'environnement.

Les fabricants de produits chimiques qui ont fourni des herbicides à l'armée américaine ont versé 180 millions de dollars aux vétérans de la guerre du Vietnam, sans toutefois admettre leur responsabilité. Les Vietnamiens empoisonnés à la dioxine, dont on estime le nombre à 4 millions, n'ont eux jamais été indemnisés, les plaintes de la Vietnamese Association of Victims of Agent Orange (vava.org.vn) ayant toutes été rejetées aux États-Unis.

Journalistes et commentateurs s'accordent à dire que l'État vietnamien, soucieux de normaliser ses relations avec son ancien ennemi, rechigne à en exiger un quelconque dédommagement.

Cependant, en décembre 2014, le président Barack Obama a débloqué des fonds pour le nettoyage d'une ancienne base américaine, contaminée à la dioxine, sur l'aéroport de Danang, et en 2019, les États-Unis ont approuvé un programme de décontamination de l'aéroport de Bien Hoa, près de HCMV, dont le coût s'élève à 183 millions de dollars. Le gouvernement vietnamien continue de faire pression sur les États-Unis afin d'obtenir de l'aide pour décontaminer 28 autres secteurs.

Vietnam pratique

Carnet pratique

Achats

On peut acheter, au Vietnam, de superbes objets artisanaux, vêtements et curiosités, notamment à Hanoi, Hoi An et Hô Chi Minh-Ville, qui proposent une belle sélection d'articles, des affiches de propagande aux tissus traditionnels. La tendance est aux créations en soie ou en lin vendues dans les boutiques de designers, sans oublier les objets "presque" anciens, l'artisanat ethnique, les beaux meubles, les accessoires de maison et les créations en laque. Il est également tentant de se faire confectionner des vêtements sur mesure, mais la qualité est souvent décevante.

Art et antiquités

La réglementation est stricte en matière d'exportation d'objets anciens et d'antiquités ; assurez-vous que votre achat peut quitter le pays. Une boutique réputée doit pouvoir vous fournir les documents nécessaires.

Peintures, traditionnelles ou contemporaines, et photographies sont également prisées. On trouve de bonnes galeries d'art à Hué, Hoi An, HCMV et Hanoi, et de belles galeries de photos à Nha Trang. Hanoi compte aussi d'intéressantes galeries consacrées à l'art de propagande communiste.

Les fausses antiquités (dont des céramiques et des masques) sont communes. Soyez prudent lors des achats importants.

Vêtements

On trouve de beaux vêtements de qualité en coton, en lin, et même en soie, à Hanoi, HCMV et, dans une moindre mesure, à Nha Trang. Les articles de marque sont toutefois presque toujours des contrefaçons.

Hoi An est la capitale de la couture sur mesure (p. 237) en Asie du Sud-Est. Il y a quelques maisons réputées, mais aussi de nombreux tailleurs qui bricolent des vêtements à la va-vite avec du tissu de mauvaise qualité.

Artisanat

Les principaux centres touristiques regorgent de beaux objets en laque, de coffrets et de paravents incrustés de nacre, de céramiques, de broderies colorées, de cartes de vœux en soie, de tissus des ethnies montagnardes, d'ouvrages de vannerie, de bijoux et d'articles en cuir.

Alimentation

La nourriture fait partie des grands plaisirs d'un voyage au Vietnam. Pour en savoir plus sur la cuisine et les restaurants, reportez-vous p. 45.

Ambassades et consulats

En règle générale, votre ambassade ne fera pas preuve d'indulgence si vous vous retrouvez en prison pour avoir enfreint la loi. En cas d'urgence, elle vous fournira sans doute une assistance.

Le remplacement d'un passeport volé peut prendre quelque temps, car certaines ambassades au Vietnam n'en délivrent pas et doivent passer par une autre ambassade de la région.

Au Vietnam

Ambassade de Belgique (☎024-3934 6179 ; hanoi@diplobel.fed.be ; Hanoi Towers, 9e ét, 49 Hai Bà Trưng, Hanoi)

Consulat de Belgique (☎028-38 299 188 ; info@

GAMMES DE PRIX (RESTAURANTS)

Les prix suivants s'entendent pour un repas classique, boissons en sus. Sauf mention contraire, les taxes sont incluses.

$ moins de 5 $US (115 000 d)

$$ entre 5 $US (115 000 d) et 15 $US (340 000 d)

$$$ plus de 15 $US (340 000 d)

hcmbelgiumconsulate.vn ; IBC Building, 4e ét, bureau C4, 1A Me Linh Square, district 1, HCMV)

Ambassade du Cambodge (carte p. 84 ; ✆024-942 4789 ; camemb.vnm@mfa.gov.kh ; 71A P Tran Hung Dao, Hanoi ; 🕒8h-11h30 et 14h-17h30 lun-ven)

Consulat du Cambodge (carte p. 356 ; ✆028-3829 2751 ; camcg.hcm@mfaic.gov.kh ; 41 Đ Phung Khac Khoan, HCMV ; 🕒8h30-11h30 et 14h-17h lun-ven)

Ambassade du Canada (carte p. 70 ; ✆024-3734 5000 ; www.canadainternational.gc.ca/vietnam ; 31 Đ Hung Vuong, Hanoi ; 🕒8h30-10h30 et 13h30-15h30 lun-jeu, 8h30-9h30 ven)

Consulat du Canada (carte p. 346 ; ✆028-3827 9899 ; www.canadainternational.gc.ca/vietnam ; 10e ét, 235 Đ Dong Khoi, HCMV ; 🕒8h30-10h30 et 13h30-15h30 lun-jeu, 8h30-9h30 ven)

Ambassade de Chine (carte p. 70 ; ✆024-8845 3736 ; vn.china-embassy.org/chn ; 46 P Hoang Dieu, Hanoi ; 🕒9h-16h lun-ven)

Consulat de Chine (carte p. 356 ; ✆028-3829 2457 ; hcmc.chineseconsulate.org ; 175 Đ Hai Ba Trung, HCMV ; 🕒8h30-11h et 13h45-16h lun-ven)

Ambassade de France (carte p. 84 ; ✆024-903 40 31 16 de 8h30 à 18h, 4-904 36 52 75 de 18h à 8h30 ; www.ambafrance-vn.org ; 57 P Tran Hung Dao, Hanoi ; 🕒8h30-17h30 lun-ven)

Consulat de France (carte p. 356 ; ✆028-3520 6800 ; www.consulfrance-hcm.org ; 27 Đ Nguyen Thi Minh Khai, HCMV ; 🕒9h-12h lun-ven)

Ambassade d'Inde (carte p. 84 ; ✆024-3824 4989 ; www.indembassyhanoi.gov.in ; Đ 58-60 Tran Hung Dao, Hanoi ; 🕒9h-17h lun-ven)

Ambassade du Laos (carte p. 84 ; ✆024-3942 4576 ; laoembassyhanoi@gmail.com ; 40 P Quang Trung, Q. Hai Ba Trung, Hanoi ; 🕒8h30-11h30 et 13h-16h lun-ven)

Consulat du Laos (carte p. 346 ; ✆028-3829 7667 ; cglaohcm@gmail.com ; 93 Đ Pasteur, HCMV ; 🕒8h-11h30 et 13h30-16h lun-ven)

Ambassade de Suisse (✆024-3934 6589 ; han.hanoi@eda.admin.ch ; Hanoi Central Office Building, 15e ét, 44B Ly Thuong Kiet, Hanoi)

Consulat de Suisse (✆028 6299 1200 ; hochiminhcity@eda.admin.ch ; Bitexco Financial Tower, 37e ét, 2 Đ Hai Trieu, district 1, HCMV)

Ambassade de Thaïlande (carte p. 70 ; ✆024-3823 5092-4 ; www.thaiembassy.org/hanoi ; 63-65 P Hoang Dieu, Hoan Kiem, Hanoi ; 🕒8h30-12h et 13h-17h lun-ven)

Consulat de Thaïlande (carte p. 332 ; ✆028 3932 7637-8 ; www.thaiembassy.org/hochiminh ; 77 Đ Tran Quoc Thao, district 3, HCMV ; 🕒8h30-11h30 et 13h30-15h lun-ven)

CONSEILS AUX VOYAGEURS

La plupart des gouvernements possèdent des sites Internet qui recensent les dangers possibles et les régions à éviter. Consultez notamment les sites suivants :

Ministère des Affaires étrangères français (www.diplomatie.gouv.fr)

Ministère des Affaires étrangères de Belgique (diplomatie.belgium.be)

Département fédéral des Affaires étrangères suisse (www.eda.admin.ch/eda/fr/dfae.html)

Ministère des Affaires étrangères du Canada (www.voyage.gc.ca)

À l'étranger

Ambassade du Vietnam en France (✆01 44 14 64 00 ; ambassade-vietnam.com ; 61 rue de Miromesnil, 75008 Paris)

Ambassade du Vietnam en Belgique (✆322 379 2737 ; vnemb.brussels@skynet.be ; bd Général-Jacques 1, 1050 Bruxelles)

Ambassade du Vietnam en Suisse (✆0041-31 388 78 78/72 ; www.vietnam-embassy.ch ; Schlösslistrasse 26, CH-3008 Berne)

Ambassade du Vietnam au Canada (✆613-236 0772 ; vietem-ca.com ; 55 MacKay Street, Ottawa, K1M 2B2)

Argent

Avant le départ, mieux vaut faire savoir à votre banque que vous vous rendez à l'étranger afin d'éviter que votre carte ne soit éventuellement bloquée pour cause de lieu de paiement inhabituel.

Marchandage

Le marchandage est presque toujours de mise, mais tout ne se négocie pas, et il faut rester courtois, sans jamais s'énerver. Vous obtiendrez tantôt jusqu'à 60% de remise, tantôt à peine 10%. Parfois, même, les prix seront fixes. N'hésitez pas à marchander sur les marchés, dans la plupart des boutiques de souvenirs et pour les trajets en cyclo-pousse ou en *xe om* (moto-taxi). Si beaucoup d'hôtels peuvent aussi accorder des réductions, les restaurants pratiquent des prix fixes.

Monnaie

La monnaie nationale est le dong (d). Il reste, depuis de nombreuses années, assez stable face aux devises fortes. La plupart des établissements affichent leurs prix en dongs, mais certains (les hôtels de luxe, notamment) les indiquent en dollars.

DAB

Les DAB sont très répandus. Vous pourrez retirer de

LE VIETNAM PRATIQUE

Laveries On trouve des laveries dans les principales zones touristiques.

Journaux et magazines Le *Courrier du Vietnam* (lecourrier.vn) est un quotidien national en français. *Vietnam News* (www.vietnamnews.vn) est un quotidien anglophone de propagande. Pour les manifestations et sorties, citons les magazines *AsiaLife* (www.asialifemagazine.com/vietnam), et *The Word* (wordhcmc.com) à HCMV. Pour les informations nationales, le site www.thanhniennews.com est une source de qualité.

Cigarette Bien que fumer soit interdit dans les espaces publics, les Vietnamiens fument partout, sauf dans les véhicules climatisés où ce n'est pas socialement admis. On est ainsi épargné lors des longs trajets en bus ou en train. On trouve des magasins spécialisés de cigarettes électroniques dans les villes principales.

Cigarette électronique Des boutiques existent dans toutes les grandes villes.

Poids et mesures Le Vietnam utilise le système métrique, hormis pour les métaux et les pierres précieuses, pour lesquels il recourt au système chinois.

Radio et télévision Voice of Vietnam tient le haut du pavé sur les ondes – elle est même diffusée par haut-parleur dans de nombreuses petites villes et à Hanoi. La chaîne de télévision VTV2 diffuse le journal en français vers 15h et VTV1 vers 23h. La radio VOV5 diffuse chaque jour plusieurs journaux en français.

l'argent avec une carte Maestro/Cirrus, Visa ou MasterCard. Attention toutefois à la commission élevée (25 000-50 000 d) et au plafond journalier, le plus souvent autour de 2 000 000 d (6 000 000 d à la MB Bank et 10 000 000 d à la Commonwealth Bank).

Espèces

Le dollar s'échange et s'utilise quasiment partout. Les autres devises majeures peuvent être changées dans les principales banques, dont la Vietcombank et HSBC.

La plupart des postes-frontières possèdent une sorte de bureau de change officiel.

Cartes bancaires

Les cartes Visa et MasterCard sont acceptées dans les grandes villes et les centres touristiques. Inutile toutefois d'espérer vous en servir dans une échoppe de nouilles. Une commission d'environ 3% s'applique parfois.

Dans la plupart des villes, la Vietcombank délivre des avances en espèces, avec souvent une commission d'au moins 3%.

Assurance

Il est indispensable de s'assurer pour un voyage au Vietnam, car le coût des soins médicaux est prohibitif. Mieux vaut prendre une assurance voyage qui vous couvrira en cas de vol, de perte et de problèmes de santé.

Vérifiez que les activités "à risque", telles que la plongée et même le trekking, ne sont pas exclues de votre contrat, et que le rapatriement médical d'urgence est couvert en cas de problème grave.

Il est peu probable que vous conduisiez une voiture dans le pays car la quasi-totalité des locations de véhicules inclut un chauffeur. De plus, la loi requiert une assurance et un permis vietnamiens pour conduire, or il est presque impossible d'obtenir ce dernier avec un visa touristique.

Au Vietnam, beaucoup de voyageurs circulent à scooter ou à moto, mais la plupart des assurances ne vous couvriront que si vous êtes titulaire d'un permis moto dans votre pays d'origine.

Vous trouverez de nombreuses informations sur les assurances voyage pour le monde entier sur www.lonelyplanet.fr/assurance.

Bénévolat

Les occasions de faire du bénévolat ne sont pas aussi nombreuses qu'on pourrait le croire. Le marché local du développement, très lucratif, a en effet attiré de nombreux professionnels.

Pour tout renseignement, adressez-vous au centre d'information sur les ONG, le **NGO Resource Centre** (carte p. 62 ; ☎024-3832 8570 ; www.ngocentre.org.vn ; Room 201, Bldg E3, Trung Tu Diplomatic Compound, 6 Dang Van Ngu, Dong Da, Hanoi), qui possède des dossiers complets sur les ONG présentes au Vietnam. **Pan Nature** (www.nature.org.vn/en) offre parfois l'occasion de s'engager pour l'environnement.

En France, quelques organismes offrent des opportunités de travail bénévole sur des projets de développement ou d'environnement, comme le **Comité de coordination pour le service volontaire international** (CCVIS ; ccivs.org) et la **Délégation catholique pour la coopération** (DCC ; ladcc.org).

Voici également des associations œuvrant principalement au Vietnam :

KOTO (www.koto.com.au). Aide les enfants des rues à travailler dans ses restaurants de Hanoi et de HCMV ; un engagement minimal de trois mois est requis.

Les Enfants du dragon (lesenfantsdudragon.com). Association soutenant des projets en faveur des enfants et des plus pauvres au Vietnam.

Enfants du Mékong (www.enfantsdumekong.com). Éduque, forme et accompagne les enfants et les jeunes très défavorisés via le parrainage et les actions in situ où sont envoyés les volontaires.

Cartes et plans

Les noms de rues précédés des termes Pho, Đuong et Đai Lo (avenue ou boulevard) sont respectivement abrégés en P, Đ et ĐL dans les adresses et les cartes.

Climat

Le climat du Vietnam est difficile à définir. On compte *grosso modo* deux zones climatiques totalement différentes.

Toute la région au sud de Nha Trang connaît un temps sec et chaud entre novembre et mars, puis une saison des pluies de fin avril à octobre. À l'inverse, dans le Centre et le Nord, la saison fraîche s'étend d'octobre à mars, tandis que l'été (d'avril à septembre) est chaud et humide.

Les typhons touchent plus particulièrement le Centre ; les tempêtes se produisent essentiellement entre août et novembre.

Douane

Si vous arrivez au Vietnam par la voie des airs, la procédure ne prend d'ordinaire que quelques minutes. Si vous arrivez par la voie terrestre, attendez-vous à des contrôles plus poussés, surtout à certaines frontières reculées.

Quantités de marchandises autorisées aux frontières :

- 400 cigarettes
- 1,5 L d'alcools et spiritueux
- Vous devrez déclarer les sommes importantes en devises étrangères (supérieures à 5 000 $US)

Électricité

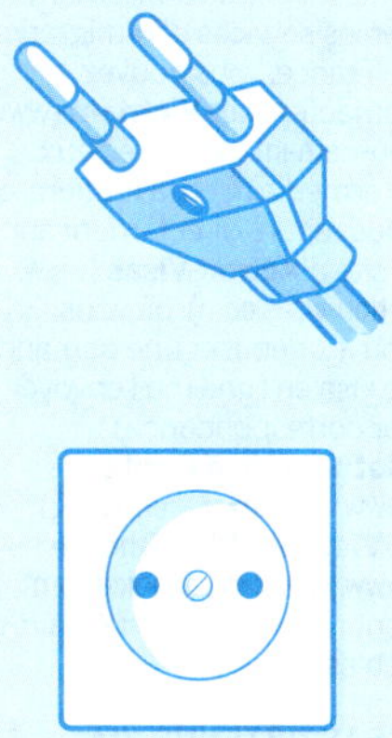

Type C
220 V/50 Hz

Enfants

Les enfants apprécient le Vietnam, surtout à cause de toute l'attention qu'ils suscitent et parce que tout le monde veut jouer avec eux !

Pour plus d'informations et de conseils, consultez le guide *Voyager avec ses enfants* publié par Lonely Planet.

- Les grandes villes ne manquent pas d'activités pour les enfants, mais la circulation routière et la pollution y présentent un risque.
- Sur les plages de la côte est, attention aux forts courants de retour. Certaines plages populaires disposent de drapeaux de baignade et de sauveteurs.
- La cuisine locale est rarement trop épicée pour les enfants. Le choix de fruits est impressionnant. On trouve aussi sans mal des plats internationaux (pizzas, pâtes, hamburgers et glaces).
- Allaiter en public est tout à fait accepté au Vietnam.

Pratique

Dans les grandes villes, petits pots, couches et vêtements pour enfants se trouvent facilement, ce qui n'est pas le cas dans les campagnes.

- Les hôtels internationaux de catégories moyenne et supérieure mettront à votre disposition des lits pour enfant. Les voitures de location et les taxis ne sont pas équipés de siège enfant.
- N'oubliez pas d'apporter de la crème solaire haute protection, car on n'en trouve pas partout au Vietnam, et pensez au gel antibactérien pour se désinfecter les mains.
- Au Vietnam, il est particulièrement important de faire attention à ce que votre enfant met à la bouche. Sa curiosité naturelle peut devenir dangereuse dans un pays où dysenterie, typhoïde et hépatites sont présentes.

Formalités et visas

Types de visas

La (très complexe) régulation vietnamienne en matière de visas a évolué récemment pour nombre de visiteurs étrangers et reste changeante – vérifiez systématiquement les dernières évolutions.

Si vous résidez dans un pays occidental et que votre séjour dure plus de 15 jours (jours d'entrée et de sortie inclus), vous aurez toujours besoin d'un visa (ou d'une lettre d'acceptation délivrée par un agent) pour entrer au Vietnam. Pour un séjour de moins de 15 jours, les Français en sont exemptés (dans le cas d'une entrée simple et non d'entrées multiples).

Les visas touristiques sont valables 1 ou 3 mois. Visa à entrée unique d'une validité de 1 mois : 20 $US ; visa à entrées multiples d'une validité de 3 mois : 70 $US. Seuls les ressortissants des États-Unis peuvent obtenir un visa d'un an.

Pour demander un visa, deux méthodes sont reconnues : recourir à un service en ligne pour obtenir un visa à l'arrivée, et passer par une ambassade ou un consulat du Vietnam. Il existe aussi à présent des visas électroniques (ouverts à certaines nationalités seulement, dont les Français, les Belges, les Suisses et les Canadiens).

VISAS OBTENUS À L'ARRIVÉE

Cette méthode est privilégiée par la plupart des voyageurs arrivant par avion. Plus économique et plus rapide, elle dispense le visiteur d'envoyer son passeport par la poste à une ambassade ou de devoir se déplacer.

Ce service ne peut être utilisé que si vous atterrissez dans l'un des six aéroports internationaux du Vietnam, pas si vous entrez au Vietnam par la route. La procédure est simple : remplissez une demande en ligne et réglez les frais d'agence (environ 20 $US). Vous recevrez, par e-mail, une lettre d'approbation de visa à l'arrivée signée par les services d'immigration vietnamiens. Vous en présenterez une version imprimée à l'arrivée et réglerez alors les frais de visa en liquide et en dollars uniquement. Comptez 25 $US pour un visa à entrée simple, et 50 $US pour un visa à entrées multiples.

Parmi les nombreuses agences délivrant ces visas, certaines possèdent un nom et un site Internet qui rappellent une enseigne réputée, mais pratiquent des prix cassés : celles-ci se révèlent souvent inefficaces. Mieux vaut donc s'en tenir aux prestataires établis, sans quoi vous pourriez vous voir refuser l'entrée au Vietnam par les services d'immigration. En France, vous pouvez contacter **Cap Vietnam** (www.cap-vietnam.com), précieux intermédiaire en la matière, ou vous rendre directement sur le site d'**Action-Visas** (www.action-visas.com), où vous pouvez déposer une demande de visa en ligne (ou l'envoyer par correspondance). **Vietnam Visa Center** (www.vietnamvisacenter.org) et **Vietnam Visa Choice** (www.vietnamvisachoice.com) sont aussi des intermédiaires fiables.

VISAS OBTENUS VIA UNE AMBASSADE OU UN CONSULAT À L'ÉTRANGER

Il est également possible d'obtenir son visa auprès d'une ambassade ou d'un consulat du Vietnam à l'étranger. Toutefois, les frais sont généralement plus élevés qu'avec une agence en ligne et la procédure (selon le pays) peut s'avérer lente. En Asie (au Cambodge notamment), les visas pour le Vietnam sont habituellement délivrés en deux-trois jours ouvrés ; en Europe et en Amérique du Nord, il faut compter environ une semaine.

VISAS ÉLECTRONIQUES

Un programme de délivrance de visas électroniques (e-visas) permet aux étrangers de faire, en ligne, leur demande de visa auprès du département de l'Immigration du Vietnam (ou d'une agence de visas). Les ressortissants de 80 pays, dont la France, la Belgique, la Suisse et le Canada, y ont accès.

Ces visas, à entrée unique, sont valables 30 jours (sans prorogation possible) et coûtent 25 $US si vous passez par le site Internet du gouvernement. Comptez 3-5 jours pour le traitement de votre demande.

Malheureusement, les autorités ont échoué à mettre en place une procédure efficace : le site officiel affiche souvent des problèmes de fonctionnement. Certaines demandes seraient restées sans réponse, tandis que des photos auraient été refusées.

On rapporte aussi que des touristes ont été expulsés à cause d'erreurs (dans leur date de naissance ou l'orthographe de leur nom, par exemple) sur le formulaire en ligne. Si vous demandez un visa électronique, relisez-vous donc bien plusieurs fois ! Vous pouvez faire votre demande sur : https://evisa.xuatnhapcanh.gov.vn/.

Certaines agences, comme Actions-Visas et Visa Works (voir ci-contr), sont désormais autorisées à délivrer des visas électroniques. Si vous passez par un prestataire compétent, votre demande devrait être traitée rapidement

DISPENSES DE VISA

Pour un séjour n'excédant pas 15 jours, les ressortissants français n'ont pas besoin d'effectuer une demande de visa (qu'ils arrivent par les airs ou par la route). Les Belges, les Canadiens et les Suisses devront faire une demande de visa. Renseignez-vous sur les autres nationalités. Avant de partir, vérifiez tout de même les obligations en matière de visa, car les règles évoluent régulièrement. Les voyageurs bénéficiant d'une dispense de visa ne peuvent revenir au Vietnam que s'ils attendent 30 jours ou font une demande de visa. Cela signifie qu'il ne peut y avoir d'entrées multiples sans visa.

et efficacement. Vous serez averti d'éventuels incidents concernant votre dossier, et quelqu'un se chargera de vous guider, de répondre à vos questions et de faire le lien avec les autorités.

VISAS À ENTRÉES MULTIPLES

Il est possible de quitter le Vietnam et d'y retourner sans avoir à demander un autre visa. Il faut pour cela demander un visa à entrées multiples (*nhiêu lân*) *avant* de quitter le Vietnam.

Il n'est plus possible de changer son visa à entrée unique en visa à entrées multiples sur place.

PROROGATION DE VISAS

Les extensions de visas ne coûtent officiellement que 10 $US, mais elles nécessitent de passer par une agence. La procédure prend jusqu'à 10 jours, et vous ne pouvez le proroger que d'un mois (40 $US) ou deux (60 $US) selon le type de visa.

En théorie, on peut faire proroger son visa dans toutes les capitales de province. En pratique, c'est plus facile à HCMV, Hanoi, Danang et Hué. Si vous effectuez cette formalité ailleurs que dans votre ville d'arrivée au Vietnam, vous devez débourser quelque 50-70 $US. Attention à bien choisir votre agence. Des lecteurs nous ont signalé le cas d'agences pouvant disparaître du jour au lendemain avec votre passeport.

Les voyageurs bénéficiant d'une dispense de visa peuvent prolonger leur séjour après la fin de la période d'exemption, mais cela est contraignant et coûte environ 35 $US. Il faut alors laisser son passeport en dépôt pendant tout le temps de la procédure qui peut prendre jusqu'à 10 jours.

Documents

Avant le départ, il est impératif de contacter les ambassades et les consulats pour s'assurer que les modalités d'entrée sur le territoire n'ont pas changé. Nous vous conseillons de scanner ou de photocopier tous vos documents importants (pages d'introduction de votre passeport, cartes bancaires, police d'assurance, billets de train/d'avion/de bus, permis de conduire, etc.). Conservez ces copies à part des originaux. Vous remplacerez ainsi plus aisément ces documents en cas de perte ou de vol.

Handicap

Le Vietnam n'est pas une destination facile pour les voyageurs handicapés, bien que de nombreux Vietnamiens le soient eux-mêmes, à la suite de blessures de guerre. La circulation effrénée et les trottoirs encombrés de motos en stationnement et d'étals de rue ne facilitent pas les choses.

Toutefois, en planifiant bien votre voyage, vous pouvez parfaitement envisager de partir au Vietnam. Adressez-vous à une agence de voyages fiable pour tout organiser et n'hésitez pas à vérifier vous-même les réservations prises.

Certains hôtels économiques et nombre d'établissements de catégories moyenne ou supérieure disposent d'un ascenseur. Notez que les fauteuils roulants de plus de 60 cm de large passent parfois difficilement par les portes des salles de bains.

Les trains ne sont pas vraiment équipés pour les voyageurs à mobilité réduite, qui peuvent toutefois emprunter les bus "open tour". En louant une voiture avec chauffeur, tout ou presque devient alors possible. En outre, si vous êtes prêt à accepter de l'aide dans les escaliers ou pour monter et descendre de bateau, vous découvrirez que les Vietnamiens sont toujours prêts à porter assistance.

Traverser les rues au trafic anarchique de villes comme Hanoi et HCMV constituant déjà une épreuve périlleuse pour les voyants, les voyageurs non-voyants doivent impérativement être accompagnés.

Ressources utiles

L'**APF France handicap** (☎01 40 78 69 00 ; www.apf-francehandicap.org ; 17 bd Auguste-Blanqui, 75013 Paris) peut fournir des informations utiles sur les voyages accessibles. **Yanous** (www.yanous.com), **Hizy** (hizy.org), **Handicap.fr** (www.handicap.fr) et **Tourisme et handicaps** (www.tourisme-handicaps.org) constituent également de bonnes sources d'information.

Désormais, les principales plateformes d'hébergement que sont **Abritel** (www.abritel.fr), **Airbnb** (www.airbnb.fr), **Booking** (www.booking.com) et **Hotels.com** (https://fr.hotels.com) ont intégré des critères d'accessibilité à leur moteur de recherche. **Mobee Travel** (www.mobeetravel.com) est une start-up qui regroupe des hébergements accessibles et qui propose aussi des séjours sur mesure. Plus modeste, **Wilengo** (www.wilengo.com) fonctionne sur le modèle d'Airbnb. Les agences de voyages **Yoola** (www.yoola.fr) et **Comptoir des voyages** (www.comptoir.fr) organisent des voyages adaptés aux personnes à mobilité réduite.

Hébergement

À votre arrivée à l'hôtel, on vous demandera presque systématiquement votre passeport. On vous le rendra après l'avoir photocopié (page de visa comprise).

Hôtels et pensions

En vietnamien, hôtel se dit *khach san* et pension *nha khach* ou *nha nghi*. Nombre d'hôtels déclinent un large choix de chambres, souvent de 20 à 75 $US. Les moins chères se trouvent généralement en haut de plusieurs volées de marches ou n'ont pas de fenêtre.

RÉSERVATION EN LIGNE

Trouvez un vol, un séjour ou un hôtel en quelques clics dans la rubrique "Réservation" de www.lonelyplanet.fr.

Petits budgets Les pensions, familiales pour la plupart, varient énormément. Les chambres sont habituellement très bien équipées, avec clim, eau chaude, Wi-Fi et TV moyennant 12 à 18 $US. Certaines adresses servent même gracieusement le petit-déjeuner. Vers le haut de la catégorie, les mini-hôtels (petits hôtels privés élégants) affichent un rapport qualité/prix très avantageux. En revanche, ne comptez guère sur la présence d'un ascenseur.

Catégorie moyenne Vers le bas de la gamme, les chambres s'apparentent à celles des hôtels petits budgets, en plus spacieuses ou avec un restaurant sur place. En dépensant davantage, vous aurez droit, selon le standing, à un cadre plus moderne, une piscine, un spa ou/et un service de massages.

Catégorie supérieure Il y en a pour tous les goûts, de l'hôtel d'affaires sans caractère à la demeure coloniale chargée d'histoire. Sans oublier les complexes hôteliers de la côte, notamment à Nha Trang et Mui Ne. Les villas-hôtels avec piscine privative deviennent de plus en plus prisées, tandis que d'autres hébergements incluent un accès gratuit au spa. Vous trouverez des lodges écologiques dans les montagnes du Nord et en bordure des parcs nationaux.

Chez l'habitant

On trouve des logements chez l'habitant dans plusieurs régions du Vietnam, notamment dans les campagnes. Ces lieux d'hébergement doivent être officiellement agréés. Parmi les régions pionnières en la matière, citons le delta du Mékong, les villages thaï blanc de Mai Chau, Ba Be et Moc Chau, certains coins des hauts plateaux du Centre et les îles Cham.

Auberges de jeunesse et campings

Le Vietnam se met (depuis peu) aux auberges de jeunesse : partout dans le pays, des hébergements proposant dortoirs et ambiance conviviale font leur apparition. Ils attirent de plus en plus les étudiants vietnamiens, et sont généralement tenus par des habitants (et non des étrangers).

On trouve désormais ce type d'établissements dans tous les principaux centres touristiques ; certains ont même une piscine et un bar-restaurant branché. Le Ninhvana (p. 264), dans la baie de Ninh Van, est un bel exemple d'auberge de jeunesse haut de gamme.

Il est très rare de camper au Vietnam. Toutefois, près de Long Bien et Phan Thiet, la côte sud est parsemée de campings adressés aux étudiants vietnamiens.

Prix et taxes

Les tarifs sont mentionnés en dongs ou en dollars US, selon la préférence de l'établissement. Certains appliquent une majoration pour les paiements par carte. Pour les dortoirs, le prix indiqué correspond à un lit.

Sachez que la plupart des établissements de catégorie supérieure imposent une taxe de 10% et un service de 5%, signalés par un ++ ("plus plus") sur la note. Certains hôtels de catégorie moyenne, voire petits budgets, tentent aussi d'appliquer une taxe de 10%, mais acceptent souvent d'y renoncer.

Des réductions sont souvent appliquées en basse saison. Certains hôtels (surtout sur la côte) augmentent leurs tarifs durant la haute saison de juillet-août et lors des fêtes nationales comme le Têt, le Nouvel An vietnamien.

Heure locale

Le Vietnam, comme le Cambodge, est en avance de 7 heures sur l'heure du méridien de Greenwich (temps universel). Il n'y a pas de changement d'heure durant l'année.

Heures d'ouverture

Les horaires varient très peu dans l'année.

Banques 8h-15h lun-ven, 8h-11h30 sam. Certaines ferment pour le déjeuner.

Bureaux et musées 7h/7h30-17h/18h. Les musées ferment d'ordinaire le lundi. La plupart ferment pour le déjeuner (11h-13h30 à peu près).

Magasins 8h-18h

Restaurants 11h-21h

Temples et pagodes 5h-21h

Homosexualité

En général, les voyageurs LGBT ne rencontrent pas trop de désagréments au

GAMMES DE PRIX (HÉBERGEMENT)

Les tarifs indiqués s'entendent pour une chambre double avec salle de bains en haute saison. Sauf mention contraire, les taxes sont incluses mais pas le petit-déjeuner.

$ moins de 25 $US (560 000 d) la nuit

$$ 25-75 $US (580 000 d-1 750 000 d)

$$$ plus de 75 $US (1 750 000 d)

Vietnam. Aucune loi n'interdit les relations ou les actes homosexuels. Les défilés de la VietPride (www.vietpride.com) ont lieu à Hanoi et à HCMV depuis 2012. Dans la capitale, la manifestation se déroule désormais sur plusieurs jours en septembre, avec des projections de films, des conférences, des soirées ou encore un rassemblement de motards.

Concernant les droits des homosexuels, le Vietnam mène une politique plus progressiste que nombre de ses voisins. En janvier 2015, une loi sur le mariage et la famille a autorisé officiellement le mariage pour les homosexuels (sans toutefois lui accorder de statut juridique). En novembre 2015, les personnes transgenres ont obtenu le droit de recourir à la chirurgie pour changer de genre, ainsi que la reconnaissance de leur nouvelle identité.

Même s'il existe une véritable scène homosexuelle à Hanoi et HCMV, les établissements fréquentés par la communauté gay restent fort discrets, et la plupart des homosexuels vietnamiens se cachent de leurs proches.

Dans un hôtel, deux personnes du même sexe peuvent partager une chambre sans aucun souci. Cependant, les démonstrations d'affection passionnées sont mal vues au Vietnam, que ce soit pour les couples homosexuels ou non.

Utopia (www.utopia-asia.com) fournit des informations et des adresses aux voyageurs homosexuels. L'application de rencontres gay Grindr a beaucoup de succès au Vietnam.

Informations touristiques

Attention, les offices du tourisme locaux sont des organismes d'État à but totalement lucratif, dont le premier souci est de vendre des excursions. Cartes et brochures ne sont donc pas gratuites. **Vietnam Tourism** (www.vietnamtourism.com), la principale organisation d'État, et **Saigon Tourist** (www.saigon-tourist.com) sont les plus anciennement établis, mais la plupart des provinces possèdent aujourd'hui au moins un organisme de ce type.

Les cafés de voyageurs et les agences locales, sans oublier les autres voyageurs, constituent de bien meilleures sources d'information. Et il y a désormais des offices du tourisme, très pratiques, à Hanoi et à HCMV.

En France, Cap Vietnam (p. 516) est un bureau d'information privé sur le Vietnam, doublé d'une librairie. Il est couplé avec l'organisme Action-Visas.

Internet (accès)

Internet et le Wi-Fi sont largement répandus au Vietnam. La plupart des hôtels et des pensions ont le Wi-Fi. Seuls les endroits très reculés, comme les parcs nationaux, font parfois exception. L'accès est presque toujours gratuit. Nombre de cafés et de restaurants sont également équipés du Wi-Fi (gratuit). La connexion est généralement rapide.

La plupart des voyageurs utilisent aussi Internet via le réseau 4G de leur téléphone portable ; le réseau 5G est en cours de mise en place (voir *Téléphone*, p. 520).

Jours fériés

Quand un jour férié tombe le week-end, le lundi qui suit est chômé.

Nouvel An (Tet Duong Lich) 1er janvier

Nouvel An vietnamien (Têt) Trois jours en janvier ou février

Anniversaire de la fondation du Parti communiste vietnamien (Thanh Lap Dang CSVN) 3 février – il fut fondé le 3 février 1930

Commémoration des rois Hung Vuong Le 10e jour du 3e mois lunaire (mars ou avril)

Anniversaire de la Libération (Saigon Giai Phong) 30 avril – la reddition de Saigon est célébrée dans tout le pays

Fête du Travail (Quoc Te Lao Dong) 1er mai

Anniversaire de Hô Chi Minh (Sinh Nhat Bac Ho) 19 mai

Anniversaire du Bouddha (Phat Dan) 8e jour de la 4e lune (en général en juin)

Fête nationale (Quoc Khanh) 2 septembre – cette fête commémore la proclamation par Hô Chi Minh de l'indépendance de la république démocratique du Vietnam, en 1945.

Photographie

Vous trouverez du matériel de photographie dans les principales villes.

Comme partout, ne photographiez pas de sites sensibles, comme les aéroports, les bases militaires et les postes-frontières ; quant à Hô Chi Minh dans son sarcophage de verre, n'y pensez même pas !

Faites preuve de politesse et de discrétion et demandez toujours la permission avant de prendre une photo, en particulier s'il s'agit d'un membre d'une ethnie montagnarde. Si la personne refuse, n'insistez pas.

Poste

Chaque ville, bourgade ou village possède une poste (*buu dien*).

Le Vietnam dispose de services postaux assez fiables. L'EMS (service postal express international), accessible dans les grandes villes, peut se révéler deux fois plus rapide que le courrier aérien normal, son autre grand avantage étant que l'envoi est enregistré.

Les transporteurs privés comme FedEx, DHL et UPS expédient des documents ou de petits paquets, dans le pays ou à l'étranger.

Problèmes juridiques

Droit civil

Sur le papier, tout paraît simple. Dans la pratique, les lois ne font jamais autorité. Les dignitaires locaux les interprètent à leur goût, souvent contre les désirs de Hanoi. L'indépendance judiciaire n'existe pas. Il n'est donc pas surprenant que la plupart des litiges se règlent en dehors des tribunaux.

Drogue

Le problème de l'héroïne et de la méthamphétamine, actuellement très inquiétant, pousse les autorités à prendre des mesures radicales.

La marijuana et, dans le Nord-Ouest, l'opium sont répandus. Quantité de policiers en civil patrouillent dans les rues. En cas d'arrestation, vous risquez une longue peine de prison et/ou une amende importante.

Police

Il est rare que des agents de police importunent des étrangers, et encore plus rare qu'ils leur réclament des pots-de-vin. En cas de problème ou de vol, la police ne fera souvent rien d'autre que d'établir un rapport (contre rétribution variable) pour votre compagnie d'assurances. Faites-vous au besoin accompagner par un Vietnamien parlant français ou anglais.

Sécurité

Le Vietnam est un pays des plus sûrs pour les voyageurs.

➡ La police veillant fermement au maintien de l'ordre public, très peu de cas d'attaques, de vols ou d'agressions sexuelles nous ont été rapportés.

➡ Les escroqueries et le harcèlement ont parfois cours, surtout à Hanoi, HCMV et Nha Trang (et dans une moindre mesure à Hoi An).

➡ C'est en circulant à deux-roues au milieu de l'anarchie générale que les voyageurs courent en réalité le plus grand danger. Beaucoup de Vietnamiens conduisent en effet n'importe comment, d'où un taux d'accidents de la route effrayant.

Munitions non explosées

Quatre armées différentes se sont employées, durant trois décennies, à mitrailler, pilonner, miner, piéger et bombarder le territoire vietnamien. À la fin des combats, presque tout ce matériel mortifère est resté exactement là où on l'avait déposé. Les Américains estiment qu'au moins 150 000 tonnes de mines et de bombes non explosées (*UXO, Unexploded Ordnance*) jonchent le sol du pays.

Depuis 1975, plus de 40 000 Vietnamiens ont été tués ou mutilés en défrichant leurs champs, où ces bombes avaient été "oubliées". Les provinces du Centre sont particulièrement touchées, avec plus de 8 000 accidents pour la seule ville de Quang Tri.

Vous ne risquez rien dans les villes, les régions cultivées, les petites routes et les chemins fréquentés. Toutefois, ne sortez pas des sentiers battus, au sens strict du terme. Les champs de mines sont connus des gens de la région, mais non signalés. Ne touchez *jamais* ces "reliques" de guerre. Certaines demeurent actives pendant des années. Ne marchez pas dans les cratères de bombes : on ne sait jamais ce qui peut rester au fond.

Vous en saurez plus sur le problème des mines en contactant International Campaign to Ban Landmines (www.icbl.org), lauréat du prix Nobel de la paix. Vous pouvez également visiter le site Internet (en anglais) du Mines Advisory Group (www.maginternational.org), organisme spécialisé dans l'élimination de mines et de bombes non explosées.

Téléphone

Appels locaux

Avec une carte SIM vietnamienne, les appels locaux sont très bon marché.

UN FIL D'ARIANE EN VOYAGE

Le **portail Ariane** (pastel.diplomatie.gouv.fr/fildariane), mis en place par le Centre de crise du ministère des Affaires étrangères, est un service gratuit permettant au voyageur français à l'étranger d'être contacté par le service consulaire, sur son téléphone portable ou par e-mail, au cas où des événements graves (crise politique, catastrophe naturelle, attentat...) se produiraient dans le pays durant son séjour, ou de contacter rapidement sa famille ou ses proches en France en cas de besoin.

La procédure d'inscription se réalise en ligne, où vous donnez des informations sur votre voyage (date de départ, de retour, numéro de téléphone portable, coordonnées d'éventuels contacts sur place, adresses de séjour et itinéraire prévu, etc.).

Grâce à ce service, vous recevrez en outre, avant votre départ, des recommandations de sécurité par e-mail si la situation dans le pays le justifie.

Il existe une application pour les Smartphones et les tablettes, intitulée *Conseils aux voyageurs*.

TAUX D'ACTIVITÉ DES FEMMES AU VIETNAM

Le taux d'activité des femmes au Vietnam est l'un des plus élevés au monde : 79% des femmes entre 15 et 64 ans exercent une activité. Dans l'OCDE, seules la Suède, la Suisse et l'Islande présentent un taux supérieur à celui-ci.Dans les pays voisins que sont la Malaisie et l'Indonésie, ce chiffre est d'environ 55%, contre approximativement 67% en France et en Chine. Cela s'explique en partie par la politique menée par l'État : il encourage les femmes à travailler en garantissant notamment des congés maternité de 6 mois.

À Hanoi, à HCMV et à Haiphong, les numéros de téléphone comportent 8 chiffres. Ailleurs, ils n'en ont que 7. Chaque province possède son indicatif régional.

Appels internationaux

Le plus simple est généralement de passer son appel via une application comme WhatsApp, Skype ou Viber en utilisant le Wi-Fi ou la 4G. Certains opérateurs mobiles permettent de passer des appels internationaux pour moins de 0,10 $US la minute.

Téléphones portables

Si vous prévoyez un long séjour et que votre portable est débloqué, il est presque indispensable que vous achetiez une carte SIM locale. Au Vietnam, les forfaits 3G et 4G sont parmi les moins chers du monde : pour 200 000 d vous disposerez de 5 GB. Certains incluent même des minutes d'appel. Enfin, de nombreux forfaits mobiles permettent d'appeler à l'étranger à moindres frais (à partir de 20 000 d/minute).

Demandez au commerçant (ou à un employé de votre hôtel) de le paramétrer en français ou en anglais. Les trois opérateurs principaux sont Viettel, Vinaphone et Mobifone.

Toilettes

➡ Le papier hygiénique est généralement fourni dans les hôtels, mais rarement dans les toilettes des gares et autres établissements publics. Dans les lieux publics, si vous voyez une poubelle à côté de la cuvette, c'est là que doit atterrir votre papier, le système d'évacuation n'étant pas prévu pour. En l'absence de poubelle, jetez le papier dans la cuvette. Vous trouverez encore des toilettes à la turque dans certains lieux publics et à la campagne.

➡ Petite astuce : les toilettes publiques étant assez rares, les femmes se sentiront plus à l'aise si elles portent un sarong pour un arrêt en bordure de route.

➡ Il faut le plus souvent payer un préposé pour accéder aux toilettes publiques.

Travailler au Vietnam

Il est possible de travailler de manière occasionnelle dans des bars et des restaurants tenus par des Occidentaux. Sinon, les écoles de plongée et les opérateurs de sports d'aventure ont toujours besoin de moniteurs.

Trouver un emploi relève en général du bouche-à-oreille. Les petites annonces sont peu nombreuses, mais certaines sont diffusées sur le site de la **Chambre de commerce et d'industrie française au Vietnam** (www.ccifv.org) et sur **Vietnam Works** (www.vietnamworks.com).

Si vous avez entre 18 et 28 ans et êtes ressortissant de l'Espace économique européen, vous pouvez partir en **volontariat international** (www.civiweb.com). Destiné principalement aux étudiants, jeunes diplômés ou chercheurs d'emploi, il s'agit d'un contrat de 6 à 24 mois, en entreprise ou dans l'administration, rémunéré et placé sous la tutelle de l'ambassade de France.

Enseigner

L'enseignement des langues étrangères fournit la majorité des emplois (l'anglais étant le plus demandé, mais le français, le russe et le mandarin offrant aussi des possibilités). Les écoles de langues privées (10-18 $US/heure) et les cours particuliers (15-25 $US/heure) constituent la meilleure option. Sachez aussi que vous serez mieux payé à HCMV ou à Hanoi que dans une ville de province. Les universités d'État recrutent certains enseignants étrangers.

Voyager seule

Le Vietnam ne présente pas de véritable danger pour les femmes occidentales en solo. Pour preuve, elles sont des milliers chaque année à se rendre dans ce pays sans rencontrer de problème particulier et à en revenir enchantées.

Les Vietnamiennes provinciales s'habillent souvent de façon pudique (en partie pour éviter de bronzer) et ne portent pas de débardeurs, de shorts ou de jupes. Dans les grandes villes, les femmes s'habillent avec une grande liberté.

Transports

DEPUIS/VERS LE VIETNAM

La plupart des voyageurs arrivent au Vietnam en avion ou en bus, mais il existe aussi des liaisons ferroviaires avec la Chine et des bateaux qui naviguent sur le Mékong depuis/vers le Cambodge.

AVERTISSEMENT

Les informations contenues dans ce chapitre sont particulièrement susceptibles de changements. Vérifiez directement auprès de la compagnie aérienne ou de l'agence de voyages les modalités d'utilisation de votre billet d'avion. N'hésitez pas à comparer les prestations. Les détails fournis ici doivent être considérés à titre indicatif et ne remplacent en rien une recherche personnelle attentive.

Entrer au Vietnam

Passeport et formalités

Pour entrer au Vietnam, il faut être en possession d'un passeport valable encore 6 mois après l'arrivée dans le pays. Les ressortissants de nombreuses nationalités doivent obtenir un visa à l'avance. Dans les cas de séjours inférieurs à 15 jours, certaines nationalités, dont les Français, sont exemptées de visa (voir p. 516). Les formalités dans les aéroports internationaux vietnamiens sont en général moins désagréables qu'aux frontières terrestres. Cela dit, arriver par voie de terre depuis le Cambodge ou la Chine est aujourd'hui relativement simple. Le passage à la frontière laotienne peut demander de la patience.

Voie aérienne

Aéroports et compagnies aériennes

La compagnie nationale **Vietnam Airlines** (www.vietnamairlines.com) propose des vols vers plus de 30 pays, principalement en Asie de l'Est, mais aussi à destination de la France, de la Suisse et du Canada. La compagnie possède une flotte moderne d'Airbus et de Boeing et un bon rapport de sécurité.

Le Vietnam compte désormais 17 aéroports catégorisés comme "internationaux", mais seulement 8 desservent des aéroports étrangers (outre des charters occasionnels). La taxe de départ est incluse dans le prix des billets. Le portail

VOYAGES ET CHANGEMENTS CLIMATIQUES

Tous les moyens de transport fonctionnant à l'énergie fossile génèrent du CO_2 – la principale cause du changement climatique induit par l'homme. L'industrie du voyage est aujourd'hui dépendante des avions. Si ceux-ci ne consomment pas nécessairement plus de carburant par kilomètre et par personne que la plupart des voitures, ils parcourent en revanche des distances bien plus grandes et relâchent quantité de particules et de gaz à effet de serre dans les couches supérieures de l'atmosphère. De nombreux sites Internet utilisent des "compteurs de carbone" permettant aux voyageurs de compenser le niveau des gaz à effet de serre dont ils sont responsables par une contribution financière à des projets respectueux de l'environnement. Lonely Planet "compense" les émissions de tout son personnel et de ses auteurs.

Internet des aéroports du Vietnam (www.vietnamairport.vn) permet d'accéder aux sites de la plupart des aéroports suivants :

Aéroport international de Cam Ranh À 36 km au sud de Nha Trang, cet aéroport propose une offre de plus en plus large, vers Hong Kong et Séoul, notamment.

Aéroport international de Can Tho Dans le delta du Mékong ; vols pour Kuala Lumpur, Bangkok et Taipei.

Aéroport international de Cat Bi Près de Haiphong ; vols vers la Chine et la Corée du Sud.

Aéroport de Danang Vols internationaux, notamment vers la Chine, la Corée du Sud, le Japon, la Thaïlande, la Malaisie, le Cambodge et Singapour.

Aéroport de Noi Bai Dessert Hanoi.

Aéroport international de Phu Quoc (www.phuquocairport.com). Vols internationaux vers Singapour et Bangkok, notamment, plus quelques charters pour l'Europe.

Aéroport international de Tan Son Nhat Dessert Hô Chi Minh-Ville.

Aéroport de Van Don Ce nouvel aéroport dessert la baie d'Along et propose des vols à destination de la Chine.

Billets

Depuis l'Europe et l'Amérique du Nord, les vols pour le Vietnam coûtent en général plus cher que pour les autres pays d'Asie du Sud-Est. Une solution consiste à acheter un billet bon marché pour Bangkok, Singapour ou Hong Kong, puis à prendre une correspondance. Il est difficile d'obtenir des réservations pour des vols depuis/vers le Vietnam au moment des vacances locales, notamment aux alentours du Têt, entre fin janvier et mi-février.

DEPUIS LA FRANCE

La durée moyenne d'un vol sans escale entre la France et le Vietnam varie entre 11 et 13 heures environ. Selon les dates, les vols avec escale peuvent revenir moins cher, mais ce n'est pas systématique. Les agences ci-dessous vendent des vols secs et certaines proposent des circuits organisés.

Air France (☎36 54 ; www.airfrance.fr). Propose, avec ou sans escale, des vols pour Hanoi et Hô Chi Minh-Ville à partir de 600 € environ. Propose des vols multi-destinations permettant d'arriver à Hanoi et de repartir de Hô Chi Minh-Ville, par exemple.

Vietnam Airlines (☎01 44 55 39 90 ; www.vietnamairlines.com ; 51-53 av. des Champs-Élysées, 75008 Paris). Propose des vols au départ de Paris-CDG pour Hanoi et Hô Chi Minh-Ville. Les vols directs A/R débutent aux alentours de 600 €.

Qatar Airways, **Emirates**, **Singapore Airlines**, **Thai Airways International** proposent également des vols, avec escales.

TUI (☎0825 000 825 ; https://www.tui.fr/)

Voyageurs du Monde (☎01 42 86 16 00 ; www.vdm.com ; 55 rue Sainte-Anne, 75002 Paris). Autres agences en France.

DEPUIS LA BELGIQUE

Il n'y a pas de liaison directe pour le Vietnam depuis la Belgique. De Bruxelles, comptez à partir d'environ 550 € pour un aller-retour pour Hanoi.

Airstop (☎070-233 188 ; www.airstop.be) ; Gand (☎09-268 85 20 ; Vlaanderenstraat 70, Gand 9000 ; ⏲lun-sam 9h-13h)

Connections Bruxelles (☎070 23 33 13 ; www.connections.be) ; Bruxelles (rue du Midi 19-21, Bruxelles 1000). Autres agences dans le pays.

Éole (☎02-672 35 03 ; www.gigatour.be ; 3 place Eugène Keym, 1170 Bruxelles). Membre du réseau Gigatour.

DEPUIS LA SUISSE

Un aller-retour Genève-Hanoi coûte à partir de 580 FS. Il n'y a pas de liaison directe.

Jerrycan (☎022/346 92 82 ; www.jerrycan-travel.ch ; rue Sautter 11, 1205 Genève)

STA Travel (www.statravel.ch ; Lausanne ☎058-450 48 50 ; 20 bd de Grancy, Lausanne 1006 ; Genève ☎058-450 48 30 ; 3 rue Vigner, 1205 Genève). Autres agences dans le pays.

DEPUIS LE CANADA

Les tarifs y sont souvent plus élevés que depuis les États-Unis. Un vol A/R pour Hanoi démarre autour de 1 000 $C.

Air Canada (☎1-888 247 2262 ; www.aircanada.com)

Voyages Campus/Travelcuts (☎1 800 667 2887 ; www.voyagescampus.com). L'agence de voyages canadienne pour les étudiants a des bureaux partout dans le pays.

Voie terrestre

Le Vietnam est frontalier avec le Cambodge, la Chine et le Laos. Les étrangers peuvent désormais emprunter de nombreux postes-frontières.

Passer la frontière

En général, les étrangers sont autorisés à passer de 7h à 17h, tous les jours.

Pour changer de l'argent du côté vietnamien, on trouve des infrastructures légales qui acceptent les dollars et quelques autres monnaies. Les taux du marché noir sont réputés peu intéressants, voire carrément malhonnêtes.

Au passage des frontières, il arrive que les étrangers aient à régler une "taxe d'immigration", de 1 ou 2 $US. Il est judicieux de prévoir des petites coupures, afin d'éviter de se voir répondre "pas de monnaie, désolé".

CAMBODGE

Le Cambodge et le Vietnam partagent une longue frontière avec sept points de passage. Des visas cambodgiens d'un mois sont émis à l'arrivée à tous les postes-frontières cambodgiens moyennant 30 $US, mais il est fréquent d'avoir à payer plus (généralement 5 $US), hormis à Bavet.

Postes-frontières du Vietnam

Les postes-frontières cambodgiens ouvrent officiellement tous les jours de 8h à 20h.

CHINE

Les voyageurs peuvent traverser la frontière sino-vietnamienne en trois endroits : Dong Dang–Pingxiang (le col de l'Amitié), Lao Cai et Mong Cai.

En général, il faut se procurer un visa chinois à l'avance.

Notez que la Chine est en avance d'une heure par rapport au Vietnam.

LAOS

Il existe 7 points de passage entre le Vietnam et le Laos. Des visas de 30 jours pour le Laos sont disponibles.

La règle d'or est de privilégier des bus directs de ville à ville pour aller d'un pays à l'autre, afin de réduire les formalités. Si vous prenez plusieurs bus locaux en vous arrêtant dans différents endroits, attendez-vous à des tentatives d'arnaque (par l'application de tarifs plus élevés qu'ils ne devraient l'être) du côté vietnamien. On a déjà vu des conducteurs s'arrêter au milieu de nulle part pour renégocier le prix.

Les connexions des deux côtés de la frontière peuvent être très aléatoires ; n'utilisez pas les passages les plus isolés à moins de disposer de temps et de patience.

Vélo

Le fait d'entrer au Vietnam avec un vélo ne fait l'objet d'aucune restriction spécifique. Cela dit, attendez-vous à une attention soutenue de la part des agents de douane des postes-frontières éloignés, voire à une demande de "taxe d'importation" officieuse d'un montant de quelques dollars.

Bus

Des bus relient le Vietnam au Cambodge, au Laos et à la Chine.

Le moyen le plus prisé depuis/vers le Cambodge est le bus international qui relie HCMV à des destinations comme Phnom Penh (à partir de 240 000 d), Siem Reap et Sihanoukville (à partir de 440 000 d pour ces deux dernières). Concernant le Laos, l'itinéraire entre Savannakhet, au sud du pays, et Hué (à partir de 300 000 d), dans le centre du Vietnam, est très apprécié. Trois fois par jour, un bus relie aussi Hanoi et Nanning, en Chine (480 000 d).

Les passagers doivent sortir du bus aux frontières, afin de passer les formalités d'entrée sur le territoire et de douane.

Voiture et moto

En théorie, il est possible d'entrer au Vietnam (puis d'en sortir) en voiture ou à moto. Toutefois, la situation est rendue cauchemardesque par l'administration et varie d'un poste-frontière à l'autre. Certains motards ont passé facilement une moto vietnamienne au Cambodge ou au Laos, mais il semblerait que certains fonctionnaires laotiens

LES POSTES-FRONTIÈRES DU VIETNAM

CAMBODGE

POSTE-FRONTIÈRE	VILLE VIETNAMIENNE	VILLE CAMBODGIENNE
Le Thanh-O Yadaw (p. 318)	Pleiku	Ban Lung
Moc Bai-Bavet (p. 367)	Hô Chi Minh-Ville	Phnom Penh
Vinh Xuong-Kaam Samnor (p. 423)	Chau Doc	Phnom Penh
Xa Xia-Prek Chak (p. 416)	Ha Tien	Kep, Kampot
Tinh Bien-Phnom Den (p. 422)	Ha Tien, Chau Doc	Takeo, Phnom Penh

CHINE

POSTE-FRONTIÈRE	VILLE VIETNAMIENNE	VILLE CHINOISE
Lao Cai-Hekou (p. 151)	Lao Cai	Kunming
Mong Cai-Dongxing (p. 129)	Mong Cai	Dongxing
Dong Dang-Pingxiang (p. 133)	Lang Son	Nanning

LAOS

POSTE-FRONTIÈRE	VILLE VIETNAMIENNE	VILLE LAOTIENNE
Bo Y-Pho Keua (p. 323)	Kon Tum, Pleiku	Attapeu
Cau Treo-Nam Phao (p. 172)	Vinh	Lak Sao
Lao Bao-Dansavanh (p. 188)	Dong Ha	Sepon, Savannakhet
Nam Can-Nong Haet (p. 172)	Vinh	Phonsavan
Tay Trang-Sop Hun (p. 141)	Diên Biên Phu	Muang Khua

exigent des autorisations d'importation. Par ailleurs, la même opération est très compliquée (et onéreuse) dans l'autre sens, sauf pour les voyages organisés.

Jusqu'à très récemment, il était presque impossible de faire entrer un véhicule en Chine. Toutefois, certains circuits organisés ont obtenu ce droit exceptionnel en s'inscrivant auprès d'une agence chinoise, qui s'occupe des formalités, des permis et des frais.

Consultez les forums en anglais de www.gt-rider.com pour avoir des informations récentes sur les passages de frontière à moto.

PAPIERS NÉCESSAIRES

Les voyageurs motorisés (voiture ou moto) doivent être munis de la carte grise de leur véhicule, d'une assurance fiable et d'un permis de conduire international en plus de leur permis national. Vous aurez aussi besoin d'un carnet de passage en douane, qui est en fait le passeport du véhicule et tient lieu d'exemption temporaire de taxe d'importation.

Train

Plusieurs trains circulent entre la Chine et le Vietnam. Un train relie tous les jours Hanoi à Nanning (et continue jusqu'à Pékin !). Toutefois, les passagers doivent descendre du train (avec tous leurs bagages) juste avant la frontière vietnamienne, puis de nouveau avant la frontière chinoise pour une inspection en pleine nuit.

Il est également possible de voyager entre Hanoi et Kunming, via Lao Cai ; cela dit, aucun train ne franchit la frontière et il faut descendre à la gare de Lao Cao pour gagner la frontière à Hekou (à 2,5 km de là). Plusieurs trains circulent chaque jour entre Hekou et Kunming, dont un train-couchettes.

Aucune ligne ferroviaire ne relie le Vietnam au Cambodge ou au Laos.

Connectez-vous à www.chinahighlights.com/chinatrains pour réserver des trains en Chine (frais de réservation modiques).

Voie fluviale

La frontière entre le Cambodge et le Vietnam compte un point de passage sur les rives du Mékong. Des navettes rapides régulières convoient leurs passagers entre Phnom Penh au Cambodge et Chau Doc au Vietnam, avec un transbordement au poste-frontière de Vinh Xuong-Kaam Samnor. De luxueux bateaux avec cabines suivent également le cours du fleuve jusqu'aux temples d'Angkor, à Siem Reap, au Cambodge.

Voie maritime

Hormis en embarquant à bord de bateaux de croisière, il n'est pas possible de gagner le Vietnam par la mer.

VOYAGES ORGANISÉS

De nombreuses agences ont inscrit le Vietnam à leur catalogue. Il est par ailleurs très facile de mettre sur pied un circuit avec une agence basée au Vietnam, que ce soit une fois arrivé sur place ou en réservant avant le départ. Certaines des meilleures sont répertoriées ci-après.

Circuits culturels

Asia Paris (☎01 44 41 50 10 ; www.asia.fr ; 1 rue Dante, 75005 Paris) ; Genève (c/o Fert et Cie Voyages ☎022 839 43 92 ; 7 rue Barton, case postale 2364, CH1211 Genève 2)

Clio (☎01 53 68 82 82 ; www.clio.fr ; 34 rue du Hameau, 75015 Paris)

Intermèdes (☎01 45 61 90 90 ; www.intermedes.com ; 10 rue de Mézières, 75006 Paris)

Maisons du Voyage (☎01 84 25 43 20 ; www.maisonsduvoyage.com ; 76 rue Bonaparte, 75006 Paris)

Route des Indes et de l'Asie (☎01 42 60 60 90 ; www.lesroutesdelasie.fr ; 7 rue d'Argenteuil, 75001 Paris)

Traditours (☎1 888 907-7712 ; www.traditours.com). Laval, Québec (☎450 934-8686 1575 bd de l'Avenir, bureau 150, Laval, Canada H7S 2N5) ; Québec et sa région (☎418 907-9595) ; Montréal et Rive-Sud (☎514 907-7712)

Tourisme fluvial

Fleuves du Monde (☎01 44 32 12 85 ; www.fleuves-du-monde.com ; 28 bd de la Bastille, 75012 Paris)

Treks et voyages sportifs

Atalante (www.atalante.fr). Lyon (☎04 72 53 24 80 ; 36 quai Arloing, 69009 Lyon) ; Paris (☎01 55 42 81 00 ; 18 rue Séguier, 75006 Paris)

Nomade Aventure (☎01 46 33 71 71 ; www.nomade-aventure.com ; 40 rue de la Montagne-Sainte-Geneviève, 75005 Paris). Également agences à Lyon, Marseille et Toulouse.

Tamera (☎04 78 37 88 88 ; www.tamera.fr ; 26 rue du Bœuf, 69005 Lyon)

Ultramarina (☎0 825 02 98 02 ; www.ultramarina.com). Nantes (2 ter rue des Olivettes, 44032 Nantes Cedex 01) ; Paris (29 rue de Clichy, 75009 Paris) ; Marseille (27 rue de la Palud, 13001 Marseille) ; Lyon (4 rue Antoine de Saint-Exupéry, 69002 Lyon) ; Genève (☎022 786 14 86 ; rue de Montchoisy, 21, 1207 Genève, Suisse) ; Villeneuve (☎021 965 65 00 ; chez Scubashop, route d'Arvel, 106, 1844 Villeneuve, Suisse)

Agences au Vietnam

Les agences sont nombreuses et de qualités diverses, avec des prestations à la hauteur des sommes déboursées. Ainsi, la qualité des circuits bon marché vendus à Hô Chi Minh-Ville et Hanoi laisse souvent à désirer. Il en existe cependant d'excellentes, souvent francophones, avec lesquelles vous pouvez aisément organiser votre voyage depuis votre pays, notamment via Internet.

Amica Travel (☎4 6273 4455 ; www.amica-travel.com ; Building Nikko, 2e ét, 27 Nguyen Truong To, Ba Dinh, Hanoi). Agence francophone bien établie proposant une grande variété de circuits, souvent originaux, incluant le Laos et le Cambodge.

Asiatica Travel (☎4 6266 2816 ; www.asiatica-travel.fr ; A1203, Building M3-M4, 91 Nguyen Chi Thanh, Dong Da, Hanoi). Également francophone, spécialiste des voyages individuels sur mesure en petits groupes et de l'écotourisme. Séjours famille, hors des sentiers battus, circuits Indochine (incluant le Cambodge et/ou le Laos), randonnée… Chaudement recommandée par nos lecteurs.

Handspan Travel Indochina (www.handspan.com). Hanoi (☎3926 2828 ; 78 Ma May, Hanoi) ; HCMV (☎4 28 3925 7605 ; Central Park Building, 10e ét, 208 Nguyen Trai, district 1, HCMV). Une compagnie locale experte, qui propose toutes sortes de circuits originaux dans des régions peu visitées, notamment dans le nord du pays, ainsi que des excursions en Jeep, des randonnées pédestres ou cyclistes en montagne et des sorties kayak.

Rues d'Asie (www.ruesdasie.com ; 18 A Ngo Tat To, Dong Da, Hanoi). Cette petite agence francophone installée à Hanoi propose des circuits aventure, à pied ou à moto, et des séjours longs à la rencontre des ethnies et hors des sentiers battus.

Vietnam Découverte (☎4 3698 3617 ; www.vietnamdecouverte.com ; Salle 602, Bât. Savina, 1 rue Dinh Le, District de Hoan Kiem, Hanoi). Basée à Hanoi, cette agence francophone propose des circuits privés de 4 à 21 jours. Chaudement recommandée par nos lecteurs.

Sinhbalo Adventures (carte p. 358 ; ☎028-3837 6766 ; www.sinhbalo.com ; 283/20 Đ Pham Ngu Lao, HCMV ; ⏲7h30-12h et 13h30-18h lun-sam, 7h30-12h dim). Spécialisé dans les circuits à vélo dans le delta du Mékong et au-delà, et dans les excursions dans la région de Dalat et les hauts plateaux du Sud-Ouest.

Ocean Tours (carte p. 80 ; ☎043 926 0463 ; www.oceantours.com.vn ; 82 P Ma May, Hanoi ; ⏲7h-21h). Cette agence sérieuse basée à Hanoi propose des circuits dans le parc national de Ba Be et la baie d'Along, ainsi que d'excellents itinéraires routiers dans le Nord, dont un circuit de 5 jours comprenant Dong Van (1 158 $US pour 2 pers).

Grasshopper Adventures (carte p. 222 ; ☎0808 189 0991 ; www.grasshopperadventures.com ; 62 Đ Hai Ba Trung, HCMV). Circuits à vélo bien organisés, de la journée à Hoi An à l'itinéraire hors des sentiers battus.

Exo Travel (☎028-3519 4111 ; www.exotravel.com ; 41 Thao Dien, district 2, HCMV ; ⏲8h30-18h lun-ven). Large choix de circuits, notamment à vélo, en randonnée et de tourisme communautaire.

Circuits organisés à moto

Les circuits organisés à moto sont une manière originale d'explorer le pays en dehors des sentiers battus. Les deux-roues peuvent atteindre des lieux parfois inaccessibles aux voitures, en roulant sur de petits sentiers et des routes de campagne peu empruntées. Il est préférable d'avoir un peu d'expérience de la moto, mais de nombreuses agences proposent des formations pour les novices. Enfourcher une bécane pour partir à l'assaut des sommets du Nord vous fera vivre un moment inoubliable au Vietnam.

Les guides étrangers prennent beaucoup plus cher que les guides vietnamiens. Pour un groupe de quatre personnes, il vous en coûtera à partir de 100 $US par personne et par jour, pour un circuit tout compris (incluant la location de la moto, l'essence, le guide, l'hébergement et les repas).

Hoi An Motorbike Adventure (p. 229). Agence professionnelle, bien installée, offrant un bon choix de circuits, principalement de courtes escapades dans la région de Hoi An.

Explore Indochina (p. 311). Des circuits habilement préparés en Ural ou en Minsk anciennes.

Offroad Vietnam (p. 102). Opérateur expérimenté et bien organisé proposant trois types d'excursions entièrement guidées (tout compris), semi-guidées (vous et un guide), et en auto-tours dans le nord et le centre du Vietnam, généralement en Honda.

Cuong's Motorbike Adventure (p. 99). Circuits aventureux en Ural (avec ou sans side-car) et en Honda dans le Nord, organisés par des spécialistes ayant des années d'expérience.

EASY RIDERS

Pour nombre de voyageurs, un circuit à moto hors des sentiers battus avec un "Easy Rider" constitue le point fort d'un périple. Outre le plaisir de circuler sur des routes sans fin, vous vous promènerez avec un conducteur sympathique qui connaît parfaitement la région et vous fera découvrir la vie rurale. Afin de protéger "leur" appellation, des Easy Riders se sont regroupés en association ; ils portent un blouson bleu et font payer une adhésion. À Danang, Hoi An et Nha Trang, le terme "Easy Rider" désigne également des groupes de guides à moto, vêtus de blousons de diverses couleurs. Les Easy Riders portant un blouson ne sont pas tous de bons guides et, à l'inverse, de nombreux conducteurs indépendants se révèlent excellents. Beaucoup de conducteurs possèdent un livre d'or recueillant les témoignages des clients précédents. Consultez aussi les forums sur Internet.

COMMENT CIRCULER

Le bus est le mode de transport principal des Vietnamiens, mais les voyageurs préfèrent en général prendre l'avion, le train ou la voiture.

Avion

Le Vietnam dispose d'un bon réseau domestique : de nouvelles liaisons ouvrent régulièrement, et les prix sont très raisonnables (si l'on réserve tôt). Les compagnies aériennes acceptent les cartes bancaires internationales. Sachez cependant que les annulations sont assez courantes. Mieux vaut ne pas compter sur un vol intérieur au départ d'un aéroport de province si vous devez reprendre le jour même un avion pour l'étranger. Vietnam Airlines est la compagnie la moins susceptible d'annuler ses vols.

Bamboo Airways (www.bambooairways.com)

Jetstar (www.jetstar.com)

VietJet Air (www.vietjetair.com)

Vietnam Airlines (www.vietnamairlines.com)

Bateau

Le Vietnam compte un très grand nombre de cours d'eau partiellement navigables, les plus importants étant sans conteste les multiples bras du Mékong. Des croisières panoramiques d'une journée sont organisées sur les rivières à Hoi An, Nha Trang, Danang, Hué, Tam Coc et même HCMV.

Il est également possible de faire des croisières en mer. Dans le Nord, la découverte des îles de la baie d'Along fait partie des incontournables. Dans le Centre, les charmantes îles Cham offrent une belle excursion. Dans le Sud, les escapades vers les îles de Nha Trang et autour de Con Dao sont fortement conseillées. Il est également possible de gagner les îles Con Dao en bateau. Notez que de nombreuses excursions en bateau sont saisonnières et dépendantes des conditions climatiques.

Bus

Le réseau dense de bus du Vietnam permet d'atteindre les quatre coins du pays. Des bus modernes, affrétés par la compagnie Myriad, sillonnent les grandes routes nationales. Dans des zones plus reculées, attendez-vous à des conditions rudimentaires.

La majorité des voyageurs ne prennent jamais de bus vietnamiens et préfèrent s'en tenir au réseau plus pratique des bus touristiques dits "open tour", ou recourir à des compagnies comme The Sinh Tourist (www.thesinhtourist.vn), qui possède ses propres terminaux.

Quelle que soit la catégorie, sachez que les bus ne sont jamais très rapides – ne vous attendez pas à dépasser les 50 km/h le long des grands axes (éventuellement 60 km/h sur la RN1) en raison du trafic intense où se mêlent motos, camions et piétons, sans compter les éventuels animaux.

Bus de luxe

Des bus modernes et climatisés relient les villes principales. Un siège attitré et suffisamment d'espace vous sont garantis.

La plupart disposent de sièges inclinables, les autres de couchettes rembourrées pour les longs trajets. Ces bus constituent une bonne alternative au train.

Non-fumeurs, les véhicules de luxe sont en revanche souvent équipés de téléviseurs (préparez-vous à voir de surprenantes vidéos de kung-fu !) et de redoutables machines à karaoké. Mieux vaut se doter de bouchons d'oreille et d'un masque pour les yeux. Certains disposent même du Wi-Fi, mais ne vous attendez pas à une connexion rapide.

Les bus de luxe s'arrêtent dans la plupart des grandes villes situées sur leur parcours, ainsi que pour les pauses-déjeuner.

The Sinh Tourist (www.thesinhtourist.vn). Compagnie la plus prisée des voyageurs, et sans doute la meilleure. Réseau national, avec notamment des bus équipés de couchettes, et réservation possible en ligne.

Futa (www.futabus.vn). Également appelée Phuong Trang. Bus modernes circulant dans tout le pays. Possibilité de choisir sa place et de réserver en ligne.

Mai Linh Express (www.mailinhexpress.vn). Fiables et ponctuels, les bus de la compagnie sont confortables et très propres. Ils desservent, entre autres, toutes les grandes villes situées sur la RN1 entre Hanoi et Hô Chi Minh-Ville. Au départ de HCMV, certains se rendent à Can Tho, Dalat et d'autres villes des hauts plateaux du Centre.

Bus locaux

Les bus couvrant de courtes distances ne partent qu'une fois pleins (de personnes et de bagages). Les liaisons se raréfient après 16h.

Ces bus et minibus ordinaires s'arrêtent fréquemment au bord des routes pour faire descendre et monter autant de passagers que possible, ce qui rallonge d'autant le temps de trajet.

Peu de voyageurs les empruntent car les chauffeurs montrent une fâcheuse tendance à majorer le prix du billet pour les étrangers.

Gares routières

Nombre de villes possèdent plusieurs gares routières qui se répartissent les destinations (vers le Nord ou le Sud) et les différents types de service (locaux ou longue distance).

Malgré leur aspect anarchique, beaucoup de ces terminaux ont désormais des billetteries affichant clairement les tarifs officiels et les horaires.

DISTANCES ROUTIÈRES (KM)

	Can Tho	Hô Chi Minh-Ville	Mui Ne	Dalat	Nha Trang	Quy Nhon	Hoi An	Danang	Hué	Dong Hoi	Hanoi	Diên Biên Phu	Sapa
Hô Chi Minh-Ville	170												
Mui Ne	370	220											
Dalat	460	310	150										
Nha Trang	590	440	220	130									
Quy Nhon	800	620	430	340	210								
Hoi An	105	880	720	640	500	300							
Danang	1070	900	750	660	530	330	30						
Hué	1150	1000	840	750	620	420	130	100					
Dong Hoi	1320	1160	1000	920	780	580	300	270	170				
Hanoi	1820	1640	1500	1410	1280	1080	790	770	660	500			
Diên Biên Phu	2280	1970	1840	1750	1620	1420	1130	1100	1000	840	430		
Sapa	2140	1960	1820	1730	1590	1390	1100	1080	980	820	320	280	
Mong Cai	2050	1880	1730	1640	1510	1300	1030	990	890	720	310	800	620

Les meilleures compagnies disposent même de leur propre terminal.

Tarifs et réservations

Réserver n'est pas nécessaire pour les services les plus fréquents entre les villes, mais rien ne vous empêche d'acheter vos billets la veille. Prenez toujours vos billets aux guichets de la gare routière ou en ligne, les chauffeurs étant connus pour demander plus cher.

Sur certains trajets ruraux, les étrangers paient un prix supérieur à la normale. À titre de référence : un trajet de 100 km devrait coûter entre 2 et 3 $US.

Trajets “open tour”

Dans tous les lieux fréquentés par les voyageurs à petit budget, on peut voir de nombreuses publicités vantant l'“open tour”ou l'“open ticket” : il s'agit en fait d'un service de bus s'adressant en majorité aux voyageurs étrangers à petit budget. Ces bus climatisés circulant notamment entre HCMV et Hanoi offrent à leurs passagers la possibilité de monter ou de descendre dans n'importe quelle grande ville traversée.

Les prix sont raisonnables. En fonction de la compagnie et de l'itinéraire exact, un trajet de HCMV à Hanoi coûte de 35 à 70 $US, tandis qu'un aller entre HCMV et Hué se monte à 25 $US environ. Plus vous ajoutez d'étapes, plus le prix monte. Il est préférable de réserver la veille.

Les bus partent de lieux centraux (souvent des auberges de jeunesse prisées des voyageurs), ce qui vous évite un trajet jusqu'à la gare routière. Certains bus “open tour” font également des arrêts aux sites touristiques en chemin (comme les ruines de monuments chams à Po Klong Garai).

L'inconvénient, c'est que vous êtes mêlé à un groupe de voyageurs et que vous avez peu de contacts avec les Vietnamiens. Il est aussi plus difficile de sortir du circuit habituel car les bus “open tour” desservent généralement les lieux les plus populaires. Certains tour-opérateurs perçoivent une commission des hôtels et restaurants partenaires.

Acheter des tickets “open” pour de courts trajets au fur et à mesure de son voyage, d'un coût légèrement supérieur, offre cependant plus de souplesse et permet de prendre le train, de louer une moto ou de changer d'itinéraire comme on l'entend.

Quoi qu'il en soit, ces billets remportent un franc succès. En dehors de l'itinéraire classique du nord au sud, le parcours HCMV-Mui Ne-Dalat-Nha Trang est populaire.

The Sinh Tourist (www.thesinhtourist.vn) a bonne réputation et propose un système de réservation par Internet, ainsi que des bus confortables.

PLANIFICATION EN LIGNE

Le site www.baolau.vn possède un planificateur d'itinéraires utile et plutôt fiable, qui permet de comparer les trajets en train, en avion et en bus (coûts et horaires, notamment) entre diverses villes vietnamiennes.

Train

Bien que vieillissant, le réseau ferroviaire vietnamien exploité par **Vietnam Railways** (www.vr.com.vn) reste abordable et fiable, et permet de circuler à travers le pays avec un certain confort. Un trajet en wagon-couchettes climatisé est assurément plus agréable qu'une nuit à bord d'un bus parcourant la RN1. Sans compter qu'il offre des paysages spectaculaires.

Pour connaître les dernières informations sur les trains au Vietnam, consultez le site Internet www.seat61.com (en anglais).

Classes

Les trains classés SE sont les plus chics et les plus rapides, ceux classés TN, plus vétustes et plus lents.

Il existe quatre classes principales :

assis dur : *hard seat*

assis mou : *soft seat*

couchette : *hard sleeper*

couchette molle : *soft sleeper*

Elles se divisent chacune en deux catégories : avec ou sans climatisation. Actuellement, seuls les trains express les plus rapides disposent de la clim. Certains trains SE disposent désormais du Wi-Fi (mais la vitesse de connexion n'est pas des plus rapides). La classe "assis dur", habituellement bondée, est supportable pour un trajet de jour, à condition toutefois d'aimer la fumée de cigarette.

LE JUSTE PRIX

Au Vietnam, tout voyageur se pose la question à un moment ou un autre : est-ce le vrai prix ou suis-je en train de me faire rouler ? Ces quelques indications devraient vous aider à y voir plus clair.

Avion Identiques pour les Vietnamiens et les étrangers, les prix des vols varient selon le moment de la réservation et les dates de départ.

Bateau Si les tarifs des ferries et des hydrofoils sont fixes, les étrangers payent davantage que les Vietnamiens pour les petites embarcations privées empruntées dans le delta du Mékong ou dans les îles Cham.

Bus La tarification des bus est plus compliquée. Si vous achetez votre billet au point de départ (c'est-à-dire à la gare routière), le prix est fixe et très raisonnable. En revanche, si vous prenez le bus en chemin, il y a des chances pour que le chauffeur vous demande davantage. C'est d'autant plus vrai dans les régions reculées, où les étrangers paient quatre fois, voire dix fois plus cher que les habitants. Concernant les bus locaux, les tarifs sont affichés près de la porte, mais les étrangers se voient parfois appliquer un tarif plus élevé sur des trajets comme Danang-Hoi An.

Train Fixes, les tarifs ferroviaires ne dépendent que de la classe.

Taxi La plupart des taxis disposent d'un compteur et se révèlent très bon marché. Gare toutefois aux compteurs trafiqués qui tournent beaucoup plus vite que la normale.

Xe om et cyclo-pousse Ils ne pratiquent généralement pas de prix fixes, ce qui oblige à négocier ferme.

Wagons privés

Situés en queue de train, des wagons douillets, voire luxueux, permettent de voyager plaisamment entre Lao Cai et Hanoi : ceux offerts par **Orient Express Trains** (www.orientexpresstrainsapa.com) et le Train Victoria Express, géré par les hôtels Victoria, sont réputés mais très onéreux. Toutefois, il en existe d'autres, dont **Livitrans** (www.livitrans.com). Livitrans, **Violette** (en.violetexpresstrain.com) et plusieurs autres compagnies proposent des wagons de luxe entre Hanoi et Dong Hoi (60 $US), Hué (65-80 $US) et Danang (70-90 $US).

Couchettes

Les lits de la classe *hard sleeper* sont disposés sur trois niveaux (6 lits/compartiment). Les couchettes du haut sont les moins chères, et celles du bas les plus coûteuses. La majorité des *soft sleepers* ont des lits sur deux niveaux (4 lits/compartiment), sans différence de tarifs. Les trains SE1 et SE2 sont à présent équipés de wagons "VIP" à deux couchettes. Des draps sont fournis, mais les voyageurs les plus pointilleux emmèneront les leurs (ou bien un sac de couchage) et une taie d'oreiller.

Tarifs

Les tarifs dépendent du train emprunté, les plus rapides étant bien sûr les plus chers. Les enfants de moins de 2 ans voyagent gratuitement ; de 2 à 9 ans, ils paient 50 % du tarif adulte. Il n'y a pas de réductions sur le trajet Hanoi-Lao Cai.

Fret

Vélos et motos peuvent voyager dans les wagons de fret : le transport de nuit ordinaire reviendra à environ 390 000 d.

Réservations

La plupart des voyageurs réservent leurs billets auprès de Bao Lau (www.baolau.vn).

L'EXPRESS DE LA RÉUNIFICATION

La construction des 1 726 km de ligne ferroviaire entre Hanoi et Saigon – le Transindochinois – fut entamée en 1899 pour s'achever en 1936. À la fin des années 1930, le trajet Hanoi-Saigon durait 40 heures et 20 minutes, pour une vitesse moyenne de 43 km/h. Pendant la Seconde Guerre mondiale, les Japonais employèrent massivement ce réseau : il fut donc saboté par le Viêt-minh et bombardé par l'aviation américaine. Après la guerre, on entreprit de restaurer le Transindochinois, en majeure partie détruit ou recouvert par la végétation.

Durant la guerre d'Indochine, les soldats viêt-minh se livrèrent à des opérations massives de sabotage, démontant des kilomètres de voies la nuit pour finalement réussir à mettre en service 300 km de voie ferrée dans une région entièrement sous son contrôle (entre Ninh Hoa et Danang). Les Français répondirent en sabotant à leur tour le réseau ennemi.

À la fin des années 1950, l'aide financière américaine permit au Sud-Vietnam de reconstruire les 1 041 km de voie entre Saigon et Hué. Entre 1961 et 1964, on dénombra cependant 795 attaques viêt-cong sur le réseau, ce qui conduisit à l'abandon forcé de larges portions, dont l'embranchement de Dalat.

En 1960, le Nord avait réparé 1 000 km de voie ferrée, principalement entre Hanoi et la Chine. Pendant la guerre aérienne que livrèrent les États-Unis au Nord-Vietnam, le réseau ferroviaire du Nord fut bombardé à maintes reprises. Aujourd'hui, on voit encore des cratères de bombes autour de presque tous les ponts de chemin de fer et les gares de la région.

Après la réunification, le gouvernement décida aussitôt de rétablir la liaison ferroviaire entre Hanoi et HCMV, comme symbole de l'unité vietnamienne. Lorsque l'*Express de la Réunification* fut inauguré, le 31 décembre 1976, 1 334 ponts, 27 tunnels, 158 gares et 1 370 aiguillages avaient été réparés. Aujourd'hui, avec une moyenne de 50 km/h, l'*Express* circule à une vitesse légèrement supérieure à celle des années 1930. Du fait d'un manque d'investissement, la ligne n'a qu'une voie, et supporte moins de 1% de tout le fret Nord-Sud.

Les projets d'important remaniement des voies ferrées pour la création d'un réseau à grande vitesse sont aujourd'hui à l'étude, et une modernisation progressive du réseau actuel devant porter la vitesse maximale à 90 km/h est en cours.

Assez efficace, ce site détaille horaires, tarifs, places et couchettes disponibles, et accepte les cartes internationales. Les billets électroniques sont envoyés par e-mail, et précisent l'heure d'embarquement. Prévoyez une commission de 40 000 d par billet.

Vous pouvez réserver places assises/couchettes pour de longs trajets 60 à 90 jours à l'avance (moins pour de plus courts trajets). La plupart du temps, il est possible de réserver des billets de train un ou deux jours avant, sauf pendant les périodes de vacances. Pour les couchettes, mieux vaut toutefois s'y prendre une semaine au moins avant la date de départ.

Le site de **Vietnam Railways** (vietnamrailwaycorp.com/) permet de réserver des billets, mais lors de nos recherches, seules les cartes bancaires vietnamiennes étaient acceptées.

Lignes

En dehors du grand axe HCMV-Hanoi, trois lignes secondaires relient la capitale à des destinations du Nord. La première dessert le port de Haiphong, à l'est. La deuxième rallie Lang Son, au nord-est, et traverse la frontière chinoise pour rejoindre Nanning. La dernière se rend à Lao Cai, au nord-ouest, et poursuit jusqu'à Kunming, en Chine.

Le trajet Hanoi-HCMV dure entre 31 et 37 heures en train express.

Sécurité

Les petits délits sont rares à bord des trains vietnamiens. Il arrive que des voleurs tentent de s'emparer d'affaires par les fenêtres au moment du démarrage. Gardez toujours vos bagages près de vous et n'oubliez pas de les fermer et/ou de les attacher, surtout la nuit.

Horaires

Plusieurs *Express de la Réunification* quittent chaque jour Hanoi et HCMV. Les horaires changent fréquemment : consultez le site de **Vietnam Railway** (www.vr.com.vn), celui de **Bao Lau** (www.baolau.vn) ou encore **www.seat61.com**, le site international des trains.

Presque aucun train ne circule pendant les 4 jours qui précèdent la fête du Têt et les 4 jours qui suivent.

Transports urbains

Bus

Du fait des problèmes de communication et du faible coût des taxis et *xe om* (motos-taxis), les voyageurs étrangers circulent rarement en bus locaux. Les réseaux de Hanoi et de HCMV sont toutefois praticables si l'on se procure un plan.

Cyclo-pousse

Le cyclo-pousse est un moyen de locomotion bon marché qui disparaît peu à peu du paysage vietnamien. Il subsiste néanmoins dans certaines villes du pays.

Des groupes de conducteurs de cyclo-pousse stationnent en permanence à proximité des grands hôtels et des marchés. Le marchandage est de mise ; mettez-vous bien d'accord sur le prix de la course avant d'aller où que ce soit. Les tarifs sont compris entre 15 000 et 25 000 d pour un trajet court, et entre 25 000 et 40 000 d pour un trajet plus long ou de nuit.

Toutefois, sachez qu'il existe des prestataires douteux qui s'attaquent aux touristes en leur faisant payer des tarifs excessifs.

Les circuits de cyclo-pousse organisés dans les villes par les agences ont peu de saveur.

Taxi

Les taxis munis de compteurs, que l'on trouve dans la plupart des grandes villes, sont très bon marché comparés aux moyennes internationales, et constituent un moyen sûr de circuler de nuit. Le tarif moyen va de 12 000 à 15 000 d le kilomètre. Des taxis d'origine douteuse, dont le compteur tourne un peu trop vite, parcourent les villes de Hanoi et de Hô Chi Minh : ils attendent souvent à proximité des gares routières. N'ayez recours qu'à des compagnies réputées ou recommandées.

Les deux grandes compagnies nationales de taxis, toutes deux d'excellente réputation, sont **Mai Linh** (www.mailinh.vn) et **Vinasun** (www.vinasuntaxi.com).

Des applications de mise en relation entre chauffeurs (voiture ou moto) et clients telles que Grab fonctionnent dans plusieurs villes, dont HCMV, Hanoi, Danang, Dalat, Hué et Haiphong. Uber n'existe pas au Vietnam.

Xe om (moto-taxi)

Le *xe om* est une moto ordinaire sur laquelle le client s'installe à l'arrière – *Xe* signifie moto et *om* enlacer. C'est un moyen de transport très pratique pourvu que l'on n'ait pas trop de bagages.

La course coûte environ 15 000 d pour un trajet court, et au moins 20 000 d à HCMV ou Hanoi. Négociez le tarif avant le départ. Vous rencontrerez quantité de chauffeurs de *xe om* aux coins de rue, près des marchés, des hôtels, des restaurants, des sites touristiques et des gares routières. N'ayez crainte, ils vous auront trouvé avant même que vous n'ayez besoin d'eux !

LE MÉTRO POUR BIENTÔT ?

Des lignes de métro sont en chantier à HCMV et à Hanoi. Les travaux ont été retardés dans les deux villes, mais les réseaux devraient être mis en service d'ici quelques années. Voir p. 102 et 368.

Vélo

Se déplacer à vélo est un bon moyen de découvrir le Vietnam, en particulier lorsqu'on sort des grands axes.

On peut parcourir de longues distances : le relief est plat ou modérément montagneux, et les routes principales sont praticables. La sécurité, en revanche, pose problème. Si vous êtes à bout de souffle, vous pouvez toujours charger votre vélo sur un bus (généralement de 1 à 2 $US pour un trajet court), voire dans le wagon à bagages d'un train.

Location

Les hôtels et certaines agences de voyages louent des vélos entre 1 et 3 $US par jour. Comptez environ 6 $US pour un modèle de meilleure qualité. Il s'agit d'un excellent moyen de transport pour visiter de petites villes comme Hoi An, Hué ou Nha Trang (sauf bien sûr à la saison des pluies). On trouve en outre des réparateurs à chaque coin de rue en cas de crevaison ou de problème mécanique.

Types de vélos

Il est possible d'acheter un bon vélo dans l'une des boutiques spécialisées de Hanoi et de HCMV, mais il vaut mieux apporter le vôtre si vous projetez de faire de longues distances. Les équipements de sécurité et les pièces détachées sont également rares au Vietnam. Une sonnette, voire une corne, fait partie du matériel indispensable : le plus bruyant est le mieux.

Voiture et moto

Disposer d'un véhicule personnel offre une grande souplesse pour visiter les régions les plus reculées et s'arrêter quand et où on le désire. La location d'une voiture inclut toujours un chauffeur. Les locations de motos sont bon marché, que ce soit avec conducteur ou non.

Assurance

Si vous voyagez dans un véhicule de tourisme avec chauffeur, la société de location s'occupe de l'assurance. Si vous louez une moto et que vous n'avez pas de permis moto en cours de validité, sachez que la plupart des assurances voyage ne vous couvriront pas. De nombreux voyageurs n'en tiennent pas compte, mais les risques sont évidents. Le coût des soins en cas d'accident grave peut se révéler ruineux.

Certaines polices d'assurance sont à l'exclusion de tout trajet à bord d'un deux-roues : si vous voyagez à l'arrière d'une moto Grab ou d'un *xe om*, vous ne serez peut-être pas assuré.

Code de la route

Le Code de la route est tout bonnement inexistant et c'est toujours le plus gros véhicule qui gagne la partie. Sur la route, faites particulièrement attention aux enfants, qui jouent parfois à la marelle au beau milieu des grands axes routiers ! Soyez attentif aussi au bétail qui peut traverser la route.

La police n'interpelle presque jamais les étrangers à moto (sauf aux abords de Mui Ne et parfois à Nha Trang). Elle peut toutefois vous mettre une amende, et dispose maintenant de radars automatiques. Dans toutes les zones dites "urbaines" (cherchez le panneau bleu représentant des gratte-ciel), la vitesse est limitée à 50 km/h. En ville, il est interdit de tourner à droite à un feu rouge.

Prévenir de son arrivée les piétons et les cyclistes en klaxonnant n'est pas ici un signe de mauvaise humeur : c'est une convenance locale.

Légalement, une moto ne peut transporter que 2 personnes. Cette règle, respectée en ville, est largement ignorée ailleurs – on a pu voir jusqu'à 6 passagers sur un deux-roues, plus les bagages !

Essence

L'essence peut s'acheter dans tout le pays ; même dans les villages isolés, vous trouverez des stands au bord de la route qui en proposent. Attention ! Il arrive que les vendeurs diluent ce carburant pour augmenter leur marge – tâchez de trouver une vraie station-service.

État des routes et sécurité

La sécurité routière n'est pas le point fort du Vietnam. Il devient de plus en plus dangereux de rouler sur les routes nationales pour se rendre d'une ville à l'autre. De terribles collisions sont hélas devenues un spectacle familier sur les nationales.

En général, la majorité des grandes routes sont bitumées et raisonnablement entretenues, mais les inondations peuvent causer des problèmes saisonniers. Un gros typhon creusera d'énormes nids-de-poule et, dans les contrées reculées, les routes non bitumées se transformeront en un océan de boue. Mieux vaut les affronter avec une voiture ou une moto tout-terrain. Les routes de montagne sont particulièrement dangereuses : chutes de pierres, glissements de terrain et conducteurs perdant le contrôle de leur véhicule peuvent gâcher votre voyage.

URGENCES

Le Vietnam ne dispose d'aucun service de secours d'urgence efficace : en cas d'accident, les secours peuvent mettre beaucoup de temps à arriver, sans compter que vous pouvez vous trouver très loin de l'infrastructure médicale la plus basique. Les habitants vous aideront peut-être, mais dans la plupart des cas, vous ou votre guide aurez à vous débrouiller pour vous rendre à l'hôpital ou à la clinique les plus proches.

Location

La sécurité, l'état de fonctionnement du véhicule, la fiabilité de l'agence de location et votre budget sont les principaux éléments à prendre en considération.

VOITURES ET MINIBUS

Le Vietnam admet peu à peu la location de voiture sans chauffeur – ce qui est

LOUER UN VÉHICULE AVEC CHAUFFEUR

Louer une voiture avec chauffeur vous donne la possibilité de vous organiser un circuit sur mesure. Très semblable à un voyage en indépendant, cette manière de voir le pays est plus confortable, permet de gagner un temps précieux et de s'arrêter où on le souhaite en chemin, contrairement aux circuits organisés habituels.

La plupart des voyagistes fournissent des voitures avec chauffeur (le chauffeur ne parle généralement pas anglais). Essayez de trouver un guide-chauffeur qui pourra vous traduire certaines choses et vous apporter un complément d'information culturelle : cela rendra le voyage beaucoup plus intéressant. À l'inverse, un mauvais guide peut gâcher votre voyage. Les conseils qui suivent vous aideront à bien choisir :

- Essayez de rencontrer votre chauffeur avant de partir afin d'être sûr qu'il vous convient.
- Renseignez-vous sur les langues qu'il parle, et sur son degré d'aisance.
- Le chauffeur paie normalement ses dépenses personnelles telles que repas et hébergement, mais l'essence reste à votre charge. Vérifiez que c'est bien le cas.
- Mettez-vous d'accord avec l'agence sur l'itinéraire et demandez à celle-ci une copie écrite. Si le chauffeur improvise en cours de route, vous pourrez vous en servir.
- Exprimez clairement votre souhait d'éviter les pièges à touristes.
- Laissez un pourboire si vous êtes satisfait du service.

de toute façon déconseillé compte tenu des conditions de circulation –, mais vous ne trouverez presque que des véhicules avec chauffeur. Louer un véhicule avec chauffeur et guide est une option à considérer, même pour les personnes au budget serré, surtout si elles partagent les frais à plusieurs.

Hanoi, Hô Chi Minh-Ville et les principaux centres touristiques comptent un bon nombre d'agences de voyages qui louent des véhicules avec chauffeur. Les mauvaises routes du Nord nécessitent un 4x4.

Le prix est compris entre 80 et 120 $US par jour pour une voiture standard, 120 à 135 $US par jour pour un 4x4.

MOTOS

Nombre de voyageurs au Vietnam louent une moto ou un scooter pour 1 ou 2 jours. Notez cependant qu'à moins de disposer d'un permis de conduire international (ci-contre), vous ne serez pas nécessairement couvert par votre assurance.

La location d'une moto est en général très simple. Vous pourrez louer un scooter à peu près partout, y compris dans les cafés, les hôtels et les agences de voyages. Certains établissements garderont votre passeport jusqu'à restitution de l'engin. Demandez à signer un contrat qui indiquera clairement la nature du véhicule loué, le coût de la location, le montant de l'indemnité due en cas de vol, etc.

Pour affronter les montagnes du Nord, mieux vaut opter pour une moto plus puissante, de type Minsk, ou une tout-terrain. Si vous ne voulez pas conduire, de très nombreux conducteurs seront tout à fait disposés à vous servir de guide/chauffeur pour environ 30 $US par jour.

Le coût approximatif d'une location sans chauffeur est de 5 à 8 $US pour un scooter, et d'au moins 20 $US pour une moto de route ou tout-terrain.

POUR ROULER À MOTO

- Demandez un permis de conduire international (IDP) et vérifiez que vous êtes couvert par votre assurance voyage.
- Un circuit organisé ou bien les services d'un guide connaissant les routes vous seront d'un secours certain en cas de difficultés mécaniques ou linguistiques.
- Familiarisez-vous avec votre monture (la plupart sont inférieures à 250 cc), préparez votre itinéraire et consultez les conditions routières.
- Un bon casque, des vêtements imperméables, un kit de réparation et des pièces de rechange sont indispensables. Des sacoches de selle peuvent aussi être très commodes.
- Des cartes imprimées correctes sont un complément utile à l'application Google Maps.
- Il est prudent de porter genouillères, coudières et gants.
- Attendez-vous à rouler à 35 km/h en moyenne.
- Ne garez votre moto que dans les parkings sécurisés des hôtels.
- Si vous êtes pressé ou que nous n'avez plus envie de conduire, vous pourrez charger votre moto sur le toit d'un bus (moyennant un supplément).

Permis de conduire

Obtenir un permis valable pour conduire une moto au Vietnam est malheureusement souvent impossible. Les lois sont compliquées, et la procédure plus que laborieuse. Les étrangers ont la possibilité de conduire des motos s'ils disposent d'un permis international (International Driving Permit ou IDP). Pour en faire la demande, rendez-vous sur www.e-ita.org/vietnam. Cela ne s'applique que si vous résidez dans un pays ayant ratifié la convention de 1968 sur les permis de conduire internationaux. Cela inclut la Belgique, la France et la Suisse, mais pas le Canada (une liste complète des pays concernés est disponible en anglais sur en.wikipedia.org/wiki/International_Driving_Permit). Si vous possédez un permis en accord avec la convention de 1968, vous pouvez légalement conduire au Vietnam.

Les experts locaux d'Offroad Vietnam (www.vietnammotorbikerental.com) constituent la meilleure source d'informations sur les permis de conduire au Vietnam.

Si vous parvenez à louer une voiture sans chauffeur, vous devez en théorie être muni d'un permis international.

Pièces détachées

Le Vietnam compte quantité de motos japonaises et chinoises, et dispose de toutes les pièces de rechange pour la plupart des deux-roues. Si vous conduisez une marque peu connue, emportez du matériel avec vous.

Port du casque

À moto, le port du casque est obligatoire, même pour les passagers. Mieux vaut investir dans un bon casque d'importation si vous devez voyager beaucoup sur des routes fréquentées ou sur des routes de montagne, car les casques locaux offrent une maigre protection. Vous en trouverez dans les grandes villes pour 35 $US environ.

Santé

Les problèmes de santé (et la qualité des services médicaux) varient selon l'endroit où vous vous trouvez au Vietnam. Si la plupart des grandes villes présentent très peu de risques, il en est tout autrement dans les zones rurales.

Les voyageurs redoutent les maladies infectieuses, or celles-ci entraînent rarement des troubles graves. Ils ont bien plus à craindre des accidents, notamment de la circulation. Tomber malade n'est cependant pas rare. Les conseils donnés ici sont d'ordre général et ne se substituent pas à l'avis d'un professionnel de la santé.

AVANT LE DÉPART

Assurance médicale

Il est conseillé de souscrire une assurance qui vous couvrira en cas d'annulation de votre voyage, de vol, de perte de vos affaires, de maladie ou encore d'accident.

Vous pouvez contracter une assurance qui réglera directement les hôpitaux et les médecins, vous évitant ainsi d'avancer des sommes qui ne vous seront remboursées qu'à votre retour. Dans ce cas, conservez avec vous tous les documents nécessaires. Si vous devez régler en espèces, demandez un reçu pour le remboursement.

Vérifiez notamment que les "sports à risques", comme la plongée, la moto ou même la randonnée ne sont pas exclus de votre contrat, ou encore que le rapatriement médical d'urgence est couvert.

Avant de souscrire une police d'assurance, vérifiez que vous ne bénéficiez pas déjà d'une assistance par votre carte bancaire, votre mutuelle ou votre assurance automobile. N'oubliez pas de prendre avec vous les documents relatifs à l'assurance et les numéros à appeler en cas d'urgence.

Santé sur Internet

Il existe de très bons sites Internet consacrés à la santé en voyage. Avant de partir, vous pouvez consulter les sites suivants :

Ministère français des Affaires étrangères (www.diplomatie.gouv.fr)

Agence de santé publique du Canada (www.phac-aspc.gc.ca)

Institut Pasteur (www.pasteur.fr)

Ministère français de la Santé (www.sante.gouv.fr)

Organisation mondiale de la santé (OMS ; www.who.int/fr)

Orphanet (www.orpha.net). Un portail sur les maladies rares rédigé par des experts européens, très utile.

Vous trouverez, par ailleurs, plusieurs liens sur le site de Lonely Planet (www.lonelyplanet.fr).

Vaccins

Selon le Règlement sanitaire international, seul le vaccin contre la fièvre jaune est obligatoire si vous vous êtes rendu dans une zone infectée dans les six jours précédant votre entrée au Vietnam (cela inclut également les transits de plus de douze heures). Un certificat est alors exigé. Mais plus vous vous éloignez des circuits classiques, plus il faut prendre vos précautions. Faites inscrire vos vaccinations dans un carnet international (livret jaune) que vous pourrez vous procurer auprès de votre médecin ou d'un centre. Voir aussi l'encadré p. 536.

Le **ministère des Affaires étrangères** (www.diplomatie.gouv.fr/voyageurs) effectue une veille sanitaire et met régulièrement en ligne des recommandations sur les vaccinations.

Planifiez vos vaccinations à l'avance (au moins 6 semaines avant le départ), car certaines demandent des rappels ou peuvent être incompatibles. Les vaccins ont des durées d'efficacité très variables ; certains sont contre-indiqués pour les femmes enceintes.

Quelques centres de vaccination :

Institut Pasteur (☎01 45 68 80 88 ; www.pasteur.fr/fr/sante ; 209-211 rue de Vaugirard, 75015 Paris ; ⏲vaccinations sans rdv)

Centre de vaccinations internationales Air France (☎01 43 17 22 00 ; www.

VACCINS OBLIGATOIRES OU RECOMMANDÉS

Le seul vaccin *exigé* par la réglementation internationale est celui contre la fièvre jaune. Une preuve de votre vaccination ne vous sera demandée que si vous avez visité un pays situé en zone infectée dans les six jours précédant votre entrée au Vietnam.

L'Organisation mondiale de la santé (OMS) recommande les vaccins suivants pour les personnes se rendant en Asie du Sud-Est :

Diphtérie et tétanos (adultes) Un seul rappel recommandé si pas de vaccination depuis plus de 10 ans.

Hépatite A Protection proche de 100% jusqu'à un an ; un rappel au bout de 12 mois assure au moins 20 années de protection supplémentaires.

Hépatite B Aujourd'hui considéré comme routinier pour la plupart des voyageurs. Il existe un protocole accéléré et un vaccin combiné avec l'hépatite A. La protection est définitive chez 95% des personnes.

Rougeole, oreillons et rubéole Deux doses de vaccin (ROR) sont nécessaires si vous n'avez jamais contracté ces maladies. Les jeunes adultes ont souvent besoin d'un rappel.

Typhoïde Recommandé pour les séjours de plus d'une semaine et en dehors des grandes zones urbaines. Le vaccin assure une protection d'environ 70% pendant deux à trois ans. Il est encore moins efficace en deuxième administration.

Consultez votre médecin quatre à huit semaines avant votre départ, car beaucoup de vaccins ne sont efficaces qu'à partir de deux semaines ou plus après l'injection.

Il est conseillé aux voyageurs séjournant longtemps dans la région de se faire vacciner contre l'encéphalite japonaise, la méningite, la tuberculose et la rage.

vaccinations-airfrance.fr ; 38, quai de Jemmapes, 75010 Paris ; ⏲lun-sam sans rdv)

Hôpital Saint-Louis – Centre de vaccinations internationales (☎01 42 49 46 83 ; vaccin-voyage-ghparis10.aphp.fr ; 1 av. Claude-Vellefaux, 75010 Paris)

Centre de vaccinations ISBA (☎04 72 76 88 68 ; www.isbasante.com ; 7 rue Jean-Marie-Chavant, 69007 Lyon ; autres centres en France)

PENDANT LE VOYAGE

Décalage horaire et mal des transports

Le Vietnam a 7 heures d'avance sur l'heure GMT. Le décalage horaire peut entraîner des insomnies, de la fatigue, des malaises ou des nausées. En arrivant, exposez-vous à la lumière naturelle et adoptez les horaires locaux aussi vite que possible (heures de repas, coucher et lever).

Pour réduire les risques d'avoir le mal des transports, mangez légèrement avant et pendant le voyage. Les antihistaminiques préviennent efficacement le mal des transports, qui se caractérise principalement par une nausée, mais ils peuvent provoquer une somnolence.

Vols long-courriers

Les trajets en avion, du fait d'une immobilité prolongée, peuvent favoriser la formation de caillots sanguins dans les jambes (par exemple une phlébite). Le risque est d'autant plus élevé que le vol est plus long.

Généralement, l'un des premiers symptômes est un gonflement ou une douleur du pied, de la cheville ou du mollet.

En prévention, buvez en abondance des boissons non alcoolisées, faites jouer les muscles de vos jambes lorsque vous êtes assis et levez-vous de temps à autre pour marcher dans la cabine.

AU VIETNAM

Accessibilité et coût des soins

Les grandes avancées économiques récentes se sont accompagnées de progrès sur le plan médical. De sérieuses difficultés persistent toutefois dans les campagnes. Ambassades et consulats pourront vous recommander un médecin. Les grands hôtels aussi, mais les honoraires risquent d'être élevés. Si vous tombez très malade, rejoignez rapidement HCMV, Danang ou Hanoi. Si votre état nécessite une intervention chirurgicale ou un traitement intensif, n'hésitez pas à vous envoler pour Bangkok, Singapour ou Hong Kong. Des adresses d'hôpitaux et de centres médicaux sont mentionnées dans les rubriques *Renseignements* des chapitres régionaux.

Cliniques privées

C'est à ces établissements qu'il faut vous adresser

en priorité. Les meilleurs centres médicaux – à Hanoi, HCMV et Danang – ont des normes sanitaires presque comparables à celles des pays occidentaux. Leurs tarifs sont élevés : il est indispensable d'être préalablement assuré.

Hôpitaux d'État

La plupart sont rudimentaires et surfréquentés. Ils doivent obtenir une autorisation pour soigner les étrangers et, pour l'instant, seuls quelques-uns l'ont reçue.

Automédication

Elle ne doit être pratiquée qu'en cas de problème mineur. Si vous pensez être atteint d'une maladie grave, rendez-vous sans perdre de temps dans l'hôpital de qualité le plus proche pour vous faire soigner.

Il est déconseillé d'acheter des médicaments en vente libre, car il n'est pas rare de tomber sur des produits contrefaits, mal conservés ou périmés.

Maladies infectieuses

Bilharzioses

Les bilharzioses sont des maladies dues à des vers. On se contamine en se baignant dans les eaux douces où vivent les mollusques qui hébergent la forme larvaire des bilharzies. Juste après le bain infestant, on peut noter des picotements ou une légère éruption cutanée à l'endroit où le parasite est passé à travers la peau. Quatre à douze semaines plus tard, apparaissent une fièvre et des manifestations allergiques. En phase chronique, les symptômes principaux sont des douleurs abdominales et une diarrhée, ou la présence de sang dans les urines. Cette affection se soigne bien par voie médicamenteuse.

Chikungunya

Ce virus est principalement transmis par des moustiques piquant durant la journée. Fièvre, douleurs articulaires et éruptions cutanées en sont les principaux symptômes. Le paracétamol (ne prenez pas d'aspirine) apaise les douleurs, mais il n'existe aucun traitement ni vaccin. La plupart des patients se sentent mieux en une semaine.

Choléra

Les cas de choléra sont généralement signalés à grande échelle dans les médias, ce qui permet d'éviter les régions concernées. La protection conférée par le vaccin n'étant pas fiable, celui-ci n'est pas recommandé. Prenez donc toutes les précautions alimentaires nécessaires. Symptômes : diarrhée soudaine, selles très liquides et claires, vomissements, crampes musculaires et extrême faiblesse. Il faut consulter un médecin ou aller à l'hôpital au plus vite, mais on peut commencer à lutter immédiatement contre la déshydratation. Une boisson à base de cola salée, dégazéifiée et diluée au 1/5 ou encore du bouillon bien salé seront utiles.

Dengue

Cette fièvre hémorragique propagée par les moustiques devient problématique en Asie du Sud-Est et plusieurs centaines de milliers de personnes sont hospitalisées chaque année au Vietnam. Son taux de mortalité est toutefois inférieur à 0,3%. La dengue est surtout répandue dans les environnements urbains densément peuplés.

Il n'existe pas de traitement prophylactique contre cette maladie. Poussée de fièvre, maux de tête, douleurs articulaires et musculaires précèdent une éruption cutanée sur le tronc qui s'étend ensuite aux membres puis au visage. Au bout de quelques jours, la fièvre régresse, et la convalescence commence. Les complications graves sont rares. La meilleure prévention est de suivre les protections d'usage contre le paludisme (voir p. 538).

Diphtérie

Elle prend deux formes : celle d'une infection cutanée ou celle d'une infection de la gorge, pour laquelle il existe un vaccin. On l'attrape au contact de poussière contaminée sur la peau, ou en inhalant des postillons de personnes contaminées. Pour prévenir l'infection cutanée, il faut se laver souvent et bien sécher la peau.

Encéphalite japonaise

Cette maladie virale est transmise par des moustiques qui piquent la nuit. Bien que les voyageurs la contractent rarement, faites-vous vacciner si vous devez passer un certain temps en zone rurale. Il n'existe aucun traitement. Un tiers des personnes atteintes en meurt et un deuxième tiers subit des dommages cérébraux irréversibles.

Grippe aviaire

La grippe aviaire refait régulièrement surface au Vietnam. Elle touche en premier lieu les communautés d'éleveurs de volailles. Elle est rarement fatale, mais il y a quelques cas de décès. En cas d'épidémie, œufs et volailles disparaissent des cartes de nombreux restaurants.

Hépatites

L'hépatite est un terme général qui désigne une inflammation du foie. Elle est le plus souvent due à un virus. Les formes les plus habituelles se manifestent par une fièvre, une fatigue qui peut être intense, des douleurs abdominales, des nausées, des vomissements, associés à la présence d'urines très foncées et de selles décolorées presque blanches. La peau et le blanc des yeux prennent une teinte jaune (ictère). L'hépatite peut parfois se résumer à un simple épisode de fatigue sur quelques jours ou semaines.

Hépatite A Répandue dans toute la région, elle se contracte par l'eau, la nourriture et, d'une manière générale, tous les produits manipulés à mains nues. Il existe un vaccin, recommandé en cas de fort risque d'exposition. Il n'y a pas de traitement médical.

Hépatite B Elle est très répandue, mais la vaccination est très efficace. Elle se transmet par voie sexuelle ou sanguine (piqûre, transfusion). Évitez de vous faire percer les oreilles, tatouer, raser ou de vous faire soigner par piqûres si vous avez des doutes quant à l'hygiène des lieux. Les symptômes de l'hépatite B sont les mêmes que ceux de l'hépatite A. Dans certaines zones d'Asie du Sud-Est, près de 20% de la population est porteuse de cette affection sans le savoir.

Hépatite C Ce virus se transmet par voie sanguine (transfusion ou utilisation de seringues usagées). La seule prévention est d'éviter tout contact sanguin, car il n'existe encore aucun vaccin.

Maladies sexuellement transmissibles

En vente partout au Vietnam, les préservatifs sont un moyen prophylactique efficace contre les maladies sexuellement transmissibles (MST). En revanche, ils ne protègent pas des verrues et de l'herpès génital. Si, après un rapport sexuel, vous souffrez d'éruptions, de cloques, de pertes anormales ou de douleurs lors de la miction, prenez immédiatement rendez-vous chez le médecin.

Maladie de Lyme

Elle est due à une bactérie transmise par des morsures de tiques. Elle n'est pas toujours diagnostiquée, car elle peut présenter des symptômes très divers. Consultez un médecin si, dans les 30 jours qui suivent la piqûre, vous observez une petite bosse rouge entourée d'une zone enflammée. À ce stade, les antibiotiques constitueront un traitement simple et efficace. Certains symptômes ultérieurs peuvent se produire, comme une sorte d'arthrite gagnant les genoux.

Le meilleur moyen d'éviter ce type de complications est de prendre ses précautions lorsque vous traversez des zones forestières. Emmitouflez-vous le plus possible, utilisez un produit répulsif contenant du DEET, ou un substitut plus léger pour vos enfants. À la fin de chaque journée, vérifiez que ni vous ni vos enfants n'avez attrapé de tiques. La plupart ne sont pas porteuses de la bactérie.

Opisthorchiase

Cette maladie parasitaire se contracte en consommant des poissons d'eau douce, crus ou insuffisamment cuits. Le risque d'attraper cette maladie reste toutefois assez faible. Quand la contamination est importante, on souffre d'une fatigue générale, d'une fièvre légère, d'un gonflement ou d'une sensibilité du foie ou de douleurs abdominales générales. En cas de doute, il faut faire analyser ses selles par un médecin compétent.

Paludisme

En dépit de sa dangerosité et de son caractère mortel, le paludisme, ou malaria, est mal connu. Avant de partir, renseignez-vous auprès de professionnels qui vous informeront sur les risques que comporte votre voyage.

Dans la plupart des régions du Vietnam, notamment les zones urbaines et balnéaires (Danang, Hanoi, Hô Chi Minh-Ville, Nha Trang), il existe peu de danger, voire aucun de contracter la maladie. Dans la plupart des zones rurales, en revanche, la probabilité d'être contaminé est bien plus importante que le risque de subir les effets indésirables des médicaments. Les voyageurs qui veulent explorer des régions où la maladie est endémique, comme les provinces de Ca Mau et de Bac Lieu, ainsi que la campagne du Sud, doivent prendre l'avis d'un médecin.

Le paludisme est transmis par un moustique, l'anophèle, dont la femelle pique surtout la nuit, entre le coucher et le lever du soleil. Les symptômes sont une fièvre, qui débute 8 à 30 jours après l'infection, pouvant s'accompagner de maux de tête, de douleurs musculaires, d'un affaiblissement, de vomissements, de diarrhées et de toux. Non traité, il peut avoir des suites graves, parfois mortelles. Il existe différentes espèces de paludisme, dont celui à *Plasmodium falciparum* pour lequel le traitement devient de plus en plus difficile à mesure que la résistance du parasite aux médicaments s'intensifie.

Les médicaments antipaludéens n'empêchent pas la contamination mais ils suppriment les symptômes de la maladie. Si vous voyagez dans des régions où la maladie est endémique, il faut absolument suivre un traitement préventif (uniquement sur ordonnance) adapté à la destination, qu'il faut en général poursuivre après le retour. Renseignez-vous impérativement auprès d'un médecin spécialisé. À la prise d'antipaludéens doivent être associées des mesures pour se protéger des moustiques (voir l'encadré p. 541). Tout voyageur atteint de fièvre ou montrant les symptômes de la grippe doit se faire examiner. Il suffit d'une analyse de sang pour établir le diagnostic.

Rage

Très répandue, cette maladie est transmise par un animal contaminé : chien, singe et chat principalement. Morsures, griffures ou même simples coups de langue d'un mammifère doivent être nettoyés immédiatement et à fond. Frottez avec du savon et de l'eau courante, puis nettoyez avec de l'alcool. S'il y a le moindre risque que l'animal soit contaminé, allez immédiatement voir un médecin. Même si l'animal n'est pas enragé, toutes

PRÉCAUTIONS AVANT DE BOIRE DE L'EAU

- La règle d'or est simple : méfiez-vous de l'eau.
- Ne buvez jamais l'eau du robinet (même sous forme de glaçons). Préférez les eaux minérales et les boissons gazeuses, tout en vous assurant que les bouteilles sont décapsulées devant vous. Évitez les jus de fruits, souvent allongés à l'eau.
- Attention au lait, rarement pasteurisé. Pas de problème pour le lait bouilli et les yaourts. Thé et café, en principe, sont sûrs, puisque l'eau doit bouillir. Par prudence, évitez également les crudités, qui sont bien souvent lavées avec de l'eau.
- Pour stériliser l'eau, la meilleure solution est de la faire bouillir durant 15 minutes. N'oubliez pas qu'à haute altitude elle bout à une température plus basse et que les germes ont plus de chances de survivre.
- Si vous ne pouvez faire bouillir l'eau, traitez-la chimiquement avec des comprimés ou des gouttes, comme le Micropur (vendu en pharmacie), très efficace.

les morsures doivent être surveillées de près pour éviter les risques d'infection et de tétanos. Un vaccin antirabique est disponible. Il faut y songer si vous pensez explorer des grottes (les morsures de chauves-souris peuvent être dangereuses) ou travailler avec des animaux.

Rougeole

La rougeole reste un problème au Vietnam, y compris dans la région de Hanoi. Cette maladie infectieuse hautement contagieuse se transmet par les sécrétions du nez et de la gorge. La majorité des personnes nées avant 1966 sont immunisées contre la maladie, car elles l'ont contractée dans leur enfance. La rougeole se caractérise par une forte fièvre et des éruptions cutanées. Elle peut s'accompagner de complications telles qu'une pneumonie ou une encéphalite. Il n'existe aucun traitement spécifique.

Tuberculose

Les vacanciers attrapent extrêmement rarement la tuberculose au Vietnam. Toutefois, les médecins, les travailleurs humanitaires et les voyageurs en long séjour, qui ont des contacts importants avec la population locale, doivent prendre des précautions. La vaccination ne se fait généralement que sur les enfants de moins de 5 ans. Il est conseillé aux adultes à risque de pratiquer des tests tuberculiniques avant et après le voyage. Les principaux symptômes sont la fièvre, la toux, la perte de poids, les sueurs nocturnes et la fatigue.

Typhoïde

La fièvre typhoïde est une infection du tube digestif. Elle se transmet directement de personne à personne par les mains contaminées ou indirectement par de l'eau ou de la nourriture contaminées par des matières fécales humaines (bactérie *Salmonella typhi*).

Fièvre, maux de tête et de gorge parfois accompagnés de vomissements, de diarrhée ou de constipation, puis une éruption rose sur l'abdomen sont les premiers symptômes. S'il n'y a pas d'autres complications, la fièvre et les autres symptômes disparaissent peu à peu la troisième semaine. Un suivi médical est indispensable, car les complications sont fréquentes, en particulier la pneumonie (infection aiguë des poumons) et la péritonite (éclatement de l'appendice). La typhoïde est très contagieuse.

Le vaccin est recommandé pour tous les voyageurs qui séjournent plus d'une semaine au Vietnam ou en dehors des grands centres urbains. La vaccination n'est pas entièrement efficace.

Typhus et rickettsioses

Les rickettsioses sont des maladies transmises soit par des acariens (dont les tiques), soit par des poux. La plus connue est le typhus. Elle commence comme un mauvais rhume, suivi de fièvre, de frissons, de migraines, de douleurs musculaires et d'une éruption cutanée. Une plaie douloureuse se forme autour de la piqûre et les ganglions lymphatiques voisins sont enflés et douloureux.

VIH/sida

Les chiffres officiels portant sur le nombre de personnes infectées au Vietnam sont vagues et, malheureusement, en constante augmentation. Bien que les campagnes de sensibilisation au problème soient partout présentes, la ligne officielle est d'affirmer que seuls les prostituées et les toxicomanes sont menacés. Les préservatifs sont en vente dans tout le pays.

Évitez, s'ils ne sont pas stérilisés, tous les instruments de chirurgie, les aiguilles d'acupuncture et de tatouage, et les instruments utilisés pour percer les oreilles ou le nez.

Vers

Fréquents en zones rurales tropicales, on les trouve dans les légumes non lavés ou la viande trop peu cuite. Ils se logent aussi

TROUSSE MÉDICALE DE VOYAGE

Veillez à emporter avec vous une petite trousse à pharmacie (transportez-la en soute) contenant quelques produits indispensables. Certains ne sont délivrés que sur ordonnance (à emporter impérativement avec soi).

- Des **antibiotiques**, à utiliser uniquement aux doses et aux périodes prescrites, même si vous avez l'impression d'être guéri avant. Chaque antibiotique soigne une affection précise : ne les utilisez pas au hasard. Cessez immédiatement le traitement en cas de réactions graves.
- Un **antidiarrhéique** (lopéramide, par exemple) et un **réhydratant**, en cas de forte diarrhée, surtout si vous voyagez avec des enfants.
- Un **antihistaminique** (cétirizine le jour et prométhazine le soir, par exemple) en cas de rhumes, allergies, piqûres d'insectes, mal des transports – évitez de boire de l'alcool.
- Un **antiseptique** ou un **désinfectant** (par exemple, une solution iodée comme la Bétadine®) pour les coupures, les égratignures superficielles et les brûlures ; des **pansements gras** pour les brûlures.
- Un **antifongique** pour les mycoses et la teigne (clotrimazole ou fluconazole, par exemple).
- Un **dermocorticoïde** pour les allergies/ démangeaisons (crème à base d'hydrocortisone (1%), par exemple)
- De l'**ibuprofène** ou du **paracétamol** (douleurs, fièvre).
- Une **trousse d'urgence** (ciseaux à bouts ronds, pansements, gaze, sparadrap, épingles à nourrice, thermomètre, pince à épiler...) pour les petites blessures.
- Une **paire de lunettes de secours** (si vous portez des lunettes ou des lentilles de contact) et la copie de votre ordonnance, ainsi que les ordonnances de vos médicaments habituels dont vous pourriez avoir besoin.
- Un **produit antimoustique** à base de DEET, un **écran solaire de haute protection** (30 au moins), une **pommade** pour soigner les piqûres et les coupures.
- Des **comprimés** pour stériliser l'eau (Micropur).
- Des **préservatifs** (norme CE).

sous la peau quand on marche pieds nus. Souvent, l'infection ne se déclare qu'au bout de plusieurs semaines. Bien que bénigne en général, elle doit être traitée, car les risques de complications sérieuses sont réels.

Zika

Le virus est très peu répandu au Vietnam, mais il progresse. Souvent, les symptômes sont légers (fièvre, éruption cutanée, céphalées, douleurs articulaires) ou inexistants, et ne durent pas plus d'une semaine. La maladie est principalement transmise par les moustiques et par voie sexuelle. Une infection durant la grossesse peut avoir de graves conséquences sur le nouveau-né. Il n'existe aucun vaccin ni traitement spécifique.

Diarrhée

En dépit de toutes vos précautions, vous aurez peut-être la turista. Le changement de nourriture, d'eau ou de climat suffit à la provoquer ; si elle est causée par des aliments ou de l'eau contaminés, le problème est plus grave. Il est fortement recommandé d'emmener avec soi un antidiarrhéique et un antiseptique intestinal (de type Intétrix et Ercéfuryl).

La déshydratation est le danger principal, surtout chez les enfants. Ainsi, le premier traitement consiste à boire beaucoup : idéalement, il faut mélanger 8 cuillerées à café de sucre et une de sel dans un litre d'eau. Sinon, du thé noir léger, avec peu de sucre, des boissons gazeuses qu'on laisse se dégazéifier et qu'on dilue à 50% avec de l'eau purifiée sont à recommander. En cas de forte diarrhée, il faut prendre une solution réhydratante pour remplacer les sels minéraux.

Les antibiotiques peuvent être utiles dans le traitement de diarrhées très fortes, en particulier si elles sont accompagnées de nausées, de vomissements, de crampes d'estomac ou d'une fièvre légère. Lorsque la diarrhée persiste au-delà de 48 heures, ou s'il y a présence de sang dans les selles, il est préférable de consulter un médecin.

Dysenterie

Affection grave, due à des aliments ou à de l'eau contaminés, la dysenterie se manifeste par une violente diarrhée, souvent accompagnée de sang ou de mucus dans les selles. Une analyse des selles est indispensable pour diagnostiquer le type de dysenterie. Il faut donc consulter rapidement.

Giardiase

Ce parasite intestinal est présent dans l'eau souillée ou dans les aliments souillés par l'eau. Symptômes : crampes d'estomac, nausées, estomac ballonné, selles très liquides et nauséabondes, et gaz fréquents. La giardiase peut n'apparaître que plusieurs semaines après la contamination. Les symptômes peuvent disparaître pendant quelques jours puis réapparaître, et ceci pendant plusieurs semaines.

Affections liées à l'environnement

Alimentation

Le risque de diarrhée s'accentue lorsque l'on mange dans les restaurants. Pour vous en protéger, préférez ne manger que des plats cuisinés le jour même, et évitez les fruits de mer et la nourriture qui semble être restée longtemps en exposition. Pelez les fruits, faites cuire les légumes et laissez tremper la salade dans de l'eau iodée pendant au moins 20 minutes. Choisissez les restaurants les plus fréquentés.

Chaleur

La plupart des régions du Vietnam connaissent un climat chaud et humide toute l'année. Ménagez-vous à votre arrivée. Évitez de vous déshydrater et d'avoir une activité trop intense aux heures chaudes. Buvez des solutions de réhydratation si nécessaire.

Coup de chaleur De longues périodes d'exposition à des températures élevées peuvent vous rendre vulnérable au coup de chaleur. Cet état grave survient quand le mécanisme de régulation thermique du corps ne fonctionne plus. Symptômes : malaise général, transpiration faible ou inexistante, forte fièvre (39 à 41°C) et céphalée lancinante, difficultés à coordonner ses mouvements, signes de confusion mentale ou d'agressivité. Il faut absolument hospitaliser le malade. En attendant les secours, installez-le à l'ombre, ôtez-lui ses vêtements, couvrez-le d'un drap ou d'une serviette mouillés et éventez-le continuellement.

Insolation L'insolation est une urgence. Les symptômes : faiblesse, nausée, fièvre (plus de 41 °C), vertige, confusion, voire évanouissement. Demandez du secours et pratiquez les gestes permettant de réduire la température du corps.

Morsures et piqûres

Punaises de lit Ces insectes ne transmettent pas de maladies, mais leurs morsures entraînent de fortes démangeaisons. Les punaises affectionnent la literie douteuse. Vérifiez en l'état ; si vous repérez de petites taches de sang sur les draps ou les murs autour du lit, cherchez un autre hôtel. Une pommade calmante apaisera la démangeaison.

Méduses La plupart des méduses qui évoluent dans les eaux vietnamiennes ne sont pas dangereuses, juste urticantes. Des antihistaminiques et des analgésiques limiteront la réaction et la douleur. Consultez un médecin si vous continuez à vous sentir mal.

Sangsues Présentes dans les régions de forêts humides, elles ne transmettent pas de maladie, mais leurs morsures entraînent d'importantes démangeaisons. Passez l'ongle sous la bouche de la sangsue pour lui faire lâcher prise (ne pas appliquer de sel). Une crème répulsive peut les maintenir éloignées. Mieux vaut prévenir toute infection en appliquant un antiseptique à base d'iode sur la plaie.

Serpents Le Vietnam compte plusieurs espèces de serpents, dont certaines venimeuses. Les morsures de serpent ne provoquent pas instantanément la mort, et il existe généralement des antivenins. En cas de morsure, il faut calmer la victime, lui interdire de bouger, bander étroitement le membre comme pour une foulure et l'immobiliser avec une attelle. Trouvez ensuite un médecin, et essayez de lui apporter le serpent mort. On sait désormais qu'il ne faut absolument pas sucer le venin ou poser un garrot. Les sérums antivenins ne sont disponibles que dans les plus grandes villes.

Tiques Elles s'attrapent souvent lors de marches dans des zones rurales. On les retrouve en général derrière les oreilles, sur le ventre et sous les aisselles. Détachez les tiques délicatement avec une pincette fine (huile, vaseline, allumette, alcool sont déconseillés). Consultez un

SE PROTÉGER DES MOUSTIQUES

La protection contre les piqûres de moustiques est le premier moyen d'éviter le paludisme.

- Choisissez des hébergements avec fenêtres antimoustiques et ventilateur (à défaut d'air conditionné, qui diminue l'agressivité des moustiques – à 20°C environ).
- Le soir, dès le coucher du soleil, portez des vêtements longs, de couleur claire de préférence. Imprégnez vos vêtements de répulsif.
- Appliquez une lotion répulsive sur les parties découvertes du corps (bras et chevilles notamment).
- Aspergez votre chambre d'insecticide ou utilisez un tortillon fumigène avant de sortir.
- Dormez sous une moustiquaire imprégnée d'insecticide.

médecin si, à la suite d'une morsure de tique, vous êtes sujet à des rougeurs (à l'endroit de la morsure ou ailleurs), à de la fièvre ou à des douleurs musculaires. La doxycycline prévient les maladies transmises par les tiques.

Pollution

La pollution, due notamment aux gaz d'échappement, pose un problème dans la plupart des grandes villes du pays, en particulier à Hanoi. Si vous souffrez de graves difficultés respiratoires et vous rendez dans des centres urbains pollués, parlez de votre voyage à votre médecin traitant avant votre départ. Pour connaître la qualité de l'air au Vietnam en temps réel, rendez-vous sur le site Internet www.waqi.info.

Problèmes de peau

Bourbouille C'est une éruption cutanée répandue sous les tropiques. Restez dans un lieu climatisé pendant quelques heures et prenez des douches froides.

Coups de soleil Ils sont fréquents sous les tropiques, même par temps couvert. Utilisez un écran solaire (indice 30 au moins), et réappliquez-le après chaque baignade. Portez un chapeau et des lunettes de soleil. Évitez de vous exposer entre 10h et 14h.

Coupures et égratignures Dans les climats chauds et humides, elles s'infectent très facilement. Surveillez attentivement toute blessure, aussi petite soit-elle, pour éviter les complications (comme un abcès). Lavez-la immédiatement à l'eau claire et traitez-la avec un antiseptique. N'hésitez pas à voir un médecin si des signes d'infection apparaissent (rougeur et douleur croissantes).

Infections fongiques Elles sont courantes dans les climats humides. Elles apparaissent souvent sur les parties du corps les moins "aérées" (aine, aisselles, orteils) et se caractérisent par une tache rouge qui grossit lentement, souvent accompagnée de démangeaisons. Le traitement consiste à garder la peau sèche, à éviter les frottements et à utiliser une crème antifongique comme le clotrimazole ou la lamisil.

Santé au féminin

Grossesse

La plupart des fausses couches ont lieu pendant les trois premiers mois de la grossesse. C'est donc la période la plus risquée pour voyager. Pendant les trois derniers mois, il vaut mieux rester à distance raisonnable de bonnes infrastructures médicales. Les femmes enceintes doivent éviter de prendre inutilement des médicaments. Cependant, certains vaccins et traitements préventifs contre le paludisme restent nécessaires. Mieux vaut consulter un médecin avant de prendre quoi que ce soit.

Quelques conseils :

Assurance Veillez à ce que votre assurance couvre tous les risques liés à la grossesse à l'étranger, notamment le travail prématuré.

Diarrhée Nombre d'antidiarrhéiques sont déconseillés durant la grossesse. L'azithromycine est cependant considéré comme sûr.

Paludisme Aucun des traitements antipaludiques n'est complètement sûr pour les femmes enceintes.

Zones rurales Évitez-les en raison du manque de moyens de transport efficaces et d'infrastructures médicales.

Zika On recommande aux femmes enceintes de ne pas voyager au Vietnam : le virus (bien que rare) peut entraîner des anomalies congénitales.

Problèmes gynécologiques

Une nourriture pauvre, une résistance amoindrie par l'utilisation d'antibiotiques contre des problèmes intestinaux peuvent favoriser les infections vaginales lorsqu'on voyage dans des pays à climat chaud. Respectez une hygiène intime scrupuleuse, et portez jupes ou pantalons amples et sous-vêtements en coton.

Les champignons, caractérisés par une éruption cutanée, des démangeaisons et des pertes, peuvent se soigner facilement. En revanche, la trichomonase est plus grave ; pertes blanches et sensation de brûlure lors de la miction en sont les symptômes. Le partenaire doit aussi être soigné.

Il n'est pas rare que le cycle menstruel soit perturbé lors d'un voyage.

Voyager avec des enfants

Les personnes voyageant avec des enfants doivent pouvoir soigner des affections mineures, et savoir quand avoir recours aux services médicaux. Bien avant le départ, assurez- vous que les vaccinations des enfants sont à jour. Sachez que certains vaccins ne conviennent pas aux enfants de moins de 1 an. Si vous séjournez au Vietnam dans des régions isolées, il faut aussi prévoir un traitement antipaludéen adapté.

Dans les zones chaudes et humides, la moindre égratignure peut s'infecter. Toute blessure doit être parfaitement nettoyée et tenue au sec. Soyez vigilant en évitant de boire l'eau du robinet et en ne prenant aucun risque concernant la nourriture et les boissons. Pensez à emporter des poudres réhydratantes à utiliser avec de l'eau bouillie si votre enfant est sujet à des vomissements ou à des diarrhées.

Afin d'éviter les risques de rage ou d'autres maladies, les enfants doivent être tenus à l'écart des chiens et des mammifères en général. Les morsures, griffures ou coups de langue d'un animal à sang chaud et à fourrure doivent être immédiatement et soigneusement nettoyés. S'il y a un risque, même infime, que l'animal soit contaminé, il convient de chercher immédiatement une assistance médicale.

Pour plus d'informations sur la santé en voyage avec des enfants, consultez le guide *Voyager avec ses enfants* publié par Lonely Planet.

Langue

Le vietnamien, ou *tiếng Việt* (tí-eng vi-èt), langue officielle du Vietnam, est parlé par environ 85 millions de personnes dans le monde, au Vietnam et dans la diaspora. Il appartient au groupe de langues mon-khmer.

Plus des trois quarts des mots vietnamiens dérivent du chinois. On appelle ce vocabulaire sino-vietnamien, résultat de siècles de domination chinoise, *Hán Việt* (hán vi-èt). Des termes français ont également intégré la langue, après la prise de Saigon par les Français en 1859.

Jusqu'au début du XXe siècle, le vietnamien s'écrivait avec des caractères chinois adaptés, mais en 1919, l'écriture latine *quốc ngữ* (kwŏk gneŭ) est adoptée de façon officielle. Il s'agit d'un alphabet phonétique composé de 29 lettres inventé au XVIIe siècle par Alexandre de Rhodes, un missionnaire jésuite français.

La prononciation vietnamienne n'est pas aussi difficile qu'elle ne le paraît. La voyelle a se prononce de plusieurs façons : parfois comme un "a" français, fermé, d'autres fois comme un "e", ouvert. Les voyelles peuvent être associées de diverses manières dans un mot, et nous avons utilisé des tirets (ex. : tí-eng) pour séparer les différents sons vocaliques et faciliter la prononciation. Quant aux consonnes, les lettres ng peuvent apparaître en début de mot, la prononciation s'apparentant alors au son final du mot anglais "sing". Le d se prononce comme un "z" et le đ comme un "d".

Le vietnamien utilise un système de tons. Certaines voyelles se prononcent ainsi sur un ton élevé, bas ou neutre, tandis que, pour d'autres, le ton chute d'une manière presque musicale. Au nombre de six, ces tons sont représentés à l'écrit par des accents placés au-dessus ou en dessous des voyelles : égal (ma), descendant (mà), descendant montant (mả), montant glottalisé (mã), montant (má) et descendant glottalisé (mạ). Le ton égal est neutre et, dans le Sud, le ton montant glottalisé se prononce comme le ton descendant montant.

Les variations de vocabulaire entre le vietnamien du Nord et celui du Sud sont indiquées dans ce chapitre par (N) et (S).

POUR ALLER PLUS LOIN

Indispensable pour mieux communiquer sur place : le *Guide de conversation vietnamien* de Lonely Planet. Pour réserver une chambre, lire un menu ou simplement faire connaissance, ce manuel permet d'acquérir les rudiments de la langue. Inclus: un minidictionnaire bilingue.

VOCABULAIRE DE BASE

Bonjour.	*Xin chào.*	sin jòw
Au revoir.	*Tạm biệt.*	tạm bi·èt
Oui.	*Vâng.* (N)	vœhng
	Dạ. (S)	yạ
Non.	*Không.*	không
S'il vous plaît.	*Làm ơn.*	làm œn
Merci	*Cảm ơn.*	kảm œn
Je vous en prie.	*Không có chi.*	không kó zi
Excusez-moi. /pardon	*Xin lỗi.*	sin lõï

Comment allez-vous ?
Có khỏe không? káo khoué không

Bien, merci. Et vous ?
Khỏe, cám ơn. khoué kám œn
Còn bạn thì sao? kòn baạn thi chao

Comment vous appelez-vous ?
Tên là gì? ten là zi

Je m'appelle...
Tên tôi là ... ten tôï là...

Parlez-vous (français) ?
Bạn có nói tiếng (Pháp) không? baạn ğó nói (fáp) không

Je (ne) comprends (pas).
Tôi (không) hiểu. doï (không) hiẻ·ou

HÉBERGEMENT

Où y a-t-il un(e)...?	*Đâu có ... ?*	dœou kó...
hôtel	*khách sạn*	khêk chạn
pension	*nhà khách*	gnà khêk
J'aimerais une...	*Tôi muốn ...*	toï mou·úhn...
chambre simple	*phòng đơn*	fòng dœn
chambre double (à grand lit)	*phòng giường đôi*	fòng zœ·èng dôi

Combien cela coûte-t-il par nuit/personne ?
Giá bao nhiêu một đêm/người? zá bao gnié·ou môt dem/ngeù·i

climatisation	*máy lạnh*	máï lạng
salle de bains	*phòng tắm*	fòng tám
ventilateur	*quạt máy*	kouạt máï
eau chaude	*nước nóng*	nœhr·érk nóm
moustiquaire	*màng*	màng
drap	*ra trãi giường*	zaa chaï zu·œng
toilettes	*nhà vệ sinh*	gnà vẹ ching
papier toilette	*giấy vệ sinh*	zóœï vẹ ching
serviette	*khăn tắm*	khan dúhm

ORIENTATION

Où est... ?
... ở đâu ? ... éu dœou

Quelle est l'adresse ?
Địa chỉ là gì? di·eụh tyí là zi

Pourriez-vous l'écrire, s'il vous plaît ?
Xin viết ra giùm tôi. sin vi·úht zaa zùm doï

Pourriez-vous me le montrer (sur la carte) ?
Xin chỉ giùm (trên bản dồ này). sin jeẻ zùm (chen baản dàw này)

Allez toujours tout droit.
Thẳng tới trước. tủhng der·í chœhr·érk

à l'angle	*ở góc đường*	ér góp dœhr·èrng
aux feux	*tại đèn giao thông*	dại dèn zow tawm
derrière	*đằng sau*	dùhng chao
devant	*đằng trước*	dùng chœhr·érk
près (de)	*gần*	gùhn
en face	*đối diện*	dóy zi·ụhn

Tournez à gauche	*Sang trái.*	saang chaí
Tournez à droite	*Sang phải.*	saang fai

PHRASES CLÉS

Pour vous débrouiller en vietnamien, servez-vous de ces modèles et ajoutez-y les mots de votre choix ;

Quand est (le prochain bus) ?
Khi nào là (chuyến xe buýt tới)? ki nào laà (djou·úhn sa bouét der·í)

Où se trouve (la gare) ?
(Nhà ga) ở đâu? (nyaà gaa) ér dœou

Où puis-je (acheter un ticket) ?
Tôi có thể (mua vé) ở đâu? doï ğó tẻ (mou·ah vè) ér dœou

Je cherche (un hôtel).
Tôi tìm (khách sạn). doï dìm (khêk chạn)

Avez-vous (une carte) ?
Bạn có (bản đồ) không? baạn ğó (baản dàw) kaom

Y a-t-il (des toilettes) ?
Có (vệ sinh) không? ğó (vẹ sing) kaom

Je voudrais (le menu).
Xin cho tôi (thực đơn). sin djo doï (tụhrk dern)

Je voudrais (louer une voiture).
Tôi muốn (xe hơi). doï mou·iouhn (sa her·i)

S'il vous plaît, pouvez-vous (m'aider) ?
Làm ơn (giúp đỡ)? laàm ern (zúp dẽr)

J'ai (un visa).
Tôi có (visa). doï ğó (vi·saa)

AU RESTAURANT

Je voudrais une table pour ...	*Tôi muốn đặt bàn cho ...*	tôï mou·ôn dạt bàn tyo ...
(deux) personnes	*(hai) người*	(haï) ngœ·i
(huit) heures	*vào lúc (tám) giờ*	vào lóuk (tám) zœ

Avez-vous un menu (en français) ?
Bạn có thực đơn (bằng tiếng Pháp) bạn kó thụk dœn (bàng tiéng fáp)

Quelle est la spécialité locale ?
Ở đây có món gì đặc biệt? ér daï kó món gì dặc bi·ét

J'aimerais...
Xin cho tôi... sin tcho toï...

Pas trop épicé, s'il vous plaît.
Xin đừng cho cay quá. sin dừng tyo ğaï gwaá

Je suis végétarien.
Tôi ăn chay. doï œhn jaï

Je suis allergique aux (arachides).
Tôi bị dị ứng với (hạt lạc). doï beẹ zeẹ úhrng ver·í (haạt laạk)

Pouvez-vous me donner... ?
Xin mang cho tôi...? sin maang tyo doï...

Puis-je avoir (une bière), s'il vous plaît ?
Xin cho tôi (chai bia)? sin tyo doy (jai bi·œh)

Santé !
Chúc sức khoẻ! júp súhrk kwả

Merci, c'était délicieux.
Cám ơn, ngon lắm. ğaám ern ngon lúhm

L'addition, s'il vous plaît.
Xin tính tiền. sin díng di·ùhn

Mots utiles

bouteille	*chai*	jai
bol	*bát/ chén* (N/S)	baát/ jén
petit-déjeuner	*ăn sáng*	œhn saáng
baguettes	*đôi đũa*	doï·i doõ·œh
froid	*lạnh*	laạng
dessert	*món tráng*	món chaáng
dîner	*ăn tối*	œhn dóy
fourchette	*cái dĩa/ nĩa* (N/S)	ğaí deē·œh/ neē·œh
verre	*cốc/ly* (N/S)	káwp/li
chaud	*nóng*	nóm
couteau	*con dao*	ğon zow
déjeuner	*ăn trưa*	œhn chœhr·œh
plat	*đĩa*	deē·œh
restaurant	*nhà hàng*	gnà haàng
en-cas	*ăn nhẹ*	œhn nyạ
épicé	*cay*	ğaï
cuiller	*cái thìa*	ğaí ti·ùh
avec	*với*	ver·í
sans	*không có*	không ğó

Viandes et poissons

bœuf	*thịt bò*	tịt bò
poulet	*thịt gà*	tịt gaà
crabe	*cua*	ğou·œh
anguille	*lươn*	lœhr·ern
poisson	*cá*	kaá
grenouille	*ếch*	ék
chèvre	*thịt dê*	tịt ze
porc	*thịt lợn/ heo* (N/S)	tịt lẹrn/ haï·o
crevettes	*tôm*	dawm
escargot	*ốc*	áwp
calamar	*mực*	mụhrk

Fruits et légumes

pomme	*táo/bơm* (N/S)	dów/berm
banane	*chuối*	jou·í
chou	*bắp cải*	búhp ğaỉ
carotte	*cà rốt*	ğaà záwt
noix de coco	*dừa*	zœhr·ùh
maïs	*ngô/bắp* (N/S)	ngow/búp
concombre	*dưa leo*	zœhr·œh laï·o
aubergine	*cà tím*	ğaà dím
raisin	*nho*	nyo
haricots verts	*đậu xanh*	dọh saang
poivron vert	*ớt xanh*	ért saang
citron	*chanh*	chaang
laitue	*rau diếp*	zoh zi·úhp
litchi	*vải*	vaỉ
mandarine	*quýt*	gwít
mangue	*xoài*	swaì
champignons	*nấm*	núhm
orange	*cam*	ğaam
papaye	*đu đủ*	dou dỏo
pois	*đậu bi*	dọh bi
ananas	*dứa*	zœhr·úh
pomme de terre	*khoai tây*	kwai daï
citrouille	*bí ngô*	bí ngaw
fraise	*dâu*	zoh
patate douce	*khoai lang*	kwai laang
tomate	*cà chua*	ğaà jou·œh
melon	*dưa hấu*	zœhr·œh hóh

Divers

sauce piquante	*tương ớt*	dœhr·erng ért
œufs	*trứng*	chúhrng
sauce de poisson	*nước mắm*	nœhr érk múhm
nouilles de riz	*phở*	fẻr
riz frit	*cơm rang thập cẩm* (N) *cơm chiên* (S)	ğerm zaang tụhp ğủhm ğerm ji·œhn
riz	*cơm*	ğerm
salade	*sa lát*	saa laát
soupe	*canh*	ğaang
riz à la vapeur	*cơm trắng*	ğerm chaáng
glace	*đá*	daá
poivre	*hạt tiêu*	haạt di·ou
sel	*muối*	mou·í
sucre	*đường*	dur·èrng
vermicelles de riz	*bún*	bún
pâtes jaunes	*mì*	mi

LANGUE AU RESTAURANT

Boisson

bière	*bia*	bi·a
café	*cà phê*	ğaà fe
jus de citron glacé	*chanh đá*	jaang daá
lait	*sữa*	sũhr·œh
eau minérale	*nước khoáng* (N) / *nước suối* (S)	nœhr·érk kwaáng / nœhr·érk sou·í
jus d'orange	*cam vắt*	ğaam vúht
vin rouge	*rượu vang đỏ*	zi·oọ vaang dỏ
lait de soja	*sữa đậu nành*	sũhr·œh dọh naàng
thé	*chè/trà* (N/S)	jà/chaà
vin blanc	*rượu vang trắng*	zi·oọ vaang chaáng

URGENCES

À l'aide ! *Cứu tôi!* ğœhr·oú doï

Il y a eu un accident ! *Có tai nạn!* ğó dai naạn

Laissez-moi tranquille ! *Thôi!* toï

Je suis perdu.
ôi bị lạc đường. doï beẹ laạk dœhr·èrng

Où sont les toilettes ?
Nhà vệ sinh ở đâu? gnà vẹ sing ẻr dœou

Pourriez-vous appeler la police ?
Làm ơn gọi công an ? laàm ern gọy ğawm aan

Pourriez-vous appeler un médecin ?
Làm ơn gọi bác sĩ ? laàm ern gọy baák seẽ

Je suis malade.
Tôi bị đau. doï beẹ doh

J'ai mal ici.
Chỗ bị đau ở đây. jãw beẹ doh ẻr daï

Je suis allergique (aux antibiotiques).
Tôi bị dị ứng với (thuốc kháng sinh). doï beẹ zeẹ úhrng ver·í (tou·úhk kaáng sing)

ACHATS ET SERVICES

J'aimerais acheter...
Tôi muốn mua … doï mou·úhn mou·œh…

Puis-je le regarder de plus près ?
Tôi có thể xem được không? doï ğó tẻ sam dœhr·ẹrk không

Je regarde seulement.
Tôi chỉ ngắm xem. doï jeẻ ngúhm sam

Je ne l'aime pas.
Tôi không thích nó. doï không tík nó

Combien cela coûte-t-il ?
Cái này giá bao nhiêu? ğaí này zaá bao gnié·ou

C'est trop cher.
Cái này quá mắc. ğaí này gwaá múhk

Chiffres et nombres

1	*một*	một
2	*hai*	haï
3	*ba*	baa
4	*bốn*	báon
5	*năm*	nam
6	*sáu*	cháou
7	*bảy*	bảï
8	*tám*	dám
9	*chín*	tyín
10	*mười*	muœï
20	*hai mươi*	haï muœï
30	*ba mươi*	ba muœï
40	*bốn mươi*	báwn muœï
50	*năm mươi*	nuhm muœï
60	*sáu mươi*	sów muœï
70	*bảy mươi*	bảy muœï
80	*tám mươi*	daám muœï
90	*chín mươi*	jín muœï
100	*một trăm*	một tcham
1 000	*một nghìn* (N) / *một ngàn* (S)	một ngyìn / một ngàn

Acceptez-vous les cartes bancaires ?
Bạn có nhận thẻ tín dụng không? baạn kó nyụhn tả dín zụm không

Il y a une erreur dans l'addition.
Có sự nhầm lẫn trên hoá đơn. ğó sụhr nyùhm lũhn chen hwaá dern

Je cherche...	*Tôi tìm …*	doï dìm…
une banque	*ngân hàng*	ngœhn haàng
le marché	*chợ*	jẹr
l'office du tourisme	*văn phòng hướng dẫn du lịch*	vœhn fòm hœhr·érng zũhn zou lịk

HEURE ET DATES

Quelle heure est-il ?
Mấy giờ rồi? máy zèr zòy

Il est (8) heures pile.
Bây giờ là (tám) giờ. baï zèr laà (dúhm) zèr

le matin	*buổi sáng*	boỏ·i saáng
l'après-midi	*buổi chiều*	boỏ·i ji·oò
le soir	*buổi tối*	boỏ·i dóy
hier	*hôm qua*	hawm ğwaa
aujourd'hui	*hôm nay*	hawm naï
demain	*ngày mai*	ngày mai\
lundi	*thứ hai*	túhr hai
mardi	*thứ ba*	túhr baa

mercredi	*thứ tư*	túhr dœhr
jeudi	*thứ năm*	túhr nœhm
vendredi	*thứ sáu*	túhr sóh
samedi	*thứ bảy*	túhr bảy
dimanche	*chủ nhật*	jỏo nhụht

janvier	*tháng giêng*	taáng zi·œhng
février	*tháng hai*	taáng hai
mars	*tháng ba*	taáng baa
avril	*tháng tư*	taáng tœhr
mai	*tháng năm*	taáng nœhm
juin	*tháng sáu*	taáng sóh
juillet	*tháng bảy*	taáng bảy
août	*tháng tám*	taáng dúhm
septembre	*tháng chín*	taáng jín
octobre	*tháng mười*	taáng mœhr·i
novembre	*tháng mười một*	taáng mœhr·i mawt
décembre	*tháng mười hai*	taáng mœhr·i hai

TRANSPORTS

Transports en commun

Quand le premier... part/arrive?	*Chuyến ... (sớm nhất) chạy lúc mấy giờ?*	jwi·úhn... (sérm nyúht) jay lúp máy zèr
bateau	*tàu/ thuyền*	dòw/ toui·èn
bus	*xe buýt*	sē bouít
avion	*máy bay*	maĩ baĩ
train	*xe lửa*	sa lůhr·œh

Je voudrais un billet pour	*Tôi muốn vé ...*	doĭ mou·úhn vá...
une 1re classe	*hạng nhất*	haạng nyúht
une 2e classe	*hạng nhì*	haạng nyi
un aller simple	*đi một chiều*	di mạt ji·oò
un aller-retour	*khứ hồi*	kúhr haw·i

Je veux aller à...
Tôi muốn đi ... doĭ mou·úhn di...

Combien de temps dure le voyage ?
Chuyến đi sẽ mất bao lâu? jwi·úhn di sã múht bao loh

À quelle heure arrive-t-il ?
Mấy giờ đến? máy zèr dén

gare routière	*bến xe*	bén sa
gare ferroviaire	*ga xe lửa*	gaa sa lůhr·œh

le premier	*đầu tiên*	dòw di·œhn
le dernier	*cuối cùng*	ğou·í ğùm
le prochain	*kế tiếp*	ğé di·úhp
billetterie	*phòng bán vé*	fòm baán vá
horaires	*thời biểu*	ter·i beẻ·ou

Voiture et vélo

J'aimerais louer	*Tôi muốn thuê ...* (N) *Tôi muốn mướn ...* (S)	doĭ mou·úhn twe... doĭ mou·úhn mœhr·érn...
une voiture	*xe hơi*	sa her·i
un vélo	*xe đạp*	sa dạp
une moto	*xe moto*	sa mo·to

Est-ce la route menant à... ?
Con đường này có dẫn đến ...? ğon dœhr·èrng này ğó zũhn dén...

Combien reste-t-il de kilomètres jusqu'à... ?
... cách đây bao nhiêu ki-lô-mét? ... ğaák daĩ bao gnié·ou ki·law·mét

Où y a-t-il une station-service ?
Trạm xăng ở đâu? chaạm sœhng ẻr dœou

Faites le plein, s'il vous plaît.
Làm ơn đổ đầy bình. laàm ern dỏ dày bìng

Je voudrais... litres.
Tôi muốn ... lít. doĭ mou·úhn... léet

essence	*dầu xăng có chì*	zòh sœhng ğó ji
essence sans plomb	*dầu xăng*	zòh sœhng
diesel	*dầu diesel*	zòh di·sel

carte	*bản đồ*	baản dàw
nationale	*xa lộ*	saa lạw

(Combien de temps) puis-je laisser ma voiture ici ?
Chúng tôi có thể đậu xe được (bao lâu)? júm doĭ ğó tẻ dọh sa dœhr·ẹrk (bao loh)

Il me faut un mécanicien.
Chúng tôi cần thợ sửa xe. júm doĭ ğùhn tẹr sủhr·œh sa

La voiture/moto est tombée en panne (à...)
Xe bị hư (tại ...). sa beẹ hœhr (dại...)

La voiture/moto ne démarre plus.
(Xe hơi/Xe moto) không đề được. (sa her·i/sa mo·to) không dè dœhr·ẹrk

Mon pneu est crevé.
Bánh xe tôi bị xì. baáng sa doĭ beẹ si

Je n'ai plus d'essence.
Tôi bị hết dầu/xăng. doĭ beẹ hét zòh/sœhng

J'ai eu un accident.
Tôi bị tai nạn. doĭ beẹ dai naạn

GLOSSAIRE

A Di Da – Bouddha du passé

agent orange – défoliant cancérigène et mutagène, utilisé pendant la guerre du Vietnam

am et duong – équivalents vietnamiens du yin et du yang

Amérasiens – enfants nés de l'union de soldats américains et de femmes asiatiques pendant la guerre du Vietnam

Annam – ancien nom chinois du Vietnam, signifiant "Sud pacifié"

ANV – Armée nationale vietnamienne

ao dai – costume traditionnel

apsara – vierge céleste

ARVN – Armée de la république du Vietnam ; ancienne armée du Sud-Vietnam

bai – plage

ban – village de montagne

bang – congrégation (dans la communauté chinoise)

bar om – ou "karaoké om" ; bar associé à l'industrie du sexe

Ba Tay – une Occidentale

bia hoi – bière pression

bonze – moine bouddhiste

buu dien – bureau de poste

cai luong – théâtre moderne vietnamien

caodaïsme – religion syncrétique fondée en 1926

Chams – habitants du royaume du Champa et leurs descendants

cham cui – acupuncture

Champa – royaume hindou remontant à la fin du IIe siècle

Charlie – surnom donné par les soldats américains aux soldats viêt-cong

chua – pagode

chu nho – idéogrammes chinois

chu nôm – (ou *nôm*) anciens idéogrammes vietnamiens (XIIIe-XXe siècle)

Cochinchine – région sud du Vietnam à l'époque coloniale française

com pho – soupe au riz et aux nouilles

cong – gong

cuu long – les "neuf dragons", surnom des neuf bras du Mékong dans le delta

dan bau – cithare à une corde

dan tranh – cithare à 16 cordes

den – temple

Di Lac – Bouddha du futur

dikpalaka – dieux des Points cardinaux

dinh – maison communale

DMZ – zone démilitarisée ; no man's land qui séparait autrefois le Nord-Vietnam du Sud-Vietnam

doi moi – réforme économique commencée en 1986

dong – grotte naturelle ; désigne aussi la monnaie vietnamienne

don ganh – palanche en bambou

dong son – tambour

écocide – terme désignant les effets dévastateurs des herbicides utilisés pendant la guerre du Vietnam

feng shui – voir *phong thuy*

FNL – Front national de libération du Sud-Vietnam, nom officiel du Viêt-cong

Funan – voir Oc-Eo

garuda – êtres célestes semblables aux griffons et se nourrissant de *nâga*

gom – céramique

GRP – Gouvernement révolutionnaire provisoire, institué par le Viêt-cong dans le Sud-Vietnam de 1969 à 1976

guerre américaine – nom donné par les Vietnamiens à ce que la plupart des autres nations appellent la "guerre du Vietnam"

Guomindang – voir Kuomintang

hai dang – phare

han viet – littérature sino-vietnamienne

hat boi – théâtre classique du Sud

hat cheo – théâtre populaire

hat tuong – théâtre classique du Nord

Hoa – ethnie chinoise, une des plus importantes minorités vietnamiennes

Hoa Hao – secte bouddhiste vietnamienne apparue en 1939

ho ca – aquarium

hoi quan – salle de rassemblement des congrégations chinoises

hon – île

Honda Dream – modèle de scooter le plus vendu au Vietnam

Honda om – moto-taxi ; aussi appelé *xe om*

huong – parfum

huyen – district rural

Indochine – nom qu'utilisaient les Français pour désigner leurs colonies asiatiques : le Vietnam, le Cambodge et le Laos

kala-makara – divinité prenant la forme d'un monstre marin

kalan – sanctuaire

ken doi – instrument de musique composé de deux flûtes de bambou à sept trous

khach san – hôtel

Khmer – personne d'origine cambodgienne, ou ce que l'on peut rattacher à la culture de cette ethnie

Khong Tu – Confucius

kich noi – théâtre parlé

kinh – langue vietnamienne

Kuomintang – ou KMT, Parti nationaliste chinois ; le KMT prit le pouvoir en Chine en 1925 et le garda jusqu'en 1949, année de sa défaite face aux communistes

li xi – argent de la chance

Libération – prise du Sud par le Nord en 1975 ; les étrangers préfèrent le terme de "réunification"

Lien Xo – littéralement "Union soviétique" ; mot utilisé pour attirer l'attention d'un étranger

lingam – phallus stylisé, symbole de la divinité hindoue Shiva

MAAG – Military Assistance Advisory Group ; groupe de conseil et d'aide militaires créé pour entraîner les troupes auxquelles on confiait des armes américaines

mandapa – salle de méditation

manushi-bouddha – manifestations humaines des bouddhas historiques

mat cua – "œil bienveillant" chargé de protéger la maisonnée

MIA – "Missing In Action" : soldat porté disparu

moi – terme péjoratif signifiant "sauvage", utilisé envers les ethnies montagnardes

montagnards – désigne au Vietnam les minorités ethniques peuplant les régions reculées du pays

muong – grand village formé de *quel* (maisons sur pilotis)

nâga – serpent mythique aux pouvoirs divins, souvent représenté la tête dressée au-dessus du Bouddha qu'il protège pendant sa méditation

nam phai – pour hommes

napalm – essence solidifiée, larguée sous forme de bombes, aux effets dévastateurs

nguoi thuong – terme utilisé par le gouvernement actuel pour désigner les montagnards

nha hang – restaurant

nha khach – hôtel ou pension

nha nghi – pension

nha rong – ou *rong* ; maison sur pilotis utilisée par les montagnards comme maison commune

nha tro – dortoir

nôm – *voir chu nôm*

nui – montagne

nu phai – pour les femmes

Oc-Eo – (ou Funan) royaume hindouisé du sud du Vietnam entre le Ier et le VIe siècle

Ong Bon – gardien du Bonheur et de la Prospérité

Ong Tay – un Occidental

OSS – prédécesseur de la CIA

pagode – à l'origine, tour octogonale bouddhique ; au Vietnam désigne un temple

phong thuy – littéralement, "eau du vent" ; terme désignant la géomancie et également connu sous son appellation chinoise, feng shui

piastre – monnaie en cours du temps de l'Indochine française

piste Hô Chi Minh – réseau de voies emprunté par l'ANV et le Viêt-cong pour approvisionner leurs combattants dans le Sud

POW – "Prisoner of War" : prisonnier de guerre

PTSD – "Post-Traumatic Stress Disorder" : stress post-traumatique

quan – district urbain

quan lai – mandarin

Quan Thê Âm Bô Tat – déesse de la Miséricorde

quel – hameau de maisons sur pilotis

quoc am – littérature vietnamienne moderne

quôc-ngu – transcription phonétique du vietnamien en alphabet latin, actuellement en usage

rap – cinéma

RDV – République démocratique du Vietnam (ancien Nord-Vietnam)

roi can – marionnettes

roi nuoc – marionnettes sur l'eau

RSV – République socialiste du Vietnam (nom officiel actuel)

ruou – "vin" ou alcool local, de riz en général

RVN – république du Vietnam (ancien Sud-Vietnam)

salangane – petite hirondelle, dont le nid est très recherché dans la gastronomie vietnamienne

sao – flûte en bois

shakti – manifestation féminine de Shiva

son mai – laque

song – rivière

sung – bois de figuier

Tam Giao – "religion triple" mêlant confucianisme, taoïsme et bouddhisme, auxquels s'ajoutèrent avec le temps les croyances populaires chinoises et l'animisme vietnamien

Tao – la Voie, essence constituant toute chose

Têt – Nouvel An lunaire

thai cuc quyen – tai-chi vietnamien

Thich Ca – le Bouddha historique (Shakyamuni)

Thien Hau Thanh Mau – déesse de la Mer, protectrice des pêcheurs et des marins

thong nhat – "réunification", terme couramment employé pour désigner le train *Express de la Réunification*

thung chai – embarcation circulaire en jonc, rendue imperméable par du goudron

thuoc bac – médecine chinoise

toc hanh – bus express

Tonkin – nom donné au nord du Vietnam pendant la période coloniale française ; il donne toujours son nom au golfe qui se situe entre le Vietnam et la Chine

to rung – xylophone en bambou

trong com – tambourin

truyen khau – tradition orale/littérature orale traditionnelle

tu sat – dominos

Viêt-cong – terme (à l'origine péjoratif) pour désigner les communistes du Sud-Vietnam

Viêt Kiêu – Vietnamiens expatriés

Viêt-minh – Ligue pour l'indépendance du Vietnam ; mouvement nationaliste qui a combattu les Japonais, puis les Français, et qui finit par devenir communiste

VNQDD – Parti nationaliste populaire

vo binh dinh – art martial traditionnel reposant sur le maniement d'un bâton en bambou

xang – essence

xe dap loi – voiture tirée par un vélo

xe Honda loi – voiture tirée par une moto

xe lam – mini-camionnette à trois roues

xe loi – voiture tirée par une moto (dans le delta du Mékong)

xe om – moto-taxi, aussi appelée *Honda om*

xich lo – cyclo-pousse

En coulisses

VOS RÉACTIONS

Vos commentaires nous sont très précieux et nous permettent d'améliorer constamment nos guides. Notre équipe lit toutes vos lettres avec la plus grande attention. Nous ne pouvons pas répondre individuellement à tous ceux qui nous écrivent, mais vos commentaires sont transmis aux auteurs concernés. Tous les lecteurs qui prennent la peine de nous communiquer des informations sont remerciés dans l'édition suivante, et ceux qui nous fournissent les renseignements les plus utiles se voient offrir un guide.

Pour nous faire part de vos réactions, prendre connaissance de notre catalogue et vous abonner à notre newsletter, consultez notre site Internet : **www.lonelyplanet.fr**

Nous reprenons parfois des extraits de notre courrier pour les publier dans nos produits, guides ou sites Web. Si vous ne souhaitez pas que vos commentaires soient repris ou que votre nom apparaisse, merci de nous le préciser. Notre politique en matière de confidentialité est disponible sur notre site Internet.

À NOS LECTEURS

Nous remercions tous les lecteurs qui ont utilisé la précédente édition de ce guide et ont pris la peine de nous écrire pour nous communiquer informations, commentaires et anecdotes :

Jean-Claude Blivet, Patrice Cailleaud, Régine Fatticcioni, Benoît Maisongrosse, Mathilde Palmier, Théo Pape, Claude Peuriot

UN MOT DES AUTEURS

Iain Stewart

L'écriture d'un guide sur le Vietnam nécessite sur place l'aide précieuse de beaucoup de personnes. Je remercie Mark Zazula et Lu, Matt Cowan, et Mark et Duong de l'Old Compass pour leurs conseils avisés à HCMV. Le long du littoral vietnamien, j'ai aussi reçu l'aide de Neil et Caroline, Vinh Vu, Mark Wyndham, Alex Leonard, Julia Shaw et de mon fils et compagnon de voyage, Louis Stewart.

Damian Harper

Un grand merci à tous ceux qui m'ont apporté leur aide lors de ce merveilleux voyage, en particulier Ben, Sophie, Kien, Binh, Hu Xuechun, Mai, Anh, Thao, Tam, Priscilla Milis, Matt Bazak, Neil, Paul Mooney, Kim, Tanya Currington, Fabienne, Justine, Thien, Hoang Nguyen, Bradley Mayhew, Truyen et Rosee. Et, comme toujours, merci à Daisy, Tim et Emma.

Bradley Mayhew

Merci à M. Linh pour ses précieux renseignements sur le parc national de Ba Be, et un grand merci à Nguyen Van Manh à Sapa, à Yom à Dalat et à M. Dong du Ngan Nga Bac Ha. Je salue aussi QT et Jorgen à Ha Giang pour leur aide et leurs superbes vélos de location. Enfin, merci à André pour deux formidables semaines à moto dans le nord du pays.

Nick Ray

Je remercie du fond du cœur les peuples vietnamien et cambodgien, dont la force et la détermination ont fait de ces pays des endroits fascinants. Plus que tout, je remercie mon épouse, Kulikar Sotho, et nos enfants, Julian et Belle : sans leur soutien ni leurs encouragements, toutes ces aventures seraient impossibles. Merci aussi à mes parents de m'avoir donné le goût du voyage dès mon plus jeune âge. Merci aux autres voyageurs et aux résidents, aux amis et aux contacts qui m'ont aidé à affiner ma connaissance de ces deux pays. Je salue aussi mes co-auteurs Iain Stewart, Bradley Mayhew et Damian Harper pour leurs précieuses contributions à cette nouvelle édition, et l'équipe de Lonely Planet qui, en coulisses, a fourni un travail considérable pour assurer la sortie de ce titre.

REMERCIEMENTS

Données des cartes climatiques adaptées de Peel MC, Finlayson BL & McMahon TA (2007) "Updated World Map of the Köppen-Geiger Climate Classification", *Hydrology and Earth System Sciences*, 11, 1633-44.

Illustrations p. 190 et p. 454, Michael Weldon.

Photographie de couverture : Baie d'Along, BODY Philippe/AWL Images ©

À PROPOS DE CE GUIDE

Cette 14e édition française du guide *Vietnam* est une traduction-adaptation du guide *Vietnam* en anglais, rédigé et mis à jour par Iain Stewart, Damian Harper, Bradley Mayhew et Nick Ray. Les deux éditions précédentes avaient été rédigées par Iain et Nick, Brett Atkinson, Austin Bush, David Eimer et Phillip Tang.

Traduction Giuseppe Ardiri, Chloé Cadamuro, Lise Garond, Kevin Thévenet

Direction éditoriale
Didier Férat

Responsable prépresse
Jean-Nöel Doan

Coordination éditoriale
Carole Huon

Maquette Gudrun Fricke

Cartographie
Cartes adaptées en français par Caro Sahanouk

Couverture Adaptée par Laure Wilmot pour la version française

Remerciements à Angélique Adagio, Michel MacLeod et Rose-Hélène Lempereur, pour leur précieux travail sur le texte, ainsi qu'à Christiane Moullet pour sa relecture attentive. Merci également à Olympe Richez pour sa préparation du manuscrit et à Hugo Gadroy pour son travail de référencement. Enfin, un grand merci à toute l'équipe Lonely Planet de Paris, à Dominique Spaety, toujours aussi indispensable, à Darren O' Connell, Elizabeth Nguyen, Chris Love, Jacqui Saunders, Glenn van der Knijff et Claire Murphy du bureau Lonely Planet australien, et à Clare Mercer, Imogen Harrison, Luan Angel et Sarah Anderson du bureau Lonely Planet de Londres.

Index

Références des cartes **en gras**
Références des photos en bleu

Références des cartes **en gras**
Références des photos **en bleu**

N

O

Références des cartes **en gras**
Références des photos **en bleu**

Légende des cartes

À voir

- Château
- Monument
- Musée/galerie/édifice historique
- Ruines
- Église
- Mosquée
- Synagogue
- Temple bouddhiste
- Temple confucéen
- Temple hindou
- Temple jaïn
- Temple shintoïste
- Temple sikh
- Temple taoïste
- Sentō (bain public)
- Cave/vignoble
- Plage
- Réserve ornithologique
- Zoo
- Autre site

Activités, cours et circuits organisés

- Bodysurfing
- Plongée/snorkeling
- Canoë/kayak
- Cours/circuits organisés
- Ski
- Snorkeling
- Surf
- Piscine/baignade
- Randonnée
- Planche à voile
- Autres activités

Où se loger

- Hébergement
- Camping

Où se restaurer

- Restauration

Où prendre un verre

- Bar
- Café

Où sortir

- Salle de spectacle

Achats

- Magasin

Renseignements

- Banque
- Ambassade/consulat
- Hôpital/centre médical
- Accès Internet
- Police
- Bureau de poste
- Centre téléphonique
- Toilettes
- Office du tourisme
- Autre adresse pratique

Géographie

- Plage
- Refuge/gîte
- Phare
- Point de vue
- Montagne/volcan
- Oasis
- Parc
- Col
- Aire de pique-nique
- Cascade

Agglomérations

- Capitale (pays)
- Capitale (région/État/province)
- Grande ville
- Petite ville/village

Transports

- Aéroport
- Poste frontière
- Bus
- Téléphérique/funiculaire
- Piste cyclable
- Ferry
- Métro
- Monorail
- Parking
- Station-service
- Station de métro
- Taxi
- Gare/chemin de fer
- Tramway
- Métro et U-Bahn
- Autre moyen de transport

Les symboles recensés ci-dessus ne sont pas tous utilisés dans ce guide

Routes

- Autoroute à péage
- Voie rapide
- Nationale
- Route secondaire
- Petite route
- Chemin
- Route non goudronnée
- Route en construction
- Place/rue piétonne
- Escalier
- Tunnel
- Passerelle
- Promenade à pied
- Promenade à pied (variante)
- Sentier

Limites et frontières

- Pays
- État/province
- Frontière contestée
- Région/banlieue
- Parc maritime
- Falaise
- Rempart

Hydrographie

- Fleuve/rivière
- Rivière intermittente
- Canal
- Étendue d'eau
- Lac asséché/salé/intermittent
- Récif

Topographie

- Aéroport/aérodrome
- Plage/désert
- Cimetière (chrétien)
- Cimetière (autre)
- Glacier
- Marais/mangrove
- Parc/forêt
- Site (édifice)
- Terrain de sport